이상심리학 제7판

Essentials of Abnormal Psychology,
7th Edition

V. Mark Durand
David H. Barlow

For permission to use material from this text or product, email to
asia.infokorea@cengage.com

ISBN-13: 979-11-88108-20-6

Cengage Learning Korea Ltd.
14F YTN Newsquare 76 Sangamsan-ro
Mapo-gu Seoul 03926 Korea
Tel: (82) 2 330 7000
Fax: (82) 2 330 7001

Cengage Learning is a leading provider of customized learning solutions with office locations around the globe, including Singapore, the United Kingdom, Australia, Mexico, Brazil, and Japan. Locate your local office at: **www.cengage.com**

Cengage Learning products are represented in Canada by Nelson Education, Ltd.

To learn more about Cengage Learning Solutions, visit **www.cengageasia.com**

Printed in Korea
Print Number: 02   Print Year: 2020

Essentials of Abnormal Psychology

이상심리학 제7판

V. Mark Durand, David H. Barlow 지음

정경미 · 김현수 · 박수현 · 양재원 · 이주영 · 진주희 옮김

CENGAGE   사회평론아카데미

Andover • Melbourne • Mexico City • Stamford, CT • Toronto • Hong Kong • New Delhi • Seoul • Singapore • Tokyo

역자

정경미   연세대학교 심리학과 교수

김현수   한양대학교 아동심리치료학과 교수

박수현   연세대학교 심리학과 부교수

양재원   가톨릭대학교 심리학과 부교수

이주영   동덕여자대학교 아동학과 교수

진주희   삼성서울병원 신경과 임상신경심리사

이상심리학 제7판
Essentials of Abnormal Psychology

2017년 9월 1일 1쇄 발행
2020년 11월 20일 2쇄 발행

지은이 V. Mark Durand, David H. Barlow
옮긴이 정경미 · 김현수 · 박수현 · 양재원 · 이주영 · 진주희
펴낸이 윤철호 · 고하영
펴낸곳 (주)사회평론아카데미

책임편집 임현규
편집 최세정 · 정세민 · 문정민 · 김혜림 · 서은비 · 김채린 · 강연옥
디자인 김진운
마케팅 최민규

등록번호 2013-000247(2013년 8월 23일)
전화 02-326-1545
팩스 02-326-1626
주소 03978 서울특별시 마포구 월드컵북로6길 56
이메일 academy@sapyoung.com
홈페이지 www.sapyoung.com

ISBN 979-11-88108-20-6

Wendy와 Jonathan에게
그들의 인내와 이해, 사랑이 이 야심 찬 작업을 마칠 수 있게 해주었다.
-V. M. D.

내 평생에 걸쳐 다방면으로 영향을 준
나의 어머니 Doris Elinor Barlow-Lanigan께 이 책을 바친다.
-D. H. B.

V. Mark Durand

V. Mark Durand

Mark Durand 교수는 자폐스펙트럼장애를 연구하는 세계적인 석학이다. 그는 남플로리다 세인트피터즈버그 대학교(University of South Florida St. Petersburg)의 심리학 교수이자 교학부총장이며 미국 심리학회 회원이다. 그는 정부로부터 누적 400만 달러 이상의 지원금을 받아 장애아동의 비정상적인 행동 및 원인과 치료법을 연구하고 있다. 그는 플로리다 주로 이사하기 전인 1987년부터 1990년까지 올버니 대학교(University at Albany, SUNY)에서 심리학 박사과정의 임상 훈련을 책임지는 부소장이었으며, 1995년부터 1998년까지 심리학과장이었다. 또한 2001년부터 2002년까지 문과대학 임시학장이었고, 올버니 대학교에서 자폐와 그에 관련된 장애를 연구하는 센터를 설립하였다. 그는 뉴욕 주립대학교 스토니브룩(State University of New York at Stony Brook)에서 심리학으로 학사, 석사, 박사 학위를 받았다.

Durand 교수는 1991년도에 올버니 대학교에서 최고 교수 영예상을 수상하였으며 2007년도에 남플로리다 세인트피터즈버그 대학교에서 뛰어난 업적으로 연구와 독창적 지식 분야의 총장상을 받았다. 그는 2014년 자폐스펙트럼장애에 대한 연구로 프린스턴 대학교에서 연속강연 교수로 임명 받았다. 현재는 미국자폐협회의 자문위원회 위원이며, 긍정적 행동지원 국제협회의 이사회 이사이다. 그는 긍정적 행동 지원을 다루는『긍정적 행동개입 학술지(*Journal of Positive Behavior Interventions*)』의 부편집장이며, 기능적 의사소통, 교육용 프로그래밍, 그리고 행동요법에 관련된 125여 개의 출판물을 출판하였다. 그는『심각한 행동 문제: 기능적 의사소통 훈련 접근(*Severe Behavior Problems: A Functional Communication Training Approach*)』,『잘 자기: 아동의 수면 증진 안내서(*Sleep Better! A Guide to Improving Sleep for Children*)』,『긍정적 가족 지원(*Positive Family Intervention*)』, 그리고 여러 상을 수상한『낙천적 부모양육: 당신과 도전적인 아동을 위한 희망과 도움(*Optimistic Parenting: Hope and Help for You and Your Challenging Child*)』의 저자이다. 최근에는『자폐성 장애: 일반 개업의를 위한 임상지침(*Autism Spectrum Disorder: A Clinical Guide for General Practitioners*)』을 출판하였다.

Durand 교수는 극심하고 비정상적인 행동에 대한 특별 치료법을 개발하였으며, 이 치료법은 현재 미국에서는 의무적으로 사용되며, 전 세계적으로 사용되고 있다. 그는 평가도구를 개발하였고, 이 도구도 전 세계적으로 사용되고 있으며, 15개국어로 번역되었다. 최근에 그는 5년의 임상 연구를 통해 말을 안 듣는 아이들을 위한 독특하고 효율적인 육아법인 낙천적인 부모양육(Optimistic Parenting)을 개발하였다. 수많은 교육학과, 미국 사법부 그리고 교육부는 Durand 교수에게 자문과 상담을 의뢰하였다. 그는 현재 자해 행동과 같이 심각한 문제들을 위한 예방법과 치료법을 연구하고 있다.

그는 여가시간에 장거리 달리기를 즐겨 하며 지금까지 마라톤을 세 번 완주하였다.

David H. Barlow

David H. Barlow

David H. Barlow 교수는 세계적으로 인정받은 임상심리학의 개척자이다. 그는 보스턴 대학교(Boston University)의 심리학 및 정신과학과의 교수이며, 세계적으로 유명한 불안 및 관련 장애를 연구하는 연구 클리닉의 창립자이자 명예임원이다. 그는 1996년부터 2004년까지 보스턴 대학교에서 임상심리학 프로그램을 총괄하였으며, 1979년부터 1996년까지 올버니 대학교의(University at Albany, SUNY) 저명한 교수였다. 그는 1975년부터 1979년까지 브라운 대학교(Brown University)의 심리학 및 정신과학과의 교수였고 임상심리학 인턴십 프로그램을 설립하였다. 또한 1975년까지 미시시피 대학교(University of Mississippi)의 정신과학과 교수였으며 의과대학의 심리학 레지던트 프로그램을 설립하였다. 노터데임 대학교(University of Notre Dame) 에서 학사학위를 받았고, 보스턴 칼리지(Boston College)에서 석사학위를 받았으며, 버몬트 대학교(University of Vermont)에서 박사학위를 받았다.

Barlow 교수는 모든 주요 심리학협회의 구성원이며 또한 뛰어난 학술 업적으로 많은 상을 수상하였다. 그는 임상 연구에 장기적 기여를 하여 국립정신건강연구소 공로상(National Institute of Mental Health Merit Award)을 수상하였고, 미국 심리학회에서 수여하는 상을 수상하였다. 미국 심리학협회는 그가 심리학에 기여한 업적을 기리기 위해 제임스 맥킨 카텔상(James McKeen Cattell Fellow Award)을 수여하였다. Barlow 교수는 그 밖에 미국 심리학회 임상심리학 분과에서 상을 수상하였으며 미국 심리학회 여성심리학 분과에서 감사패를 받았다. 그는 2004년도에 리빙 기관(Institute of Living)으로부터 찰스 벌링게임(C. Charles Burlingame) 상을 수상하였으며, 매사추세츠 전문심리대학(Massachusetts School of Professional Psychology)에서 명예 박사학위를 받았다. 매사추세츠 주 심리학협회, 코네티컷 주 심리학협회 그리고 캘리포니아 심리학협회에서 상을 받았으며, 2000년에는 중국 베이징에 위치한 중화인민해방군종합병원 및 의학원에서 명예 방문교수로 임명되었다. 브라운 대학에서는 Barlow교수의 이름을 따서 병례 검토회를 설립하였다. Barlow 교수는 버몬트 대학교(University of Vermont)에서도 상을 수상하였다. 그는 1997년부터 1998년까지 캘리포니아 주 멘로파크(Menlo Park)에 위치한 행동과학센터의 Fritz Redlich 협회 구성원이었으며 국립정신건강연구소로부터 40년 동안 연구를 지원받았다.

Barlow 교수는 3개 학술지의 편집장이었으며 20여 개 학술지의 편집위원이었다. 현재 옥스퍼드 대학출판부의 "효과적인 치료(Treatments That Work)" 시리즈의 주필이다.

Barlow 교수는 500여 편의 학술 논문과 65권 이상의 책과 임상 매뉴얼을 출판하였다. 주요 저서로는 『불안과 관련장애(Anxiety and Its Disorders)』, 『심리장애의 임상편람: 체계적인 치료 매뉴얼(Clinical Handbook of Psychological Disorders: A Step-by-Step Treatment Manual)』, 『단일피험자 연구설계(Single-Case Experimental Designs)』, 『과학자–임상가: 관리의료제도 시대의 연구와 책임(The Scientist-Practitioner: Research and Accountability in the Age of Managed Care)』, 『불안과 공황의 통달(Mastery of Your Anxiety and Panic)』, 『정서의 범진단적 치료에 대한 단일화 프로토콜(The Unified Protocol for Transdiagnostic Treatment of Emotional)』이 있다. 그의 책과 매뉴얼들은 중국어, 아랍어, 러시아어 등 20여 개 국어로 번역되었다.

Barlow교수는 DSM-IV 개발에 참여해 1,000여 명의 정신건강 전문가들의 연구를 검토하였으며 DSM-5 개발팀의 고문이었다. 또한 그는 임상 실습 지침서의 원안을 개발한 APA 전담반의 의장이었으며, 현재 불안 및 관련 정서장애의 치료법을 연구하고 있다.

그는 여가시간에 골프를 치거나 스키를 타며, 난투켓(Nantucket)의 자택에서는 글을 쓰거나 바닷가에서 산책하며 친구들과 시간을 보내고 있다.

역자 소개

정경미

연세대학교 심리학과 학사 및 석사

하와이 주립대학교 박사(임상심리학)

임상심리전문가, 정신건강임상심리사, 미국 면허
　심리학자(뉴욕 주)

현 연세대학교 심리학과 교수

김현수

연세대학교 심리학과 학사 및 석사

노던일리노이 대학교 석사 및 박사(임상심리학)

임상심리전문가, 정신건강임상심리사, 미국 면허
　심리학자(워싱턴 주)

현 한양대학교 아동심리치료학과 교수

박수현

Smith College 학사(심리학)

연세대학교 심리학과 석사(임상심리학)

Boston University 박사(임상심리학)

임상심리전문가, 미국 면허 심리학자(뉴욕 주)

현 연세대학교 심리학과 부교수

양재원

연세대학교 심리학과 학사, 석사, 박사(임상심리학)

임상심리전문가, 정신건강임상심리사

현 가톨릭대학교 심리학과 부교수

이주영

연세대학교 심리학과 학사, 석사, 박사(임상심리학)

임상심리전문가, 정신건강임상심리사

현 동덕여자대학교 아동학과 교수

진주희

연세대학교 심리학과 학사 및 석사

연세대학교 박사(임상심리학)

임상심리전문가

현 삼성서울병원 신경과 임상신경심리사

요약 차례

차례

제1장 역사적 맥락에서의 이상행동 26

제2장 정신병리에 대한 통합적 접근 58

제3장 임상 평가, 진단, 정신병리 연구 98

제12장 조현병 스펙트럼 및 기타 정신병적 장애 490

제13장 신경발달 및 신경인지장애 528

제14장 정신건강 서비스: 법적 그리고 윤리적 이슈 578

역자 서문

정신장애에 대한 소개, 평가, 진단 그리고 치료 부분을 집중적으로 다루는 이상심리학은 심리학 전공생뿐 아니라 정신건강에 관심이 있는 사람이면 모두 흥미를 가지는 심리학 분야이다. 특히, 정신건강에 대한 유병률이 높아지고, 그 치료 방법에 대한 관심이 급증하고 있는 이즈음, 쉽고도 흥미롭게 그리고 동시에 정확하게 정신장애에 대해 자세히 소개하는 좋은 교재에 대한 요구는 매우 높다.

국내에도 꽤 많은 이상심리학 교재가 번역되어 있고, 교재도 많다. 그럼에도 본 역자진이 이 교재를 번역하기로 결정한 데는 다음과 같은 세 가지 이유가 있다. 첫째, 본 교재에서는 다른 이상심리학 교재에서는 다루지 않은 수면, 섭식, 통증 등의 장애를 폭넓게 다룬다. 이는 정신장애에 대한 보다 폭넓은 관점을 반영하기도 하며, 동시에 신체-정신 측면 간 관련성을 다루는 장애를 보여줌으로써 확대된 정신건강전문가들의 영역에 대한 자연스러운 소개의 기회가 된다. 둘째, 교재에서 인용하는 연구자나 연구 내용들이 다른 교재보다 실용적이고 실제적이다. 이 교재는 이상심리학이 다루는 연구 분야를 자세히 소개하기도 하지만, 실제적으로 사람들이 경험할 수 있는 다양한 문제와 이의 해결책에 대한 연구결과를 소개함으로써 연구와 실제의 환류적 관계에 대해 잘 보여준다. 셋째, 본 교재에서는 2013년 개정된 정신장애편람인 *DSM-5*를 기준으로 여러 장애를 소개하는데, 그 전 판인 *DSM-IV-TR*과 비교를 통해 차이점을 분명하고도 친절하게 설명해 준다. 진단 체계의 변화는 정신장애를 공부하는 학생과 전문가 모두에게 도전이다. 새로운 체계가 어떤 점에서 이전 체계와는 다르며(사실 확인), 어떤 근거로 변화가 정당화되는지에 대한 근거(논리적 확인)가 없으면, 진단 체계에 대한 학습과 적용이 쉽지 않다. 본 교재의 저자는 전문가 입장에서 이 차이에 대해 정확하고 객관적으로 기술하여 전문가뿐 아니라 새로 배우는 이들에게 분명한 메시지를 전달해 준다.

역서는 번역하는 전문가들에게 고역이다. 본 역자진에게도 예외는 아니었다. 좋은 내용이라 그것을 전달하고 싶어 번역을 결정했지만, 좋은 번역은 전문성에 더하여 상당한 수준의 국어 실력을 요하기에 이를 맞추는 과정은 쉽지 않았고, 출판하는 이 시점까지도 미진하게 보이는 부분은 여전히 번역진의 마음을 무겁게 한다. 특히 영어식 표현과 국문 표현의 부자연스러움은 역자들의 부끄러움이다. 최고는 장담할 수 없으나 최선에 만족해 하면서 전달에 의미를 두고 싶다. 하지만 독자들이 발견할 수 있는 오류나 부정확성은 역자들의 불찰이다.

이 책이 번역될 수 있게 오랫동안 기다리며 행정적인 지원을 해주신 사회평론아카데미 출판사에 감사드린다. 번역 과정에 도움을 준 대학생과 대학원생들에게 큰 인사를 하고 싶다. 이번에도 또 한 번 그들의 능력에 큰 신세를 졌다. 그리고 번역 일을 핑계로 소홀했던 가족들에게는 더욱 더 미안함과 감사의 인사를 드린다. 이 책을 통해 이상심리학을 접하는 많은 학부생들이 정신장애를 이해하고 예방하는 지식과 지혜를 얻으면 좋겠다는 생각을 해본다. 그리고 그들이 정확한 정보를 통해 정신장애를 가진 사람들을 이해할 수 있으면 하는 바람을 가져본다.

2017년 6월 역자대표 정경미

저자 서문

과학은 끊임없이 진화하는 분야로, 때로 우리의 사고방식을 바꾸는 획기적인 사건이 발생한다. 예를 들면, 오랫동안 진화 과정이 점진적이라고 가정했던 진화생물학자들은 유성 충돌과 같은 환경적 대변화에 적응하기 위해 진화가 시작되었다는 발견에 적응해야만 했다. 지리학도 판 구조론의 발견에 의해서 일대 혁신이 일어났다.

정신병리학도 최근까지는 심리적, 생물학적, 사회적 영향을 각각 분리해서 보는 견해를 가지고 있었다. 이 접근은, 예를 들면 심리장애의 '원인'이 새롭게 발견된 유전자 때문이라거나, 생물학적 기능장애(화학적 불균형), 또는 유아기의 경험 때문이라고 기술하는 대중매체를 통해 아직도 관찰된다. 이런 사고방식은 일부 심리학 교재에서 병인론과 치료에 대한 주된 설명방식이다. "이 정신이상의 정신분석적 견해는…" 또는 "인지행동치료 접근법은…" 또는 "생물학적 접근법은…"처럼 말이다.

초판부터 본 저자들은 다른 접근법을 선택하였다. 본 저자들은 독자들이 생물학적, 심리적, 사회적 요인의 미묘한 상호작용을 명확하고 설득력 있는 방식으로 설명하는 통합적 접근법을 받아들일 준비가 되었다고 생각했다. 지식의 폭발적인 진보는 이 접근법이 정신병리를 이해하는 유일한 방법임을 확인해 준다. 예를 들면, 2장에서는 스트레스 사건이 우울증으로 이어질 수 있지만 모든 사람이 이런 반응을 보이지는 않는다는 연구를 소개한다. 스트레스는 시냅스에서 세로토닌에 영향을 주는 특정 유전자를 가지고 있었던 사람에게만 우울증 가능성을 높인다. 7장에서는 사회적 거절의 고통이 육체적 고통과 같은 메커니즘을 어떻게 활성화시키는지 설명한다. 또한 유전자-환경의 상호작용에 대해 새롭게 강조된 측면들과, 유전학에 근거해 심리장애를 분류하는 것에 문제가 있다는 행동유전학자들의 최근 견해를 반영해 유전학에 대한 섹션을 전면 수정하였다. 이 장에는 후성유전학의 새로운 영역과 유전자 발현에 미치는 환경의 영향, 그리고 유전의 영향을 무효화할 수 있는 극한 환경의 영향에 대한 연구를 포함하였다. 또한 후성유전학의 메커니즘을 밝히는 연구와 환경 현상이 유전자 발현에 영향을 미치는 연구도 기술하였다.

이러한 연구 결과들은 이 책의 통합적 접근법을 확인시켜준다. 심리적 장애는 유전자 혹은 환경적 요인 단독으로는 설명될 수 없고 이들의 상호작용으로 생겨난다. 이제 우리는 심리적 및 사회적 요인이 신경전달물질 기능과 유전자 발현에 직접적인 영향을 끼친다는 것을 안다. 마찬가지로 신체적 및 사회적 요인이 심리적 및 정신병리의 발현에 끼치는 영향을 고려하지 않고는 행동, 인지, 정서 과정을 연구할 수 없다. 본 저자들은 각각을 분리하여 보는 접근법 대신 임상과학의 현황을 더욱 정확하게 반영하는 접근법을 취하였다.

우리는 사람들이 장애에 대해 똑같은 방식으로 이해하지 않는다는 것을 알고 있다. 하지만 본 저자들은 정신병리학의 원인과 치료법에 대해 현재 알고 있는 것과 이 복잡한 상호작용에 대해 추후 알아가야 할 것들을 학생들에게 전하는 것에 대해 즐겁게 작업했음을 전하고 싶다.

통합적 접근

이 교재 『이상심리학』의 초판은 통합적이고 다차원적인 관점을 제공함으로써 이상심리학 교재의 새로운 시대를 개척하였다(생물학적, 심리사회적, 초자연 역사적 경향과 같은 일차원적인 접근법을 인정하지 않는 것은 아니다). 생물학과 행동의 상호작용, 그리고 심리적 및 사회적 영향이 생물학에 미치는 영향에 대한 최신 증거를 제시하였다. 또한, 학생들의 관심을 끌 만한 예시를 제공하는데, 예를 들면 이혼에 유전자가 끼치는 영향, 어린 시절 사회적 및 행동적 경험이 후기 뇌 기능과 구조에 미치는 영향, 사회적 네트워크와 감기의 연관성에 대한 최신 정보, 그리고 암을 위한 새로운 심리사회적 치료법이 그것이다. 심리 과학은 해리성 경험과 유사성이 있는 암묵적 기억 및 맹시 현상을 통해 무의식(프로이트가 말하는 무의식과 다른 의미에서)이 작용함을 보여준다. 본 저자들은 심리치료가 신경전달물질의 흐름과 뇌 기능에 주는 효과에 대한 새로운 증거를 제시하였다. 정신병리학에 크게 기여하는 정서이론(예, 분노가 심장질환에 주는 효과)이 간과되고 있음을 인지하면서, 정서 연구에서 나온 과학적 발견과 행동적, 생물학적, 인지적 및 사회적 발견을 통합하여 정신병리학을 잘 엮어내려 하였다.

전 생애 발달 요인

이상심리학에 대한 어떤 접근도 정신병리학의 발병과 치료를 이해하는 데 있어 전 생애 발달 요인의 중요성을 무시할 수 없다. 이 책에서는 환경이 유전자 발현에 영향을 주는 발달 시기를 강조하는 연구도 기술하고 있다. 이에 따라 본 저자들은 신경발달 및 신경인지장애(제13장)에서는 물론 책 전반에서 발달의 중요성을 논한다. 예를 들어, 불안, 외상, 스트레스 관련 그리고 강박 관련 장애(제4장)에서 유년기와 노년기 불안에 대해 논의한다. DSM-5와 일치하는 구성 체계는 학생들에게 각 장애를 유년기부터 성년기를 지나 노년기까지 공부해야 하는 필요성을 알려준다. 각 장에서 발달적 고려사항에 대한 별도 섹션을 두고 관련된 연구결과를 제시하였고, 필요에 따라 특정한 발달 요인이 장애의 유발과 치료에 미치는 영향에 대해 논의하였다.

과학자-실무자 모델

본 저자들은 정신병리학에 대한 과학자-실무자 모델이 실용적일 뿐만 아니라 이상적인 이유를 설명하려고 노력했다. 대다수의 연구자들처럼 본 저자들은 이 모델이 과학적 발견을 정신병리학에 적용하는 것 이상의 의미를 가진다고 본다. 본 연구진은 각 임상가가 면밀하고 체계적인 임상 관찰, 개별 사례의 기능 분석, 그리고 임상 환경에서 여러 사례의 체계적인 관찰을 통해 어떻게 전반적인 과학적 지식에 기여하고 있는지 보여주었다. 예를 들면, 초기의 정신분석 이론가들이 기록한 해리 현상에 대해 제공한 정보는 오늘날까지도 유용하다. 또한, 본 저자들은 과학자-실무자들이 사용하는 일반적인 기법을 설명하고, 연구 설계법이 실제 연구 프로그램에서 어떻게 시행되는지를 보여주고자 하였다.

실제 사람들의 사례

정신병리학의 원인과 치료에 대한 과학적 발견을 보여주는 실제 임상 기록을 추가함으로써 더욱 풍부한 정보를 제공하려 노력하였다. 본 저자들은 다년간 클리닉을 운영했고, 책에 나오는 사례들의 95%는 본 저자들의 실제 사례들이다. 이 사례들은 책에서 논하는 발견에 대해 대단히 흥미로운 기준틀을 제공한다. 거의 모든 장은 사례로 시작하였고, 이러한 실존 인물의 사례를 최신 이론과 연구에 대한 토론과 연관 지었다.

장애에 대한 자세한 정보

11개의 장에서 임상적 설명, 원인 요소, 그리고 치료 및 결과의 세 가지 범주로 나누어 주요 심리장애를 다룬다. 저자들은 DSM-5 진단과 사례연구에 상당한 주의를 기울였고, 유병률, 발생률, 성비, 발병 연령 그리고 장애의 전반적인 진행이나 패턴에 대한 통계 자료를 포함했다. 저자 한 사람(Barlow)은 DSM-5 전담반의 고문이었기에 변화에 대한 이유 및 변화 자체를 설명할 수 있었다. 책 전반에 걸쳐 생물학적, 심리적 그리고 사회적 차원이 어떻게 상호작용하여 특정 장애를 유발하는지를 탐색한다. 마지막으로, 특정 장애의 치료법과 치료 결과를 논하며 임상 적용에 대한 현실적인 정보를 제공한다.

치료

앞서 출판된 1~6판의 가장 뛰어난 기여점 중 하나는 장애를 다루면서 동시에 치료를 다루었다는 것인데, 이러한 접근법은 특정 장애에 대한 심리사회적 및 약물학적 치료법의 발달이 있었기에 가능했다. 본 저자들은 이러한 통합적 형식을 유지하면서 7판을 수정했고, 치료 절차를 핵심 용어와 용어설명에 포함시켰다.

법적·윤리적 이슈

마지막 장에서는 책 전반에서 논의된 다양한 접근법과 주제를 통합했다. 정신건강 서비스 제공에 관련된 여러 법적·윤리적 이슈에 직접적으로 관련된 사례를 포함했다. 또한, 현재 관점에 대한 역사적인 맥락을 제공하여 사회 및 문화가 법적·윤리적 이슈에 끼치는 영향을 이해하도록 했다.

다양성

문화와 성은 정신병리학 연구에서 무척 중요하다. 책 전반에서 장애의 어떤 측면에 문화적인 특성이 강하고 어떠한 면이 보편적인지, 그리고 강력하지만 확실하게 파악하기 어려운 성 역할의 영향력에 대한 견해를 설명한다. 예를 들면, 우울증의 성비 불균형, 다양한 아시아 문화에서 관찰되는 공황장애 표현의 차이, 섭식장애의 민족적 차이, 다양한 문화의 조현병 치료법, 그리고 남녀 사이 ADHD 진단 차이점 등을 논의한다. 물론 이러한 사안들이 연구를 통해 본격적으로 다뤄진다면 이 분야는 더욱 깊어지고 넓어질 것이다. 예를 들자면, 왜 어떠한 장애는 주로 남자 혹은 여자에게서만 발현되는가? 왜 성차에 문화적 차이가 있는가? 이러한 질문에 답할 때는 성별과 문화는 정신병리학을 구성하는 여러 가지 차원 중 하나라는 것을 명심하여 과학적인 접근방법을 취하려 노력하였다.

7판의 새로운 점

철저한 최신 정보

빠른 속도로 발전하는 이 분야에서 저자들은 이 책이 가장 최신의 발전을 반영하고 있다는 점에 자부심을 가지고 있다. 모든 장에서 가장 최근의 심리장애 관련 연구 결과를 반영할 수 있도록 수정하였다. 이 판에서는 2011년부터 2014년 사이에 새로 출간된(그리고 출간 예정인) 수백 개의 참고문헌이 처음으로 인용되었고, 몇몇 정보는 매우 흥미롭다. 중요치 않은 자료를 제거했고, 몇 개 장의 제목을 바꾸었으며, DSM-5 진단기준을 해당되는 장애를 다룬 장에 통째로 추가하였다.

불안, 외상, 스트레스 관련 그리고 강박 관련 장애(제4장), 기분장애와 자살(제6장), 신체장애와 건강심리학(제7장), 섭식장애와 수면–각성장애(제8장), 물질관련 및 중독 장애, 충동조절장애(제10장), 조현병 스펙트럼 및 기타 정신병적 장애(제12장), 신경발달 및 신경인지장애(제13장) 들이 새로운 연구결과를 반영하도록 가장 많이 수정되었지만, 모든 장에 상당한 수정이 있었다.

제1장 역사적 맥락에서의 이상행동은 DSM-5의 새로운 장애명이 반영되게 수정하였고, 방어기제 연구에 대한 최신 설명, 그리고 정신역학 및 정신분석 접근법의 역사적 발전에 대한 더욱 풍부하고 자세한 설명이 추가됐다.

제2장 정신병리에 대한 통합적 접근에는 다양한 최신 자료가 추가됐다. 유전–환경 상호작용에 중점을 둔 유전 및 행동 연구 발전에 대한 최신 논의, 유전–환경 상관 모델을 보여주는 새로운 자료, 빠르게 발전하는 유전 분야의 최신 정보, 일반적인 뇌 구조 및 기능과 신경전달물질 체계에 미치는 심리사회적 영향을 보여주는 최신 연구, 뇌 구조와 기능 발전에 미치는 심리사회적 영향 등. 그리고 대폭 수정된 행동 및 인지과학 섹션(긍정심리학이 신체적 건강과 수명에 미치는 영향을 보여주는 최신 연구 등을 포함), 감정의 강력한 영향(특히 분노가 심혈관계 건강에 미치는 영향)을 보여주는 최신 연구, 정신병리학의 표현과 치료에 성별이 미치는 영향에 대한 최신 연구, 그리고 도시 지역 거주자들이 더 높은 조현병 유병률을 보이는 '표류' 현상을 설명하는 새로운 연구가 포함됐다.

제3장 임상 평가, 진단, 정신병리 연구에서는 이 분야의 변화 및 DSM-5와 일치하도록 '정신지체' 대신에 '지적장애' 용어를 사용하였다. 그 외에도 MMPI-2에서 얻은 정보가(유익하긴 하지만) 반드시

내담자가 받는 치료 방법을 바꾸거나 치료 결과를 개선하지 못할 수 있는 이유(Lima et al., 2005), DSM-5의 짜임 및 구조에 대한 설명과 DSM-IV와 다른 점, 곧 출간될 ICD-11과 DSM-5를 통합하는 방법, DSM-6을 위한 연구 방향이 추가됐다. 또한 행동과학자들이 연구 가설을 만드는 방법에 대한 새로운 예시가 제시되고, 사례 연구를 활용해 버지니아 공대 총기난사 사건에 대한 새로운 논지를 제공하고, 체벌이 아동의 추후 행동문제를 예측하는 것을 보여주는 종단 설계(Gershoff, Landford, Sexton, Davis-Kean, & Sameroff, 2012)를 소개하였다.

새로운 제목의 제4장 불안, 외상, 스트레스 관련 그리고 강박 관련 장애에서는 불안장애, 외상–스트레스 및 관련 장애, 그리고 강박 및 관련 장애 등 이 세 가지 주요 질환 분류에 따라 재구성하였다. 두 가지 새로운 장애(분리불안장애와 선택적 함구증)를 소개하였고, 외상 및 스트레스 관련 장애 섹션은 기존 외상후 스트레스장애와 급성 스트레스장애뿐만 아니라 적응장애 및 애착장애를 추가하였다. 마지막 분류인 강박 및 관련 장애에는 강박장애 외에도 신체이형장애, 수집광 그리고 발모광과 피부뜯기장애를 추가하였다. 이외에도 다음과 같은 수정을 하였다:

- 불안, 공포, 공황의 본질에 대한 최신 설명과 불안 및 관련 장애의 통합 병인론적 모델
- 불안 및 관련 장애와 자살의 관계에 대한 최신 정보
- DSM-5에서 3개에서 2개로 감소한 공황장애의 유형에 대한 설명
- DSM-5에서 진단기준에 변화가 없는 몇 안 되는 장애 중 하나인 범불안장애에 대한 최신 논의
- 특정공포증과 사회불안장애에 대한 최신 설명, 병인론 및 치료법
- 강박장애의 설명, 통계, 병인론 및 치료법을 포함한 강박 및 관련 장애에 대한 최신 논의
- 신체형 장애에서 재분류된 신체이형장애에 대한 토의와 이러한 변화에 대한 DSM-5 전담반의 근거
- 이전에는 강박장애의 일종이라고 생각되었지만 DSM-5에서는 고유한 장애로 분리된 수집광에 대한 더욱 자세한 최신 정보
- DSM-IV에서는 충동조절장애로 분류되었지만 DSM-5에서는 강박 및 관련 장애와의 유사성에 의해 재분류된 피부뜯기장애와 발모광에 대한 재편성 논의

신체증상 및 관련 장애와 해리장애로 재분류된 제5장은 신체증상장애, 질병불안장애, 기타 의학적 상태에 영향을 주는 심리적 요인에 큰 변화가 있었음을 보여준다. 이 장에서는 문화 특정적인 신체증상

장애에 대한 최신 정보, 신체증상장애의 원인과 치료법에 대한 최신 논의, 전환장애 및 전환장애의 새로운 이름인 '기능적 신경학적 증상장애'에 대한 최신 논의, 해리장애의 재편성에 대한 자세한 설명, 이인성-비현실감 장애로 바뀐, 이인성장애의 두 종류의 해리현상을 모두 동반하는 질환으로서의 개념화에 대한 토의, 해리성 둔주 상태를 포함하는 해리성 기억상실의 최신 정의, 해리성 정체성장애의 발달과 연관 있는 성격적 특성, 그리고 빙의 상태가 통합된 새로운 정의 등에 대한 장애 관련 최신 논의 등이 포함됐다.

제6장 기분장애와 자살은 완전히 *DSM-5*와 일치하며, 파괴적 기분조절장애 및 월경전불쾌감장애와 같이 *DSM-5*에 새로 추가된 기분장애의 상세한 설명이 추가되었다. 또한 기분장애의 만성적인 특성을 강조했고, 기분장애의 새로운 분류인 지속성 우울장애의 발현, 그리고 기분장애와 자살 예방과 관련한 최근의 성과들이 포함되었다.

제7장 신체장애와 건강심리학에는 미국인의 사망 원인에 관한 최신 자료, 뇌 구조와 기능에 심리 및 사회적 요인이 미치는 영향에 대한 자료의 검토, 전이성 유방암 환자의 우울증 증상 감소가 생존에 미치는 영향에 대한 최신 정보, 만성통증의 원인 및 치료법 발전에 대한 최신 고찰, XMRV 바이러스가 만성피로증후군의 원인으로서의 가능성이 배제된 것 그리고 부상 예방을 위한 심리적 및 행동적 절차에 대한 최신 리뷰가 추가되었다.

대폭 수정된 제8장 섭식장애와 수면-각성장애에서는 신경성 식욕부진증의 사망률에 관한 새로운 정보, 청소년 섭식장애 유병률에 대한 최신 역학 정보, 섭식장애와 비만의 세계화에 대한 최신 정보, 섭식장애의 공존장애 유형에 관한 최신 정보, 남성의 섭식장애에 대한 새로운 연구, 섭식장애와 관련이 있는 마르고 이상적인 신체 이미지의 인종 및 민족적 차이, 섭식장애의 원인과 또래집단의 역할, 아이들의 음식 섭취를 제한하는 섭식장애를 가진 어머니, 섭식장애의 원인에 부모님과 가족이 주는 영향, 생물학적 및 유전적 요인과 섭식장애의 원인, 모든 섭식장애에 적용 가능한 진단을 통한 치료법, 섭식장애의 치료에 프로작(Prozac)과 인지행동치료(CBT)의 조합의 효과, 치료를 찾는 폭식장애 환자들의 인종 및 민족적 차이, 그리고 야식증후군의 현상과 야식증후군이 비만에 미치는 영향에 대한 정보가 추가되었다.

또한 8장에는 수면-각성장애가 재편성되어 포함되었다. 여성의 수면에 관한 새로운 정보가 포함됐으며, 위험 및 보호 요인, 기면증의 원인에 대한 새로운 연구, 악몽의 본질과 치료에 관한 새로운 연구 관련 정보가 추가되었다.

제9장 성기능부전, 변태성욕장애, 성별 불쾌감에선 *DSM-5*에서 변태성욕장애와 성별 불쾌감이 독립된 장애군이라는 것과, 성별 불쾌감이 성장애가 아닌 출생 성과 표현된 성별의 불일치에서 오는 장애임을 반영하기 위해 성기능장애, 성도착장애, 성별 불쾌감으로 재조직화되었다. 또한 이 장에는 첫 성경험 연령으로부터 노년기 성행위에 이르는 성적 행동의 발달적 변화에 대한 최신 정보, 성행위에 대한 태도와 참여의 문화적 차이, 혹은 북미 내에서의 차이에 대한 최신 보고, 성적 취향의 발달에 대한 새로운 정보, 그리고 성별 표현이 연속적이라는 새로운 개념화를 반영하는 성별 불쾌감에 대한 새로운 설명이 포함되었다.

또한 9장에는 성별 불쾌감에 영향을 주는 요인과 치료법 선택권에 대한 최신 권장사항, 아동의 성별비순응(gender nonconformity)에 권장된 치료법(혹은 치료하지 않는 것), 성발달장애(이전에 '간성'이라고 불렀던)에 대한 상세한 설명, 재구조화된 변태성욕장애의 개정된 분류 체계에 대한 설명, 논란이 많은 성적 도착(paraphilia)에서 변태성욕장애(paraphilic disorder)로의 재명명에 대한 논의가 포함됐다.

세세한 부분에 수정이 많았던 제10장 물질관련 및 중독 장애, 충동조절장애에는 카페인이 함유된 에너지 음료와 알코올 음료를 섞은 음료수가 추후 알코올 남용의 가능성을 높일 수 있는가에 대한 논의를 포함하였다. 또한, MDMA(엑스터시)의 만성적 사용이 영구적 기억력 문제를 초래하는 것에 대한 최신 연구(Wagner, Becker, Koester, Gouzoulis-Mayfrank, & Daumann, 2013)와 이른 음주에 기여하는 여러 가지 요인(친한 친구의 음주 시작 시기, 알코올 의존 고위험 가족, 행동문제 등)에 대한 연구(Kuperman et al., 2013)가 추가되었다.

제11장 성격장애에서는 성별 차이에 대한 새롭고 정교한 분석을 포함하는 새로운 섹션이 추가되었고, *DSM-5*의 변화를 반영하기 위해 범죄와 반사회성 성격장애에 대한 섹션이 새롭게 추가되었다.

제12장 조현병 스펙트럼 및 기타 정신병적 장애에는 조현병 스펙트럼 장애에 대한 새로운 논의와 *DSM-5*의 조현병 하위유형 제거, 감정 이해력의 손실과 이 손실이 환청에 미치는 영향에 대한 연구(Alba-Ferrara, Fernyhough, Weis, Mitchell, & Hausmann, 2012), *DSM-5*에 새로 제안된 정신병적 장애—약화된 정신병 증후군—에 대한 추후 연구, 그리고 경두개 자기자극의 사용에 대한 새로운 논의를 소개하였다.

제13장 신경발달 및 신경인지장애에서는 *DSM-5*의 주요 변화를 반영하여 발달장애 대신 신경발달장애라는 용어가 사용되었다. 또한 유전-환경 상호작용이 ADHD 아동의 추후 행동문제를 야기할 수 있다는 것을 보여주는 연구(Thapar, Cooper, Jefferies, & Stergiakouli, 2012; Thapar, et all., 2005), ADHD(혹은 다른 장애)가 하나의 염색체에 추가적인 유전자가 생성되거나 유전자가 삭제되는 유전자 돌연

변이(유전자 복제수 변이)에 의해 일어난다는 연구(Elia et al., 2009; Lesch et al., 2010), 지적장애 아동들에게서 이전에는 알려지지 않았던 de novo 장애(정자 혹은 난자에서 일어나거나 수정 이후 일어나는 유전자 변이)를 포함한 다양한 유전자 돌연변이가 발생함을 보여주는 연구(Rauch et al., 2012)가 포함되었다. 또한 13장에서는 섬망 에피소드 도중 혹은 이후에 뇌 활동을 측정(fMRI)하는 연구를 포함하는 새롭게 명명된 신경인지장애(neurocognitive disorders)에 대한 논의, 아인슈타인 노화 연구로부터 얻은 경도 신경인지장애(DSM-5에 새로 추가된 장애)의 유병률에 대한 자료, 그리고 새로운 신경인지장애(예를 들어, 루이소체병이나 프라이온병으로 인한 신경인지장애)에 대한 논의가 포함되어있다.

그리고 14장 정신건강 서비스: 법적 그리고 윤리적 이슈에는 정신건강 시설에 입원하는 것을 피하기 위해 응급 치료가 필요한 이들에게 재판에서 명령한 외래치료(AOT)를 제공하는 최근 경향에 대해 간략하지만 새로운 설명을 추가했다(Nunley, Nunley, Cutleh, Dentingeh, & McFahland, 2013). 또한 현재의 위험도 평가 도구는 폭력성 저위험군에게는 효과적이지만 추후 폭력성을 탐지하는 데에는 효과가 없다는 메타분석 연구(Fazel, Singh, Doll, & Grann, 2012)에 대한 논의, 그리고 강제 약물치료에 관한 최근 법적 판결에 대한 섹션이 추가되었다.

새로운 특징

이 책의 7판에는 앞서 언급된 변화 외에도 다음과 같은 부분이 추가되었다.

▶ 새로운 학습목표: 각 장의 도입부에 강의자가 단원 전반에 걸쳐 정확하게 질문하고 평가하는 것을 돕기 위해 학습목표를 추가하였다. 목표는 미국심리학회의 지침에 근거해 추려내었다.

▶ 각 장애 단원에는 DSM 논란이라는 새로운 부분이 있는데, DSM-5를 만드는 과정에서 있었던 논쟁적이고 곤란한 결정들에 대해 논의한다. 예를 들자면 월경전불쾌감장애, 폭식장애, 파괴적 기분조절장애 등 DSM-5에 처음 등장하는 새롭고 논란을 일으키는 장애가 그것이다. 다른 예로, 사랑하는 사람의 죽음으로 인한 경우에도 주요우울증으로 진단받을 수 있도록 주요우울장애의 진단에서 "애도" 예외조항을 제거한 것을 들 수 있다. 마지막으로, "성적 도착(paraphilia)"을 "변태성욕장애(paraphilic disorders)"로 재명명한 것은 소아성애와 같은 성적도착 흥분 패턴이 그 자체로 장애가 아니라 손상을 주거나 다른 이에게 피해를 주면 장애가 된다는 것을 시사한다.

DSM-IV, DSM-IV-TR과 DSM-5

DSM-5의 발표와 관련된 정치적 및 과학적 고려사항이 많은데, 저자들 역시 특정 견해를 가지고 있다. (흥미롭게도 Barlow는 DSM-IV 전담반에 참여했었고, DSM-5 전담반의 고문이기도 했다.) 심리학자들은 좋건 나쁘건 이 영역에서 분류의 기준이 되는 사례 선정 문제("turf issues")에 대해 우려를 표명하는데, 이에는 그럴 만한 이유가 있다. 이전 DSM 판에서는 과학적 발견이 개인적 의견에 의해 무시되기도 했다. 그러나 DSM-IV와 DSM-5에서 전담반은 직업적 편견을 버리고 끝이 없어 보이는 토론을 진행하였다. 현존하는 데이터베이스의 통합적 리뷰와 재분석, 그리고 현장 연구로부터 얻은 새로운 자료에 근거한 이 과정은 거의 일년 동안 모든 정신병리학 저널을 채울 만큼의 새로운 정보를 산출하였다. 학술적 관점에서 볼 때, 이는 자극이 되지만 동시에 힘든 과정이었다. 이 책은 분류 체계와 최신 정보를 생성한 다방면의 토론 자료를 제공한다. 예를 들어, 앞서 서술된 논란 외에도 본 저자들은 DSM-5에서 새로 지정된 월경전불쾌감장애뿐만 아니라, 최종 기준에 통과되지 못한 혼합된 불안 우울증(mixed anxiety depression)에 대한 정보와 논의를 요약하고 업데이트한다. 따라서 학생들은 진단하는 과정 외에도 자료와 추론을 조합하는 과정에 대해서도 배울 수 있다.

또한 본 저자들은 범주적 혹은 차원적 분류법 접근방식에 대한 열띤 토론에 대해서 논의한다. 대부분의 이들이 성격장애는 범주적이 아닌 차원적이어야 한다는 데에 동의했음에도 불구하고, 차원적 접근법을 적용하자는 제안이 막판에 거부되고 DSM-5의 III편에만 수록된 이유와 같은, DSM-5 전담반이 자료를 수용하기 위해 감수해야 했던 타협에 관해 설명한다.

예방

한 분야로서 이상심리학의 미래를 관측하자면, 심리장애를 예방하는 능력이 가장 부각될 것이라고 생각한다. 이는 오래전부터 많은 이들의 목표였지만, 이제서야 우리는 예방 연구의 새로운 시대를 마주한 것으로 보인다. 세계 각지의 과학자들은 이 책에 기록된 장애들로 인한 정신적 고통을 경감시킬 수 있는 방법과 기술을 개발하고 있다. 따라서 우리는 이러한 최신 예방전략(섭식장애, 자살, HIV와 외상 등의 건강 문제 등을 예방)을 소개하여 이러한 중요한 발전을 기억하고, 이런 시도를 이어나가도록 고무하고자 한다.

감사의 말

마지막으로 이 책과 이전 판들은 책에 관련된 이슈를 항상 주시하고 있는 Cengage의 수석 편집자인 Tim Matray의 영감과 조정이 아니었다면 시작은 물론 끝맺음도 하지 못했을 것이다. 세밀한 부분과 전체 구조를 살피는 수석 기획 편집자인 Tangelique William-Grayer에도 특히 감사한다. 그리고 이 판의 개정과정을 문제없이 진행되게 해 준 Shannon LeMay-Finn에게도 특히 감사한다. 이분들의 노력으로 이 책이 훨씬 나아졌다. 우리는 영업 매니저인 Melissa Larmon과 Jennifer Levanduski의 전문성에 감사한다. Mary Noel과 Jasmine Tokalian은 홍보에 큰 역할을 했고, Nocole Richards은 처음부터 끝까지 열심히, 열정적이었고 조직적이었다.

출판과정에서 많은 사람들이 우리만큼 이 책을 완성하는 데 수고를 하였다. 보스턴에선 Amantia Ametaj, Hannah Boettcher, Jade Wu가 각 장의 어마어마한 새로운 정보를 통합하는 데 큰 도움을 주었다. 빠진 참고문헌을 찾고 정보를 추적하는 그들의 능력은 대단했고, Hanna와 Jade는 쉽고 편한 형태로 *DSM-IV*에서 *DSM-5*로 진단 기준의 변화를 담은 아주 유용한 부록을 만들었다. 그들 없이 이 작업은 불가능했을 것이다. 세인트피터즈버그에서는, Marly Sadou와 Ashley Smith의 전문성과 세세한 부분에 대한 주의력은 책 작업을 상당히 용이하게 만들어 주었다. Cengage에서 Vernon Boes는 디자인을 결정하는 데 도움을 주었고, Michelle Clark는 출간 일정의 압력에도 불구하고 하나하나에 다 신경을 써 주었다. Graphic World Inc.의 출판 매니저인 Kelly Boutross와 카피에디터인 Megan Guffey는 전문가보다 더 철저히 세세한 부분까지 다 잡아내는 능력을 가졌다. 가장 적절한 사진을 찾아준 Lumina Datamatics에도 감사한다.

많은 동료들과 학생들에게 이전 판에 대한 유용한 피드백을 준 것에 마음 속 깊은 곳에서 감사인사를 보낸다. 모든 피드백이 다 좋은 것은 아니었지만, 우리에게는 다 중요했다. 자신의 생각을 전달하려고 시간을 할애하는 독자들은 저자와 학자들에게 큰 보상이다.

마지막으로 여러분이 정신병리라는 흥미로운 영역에서 지식과 발견을 공유해준다면 우리는 이를 매우 감사히 여길 것이다. 지식을 공유한다는 측면에서 여러분이 이 책의 내용과 스타일, 그리고 향후 개선 방향에 대해 피드백을 준다면 진정 감사할 것이다.

이 책을 쓰는 것은 신나면서도 힘겨운 일이었습니다. 원고를 리뷰한 동료들은 특별히 통찰력 있는 비판을 하고, 오류를 수정했으며, 관련된 정보를 언급했고, 때로 각 장애에 대해 성공적이고 통합적인 모델을 세울 수 있도록 새로운 통찰도 제공해 주었습니다. 그들의 귀중한 도움이 없었다면 이 일을 해내지 못했을 것입니다.

제7판의 리뷰어들에게 감사를 표합니다.

Dale Alden, *Lipscomb University*
Evelyn Behar, *University of Illinois–Chicago*
Sarah D'Elia, *George Mason University*
Janice Farley, *Brooklyn College, CUNY*
Aubyn Fulton, *Pacific Union College*
James Jordan, *Lorain County Community College*
Elizabeth Lavertu, *Burlington County College*
Amanda Sesko, *University of Alaska, Southeast*

이전 판들의 리뷰어들에게 감사를 표합니다.

Kerm Almos, *Capital University*
Frank Andrasik, *University of Memphis*
Robin Apple, *Stanford University Medical Center*
Barbara Beaver, *University of Wisconsin*
James Becker, *University of Pittsburgh*
Dorothy Bianco, *Rhode Island College*
Sarah Bisconer, *College of William & Mary*
Susan Blumenson, *City University of New York, John Jay College of Criminal Justice*
Robert Bornstein, *Adelphi University*
James Calhoun, *University of Georgia*
Montie Campbell, *Oklahoma Baptist University*
Robin Campbell, *Brevard Community College*
Shelley Carson, *Harvard University*
Richard Cavasina, *California University of Pennsylvania*
Antonio Cepeda-Benito, *Texas A&M University*
Kristin Christodulu, *State University of New York–Albany*
Bryan Cochran, *University of Montana*
Julie Cohen, *University of Arizona*
Dean Cruess, *University of Connecticut*
Robert Doan, *University of Central Oklahoma*
Juris Draguns, *Pennsylvania State University*
Melanie Duckworth, *University of Nevada, Reno*
Mitchell Earleywine, *State University of New York–Albany*
Chris Eckhardt, *Purdue University*
Elizabeth Epstein, *Rutgers University*
Donald Evans, *University of Otago*
Ronald G. Evans, *Washburn University*
Anthony Fazio, *University of Wisconsin–Milwaukee*
Diane Finley, Prince George's *Community College*
Allen Frances, *Duke University*
Louis Franzini, *San Diego State University*
Maximillian Fuhrmann, *California State University–Northridge*
Noni Gaylord-Harden, *Loyola University–Chicago*
Trevor Gilbert, *Athabasca University*
David Gleaves, *University of Canterbury*
Frank Goodkin, *Castleton State College*
Irving Gottesman, *University of Minnesota*
Laurence Grimm, *University of Illinois–Chicago*
Mark Grudberg, *Purdue University*
Marjorie Hardy, *Eckerd College*
Keith Harris, *Canyon College*
Christian Hart, *Texas Women's University*
William Hathaway, *Regent University*
Brian Hayden, *Brown University*
Stephen Hinshaw, *University of California, Berkeley*
Alexandra Hye-Young Park, *Humboldt State University*
William Iacono, University of Minnesota
Heidi Inderbitzen-Nolan, University of Nebraska–Lincoln
Thomas Jackson, *University of Arkansas*
Kristine Jacquin, *Mississippi State University*
Boaz Kahana, *Cleveland State University*
Arthur Kaye, *Virginia Commonwealth University*
Christopher Kearney, *University of Nevada–Las Vegas*
Ernest Keen, *Bucknell University*
Elizabeth Klonoff, *San Diego State University*
Ann Kring, *University of California, Berkeley*
Marvin Kumler, *Bowling Green State University*
Thomas Kwapil, *University of North Carolina–Greensboro*
George Ladd, *Rhode Island College*
Michael Lambert, *Brigham Young University*
Travis Langley, *Henderson State University*
Christine Larson, *University of Wisconsin–Milwaukee*
Cynthia Ann Lease, *VA Medical Center, Salem, VA*
Richard Leavy, *Ohio Wesleyan University*
Karen Ledbetter, *Portland State University*
Scott Lilienfeld, *Emory University*
Kristi Lockhart, *Yale University*
Michael Lyons, *Boston University*
Jerald Marshall, *Valencia Community College*
Janet Matthews, *Loyola University–New Orleans*
Dean McKay, *Fordham University*
Mary McNaughton-Cassill, *University of Texas at San Antonio*
Suzanne Meeks, *University of Louisville*
Michelle Merwin, *University of Tennessee–Martin*
Thomas Miller, *Murray State University*
Scott Monroe, *University of Notre Dame*
Greg Neimeyer, *University of Florida*
Sumie Okazaki, *New York University*
John Otey, *South Arkansas University*
Christopher Patrick, *University of Minnesota*
P. B. Poorman, *University of Wisconsin–Whitewater*
Katherine Presnell, *Southern Methodist University*
Lynn Rehm, *University of Houston*
Kim Renk, *University of Central Florida*
Alan Roberts, *Indiana University–Bloomington*
Melanie Rodriguez, *Utah State University*
Carol Rothman, *City University of New York, Herbert H. Lehman College*
Steve Schuetz, *University of Central Oklahoma*
Stefan Schulenberg, *University of Mississippi*
Paula K. Shear, *University of Cincinnati*
Steve Saiz, *State University of New York–Plattsburgh*
Jerome Small, *Youngstown State University*
Ari Solomon, *Williams College*
Michael Southam-Gerow, *Virginia Commonwealth University*
John Spores, *Purdue University–North Central*
Brian Stagner, *Texas A&M University*
Irene Staik, *University of Montevallo*
Rebecca Stanard, *State University of West Georgia*
Chris Tate, *Middle Tennessee State University*
Lisa Terre, *University of Missouri–Kansas City*
Gerald Tolchin, *Southern Connecticut State University*
Michael Vasey, *Ohio State University*
Larry Ventis, *College of William & Mary*
Richard Viken, *Indiana University*
Lisa Vogelsang, *University of Minnesota–Duluth*
Philip Watkins, *Eastern Washington University*
Kim Weikel, *Shippensburg University of Pennsylvania*
Amy Wenzel, *University of Pennsylvania*
W. Beryl West, *Middle Tennessee State University*
Michael Wierzbicki, *Marquette University*
Richard Williams, *State University of New York, College at Potsdam*
John Wincze, *Brown University*
Bradley Woldt, *South Dakota State University*
Nancy Worsham, *Gonzaga University*
Ellen Zaleski, *Fordham University*
Raymond Zurawski, *St. Norbert College*

1

역사적 맥락에서의 이상행동

심리학의 주요 개념, 원칙, 주제를 설명한다.	▶ 심리학이 어째서 행동과 정신과정을 설명하고, 이해하고, 예측하며, 통제하는 것을 주된 목표로 하는 과학인지 설명한다. (APA SLO 5.1b) (교재의 28~33, 51쪽 참고)
	▶ 행동과 정신과정을 설명하기 위해 기본적 심리학 용어, 개념, 이론들을 사용한다. (APA SLO 5.1a) (교재의 33~50쪽 참고)
심리학의 내용 영역에 대한 지식을 발달시킨다.	▶ 주요 인물, 핵심 관심사, 사용된 방법, 이론적 갈등을 포함해 심리학의 역사와 관련된 중요한 측면들을 요약한다. (APA SLO 5.2c) (교재의 33~50쪽 참고)
	▶ 심리학의 주요 영역들(예, 인지와 학습, 발달, 생물, 사회문화)의 핵심 특성을 파악한다. (APA SLO 5.2a) (교재의 42~46쪽 참고)
행동을 해석하기 위해 과학적 추론을 사용한다.	▶ 행동과 정신과정을 설명하기 위해 기본적 심리학 용어, 개념, 이론들을 사용한다. (APA SLO 5.1a)
	▶ 행동을 설명하기 위해 복잡성의 여러 수준(예, 세포, 개인, 집단·체계, 사회·문화)을 통합한다. (APA SLO 1.1c) (교재의 36~49쪽 참고)

* 이 단원의 내용은 미국심리학회(APA)가 학부 심리학 전공에 대한 지침(American Psychological Association, 2012)에서 제안한 학습목표들을 포함하고 있다. APA에서 제안한 학습목표(Suggested Learning Outcome, SLO)에 따른 범위는 위에서 확인할 수 있다.

정신병리 이해하기

▶ 심리학자는 심리장애를 어떻게 정의하는가?
▶ 과학자–실무자(scientist-practitioner) 모델은 무엇인가?

여러분이 잠들기 전 오늘 하루의 일과를 되돌아본다면 잠자리에서 일어나 아침을 먹고 수업에 가고, 공부하고, 친구들과 친목을 다지는 시간을 가졌을 수 있다. 하지만 이러한 사소한 일상생활을 영위하지 못하는 사람들이 많다는 것은 몰랐을 수도 있다. 이들이 공통적으로 가지고 있는 것을 **심리장애**라고 하는데 이는 내적 고통 또는 기능 손상과 연관된 심리적 역기능으로, 개인이 속한 문화 내에서 예상되지 않거나 일반적이지 않은 반응으로 정의된다. 이것이 정확히 무엇을 뜻하는지 더 자세히 살펴보기 전에 한 개인의 상황을 살펴보자.

주디 ● 피를 보는 순간 기절한 소녀

주디는 16세 학생으로 최근 더 자주 기절을 경험하게 되어 우리 불안장애 클리닉으로 의뢰되었다. 약 2년 전 주디는 생물학 수업에서 개구리 해부 동영상을 시청하게 되었다. 이 영상은 꽤 상세하여 피, 조직, 근육을 매우 생생하게 담고 있었다. 영상을 절반 정도 시청한 주디는 어지러움을 느껴 교실을 나왔다. 하지만 영상물 속 이미지는 머리를 떠나지 않았고, 이로 인해 지속적으로 불편감을 느끼며 가끔 메

스꺼움도 경험하게 되었다. 이후 주디는 피나 상처를 접하게 될 것 같은 상황을 피하기 시작하였고, 자신이 두려워하는 이러한 이미지가 떠오를 것 같아 생고기나 심지어 반창고를 쳐다보는 것까지 어렵다고 느끼기 시작하였다. 결국 주디는 피나 상처를 떠오르게 하는 주위 사람들의 말을 들을 때에도 어지러움을 경험하게 되었다. 얼마나 심해졌는지 방송에서 상사가 부하 직원에게 "잘라 버려!"라고 하는 대사를 듣기만 해도 현기증을 느꼈다.

불안장애 클리닉에 내원하기 6개월 전쯤부터 주디는 불가피하게 피를 보게 될 때 기절하기 시작하였다. 의학적으로는 문제가 없는 것으로 판단되었다. 클리닉에 의뢰될 때쯤에는 일주일에 평균적으로 5~10번 정도, 대부분 수업시간에 기절을 하였다. 이와 같은 현상은 분명히 문제가 되었고 일상생활에 지장을 주고 있었다. 예를 들어 주디가 기절할 때마다 다른 학생들은 도움을 주기 위해 그녀를 살피러 모여들었고, 이로 인해 수업은 원활하게 진행되지 못하였다. 결국 교장 선생님은 주디가 자신의 처지를 통해 다른 학생들을 조종하고 있다고 믿게 되었고 우등생이었음에도 불구하고 정학처분이 내려졌다.

주디는 현재 우리가 혈액-주사-손상공포증(blood-injection-injury phobia)으로 알고 있는 장애로 인해 고통을 받고 있었다. 그녀의 반

응은 극심하여 사물이나 상황에 대한 유의미하고 지속적인 두려움으로 특징되는 심리장애 중 하나인 **공포증** 진단기준을 충족시키고 있다. 하지만 많은 사람들이 이와 같이 극심한 정도는 아니나, 주사를 맞거나 다른 사람이 상해를 입는 상황에서 유사한 반응을 보일 수 있다. 이처럼 주디와 같이 심하게 반응할 경우, 공포증은 큰 장애를 초래할 수 있다. 의학이나 간호학과 같은 특정 직종을 회피할 수 있으며, 바늘이나 주사에 대한 두려움이 지나칠 경우 이것이 필요한 상황 또한 회피하게 되어 건강을 위협할 수 있다.

● 그림 1.1 심리장애를 정의하는 범주

심리장애는 무엇인가?

심리장애 또는 **이상행동**은 내적 고통(distress) 또는 기능 손상과 연관된 심리적 역기능을 말하며, 문화적으로 수용되기 어렵거나 일반적이지 않은 반응을 가리킨다(그림 1). 위 세 가지 기준이 명확해 보일 수 있으나, 이상행동에 대한 정의를 쉽게 내리기는 어려우며 이것이 무엇을 뜻하는지 살펴볼 필요가 있다.

심리적 역기능

심리적 역기능(psychological dysfunction)은 인지, 정서, 행동 기능상의 붕괴를 말한다. 예를 들어 데이트는 일상적으로 즐거워야 한다. 그러나 저녁 내내 실제 두려워할 이유가 없음에도 극심한 두려움을 경험하고, 데이트를 할 때마다 두려움을 경험하게 된다면 정서가 제 기능을 하지 못하고 있음을 시사한다. 하지만 만약 주위 친구들이 데이트 상대방이 예측 불가능하고 어떠한 면에서 위험할 수 있다는 데에 동의한다면 두려움을 느끼는 것이 역기능적이지는 않을 것이다.

주디의 경우 역기능이 분명 존재하였다. 하지만 대부분의 사람도 특정 장애의 진단기준을 충족시키지는 않는 경미한 수준에서 피를 보았을 때 메스꺼움을 느끼는 것과 같은 반응을 경험할 수 있다. 정상과 비정상적 역기능 간의 구분을 짓는 것은 어려울 수 있다. 이러한 이유에서 이 문제들은 단순히 존재하느냐 아니냐가 아닌 하나의 연속선상에 위치한다고 간주되고 있다(McNally, 2011; Widiger & Crego, 2013). 또한 이러한 이유에서 단순히 역기능을 가진 것 자체로만 심리장애의 진단기준을 충족한다고 단정할 수는 없다.

개인적 고통 또는 손상

이상행동이라고 분류되기 위해서 특정 행동이 개인적 고통과 연관되어야 한다는 사실은 명확하다. 예를 들어 한 개인이 매우 심란한 상태라면 위 기준이 충족될 수 있다. 주디는 분명 심란함을 느끼고

있었다. 하지만 이러한 기준 하나만으로 이상행동을 정의할 수는 없다. 속상하고 심란한 마음은 삶의 일부일 수 있다. 예를 들어 가까운 누군가가 사망한다면 속상함을 느끼는 것은 정상적일 것이다. 고통과 괴로움은 우리의 삶의 일부분이라 할 수 있다. 또한 어떤 심리장애의 경우 정의상 고통과 괴로움은 포함되지 않는다. 조증 삽화를 경험하고 있는 개인은 의기양양하고 충동적으로 행동할 수 있다. 제6장에서는 조증 상태에 있는 개인이 이러한 상황을 지나치게 즐기게 되어 치료받기를 주저하는 어려움이 있을 수 있다는 사실을 좀 더 자세히 다룰 것이다. 따라서 고통 하나만으로 심리장애를 정의하는 것은 제한점이 있다.

손상(impairment)이라는 개념은 유용하나 이 또한 완전히 만족스럽지는 못하다. 예를 들어 많은 사람들이 자신의 성격을 수줍거나 게으르다고 표현할 수 있다. 이것만으로 이들이 비정상이라고는 할 수 없다. 그러나 친구를 사귀고 싶어도 사람들과 상호작용하는 것이 수줍음으로 인하여 불가능하다면, 이 개인의 사회적 기능은 손상되었다고 볼 수 있다.

주디는 공포증으로 인해 명백하게 손상된 기능을 보이고 있지만, 이보다 경미한 수준의 반응을 보이는 개인들은 손상된 기능을 보인다고 결론 내릴 수는 없다. 이와 같은 차이는 대부분의 심리장애는 정상적인 감정, 행동, 인지 과정의 극단적인 표현이라는 중요한 관점을 다시 한 번 보여주고 있다.

이례적 또는 문화적으로 예상되지 않은 반응

개인의 반응이 이례적이고 문화적으로 예상되지 않는다는 기준 또한 그 자체만으로 이상행동을 결정하는 데에 불충분하다. 평균으로부터 이탈하여 이상행동으로 간주되는 상황은 존재한다. 이탈의 정도가 클수록 그 행동은 더 비정상적이다. 한 사람의 신장이 비정상적으로 작거나 크다고 말할 수 있으나 이것은 장애에 대한 정의라고 할

수 없다. 많은 행동이 특이하고 평균에서 벗어날 수 있으나 이러한 개인들을 우리는 재능이 있거나 특이하다고 하지 장애가 있다고 하지는 않는다. 예를 들어 피가 뿜어져 나오도록 제작된 의상을 착용하는 것이 일상적인 행동이라고는 할 수 없지만 Lady Gaga가 공연 중 이와 같은 행위를 보여줬을 때 그녀는 유명세를 더 탔다. 대부분의 경우 사회의 관점에서 바라봤을 때 한 개인이 생산적일수록 그 사회는 더 많은 기이함을 용인한다. 따라서 평균으로부터의 이탈 역시 이상행동에 대한 정의로 충분하지는 않다.

또 다른 관점에 의하면 개인의 행동이 사회적 규범을 어긴다면 이상행동으로 간주될 수 있다. 이와 같은 정의는 심리장애에서 보고되고 있는 문화적 차이를 고려할 때 유용하다. 예를 들어 대부분의 서양 문화권에서는 가수면 상태에 들어가 귀신이 씌웠다고 믿는 것은 심리장애를 반영한다고 보지만 많은 다른 문화에서는 이와 같은 행동은 수용되고 당연시 된다(제5장 참고). Robert Sapolsky(2002)가 한 예를 보여줬는데, 동아프리카 마사이족과 긴밀하게 교류하고 있는 이 신경과학자가 어느 날 마사이족 친구인 Rhoda에게서 마을에 어떤 여성이 공격적으로 행동하고 소리가 들린다고 한다며 자신의 차를 가지고 오라는 부탁을 받았다. 그 여성은 맨손으로 염소를 죽였다고 하였다. Sapolsky와 다른 부족민들은 그녀를 제압하여 근처 의료기관으로 이송할 수 있었다. 심리장애에 대한 마사이족의 견해를 알아볼 수 있는 좋은 기회라고 판단한 Sapolsky는 아래와 같은 대화를 나누게 된다.

"Rhoda," 난 간결하게 시작하였다. "이 여성에게 무슨 문제가 있다고 생각해?"
그녀는 내가 제정신이 아닌 사람인 것처럼 쳐다봤다.
"그녀는 미쳤어."
"하지만 그걸 어떻게 알아?"
"그녀는 미친 거야. 그녀가 하는 행동을 보면 모르겠어?"
"하지만 미쳤다는 것을 어떻게 결정하는데? 무슨 행동을 했는데?"
"염소를 죽였잖아."
"아," 나는 인류학적 무심함을 보이며 이어갔다. "하지만 마사이족은 염소를 항상 죽이잖아."
그녀는 내가 멍청이인 것처럼 쳐다봤다. "남자만 염소를 죽이잖아."
"그럼, 그녀가 미쳤다는 것을 어떻게 또 알 수 있어?"
"소리가 들린다고 하잖아."
나는 다시 한 번 시도하였다. "아, 하지만 마사이족 사람들은 때로 소리를 듣기도 하잖아?"(긴 소몰이 여정을 떠나기 전 의식을 행할 때

Christopher Polk/Getty Images

▲ Lady Gaga를 통해 볼 수 있듯이 사회는 대개 연예인의 극단적인 행동에 대해서는 상대적으로 수용적이다.

마사이족은 가수면 상태에서 춤을 추고 목소리가 들린다고 한다). 그러고 나서 Rhoda는 비교문화적 정신의학에 대해 우리가 알아야 하는 사실의 절반 정도를 한 문장으로 요약하였다.
"하지만 그녀는 걸맞지 않을 때 소리를 들잖아."(p. 138)

정상에 대한 사회적 기준은 오용될 수 있다. 사담 후세인이 몰락하기 전 이라크에서 흔히 볼 수 있었던 현상 중 하나가 정부 정책을 반대하였다는 이유로 정치적 반체제 인사들을 정신병원에 입원시키는

심리장애(psychological disorder) 일반적이지 않거나 문화적으로 예상되는 반응이 아닌 고통 또는 기능 손상과 연관된 심리적 역기능.

공포증(phobia) 특정 사물 또는 상황에 대한 유의미하고 지속적인 공포로 특징되는 심리적 장애.

이상행동(abnormal behavior) 전형적 또는 일반적 행동과 다르기 때문에 흔히 부정적으로 평가되는 예상되지 않은 행동.

것이었다. 이는 해당 사회에서의 사회적 규범을 명확히 위반하는 행위이나 이것만으로 입원의 정당성이 확립된다고 볼 수 없다.

Jerome Wakefield(1999, 2009)는 해로운 역기능에 대한 짧은 정의를 사용한다. 관련된 개념으로는 특정 행동이 개인의 통제력을 벗어났는지를 결정하는 것이다(Widiger & Crego, 2013; Widiger & Sankis, 2000). 이와 같은 접근의 변형이 진단적 과정에 현재 사용되고 있으며 그 대표적인 예시가 심리장애에 대한 최신 기준을 포함하고 있는『정신질환의 진단 및 통계 편람』5판(*Diagnostic and Statistical Manual* 5th Ed., *DSM-5*; American Psychiatric Association, 2013)이다(Stein et al., 2010).

통용되는 정의

결론적으로 '정상'과 '이상'을 정의하는 것은 어려우며(Lilienfeld & Marino, 1995, 1999), 이에 대한 논의는 계속되고 있다(McNally, 2011; Stein et al., 2010). 가장 널리 인정되고 있는 *DSM-5*의 정의에서는 문화적 맥락에서 예상되지 않는 행동적, 심리적 또는 생물학적 역기능으로 현재 심리적 고통과 기능 손상 또는 고난, 사망, 통증 또는 손상에 대한 증가한 위험과 연관지어 설명하고 있다. 이와 같은 정의는 특정 사회에서 규정하고 있는 역기능적 또는 통제를 벗어난 행동이 무엇인가에 초점을 맞출 수만 있다면 여러 문화에 걸쳐 유용할 수 있다. 하지만 무엇이 역기능을 반영하는지 결정하기란 쉽지 않고 몇몇 학자들은 질환(disease) 또는 장애(disorder)를 정의하지 못할 것이라고 못 박고 있다(예를 들어 Lilienfeld & Marino, 1995, 1999). 최선의 방법은 해당 장애에 속한다고 전문가들이 동의한 모든 또는 대부분의 증상이 존재할 경우 이와 관련된 의심되는 질환 또는 장애가 어떻게 주요우울장애나 조현병과 같은 특정 장애의 '전형적인' 증상과 일치하는지 보는 것이다. 이와 같은 전형적인 증상을 원형(prototype)이라고 하며, 제3장에서 논의되는 것과 같이 이 책에서 다루고 있는 *DSM-IV-TR* 그리고 *DSM-5* 진단기준들은 모두 원형에 해당한다. 이는 특정 장애의 몇몇 특징 또는 증상만을 보여도 이러한 증상이 원형에 가깝기 때문에 장애 진단기준을 충족시킬 수 있음을 의미한다. 하지만 *DSM-IV*와 *DSM-5* 간의 차이점 중 하나는 *DSM-5*는 특정 장애의 심각성에 대한 차원적 추정치를 추가하였다는 점이다(American Psychiatric Association, 2013; Regier et al., 2009). 따라서 불안장애를 예로 들면 특정 장애 내에서 불안의 강도와 빈도는 0에서 4점 척도로 측정되며 0은 증상의 부재, 1점은 경미한 또는 간헐적 증상 그리고 4점은 지속적이고 심한 증상을 말한다(Beesdo-Baum et al., 2012; LeBeau et al., 2012).

정신병리의 과학적 기반

정신병리학은 심리장애를 과학적으로 연구하는 학문이다. 정신병리학 분야에는 임상 및 상담 심리학자, 정신건강전문의, 정신건강 사회복지사, 그리고 정신건강 간호사 외 부부 및 가족 치료사와 정신건강 상담자가 속해 있다. 임상심리학자와 상담심리학자는 박사학위 소지자로 대략 5년간의 대학원 학업과정을 이수하게 된다. 대부분의 경우 박사학위 유형은 Doctor of Philosophy(PhD)를 수여받으나 간혹 Doctor of Education(EdD) 또는 Doctor of Psychology(PsyD) 학위를 받는 경우도 있다. 대학원 과정을 통해 임상 및 상담 심리학자들은 심리장애에서의 원인 및 치료에 대한 연구를 진행할 수 있는 능력을 키우게 되며 이러한 장애들을 진단, 평가, 치료하는 수련도 병행한다. 상담심리학자는 상대적으로 건강한 개인들을 대상으로 적응상의 문제와 진로관련 쟁점들을 연구하고 치료하며 임상심리학자는 이보다 더 심각한 심리장애에 초점을 맞춘다. 실험 및 사회 심리학자와 같이 다른 특수화된 훈련을 받은 심리학자들은 행동의 기본 결정요인에 대해 탐색하며 심리장애를 평가하거나 치료하지는 않는다.

정신의학전문의는 우선 의과대학을 졸업하여 의학박사(MD) 학위를 취득한 후 3~4년간의 레지던트 과정에서 정신의학을 전공한 전문가이다. 정신의학전문의 또한 심리장애의 본성과 원인을 연구하며 이와 더불어 진단을 내리고 치료를 제공한다. 많은 정신의학전문의는 약물치료나 다른 생물학적 치료를 강조하나 대부분 심리사회적 치료도 제공한다.

정신건강 사회복지사는 일반적으로 심리장애를 가진 개인의 사회적 그리고 가족 상황과 관련된 정보를 수집하는 전문성을 발전시키면서 사회복지학 석사학위를 취득한다. 사회복지사들도 장애를 치료하며 흔히 장애와 연관된 가족문제에 초점을 둔다. 정신건강 간호사는 대부분 최소 4년제 대학 졸업자로 이 중 대학원 과정을 밟은 경우도 있다. 이들은 심리장애를 가진 환자에 대한 간호와 치료를 전문적으로 제공하며 대부분 병원 내 치료팀과 협력하게 된다.

마지막으로 부부 및 가족 치료사와 정신건강 상담자는 일반적으로 석사학위 취득을 위해 1~2년 정도 학위과정을 밟게 되며 병원이나 상담센터에서 임상적 서비스를 제공하도록 고용된다.

과학자-실무자

최근 정신병리학에서의 가장 중요한 발전은 심리장애의 원인 및 이에 대한 치료를 보다 잘 파악하기 위해 과학적 방법론을 적용한 것이다. 많은 정신건강 전문가들은 그들의 임상적 활동에서 과학적 접

정신건강
전문가

과학의 소비자
– 실무 증진

과학의 평가심사원
– 실무의 효과성 결정

과학의 창조자
– 실무에 유용한 새로운 중재로
이어지는 연구 실시

● 그림 1.2 과학자–실무자로서의 기능

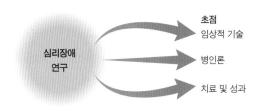

심리장애
연구

초점
임상적 기술

병인론

치료 및 성과

● 그림 1.3 심리장애의 연구와 논의를 이루는 세 가지 범주

근법을 채택하며 그렇기에 이들은 **과학자–실무자**로 불린다(Barlow, Hayes, & Nelson, 1984; Hayes, Barlow, & Nelson-Gray, 1999). 정신건강 실무자들은 다음과 같은 세 가지 측면에서 과학자–실무자로 기능한다(그림 1.2). 첫째, 자신이 몸담고 있는 분야에서의 최신 발전 흐름과 함께하며 이로 인해 가장 최근의 진단적 그리고 치료적 절차를 사용한다. 이러한 맥락에서 정신병리 과학의 소비자인 셈이다. 둘째, 자신의 평가 또는 치료 절차를 검토하며 그 효과성에 대해 스스로 검증한다. 그들은 내담자 또는 환자뿐만 아니라 정부기관과 치료비를 지원해 주는 보험회사에 대해서도 책임을 져야 하기 때문에 자신이 제공한 치료가 효과적인지 입증해야 한다. 마지막으로 과학자–실무자는 연구를 수행하여 장애나 치료에 대한 새로운 정보를 공유한다. 이와 같은 연구 시도는 세 가지 기본적인 목표를 두고 있다. 심리장애를 설명하고, 장애의 원인을 결정하고, 그리고 장애를 치료하는 것이다(그림 1.3). 위 세 가지 범주는 이 책에서 반복적으로 제시될 조직적 구조를 구성하게 된다. 이상행동을 좀 더 잘 이해시키기 위한 노력의 일환으로 각각에 대한 전반적인 개요가 필요할 것으로 사료된다.

임상적 기술

병원이나 상담센터에서는 흔히 내담자 또는 환자가 특정 문제를 '제시한다'고 하거나 이들의 **제시된 문제**에 대해 논의한다. 주디의 제시된 문제는 그녀의 **임상적 기술**, 즉 특정 장애를 구성하는 특유의 행동, 사고, 감정의 조합을 결정하는 첫 단계이다. 여기서 임상적이라는 용어는 병원이나 상담센터에서 접할 수 있는 장애 유형과 평가 및 치료와 연관된 활동 모두를 가리킨다.

임상적 기술은 해당 장애가 정상 행동 또는 다른 장애와 어떠한 이유에서 다른지를 구체화한다는 점에서 중요한 기능을 한다. 통계자료 또한 관련될 수 있다. 예를 들어 전체 인구에서 몇 명이 해당 장애를 갖고 있는가? 이러한 수치를 장애 **유병률**이라고 한다. 1년과 같이 주어진 기간 내에 발생하는 새로운 발병 사례는 장애 **발생률**이다. 다른 통계치로 남·여에서의 발생 비율인 성비(sex ratio), 그리고 장애에 따라 차이가 있는 일반적 초기 발병 연령 등이 있다.

그 밖에 대부분의 장애는 특정한 패턴이나 **경과**를 따른다. 예를 들어 조현병(제12장 참고)과 같은 장애는 오랜 기간 지속되는 만성적 경과(chronic course)를 보인다. 기분장애(제6장 참고)의 경우 삽화적 경과(episodic course)를 거치는데 몇 개월 이내에 장애로부터 회복되지만 나중에 장애가 재발할 수 있다. 이외 다른 장애는 제한된 기간 동안 지속되는 급성적으로 발병한 경과(time-limited course)를 갖게 되어 상대적으로 단기간 내에 치료 없이 증상이 호전된다.

장애별 경과상의 차이와 밀접히 연관된 현상이 초기 발병 양상이다. 어떠한 장애는 급성 발병(acute onset) 양상을 보여 급작스럽게

정신병리학(psychopathology) 심리적 장애에 대한 과학적 연구.

과학자–실무자(scientist-practitioner) 자신의 직무에 과학적 방법을 적용할 것으로 예측되는 정신건강 전문가. 과학자–실무자는 진단과 치료에 대한 최신 연구를 숙지해야 하며 자신의 방법의 효과성을 검증하고 장애 및 장애 치료와 관련된 정보를 파악하기 위해 연구를 진행할 수 있다.

제시된 문제(presenting problem) 내담자가 치료사에게 처음 보고하게 되는 주 호소 문제. 실제 치료되는 문제는 제시된 문제로부터 파생된 변형된 것일 수 있다.

임상적 기술(clinical description) 특정 장애를 구성하는 개인의 행동, 사고, 그리고 감정의 조합에 대한 기술.

유병률(prevalence) 전체 인구 중 특정 시기에 장애를 보이고 있는 사람의 수(발생률과 비교하기).

발생률(incidence) 특정 기간 동안 새롭게 장애 진단을 받은 사례의 수(유병률과 비교하기).

경과(course) 시간에 따른 장애의 발달 및 변화 양상.

시작된다. 다른 장애는 점진적으로 장기간에 걸쳐 발병한다(insidious onset). 장애의 일반적인 경과에 대해 잘 파악하고 있어야 문제에 따라 무엇을 예상할 수 있는지 그리고 어떻게 가장 잘 대처할 수 있는지 알 수 있다. 예를 들어 시간-제한적이라고 알려진 급성 발병 양상을 가진 경미한 장애로 인해 고통받고 있다면 비싼 치료를 제안할 필요가 없을 것이다. 하지만 오랜 기간 지속될 것으로 보이는 장애의 경우 치료가 필요할 수 있다. 장애의 예상되는 경과를 우리는 **예후**라고 한다.

내담자의 연령은 임상적 기술에 있어 중요한 요소일 수 있다. 아동기에 발현되는 심리장애는 성인기 또는 노년기에 발병되는 상황에 비해 그 양상이 다르게 제시될 수 있다. 예를 들어 극심한 불안을 경험하는 아동은 흔히 자신이 신체적으로 아프다고 생각한다. 불안을 경험하는 성인에 비해 아동의 사고와 감정이 다르기 때문에 아동은 오진되거나 의학적 질환만 치료된다.

시간에 따라 나타나는 행동변화에 대한 연구를 발달심리학이라 부르며 이상행동의 시간적 변화를 연구하는 학문을 발달정신병리학(developmental psychopathology)이라고 한다. 일생에 거쳐 변화는 계속되기에 연구자들은 아동뿐만 아니라 청소년, 성인, 그리고 노인의 발달도 연구한다. 인생 전반에 걸친 이상행동에 대한 연구를 전생애 발달정신병리학(life-span developmental psychopathology)이라고 한다.

병인론, 치료, 병인론적 결과

기원을 탐구하는 **병인론**은 왜 장애가 시작되는지를 중점으로 생물학적, 심리적, 그리고 사회적 차원을 포함한다. 제2장에서 이와 같은 측면을 좀 더 자세히 다룰 것이다.

심리장애에 대한 연구에 있어 치료 또한 중요하다. 만약 새로운 약물이나 심리사회적 치료법이 특정 장애에 대한 치료에 있어 그 효과성이 검증된다면 장애의 본질과 원인에 대한 단서를 제공할 수 있다. 예를 들어 신경계에 명확한 영향을 미친다고 알려진 약물이 특정 장애를 호전시킨다면 그 신경계 영역에서 무엇이 장애를 유발시키거나 지속시키는 데에 기여하는지 파악할 수 있다. 다음 장에서 살펴보겠지만 효과가 반드시 원인을 의미하지 않기에 정신병리학은 절대 간단하지 않다. 흔한 예를 들자면 시험을 보다 생긴 두통을 완화시키기 위해 두통제를 복용한다고 가정하자. 만약 약을 복용하고 두통이 나아졌다 하더라도 두통제를 복용하지 않아서 두통이 발생한 것을 의미하는 것은 아니다. 그럼에도 불구하고 많은 사람들이 심리장애에 대한 치료를 원하고 있고 치료는 장애의 본질에 대한 단서를 제공할 수 있다.

과거 교재들은 어떠한 장애에 대한 치료인지는 간과한 채 일반적

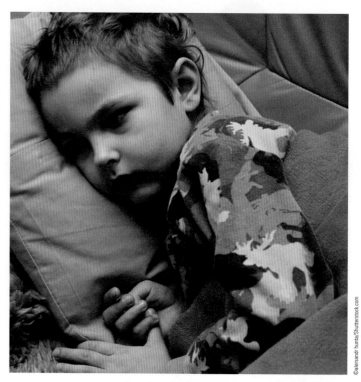

▲ 아동은 성인과는 다른 방식으로 공황과 불안을 경험하기 때문에 아동의 반응은 신체적 질병을 반영하는 증상으로 오인될 수 있다.

인 치료적 접근만을 강조하였다. 예를 들어 어떠한 정신건강 전문가는 정신분석 또는 행동치료와 같은 단일 이론적 접근에 기반을 둔 훈련을 이수하여 그 접근법을 모든 장애에 적용했을 수 있다. 최근 과학의 발전과 함께 장애에 대한 더 깊은 이해를 기반으로 하나의 이론적 접근만을 고수하지 않는 구체적이고 효율적인 치료법들이 소개되었다. 이러한 이유에서 이 책에서는 정신역동, 인지행동, 인본주의치료와 같이 치료 유형별로 단원(chapter)을 나누지 않았다. 대신 이러한 통합적, 다차원적 관점에 맞게 특정 장애의 맥락에서 가장 최근의 그리고 가장 효율적인 치료로 밝혀진 약물 및 비의학적 치료로서 심리적, 사회적, 문화적 요인에 초점을 둔 심리사회적 치료에 대해 서술하겠다.

지금부터는 이상행동을 설명하고 이에 대한 치료 및 원인을 이해하기 위한 여러 초기 시도들을 살펴보겠다. 제2장에서는 원인론 및 치료와 관련된 현대적 관점을 다룰 것이다. 제3장에서는 이상행동을 설명하고 분류하려는 노력에 대해 논의하겠다. 제4장에서 제13장까지는 특정 장애별로 논의를 이어 나갈 것이다. 마지막으로 제14장은 심리장애와 이에 대한 치료와 연관된 법적, 전문적, 윤리적 쟁점을 검토할 것이다. 이러한 개요를 유념하면서 과거로 돌아가 보자.

이상행동의 역사적 개념

몇 천 년 동안 인간은 문제행동을 설명하고 통제하려 시도하였다. 하지만 이러한 노력은 항상 당시 주목받던 행동 모델 또는 이론으로부터 파생됐다. 이러한 모델은 한 사람이 "왜 저런 행동을 하나?"라는 질문을 설명하기 위함이었다. 길잡이를 해준 세 가지 주요 모델은 문명의 시작까지 거슬러 올라간다.

인간은 신체 외부 그리고 환경에 있는 요인들이 우리의 행동, 사고, 정서에 영향을 준다고 가정하였다. 초자연적 모델(supernatural model)의 원동력은 신, 악마, 심령 또는 자기장이나 달, 별과 같은 현상들이었다. 또한 마음은 영혼(soul) 또는 정신(psyche)으로 불리며 몸과 분리되었다고 여겨졌다. 많은 사람이 마음이 몸에, 그리고 번갈아가며 몸이 마음에 영향을 준다고 생각했으나 대부분의 철학자들은 이상행동의 원인을 둘 중 하나에서만 찾으려 하였다. 이러한 분열은 이상행동의 두 개의 전통, 즉 생물학적 모델과 심리적 모델을 낳았다.

개념 확인 1.1

A

아래 이상성에 대한 정의에 적합한 용어를 적으시오.

(a) 사회적 규범 위반 (b) 기능 손상 (c) 역기능 (d) 고통

1. 미겔은 최근 슬프고 외로워지기 시작하였다. 아직 기능은 유지하고 있으나 대부분의 시간 동안 기분이 저하되고 자신에게 일어나고 있는 일에 대해 걱정하고 있다. 미겔의 상황에 적용될 수 있는 이상성의 정의는 무엇인가?_____

2. 2주 전부터 35세 기업체 간부인 제인은 씻지도 않고, 집을 나가지도 않으면서 텔레비전 토크쇼를 시청하고 있다. 해고 위협을 받고 있으나 제인을 현실로 돌려놓지 못하고 있다. 제인의 행동을 설명하는 정의는 무엇인가?_____

B

예시에 적합한 임상적 기술에 사용되는 단어를 찾으시오.

(a) 제시된 문제 (b) 유병률 (c) 발생률 (d) 예후 (e) 경과 (f) 병인론

3. 마리아는 별다른 치료 없이 빠른 시일 안에 회복될 것이다. 존은 치료를 받지 않을 경우 급속히 악화될 것이다. _____

4. 지난 한 달 동안 한 광역시에서는 세 개의 새로운 신경성 폭식증 사례가 진단되었고 다른 광역시에서는 하나의 새로운 사례가 보고되었다. _____

5. 엘리자베스는 자책감과 불안의 상승으로 인해 교내 학생상담센터를 방문하였다. _____

6. 생물학적, 심리학적 그리고 사회적 영향 모두 다양한 장애에 기여한다. _____

7. 특정 장애가 진행되는 양상은 만성적, 시간 제한적 또는 삽화적일 수 있다. _____

8. 전체 인구 중 강박장애로 인해 고통받고 있는 사람의 수는 몇 명인가? _____

초자연적 전통

▶ 이전에는 어떤 초자연적 영향들이 이상행동을 설명하는 것으로 믿어왔는가?

다수의 역사적 기록들에서 이상행동은 선과 악 사이의 갈등을 반영하는 것으로 묘사되어 왔다. 설명이 불가능한 비논리적 행동, 인간의 고통과 격변을 통해, 사람들은 악의 손길을 느꼈다.

악마와 마녀

한 주도적 의견이 심리장애의 원인과 치료를 초자연적인 영역에 속하게 하였다. 14세기 말 종교인과 세속의 관리들은 이러한 대중적 미신들을 지지했고 사회 전반에서 악마와 마녀의 존재와 그들의 힘을 더 강력하게 믿기 시작하였다.

심리장애로 고통받는 사람들의 특이한 행동은 악마와 마녀의 영향에 의한 것으로 여겨졌다. 그 결과 지역사회 구성원들이 경험하는 불행은 악령에게 '홀린'(possessed) 사람들에 의한 것으로 간주되었으며 이로 인해 악령에 빙의된 사람들에 대한 과격한 조치가 정당화되었다. 악령의 피해자를 구하기 위해 **퇴마**와 같은 다양한 종교 의식

예후(prognosis) 시간에 따른 장애의 예상된 진행과정 및 발달.

병인론(etiology) 장애의 유발 요소 또는 원천.

퇴마(exorcism) 문제 행동을 악마에 홀려 나타나는 현상으로 간주하여 실시되는 종교적 의식으로, 악마를 신체로부터 쫓아내어 개인이 치료된다고 가정한다.

이 치료로 행해졌다. 그 외 피해자의 머리카락에 강제적으로 십자가 모양을 새기거나 교회 앞면 벽에 결박시켜 미사를 들으며 종교의 도움을 받게 하는 등의 의식도 있었다.

광기나 다른 악의적 행동들이 마법과 마녀 때문이라는 굳은 신념은 15세기까지 이어졌다. 실제 미국 건국 이후에도 설명이 불가능한 행동들을 악령의 탓으로 돌렸는데, 이는 17세기 후반 매사추세츠 살렘 지역의 마녀 재판 기록에서 확인할 수 있다.

스트레스와 우울감

초자연주의와 대등하게 존재한 또 하나의 강력한 주장은 이상행동이 정신적 또는 정서적 스트레스에 의해 야기되는 자연적 현상이며 치료될 수 있다는 관점이었다(Alexander & Selesnick, 1966; Maher & Maher, 1985a). 비록 절망과 무기력감 같은 증상이 교회에 의해 나태(acedia)나 태만(sloth)과 같은 죄로 인식되었지만(Tuchman, 1978), 정신적 우울과 불안은 질병으로 인식되었다(Kemp, 1990l Schoeneman, 1977). 흔한 치료법으로 휴식, 수면, 건강한 환경의 처방이었다. 다른 치료로는 목욕, 연고 그리고 다양한 묘약 등이 있었다. 사실 14세기와 15세기에는 신체적 기형 또는 장애가 있는 사람들과 정신 이상 증상을 보이는 사람들을 이 집에서 저 집으로 옮겨가며 중세 마을 이웃들이 차례로 돌보았다. 현재 우리는 심리장애가 있는 사람들을 그들이 속한 지역사회에서 지속적으로 머물게 하는 이러한 중세기 관습이 이롭다는 것을 알고 있다(제13장 참고).

14세기 프랑스에서 왕의 고문이었던 Nicholas Oresme이 이상행동은 악마에 의한 것이 아니라 멜랑콜리(melancholy, 우울)가 그 원천이라고 주장하였다. Oresme는 마법과 마술이 특히 정신이상행동을 보이는 사람들 사이에서 행해진다는 대부분의 근거는 고문을 받은 사람들에게서 획득되었으며 이러한 상황에서 무엇이든 시인하는 것은 당연한 결과라고 지적하였다.

정신장애에 대한 자연적인 관점과 초자연적인 관점 간의 대립되는 설명은 역사학자가 어떠한 자료에 근거했느냐에 따라 차이는 있어도 역사적 작품들에 강하게 반영되었다고 할 수 있다. 어떤 사람들은 소위 '악마론'이 이상행동을 설명하는 중세기의 지배적인 관점이라고 주장한 반면(예를 들어 Zilboorg & Henry, 1941), 어떤 이는 초자연적인 현상들은 그 영향력이 적거나 없다고 믿었다. 14세기 후반 프랑스의 왕 샤를 6세가 경험한 심각한 심리장애를 어떻게 다뤘는지 살펴보면, 두 주장의 영향력이 모두 강했고 같은 사례에 대해 각각의 관점에 기반한 치료법이 번갈아 시행되었음을 알 수 있다.

1392년 여름, 프랑스의 왕 샤를 6세는 극심한 스트레스를 경험하고 있었다. 군대를 이끌고 브르타뉴 지방으로 전진할 때 주변에 있던 보좌관 중 한 명이 자신의 창을 큰 소리를 내며 떨어뜨렸다. 왕은 그 순간 공격을 받았다고 생각하고 자신의 군대를 공격하였고 결과적으로 뒤에서 누군가가 왕을 진정시키기 전까지 여러 우수한 기사들을 죽였다. 군대는 그 즉시 파리로 회군하였다. 왕의 장교들과 조언자들은 그가 미쳤다고 결론지었다.

이후 몇 년의 기간 동안 상태가 가장 나빴을 때 샤를 6세는 자신이 유리로 만들어져 있다고 믿으며 궁궐 한쪽 구석에 숨거나 늑대처럼 울부짖으며 복도를 배회하였다. 또 다른 때에는 자신이 누구인지 혹은 무엇인지 기억하지 못하였다. 자신의 왕실 문장을 볼 때마다 두려워하고 격노했으며 문장을 그의 곁에 가져가면 부수려 하였다.

파리 시민들은 왕의 명백한 정신이상 상태로 인해 큰 충격에 빠졌다. 몇몇은 그것이 신의 분노를 반영한다고 생각했으며 다른 이들은 과중한 세금에 대한 천벌이라 믿었다. 그러나 대부분의 시민들은 왕의 정신이상이 마법에 의해 야기되었다고 가정했고 마침 많은 가축이 목말라 죽게 되는 가뭄과 겹쳐 이 믿음은 강화되었다. 상인들은 20년 이래 최악의 손실을 봤다고 주장하였다.

샤를 6세는 왕으로서 그 시대 가능한 최고의 치료를 받았다. 당시 가장 유명한 치유자는 92세의 의사였는데 치료의 일환으로 왕을 그의 여러 거주지 중 공기가 가장 깨끗한 곳으로 옮겼다. 그는 휴식, 이완, 휴양을 처방하였다. 얼마의 시간이 흘렀을까. 왕은 회복되는 듯 보였다. 불행하게도 그 의사는 숨을 거두게 되었고 그 후 왕의 정신이상은 이전보다 더 심각하게 다시 나타났다. 하지만 이번에 왕은 이전과는 반대되는 흐름인 초자연적 원인론의 영향을 받게 되었다. "형클어진 머리에 사악한 눈빛을 가진 돌팔이 겸 사이비 신비주의자인 Arnaut Guilhem이라는 자가 하나님이 아담에게 주신 책을 본인이 소유하고 있으며 이 책을 통해 원죄로 인한 모든 고통을 극복할 수 있다는 주장을 했고 그 덕분에 샤를 6세를 치료하도록 허가받았다"(Tuchman, 1978, p. 514). Guilhem은 왕의 병세가 마법에 의해 야기된 것이라고 주장했으나 그의 치료는 실패하였다.

다양한 민간요법과 여러 종류의 의식이 시도되었으나 효과는 없었다. 고위관리들과 대학 의사들은 '주술사'를 찾아내 처벌하도록 요구하였다. "한번은 아우구스티누스회의 수사(Augustinian friars) 두 명이 마법 주문과 진주가루로 만든 액체가 효과를 보이지 않자 왕의 머리를 절개하자고 제안하였다. 왕실의회가 이를 허락하지 않자 수사들은 자신들의 제안을 반대한 사람들을 주술사로 몰아세웠다"(Tuchman, 1978, p. 514). 심지어 왕 스스로도 간혹 의식이 명료한 순간에는 정신이상의 원인이 악마와 마법에 있다고 믿었다.

빙의 치료

악령을 쫓는 의식인 퇴마 또는 엑소시즘은 적어도 고통스럽지 않다는 장점이 있다. 흥미롭게도 다른 신앙요법이 그러하듯이 엑소시즘은 이 책의 다른 장에서 보게 될 이유로 인해 실제 효과가 나타나기도 한다. 그러나 만약 효과가 없다면 어찌되는가? 엑소시즘이 실패하면 중세의 당국은 몸 자체를 악령이 살기에 부적합하도록 만들 필요가 있다고 생각했으며 그 결과 많은 사람들이 감금, 매질, 다른 형태의 고문을 당하였다(Kemp, 1990).

이 과정에서 한 창의적인 '치료사'는 독사가 가득한 구덩이 위에 사람을 매달아 놓으면 악령이 겁을 먹어 몸에서 당장 나올 것이라고 주장하였다. 이상하게도 이 접근법은 때로 효과적이었다. 일시적이긴 하나 가장 극심한 장애가 있는 사람들이 갑자기 이성을 되찾고 증상이 경감되었다. 충격의 가설적 치료효과에 근거한 여러 치료법이 개발되었고 예를 들어 얼음물에 빠트리는 것과 같은 치료도 제공되었다.

집단 히스테리

또 다른 흥미로운 현상이 대규모로 발생하는 이상행동이다. 이러한 현상은 중세기 빙의 관념에 대한 신빙성을 더해 주었다. 유럽에서는 사람들이 동시에 집단으로 거리로 나와 일정한 순서와 양식으로 춤을 추고, 소리 지르며 악을 쓰고 팔짝팔짝 뛰는 등, 마치 유난히 광란적인 파티에 와 있는 것처럼 행동하는 경우도 있었다. 실제 오늘날에도 음악만 더해지면 이러한 광란의 파티를 레이브(rave)라고 부른다. 이러한 행동은 여러 이름으로 알려졌으며 예를 들어 성 비투스의 춤(Saint Vitus's Dance) 또는 무도병(tarantism)으로도 불리었다. 빙의 이외에 다른 원인들이 제기되었다. 한 추측에 의하면 곤충에 물린 것에 따른 반응이라고 보았다. 또 다른 가능성은 우리가 현재 집단 히스테리라고 부르는 현상이다. 다음 예를 살펴보자.

현대의 집단 히스테리

어느 금요일 오후 모든 의사를 응급실로 호출하는 장내 방송 시스템 알람이 울렸다. 근처 학교로부터 현기증, 두통, 메스꺼움, 복통을 호소하는 17명의 학생과 4명의 교사를 구급차 부대들이 이송하여 도착하고 있었다. 어떠한 이들은 구토를 하고 있었으며 대부분은 과호흡 증세를 보이고 있었다.

이송된 학생들과 교사는 복도 양쪽으로 위치한 4개의 교실 안에 있었는데 사건은 한 14세 여학생이 환기구에서 냄새가 나는 것 같다고 보고하면서 시작되었다. 그녀는 바닥에 쓰러지면서 복통과 눈 따끔거림을 호소하며 울었다. 곧이어 무슨 일이 일어나고 있는지 보고 들을 수 있었던 인접 4개 교실에 있었던 많은 학생들과 대부분의 교사들이 비슷한 증상을 경험하였다. 해당 4개 교실에 위치하고 있던 86명(82명의 학생, 4명의 교사) 중 21명(17명의 학생, 4명의 교사)이 병원 진료가 요구될 정도의 심각한 증상을 경험하였다. 보건 당국이 실시한 학교 건물에 대한 조사에서는 이러한 반응에 대한 명백한 원인이 밝혀지지 않았으며 의학적 검사에서도 특별한 신체적 이상소견은 없었다. 모든 환자들은 집으로 돌려보내졌고 그 후 빠르게 회복되었다(Rockney & Lemke, 1992).

집단 히스테리는 단순히 특정 정서가 주변 사람들에게 전파되는 감정전염(emotion contagion)을 입증하는 현상일 수 있다(Hatfield, Cacioppo, & Rapson, 1994; Wang, 2006). 만약 주변 누군가가 겁먹거나 슬퍼한다면 그 순간 아마 여러분 또한 두렵거나 슬퍼질 가능성이 크다. 만약 이와 같은 경험이 완전한 공황상태로 악화된다면 지역사회 전체가 영향을 받을 수 있다(Barlow, 2002). 또한 고양된 감정 상태에 놓였을 때 인간은 더 잘 휩쓸릴 수 있다. 따라서 만약 한 사람이 특정 문제의 '원인'을 밝히면 다른 사람들은 아마 자신의 반응이 같은 원인에서 비롯되었을 것으로 가정할 것이다. 흔히 하는 말로 이러한 공유된 반응은 때로 군중심리(mob psychology)라고도 일컬어진다.

달과 별

스위스 의사 Paracelsus(1493~1541)는 악마에 의한 빙의라는 개념 자체를 지양하였고 대신 달과 별의 움직임이 인간의 심리적 기능에 깊은 영향을 미친다고 주장하였다. 이 영향력 있는 이론은 달의 라틴어인 *luna*에서 기인한 단어인 *lunatic*(미친)이라는 용어를 탄생시켰다. 아마 여러분 중 몇몇은 친구 중 누군가가 어느 날 밤 자신이 했던 말도 안 되는 행동을 설명할 때 "보름달이 떴잖아"("It must have been the full moon")라는 표현을 사용하는 것을 들어본 적이 있을 것이다. 많은 비웃음을 받았지만 전 세계의 수백만 명이 그들의 행동이 달의 위상 혹은 별의 위치에 의해 영향을 받는다고 지금도 확신한다. 이러한 믿음은 오늘날 우리의 행동과 주요 일상 사건들이 행성들의 하루하루의 위치에 의해 예측될 수 있다고 믿는 점성술 신봉자들에게서 가장 확연히 나타난다. 하지만 그 연관성을 확인시켜주는 유의미한 근거는 아직까지 존재하지 않는다.

요약

정신병리학에서 초자연적 전통은 비록 대부분의 분야에서 격하되어 있지만 작은 종파와 원시 문화에서는 아직까지 존속되고 있다. 기성 종교 구성원들은 심리장애를 위한 도움을 심리학과 의학에서 찾고자 한다. 실제 로마가톨릭 교회는 퇴마와 같은 영적 해결 방안을 고려하기 전에 모든 보건의료 자원을 동원하기를 권고하고 있다. 그럼에도 불구하고 퇴마, 종교적 의식 절차, 그리고 현대 과학과는 연관성이 거의 없어 보이는 방법들이 때로 기적적인 치료효과를 보여주기도 한다. 그러나 이와 같은 사례는 상대적으로 드물며, 아마도 최후의 수단으로써 활용하는 것을 제외하고는 심각한 심리장애에 대해 초자연적 치료를 추천하는 이는 아무도 없을 것이다.

다양성에 대한 논의 여성의 정신병리에 대한 생물학적 설명: 히스테리의 간략한 역사

아드리아나는 점점 더 과해지고 있는 신경과민, 짜증, 식욕상실 그리고 불면증을 걱정하는 18세 여성이다. 이상행동에 대한 생물학적 전통에 근거하여 아드리아나의 경우를 가장 잘 설명하는 것은 무엇인가? 어떻게 치료될 수 있는가?

인간 생물학에 대한 이해가 시간에 따라 변하면서 정신병리의 개념과 치료를 설명하는 생물학적 모델도 함께 변해 왔다. 불행히도 정신병리를 이해하고 치료하는 몇몇 접근들은 여성에게 불리하였다. 관련 사례로 여성의 일반적인 심리적 불평사항을 설명하기 위해 적용되는 히스테리(hysteria)의 진단이다. 고대 그리스 의사인 히포크라테스는 아드리아나의 증상을 **떠돌아다니는 자궁**(wandering womb)이라는 생물학적 상태 또는 부족한 성생활 때문에 신체를 떠돌아다니는 자궁에 기인된 결과로 여길 것이다. 히포크라테스는 히스테리에 대한 효과적인 치료 방법으로 종종 결혼을 처방하였다. 지금 돌이켜보면 이와 같은 판단이 근거가 없다고 느껴질 수 있으나 히스테리는 여성이 표현하는 여러 심리적 증상에 대한 흔한 진단이었다. 비록 19세기 후반 성적 불만족이 히스테리를 야기한다는 믿음이 떠돌아다니는 자궁이라는 개념을 대체하긴 하였으나 아드리아나의 증상은 그때까지만

해도 여전히 히스테리로 진단되었을 것이다. 그 결과 성적 만족을 향상시켜주는 질 마사지가 종종 치료로 처방되었다.

20세기 초 Sigmund Freud(1856~1939)는 히스테리가 사실 반대 방향으로 작용하며 1900년대의 젊은 여성들이 호소하는 많은 일반적인 신체적 문제는 수용할 수 없는 성적 환상이 더 수용될 수 있는 수단으로 '전환'(conversion)된 결과라고 주장하였다. 그의 이론은 영향력을 과시하며 궁극적으로 전환 히스테리(conversion hysteria)라는 진단이 *DSM*에 포함되게 하였다.

최근 과학적 발전을 통해 히스테리 개념 대신 불안장애, 우울장애, 신체 증상장애와 같이 더 객관적이고, 구체적이며, 성 중립적인 진단으로 대체되었다. 또한 떠돌아다니는 자궁 이론과 같은 단순한 생물학적 설명 역시 유전학 그리고 신경과학적 연구로 인해 보다 정교한 생물학적 모델로 대체되었다. 이러한 현대적 진보에도 불구하고 역사는 정신병리를 개념화하고 치료하는 현재 접근들이 후일에는 원시적이고 나이브하게 비춰질 수 있음을 암시한다. 그때까지 심리학자들은 현재 유효한 과학을 정신병리를 설명하고 치료하는 길잡이로 계속 사용할 것이다.

생물학적 전통

▶ 이상행동 이해를 위한 생물학적 접근의 근본적 가정은 무엇인가?

정신장애의 신체적 유발 인자는 고대시대부터 탐구되었다. 생물학적 전통에서 중요하게 여겨지는 인물은 히포크라테스(Hippocrates), 질병으로는 매독(syphilis), 그리고 심리장애의 근원은 생물학적이라는 믿음에서 나온 초기 결과들이다.

히포크라테스와 갈레노스

그리스 의사 히포크라테스(460~377 B.C.)는 근대 서양 의학의 아버지로 여겨진다. 기원전 450년에서 기원전 350년 사이에 저술된 히포크라테스 전집(Hippocratic Corpus)이라 불리는 작품(Maher & Maher, 1985a)에서 히포크라테스와 몇몇 사람들은 심리장애는 다른 질환처럼 치료될 수 있다고 주장하였다. 그들은 정신병리의 원인에 대

▲ 방혈은 신체 체액의 균형을 복원하기 위한 목적으로 환자의 몸에서 혈액을 추출하는 방법이었다.

한 탐색을 질환에 국한시키지 않았다. 그들은 심리장애가 뇌병리(brain pathology) 혹은 두부 손상(head trauma)에 의해서도 초래될 수 있고, 유전(heredity, genetic)에 의해서도 영향을 받을 수 있다고 믿었다. 히포크라테스는 뇌가 지혜, 의식, 지능 그리고 정서가 자리잡은 곳으로 여겼으며, 이와 같은 기능과 연관된 장애들은 필연적으로 뇌에 위치할 것으로 가정하였다. 또한 히포크라테스는 정신병리에 있어 심리적 및 대인관계적 원인 제공의 중요성을 인식하였다.

고대 로마제국의 의사였던 갈레노스(A.D. 129~198 추정)는 이러한 생각을 받아들여 더욱 발전시켰으며 19세기까지 영향력이 컸던 한 학파를 창조하게 되었다. 영향력이 상대적으로 더 있었던 히포크라테스-갈레노스 접근의 유산들 중 하나는 체액 이론(humoral theory)이다. 히포크라테스는 정상적인 뇌 기능은 혈액(blood), 흑담즙(black bile), 황담즙(yellow bile), 점액(phlegm) 등의 4가지 체액(body fluids, humors)과 관련이 있다고 가정하였다. 혈액은 심장(heart), 흑담즙은 비장(spleen), 점액은 뇌(brain), 담즙(choler) 혹은 황담즙은 간(liver)으로부터 발생하였다. 의사들은 체액 중 하나가 너무 많거나 적으면 질환을 초래하여, 예를 들어 흑담즙이 너무 많을 경우 멜랑콜리(melancholia, 우울증)를 야기한다고 생각하였다. 실제 '흑담즙'을 의미하는 *melancholer*로부터 나온 *melancholy*라는 용어는 아직도 우울의 몇몇 양상을 언급하는 데 쓰인다. 아마도 체액 이론은 심리장애와 오늘날 보편화된 접근인 '화학적 불균형'(chemical imbalance)을 연관 지었던 최초의 사례일 것이다.

위 4가지 체액은 고대 그리스 시대의 개념, 즉 4가지 기본 특성인 열기, 건기, 습기, 한기와 관련이 있다. 각각의 체액은 이러한 특성 중 하나와 연관되어 있다. 지금까지도 우리는 4가지 체액에서 기인한 용어들을 성격유형에 적용시켜 사용하고 있다. 예를 들어 신체에 방대한 혈액 공급으로 인해 혈색이 좋고 활기차며 낙관적인 사람을 우리는 "혈기 왕성하다", "다혈질적이다"로 묘사하며 "빨간, 피 같은"의 뜻을 가진 *sanguine*으로 지칭한다. 예를 들어 비록 뇌 안에 혈액이 과도할 경우 불면증과 섬망을 초래한다고 간주하였으나 멜랑콜릭(melancholic)은 우울한 기질을 나타내며 이는 뇌를 가득 채운 흑담즙에 의해 초래된다고 생각하였다. 냉담한(phlegmatic) 특질은 무관심과 나태함을 가리키지만 스트레스 상황에서 침착한 것을 의미할 수도 있으며 이러한 성격특성은 점액이 많은 것이 특징이라 믿었다. 황담즙(choler)으로부터 비롯되는 담즙질(choleric)성격은 격앙되기 쉽고 욱하는 성미가 있다(Maher & Maher, 1985a).

과도한 체액은 어떠한 체액이 불균형을 보이는지에 따라 열기, 건기, 습기 혹은 한기를 환경적으로 조절함으로써 치료하였다. 샤를 6세의 의사가 그를 시골로 거주지를 옮기게 한 이유 중 하나는 그의 체액의 균형을 회복시키기 위해서였다(Kemp, 1990). 휴식, 좋은 영양분 섭취, 그리고 운동과 더불어 두 가지 치료가 더 개발되었다. 하나는 출혈(bleeding) 혹은 방혈(bloodletting)로 거머리를 이용하여 조심스럽게 측정된 일정 양의 피를 신체에서 빼냈다. 다른 방법은 구토를 유발하는 것이었다. 실제로 우울에 대해 잘 알려진 논문 중 하나인 1621년에 출간된 『우수의 해부(*Anatomy of Melancholy*)』에서 Robert Burton은 구토를 유발하기 위해 담배와 설익은 양배추를 먹을 것을 권고하였다(Burton, 1621/1977). 만약 앞에 소개된 주디가 300년 전에 살았더라면 그녀의 진단은 아마도 뇌장애, 다른 신체적 문제, 혹은 과도한 체액과 관련된 질병을 가진 것으로 간주되었을 것이며 당대에 적절했던 의학적 치료 중 안정, 영양분 섭취와 운동을 처방받았을 것이다.

고대 중국과 아시아 도처에서도 비슷한 생각이 존재하였다. 그러나 중국인들은 체액보다는 체내 공기 혹은 바람의 움직임에 집중하였다. 설명할 수 없는 정신장애는 체내 바람이 막히거나 삶을 지속시키는 따뜻한 바람(양) 대신 차갑고 어두운 바람(음)의 존재로 인해 초래된다고 가정하였다. 따라서 적절한 바람의 흐름을 회복시키기 위해 침술을 포함한 다양한 방법을 사용하였다.

히포크라테스는 이집트인으로부터 배운 개념을 묘사하기 위해 히스테리(hysteria)라는 신조어를 탄생시켰는데, 이집트인들은 우리가 현재 신체증상장애(somatic symptom disorder)라고 부르는 장애의 존재를 인지하였던 것이다. 신체증상장애는 명확한 신체적 원인이 규명되지 않는 상황에서 발생하는 마비나 실명과 같은 증상으로 특징된다. 이러한 장애들이 주로 여성에게서 나타났기 때문에 이집트인 그리고 히포크라테스는 이 현상들이 여성에게만 국한된다고 오인하였다. 또한 비어 있는 자궁이 수태를 위해 신체를 배회하는 현상이 주요 원인이라고 추정하였다(그리스어로 자궁은 *hysteron*이다). 자궁이 배회하는 위치에 따라 여러 신체 증상들이 설명 가능하다고 믿었다. 처방된 치료는 결혼 혹은 간혹 자궁이 원래 자리로 되돌아가도록 유인하기 위한 질 훈증법이었다(Alexande & Selensnick, 1966). 생리학에 대한 지식이 발전하면서 떠돌아다니는 자궁 이론(wandering uterus theory)은 결국 기각되었으나 극적인 여성을 히스테리성이라고 낙인찍는 경향은 1970년대까지 계속되었다. 제5장에서 우리는 신체증상장애가 하나의 성별에 국한된 것이 아니라는 것을 배우게 될 것이다.

19세기

생물학적 전통은 히포크라테스와 갈레노스 이후 한 세기 동안 성쇠를 반복했지만 두 요인으로 인해 19세기에 다시 활성화되었다. 하나는 매독(syphilis)의 본질과 원인의 발견이었고 또 하나는 존경받는 미국의 정신과 의사 John P. Grey의 강력한 지지이다.

매독

진행성 매독은 박테리아 미생물이 뇌에 침입하면서 발생하는 성병으로 모든 사람이 자신을 음해하고 있다는 믿음(피해망상) 혹은 자신이 신이라는 믿음(과대망상)과 같은 행동적 그리고 인지적 증상을 포함한다. 이 증상들이 현실에 기반을 두지 않은 믿음(망상)과 지각(환각) 또는 두 증상 모두로 특징될 수 있는 심리장애인 정신병(psychosis)의 증상과 유사하지만 연구자들은 정신병 환자 중 일부에게서 기능이 꾸준히 악화되어 궁극적으로 마비가 되며 발병 후 5년 이내에 사망에 이르는 것을 확인하였다. 이는 대부분의 정신병적 증상을 보이는 환자가 보편적으로 안정적인 경과를 보이는 것과는 대조되는 양상이었다. 이러한 일관된 증상 및 발현 양상과 사망으로 이르는 일관된 경과를 토대로 1825년 전신부전마비(general paresis)라는 질환으로 표기되었다. 전신부전마비와 매독 간의 연관성은 점차적으로 확립되었다. 1870년경 Louis Pasteur의 세균 이론(germ theory)은 매독을 야기하는 미생물의 발견을 가능하게 하였다.

전신부전마비의 치료법을 발견한 것도 그만큼 중요하였다. 의사들은 전신부전마비 환자 중 말라리아에 감염된 소수가 예상치 못한 회복 추세를 보이는 것을 관찰하고 다른 환자들에게 말라리아에 감염된 군인의 피를 주사하였다. 고열이 매독 박테리아를 '전소'시켜 회복이 가능했던 것이다. 오늘날에는 이러한 종류의 실험이 윤리적으로 불가능했을 것이다. 연구자들은 궁극적으로 페니실린이 매독을 치료함을 밝혀냈고 일명 "말라리아 치료"를 통해 정신이상과 관련 증상들이 치료 가능한 감염에 기인할 수 있다는 것을 처음으로 발견하였다. 많은 정신건강 전문가들은 모든 심리장애에서 비슷한 원인과 치료들이 발견될 것이라 추정하였다.

미국의 정신과 의사 Grey

미국 생물학적 전통의 대변자는 당대의 가장 영향력 있는 정신건강 의학 전문의 John P. Grey였다(Bockoven, 1963). 1854년 Grey는 뉴욕 유티카주립병원의 관리자로 임명되며 미국 정신의학지(American Journal of Psychiatry)의 전신인 미국 정신이상 학회지(American Journal of Insanity)의 편집장이 되었다. Grey는 정신이상의 원인이 전적으로 신체에 있다고 믿었다. 따라서 정신질환이 있는 환자는 신체질환이 있을 경우와 같이 휴식, 식이요법, 적절한 방 온도와 환기 같은 치료를 통해 다루어야 한다고 생각하였다. Grey는 심지어 그가 관리하는 대형 병원을 환기시키기 위해 선풍기를 발명하기도 하였다.

Grey의 지도하에 미국 내 병원의 환경은 개선되었고 더 인도적인 기관으로 거듭날 수 있었다. 하지만 이후 개별적 관심을 기울이는 것만으로는 유지될 수 없을 정도로 병원들은 방대해졌다. 실제 정신의학계 지도자들은 병원 규모와 비인도주의적 처우의 확대 양상에 놀라며 병원 축소를 권장하였다. 100여 년 후에서야 지역사회 정신건강운동(community mental health movement)이 환자를 그들의 지역사회로 복귀시키는 탈시설화(deinstitutionalization) 정책에 근거하여 정신병원의 수용 인원을 줄이는 데 성공하였다. 불행히도 논란의 소지가 있었던 탈시설화 정책의 실행은 긍정적인 결과뿐만 아니라 많은 부정적인 결과들을 초래하여 도심 거리에 만성적 장애를 가진 노숙 환자의 수를 크게 증가시키는 결과를 낳았다.

생물학적 치료의 발전

심리장애의 생물학적 기원에 대한 관심이 재개되면서 정신병리와 관련된 생물학적 기여에 대한 이해를 증진시킴과 더불어 새로운 치료법의 개발로 이어졌다. 전기충격요법과 뇌수술이 1930년대에 자주 사용되었다. 이러한 치료법 그리고 새로운 약물의 효과는 우연히 발견되었다. 예를 들어 잘 먹지 않는 정신병 증상을 보이는 환자에게 식욕을 자극하기 위해 인슐린이 때로 제공되었는데 이러한 처방이 환자들을 진정시킬 수도 있다는 사실이 관찰되었다. 마침내 1927년 빈에 거주하던 의사인 Manfred Sakel은 환자가 경련을 일으키고 일시적 혼수상태가 올 정도로 점차적으로 더 많은 용량을 사용하였다(Sakel, 1958). 실제 이들 중 몇몇은 예상치 못했던 정신건강을 회복했고 이러한 결과는 경련발작에 기인했다. 인슐린충격요법(insuline shock therapy)으로 현재 알려진 이 방법은 때로 장기 혼수상태 혹은 사망에 이르게 되는 등 너무 위험하다고 판단되어 폐기되었다. 경련을 일으킬 수 있는 다른 방법들이 개발되어야 했다.

1920년대 헝가리 의사인 Joseph von Meduna는 조현병은 뇌전증(간질)이 있는 사람에게서는 매우 드물게 발견된다고 주장하였다(결국 사실이 아님이 드러났다). 그의 추종자들 중 몇몇은 유도된 뇌발작이 조현병을 치료할지도 모른다고 결론지었다. 이탈리아 의사인 Ugo Cerletti와 Lucio Bini는 1938년 전기충격을 뇌에 직접 가했을 때 얻을 수 있는 치료효과 가능성을 제안하였는데 이 제안에 따라 런던에 거주하던 외과의사가 우울증을 진단받은 환자의 뇌에 직접 여섯 번의 작은 전기충격을 가해 경련을 발생시켜 치료하였다고 한다(Hunt, 1980). 그 환자는 회복되었다. 전기충격요법은 비록 대폭 수정된 방식으로 활용되나 여전히 제공되고 있다. 논란의 소지가 있는 전기경련요법의 사용은 제6장에서 설명될 것이다.

1950년대에 이르러 체계적인 방식을 통해 심각한 정신병적 장애(psychotic disorders)에 효과적인 첫 약물이 개발되었다. 그 이전에는 무수한 약초 및 민간 요법과 함께 아편을 포함한 다양한 의학적 물질들이 진정제로 사용되었다(Alexander & Selesnick, 1966). 훗날 레서핀(reserpine)이라고 명명된 인도사옥(*Rauwolfia serpentina*)과 신경이완제(neuroleptic) 또는 강력 신경안정제(major tranquilizer)라 불리는 새로운 계열의 약물을 발견함으로써 처음으로 몇몇 환자의 환각과 망상적 사고 과정이 감소되었다. 이 약물들은 초조와 공격성도 통제하였다. 불안을 감소시키는 것처럼 보이는 벤조디아제핀(benzodiazepines) 또는 경신경안정제(minor tranquilizers)도 개발되었다. 발륨(Valium)과 리브륨(Librium) 같은 벤조디아제핀계 약물은 1970년대 이르러 전 세계적으로 가장 널리 처방되는 약물 중 하나가 되었다. 그러나 진정제의 문제점 또한 명백해지면서 처방률은 다소 줄어들었다(제4장과 10장에서 벤조디아제핀에 대해 더 자세히 알아볼 것이다).

Alexander와 Selesnick이 지적한 것처럼 몇 세기에 걸쳐 "정신병에 대한 약물치료의 일반적인 패턴은 초기 열정에 뒤이은 결과적 실망감이다"(1996, p. 287). 예를 들어 진정제인 브롬화물(bromides)은 19세기 말과 20세기 초 불안과 다른 심리장애를 치료하기 위해 사용되었는데 1920년대까지는 많은 심각한 심리적 및 정서적 증상에 효과적인 것으로 보고되었다. 그러나 브롬화물에 따른 부작용이 널리 알려지기 시작하고 브롬화물의 전반적인 효과성이 유의미하지 않음을 경험하게 되면서 브롬화물은 아예 자취를 감추게 되었다.

신경이완제(neuroleptics)도 떨림과 경련 같은 부작용에 초점이 맞춰지면서 사용이 줄었다. 하지만 이러한 약물이 정신병적 증상에 가져오는 긍정적인 효과는 심리장애에 대한 생물학적 기여와 더 강력한 신약 개발 연구에 활력을 주었다.

생물학적 전통의 결과

역설적으로 19세기 후반 Grey와 그의 동료들은 정신장애가 아직 발견되지 않은 뇌병리에 의한 현상이므로 치료가 불가능하다고 가정하여 정신과 환자들의 치료에 흥미를 잃었다. 유일한 행동 방침은 이 환자들을 입원시키는 것이었다. 20세기가 시작될 무렵 몇몇 간호사들은 정신과 환자의 임상 성공사례를 기록하기도 하였으나 치유가능성에 대한 가족의 희망을 높일 수 있다는 이유로 치료제공이 저지당하였다. 치료 대신 진단 또는 뇌병리 자체에 대한 연구에 관심이 집중되었다.

이 시기 Emil Kraepelin(1856~1926)이 가장 주목받는 인물이었다. 그는 생물학적 전통의 주요 발상을 전파하는 데 영향력을 발휘하였으나 치료에는 관심이 없었다. 그의 공헌은 진단과 정신병리 분류 영역에 있다. Kraepelin(1913)은 다양한 심리장애를 처음으로 구분한 사람 중 하나이며 각각의 장애가 다른 발병연령, 다른 증상, 아마도 다른 원인을 가지고 있다고 제시하였다.

과학적으로 심리장애에 접근하고 장애의 분류를 연구하려는 시도는 1800년대 말부터 시작되었고 그 시작에는 생물학적 원인에 대한 탐색이 있었다. 더욱이 치료는 인도적 원칙들을 기본으로 하였다. 하지만 어떠한 장면에서는 효과적인 치료방안이 있음에도 불구하고 치료가 거의 이루어지지 않았던 것과 같이 많은 결점 또한 존재하였다. 이제 우리는 그 효과적인 치료에 대해 살펴볼 것이다.

개념 확인 **1.2**

역사적인 이론들을 이해했는지 확인해 보고 이상행동을 '치료'하기 위해 쓰인 치료법과 짝지으시오.

(a) 방혈, 유도된 구토 (b) 사회적으로 촉진적인 환경 제공 (c) 퇴마, 화형시킴

1. 초자연적인 원인, 악령이 희생자의 몸에 깃들어 행동을 통제했다. _____

2. 뇌의 정상적인 기능에는 4가지 체액의 균형이 필요하다는 믿음을 반영한 체액 이론. _____

3. 부적응적인 행동은 환경적으로 빈약한 사회적, 문화적 영향에 의해 야기되었다. _____

▶ 정신분석, 인본주의, 행동주의에 근거한 심리학적 접근들이 이상행동을 어떻게 설명하는가?

심리장애의 원인을 악령에서 뇌병리 현상으로 이해하기까지 비약적인 도약이 있었다. 그 사이의 몇 세기 동안 대인관계적 그리고 사회적 맥락에서 심리학적 발전이 어떻게 비춰졌는가? 사실 심리적 접근은 오랜 전통을 가진다. 예를 들어 플라톤은 사회적 그리고 문화적 영향과 그 환경 내에서 일어난 학습, 이 두 가지 요인이 부적응적 행동의 원인이라고 생각하였다. 만약 학대하는 부모와 같이 개인 환경에 어떤 문제가 존재한다면 그 개인의 충동과 감정이 이성을 지배할 수 있다. 따라서 가장 좋은 치료방법은 합리적 논의를 통해 개인을 다시 교육시켜 이성의 힘을 키우는 것이다(Maher & Maher, 1985a). 이는 정신병리의 원인에 있어 심리학적 요인뿐만 아니라 사회적 그리고 문화적 요인의 중요성을 강조하는 현재의 **심리사회적 치료**의 전조가 되었다. 아리스토텔레스를 포함한 다른 초기 철학자들 또한 성인기 정신병리에 있어 사회적 환경과 초기 학습의 영향력을 강조하였다. 이 철학자들은 환상, 꿈 그리고 인지의 중요성에 대해 집필했으며 이후 정신분석적 사고와 인지과학의 발달을 예견하였다. 또한 심리장애를 가진 개인에 대한 인도적 돌봄을 강조하였다.

도덕 치료

19세기 초에는 **도덕 치료**가 정신장애에 대한 심리사회적 접근의 하나로 영향력이 커졌다. 도덕적이라는 용어는 사실 행동 수칙보다는 정서적 혹은 심리적 요소들에 더 적용된다. 기본적으로는 정상적인 사회적 상호작용을 격려하는 환경에서 시설수용 환자들을 되도록 일상적으로 대하도록 권하였다(Bockoven, 1963). 관계는 조심스럽게 이루어졌다. 속박과 칩거 대신 개별적 관심을 제공할 수 있는 환경과 적절한 상호작용 및 행동에 따른 긍정적 결과를 강조하였다.

생물학적 전통과 마찬가지로 도덕 치료의 원칙은 플라톤과 그 이전 시대까지 거슬러 올라간다. 예를 들어 기원전 6세기에 고대 그리스의 아스클레피아드 사원은 심리장애를 포함한 만성 질환을 갖고 있는 사람들에게 거처를 제공하였다. 이곳에서 환자들은 좋은 보살핌, 마사지 그리고 마음을 달래주는 음악을 제공받았다. 중동지역 이슬람 국가에서도 유사한 관례가 존재한다(Millon, 2004). 그러나 도덕 치료가 하나의 체계로서 발전된 것은 프랑스 정신과 의사 Philippe Pinel(1745~1826)과 파리 병원 La Bicêtre의 관리자 겸 그의 동료

▲ 정신과 장애 치료 기관을 보다 인도적인 곳으로 변화시키기 위해 선구자 역할을 맡았던 Philippe Pinel의 영향력으로 인해 심리장애를 가진 개인들은 사슬과 족쇄로부터 벗어날 수 있었다.

인 Jean-Baptiste Pussin(1746~1811)으로부터 비롯되었다(Gerard, 1997; Zilboorg & Henry, 1941).

1791년에 Pinel이 도착했을 당시 Pussin은 이미 환자를 억제하기 위해 사용되고 있던 사슬을 없애고 인도적인 심리적 개입을 도입하면서 개혁을 시작하고 있었다. Pussin은 Pinel이 이러한 변화에 동조하도록 설득하였다. Pinel 덕분에 그는 La Bicêtre를 시작으로 여성전용 병원인 Salpêtrière 또한 개혁하였다(Gerard, 1997; Maher & Maher, 1985b).

Willam Tuke(1732~1822)가 영국에서 Pinel의 선례를 따른 후, 미국 정신건강의학의 창시자로 여겨지는 Benjamin Rush(1745~1813)가 도덕 치료를 펜실베이니아 병원에 도입하였다. 정신병원(asylum)은 16세기부터 존재하였으나 감옥에 더 가까웠다. 유럽과 미국에서 도덕 치료의 발전은 정신병원을 거주가 가능하고 심지어 치료적이도록 거듭나게 하였다.

1833년 미국 우스터주립병원(Worcester State Hospital) 이사회 회장인 Horace Mann은 치료가 불가능하다고 판단된 32명의 환자가 도덕 치료를 제공받아 치료되었고 가족의 품으로 돌아갈 수 있었음을 보고하였다. 치료 전 매우 공격적이었던 100명의 환자 중 치료 시작 1년 후에는 12명만이 폭력성을 보이고 있었다. 치료 전에는 40명의 환자들이 간병인이 제공하는 의복을 일상적으로 찢었으나 치료

후에는 오직 8명만이 이 행동을 지속하였다. 이 통계자료는 오늘날에도 주목할 만하다(Bockoven, 1963).

정신병원 개혁과 도덕 치료의 쇠퇴

19세기 중반 이후 불행하게도 인도적 치료법은 쇠퇴하였다. 도덕 치료가 가장 효과적이기 위해서는 개개인에게 관심을 기울이는 것이 가능해야 했고, 이를 달성하기 위해서는 수용 인원이 200명 이하여야 한다는 사실이 널리 인식되었다. 하지만 미국 남북전쟁 이후 엄청난 수의 이민자가 미국에 도착했고 병원의 환자 수는 1,000명, 2,000명, 그 이상까지도 증가하였다. 자신의 조상이 불과 50년 또는 100년 전 미국에 정착하였다는 이유만으로 미국 토박이라고 주장하는 부류는 이민자 집단이 자신들과 같은 동일한 특권을 누릴 자격이 없다고 주장하였다. 그래서 충분한 수의 병원 직원이 있음에도 불구하고 이민자들은 도덕 치료를 제공받지 못하였다.

도덕 치료가 쇠퇴하게 된 두 번째 이유는 생각지도 못한 곳에서 비롯되었다. 위대한 운동가 Dorothea Dix(1802~1887)는 정신병 치료 개혁을 위해 활동하였다. 다양한 시설에서 일하면서 정신과 환자들이 직면하는 비참한 상황에 대한 직접적인 지식이 있었던 Dix는 시민과 지도자들에게 이러한 학대 현황을 알리는 것을 평생의 업으로 삼았다. 그녀의 활동은 **정신위생운동**으로 알려지게 된다.

치료기준의 개선과 더불어 Dix는 치료를 필요로 하는 모든 사람이 치료를 받을 수 있도록 노력하였다. 그 결과 인도적 치료는 미국 내 여러 시설에서 널리 제공되기 시작하였다. 하지만 이에 따른 예상치 못한 결과는 정신과 환자의 급격한 증가였다. 과도한 유입현상으로 인해 도덕 치료는 보호관찰(custodial care) 수준의 돌봄으로 급속히 변천하였다. Dix는 정신병원을 개선하였고 미국 내외에서의 새로운 시설 설립에 대한 영감을 주었다. 그러나 이러한 끊임없는 노력조차 도덕 치료에 필수 요소인 개별적 관심을 가능하게 하는 적정 수의 직원채용을 보장하지는 못하였다. 도덕 치료의 실행을 저지하는 마지막 결정타는 정신병이 뇌병리로 인해 야기되므로 치료가 불가능하다는 19세기 중반의 흐름이었다.

심리학적 전통은 이후 휴지

Dorothea Dix는 정신위생운동을 시작하였으며 정신과 환자의 치료를 개선하기 위해 일생을 바쳤다.

Encyclopaedia Britannica/UIG V/Getty images

기 상태를 거쳤으나 20세기에 들어서면서 몇몇 학파를 통해 다시 등장하였다. 첫 번째 주요 접근은 Sigmund Freud(1856~1939)의 행동을 결정짓는 무의식적 과정의 역할과 마음의 구조에 근거한 **정신분석**이었다. 두 번째 학설은 John B. Watson, Ivan Pavlov, B. F. Skinner와 연관된 **행동주의**로 정신병리의 발달에 있어 학습과 적응의 영향에 초점을 맞췄다.

정신분석 이론

누군가가 여러분에게 마치 마법을 건 것처럼 느낀 적이 있는가? 매력적인 남성 또는 여성이 강의실 건너편에서 보낸 시선이나 콘서트장 앞자리에서 유명 가수의 눈빛에 매료되거나 최면에 걸린 듯 마음이 사로잡힌(mesmerized) 적이 있는가? 만약 그렇다면 여러분은 Franz Anton Mesmer(1734~1815)의 환자 그리고 최면에 걸려 본 경험이 있는 수만 명의 사람과 공통점이 있다. Mesmer는 감지되지는 않으나 모든 살아 있는 유기체에서 발견되는 액체인 '동물 자력(animal magnetism)'이 봉쇄되어 여러 문제가 야기된다고 주장하였다.

Mesmer는 환자를 화학약품이 담긴 통이 배치된 어두운 방에 앉게 하고 통에 꽂힌 막대들을 만지게 하였다. Mesmer는 길고 품이 큰 옷을 입고 동물 자력이 막혔다고 판단된 환자의 신체부위를 파악하고 툭툭 치는 동안 환자에게 치유되고 있다고 강한 암시를 주었다. 이러한 특이한 기법으로 인해 의학계에서는 그를 기인 취급하였고 강하게 반대하였다(Winter, 1998). 하지만 많은 과학자와 의사들이 Mesmer의 강력한 암시방법에 흥미를 가졌다. 이 중 가장 잘 알려진 한 명이 Jean-Martin Charcot(1825~1893)로 Pinel이 몇 세대 전 심리치료를 소개했던 파리 Salpêtrière 병원의 책임자였다. 저명한 신경과 전문의인 Charcot는 최면(mesmerism)의 몇몇 기법들은 많

심리사회적 치료(pyschosocial treatment) 심리적 요인과 더불어 사회적 그리고 가족 내에서의 경험과 같은 문화적 요인에 초점을 둔 치료이다. 이런 접근법은 인지, 행동 그리고 대인관계적 방법을 포함하고 있다.

도덕 치료(moral therapy) 19세기의 심리사회적 접근법으로 환자를 일반적인 환경에서 가급적 일상적으로 대할 필요성을 강조하였다.

정신위생운동(mental hygiene movement) 정신과 질환을 가진 개인들에 대한 홀대 상황을 대중에게 알리면서 이들의 돌봄을 향상시키고자 한 19세기 중반 움직임이다.

정신분석(psychoanalysis) Sigmund Freud에 의해 개척된 평가 및 치료로 무의식적 과정과 갈등에 대한 탐색 및 통찰을 강조한다.

행동주의(behaviorism) 역기능을 포함한 인간 행동을 실험심리학에서 유래된 학습 이론과 적응 원칙에 근거하여 설명한다.

▲ Breuer는 Anna O.로 알려진 Bertha Pappenheim(1859~1936)을 "히스테리성"이라고 표현하였다.

은 심리장애에 효과적임을 실증하며 최면의 정당성을 알리기 위해 노력하였다. 1885년 Freud라 불리는 한 젊은 남성이 Charcot와 함께 연구하기 위해 빈에서 왔다.

Freud는 프랑스에서 돌아온 후 다소 다른 최면과정을 실험하고 있던 Josef Breuer (1842~1925)와 협력하게 된다. 환자가 최면과정에서 고도의 암시상태에 도달했을 때 Breuer는 그들에게 자신의 문제, 갈등 그리고 두려움을 설명하도록 요구하였다. Breuer는 이 과정에서 두 가지 중요한 현상을 관찰하였다. 첫 번째, 환자는 답변하면서 강렬한 정서적 상태를 경험하게 되지만 최면 상태에서 빠져나온 후에는 고통이 줄고 한결 나아졌다고 보고하였다. 두 번째, 환자는 자신의 정서적 문제와 심리장애 간의 관계에 대해 이해하지 못하였다. 그들이 최면 상태에서 묘사한 세부사항들을 회상해 내는 것은 어렵거나 불가능하였다. 즉 그들이 직접 발설한 내용은 환자의 의식 너머에 있는 것처럼 보였다. Breuer와 Freud는 **무의식**의 존재와 무의식이 심리장애의 발병에 미치는 뚜렷한 영향력을 발견한 것이다.

또한 무의식에 묻혀버린 정서적 외상을 회상하고 재경험하면서 이에 수반된 긴장을 해소하는 것이 치료적이라는 것을 발견하였다. 이러한 정서적 소재의 발산을 **카타르시스**라 한다. 현재의 정서와 이전 사건 간의 관계에 대한 충분한 이해는 통찰(insight)이라고 불린다. 여러분이 이 책을 통해 접하게 되겠지만 '무의식적' 기억 및 감정의 존재와 감정이 가득한 정보를 처리하는 것이 중요하다는 사실은 입증되었다.

Freud와 Breuer의 이론은 사례 관찰에 근거하였다. 한 예로 다음은 1895년 Anna O.의 '히스테리성' 증상의 치료에 대한 Breuer의 설명이다(Breuer & Freud, 1895/1957). Anna O.는 총명하고 매력적인 젊은 여성으로 21세가 되기 직전까지 건강하였다. 문제가 시작되기 전 그녀의 아버지는 (결국 사망으로 이르게 한) 만성 질환으로 투병 중이었다. Anna O.는 투병 기간 동안 침대 옆을 지키며 간병하였다. 아버지의 질환이 발병한 지 5개월쯤 됐을 때 Anna O.는 낮에 시야가 흐려지고 가끔 오른팔과 두 다리를 움직이는 데 어려움이 있다는 것을 느꼈다. 곧이어 말하는 것이 점점 어려워졌고 행동은 예측 불가능해졌다. 그 직후 Breuer에게 자문을 구하게 되었다.

일련의 치료 회기에서 Breuer는 각각의 증상을 최면과 "말하기" (talking through)를 통하여 차례로 다루었고 각 증상의 가설적 원인을 아버지의 죽음을 둘러싼 정황에서 찾기 시작하였다. Anna O.의 '히스테리성' 문제는 하나씩 사라지기 시작했으나 개별 행동에 초점이 맞춰져 적용되었을 때에만 효과가 나타났다. 행동을 하나씩 치료하는 이와 같은 과정은 개별사례연구에서 치료 효과를 과학적으로 검증하기 위해 요구되는 기본 사항을 충족한다. Freud는 이러한 관찰을 지금까지도 성격의 발달과 구조에 대한 가장 포괄적인 이론으로 간주되는 **정신분석적 모델**로 확장시켰다. Freud는 또한 어떤 발달시기에서 어긋나게 되면 심리장애가 유발되는지 추측하였다. Freud의 관점의 많은 부분이 세월이 흐르면서 변하였으나 본래 제안했던 정신 기능에 대한 기본적인 원칙들은 그의 저서에서 일관되게 유지되었으며 오늘날 현대 정신분석학자들에 의해 여전히 적용되고 있다.

정신분석 이론의 대부분은 과학적으로 검증되지 않은 채로 남아 있지만 강한 영향력을 가진 바, 기본적인 개념들에 친숙해지는 것은 중요하다. 다음은 정신분석 이론의 간략한 개요이다. 정신분석 이론의 세 가지 주요 측면, 즉 (1) 마음의 구조와 때로 서로 충돌할 수 있는 성격의 분명한 기능 (2) 마음이 이러한 갈등으로부터 스스로를 방어하기 위해 사용하는 방어기제 (3) 내적 갈등에 기여하는 심리성적 발달단계에 집중할 것이다.

마음의 구조

Freud에 따르면 마음은 원초아, 자아, 초자아의 세 가지 주요 영역 또는 기능을 가진다(그림1.4). 이 용어들을 어디선가 듣기는 했을 테지만 그 의미는 알지 못할 수도 있다. **원초아**는 인간의 강한 성적 그리고 공격적인 감정 또는 에너지의 원천이다. 쉽게 말해 우리 안에 존재하는 동물적 본능이다. 만약 완전히 제어되지 않는다면 우리 모두 강간범 혹은 살인범이 될지도 모른다. 원초아 내의 에너지 혹은 욕동(drive)을 리비도(libido)라 한다. 오늘날에도 어떠한 사람은 낮은 성적 욕구를 리비도의 부재로 설명한다. 이보다 상대적으로 덜 중요한 에너지 원천은 죽음의 본능 혹은 타나토스(thanatos)이다. 한편으로는 삶과 충실감을 향하면서 또 다른 한편으로는 죽음과 파괴를 향한 이 두 가지의 기본 욕동은 끊임없이 서로 충돌한다.

원초아는 쾌락 원리(pleasure principle)에 의해 작동하는데, 쾌락을 극대화하고 관련된 긴장 혹은 갈등을 제거하는 것이 목표이다. 특

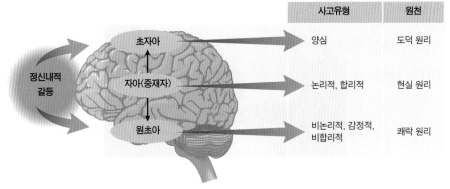

사고유형	원천
양심	도덕 원리
논리적, 합리적	현실 원리
비논리적, 감정적, 비합리적	쾌락 원리

● 그림 1.4 Freud의 마음의 구조

에 실패하여 원초아나 초자아가 지나치게 강해진다면 갈등에 압도될 것이고 심리장애가 발달한다. 이러한 갈등이 마음 안에서 일어나기 때문에 **정신내적 갈등**이라고 불린다. Freud는 원초아와 초자아가 거의 전적으로 무의식적이라고 믿었다. 유일하게 의식할 수 있는 것은 마음에서 상대적으로 작은 부분을 차지하는 자아의 이차적 과정이다.

히 아동기에 우세한 쾌락의 추구는 사회적 규범과 종종 충돌한다. 원초아는 자신만의 특정한 정보처리 방식을 갖는다. 일차적 과정이라고 불리는 이 처리 방식은 감정적이며 비이성적이고 비논리적인 양상을 보이며 환상으로 가득 차 있으며, 성, 공격성, 이기심, 질투에 사로잡혀 있다.

다행히 Freud의 관점에 의하면 원초아의 이기적이고 때로는 위험할 수 있는 욕동은 마냥 제멋대로 하지는 못한다. 실제 생후 몇 개월 안 된 신생아도 주위 사람을 불쾌하게 하지 않으면서 자신의 기본적 욕구를 충족시키는 방식을 찾아야 함을 안다. 다르게 말하면 현실적으로 행동해야 하며 이것을 보장해주는 마음의 영역은 **자아**라고 불리며 쾌락 원리가 아닌 현실 원리(reality principle)에 따라 작동한다. 자아의 인지적 작동 혹은 사고방식은 논리적이고 합리적이며 비논리적이고 비합리적인 원초아의 일차적 과정과는 달리 이차적 과정이라고 불린다.

마음의 세 번째 중요한 구조는 양심이라고도 불리는 **초자아**로, 부모님이나 문화에 의해 주입되는 도덕 원리(moral principle)를 반영한다. 초자아는 잘못된 행동을 할 때 잔소리를 하는 내면의 목소리이다. 초자아는 원초아의 잠재적으로 위험할 수 있는 공격적이고 성적인 충동에 대항하는 역할을 맡기 때문에 이 두 구조 사이의 갈등은 피해갈 수 없다.

자아의 역할은 원초아와 초자아 사이의 갈등을 중재하는 것이다. 따라서 자아는 종종 마음의 책임자 또는 관리자라고 불린다. 만약 자아가 중재하는 데 성공한다면 더 높은 수준의 지성과 창의성을 추구할 수 있다. 만약 자아가 중재

▲ Sigmund Freud는 정신분석학의 창시자이다.

방어기제

자아는 전쟁 중인 원초아와 초자아 사이에서 우위를 점하기 위해 지속적인 전투를 벌인다. 때때로 이들의 갈등은 불안을 유발한다. 불안은 갈등과 관련된 감정을 자제하여 자아가 기능을 유지할 수 있도록 자아로 하여금 무의식적 보호 과정인 **방어기제**를 전개하게 한다. Freud가 방어기제를 처음 개념화하였으나 이를 더 풍부하게 발전시킨 것은 그의 딸인 Anna Freud이다.

방어기제는 적응적일 수도 있고 부적응적일 수도 있다. 예를 들어 성적처리 방침이 불공정하여 시험점수가 엉망으로 나온 적이 있는가? 성적을 본 후 귀가하여 동생이나 애완견에게 소리친 적이 있는가? 이것은 방어기제 중 하나인 전위(displacement)의 한 예이다. 자

무의식(unconscious) 개인의 의식 밖에 존재하는 부분.

카타르시스(catharsis) 정화. 정신분석 치료에 있어 중요한 급작스럽고 급속한 정서적 긴장감의 분출.

정신분석적 모델(psychoanalytic model) Sigmund Freud에 의해 발전된 복합적이고 포괄적인 이론으로 성격의 발달과 구조와 더불어 이상행동의 기원을 추론된 내적 독립체와 세력에 근거하여 설명한다.

원초아(id) 정신분석 이론에서 출생 시점부터 존재하는 무의식적 독립체로 기본 욕구를 반영한다.

자아(ego) 정신분석 이론에서 원초아의 욕구를 현실적이고 실질적으로 충족할 수 있는 방안을 모색하는 역할을 맡는다.

초자아(superego) 정신분석 이론에서 내현화된 부모 및 사회의 도덕적 기준을 반영한다.

정신내적 갈등(intrapsychic conflicts) 정신분석 이론에서 원초아, 자아 그리고 초자아 간의 갈등을 가리킨다.

방어기제(defense mechanism) 적절한 수준에서 일어날 경우 대개 적응적인 대처 양식으로 일반적인 행동패턴으로 간주될 수 있으며 특정 상황에 대한 반응으로 관찰될 수 있다. 정신분석 이론에서는 방어기제가 자아로부터 비롯되는 무의식적인 과정이라고 설명한다.

아는 교수에게 직접 분노를 표현하는 것은 결과적으로 최선의 선택이 아니라는 적응적인 결정을 한 것이다. 동생과 애완견은 자신에게 불리하게 영향을 줄 만큼 권위를 갖고 있지 않기 때문에 분노는 이들에게 전위된다. 어떠한 사람은 갈등으로부터 발생한 에너지나 기저에 깔린 불안을 업무와 같은 좀 더 건설적인 수단으로 발산한다. 이 과정은 승화(sublimation)라고 한다.

극심한 불안이나 다른 정서를 유발하는 좀 더 심각한 내적 갈등은 자멸적인 방어 과정 또는 증상을 초래할 수 있다. Freud에 따르면 공포증과 강박증적 증상들은 이러한 갈등을 다루기 위해 나타날 수 있는 흔한 자멸적 방어 반응이며 갈등에 대처하기 위한 부적절한 시도를 반영한다. 공포증 증상들은 일반적으로 갈등의 요소를 포함하고 있다. 예를 들어 개 공포증은 거세에 대한 영아적 두려움과 연결될 수 있다. 즉 개가 무해하다는 것을 알면서도 개에게 공격당하고 물리는 것에 대한 의식적인 두려움으로 발현되는 이유는 공격을 당해 거세당하는 두려움이 수반되는 남성의 내적 갈등을 보여준다.

방어기제의 예시들은 다음과 같다(APA, 2000a).

부정(denial): 타인에게는 명백한 객관적인 현실 또는 주관적 경험의 어떠한 일부분을 인정하는 것을 거부한다.

전위(displacement): 불안감을 주는 대상에 대한 감정이나 반응을 다른 사람, 특히 덜 위협적인 사물이나 사람에게 전이한다.

투사(projection): 받아들일 수 없는 자신의 감정, 충동 혹은 사고를 다른 개인이나 사물에 잘못 귀인한다.

합리화(rationalization): 행동, 사고 혹은 감정에 대한 실제 동기를 정교한 안심시키기 또는 자신에게 이익이 되거나 부정확한 설명을 통해 감춘다.

반동형성(reaction formation): 받아들일 수 없는 행동, 사고, 혹은 감정을 그와 완전히 반대인 것들로 대체한다.

억압(repression): 심란한 소망, 사고나 경험을 의식적 자각에서 차단시킨다.

승화(sublimation): 잠재적으로 부적응적일 수 있는 감정이나 충동을 사회적으로 수용 가능한 행동으로 발산한다.

심리성적 발달단계

Freud는 영유아기와 아동기 초반에 몇 개의 **심리성적 발달단계**를 거친다고 이론화하였다. 구강기, 항문기, 남근기, 잠복기, 생식기 단계들은 인간의 기본 욕구와 신체적 쾌락이라는 욕동을 충족시키는 데 있어 변별적 양상을 반영한다. 예를 들어 구강기(출생부터 약 2세까지)는 음식에 대한 욕구에 초점을 맞추는 특징이 있다. 먹기 위해 필요

▲ 아버지와 함께 있는 Anna Freud. Anna Freud는 방어기제 개념으로 정신분석학에 기여하였다.

한 빨기 행동에서 입술과 혀 그리고 입은 리비도적 욕동의 중점이 되어 쾌락의 주요 원천이 된다. Freud는 만약 특정한 단계에서 적절한 충족을 경험하지 못하거나 특정 단계에서 특별히 강한 인상을 받게 되면[이를 고착(fixation)이라 명명하였다] 성인기 성격은 고착된 단계를 반영할 것이라고 가정하였다. 예를 들어 구강기에 고착될 경우 과도한 엄지 빨기와 먹는 행위나 연필 씹기 혹은 손톱 물어뜯기 등을 통한 구강 자극을 추구할 수 있다. 구강기 고착과 이론적으로 관련된 성인기 성격 특성은 의존성과 수동성, 또는 이러한 성향에 대한 반응으로 반항성과 냉소주의가 있다.

남근기(3세에서 5~6세까지)에서 나타나는 논란의 소지가 있는 심리성적 갈등 중 하나는 조기 생식기 자기자극(early genital self-stimulation)이다. 이 갈등은 고대 그리스 비극『오이디푸스 왕』의 주제로 오이디푸스는 그의 아버지를 죽이고 무지한 상태로 어머니와 결혼하는 운명의 주인공이다. Freud는 모든 남아는 어머니와의 성적 상호작용을 반영하는 심상이 자기자극 상황에서 동반될 때 이 환상을 다시 경험한다고 주장하였다. 결국 이 환상은 동일시함과 동시에 자신이 차지하고 싶어 하는 위치에 있는 아버지를 향한 강한 질투와 때로는 분노 감정을 동반한다. 더욱이 아버지가 자신의 욕망에 대한 처

벌로 성기를 없앨지도 모른다는 강렬한 공포감은 **거세 불안** 현상으로 발전한다. 이 공포감은 어머니에 대한 소년의 욕정적인 충동을 억제하도록 한다. 욕정적 충동과 거세 불안 간의 갈등은 오이디푸스 콤플렉스(Oedipus complex)라고 불리는 내면의 또는 정신내적인 갈등을 불러일으킨다. 몇 가지 일들이 일어나야만 남근기를 평온하게 지날 수 있다. 첫째, 아동은 부모와의 양가적인 관계를 해소해야 한다. 만약 이것이 달성된다면 어머니에 대한 무해한 애정을 유지하면서 자신의 리비도적 충동을 이성관계로 돌릴 수 있다.

여아에게서 발생하는 이에 대응되는 갈등을 엘렉트라 콤플렉스(Electra complex)라고 하는데 이 현상은 논란의 소지가 더 많다. Freud는 어린 딸은 어머니를 대체하고 아버지를 소유하길 원한다고 보았다. 이 소유의 중심은 남근 선망(penis envy), 즉 남근에 대한 욕망이다. Freud에 의하면 이 갈등은 여성이 이성관계를 발전시키고 임신을 기대하게 되면서 해결되며 결국 출산은 남근에 대한 욕망을 건강하게 대체하는 방법이라고 간주하였다. 두말할 필요도 없이 이 이론은 성차별적이고 비하적인 요소 때문에 수년간 큰 실망을 불러일으켰다. 중요한 것은 이론에 불과할 뿐 기정사실은 아니라는 점이다. 이 이론을 지지할 수 있는 체계적인 연구는 존재하지 않는다.

Freud의 관점에서 모든 비정신병적 심리장애는 무의식적 갈등과 이 갈등으로 초래된 불안, 그리고 방어기제의 실행에서 비롯된다. Freud는 이러한 장애들을 **신경증** 또는 신경증적 장애(neurotic disorders)라고 불렀다.

정신분석 이론의 이후 발전

Freud의 정신분석 이론은 여러 방향으로 수정되어 발전되었다. 어떤 한 이론가들은 정신분석 이론의 한 요소만을 가져와 발전시켰고 다른 이론가들은 Freud와 절연하고 완전히 새로운 방향으로 나아갔다.

Freud의 딸인 Anna Freud(1895~1982)는 방어기제가 어떻게 행동을 결정하는지에 집중하였다. 이 과정에서 현대 **자아심리학**의 개척자가 되었다. Anna Freud는 적응적 능력, 현실검증 기술 그리고 방어는 서서히 축적된다고 생각하였다. 이상행동은 자아가 충동 통제와 같은 기능을 조절하거나 내적 갈등에 대한 적절한 방어기제를 이끄는 데 결함이 있을 때 발생한다. Freud의 이론을 변형한 또 다른 이론으로 Heinz Kohut(1913~1981)의 **자기심리학**(Kohut, 1977)이 있다. Kohut는 자기개념(self-concept)의 형성과 건강으로 진전하거나 반대로 신경증을 발전시킬 수 있는 자기의 속성에 초점을 맞추었다.

대상관계는 아동이 심상, 기억 그리고 때로 그들이 정서적으로 애착형성을 이룬 사람의 가치관을 어떻게 통합시키는지 연구한다. 이러한 의미에서 대상(object)은 이와 같은 중요한 사람들을 가리키며 이러한 통합의 과정은 내사 또는 함입(introjection)으로 불린다. 내사된 대상은 자아의 통합된 부분이 될 수 있거나 정체성 혹은 자아를 결정하는 데 있어 상충적인 역할을 할 수도 있다. 예를 들어 부모는 관계나 직업에 대해 여러분의 관점과는 다른 상충된 관점을 가질 수 있다. 이러한 다양한 입장들이 어느 정도 통합되었는지에 따라 갈등이 발생할 가능성이 생겨난다. 어느 날 여러분은 자신의 진로에 대해 어느 한편으로 느끼다가 다음 날에는 완전히 다르게 생각할 수도 있다. 대상관계 이론에 따르면 자아는 통합된 사람의 눈을 통해 세상을 바라보는 경향이 있다. 대상관계 이론가들은 이러한 이질적인 상들이 어떻게 하나가 되어 개인의 정체성을 구성하는지에 관심을 가진다.

Carl Jung(1875~1961)과 Alfred Adler(1870~1937)는 Freud의 제자들로 그들만의 학파를 형성하였다. Jung은 Freud의 이론에서 대부분의 성적인 측면을 거부하고 **집단 무의식**의 개념을 도입하였는데, 이는 개인의 기억 깊은 곳에 저장되어 있고 세대에 걸쳐 전해지는 지혜를 의미한다. 또한 Jung은 영적이고 종교적인 욕동이 성적 욕동만큼 인간 본성의 한 부분이라고 주장하였다. 이와 같은 강조점과 집단 무의식에 대한 발상은 지금까지 신비주의자들의 관심을 끌고 있다.

Adler는 열등감과 우월성의 추구에 초점을 두었으며 열등감(inferiority complex)이라는 용어를 만들었다. Jung과 Adler는 Freud와는 다르게 인간 본성은 기본적으로 긍정적이며 완전한 잠재력을 실현시키고자 하는 자아실현에 대한 강한 욕동이 있다고 믿었다. Jung과 Adler는 내적 및 외적 성장의 장벽을 제거함으로써 개인은 번창

심리성적 발달단계(psychosexual stages of development) 발달과정에서 밟게 되는 순차적 단계라는 정신분석학적 개념이다. 각 단계는 원초아의 충족감이 최고조로 나타나는 신체 부위의 이름을 따서 붙여진다.

거세 불안(castration anxiety) 정신분석 이론에서 어머니에 대한 어린 남아의 성욕 때문에 성기가 훼손될 것이라는 두려움을 말한다.

신경증(neurosis) 무의식적 갈등과 이로 인한 불안에 근거한 심리적 장애를 표현하는 오래 전 정신역동학적 용어이다.

자아심리학(ego psychology) 발달에 있어 자아의 역할을 강조하는 정신분석 이론으로 심리적 장애의 원인을 자아가 충동과 내적 갈등에 대한 관리 실패에서 찾는다. 자기심리학(self-psychology)으로도 불려진다.

대상관계(object relations) 최근 발달된 정신역동 이론으로 아동이 친밀하고 중요한 대상에 대한 기억과 가치를 어떻게 통합하는지 연구한다.

집단 무의식(collective unconscious) 세대에 걸쳐 수집되고 기억되는 한 문화의 축적된 지혜로 Carl Jung이 소개한 정신역동적 개념이다.

한다고 믿었다.

또 다른 한편에서는 전생애적 발달과 문화 및 사회가 성격에 미치는 영향을 강조하였다. Karen Horney(1885~1952)와 Erich Fromm(1900~1980)도 이와 같은 관념과 관련된 인물이나 아마 가장 잘 알려진 이론가는 Erik Erikson(1902~1994)일 것이다. Erikson의 가장 큰 공헌은 일생 전반에 걸친 발달 이론으로 그는 8개의 구체적인 단계에 수반되는 위기와 갈등에 대해 기술하였다. 예를 들어 약 65세에 시작되는 노년기(mature stage)에서 개인은 삶을 되돌아보며 목표 달성에 따른 만족감과 어떤 것에 실패한 데에 따르는 절망감을 모두 경험한다. 과학적 발전은 정신병리에 대한 발달학적 관점의 중요성을 증명하였다.

정신분석적 심리치료

정신분석적 심리치료 또는 정신분석의 많은 기법들은 카타르시스와 통찰을 통해 무의식적 정신 과정의 본질을 드러내기 위해 고안되었다. Freud는 환자에게 마음에 떠오르는 것은 무엇이든 말하도록 지시하는 **자유연상** 기법을 발전시켰다. 자유연상은 의식으로 가져오기에는 너무 고통스럽거나 위협적이어서 억압된 감정적인 문제들을 드러내도록 한다. Freud의 환자는 소파 위에 눕고 Freud는 환자의 주의가 분산되지 않도록 그들 뒤에 앉았다. 다른 기법으로는 아직도 인기가 식지 않은 **꿈 분석**이 있는데 치료자는 원초아의 일차적 사고 과정을 반영하는 꿈의 내용을 해석하고 무의식적 갈등의 상징적 측면과 꿈을 연관시킨다. 환자는 억압된 갈등을 밝히려는 치료자의 노력에 저항하고 해석을 거부할 수 있기 때문에 이 과정은 쉽지 않다. 이 치료적 단계의 목표는 환자가 갈등의 본질에 대해 통찰하도록 돕는 것이다.

정신분석학자인 치료자와 환자 사이의 관계는 중요하다. 치료자는 환자의 정신내적 갈등의 본질을 이 관계적 맥락을 통해 밝힐 수 있다. 이것이 가능한 이유는 **전이**라 불리는 현상에서 환자는 아동기 시절 부모와 같은 중요한 인물과 그랬던 것처럼 치료자와 관계를 맺게 되기 때문이다. 치료자를 원망하나 말로 그 이유를 표현할 수 없는 환자는 부모에 대한 아동기 원망을 재연하는 것일 수 있다. 이보다 더 자주 환자는 치료자와 깊은 사랑에 빠질 수 있는데 이는 일찍이 존재했던 부모를 향한 강한 긍정적 감정을 반영하는 것이다. 역전이(countertransference) 현상에서는 치료자가 자신의 개인 문제와 주로 긍정적인 감정 일부를 환자에게 투사한다. 어떠한 치료법이든 간에 치료자들은 환자의 감정뿐만 아니라 자신의 감정도 다루는 훈련을 받으며 치료 밖에서의 관계는 금지된다.

고전적 정신분석은 무의식적 갈등을 분석하고 해결하며 자아가 다시 제 역할을 하도록 성격을 재구조화하기 위해 매주 4~5번의 치료를 2년에서 5년간 할 것을 요구한다. 심리장애 또는 증상은 심리성적 발달단계에서 비롯된 근본적 내적 갈등의 표현일 뿐이어서 증상의 완화는 상대적으로 중요하지 않다. 따라서 근본적인 갈등이 적절히 다뤄지지 않는다면 또 다른 증상의 발현이 거의 확실하기 때문에(증상대체, symptom substitution), 공포증이나 우울 삽화의 제거는 큰 의미가 없다. 고전적 정신분석에 소요되는 놀라운 비용과 그 효과에 대한 증거가 부족한 점 때문에 오늘날에는 거의 사용되지 않는다.

정신분석은 여전히 실시되기는 하나 많은 심리치료자들은 서로 느슨하게 연결된 여러 접근법을 가리키는 **정신역동적 심리치료**를 이용한다. 갈등과 무의식적 과정들이 여전히 강조되고 외상과 방어기제를 파악하려는 노력이 뒤따르지만 치료자는 다음과 같은 전략을 혼합하여 사용한다. (1) 정서와 정서 표현에 대한 강조 (2) 주제를 회피하거나 치료의 진척을 방해하려는 환자의 시도에 대한 탐색 (3) 환자의 행동, 사고, 감정, 경험, 관계에서의 정형화된 양식 파악 (4) 과거 경험에 대한 강조 (5) 대인관계적 경험에 대한 초점 (6) 치료적 관계에 대한 강조 (7) 환자의 소망, 꿈, 환상에 대한 탐색(Blagys & Hilsenroth, 2000). 정신역동적 심리치료는 두 가지 추가 특성을 갖는다. 첫 번째, 고전적 정신분석보다 치료기간이 현저히 짧다. 두 번째, 성격 재구조화보다는 심리장애와 관련된 고통을 경감시키는 데 초점을 둔다.

요약

전통 정신분석은 인기가 감소하고 있다. 정신분석에 대한 핵심적인 비판은 오래 전에 일어난 사건에 대한 환자의 보고에 거의 전적으로 의존하므로 비과학적이라는 것이다. 이 사건들은 관찰자의 경험을 통해 걸러지고 의문이 제기될 수도 있으며 정신분석학자에 따라 다르게 해석될 수 있다. 마지막으로 이러한 현상에 대한 그 어떤 신중한 측정도 이루어지지 못한 상황이며 정신분석의 기본 가설을 증명하거나 반증할 뚜렷한 방법도 없다. 측정과 더불어 이론을 증명하거나 반증할 수 있는 능력은 과학적 접근의 기초이기 때문에 이 사실은 중요하다.

그럼에도 불구하고 정신분석적 개념과 관찰은 가치가 있다. 정신병리에 대한 과학적 연구는 무의식적 정신 과정의 존재, 숨겨진 신호나 상징적 신호가 정서적 반응을 촉발시킬 수 있다는 발상, 기억이 억제되거나 다양한 방법으로 회피될 수 있음을 입증하였다. 치료적 동맹(therapeutic alliance)이라고 불리는 치료자와 환자 간의 관계는 중요한 연구 분야이다. 다양한 대처 양식이나 방어기제의 중요성과 함께 이러한 개념은 이 책 전반에 걸쳐 다루게 될 것이다.

많은 정신역동적 견해는 100년 넘게 발전하여 영향력 있는 Freud의 저술들을 낳았다(예를 들어 Lehrer, 1995). 이는 마녀 재판과 불치의 뇌병리라는 관념과 극명한 대조를 이룬다. 초기에는 선한 힘에 맞서는 악령의 모습처럼, 선과 악 그리고 충동과 억제의 원천은 외적이고 영적인 것으로 간주되었다. 정신분석적 관점에 따르면 이러한 세력 간 다툼은 우리 자신 내에서 발생하며 우리는 좋든 싫든 이 전쟁에 꼼짝없이 얽혀 있다.

인본주의 이론

Jung과 Adler가 Freud와 뚜렷이 갈라섰다는 점을 짚고 넘어갔다. 그들의 기본적인 불일치는 인간의 본성에 대한 의견에 있었다. Freud는 삶은 전쟁터와 같아 인간의 가장 어두운 힘들에 압도될 위험이 끊임없이 존재하는 것으로 묘사하였다. 이와 반대로 Jung과 Adler는 인간 본성의 긍정적이고 낙관적인 측면을 강조하였다. Jung은 인간이 목표를 설정하고 미래를 기대하며 완전한 잠재력을 실현시키고자 한다고 언급하였다. Adler는 우리가 타인의 복지와 사회 전체에 공헌할 때 인간 본성이 완전한 잠재력에 도달할 것이라고 믿었다. 그는 우리 모두 우수한 지적, 도덕적 발달 수준에 도달하기 위해 고군분투한다고 믿었다. 그럼에도 불구하고 Jung과 Adler는 정신역동적 사고의 많은 원칙들을 유지하였다. 그들의 일반적 철학은 20세기 중반 성격 이론가들에 의해 채택되었고 인본주의 심리학(humanistic psychology)으로 알려지게 된다.

자아실현은 이 운동의 표어였다. 자유만 주어진다면 자신의 최대 잠재력에 도달할 수 있다는 것이 기본 가정이다. 다양한 조건이 이러한 자아실현을 필연적으로 방해할 수 있는데 대부분 개인 외부에서 비롯된다. 어려운 생활 조건이나 스트레스 경험들은 참자아(true self)로부터 멀어지게 한다.

Abraham Maslow(1908~1970)는 성격의 구조를 설명하는 데 있어 가장 체계적이었다. 섭식과 성과 같은 가장 기본적 욕구에서 시작하여 자아실현, 사랑, 자존감에 이르는 욕구의 위계(hierarchy of needs)를 상정하였다. 우정과 같은 사회적 욕구는 이 두 욕구 사이 중간쯤에 해당한다. Maslow는 낮은 단계의 욕구가 충족되지 못하면 상위 단계로 나아갈 수 없다고 가정하였다.

Carl Rogers(1902~1987)는 가장 영향력 있는 인본주의자이다. 그에 의해 **인간중심 치료**로 알려진 내담자 중심 치료(client-centered therapy)가 창안되었다(Rogers, 1951). 이 접근에서 치료자는 수동적인 역할을 취하며 가능한 한 해석을 거의 하지 않는다. 여기서 핵심은 자아가 위협받지 않으면서 개인에게 성장할 기회를 주는 것이다. 인본주의적 접근에서는 내담자의 감정과 행동에 대한 완전한 수용, 즉 **무조건적 긍정적 존중**이 결정적이다. 공감(empathy)은 세상에 대한 개인의 관점에 대한 온정적 이해이다. 인간중심 치료가 기대하는 결과는 내담자가 자신에게 더 솔직하고 정직하며 성장을 향한 타고난 성향에 접근하는 것이다.

정신분석과 마찬가지로 인본주의적 접근은 대인관계 이론에 상당한 영향을 미쳤다. 예를 들어 1960년에서 1970년대 사이 큰 인기몰이를 했던 인간 잠재능력 회복운동(human potential movements)은 인본주의 이론의 직접적 결과였다. 인간중심 치료는 Freud의 접근과는 다소 다른 방식으로 치료적 관계의 중요성을 강조하였다. 관계를 목적을 위한 수단(전이)으로 보기보다는 치료적 관계를 포함한 모든 관계가 인간의 성장을 촉진하는 가장 긍정적인 요인이라고 믿었다. 그럼에도 불구하고 인본주의적 모델은 정신병리에 대한 특별히 새로운 정보를 제공하지 못하였다. 그 원인 중 하나는 이 이론에서는 개인 간의 유사성보다는 개개인의 독특성과 수량화될 수 없는 개인의 경험을 강조하였기 때문이다. Maslow가 언급하였듯이 인본주의 모델은 심리장애가 없는 개인들 사이에서 가장 많이 적용되었다. 지난 수십 년 사이 심각한 심리장애에 인간중심 치료가 적용되는 사례는 점차 감소하였다.

자유연상(free association) 무의식에 억압되었던 위협적인 자료를 탐색하기 위한 정신분석 치료의 한 기법이다. 통제하지 않고 떠오르는 모든 것을 말하도록 지시받는다.

꿈 분석(dream analysis) 원초아의 욕동과 정신내적 갈등을 상징한다고 간주되는 꿈 내용을 평가하는 정신분석 치료의 한 기법이다.

정신분석학자(psychoanalyst) 의학박사 또는 철학박사 학위를 취득한 후 추가로 특수화된 박사후 훈련을 이수하고 정신분석을 실시하는 치료자이다.

전이(transference) 내담자가 특히 부모와 같은 중요한 권위적 인물과 관계를 맺는 것처럼 치료자와도 유사한 방식으로 관계를 형성할 것이라는 정신분석학적 개념이다.

정신역동적 심리치료(psychodynamic psychotherapy) 정신분석 치료의 현대판 치료법으로 무의식적 과정과 갈등을 강조하나 보다 간결하며 구체적인 문제에 더 초점화되어 있다.

자아실현(self-actualiztion) 인본주의 심리학에서 강조되는 과정으로 사람들은 어려운 인생 경험에 맞서 가장 높은 잠재력을 달성하고자 노력한다고 가정한다.

인간중심 치료(person-centered therapy) 상담자가 아닌 내담자가 논의의 방향을 주도적으로 안내하고 자아발견과 자기책임을 추구하는 치료 방법이다.

무조건적 긍정적 존중(unconditional positive regard) 판단 또는 비난 없이 내담자의 감정과 행동에 대한 상담자의 수용을 가리킨다.

행동주의 모델

인지행동 모델 혹은 사회학습 모델로도 알려진 **행동주의 모델**은 정신병리의 심리학적 측면에 대한 보다 과학적인 접근을 도입하였다.

Pavlov와 고전적 조건형성

러시아 상트페테르부르크의 생리학자 Ivan Petrovich Pavlov(1849~1936)는 음식이 제시되기도 전에 왜 개가 침을 흘리는지 탐색하는 과정에서, 특정 반응을 이끌어내지 못했던 중립자극을 그 반응을 유발하는 무조건적 자극과 반복적으로 연합시키면 그 반응을 유발하게 되는, 학습의 한 유형인 **고전적 조건형성**을 처음 고안하였다. 조건형성은 우리가 새로운 정보를 획득하는 하나의 방식이다. 이 과정은 생각했던 것만큼 간단하지 않으며 그 복잡성이 계속 밝혀지고 있다(Craske, Hermans, & Vansteenwegen, 2006; Rescorla, 1988). 그러나 이는 꽤 자동적일 수 있다. 현대 사회에서의 한 강력한 예를 들어보자.

여러 유형의 암 치료에서 처방되는 화학요법은 심한 메스꺼움과 구토 같은 부작용을 초래한다. 그러나 환자는 화학요법을 시행했던 사람을 보거나 치료에 사용된 장비만 봐도 종종 이러한 부작용을 경험한다(Morrow & Dobkin, 1988; Roscoe, Morrow, Aapro, Molassiotis, & Olver, 2011). 몇몇 환자에 있어 이러한 반응은 화학요법을 받는 동안 주변에 위치한 인물이나 사물을 연상시키는 자극과 연관될 수 있는데 여기에는 간호사복을 입은 사람이나 심지어 병원 외관도 포함될 수 있다. 유사한 자극에도 반응이 일반화되기 때문에 이러한 현상을 자극 일반화(stimulus generalization)라고 한다. 심리학자들은 이와 같은 반응을 극복하기 위해 구체적인 치료법을 개발해야 했다(Mustian et al., 2011).

Pavlov의 실험실에서처럼 자극이 음식이건 화학요법이건 고전적 조건형성 과정은 거의 모든 사람에게서 반응을 일으키고 학습이 필요 없는 자극으로부터 시작된다. 반응이 일어나기 위한 특별한 조건은 없다. 이러한 이유에서 음식이나 화학요법은 무조건적 자극(unconditioned stimulus, UCS)이라고 불린다. 이 경우 타액의 분비나 메스꺼움과 같은 자연적 또는 학습되지 않은 반응을 무조건적 반응(unconditioned response, UCR)이라고 한다. 이제 학습이 관여한다. 앞서 살펴봤듯이 무조건적 자극(음식이나 화학요법)과 관련된 모든 사람이나 사물은 동일한 반응을 유발할 수 있는 권한을 갖게 되지만 조건적 혹은 조건화된 자극(conditional or conditioned stimulus, CS)에 의해 유발된 것이기 때문에 조건화된 반응(conditioned response, CR)이라고 일컬어진다. 따라서 화학요법과 연관되었던 간호사는 조건화된 자극이 된다. 간호사를 보게 되면서 경험하는 메스꺼운 감각은 화학요법을 받는 동안 경험한 것과 거의 비슷하나 이제 조건화된 반응이 된다.

화학요법과 같이 강력한 무조건 자극이라면 조건화된 반응은 한 번의 시도로도 학습될 수 있다. 그러나 학습의 대부분은 화학요법과 같은 무조건적 자극과 간호사복이나 병원 장비와 같은 조건화된 자극 간의 반복적인 연합이 필요하다. Pavlov가 이 현상을 연구하기 시작했을 때 좀 더 정확히 자극을 수량화하기 위해 연구보조원의 발자국을 메트로놈으로 대체하였다. 그 결과 일정 기간 동안 음식 제공 없이 메트로놈과 같은 조건화된 자극을 제시할 경우 음식에 대한 조건화된 반응이 제거된다는 것을 발견하였다. 즉 개는 메트로놈이 더 이상 음식이 제공된다는 것을 의미하지 않음을 학습한 것이다. 이 과정을 **소거**라고 부른다.

Pavlov는 생리학자였기에 이러한 과정을 실험실에서 연구하고 이에 대해 과학적으로 접근하려 한 점은 자연스러운 일이다. 관계를 측정하고 관찰하고 대안적 설명을 배제하는 데에는 정확성이 요구되었다. 생물학에서는 이와 같은 과학적 접근이 일반적이지만 그 당시 심리학에서는 그렇지 않았다. 예를 들어 정신분석학자가 무의식적 갈등을 정확하게 측정하거나 심지어 관찰하는 것조차 불가능하였다. Edward Titchener(1867~1927)와 같은 초기 실험심리학자조차 **자기성찰법**을 강조하였다. 특정 자극을 경험한 후 피험자들은 자신의 사고와 느낌을 보고하였지만 이러한 소위 '탁상공론 심리학'(armchair psychology)의 결과에는 일관성이 없었다.

Watson과 행동주의의 부상

미국 심리학자 John B. Watson(1878~1958)은 행동주의의 창시자로 여겨진다. Watson은 심리학이 자기성찰법에 근거한다면 잘못된 방향으로 향할 것이라 믿었다. 즉 심리학은 생리학만큼 과학적일 수 있다고 결정하였다(Watson, 1913). Watson은 대부분의 시간을 행동심리학을 경험적 과학으로 발전시키는 데 활용하였으나 잠시 정신병리 연구에 관여하였다. 그의 제자 Rosalie Rayner와 함께 1920년 당시 생후 11개월 된 Albert라는 영아에게 솜털이 보송보송한 결코

▲ Ivan Pavlov는 많은 정서장애에 있어 중요한 고전적 조건형성의 과정을 제시하였다.

해롭지 않은 하얀 쥐를 선사하였다. Albert는 쥐를 무서워하지 않았고 함께 노는 것을 즐기는 듯하였다. 하지만 Albert가 쥐를 향해 손을 뻗을 때마다 실험자는 뒤에서 큰 소리를 냈다. 단 5번의 시행 후 Albert는 흰 쥐가 근처에 오면 두려워하는 기색을 보였다. 실험자는 그 후 Albert가 심지어 산타클로스의 하얀 턱수염과 같이 하얀 털이 있는 모든 사물에 대해 약간의 두려움을 나타낸다는 것을 관찰하였다. 그렇게 놀라운 사실이 아니라고 생각할 수도 있으나 이전에 무서워하지 않았던 사물에 대한 두려움을 실험을 통해 만들어 낼 수 있다는 최초의 기록 중 하나라는 점에서 주목할 필요가 있다. 물론 이와 같은 실험은 오늘날의 기준에서는 비윤리적이며 실험 이후 두려움의 발현에 기여했을 특정 신경학적 장애를 Albert가 갖고 있었을 가능성이 제기되었다(Fridlund, Beck, Goldie, & Irons, 2012). 그러나 이 연구는 고전적인 연구로 남아 있다.

Watson의 또 다른 제자인 Mary Cover Jones(1896~1987)는 만약 두려움이 이러한 방식으로 조건화될 수 있다면 잊혀지거나 소거될 수도 있다고 생각하였다. 털이 있는 사물에 대한 두려움을 이미 보이고 있던 생후 34개월 된 영아 Peter를 연구하였다. 매일 잠깐씩 놀고 있는 방에 하얀 토끼를 가지고 갔다. 또한 토끼를 두려워하지 않는 다른 또래들을 같은 방에 함께 있도록 하였다. Peter의 두려움은 점차 감소하였다. 두려움이 감소할 때마다 Jones는 토끼를 점점 더 Peter 가까이 가져갔다. 결국 Peter는 토끼를 만졌고 심지어 토끼와 함께 놀았으며(Jones, 1924a, 1924b), 몇 년 후에도 두려움 반응은 나타나지 않았다.

행동치료의 시작

Jones의 연구의 시사점은 20여 년간 무시되었으나 1940년대 후반에서 1950년대 초 남아프리카 정신과 의사인 Joseph Wolpe(1915~1997)가 정신병리에 대한 정신분석적 해석에 불안감을 나타내기 시작하였다. Wolpe는 행동심리학 분야로 방향을 전환하여 그의 환자 중 특히 공포증으로 인해 고통받는 많은 환자들을 치료하기 위한 다양한 행동적 과정을 발전시켰다. 가장 잘 알려진 기법은 **체계적 둔감화**이다. 이는 어린 Peter에게 실시된 치료법과 유사하였다. 두려움이 소거될 수 있도록 두려움을 유발시키는 사물이나 상황을 점차적으로 직면하도록 하였다. 환자는 현실을 검증하게 되고 공포감을 유발하는 사물이나 상황이 존재하여도 실제 나쁜 일이 일어나지 않는다는 것을 확인하게 되었다. 또한 Wolpe는 환자가 두려워하는 사물 앞이나 상황 속에서 두려움과 양립이 불가능한 다른 일을 하도록 하였다. 진료실에서 매번 공포를 유발하는 사물을 재현할 수 없었기에 Wolpe는 환자가 이완하면서 신중하고 체계적으로 공포스러운

상황을 상상하도록 하였다. 예를 들어 Wolpe는 개 공포증이 있는 젊은 남성을 우선 깊은 이완 상태를 경험하게 훈련시킨 뒤 공원 저편에 있는 개를 바라보고 있는 자신을 상상하도록 하였다. 점차적으로 환자는 공원 건너편에 있는 개를 상상하며 이완 상태를 유지할 수 있었고 공포를 거의 또는 전혀 경험하지 않게 되었다. 그 다음 Wolpe는 환자에게 개가 더 가까이에 있는 것을 상상하도록 하였다. 마침내 젊은 남성은 마치 꿈같은 이완 상태를 유지한 채 개를 만지는 상상을 할 수 있었다.

Wolpe의 치료적 성공은 행동주의라는 새로운 과학을 정신병리에 폭넓게 응용시킨 최초 사례 중 하나가 되었다. 런던의 Hans Eysenk와 Stanley Rachman과 같은 동료 연구자들과 함께 Wolpe는 이 접근을 **행동치료**라고 불렀다. 비록 오늘날에는 Wolpe의 치료법이 드물게 사용되고 있으나 하루라는 짧은 시간 안에도 심한 공포증이 제거될 수 있는 현대의 치료 절차의 탄생을 위한 길을 닦았다(제4장).

B. F. Skinner와 조작적 조건형성

Freud는 정신병리학을 넘어 문화사 그리고 지성사의 여러 측면까지 영향을 미쳤다. 오직 한 명의 행동주의 과학자만이 이와 유사한 영향력을 발휘하였는데 그가 Burrhus Frederic(B. F.) Skinner(1904~1990)이다. Skinner는 1938년에 출간된 『유기체의 행동(*The Behavior of Organism*)』에서 행동 이후 무엇이 따르는지에 따라 행동이 변화한다는 학습의 한 유형인 조작적 조건형성(operant condi-

---

행동주의 모델(behavioral model) 역기능을 포함한 인간의 행동을 실험심리학에서 비롯된 학습과 적응 원리에 근거하여 설명하는 모델이다.

고전적 조건형성(classical conditioning) Ivan Pavlov가 처음 설명한 근본적인 학습과정으로, 반응을 자동적으로 유발시키는 사건이 반응을 유발시키지 않는 다른 자극(중립자극)과 연합된다. 반복적인 연합과정을 통해 중립자극은 조건화된 자극이 되어 원하는 반응을 유발하게 된다.

소거(extinction) 조작적 조건형성 또는 고전적 조건형성의 연합과정에서 강화를 통해 유지되었던 반응이 강화 또는 연합이 제거되면서 감소하는 학습과정을 가리킨다. 또한 강화 또는 연합을 제거하는 절차를 설명하기도 한다.

자기성찰법(introspection) 심리학 연구에 대한 초기 비과학적 접근으로, 특정 자극이 유발시킨 사고나 감정을 보고하기 위한 체계적인 시도이다.

체계적 둔감화(systematic desensitization) 과도한 두려움을 감소시키기 위한 행동치료 기법으로, 두려움을 유발시키는 자극에 점진적으로 노출되면서 대개 이완과 같은 긍정적인 대처 경험을 연합시킨다.

행동치료(behavior therapy) 임상적 문제에 행동주의 그리고 인지과학적 및 학습 원리에 근거한 다양한 치료적 방안이 적용된다. 추론된 갈등이 아닌 구체적인 행동이 정당한 변화의 목표라고 간주한다.

tioning)의 원리를 제시하였다. Skinner는 인간행동의 과학은 관찰 가능한 사건과 그 사건들 사이의 관계를 기초로 해야 한다는 Watson의 신념에 큰 영향을 받았다. 또한 심리학자 Edward L. Thorndike(1874~1949)의 연구에서도 영향을 받았다.

Thorndike는 효과의 법칙(law of effect)으로 잘 알려져 있는데 이 법칙은 행동이 그 결과에 따라 강화, 즉 더 자주 발생하게 되거나 약화, 즉 더 적게 발생하게 된다고 가정한다. Skinner는 음식을 강화물로 활용한 동물실험을 통해 Thorndike가 검증하려고 했던 간단한 개념을 가져와 인간의 행동에 적용될 수 있도록 다양한 방법으로 발전시켰다. 예를 들어, 만약 한 5세 남아가 음식점에서 큰 소리로 소리를 지르기 시작한다면 그 행동이 어떤 무조건적 자극에 의해 자동적으로 유발되었을 리 없다. 또한 부모가 야단치거나 차로 데리고 나가거나 혹은 더 적절한 행동을 지속적으로 강화한다면 앞으로 그 행동을 할 가능성은 적어질 것이다. 그렇지 않고 만약 부모가 귀엽게 생각하고 웃는다면, 그 아이는 그 행동을 다시 할 것이다.

행동은 환경에 작용을 하고 어떠한 방법으로든 환경을 변화시킬 수 있기 때문에 Skinner는 조작적 조건형성이라는 용어를 사용하였다. 예를 들어 앞에 소개했던 아동의 행동은 부모의 행동 그리고 아마도 다른 음식점 손님의 행동에 영향을 미친다. 대부분의 사회적 행동은 다른 사람이 이에 반응할 수 있게 하는 맥락을 제공하고 그러면서 우리 행동에 따른 결과가 제공된다. 공기를 오염시켜 결국 치명적인 결과가 초래될 수 있는 것과 같이 비록 결과가 장시간 후에 나타날 수 있으나 물리적 환경에서도 마찬가지이다. Skinner는 행동에 미치는 영향을 내포한다는 이유에서 보상(reward)이라는 용어 대신 **강화**라는 용어를 선호하였다. 모든 행동이 강화에 의해 어느 정도 통제되며 다양한 강화 계획(schedules of reinforcement)에 의해 배치될 수 있다고 지적하였다(Ferster & Skinner, 1957). 또한 처벌을 하나의 결과로서 사용하는 것은 상대적으로 덜 효과적이며 새로운 행동을 하게 하기 위한 주된 방법은 바람직한 행동에 대해 정적으로 강화하는 것이라고 믿었다. Skinner는 생물학의 영향이나

정서 혹은 인지의 주관적 상태가 존재함을 부정하지 않았다. 다만 특정 강화 과정에 따른 상대적으로 중요하지 않은 부작용으로 이 현상들을 간주하였다.

Skinner 연구의 대상은 주로 비둘기 또는 쥐였다. Skinner는 춤, 탁구, 장난감 피아노 연주와 같은 다양한 재주를 동물에게 가르쳤다. 이를 위해 최종 행동 혹은 일련의 행동 체계에 대한 강화 연속 접근법인 **조성**을 사용하였다. 예를 들어 비둘기가 탁구를 치길 원한다면 비둘기 쪽으로 던져진 탁구공을

▲ B. F. Skinner는 정신병리학의 중심 중 하나인 조작적 조건형성 학습 유형을 연구하였다.

향해 비둘기가 머리를 조금이라도 돌릴 때마다 모이 알갱이를 제공한다. 점차적으로 먹이를 제공 받기 위해 비둘기의 머리가 공에 닿을 때까지 더 가깝게 다가가도록 요구한다. 결국 먹이를 제공 받는 조건으로 비둘기는 던져진 탁구공을 머리로 받아쳐야 한다.

요약

행동주의 모델은 정신병리의 이해와 치료에 크게 공헌하였다. 그럼에도 불구하고 이 모델은 현재 정신병리에 대해 알려져 있는 것을 설명하기에는 불완전하고 불충분하다. 과거에는 장애가 환경적으로 결정된 반응으로 간주되었기 때문에 행동주의에서 생물학에 대한 여지가 거의 없었다. 또한 행동주의 모델은 전생애에 걸친 정신병리의 발달을 설명하지 못한다. 정보가 인지적으로 어떻게 처리되는지에 대한 최근의 지식 증진으로 양상은 한층 더 복잡해졌다. 이러한 모든 차원을 통합하기 위해 정신병리에 대한 새로운 모델이 필요하다.

▶ **이상행동을 연구하는 데 있어 과학적 방법이 왜 중요한가?**

정신병리의 원인에 대한 초자연적, 생물학적 그리고 정신분석과 행동주의라는 두 개의 주요 역사적 요소로 분류될 수 있는 심리학적 전통 혹은 사고방식을 살펴보았다.

정신병리에 대한 초자연적 설명은 여전히 우리와 함께한다. 그러나 초자연적 전통은 과학자 집단이나 다른 전문가에게 거의 영향을 주지 못한다. 반면 생물학적, 정신분석적, 행동주의적 모델은 정신병리와 관련된 지식을 지속적으로 확장시켰다.

각 전통은 다음과 같은 중요한 측면에서 실패하였다. 첫째, 이론과 치료를 확인하거나 반증하는 데 필요한 증거를 제시하는 방법들이 개발되지 않았기 때문에 과학적 방법론이 접근에 적용되지 않았다. 증거가 부족한 상태에서 궁극적으로 사실이 아니거나 무가치하다고 판명된 다양한 유행과 미신을 받아들였다. 새로운 유행들은 종종 실제로 유용한 이론과 치료 과정을 대신하였다. 샤를 6세는 다양한 치료 과정을 경험하였는데 이 중 유용하다고 밝혀진 것도 있고 단순히 유행이거나 심지어 해로운 것도 있었다. 정신병리학에서 어떠한 결과를 확인하거나 반증하는 데 과학적 방법론이 어떻게 사용될 수 있는지는 제3장에 기술되어 있다.

둘째, 건강 전문가들은 심리장애를 그들의 관점으로만 보는 경향이 있다. Grey는 심리장애가 뇌질환에 기인하고 다른 요인은 영향력이 없다고 단정하였다. Watson은 문제행동을 포함한 모든 행동이 심리적, 사회적 영향의 결과이고 생물학적 요인의 기여는 미미하다고 가정하였다.

정신병리의 본질을 설명하기 위해 두 가지 발전이 1990년대에 통합되었다. 그것은 (1) 과학적 도구와 방법론의 정교화 (2) 생물학적, 행동적, 인지적, 정서적 혹은 사회적인 영향은 결코 단독으로 나타나지 않는다는 깨달음이다. 생각하고 느끼고 행동할 때마다 뇌와 인체 다른 부위는 열심히 작동하고 있다. 그러나 우리의 사고, 감정, 행동이 뇌의 기능과 심지어 뇌의 구조에도 영향을 미친다는 것은 명백하지 않을 수 있다. 즉 정상 및 이상행동 모두 심리적, 생물학적, 사회적 영향의 지속적인 상호작용의 산물이다.

지식과 정보를 뇌가 어떻게 처리하고 기억하며 사용하는지에 대해 더 많이 알게 되면서 2000년도에 이르러 인지과학과 신경과학이라는 신생 분야는 급속도로 성장하게 되었다. 이와 동시에 새로운 행동과학 연구 결과는 후기 발달을 결정하는 데에 있어 초기 경험의 중요성을 밝혀냈다. 행동에 영향을 미치는 생물학적, 심리적, 사회적 영향을 고려하는 새로운 모델이 필요하다는 것이 명백해졌다. 이 접근은 여러 발달 시기에서 삶을 어떻게 경험하는지에 대한 이해 정도가 급격히 증진되면서 모든 영역에서의 결과를 통합할 수 있게 되었다. 미국 국립정신건강연구소(National Institute of Mental Health, NIMH)는 연구 결과를 치료 장면으로 이행시키려는 목적으로 위 요인들 간의 상호관계에 대한 향후 연구와 개발을 지원할 계획을 2010년에 수립하였다(Insel, 2009). 따라서 이 책의 나머지 부분에서는 신경과학, 인지과학, 행동과학, 발달과학 간의 상호 영향력을 탐색하고 현재 정신병리학에서 타당한 유일한 모델은 다차원적이고 통합적이라는 것을 논증할 것이다.

개념 확인 1.3

아래 기술된 치료에 적합한 이론을 기술하라. (a) 행동주의 모델 (b) 도덕 치료 (c) 정신분석 이론 (d) 인본주의 이론

1. 시설에 수용된 환자를 가급적 일상적인 방식으로 대하고 사회적 상호작용과 관계 발전을 격려한다. ＿＿＿＿＿

2. 최면, 자유연상과 꿈 분석 같은 정신과정에 대한 분석, 그리고 원초아, 자아, 그리고 초자아 간의 균형. ＿＿＿＿＿

3. 무조건적 긍정적 존중에 근거한 인간중심 치료. ＿＿＿＿＿

4. 고전적 조건형성, 체계적 둔감화, 그리고 조작적 조건형성.

＿＿＿＿＿

강화(reinforcement) 조작적 조건형성에서 행동을 강화시키거나 발생 횟수를 증가시키는 결과이다. 긍정적 강화는 바람직한 결과에 따라 제공된다. 부적 강화는 부정적 결과를 피할 수 있게 한다. 바람직하지 않은 행동은 해당 행동에 대한 강화 또는 바람직한 행동에 대한 강화를 제공하지 않을 경우 발생될 수 있다.

조성(shaping) 조작적 조건형성에서 목표 행동에 더 가까워지는 흡사한 형태의 반응을 점차적으로 강화시켜 새로운 반응을 형성한다. 이 방법을 통해 바람직하고 바람직하지 않은 행동 모두 학습될 수 있다.

요약

정신병리 이해하기

심리학자는 심리장애를 어떻게 정의하는가?

▶ 심리장애는 (1) 심리적 역기능이고 (2) 고통 혹은 기능 손상과 관련되어 있으며 (3) 비전형적이거나 문화적으로 기대되지 않는 반응이다. 위 세 가지 기본 기준을 모두 충족해야 하며 하나의 기준만으로는 이상(abnormality)의 본질을 정의하기 어렵다.

▶ 정신병리학은 심리장애에 대한 과학적 연구이다. 정신건강 전문가에는 임상 및 상담 심리학자부터 정신건강의학 전문의와 정신건강 사회복지사 그리고 간호사까지 다양하다. 각각의 전문직은 특정 유형의 훈련과 수련을 요구한다.

누가 과학자-실무자인가?

▶ 정신건강 전문가는 과학자-실무자로 기능할 수 있다. 최신 연구 결과를 인지하고 있을 뿐만 아니라 자신의 연구를 평가하기 위해 과학적 자료를 사용하며, 자신의 치료 클리닉이나 병원에서 연구를 수행한다.

▶ 심리장애에 대한 연구는 임상적 기술, 원인론, 치료와 예후 세 가지 범주로 구분된다.

초자연적, 생물학적, 심리학적 전통

어떠한 초자연적 영향들이 이상행동을 설명하는 것으로 간주되었는가?

이상행동을 이해하기 위한 생물학적 접근의 기본 가정은 무엇인가?

정신분석, 인본주의, 행동주의 등의 심리학적 접근은 어떻게 이상행동을 설명하는가?

▶ 역사적으로 이상행동에 대한 세 가지 접근이 있다. 초자연적 전통에서 이상행동은 악마 혹은 영혼 같은 외부 요인에 기인한다. 이 전통은 대부분 생물학 및 심리학적 관점으로 대체되었다. 생물학적 전통에서 장애는 질환이나 생화학적 불균형에 기인한다. 심리학적 전통에서 이상행동은 심리적 발달상의 결함과 사회적 맥락에 기인한다.

▶ 각 전통에는 독자적인 치료법이 존재한다. 초자연적 치료법에는 몸에서 초자연적 영혼을 제거하기 위한 엑소시즘 등이 있다. 생물학적 치료는 신체적 보살핌과 의학적 치료, 특히 약물치료를 강조한다. 심리학적 접근은 도덕 치료로 시작하여 현대의 심리치료까지 심리사회적 치료를 적용한다.

▶ 정신분석 이론의 창시자인 Sigmund Freud는 무의식에 대한 정교한 개념을 제공하였다. 치료는 카타르시스, 자유연상, 꿈 분석 등의 기법을 통한 무의식에 다가가는 것에 초점을 두었다. 비록 Freud의 추종자들이 여러 방향으로 원래 길에서 벗어났으나 Freud의 영향력은 오늘날까지도 느낄 수 있다.

▶ Freud에 기반한 치료에서 나온 결과물 중 하나는 인본주의적 심리학으로 인간의 잠재력과 자아실현에 초점을 맞춘다. 이 접근으로부터 발달된 치료는 인간중심 치료로 치료자는 내담자의 감정과 생각에 대해 무조건적 긍정적 존중을 보여준다.

▶ 행동주의 모델은 심리학을 과학의 영역으로 옮겨 놓았다. 연구와 치료 모두 체계적 둔감화, 강화, 조성과 같은 기법을 포함한 측정 가능한 요소에 중점을 둔다.

통합적 접근

이상행동을 연구하는 데 있어 과학적 방법이 왜 중요한가?

▶ 과학적 도구가 정교해지고 인지과학, 행동과학, 신경과학으로부터 새로운 지식이 확산되면서 이제 심리장애는 하나의 개별적 요인에 의해 발생하지 않는다는 것을 인지하게 되었다. 정상행동과 이상행동 모두 심리학적, 생물학적, 사회적 영향의 지속적인 상호작용의 산물이다.

핵심 용어

강화 (51쪽)

거세 불안 (45쪽)

경과 (31쪽)

고전적 조건형성 (49쪽)

공포증 (29쪽)

과학자-실무자 (31쪽)

꿈 분석 (47쪽)

대상관계 (45쪽)

도덕 치료 (41쪽)

무의식 (43쪽)

무조건적 긍정적 존중 (47쪽)

발생률 (31쪽)

방어기제 (43쪽)

병인론 (33쪽)

소거 (49쪽)

신경증 (45쪽)

심리사회적 치료 (41쪽)

심리성적 발달단계 (45쪽)

심리장애 (29쪽)

예후 (33쪽)

원초아 (43쪽)

유병률 (31쪽)

이상행동 (29쪽)

인간중심 치료 (47쪽)

임상적 기술 (31쪽)

자기성찰법 (49쪽)

자기심리학 (45쪽)

자아 (43쪽)

자아실현 (47쪽)

자아심리학 (45쪽)

자유연상 (47쪽)

전이 (47쪽)

정신내적 갈등 (43쪽)

정신병리학 (31쪽)

정신분석 (41쪽)

정신분석적 모델 (43쪽)

정신분석학자 (47쪽)

정신역동적 심리치료 (47쪽)

정신위생운동 (41쪽)

제시된 문제 (31쪽)

조성 (51쪽)

집단 무의식 (45쪽)

체계적 둔감화 (49쪽)

초자아 (43쪽)

카타르시스 (43쪽)

퇴마 (33쪽)

행동주의 (41쪽)

행동주의 모델 (49쪽)

행동치료 (49쪽)

개념 확인의 답

1.1

A

1. d, 2. b, c

B

3. d, 4. c, 5. a, 6. f, 7. e, 8. b

1.2

1. c, 2. a, 3. b

1.3

1. b, 2. c, 3. d, 4. a

1. 로버츠 박사는 정신건강 전문의로 환자의 심리적 문제에 대해 약물을 처방한다. 로버츠 박사는 어떤 학위를 가지고 있는가?
   a. PhD
   b. MD
   c. PsyD
   d. EdD

2. 아래 중 임상적 기술의 일부가 아닌 것은?
   a. 사고
   b. 감정
   c. 원인
   d. 행동

3. _____은 전체 인구 중 특정 장애를 진단받은 사람의 수를 가리키며 _____은 일정 기간 동안 새롭게 진단되는 사례의 수를 말한다.
   a. 비율, 유병률
   b. 발생률, 비율
   c. 발생률, 유병률
   d. 유병률, 발생률

4. 이상행동에 대한 역사적 모델이 아닌 것은?
   a. 마음 모델
   b. 초자연적 모델
   c. 생물학적 모델
   d. 심리학적 모델

5. 19세기 중 세균성 미생물인 _____이(가) 병세가 진행될수록 정신병적 증상과 괴이한 행동을 초래할 수 있다는 발견은 심리장애에 대한 생물학적 전통을 지지하였다.
   a. 말라리아
   b. 황열병
   c. 뎅기열
   d. 매독

6. 정신질환에 대한 생물학적 치료가 소개된 순서가 올바른 것은?
   a. 신경이완제 치료, 인슐린 치료, 전기충격요법
   b. 인슐린 치료, 전기경련요법, 신경이완제 치료
   c. 전기경련요법, 신경이완제 치료, 인슐린 치료
   d. 전기경련요법, 인슐린 치료, 신경이완제 치료

7. _____은(는) 정서적 외상을 개방하였을 때 따르는 긴장감의 분출이며 _____은(는) 현재의 감정과 과거 사건에 대한 증가된 이해를 뜻한다.
   a. 통찰, 카타르시스
   b. 카타르시스, 통찰
   c. 카타르시스, 중재
   d. 중재, 카타르시스

8. Freud가 설명한 전위 방어기제의 예시로 올바른 것은?

   a. 테리는 남동생이 촉망받는 운동선수인 것이 싫다. 자신의 감정을 남동생에게 알리지 않고 테리는 경기 때마다 남동생을 응원한다.

   b. 에리카는 친구의 남편에게 끌리고 그 남성에게 추파를 던진다. 친구가 대면하였을 때 에리카는 동의하지 않고 친구의 말을 믿는 것을 거부한다.

   c. 애덤은 다른 학생들 앞에서 선생님의 질책을 받게 된다. 하교한 후 반갑게 뛰어온 애완견을 애덤은 발로 찼다.

   d. 주디스는 자신과 민족이 다른 사람들과 함께 있을 때 불편하다. 회사에서의 집단 토의시간에 그녀는 동료의 발언이 인종차별적이라고 한다.

9. 애완견에게 밥을 주기 전 안나는 항상 먹을거리를 찬장에서 꺼낸다. 찬장을 열었을 때 애완견이 침을 흘리기 시작한다. 애완견의 침이 흐르는 현상은?

   a. 무조건적 자극

   b. 무조건적 반응

   c. 조건화된 자극

   d. 조건화된 반응

10. B. F. Skinner는 행동이 환경에 영향을 주고 변화시킬 수 있다는 _____(이)라는 개념을 소개한 인물로 알려져 있다.

   a. 고전적 조건형성

   b. 체계적 둔감화

   c. 조작적 조건형성

   d. 소거

   (답은 부록 A에 있습니다.)

주요 사건 연대표

400 B.C.~1875

400 B.C.: 히포크라테스는 심리장애가 생물학적 그리고 심리적 원인을 갖는다고 제안하였다.

1300년대: 미신이 만연하였고 정신질환은 악마나 마녀의 탓으로 돌렸다. 악령을 쫓기 위해 퇴마가 실시되었다.

1400 ~ 1800: 신체에서 건강하지 않은 액체를 제거하여 화학적 균형을 복원시키기 위해 방혈과 거머리가 사용되었다.

1793: Pinel이 도덕 치료를 소개하였고 프랑스 정신건강시설을 보다 인도적인 장소로 만들었다.

400 B.C.	1300s	1500s	1825 ~ 1875

200 B.C.: 갈레노스는 정상 또는 이상행동은 네 가지 체액과 연관된다고 제안하였다.

1400년대: 정신적 또는 정서적 스트레스가 정신이상을 초래한다는 개화된 관점에 탄력이 붙었다. 우울과 불안은 일부에서 다시 장애로 여겨지기 시작했다.

1500년대: 파라켈수스는 악마에 홀린 것이 아니라 달과 별이 사람의 심리적 기능에 영향을 준다고 제안하였다.

1825-1875: 매독이 특정 세균으로 인해 유발된다는 사실이 밝혀지면서 다른 정신병 유형으로부터 구별되었다. 궁극적으로 페니실린이 매독을 치료한다는 사실이 확인되었다.

1930 ~ 1968

1930: 인슐린충격치료, 전기충격요법, 그리고 뇌수술이 정신병리 치료에 사용되기 시작한다.

1943: 『미네소타 다면적 인성검사(MMPI)』가 개발되었다.

1950: 심각한 정신병적 장애를 위한 첫 효과적인 약물이 개발된다. Jung, Adler, Rogers의 개념에 근거한 인본주의 심리학이 일정 수준의 인정을 받는다.

1958: Wolpe는 행동과학 원리에 기반을 둔 체계적 둔감화를 사용하여 공포증을 진단받은 환자를 성공적으로 치료한다.

1930	1943	1950	1968

1938: Skinner는 조작적 조건형성의 원리를 설명하는 『유기체의 행동(The Behavior of Organisms)』을 발간하였다.

1946: Anna Freud는 『자아와 방어의 기제(Ego and the Mechanisms of Defense)』를 발간한다.

1952: 『정신질환의 진단 및 통계 편람』(DSM-1)의 초판이 발간된다.

1968: DSM-II가 발간된다.

1848~1920

Encyclopaedia Britannica/UIG V/
Getty Images

1848: Dix가 미국 정신건강 시설에서의 인도적인 치료를 확산시키기 위한 운동을 성공적으로 이끌었다.

1870: Pasteur가 질환 세균 이론을 발전시켜 매독의 원인균을 발견한다.

catwalker/Shutterstock.com

1900: Freud가 『꿈의 해석(*The Interpretation of Dreams*)』을 발간하였다.

1913: Kraepelin이 다양한 심리장애를 생물학적 관점에서 분류하였고 진단에 대한 저술을 발간하였다.

1848	**1870**	**1900**	**1920**

1854: 미국 유티카주립병원장이었던 Grey가 정신이상은 신체적 원인에 기인한다고 믿고 심리치료의 필요성을 축소시켰다.

1895: Breuer는 '히스테리성' Anna O.를 치료하면서 Freud의 정신분석 이론의 발전을 이끌었다.

1904: Pavlov는 소화계 생리학과 관련된 업적을 인정받아 노벨상을 수상하였다. 이를 통해 Pavlov는 개의 조건화된 반사를 파악하게 된다.

1920: Watson이 조건화된 두려움을 하얀 쥐를 사용하여 Little Albert를 통해 실험하였다.

Hulton Archive/Getty Images

1980~현재

*1980: DSM-III*가 발간된다.

1990년대: 더욱 정교해진 연구방법이 개발된다. 심리장애를 유발하는 것은 생물학적 또는 환경적인 단일 요인이 아니며 상호작용하여 발현에 기여한다고 밝혀진다.

*2000: DSM-IV-TR*이 발간된다.

1980	**1990s**	**2000**	**2010**

*1987: DSM-III-R*이 발간된다.

*1994: DSM-IV*가 발간된다.

*2013: DSM-5*가 발간된다.

2 정신병리에 대한 통합적 접근

1장에 나온 주디를 기억하는가? 주디는 혈액-주사-손상공포증이 있다는 것을 알았지만 그 원인은 몰랐다. 이 장에서는 그 원인에 대한 이슈를 다루게 될 것이다. 2장에서는 정신병리에 대한 **다면적 통합 접근**을 구성하는 구체적 요소들을 검토하게 된다. 생물학적 차원에는 유전학과 신경과학 분야에서의 인과적 요소들이 포함된다. 심리학적 차원에는 행동적 및 인지적 과정에서의 인과적 요소들(예를 들어 학습된 무기력, 사회 학습, 선행 학습, 무의식적 과정)이 포함된다. 정서적 영향은 사회적 영향 및 대인관계적 영향과 함께 정신병리의 다양한 측면에 기여한다. 마지막으로 발달적 영향은 심리장애의 원인에 대한 모든 논의와 관련된다. 기억해야 할 것은 그 어떠한 영향도 단독으로 작용하지 않는다는 사실이다. 각 차원은 다른 차원과 발달의 영향을 강하게 받으며, 이는 다시 복잡한 방식으로 서로 얽혀 정신병리를 만들어낸다.

2장에서는 정신병리에 대한 다면적 통합 모델을 채택한 이유를 간략히 설명하고자 한다. 먼저 주디의 사례를 활용하여 다양한 인과적 영향과 그러한 영향들의 상호작용에 대해 검토할 것이다. 그 다음 정신병리에 영향을 미치는 구체적인 인과적 요소들에 대해 좀 더 깊이 살펴볼 것이다.

단일 차원 대 다차원 모델

▶ 인과관계에서 단일 차원 모델과 다차원 모델은 어떻게 다른가?
▶ 이상행동의 다차원 모델을 구성하는 핵심 요소는 무엇인가?

정신병리가 단일한 원인에 기인한다고 말하는 것은 단선적 혹은 단일 차원을 받아들이는 것이다. 예를 들어 단선적 인과 모델은 조현병이 화학적 불균형에 의해 발생한다고 이야기할 것이다. 하지만 대부분의 과학자들과 임상가들은 이상행동이 다양한 원인에 의해 발생한다고 믿는다. 정신병리에 영향을 미치는 요소들은 서로 다른 시점에 독립적으로 기여할 수 있으나 각 요소는 전체의 부분으로써 독립적으로 간주될 수 없다. 인과관계에 대한 이러한 관점을 체계적(systemic)이라고 하며, 이는 정신병리에 기여하는 그 어떠한 단일 요소(생물학, 행동, 인지, 정서, 사회, 문화적 환경)도 맥락을 벗어나서는 이해될 수 없다는 것을 의미한다. 이러한 다차원적 모델에서 체계의 각 요소는 필연적으로 다른 요소들에 영향을 미친다.

무엇이 주디의 공포증을 유발했는가?

다차원적 관점에서 무엇이 주디의 공포증을 유발했는지 살펴보자.

행동적 영향

주디의 공포증의 원인은 명백한 것처럼 보인다. 주디는 혈액과 손상이 생생하게 담긴 영화의 한 장면을 보았고 그에 대한 부정적 반응을 보였다. 그녀의 반응, 즉 무조건적 반응이 해당 영화 속 장면과 유사한 상황과 연합되었다. 하지만 주디의 반응은 너무 극단적인 수준이

다면적 통합 접근(multidimensional integrative approach) 심리장애가 다중의 유발요인 간의 상호작용의 산물이라고 보는 정신병리학적 연구 접근 방법.

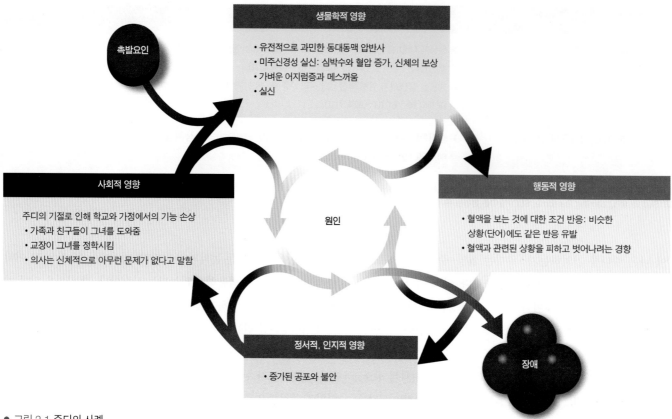

생물학적 영향
- 유전적으로 과민한 동대동맥 압반사
- 미주신경성 실신: 심박수와 혈압 증가, 신체의 보상
- 가벼운 어지럼증과 메스꺼움
- 실신

촉발요인

사회적 영향
주디의 기절로 인해 학교와 가정에서의 기능 손상
- 가족과 친구들이 그녀를 도와줌
- 교장이 그녀를 정학시킴
- 의사는 신체적으로 아무런 문제가 없다고 말함

원인

행동적 영향
- 혈액을 보는 것에 대한 조건 반응: 비슷한 상황(단어)에도 같은 반응 유발
- 혈액과 관련된 상황을 피하고 벗어나려는 경향

정서적, 인지적 영향
- 증가된 공포와 불안

장애

● 그림 2.1 주디의 사례

어서 누군가가 "잘라 버려!(Cut it out!)"라고 말하는 것만 들어도 메스꺼움이 유발되었다. 주디의 공포증이 고전적 조건형성의 간단한 사례일까? 그럴지도 모른다. 하지만 왜 주디의 학급에 있는 다른 아이들은 주디와 같은 공포증을 발전시키지 않은 것일까?

생물학적 영향
혈액-주사-손상공포증은 단순한 조건형성 경험 이상의 것들과 관련되어 있다(Antony & Barlow, 2002; Ayala, Meuret, & Ritz, 2009). 생리학적으로 주디는 실신의 가장 흔한 원인인 미주신경성 실신(vasovagal syncope)을 경험하였다. 주디는 영화를 봤을 때 약간 고통스러워하였고 심박동수와 혈압이 상승하였다. 이후 주디의 신체는 즉각적으로 보상(compensating) 과정에 들어가 혈관성 저항이 감소하고, 심박동수가 떨어지고, 서서히 혈압이 낮아졌다. 주디의 뇌로 도달하는 혈류량은 그녀가 의식을 잃을 때까지 감소하였다. 실신(syncope)이란 뇌의 낮은 혈압에 의해 야기되는 "가라앉는 느낌(sinking feeling)" 또는 "기절(swoon)"을 의미한다.

미주신경성 실신의 가능한 원인 중 하나는 동대동맥 압반사(sinoaortic baroreflex arc)라고 불리는 메커니즘으로 혈압이 갑자기 상승할 때 이를 낮추는 보상 과정이 작용하게 되는 것이다. 이와 같은

과잉보상(overcompensate) 경향성은 유전되는 것으로 보인다. 당신은 혈액을 봤을 때 메스꺼움을 느끼는가? 만약 그렇다면, 당신의 어머니나 아버지 또는 가까운 친척도 그와 동일한 반응을 보일 가능성이 높다. 한 연구에서는 이러한 공포증을 가진 가족 구성원의 61%가 유사한 상태를 보였다고 한다(Öst, 1992). 만약 그렇다면, 혈액-주사-손상공포증의 원인을 발견했다고 생각할 수도 있다. 그러나 심각한 미주신경성 실신 경향성을 지닌 많은 사람들이 공포증을 발전시키지 않는다. 그들은 혈액과 마주할 때마다 근육을 긴장시키는 것과 같은 다양한 방식으로 대처한다. 근육을 긴장시키면 혈압이 빠르게 상승하고 기절하는 것을 예방할 수 있다. 더구나 실신 반응이 거의 없는 사람들도 어쨌든 공포증을 발전시킨다(Öst, 1992). 따라서, 혈액-주사-손상공포증의 원인은 훨씬 더 복잡하다. 공포증이 생물학적 역기능(미주신경 반응의 과활동)이나 외상 경험(섬뜩한 영화를 보는 것)과 이에 뒤따르는 조건형성에 의해 야기된다고 이야기하는 것은 부분적으로는 옳지만 중요한 포인트를 놓치는 것일 수 있다. 혈액-주사-손상공포증을 야기하기 위해서는, 행동적 요소와 생물학적 요소들 간에 복잡한 상호작용이 일어나야 한다. 강력한 실신 반응성을 유전받는 것은 분명 이런 유형의 공포증을 발달시킬 위험에 처하게 하지만 다른 영향력들도 함께 작용한다.

정서적 영향

주디의 사례는 생물학이 행동에 영향을 미치는 좋은 예이다. 그러나 행동 역시 생물학에 영향을 미칠 수 있다. 주디의 두려움이 공포증을 발전시키는 데 어떠한 역할을 했을까? 정서는 주디의 경우에서처럼 두려워할 것이 전혀 없는 경우에 혈압, 심박동수, 호흡과 같은 생리적 반응에 영향을 미친다. 주디의 경우 정서에 의해 야기된 급격한 심박동수의 증가가 더욱 강하고 심각한 압반사를 촉발시켰을 수 있다. 정서는 주디가 혈액 및 손상과 관련된 상황에 대해 생각하는 방식을 변화시켰고 회피하지 않는 것이 중요했음에도 불구하고 혈액 및 손상과 관련된 상황은 모두 회피하도록 동기화시켰다. 이 책을 통해서 보게 되겠지만 정서는 많은 장애에서 상당히 중요한 역할을 한다.

사회적 영향

사회적 및 문화적 요소들도 생물학과 행동에 기여한다. 주디의 친구들과 가족들은 주디가 기절했을 때 주디를 돕고자 급히 서둘렀다. 그들의 지원이 도움이 되었을까, 아니면 오히려 해가 되었을까? 교장 선생님은 주디의 문제를 무시했다. 교장 선생님의 이러한 행동은 주디의 공포증에 어떤 영향을 주었을까? 권위 있는 대상의 거부는 심리장애를 악화시킬 수 있다. 한편, 증상을 경험하고 있을 때 도움을 받는 것이 항상 유용한 것은 아니다. 왜냐하면 증상에 대한 주의가 실제로는 그러한 반응의 빈도와 강도를 증가시킬 수 있기 때문이다.

발달적 영향

시간이 흐르면서 우리 자신과 환경의 많은 부분들이 변화하기 때문에 우리는 연령에 따라 다른 방식으로 반응하게 된다. 따라서 우리는 주어진 상황에 더 혹은 덜 반응하게 되는 발달적으로 결정적인 시기(developmental critical period)에 돌입할 수 있다. 주디의 사례로 돌아가면, 주디는 혈액과 관련되는 다른 상황에 이미 노출되었을 수 있다. 그런데 이러한 문제가 왜 하필 16살이 되었을 때(그 이전이 아니라) 나타났을까? 미주신경반응에 대한 취약성이 10대에 가장 높을 가능성도 있을까? 즉, 끔찍한 영화를 본 시점과 생리학적 반응이 일어나는 시점이 정확히 맞아떨어져 심각한 공포 반응을 유발했을 가능성이 있다.

결과와 요약

다행스럽게도 주디는 클리닉에서 짧지만 집중적인 치료에 잘 반응했고 7일 만에 다시 학교로 돌아갈 수 있었다. 주디는 혈압이 갑자기 떨어지는 것을 예방하는 동안 혈액과 손상을 설명하거나 묘사하는 단어, 이미지, 상황에 서서히 노출되었다. 치료진은 "잘라 버려!(Cut it out!)"와 같은 강도가 약한 말로 시작했고, 치료의 끝무렵에는 지역 병원에서 수술 과정을 목격하게 되었다.

지금까지 살펴본 바와 같이 이상행동에 대한 원인을 찾는 것은 복잡한 과정이다. 생물학적 혹은 행동적 요인에만 초점을 맞추는 것은 주디가 가진 장애의 원인에 대한 전체적인 그림을 보여주지 못한다. 다양한 요소들과 그러한 요소들이 어떻게 상호작용하는지를 고려해야만 한다. 지금부터는 심리장애의 원인으로 반드시 고려되어야 하는 많은 생물학적, 심리적, 사회적 요소들과 관련된 연구들을 살펴보기로 하겠다.

Nicholas Kamm/AFP/Getty Images

▲ 같은 외상 사건을 경험한 사람들도 서로 다른 장기적 반응을 보일 것이다.

개념 확인 2.1

다음의 시나리오들을 가장 적합한 요인 혹은 요인들과 짝지으시오.

(a) 행동적 (b) 생물학적 (c) 정서적 (d) 사회적 (e) 발달적

1. 어떤 공포증(고소공포증, 뱀공포증 등)은 다른 공포증보다 더 흔하며 이러한 공포증이 아마도 과거에 종의 생존에 기여했을 것이라는 사실은 공포증이 유전적으로 내재되어 있을 수 있다는 점을 시사한다. 이것은 어떤 요인에 대한 증거인가? _____

2. 잰의 남편인 징스는 아내 이외의 다른 여자들을 평생 쫓아다녔던 실업자였다. 다행스럽게도 몇 년 전 그와 이혼한 잰은 왜 징스가 쓰던 면도 로션의 냄새가 그녀를 메스껍게 하는지 이해할 수 없었다. 어떤 영향이 그녀의 반응을 가장 잘 설명할 수 있는가? _____

3. 16살인 네이선은 7살인 여동생보다 자신이 부모님의 별거에 적응하는 것이 더 어렵다는 것을 발견했다. 이것은 어떤 요인으로 설명될 수 있는가? ＿＿＿

4. 어렸을 때 외상(trauma)이 된 대관람차 탑승은 후아니타의 고소공포증의 첫 원인으로 여겨지고 있었다. 높이에 대한 그녀의 강한 감정적인 반응은 그녀의 두려움을 지속시킬 뿐만 아니라 더 증가시키는 것처럼 보였다. 초기 공포증의 발달은 ＿＿＿ 요인들의 결과로 보이나 ＿＿＿ 요인들은 공포증을 계속 지속시키는 것으로 보인다.

정신병리에 대한 유전의 기여

▶ 유전자는 환경적인 요소들과 어떻게 상호작용하여 행동에 영향을 미치는가?
▶ 이러한 상호작용을 설명하기 위해 제안된 모델들은 무엇인가?

당신이 양쪽 부모 혹은 한쪽 부모, 나아가서는 조부모와 닮은 것은 무엇 때문인가? 우리가 상속받는 유전자는 부모와 조상들로부터 온 것이다. **유전자**는 세포핵 내의 염색체상에 위치한 DNA(디옥시리보핵산 deoxyribonucleic acid)의 긴 분자이다. 신체적인 특징들은 우리의 유전적 자산에 의해 결정된다. 하지만 환경 내의 다른 요소들도 우리의 신체적 특징에 영향을 미친다. 체중이나 키는 영양적 요소나 사회적, 문화적 요소에 의해 어느 정도 영향을 받는다. 따라서 유전자는 신체 발달을 절대적인 방식으로 결정짓지 않는다. 유전자는 발달의 일정한 한계를 제공한다. 이러한 한계 내에서 우리가 어디로 가는지는 환경적인 영향에 달려 있다.

이상의 내용이 우리가 가진 대부분의 특징에 적용되지만 모든 특징에 대해서 사실인 것은 아니다. 우리가 가진 어떤 특징들은 하나 이상의 유전자들에 의해 강력한 영향을 받는다. 머리카락이나 눈동자 색깔이 여기에 해당한다. 헌팅턴병(중년기에 주로 발생하는 퇴행성 뇌질환)과 같은 몇몇 소수의 장애들도 이러한 방식으로 결정된다. 이 질환은 기저핵이라고 불리는 뇌의 특정 영역의 퇴화를 일으키는 유전적 결함으로 밝혀졌다. 이 질환은 성격 및 인지 기능, 특히 운동 행동에서의 광범위한 변화를 일으킨다. 우리는 아직 헌팅턴병의 경과에 환경적으로 영향을 미칠 수 있는 방법을 발견하지 못하였다.

일란성 쌍둥이를 제외하고는, 모든 사람은 세상의 그 어느 누구와도 같지 않은 고유한 세트의 유전자를 가지고 있다. 유전자에 의해 결정되는 제약 내에서 환경이 발달에 영향을 미칠 수 있는 여지가 크기 때문에 개인차가 발생하는 이유는 다양하다. 우리의 행동이나 특질, 호불호는 어떠한가? 유전자가 성격과 이상행동에 영향을 미치는가? 본성(유전) 대 양육(환경적 영향)에 대한 이 질문은 심리학에서 아주 오래된 질문이며, 이에 대해 드러나고 있는 답변들은 매우 흥미롭다. 이에 대해 논의하기 전에 유전과 환경 요소들에 대해 우리가 알고 있는 것들을 간단하게 검토해 보도록 하자.

유전자의 본질

정상적인 각 인간 세포는 23쌍으로 배열된 46개의 염색체를 가지고 있다. 각 쌍의 한 염색체는 아버지로부터 오고, 나머지 하나는 어머니로부터 온다. 첫 22쌍의 염색체는 신체와 뇌의 발달을 위한 프로그램을 제공하고, 마지막 쌍은 성 염색체(sex chromosomes)라고 불리며 개인의 성별을 결정짓는다. 여성의 경우 23번째 쌍의 두 염색체 모두가 X 염색체이며, 남성의 경우 어머니가 X 염색체를 제공하고 아버지가 Y 염색체를 제공한다. 성 염색체 쌍에서의 이상은 모호한 성적 특성을 야기한다.

유전자를 포함하고 있는 DNA 분자는 이중 나선 구조를 가지고 있다. 나선 모양은 나선형의 계단처럼 생겼다. 이중 나선 구조는 2개의 나선형 모양이 서로 반대 방향으로 얽혀 있다. 이 이중 나선 위에 분자의 쌍들이 묶여서 각기 다른 순서로 배열되어 있다. 이러한 분자 쌍들의 배열 순서가 신체가 어떻게 발달하고 작동하는지에 영향을 미친다.

우성 유전자(dominant gene)는 유전자 쌍 중에서 특정한 특질에 강하게 영향을 미치는 유전자로서 우리의 눈이나 머리카락 색깔이 결정되는 데에는 한 개의 우성 유전자만이 필요하다. 반대로 열성 유전자(recessive gene)는 다른 열성 유전자와 반드시 쌍을 이루어야만 어떠한 특질을 결정할 수 있다. 우성 유전은 유전자 쌍의 한 쪽이 다른 쪽에 비해 일관되게 우세할 때 발생한다(예를 들어 갈색 눈 유전자는 파란 눈 유전자에 비해 우세하다). 우리가 우성 유전자를 가지고 있을 때는 부모의 한쪽 혹은 양쪽이 우성 유전자를 지니고 있는가에 따라 몇 명의 후손이 어떠한 특질이나 특성, 장애를 발달시킬 것인지 비교적 정확하게 예측할 수 있다.

대부분의 경우 이러한 예측은 단순하지 않다. 흥미롭게도 발달의 많은 측면들과 대부분의 행동, 성격, 심지어 지능지수(IQ)는 다수의 유전자에 의해 영향을 받는데(polygenic) 각 유전자는 매우 작은 영향력을 지닐 뿐이 모든 것은 결국 환경의 영향을 받는다. 인간 게놈(genome, 개인의 완전한 유전자 세트)은 20,000개가 넘는 유전자로 구성되어 있기 때문에(U.S. Department of Energy Office of Science, 2009) 다유전자 간 상호작용은 매우 복잡하다. 이러한 이유로 대부분의 유전 과학자들은 양적 유전학(quantitative genetics)이나 분자 유전학(molecular genetics)과 같은 세련된 절차를 이용하여 여러 유전자들이 영향을 미치는 패턴을 살펴보고자 한다(Rutter, Moffit, & Caspi, 2006). 양적 유전학에서는 각 유전자들이 지니고 있는 아주 작은 영향력들을 단순히 합산하며 어떠한 유전자가 어떠한 효과를 지니는지에 대해서는 알려주지 않는다. 분자 유전학은 DNA 미세배열(microarray)과 같은 기술을 활용하여 유전자들의 실제 구조를 검토한다. 이러한 기술은 과학자들로 하여금 수천 개의 유전자들을 한 번에 분석할 수 있도록 해주며 특정한 특질에 기여하는 광범위한 유전자 네트워크를 확인할 수 있게 해준다(Kendler, 2011; Plomin & Davis, 2009). 이와 같은 연구들은 단일한 특질이 유전되는 데에도 수백 개의 유전자가 기여할 수 있음을 보여주었다(Hariri et al., 2002; Rutter et al., 2006).

유전자는 단백질을 생성하는 일련의 단계를 통해 우리의 신체와 행동에 영향을 준다. 모든 세포는 우리의 전체 유전 구조를 지니고 있지만, 어느 한 세포의 유전자 중 아주 작은 일부만이 '활성화(turned on)'되거나 표현된다. 세포들은 이러한 방식으로 특화되어 어떤 세포는 간 기능에 영향을 미치고 다른 세포들은 성격에 영향을 미치게 된다. 사회적, 문화적 영향과 같은 환경적 요소들은 유전자를 활성화시킬지 여부를 결정할 수 있다. 예를 들어 쥐의 새끼들을 대상으로 한 연구에서 '핥아주고 털을 쓰다듬어 주는 것'과 같은 정상적인 모성 행동의 결핍은 스트레스 호르몬을 조절해주는 글루코코르티코이드 수용체(glucocorticoid receptor)의 유전자 발현을 막는다는 것이 밝혀졌다. 이는 어미 쥐의 돌봄이 불충분한 쥐는 스트레스에 대한 민감성이 더 크다는 것을 의미한다(Meaney & Szyf, 2005). 이와 유사한 모델이 인간에게도 적용된다는 증거들이 있다(Dickens, Turkheimer, & Beam, 2011; Hyman, 2009).

유전자와 행동 연구의 새로운 발전

과학자들은 심리장애 및 그와 관련된 행동 패턴에 대한 유전적 기여도를 어느 정도 확인하였다. 유전적 기여도에 대한 가장 높은 추정치에 따르면 우리의 지속적인 성격 특성 및 인지적 능력의 절반 정도는 유전적인 영향에 기인한다(Rutter, 2006). 예를 들어 McClearn 등(1997)은 110쌍의 스웨덴 일란성 쌍둥이들을 130명의 동일한 성별의 비슷한 연령대(최소 80세)의 이란성 쌍둥이들과 비교하였는데, 기억력과 같은 특정한 인지적 능력에 대한 유전지수(heritability estimates)가 32%에서 62%의 범위에 있음을 발견하였다. 이는 다른 연령대를 대상으로 한 초기의 주요 쌍둥이 연구들(예를 들어 Bouchard, Lykken, McGue, Segal, & Tellegen, 1990)과 유사한 결과이다. 나아가 35년 동안 1,200쌍 이상의 쌍둥이를 대상으로 한 연구에 따르면, 성인기 동안 유전적 요소는 인지 능력의 안정성을 결정한 반면 환경적 요소는 이 기간 중에 나타난 변화를 설명하였다(Lyons et al., 2009). 다른 연구들에서는 수줍음과 같은 성격 특성에 대한 유전성이 30~50%의 범위에 있는 것으로 계산되었다(Bouchard et al., 1990; Kendler, 2001; Rutter, 2006).

또한 혼란스러운 아동기와 같은 부정적 생활 사건은 유전자의 영향을 압도할 수 있는 것으로 밝혀졌다(Turkheimer, Haley, Waldron, D'Onofrio, & Gottesman, 2003). 예를 들어 Lyons 등(2009)의 연구에서 쌍둥이 중 한 명이 사랑하는 사람의 죽음과 같은 스트레스 사건으로 인해 환경적 변화가 발생한 경우 나머지 한 명에 비해 인지적 능력에서 큰 변화를 보였다.

유전적 요소는 모든 심리장애에 어느 정도 기여할 수 있는 것으로 밝혀졌지만 그 설명력은 절반 이하이다. 일란성 쌍둥이 중 한 명

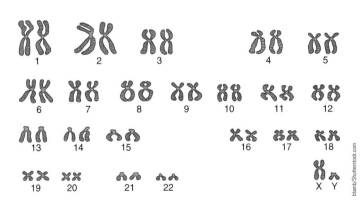

▲ 정상 남성은 23쌍의 염색체 쌍(46개)을 가지고 있다.

유전자(genes) 긴 디옥시리보핵산(DNA) 분자로 염색체의 위치에 따라 발현되는 유전적 특징의 기본적인 물리적 단위.

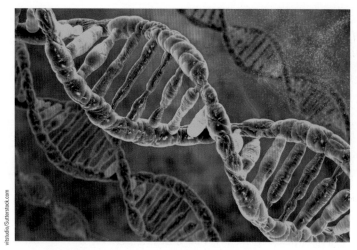

▲ 유전자를 포함하고 있는 DNA 분자는 이중 나선 구조이다.

이 조현병인 경우 다른 한 명이 조현병일 가능성은 50% 이하이다(Gottesman, 1991). 다른 심리장애에 대해서도 이와 유사하거나 더 낮은 설명력이 적용된다(Kendler & Prescott, 2006; Rutter, 2006).

행동유전학자들은 특정한 심리장애와 궁극적으로 관련되는 특정 유전자 혹은 유전자 그룹이 발견될 것으로 결론 내렸다. 그러나 심리장애에 기여하는 유전자는 매우 많으며 각 유전자는 상대적으로 작은 효과를 지니는 것으로 밝혀지고 있다(Flint, 2009; Rutter, 2006). 유전자 매핑, 분자유전학, 유전자 연관(linkage) 분석의 발전은 다양한 장애와 관련되는 유전자를 찾는 데 도움을 준다(예를 들어 Gershon, Kelsoe, Kendler, & Watson, 2001; Hettema, Prescott, Myers, Neale, & Kendler, 2005). 연관 분석에서 과학자들은 양극성장애와 같은 장애와 눈동자 색깔과 같은 특성을 공유하는 개인들을 연구하고 있다. 눈동자 색깔을 담당하는 유전자의 위치는 알려져 있기 때문에 장애와 관련되는 유전자의 가능한 위치와 이미 알려진 유전자 위치를 '연결'하는 시도를 할 수 있다(Flint, 2009).

점차 명확해지는 사실은 유전적 취약성을 촉발하거나 특정 유전자를 활성화시키는 역할을 하는 환경적 사건과의 상호작용이 고려되지 않은 상태에서는 유전적 기여도가 제대로 연구될 수 없다는 것이다(Kendler, Jaffee, & Romer, 2011; Rutter, 2010). 지금부터는 이 매력적인 주제에 대해 살펴볼 것이다.

유전자와 환경의 상호작용

1983년 신경과학자 Eric Kandel은 학습 과정이 행동 이상의 것에 영향을 미친다고 보았다. 그는 비활동적인 유전자가 환경과의 상호작용으로 활동적이 되면 학습의 결과로 세포의 유전적 구조가 변할 수 있다고 제안하였다. 다시 말해 환경이 때로는 특정 유전자를 활성화시킬 수 있다는 것이다. 이러한 메커니즘이 뉴런의 끝에 있는 수용기들에 변화를 일으킬 수 있고 이는 다시 뇌의 생화학적 기능에 영향을 미칠 수 있다.

우리는 뇌가 신체의 다른 부분들과 마찬가지로 발달 과정에서 환경적 변화에 의해 영향을 받는다고 가정한다. 하지만 우리는 또한 일단 성숙에 도달하면 내부 장기들의 구조와 기능, 뇌와 관련된 대부분의 생리적 과정은 변하지 않고 고정된다고 가정한다. 이와 반대되는 가설은 뇌와 뇌의 기능들이 환경에 대한 반응으로 지속적으로 변하며 심지어는 유전적 구조의 수준에서도 변할 수 있다고 보는 것이다. 현재는 이같은 가설을 지지하는 강력한 증거들이 있다(Dick, 2011; Kendler et al., 2011).

이러한 새로운 발견들을 염두에 두고 우리는 정신병리와 관련되는 유전-환경 상호작용을 검토하게 될 것이다. 병적 소질 스트레스 모델과 유전-환경 상관 모델(또는 상호적 유전-환경 모델)이 가장 많은 주목을 받아왔다.

병적 소질 스트레스 모델

수년간 과학자들은 유전자와 환경 간의 특수한 상호작용 방식을 가정해 왔다. **병적 소질 스트레스 모델**에 따르면, 개인은 특정한 특성과 행동에 대한 경향성을 가지고 태어나며, 이러한 경향성은 스트레스 상황에서 활성화된다(그림 2.2). 이와 같이 타고나는 경향성을 병적 소질(diathesis)이라고 하며, 병적 소질은 개인으로 하여금 장애를 쉽게 발전시키도록 한다. 여기에 특정한 종류의 스트레스와 같은 삶의 조건이 맞아떨어지면 장애가 발전하게 된다. 예를 들어 병적 소질 스트레스 모델에 따르면, 주디는 혈액을 목격하면 실신하는 경향성을 타고났으며, 이러한 경향성이 병적 소질 혹은 **취약성**이 된다. 이러한 병적 소질은 특정한 환경적 사건이 발생하기 전까지는 두드러지지 않는다. 주디의 경우 이 사건은 도망가는 것이 불가능한 상황에서 동물이 해부되는 장면을 목격한 것이었다. 해부를 목격하는 스트레스는 주디의 유전적 실신 경향성을 활성화시켰다. 이러한 요소들이 함께 장애를 발전시켰다. 만약 주디가 생물 수업을 듣지 않았다면 비록 소소하게 베였을 때 메스꺼운 느낌은 경험했을지 모르지만 본인에게 그러한 경향성이 있는지 전혀 모른 채 일생을 살았을 수도 있다. 병적 소질은 유전적인 요소이고 스트레스는 환경적인 요소이다. 이 둘은 서로 상호작용하여 장애를 발전시킨다.

알코올중독에 대한 취약성을 타고난 사람을 생각해 보자. 대학에 다니는 동안 이 사람과 이러한 취약성을 가지고 있지 않은 친구 두 사람이 장시간의 음주를 즐긴다. 하지만 소위 말하는 중독 유전자를 가지고 있는 사람만이 알코올중독의 소용돌이에 빠지게 된다. 특정

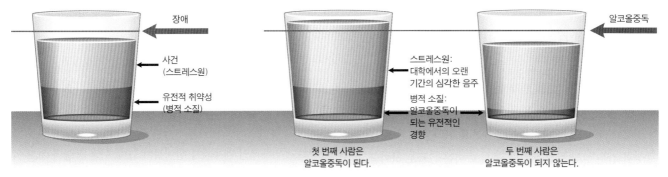

● 그림 2.2 병적 소질 스트레스 모델에서는 내재된 병적 소질이 클수록 장애를 촉발하는 데 필요한 스트레스는 적다.

한 취약성을 지니고 있다는 사실이 그와 관련된 장애를 발전시키게 될 것이라는 것을 의미하지는 않는다. 취약성이 적을수록 장애를 일으키기 위한 스트레스는 더 많이 요구된다. 반대로 취약성이 클수록 스트레스는 더 적게 요구된다.

이러한 관계는 Caspi 등(2003)이 뉴질랜드에서 847명의 사람들을 3세부터 20년 이상 추적한 결과에서 잘 드러났다. 연구자들은 연구 참여자들이 26세일 때 직전 년도에 우울했었는지 여부를 확인하였다. 전체적으로 연구 참여자들의 17%가 주요우울 삽화를 경험하였다고 보고하였고, 3%는 자살하고 싶었다고 보고하였다. 연구자들은 연구 참여자들의 유전적 특징도 확인하였는데, 특히 뇌에서 세로토닌 전달에 영향을 미치는 화학적 전달물질을 생성하는 유전자를 확인하였다. 신경전달물질 중의 하나인 세로토닌은 우울증 및 관련 장애와 특별히 관련되어 있다. Caspi 등이 연구한 유전자는 두 가지 형태의 대립형질(alleles)로 나타난다. 긴 대립형질과 짧은 대립형질. 이전 동물 연구에 따르면 최소 2개 이상의 긴 대립형질(long allele, LL)을 가진 사람은 2개의 짧은 대립형질(short allele, SS)을 가진 사람에 비해 스트레스에 잘 대처할 수 있는 것으로 알려져 있다.

연구자들은 연구 참여자들의 일상생활에서 스트레스 사건을 기록하고 있었기 때문에 이러한 관계를 검증할 수 있었다. 2개의 L 대립형질을 가진 사람들이 4개의 스트레스 사건을 경험할 때와 비교해 보면, 2개의 S 대립형질을 가지고 있는 사람들은 최소 4개의 스트레스 사건이 있을 때 주요우울 삽화를 경험할 위험이 2배로 나타났다. 더욱이 SS 대립형질을 가진 사람들은 아동기에 심각한 학대를 경험한 경우 SS 대립형질을 가지고 있으면서 학대를 경험하지 않은 사람들에 비해 성인기에 우울증을 발전시킬 위험이 2배 이상으로 높았다(63% 대 30%). 반대로, LL 대립형질을 가진 사람들은 아동기의 스트레스 경험이 성인기 우울증 발생에 영향을 미치지 못하였다. LL 대립형질을 가진 사람들 중 30%는 아동기에 스트레스를 경험했든 경험하지 않았든 우울했다. (이 관계는 그림 2.3에 나타나 있다.) SS 집단

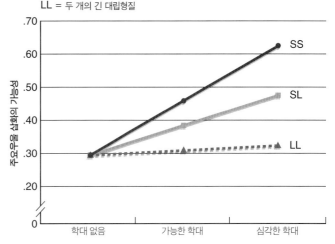

SS = 두 개의 짧은 대립형질
SL = 짧은 대립형질 하나, 긴 대립형질 하나
LL = 두 개의 긴 대립형질

● 그림 2.3 성인기 주요 우울을 발생시키는 데서 유전자와 초기 환경의 상호작용 [출처: Caspi, A., Sugden, K., Moffitt, T. E., Taylor, A., Craig, I. W., Harrington, H., et al. (2003). Influence of life stress on depression: Moderation by a polymorphism in the 5-HTT gene. *Science, 301*, 2003.]

과 달리 LL 집단의 우울증은 아동기의 경험보다는 최근의 스트레스와 관련되어 있었다. 이 연구는 유전자 또는 환경적 사건 중 그 어느 것도 단독으로는 우울증과 같은 장애의 발생을 설명할 수 없다는 것을 보여주었다. 다른 연구들도 이러한 결과를 반복 검증하거나 지지하였다(Binder et al., 2008; Karg, Burmeister, Shedden, & Sen, 2011; Kilpatrick et al., 2007).

병적 소질 스트레스 모델(diathesis-stress model) 유전적인 성향(취약성)과 특정한 스트레스 상황이 장애를 가져온다는 가설.

취약성(vulnerability) 장애로 발전하기 쉬운 경향 또는 민감성.

유전-환경 상관 모델

추가적인 연구를 통해 심리학자들은 유전자와 환경과의 상호관련성이 더 복잡하다는 것을 발견하였다. 연구들에 의하면 유전적 소질이 스트레스 사건을 경험할 가능성을 증가시킬 수 있다는 것이 시사되고 있다(Kendler, 2006; Rutter, 2006을 보라). 예를 들어 혈액-주사-손상공포증과 같은 특정 장애를 발전시키는 유전적 취약성을 가진 사람들은 충동성과 같은 성격 특성을 지닐 수 있고 이는 그들로 하여금 혈액을 목격할 수 있는 사소한 사고들에 휘말릴 가능성을 증가시킨다. 다시 말해 그들은 항상 무엇인가를 완성하기 위해 서두르거나 신체적 안전을 고려하지 않은 채 어딘가에 가기 때문에 쉽게 사고를 당할 수 있다. 이러한 사람들은 혈액-주사-손상공포증에 대한 유전적 취약성을 촉발시키는 환경적 위험 요소를 만들어내는 경향성을 타고 났을 수 있다.

이것이 **유전-환경 상관 모델** 혹은 상호적 유전-환경 모델이다(Jaffee, 2011; Kendler, 2011)(그림 2.4). 이 모델이 우울증의 발달에 적용된다는 증거들이 있는데, 어떤 사람들은 우울증을 유발하는 상황이나 어려운 관계를 추구하는 경향이 있기 때문이다(Eley, 2011). McGue와 Lykken(1992)은 이혼율에 대한 유전자의 영향을 설명하기 위해 유전-환경 상관 모델을 적용하였다. 예를 들어 당신과 당신의 배우자가 일란성 쌍둥이이고, 양쪽의 쌍둥이들이 모두 이혼을 했다면 당신 또한 이혼할 가능성이 크게 증가한다. 나아가 당신의 일란성 쌍둥이 형제와 당신의 부모와 당신의 배우자의 부모가 이혼을 했다면, 당신이 이혼할 가능성은 77.5%이다. 반대로 당신의 가족과 배우자 쪽의 그 어느 누구도 이혼을 하지 않았다면, 당신이 이혼할 확률은 단 5.3%이다.

이것은 극단적인 예이지만, McGue와 Lykken(1992)은 당신의 이란성 쌍둥이 형제가 이혼을 했다면 당신이 이혼할 가능성이 일반 인구 집단에 비해 2배가 되고 당신의 일란성 쌍둥이 형제가 이혼을 했다면 당신이 이혼할 가능성은 6배가 높다는 것을 보여주었다. 왜 이러한 일이 발생하는 것일까? 이혼할 경향성은 신경질적, 충동성, 성마름과 같이 함께 지내기 어려운 다양한 타고난 특성들과 관련되어 있기 때문이다. 다른 가능성은 이러한 타고난 특성들이 당신으로 하여금 당신과 어울리기 힘든 배우자를 선택하게 할 수 있다. 단순한 예를 들자면 당신이 수동적이고 비주장적이라면, 당신은 함께 살기 힘든 강하고 지배적인 배우자를 선택하기 쉽다. 이혼을 한 후에도 이전과 동일하게 함께 살기 힘든 성격 특성을 가진 사람에게 매력을 느끼는 자신을 발견할 수 있다. 어떤 사람들은 이 같은 패턴을 단순히 잘못된 판단 탓으로 돌릴 수 있다. 물론 사회적, 대인관계적, 심리적, 환경적 요소들이 우리가 이혼할지 여부를 결정하는 데 중요한 역할을 한다는 것에는 의심의 여지가 없지만 우리의 환경을 어떻게 만들어낼 것인가에 유전자가 기여할 가능성도 충분히 있다.

후성유전학과 행동의 비유전적 '상속'

최근의 보고들은 성격이나 기질, 심리장애에 대한 유전적 영향력의 정도가 지나치게 강조되었다고 제안한다(Mill, 2011). 이러한 지나친 강조는 이러한 연구가 수행된 방법과 부분적으로 관련될 수 있다(Moore, 2001; Turkheimer & Waldron, 2000). 이러한 결론을 지지하는 최신 근거들이 몇몇 있다.

일례로 Crabbe, Wahlsten과 Dudek(1999)은 서로 다른 유전적 구성을 가진 세 유형의 쥐들을 동일한 환경적 조건을 가진 세 곳에서 자라게 했다. 각 장소에서 한 유형에 속한 쥐는 같은 유형에 속한 다른 쥐들과 유전적으로 거의 구별이 불가능하였다. 실험자들은 각 장소의 환경이 모두 동일하도록 하였다. 각 장소에서는 같은 종류의 톱밥을 매주 같은 요일에 갈아주었다. 동물들을 처치해야 하는 경우에는 같은 종류의 장갑을 낀 실험자가 모든 동물을 같은 시간에 처치

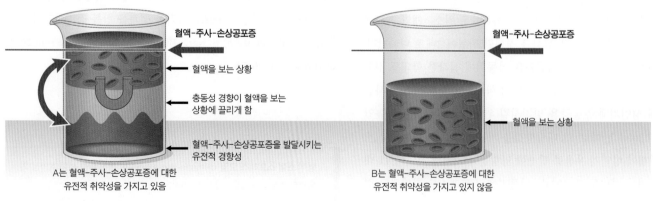

● 그림 2.4 유전-환경 상관 모델

하였다. 만약 유전자가 쥐의 행동을 결정한다면, 동일한 유전적 구성(유형 A)을 가진 쥐들은 일련의 테스트에서 세 장소 모두에서 똑같이 행동해야만 한다. 유형 B와 유형 C의 쥐들도 세 장소에서 똑같이 행동해야만 한다. 그러나 결과는 예상과 달랐다. 비록 특정 유형의 쥐들이 세 장소 모두에서 특정 테스트에 대해 비슷하게 행동하기는 했지만 다른 테스트에서는 서로 다르게 행동했다. 저명한 신경과학자인 Robert Sapolsky는 "유전적 영향은 우리가 상식적으로 믿고 있는 것보다 덜 강력하다. 환경은 미묘한 방식으로 우리가 누군지 결정짓는 생물학적 상호작용을 만들고 결정할 수 있다"고 결론 내렸다(Sapolsky, 2000, p. 15).

설치류 연구에서(Francis, Diorio, Liu, & Meaney, 1999; Weaver et al., 2004), 연구자들은 스트레스 반응성이 세대 간에 어떻게 전달되는지 연구하기 위해 교환 육성(cross-fostering) 절차를 이용하였다. 이 절차에서는 한 어미 쥐에서 태어난 새끼 쥐를 다른 어미 쥐가 기르게 한다. 연구자들은 모성 행동이 어린 쥐들이 어떻게 스트레스를 견디는지에 영향을 준다는 것을 보여주었다. 만약 어미 쥐들이 차분하고 지지적이면, 그들의 새끼 쥐는 덜 두려워하고 스트레스를 더 잘 견뎠다. 하지만 이러한 효과가 유전적 영향 때문인지 차분한 어미에게 길러졌기 때문인지는 알 수 없다. 이러한 질문에 답하기 위해서는 교환 육성 절차가 필요하다. Francis 등(1999)은 쉽게 스트레스를 받는 어미들로부터 갓 태어난 새끼 쥐 몇 마리를 차분한 어미가 기르게 했다. 다른 어린 쥐들은 쉽게 스트레스를 받는 어미들과 남겨졌다. 연구자들은 어미들의 차분하고 지지적인 행동이 유전적 영향과 독립적으로 세대 간에 전수될 수 있음을 발견하였다. 왜냐하면 쉽게 스트레스를 받는 어미들에게서 태어났으나 차분한 어미들에 의해 키워진 쥐들이 차분하고 지지적으로 성장했기 때문이다. 저자들은 다음과 같은 결론을 내렸다.

> 스트레스 반응을 조절하는 뇌의 영역에 위치한 유전자가 표현되는 방식에 있어서의 개인차는 한 세대에서 다음 세대로 전달될 수 있다… 연구 결과들은 이러한 상속 패턴의 기제가 모성 행동에서의 차이와 관련됨을 시사한다. (p. 1158)

인간에게서도 환경의 강력한 효과가 관찰되었다. Tienari 등(1994)은 조현병 부모에게서 태어나 아기 때 입양되었던 아동들 중 역기능적인 가족으로 입양된 경우에서만 조현병 등의 심리장애를 발전시키는 경향을 보임을 발견하였다. 양질의 양육을 제공한 기능적인 가정에 입양된 아동들은 심리장애를 발전시키지 않았다. 따라서 성격 특성이나 심리장애에 대한 유전적 기여도가 대략 50%라고 이야기하는 것은 지나치게 단순한 생각이다. 우리는 개인이 처한 과거와 현재의 환경적 맥락 안에서만 유전적 기여도에 대해 논의할 수 있다(Dickens et al., 2011).

이러한 결론을 지지하는 연구로 Suomi(2000)는 높은 반응적 기질(정서적 또는 스트레스에 쉽게 영향을 받는 기질)과 관련되는 특정한 유전적 패턴을 가진 어린 원숭이들의 경우 초기 모성 박탈(보살피는 행동의 혼란)이 신경내분비 기능 및 이후의 행동이나 정서적 반응성에 강력한 영향을 미친다는 것을 보여주었다. 그러나 이러한 유전적 특성을 가지고 있지 않은 동물들의 경우 모성 박탈의 영향은 Caspi 등(2003)이 인간을 대상으로 한 뉴질랜드 연구에서 발견한 바와 같이 작았다. 그리고 이러한 효과는 세대 간에 걸쳐 전달될 가능성이 높다. 그러나 혼란스러운 초기 환경은 유전적 요소를 무효화시킬 수 있으며 신경내분비 기능을 변화시켜 이후 행동장애 및 정서장애의 가능성을 높일 수 있다(Dickens et al., 2011; Ouellet-Morin et al., 2008).

어떻게 이러한 일이 일어나는 것일까? 유전자는 게놈의 바깥에 위치한 세포 물질[에피게놈: **후성유전학**에서와 같이 'epi'는 ~위, 또는 ~주위를 뜻한다]에 의해 활성화되거나 비활성화되고, 스트레스나 영양 및 기타 요소들이 이러한 에피게놈에 영향을 미치는 것으로 보인다. 그리고 이는 다음 세대와 몇 세대에 걸쳐 전달된다(Arai, Li, Hartley, & Feig, 2009; Mill, 2011). 게놈 그 자체는 변하지 않으며, 스트레스 환경이 사라지면 에피게놈도 결국 사라질 것이다. 환경적 조작이, 특히 인생 초기에는, 바람직하지 않은 행동과 정서적 반응을 발전시키는 유전적 경향성을 무효화시키는 데 큰 역할을 할 수 있다(Mill, 2011; Ouellet-Morin et al., 2008).

유전과 환경의 복잡한 상호작용은 1810년에 가슴이 연결된 채로 태국(당시에는 샴으로 불렸음)에서 태어난 일란성 쌍둥이인 Chang과 Eng의 유명한 사례에서 가장 명백하게 드러난다. 성공적인 엔터테이너였던 이들은 샴 쌍둥이라는 이름의 유래가 되었다. 이들은 동일한 유전자를 공유했을 뿐만 아니라 일평생 거의 동일한 환경을 공유하였다. 따라서 우리는 이들이 성격 특징이나 기질, 심리장애와 같은 측면에서 유사하게 행동할 것이라고 예상할 수 있다. 그러나 이 쌍둥이는 매우 다른 성격을 가지고 있었다. Chang은 쉽게 기분이 울적해지고 우울해하였으며 심한 음주를 하였다. 반면에 Eng은 활기차고 조용하며 사려 깊었다(Moore, 2001).

유전-환경 상관 모델(gene-environment correlation model) 개인의 유전적 구성이 특정한 사건(스트레스를 유발하는 관계)을 경험할 가능성을 증가시켜 장애에 대한 유전적 취약성을 촉발시킨다는 모델.

후성유전학(epigenetics) 선천적인 유전결과보다는 새로운 학습이나 스트레스 같은 요인으로 인해 변화하는 표현형 발현 유전자에 대한 연구.

요약하면 유전자와 환경의 복잡한 상호작용은 모든 심리장애에서 중요한 역할을 한다(Kendler et al., 2011; Rutter, 2010). 우리의 유전자는 우리의 행동, 정서, 인지 과정에 분명히 기여하고 이후 행동에 대한 환경적 요소(양육과 같은)의 영향을 제약한다(Caspi et al., 2003). 다음으로 환경적 사건은 어떤 유전자를 활성화시킬 것인지를 결정함으로써 우리의 유전적 구조에 영향을 미친다(Kendler, 2011; Landis & Insel, 2008). 나아가 강력한 환경적 영향은 그 자체로 유전적 취약성을 무효화시키기에 충분하다. 따라서 유전 또는 환경 그 어느 것도 단독으로는 우리의 행동과 성격의 발달에 영향을 미치지 못하며 이 둘의 복잡한 상호작용이 영향을 미친다.

정신병리에 대한 신경과학의 기여

▶ 신경전달물질은 무엇이며 어떻게 이상행동과 관련되는가?
▶ 뇌의 각 영역의 기능은 무엇이며 정신병리에서 어떠한 역할을 하는가?

우리의 신경계, 특히 뇌의 작동 방식을 아는 것은 우리의 행동, 정서, 인지 과정을 이해하는 데 매우 중요하며, **신경과학**은 여기에 초점을 두고 있다. 이 분야의 연구들을 이해하기 위해서는 우선 뇌와 신경계의 기능에 대해 살펴볼 필요가 있다. 인간의 신경계는 중추신경계(뇌와 척수)와 말초신경계(체성신경계와 자율신경계)를 포함한다(그림 2.5).

중추신경계

중추신경계는 감각 기관으로부터 받아들인 모든 정보를 처리하고 필요에 따라 그에 반응한다. 중추신경계는 중요한 정보(예를 들어 특정한 맛이나 새로운 소리)를 그렇지 않은 정보(익숙한 풍경이나 시계의 똑딱거림)로부터 가려내고, 왜 해당 정보가 중요한지 결정하기 위해 기억 저장소를 확인하며, 적절한 반응(간단한 질문에 대답을 하거나 모차르트 소나타를 연주하는 등)을 실행한다. 이러한 과정은 대단히 복잡하다. 척수는 중추신경계의 일부이나 척수의 주요 기능은 중추신경계의 또 다른 주요 기관인 뇌의 메시지 전달을 용이하게 하는 것이다. 뇌는 평균 1400억 개의 신경세포, **뉴런**으로 모든 생각과 행동을 통제한다. 뉴런은 신경계를 통해 정보를 전달한다.

전형적인 뉴런은 두 가지 종류의 가지(branch)를 지닌 중심세포체를 포함하고 있다. 한 종류의 가지는 수상돌기(dendrite)라고 불린다. 수상돌기는 다른 신경세포로부터 화학적 자극 형태의 메시지를 받는 수많은 수용기(receptor)들을 가지고 있으며, 이 메시지는 전기 자극으로 변환된다. 다른 종류의 가지는 축색돌기(axon)라고 불리며, 이러한 자극을 다른 뉴런들로 전달한다. 하나의 신경세포는 여러 개의 다른 뉴런들과 연결되어 있다. 뇌는 수억 개의 신경세포를 지니고 있기 때문에 뇌의 시스템은 엄청나게 복잡하게 얽혀 있음을 짐작할 수 있다.

뉴런들은 실제로 서로 연결되어 있지는 않다. 자극이 다음 뉴런으로 전달되기 위해서는 작은 공간을 지나쳐야 한다. 한 뉴런의 축색돌기와 다른 뉴런의 수상돌기 사이의 공간을 **시냅스 간극**이라고 한다. 한 뉴런의 축색돌기에서 방출되어 다른 뉴런의 수상돌기 수용기로 전달되는 생화학물질을 **신경전달물질**이라고 한다(그림 2.6). 첨단의 장비와 기술로 과학자들은 많은 종류의 신경전달물질을 확인해 냈다.

뉴런과 더불어 신경계에는 교질세포라는 또 다른 종류의 세포가 존재한다. 교질세포의 수는 뉴런에 비해 10배가 넘지만 이 세포들은 뉴런을 연결하거나 절연하는 수동적인 기능만을 가지고 있는 것으로 간주되었기 때문에 연구가 덜 되었다(Koob, 2009). 최근에는 교

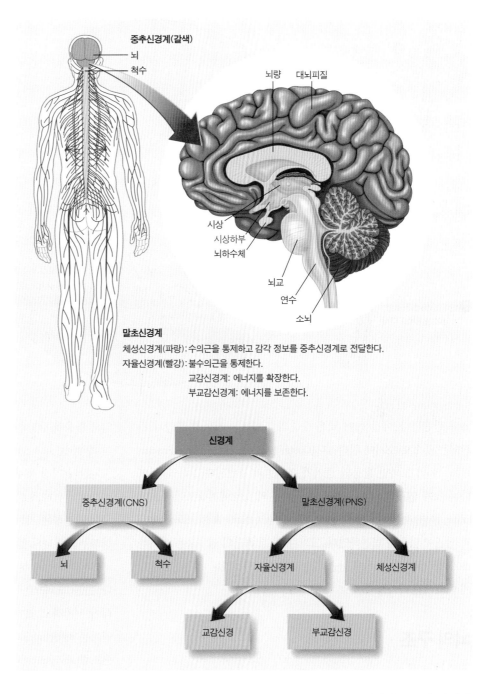

● 그림 2.5 신경계의 구성 (출처: Kalat, *Biological Psychology*, 10E. © 2009 Cengage Learning.)

질세포가 실제로 신경 활동에서 매우 적극적인 역할을 한다는 것이 발견되었다(Eroglu & Barres, 2010). 현재는 몇몇 특수한 기능들을 가진 여러 종류의 교질세포가 존재하고, 그 중 일부는 신경전달물질의 활동을 조절하는 것으로 알려져 있다(Allen & Barres, 2009; Perea & Araque, 2007). 신경전달물질의 작용 과정에서 교질세포가 담당하는 역할을 이해하는 것은 중요한 새로운 연구 분야이다. 그러나 지금까지 정신병리학에서의 대부분의 신경과학 연구는 뉴런에 초점을 두고 있다.

정신병리와 관련되는 중요한 신경전달물질은 노르에피네프린, 세로토닌, 도파민, 유도아미노산(GABA)과 글루타메이트(glutamate)이

다. 이러한 신경전달물질의 과잉 혹은 부족은 다양한 종류의 심리장

신경과학(neuroscience) 신경계와 신경계가 행동, 사고, 정서에서 하는 역할을 연구하는 학문.

뉴런(neuron) 정보 전달을 담당하는 개별 신경세포.

시냅스 간극(synaptic cleft) 화학적 전달물질이 신경 충격을 하나의 뉴런에서 다른 뉴런으로 전달하도록 하는 신경세포 사이의 공간.

신경전달물질(neurotransmitters) 신경세포 시냅스를 교차하는 화학물질로 하나의 뉴런에서 다른 뉴런으로 충동을 전달하려 함. 상대적으로 과도한 혹은 부족한 신경전달물질은 여러 정신장애와 관련 있음.

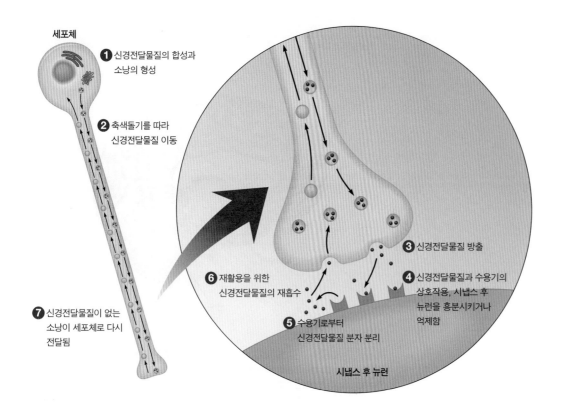

세포체

1 신경전달물질의 합성과 소낭의 형성

2 축색돌기를 따라 신경전달물질 이동

7 신경전달물질이 없는 소낭이 세포체로 다시 전달됨

6 재활용을 위한 신경전달물질의 재흡수

5 수용기로부터 신경전달물질 분자 분리

3 신경전달물질 방출

4 신경전달물질과 수용기의 상호작용, 시냅스 후 뉴런을 흥분시키거나 억제함

시냅스 후 뉴런

● 그림 2.6 한 뉴런에서 다른 뉴런으로의 정보 전달 (출처: Kalat, *Biological Psychology*, 10E. ⓒ 2009 Cengage Learning.)

애와 관련된다. 예를 들어 낮은 수준의 GABA는 지나친 불안과 관련되는 것으로 초기에 알려졌다(Costa, 1985). 초기 연구들은(Snyder, 1976, 1981) 도파민 활동의 증가가 조현병과 관련된다고 하였다. 또 다른 초기 연구들은 우울증이 높은 수준의 노르에피네프린(Schild-kraut, 1965)과 낮은 수준의 세로토닌(Siever, Davis, & Gorman, 1991)과 상관이 있음을 발견하였다. 그러나 좀 더 최근의 연구들은 이러한 초기 발견들이 지나치게 단순화된 것임을 시사하였다. 신경전달물질에 대해서는 다시 다루기로 하겠다.

뇌의 구조

뇌에 대한 개관은 여러모로 유용한데 여기서 다루어지는 많은 뇌의 구조들은 추후 특정 장애를 다룰 때 다시 언급될 것이다. 뇌(그림 2.7)는 뇌간(brain stem)과 전뇌(forebrain)를 포함한다. 뇌간은 뇌의 보다 원시적인 부분이다. 대부분의 동물에서 발견되는 이 구조는 호흡, 수면, 균형적으로 움직이기와 같은 필수적인 자율기능(automatic func-tion)의 대부분을 담당한다. 전뇌는 고급 기능을 담당하며 좀 더 최근에 진화되었다.

뇌간의 가장 아래 부분인 후뇌는 연수(medulla), 뇌교(pons), 소뇌(cerebellum)를 포함한다. 후뇌는 호흡, 심장박동, 소화와 같은 많은 자율 활동을 조절한다. 소뇌는 운동 협응을 통제한다.

뇌간에는 중뇌도 위치하고 있으며, 중뇌는 감각 자극과 함께 움직

임의 협응을 담당한다. 중뇌는 또한 각성과 긴장에 기여하는 망상 활성 체계(reticular activating system)를 포함하고 있다.

뇌간의 가장 윗부분에 있는 시상과 시상하부는 행동과 정서의 조절과 광범위하게 관련되어 있다. 이 부위는 전뇌와 뇌간의 나머지 부분을 연결하는 기능을 주로 담당한다. 어떤 해부학자들은 시상과 시상하부를 전뇌의 일부로 간주하기도 한다.

전뇌의 아랫부분, 시상과 시상하부의 바로 위쪽에는 변연계가 있다. 변연(limbic)은 경계라는 뜻으로 변연계는 뇌의 중앙 가장자리 둘레에 위치하고 있다. 상당수의 정신병리와 두드러지게 관련되는 변연계는 해마(hippocampus), 대상회(cingulate gyrus), 중격(septum)과 편도체(amygdala)와 같은 구조를 포함한다. 변연계는 정서 경험과 표현, 학습 능력을 조절하며, 충동을 통제한다. 변연계는 또한 성욕, 공격성, 배고픔, 목마름과 같은 기본적인 욕구와 관련되기도 한다.

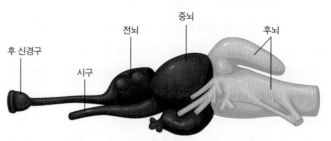

후 신경구   전뇌   중뇌   후뇌

시구

● 그림 2.7a 뇌의 3가지 체계 (출처: Kalat, *Biological Psychology*, 10E. ⓒ 2009 Cengage Learning.)

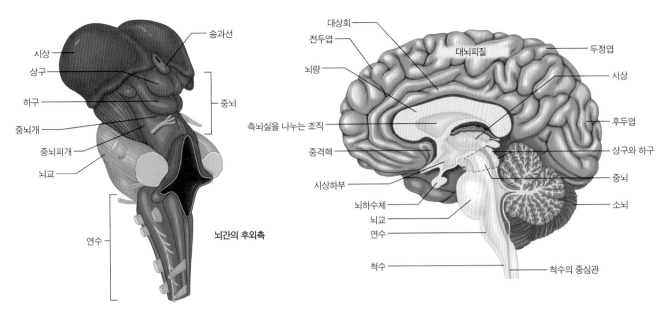

시상
상구
하구
중뇌개
중뇌피개
뇌교
송과선
중뇌
연수

뇌간의 후외측

대상회
전두엽
뇌량
측뇌실을 나누는 조직
중격핵
시상하부
뇌하수체
뇌교
연수
척수
대뇌피질
두정엽
시상
후두엽
상구와 하구
중뇌
소뇌
척수의 중심관

● 그림 2.7b 뇌의 주요 구조 (출처: Kalat, *Biological Psychology*, 10E. ⓒ 2009 Cengage Learning.)

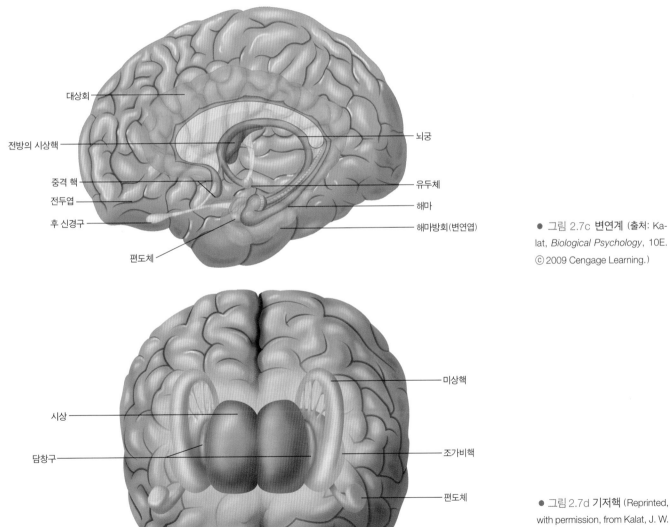

대상회
전방의 시상핵
중격 핵
전두엽
후 신경구
편도체
뇌궁
유두체
해마
해마방회(변연엽)

● 그림 2.7c **변연계** (출처: Kalat, *Biological Psychology*, 10E. ⓒ 2009 Cengage Learning.)

시상
담창구
미상핵
조가비핵
편도체

● 그림 2.7d **기저핵** (Reprinted, with permission, from Kalat, J. W. (2009). *Biological Psychology*, 10E. ⓒ 2009 Wadsworth.)

전뇌의 아래에 위치한 기저핵(basal ganglia)은 미상핵(caudate nucleus)을 포함하고 있다. 이 구조에 손상을 입으면 자세가 변하거나 씰룩거리게 되거나 몸이 흔들리기 때문에 이 부위는 운동 기능을 통제한다고 알려져 있다.

전뇌의 가장 큰 부분은 대뇌피질(cerebral cortex)로 중추신경계에 있는 전체 뉴런의 80% 이상을 포함하고 있다. 뇌의 이 부분은 계획하고 추론하고 창조하는 것과 같은 인간만의 고유한 능력과 관련된다. 대뇌피질은 두 반구로 나뉘어져 있다. 두 반구는 구조적으로 비슷하게 보이나 상대적으로 독립적으로 기능하며 각각이 서로 다른 특수성을 지니고 있다(양 반구 모두 지각하고, 생각하고, 기억하는 능력이 있다). 좌반구는 언어적 기능과 다른 인지 과정과 주요하게 관련되는 것으로 보인다. 우반구는 우리 주변의 세상을 지각하고 이미지를 만들어내는 일을 좀 더 잘 하는 것으로 보인다. 양 반구는 개별 심리장애에서 각기 다른 역할을 한다.

각 반구는 4개의 영역 혹은 엽(lobes)으로 나뉜다. 측두엽(temporal), 두정엽(parietal), 후두엽(occipital), 전두엽(frontal)(그림 2.8). 각 영역은 서로 다른 기능과 관련된다. 측두엽은 여러 시각 및 청각 자극을 인식하는 것과 장기 기억과 관련되며, 두정엽은 촉각을 인식하는 것과 신체 움직임을 모니터하는 것과 관련되며, 후두엽은 다양한 시각 자극을 통합하는 것과 관련된다. 이상의 세 엽은 뇌의 뒤쪽에서

시각, 촉각, 청각 및 기타 감각들을 함께 처리한다.

전두엽의 앞쪽인 전전두엽 피질(prefrontal cortex)은 장기기억은 물론, 생각하고 추론하고 미래를 계획하는 것과 같은 고차원적인 인지 기능을 담당한다. 뇌의 이 부분은 뇌의 다른 부분들로부터 받아들인 모든 정보를 통합하고 어떻게 반응해야 할지 결정한다. 이는 우리를 주변 세상과 연결시켜 준다. 정신병리에 대한 단서를 찾기 위해 뇌의 영역을 연구할 때, 대부분의 연구자들은 변연계와 기저핵은 물론 대뇌피질의 전두엽에 초점을 둔다.

말초신경계

말초신경계는 뇌간과 함께 우리의 신체가 제대로 기능하도록 조정하는 역할을 한다. 말초신경계는 체성신경계와 자율신경계로 구성되어 있다. 체성신경계는 근육을 통제한다. 자율신경계는 교감신경계와 부교감신경계를 포함한다. 자율신경계는 심혈관 체계와 내분비 체계를 조절하며 소화를 돕고 체온을 조절하는 것과 같은 다양한 기능을 수행한다(그림 2.9).

내분비 체계에는 여러 개의 분비선(gland)이 있으며, 각각의 분비선은 **호르몬**이라고 불리는 고유한 화학적 전달자를 생산하여 직접적으로 혈류에 분비한다. 부신(adrenal gland)은 염(salt)을 조절하는 호

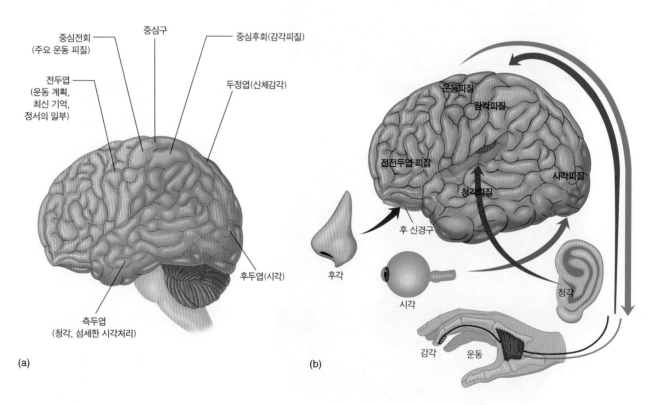

중심전회 (주요 운동 피질)   중심구   중심후회(감각피질)

전두엽 (운동 계획, 최신 기억, 정서의 일부)   두정엽(신체감각)

후두엽(시각)

측두엽 (청각, 섬세한 시각처리)

운동피질   감각피질

전전두엽 피질   시각피질

청각피질

후 신경구

후각   시각   청각

감각   운동

(a)   (b)

● 그림 2.8 대뇌피질의 주요 하부구조와 기능 (출처: Kalat, *Biological Psychology*, 10E. ⓒ 2009 Cengage Learning.)

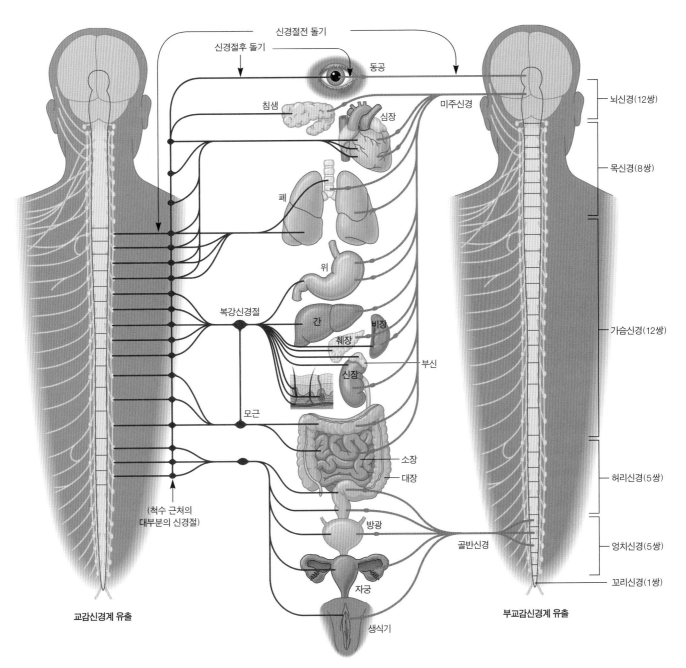

● 그림 2.9 **교감신경계**(빨간 선)**와 부교감신경계**(파란 선) [Reprinted, with permission, from Kalat, J. W. (2009). *Biological Psychology*, 10E. © 2009 Wadsworth.]

르몬은 물론 스트레스에 대한 반응으로 (아드레날린이라고 불리는) 에피네프린도 생산한다. 갑상선(thyroid gland)은 에너지 대사와 성장을 촉진하는 티록신(thyroxine)을 생산한다. 뇌하수체는 다양한 종류의 조절 호르몬을 분비하며, 생식선(gonadal gland)은 에스트로겐과 테스토스테론과 같은 성 호르몬을 생산한다. 내분비 체계는 면역 체계와 밀접한 관련이 있으며 다양한 장애와도 관련된다. 내분비 체계는 스트레스와 관련된 신체장애에 기여할 뿐만 아니라 우울, 불안, 조현병 및 기타 장애에서도 역할을 한다(McEwen, 2013). 어떤 연구들

에서는 우울한 환자들이 갑상선 호르몬이 함께 투여되었을 때 항우울제에 더 잘 반응한다는 것을 발견하기도 하였다(Nierenberg et al., 2006). 이와 같은 학제 간 연구 분야를 정신신경내분비학(psychoneuroendocrinology)이라고 하며, 이 분야는 점차 확장되고 있다.

자율신경계의 교감신경계와 부교감신경계는 상호보완적인 방식

호르몬(hormone) 내분비선에서 생산되는 화학적 전달물질.

으로 작동한다. 교감신경계의 주요 역할은 스트레스나 위험 상황에
서 장기(organs)와 분비선(glands)을 빠르게 활성화시킴으로써 신체
를 동원하는(mobilizing) 것이다. 교감신경계가 활성화되면 세 가지
일이 발생한다. 심장 박동이 빨라져서 근육으로 전달되는 혈류가 증
가하고, 호흡이 증가하여 피와 뇌에 더 많은 산소가 유입되고, 부신
이 자극된다. 이러한 세 가지 변화는 우리로 하여금 행동할 태세를
갖추게 한다. 어떤 여인이 갇혀 있는 아이를 구하기 위해 무거운 물
건을 들어 올렸다는 뉴스를 신문에서 읽게 된다면, 이는 그 기사 속
여인의 교감신경계가 지나치게 왕성한 결과라고 봐도 좋을 것이다.
교감신경계는 '응급(emergency)' 또는 '경고(alarm)' 반응의 많은 부
분을 매개하며, 이에 대해서는 이 장의 후반부와 4장에서 다시 논의
될 것이다.

부교감신경계의 기능 중 하나는 교감신경계와 균형을 맞추는 것
이다. 다시 말해 우리는 과각성 혹은 항상 준비된 상태로만 있을 수
없기 때문에 교감신경계가 일정 시간 동안 활성화된 이후에는 부교
감신경계가 넘겨받아 각성 상태를 정상화시키고 소화 과정을 도와
에너지 저장을 촉진시킨다.

일부 심리장애와 관련되는 두뇌 연결 부위 중 하나는 시상하부와
내분비 체계이다. 시상하부는 내분비 체계를 조정하는 뇌하수체 옆에
연결되어 있다(그림 2.10). 뇌하수체는 다시 신장 위에 있는 부신의 피
질 부위를 자극할 수 있다. 앞서 살펴본 바와 같이 과다한 에피네프린
은 우리의 활기를 돋게 하고, 우리를 각성시키며, 위협이나 도전 앞에
서 우리의 신체를 준비시킨다. 운동선수들이 아드레날린이 분출되고
있다고 이야기할 때는 그들의 신체가 매우 각성되어 있고 경쟁을 치
를 준비가 되어 있음을 뜻한다. 뇌하수체의 피질 부분은 스트레스 호
르몬인 코르티솔을 생산한다. 이 체계를 시상하부–뇌하수체–부신축
(hypothalamic-pituitary-adrenal axis) 또는 HPA 축이라고 하며, 이 체
계는 우리가 이 책에서 다루게 될 몇몇 심리장애와 관련된다.

이상의 간략한 개관은 뇌와 신경계의 구조 및 기능에 대한 전반적
인 감을 갖게 해주었을 것이다. 뇌의 구조와 기능을 연구하는 새로운
절차들에 대해서는 3장에서 논의될 것이다. 여기서는 이러한 연구들
이 정신병리의 본질에 대해 무엇을 시사하는지에 초점을 맞출 것이다.

신경전달물질

뇌와 신경계에서 뉴런 간의 메시지 전달을 담당하는 생화학적 신경
전달물질은 정신병리학자들로부터 지속적으로 관심의 대상이 되고
있다(Iverson, 2006; Nestler, Hyman, & Malenka, 2008). 한 좋은 일례
가 앞서 기술되었던 유전-환경 상호작용 연구에서 밝혀진 세로토닌

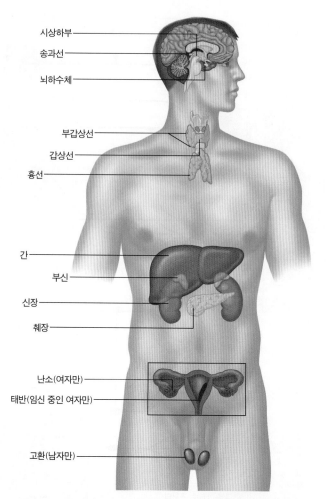

● 그림 2.10 **주요 내분비선의 위치** [Reprinted, with permission, from Kalat, J. W. (2009). *Biological Psychology*, 10E. © 2009 Wadsworth.]

시상하부
송과선
뇌하수체
부갑상선
갑상선
흉선
간
부신
신장
췌장
난소(여자만)
태반(임신 중인 여자만)
고환(남자만)

의 역할이다(Karg et al., 2011). 이러한 생화학물질은 불과 몇 십년 전
에 발견되었으며, 지난 몇 년 동안 이를 연구하는 데 필요한 대단히
복잡하고 정교한 절차가 개발되었다. 신경전달물질을 이해하는 한
가지 방법은 신경전달물질이 뇌의 바다에 흐르고 있는 가느다란 전
류라고 가정하는 것이다. 때로 이 전류들은 다른 전류들과 평행하게
흐르기도 하고 서로 떨어지기도 한다. 때로 이 전류들은 앞으로 나아
가기 전 자기 자신에게 되돌아오는 등 목적 없이 거닐고 있는 것처럼
보이기도 한다. 특정한 종류의 신경전달물질에 민감한 뉴런들은 무
리를 이루어 뇌의 한 부분으로부터 다른 부분으로 가는 경로를 형성
한다.

이러한 경로는 다른 신경전달물질의 경로와 겹칠 수 있으나 보통
이들은 각자 서로 다른 길을 가게 된다(Bloom, Nelson, & Lazerson,
2001; Dean, Kelsey, Heller, & Ciaranello, 1993). 이러한 **뇌회로**는 수천,
수만 개가 있으며 연구자들은 이제 막 이러한 회로들의 지도를 그리
기 시작하였다(Arenkiel & Ehlers, 2009). 신경과학자들은 다양한 심

리장애와 관련되는 몇몇 신경 회로들을 확인하였다(Fineberg et al., 2010; Tau & Peterson, 2010).

특정 심리장애가 특정 신경전달물질의 생화학적 불균형, 과잉, 또는 부족에 '기인한다'는 보고를 읽게 된다. 예를 들어 세로토닌의 비정상적인 활동은 우울증을 유발하는 것으로 종종 기술되며, 도파민의 비정상성은 조현병과 관련되는 것으로 알려져 왔다. 그러나 이러한 기술은 지나치게 단순화된 것이라는 증거들이 축적되고 있다. 우리는 신경전달물질의 효과가 훨씬 덜 구체적이라는 사실을 알고 있다. 신경전달물질의 활동은 우리가 정보를 처리하는 방식과 관련되는 것으로 보인다(Harmer et al., 2009; Sullivan & LeDoux, 2004). 신경전달물질 활동의 변화는 행동에 직접적으로 영향을 주기보다는 사람들로 하여금 특정 상황에서 특정한 행동을 보이도록 한다. 또한 우리의 광범위한 기능 장애는 어느 한 체계의 변화보다는 다양한 신경전달물질들 간의 상호작용과 관련되어 있다(Fineberg et al., 2010; Stahl, 2008). 다시 말해 신경전달물질의 회로들은 빈번히 교차하기 때문에 어느 한 신경전달물질의 변화는 과학자들도 아직 예측할 수 없는 방식으로 다른 신경전달물질의 변화를 가져온다.

신경전달물질의 기능에 대한 연구들은 주로 신경전달물질 활동의 수준이 변화하면 무슨 일이 벌어지는가에 초점을 맞추고 있다. 이는 몇 가지 방식으로 연구할 수 있다. **작용물질**은 신경전달물질의 활동을 흉내 냄으로써 그 활동을 증가시키는 물질이며, 신경전달물질을 감소시키거나 가로막는 **길항제** 또는 **역작용제**는 신경전달물질의 효과와 반대되는 효과를 낸다. 뇌의 서로 다른 부위에서 신경전달물질의 생산을 조작함으로써 그 효과에 대해 더 많이 알아볼 수 있다. 대부분의 약물은 작용물질 또는 길항제로 분류될 수 있는데, 이는 곧 이들 약물이 특정한 신경전달물질의 흐름을 증가시키거나 감소시키는 방식으로 작용한다는 것이다. 어떤 약물은 신경전달물질의 생산을 억제한다. 다른 약물들은 신경전달물질을 비활성화시키는 경쟁적 생화학적 물질을 생산한다. 또 어떤 약물들은 신경전달물질에 직접적으로 영향을 미치지는 않지만 뉴런의 수용기를 차단함으로써 화학물질이 다음 뉴런으로 전달되는 것을 방해한다. 신경전달물질이 방출된 이후에는 시냅스 간극에서 방출 뉴런으로 재빨리 거둬들여진다. 이러한 과정을 **재흡수**라고 한다. 어떤 약물들은 재흡수 과정을 가로막음으로써 두뇌회로를 지속적으로 자극하게 된다.

두 가지 종류의 신경전달물질 — 모노아민(monoamines)과 아미노산(amino acids) — 이 정신병리와 관련하여 가장 많이 연구되었다. 이들은 신경에서 합성되기 때문에 '고전적' 신경전달물질로 간주된다. 모노아민에 속하는 신경전달물질로는 노르에피네프린(노르아드레날린), 세로토닌, 도파민이 있다. 아미노산에 속하는 신경전달물질

에는 유도아미노산(GABA)과 글루타메이트(glutamate)가 있다.

글루타메이트와 GABA

두 가지 주요 신경전달물질이 우리가 하는 대부분의 일에 영향을 미친다. 첫째, **글루타메이트**는 많은 뉴런들을 활성화시켜 행동으로 이끄는 흥분성 전달물질이다. 둘째, **유도아미노산**은 억제성 신경전달물질이다. GABA의 역할은 정보 및 활동 전위의 전달을 억제(혹은 조절)하는 것이다. 글루타메이트와 GABA는 분자 수준에서 비교적 독립적으로 작용하지만 세포 내 둘 간의 상대적 균형은 뉴런의 활성화 여부를 결정하게 된다. 이러한 '화학적 형제'(LeDoux, 2002)의 또 다른 특성은 이 두 물질 모두 뇌가 환경으로부터의 영향을 따라가는 데 필요한 흥분 또는 억제를 할 수 있도록 빠르게 작용한다는 점이다.

앞서 언급한 바와 같이 GABA는 시냅스 후부의 활동을 감소시켜 다양한 행동과 정서를 억제한다. GABA의 가장 잘 알려진 효과는 불안을 감소시키는 것이다(Davis, 2002; Sullivan & LeDoux, 2004). 벤조디아제핀이라고 알려진 약물은 약한 진정제로서 GABA 분자가 특정한 뉴런의 수용기에 좀 더 쉽게 부착되도록 해준다. 따라서 벤조디아제핀의 수준이 높을수록 GABA가 뉴런 수용기에 더 많이 부착되고 그에 따라 우리는 더 차분해질 수 있다. 벤조디아제핀이 중독적인 특징을 가지고 있기 때문에 과학자들은 GABA의 수준을 조절할 수 있는 다른 물질을 찾고 있는데 뇌의 특정 천연 스테로이드가 이러한 물질 중의 하나이다(Eser, Schule, Baghai, Romeo, & Rupprecht, 2006; Rupprecht et al., 2009).

다른 신경전달물질 시스템처럼 GABA의 효과는 불안에 특정적이지 않고 좀 더 광범위한 영향을 미친다. GABA 시스템은 뇌 전체

뇌회로 (brain circuits) 뇌 안의 신경전달물질의 흐름 혹은 신경경로.

작용물질 (agonist) 신경과학에서의 화학적 물질로 신경전달물질과 동일한 효과를 냄으로써 신경전달물질의 활동을 효과적으로 증가시킴.

길항제 (antagonist) 신경과학에서 신경전달물질의 효과를 감소하거나 막는 화학물질.

역작용제 (inverse agonist) 신경과학에서 특정한 신경전달물질에 반대되는 효과를 생성하는 화학물질.

재흡수 (reuptake) 신경전달물질이 시냅스 간극으로 방출된 후에 처음 분비한 신경세포로 재빠르게 돌아감.

글루타메이트 (glutamate) 아미노산 신경전달물질로 여러 다양한 뉴런을 흥분시키고 활동하도록 함.

유도아미노산 (gamma-aminobutyric acid, GABA) 시냅스 간극을 가로지르는 활동을 감소시키고 행동과 정서(특히, 범불안장애)를 억제하는 신경전달물질.

에 넓게 분포된 회로들에 걸쳐 있다. GABA는 전반적인 각성을 감소시키고 정서 반응을 누그러뜨리는 것으로 보인다. 예를 들어 불안을 감소시키는 것과 더불어, 약한 진정제는 항경련 효과를 지니고 있어 경련을 일으키는 근육 조직을 이완시킨다. GABA를 증가시키는 약물들은 불면증 치료제로도 연구되고 있다(Sullivan, 2012; Sullivan & Guilleminault, 2009). 나아가 GABA 시스템은 분노, 적대감, 공격성은 물론 열정적인 기대와 기쁨과 같은 긍정적인 정서 상태의 수준도 감소시키는 것으로 보여 글루타메이트가 일반적인 흥분 기능을 하는 것처럼 GABA는 일반적인 억제성 신경전달물질로 간주될 수 있겠다(Bond & Lader, 1979; Sharp, 2009).

세로토닌

세로토닌의 기술적인 명칭은 5-하이드록시트립타민(5-hydroxytryp-tamine, 5HT)이다. 세로토닌은 노르에피네프린과 도파민과 함께 모노아민계에 속하는 신경전달물질이다. 대략 6개의 주요 세로토닌 회로가 중뇌에서부터 뇌의 다양한 부분으로 원을 그리며 퍼져 있다(Azmitia, 1978)(그림 2.11). 세로토닌은 우리 행동에 상당한 영향을 미치는 것으로 알려져 있으며, 특히 우리가 정보를 처리하는 방식에 많은 영향을 끼친다(Harmer, 2008; Merens, Willem Van der Does, & Spinhoven, 2007). 앞서 언급한 뉴질랜드 연구에서 우울증에 기여한 요인이 바로 세로토닌 시스템의 유전적인 조절 곤란이었다(Caspi et al., 2003).

세로토닌 시스템은 우리의 행동, 기분 그리고 사고 과정을 조절한다. 극단적으로 낮은 수준의 세로토닌 활동은 낮은 억제 및 불안정성, 충동성, 상황에 대한 과잉반응 경향과 관련된다. 낮은 세로토닌 활동은 공격성, 자살, 충동적 과식, 지나친 성적(sexual) 활동과 관련된다(Berman, McCloskey, Fanning, Schumacher, & Coccaro, 2009). 그러나 이러한 행동들이 세로토닌 활동이 낮은 경우 반드시 일어나는 것은 아니다. 뇌의 다른 회로들 또는 다른 심리사회적 영향들이 낮은 세로토닌 활동을 보상할 수 있다. 그러므로 낮은 세로토닌 활동은 어떤 문제행동을 직접적으로 유발하기보다는 그에 취약하게 만들 수 있다. 반면 높은 세로토닌 활동은 GABA와 상호작용하여 글루타메이트에 대응할 수 있다.

세로토닌 시스템에 주로 영향을 미치는 몇몇 약물들이 있다. 그러나 플루옥세틴[fluoxetine(Prozac)]을 포함하는 선택적세로토닌재흡수억제제(selective-serotonin reuptake inhibitors, SSRIs) 약물들이 삼환계 항우울제를 포함하는 다른 약물들에 비해 세로토닌에 좀 더 직접적으로 영향을 미친다(그림 2.12). SSRI는 많은 심리장애의 치료에 쓰이는데, 특히 불안, 기분, 섭식장애 치료에 활용된다. 미국의 많은

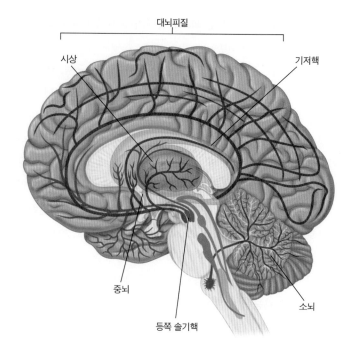

● 그림 2.11 뇌에서의 세로토닌의 주요 경로

약국에서 판매되는 허브 약초인 St. John's wort(고추나물) 또한 세로토닌 수준에 영향을 미친다.

노르에피네프린

정신병리에 중요한 영향을 미치는 모노아민계의 세 번째 신경전달물질은 **노르에피네프린**(노르아드레날린)이다(그림 2.13).

노르에피네프린은 알파-아드레날린 수용기와 베타-아드레날린 수용기라고 불리는 적어도 두 가지 종류의 수용기를 자극한다. 널리 사용되는 베타 차단제 약물은 고혈압이나 심박 조절의 어려움을 치료하는 데 사용된다. 이러한 약물들은 베타 수용기를 차단하여 노르에피네프린에 대한 반응을 감소시키고 혈압과 심박률을 낮게 유지시킨다. 노르에피네프린의 몇몇 회로가 중추신경계에서 확인되었다. 주요 회로 중 하나는 호흡과 같은 기본적인 신체 기능을 통제하는 영역인 후뇌에서 시작된다. 또 다른 회로는 우리가 위험한 상황에 처할 때 발생하는 응급 반응 혹은 경고 반응에 영향을 끼치는 것으로 보이는데(Charney & Drevets, 2002; Sullivan & LeDoux, 2004), 이는 노르에피네프린이 공황 상태와 관련이 있을 가능성을 시사한다(Charney et al., 1990; Gray & McNaughton, 1996). 그러나 노르에피네프린 시스템은 보다 일반적인 방식으로 특정한 행동 경향성을 조절할 가능성이 높고, 구체적인 행동패턴이나 심리장애와 직접적으로 관련될 가능성은 적다.

신경전달물질은 어떻게 작용하는가

Ⓐ 신경전달물질은 뉴런 끝의 작은 낭에 저장된다. Ⓑ 전기충격에 의해 낭이 바깥막과 통합되고, 신경전달물질이 시냅스로 방출된다. Ⓒ 분자들이 틈으로 확산되어 인접한 뉴런의 수용기(특수 단백질)에 붙는다. Ⓓ 신경전달물질이 충분히 흡수되면, 수용기들은 분자를 방출하고 방출된 분자들은 파괴되거나 첫 번째 뉴런에 의해 재흡수되어 이후의 사용을 위해 저장된다.

세로토닌 약물은 어떻게 작용하는가

Ⓔ 프로작은 세로토닌이 흡수되는 것을 막음으로써 세로토닌의 효과를 강화한다. Ⓕ 리덕스(Redux)와 펜플루라민(Fenfluramine, 항비만 약물)은 여분의 세로토닌을 시냅스로 방출하게 한다. 불행하게도 이러한 약물은 위험한 심혈관 부작용 때문에 FDA에 의해 리콜되었다(8장을 보라).

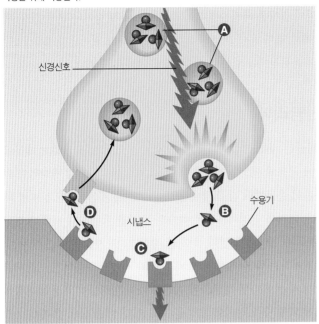

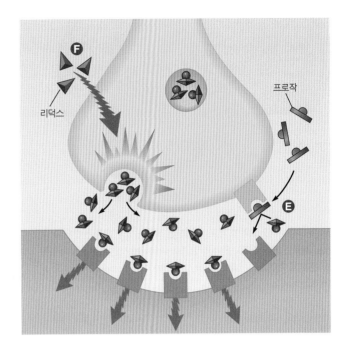

수용기의 다양성

적어도 15개의 다른 세로토닌 수용기가 있고, 그 수용기들은 각기 다른 기능과 관련 있다.

● 그림 2.12 뇌에서의 세로토닌 조절

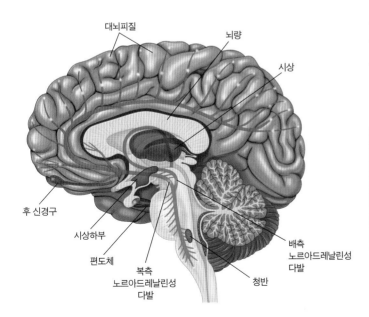

● 그림 2.13 인간 뇌에서 노르에피네프린의 주요 경로 [출처: Kalat, J. W. (2009). *Biological Psychology*, 10E. © 2009 Wadsworth.]

도파민

마지막으로 **도파민** 역시 모노아민계에 속하는 주요 신경전달물질이다. 도파민은 조현병의 병리생리학(그림 2.14)과 중독장애와 관련되는 것으로 알려져 있다(Le Foll, Gallo, Le Strat, Lu, & Gorwood, 2009).

세로토닌(serotonin) 정보를 처리하고 억제, 통제 등 움직임을 조직화하는 것과 관련한 신경전달물질. 다른 심리장애와 연관이 있는 식이, 성적, 공격행동의 조절에 관여하며 도파민과의 상호작용은 조현병의 원인이 됨.

노르에피네프린(norepinephrine) 중추 및 말초 신경계에서 활성화되는 신경전달물질로 심박수, 혈압, 호흡을 조절함. 신체의 경고 반응의 역할 때문에 전반적, 간접적으로 공황발작과 다른 장애의 원인이 되기도 함. 노르아드레날린이라고도 알려짐.

도파민(dopamine) 다른 신경전달물질을 활성화시키고 탐색 및 쾌락추구행동(세로토닌과 균형)을 돕는 신경전달물질. 도파민 분비가 과다하면 조현병을 일으키고(둘 사이의 연관성이 간단하지 않다는 반대의 증거들이 있음에도 불구하고) 반대로 부족하면 파킨슨병이 나타남.

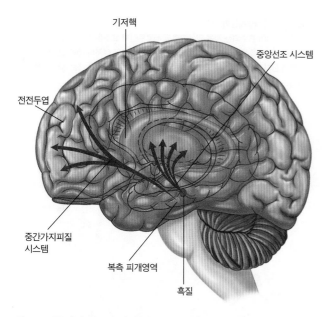

전전두엽

기저핵

중앙선조 시스템

중간가지피질
시스템

복측 피개영역

흑질

● 그림 2.14 두 가지 주요 도파민 경로. 중간변연 체계는 조현병과 관련된다. 기저핵으로 가는 경로는 가끔 신경이완제의 결과로 나타나는 지연성 운동장애 같은 운동 능력의 문제에 기여한다. [출처: Kalat, J. W. (2009). *Biological Psychology*, 10E. © 2009 Wadsworth.]

몇몇 연구들에서는 도파민이 우울증(Dunlop & Nemeroff, 2007)과 주의력결핍 과잉행동장애(Volkow et al., 2009)에 중요한 역할을 하는 것으로 밝혀졌다. 1장에서 조현병의 정신병적 증상을 감소시켰던 마법의 약물 레서핀(reserpine)을 기억하는가? 이 약물과 현대의 항정신병 치료는 여러 신경전달물질 시스템에 영향을 미치지만 가장 크게 영향을 미치는 부분은 도파민 수용체를 차단시켜 도파민 활동을 낮추는 것이다(예를 들어 Snyder, Burt, & Creese, 1976를 보라).

뇌의 특정 영역에 걸쳐 있는 다양한 회로들에서 도파민은 보다 일반적인 효과를 지니는 것으로 보이는데, 특정한 종류의 행동과 관련되는 여러 뇌회로들을 활성화시키는 스위치 역할을 하는 것으로 보인다. 이 스위치가 일단 켜지면, 다른 신경전달물질들은 정서나 행동을 억제하거나 촉진한다(Armbruster et al., 2009; Stahl, 2008). 도파민 회로들은 많은 지점에서 세로토닌 회로들과 합쳐지거나 교차하여 동일한 많은 행동에 영향을 미친다. 예를 들어 도파민 활동은 탐색적이고, 외향적이고, 쾌락추구적인 행동과 관련되고(Elovainio, Kivimaki, Viikari, Ekelund, & Keltikangas-Jarvinen, 2005), 세로토닌은 억제 및 통제와 관련된다. 따라서 이 둘은 서로 균형을 맞추는 역할을 한다고 볼 수 있다(Depue, Luciana, Arbisi, Collins, & Leon, 1994).

연구자들은 도파민에 선택적으로 민감한 서로 다른 최소 다섯 개의 수용체 위치를 발견하였다(Owens, Mulchahey, Stout, & Plotsky, 1997; Girault & Greengard, 2004). 도파민 회로에만 선택적으로 영향

을 미치는 약물들 중의 하나는 도파민의 수준을 증가시키는 도파민 작용제인 L-dopa이다. 도파민이 활성화시키는 시스템 중의 하나는 균형 잡힌 움직임을 조절하는 운동 시스템인데, 일단 이 시스템이 활성화되면 세로토닌 활동의 영향을 받게 된다. 이러한 연관성 때문에 도파민의 결핍은 파킨슨병과 관련이 있으며 떨림이나 근육 긴장, 판단 장애와 같이 눈에 띄는 운동 행동의 퇴화가 일어난다. L-dopa는 이러한 운동장애를 일부 감소시키는 데 성공적이었다.

정신병리에 대한 시사점

심리장애는 대부분 정서적, 행동적, 인지적 증상을 동반하기 때문에 특정 뇌 구조의 손상이 장애를 유발하지는 않는다. 뇌의 광범위한 손상은 흔히 운동이나 감각 장애를 초래하고 이는 신경학의 영역에 해당한다. 따라서 신경학자들은 특수한 손상을 확인하기 위해 신경심리학자들과 협력하게 된다. 하지만 정신병리학자들은 최근 성격 발달에 기여하는 좀 더 일반적인 뇌 기능의 역할에 주목하기 시작하였고, 어떻게 서로 다른 생물학적 기전을 가진 성격들이 특정 심리장애에 더 취약할 수 있는지에 초점을 두고 있다. 예를 들어 유전이 성격에 영향을 미치는 신경전달물질의 활동 패턴을 이끌 수 있다. 따라서 충동적인 위험 추구자들은 낮은 세로토닌 활동과 높은 도파민 활동을 보일 수 있다.

세로토닌의 역할 중 하나는 우리의 반응을 조절하는 것이다. 섭식 행동, 성 행동, 공격성은 적당한 수준의 세로토닌에 의해서 잘 통제된다. 대부분의 동물 연구들은 세로토닌 회로를 간섭하는 손상은 관련 없는 외부 단서를 무시하는 능력을 손상시키고 유기체를 과잉반응하게 만든다는 것을 보여주었다. 따라서 이러한 뇌회로로에 손상을 입게 되면 머릿속에 입력되는 모든 생각과 충동에 반응하는 우리의 모습을 발견하게 될 것이다.

Thomas Insel(1992)은 Eslinger와 Damasio(1985)에 의해 보고되었던 한 남자의 사례를 기술하였다. 이 남자는 뇌종양으로 수술을 받기 전까지는 회계사로서, 남편으로서, 두 아이의 아버지로서 매우 성공적인 삶을 살았다. 그는 수술 후 잘 회복하였으나 이듬해에는 사업에 실패하고 가족과도 헤어지게 되었다. 그의 지능지수는 여전히 높았고, 그의 모든 정신 기능도 온전하였지만 직업을 유지할 수 없었을 뿐만 아니라 약속 시간을 지킬 수도 없었다. 무엇이 이러한 문제들을 야기했을까? 그는 길고도 통제할 수 없는 강박적인 행동에 얽매여 있었다. 그는 하루의 대부분의 시간을 씻고, 옷을 입고, 그가 살던 싱글 룸에서 물건을 재배열하는 데 소비하였다. 다시 말해 그는 전형적인 강박장애 증상을 보이고 있었다. 종양을 제거하면서 손상을 입은 뇌

영역은 궤도 전두 피질(orbital frontal cortex) 내의 작은 영역이었다.

이러한 정보는 강박장애의 생물학적 기전을 지지하는 것으로 보인다. 여기에 사회적 또는 심리적 영향은 고려할 필요가 없어 보인다. 그러나 Insel과 다른 신경과학자들은 이러한 결과를 조심스럽게 해석한다. 첫째, 이 사례는 단 한 명의 사례에 불과하다. 같은 손상을 가진 다른 개인들은 다른 방식으로 반응할 수 있다. 또한 뇌영상 연구들은 서로 불일치하는 경우가 많다. 뇌의 구조는 저마다 다르기 때문에 때로는 어떤 활동의 증가와 감소를 꼭 집어 이야기하기 힘들다. 또한 궤도 전두 피질은 다른 불안장애 혹은 다른 정서장애와도 관련되어 있기 때문에(Gansler et al., 2009; Goodwin, 2009) 이 영역의 손상은 강박장애뿐만 아니라 전반적인 부정 정서를 증가시킬 수 있다. 따라서 궤도 전두 피질과 강박장애 간의 관련성에 대해 좀 더 확신을 갖기 위해서는 더 나은 기술의 발달과 함께 더 많은 연구가 필요하다. 이 영역의 활동은 강박장애의 원인이 아니라 강박장애에서 특징적으로 나타나는 반복적인 사고와 의례적인 행동의 결과일 수도 있다. 유사한 비유를 들자면, 만약 당신이 수업에 늦어 뛰기 시작했다면 당신의 몸과 뇌에서는 커다란 변화가 일어날 수 있다. 만약 어떤 과학자가 당신이 수업에 늦어 뛰었다는 사실을 모른 채 당신의 뇌를 검사했다면, 당신의 뇌 기능은 그냥 걸어간 사람의 뇌와는 매우 다르게 보였을 것이다. 만약 당신이 학업을 잘 하고 있었다면 과학자는 비정상적인 뇌 기능이 당신의 높은 지능에 대한 '원인'이라고 잘못 결론 내릴 수 있다.

뇌의 구조와 기능에 대한 심리사회적 영향

때로는 치료 효과가 정신병리의 본질에 대해 알려주기도 한다. 예를 들어 어떤 임상가가 강박장애의 원인이 특정한 두뇌 역기능 혹은 학습된 불안이라고 생각하면 이러한 관점은 어떤 치료를 선택할 것인지를 결정하게 된다. 장애의 이론적 원인에 맞추어 치료를 선택하고 환자가 나아지는지를 관찰하면 해당 이론의 정확성을 검증할 수 있다. 이러한 보편적 전략에는 중요한 약점이 있다. 환자의 고열이나 치통을 아스피린으로 성공적으로 치료하는 것은 고열이나 치통이 아스피린 결핍에 의한 것이 아니다. 왜냐하면 효과가 원인을 뜻하는 것은 아니기 때문이다. 그러나 이러한 근거는, 특히 다른 실험적 근거와 합쳐질 때, 정신병리의 원인에 대한 단서를 제공한다.

만약 강박장애 환자의 뇌회로로 결함이 있다면, 어떤 치료를 선택할 것인가? 뇌수술이나 신경외과적 수술이 추천될 수 있다. 심각한 정신병리를 교정하기 위한 신경외과[때로는 "정신외과(psychosurgery)"라고 부르기도 함]적 수술은 오늘날에도 시행되는 치료 중 하나이며, 특히 다른 모든 치료가 실패한 심각한 강박장애 환자의 사례에 적용된다(Bear, Fitzgerald, Rosenfeld, & Bittar, 2010; Denys et al., 2010; 4장 참고). 앞서 언급한 회계사의 경우, 뇌종양을 제거하면서 강박장애와 관련되는 억제적 기능을 담당하는 뇌회로의 일부가 없어져 버린 것 같다. 정밀한 외과적 병변이 뇌의 이 부분 근처에서 발생하는 활동(runaway activity)을 둔화시켰을 수 있다. 정신외과적 수술은 거의 사용되지 않고 체계적으로 연구되지 않았지만 다른 모든 치료가 실패한 경우라면 이러한 결과는 환영할 만하다.

만약 덜 극단적인 치료가 가능하다면 수술을 원하는 사람은 아무도 없을 것이다. 오늘날에는 강박장애 치료에 효과적인 약물이 존재한다. 물론 이러한 약물은 완치제가 아니고 모든 사례에 효과적인 것도 아니다. 대부분의 약물은 세로토닌 활동을 증가시키는 방향으로 작용한다. 하지만 수술이나 약물 없이 이러한 뇌회로에 도달하는 것이 가능할까? 심리치료가 뇌회로에 직접적으로 영향을 미칠 만큼 충분히 강력한가? 이에 대한 대답은 "그렇다"이다. Lewis R. Baxter와 동료들은 치료를 받지 않았을 때와 강박장애 치료에 효과적인 것으로 알려져 있는 인지행동적 기법인 노출과 반응억제 치료를 받았을 때의 두뇌 영상을 관찰하였다(Baxter et al., 1992). 그들은 심리학적 개입에 의해 뇌회로가 변한 것(정상화된 것)을 발견하였다. 그들은 다른 집단의 환자들을 대상으로 실험을 반복하였고 두뇌 기능에서 같은 변화를 발견하였다(Schwartz, Stoessel, Baxter, Martin, & Phelps, 1996). 다른 예들에서도 우울증(Brody et al., 2001; Martin, Martin, Rai, Richardson, & Royall, 2001), PTSD(Rabe, Zoellner, Beauducel, Maercker, & Karl, 2008), 사회불안(Miskovic et al., 2011), 특정공포증(Paquette et al., 2004)에 대한 성공적인 심리치료 후에 뇌 기능이 변하였음을 확인하였고, 이를 뇌의 재연결(re-wiring the brain)이라고 불렀다. 실제로 특정공포증에 대한 2시간 남짓의 강력한 노출 치료 후에도 뇌 기능이 급격하게 변하였고 이러한 효과는 6개월 후에도 지속되었다(Hauner, Mineka, Voss, & Paller, 2012).

위약효과에 대한 연구들에서도 뇌 기능에 직접적으로 영향을 미치는 심리적 요인들을 엿볼 수 있다. 설탕 알약(sugar pill)과 같이 실제로는 치료 효과가 없는 위약이 환자들의 행동적, 정서적 변화를 가져오는데, 이는 희망과 기대의 증가 혹은 조건형성 효과와 같은 심리적 요인들에 의한 결과이다(Brody & Miller, 2011). 몇몇 연구들에서 위약이 효과를 발휘하는 조건을 검토하였다. 한 연구에서는 수술 이후의 통증과 불안을 치료하기 위해서 약물을 투여하였는데 실제 약물주입펌프가 눈에 보이는 경우와 스크린 뒤에 숨어 있는 경우를 비교하였다(Colloca, Lopiano, Lanotte, & Benedetti, 2004). 같은 용량의 약물이 투여되었음에도 불구하고 약물의 효과는 약물투여펌프를 직접 볼 수 있는 조건에 있었던 환자들에게서 더 크게 나타났다. 이 연구에서 실제 위약은 주어지지 않았지만, 약물이 투여되고 있다는 사실을 아는 것과 모르는 것의 차이는 위약 효과에 대한 좋은 추정치를 제공한다.

또 다른 연구 분야는 약물이나 심리치료가 구체적으로 뇌의 기능을 어떻게 변화시키는지를 살펴보는 것이다. 약물 혹은 심리 치료에 따른 뇌 기능의 변화는 유사한가 혹은 다른가? Kennedy 등(2007)은 주요우울장애에 대해 심리치료, 인지행동치료, 혹은 항우울제(venlafaxine) 치료를 시행하였다. 뇌의 변화는 3가지 치료 조건에서 일부 유사하게 나타났으나 복잡한 차이가 발견되었다. 피질에서의 사고 패턴의 변화를 촉진시킨 인지행동치료는 정서 뇌에도 영향을 미쳤다. 이를 '하향식(top down)' 변화라고 하는데, 왜냐하면 변화가 피질에서 시작하여 아래쪽 뇌에까지 내려오기 때문이다. 한편 약물들은 '상향식(bottom up)'으로 작용하는 것으로 보이는데, 약물의 효과는 사고가 일어나는 피질 영역에 가장 늦게 도착하기 때문이다. 이와 유사한 많은 연구들이 현재 진행 중이다. 어떤 사람들은 심리치료에 더 잘 반응하고, 어떤 사람들은 약물에 더 잘 반응하기 때문에 이 분야의 연구를 통해 우리는 개인의 뇌 기능 분석을 토대로 가장 좋은 치료 혹은 치료 조합을 발견하게 될지도 모른다.

심리사회적 요인들과 신경전달물질 체계와의 상호작용

몇몇 실험들은 뇌의 신경전달물질 활동에 있어서 심리적 요인들과 뇌 기능 간의 상호작용을 보여준다. 어떤 연구들은 심리적 요인들이 신경전달물질의 수준에 직접적으로 영향을 미친다는 것을 보여준다. Insel, Scanlan, Champoux와 Suomi(1988)는 두 집단의 붉은털원숭이를 우리 내의 사물들을 통제할 수 있는 능력만 다르게 하고 나머지는 모두 동일한 조건에서 키웠다. 첫 번째 집단은 장난감과 음식에 자유롭게 접근할 수 있었으나 두 번째 집단은 첫 번째 집단이 장난감과 음식을 받았을 때만 장난감과 음식을 받을 수 있었다. 다시 말해 두 번째 집단은 첫 번째 집단과 동일한 수의 장난감과 음식을 받았지만 언제 받을 것인지는 선택할 수 없었다. 첫 번째 집단의 원숭이들은 생활에서 사물에 대한 통제감을 발달시켰지만 두 번째 집단의 원숭이들은 그렇지 못했다.

모든 원숭이들은 이후 GABA와 반대 효과를

지닌 벤조디아제핀 길항제를 투여받았다. 즉, 이 약물은 극심한 불안을 표출하게 한다. 환경에 대한 통제감을 별로 발달시키지 못한 원숭이들은 우리의 코너로 뛰어가 심각한 불안과 공황의 증상을 보였다. 그러나 통제감을 지닌 원숭이들은 불안해 보이지 않았으며 오히려 화가 나고 공격적으로 보였고 때로는 다른 원숭이를 공격하기도 하였다. 따라서 동일한 수준의 신경화학적 물질도 원숭이들의 심리적, 환경적 조건에 따라 서로 다른 효과를 보였다. 다른 실험들은 심리사회적 영향이 중추신경계의 기능은 물론 구조에도 직접적으로 영향을 미친다는 것을 제안한다. 과학자들은 심리사회적 요인들이 다양한 신경전달물질 체계의 활동 수준을 일상적으로 변화시키는 것을 관찰했다(Barik et al., 2013; Ouellet-Morin et al., 2008).

신경전달물질의 활동에 나타나는 심리사회적 요인, 뇌 구조, 뇌 기능 간의 상호작용을 보여주는 다른 예에서 Yeh, Fricke과 Edwards(1996)는 자신의 집단에서 우위를 점하기 위해 싸우는 2마리의 수컷 가재(crayfish)를 연구하였다. 한 가재가 싸움을 이기고 우위를 점하게 되면 세로토닌이 특정한 뉴런 세트의 발화 가능성을 높였다. 싸움에서 진 가재의 경우에는 세로토닌이 같은 뉴런들의 발화 가능성을 낮추었다. 즉, Yeh 등(1996)은 자연적으로 발생하는 신경전달물질도 유기체의 심리사회적 경험에 따라 효과가 다르게 나타남을 발견하였다. 나아가 이러한 경험은 뉴런의 시냅스 구조에도 영향을 미쳐 세로토닌 수용기의 민감성도 변화시킨다. 연구자들은 싸움에서 진 가재가 다시 우위를 점하게 되면 세로토닌의 효과가 역전될 수 있다는 것도 발견하였다.

또 다른 예에서 Berton 등(2006)은 큰 쥐를 우리에 넣고 작은 쥐를 괴롭히도록 하면 작은 쥐의 중간변연(mesolimbic) 도파민 체계가 변한다는 것을 발견하였다. 이러한 변화는 작은 쥐가 어떠한 상황에서도 다른 쥐를 원하지 않게 되는 것과 관련이 있었다. 중간변연 체계

Thomas Insel/1986 study/National Institute of Mental Health

▲ 특정 신경전달물질이 주입된 붉은털원숭이들은 초기 심리적 경험에 따라 분노 또는 공포로 반응한다.

는 보통 보상 및 중독과 관련된다. 하지만 이 경우에는 뇌의 다른 부위에서 새로운 학습과 변화를 생성하는 화합물인 뇌발달신경영양인자(brain development neurotrophic factor, BDNF)가 중간변연 도파민 체계에서 심리적 경험(괴롭힘)에 의해 활성화되어 쥐에게 평상시와는 다른 효과를 끼쳤다. 다시 말해 '괴롭힘' 경험이 BDNF를 생성하여 중간변연 도파민 체계의 평소 기능을 강화를 촉진하는 것에서 회피와 고립을 촉진하는 쪽으로 변화시켰다. 좀 더 최근 연구에서는 이러한 사회적 혐오를 촉진시키고 유지시키는 도파민 뉴런에 위치한 글루코코티코이드 수용기를 확인하였다(Barik et al., 2013).

뇌의 구조와 기능 발달에 미치는 심리사회적 효과

뉴런의 구조나 세포 내의 수용기 숫자도 발달 과정에서의 학습과 경험에 의해 변할 수 있으며(Ladd et al., 2000; McEwen, 2013; Owens et al., 1997), 중추신경계에서의 이러한 효과는 삶 속에서 지속된다(Spinelli et al., 2009; Suárez, Bennett, Goldstein & Barlow, 2009). William Greenough와 동료들은(Greenough, Withers, & Wallace, 1990) 많은 양의 학습과 운동이 요구되는 환경에서 키워진 쥐들의 신경계는 가만히 앉아만 있는 쥐들과는 다른 방식으로 발달한다는 것을 발견하였다. 활동적인 쥐들은 소뇌의 신경세포들 간 연결이 더 많았으며 수상돌기가 더 많았다. 이와 유사하게 초기 발달에서의 스트레스는 HPA 축의 기능에 상당한 변화를 가져오고 이는 이후의 삶에서 스트레스에 취약하게 만든다(Barlow, 2002; Spinelli et al., 2009). 좀 더 최근의 원숭이 실험에서는 원숭이들을 큰 집단에서 키우면 사회 인지와 관련되는 뇌 부위의 회백질이 증가함을 보여주었다. 이러한 결과는 중요한 의미를 지니는데, 얼굴 표정이나 제스처를 해석할 수 있는 기술 등의 사회 인지가 개인을 사회적으로 더욱 성공하게 만들고, 원숭이들에게는 사회적 지위를 높이기 때문이다(Sallet et al., 2011).

요약

심리장애와 관련되는 특정 뇌회로는 뇌를 가로지르는 신경전달물질의 경로들로 이루어진 복잡한 체계이다. 이러한 회로들의 존재는 신경계의 구조와 기능이 정신병리에 중요한 역할을 한다는 것을 보여준다. 그러나 다른 연구들은 심리사회적 요인들이 이러한 회로들에 영향을 주고 때로는 심지어 회로를 만들기도 한다는 것을 보여준다. 나아가 약물과 같은 생물학적 개입과 심리적 개입 혹은 경험은 뇌회로를 변화시킬 수 있다. 따라서 생물학적 요인과 심리적 요인을 모두 살펴보지 않고는 심리장애의 본질과 원인을 이야기할 수 없다. 이제부터는 심리적 요인들을 검토하게 될 것이다.

개념 확인 2.3

다음의 보기를 맞는 설명과 짝지으시오. (a) 전두엽 (b) 뇌간 (c) GABA (d) 중뇌 (e) 세로토닌 (f) 도파민 (g) 노르에피네프린 (h) 대뇌피질

1. 거의 모든 동물이 가지고 있는 이 오래된 뇌의 부위는 움직임, 호흡, 수면을 담당한다. _____

2. 어떤 신경전달물질이 뉴런의 수용기와 결합하여 시냅스 후 활동을 억제하고 전체적인 각성을 감소시키는가? _____

3. 어떤 신경전달물질이 다양한 뇌회로를 활성화시키는 스위치 역할을 하는가? _____

4. 어떤 신경전달물질이 위급 반응과 경고 반응에 관련되어 있는가? _____

5. 이 부위는 망상활성체계의 일부를 포함하고 움직임과 감각 정보를 조율한다. _____

6. 어떤 신경전달물질이 행동의 조절이나 억제뿐 아니라 정보 처리 방법에도 영향을 주는가? _____

7. 인간 중추신경계에 있는 뉴런의 80% 이상이 포함되어 있는 뇌의 부위로서 인간 고유의 우수함을 제공한다. _____

8. 이 부위는 기억, 사고, 추론 능력의 대부분을 담당하고 우리를 사회적인 동물로 만든다. _____

▶심리장애의 기원에 대한 행동적, 인지적 설명의 핵심적인 차이는 무엇인가?

정신병리에 대한 행동적, 인지적 영향을 이해하는 데에는 엄청난 발전이 있어 왔다. 새로운 지식의 일부는 급속도로 발전하고 있는 **인지과학** 분야에서부터 비롯되었는데, 인지과학은 우리가 어떻게 정보를 획득하고 처리하는지, 그리고 어떻게 정보를 저장하고 궁극적으로는 인출하게 되는지(이러한 과정의 일부는 '기억'과 관련된다)를 다룬다. 과학자들은 우리가 우리의 머릿속에서 일어나고 있는 일들의 많은 부분에 대해 반드시 알고 있는 것은 아니라는 사실을 발견하였다. 이러한 인지적 과정들은 무의식적으로 일어나기 때문에 어떤 연구 결과들은 Freud의 정신분석 이론에서 이야기하는 무의식적 정신 과정을 떠올리게 한다. 물론 이러한 인지적 과정은 Freud가 상상했던 것과는 상당히 달랐다. 먼저 고전적 조건형성의 과정에서 일어나는 일들에 대한 간략한 이야기로 논의를 시작해 보자.

조건형성과 인지 과정

1960년대와 1970년대에 동물 실험실에서의 행동과학자들은 고전적 조건형성 과정의 복잡성을 발견하기 시작하였다(Bouton, Mineka, & Barlow, 2001; Eelen & Vervliet, 2006). Robert Rescorla(1988)는 단순히 두 사건을 짧은 시간 간격으로 짝짓는 것(예를 들어 파블로프의 실험실에서 고기 가루와 메트로놈을 짝짓는 것)이 이러한 종류의 학습에 중요한 것이 아니라고 결론 내렸다. 그보다는 다양한 종류의 판단과 인지 과정들이 쥐와 같은 하등동물에서조차 이러한 학습의 최종 결과를 결정한다.

간단한 하나의 예를 들자면 파블로프는 고기 가루와 메트로놈이 50번 정도 짝지어지면 일정 정도의 학습이 발생할 것으로 예측하였다. 하지만 Rescorla와 동료들은 한 동물은 메트로놈 소리에 고기 가루가 뒤따르는 50번의 시행을 제외하고는 고기 가루를 한 번도 보지 않고, 두 번째 동물은 고기 가루가 메트로놈과 짝지어지는 50번의 시행 중간 여러 번 고기 가루를 보게 되면 이 두 동물은 서로 다른 것을 학습하게 된다는 것을 발견하였다. 즉 두 동물 모두 메트로놈과 고기 가루는 50번씩 짝지어졌지만, 메트로놈이 갖는 의미는 두 번째 동물에게 훨씬 덜 중요하였다(그림 2.15). 다시 말하자면 첫 번째 동물에게 메트로놈의 소리는 곧 뒤따르게 될 고기 가루를 의미하였지만, 두 번째 동물은 고기가 어떤 경우에는 소리 뒤에 오고 어떤 경우에는 소리 없이도 온다는 것을 학습하였다. 두 가지의 서로 다른 조건현성이 두 가지의 서로 다른 학습 결과를 가져온다는 사실은 상식적인 이야기이지만 이러한 결과는 훨씬 더 복잡한 과학적 발견들과 아울러 간단한 고전적(그리고 조건적) 조건형성 패러다임이 환경 내의 사건들 간의 관계 학습을 촉진시킨다는 것을 보여준다.

이러한 종류의 학습은 우리가 세상에 대해 적절한 판단을 내릴 수 있는 아이디어를 발전시킬 수 있도록 한다. 그러고 나면 우리는 최소한 우리에게 해롭지 않은, 이득을 가져다주는 방식으로 반응할 수 있게 된다. 즉, 조건형성이 일어날 때는 동물에서조차도 정보에 대한 복잡한 인지적 처리가 정서적 처리와 함께 발생한다.

학습된 무기력

Martin Seligman과 그의 동료인 Steven Maier는 동물 실험을 통해 동물들이 스스로 아무런 통제도 할 수 없는 조건에서 발생하는 **학습된 무기력**이라는 현상을 기술하였다(Maier & Seligman, 1976). 가끔씩 발바닥에 전기충격을 받는 상황에 놓인 쥐들의 경우, 그러한 충격을 피하기 위해 뭔가 함으로써(레버를 누르는 것) 전기충격에 대처할 수 있다는 것을 학습하게 되면 쥐들은 잘 기능할 수 있다. 그러나 동물들이 자신의 행동이 환경에 아무런 영향을 미치지 못한다는 것을 학습하게 되면—무슨 행동을 해도 어떤 때는 충격을 받고 어떤 때는 충격을 받지 않음—쥐들은 '무기력(helpless)'해진다. 다시 말해 쥐들은 대처를 포기하고 우울증과 유사한 상태를 발전시키게 된다.

Seligman은 일상생활에서 통제 불가능한 스트레스에 직면하는 사람들에게도 이와 동일한 현상이 발생할 수 있다고 가정하였다. 이러한 가정은 한 가지 중요한 조건하에서 참인 것으로 드러났다. 사람들은 그들 스스로, 비록 다른 사람들은 그들이 뭔가 할 수 있는 것이 있다고 생각했을지라도, 스트레스에 대해 할 수 있는 것이 별로 없다고 '결정'하거나 '생각'하는 경우에 우울해졌다. 사람들은 자신들이 통제할 수 없다고 귀인(attribution)하고 우울해진다(Abramson, Seligman, & Teasdale, 1978; Miller & Norman, 1979). 이러한 결과는 사람들이 환경 내의 사건들에 대해 서로 다른 방식으로 정보를 처리한다는 것을 보여준다. 이러한 인지적 차이가 정신병리의 중요한 요소이다.

최근 Seligman은 학습된 긍정성(learned optimism)이라는 다른 종류의 귀인에 주의를 돌렸다(Seligman, 1998, 2002). 다시 말해 일상생

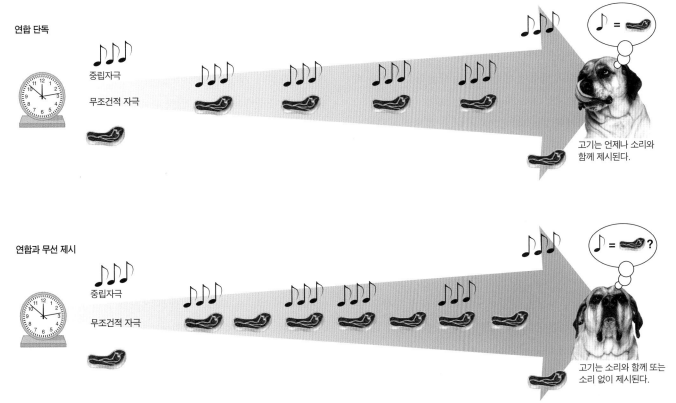

연합 단독

중립자극

무조건적 자극

고기는 언제나 소리와 함께 제시된다.

♪ = 🍖

연합과 무선 제시

중립자극

무조건적 자극

고기는 소리와 함께 또는 소리 없이 제시된다.

♪ = 🍖 ?

● 그림 2.15 Robert Rescorla의 실험은 중립 자극과 무조건 자극을 연합시키는 것이 같은 종류의 조건형성으로 이어지지 않는다는 것을 보여주었다. 상단 그림의 개는 보통의 조건형성 절차를 경험한다. 소리와 고기의 연합은 소리가 고기의 특성을 갖게 한다. 하단 그림의 개의 경우, 고기가 소리와 함께 제시되기도 하고 단독으로 제시되기도 함으로써 소리의 의미가 약해졌다.

활에서 많은 스트레스와 어려움을 겪는 사람들도 긍정적이고 낙관적인 태도를 보이면, 심리적으로나 신체적으로 더 잘 기능할 가능성이 높다. Levy, Slade, Kunkel과 Kasl(2002)의 연구에서 자기 자신에 대한 긍정적인 관점과 노화에 대한 긍정적인 태도를 지녔던 50세에서 94세 사이의 사람들은 그러한 태도가 없었던 사람들에 비해 7.5년을 더 살았다. 이러한 관련성은 나이, 성별, 수입, 외로움, 집안일이나 사회적 활동에 참여하는 신체적 능력을 통제했을 때에도 여전히 유효하였다. 이러한 효과는 낮은 혈압, 낮은 콜레스테롤 수치, 비만이나 흡연의 과거력 부재 등과 같은 다른 요인들보다도 1~4년 정도 수명을 더 연장시켰다. 이러한 결과들은 최근의 연구들에서도 강력하게 지지되고 있다(Steptoe & Wardle, 2012). 이러한 연구들은 긍정심리학이라는 새로운 분야에 대한 관심을 불러일으켰고, 학자들은 긍정적 태도와 행복을 설명하는 요인들을 탐색하고 있다(Diener, 2000; Lyubomirsky, 2001).

사회 학습

또 다른 영향력 있는 심리학자인 Albert Bandura(1973, 1986)는 유

기체가 효과적으로 학습하기 위해 반드시 환경 내의 특정한 사건을 직접 경험할 필요는 없다는 사실을 관찰하였다. 오히려 유기체는 주어진 상황에서 다른 사람에게 무슨 일이 벌어지는지 관찰함으로써 비슷한 정도의 학습을 할 수 있으며 이러한 과정을 **모델링** 혹은 **관찰 학습**이라고 한다. 동물에게도 이러한 종류의 학습은 다른 동물의 경험과 자신에게 무슨 일이 벌어질 것인가에 대한 판단을 통합할 것을 요구한다. 다시 말해 원숭이와 같은 동물들도 자신의 경험이 자신이 관찰하고 있는 동물들의 경험과 유사할 수 있는 조건들에 대한 의사결정을 해야 한다. Bandura는 행동적, 인지적 요인들과 환경적 영향들이 합쳐져서 행동의 복잡성을 낳는다고 결론 내렸다. 그는 또한 학

인지과학(cognitive science) 인간 및 동물이 정보를 획득, 처리, 저장, 인출하는 방법을 연구하는 학문 분야.

우울의 학습된 무기력 이론(learned helplessness theory of depression) Martin Seligman의 이론으로 불안과 우울이 생활 속의 스트레스를 스스로 통제할 수 없다(실제로 통제 가능하든 하지 않든)고 생각하는 데서 기인한다고 봄.

모델링(modeling) 다른 사람의 행동과 행동에 따른 결과의 모방 및 관찰을 통한 학습.

습이 이루어지는 사회적 맥락의 중요성도 자세히 기술하였다. 우리가 무엇을 학습하게 되는가는 우리 주변 사람들과의 상호작용에 달려 있다. 이러한 아이디어는 사회신경과학(social neuroscience)이라는 새로운 분야에서 사회적 행동에 대한 유전적, 생물학적 기전에 대한 새로운 발견들과 통합되었다(Cacioppo et al., 2007).

Bandura의 모든 작업의 기본 아이디어는 인지 과정을 세심하게 분석하면 행동에 대한 가장 정확한 과학적 예측을 할 수 있다는 것이다. 확률 학습(probability learning), 정보 처리(information processing), 주의(attention)와 같은 개념들이 정신병리학에서 점점 더 중요해졌다(Barlow, 2002; Mathews & MacLeod, 1994).

선행 학습

생물학과 우리의 유전적 자질은 분명히 우리의 학습에 영향을 준다. 이러한 결론은 특정 물건에 대한 공포는 다른 것들에 비해 더 쉽게 학습된다는 사실에 기초하고 있다(Morris, Öhman, & Dolan, 1998; Öhman & Mineka, 2001). 왜 그럴까? **선행 학습**의 개념에 따르면 우리는 진화의 과정을 통해 특정한 종류의 사물이나 상황에 대한 학습의 준비도가 매우 높아졌다. 왜냐하면 이러한 지식이 종의 생존에 기여하기 때문이다(Mineka, 1985; Seligman, 1971). 우리는 이성적으로 뱀이나 거미가 해롭지 않다는 것을 알고 있을 때에도 뱀이나 거미에 대한 공포가 돌이나 꽃에 대한 공포보다 더 쉽게 학습된다(예를 들어 Fredrikson, Annas, & Wik, 1997; Pury & Mineka, 1997). 그러나 총이나 전기 콘센트의 경우에는, 경험이 없는 상태에서는 그것들이 잠재적으로는 더 치명적일 수 있음에도 불구하고, 그에 대한 공포가 생길 가능성이 낮다.

왜 우리는 뱀이나 거미에 대한 공포를 그토록 쉽게 학습하게 되는 것일까? 한 가지 가능성은 우리의 조상들이 동굴에서 살았을 때 뱀이나 거미를 피했던 사람들이 더 많이 살아남아 우리에게 그들의 유전자를 물려주었을 수 있다. 실제로 최근의 연구들은 이러한 종류의 학습에 성차가 존재한다는 것을 발견하였다. 여자들이 이러한 학습에 특히 더 민감하고, 남자와 달리 여자들은 이러한 경향을 빠르게는 11개월부터 나타낸다(Rakison, 2009). 따라서 선행 학습은 뱀이나 거미 공포증의 발생률이 성인 여성에게서 더 높은 것을 설명할 수 있다(4장 참고). 이론에 따르면 채집자로서의 역할을 담당했던 여성들은 위험을 감수하는 사냥꾼의 역할을 해야 했던 남성들에 비해 뱀이나 거미를 피하는 경향성을 발달시키는 것이 더 중요했을 것이다(Rakison, 2009).

우리 안의 무엇인가가 특정 신호와 위협적 사건 간의 연결성을 알

아차린다. 나쁜 음식 때문에 아픈 경험이 있었다면 그와 같은 실수를 다시는 하지 않을 가능성이 높다. 이러한 빠른 '단일 시행' 학습은 맛이 나쁘거나 구토를 유발하거나 독을 지닌 무언가를 먹는 동물들에게도 발생한다. 생존은 독성이 있는 음식에 대한 회피를 재빨리 학습하는 것과 관련되어 있다. 만약 동물들이 특정한 음식을 먹었을 때 식중독에 걸리는 것이 아니라 전기충격을 받게 된다면 그처럼 빨리 관련성을 학습하지는 않을 것이다. 왜냐하면 자연적인 상황에서 전기충격은 음식 섭취의 결과가 아니지만 식중독은 음식 섭취의 결과로 나타나기 때문이다. 이러한 선택적 관련성 역시 우리의 유전자에 의해서 촉진된다(Barlow, 2002; Cook, Hodes, & Lang, 1986).

인지과학과 무의식

인지과학의 발전은 무의식에 대한 우리의 개념에 대변혁을 일으켰다. 우리는 우리 머릿속에서 일어나는 대부분의 일들을 알지 못하지만 우리의 무의식은 Freud가 상상했던 것과 같이 본능적인 정서적 갈등으로 펄펄 끓는 가마솥이 아니다. 오히려 우리는 어떤 정보를 저장하고 왜 그에 따라 행동하는지에 대해 조금도 인식하지 못하는 상태에서도 정보를 처리해서 저장하고 그에 따라 행동할 수 있다(Bargh & Chartrand, 1999; Uleman, Saribay, & Gonzalez, 2008). 이것이 놀라운가? 다음의 두 예를 간단히 살펴보자.

Lawrence Weiskrantz(1992)는 맹시(blind sight) 또는 무의식적 시각(unconscious vision)이라는 현상을 묘사하였다. 그는 의학적 이유로 시각 피질의 작은 부분(뇌에서 시각을 통제하는 부분)을 외과적으로 제거한 젊은 남성의 사례를 설명하였다. 수술은 성공적이었다고 생각되었으나 이 남자는 양쪽 눈이 멀게 되었다. 이후 일상적인 검사에서 의사는 자신의 왼손을 들어 환자의 왼쪽으로 뻗었는데 놀랍게도 그 환자는 손을 뻗어 의사의 왼손을 만졌다. 이후에 과학자들은 그가 사물에 정확하게 접근할 수 있을 뿐만 아니라 사물들을 구분하고 보통 시각과 관련되는 대부분의 기능을 수행할 수 있음을 알게 되었다. 그러나 그는 본인의 능력에 대한 질문을 받을 때면 "나는 아무 것도 볼 수 없어요, 정말 아무것도!"라고 말하였고 자신이 하는 모든 일은 그저 추측이라고 하였다.

이 사례의 현상은 실제 두뇌 손상과 관련되어 있다. 더욱 흥미로운 것은 정신병리의 관점에서 보면 이와 동일한 현상이 최면에 걸린 건강한 사람들에게도 발견된다는 사실이다(Hilgard, 1992; Kihlstrom, 1992). 즉, 자신들이 눈이 멀었다는 최면 암시를 받은 정상인들도 시각적으로는 기능할 수 있지만 자신의 시각적 능력에 대해서는 전혀 인지하지 못하거나 기억하지 못한다. 행동과 의식 간의 해리 과정을 보여

주는 이러한 상태는 5장에서 논의하게 될 해리장애의 근거가 된다.

정신병리와 더 관련성이 높은 두 번째 예는 **암묵적 기억**이다(Bowers & Marsolek, 2003; Schacter, Chiu, & Ochsner, 1993). 암묵적 기억은 과거에 분명히 발생했으나 그 사건을 기억하지 못하는 사람이 그에 따라 행동하는 것에서 분명히 나타난다. (사건에 대한 분명한 기억을 외현적 기억이라고 한다.) 그러나 암묵적 기억은 특정한 사건이나 상황에 대해서만 선택적으로 일어날 수 있다. 암묵적 기억의 예는 무의식의 존재를 보여주기 위해 Breuer와 Freud(1895/1957)가 처음으로 묘사한 Anna O.의 고전적 사례이다. Anna O.는 치료 이후에야 아버지의 죽음을 둘러싼 사건들 및 그러한 사건들과 자신의 마비 간의 관련성을 기억할 수 있었다. 따라서 Anna O.의 행동(간헐적인 마비)은 아버지의 죽음과 관련된 암묵적 기억과 분명히 연결되어 있었다. 많은 과학자들은 무의식의 본질과 구조에 대한 Freud의 추측이 근거를 넘어섰다고 결론 내렸지만 무의식적 과정의 존재는 이후에도 제시되었으며 우리는 그러한 무의식적 과정을 정신병리를 이해할 때 반드시 고려해야 한다.

기술의 발달로 인해 관찰할 수 없는 무의식을 살펴볼 수 있는 몇몇 방법들이 생겨났다. 그 중의 하나가 스트룹 패러다임이다. 이 패러다임에서 참가자는 다양한 단어를 짧은 시간 동안 보게 되는데 각 단어는 서로 다른 색깔로 인쇄되어 있고 참가자는 단어의 의미는 무시한 채 인쇄된 단어의 색깔을 말해야 한다. 단어의 색깔에 집중하려는 노력에도 불구하고 단어의 의미가 참가자의 주의를 끌게 되면 색깔의 이름을 대는 것이 지연된다. 즉, 단어의 의미가 색깔 정보를 처리하는 참가자의 능력을 방해하는 것이다. 예를 들어 실험자는 주디처럼 특정한 장애를 가지고 있는 사람들은 자신의 문제와 관련되는 단어(예를 들어 피, 손상, 해부)의 색깔을 말하는 것이 장애와 전혀 관련이 없는 단어의 색깔을 말하는 것보다 느린 것을 발견하였다. 따라서 이제 심리학자들은 참가자가 말로 표현하지 못하고 인식하지 못하더

1. RED	6. GREEN	11. BLUE
2. PURPLE	7. PURPLE	12. PURPLE
3. GREEN	8. BROWN	13. BROWN
4. BLUE	9. BLUE	14. RED
5. BROWN	10. RED	15. GREEN

▲ 스트룹 패러다임. 쓰인 대로 단어를 읽는 것이 아니라 단어가 인쇄된 색깔의 이름을 말하는 동안 시간을 측정함.

라도 정서적 중요성의 패턴을 발견해낼 수 있다.

최근 인지신경과학자들은 뇌영상 기법[기능적 자기공명영상(fMRI)]을 사용하여 개인이 정보에 대해 인식하고 있을 때와 그렇지 않을 때 뇌의 신경 활동 과정에 차이가 있음을 발견하였다(Uehara et al., 2013). 일반적으로 뇌에서 정보의 신경학적 표현의 지속성, 강도, 일관성이 더 클수록 그 정보에 대해 의식하고 있을 가능성이 높다(Schurger, Pereira, Treisman, & Cohen, 2010; Schwarzkopf & Rees, 2010). 지금까지 이러한 작업은 정상인을 대상으로 한 실험에서만 진행되었다. 심리장애를 가지고 있는 사람들의 무의식적 경험도 뇌영상에서 유사하게 나타나는지 살펴보는 일이 남아 있다.

정신병리의 본질에 대한 이해의 발전은 우리가 구체적인 장애에 대해 논의할 때 반복적으로 등장할 것이다. 이러한 결과들이 무의식에 대한 Freud의 이론을 일정 부분 지지한다는 것을 유념하자. 하지만 지속적으로 갈등하는 우리 마음속의 정교한 구조(Freud의 원초아, 자아, 초자아)에 대해서는 아무것도 가정할 수 없다. 현재까지 그러한 복잡한 구조와 기능을 가지는 무의식의 존재를 지지하는 근거는 없다.

정서

▶ 정신병리에서 정서는 어떤 역할을 하는가?

정서는 정신병리의 발달에 중요한 기여를 할 수 있다(Barrett, 2012; Gross, 2014). 공포를 생각해 보자. 당신은 정말 위험한 상황에 처한 자신의 모습을 발견한 적이 있는가? 예를 들어 당신은 자동차 사고가 일어나기 몇 초 전 무슨 일이 벌어질 것인지 알았던 적이 있는가? 당신은 바다에서 수영을 하다가 너무 멀리 헤엄쳐 나와 해류에

선행 학습(prepared learning) 진화를 위한 적응적인 능력으로 다른 사람보다 학습할 준비가 더 잘 되어 있음.

암묵적 기억(implicit memory) 과거의 사건에 반응은 하지만 이를 회상하지 못하는 기억 상태.

휩쓸리고 있다는 사실을 깨달은 적이 있는가? 이런 상황에서는 엄청난 수준의 각성이 밀려들 것이다. Charles Darwin(1872)이 백 년 전에 지적했듯이 이러한 종류의 반응이 인간을 포함한 모든 동물에게 프로그램되어 있으며 이는 뭔가 유용한 기능을 하는 것으로 보인다. 잠재적으로 생명을 위협하는 위급한 상황에서 활성화되는 경고 반응을 **투쟁–도피반응**이라고 한다. 만약 당신이 해류에 휩쓸렸다면 당신의 본능적인 행동은 해안을 향해 가고자 몸부림치는 것이다. 합리적으로 생각해 본다면 잠시 물 위에 떠서 해류가 지나가기를 기다렸다가 이후에 좀 더 차분하게 수영을 하는 것이 더 나은 선택일 수 있다. 그러나 바다에서 허우적대는 것은 당신을 지치게만 하고 물에 빠져 죽을 가능성만 증가시킴에도 불구하고 우리 안의 깊은 곳 어딘가에서 생존을 위한 본능이 이완을 방해한다. 하지만 이러한 종류의 반응은 순간적으로 차 밑에 깔린 동생을 구하기 위해 차를 들어 올리는 힘을 주기도 하고 폭행자와 싸울 수 있는 힘을 주기도 한다. 극단적인 위험에 처했을 때 우리가 아드레날린의 돌진을 경험하는 것은 위험으로부터 도망치거나(flight), 공격을 막아내기(fight) 위함이다.

공포의 생리학과 목적

어떻게 신체적인 반응이 우리를 이렇게 행동하도록 준비시키는 것일까? 생리학자인 Walter Cannon(1929)에 따르면 공포는 심혈관계를 활성화시킨다. 혈관이 수축되면서 동맥의 혈압이 상승하고 신체 말단(손가락과 발가락)으로 가는 혈류를 감소시킨다. 과도한 피가 골격근으로 향하게 되고 응급 상황에서 필요한 중요 기관에 보내지게 된다. 때로 사람들은 '하얗게 질린(white with fear)' 것처럼 보이는데, 이것은 피부로 전달되는 혈류가 감소한 결과로 창백해지기 때문이다. 머리카락이 쭈뼛 서는 것과 같이 '공포에 떠는(trembling with fear)' 것은 혈관이 수축할 때 열을 아끼는 반응인 떨림과 입모(신체의 털이 서는 것)의 결과일 수 있다.

이러한 방어적인 적응은 극단적인 공포 경험 도중 뜨거움과 차가움을 교대로 나타나게 한다. 호흡은 빠른 혈액 순환에 산소를 공급하기 위해 더 빨라지고 깊어진다. 증가된 혈액 순환이 뇌로 산소를 공급하고 이 때문에 더 빨리 생각할 수 있게 된다. 더 많은 양의 포도당이 간에서 혈류로 방출되어 중요한 근육과 뇌를 포함한 장기들을 활성화시킨다. 상황을 더 잘 파악하기 위해 동공은 확장된다. 청력은 더욱 정확해지고, 소화 활동이 지연되어 타액이 감소한다(공포의 '입마름'). 단기적으로 신체의 모든 불필요한 물질부터 비우고 소화 과정을 제거함으로써 유기체는 좀 더 집중된 활동을 준비할 수 있게 된

다. 그에 따라 소변이나 대변의 압력을 종종 느끼게 되고 때로는 구토를 하게 되기도 한다.

투쟁–도피반응이 중요한 이유는 간단하다. 수천 년 전 우리의 조상들은 불확실한 상황에서 살았고, 강력한 위기 응급 반응을 가지고 있었던 사람들은 그렇지 않았던 사람들보다 위험에서 살아남을 가능성이 높았다. 그리고 그렇게 생존한 사람들은 우리에게 자신들의 유전자를 물려주었다.

▲ Charles Darwin(1809~1882)이 투쟁–도피반응을 보여주기 위해 개를 보고 놀란 고양이를 그린 그림

정서적 현상

공포의 **정서**는 두려움에 대한 주관적인 느낌으로 행동(도망 또는 투쟁)에 대한 강력한 동기이며 복잡한 생리적 각성 반응이다. '정서'를 정의하기는 어렵지만 대부분의 이론가들은 정서가 행동 경향성이라는 사실에 동의한다(Barlow, 2002; Lang, Bradley, & Cuthbert, 1998). 즉, 외적 사건(위협)과 주관적 상태(두려움)로 인해 유발된 특정한 방식의 행동 경향성을 의미하고 특정적인 생리적 반응이 동반된다(Fairholme, Boisseau, Ellard, Ehrenreich, & Barlow, 2010; Izard, 1992; Lazarus, 1991). 감정 상태의 목적은 행동 수행을 동기화시키는 것이다. 우리가 도망가면 불쾌한 두려움은 감소하고, 불쾌한 느낌의 감소는 우리로 하여금 도망가도록 동기화시킨다(Campbell-Sills, Ellard, Barlow, 2014; Gross, 2014). Öhman(1996; Öhman, Flykt, & Lundquist, 2000)이 지적한 바와 같이 정서의 주된 기능은 다음 세대에 우리의 유전자를 물려주기 위해 무엇을 해야 하는지와 관련되는 것으로 이해될 수 있다. 이러한 사실이 분노나 사랑과 어떻게 관련되는가? 감정 상태란 무엇인가? 행동이란 무엇인가?

정서는 외적 사건에 대한 반응으로 몇 분에서 몇 시간 동안 지속되는 일시적인 상태이다. **기분**은 정동(affect) 혹은 정서(emotionality)가 좀 더 오래 지속되는 기간이다. 따라서 6장에서는 지속되는 혹은 반복되는 우울 상태 혹은 흥분(조증) 상태를 기분장애(mood disorders)라고 한다. 4장에서 설명되는 불안장애(anxiety disorders)는 지속적인 혹은 만성적인 불안을 특징으로 하기 때문에 기분장애(mood disorders)라고도 할 수 있다. 반대로 불안장애와 기분장애 모

두 정신병리학에서 공식적으로 사용되는 용어는 아니지만 정서장애(emotional disorders)라고도 할 수 있다. 이것은 이상심리학의 용어 사용에서 간혹 나타나는 비일관성의 한 예일 뿐이다. 관련된 용어로 **정동**은 우리가 어떤 말을 하거나 어떤 행동을 할 때 동반되는 순간적인 정서적 색(tone)이다. 예를 들어 만약 당신이 방금 시험에서 A를 받았으나 슬퍼 보인다면 당신의 친구들은 당신의 반응을 이상하게 생각할 것이다. 왜냐하면 당신의 정동이 사건에 적절하지 않기 때문이다. 정동이라는 용어는 개인에게 특징적으로 나타나는 정서적 상태의 공통점을 요약하는 데에도 사용된다. 따라서 두려움, 불안, 우울을 자주 경험하는 사람은 부정적 정동(negative affect)을 경험하는 것이다. 긍정적 정동(positive affect)에는 즐거움, 기쁨, 흥분이 포함된다.

정서의 구성요소

정서는 세 개의 관련 요소들—행동, 생리증상, 인지—로 구성되어 있으나 대부분의 정서학자들은 이 중 한 가지에만 주의를 기울인다(그림 2.16). 행동에 초점을 맞추는 정서학자들은 정서의 기본 패턴이 몇 가지 중요한 차원에서 서로 다르다고 생각한다. 예를 들어 분노는 슬픔과 다른데 그것이 어떻게 느껴지는지뿐만 아니라 행동적, 생리학적으로도 다르기 때문이다. 이들은 또한 정서는 종의 한 멤버가 다른 멤버와 의사소통하는 방법임을 강조한다. 공포의 한 가지 기능은 도주와 같은 즉각적이고 결정적인 행동을 동기화시키는 것이다. 만약 당신이 무서워하는 것처럼 보인다면 당신의 얼굴표정은 위험이 닥쳤다는 것을 인지하지 못한 당신의 친구들에게 위험의 가능성을 재빨리 전달할 수 있다. 얼굴표정을 통한 의사소통은 위험에 더 빨리 반응할 수 있도록 해주기 때문에 생존의 가능성을 증가시킨다. 이것이 정서가 전염되는 이유 중의 하나이다(Hatfield, Cacioppo, & Rapson, 1994; Wang, 2006).

다른 학자들은 정서의 생리학에 초점을 맞추었다. Cannon(1929)은 정서가 주로 뇌의 기능이라고 보았다. 이러한 전통을 따르는 연구들은 정서 표현과 관련되는 뇌의 영역은 추론과 같은 상위 인지 과정과 관련되는 영역에 비해 오래되고 원시적이라고 제안한다. 다른 연구들은 상위 인지 과정의 영향 없이도 정서를 활성화시키는 뇌의 정서 센터와 눈(망막) 또는 귀 사이의 신경생물학적 연결을 보여주었다. 다시 말해 정서에 대해 생각하지 않고도 또는 왜 그러한 기분이 드는지에 대한 자각 없이도 다양한 정서를 경험할 수 있다는 것이다.

마지막으로 저명한 상당수의 정서학자들은 정서의 인지적 측면을 연구하는 데 초점을 맞춘다. 이러한 이론가들 중 주목할 만한 사람이

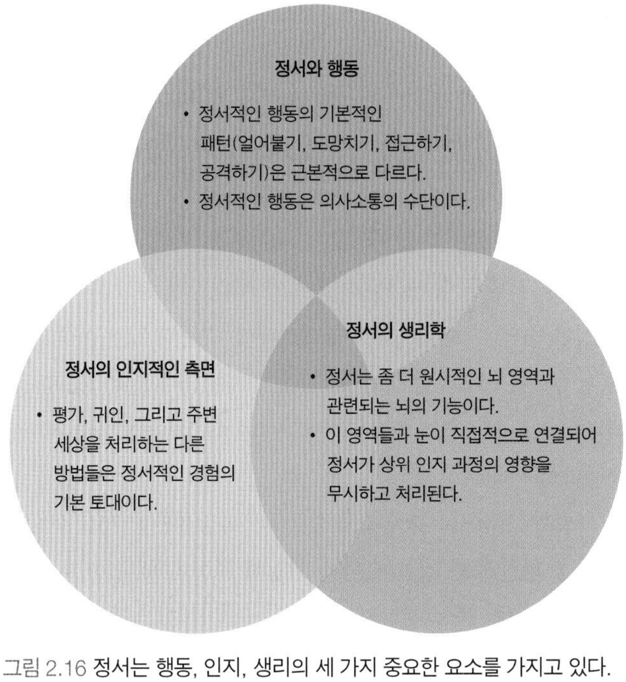

정서와 행동
- 정서적인 행동의 기본적인 패턴(얼어붙기, 도망치기, 접근하기, 공격하기)은 근본적으로 다르다.
- 정서적인 행동은 의사소통의 수단이다.

정서의 인지적인 측면
- 평가, 귀인, 그리고 주변 세상을 처리하는 다른 방법들은 정서적인 경험의 기본 토대이다.

정서의 생리학
- 정서는 좀 더 원시적인 뇌 영역과 관련되는 뇌의 기능이다.
- 이 영역들과 눈이 직접적으로 연결되어 정서가 상위 인지 과정의 영향을 무시하고 처리된다.

● 그림 2.16 정서는 행동, 인지, 생리의 세 가지 중요한 요소를 가지고 있다.

Richard S. Lazarus(1968, 1991, 1995)인데, 그는 개인의 환경적 변화는 그 사람에게 끼치는 잠재적 영향 측면에서 평가된다고 하였다. 평가의 내용이 어떠한 정서를 경험하게 될지 결정한다. 예를 들어 만약 당신이 어두운 골목에서 총을 들고 있는 사람을 봤을 때 당신은 그 상황을 위험하다고 평가하고 공포를 경험할 것이다. 하지만 박물관에서 오래된 총을 보여주고 있는 관광 안내원을 봤다면 다른 평가를 내릴 것이다. Lazarus는 생각과 느낌은 분리될 수 없다고 제안하였으나, 다른 인지과학자들은 인지와 정서 체계가 상호작용하고 겹치기는 하지만 그 둘은 기본적으로 별개의 체계라고 제안한다(Teasdale, 1993). 정서의 모든 요소들(행동, 생리증상, 인지)은 중요하고, 이론가들은 그들 간의 상호작용을 연구하면서 점점 더 통합적인 접근을 취하고 있다(Barrett, 2012; Gross, in press).

투쟁-도피반응(flight or fight response) 스트레스 상황에 대한 생물학적 반응으로 신체적 자원(예, 혈류 및 호흡)을 결집시켜 저항하거나 위협으로부터 도망치도록 함.

정서(emotion) 외부 사건으로 유발되는 행동과 특유의 생리학적 반응에 의해 나타나는 감정 상태의 패턴.

기분(mood) 어떤 정서(emotionality)가 지속되는 기간.

정동(affect) 행동을 동반하는 정서의 의식적, 주관적인 측면.

분노와 심장

우리가 주디의 혈액공포증에 대해 논의할 때 행동과 정서가 생물학에 강한 영향을 미치는 것을 관찰하였다. 우리는 적대감과 분노와 같은 부정적 정서가 심장질환에 대한 위험을 증가시킨다는 것을 알고 있다(Chesney, 1986; MacDougall, Dembroski, Dimsdale, & Hackett, 1985). 분노 폭발을 동반하는 지속적인 적대감과 분노를 계속 억압하는 것은 흡연, 고혈압, 높은 콜레스테롤 수준과 같은 위험요소들보다 심장질환으로 인한 죽음에 더 많이 기여한다(Harburg, Kaciroti, Gleiberman, Julius, & Schork, 2008; Williams, Hansey, Lee, Kong, & Blumenthal, 1980).

왜 그럴까? Ironson과 동료들(1992)은 심장질환을 가진 사람들에게 그들을 화나게 한 것들에 대해 회상해 보도록 했다. 이후 그들은 사람들이 떠올린 분노 경험과, 심박수는 증가시켰으나 분노와는 관련이 없었던 스트레스 사건을 비교하였다. 예를 들어 어떤 참가자들은 가게에서 물건을 훔친 혐의에 대해서 자신을 변호하는 일을 상상했다. 이렇게 화가 나는 스트레스 사건 동안의 심박수와 운동으로 인해 증가된 심박수를 비교하였다. 연구자들은 신체로 혈액을 효과적으로 펌프하는 심장의 능력이 운동을 할 때에는 괜찮았지만 분노를 경험하는 동안에는 유의하게 떨어졌음을 확인하였다. 사실 화가 나

는 것을 기억하는 것만으로도 분노의 효과를 내기에 충분하였다. 만약 참가자들이 정말 화가 났다면 심장의 펌프 효율성은 더욱 떨어졌을 것이며 심장 리듬에 위험이 생길 가능성이 높았을 것이다.

이 연구는 이미 심장질환을 가지고 있는 사람들의 경우 분노가 펌프 효율성을 떨어뜨림으로써 심장에 영향을 줄 수 있다는 사실을 처음으로 증명한 연구였다. 흥미롭게도 용서의 태도를 가지는 것은 심혈관 활동에 대한 분노의 효과를 상쇄시킬 수 있는 것으로 보인다. Larsen 등(2012)은 참가자들을 분노의 관점 혹은 용서의 관점에서 이전의 불쾌한 경험에 대해 생각하거나 또는 이전의 불쾌한 경험을 떠올리는 것을 방해하는 중립적인 주제에 집중하게 하였다. 이후 세 수준의 참가자들 모두 5분 동안 중립적인 주제에 집중하도록 한 후 불쾌한 경험에 대해 자유롭게 반추할 수 있었다. 예상대로 분노의 관점에서 불쾌한 경험을 생각하는 것은 방해 조건에 비해 심혈관 측정치에 부정적인 영향(혈압 및 심박수 증가)을 미쳤다. 그러나 용서의 태도를 취하는 것은 심혈관 반응성을 방해 조건의 수준까지 현저히 감소시켰을 뿐만 아니라 이러한 효과는 방해 조건의 참가자들이 불쾌한 경험에 대해 반추하면서 그에 대한 반응성이 증가했을 때와 비교했을 때도 이후의 자유 반추 기간까지 유지되었다.

종합해볼 때 이러한 결과들은 심장에 미치는 분노의 효과를 강하게 지지해 준다. 그러나 지나친 분노가 심장마비를 일으킨다고 결론

다양성에 대한 논의 공포: 진화적, 사회적 영향

공포와 공포증은 모든 나라와 문화에 걸쳐 나타난다. 어떤 공포들은 진화적으로 생득적이고 모든 문화권의 사람들에게서 나타난다. 그러나 다른 공포들은 학습되고 특정 문화 안에서만 나타난다.

아마도 모든 문화에서 나타나는 진화적으로 뿌리가 깊은 가장 중요한 예는 음식 때문에 나타나는 신체적인 질병과 그 후에 뒤따르는 공포 혹은 미래의 비슷한 음식에 대한 역겨움일 것이다. 우리를 병들게 하는 음식에 대한 강한 혐오는 Garcia, Ervin, & Koelling(1966)에 의해 보고되었고, 이는 조건적 미각 혐오로 불린다. 연구자들은 다른 부정적인 자극들(예를 들어 전기충격)과는 다르게 이러한 혐오는 단 한 번의 음식과 질병의 연합만으로도 형성되는 것을 발견했다. 일단 신체적으로 아프기만 하면, 당신의 뇌는 "다시는 이 음식을 먹지 않을 거야"라고 다짐하게 된다. 이것은 모든 사람들에게 영향을 끼치는 진화적으로 뿌리 깊은 공포이지만 문화나 사회적 학습의 독특한 영향을 받는 공포들도 있다.

공포가 사회적으로 학습된 흥미로운 예는 아시아의 일부 지역에서 볼 수 있는 '코로'다. 코로는 남근이 줄어들거나 복부로 다시 들어가 버릴 것이라는 공포로, 어떤 사람들은 심지어 그것이 죽음으로 이어질 것이라고 생각하

며 두려워한다(Garlipp, 2008). 코로의 원인은 시간이 지나면서 바뀌어왔지만, 오랫동안 마법과 같은 사회적 영향 때문이라고 간주되어 왔다. 게다가 코로에 대한 대규모 보고들은 남근이 줄어들거나 복부로 다시 들어갈 가능성에 대한 믿음이 사회적인 수단(구전과 같은)에 의해 퍼져나가는 것을 보여준다. 코로와 관련된 극심한 공포와 더불어 남근이 줄어드는 것을 막기 위한 노력(예를 들어 남성 가족에게 남근을 붙잡아달라고 부탁하는 것)은 위험한 신체적 결과로 이어질 수 있다(Cheng, 1997). 치료는 종종 그러한 상황에 대한 공포를 다룰 뿐만 아니라 남근의 자발적 수축은 불가능하다는 것에 대한 교육도 포함한다.

미국에서는 코로가 드문데, 갑작스럽고 강렬한 불안 삽화는 남근의 수축과 관련된 염려와 동반되지 않는다(American Psychiatric Association, 2000). 대신 미국인들의 불안은 종종 더 광범위하게 받아들여지는 의학적 걱정, 즉 심장마비를 일으킨다거나 미치는 것에 대한 염려에 따라 일어난다. 한 문화에서 믿기 힘든 공포처럼 보이는 것이 다른 문화의 사람들에게는 합리적인 것으로 보일 수 있다.

내려야 할까? 이는 일차원적인 인과 모델의 다른 예이다. 분노와 적대감이 심장질환에 기여한다는 근거가 많긴 하지만 유전적으로 결정된 생물학적 취약성과 같은 다른 많은 요인들도 심장질환에 기여한다. 심장질환에 대해서는 7장에서 논의할 것이다.

정서와 정신병리

우리는 분노나 공포 등의 정서 반응을 억압하는 것은 교감신경계의 활동을 증가시켜 정신병리에 기여할 수 있음을 알고 있다(Barlow, Allen, & Choate, 2004; Campbell-Sills et al., 2014). 다른 정서들은 보다 직접적인 효과를 지니는 것으로 보인다. 4장에서 우리는 공황 증상과 불안장애의 관계에 대해 다루게 된다. 한 가지 흥미로운 가능성은 공황발작이 단순히 두려워할 대상이 없을 때 발생하는 정상적인 공포 정서라는 것이다(Barlow, 2002). 기분장애를 지닌 어떤 환자들은 지나치게 흥분하고 기뻐한다. 그들은 모든 일이 다 괜찮을 것이기 때문에 그들이 원하는 것은 무엇이든 할 수 있다고 생각한다. 이런 사람들은 6장에서 논의하게 될 양극성장애의 일부인 조증으로 고통을 겪는다. 조증을 가진 사람들은 보통 흥분의 기간과 극단적인 슬픔과 괴로움의 기간을 교대로 겪으며, 세상이 우울하고 절망적이라고 느낀다. 만약 절망감이 극심해지면 자살의 위험에 놓이게 된다. 이러한 정서적 상태를 우울이라고 하며, 이는 많은 기분장애에서 분명하게 드러나는 특징이다.

공포, 분노, 슬픔 또는 괴로움, 흥분과 같은 기본 정서들은 많은 심리장애에 기여하며 심리장애를 정의하기도 한다. 정서와 기분은 우리의 인지 과정에도 영향을 미친다. 긍정적인 기분일 때는 연상이나 해석, 인상들도 긍정적인 경향이 있다(Diener, Oishi, & Lucas, 2003). 처음 만나는 사람에 대한 인상과 과거의 사건들에 대한 기억들까지도 현재의 기분에 의해 상당 부분 채색된다. 만약 당신이 일관되게 부정적이거나 우울하다면, 과거의 사건들에 대한 기억도 유쾌하지 않을 가능성이 높다. 비관주의자들이나 우울한 사람들은 병이 반쯤 비었다고 보지만 쾌활한 낙관주의자들은 병이 반이나 찼다고 본다. 이는 인지와 정서 과정의 밀접한 상호연결성에 관심이 있는 학자들에게 연구할 거리가 넘쳐나는 영역이다. 정신병리학자들은 정서 조절곤란의 본질에 대한 윤곽을 그리기 시작하였으며 이러한 정서 조절곤란이 사고와 행동을 어떻게 방해하는지 이해하기 시작하였다(Barlow et al., 2004; Gross, in press).

문화적, 사회적, 대인관계적 요인들

▶ 어떻게 문화적, 사회적, 대인관계적 요인들이 이상행동에 영향을 미치는가?

수많은 신경생물학적 변인들과 심리학적 변인들이 우리의 삶에 영향을 주는 상황에서 사회적, 대인관계적, 문화적 요인들이 영향을 미칠 여지가 있을까? 연구들은 이러한 영향들의 상당한 힘과 깊이를 보여주고 있다. 다음의 예를 생각해 보자.

부두교, 악마의 눈, 기타 공포

많은 문화권에서 사람들은 공포장애(fright disorders)로 고통을 겪는다. 공포장애는 과장된 놀람 반응과 관찰 가능한 공포 및 불안 반응이 특징이다. 한 예가 라틴 아메리카의 *susto*인데 불면증, 성마름, 공포, 식은땀과 같은 두드러진 신체 증상, 심박수 증가(심박 급속증)

THONY BELIZAIRE/AFP/Getty Images

▲ '악마에 홀린' 사람이 부두교 의식에서 치료를 받고 있다.

를 포함하는 다양한 불안 관련 증상을 보인다. 그러나 *susto*의 원인은 단 한 가지이다. 자신이 흑마술 혹은 마법의 대상이 되었다고 믿는 것이다. 어떤 문화에서는 사악한 영향을 악마의 눈(*evil eye*)이라고 부르며(Good & Kleinman, 1985; Tan, 1980), 공포장애의 결과는 치명적일 수 있다. Cannon(1942)은 아이티의 부두교 죽음 현상을 관찰하고 주술사의 죽음 선고가 사회적 지지의 부재로 대처 능력이 부족한 참가자에게 참을 수 없는 자율적 각성을 일으킬 수 있다고 하였다. 다시 말해 친구들과 가족들은 죽음이 이미 발생했다고 가정하기 때문에 짧은 기간 동안 비통함을 보인 이후에는 그 사람을 무시한다. 궁극적으로 이러한 상태는 내부 장기들의 손상과 죽음을 가져온다. 따라서 신체적, 심리적 관점에서 볼 때 완벽하게 건강하고 적응적으로 기능하던 사람이 사회적 환경의 뚜렷한 변화로 인해 갑자기 죽게 된다.

성별

성 역할은 정신병리에 강력하고 때로 알 수 없는 효과를 가져온다(Kistner, 2009; Rutter, Moffitt, & Caspi, 2006). 성별은 특정한 공포증을 갖게 될 가능성에 강력한 영향을 미친다. 예를 들어 곤충이나 작은 동물에 대한 공포증이 너무 심각해서 소풍을 가지 않거나 시골에 사는 친구 집에 놀러가지 않는 사람은 거의 대부분 여성(이 장애를 가진 사람의 90%가 여성)이다. 하지만 파티나 미팅에 참석하는 것을 어렵게 만드는 사회공포증은 남성과 여성에게 비슷한 영향을 준다.

이러한 차이는 남성와 여성에 대한 문화적 기대 또는 성 역할과 부분적으로 관련된다. 예를 들어 곤충이나 작은 동물에 대한 공포증을 유발하는 경험(물리는 것)을 하는 남성과 여성의 수는 동일할 수 있다. 그러나 우리 사회에서는 남성이 공포를 보이거나 공포를 인정하는 것이 잘 수용되지 않는다. 따라서 남성은 공포를 극복할 때까지 공포를 숨기거나 견딜 가능성이 높다. 여성이 공포를 인정하는 것은 훨씬 더 쉽게 수용되기 때문에 공포증이 발전하게 된다. 남성은 공포를 보이는 것보다 수줍어하는 것이 더 쉽게 수용되기 때문에 사회적 불편감을 인정할 가능성이 높다.

남성과 여성은 동일한 심리치료에도 다르게 반응하는 것으로 보인다(Felmingham & Bryant, 2012). 외상후 스트레스장애에 대한 노출 치료 이후에 두 집단 모두 효과가 있었지만 여성들은 추후 치료 이득을 유의하게 더 잘 유지하였다. 학자들은 남성보다 정서적 기억을 더 잘 회상하는 여성들이 정서적 처리와 장기적 치료 이득을 유지하는 데 유리하다고 제안하였다.

심각한 섭식장애인 신경성 폭식증은 거의 대부분 젊은 여성들에게 발생한다. 왜일까? 8장에서 보게 되겠지만 여성이 날씬해야 한다는 문화적 압력은 전 세계적으로 번져가고 있다. 날씬한 남성에 대한 압력은 덜 명백하며 신경성 폭식증을 일으키는 소수의 남성들 중 상당수는 게이들이다. 남성 동성애자들의 경우 마른 몸매에 대한 문화적 기대가 많은 상황에서 존재한다(Rothblum, 2002).

마지막으로 Taylor(2002, 2006; Taylor et al., 2000)는 많은 종들에게서 나타나는 여성들의 독특한 스트레스 반응을 기술하였다. 스트레스에 대한 이러한 독특한 반응을 '보살피고 한편이 되는 것(tend and befriend)'이라고 하는데, 이는 자신과 자신의 어린 자녀들을 보호하기 위해 보살피고(tend), 더 큰 사회적 집단, 특히 다른 여성들과 동맹을 형성하는 것(befriend)을 지칭한다. Taylor 등(2000)은 이러한 반응이 여성들이 스트레스에 반응하는 방법과 더 잘 맞는다고 보았다. 왜냐하면 이러한 반응은 두뇌의 애착-보살핌 체계에 기반을 두고 있으며 보살핌과 친화 행동을 이끌기 때문이다. 더 나아가 성별에 따른 두뇌의 신경생물학적 과정이 이러한 반응을 특징짓는다.

성별이 정신병리의 원인은 아니다. 그러나 성 역할은 장애의 형태와 내용에 영향을 미치는 사회적, 문화적 요인이기 때문에 우리는 이후의 장들에서 이에 대해 좀 더 면밀하게 살펴볼 것이다.

건강과 행동에 대한 사회적 영향

많은 연구들은 사회적 관계 및 접촉의 수와 빈도가 높을수록 오래 살 가능성이 높다는 것을 보여주었다(Miller, 2011). 반대로 사회적 삶의 풍부함을 측정하는 지표들의 점수가 낮을수록 기대수명이 짧다. 이러한 발견을 기록한 연구가 스웨덴과 핀란드는 물론 미국에서도 보고되었다(Berkman & Syme, 1979; House, Robbins, & Metzner, 1982). 신체적 건강과 이른 죽음에 대한 다른 위험요인들(고혈압, 높은 콜레스테롤 수준, 흡연 습관)을 고려했을 때에도 여전히 같은 결과가 도출되었다. 연구들은 또한 사회적 관계가 개인을 여러 가지 신체적, 심리적 장애(예를 들어 고혈압, 우울증, 알코올중독, 관절염, AIDS로의 진행, 저체중아의 출산)로부터 보호한다는 것을 보여준다(Cobb, 1976; House, Landis, & Umberson, 1988). 반대로 항우울제 약물 처방의 횟수를 바탕으로 볼 때, 혼자 사는 사람들의 우울증 위험은 타인과 함께 사는 사람들에 비해 약 80%가 높다(Pulkki-Raback et al., 2012). 심지어 사회적 네트워크의 질과 정도는 우리가 감기로 고생하게 될지 여부에도 강력한 영향을 미친다(Cohen, Doyle, Skoner, Rabin, & Gwaltney, 1997).

▲ 개발도상국가들에서는 정치적 갈등으로 인한 개인적 격변이 정신건강에 영향을 미친다.

사회적 관계가 어떻게 우리의 신체적, 심리적 특성에 이토록 엄청난 영향을 미치는 것일까? 정확히는 알 수 없지만 몇몇 흥미로운 단서들이 있다(Cacioppo & Patrick, 2008; Cacioppo et al., 2007). 사람들은 대인관계가 삶에 의미를 부여하며, 살아야 할 이유가 있는 사람들은 신체적 결함을 극복할 수 있음은 물론이고 죽음을 지연시킬 수도 있다고 생각한다. 손주의 대학 졸업과 같은 중요한 가족 행사를 보기 위해서 자신의 예정된 수명보다 훨씬 더 오래 산 노인들은 그러한 행사가 지나면 곧 죽음을 맞이한다. 또 다른 흔한 현상은 오랫동안 함께 살아온 부부의 경우 한쪽 배우자(특히, 나이 든 부인)가 죽으면 다른 한쪽도 건강 상태와 상관없이 뒤따라 죽는 경우가 많다. 또한 사회적 관계는 알코올이나 약물 사용의 자제, 좋은 수면 습관, 적절한 의료 서비스 추구와 같은 건강-증진 행동을 촉진시킬 수도 있다(House, Landis, & Umberson, 1988; Leserman et al., 2000).

때로는 사회적 격변이 사회적 네트워크가 개인의 기능에 미치는 영향을 연구할 수 있는 기회가 된다. 예를 들면 당신이 도시에 사는지 시골에 사는지는 조현병과 같은 심각한 장애를 발달시킬 가능성과 관련되어 있다. Lewis, David, Andreasson과 Allsbeck(1992)은 조현병의 발생률이 시골에서 자란 남성들보다 도시에서 자란 남성들에게서 38% 더 높다는 것을 발견하였다. 우리는 조현병 환자들이 시골보다는 도시에 더 많이 거주한다는 사실을 알고 있지만 연구자들은 조현병 환자들이 조현병이 발병한 후에 도시로 이주했거나

약물사용이나 불안정한 가족 관계와 같은 도시의 고유한 요인들이 그러한 차이를 설명할 것이라고 생각했다. 그러나 Lewis와 동료들은 그러한 요소들을 통제하였고 그러한 영향력을 넘어서는 도시적인 무엇인가가 조현병의 발달에 기여하는 것으로 보인다(Boydell & Allardyce, 2011; Pedersen & Mortensen, 2006). 우리는 아직 그것이 무엇인지 알지 못한다. 만약 그러한 결과가 반복 검증되고 사실인 것으로 드러난다면, 수많은 사람들이 집단적으로 과밀한 도시 지역으로 이주하는 개발도상국가들의 관점에서는 중요한 의미를 가지는 연구 결과가 될 수 있다.

사회적 및 대인관계적 요인이 신체적, 심리적 장애의 표현에 미치는 효과는 나이에 따라 다를 수 있다(Charles & Carstensen, 2010; Holland & Gallagher-Thompson, 2011). Grant, Patterson과 Yager(1988)는 혼자 사는 65세 이상의 남성과 여성 118명을 연구하였다. 친척들과의 의미 있는 접촉이 적고 그들로부터의 사회적 지지가 낮았던 사람들은 일관되게 높은 수준의 우울과 불만족스러운 삶의 질을 보고하였다. 그런데 이러한 사람들에게 신체적인 질병이 생기면 이들은 신체적인 질병이 없는 사람들보다 가족들로부터 더 많은 지지를 받았다. 이러한 결과는 나이 든 사람들에게는 신체적인 질병이 있는 것이 더 유리할 수 있다는 불행한 가능성을 제기한다. 왜냐하면 질병은 그들에게 사회적 지지를 재건해 주고 이는 삶을 살아야 할 가치가 있는 것으로 만들어주기 때문이다. 만약 후속 연구들이 이러한 결과를 확증해 준다면, 다음과 같은 직관적 사실을 알 수 있을 것이다. 질병이 생기기 전에 가족들과 함께 지내는 것은 노인들의 신체적 건강을

유지하는 데 도움이 될 것이며 의료 서비스 비용을 유의하게 낮추는 데에도 도움이 될 것이다.

마지막으로 심리장애는 우리 사회에서 상당한 낙인 효과를 지닌다(Hinshaw & Stier, 2008). 불안하고 우울한 것은 약하고 겁이 많다는 것이다. 조현병이 있다는 것은 예측이 불가능하고 미쳤다는 것이다. 전쟁 기간에 신체적 손상을 입으면 메달을 수여받지만 심리적 손상을 입은 군인들은 멸시와 조롱을 받는다. 심리장애를 가진 환자들은 같이 일하는 동료들이 자신들의 문제에 대해 알게 될까봐 의료보험 혜택을 받으려고 하지 않는다. 신체적 질병에 비해 사회적 지지가 매우 부족한 상태에서 심리장애로부터 완전히 회복될 가능성은 낮다. 심리장애에 대한 사회적 태도의 결과에 대해서는 3장과 14장에서 논의하게 될 것이다.

심리장애의 세계적 발생률

WHO의 조사에 의하면 심리장애가 질병 부담의 13%를 차지한다고 한다(WHO, 2011, 2001). 개발도상국가들에서의 행동 및 정신건강 문제들은 정치적 갈등, 기술의 변화, 시골에서 도시로의 집단적 이동 등에 의해 악화되고 있다. 가난한 국가들에서 일차 진료 서비스를 받는 사람들의 10~20%는 심리장애를 가진 환자들이며, 이들은 주로 불안과 기분장애(자살 시도 포함) 환자들이며 알코올중독, 약물남용, 아동기 발달장애도 가지고 있다(WHO, 2011). 미국에서 성공을 보인 우울증과 중독 행동에 대한 치료는 정신건강 서비스가 제한된 국가들에서는 시행될 수 없다. 크메르 루주의 유혈 통치 기간 동안 캄보디아에서는 모든 정신건강 전문가들이 죽거나 사라졌다. 2006년을 기준으로 단 26명의 정신과 의사가 1200만 명을 진료해야 했다. 사하라 사막 이남에서는 상황이 더욱 심각하다. 200만 명당 정신과 의사 한 명꼴이다. 미국에서는 약 20만 명의 정신건강 전문가들이 거의 3억 명에게 서비스를 제공하지만, 심리장애를 가진 3명 중 1명만이 어떠한 종류의 치료라도 받아본 적이 있는 것으로 확인되었다(Institute of Medicine, 2001). Bill and Melinda Gates Foundation의 많은 노력에도 불구하고 이 재단의 "Grand Challenges in Global Heath" 목표에 정신건강에 대한 언급은 없다. 이러한 충격적인 통계치들은 사회적, 문화적 요인들이 심리장애의 원인이 될 뿐만 아니라 그러한 요인들이 심리장애를 상당 부분 유지시킨다는 것을 보여준다. 왜냐하면 많은 사회가 아직 심리장애를 경감하고 궁극적으로는 예방할 수 있는 사회적 구조를 개발하지 못했기 때문이다. 사회적 태도를 변화시키는 것은 우리가 직면하고 있는 도전 중 하나이다.

전 생애 발달

▶ 왜 심리장애를 전 생애 발달 관점에서 고려해야 하는가?

우리는 심리장애를 스냅사진 관점에서 바라보는 경향이 있다. 우리는 개인의 인생에서 특정한 시점에 초점을 맞추고 그것이 그 사람의 전체라고 가정한다. 사람을 이러한 방식으로 바라보는 것은 매우 부적절하다. 지난 3년 동안의 당신의 삶을 생각해 보라. 우리는 '역사의 종언(the end of history)' 착각이라고 불리는 인지적 편향을 지니고 있어서 우리가 앞으로 별로 변하지 않을 것이라고 생각하지만 3년 전의 당신은 지금 당신과 다르며, 3년 후의 당신도 지금과 매우 다를 것이다(Quoidbach, Gilbert, & Wilson, 2013). 정신병리를 이해하기 위해서는 각기 다른 발달 기간 동안의 경험이 어떻게 스트레스 및 심리장애에 대한 취약성에 영향을 미치는지 주목해야 한다(Charles & Carstensen, 2010; Rutter, 2002).

인생의 모든 시점에서 중요한 발달적 변화가 발생한다. 예를 들어 상대적으로 매우 불안정한 성인기는 노년기로 접어들면서 중요한 변화가 많이 일어나는 역동적인 시기이다. Erikson(1982)은 우리가 8개의 주요 위기를 거쳐 간다고 하였고 각 위기는 생물학적 성숙과 해당 시기의 사회적 요구에 의해 결정된다고 하였다. 청소년기 이후의 발달 단계를 가정하지 않았던 Freud와 달리, Erikson은 65세 이후에도 계속 성숙하고 변화한다고 믿었다. 노년기에는 우리의 인생을 뒤돌아보고 우리의 삶이 보람 있었는지 실망스러웠는지 평가하게 된다.

심리사회적 발달에 대한 Erikson의 이론은 비록 너무 모호하고 연구에 의해 지지되지 않는다는 비판을 받아왔지만(Shaffer, 1993), 전생애 발달을 주장하는 학자들이 옹호하는 인간 발달에 대한 포괄적인 접근을 잘 보여준다. 연구들은 이러한 접근의 중요성을 확인해주고 있다. Kolb, Gibb와 Gorny(2003)는 한 실험에서 동물들을 각각 청소년일 때, 성인일 때, 인지적 능력이 감퇴하기 시작하는 노년일 때 복잡한 환경에 두었다. 연구자들은 환경이 동물들의 발달 단계에 따라 뇌에 다른 영향을 미친다는 것을 발견하였다. 복잡하고 도전적인 환경은 성인과 노년의 동물에게는 운동 및 감각 피질 영역 내의 뉴런의 크기와 복잡성을 증가시켰지만, 이와 달리 어린 동물들에게는 척추 내의 뉴런의 크기와 복잡성을 감소시켰다. 그러나 이러한 감소는 동물들이 어른이 되었을 때의 운동 및 인지 기술의 향상과 관련되어 있었다. 즉, 환경의 자극은 어떤 연령대에서도 뇌의 기능에 긍정적인 영향을 미쳤다. 심지어는 태내에서의 경험도 뇌의 구조에 영향을 미치는데, 임신 기간 동안 풍부하고 복잡한 환경에서 자란 동물들의 새끼는 출생 후 훨씬 더 복잡한 피질 회로를 갖는 것으로 나타났다(Kolb, Gibb, & Robinson, 2003). 이 장에서 앞서 언급된 바 있는 Cameron 등(2005)의 연구를 기억해 보면, 출산 후 첫 일주일 동안 어미 쥐들이 보인 행동은 새끼들이 이후 스트레스를 다루는 능력에 강력한 영향을 미쳤다.

따라서 발달 단계와 이전 경험은 심리장애의 발달과 표현에 상당한 영향을 미칠 것으로 추론해볼 수 있으며, Laura Carstensen과 같은 전 생애 발달심리학자들에 의해서도 확증되고 있다(Charles & Carstensen, 2010; Isaacowitz, Smith, & Carstensen, 2003). 예를 들어 기분장애를 가진 아동과 청소년들은 성인과 동일한 항우울제 효과를 얻지 못한다(Hazell, O'Connell, Heathcote, Robertson, & Henry, 1995; Santosh, 2009). 그리고 많은 경우 이러한 약물이 성인들에게는 나타나지 않는 위험을 일으킨다(Santosh, 2009). 또한 사춘기 전까지는 우울증의 성비가 얼추 비슷하지만, 이후에는 소녀들에게서 우울증이 훨씬 더 많이 나타난다(Compas et al., 1997; Hankin, Wetter, & Cheely, 2007).

특정 행동이나 장애에는 다양한 원인이 있을 수 있다. **등결과성**은 특정한 결과에 이르게 되는 다양한 경로를 고려해야 한다는 발달정신병리학의 원리이다. 이 원리를 보여주는 예가 많다. 망상은 조현병의 한 측면이기도 하지만 암페타민 남용에서도 나타날 수 있다. 주의집중의 어려움을 동반하는 섬망은 노인들이 수술을 받은 이후에도 나타나지만 티아민 결핍이나 신장질환의 결과로도 나타날 수 있다. 자폐증은 임신 기간 중 풍진에 노출된 엄마들의 자녀에게서 발생하기도 하지만 분만 도중 어려움을 경험한 엄마들의 자녀들에게도 나타날 수 있다.

여러 가지 경로는 다양한 발달 단계에서 심리적 요인과 생물학적 요인이 상호작용한 결과로도 나타날 수 있다. 신체적인 원인으로 인해 야기된 손상에 어떻게 대처하는가는 개인의 전반적인 기능에 엄청난 영향을 줄 수 있다. 예를 들어 비슷한 심각도를 가진 뇌손상 환자들은 다양한 수준의 장애를 가질 수 있다. 가족과 친구들로 구성된 사회적 지지 체계가 건강하고, 도전을 극복할 수 있는 능력에 대한 자신감과 같은 적응적인 성격 특성을 가진 사람들은 신체적 병리에도 불구하고 행동적, 인지적 손상이 아주 경미할 수 있다. 그러나 이러한 지지 체계와 성격 특성을 가지고 있지 않은 사람들은 불구가 될 수도 있다. 신체적 장애를 가지고 있는 사람들을 생각해 보면 이 같은 사실은 더욱 분명해진다. 사고나 질병(양측 하지 마비)으로 인해 허리 아래가 마비된 사람들 중 일부는 뛰어난 운동선수가 되거나 비즈니스와 예술 분야에서 큰 성취를 이룬다. 동일한 상태의 또 다른 일부는 우울해지거나 절망적이 된다. 장애에 동반되는 망상 및 환각의 내용과 심각도조차도 부분적으로는 심리적, 사회적 요인들에 의해 결정된다.

연구자들은 사람들이 특정 장애를 경험하게 되는 이유뿐만 아니라 그러한 장애로부터 개인을 보호하는 것이 무엇인지에 대해서도 탐색하고 있다. 왜 사람들이 우울해지는지에 대해 관심이 있다면 우울한 사람들을 먼저 찾아보게 될 것이다. 하지만 비슷한 상황과 비슷한 배경을 가지고 있으나 우울하지 않은 사람들을 연구할 수도 있다. 이러한 접근의 예가 탄력성을 가진 아동에 대한 연구이다. 이러한 연구에서는 사회적 요인들이 부모의 정신과적 장애와 같은 스트레스 경험으로부터 아동을 보호해 줄 수 있다는 것을 보여준다(Becvar, 2013; Goldstein, & Brooks, 2013). 배려심이 많은 성인 친구 또는 친척의 존재는 환경의 부정적인 스트레스를 상쇄시킬 수 있으며, 불쾌한 상황을 이해하고 대처하는 아동의 능력도 증진시킬 수 있다. 좀 더 최근에는 사회적 지지 혹은 분명한 삶의 목적이나 의미와 같은 보호요인들이 외상과 스트레스에 대한 반응성에서의 생물학적 차이를 가져올 수 있음이 발견되었다(Charney, 2004; Ozbay et al., 2007). 왜 어떤 사람들은 비슷한 상황에서 다른 사람들과 같이 문제를 맞닥뜨리지 않는지 더 잘 이해할 수 있게 된다면 특정한 장애를 더 잘 이해할 수 있고, 그러한 장애로 고통받는 사람들을 도와줄 수도 있으며 그러한 사례가 발생되지 않도록 예방할 수 있을 것이다.

등결과성(equifinality) 행동이나 장애가 여러 원인을 가질 수 있다고 보는 발달정신병리학적 원리.

정신병리에 대한 현대적 접근의 개관에서 우리는 정신병리를 이해할 때 (1) 정신분석 이론 (2) 행동 및 인지과학 (3) 정서적 영향 (4) 사회적 및 문화적 영향 (5) 유전 (6) 신경과학 (7) 전 생애 발달 요인들을 모두 고려해야 한다는 것을 살펴보았다. 비록 우리의 지식이 완전하지는 않지만 1장에서 기술된 다양한 역사적 전통의 전형적인 일차원적 사고를 절대로 지속할 수 없는 이유를 알 수 있다.

하지만 여전히 심리장애에 대한 책이나 뉴스 기사는 심리장애의 원인을 일차원적인 용어로 기술하고 있다. 예를 들어 우울증이나 조현병과 같은 심리장애들이 다른 가능한 원인들은 고려되지 않은 채 '화학적 불균형'에 의해 야기된다고 이야기하는 것을 많이 들어보았을 것이다. 어떠한 장애가 화학적 불균형에 의해 야기된다고 하는 것은 다른 원인들은 모두 중요하지 않으며 해당 문제를 치료하기 위해서는 신경전달물질 활동의 불균형을 교정하기만 하면 될 것 같은 생각을 하게 만든다.

심리장애가 신경전달물질의 활동 변화 및 뇌 기능상의 다른 측면들과 관련이 된다는 점에는 의심의 여지가 없다. 그러나 이 장에서 배운 것은 화학적 불균형이 스트레스, 강한 정서적 반응, 가족 내 상호작용의 어려움, 노화로 인한 변화, 또는 이러한 모든 요인들의 상호작용과 같은 심리적, 사회적 요인들에 기인할 수도 있다는 것이다. 따라서 화학적 불균형이 분명히 존재함에도 불구하고 심리장애가 화학적 불균형에 의해 야기된다고 말하는 것은 부정확하며 오해의 소지가 있다.

이와 유사하게 알코올중독이나 다른 중독 행동이 '의지의 부족'으로 인해 야기된다는 이야기를 많이 들어보았을 것이다. 즉, 이러한 사람들은 단순히 올바른 태도만 지닌다면 문제를 극복할 수 있다는 것이다. 심각한 중독의 문제를 가진 사람들이 자신의 행동을 합리화하는 잘못된 인지 과정과 자신의 문제를 스트레스 탓으로 돌리는 잘못된 귀인 방식, 또는 '가짜' 변명을 보일 수 있다는 것에는 의심의 여지가 없다. 알코올이 자신에게 미치는 효과를 오지각하는 인지와 태도는 모두 중독을 발전시키는 데 기여한다. 그러나 유전이나 뇌의 생리학과 같은 다른 요인들에 대한 고려 없이 이러한 인지적 과정만이 중독의 원인이라고 하는 것은 우울증이 화학적 불균형에 의해 야기된다고 이야기하는 것처럼 부정확하다. 대인관계적, 사회적, 문화적 요인들도 중독 행동의 발달에 강력한 영향을 미친다. 알코올중독과 같은 중독 행동이 의지의 부족 혹은 잘못된 사고방식에 의해 야기된다고 이야기하는 것은 지나치게 단순할 뿐만 아니라 명백히 잘못된 것이다.

이 책에서 단 한 가지를 배워야 한다면 그것은 심리장애가 다양한 원인을 가지고 있으며 이러한 원인들은 서로 상호작용하며 심리장애의 근원을 온전히 이해하기 위해서는 이러한 상호작용을 이해해야 한다는 것이다. 이를 위해서는 다면적 통합 접근이 필요하다. 개별 심리장애를 다루는 장들에서는 주디와 같은 사례로 돌아가서 이를 다면적 통합 관점에서 고려하게 될 것이다. 그러나 그 전에 우리는 정신병리를 측정하고 분류하는 데 사용되는 평가와 진단의 과정을 먼저 살펴보아야 한다.

개념 확인 2.5

정신병리학에 영향을 끼치는 문화적, 사회적, 발달적 요소와 관련된 다음 문장의 빈칸을 채우시오.

1. 우리의 _____은(는) 사회적 환경의 영향을 강하게 받는다.
2. 당신이 특정공포증을 가지고 있을 가능성은 당신의 _____에 상당한 영향을 받는다.
3. 많은 연구들이 _____ 관계의 빈도와 _____의 수가 많아질수록, 오래 살 가능성이 많다고 보고했다.
4. 신체적, 정신적 장애의 표현에 있어서의 사회적, 대인관계적 요인의 영향은 _____에 따라 달라질 것이다.
5. _____의 법칙은 발달정신병리학의 주요 개념으로, 주어진 결과에 이르는 수많은 경로를 고려해야 한다는 것을 보여준다.

요약

단일 차원 대 다차원 모델

인과관계에서 단일 차원 모델과 다차원 모델은 어떻게 다른가?

▶ 이상행동의 원인은 복잡하고 매우 흥미롭다. 심리장애가 선천적 (생물학)이라고 할 수도 있고 후천적(심리사회적 요인들)이라고 할 수도 있다. 또한 이 두 가지 모두 맞을 수도, 틀릴 수도 있다.

이상행동의 다차원 모델을 구성하는 핵심 요소는 무엇인가?

▶ 다양한 심리장애의 원인을 확인하기 위해서는 관련된 모든 차원 (유전적 기여, 신경 체계의 역할, 행동 및 인지 과정, 정서적 영향, 사회적 및 대인관계적 영향, 발달적 요인)들 간의 상호작용을 고려해야만 한다. 그에 따라 심리장애의 원인에 대해 다면적 종합 접근을 취하게 되었다.

정신병리에 대한 유전의 기여

유전자는 환경적인 요소들과 어떻게 상호작용하여 행동에 영향을 미치는가?

▶ 대부분의 발달 및 우리의 행동, 성격, 심지어는 IQ 점수에 대한 유전적 영향은 다유전자적이다. 즉, 많은 유전자의 영향을 받는다. 몇 몇 주요 심리장애와 관련되는 특정한 유전자 집단을 확인하기 시작했지만 이상행동에도 많은 유전자가 기여할 것으로 가정된다.

이러한 상호작용을 설명하기 위해 제안된 모델들은 무엇인가?

▶ 정신병리의 인과적 관계를 연구할 때, 연구자들은 유전과 환경의 상호작용 효과를 살펴본다. 병적 소질 스트레스 모델에서는 개인이 특정한 취약성을 물려받는 것으로 가정하고 이러한 취약성이 그에 맞는 스트레스를 만났을 때 장애를 발전시키게 된다고 본다. 유전-환경 상관 또는 상호적 유전-환경 모델에서는 특정한 장애에 대한 개인의 유전적 취약성이 그러한 취약성을 촉발시키는 스트레스를 경험하게 만들고 결국 장애가 발생한다고 본다. 후성유전학에서는 초기 스트레스 경험과 같은 환경의 즉각적인 효과가 특정 유전자를 활성화시키거나 비활성화시키는 세포에 영향을 준다고 본다. 이러한 효과는 여러 세대에 걸쳐 전달될 수 있다.

정신병리에 대한 신경과학의 기여

신경전달물질은 무엇이며 어떻게 이상행동과 관련되는가?

▶ 신경계 내에서 신경전달물질의 수준과 신경내분비계의 활동은 복잡한 방식으로 상호작용하여 정서와 행동을 조절하고 심리장애에 기여한다.

뇌의 각 영역의 기능은 무엇이며 정신병리에서 어떠한 역할을 하는가?

▶ 정신병리를 이해하는 데 결정적인 것은 뇌회로라고 불리는 신경 전달물질의 흐름이다. 핵심적 역할을 하는 신경전달물질에는 다섯 가지가 있다. 세로토닌, GABA, 글루타메이트, 노르에피네프린, 도파민.

행동 및 인지과학

심리장애의 기원에 대한 행동적, 인지적 설명의 핵심적인 차이는 무엇인가?

▶ 새로운 인지과학 분야에서는 어떻게 행동과 인지가 우리가 살면서 경험하는 학습과 적응에 영향을 미치는지에 대한 중요한 관점을 제공한다. 그러한 영향력은 심리장애에 기여할 뿐만 아니라 뇌 기능, 뇌 구조, 유전적 표현까지도 직접 수정할 수 있다. 학습된 무기력, 모델링, 선행 학습, 암묵적 기억 등을 통해 이 분야의 연구를 살펴보았다.

정서

정신병리에서 정서는 어떤 역할을 하는가?

▶ 정서는 우리에게 직접적이고도 극적인 영향을 미치며 많은 장애에서 중심적인 역할을 한다. 정서성의 지속을 의미하는 기분은 심리장애들에서 명백히 드러난다.

문화적, 사회적, 대인관계적 요인들

어떻게 문화적, 사회적, 대인관계적 요인들이 이상행동에 영향을 미치는가?

▶ 사회적, 대인관계적 요인들은 심리장애와 생물학 모두에 지대한 영향을 미친다.

전 생애 발달

왜 심리장애를 전 생애 발달 관점에서 고려해야 하는가?

▶ 정신병리에 대한 다면적 통합 접근에서는 등결과성의 원칙을 기억하는 것이 중요하다. 즉, 결과뿐 아니라 특정한 결과에 이르게 되는 다양한 경로들을 반드시 고려해야 한다.

핵심 용어

글루타메이트 (75쪽)

기분 (87쪽)

길항제 (75쪽)

노르에피네프린(노르아드레날린) (77쪽)

뇌회로 (75쪽)

뉴런 (69쪽)

다면적 통합 접근 (59쪽)

도파민 (77쪽)

등결과성 (93쪽)

모델링(관찰 학습) (83쪽)

병적 소질 스트레스 모델 (65쪽)

선행 학습 (85쪽)

세로토닌 (77쪽)

시냅스 간극 (69쪽)

신경과학 (69쪽)

신경전달물질 (69쪽)

암묵적 기억 (85쪽)

역작용제 (75쪽)

유도아미노산(GABA) (75쪽)

유전자 (63쪽)

유전-환경 상관 모델 (67쪽)

인지과학 (83쪽)

작용물질 (75쪽)

재흡수 (75쪽)

정동 (87쪽)

정서 (87쪽)

취약성 (65쪽)

투쟁-도피반응 (87쪽)

학습된 무기력 (쪽)

호르몬 (73쪽)

후성유전학 (67쪽)

개념 확인의 답

2.1.

1. b, 2. a(가장 적합한 답) or c, 3. e, 4. a(초기), c(지속)

2.2

1. F(첫 22쌍), 2. T, 3. T, 4. F(유전-환경 상관 모델), 5. F(본성과 양육의 복잡한 상호작용)

2.3

1. b, 2. c, 3. f, 4. g, 5. d, 6. e, 7. h, 8. a

2.4

1. b, 2. a, 3. d, 4. c

2.5

1. 공포, 2. 성별, 3. 사회적, 접촉, 4. 나이, 5. 등결과성

단원 퀴즈

1. 정신병리학의 어떠한 접근이 생물학적, 사회적, 행동적, 정서적, 인지적, 발달적 영향을 고려하는가?
   a. 유전적
   b. 다차원적
   c. 대인관계적
   d. 정신역동적

2. 발달의 상당 부분과 대부분의 행동, 성격, IQ는 많은 유전자의 영향을 받는데 각 유전자는 전체 효과에서 극히 일부에 기여한다. 이러한 종류의 영향을 무엇이라고 하는가?
   a. 상호적
   b. 다유전자적
   c. 통합적
   d. 열성

3. 행동유전학 연구의 결론은?
   a. 유전적 요인은 대부분의 심리장애에 기여하지 않는다.
   b. 심리장애에 기여하는 유전적 요인은 장애의 대부분을 설명한다.
   c. 어떠한 심리장애에도 그것의 발달을 설명하는 단일한 유전자가 있을 것이다.
   d. 심리장애에 기여하는 유전적 요인은 장애에 대해 절반도 설명하지 못한다.

4. 뇌의 어떤 부분이 추론, 계획, 창작 등의 복잡한 인지적 활동을 담당하는가?
   a. 변연계
   b. 기저핵
   c. 후뇌
   d. 대뇌피질

5. 존은 아파트에서 큰 충돌 소리 때문에 깜짝 놀랐다. 그의 심장은 갑자기 급격하게 뛰기 시작했고 숨은 점점 거칠어졌다. 신경계의 어떤 부분이 이러한 생리학적 반응을 담당하고 있는가?
   a. 중추신경계
   b. 교감신경계
   c. 변연계
   d. 부교감신경계

6. 어떤 신경전달물질이 각성을 감소시키고 정서적 반응을 진정시켜주는가?
   a. 세로토닌
   b. 유도아미노산(GABA)
   c. 노르에피네프린
   d. 도파민

7. Martin Seligman은 쥐나 다른 동물들이 통제할 수 없는 상황에 맞닥뜨렸을 때, 그것에 대항하기를 포기하고 우울과 비슷한 것을 나타낸다고 말했다. 이것은 무엇인가?
   a. 학습된 우울
   b. 학습된 공포
   c. 학습된 무기력
   d. 학습된 무방어

8. 어떤 개념이 뱀과 높이에 대한 공포가 고양이나 꽃에 대한 공포보다 흔한(혹은 쉽게 학습되는) 이유를 설명하는가?
   a. 등결과성
   b. 취약성
   c. 선행 학습
   d. 관찰 학습

9. 암묵적 기억에 대한 최근 연구가 제시하는 것은 무엇인가?
   a. 사람들은 단어보다 색깔을 더 빨리 기억한다.
   b. 기억은 뇌의 암묵적 구조에 기초하여 바뀔 수 있다.
   c. 암묵적 기억은 외현적 기억보다 정신병리와 더 많이 관련되어 있다.
   d. 우리의 의식 밖에 있는 기억은 Freud가 짐작했듯이 정신병리에 영향을 줄 것이다.

10. 정서는 _____(을)를 제외하고 다음의 모든 것으로 구성된다.
    a. 행동
    b. 인지
    c. 유전학
    d. 생리학

    (답은 부록 A에 있습니다.)

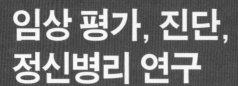

3 임상 평가, 진단, 정신병리 연구

행동을 해석하기 위해 과학적 추론을 사용한다.	▶ 행동에 대한 설명들(예, 추론, 관찰, 조작적 정의, 해석)에서 기본적인 생물학적, 심리적, 사회적 요소들을 확인한다. (APA SLO 1.1a) (교재의 110~111, 134~136쪽 참고)
훈련 기반 문제 해결의 활용을 기술한다.	▶ 일상생활에 심리학적 원리를 적절하고 실용적으로 적용한 예를 기술한다. (APA SLO 5.3a) (교재의 101~113쪽 참고)
기본적인 심리학 연구를 해석, 설계, 실행한다.	▶ 심리학자가 사용하는 연구 방법들과 그 장단점들을 기술한다. (APA SLO 1.4a) (교재의 125~140쪽 참고) ▶ 심리학 연구를 특징짓는 핵심적인 연구 개념들(예, 가설, 조작적 정의)의 목적에 대해 정의하고 설명한다. (APA SLO 1.4c) (교재의 121~124쪽 참고)
과학적 탐구에 사회문화적 요소를 통합한다.	▶ 연구에 체계적으로 영향을 미치는 사회문화적·이론적·개인적 편향에 대해 인식하고, 연구자들이 심리학 연구에서 이 편향의 영향을 다루는 것에 대한 효과성을 평가한다. (APA SLO 1.5a) (교재의 113~121쪽 참고)
심리과학과 실행에 있어 윤리적 기준을 적용한다.	▶ 미국심리학회 윤리규정의 원칙을 반영하는 윤리적 이슈들에 대해 토의한다. (APA SLO 2.1c) (교재의 140~141쪽 참고)

* 이 단원의 내용은 미국심리학회(APA)가 학부 심리학 전공에 대한 지침(American Psychological Association, 2012)에서 제안한 학습목표들을 포함하고 있다. APA에서 제안한 학습목표(Suggested Learning Outcome, SLO)에 따른 범위는 위에서 확인할 수 있다.

심리장애의 평가

▶ 임상 평가와 진단은 무엇인가?
▶ 임상 평가에서 주요하게 사용되는 방법은 무엇인가?

임상 평가와 진단의 과정은 정신병리와 궁극적으로 심리장애에 대한 치료의 핵심이다. **임상 평가**는 어떤 심리장애를 가지고 있을 수 있는 한 개인에 대한 심리적·생물학적·사회적 요인들에 대한 체계적인 평가이고 측정이다. **진단**은 한 개인을 고통스럽게 하는 특정한 문제가『정신질환의 진단 및 통계편람』제5판(DSM-5)(American Psychiatric Association, 2013)에서 설명한 심리장애의 진단기준에 맞는지의 여부에 대해서 판단하는 과정이다. 제3장에서 우리는 DSM의 발달을 이상행동에 대한 폭넓은 분류 체계 속에서 검토해 볼 것이다. 그러고는 임상가들이 사용하는 다양한 평가 기법들에 대해서 살펴볼 것이다. 끝으로 진단과 관련된 분류의 문제들에 대해서 되돌아와 기술해 볼 것이다. 먼저 프랭크의 사례부터 시작해 보도록 하자.

프랭크 ● 젊고, 심각하고, 불안한

프랭크는 결혼을 앞두고 느끼는 심각한 고통과 불안에 대한 평가와 치료를 위해 클리닉에 의뢰되었다. 그는 24세의 남성으로 정신건강 전문가를 찾아온 것은 이번이 처음이었다. 이렇게까지 해야 할 필요가 있는 것인지에 대해서 그는 잘 모르고 있었으나, 분명한 것은 결혼에 대한 어려움으로 인해 뭔가 무너지는 느낌이었다. 그는 정말 도움이 필요한지를 확인하기 위하여 한 번쯤 이런 곳을 찾아오는 것은 큰 문제가 없을 것 같다고 하였다. 아래는 첫 면담의 일부이다.

치료자: 지난달에 어떤 문제가 있었나요?
프랭크: 결혼과 관련해서 많은 문제가 있었어요. 아홉 달 전에 결혼을 했는데 집에서는 정말 긴장이 많이 됐고 싸움이 많았어요.
치료자: 최근에 있었던 일인가요?

임상 평가(clinical assessment) 어떤 심리장애를 가지고 있을 수 있는 한 개인에 대한 심리적·생물학적·사회적 요인들에 대한 체계적인 평가이며 측정.

진단(diagnosis) 한 개인을 괴롭히고 있는 어떤 특정한 문제가『정신질환의 진단 및 통계편람』제5판(DSM-5)(American Psychiatric Association, 2013)에서 설명한 심리장애의 진단기준에 맞는지의 여부에 대해서 판단하는 과정.

프랭크: 음, 처음에는 그렇게 나쁘진 않았어요. 최근에 나빠졌죠. 직장에서도 긴장이 심해졌고 일도 제대로 마치지 못했어요.

우리는 항상 환자들이 어떤 문제 때문에 상담에 오게 됐는지를 가장 먼저 물어본다. 성인이나 자신의 이야기를 할 수 있는 아동과 상담할 때에는 이런 방식이 딱딱한 분위기를 부드럽게 하는 것 같다. 프랭크가 자신의 문제에 대해서 자세히 이야기한 후에 우리는 결혼 및 직장 생활과 최근의 생활에 대해서 물어보았다. 프랭크는 자동차 수리점에서 4년간 일했으며 9개월 전에 17세 여성과 결혼을 했다고 이야기하였다. 현재 상태에 대해서 정확하게 이해하기 위하여 스트레스와 불안에 대한 그의 느낌에 대해서 물어보았다.

치료자: 직장에서 긴장되었다고 했는데, 집에서도 같은 느낌인가요?

프랭크: 예. 상당히 비슷해요. 집중하기가 어렵고요. 아내가 이야기하는 것을 제대로 좇아가기도 어려워요. 그래서 아내는 화를 내고 그게 또 큰 싸움이 되기도 해요.

치료자: 직장에서 집중하지 못할 때 다른 뭔가를 생각하는 건가요?

프랭크: 음, 잘 모르겠어요. 그냥 걱정이 많은 것 같아요.

치료자: 어떤 것에 대해서 걱정하시는데요?

프랭크: 어, 불이 나면 가족을 돌보지 못할 것이라는 것이 걱정돼요. 병에 걸려서 일을 하지 못할 것 같은 것에 대해서도 걱정하기도 하고요. 기본적으로 병에 걸려서 직장을 잃는 것에 대해서 걱정하는 것 같아요. 부모님하고 처갓집에서 모두 저에게 바보 같다고 할 것 같아요.

면담을 시작한 10분 동안 프랭크는 확실히 긴장되고 불안해 보였다. 이야기를 할 때 바닥을 자주 쳐다보았고 잠깐 동안만 힐끗 눈맞춤을 하는 정도였다. 오른쪽 다리가 약간 씰룩거리기도 하였다. 아래를 쳐다보고 있어서 보기 쉽지는 않았으나, 프랭크는 2~3초 정도씩 눈을 질끈 감기도 하였다. 이렇게 눈을 감는 동안에 오른쪽 다리는 씰룩거렸다.

면담은 이후 30분 동안 지속되었고, 결혼과 직장 생활에 대해서 탐색하였다. 프랭크가 현재 자기의 생활을 다루는 것에 불안감과 부적절감을 느낀다는 것이 점차로 명백해졌다. 이때쯤 그는 자유롭게 이야기하였으며 치료자를 조금 더 쳐다볼 수 있었다. 그러나 여전히 눈을 감고 오른쪽 다리를 약간 씰룩거렸다.

치료자: 이야기를 할 때 가끔씩 눈을 감는다는 것을 알고 계신가요?

프랭크: 항상은 아니지만, 제가 그런다는 것은 알고 있어요.

치료자: 그런지는 얼마나 됐어요?

프랭크: 잘 모르겠어요. 아마 한 1, 2년 정도요?

치료자: 눈을 감을 때에는 어떤 생각을 하시는 건가요?

프랭크: 음, 사실 생각하지 않으려고 애써요.

치료자: 무슨 말이지요?

프랭크: 음, 정말 끔찍한, 멍청한 생각을 해서… 말하기도 힘드네요.

치료자: 끔찍한 생각이요?

프랭크: 예. 발작을 할 것 같다는 생각을 계속하게 돼서요. 그 생각을 하지 않으려고 노력해요.

치료자: 발작에 대한 얘기를 좀 더 해 주실래요?

프랭크: 음, 사람들이 쓰러지고 거품을 물고 또 혀가 밖으로 나와서는 온 몸이 떨리는 거요. 간질 발작 있잖아요. 뇌전증이라고 하죠.

치료자: 그리고 그 생각을 하지 않으려고 애쓰신다고요?

프랭크: 이런 생각을 더 이상 하지 않으려고 최대한 빨리 노력을 해요.

치료자: 눈을 감을 때 다리가 움직이던데요. 이것도 그런 것 중에 하나인가요?

프랭크: 예. 다리가 씰룩거리면서 그런 생각이 사라지기를 바라는 기도를 해요.

(Nelson, R. O., & Barlow, D. H., 1981. Behavioral assessment: Basic strategies and initial procedures. In D. H. Barlow, Ed., *Behavioral assessment of adult disorders*, 18-19. New York: Guilford Press에서 발췌)

프랭크에게는 어떤 문제가 있을까? 첫 면담에서는 불안정한 젊은 한 남성이 결혼과 직장에서 잘해 나갈 수 있을까에 대해서 고민하며, 이로 인해 스트레스를 경험하고 있는 것을 보여준다. 그는 아내를 사랑하고 있고 결혼생활이 잘 되기를 바라며, 자신의 삶에서 만족감을 느끼는 직장에서 성실하려고 애쓰고 있다고 보고하고 있다. 프랭크가 심리장애를 가지고 있는 것인지 아니면 단순히 이제 막 시작한 결혼생활로 인한 정상적인 스트레스로 인해서 어려움을 겪고 있으며 부부 상담을 통해서 극복할 수 있는 것인지에 대해서 우리는 어떻게 결정을 내릴 수 있을까? 3장에서는 정신건강 임상가가 이런 유형의 문제에 대해서 어떻게 진단을 내리고 치료계획을 세우는지 확인하고자 한다.

평가의 핵심 개념

정신병리에서 임상 평가의 과정은 깔대기 같다(Antony & Barlow, 2010; Hunsley & Mash, 2011). 임상가는 근본적인 문제가 어디 있는지를 밝히기 위하여 개인의 폭넓은 기능 상태에 대한 정보를 모으는 것부터 시작한다. 그리고 나서 임상가는 일부 영역의 문제를 배제하며, 보다 관련 있는 영역에 집중하기 위하여 초점을 좁힌다.

임상가의 평가를 결정짓는 중요한 세 가지 기본적인 요소는 신뢰도, 타당도와 표준화이다(Ayearst & Bagby, 2010)(그림 3.1 참고). 평가에서 다른 것보다 중요한 요소는 신뢰도이다. **신뢰도**는 측정이 얼마나 일관되는가이다. 만약 복부 통증이 있어서 네 명의 다른 의사를 찾아갔을 때 각기 다른 진단을 내리고 다른 치료법을 제안한다면 얼마나 당혹스러울지에 대해서 상상해 보라. 둘 혹은 그 이상의 '평정자'(의사)의 결론이 일치하지 않을 때 그 진단은 신뢰롭지 않다고 이야기할 수 있다. 일반적으로 각기 다른 의사에게 동일한 증상을 이야기하였다면 유사한 진단을 내릴 것으로 기대한다. 신뢰도를 높이기 위한 한 방법은 평가 도구들을 주의 깊게 설계하고 둘 이상의 평정자가 동일한 응답을 내놓을 수 있도록 연구를 실행하는 것이다(평정자 간 신뢰도라고 불림). 또한 이런 평가 기법들이 시간에 따라서 안정적임을 확인해야 한다. 다시 말하면 만약 IQ가 110이라는 이야기를 화요일에 임상가에게 들었다면 동일한 검사를 목요일에 다시 받았을 때 비슷한 결과를 기대한다는 것이다. 이것이 검사-재검사 신뢰도이다.

타당도는 측정하고자 하는 것이 측정되고 있는가이다. 어떤 한 평가의 측정 결과를 이미 잘 알려져 있는 다른 평가의 결과와 비교하는 것이 측정의 타당도를 확인하는 데 도움이 된다. 이런 비교를 공존(concurrent) 또는 기술 타당도(descriptive validity)라고 한다. 예를 들어 새로운 단축형 지능검사의 결과가 표준화된 긴 지능검사의 결과와 동일하다면, 단축형 검사가 공존 타당도를 가졌다고 결론내릴 수 있다. 예언 타당도(predictive validity)는 평가가 미래에 무엇이 발생할지를 잘 예측할 수 있는지와 관련된다. 예를 들어 이것이 누가 학교에서 성공할지를 예측할 수 있을까(이것이 지능검사의 목표 중 하나이다)?

표준화는 다른 측정에서 일관되게 사용하기 위하여 어떤 기준이나 규준을 결정하는 과정이다. 규준은 검사 과정, 채점과 자료의 평가 과정에 적용될 수 있다. 예를 들어 평가는 나이, 인종, 성별, 사회경제적 계층이나 진단과 같이 중요한 요인들이 각기 다른 사람들에게 실행된다. 그 점수들은 검사받은 동일 집단들과 공동계산(pooled)되

어, 비교의 목적을 위해서 기준 또는 규준으로 사용되어야 한다. 예를 들어 당신이 중산층인 19세 흑인 남성이라면 심리검사에서 얻은 당신의 점수는 당신과 같은 집단의 점수와 비교되어야 하며, 노동계급인 60대 아시아계 여성과 같은 다른 사람들의 점수와 비교되어서는 안 될 것이다. 신뢰도, 타당도, 표준화는 모든 형태의 심리평가에서 중요한 것이다.

임상 평가는 임상가들이 환자를 이해하고 도울 때 필요한 정보를 습득하는 데 도움이 되는 많은 전략과 과정으로 구성되어 있다. 임상 면담 그리고 면담의 맥락에서 공식, 비공식적으로 실행되는 정신상태검사, 신체검진, 행동 관찰과 평가 및 심리검사 등이 그것이다.

임상면담

심리학자, 정신과 의사, 다른 정신건강 전문가들은 임상면담을 활용한다. 이 과정을 통해 전반적인 한 개인의 삶에 대한 그리고 현재 문제에 대한 역사뿐 아니라 현재와 과거의 행동, 태도, 정서 등에 대해서 정보를 수집한다. 임상가는 어떤 특정한 문제가 언제 시작되었고 동시에 어떤 사건들(예를 들어 생애 스트레스, 트라우마 또는 신체적 질병)이 있었는지를 확인한다. 추가적으로 대부분의 임상가들은 환자의 대인관계와 가족관계나 양육 등에 대한 사회적 역사에 대한 정보를 수집한다. 성적 발달이나 종교적 태도, 관련된 문화적 요소(예를 들어 차별로 인한 스트레스)와 교육에 대한 정보 등도 역시 수집한다. 면담을 통해 얻은 정보를 조직화하기 위하여 많은 임상가들은 **정신상태검사**를 활용한다.

정신상태검사

정신상태검사에는 한 개인의 행동을 체계적으로 관찰하는 것이 포함된다. 우리 모두는 다른 사람과 상호작용할 때마다 정신상태검사를 시행한다. 하지만 심리장애가 있는지의 여부를 결정하기 위해서 임상가는 관찰을 통해 그 정보를 조직화해야만 한다(Nelson &

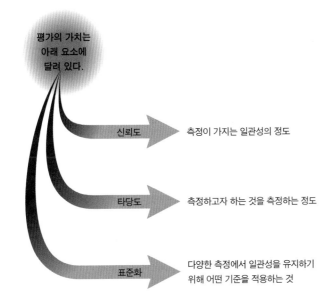

● 그림 3.1 임상 평가의 가치를 결정짓는 개념들

평가의 가치는 아래 요소에 달려 있다.

신뢰도	측정이 가지는 일관성의 정도
타당도	측정하고자 하는 것을 측정하는 정도
표준화	다양한 측정에서 일관성을 유지하기 위해 어떤 기준을 적용하는 것

신뢰도(reliability) 측정이 일관된 정도. 예를 들어 시간의 변화나 각기 다른 평정자들 간 측정의 일관성.

타당도(validity) 측정하고자 한 것을 측정하는지의 정도.

표준화(standardization) 측정에 따라 일관되게 측정 기법이 사용되고 있는지를 확인하는 과정. 여기에는 검사의 시행 방법, 그 결과에 대한 해석과 더 많은 사람들을 대상으로 한 결과와 비교하는 과정을 포함한다.

정신상태검사(mental status exam) 내담자의 판단, 시간과 장소에 대한 지남력, 정서와 정신 상태를 측정하는 예비 검사. 일반적으로 초기면담에서 실시됨.

Barlow, 1981). 정신상태검사는 구조화되어 있으나(Wing, Cooper, & Sartorius, 1974), 대부분은 면담의 과정이나 환자의 관찰을 통해서 상대적으로 간편하게 실시된다. 이 검사에는 다섯 범주가 포함된다.

1. 외모와 행동 임상가는 옷, 일반적인 외모, 자세, 얼굴표정이나 프랭크가 보였던 다리의 발작과 같이 눈에 보이는 신체적 행동을 기록한다. 예를 들어 정신운동 지체라고 일컬어지는 느린 운동 행동은 심각한 우울증을 시사하기도 한다.

2. 사고과정 임상가는 환자가 이야기하는 것을 들으면서 그 환자의 사고과정에 대한 정보를 얻게 된다. 말하는 것의 흐름이나 속도는 어떠한가? 그 사람이 빠르게 혹은 느리게 이야기를 하는가? 언어 표현의 흐름은 어떠한가? 환자가 하는 말이 의미가 통하는가 그리고 명확한 연관성이 있는가? 조현병이 일부 환자의 경우에는 이완된 연상(loose association)이나 탈선(derailment)과 같은 혼란스런 언어의 양상을 보일 수 있다. 임상가는 때로는 특별한 질문을 하기도 한다. 만약 환자가 말을 연속적으로 하는 것을 어려워할 경우에는 "분명하게 생각할 수 있나요? 아니면 생각이 혼란스럽거나 천천히 나오지는 않나요?"라고 질문할 수 있다. 표현된 언어의 내용은 어떠한가? 망상(delusion)(현실에 대한 왜곡된 시각)의 증거는 있는가? 항상 다른 사람이 자신을 잡기 위해 쫓고 있다는 피해망상과 자신이 매우 강력한 능력을 가지고 있다는 과대망상이 전형적인 망상이다. 또한 모든 것, 모든 사람들이 자신과 관련이 있다는 관계사고(idea of reference)를 가질 수도 있다. 방 안의 한쪽 구석에서 낯선 두 사람이 당신에 대해서 이야기하고 있다는 생각이 가장 흔한 예이다. 환각(hallucination)은 실재하지 않는 것을 보거나 듣는 것을 의미한다.

3. 기분과 정동 기분과 정동은 정신상태검사의 중요한 부분이다. 기분(mood)은 한 개인의 주요한 감정의 상태이다. 그 사람이 의기소침해 있나 아니면 지속적으로 고양되어 있는가? 그 개인이 우울하거나 희망이 없다는 식으로 이야기를 하는가? 그 기분은 얼마나 광범위한가? 반면에 정동(affect)은 어떤 순간에 이야기하는 것과 병행하는 감정 상태를 의미한다. 일반적으로 우리의 정동은 "적절하다." 즉 우리는 재밌는 이야기를 할 때면 웃고, 슬픈 이야기를 할 때에는 슬퍼 보인다. 만약 친구가 어머니가 돌아가신 이야기를 하면서 웃는다면 그것이 이상하다고 생각할 것이다. 정신건강 임상가는 그 친구의 정동을 "부적절하다"고 기록할 것이다. 또한 어떤 정동도 없이 기쁘거나 슬픈 이야기를 하는 경우가 있을 수도 있다. 그럴 경우에 정신건강 임상가는 그 정동을 "둔화된(blunted)" 혹은 "둔마된(flat)"이라고 표현한다.

4. 지적 기능 임상가는 대화를 통해서 상대방의 지적 기능에 대해서 대략적으로 추론한다. 합당한 어휘를 보유하고 있는가? 추상적인 표현과 은유를 사용할 수 있는가? 기억은 어떠한가? 임상가는 흔히 정상에서 벗어나서 알아차릴 수 있는 수준의 지능을 대략적으로 추정한다.

5. 감각 감각(sensorium)이라는 용어는 주변에 대한 일반적인 인식을 의미한다. 오늘이 며칠인지, 지금 시간이 어떻게 되는지, 그가 누구이고 어디에 있는지, 자신이 누구인지를 아는지? 우리들 대부분은 이러한 사실에 대해서 인식한다. 뇌손상을 입었거나 뇌의 기능저하를 경험하는 사람은 이러한 질문에 대해서 답을 못할 수도 있다. 만약 환자가 자신이 누구인지, 임상가가 누구인지, 그리고 시각과 장소에 대해서 알고 있다면, 임상가는 환자의 감각이 "명료하고", (사람, 장소, 시간에 대해) "지남력이 있다"고 이야기할 것이다.

이런 비공식적인 관찰을 통해서 어떤 결론을 내릴 수 있을까? 기본적으로 임상가는 이 과정을 통해서 환자의 행동과 상태에 대해서 어떤 부분들이 더 자세히 평가되어야 하는지에 대한 대략적인 의사결정을 할 수 있다. 만약 심리장애의 가능성이 있다면 임상가는 어떤 장애를 가지고 있을지에 대해서 가정을 할 수 있다.

우리 사례로 되돌아와 보면 이 정신상태검사로부터 무엇을 얻을 수 있을까(그림 3.2 참고)? 프랭크가 끊임없이 보였던 일종의 씰룩거렸던 행동을 뇌전증에 대한 그의 생각과 연결해 볼 수 있다. 이것 말고 그의 외양은 적절하였고, 그의 언어 표현의 흐름이나 내용은 적절하였다. 지능은 정상 범위에 있었고, 지남력은 정상이었다. 그는 불안한 기분 상태를 보였으나, 정동은 그가 말하는 것에 비추어 볼 때 적절하였다. 이런 관찰을 바탕으로 할 때 침습적이고 원치 않는 생각과 이런 생각을 떨쳐버리려고 하는 것을 특징으로 하는 장애인 강박장애(obsessive-compulsive disorder, OCD)를 가능한 진단으로 생각해 볼 수 있다. 이후 프랭크와 관련하여서 사용한 평가 전략에 대해서 논의해 보도록 할 것이다.

흔히 환자는 일반적인 감정("우울해요" 또는 "공포스러워요")에 대한 걱정을 주되게 호소한다. 때때로 환자가 호소하는 문제는 임상가의 시각에서는 주요한 이슈가 아닐 수 있다. 프랭크의 사례가 이런 점을 잘 드러낸다. 그는 결혼문제에 대한 스트레스를 호소하였지만, 임상가는 주요한 어려움은 다른 곳에 있다고 보았다. 프랭크는 임상가에게 뭔가를 숨기려고 노력한 것은 아니었다. 프랭크는 단지 침습적 사고가 주요한 문제임을 모를 뿐이었다. 게다가 두려웠기 때문에 이것

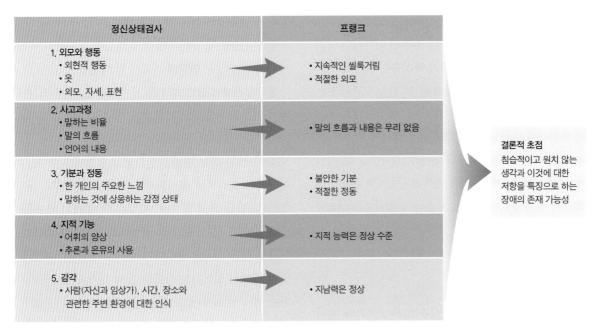

정신상태검사	프랭크
1. 외모와 행동 • 외현적 행동 • 옷 • 외모, 자세, 표현	• 지속적인 씰룩거림 • 적절한 외모
2. 사고과정 • 말하는 비율 • 말의 흐름 • 언어의 내용	• 말의 흐름과 내용은 무리 없음
3. 기분과 정동 • 한 개인의 주요한 느낌 • 말하는 것에 상응하는 감정 상태	• 불안한 기분 • 적절한 정동
4. 지적 기능 • 어휘의 양상 • 추론과 은유의 사용	• 지적 능력은 정상 수준
5. 감각 • 사람(자신과 임상가), 시간, 장소와 관련한 주변 환경에 대한 인식	• 지남력은 정상

결론적 초점
침습적이고 원치 않는 생각과 이것에 대한 저항을 특징으로 하는 장애의 존재 가능성

● 그림 3.2 정신상태검사의 요소들

에 대해서 이야기하기가 어려웠던 것이다.

이 사례는 임상면담을 실행할 때 환자의 신뢰를 이끌어내는 것이 중요하다는 점을 보여준다. 정신건강 전문가들은 위협적이지 않은 방식으로 정보를 찾고 적절한 경청기술을 활용하는 것과 같이 환자를 안심시키고 소통을 원활히 하는 방법에 대해서 훈련받는다. 환자가 임상가에게 알려주는 정보는 미국의 대부분 주에서 "면책 특권 정보" 법 혹은 비밀유지에 근거하여 보호된다. 즉 당국이 치료자에게 환자로부터 받은 정보를 요구하더라도 환자의 동의 없이는 이 정보에 접근할 수 없다. 이 규칙에 대한 유일한 예외는 환자나 다른 사람에게 해가 되거나 위험할 것이라고 임상가가 판단하는 급박한 경우이다. 초기 면담의 시작에서 치료자는 환자에게 비밀유지에 대해서 그리고 그것이 지켜지지 않는 경우에 대해서 알려야 한다.

비밀유지에 대한 확인과 임상가의 면담 기술에도 불구하고 때로는 환자가 자발적으로 민감한 정보를 이야기하는 것을 꺼릴 때도 있다. 저자들에게 20대 초반의 남자가 일주일에 한 번씩 5개월 동안 치료를 받았던 사례가 있었다. 그는 다른 사람과 관계를 맺는 데 방해가 되는 대인관계 기술의 부족과 불안에 대해서 도움받고 싶어 했다. 5개월이 지난 후에야 상담 시간 중에 특별하게 감정적인 적이 있었으며, 그 때 우연히 그는 자신의 비밀을 털어놓게 되었다. 그는 소년들에게 성적인 매력을 강하게 느꼈고 소년들의 발, 양말이나 신발과 같이 이들과 연합된 것에 대해서 참기가 어렵다는 것을 고백하였다. 그가 소년들에게 접근한 것은 아니었으나 집에 작은 양말과 신발들을 수집하여 숨기고 있었다. 비밀유지가 확실하였고 치료자가 도움

을 주기 위해서 존재했기에 이를 치료자에게 이야기하지 않아야 될 합당한 이유는 없었다. 그럼에도 불구하고 그 환자는 그 정보를 자발적으로 거의 이야기하지 못하였다.

반구조화된 임상면담

비구조화된 면담은 체계적인 형식을 따르지 않는다. 반구조화된 면담(semistructured interview)은 일관된 방식으로 유용한 정보들을 이끌어낼 수 있는 질문들로 구성되어 있다. 그래서 임상가들이 어떤 특정한 장애들과 관련한 중요한 측면들에 대해서 질문을 하여야 하는지를 확인할 수 있도록 한다(Summerfeldt, Kloosterman, & Antony, 2010). 임상가는 어떤 이슈들에 대해서는 특정 질문들에서 시작할 수 있으며, 따라서 반구조화라고 이름 붙였다. 질문과 그 순서들이 오랜 기간 동안 운영되었기에 임상가는 반구조화된 면담이 그 목적을 수행한다는 것에 확신을 가질 수 있다. 그러나 자발적으로 어떤 문제에 대해서 이야기하는 면담을 하지 못한다는 점은 단점이라고 하겠다. 또한 만약 경직되게 적용될 경우 반구조화된 면담은 질문과 직접적으로 관련이 없을지는 모르지만 유용한 정보를 환자가 자발적으로 이야기하는 것을 방해한다. 반구조화된 면담의 이와 같은 단점 때문에 컴퓨터로 실시되는 완전히 구조화된 면담이 일부 상황에서 사용되고는 있으나 인기를 끌지는 못한다.

그러나 점차로 많은 정신건강 전문가들이 반구조화된 면담을 일상적으로 사용한다. 일부는 상당히 특수화되어 있다. 예를 들어 프랭크를 면담한 임상가는 강박장애인지의 여부를 추가적으로 판단할 때

Anxiety Disorder Interview Schedule for DSM-5(ADIS-5)(Brown & Barlow, 2014)를 활용할 수 있다. 이 면담에 따르면 임상가는 먼저 생각, 심상이나 충동(강박사고) 때문에 환자가 어려움을 겪는지, 또는 어떤 행동이나 생각을 반복적으로 경험해야 할 것 같은 느낌이 드는지(강박행동)에 대해서 묻는다. "전혀 아니다"에서 "항상 그렇다"의 9점 평정 척도에 근거하여서 임상가는 강박사고에 대해서 지속성-고통감(얼마나 자주 일어나는지와 그것 때문에 얼마나 고통스러운지) 그리고 저항(강박사고로부터 벗어나기 위해서 환자가 하는 노력의 유형)이라는 두 영역에 대해서 환자가 평정을 하도록 한다. 강박행동의 경우에는 환자가 그 빈도에 대해서 평정한다.

신체검진

문제를 가진 많은 환자들은 가정의학과 의사를 먼저 찾아간다. 만약 심리적인 문제를 호소하는 환자가 지난 한 해 동안에 신체검진을 받지 않았다면 임상가는 이를 권유할 수 있다. 행동, 인지 또는 기분상의 장애로 나타나는 많은 문제들은 일시적인 독성과 관련이 있을 수 있다. 이런 독성은 유해식품, 약의 오남용, 의학적 상태에 의해서 나타날 수 있다. 예를 들어 갑상선문제, 특히 갑상선기능항진증(갑상선의 과잉 활성화)은 범불안장애와 같은 불안장애 증상과 유사할 수 있다. 코카인 금단은 종종 공황발작을 일으킨다. 하지만 공황발작을 보이는 많은 환자들은 자신이 이에 중독되어 있다는 것을 쉽게 인정하지 않으며 이로 인해 잘못된 진단과 적절치 않은 치료가 행해지기도 한다.

만약 현재 의학적 상태 혹은 물질남용의 상태가 있다면, 임상가는 문제의 발생 시점이 언제인지를 알아봄으로써 이것이 단순히 동시에 나타나는 것인지 아니면 그 원인인지를 확인하여야 한다. 만약 환자가 지난 5년 동안 심한 우울증을 앓아왔지만 지난 1년 동안에 갑상선문제가 있었거나 혹은 진정제를 복용해 왔다고 한다면, 임상가는 그 우울증이 의학적 상태나 약물로 인해 발생한 것이라고 결론을 내려서는 안 된다. 만약 우울증이 진정제 사용을 시작하는 시점과 동시에 나타났고 투약을 중단하였을 때 그 증상이 상당 부분 감소되었다면 임상가는 우울증이 물질에 의해 나타난 기분장애의 일종이라고 결론 내릴 수 있을 것이다.

행동평가

정신상태검사는 사람이 어떻게 생각하고, 느끼며, 행동하는지, 그리고 이런 행동이 그들의 문제에 어떻게 영향을 주고 설명할 수 있을지를 표집하는 하나의 방법이다. **행동평가**는 이 과정에 한 단계 더 나아가서 직접적인 관찰을 통해 어떤 특정한 맥락에서 한 개인의 생각, 느낌과 행동을 측정하는 것이다. 행동평가는 나이가 어리거나 기술이 부족해서 충분히 자신의 문제와 경험을 보고하기 어려운 개인에 대해 평가하는 경우 면담에 비해서 더 적절할 수 있다.

행동평가에서 표적 행동은 이에 영향을 줄 수 있는 요인들을 결정할 목적으로 확인되고 관찰된다. 어떤 사람을 괴롭히는 것이 무엇인지(즉, 표적 행동)를 알아내는 것은 쉬울 수 있으나, 평가는 도전이기도 하다. 예를 들어 한번은 심각한 품행장애를 보이는 7세 된 아동의 어머니가 클리닉에 찾아와서 도움을 요청하였다. 어머니는 아들이 "자신의 말을 듣지 않으며" 때로는 "반항적인 태도"를 보인다고 하였다. 그러나 그 아동의 교사는 다른 이야기를 하였다. 다른 아동들 그리고 심지어는 교사에 대해 언어적인 폭력과 위협을 보인다고 하였다. 집에서 일어나는 상황을 좀 더 명확하게 확인하기 위하여 임상가는 어느 날 오후에 그 집을 방문하였다. 약 15분쯤이 지난 후에 그 아동은 자신이 쓰던 물컵을 치우지 않고 식탁에서 일어났다. 어머니가 그 컵을 싱크대에 갖다 놓으라고 이야기하였더니 그 아동은 컵을 들어 방에 던지고는 깨진 컵을 부엌에 갖다 놓았다. 그러고는 킥킥거리며 방으로 돌아가 텔레비전을 보았다. 어머니는 "보셨죠. 내 말을 안 듣는다고요"라고 이야기하였다.

이 어머니가 집에서 아들이 보이는 행동에 대한 묘사는 실제 그 아동의 모습을 명확하게 그려내지 못했다. 아동의 폭력적 행동에 대해 어머니의 반응 역시도 정확하게 묘사하지 못했다. 이것은 단순히 지시를 따르지 않는 것 이상이었다. 우리는 그 어머니가 아들에게 지시를 어떻게 해야 할지와 만약 폭력적인 반응을 할 때 어떻게 행동해야 하는지를 가르치기 위한 전략을 마련하였다.

프랭크와 그의 결혼에 대한 불안으로 되돌아가 보면 만약 집에서 프랭크와 그 아내가 상호작용하는 모습을 우리가 관찰했다면 혹은 임상 현장에서 우리 앞에서 전형적인 대화를 하는 모습을 관찰했다면, 우리는 어떤 것을 발견할 수 있을까? 대부분의 임상가들은 자연스런 환경에서 직접 관찰을 할 때 어떤 한 사람의 문제를 완전히 알 수 있다고 가정한다. 하지만 누군가의 집이나 직장, 학교에 가는 것이 항상 가능하거나 실용적인 것은 아니다. 따라서 임상가는 때로는 유사하거나 비슷한 환경을 조작한다(Haynes, Yoshioka, Klowzeman, & Bello, 2009). 예를 들어 저자들 중 한 명은 자폐스펙트럼장애(사회적 철회와 의사소통 문제를 특징으로 하는 장애) 아동을 대상으로 연구한 바 있다. 아동이 집에서 혼자 있을 때나 형제와 놀 때 혹은 어려운 과제를 하도록 했을 때와 유사한 시뮬레이션의 상황에 아동을 두어서 자해 행동의 이유를 발견할 수 있었다(Durand, Hieneman, Clarke, Wang, & Rinaldi, 2013). 이런 다양한 상황에서 아동이 어떻게 행동하는지를 관찰함으로써 스스로 자해하는 이유를 확인하는 데 도움을 받을 수 있다. 그럼으로써 우리는 그 행동을 줄일 수 있는 치료계획을 세울 수 있다. 일부 연구자들은 좀 더 통제된 방식으로 그 특성들을 연구하기 위하여 건강한 개인들에게 정신병리 증상을 유도하는 최면을 이용함으로써 유사상황(실제의 임상 증상 또는 상황을 유사하게 하는 조건들)에서의 평가를 시행하기도 한다(Oakley & Halligan, 2009). 예를 들어 자원하여 실험에 참가한 사람들에게 최면을 걸어 자신의 팔 운동을 통제하는 다른 힘이 있다는 것을 믿게 하고, 그 상황에서 뇌가 어떻게 반응하는지를 봄으로써 망상(조현병의 한 증상)을 연구하기도 하였다(Blakemore, Oakley, & Frith, 2003). 여기에서 볼 수 있는 것처럼 연구자들은 심리장애 연구를 위해 다양한 새로운 창의적인 방법을 이용한다.

관찰의 ABC

관찰평가는 흔히 현재 여기에 초점을 맞춘다. 그러므로 임상가는 현재 행동과 그 선행요소(행동 직전에 어떤 일이 있었나) 그리고 그 결과(그 후에 무슨 일이 생겼나)에 초점을 맞춘다(Haynes et al., 2009). 폭력적인 아동의 예를 들어보면, 관찰자는 (1) 그 어머니가 아동에게 컵을 싱크대에 갖다놓으라고 이야기하였다(선행사건) (2) 아동은 컵을 던졌다(행동) (3) 그 어머니는 반응을 하지 않았다(결과)는 것을 알 수 있었다. 이 선행사건-행동-결과의 과정(ABC)을 통해 그 아동은 폭력적으로 행동함으로써 그 난장판이 된 것을 치우지 않아도 된다는 의미에서 강화를 받았음을 알 수 있다. 그리고 그의 행동에 대해서 어떠한 부정적인 결과도 없었기 때문에(그 어머니는 꾸짖거나 질책하지 않았다) 그는 다음에 뭔가 하고 싶지 않을 때에는 아마도 폭력적인 행동을 할 것이다(그림 3.3 참고).

자기감찰

사람들은 자신의 행동을 관찰하고 패턴을 발견하며, 이 기술을 **자기감**찰 또는 자기관찰이라고 한다(Haynes, O'Brien, & Kaholokula, 2011). 담배를 끊고자 하는 사람들은 담배를 피우는 개수를 적고 담배를 피운 때와 장소를 기입할 수 있다. 이런 관찰은 자신의 문제가 얼마나 심각한지를 정확하게 알 수 있도록 하고(예를 들어 하루에 2갑) 어떤 상황에서 담배를 더 피우는지를 알려준다(예를 들어 전화를 하면서).

더 공식적이고 구조화된 방식의 행동 관찰은 체크리스트나 행동평정 척도를 통해 이루어지며, 이는 치료 전과 치료 중에 어떤 개인 행동의 변화를 측정하기 위한 도구로 사용된다(Blacker, 2005; Myers & Collett, 2006). 다양한 행동을 측정하기 위한 많은 도구들 중에서 간편 정신과적 평정 척도(Brief Psychiatric Rating Scale)(Clarkin, Howieson, & McClough, 2008)는 주요한 18개의 영역을 측정한다. 각 증상을 0(전혀 없는)~6(극심한)의 7점 척도로 평정한다. 평정 척도는 중간에서 심각한 수준의 정신병적 장애를 선별하고 신체증상 염려(신체 건강에 대한 집착, 신체 질병에 대한 두려움), 죄책감(수치심, 과거 행동에 대한 후회), 웅대성(자신감의 과대, 비범한 힘과 능력에 대한 확신)을 포함한다(American Psychiatric Association, 2006).

반응성(reactivity)이라고 알려진 현상은 관찰 자료들을 왜곡한다. 다른 사람들이 어떻게 행동하는지를 당신이 관찰한다고 한다면, 당신이 있다는 사실 그 자체가 사람들의 행동을 변화시킬 수 있다(Haynes et al., 2011). 반응성을 확인하기 위하여 친구에게 네가 어떤 단어를 얼마나 사용하는지를 기록할 것이라고 이야기를 해 보라. 당신의 의도를 이야기하기 바로 직전에 5분 정도 그 단어를 얼마나 사용하는지를 세어보라. 아마 기록할 때에는 친구는 그 단어를 더 적게 사용할 것이다. 이와 비슷한 현상이 스스로의 행동을 관찰하거나 자기감찰을 할 때 발생한다. 자기감찰을 할 때에는 수업 시간에 발표를 하는 것과 같이 사람들이 증가시키고 싶은 행동은 증가시키며, 흡연과 같이 감소시키고 싶은 행동은 감소시킨다(Cohen, Edmunds, Brodman, Benjamin, & Kendall, 2012).

심리검사

우리는 거의 매주 유명한 기사를 통해 소위 심리검사라는 것을 접한다. "관계를 확인하기 위한 12 문항", "당신은 Z 유형 성격인가?"와

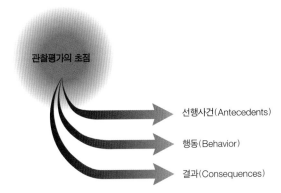

관찰평가의 초점

→ 선행사건(Antecedents)

→ 행동(Behavior)

→ 결과(Consequences)

● 그림 3.3 관찰의 ABC

행동평가(behavioral assessment) 실제 문제 상황이나 맥락에서 내담자의 생각, 느낌, 행동을 측정, 관찰, 체계적으로 (추론하기보다는) 평가하는 것.

자기감찰(self-monitoring) 내담자가 문제와 그 변화를 평가하거나 또는 자신의 반응을 좀 더 잘 인식하게 만드는 치료의 절차로서 자기의 행동을 관찰하고 기록하는 행위. 자기관찰이라고도 함.

같은 많은 검사들은 단지 흥미용이다. 이런 것들은 흔히 기사의 목적에 맞게 만들어지며 표면적으로 그럴 듯한 질문들로 채워진다. 실제로는 이런 검사들이 우리에게 알려주는 것은 거의 없다. 반면에 심리장애를 평가하기 위한 검사들은 앞서 언급한 기준들이 엄격하게 충족되어야 한다. 이 검사들은 둘 혹은 그 이상의 사람들이 동일한 검사를 동일한 대상에게 실시하면 동일한 결론을 내릴 수 있도록 신뢰로워야 하며, 그 검사가 측정하고자 하는 것을 측정한다는 차원에서 타당하여야 한다(Hunsley & Mash, 2011).

심리검사에는 특정한 장애와 관련된 인지, 정서, 행동적 반응을 밝히는 특수한 도구들이 있으며, 의심이 많은 경향성과 같은 장기적인 성격 특성을 측정하는 좀 더 일반적 도구들이 있다. 특수한 영역으로는 인지의 구조와 양상을 밝히는 지능검사가 있다. 신경심리학적 검사에서는 환자의 상태에 영향을 주는 가능한 뇌 손상이나 기능장애를 밝힌다. 뇌영상은 뇌 구조와 기능을 평가하는 좀 더 정교한 기술로 사용된다.

투사검사

심리장애에 존재하는 무의식적 과정을 평가하기 위해서 정신분석가들은 **투사검사**라 알려져 있는 평가 방법을 개발하였다. 이런 검사들에서는 인간이나 사물의 그림과 같은 모호한 자극을 사람들에게 제시하고 그것이 무엇처럼 보이는지를 기술하도록 하는 다양한 방법을 사용한다. 그 이론에서는 사람들이 자기 자신의 성격과 무의식적 공포를 다른 인간이나 대상—이 경우 모호한 자극—에 투사한다고 보고, 이를 알아차리지 못하고 무의식적 사고를 치료자에게 드러낸다고 본다.

이런 검사들은 정신역동 이론에 근거하고 있기에 논쟁이 있다. 그렇다고 하더라도 투사검사의 사용은 일반적이며, 대부분의 임상가들이 최소한 가끔씩은 이 검사를 활용한다(Butcher, 2009). 가장 널리 사용되는 세 검사는 로르샤하 검사, 주제통각검사, 문장완성검사이다.

로르샤하 검사는 초기 투사검사 중 하나이다. 현재 검사의 형태에서는 10개의 모호한 자극이 검사 자극으로 활용된다(그림 3.4 참고). 검사자는 피평가자에게 잉크 반점을 하나씩 제시하고 피평가자는 무엇이 보이는지를 대답한다. 불행하게도 초기에 사용한 로르샤하 검사의 대부분은 신뢰도와 타당도에 대한 정보가 부족하여서 상당히 논쟁이 되었다. 평가의 가장 중요한 원칙 중 하나가 동일한 검사의 경우 매번 동일한 방식—즉 표준화된 방식으로 실행되어져야 한다는 것임에도 불구하고, 최근에 이르기까지 치료자들은 그들 각자가 보기에 적절한 방식으로 검사를 실시하였다. 만약 당신이 누군가

● 그림 3.4 로르샤하 검사의 모호한 자극과 유사한 잉크 반점

에게 첫 번째 검사에서 좀 더 자세히 응답할 것을 요구하였지만 두 번째에는 그런 요구를 하지 않았다면, 두 번의 검사에서 실행 방식의 차이로 인해 각기 다른 반응을 얻게 될 것이다. 이것은 검사의 문제이거나 혹은 각기 다른 사람에 의해 검사가 진행(평가자 간 신뢰도)되었기 때문은 아닐 것이다.

신뢰도와 타당도에 대한 우려가 있어 John Exner는 종합체계(Exner, 2003)라고 불리는 표준화된 방식의 로르샤하 검사를 개발하였다. 로르샤하 검사 실시와 채점의 Exner 체계는 카드를 어떻게 보여줘야 하며, 검사자가 무엇을 이야기하여야 하고, 또 반응을 어떻게 기록해야 하는지를 명세화하였다(Mihura, Meyer, Dumitrascu, & Bombel, 2013). 여전히 로르샤하 검사에 대한 비판자들은 종합체계에 대한 연구를 통해 이것이 심리장애를 가진 사람들에게 타당한 측정 방식인지에 대해서 의문을 제기한다(Hunsley & Mash, 2011; Mihura et al., 2012).

주제통각검사는 아마도 로르샤하 다음으로 가장 잘 알려진 투사검사일 것이다(Clarkin et al., 2008). 이 검사는 총 31장의 카드로 구성되어 있다. 각 시행마다 일반적으로 20장의 카드를 사용하지만 30장의 그림이 있는 카드와 1장의 빈 카드로 구성되어 있다. 지시문에서는 피검자에게 그림에 대한 이야기를 만들도록 요구한다. 검사자는

그림을 제시하고 환자에게 "이것은 일종의 지능검사와 같은 상상력 검사입니다"라고 이야기한다. 피검자는 "신화, 동화나 우화에서처럼 상상력을 마음껏 발휘해 보세요"라는 지시를 받는다(Stein, 1978, p. 186). 로르샤하 검사와 마찬가지로 주제통각검사는 그림에 대한 이야기가 자신의 무의식적 정신과정을 드러낸다는 주장에 기초한다(McGrath & Carroll, 2012).

주제통각검사는 아동용 주제통각검사(Children's Apperception Test), 노인용 주제통각검사(Senior Apperception Test)와 같이 다른 집단을 대상으로 다양한 형태가 개발되었다. 그리고 다양한 민족이나 인종을 대상으로 한 검사의 변형된 형태가 개발되었다(Bellak, 1975; Dana, 1996). 이런 변형은 그 그림에 나타나는 사람들의 외모뿐 아니라 묘사된 상황에서 나타나기도 한다. 로르샤하의 종합체계처럼 연구자들은 주제통각검사에서도 사회 인지와 대상 관계 척도(Social Cognition and Object Relations Scale)(Western, 1991)와 같은 채점 체계를 개발하기도 하였다.

안타깝게도 주제통각검사와 그 변형된 형태는 여전히 일관되지 못하게 사용되고 있다. 그림에 대해 사람들의 이야기들을 어떻게 해석할지는 환자가 한 이야기뿐 아니라 검사자의 준거틀에 따라 각기 다르게 다루어진다. 그래서 정신병리와 관련하여 이 검사의 유용성에 대해서 의문시되고 있다는 점은 그다지 놀랍지 않다(Hunsley & Mash, 2011).

투사검사를 사용하는 대부분의 임상가들은 각자 나름의 실시와 해석 방법을 가지고 있다. 마음을 터놓고, 또 어떤 느낌을 가지는지를 이야기하게 할 때에는 이런 검사들에 있는 모호한 자극이 가치 있는 도구이다. 그러나 신뢰도와 타당도가 상대적으로 부족하기에 진단 검사로서는 덜 유용하다.

성격검사

주류의 학술잡지에 출간되는 심리검사의 문항은 그것을 읽었을 때 일반적으로 그럴 듯하다. 이것을 안면 타당도라고 부른다. 이는 문항들이 알고자 하는 정보에 잘 맞는 것 같다는 것이다. 그런데 이러한 것이 필요할까? Paul Meehl은 60년 전에 이런 이슈와 관련하여 자신의 의견을 제시하였고, 이는 **성격검사**(한 개인의 특성을 측정하는 자기보고식 검사)와 관련한 전체 연구에 상당한 영향을 주었다(Meehl, 1945). Meehl은 이런 종류의 검사에서 필요한 것은 그 문항이 표면적으로 그럴 듯한지 아닌지가 아니라, 그보다는 그 문항에 대한 응답이 무엇을 예측하는가라는 점을 지적하였다. 만약 조현병인 사람이 "나는 누구와도 사랑에 빠져본 적이 없다"에 "예"라고 응답하는 경

향이 있다면, 이는 우리가 사랑이나 조현병에 대한 이론을 가지고 있는지의 여부와는 관련이 없다. 관련 있는 것은 만약 어떤 장애를 가지고 있는 사람들이 집단적으로 어떤 문항에 대해 특정한 방식으로 응답을 했다면, 이것이 그 장애를 가지고 있는 사람을 예측할 수 있다는 것이다. 그 문항의 내용은 관련이 없다. 중요성은 그 응답이 무엇을 예측했는가에 있다.

많은 성격검사가 이용 가능하지만, 미국에서 가장 널리 사용되는 성격검사는 1930년대 말~40년대 초에 개발되어 1943년에 처음 출간된 미네소타 다면적 인성검사(Minnesota Multiphasic Personality Inventory, MMPI)이다(Hathaway & McKinley, 1943). 해석을 위해 이론에 매우 의존하고 있는 투사검사에 비해 MMPI 및 이와 유사한 검사는 경험적 접근, 즉 자료의 수집과 평가에 의존하고 있다. MMPI의 시행은 직관적이다. 피검자는 문항을 읽고 "예" 또는 "아니오" 중 하나로 응답하면 된다. 다음은 MMPI에 나온 문항의 일부이다.

- 쉽게 운다.
- 흔히 아무런 이유 없이 즐거움을 느낀다.
- 미행을 당하고 있다.
- 나를 해치지 않을 대상이나 사람에 대해 두려움을 느낀다.

이런 MMPI 반응에 대한 해석의 여지는 없다. 그러나 MMPI를 시행할 때의 문제는 원판의 경우 550문항 그리고 현재 MMPI-2(1989년 출간)에서는 567문항에 대해 반응하는 데 걸리는 시간과 지루함이다. 청소년에게 적합한 MMPI의 판인 MMPI-A가 출간되어 사용 가능하며(1992년 출간), 다른 문화권의 사람들을 위한 판들 역시 출간되어 있다(Okazaki, Okazaki, & Sue, 2009). MMPI의 개별 문항에 대한 반응은 검토하지 않으며, 그 대신에 반응 양상이 특정한 장애를 가지고 있는 집단의 양상과 유사한지의 여부를 살펴보아 해석한다. 개별 표준 척도는 각 집단을 나타낸다(Nichols, 2011)(표 3.1 참고).

다행스럽게도 임상가는 컴퓨터를 이용하여서 반응을 채점할 수 있으며, 그 프로그램은 결과 해석을 포함하고 있고 그럼으로써 신뢰도의 문제를 줄일 수 있다. MMPI 개발 초기의 우려 중 하나는 일부의 경우 자신의 문제를 숨길 수 있는 방식으로 반응할 수 있을 것이

투사검사(projective tests) 정신분석에 기초하여서 모호한 자극을 내담자에게 제시하면 그에 대한 반응은 내적인 무의식적 갈등을 드러낼 것이라 가정하는 측정. 이런 검사들은 추론적이며 신뢰도와 타당도가 높지 않다.

성격검사(personality inventory) 피검자가 자신에게 적절한 응답을 선택하여서 개인의 특성을 측정하는 자기보고식 검사.

표 3.1 MMPI-2 척도

타당도 척도	높은 점수의 특성
무응답(?)	독해의 어려움, 신중함, 혼란과 산만함, 우울증, 반항 또는 강박성
무선반응 비일관성 (VRIN)	심리장애와 일치하지 않는 비일관된 방식으로 문항에 응답
고정반응 비일관성 (TRIN)	모두 예 혹은 아니오라고 문항에 응답
비전형(F)	무선적으로 응답했거나 정신병적인 정신병리적 현상을 가짐
비전형(후반부)(Fb)	검사 후반부에 문항에 대해 반응하는 방법을 바꿈
비전형(정신병리)(Fp)	기대되는 것보다 정신과적 증상을 더 드러냄
증상 타당도(FBS)	정신병적이지는 않으나 더 장애를 가진 것으로 드러내려 노력함
부인(L)	솔직하지 못함, 속임 또는 방어성
교정(K)	신중하고 방어적임
과장된 자기제시(S)	좋은 면을 드러내고 개인적인 결점을 부인
임상 척도	**높은 점수의 특성**
건강염려증(Hs)	신체화 환자, 의학적 문제를 갖고 있을 가능성
우울증(D)	우울, 자살 가능성
히스테리(Hy)	스트레스에 높은 반응성, 때때로 불안하고 울적
반사회성(Pd)	반사회적, 솔직하지 못함, 약물남용 가능성
남성성–여성성(Mf)	전형적인 남성적 흥미에 대한 부족, 심미적, 예술적
편집증(Pa)	혼란된 사고, 피해 사고, 정신병적 가능성
강박증(Pt)	심리적 동요와 불편함, 과도한 불안
정신분열증(Sc)	혼란, 환각 가능성
경조증(Ma)	조증, 정서적인 불안정, 비현실적 자기평가
내향성(Si)	사회적 상황에서 매우 자신 없고 불편함, 소심

출처: MMPI-2 (Minnesota Multiphasic Personality Inventory-2) Manual for Administration, Scoring, and Interpretation, Revised Edition. University of Minnesota Press.

라는 점이었다. 숙련된 사람들은 "다른 사람에게 상처 주는 이야기를 하였을까 봐 걱정된다"와 같은 문장이 의도하는 바를 짐작할 수 있고 반응을 속일 수 있다. 이런 가능성을 평가하기 위하여 MMPI에는 타당도를 확인하는 추가적인 척도를 포함시켰다. 예를 들어 부인(Lie) 척도에는 "화가 나면 다른 사람에게 상처를 준다"와 같은 문항에 "아니오"라고 응답을 하면 그 사람은 긍정적으로 보이기 위해 응답을 속였을 것이라 본다. 또 다른 척도로는 비전형성(Infrequency) 척도가 있다. 이것은 심리적인 문제가 있다고 거짓되게 주장하는 것

을 측정하거나 무작위로 응답하였을 가능성을 확인한다. 그리고 미묘한 방어성 척도에서는 피검자가 자기 자신을 비현실적으로 긍정적인 방식으로 보고 있는지의 여부를 측정한다(Nichols, 2011).

그림 3.5는 임상적으로 평가된 한 사람의 MMPI 프로파일 또는 점수의 요약본이다. 27세인 남성(James S.라고 부르자)이 왜 평가를 받았는지를 이야기하기 전에 MMPI 프로파일이 그에 대해서 무엇을 이야기하고 있는지를 살펴보자(이 점수들은 MMPI의 원판 점수이다). 처음 세 점수는 타당도 척도의 점수를 의미한다. 이 척도들에서 높은 점수는 James S.가 순진하게 평가자에게 좋은 인상을 남기려고 하고 또한 자신에게 어떠한 문제도 없음을 보여주려고 노력한다는 점을 의미한다. 이 프로파일에서 또 다른 중요한 부분은 반사회성 척도의 높은 상승이며, 이것은 반사회적 방식으로 행동화하는 경향성이 높음을 의미한다. 이 점수에 대한 임상가의 해석은 James S.는 "공격적이고, 신뢰롭지 못하며, 무책임하다. 경험으로부터 배우지 못한다. 첫인상은 좋으나 장기적인 관계 또는 스트레스 상황에서는 반사회적인 측면들이 드러난다"는 것이다.

James S.는 어린 시절부터 시작된 범죄 경력을 가진 청년이었다. 중년 여성을 납치, 강간, 살인한 것에 대한 재판 때문에 평가되었다. 재판 기간 동안 그는 무죄임을 주장하기 위해(타당도 척도에서 높은 점수를 받았다) 그의 형제를 비난하는 것을 포함하여 모순된 여러 이야기들을 꾸며냈다. 그러나 그가 유죄임을 입증하는 막대한 증거로 인해 종신형 선고를 받았다. MMPI에서 그가 한 반응은 폭력적이고 반사회적인 방식으로 행동하는 다른 사람들의 것과 유사하였다.

MMPI는 심리학에서 가장 널리 연구된 측정 도구 중 하나이다(Cox, Weed, & Butcher, 2009). 원판의 표준화를 위한 표본—처음으로 문항에 대해 응답하여서 응답의 표준을 만드는 데 참여한 사람들—에는 미네소타 지역에 거주하며 어떠한 심리장애를 가지지 않았거나 특정한 장애를 가진 일군의 사람들이 참여하였다. 최근판인 MMPI-2와 MMPI-A에는 원판에 나타났던 표본과 문항 문구들의 문제를 수정하였다(Ranson, Nichols, Rouse, & Harrington, 2009). 예를 들어 일부 문항은 성차별적이었다. 원판의 한 문항에서는 자신이 여성인 것에 대해서 유감스러운지에 대해서 응답토록 하였다(Worell & Remer, 1992). 다른 문항들은 문화적 다양성에 민감하지 못하다는 점에서 비판받았다. 예를 들어 종교를 다루고 있는 문항들은 거의 모두 기독교와 관련되어 있었다(Butcher, Craham, Williams, & Ben-Porath, 1990). MMPI-2에서는 1980년 미국 센서스 조사를 반영한 표본을 바탕으로 표준화되었으며 아프리카계 미국인과 북미 원주민을 처음으로 포함시켰다. 그리고 A유형 성격이나 낮은 자존감, 가족문제와 같은 최신의 이슈들을 다루는 새로운 문항들을 포함시켰다.

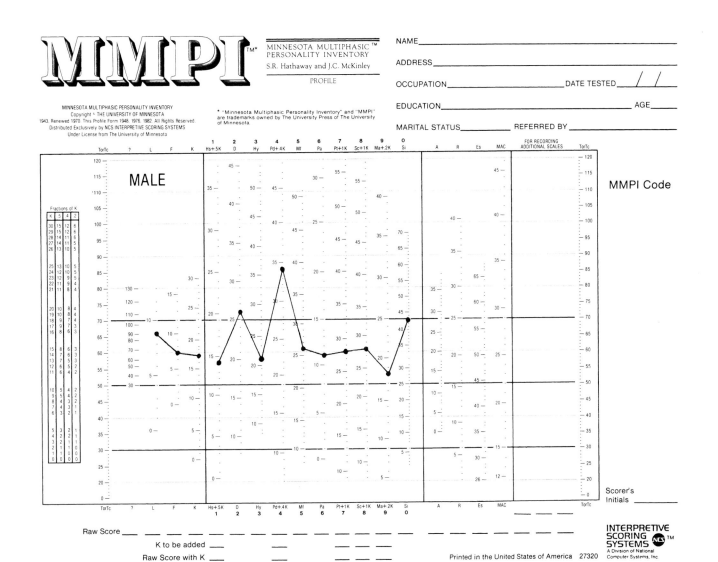

그림 3.5 MMPI 프로파일 [출처: MMPI® (Minnesota Multiphasic Personality Inventory®) Profile Form. Copyright © 1942, 1943, 1948, 1976, 1982 by the Regents of the University of Minnesota. All rights reserved. "MMPI" and "Minnesota Multiphasic Personality Inventory" are trademarks owned by the Regents of the University of Minnesota.]

지능검사

1904년 프랑스 심리학자 Alfred Binet와 동료인 Théodore Simon은 프랑스 정부로부터 추가적인 도움이 필요한 "학습이 느린 아동"을 확인할 수 있는 검사를 개발해 달라는 요청을 받았다. 이들은 아동들이 학교에서 성공하기 위해 필요한 능력을 측정할 수 있는 과제를 밝혀냈으며, 여기에는 주의, 지각, 기억, 추론 및 언어 이해 과제들이 포함되었다. Binet와 Simon은 일련의 과제들을 다수의 아동들에게 제공하였다. 그리고 난 후 학습이 느린 아동과 학교에서 잘 하는 아동을 구분할 수 없는 과제들을 제거하였다. 여러 차례의 수정 수행을 거친 후, 시행하기 쉽고 학업적 성취를 예측할 수 있는 검사를 개발하게 되었다. 1916년 스탠포드 대학의 Lewis Terman은 미국에서 사용할 수 있게끔 이 검사의 개정판을 번안하였으며, 이것이

Stanford-Binet 검사이다.

이 검사는 **지능지수**(IQ)라고 불리는 점수를 제공한다. IQ 점수는 아동의 정신연령을 활용하여 계산하였다. 예를 들어 7세 아동 수준의 모든 문항을 통과하고 8세 아동 수준에는 전혀 답하지 못한 아동은 7세의 정신연령이 된다. 이 정신연령을 그 아동의 생물학적 연령으로 나눈 후 100을 곱한 값이 IQ 점수였다. 그러나 이런 방식으로 계산하는 데에는 문제가 있었다. 예를 들어 4세 아동이 자신의 생물학적 나이에 비해 단지 1년만 더 높은 경우 125라는 IQ 점수를 갖는 반면 8세 아동의 경우에는 동일한 점수를 받기 위해서는 자신의 생물학적

지능지수(intelligence quotient) 평균적인 검사 수행에서 한 개인이 얼마나 편차를 보이는지를 추정하는 지능검사의 점수.

▲ 한 아동이 표준화된 심리검사를 받고 있다.

나이에 비해 2년이나 더 높아야 한다. 현재 검사에서는 편차 IQ라고 불리는 점수를 사용한다. 한 개인의 점수는 동일 연령대의 다른 사람들의 점수와만 비교된다. 그리고는 IQ 점수는 동일 연령대의 다른 아동의 평균적인 수행에 비해 얼마나 차이가 있는지를 바탕으로 추정한다(Fletcher & Hattie, 2011).

Stanford-Binet 검사의 개정판(*Stanford-Binet V*; Roid & Pomplun, 2005)뿐만 아니라 심리학자인 David Wechsler가 개발한 또 다른 널리 사용되는 지능검사가 있다. Wechsler 검사에는 성인용(*Wechsler Adult Intelligence Scale*, third edition, or *WAIS-III*. 역주: 2016년 현재 한국과 미국 모두에서 4판이 출시되었음), 아동용(*Wechsler Intelligence Scale for Children*, fourth edition, or *WISC-IV*. 역주: 2016년 현재 미국에서는 5판이, 한국에서는 4판이 출간되었음), 유아용(*Wechsler Preschool and Primary Scale of Intelligence*, third edition, or *WPPSI-III*. 역주: 2016년 현재 한국과 미국 모두에서 4판이 출시되었음)이 있다. 이들 모든 검사에는 언어성 검사(어휘, 지식, 단기 기억, 언어추론능력을 측정)와 동작성 검사(정신운동능력, 비언어적 추론, 새로운 관계에 대한 학습을 측정)가 포함되어 있다(Prifitera, Saklofske, & Weiss, 2008).

심리학자가 아닌 사람들이 흔히 하는 큰 실수 중 하나는 IQ와 지능을 혼동한다는 것이다. IQ 점수가 평균보다 높다는 것은 그 사람이 우리의 교육 체계 내에서 평균보다는 더 잘 할 수 있을 것을 의미한다. 반면에 평균보다 낮은 점수는 아마도 그 사람이 학교에서 평균보다 잘하지 못할 것을 의미한다. 평균 IQ보다 낮은 점수는 그 사람이 지적이지 못하다는 것인가? 꼭 그렇지는 않다. 첫째, 낮은 점수를 받게 되는 여러 이유가 있다. 예를 들어 IQ 검사가 영어로 시행되었고 영어가 모국어가 아닌 경우 결과는 이에 영향을 받는다.

그러나 더 중요한 것은 아마도 "지능을 구성하는 것은 무엇인가?"라는 질문에 대한 모형의 발달과 관련이 있다. IQ 검사에서는 주의, 지각, 기억, 추론, 언어 이해와 같은 능력을 측정한다는 것을 기억할 것이다. 이런 기술은 우리가 지능이라고 고려하는 모든 것을 대표하고 있을까? 최근의 이론가들은 우리가 지능이라고 생각하는 것에는 환경에 적응하는 능력, 새로운 아이디어를 낼 수 있는 능력, 정보를 효율적으로 처리하는 능력과 같이 더 많은 것들이 포함된다고 생각한다(Gottfredson & Saklofske, 2009). 그러나 일반적으로 IQ 검사는 신뢰롭고, 학업적 성취를 어느 정도 예측한다는 차원에서 타당한 측정 도구이다.

신경심리검사

이제는 뇌 기능 이상의 위치를 집어낼 수 있는 정밀한 검사가 존재한다. 다행스럽게도 이런 기술은 일반적으로 활용 가능하고 상대적으로 덜 비싸며, 전자통신기기의 기술적 진보로 인해 먼 지역의 사람들에게도 이런 측정이 실시될 수 있도록 하는 노력이 진행되어 왔다(Lezak, Howieson, Bigler, & Tranel, 2012). **신경심리검사**에서는 지각, 표현 언어, 주의나 집중력, 기억, 운동 능력, 지각 능력, 학습과 추론 등과 같은 영역의 능력을 측정한다.

아동을 대상으로 흔히 사용되는 단순한 신경심리검사로는 *Bender Visual-Motor Gestalt* 검사가 있다(Brannigan & Decker, 2006). 여러 선과 도형 모양으로 구성된 카드들을 아동에게 제시한다. 아동의 과제는 그 카드에 그려진 그림을 모사하는 것이다. 검사에서의 오류는 동일 연령대의 아동들 검사 결과와 비교된다. 만약 오류 숫자가 지나치면 뇌 기능 이상을 의심한다. 뇌의 기질적 손상과 관련한 문제 영역을 조금 더 정확하게 파악할 수 있는 검사로는 *Luria-Nebraska Neuropsychological Battery*(Golden, Hammeke, & Purisch, 1980)와 *Halstead-Reitan Neuropsychological Battery*(Reitan & Davison, 1974)가 있다. 이 검사들에서는 청소년과 성인의 다양한 기술을 측정한다. 예를 들면 *Halstead-Reitan Neuropsychological Battery*에는 리듬 검사(피검자에게 리듬 비트를 비교하도록 함으로써 소리 인식, 주의 및 집중력을 측정), 악력 검사(좌우측 손의 악력을 비교), 촉각 수행 검사(눈을 가리고 피검자가 토막을 형태의 판에 놓도록 하여서 학습과 기억을 측정)가 포함되어 있다(McCarrfery, Lynch, & Westervelt, 2011).

신경심리검사의 타당도에 대한 연구 결과, 이것이 기질적 뇌 손상을 탐지하는 데 유용함을 밝혔다. Halstead-Reitan 검사와 Luria-Nebraska 검사가 손상을 탐지하는 정도는 유사하여 약 80%의 정확률을 보인다고 보고되었다(Goldstein & shelly, 1984). 그러나 이런 종류의 연구들에는 **긍정 오류**와 **부정 오류**의 이슈가 제기된다. 어떤 평가 전략에서든 실제는 문제가 없는데 검사에서는 문제가 있다고 보일 때가 있으며(긍정 오류), 실제 문제가 있는데 검사에서는 문제가 없다고 발견되는 경우가 있다(부정 오류). 그러므로 신경심리검사는 일차적인 선별을 위한 도구로 사용되며, 일반적으로 실제 문제를 발견할 수 있는 확률을 높일 수 있는 다른 평가와 함께 사용된다.

뇌신경영상: 뇌 사진

최근 들어 **뇌신경영상**이라고 불리는 기술을 이용하여 뇌의 구조와 기능을 좀 더 정확하게 측정할 수 있는 기술이 개발되었다(Adinoff & Stein, 2011). 뇌신경영상은 두 가지로 분류될 수 있다. (1) 뇌의 다양한 부분들의 크기 등 뇌의 구조를 검사하고 어떤 손상이 있는지를 확인하는 절차와 (2) 혈류량과 다른 신진대사 활동을 통해 뇌의 실제 기능을 검사하는 절차가 그것이다.

뇌 구조 영상

1970년대 초에 개발된 최초의 뇌신경영상기술은 여러 각도에서 뇌에 X선을 투과시키는 방법을 이용하였다. X선의 투사가 부분적으로 뼈나 뇌 조직에 따라 더 혹은 덜 막히거나 약화된다. 막힌 정도는 머리의 반대편 탐지기를 통해 확인된다. 그리고 나서 컴퓨터를 이용하여 뇌의 다양한 영상을 재구성한다. 15분쯤 걸리는 이 과정은 컴퓨터 단층촬영(computerized axial tomography, CAT) 또는 CT라 불린다. 컴퓨터 단층촬영은 뇌종양, 외상과 다른 구조적 해부학적 이상을 확인하는 데 특별히 유용하다. 그러나 한 가지 문제는 모든 X선이 그러하듯이 이런 방식은 반복적으로 방사선에 노출되게 하여 세포 손상의 위험이 있다(Adinoff & Stein, 2011).

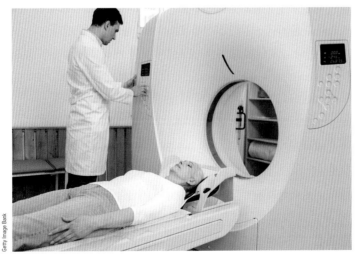

▲ 환자가 MRI 촬영을 위해 이동 중이다.

최근 개발된 방법은 X선 검사의 위험 없이 컴퓨터 단층촬영에 비해서 더 높은 정확률을 보인다. 핵 자기공명영상(magnetic resonance imaging, MRI)에서는 환자의 머리 부분을 강력한 자기장에 두고 고주파를 발생시킨다. 이 신호는 뇌 조직을 '흥분'시키고 수소의 양성자를 변화시킨다. 양성자가 완화되거나 정상의 상태로 되돌아가는 시간과 함께 그 변화가 측정된다. 병변이나 손상이 있는 곳에서는 신호가 밝아지거나 어두워진다(Adinoff & Stein, 2011). 최신 기술로 컴퓨터를 이용하여 뇌를 층으로 볼 수 있게 되었으며 이로 인해 정확한 구조에 대한 검사가 가능하다. MRI가 CT보다는 더 비싸고 45분 정도로 더 오랜 시간이 걸리기는 하지만 이는 기술의 발달로 점차 변화하고 있다. 현재 MRI가 가지는 또 다른 약점은 이 절차에서는 머리가 자성 코일의 좁은 튜브 안에 완전히 들어가 있어야 한다는 것이다. 어느 정도 폐쇄공포를 가진 사람은 종종 MRI 검사를 받기가 쉽지 않다.

뇌 기능 영상

구조를 측정하는 것과는 달리 뇌의 실제 기능을 측정할 수 있는 널리 사용되고 있는 절차들이 있다. 첫째는 양전자방출 단층촬영(positron emission tomography, PET)이다. PET 검사를 받는 피검자는 양전자를 방출하는 방사성 동위원소를 체내 주입받는다. 이것은 혈액, 산소 혹은 포도당과 상호작용한다. 뇌의 일부가 활성화될 때에는 혈액, 산소 혹은 포도당이 그 영역으로 움직이고 '활성화 영역'을 만들어내며 동위원소의 위치를 통해 이를 확인한다. 그러므로 뇌의 어떤 영역이 활동하고 어떤 영역이 활동하지 않는지를 알 수 있다. 이 영상을 MRI 영상에 덧입혀서 활성화 영역의 정확한 위치를 볼 수 있다. PET은 각기 다른 장애와 관련된 신진대사의 다양한 양상을 보는 데 점차로 활용되고 있다. 최근 PET에서는 초기 알츠하이머형 치매 환자들이 두정엽에서 포도당 신진대사가 줄어들고 있음을 보여준다. 또 다른 흥미로운 발견은 강박장애와 양극성장애에 대한 것과 관련이 있다. PET은 비싸기 때문에 그 사용이 대형 병원에서나 가능하다.

신경심리검사(neuropsychological tests) 한 개인의 행동 수행의 검사를 통해 뇌와 신경계를 측정.

긍정 오류(false positives) 병리가 실제로는 존재하지 않는 데에도 있다고 결론 내리는 측정의 오류.

부정 오류(false negatives) 병리가 실제로 존재함에도 불구하고 없다고 결론 내리는 측정의 오류.

뇌신경영상(neuroimaging) 신경계의 구조와 기능을 비침습적 방식으로 검사하는 컴퓨터를 활용한 정교한 절차.

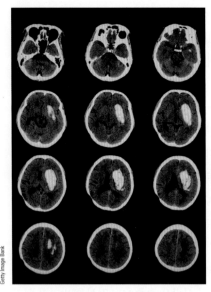

▲ PET은 신경 활동이 높은 영역과 낮은 영역을 비교해서 보여준다.

두 번째 뇌 기능을 측정하는 절차로는 단일광자방출 컴퓨터 단층촬영(single photon emission computed tomography, SPECT)이 있다. 이것은 투여되는 물질이 다른 것이라는 점을 제외하고는 PET과 유사하나 PET에 비해서는 덜 정확하다. 그러나 덜 비싸고 신호를 감지하기 위해서 사용되는 장치가 덜 복잡하다. 그래서 PET보다는 SPECT가 더 자주 사용된다.

가장 흥미로운 발전은 일반적인 MRI보다 더 빠르게 작동하는 MRI의 발달과 관련되어 있다(Adinoff & Stein, 2011). 이 과정이 단지 몇 밀리세컨드[역주. 1초=1000밀리세컨드(ms)]밖에 걸리지 않아서 실제 활동 중인 뇌의 영상을 촬영할 수 있고 그 변화를 저장할 수 있게 되었다. 이 절차를 통해 뇌의 기능을 측정할 수 있었기 때문에 기능적 자기공명영상 혹은 fMRI라고 부른다. fMRI는 새로운 얼굴을 볼 때와 같이 짧은 사건에 대한 뇌의 즉각적인 반응을 볼 수 있게 하기에 주요한 뇌영상센터에서 PET를 대체하였다. BOLD-MRI(Blood-Oxygen-Level-Dependent fMRI)는 심리장애를 연구하는 데 가장 흔하게 사용되는 fMRI 기술이다(Adinoff & Stein, 2011).

정신생리학적 평가

뇌 구조와 기능, 신경계 활동을 평가하는 또 다른 방법으로는 **정신생리학적 평가**가 있다. 그 용어가 의미하는 바와 같이 정신생리학은 정서적 혹은 심리학적 사건을 반영하는 신경계의 측정 가능한 변화를 나타낸다. 측정은 뇌로부터 직접 혹은 주변부의 신체 다른 부분을 통해 이루어진다.

프랭크는 발작이 있을까 두려웠다. 만약 그에게 기억 손실이나 기괴하고 혼수상태와 같은 행동의 시기가 있을 것으로 의심된다면, **뇌파**(EEG)를 확인해 보는 것이 중요할 것이다. 일군의 뉴런 발화와 관련된 뇌의 전기적 활동을 측정하는 것은 뇌파의 활성화를 보여준다. 뇌파는 뉴런 사이에 발생하는 저전압의 전류에서 나온다. EEG에서는 저전압의 전류를 기록하기 위하여 두피의 다양한 곳에 직접 전극을 부착한다.

지난 수십 년간 우리는 EEG 패턴에 대해서 많은 것을 알게 되었다(Kim, Schulz, Wilde, & Yydofsky, 2008). 일반적으로 우리는 뇌에서 진행 중인 전기적 활동을 측정한다. 심리적으로 의미 있는 자극을 듣는 것과 같은 어떤 특정한 사건에 따른 반응으로 짧은 시간 동안 EEG 패턴을 기록할 때 그 반응은 사건 관련 전위(event-related potential, ERP) 혹은 유발 전위(evoked potential)라고 부른다. EEG 패턴은 종종 심리적 혹은 정서적 요소에 의해 영향을 받고 그래서 그 반응의 지표나 정신생리학적 측정으로 여겨진다. 정상적이고 건강하며 편안한 상태의 성인에게서 깨어 있는 활동은 알파파라고 불리는 규칙적인 전압 변화의 패턴이 특징이다.

스트레스를 감소시키기 위한 다양한 치료에서는 환자를 이완시켜서 알파파를 증가시키기 위해 노력한다. 알파파의 양상은 이완, 평온함과 연관되어 있다. 수면 중 뇌 활동은 최소한 부분적으로 EEG 패턴을 통해 확인되는 여러 단계를 거친다. 일반적으로 잠이 든 후 1~2시간 후에 나타나는 가장 깊고 가장 이완된 단계에서 EEG는 델타파 패턴을 보인다. 이 뇌파는 알파파에 비해서는 느리고 비규칙적이며, 이 수면의 단계에서는 정상적이다. 만약 깨어 있는 상태에서 지속적으로 델타파 활동이 나타난다면 뇌의 국지적인 기능 장애를 나타내는 것일 수 있다.

다른 신체 반응에 대한 정신생리학적 평가 역시 중요한 역할을 담당한다. 이런 반응에는 심박률, 호흡과, 이전에는 전기 피부 반응(galvanic skin response)이라고 불리던 말초신경계에 의해 조절되는 땀샘 활동을 측정하는 전류 피부 반응(electrodermal responding)이 있다. 정서 자극에 대한 정신생리학적 반응을 평가하는 것은 많은 장애에서 중요하며, 그 중 하나가 외상후 스트레스장애이다. 환자가 그런 것이 발생했다는 것을 인식하지 못하더라도 외상과 관련된 장면이나 소리와 같은 자극은 강한 정신생리학적 반응을 불러일으킨다.

두통이나 고혈압의 평가와 치료에서 또한 생리학적 측정은 중요하다(Hazlett-Stevens & Bernstein, 2012). 생리학적 측정은 바이오피드백(biofeedback)이라고 불리는 치료의 기초가 되기도 한다. 바이오피드백에서 혈압과 같은 생리적 반응 수준을 환자에게 피드백해 주며 그래서 환자로 하여금 그 반응을 조절하도록 노력하게 한다.

생리학적 평가는 상당한 기술과 기술적인 전문성을 요한다. 정확하게 시행하였을 때에도 때로는 절차나 기술적인 어려움 혹은 반응의 속성 그 자체 때문에 결과가 일관되지 않기도 한다. 그러므로 이런 측정이 특별히 중요할 때에는 이완 훈련을 하는 동안 심박률을 관찰하는 것과 같이 좀 더 간단한 적용일지라도, 특정 장애에 대해 전문성을 가진 임상가가 정신생리학적 기록 도구를 다방면에 걸쳐 이용하는 것이 일반적이다. 보다 복잡한 정신생리학적 평가는 어떤 심리장애, 특히 정서장애의 본질을 이론적으로 탐색하는 데 가장 흔하게 활용된다(Barlow, 2002; Ovsiew, 2005).

개념 확인 **3.1**

A

정신상태검사는 다음 다섯 범주를 포함한다. (a) 외모와 행동 (b) 사고과정 (c) 기분과 정동 (d) 지적 기능 (e) 감각. 다음 상황에서 정신상태검사의 어떤 부분들이 수행되고 있는지를 쓰시오.

1. 스완 박사는 조이스의 이야기를 주의 깊게 들으며 말의 속도, 내용과 흐름을 확인하고 있다. 연상의 이완은 없으나, 망상적 사고와 환시를 시사하는 이야기를 들었다.
   _____

2. 앤드루는 경찰과 함께 내원하였다. 기온이 영하 5℃임에도 불구하고 그는 반바지를 입고 있었다. 앤드루가 이상한 얼굴로 혼잣말을 하면서 천천히 길을 걷는 것을 본 누군가가 경찰에 신고하였다. _____

3. 리사가 밀러 박사의 사무실에 왔을 때 그는 오늘 날짜와 현재

시각, 신원과 지금 여기가 어딘지를 물어보았다.
   _____

4. 존스 박사는 팀이 경험한 거의 죽을 뻔한 사고에 대해서 이야기한 후 그가 부적절하게 웃는 것을 보고는 팀이 고양되어 있음을 확인하였다.
   _____

5. 홀리가 이야기하는 단어 수준과 기억은 적절한 것처럼 보였으며, 애덤스 박사는 그녀가 평균의 지능임을 추정하였다.
   _____

B

신뢰도와 타당도에 대한 당신의 이해의 정도를 R(신뢰로움) 또는 NR(신뢰롭지 않음)과 V(타당함) 또는 NV(타당하지 않음)로 표시하시오.

1. ____, ____ 발작을 하는 사람의 뇌에서 전기 활동을 보여주는 EEG
2. ____, ____ 로르샤하 검사
3. ____, ____ 명확한 응답의 구조화된 면담
4. ____, ____ 주제통각검사

심리장애의 진단

▶ **정신과적 진단은 어떻게 행해지는가?**

지금까지 우리는 프랭크 개인 차원에서 그의 기능 수준을 살펴보았다. 즉 그의 행동, 인지과정, 기분을 면밀히 관찰하였고, 반구조화된 면담, 행동평가와 심리검사를 실시하였다. 이런 과정을 통해 우리는 프랭크에 대한 독특함을 알 수 있었으나 다른 개인들과 비교할 때 어떤 점들이 공통된 것인지를 알지는 못하였다.

프랭크가 보이는 문제와 관련하여서 다른 사람들과 어떻게 유사한지를 아는 것은 여러 이유에서 중요하다. 만약 과거에 비슷한 문제를 가졌거나 심리적 프로파일이 유사한 사람이 있다면 우리는 그를 통해서 프랭크의 사례에 적용할 수 있는 많은 정보를 얻을 수 있다. 또한 그 문제가 다른 사람에게는 어떻게 시작하는지, 어떤 요인이 영향을 주고 그 문제나 장애가 얼마나 오랫동안 지속될지에 대해서 알아볼 수도 있다. 다른 사례에서 그 문제가 저절로 사라지는가? 만약 아니라면 무엇 때문에 그 문제가 지속되는가? 치료는 필요한가? 가

장 중요하게는 어떤 치료가 다른 사람들에게 그 문제를 경감시켰는가? 연구자들에게 다음에는 어떤 일이 일어나고 어떤 치료가 효과적일지에 대한 추론을 할 수 있게 만드는 다양한 임상적 연구 정보를 불러일으키기 때문에 이런 질문들은 유용하다. 다시 말하면 임상가는 일반적인 결론을 내고 예후(1장에서 언급한 바와 같이 어떤 특정 조건하에서 한 장애가 미래에 어떻게 전개될지를 의미하는 용어)를 구성할 수 있다.

정신생리학적 평가(psychophysiological assessment) 불안, 스트레스, 성적 각성과 같은 심리적, 정서적 사건을 반영하는 신경계에서의 변화를 측정.

뇌파(electrocenphalogram, EEG) 두피에 부착한 전극을 통해 뇌에서 전기적 활동을 측정.

두 전략은 정신병리에 대한 연구와 치료에 필수적이다. 만약 한 개인의 성격, 문화적 배경 또는 환경과 관련한 독특한 측면이 무엇인지를 밝히려 한다면 우리는 **개별기술적 전략**을 사용한다(Barlow & Nock, 2009). 이 정보를 통해 우리는 맞춤형의 치료가 가능하다. 그러나 특정 문제나 장애와 관련하여 이미 축적된 정보를 이용하기 위해서 우리는 현재 문제가 일반적으로 어떤 부류에 속하는지를 밝힐 수 있어야 한다. 이것이 **법칙정립적 전략**이다. 우리가 특정한 심리장애를 인식하였을 때 우리는 진단을 내린다. 우리는 MMPI와 같은 심리검사에서 특정한 성격 프로파일을 밝힘으로써 또한 일반적 분류나 문제들을 인식할 수 있다. 논의를 진행하기 전에 추가적인 용어들을 조금 더 정확하게 정의해 보자.

분류(classification)라는 용어는 광범위하여, 단순히 어떤 집단이나 범주를 구성하고 대상이나 사람을 공유된 속성이나 관계에 근거하여서 그 범주로 할당하는 시도—법칙정립적 전략—를 의미한다. 만약 그 분류가 과학적 맥락하에 있다면 분류학(taxonomy)이라 불린다. 분류학은 과학적 목적으로 어떤 실체(만약 그 주제가 심리학이라면 행동)를 곤충, 암석으로 분류하는 것이다. 만약 분류학적 체계를 심리학적 현상, 의학적 현상이나 임상적 영역에 적용한다면 질병분류학(nosology)이라는 단어를 쓴다. 보건 장면에서 모든 진단체계는 질병분류학적 체계이다. 명명법(nomenclature)이라는 용어는 질병분류학을 구성하는 장애 이름을 붙이는 것이다(예를 들면 불안이나 기분장애). 대부분 정신건강 전문가들은 *DSM-5*(American Psychiatric Association, 2013)에 포함된 분류 체계를 사용한다.

지난 몇 년간 정신병리를 분류하는 방법에 커다란 변화가 있어 왔다. 이런 발달은 임상가들이 하는 행위에 많은 영향을 주었기 때문에 정신병리에서 사용하는 분류와 진단의 과정에 대해 신중하게 살펴볼 것이다. 먼저 다양한 접근에 대해서 살펴보고, 진단과 관련된 신뢰도와 타당도의 개념에 대해서 살펴본 후, 현재의 분류 체계인 *DSM-5*에 대해서 논의해 보겠다.

분류 이슈

분류는 어떤 과학에서건 핵심적이며, 그 분류는 대체로 상식적이다. 그러나 우리가 인간 행동이나 인간 행동 장애를 다룰 때 분류라는 주제는 논쟁적이다. 일부 사람들은 인간 행동을 분류한다는 것이 적절하며 윤리적인지에 대해 의문을 품고 있다. 분류의 필요성을 인식하고 있는 사람들에게조차 여러 영역에서 논쟁이 있다. 예를 들어 정신병리학에서의 '정상'과 '이상'이라는 정의는 의문시되며, 이는 어떤 행동이나 사고는 장애의 한 요소이며 다른 것은 그렇지 않다는 가정

을 하기 때문이다. 일부의 사람들은 행동이나 감정에 대해서 이야기할 때 조증, 우울증, 공포증과 같이 범주를 만들어 내는 것보다 행복에서 슬픔 혹은 두려움에서 두렵지 않음이라는 연속선으로 이야기하는 것을 더 선호한다. 좋든 싫든 행동과 사람을 분류하는 것은 우리 모두가 어느 정도 하는 것이다. 그렇게 표현하는 것이 더 정확한 것일지 모르지만("이것에 대해서 어떻게 생각해?", "65점 정도") 우리 중우리나 다른 친구들의 정서를 척도(0은 전혀 행복하지 않은 것이고 100은 완전히 행복한 것이다)로 표현하는 사람은 거의 없다. 그보다는 행복하다, 슬프다, 화난다, 우울하다, 두렵다처럼 이야기한다.

범주적 및 차원적 접근

우리는 어떻게 인간 행동을 분류할 수 있을까? 이미 두 가지 가능성에 대해서 언급하였다. 우리는 서로 공유하는 것이 거의 없거나 적은 범주를 구성할 수도 있다. 예를 들어, 냉장고가 이야기하는 소리를 듣는(환청) 등 조현병의 증상을 보이거나 또는 그런 증상들이 없거나 둘 중 하나인 것처럼 말이다. 이와는 달리 종합적인 점수를 만들어냄으로써 다양한 차원에서 심리장애의 다양한 속성들을 계량화할 수 있다. MMPI 프로파일이 그 좋은 예로 장애를 '차원화(dimensionalizing)'하는 것이다. 예를 들어 우울증을 아침에 경도의 우울감을 느끼는 것(대부분의 사람들이 가끔 경험하는 것)부터 심하게 우울감과 무망감을 느껴서 자살이 유일한 해결책인 것처럼 느껴질 정도로 중증도인 것까지 차원화할 수 있다. 각 체계는 각각의 장점과 결점을 가지고 있다(Brown & Barlow, 2005; Widiger & Edmundson, 2011).

분류에 대한 **고전적인** (혹은 순수한) **범주적 접근**에서는 모든 진단은 확실한 박테리아 감염이나 내분비체계의 기능 이상과 같은 병리생리학적 원인이 있고 이것이 각 장애들의 독특성이라고 가정한다. 정신과적 진단을 이런 방식으로 생각할 경우 그 원인은 병리생리학적이라기보다는 심리학적 또는 문화적일 수 있겠으나, 각 장애별로 원인적 요소는 서로 겹치지 않는 하나의 세트일 것이다. 각 장애는 근본적으로 서로 다르기 때문에 하나의 장애에는 오직 한 세트의 진단기준만이 있으며 이 범주에 들어가는 사람들은 모두 이를 충족해야 한다. 만약 주요우울 삽화에 대한 기준이 (1) 우울한 기분 (2) 다이어트를 하지 않더라도 유의한 체중 감소 또는 증가 (3) 사고나 주의집중 능력의 저하와 추가적인 일곱 가지 증상이라면 우울증 진단을 위해서는 모든 진단기준을 충족해야만 한다. 고전적인 범주적 접근에 따르면 이런 경우 임상가는 장애의 원인을 알 수 있게 된다.

고전적인 범주적 접근은 의학에서는 상당히 유용하다. 의사가 정확한 진단을 내리는 것은 매우 중요하다. 만약 어떤 환자에게 복부통증이 동반된 열이 있다면, 의사는 즉시 그 원인이 위장염인지 아니

면 맹장 감염인지를 확인해야 한다. 증상의 원인이 무엇인지를 알아야 어떤 치료가 효과적인지를 알 수 있다. 만약 누군가 우울하거나 불안하다면 여기에 유사한 형태의 원인이 있을까? 아마도 아닐 것이다. 대부분의 정신병리학자들은 심리적, 사회적 요인이 생물학적 요인과 상호작용하여 장애가 발생한다고 본다. 그러므로 정신건강 영역에서는 정신병리의 고전적인 범주 모형을 적용할 수 없다(Regier, Narrow, Kuhl, & Kupfer, 2009; Widiger & Edmundson, 2011).

두 번째 전략은 **차원적 접근**으로 이것은 환자에게 보이는 다양한 인지, 기분, 행동적 차원을 척도상에서 계량화하는 방식이다. 예를 들어 1~10의 척도에서 환자는 매우 불안함(10), 중간 정도로 우울함(5), 약간의 조증(2)으로 평정될 수 있다. 과거에 차원적 접근이 정신병리학, 특히 성격장애에 적용되었으나(Helzer et al., 2008; Widiger & Samuel, 2005), 그것이 상대적으로 만족스럽지는 못했다(Brown & Barlow, 2009; Widiger & Edmunson, 2011). 대부분의 이론가들이 몇 가지의 차원이 필요한지에 대해서도 동의할 수 없었다. 일부는 한 차원이면 충분하다고 이야기한 반면 다른 사람은 33개의 차원을 주장하기도 하였다(Millon, 1991, 2004).

원형적 접근

행동장애를 조직화하고 분류하는 세 번째 전략은 최근에 지지를 얻고 있다. **원형적 접근**이라고 불리는 접근에서는 사람들이 어떤 실체를 분류할 수 있기 위해서는 그것의 특정한 필수적 속성이 인식되어야 한다고 본다. 그러나 필수적이지 않은 것에서의 다양한 변종은 가능하여서 그런 변종이 있다고 하더라도 분류가 달라지는 것은 아니다. 예를 들어 만약 누군가가 당신에게 개에 대해서 설명해 보라고 한다면 쉽게 일반적인 이야기를 할 수 있겠으나 어떤 특정한 개에 대해서 정확하게 기술하기는 어려울 것이다. 개는 색깔, 크기 그리고 종들(필수적이지 않은 차원적인 변종)이 다양하지만, 어떤 특정한 특성은 모두 공유하기에 고양이와는 다르게 분류할 수 있는 것이다. 그러므로 어떤 원형적 기준들과 다른 일부의 부가적인 기준이 필요하다. 범주 간에는 상당히 모호한 영역이 있고 일부 증상들은 한 장애보다는 여러 장애에 적용될 수 있다는 점에서 이 시스템이 완벽하지는 않다. 그러나 현재 우리가 가지고 있는 정신병리학에 대한 지식에 가장 잘 맞으며 상대적으로 이용자의 편의에 맞는다는 점에서 이득이 있다.

원형적 접근을 심리장애의 분류에 적용해 보면, 다양한 속성이나 특성들 중에서 어떤 특정한 범주에 들어갈 만큼 충분한 수준이 되면 그 장애로 분류될 수 있는 것이다. 주요우울 삽화에 대한 *DSM-5*의 진단기준 예를 들어보자. 잘 알고 있는 것처럼 그 진단기준에는 필수

▲ 외양이 다양하기는 하지만 모든 개는 동일한 종류에 속한다.

적이지는 않은 진단기준이 있다. 그러나 우울한 기분 혹은 대부분의 활동에서 즐거움, 흥미의 상실이 있고 여덟 가지의 다른 진단기준 중 네 개 이상이 충족되면, 그 때에는 주요우울 삽화의 기준을 충족시키는 원형을 만족시키게 된다. 한 사람이 우울한 기분을 가지고, 유의한 체중 감소, 불면증, 정신운동 지연과 활력의 감소가 있을 수 있으며, 반면에 다른 사람은 마찬가지로 주요우울 삽화의 진단기준에 해당되는 대부분 활동에서 흥미나 즐거움의 상실, 피로감, 무가치감, 생각이나 주의집중의 어려움과 자살 사고 등을 가질 수도 있는 것이다. 비록 두 경우 모두 원형에 해당되는 데 필요한 다섯 가지 증상을 가지고 있으나, 두 사람은 한 가지 증상만을 공유하고 있기에 둘의 모습은 다를 것이다. 이것이 원형적 범주의 좋은 예이다. *DSM-5*는 이런 접근에 기초한다.

신뢰도

분류 체계는 명백한 증상들의 특정한 하위집단을 기술하고, 경험 있

개별기술적 전략(idiographic strategy) 한 개인이 독특한 측면을 갖게 된 것이 무엇인지를 강조하고 이를 면밀하고 상세히 탐색하는 것.

법칙정립적 전략(nomothetic strategy) 유사성을 확인하고 일반적인 법칙을 발달시키기 위하여 동일한 장애를 가진 대규모 집단의 사람들을 인식하고 검토하는 것.

고전적인 범주적 접근(classical categorical approach) 장애마다 분명하게 갈리는 차이가 있고 각기 다른 원인이 있다는 가정에 기초한 분류 방법. 순수한 범주적 접근이라고도 함.

차원적 접근(dimensional approach) 둘 중 하나나 유무 등의 이분화된 방식 대신 연속선에서 특성을 범주화하는 방식.

원형적 접근(prototypical approach) 필수적이고 기준이 되는 특성과 다른 특성에서의 다양한 변종 모두를 활용하여 장애를 범주화하는 시스템.

는 임상가들은 이를 인지할 수 있어야 한다. 만약 두 임상가가 같은 날의 다른 시간에 환자를 면담하였다면(그리고 그 환자의 상태가 그 하루 동안 변하지 않았다고 가정한다면), 두 임상가는 동일한 행동과 정서를 보고 측정했을 것이다. 그래야 심리장애는 신뢰롭게 인식될 수 있다. 만약 장애가 두 임상가에게 명백하지 않다면 그 결과적 진단은 편향을 반영할 수 있다. 예를 들어 누군가의 옷에 대해서는 어떤 의견이 있을 수 있다. 당신 친구 중 하나는 "그 친구 오늘 허접하게 입었더라"라고 이야기할 수 있다. 또 다른 친구는 "아니야, 그 친구 스웨그 넘치던데"라고 또 다른 친구는 "사실 단정하게 입은 것 같던데"라고 이야기할 수도 있다. 이들의 얘기를 들어보면 정말 동일한 사람을 보고 한 말인가 의심스럽기까지 하다. 어떤 경우이건 이들의 관찰에는 신뢰도가 없다고 할 수 있다. 누군가의 외양에 대해 동의하게 하고자 한다면 모두가 동의할 만한 주의 깊은 정의가 필요하다.

이전에도 언급한 것처럼 신뢰롭지 않은 분류 체계는 임상가가 진단을 내리는 데 편향을 가지게 한다. 현재 분류에서 가장 신뢰롭지 못한 범주 중 하나는 한 사람이 세상과 상호작용하는 방식을 특징짓는, 만성적이고 부적절한 행동의 특성 양상이자 정서적 반응인 성격장애 영역이다. 성격장애와 관련해서 상당한 진보가 있기는 했으나, 한 번의 면담으로 장애를 가지고 있는지의 여부를 판단하는 것은 여전히 어렵다.

타당도

신뢰도뿐 아니라 질병분류학 체계는 타당도를 가지고 있어야 한다. 이전에 타당도는 측정하고자 하는 뭔가를 측정하고 있는 것이라고 기술한 바 있다. 진단 타당도에는 여러 유형이 있다. 그 중 하나는 체계에는 구인 타당도가 있어야 한다는 것이다. 이는 진단 범주의 진단기준으로 선택된 징후와 증상은 일관되게 연관되거나 함께 나타나야 하고, 그것은 다른 범주들과 달라야 한다. 우울증에 맞는 진단기준에 충족되는 것은 사회불안장애의 진단기준에 충족되는 것과는 구별되어야 한다. 이런 변별성이 증상에서뿐 아니라 장애의 진행과 가능한 치료의 선택에서도 분명해야 한다. 이는 또한 그 장애가 환자의 친척들에게서 발견되는 정도인 **가족 집적성**을 예측한다(Blashfield & Livesley, 1991; Kupfer, First, & Regier, 2002).

이에 더해 타당한 진단을 바탕으로 한 전형적인 환자의 경우에는 무엇이 발생할지를 임상가가 예측할 수 있다. 그 장애의 진행과 치료에 따른 영향이 어떠할지에 대한 예측이 가능할 수 있다. 이런 종류의 타당도는 종종 예언 타당도라고 불리며, 그 결과가 진단적 범주의 유용성에 대해서 판단하는 준거일 때에는 준거 타당도라고 불리기도 한다. 마지막으로 만약 어떤 장애, 예를 들어 사회불안장애에 대한 진단

기준을 만든다고 할 때, 우울장애가 아니라 그 분야의 전문가들 대부분이 생각하는 사회불안장애를 반영하여야 한다. 이것을 내용 타당도라고 한다. 다시 이야기하면 명명을 제대로 할 필요가 있는 것이다.

1980년 이전의 진단

정신병리를 분류하고자 하는 초기 노력은 생물학적 전통, 특히 Emil Kraepelin의 연구에서 출발하였다. Kraepelin은 현재는 조현병이라고 알려져 있는 장애를 처음으로 확인하였다. 당시 이 장애에 대해서 그가 붙인 이름은 조발성 치매(dementia praecox)였다(Kraepelin, 1919). 조발성 치매는 나이가 들어감에 따라 나타나는 뇌의 퇴화가 일반적인 것보다는 빠르게 혹은 '이른 시기'에 발생한다는 것을 의미한다. 이 병명(이후에 schizophrenia로 바뀌게 된다)에는 뇌의 병리학이 이 특정 장애의 원인이라는 Kraepelin의 믿음이 반영되었다. Kraepelin이 1913년에 출간한 기념비적인 책(*Psychiatry: A Textbook for Students and Physicians*)에서는 조발성 치매뿐 아니라 당시에 조울정신병(manic depressive psychosis)이라고 불렀던 양극성장애에 대해 기술하였다. Kraepelin은 또한 다양한 기질성 뇌 증후군에 대해서도 기술하기도 하였다. 이 당시 유명했던 인물인 프랑스 정신과 의사인 Philippe Pinel 같은 사람은 우울증(멜랑콜리아)을 포함한 심리장애들을 각기 다른 실체라고 보았던 반면 Kraepelin은 심리장애를 기본적으로는 생물학적인 문제로 이론화하였다. 이는 질병분류학의 발달에 큰 영향을 끼쳤으며, 또한 초창기 고전적인 범주적 전략에 대한 강조로 이어졌다.

세계보건기구는 1948년 국제질병분류(*International Classification of Diseases and Related Health Problems, ICD*)의 제6판에 심리장애 분류 부분을 추가하였다. 그러나 이 초기 시스템은 큰 영향을 주지 못했다. 1952년에 미국정신의학회가 출간한 『정신질환의 진단 및 통계 편람』 제1판(*DSM-I*) 역시 마찬가지였다. 1960년대 후반 질병분류학 체계는 정신건강 전문가들 사이에 영향을 주기 시작하였다. 1968년 미국정신의학회는 『정신질환의 진단 및 통계 편람』의 두 번째 판(*DSM-II*)을 발간하였다. 1969년에는 세계보건기구가 *ICD-8*을 발간하였다. 그럼에도 불구하고 이들 두 시스템은 정확도가 부족하여 실질적으로 서로 상당히 달랐으며, 또한 대부분의 정신건강 전문가로부터 널리 인정받지 못한, 증명되지 않은 병인론에 과도하게 의존하고 있었다. 두 시스템 모두 신뢰도가 낮았다는 점은 상황을 더욱 나쁘게 하였다. 심지어 1970년대 후반 프랑스와 러시아 같은 국가에서는 그들 나름의 질병분류 체계를 가지기도 하였다. 이들 국가들에서는 동일한 장애들도 각기 다르게 이름 붙여지고 해석되었다.

다음의 진단기준 중 5가지(혹은 그 이상)의 증상이 2주 연속으로 나타나고 기능상태의 변화가 있다. 증상 중 적어도 하나는 (a) 우울 기분이거나 (b) 흥미나 즐거움의 상실이어야 한다.

주의점: 명백한 다른 의학적 상태로 인한 증상은 포함되지 않아야 한다.

1. 하루 중 대부분, 거의 매일 지속되는 우울한 기분
2. 거의 매일, 하루 중 대부분, 거의 또는 모든 일상 활동에 대한 흥미나 즐거움의 뚜렷한 감소
3. 다이어트를 하지 않음에도 불구하고 유의한 체중 감소 또는 체중 증가
4. 거의 매일 불면 혹은 과다수면
5. 거의 매일 정신운동 초조나 지연
6. 거의 매일 피로감이나 활력의 상실
7. 거의 매일 무가치감이나 과도하거나 부적절한 죄책감

8. 거의 매일 생각이나 주의집중력의 감소 혹은 우유부단함
9. 반복되는 죽음에 대한 생각(단지 죽음에 대한 공포는 아님), 구체적 계획 없이 반복되는 자살 사고, 또는 자살 시도나 자살 수행에 대한 구체적인 계획

출처: American Psychiatric Association. (2013). *Diagnostic and statistical manual of mental disorders* (5th ed.). Washington, DC.

DSM-III와 DSM-III-R

1980년 질병분류학의 역사에서 『정신질환의 진단 및 통계 편람』 제3판(*DSM-III*)이라는 의미 있는 변화가 나타났다(American Psychiatric Association, 1980). *DSM-III*는 그 이전 판과는 매우 다르게 출발하였다. 세 가지 변화가 두드러졌다. 첫째, *DSM-III*에서는 진단과 관련하여 이론적 배경을 가지지 않으려 노력하였으며, 병인론에서 정신분석이나 생물학 이론에 근거하기보다는 임상가에게 보이는 장애의 현상을 정확하게 기술하고자 하였다. 이런 초점 덕분에 *DSM-III*는 다양한 관점을 가진 임상가들의 도구가 되었다. 예를 들어 공포증이 정신내적 갈등과 방어기제로 정의되는 '신경증(neurosis)'이라는 큰 범주하에 분류되기보다는 '불안장애'라는 새로운 폭넓은 집단 범주로 분류되었다.

*DSM-III*에서 나타난 두 번째 주요한 변화는 장애의 진단기준을 특수하고 자세히 기술함으로써 그것의 신뢰도와 타당도에 대한 연구가 가능하도록 하였다. *DSM-III*(그리고 1987년의 개정판인 *DSM-III-R*)의 모든 범주들이 완벽하거나 좋은 신뢰도와 타당도를 가진 것은 아니지만 이 시스템은 이전에 비해 확실히 폭넓은 개선이 있었다. 셋째, *DSM-III*(그리고 *DSM-III-R*)에서는 심리장애를 가진 사람들을 다섯 차원 혹은 축으로 분류하였다. 조현병이나 기분장애 그 자체는 I축에 표현되었다. 좀더 지속적이고 만성적인 경우라고 생각하는 성격의 장애는 II축에 표시되었다. III축에는 현재의 신체적 장애나 상태를 포함하였다. IV축에서는 임상가가 차원적으로 그 사람이 보고하는 심리사회적 스트레스의 정도를, 그리고 V축에서는 현재의 적응 기능 수준을 표시하였다. 다축체계라고 불린 이런 체계를 바탕으로 임상

가들은 장애 그 자체에 대한 제한된 정보보다는 다양한 영역에서 한 개인의 적응 등의 정보를 수집할 수 있었다.

DSM-IV와 DSM-IV-TR

1980년대 후반까지 임상가와 연구자들은 일관되고 보편적인 질병분류 체계의 필요성을 인식하였다. 국제질병분류 제10판(*ICD-10*)은 1993년에 출간될 예정이었고 미국에서는 조약에 따라 건강과 관련한 모든 영역에서 *ICD-10*을 사용하여야 했다. *ICD-10*과 *DSM*이 호환이 가능할 수 있도록 *ICD-10*과 1994년에 출간예정이었던 *DSM-IV*를 다소간 동시에 작업하였다. *DSM-IV* 특별위원회는 진단 체계와 관련된 모든 영역에서 여러 자료들을 검토하고(Widiger et al., 1996), 다른 이유로 수집된 자료들을 *DSM-IV*에 사용할 수 있도록 재분석하는 노력을 들였다. 최종적으로 12개의 독립된 연구나 실제 실험을 통해 대안적인 정의나 진단기준의 신뢰도와 타당도와 함께 일부의 경우에는 새로운 진단의 신설 가능성을 검토하였다(예를 들어, Widiger et al., 1998; Zinbarg et al., 1994, 1998 참고).

아마도 *DSM-IV*에서 가장 큰 변화는 예전 판에는 있었던 기질적인 장애와 심리적인 장애의 구별을 제거한 것이었다. 이제 우리는 뇌의 병리와 관련된 것으로 알려져 있는 장애조차도 심리, 사회적인 요인에 의해 영향을 받는다는 것을 알고 있다. 유사하게 그 원인이 심리적인 것이라고 기술되었던 장애들도 생물학적인 요소가 있다.

가족 집적성(familial aggregation) 어떤 장애가 환자의 친척들에게서 나타나는 정도.

DSM-IV의 다축 형식

*DSM-IV*에서 다섯 개의 축에서 일부 변화가 있었으나 다축체계는 여전히 남아 있었다. 특히 성격장애와 지적장애는 II축에 기입하도록 하였다. 전반적 발달장애, 학습장애, 운동기술장애, 의사소통장애와 같이 이전에는 II축에 기입하였던 것을 모두 I축에 기입하도록 하였다. 환자의 심리사회적 스트레스 정도를 평정토록 하였던 IV축은 유용하지 않아서 대체되었다. 새롭게 IV축에는 장애에 영향을 줄 수 있는 심리사회적, 환경적 문제를 기록하도록 하였다. V축에는 변화가 없었다.

2000년에 위원회는 *DSM-IV*의 진단적 범주에 동반하는 연구 자료의 기술을 최신 자료로 바꿨으며 일관성을 증진시키기 위해 일부 진단기준에만 작은 변화를 주었다(First & Pincus, 2002; American Psychiatric Association, 2000a). 이 개정판(*DSM-IV-TR*)은 심리장애와 관련된 많은 이슈들을 명료화하는 데 도움을 줬다.

DSM-5

*DSM-IV*가 출간된 이래로 거의 20년 동안 우리의 지식은 상당히 증가하였고 10여 년간의 노력을 통해 *DSM-5*가 2013년 봄에 출간되었다. 이런 방대한 작업은 *ICD-11*(2017년 출간 예정)을 동시에 작업하는 국제적인 연구자들 간의 협업에 의해 이루어졌다. 각 장애군(예를 들어 불안장애)을 책임진 각 워크그룹을 통해 국제적인 전문가들은 위원회의 작업에 깊숙이 관여하였다. 일부 새로운 장애를 소개하고, 일부는 재분류할지라도 *DSM-IV*에 비해 *DSM-5*에 큰 변화를 주지 않는 것으로 일반적인 합의가 이루어졌다.

이전의 I, II, III축은 장애 그 자체에 대한 기술로 합쳤고 장애와 관련된 심리사회적 혹은 맥락적 요인들(이전의 IV축)이나 진단과 관련된 장애의 정도(이전의 V축)는 임상가들이 별도로 표기할 수 있기에 다축체계를 삭제하기로 한 것이 아마도 가장 주목할 만한 변화였다. 이전에 제안된 것과 같이(Regier et al., 2009), 특정 장애의 심각도나 강도, 빈도, 기간 등에 대해서 차원적 평정의 활용은 상대적으로 균일한 방식으로 모든 장애에 확대되었다. 예를 들어 외상후 스트레스장애(PTSD)의 경우 LeBeau 등(2014)이 National Stressful Events Survey PTSD Short Scale(NSESSS2PTSD)을 개발하였으며, 이는 미국 성인을 대상으로 한 전국적 조사 자료에 근거하여 9문항의 자기보고식 척도로 개발된 것이다(Kilartrick, Resnick, & Freidman, 2010). 이 척도는 *DSM-5*의 워크그룹이 검토하고 승인하였으며, 지난 7일간 PTSD 증상의 심각도를 측정하는 것이다(American Psychiatric Association, 2013).

개별 장애에 대한 심각도나 강도를 차원적으로 평정하는 것에 더해서 *DSM-5*에서는 전반적인 차원적 증상 평정을 도입하였다. 이 평가는 어떤 장애에 특정적인 것이라기보다는 여러 장애들의 거의 모든 환자에게서 보이는 전반적인 중요한 증상들을 평가하는 것이다. 예를 들면 여기에는 불안, 우울이나 수면상의 문제가 포함되어 있다. 만약 그런 문제가 있다면 현재 장애를 치료하는 과정에서 그 증상들을 관찰할 필요가 있을 것이라는 점이 이런 평정을 하는 아이디어라 하겠다. 누군가 양극성장애 진단을 받았다면 불안의 정도를 차원적인 방식으로 제공할 필요가 있다는 것이다. 왜냐하면 불안 수준이 높으면 치료에 대한 반응이 좋지 않기 때문이다(Howland et al., 2009).

이것이 장애의 범주 그 자체를 바꾸는 것을 의미하지는 않는다. 그보다는 범주적 진단에 더해 임상가가 평가, 치료계획과 치료의 경과 확인을 할 수 있도록 차원적 접근을 추가하는 것이라 할 수 있다. 새로운 진단과 함께 진단 범주의 변화에 대해서는 이후에 더 자세히 기술하도록 한다.

DSM-5와 프랭크

프랭크의 사례에서 초기 관찰을 보면 강박장애 진단이 시사된다. 그러나 사회적 관계를 회피하는 이유가 되는 오래된 성격적 특성이 그에게 있다. 만약 그렇다면 조현성 성격장애 진단이 내려질 수 있다. 직장과 결혼 문제는 비록 이것이 장애의 부분은 아니지만 치료계획에 영향을 주고 악화시킬 수 있는 심리사회적 또는 환경적 문제임을 시사한다. 유사하게 앞서 PTSD와 관련해서 언급한 것처럼 치료에 대한 효과를 확인하기 위해 이 목적으로 고안된 *DSM-5*의 척도를 활용하여 전반적인 심각도와 장해에 대해 주기적으로 차원적 방식의 평정을 할 수 있다(LeBeau et al., 2014).

진단을 내릴 때 손상이 중대한 결정 요인이라는 점을 강조하는 것은 중요하겠다. 예를 들어 누군가가 프랭크와 같이 강박장애 증상을 모두 가지고 있으나 침습적 사고가 심각하지 않고 자주 일어나지 않아서 그것이 그렇게 심각하게 부정적인 영향을 주지 않는다면, 그 사람은 심리장애의 진단을 받을 필요는 없다. 진단을 구성하는 다양한 행동과 인지적 요소가 중대한 방식으로 기능을 방해하여야 한다는 것이 필수적인 것이다. 따라서 장애의 진단에는 그 장애가 임상적으로 유의한 불편함이나 사회적, 직업적 혹은 다른 기능상의 중요한 영역에서 장해의 원인이 된다는 점이 포함되어 있다. 이전에 언급한 증상을 가지고 있지만 손상의 '역치'를 넘지 않는 개인은 장애의 진단을 받지 않는다. 이전에 언급했던 것처럼 *DSM-5*에서 나타난 변화는 심각도와 손상을 차원 척도를 활용하여 좀 더 체계적으로 판단한다는 것이다. 저자들의 한 클리닉에서는 지난 몇 년 동안 이와 유사하게 일을 해왔다. 다시 말해서 전반적인 손상을 평정하는 것뿐 아니라 특별히 그 장애와 연관된 손상 역시 측정하였다. 0은 전혀 손상이 없는 것이고 8은 심각하게 손상되거나 장애를 가진 수준(일반적으로 바깥 출입이 불가능하고 거의 기능하지 못하는)이라는 0~8의 척도를 활용하였다. 심리장애의 진단기준에 해당되기 위해서는 최소 심각도에서 4점(명백하게 일상에 방해가 되거나 문제가 있음)으로 평정되어야 한다. 많은 경우 강박장애와 같은 장애들은 2 또는 3으로 평정되며, 이는 모든 증상이 있으나 기능 손상은 미약하다는 것이며, 이 경우에 그 장애는 역치하(subthreshold)라고 불린다. 프랭크의 예를 다시 들어본다면 그의 강박장애의 심각도는 5점 정도로 평정될 수 있다.

DSM-5에서 사회·문화적 고려점

DSM-III와 DSM-IV에서는 환경에서 스트레스의 수준을 강조함으로써 각 개인에 대한 좀 더 복잡한 모습을 볼 수 있도록 하였다. 추가적으로 DSM-IV에서는 이전에는 생략되었던 중요한 사회적, 문화적 영향들을 통합하는 계획을 진단에 포함시켰으며, 이런 요소는 DSM-5에도 여전히 남아 있다. '문화'란 개인이 각기 다른 인종, 종교나 다른 사회적 집단에서 비롯되는 가치, 지식과 관습 체계를 의미하며 이들 집단에 어떻게 소속되었는지가 심리장애의 경험에 대한 관점에 영향을 끼친다(American Psychiatric Association, 2013). 문화적 개념화라 일컬어지는 계획을 통해 장애를 환자의 개인적 경험과 주요한 사회·문화적 집단의 관점에서 기술할 수 있다. DSM-5의 문화적 개념화 면담(American Psychiatric Association, 2013)에서 문화와 관련해 제기된 문제에 대한 답변은 이런 목표 성취를 도울 수 있다.

1. 무엇이 환자의 주요한 문화적 준거집단인가? 최근에 이민 온 사람들의 경우에는 이전 문화와 새로운 문화에 얼마나 참여하는가? 새로운 나라의 언어를 구사할 수 있는가 아니면 언어가 계속되는 문제인가?

2. 환자가 장애를 설명하기 위해 이전 나라의 용어와 묘사를 사용하는가? 예를 들어 히스패닉의 문화권에서 ataques de nervios는 공황장애와 유사한 불안장애의 일종이다. 환자가 보건체계 내에 있는 치료를 위해 질병이나 장애에 대한 서구의 모형을 수용하는가? 아니면 환자가 다른 문화권의 대체 보건체계[예를 들어 중국문화권의 전통적인 중의사(herbal doctor)]를 찾는가?

3. 장애를 가졌다는 것이 어떤 의미인가? 원문화권에서 어떤 종류의 장애에 대해서는 수용적이고 그렇지 않은 것은 무엇인가? 예를 들어 신체적으로 아픈 것은 허용적이지만 불안하거나 우울한 것은 그렇지 않은가? 그 문화권에서 전통적인 가족, 사회

나 종교적 지원은 무엇인가? 그것들이 환자에게 가능한가? 임상가가 장애에 대해 그 문화권의 중요성과 환자의 모국어를 이해할 수 있는가?

진단을 내리고 치료계획을 세우는 데 이런 문화적 고려를 경시해서는 안 된다. 그러나 이런 문화적 개념화의 활용을 지지하는 연구는 아직까지는 없다(Lewis-Fernande et al., 2010). 질병분류학에서 문화적으로 정말 민감해지기 위해서는 앞으로도 더 많은 작업들이 이루어져야 할 것이다.

DSM-5에 대한 비판

ICD-11과 DSM-5를 만드는 집단 간의 협업이 상당 부분 성공적이었기에 DSM-5(그리고 ICD-11의 심리장애 부분)는 가장 진보되었고 이전에 개발된 질병분류학에 비해 과학에 기반한 체계라고 할 수 있다. 그럼에도 불구하고 어떤 질병분류학이건 진보를 위한 작업이 필요하며(Brown & Barlow, 2005; Frances & Widiger, 2012; Millon, 2004; Regier et al., 2009; Smith & Oltmanns, 2009), DSM-5에서는 새로운 정보가 있다면 범주들에 대한 수정이 가능할 수 있도록 준비가 되어 있다(American Psychiatric Association, 2013).

당분간은 경계가 여전히 모호한 범주들이 있게 되며, 이것이 여전히 진단적 판단을 어렵게 한다. 그 결과로 개인들은 동시에 한 가지 이상의 진단, 즉 **공존장애**를 갖게 되는 경우가 종종 있게 된다. 만약 우리가 여러 장애들이 복합적으로 나타나는 것을 다룬다면 장애의 진행, 치료에 대한 반응이나 연관된 문제의 발생 가능성에 대해서 어떤 결론을 명백하게 내릴 수 있을까(Allen et al., 2010; Brown & Barlow, 2009)? 공존하는 장애의 핵심적인 요소를 발견하는 방법은 없을까(Brown & Barlow, 2009; Helzer et al., 2008)? 이런 어려운 문제에 대해서는 과학의 길고 느린 과정을 기다릴 수밖에 없다.

DSM-5와 앞으로 발간될 ICD-11에 대한 다른 비판은 두 가지 차원에 초점이 맞춰진다. 첫째, 이 체계들은 신뢰도를 강하게 강조함으로써 때로는 약화된 타당도를 보인다는 것이다. 타당도를 희생하지 않는다면 신뢰도를 얻어내기가 어렵기 때문에 이는 이해할 만하다. 만약 우울증의 유일한 진단기준을 면담 중 어느 순간에 환자가 "우울해요"라고 이야기하는 것으로 한다면 임상가는 이론적으로는 완벽한 신뢰도를 얻을 수 있다. 그러나 다른 심리장애를 가진 사람들도 종종 스스로 우울하다고 말하기에 이는 타당도에서의 문제를 갖는다. 그러므로 임상가는 그 진술이 나타났다는 것을 동의하더

공존장애(comorbidity) 한 개인에게 둘 이상의 장애가 동시에 나타나는 것.

라도 그것이 별로 유용하지는 않다(Carson, 1991; Meehl, 1989). 둘째, Carson(1996)이 지적하였듯이 심리장애의 질병분류학 구성은 근본적으로 결점이 있더라도 과거의 정의가 현재까지 지속되어 왔다. Carson(1991)은 과거의 정의를 단순히 미미하게 고치는 것보다는, 새로운 과학적 지식에 근거하여 장애의 새로운 체계를 만드는 등 가끔 새롭게 시작하는 편이 더 낫다고 강하게 주장하였다. 그러나 광범위한 노력과 비용 그리고 이전 판에서 축적된 지식을 폐기해야 하기 때문에 이런 일이 가능하지는 않을 것이다.

명명과 낙인에 대한 주의

우리가 사람을 범주화할 때에 발생할 수 있는 문제는 **명명**이다. 아마도 세서미 스트리트에 나오는 Kermit the Frog가 했던 이야기인 "녹색으로 살기가 어렵다"는 이야기를 당신은 기억할지도 모르겠다. 우리는 인간이기에 명명을 하고 또 때로 피부색과 같이 피상적인 것일지라도 그것으로 한 개인의 총체를 특징짓기도 한다("그 사람은 녹색이지… 나하고는 달라"). 동일한 현상을 심리장애에서도 본다("그는 스키조야"). 게다가 만약 그 장애가 인지나 행동 기능상의 손상과 관련이 있다면 명명 그 자체가 부정적 내포를 가지며, 낙인에 영향을 준다. 그래서 심리장애를 가진 개인과 같이 평가절하되는 집단에 대해 삶의 기회를 줄이는 부정적인 고정관념, 편견이나 태도와 연관된다(Hinshaw & Stier, 2008).

명명되고 나면 장애를 가진 개인은 그 명명과 연합된 부정적인 내포로 인식될 수 있다. 정신병리학의 용어는 그 사람을 묘사하는 것이 아니라 어떤 환경에서 나타날 수 있는 행동 양상을 확인하기 위한 것이라는 점을 기억해야 한다. 그러므로 그 장애가 의학적이건 심리적이건 우리는 장애를 그 사람과 동일시하는 것을 주의해야 한다. "존은 당뇨병이야"와 "존은 당뇨병이 있는 사람이야"의 의미 차이를 유의해야 한다.

*DSM-5*를 넘어서: 관점과 스펙트럼

현존하는 진단의 기준을 바꾸는 과정과 새로운 것을 만드는 것은 과학이 진보함에 따라 지속되어질 것이다. 우리 행동에 영향을 주는 뇌의 작동, 인지과정, 문화적 요인의 새로운 발견으로 인해 현재의 진단기준은 상대적으로 빠르게 구식이 되게 되었다.

이전에 언급한 바와 같이 새로운 장애가 첨가되고 일부 장애군이 재조정되었기는 하지만 전반적으로 *DSM-5*는 그 근본에서 *DSM-IV*와 크게 달라지지 않았다. 그렇기는 하지만 이 변화는 장애들 간 진단기준이 배타성과 명백함을 추구하는 전문가들에게 만족스러운

▲ 이 사람에 대해서 어떻게 명명할까? 전 세계적으로 유명한 물리학자 중 하나인 스티븐 호킹은 근위축성 측삭 경화증(amyotrophic lateral sclerosis)이라는 드문 척수의 퇴행성 장애를 갖고 있는 사람이다. 그는 후두나 입술을 움직일 수가 없기 때문에 단어를 타이프하면 전자 장치를 이용하여 음성화된다. 그는 책에 서명으로 엄지 지문을 이용한다. 그는 "화낼 게 없기에 난 운이 좋은 사람이다"라고 이야기하였다.

질병분류학 체계라는 목적을 충분히 성취하지는 못했다는 점은 명확한 것 같다(Frances & Widiger, 2012; Krueger, Watson, & Barlow, 2005). 앞서 언급한 것처럼 공존장애와 진단 범주 간 경계가 분명치 않다는 문제에 더해 그 범주들에 대한 타당도, 예를 들면 각 범주와 연관된 기저의 특수한 원인이 존재한다는 등과 같은 증거 역시 거의 드러나지 않았다(Regier et al., 2009). 사실 실험실에서의 검사와 같은 하나의 생물학적 지표가 질병들을 명백히 구분하지는 못했다(Frances, 2009; Widiger & Crego, 2013). 현재의 범주는 치료에 대한 특수성이 부족하다는 점도 역시 명백하다. 다시 말해서 인지행동치료나 항우울약물과 같은 치료법은 많은 다양한 진단적 범주에 유사하게 효과를 가진다는 것이다. 그러므로 일부 진척이 있기는 하였으나, 현재의 진단 체계는 원인을 밝히거나 치료의 방법을 발전시키는

데 충분히 도움을 주지는 못하고 있다고 생각하기 시작하였다.

이제는 새로운 접근이 필요한 시기일는지 모른다. *DSM-5*에서보다는 차원적 전략을 좀 더 포함한 접근이 필요하다는 점에서 많은 사람들은 동의한다(Krueger et al., 2005; Widiger & Crego, 2013). 스펙트럼이라는 용어는 어떤 기초적인 생물학적 또는 심리학적 차원을 공유하는 장애군을 묘사하는 또 다른 방식이다. 예를 들어 13장에서 *DSM-5*에서 드러나는 주목할 만한 진전 중 하나인 아스퍼거 장애(자폐증의 미약한 형태)를 자폐장애와 함께 새로운 범주인 '자폐스펙트럼장애'로 통합한 것에 대해서 보게 될 것이다. 그러나 현재 시점에서 차원이나 스펙트럼의 접근으로 전체적인 변화를 하기에는 연구가 충분치 않으며, 따라서 *DSM-5*에서의 범주들은 *DSM-IV*에서의 것과 거의 유사하며 단지 최신에 맞게 문구가 변경되고 정확도와 명확성만 변경되었다. 그러나 연구와 *DSM-5*를 개발하는 과정에서 나타난 개념적인 진보에서 촉발되어 개념적으로 더 실체에 가깝고 일관적인 차원적 접근이 발전 중이며, 10~20년 후에 *DSM*의 6번째 판에는 그것이 가능할는지 모른다.

예를 들어 성격장애의 영역에서 임상군의 환자들과 일반 집단들을 연구하는 대부분 연구자들은 성격장애가 일반 집단에서 정상적인 기능을 하는 개인의 성격과 질적으로 다른 것은 아니라는 결론을 내려왔다(Livesley, Jang, & Vernon, 1998; Trull, Carpenter, & Widiger, 2013). 그 대신 성격장애는 단순히 역기능적이고 아마도 일반적인 성격 특성의 극단적 형태에 해당한다(Widiger & Edmundson, 2001; Widiger, Livesley, & Clark, 2009). 불안과 우울장애의 경우 Brown과 Barlow(2009)는 선행 연구(Brown, Chorpita, & Barlow, 1998)에 근거하여 분류의 새로운 차원적 체계를 제안하였다. 이는 불안과 우울이 과거에 생각했던 것보다는 훨씬 공통점이 많으며, 부정 감정의 연속성 혹은 정서장애의 스펙트럼에서 한 지점에 해당하는 것이 적절할 수 있다는 것이다(Barlow, 2002; Brown & Barlow, 2005, 2009; Watson, 2005). 조현병과 같이 유전적 영향력이 강할 것으로 의심되는 장애조차도 차원적 분류 접근이나 스펙트럼 접근이 더 우수한 측면이 있다고 검증되었다(Charnet et al., 2002; Harvey & Bowie, 2013; Lenzenweger & Dworkin, 1996; Toomey, Faraone, Simpson, & Tsuang, 1998; Widiger & Edmundson, 2011).

이와 함께 뇌 구조·기능과 관련된 신경과학 영역에서의 새로운 발전으로 인해 심리장애의 본질에 대한 중요한 정보는 제공될 것이다.

이 정보는 심리, 사회, 문화적 정보를 진단 체계 내에서 통합하게 될 것이다. 그러나 신경과학자들조차 유전자 또는 뇌의 체계가 *DSM-5*의 진단 체계와 직접 연관될 것이라고 생각되지는 않는다. 그보다는 신경생물학적 과정은 특정한 인지, 정서 및 행동의 양상이나 특성들(예를 들어 행동 억제)과 관련된다고 밝혀질 것이라 예측하고 있으며, 이는 현재의 진단 범주에 잘 들어맞지 않을 수 있다.

이런 생각을 가지고 대부분의 심리장애에 대한 우리의 지식에 대해 초점을 맞춰보도록 한다. 그러나 먼저 정신병리학의 새로운 지식을 확립하는 데 필요한 연구 방법과 전략이라는 중요한 영역에 대해서 살펴보도록 하자.

명명(labeling) 어떤 현상이나 행동 양상에 이름을 붙이는 것. 명명은 부정적 내포를 가질 수 있거나 그 사람의 행동이 아닌 그 사람에게로 잘못되게 적용될 여지가 있다.

이미 본 바와 같이 이상행동은 생물학과 심리적 차원들의 상호작용이기에 도전적인 주제이다. "왜 어떤 사람들은 환각을 보나?" 혹은 "자살을 하려는 사람을 어떻게 치료해야 할 것인가?"와 같은 질문에 대해 대답하기는 단순하지 않다.

인간 본성의 복잡성에 더해 이상행동에 대한 객관적인 연구에서 어려운 것은 이런 현상의 중요한 양상들에 접근하기가 어렵다는 것이다. 사람의 마음에 간접적인 방식이 아니고는 직접 접근하기가 불가능하다. 다행스럽게도 일부 창의적인 사람들은 어떤 행동이 문제를 낳는지, 왜 사람들은 행동장애로 어려움을 겪는지, 그리고 그런 문제를 어떻게 치료할 수 있는지에 대해 과학적으로 연구하는 방법에 대한 훌륭한 방법들을 개발해 내었다. 그리고 이 책을 읽고 있는 사람들 중 일부는 이 장에서 기술하는 방법을 응용하여 이 영역에 새롭게 기여하게 될 것이다. 이상행동에 대한 많은 중요한 요소들에 대해서 여전히 더 많은 연구가 필요하다. 연구 방법에 대한 이해는 누구에게나 중요하다. 당신과 당신 주변에 있는 누군가는 심리학자, 정신과 의사나 혹은 다른 정신건강 전문가의 서비스가 필요할 수도 있을 것이다. 다음과 같은 질문을 가져볼 수 있을 것이다.

- 아이가 공격적인 것에 대해서 걱정해야 할까 아니면 그것이 그냥 성장하는 과정이며 사라지는 것일까?
- TV 뉴스 프로그램에서는 햇빛에 노출되는 것이 우울증을 감소시킨다고 한다. 치료자를 만나기보다는 하와이로 가는 것이 더 나을까?
- 내 형제가 3년간 치료를 받고 있지만 나아지는 것 같지는 않다. 그에게 다른 곳에서 도움을 받아보라고 해야 할까?
- 내 어머니는 50대이지만 뭔가를 자꾸 잊는 것 같다. 친구들은 나이가 드는 자연스러운 과정이라고 한다. 걱정해야 할까?

이런 질문에 대답하기 위해서 연구에 대한 좋은 소비자일 필요가 있다. 정보를 얻는, 즉 연구 방법에 대해 정확히 이해한다면, 허구가 아닌 사실을 알 수 있을 것이다.

연구의 기본 요소

기본적인 연구 과정은 단순하다. 일단 **가설**이라고 불리는, 확인하게 될 것으로 기대하는 추정을 하는 것으로부터 시작한다. 그 가설을 어

표 3.2 연구의 기본 요소

요소	설명
가설	자료를 바탕으로 검증받을 추정이나 진술
연구 설계	가설을 검증하기 위한 계획. 물음, 가설, 실용적 고려 등에 영향받음
종속변인	독립변인에 의해 변화하고 영향을 받을 것으로 기대되어 측정되는 것
독립변인	종속변인의 변화에 영향을 줄 것이라고 생각하거나 조작되어지는 것
내적 타당도	연구 결과가 독립변인에 의한 것이라고 할 수 있는 정도
외적 타당도	연구 결과가 그 연구 외에 일반화되거나 적용될 수 있는 정도

떻게 검증할지를 결정할 때 **연구 설계**를 하며, 여기에는 연구에서 사람들에게서 측정할 것(**종속변인**)과 그들의 행동에 영향을 주는 것(**독립변인**)이 포함되어 있다. 그리고 연구와 관련해서 내적 타당도와 외적 타당도라는 두 가지 형태의 타당도가 있다. **내적 타당도**는 독립변인이 종속변인의 변화를 야기한 것인가에 대해서 가지는 확신의 정도이다. **외적 타당도**는 그 결과가 연구 밖에서도 얼마나 잘 연관되는가를 의미한다. 즉 그 결과가 이 연구의 참가자가 아닌 사람들 사이에서도 유사하게 나타나는지를 말한다. 다양한 형태의 연구 접근법에 대해서 이야기하더라도 그 모든 것에는 이와 같은 기본 요소들이 모두 포함되어 있다. 표 3.2에 연구의 기본 요소들이 소개되어 있다.

가설

인간은 질서와 목적을 기대한다. 우리는 왜 세상이 이렇게 작동하는지, 그리고 왜 사람들이 이런 방식으로 행동하는지에 대해서 알고 싶어 한다. Robert Kegan은 인간을 '의미 부여의' 유기체라고 묘사하고, 지속적으로 우리 주변에 일어나고 있는 것에 대해서 의미 부여를 하고자 노력하는 존재라고 기술하였다[Lefrancois(1990)에서 재인용]. 어떤 현상에 대해 의미 부여를 하는 노력에서 행동 과학자들은 가설을 만들어내고 이를 검증한다. 가설은 세상에 대한 합리적 추론 이상은 아니다. 아동들이 폭력적인 텔레비전 프로그램을 보면 공격적이 된다고 믿을 수 있다. 이상적인 여성의 몸매 유형을 묘사하는 미디어가 폭식증에 영향을 줄 수 있다고 생각할 수도 있다. 아동기에 학대를 받은 사람은 자신의 자녀나 혹은 자신에게 중요한 누군가를 학대할 것이라고 의심할 수도 있다. 이런 것들은 모두 검증할 수 있는 가설들이다.

과학자가 무엇을 연구할지를 결정하였으면 다음 단계는 모호하

지 않고 검증 가능한 방식으로 이를 기술하는 것이다. MDMA('엑스터시'라고도 알려져 있음)라는 약물의 사용이 장기 기억에 어떻게 영향을 주는가에 대한 연구의 예를 들어보자(Wagner, Becker, Koester, Gouzoulis-Mayfrank, & Daumann, 2013). 독일의 쾰른 대학의 연구자들은 109명의 성인들을 대상으로 1년을 추적하여 MDMA를 사용한 사람들을 그 약물을 사용하지 않은 사람들과 비교하여 기억 과제에서의 수행을 확인하였다. 그 연구에서 연구자들은 아래와 같은 연구 문제를 가졌다. "1년 이상 MDMA를 사용한 것이 인지 수행의 감소로 이어졌는가?" 그들은 연구가 종료되기 전까지는 어떤 결과를 얻게 될지 모르지만, 가설은 검증 가능한 방식으로 기술을 한다. 예를 들어 만약 MDMA 사용력이 있는 사람을 사용 경험이 없는 사람들과 비교할 때 인지 과제에서 동일한 수행을 한다면 다른 효과(예를 들어 지속적인 사용에 따른 우울이나 불안과 같은 심리적 변화)를 연구할 수도 있다. **검증가능성**이라는 개념(가설을 지지할 수 있는 가능성)은 과학에서는 중요하다. 왜냐하면 이것은 (1) 규칙적인 MDMA의 사용은 학습과 기억을 손상시키는지 아니면 (2) MDMA의 사용과 인지적 수행 간의 관련이 없는지에 대한 판단을 가능케 하기 때문이다. 연구자들은 MDMA 사용과 시각적 학습 과제의 저조한 수행 간의 강한 관련성을 확인하였고, 이 정보는 약물의 본질에 대한 이해와 함께 잠재적인 사용자들에 대해 유용하다고 할 수 있다(Wagner et al., 2013).

연구자가 실험 가설을 개발할 때 독립변인과 종속변인을 구체화하여야 한다. 종속변인은 연구에 의해 바뀌거나 영향을 받을 것으로 기대되는 것이다. 이상행동을 연구하는 심리학자는 일반적으로 외현적 행동, 생각, 느낌이나 생물학적 증상 등과 같은 장애의 양상들을 측정한다. Wagner와 동료들의 연구에서 주요한 종속변인(인지 수행)은 학습과 기억에 대해 다양한 방식으로 측정되었다(예, 숫자 외우기, 스트룹 과제, 기호 잇기 검사). 독립변인은 종속변인에 영향을 줄 것으로 생각되는 요인들이다. 이 연구에서 독립변인은 MDMA 사용에 대한 보고로 측정된 것이었으며, 지난 한 해 동안 최소 MDMA를 10알 이상 섭취한 사용자였다. 다시 말하면 지난해 동안 MDMA 사용의 변화는 이후 인지 능력에 영향을 준다고 여겼다.

내적 타당도와 외적 타당도

MDMA 사용이 인지 수행에 미치는 영향에 대한 연구에서 연구자들은 신경심리학 검사 묶음에 대한 반응을 사용하였다. MDMA를 사용한 사람들이 그렇지 않은 사람들에 비해 IQ가 더 낮았다고 가정해 보자. 즉, MDMA를 사용한 전체 집단과 1년 후 연구 참여에 동의하였던 사람들에서 체계적인 차이(즉, IQ 점수)가 있는 것이다. 이는 MDMA 사용과 인지 능력 간의 관계에 대한 결론을 내리는 데 제한

을 주고, 그 결과의 의미를 변화시킨다. 내적 타당도와 관련 있는 이런 상황을 **혼입**(또는 혼입변인)이라고 부른다. 혼입은 독립변인(이 연구의 경우에는 MDMA의 사용)보다는 다른 변인(연구에 참여한 집단의 유형)이 종속변인(인지 능력에 대한 점수)에 영향을 줄 수 있기 때문에 그 결과를 해석하기 어렵게 만드는 요인을 의미한다.

과학자들은 연구에서 내적 타당도를 보증하기 위해 다양한 전략을 사용하며, 통제집단, 무선화와 유사 모형이 그 대표적 예이다. **통제집단**의 사람들은 실험집단과 동일한 방식으로 다루어지며, 다만 실험집단에 속한 사람들은 독립변인에 노출되고 통제집단은 노출되지 않는다. 피험자는 연구 결과에 영향을 줄 수 있는 다양한 많은 것에 노출되며 연구자가 이 모든 것을 통제할 수 없기에 처치를 제외하고는 유사한 경험을 하는 사람들(통제집단)을 비교하는 것이다. 통제집단은 결과에 대한 대안적인 설명을 배제하는 데 도움을 주며 따라서 내적 타당도를 강화한다.

무선화는 사람들을 각기 다른 연구 집단에 할당할 때 각 개인이 어느 집단에 속하는지를 동일한 확률로 배정하는 과정이다. 예를 들어 연구자는 사람들을 집단에 배치할 때 무선적으로 할 수 있지만 어떤 특정한 사람들(예를 들어 더 심각한 우울증을 가진 사람)이 한 집단에 속할 수 있다. 동전 던지기나 난수표를 이용하여 개인들을 집단에 배정하는 것이 피험자 할당에 체계적인 편향을 줄임으로써 내적 타당도

가설(hypothesis) 연구에 의해서 검증하게 되는 추정 혹은 진술.

연구 설계(research design) 가설을 검증하기 위해 사용되는 실험의 계획.

종속변인(dependent variable) 실험 연구에서 (독립변인과 비교할 때) 영향을 받을 것으로 기대되어 측정되는 현상.

독립변인(independent variable) 연구에서 실험자가 조작하고 종속변수에 영향을 줄 것으로 기대하는 현상.

내적 타당도(internal validity) 대안적인 설명이 배제된 후에 그 연구의 결과가 독립변인에 의한 것이라고 할 수 있는 정도.

외적 타당도(exteranal validity) 연구 결과를 그 연구에 참여하지 않은 사람이나 상황에도 적용하고 일반화할 수 있는 정도.

검증가능성(testability) 예를 들어 가설이 과학적 조사가 가능하고 채택 혹은 기각할 수 있는, 가설이 유용한 필요조건.

혼입(confound) 독립변인이 아닌 다른 변인이 종속변인에 영향을 주어서 연구의 결과 해석을 어렵게 만드는 요인.

통제집단(control group) 연구에서 실험집단이 받는 처치에 노출되지 않고 다른 것들은 실험집단과 유사한 상황에 있는 집단. 통제집단이 있음으로 인해서 처치의 효과를 비교할 수 있다.

무선화(randomization) 개인들이 연구의 집단에 할당되는 확률을 동일하게 하여서 집단 간의 체계적인 차이를 제거하고자 하는 배치 방식.

를 증가시킬 수 있으나 이것이 편향을 제거하지 못할 수도 있다. 이후에 보게 될 텐데, 사람들은 때로는 그들 자신을 집단으로 구성하기도 하며, 이런 선택이 연구 결과에 영향을 줄 수 있다.

유사 모형은 연구하에서 실험실 내에 비슷한 현상의 통제된 조건을 생성하는 것이다. 폭식증 연구자는 섭식이 어떤 방식으로 불안, 죄책감 등을 갖게 하는지를 확인하기 위하여 자원자에게 실험실 내에서 폭식을 요청하고 섭식 전과 섭식 중 그리고 섭식 후에 대해서 질문을 할 수 있다. 만약 다양한 연령, 성별, 인종이나 배경의 자원자들이 참여한다면, 폭식 문제를 가진 사람만이 집단에 포함되었을 때 제거하기 어려운 참가자들의 섭식에 대한 태도에 미치는 영향을 배제할 수 있다. 이와 같은 인위적인 연구는 내적 타당도를 증진시키는 데 도움이 될 수 있다.

연구에서 내적 타당도와 외적 타당도는 때때로 반대인 것 같아 보인다. 한편으로 독립변인(연구에서 조작을 한 요소)이 종속변인(연구에서 변화를 기대하는 요소)의 변화를 설명하는 요인이라고 결론 내릴 수 있도록 많은 것들을 통제할 수 있다. 다른 한편으로 연구에 참여한 피험자뿐 아니라 다른 사람들과 다른 상황에도 그 결과를 적용하고 싶어 하며, 이것을 **일반화가능성**, 즉 그 결과를 특정 장애를 가진 모든 사람에게 적용하는 정도라고 한다. 만약 독립변인만이 변화하고 연구의 모든 측면을 통제할 수 있다면 그 결과는 실제 세계와는 관련이 없다. 예를 들어 만약 남성만을 연구함으로써 성의 영향력을 줄이거나 25~30세의 사람만을 표집함으로써 연령 변인을 줄인다면, 그리고 교육 수준이 이슈가 되지 않게 하기 위해서 대졸 이상의 사람들만으로 연구를 제한한다면, 그 연구(이 경우 25~30세 사이의 대졸 남성)는 나머지 대부분의 사람들과는 관련이 없는 것이 된다. 내적 타당도와 외적 타당도는 이와 같이 종종 반대 방향으로 관련된다. 연구자는 지속적으로 이 두 측면의 균형을 맞추려고 노력하며, 이 장의 뒷부분에 보게 될 것처럼 내적 타당도와 외적 타당도를 갖기 위한 최선의 해결책은 여러 관련된 연구들을 시행하는 것일 것이다.

통계적 유의성 대 임상적 유의성

심리학 연구에서 통계적 유의성이란 일반적으로 관찰된 효과가 우연에 의해 얻어질 확률이 낮다는 것을 의미한다. 예를 들어 심리적 개입과 함께 약물(naltrexone)을 투여하였을 때 알코올 중독을 가진 사람들이 더 오랫동안 알코올을 섭취하지 않는지를 평가하는 연구

▲ 집단의 일부로 사람을 연구하게 되면 종종 개인차가 가려진다.

를 한다고 가정해 보자(Anton et al., 2006). 이 연구에서는 약물과 심리치료를 혼합했을 경우 평균 77일 동안 사람들이 금주를 할 수 있도록 도와주었고, 위약 처치를 받은 사람은 평균 75일 동안 금주를 하였다. 그 차이는 통계적으로 유의하였다. 하지만 이게 의미 있는 차이일까? **통계적 유의성**(집단 간 차이에 대한 수학적 계산)과 **임상적 유의성**(그 차이가 영향을 받은 사람들에게 의미 있는 차이인지의 여부)을 구분하는 것은 어렵다(Thirthalli & Rajkumar, 2009).

결과에 대해서 주의 깊게 관찰을 해 보면 효과 크기에 대해 고민할 필요가 있다. 이 연구에서는 알코올에 대한 의존성을 많은 사람들(1,383명)을 통해서 연구하였으므로 작은 차이(75일 대 77일)도 통계적으로 유의하게 다를 수 있었다. 그러나 추가적으로 이틀 동안 금주를 하기 위해서 약물을 투약받고 집중적인 치료를 받을 가치가 있다고 생각하기는 어렵다. 다시 말하면 그 차이는 임상적으로 유의하지 않을 것이다.

다행히도 결과에 대한 임상적 유의성과 관련하여서 연구자들은 단순히 집단 간 차이가 있는지가 아니라 그 차이가 얼마나 큰지 또는 **효과 크기**를 확인하는 통계적 방법을 만들어냈다. 연구 내에서 처치를 받고 처치받지 않은 개인들이 향상됐는지 혹은 악화됐는지를 고려하는 과정을 통계적 계산에 포함시키는 것이다(Durand & Wang, 2011; Fritz, Morris, & Richler, 2012). 즉 집단 간 차이를 전체적으로 보는 대신에 개인 차이 역시 고려하는 것이다. 일부 연구자들은 좀 더 주관적인 방식을 사용하여 중요한 변화가 정말로 처치에 의한 것인지의 여부를 판단한다. 행동과학자인 Montrose Wolf(1978)는 사회적 타당도(social validity)라 부르는 평가를 지지하기도 하였다. 이 기법에는 변화의 중

요성에 대해 처치를 받은 개인으로부터의 정보뿐 아니라 중요한 타인으로부터 정보를 얻는 것이 포함된다. 여기의 예를 든다면 참가자와 그 가족들에게 그 처치가 정말 금주에 중요한 효과를 가져왔는지를 묻는 것이다. 만약 그 처치의 효과가 직접적으로 관계된 사람에게 의미 있을 정도로 크다면 그 처치 효과는 임상적으로 유의한 것이다.

'평균적인' 내담자

연구 결과를 보고 집단에 대해서 일반화할 때 우리는 흔히 개인 차이를 경시한다. Kiesler(1966)는 모든 참가자를 동일한 집단이라고 간주하는 경향성을 **환자 동일성 신화**라고 이름 붙였다. 이런 신화로 인해 연구자들은 장애와 그에 대한 치료에 대해서 부정확한 일반화를 행한다. 이전 예를 가지고 계속해서 논의해 본다면, 만약 알코올중독에 대한 치료 연구를 하는 그 연구자가 실험적 처치가 좋은 접근법이라고 결론을 내린다면 어떻게 될까? 그리고 일부 참가자들은 치료로 인해 효과가 있었을지라도 또 다른 일부 사람들은 악화되었다는 것을 관찰했다고 가정해 보자. 이런 차이는 집단을 전체로 분석할 때에는 사라지게 되며, 실험 처치를 받았을지라도 음주가 늘어난 사람들은 평균적인 사람들이 향상된 것과 같은 차이를 전혀 갖지 못한 것이다.

사람들은 이와 같이 연령, 인지 능력, 성, 치료에 대한 경험에서 다를 수 있기 때문에 단순한 집단 간 비교는 잘못된 결론에 이를 수 있다.

연구 방법의 유형

▶ **행동의 원인에 대한 연구를 행할 때 어떤 방법이 사용되는가?**

연구자들은 행동의 원인에 대한 연구를 할 때 다양한 방식의 연구 방법을 사용한다. 지금부터는 개별사례 연구, 상관 연구, 실험 연구, 단일사례 실험설계에 대해서 살펴보도록 한다.

개별사례 연구

다음의 시나리오를 가정해 보자. 한 심리학자가 새로운 장애를 발견했다고 생각했다. 그녀는 유사한 특성을 가진 것으로 보이는 여러 사람을 관찰하였다. 이들 모두는 직장에서 잠이 들어버리는 특정한 수면장애를 호소하였다. 각 사람들은 초기 면담에서 명백한 인지적 손상을 보였으며, 모두는 신체적으로도 유사하여 머리가 빠지고 또 작은 조롱박같이 생긴 체형을 보였다. 그리고 성격은 매우 이기적이고 자기중심적이었다. 이런 관찰에 기초하여서 그 심리학자는 임시로 호머 심슨 장애라는 이름을 붙이고 이 상태와 가능한 치료법에 대해

유사 모형(analogue model) 통제된 조건 속에서 피험자를 임상적 수준의 내담자와 유사하게 함으로써 임상적 문제를 재연할 수 있도록 연구하는 접근법.

일반화가능성(generalizability) 연구 결과를 그 연구에는 포함되지 않은 사람들에게 적용할 수 있는 정도.

통계적 유의성(statistical significance) 관찰된 연구의 결과가 우연에 의해서 얻어질 낮은 확률.

임상적 유의성(clinical significance) 연구 결과가 실제 문제의 적용에 유용하고 의미 있는 정도.

효과 크기(effect size) 측정에서 나타난 변화가 얼마나 큰지를 확인하는 통계적 과정. 흔히 임상적 처치 전과 후의 상대적 변화를 확인하기 위하여 사용함.

환자 동일성 신화(patient uniformity myth) 한 범주 내의 모든 구성원을 실제보다 더 동일한 집단으로 보고 그 개인 차이를 경시하는 경향성.

연구하기로 하였다. 그러나 상대적으로 덜 알려진 장애에 대한 탐색은 어떻게 시작하는 것이 좋을까? 방법 중 하나는 특정 행동과 신체적 양상을 보이는 하나 혹은 그 이상의 개인을 집중적으로 탐색하는 **사례 연구 방법**을 활용하는 것이다(Yin, 2012).

사례 연구 방법에 해당되지 않는 것이 무엇인지를 기술하면 이에 대한 이해가 쉬울 것이다. 이것은 과학적 방법을 사용하지 않는다. 내적 타당도 확보를 위한 노력을 거의 하지 않으며, 일반적으로 결론을 내리기 어렵게 만드는 많은 혼입변인이 존재한다. 대신에 사례 연구 방법은 특정 장애를 갖고 있는 한 명 혹은 한 집단을 다른 장애를 가지고 있는 사람, 장애를 갖지 않은 사람과 비교하는 관찰에 의존한다. 임상가는 흔히 한 개인에 대한, 될 수 있으면 자세한 정보를 수집한다. 면담을 통해서 개인과 가족에 대한, 배경, 교육, 건강, 직업력과 문제의 본질과 원인에 대한 그 개인의 의견 등을 얻는다.

사례 연구는 심리학의 역사에서 중요하다. Sigmund Freud는 여러 사례들에 대한 관찰에 근거하여서 정신분석 이론과 그 방법에 대해서 발전시켰다. Anna O.에 대한 Freud와 Josef Breuer의 기술(1장 참고)을 통해 자유연상이라고 알려진 임상적 방법을 개발하게 되었다. Virginia Johnson과 William Masters도 많은 사례 연구에 근거하여서 성 행동과 관련한 수많은 미신을 새롭게 해명할 수 있었다(Masters & Johnson, 1966). *Psychotherapy by Reciprocal Inhibition*(1958)이라는 획기적인 서적의 저자인 Joseph Wolpe 역시 200여 사례에 근거하여 체계적 둔감화에 대해 기술하였다. 심리장애에 대한 우리의 지식이 성장하면서 심리학 연구자들의 사례 연구 방법에 대한 의존은 점차로 줄어들었다.

상관 연구

연구자들이 제기하는 근본적 문제 중 하나는 두 변인이 서로 관계가 있는가이다. 두 변인 간의 통계적 관계는 **상관**이라고 부른다. 예를 들어 조현병은 뇌 내 뇌실 크기와 관련이 있을까? 우울증에 걸린 사람들은 부적 귀인(자신과 타인의 행동에 대한 부정적 설명)을 하는 경향이 있을까? 환각의 빈도가 노인에게서 더 많을까? 이에 대한 대답은 한 변인(예를 들어 환각의 수)이 다른 것(예를 들어 나이)과 어떻게 관계되는지를 확인함으로써 알 수 있다. 조건을 조작하거나 변경하는 것과 같은 실험설계와는 달리 상관적 설계에서는 발생하는 현상을 그 자체로 연구한다. 변인들이 동시에 어떻게 나타나는가를 확인하는 상관 연구의 결과는 이상행동에 대한 지식을 탐색하는 데 중요하다.

과학에서 흔히 하는 얘기 중 하나는 상관은 인과관계를 함축하지 않는다는 것이다. 다시 말해서 만약 둘이 함께 발생한다고 했을 때 이것은 하나가 다른 하나의 원인이라고 말할 수는 없다는 것이다. 예를 들어 가족 내에서 부부 간의 문제는 자녀의 행동문제와 상관이 있다(예, Yoo & Huang, 2012). 이 영역에서 상관 연구를 한다면 부부 간의 문제가 있는 가족에서 자녀들은 행동문제가 있음을 보게 될 것이다. 부부문제가 적은 가족에서는 자녀에게 적은 행동문제가 나타나는 것을 볼 것이다. 가장 눈에 띄는 것은 부부문제는 자녀의 잘못된 행동의 원인이 된다는 것이다. 그렇게 간단하면 좋을 텐데 말이다! 부부갈등과 자녀의 행동문제 간의 관계에 대해서는 여러 가지 방식으로 설명될 수 있다. 결혼생활에서 문제가 자녀의 파괴적 행동의 원인이 될 수 있다. 그러나 반대의 관계도 역시 가능하다는 증거들이 있다. 자녀의 파괴적 행동이 부부문제의 원인이 될 수도 있다(Rutter & Giller, 1984). 게다가 유전적 요인이 품행장애와 부부갈등에 중요한 역할을 할 수도 있다(D'Onofrio et al., 2006; Lynch et al., 2006). 좀 더 논쟁하는 경향을 가진 부모는 이런 유전자를 자녀에게 전달하고 그것이 비행 행동의 경향성을 증가시킨다.

이 예는 상관 연구의 결과를 해석하는 데 주의해야 한다는 점을 알려준다. 변인 A(부부문제)가 변인 B(자녀의 행동문제)와 상관이 있다는 것을 안다. 하지만 A가 B의 원인인지(부부문제가 자녀문제를 야기한다), B가 A의 원인인지(자녀문제가 부부문제를 야기한다), 아니면 제3의 변인인 C가 양쪽 모두의 원인인지는(유전자가 부부문제와 자녀문제 모두에 영향을 준다) 알 수 없다.

부부갈등과 자녀문제에 대한 연관성은 **정적 상관**을 보인다. 이는 한 변인의 강도, 양(부부갈등의 심각함)이 다른 변인의 강도, 양(자녀의 파괴적 행동이 더 많음)과 연관되어 있다는 것을 의미한다. 동시에 한 변인(부부갈등)의 낮은 강도와 양은 다른 변인(파괴적 행동)의 낮은 강도와 양과 연관되어 있다. 만약 통계적 개념에 대해서 어려움이 있다면, 사회적 관계와 같은 방식의 수학적 관계를 생각해 보라. 늘 붙어 다니는 두 명이 항상 함께 있는 경향이 있다고 하자. "내가 가는 곳에 너도 간다!" 그 상관(또는 **상관계수**)은 +1.00이 된다. + 부호는 정적 관련성이 있음을 의미하며, 1.00은 "완벽한" 관계를 뜻해서 두 사람은 항상 붙어다님을 의미한다. 아무리 서로 좋아하더라도 두 사람이 어느 곳이나 항상 같이 다니지는 않는다. 그 관계의 강도는 0.00에서 1.00까지의 범위를 가진다(0.00은 전혀 관계가 없음을 의미한다). 숫자가 클수록 그 관계가 더 강하다는 것을 의미한다(예를 들어, +0.80의 상관은 +0.75의 상관보다 "더 강하다"). 예를 들어 서로 낯선 두 사람의 관계는 서로의 행동에 전혀 관계가 없기 때문에 0.00이라고 기대할 수 있을 것이다. 그들은 동시에 같은 곳에 나타나기는 하지만 그것이 매우 드물고 무선적인 것이다. 서로 알지만 전혀 좋아하지 않는 경우는 − 부호로 표시되며, 가장 강한 부적 관계는 −1.00으로 이것

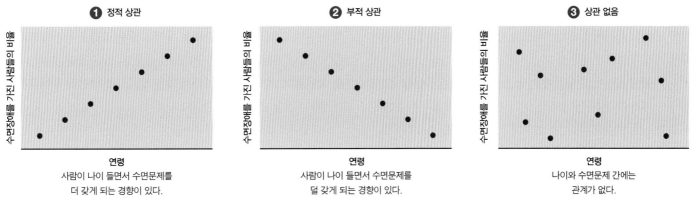

● 그림 3.6 이 세 그래프는 연령과 수면문제 간의 가설적 상관을 나타낸다.

은 "네가 가는 곳이면 난 절대 안 가!"와 같은 의미이다.

가족 내 부부문제와 자녀의 행동문제는 상대적으로 강한 정적 관계, 수치로는 약 +0.50이었다. 위의 방식을 사용해 본다면 이 둘은 함께 다니는 경향이 있다. 반면에 다른 변인은 서로에게 낯선 것이다. 예를 들어 조현병과 신장은 관련이 없어서 함께 다니지 않으며, 아마도 그 수치는 0.00에 가까울 것이다. 만약 A와 B가 상관이 없다면 그 상관계수는 0.00에 가까워질 것이다. 다른 요인들은 부적 관련성을 가질 수 있다. 하나가 증가하면 다른 하나는 감소한다. (정적 상관과 부적 상관에 대한 그림의 예는 그림 3.6 참고) 2장에서 언급하였던 사회적 지지와 질병 간의 관계가 **부적 상관**의 예가 될 수 있다. 사회적 지지가 더 많을수록 사람들은 덜 아픈 경향이 있다. 사회적 지지와 질병간의 부적 상관은 −0.40의 수치 정도로 표시될 수 있다.

상관을 통해 두 변인 간의 관련성을 알 수 있으나 인과적 관계에 대한 결론을 내릴 수는 없다. 이것은 **방향성**의 문제이다. 이 경우에 A가 B를 야기하는지, B가 A를 야기하는지, 아니면 제3의 변인인 C가 A와 B 모두를 야기하는지를 알 수 없다. 그러므로 두 변인이 강한 관련성(+0.90)을 보일지라도 인과적 관계의 방향성을 알 수는 없다.

역학 연구

과학자들은 종종 스스로를 탐정이라 생각하고 단서를 연구함으로써 진실을 탐색한다. 탐정과 같은 상관 연구의 또 다른 유형은 하나 혹은 그 이상의 집단에서 문제의 발생률과 분포, 그리고 그 결과들에 대한 연구인 **역학**이다. 역학 연구자들은 사람들 사이에서 장애를 추적함으로써 그 장애 존재의 이유에 대한 단서를 찾을 수 있을 것으로 기대한다. 하나의 전략은 어떤 한 시점에 장애를 가진 사람의 숫자인 유병률을 밝히는 것이다. 예를 들어 미국 대학생들 사이에 폭음의 유병률(연달아 5일 이상 음주를 하는 것)은 약 40%이다(Beets et al. 2009). 유사한 전략은 장애의 발생률, 즉 특정 기간 동안에 나타난 새

로운 사례 숫자를 밝히는 것이다. 예를 들어 미국 대학생 폭음의 발생률은 1980년부터 아주 조금 감소하였으며(Substance Abuse and Mental Health Services Administration, 2012), 이는 폭음을 감소시키려는 시도들에도 불구하고 그 문제가 지속되고 있음을 보여준다. 역학 연구자들은 각기 다른 집단의 사람들을 대상으로 장애의 발생률과 유병률을 조사한다. 예를 들어 역학 연구의 자료에 따르면 흑인을 대상으로 한 알코올남용의 유병률은 백인에 비해 낮다고 보고된다(Substance Abuse and Mental Health Services Administration, 2012).

연구자들은 역학 기법을 스트레스가 심리장애에 미치는 영향을 연구하는 데 활용하여 왔다. 2001년 9월 11일 오전, 맨해튼, 펜타곤, 펜실베이니아에서 각기 다른 세 테러로 인해 3,000여 명이 사망하였다. DeLisi와 동료들(DeLisi et al., 2003)은 세계무역센터에 대한 공격

사례 연구 방법(case study method) 개인 또는 단일 집단만을 자세히 연구하는 방법. 이 방법으로는 인과관계를 도출할 수 없으며, 일반화를 할 때도 매우 주의해야 한다(단일사례 실험연구와 비교).

상관(correlation) 두 변인이 연관된 정도. 정적 상관에서는 두 변인이 함께 증가하거나 감소한다. 부적 상관에서는 한 변수가 증가하면 다른 변수는 감소한다.

정적 상관(positive correlation) 한 변인이 증가하면 다른 변인도 증가하는 두 변인 간의 관계.

상관계수(correlation coefficient) 두 변인 간의 관계의 정도와 방향을 반영하는 통계치. 이 범위는 +1.00에서 0.00(관련성이 없음)을 거쳐 −1.00까지이다. 절대값은 강도이고 부호(+ 또는 −)는 방향을 의미한다.

부적 상관(negative correlation) 한 변인이 증가하면 다른 변인은 감소하는 두 변인 간의 관계.

방향성(directionality) A와 B 두 변인이 상관이 있을 때 변인 A가 변인 B의 원인이 되는지, 변인 B가 변인 A의 원인이 되는지의 가능성.

역학(epidemiology) 집단에서 유병률과 분포, 그리고 장애의 결과를 연구하는 정신병리 연구의 한 방법.

의 장기적인 정서 반응을 평가하기 위해 그 지역과 가까이 있는 맨해튼에서 1,009명의 사람을 인터뷰하였다. 연구 결과 이 외상적 사건에 대해서 가장 부정적인 반응을 보인 사람은 이전에 심리장애를 가지고 있는 사람이었으며, 그 공격에 가장 노출이 많이 된 사람들이었다(예를 들어, 세계무역센터에서 탈출한 사람). 가장 흔한 부정적 반응은 불안과 고통스런 기억이었다. 이는 연구자가 독립변인을 조작하지 않은 것이기에 상관 연구라 할 수 있다(공격은 실험의 부분이 아니었다).

다른 유형의 상관 연구처럼 역학 연구는 무엇이 그 현상의 원인인지를 명확하게 이야기하지 못한다. 그러나 심리장애의 유병률과 진행에 대한 지식은 연구가 제대로 된 방향으로 향하고 있는지를 알려준다는 차원에서 매우 중요하다.

실험 연구

실험에서는 독립변인에 대한 조작과 그 효과를 관찰하는 것을 포함한다. 인과관계를 확인하기 위하여 독립변인을 조작한다. 예를 들어 만약 사회적 지지와 심리장애 간의 상관을 확인하였다면 어떤 요인이 다른 것에 영향을 주었는지를 결론 내릴 수 없다. 그러나 사회적 지지의 정도를 변화시키고 심리장애의 유병률이 달라지는지는 확인할 수 있다. 즉 실험이 가능하다.

실험이 두 변인 간의 관계에 대해서 어떤 것을 알려줄 수 있을까? 만약 사회적 지지를 증가시켰는데 심리장애의 빈도에 변화가 없다면 사회적 지지의 부족이 심리장애의 원인이 되지는 않는다는 것을 의미한다. 반면에 사회적 지지가 증가함에 따라 심리장애가 줄어든다면, 지지가 없다는 것이 심리장애에 영향을 미친다는 것을 좀 더 확신할 수 있다. 그러나 실험이 내적으로 완벽히 타당하다고 100% 신뢰할 수 없기에, 즉 다른 설명이 가능하지 않다고 이야기할 수 없기에 결과를 해석하는 데에는 신중해야 할 것이다. 다음에서는 연구자들이 실험을 실행하는 다양한 방법은 무엇인지 그리고 어떻게 그것을 통해 이상행동을 이해할 수 있는지에 대해서 살펴볼 것이다.

집단 실험설계

상관 설계를 통해 연구자들은 다른 변인이 어떻게 연결되었는지를 관찰한다. 집단 실험설계에서 연구자들은 더욱 적극적이다. 연구자는 독립변인을 변화시켜 집단 내 사람들의 행동이 어떻게 영향받는지를 관찰한다. 연구자가 상황의 영향을 많이 받는 노인들에게서 불면을 줄일 수 있도록 하는 개입을 설계한다고 하자(Epstein, Sidani, Bootzin, & Belyea, 2012). 연구자들은 사람들에게 치료를 실행하고 10년간 추적하여서 수면 양상이 개선되는지의 여부를 확인할 수 있

다. 이때 치료는 독립변인이 된다. 즉 이것은 자연스레 일어나는 것이 아니다. 그러고는 연구자들은 처치를 받은 집단을 평가함으로써 참여자들의 행동 변화가 연구자들이 행했던 것의 결과인지의 여부를 확인한다. 자연스레 나타나지 않는 방식으로 변인을 투여하거나 제거하는 것을 변인을 조작한다고 부른다.

안타깝게도 10년 후에 연구자들은 수면문제에 대해 치료를 받은 노인 집단이 하루에 8시간보다 적게 잤다는 것을 확인하였다. 이 치료는 실패한 것인가? 아마도 아닐 것이다. 이 연구에서 확인할 수 없는 바는 만약 치료를 받지 않았다면 그 집단의 사람들에게 어떤 일이 생겼을까라는 점이다. 아마도 수면 양상이 더 나빠졌을 수도 있다. 다행히도 연구자는 이런 복잡한 문제를 해결할 수 있는 현명한 방법을 고안하였다.

집단 실험설계에서 특별한 형태는 심리장애에 대한 치료에서 점점 더 많이 활용되고 있으며, 이를 임상 시험(clinical trial)이라고 부른다(Durand & Wang, 2011). 임상 시험은 치료 또는 치료들의 효과와 안정성을 확인하는 데 활용된다. 임상 시험이라는 용어는 어떻게 시행되는지에 관련해서 그 형식적 절차가 있음을 의미한다. 임상 시험은 그 자체로 설계는 아니며 여러 규칙을 따르는 평가 방법이다. 예를 들어 연구 참가자를 어떻게 선택하여야 하며, 얼마나 많은 사람들이 연구에 포함되어야 하는지, 참가자를 어떻게 집단에 할당해야 하는지, 그리고 그 자료는 어떻게 분석해야 하는지 등이 규정되어 있다. 또한 치료는 모든 사람이 동일한 방식으로 치료받는 것을 보증하기 위해 흔히 공식적인 프로토콜을 이용한다.

통제집단

통제집단은 독립변인에 노출되지 않았다는 것을 제외하고는 모든 차원에서 실험집단과 유사한 사람들이다. 노인의 수면문제를 살펴보는 연구에서 치료를 받지 않은 집단이 선택되었다고 가정해 보자. 그리고 연구자들이 10년간 이 집단을 추적하여 평가하고 그 기간 동안의 수면 양상을 확인하였다고 해 보자. 처치가 없을 경우 아마도 연구자들은 노인들이 나이가 들면서 더 적은 시간 수면하는 경향을 확인하였을 수 있다(Cho et al., 2008). 그리고 치료를 받은 사람들이 10년 전에 비해서는 수면을 다소 덜 했을 수 있으나, 통제집단의 사람들에 비해서는 유의하게 수면을 더 했을 수 있다. 통제집단을 활용한다면 연구자들은 치료를 받는 사람들이 수면 시간이 더 나빠지는 것을 막는 것을 확인하고 따라서 치료가 수면에 도움을 줬다는 것을 확인할 수 있다.

이상적으로는 통제집단은 치료집단과 나이, 성별, 사회경제적 배경과 보고되는 문제 등에서 거의 동질적이어야 한다. 그리고 연구자

▲ 사회적 지지를 많이 받을수록 사람들은 병에 덜 걸린다.

는 독립변인의 조작 전후로 두 집단 모두에게 동일한 평가를 실시하여야 한다. 그럼으로써 두 집단 간에 나타나는 차이가 변화를 주었던 것에 의한 것이라고 할 수 있다.

치료집단의 사람들은 흔히 더 나아질 것을 기대한다. 실험자의 조작의 결과보다는 참여자의 변화에 대한 기대로 인해 행동이 변화하는 현상을 **위약 효과**라고 한다. 반면에 통제집단에 있는 사람들은 치료를 받지 않는다는 것에 대해서 실망할 수 있다. 장애의 유형(예, 우울증)에 따라서 실망감으로 인해 상태가 더 나빠질 수 있다. 이런 현상은 또한 비교를 할 때 치료집단이 더 나아 보이는 현상을 야기할 수 있다.

기대와 관련한 효과를 연구자가 다루는 한 방법은 **위약 통제집단**을 통해서이다. 위약이란 단어는 흔히 설탕으로 만든 알약과 같이 효력이 없는 약물을 의미한다. 위약을 통해 통제집단의 사람들에게 치료를 받고 있다는 믿음을 갖게 한다(Kendall & Comer, 2011). 약물 연구에서 처치를 받지 않는 집단의 사람들은 치료집단에게 처방되는 약물과 동일하게 생긴 것을 받기에 위약 통제는 상대적으로 용이하다. 그러나 심리적 치료에서는 이것이 항상 용이한 것은 아니다. 왜냐하면 연구자가 효과적일 것이라고 믿는 요소는 포함되지 않으나, 사람들이 도움이 될 것이라고 생각하는 무언가를 고안해야 하기 때문이다. 이런 유형의 통제집단 내담자들은 종종 치료집단과 동일한 과제와 같은 실제 치료의 일부를 받기는 하지만, 연구자가 향상에 영향을 줄 것이라고 생각하는 수준만큼은 아니다. 연구자는 위약 통제집단을 활용함으로써 긍정적인 결과에 대한 기대로 인한 변화를 실제 치료의 결과와 구별할 수 있게 된다.

이중 맹검 통제는 위약 통제집단 절차의 변형 중 하나이다. 그 이름이 나타내고 있는 바와 같이 연구에 참여하는 사람들이 자신들이 어떤 집단에 속했는지 혹은 자신들이 어떤 치료를 받고 있는지를 모를 뿐 아니라(단일 맹검), 연구자나 치료를 제공하는 치료자 역시도 이에 대해서 알지 못하는 것이다(이중 맹검). 이런 유형의 통제는 연구자가 그 결과에 편향된 영향을 줄 가능성을 방지하는 것이다. 예를 들어 두 치료를 비교하고 그 중 어떤 하나가 다른 하나보다 더 효과적일 것이라고 예상하는 연구자는 만약 그가 선호하는 치료가 기대했던 것만큼 효과적이지 않다면 더 열심히 처치를 할 것이다. 다른 한편으로 효과를 기대하지 않았던 치료가 별로 좋지 않은 결과를 보인다면 연구자는 그만큼 열심히 그것을 하려 하지는 않을 것이다. 이런 반응이 고의적일 것이라고 할 수는 없으나 일어날 수는 있는 것이다. 이런 현상을 충성 효과(allegiance effect)라고 한다(Munder, Flückiger, Gerger, Wampold, & Barth, 2012). 그러나 만약 참가자와 연구자나 치료자 모두 알지 못하면 편향이 연구에 영향을 미칠 가능성은 줄어들 것이다.

비교처치집단

비처치 통제집단을 활용하는 것에 대한 대안으로 일부 연구자들은 다른 처치와 비교하기도 한다. 이 설계에서 연구자는 둘 혹은 그 이상의 특별한 장애를 가지고 있는 사람의 집단에게 다른 처치를 시행하고 각 처치를 받은 사람들에게 호전이 나타나는지를 평가할 수 있다. 이를 **비교처치 연구**라고 한다. 이전에 언급했던 수면 연구에서 두 노인집단을 선정하고 한 집단에는 불면에 대한 약물을 투여하고 다른 집단에는 인지행동치료를 하고, 그 결과를 비교할 수 있다.

각기 다른 접근을 연구할 때에는 치료의 과정, 결과와 관련해서 중요한 두 측면을 고려해야 한다. 절차 연구에서는 행동 변화나 "왜 이것이 효과적인가"에 대한 기제에 초점을 맞춘다. 감기 치료를 위해

실험(experiment) 영향을 줄 수 있는 다른 설명들을 통제하고 변인을 조작함으로써 인과관계를 확립할 수 있는 연구 방법.

위약 효과(placebo effect) 실험 조작 그 자체보다는 한 개인의 변화에 대한 기대로 인해 나타내는 행동의 변화.

위약 통제집단(placebo control group) 연구에서 실험 처치를 받지 않지만 동일하게 변화에 대한 기대를 갖도록 유사한 절차를 받는 통제집단을 통해 연구자는 위약 효과를 평가할 수 있다.

이중 맹검 통제(double-blind control) 연구에서 피험자나 실험 치료의 제공자 모두 누가 치료를 받고 있는지 그리고 누가 위약 처치를 받고 있는지를 모르도록 하여서 편향을 막으려는 절차.

비교처치 연구(comparative treatment research) 어떤 처치 방법이 가장 효과적인지를 확인하기 위해 둘 혹은 그 이상의 처치를 대조하는 연구.

서 새로운 기적의 약물 때문에 의사를 찾아간다는 농담이 있다. 의사는 감기 환자에게 새로운 약물을 처방하면서 감기는 7~10일 정도면 나을 것이라고 이야기를 한다. 우리 모두가 알다시피 감기는 일반적으로 속칭 기적의 약물 없이도 7~10일이면 호전된다. 그 새 약물은 아마도 환자의 감기가 낫게 하는데 추가적으로 어떠한 것도 한 것이 없을 것이다. 의학적 처치를 검증하는 과정의 차원에는 그 변화를 가능하게 한 생물학적 기제에 대한 평가가 포함된다. 그 약물이 세로토닌 수준을 낮추어줬는가 그리고 이것이 관찰된 변화를 설명하는가? 유사하게 심리적 처치를 살펴볼 때에도 우리는 무엇이 관찰된 변화의 원인이 되었는가에 대해서 확인하여야 한다. 이것이 중요한 이유는 여러 가지가 있다. 첫째, 만약 우리 치료의 실질적인 요소가 무엇인지를 알 수 있다면 우리는 중요하지 않은 측면들을 제거할 수 있으며, 이를 통해 내담자의 시간과 비용을 줄일 수 있을 것이다. 예를 들어 불면증에 대한 연구에서 치료 패키지에 있는 이완 훈련의 요소가 추가적인 이득을 주지 못한다면, 임상가는 그 훈련의 정도를 줄이고 실제로 수면을 증진시키는 다른 요소(예를 들어 인지행동치료)에 초점을 맞출 수 있을 것이다(Harvey, Inglis, & Espie, 2002). 이에 더해 우리의 처치에 무엇이 중요한지를 알게 되면 더 효과적이고 강력한 새로운 것을 개발할 수 있게 된다.

연구는 치료 결과의 긍정적, 부정적 또는 양 측면 모두에 초점을 맞춘다. 다시 말해서 정말 효과가 있는 것일까? 치료 과정에는 치료가 왜 그리고 어떻게 효과가 있는지를 확인하는 것이 포함된다. 반면에 치료 결과에는 치료 후에 어떤 변화가 있는지를 확인하는 것이 포함된다.

단일사례 실험설계

과학적 방법에서 B. F. Skinner의 혁신은 정신병리학에 대한 그의 기여 중에서 가장 중요한 것이다. Skinner는 **단일사례 실험설계**라는 개념을 구성하였다. 이 방법은 다양한 실험 조건하에서 개인들을 체계적으로 연구하는 것이다. Skinner는 이런 방식이 '평균'을 대표하는 큰 집단을 대상으로 적은 관찰을 하는 것보다 개인의 행동에 대해서 더 잘 알 수 있다고 보았다. 정신병리학은 고통을 경험하는 특정한 사람들에 대해서 관심을 갖기에 이런 방법론이 개인의 정신병리와 관련된 요소에 대한 이해에 더 많은 도움을 줄 수 있다(Barlow, Nock, & Hersen, 2009). Skinner의 방법론이 반영된 많은 응용들이 이 책 전반에 나와 있다.

단일사례 실험설계는 내적 타당도를 증진시키기 위해 다양한 전략을 사용하였고 혼입변인의 숫자를 줄였다는 면에서 사례 연구와 다르다. 앞으로 보게 되겠지만 이 전략은 전통적인 집단 설계와 비교

할 때 강점과 약점이 있다. 단일사례 실험설계를 묘사하기 위해 치료 연구의 예를 사용하지만 다른 연구 전략과 마찬가지로 이 설계 방법도 어떻게 치료할 것인가뿐만 아니라 사람들이 이상행동을 하는 이유는 무엇인가를 설명하는 데에도 역시 도움을 준다.

반복 측정

단일사례 실험설계에서 사용되는 중요한 전략 중 하나는 **반복 측정**이며, 이는 종속변인을 변화하기 전과 변화한 후에 한 번씩만 측정하는 대신에 그 행동을 여러 차례 측정하는 것을 의미한다. 연구자는 행동의 변화가 어떻게 나타나는지(하루하루 얼마나 많이 변화했는가?) 그리고 어떤 명확한 추세가 있는지(나아지는가 아니면 나빠지는가?)를 확인하기 위하여 동일한 측정을 반복한다. 웬디라는 젊은 여자가 불안감 때문에 상담소를 찾아왔다고 가정해 보자. 얼마나 불안한지를 평정해 보라고 했을 때, 9점(10점이 최고의 불안)이라고 하였다. 치료 몇 주 후에 웬디는 불안 점수를 6점이라고 하였다. 치료 덕분에 그녀의 불안이 줄었다고 이야기할 수 있을까? 꼭 그렇다고는 할 수 없을 것이다.

만약 웬디의 불안을 상담소를 찾아오기 전에 매일매일 반복적으로 측정하였고, 그게 매일매일 상당히 달랐다는 것을 보았다. 특별히 좋은 날에는 불안감이 5~7점으로 측정되었다. 안 좋은 날에는 8~10점 정도 되었다. 치료를 받은 후에 그녀가 매일 평정하는 값이 여전히 5~10점 사이에 있다고 가정해 보자. 치료 전에 9점이었고 치료 후에 6점이라는 것은 그녀가 일반적으로 경험하는 매일매일의 차이 중 일부일 수 있다. 웬디는 그냥 단순히 치료 전에도 좋은 날이면 6점을 줬고 치료 후에도 나쁜 날이면 9점을 준 것일 수 있으며, 어쩌면 치료가 악화시킨 것일 수도 있다!

반복 측정은 단일사례 실험 처치의 부분이다. 이것은 한 개인이 처치 전후에 어떻게 행동하는지, 그리고 치료가 변화의 원인인지를 확인하는 데 도움을 준다. 그림 3.7에는 반복 측정을 통해 얻은 웬디의 불안과 다른 추가적인 정보를 보여준다. 맨 위의 그래프는 그녀의 불안에 대하여 응답한 치료 전후의 원래 평정 값이다. 중간의 그래프에서는 매일의 평정을 통해서 보면 그녀의 보고에 변동이 있고 아마도 우연히 이전의 측정이 잘못되었을 것이라는 점을 보여준다. 그녀는 치료 전후에 모두 좋은 날과 나쁜 날이 있었던 것이고 많은 변화가 있지는 않은 것 같다.

맨 아래 그래프는 다른 가능성을 보여준다. 웬디의 불안은 치료 전에 떨어지고 있으며, 단순한 전후 측정을 가지고는 애매모호하다. 아마도 그녀 스스로 좋아지고 있었던 것이고 치료는 크게 영향을 주지 않았을 수 있다. 중간의 그래프는 매일매일의 **변산성**이 치료의 효과를 해석하는 데 얼마나 중요한지를 보여주며, 반면에 맨 아래의 그래

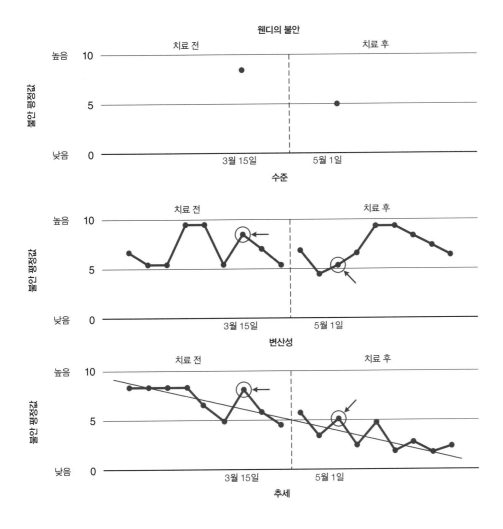

웬디의 불안

치료 전 | 치료 후

높음 10
5
낮음 0

3월 15일 | 5월 1일

수준

치료 전 | 치료 후

높음 10
5
낮음 0

3월 15일 | 5월 1일

변산성

치료 전 | 치료 후

높음 10
5
낮음 0

3월 15일 | 5월 1일

추세

● 그림 3.7 맨 위의 그래프는 치료 후에 웬디의 불안이 유의하게 떨어진 것처럼 보인다(수준 측정). 그러나 치료 전후의 반복 측정을 보면, 그녀의 불안이 상당히 변동이 있기 때문에 중간 그래프를 보면 별다른 변화가 없다(변산성 측정). 맨 아래 그래프를 보면 똑같이 불안에 변화가 있기는 하지만 또 다른 시나리오가 묘사되어 있다(추세 측정). 전체적으로 보았을 때 치료 전에도 이미 그녀의 불안은 하락하고 있었고(불안의 개선), 이는 도움이 없더라도 불안이 개선되었을 것을 시사한다. 변산성과 추세를 검토함으로써 변화의 본질에 대한 더 많은 정보를 얻을 수 있다.

프는 **추세** 그 자체가 변화의 원인을 확인하는 데 얼마나 중요한지를 보여준다. 이 세 그래프는 (1) 처치의 차이에 따른 행동 변화의 **수준** 혹은 정도(맨 위) (2) 시간에 따른 변화의 변산성 또는 정도(중간) (3) 변화의 추세 또는 방향과 같은 반복 측정의 중요한 측면들을 보여준다. 다시 말하자면 전후의 점수 그 자체만으로는 행동 변화에 대한 원인을 보여줄 수 없다.

철회 설계

단일사례 연구에서 흔하게 사용하는 전략 중 하나는 **철회 설계**이다. 이를 통해 연구자는 독립변인이 행동 변화의 원인인지를 확인하고자 노력한다. 웬디에 대한 치료 효과는 치료를 중단하고 얼마 동안 그녀의 불안이 증가하는지를 검증함으로써 가능할 수 있다. 단순 철회 설계는 세 부분으로 구성되어 있다. 첫째, 치료 전에 그 사람의 상태를 평가하여서 **기저선**을 확립한다. 그러고는 독립변인에 변화를 주며, 웬디의 경우에는 치료를 시작한다. 마지막으로 치료를 철회하고('기저선으로 되돌아감') 연구자들은 마지막 단계에서 웬디의 불안이 다시 변화하는지를 측정한다. 만약 치료가 제공되면 기저선에 비

해 그녀의 불안이 줄어들고 치료가 철회된 후에 악화된다면, 연구자는 치료가 웬디의 불안을 감소시켰다고 결론 내릴 수 있다.

이 설계가 사례 연구와 어떻게 다를까? 중요한 차이는 행동 변화가 치료에 의한 것인지의 여부를 보여주기 위한 설계라는 점이다. 사

단일사례 실험설계(single-case experimental design) 독립변인을 한 개인에게 조작하여서 인과관계를 확인하는 연구 방법. 사례 연구 방법과 비교해 볼 때 일반화가능성은 제한적임.

반복 측정(repeated measurement) 추세를 평가하기 위하여 (단지 처치 전후에 한 번씩이 아니라) 두 번 이상의 반응을 측정하는 것.

변산성(variability) 시간에 따른 현상 변화의 정도.

추세(trend) 행동이나 행동들의 변화의 방향성(예를 들어, 증가 혹은 감소).

수준(level) 처치의 차이에 따른 행동 변화의 정도(예를 들어 높은 혹은 낮은).

철회 설계(withdrawl design) 치료가 효과적인지를 확인하기 위해 치료를 제거하는 것. 단일사례 실험설계에서 행동을 측정하고(기저선), 독립변인이 제공되며(처치), 처치를 제거한다. 그 행동을 지속적으로 측정하기 때문에(반복 측정) 처치의 효과가 확인될 수 있다.

기저선(baseline) 치료가 제공되기 전에 행동을 측정함으로써 비교하고 처치의 효과를 측정할 수 있게 함.

례 연구에도 종종 치료를 포함하고 있으나, 치료 없이도 그 개인이 나아지는지의 여부를 확인하기 위한 것은 포함되어 있지 않다. 연구자들은 철회 설계를 통해 치료 그 자체가 행동 변화의 원인이 되는지의 여부에 대해 좀 더 많은 정보를 가질 수 있다.

이런 이득에도 불구하고 철회 설계가 항상 적절한 것은 아니다. 연구자는 효과적인 치료라 보이는 것을 제거해야 하며, 이런 결정은 때로는 윤리적인 문제로 인해 정당화되기 어렵다. 웬디의 사례에서 연구자는 철회를 할 경우 그녀가 다시 불안해질 수 있는 위험성이 있다는 것을 충분히 알고 결정해야 한다. 철회 설계는 치료를 제거할 수 없을 때에도 또한 적절하지 않다. 웬디의 치료에 열대 지방의 해변에 있는 자신의 심상을 떠올려보는 것이 포함되어 있다고 하자. 이런 경우 그녀가 뭔가를 상상하지 못하게 만드는 것은 불가능하거나 어렵다. 유사하게 사람들에게 기술을 가르치는 치료에서 학습한 것을 되돌리기가 불가능하다. 만약 웬디가 사회 상황에서 덜 불안해하는 방법을 배웠다면 어떻게 사회적으로 불안한 상태로 되돌아갈 수 있을까?

하지만 다음과 같은 반비판이 가능하며 이는 철회 설계의 활용을 지지한다(Barlow et al., 2009). 약물치료의 경우에는 치료가 규칙적으로 철회된다. 투약 휴식 기간(Drug holiday)은 약물이 철회되는 기간이며 따라서 이 기간을 통해 임상가는 치료 효과인지의 여부를 확인할 수 있다. 어떤 약물은 부정적인 부작용이 있을 수 있으며, 불필요한 약물은 피해야 할 것이다. 때때로 치료 철회가 자연스레 일어난다. 철회가 길어야 하는 것은 아니다. 짧은 기간일지라도 치료의 기능에 대해서 명확히 할 수 있다.

다중 기저선

또 다른 단일사례 실험설계 전략은 **다중 기저선**(multiple baseline)이며, 이는 철회 설계의 일부 단점을 가지고 있지 않다. 처치가 효과적인지의 여부를 확인하기 위하여 처치를 중단하기보다는 다른 상황(집 대 학교)이나, 다른 행동(배우자/파트너나 상관에게 소리치는 것) 또는 다른 사람들에게 연구자가 각기 다른 시점에 처치를 시작하는 것이다. 잠시 동안 기다린 후 웬디의 불안을 집과 사무실에서 모두 반복 측정한 후에(기저선), 임상가는 집에서 먼저 치료를 한다. 치료가 효과를 보이기 시작할 때, 처치를 사무실에서도 시작할 수 있다. 만약 그녀가 치료를 시작한 후 집에서 호전되었고 그리고 사무실에서도 치료가 활용된 후 진전이 있었다면 그 치료가 효과적이라고 결론 내릴 수 있다. 이것이 상황에 따른 다중 기저선을 활용하는 예이다.

연구자가 아동의 문제 행동에 대한 치료의 효과성을 평가하고자 한다고 가정해 보자. 치료는 먼저 아동의 울음에 대해 초점을 맞추

고 그러고 난 후 두 번째 문제인 형제와 싸우는 것에 초점을 맞출 수 있다. 만약 치료가 처음에는 울음을 줄이는 것에만 효과적이었고, 두 번째 처치 후에는 싸우는 것을 줄이는 데 효과적이었다면 연구자는 다른 것이 아닌 그 치료가 변화의 원인이 되었다고 결론 내릴 수 있다. 이것이 행동에 따른 다중 기저선이다.

단일사례 실험설계는 소수의 사례만을 다루다보니 외적 타당도가 의심스럽다는 면에서 때로 비판을 받는다. 다시 말하면 소수 사람에게 관찰된 것을 대부분의 사람에게 동일한 것이라고 이야기할 수는 없다는 것이다. 그러나 단일 사례 설계라고 불리기는 하지만 부분적으로 외적 타당도의 문제를 다루기 위해서 연구자는 동시에 여러 사람에게 이것을 활용할 수 있다. 저자 중 한 명은 자폐스펙트럼장애를 가진 아동들의 심각한 문제 행동을 위한 치료의 효과성에 대해서 연구한 적이 있다(Durand, 1999)(그림 3.8 참고). 우리는 기능적 의사소통 훈련이라고 알려진 절차를 이용하여서 아동들이 문제 행동을 하는 대신에 의사소통을 하도록 가르쳤다. 다중 기저선을 활용하여 우리는 다섯 명의 아동들에게 그 치료를 도입하였다. 종속변인은 아동의 행동 문제와 새롭게 배운 의사소통 기술의 발생 횟수였다. 그림 3.8이 보여주는 것처럼 치료가 시작되고 난 후에 아동의 문제 행동은 개선되었고 의사소통은 시작되었다. 이 다중 기저선 설계를 통해 그 개선을 설명하는 데 있어서 우연이나 아동 생활에서의 또 다른 변화의 효과를 배제할 수 있다.

치료를 평가할 때 다중 기저선 설계가 가진 이득은 치료의 철회가 필요하지 않다는 것이며, 이미 본 것처럼 치료의 철회가 때로는 어렵거나 불가능하다. 그리고 다중 기저선은 일반적으로 실제 치료가 제공되는 방식과 유사하다. 임상가는 동시에 여러 문제에 대해서 내담자를 도와줄 수 없으나 관련된 행동을 반복 측정하여 변화가 나타나는지를 확인할 수 있다. 어디서 그리고 언제 치료가 활용되는지와 관련하여 예측 가능하고 확실한 변화를 확인한 임상가는 그 치료가 변화의 원인이었다고 결론 내릴 수 있다.

개념 확인 **3.4**

다음의 문제를 풀어서 연구 방법에 대해 얼마나 잘 이해하고 있는지를 확인해 보시오.

아래의 빈칸에서 가장 적절한 것이 무엇인지를 다음 중에서 고르시오. (a) 사례 연구 (b) 상관 (c) 무선 임상 시험 (d) 역학 (e) 실험 (f) 단일사례 실험설계

1. 연구자가 소음의 수준이 사람들의 집중력에 얼마나 영향을 주

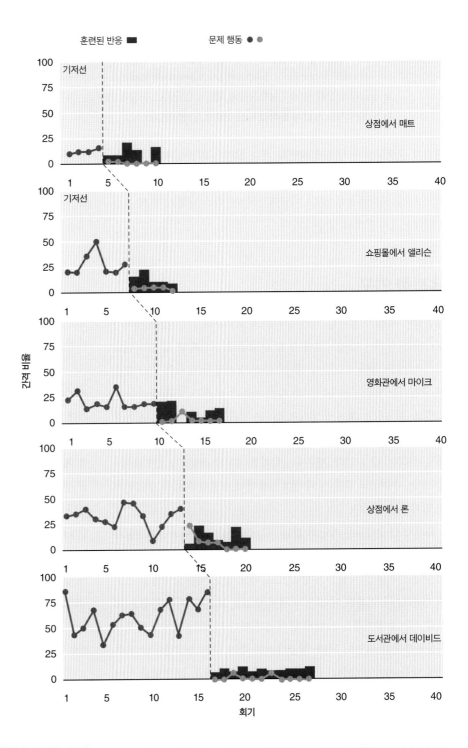

훈련된 반응 ■　　　　문제 행동 ● ●

기저선　　　　　　　　　　　　　　　　　상점에서 매트

기저선　　　　　　　　　　　　　　　　　쇼핑몰에서 앨리슨

간격비율　　　　　　　　　　　　　　　　영화관에서 마이크

상점에서 론

도서관에서 데이비드

회기

● 그림 3.8 이 그림은 치료(기능적 의사소통 훈련)가 아동 행동의 호전의 원인이 되었음을 다중 기저선 설계로 보여준다. 원은 얼마나 자주 아동이 문제 행동을 보이는지를, 그리고 청색의 영역은 얼마나 자주 교사의 도움 없이 의사소통(남이 시키지 않은 의사소통)을 하는지를 보여준다. [Durand, V. M. (1999). Functional communication training using assistive devices: Recruiting natural communities of reinforcement. *Journal of Applied Behavior Analysis, 32*(3), 247-267.]

는지 확인하고자 소음 수준을 변화시켰다. _____

2. 연구자들이 연구 참가자들을 두 치료집단 중 하나에 무선할당을 하였으며, 그 치료가 동일하게 적용되는지를 확실히 하기 위하여 출간된 프로토콜을 활용하였다. _____

3. 연구자가 아동이 청소년으로 성장함에 따라 음악을 크게 듣는다는 가설을 검증하고자 한다. _____

4. 연구자가 문명세계와 교류해 본 적이 없고 그녀 자신의 언어를 사용하는 여자에 대한 연구에 관심이 있다. _____

5. 연구자가 말을 해 본 적이 없는 5세 아동에게 각기 다른 종류의 음악이 어떤 영향을 주는지를 알고 싶어 한다. _____

다중 기저선(multiple baseline) 둘 혹은 그 이상의 행동이나 한 행동을 둘 혹은 그 이상의 상황에서 측정하는 방식의 단일사례 실험설계. 다른 시점에 각각에게 특정한 처치가 실행된다. 만약 행동 변화가 각각의 처치가 실행되면서 동시에 발생한다면 이는 처치가 변화의 원인이었음을 지지하는 강한 증거일 것이다.

개인의 행동문제나 장애의 원인과 치료 전략을 검증할 때에는 영향을 줄 수 있는 다양한 요인들에 대한 고려가 필요하다. 고려되어야 할 요인들에는 유전적 영향, 어떻게 시간에 따라 행동이 변화 혹은 유지되는가와 문화의 영향이 있다.

유전학 연구

유전학에 대해서 생각할 때면 우리는 부모로부터 받은 것에 대해서 생각하는 경향이 있다. "엄마 눈을 닮았구나." "아빠를 닮아서 말랐네." "엄마를 닮아서 고집이 세다." 우리가 어떻게 현재의 우리 모습이 되어가는지를 보여주는 이와 같은 관점은 우리가 보고, 생각하고, 느끼고, 행동하는 것이 운명지어졌다는 것을 시사한다. 그러나 유전 구조와 경험의 상호작용이 우리가 어떻게 발달할지를 결정한다는 것을 우리는 알고 있다. 행동유전학자들(행동의 유전적 요소에 대해서 연구하는 사람들)의 목표는 이 상호작용에서 유전의 역할이 무엇인지를 알아내는 것이다.

유전학 연구자들은 개인의 관찰 가능한 특성이나 행동인 **표현형**과 각 개별 사람들의 독특한 유전 구조인 **유전자형**을 연구한다. 예를 들어 다운증후군인 사람은 일반적으로 어느 정도 학습장애와 비스듬히 기운 눈, 두꺼운 혀와 같은 신체적 특징을 보인다. 이런 특성은 표현형이다. 유전자형은 21번째 염색체가 하나 더 있는 것이며 이것이 다운증후군의 원인이 된다. 지금까지는 각기 다른 심리장애의 표현형에 대한 지식이 유전자형에 대한 지식보다 많지만, 곧 변화할 것이다. 1990년에 전 세계적인 과학자의 공동 노력으로 **인간 게놈 프로젝트**(게놈은 '유기체의 모든 유전자'를 의미한다)가 시작되었다. 분자생물학에 대한 최근의 진보를 활용하여 이 프로젝트에서 작업하는 과학자들은 약 25,000개의 인간 유전자 지도에 대한 초안을 완성하였다. 이 연구를 통해 수백 개의 유전자가 유전적 질병에 기여함을 확인하였다. 이런 흥미로운 발견은 유전적 자질의 본질과 그것의 심리장애에 대한 역할을 판독하는 데 놀라운 진보를 가져다 줄 수 있음을 의미한다.

과학의 급진적 진보를 통해 현재 급격하게 주목받고 있는 세 번째 개념은 **내적 표현형**이다. 내적 표현형은 심리장애를 가지고 있는 사람들이 경험하는 증상과 어려움을 야기하는 기저 문제를 궁극적으로 만들어내는 유전적 기제이다(Grebb & Carlsson, 2009). 예를 들어 조현병의 경우 연구자들은 '조현병 유전자'(유전자형)를 찾지 않는다. 대신에 이 장애를 가진 사람들의 특성인 작업기억과 관련된 유전자 혹은 유전자들(내적 표현형)과 이 장애를 가지고 있는 사람들이 경험하는 다른 문제와 관련된 유전자들을 탐색한다.

여기서는 환경과 유전자 간의 상호작용을 연구하는 과학자들이 사용하는 연구 전략들, 가계 연구, 입양아 연구, 쌍둥이 연구, 유전적 연관 분석(genetic linkage analysis)과 관련 연구들에 대해서 짧게 살펴볼 것이다.

가계 연구

가계 연구에서 과학자는 가족의 맥락하에서 행동 양상이나 정서 특성을 단순히 조사한다. 연구를 위해 선정된 특성을 가진 가족 구성원을 **계보발단자**라고 부른다. 만약 유전적 영향이 있다면 그 특성은 일급 친척(부모, 형제자매 혹은 자녀)에서 이급 친척이나 먼 친척에 비해 보다 많이 드러날 것이다. 반면에 먼 친척에서 나타나는 특성은 전 인구와 비교할 때 다소 두드러진 정도일 것이다. 1장에서 혈액을 보면 기절을 할 정도인 혈액-주사-손상공포증을 가진 청소년인 주디에 대해서 보았다. 가족이나 가족 집단 내에서 이 특성의 경향성이 나타날 확률은 이 장애의 경우 60%에 달한다. 즉 혈액-주사-손상공포증을 가진 누군가의 일급 친척의 60%는 최소한 어느 정도 비슷한 반응을 갖는다.

가계 연구의 문제는 가족은 함께 살며, 그로 인해 가족 집단이 환경을 공유할 가능성이 높다는 것이다. 예를 들어 엄마가 심각한 사고를 목격한 후에 어린 아이처럼 피에 대한 공포 반응을 보이기 시작할 수 있다. 피를 볼 때마다 엄마는 강한 정서적 반응을 보인다. 정서가 전염성을 가지기에 그녀의 자녀들도 엄마가 피에 반응했던 것과 유사한 반응을 보일 수 있다. 성인기에는 그들이 다시 그들 자녀에게 이런 경향을 전달할 수도 있는 것이다.

입양아 연구

가족에서 유전적 영향을 환경과 어떻게 구분할 수 있을까? 한 가지 방법은 **입양아 연구**를 통한 것이다. 과학자들은 특정한 행동 양상 또는 심리장애를 가진 입양아들을 대상으로 하여, 다른 가족 환경에서 길러진 일급 친척과 비교하고자 노력한다. 장애를 가진 한 사람을 가정해 보자. 과학자는 그의 형제가 어렸을 때 입양되었고 다른 가정에서 길러졌다는 점을 확인하였다고 하자. 그 연구자는 입양된 형제가 그 장애의 징후를 보이는지의 여부를 확인해 볼 수 있다. 만약 충분히 많은 형제 쌍들을 찾을 수 있다면, 다른 가족에게서 키워진 형제들이 원래의 연구 참여자만큼 그 장애를 보이는지의 여부를 평가할 수 있을 것이다. 만약 다른 가족에서 키워진 형제가 우연보다 더 자주 그 장애를 보인다면 연구자는 유전적인 요소가 그 장애에 영향을 끼쳤다고 추론할 수 있을 것이다.

쌍둥이 연구

행동유전학자들은 유전자가 발달에서 어떤 역할을 하는지를 일란성 쌍둥이를 통해서 확인할 수 있는 기회를 얻었다(Johnson, Turkheimer, Gottesman, & Bouchard Jr., 2009). 이들 쌍둥이는 비슷하게 생겼을 뿐만 아니라 동일한 유전자를 가지고 있다. 일부 변화가 어머니의 자궁 안의 화학적 표지(chemical marker)[다른 말로 후생적 표지(epigenetic marker)]에서 나타나며, 이것이 일란성 쌍둥이에게 나타나는 미묘한 차이를 설명한다(Gordon et al., 2012). 반면에 이란성 쌍둥이는 각기 다른 난자로부터 오며, 일반적으로 50%의 유전자만을 공유하고, 이는 모든 일급 친척들과 동일한 수준이다. **쌍둥이 연구**에서의 명백한 과학적 질문은 일란성 쌍둥이가 이란성 쌍둥이보다 동일한 특성—요컨대, 피를 보면 기절하는 것—을 더 많이 공유하는가이다. 특성을 공유하는지의 여부는 신장과 같은 신체적 특성의 경우는 쉽게 확인할 수 있다. Plomin(1990)이 지적한 바와 같이 일급 친척과 이란성 쌍둥이 간 신장의 상관계수는 0.45이고 일란성 쌍둥이의 경우에는 0.90이다. 이는 신장의 유전율은 약 90%이며, 대략 10% 정도의 변량만이 환경에 의해서 결정된다는 것을 보여준다. 하지만 일란성 쌍둥이도 다른 성격을 갖는 사례를 상기해 본다면 90%라는 추정은 평균적인 것이다. 일란성 쌍둥이도 신체적으로 심각하게 학대받았거나 적절한 영양이 제공되지 않은 경우에는 다른 쌍둥이와 신장에서 결과적으로 차이가 날 수 있다.

Michael Lyons와 동료들(1995)은 베트남전 당시 군 생활을 했던 남성 쌍둥이(Vietnam Era Twin Registry)의 구성원들을 대상으로 반사회적 행동 성향에 대한 연구를 시행하였다. 이 연구에는 1965년에서 1975년 사이에 군 생활을 했던 약 8,000명의 남자 쌍둥이들이 포함되었다. 연구자들은 일란성 쌍둥이들이 이란성 쌍둥이에 비해 반사회적 성향의 유사성이 더욱 크다는 것을 발견하였다. 그 차이는 청소년기 반사회적 행동보다는 성인기 반사회적 행동에서 더욱 큰 것으로 나타났다. 이는 일란성 쌍둥이의 행동이 이란성 쌍둥이의 행동에 비해 성인기에 더욱 유사하다는 것이다. (이는 성인이 아닌 일란성과 이란성 쌍둥이는 성인기보다는 아동기에 더욱 유사함을 의미한다.) 가족 환경이 유전적 요인에 비해 청소년기 반사회적 성향에 더욱 큰 영향을 미치며, 성인기의 반사회적 행동은 유전적 요인에 의해 더욱 강력하게 영향을 받는다고 연구자들은 결론을 내렸다. 다시 말해서 개인이 성장한 후에 그리고 원가족으로부터 벗어난 후에는 초기 환경의 요인은 점차로 영향을 덜 준다는 것이다.

이런 방식의 유전 연구는 완벽하지는 않다. 단지 일란성 쌍둥이는 동일한 유전적 구조를 가지고 있으며 이란성 쌍둥이는 그렇지 않다고 가정할지 모른다. 그러나 복잡한 부분은 일란성 쌍둥이가 이란성 쌍둥이와 같이 동일한 수준으로 환경 속에 있거나 경험을 하는가이다. 일부 일란성 쌍둥이는 똑같은 옷을 입고 유사한 이름을 갖기도 한다. 그러나 쌍둥이는 서로의 행동에 영향을 주며, 일부 경우에는 이란성 쌍둥이보다 일란성 쌍둥이가 서로에 더욱 영향을 주기도 한다(Johnson et al., 2009). 이런 문제를 풀기 위한 하나의 방법은 입양아 연구와 쌍둥이 연구의 방법을 합치는 것이다. 만약 일란성 쌍둥이가 아주 어린 시절 둘 혹은 둘 중 하나가 입양되었다면 행동 양상의 발달에 유전자와 환경(본성 대 양육)의 상대적 역할을 추정할 수 있을 것이다.

유전적 연관분석과 연관성 연구

가족, 쌍둥이, 입양 연구의 결과 특정한 장애에는 유전적 요인이 있

표현형(phenotype) 개인의 관찰 가능한 특성이나 행동.

유전자형(genotype) 개인의 특수한 유전 구조.

인간 게놈 프로젝트(human genome project) 모든 인간 유전자 지도를 밝히고자 하는 현재 진행형인 과학적 노력.

내적 표현형(endophenotype) 심리장애를 가진 사람들이 경험하는 증상과 어려움을 야기하는 기저 문제를 만들어내는 유전적 기제.

가계 연구(family studies) 친척들 간의 특성과 행동 양상을 연구하는 유전자 연구.

계보발단자(proband) 유전자 연구에서 연구 대상인 특성이나 특징을 보이는 개인.

입양아 연구(adoption studies) 서로 다른 가족과 환경에서 길러진 일급 친척을 대상으로 한 유전 연구. 만약 그들이 장애와 같은 공통의 특성을 공유한다면 이는 그런 특성이 유전적 요소에 의한 것임을 시사한다.

쌍둥이 연구(twin studies) 관련이 없거나 덜 관련된 개인과 쌍둥이를 비교하는 유전학 연구. 만약 쌍둥이, 특히 동일한 유전형을 공유하는 일란성 쌍둥이가 다른 환경에서 길러졌더라도 장애와 같은 특성을 공유한다면, 이런 특성이 유전적 요인에 의한 것임을 시사하는 강력한 증거가 된다.

▲ 가족은 서로 닮을지라도 유전학은 부모로부터 물려받은 것 이상의 관련이 있다.

음을 시사할 수는 있지만, 이 연구들이 어떤 유전자 혹은 유전자들과 관련이 있음을 알 수는 없다. 결함이 있는 유전자를 확인하기 위해서 두 가지 일반적인 전략이 있을 수 있다. 그것은 유전자 연관분석과 연관성 연구(association study)이다(Zheng, Yang, Zhu, & Elston, 2012).

유전자 연관분석의 기본 원칙은 간단하다. 가족의 장애를 연구할 때 다른 유전의 특성을 동시에 평가하는 것이다. 이런 다른 특성—**유전성 표지**라 불림—의 정확한 위치를 우리가 잘 알기 때문에 이를 선택하는 것이다. 만약 그 장애의 유전과 유전성 표지의 유전이 일치되거나 연관성이 있다면 그 장애의 유전자와 유전성 표지는 아마도 동일한 염색체에 근접해 있을 것이다. 예를 들어 Amish 가족을 대상으로 대규모의 양극성장애(조울증) 연구를 실시한 바 있다(Egleland et al., 1987). 연구자들은 11번 염색체의 두 표지가 그 가족에서 기분장애와 연관되어 있음을 확인하였고, 이는 양극성장애의 유전자가 11번 염색체 내에 있음을 시사하는 것이라 할 수 있다. 안타깝게도 이런 유전자 연관분석일지라도 미성숙한 결론을 내릴 위험이 있다. 이 연관분석 결과와 양극성장애와 X 염색체 간의 연관성이 발견되었다는 또 다른 연구(Biron et al., 1987)는 아직까지 재검증되지 않았다. 이는 다른 연구를 통해 유사한 연관을 다른 가족에서 찾지 못했다는 것을 의미한다(Craddock & Jones, 2001).

특정 유전자의 위치를 확인하는 또 다른 전략은 **연관성 연구**이다. 연관분석이 특정 장애를 가진 많은 사람들을 비교하는 것이라면 연관성 연구는 이런 사람들을 장애를 가지지 않은 사람과 비교하는 것이다. 만약 어떤 표지가 특정 장애를 가진 사람들에게서 유의하게 더 자주 발견된다면 그 표지는 그 장애와 관련된 유전자와 근접할 것이

라고 가정할 수 있다. 이런 유형의 비교는 연관성 연구를 통해 장애와 적은 관련을 가지더라도 그 유전자를 확인할 수 있도록 한다. 특정 유전자의 위치를 확인하는 두 전략은 특정 장애의 기원을 새롭게 밝히도록 하며, 새로운 치료에의 접근에 영감을 준다(Zheng et al., 2012).

시간에 따른 행동 연구

"시간이 흐르면서 장애나 행동 양상이 어떻게 변화하는가?(혹은 변화하지 않는가?)"라는 질문을 던질 수 있다. 이 질문은 여러 이유 때문에 중요하다. 첫째, 이에 대한 답변이 어떤 특정한 사람을 치료할 것인가의 여부를 결정할 때 도움을 준다. 예를 들어 조부모가 돌아가셔서 우울해 하는 성인에게 비싸고 시간이 많이 드는 치료 프로그램을 실행해야 할까? 만약 일반적인 사회적 지지만 있다면 우울증은 치료 없이도 몇 달이 지나면 잦아든다는 것을 안다면 그렇게 하지 않을 것이다. 반면에 만약 문제가 저절로 사라지는 것은 아니라는 믿을 만한 근거가 있다면 당신은 치료를 시작하기로 결정할 것이다. 예를 들어 아동들의 공격성은 자연스레 사라지는 것은 아니며 될 수 있으면 빨리 다루어야 한다.

이상행동에서 발달적인 변화를 이해하는 것 역시 중요하다. 왜냐하면 때로는 이런 것들이 문제가 어떻게 발생하고 심해지는지에 대한 통찰을 주기 때문이다. 예를 들어 어떤 연구자들은 자폐스펙트럼장애를 가진 발병 위험성이 있는 신생아를 확인하고, 이들의 아동기를 추적하여서 그들 중 일부에게 장애가 발달하는 것을 확인하는 연구를 시행한다. 이런 종류의 연구는 장애 발병의 양상이 부모가 보고하는 것과는 상당히 다르다는 것을 보여준다(부모는 아동 행동의 변화를 실제로는 점진적으로 나타났지만 급격한 변화를 보였다고 기억하는 경향이 있다)(Rogers, 2009).

예방 연구

시간에 따라 임상적 문제를 연구하는 또 다른 이유는 이를 통해서 처치와 그 문제를 예방할 수 있는 서비스를 계획할 수 있기 때문이다. 정신건강의 어려움을 예방하는 것은 확실히 가족의 심각한 정서적 스트레스를 줄이고 재정적인 절약을 가져다 줄 수 있다. 예방 연구는 다양한 접근법들을 통해서 최근 확장되어 왔다. 이 다양한 접근법들은 긍정 발달 전략(건강 증진), 보편적 예방 전략, 선택적 예방 전략과 지정적 예방 전략이라는 네 가지 광의의 범주로 볼 수 있다(Daniels, Adams, Carroll, & Beinecke, 2009).

건강 증진 또는 긍정 발달 전략은 전체 인구—위험 요인이 없는 사

람도 포함—를 포괄하여 이후의 문제를 예방하고 예방적인 행동을 증진하는 노력을 의미한다. 그 예방에는 존재하는 문제를 수정하려고 계획하는 것이 아니라 그 대신 기술을 구축하는 것, 예를 들어 문제 발달을 막는 것에 초점을 맞춘다. 예를 들어 시애틀 사회발달 프로그램(Seattle Social Development Program)에서는 시애틀의 우범지대에 있는 공립 초등학교 체계 내의 교사와 부모에게 아동이 학습과 긍정적 행동을 할 수 있도록 하는 예방적 처치를 제공한다. 이 접근법이 한 특정한 문제(예를 들어 약물 사용)를 대상으로 하는 것은 아니지만, 그 아동들을 대상으로 한 장기 추적을 통해 보면 성취에서의 다양한 긍정적인 효과와 비행행동의 감소가 나타나고 있다(Bailey, 2009; Lonczak, Abbott, Hawkins, Kosterman, & Catalano, 2002). 보편적 예방 전략에서는 어떤 특정한 개인이 아니라 전체 인구를 대상으로, 어떤 특정한 위험 요인에 초점을 맞춘다(예를 들어, 도심 빈민 지역 내 학교의 행동 문제). 예방적 처치의 세 번째 접근인 선택적 예방에서는 특별히 위험성이 높은 전체 집단(예를 들어 부모가 모두 사망한 아동)을 목표로 하고 그들의 미래에 문제가 발생하지 않도록 도움을 줄 수 있는 특정한 예방법을 계획한다. 마지막으로 지정적 예방은 문제의 징후(예를 들어, 우울 증상)를 보이기 시작하였으나 아직은 심리장애가 없는 개인을 대상으로 한 전략이다.

각 접근법에 대한 효과성을 평가하기 위하여 예방 연구에서 사용하는 연구 전략은 개인과 집단 연구법을 혼합하는 것이며, 여기에는 상관과 실험설계를 포함한다. 다음에는 여기에서 가장 많이 사용되는 횡단과 종단 설계에 대해서 살펴보도록 한다.

횡단 설계

상관 연구의 변형으로 각기 다른 연령의 사람들을 비교하는 것이다. **횡단 설계**에서 연구자는 각기 다른 연령 집단의 사람들을 횡으로 나누고 특정 성향에 대해서 서로를 비교한다. 예를 들어 만약 당신이 알코올남용과 의존의 발달에 대해서 연구를 하고자 한다면 12, 15, 17세인 청소년 집단을 선택하여 알코올 사용에 대한 그들의 신념을 측정할 수 있다. Brown과 Finn(1982)은 흥미로운 발견을 하였다. 36%의 12세 청소년에게 술을 마시는 주요한 이유는 취하는 것이었다. 이 비율은 15세에는 64%까지 상승하지만 17세가 되면 42%로 감소한다. 연구자들은 또한 12세의 28%가 친구들과 최소한 때때로 술을 마신다고 보고하였으며, 이 비율은 15세 때는 80%까지, 17세는 88%까지 상승하였다. Brown과 Finn은 이 정보를 이용하여 10대에서 과도한 음주의 원인은 알코올의 영향으로 인한 잘못된 판단 때문이라기보다는 단순히 취하고 싶다는 시도 때문이라는 가설을 발전시켰다.

횡단 설계에서 각 연령 집단의 참가자들을 **코호트**라고 부른다. Brown과 Finn은 12, 15, 17세의 세 코호트를 대상으로 연구를 하였다. 각 코호트의 구성원들은 동시에 동일한 연령을 보이며 그들은 모두 유사한 경험에 노출되었다. 한 코호트의 구성원들은 다른 코호트의 구성원과 나이, 문화적 및 역사적 경험에 대한 노출에서 다르다. 1980년대에 12세인 사람들은 약물과 알코올 사용에 대해서 상당한 교육(예를 들어 "싫다고 얘기해요(Just Say No)" 프로그램)을 받았다고 기대할 수 있다. 알코올 사용에 대한 코호트들 간의 견해 차이는 다른 연령대에서 나타나는 인지적, 정서적 발달 수준의 차이, 그리고 각기 다른 경험의 차이와 관련이 있을 수 있다. 이런 **코호트 효과**, 즉 연령과 경험이 혼재된 것은 횡단 설계의 제한점이다.

종단 설계(다음에 설명할 것이다)보다는 횡단 설계가 용이하기 때문에 시간에 따른 변화를 연구할 때 연구자들은 횡단 설계를 선호한다. 게다가 일부 현상은 각기 다른 문화와 역사적 경험에 영향을 잘 받지 않으며 따라서 코호트 효과를 의심할 여지가 적다. 예를 들어 60대와 70대의 알츠하이머병의 유병률—생물학의 영향력이 강력하다고 추정되는 것—은 연구 참여자들의 각기 다른 경험의 영향을 많이 받지 않는다.

횡단 설계에서 풀 수 없는 한 가지 문제는 개인들에게서 문제가 어떻게 발달하는가이다. 예를 들어 등교를 거부하는 아동이 성장하면 불안장애를 갖게 될까? 단순히 불안의 문제를 가진 성인과 등교를 거부하는 아동을 비교한다고 이 질문에 대해 해답을 내놓을 수 있는 것은 아니다. 연구자는 그 성인들에게 어렸을 때 학교 가는 것에 대해서 두려워했는지를 물어볼 수 있다. 그러나 **회고적 정보**(과거에 대

유전자 연관분석(genetic linkage analysis) 어떤 장애의 유전 양상이 유전자 표지의 유전 양상과 일치하는지를 찾는 연구. 이를 통해 그 장애의 원인이 되는 유전자의 위치를 확인할 수 있다.

유전성 표지(genetic marker) 원인이 되는 유전자의 염색체 위치가 알려진 유전 특성.

연관성 연구(association studies) 어떤 특정한 장애를 가진 사람들의 유전성 표지를 그 장애가 없는 사람들과 비교하는 연구 전략.

횡단 설계(cross-sectional design) (종단 설계와는 대조적으로) 각기 다른 연령 집단의 개인들을 비교함으로써 특성을 확인하는 연구법.

코호트(cohort) 횡단 설계 연구에서 각 연령 집단의 참가자들.

코호트 효과(cohort effect) 다른 연령대의 사람들이 그들의 가치와 경험에서 차이가 관찰되는 것.

회고적 정보(retrospective information) 말 그대로 회상하는 것이다. 과거의 기록이나 기억을 검토함으로써 정보를 모으는 것. 정확성에서는 제한점이 있다.

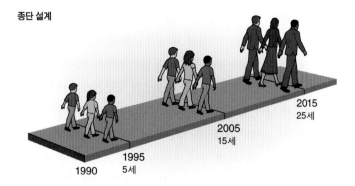

2015
25세

2005
15세

1995
5세

1990

동일한 사람들을 대상으로 시간에 따라 추적한다.

횡단 설계

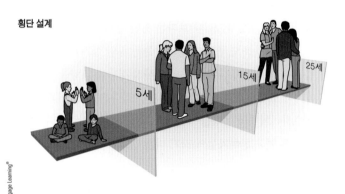

5세 15세 25세

© Cengage Learning®

각기 다른 연령의 사람을 동시에 관찰한다.

● 그림 3.9 두 연구 설계

해서 회상하는 것)는 일반적으로 덜 정확하다. 시간이 지남에 따라 개인이 어떻게 발달하는지에 대해서 더 정확한 그림을 그리기 위해서 연구자는 종단 설계를 이용한다.

종단 설계

다른 연령대의 사람들의 집단을 살펴보기보다는 연구자는 한 집단을 시간에 따라 추적하여 그 구성원들의 변화를 직접적으로 측정할 수 있다. **종단 설계**(longitudinal design)의 이득은 코호트 효과의 문제로 고민할 필요가 없으며 개인의 변화를 측정할 수 있다는 것이다. (그림 3.9에 종단과 횡단 설계를 그림으로 보여주고 있다.) 이런 연구에서 연구자는 광범위한 가족들을 3년 동안 추적하여 체벌이 아동 행동에 어떤 영향을 주는지를 측정하였다(Gershoff, Landsofrd, Sexton, Davis-Krean, & Sameroff, 2012). 연구자들은 유치원의 가족들을 선정하여, 훈육의 방식으로 체벌을 하는지를 봤고, 이것이 아동이 3학년이 되었을 때 어떻게 영향을 주는지를 관찰하였다. 그 연구 결과, 어렸을 때 체벌을 하는 것은 우기거나 싸움, 화내기와 같은 문제 행동을 예측함을 확인하였다. 이 연구는 체벌에 대한 비판을 지지하였으

며, 양육의 결과를 밝히는 데 있어서 종단 설계가 가지는 가치를 보여주었다.

주요한 종단 연구를 시행한다고 상상해 보자. 연구자뿐만 아니라 참가자 역시도 오랜 시간 동안 참을성을 가져야 한다. 그 프로젝트를 지속할 의지가 있어야 하며, 연구자는 참가자들이 떠나거나 더 나쁘게는 죽지 않기를 바라야 한다. 종단 연구는 비용과 시간이 많이 든다. 또한 연구가 끝났을 때 연구 문제와 무관하다고 나올 가능성도 있다. 마지막으로 종단 설계는 코호트 효과가 횡단 설계에 주는 영향과 유사한 현상의 문제를 가질 수도 있다. **세대 효과**는 연구 참가자들의 경험과는 다른 경험을 한 집단에게 연구 결과를 일반화하는 것의 문제와 관련이 있다. 예를 들어 1960년대와 1970년대 초반에 청년기를 거친 사람들의 약물 사용 경험은 1990년대 태어난 사람들과는 많이 다를 것이다.

때때로 정신병리학자들은 각기 다른 코호트를 시간에 따라 반복하는 연구인 **계열 설계**라는 종단과 횡단 설계를 혼합하는 방식을 사용한다. 흡연에 대한 아동의 신념을 연구한 Laurie Chassin과 동료들의 연구를 예로 들어볼 수 있겠다(Chassin, Presson, Rose, & Sherman, 2001). 이 연구자들은 1980년대 이래로 중학생과 고등학생의 10개 코호트를 추적 조사하였다. 설문지를 통해 이들(그리고 이후에 성인이 되었을 때)이 청소년기부터 30대 중반까지 흡연과 관련된 건강의 위험을 어떻게 바라보는지를 추적하였다. 그 결과 중학생들(11~14세)인 아동들은 자신들에게 개인적으로 덜 위험할 것이라고 보았으며, 긍정적인 심리적 이득(예를 들어 흡연을 하면 성숙해 보일 것)이 있을 것이라고 믿었다. 아동이 고등학교로 진학하고 성인기에 접어들면서 이런 믿음은 변화하였으며, 연구자들은 중학생 시기 금연 교육 프로그램 실시의 중요성에 대해서 지적하였다(Macy, Chassin, & Presson, 2012).

문화에 따른 행동 연구

우리가 어떤 특정한 연령대의 사람에 대해 연구를 할 때 초점이 좁아지는 것처럼 한 문화권의 사람을 대상으로 연구를 하면 중요한 측면을 놓칠 수 있다. 다른 문화권 사람들의 행동 차이를 연구하는 것은 이상행동의 원인과 치료에 대해 많은 것들을 우리에게 알려줄 수 있다. 안타깝게도 대부분의 연구는 서구 문화권에 기초하고 있어서 (Lambert et al., 1992), 정신병리에 대해 인종적인 시각을 만들게 되었으며, 이로 인해 장애에 대한 일반적인 이해와 치료에 대한 다양한 접근에 제한이 있다(Gaw, 2008). 우리 연구가 문화적 차원에서 제한이 있다는 인식이 증가하면서 정신병리에 대한 횡문화적 연구는 증

▲ 동일한 행동—이 경우 여성이 공공 장소에서 맨다리를 내놓고 머리를 드러내는 것—이 어떤 문화에서는 받아들여지며, 다른 문화에서는 그렇지 않다.

가하고 있다.

문화권 간에 이상행동을 연구하는 데 앞서 언급한 연구 설계들이 적용된다. 일부 연구자들은 다른 문화의 효과를 마치 다른 치료처럼 보기도 하였다(Lopez & Guarnaccia, 2012). 다시 말하자면 독립변인이 공포에 대한 치료에서 인지치료 대 단순노출의 효과 같은 것이 아니라 각기 다른 문화가 행동에 미치는 영향이었다. 그러나 문화를 '치료'로 보는 것과 전형적인 설계에는 차이가 있다. 횡문화 연구에서 아동을 각기 다른 문화권에 무선할당하여 그들이 어떻게 발달하는지를 관찰할 수는 없다. 다른 문화권의 사람들의 행동 차이를 설명할 때 단순히 문화에 의한 차이보다는 다른 중요한 요소—예를 들어 이들의 유전적 배경—가 영향을 줄 수도 있다.

각기 다른 문화라는 특징으로 인해 연구에 더 복잡한 노력이 들수 있다. 증상 또는 증상에 대한 기술은 각기 다른 사회에서 유사하지 않을 수도 있다(Lopez & Guarnaccia, 2012). 우울한 나이지리아 사람들은 머리가 무겁거나 뜨겁고, 머리나 다리에서 뭔가가 기어가는 느낌이 들며, 복부에 물이 찬 느낌이 든다고 호소한다(Ebigno, 1982; Jamnes, Jenkins, & Lawani, 2012). 반면에 미국 사람들은 무가치감, 뭔가를 시작하거나 끝내기 어려움, 일상적 활동에서 흥미를 잃음, 자살에 대한 사고를 보고한다. 이와 달리 중국 사람들은 우울감이나 좋아하는 활동에 대한 흥미의 감소를 호소하기보다는 자살이나 무가치감에 대한 사고 경향을 갖는다(Phillips et al., 2007). 이런 예는 우울증에 대한 표준적인 정의를 다른 문화권에 적용하게 되면 결과에서

큰 차이를 보이게 될 가능성이 있음을 시사한다(Sue, Yan Cheng, Saad, & Chu, 2012).

추가적으로 복잡한 요인은 이상행동에 대한 허용 오차나 역치가 다르다는 것이다. 만약 각기 다른 문화권의 사람들이 동일한 행동을 다르게 본다면 연구자들은 발병률과 유병률을 비교하는 것이 어려울 것이다. 예를 들어 토속 신이나 조상과 이야기하는 것과 같이 다른 문화에서는 조현병의 특징이라고 볼 행동이 전통적인 중국에서는 일종의 풍습이다(Lin, Hwu, & Tsuang, 2012). 문화적 태도와 관습을 이해하는 것이 이런 연구에서는 필수적이다(Lopez & Guarnaccia, 2012).

마지막으로 횡문화의 차이로 인해 치료 연구 역시 복잡하다. 각 문화권에서는 각자 자문화권의 가치를 반영한 치료 모형을 개발한다. 일본에서는 정신병원에의 입원은 환자를 돌보는 사람이 부모 역할을 맡는 가족 모형에 근거한다. 가족 모형은 지금의 일반적인 의료 모형으로 대체되기 전 19세기까지 북미의 정신병원에서도 흔했다(Colp, 2009). 사우디아라비아에서 여성은 집 밖에서는 신체를 가려야 하며, 이로 인해 치료자를 만날 때에도 얼굴을 드러내지 못한다. 관습은 내담자와 치료자 간의 치료적 관계와 신뢰감을 형성하는 것을 복잡하게 만든다(Ali, Liu, & Humedian, 2004; Dubovsky, 1983). 이슬람의 관점에서 의학과 종교는 분리할 수 없으며, 의학과 종교적 치료는 혼재되어 있다(Hakim-Larson, Kamoo, Nassar-McMillan, & Porcerelli, 2007). 지금까지 본 것처럼 단순히 치료 효과성과 같은 것을 비교하는 것조차도 횡문화적 맥락에서는 매우 복잡하다.

연구 프로그램의 힘

우리가 여기서 지금까지 본 것처럼 여러 연구 전략들을 각각 살펴볼 때 때때로 어떤 접근이 다른 것보다 나은 것 같다는 느낌을 갖기

종단 설계(longitudinal design) (횡단 설계와는 대조적으로) 시간이 흐름에 따른 개인 혹은 집단의 변화를 체계적으로 연구하는 것.

세대 효과(cross-generational effect) 연구 참가자들의 문화와 경험이 다른 집단과 다르기 때문에 종단 연구의 일반화가 제한됨.

계열 설계(sequential design) 횡단과 종단 설계를 혼합하여 각기 다른 코호트를 시간에 따라 반복 연구하는 것.

도 한다. 이것이 사실이 아니라는 것을 이해하는 것이 중요하다. 어떤 질문을 던지는지에 따라 그리고 질문 자체에 내재된 실용적인 제한에 따라 어떤 연구 기법은 적절할 수 있다. 하나의 완벽하게 설계된 연구에 의해서보다는 그 문제에 대한 다른 측면들을 살펴보는 연구들의 시리즈—연구 프로그램—를 통해 그 문제가 해결되곤 한다. 이 책의 저자 중 한 명의 연구를 통해 복잡한 연구 주제에 대해서 각기 다른 다양한 연구 설계를 통해 해답을 내놓을 수 있다는 것을 보여주고자 한다.

저자 중 한 명인 Durand는 자폐스펙트럼장애를 갖고 있는 아동이 자해(자기 자신을 때리거나 물어뜯는 것)나 공격성과 같이 비합리적인 행동을 보이는 이유에 대해서 연구한다. 이와 같은 문제 행동의 발생이 성인의 관심의 영향이나 불쾌한 교육적 과제로부터 벗어나기 위한 것인지의 여부를 확인하기 위한 초기 연구에서 그 연구팀은 단일 피험자 설계(철회 설계)를 사용하였다(Carr & Durand, 1985). 이 연구들을 통해서 일부 아동들은 사람들이 그들을 무시할 때 자해를 더 많이 하였으며, 다른 아동들은 학교 숙제가 너무 어려울 경우 이것을 하지 않기 위해서 자해를 많이 한다는 것을 발견하였다. 이 결과는 이런 문제 행동들이 의사소통의 원시적 방법으로 볼 때 이해가 가능하다는 것을 보여준다. 이런 결과를 바탕으로 더욱 적절한 방식으로 의사소통하는 것을 가르쳐준다면 어떤 일들이 일어날지에 대해서 생각하게 되었다(Durand, 1990). 연구의 다음 시리즈에서는 단일 피험자 설계를 또다시 사용하였고, 관심이나 다른 사람의 도움을 받기 위해 더욱 수용적인 방법을 가르치는 것이 그 아동들의 문제 행동을 줄이는 데 도움을 준다는 것을 확인하였다(예, Durand & Carr, 1992). 이 치료(기능적 의사소통 훈련)에 대한 수십 년간의 연구를 통해서 심각한 문제 행동을 가진 사람들의 삶을 증진시키는 데 이 치료가 가치가 있음을 확인하였다(Durand, 2012).

그 연구팀은 자폐스펙트럼장애를 가지고 있는 100여 명의 아동들을 대상으로 어떤 요인이 문제를 야기하는지를 확인하는 3년 종단연구를 실시하였다(Durand, 2001). 그 연구를 통해서 아동에게서 심각한 문제 행동의 가장 중요한 표지가 되는 두 요인이 (1) 부모가 아동을 조력하는 능력에 대해서 비관적인 것 (2) 아동 행동의 변화 가능성에 대한 의구심임을 확인할 수 있었다. 이런 부모들은 포기해 버리고, 아동들이 가정 내에서 자기 마음대로 행동하게끔 내버려두었

던 것이다(Durand, 2001).

이런 중요한 발견은 다음의 질문으로 이어졌다. 비관적인 부모를 낙관적으로 바꿀 수 있을까? 그리고 이렇게 하면 그 자녀들이 더 심각한 행동문제를 보이는 것을 막을 수 있을까? 그 연구팀은 인지행동적 개입이 비관적인 부모를 낙관적으로 변화시킬 수 있는지를 확인하기 위하여 무선 임상 시험을 시행하였다. 그 부모들에게 자신의 비관적인 생각을 검토하고 이를 좀 더 희망적인 관점으로 대체할 수 있도록 교육하고자 하였다. 그 연구팀은 인지적 개입이 양육 전략을 수행하는 데 도움을 줄 것이며, 이것이 행동적 개입의 효과를 증진시킬 것이라고 가정하였다. 심각한 문제 행동을 보이는 자녀를 둔 비관적인 부모들을, 아동들의 문제를 어떻게 다루는지를 가르쳐주는 집단과, 동일한 기술을 가르치면서 동시에 부모들의 비관적인 생각을 탐색하고 좀 더 긍정적인 방식으로 관점을 갖도록 도움을 주는 집단으로 무선적으로 할당하였다. 그 치료는 설계된 방식대로 치료가 제공될 수 있도록 하기 위하여 프로토콜을 활용하여 시행되었다(Durand & Hieneman, 2008). 그 결과 인지행동적 개입이 추가되었을 때 기대되는 효과인 낙관성의 증가와 아동 행동의 개선이 나타났다(Durand, Hieneman, Clarke, Wang, & Rinaldi, 2013).

이 예가 보여주는 것처럼 연구는 단계를 거치며 시행되고 그리고 어떤 장애와 그 치료의 완전한 모습은 다양한 관점에서 이를 확인함으로써 볼 수 있게 된다. 연구의 통합된 프로그램을 통해 연구자들은 이상행동의 다양한 측면에 대해서 탐색할 수 있게 된다.

재연

일반적으로 과학자 특히 행동과학자들은 어떤 것이 '진실'이라고 확신하지 않는다. 연구 결과의 재연을 통해 과학자들이 발견한 것이 단순히 우연은 아니라는 것을 더 확신할 수 있게 만든다. 연구 프로그램의 강점은 각기 다른 방식으로 연구 결과를 재연할 수 있으며, 그 결과에 대한 확신을 할 수 있다는 것이다. 이 책의 앞에서 연구 전략에 대해서 언급된 것을 살펴보면, 재연이라는 것이 각각에서 가장 중요한 측면 중 하나임을 알 수 있을 것이다. 연구자들이 그 과정을 반복할수록 변화의 원인이 무엇인지에 대해서 더욱 확신을 할 수 있게 된다.

연구 윤리

▶ 연구 과정에서 연구 윤리가 왜 중요한가?

마지막 중요한 이슈는 이상 심리 연구를 하는 데 있어서의 윤리이다. 예를 들어 치료가 필요한 사람에게 임상가가 실험 연구의 요구 조건을 맞추기 위해 치료를 지연하는 것이 적절한가에 대해서 종종 의문시된다. 철회 설계인 단일사례 실험설계는 일정 시간 동안 치료를 제거할 수도 있다. 위약 통제집단을 활용할 때에도 역시 치료가 제거된다. 연구자들은 여전히 위약 통제 시험을 사용하는 것이 적절한 때가 언제인지에 대해서 논의하고, 또 그 위험에 대해 주의를 준다(Fisher & Vacanti-Shova, 2012). 근본적인 질문은 다음과 같다. 연구의 내적 타당도를 유지하고자 하는 과학자의 관심이 내담자가 치료를 받을 권리를 넘어서는가이다.

이 질문에 대한 하나의 대답은 **사전동의**, 즉 연구 참가자들이 연구 전반과 거기에서 참가자의 역할에 대한 설명을 들은 후 그 연구에 협조하겠다는 공식적인 동의이다(Fisher & Vacanti-Shova, 2012). 치료의 지연이나 철회와 같은 형태가 활용되는 연구에서 참가자는 이것이 필요한 이유와 진행될 때의 위험성과 이득, 동의 여부에 대해서 듣게 된다. 위약 통제 연구에서 참가자는 적극적인 치료를 받지는 않을 것이라고 듣지만(모든 참가자가 어떤 집단에 자신이 배치되는지에 대해서는 알지 못한다), 흔히는 연구가 종료된 후에 치료를 받을지의 여부를 선택할 수 있다.

진정한 사전동의가 때로는 어렵다. 기본적인 요소는 참가자의 경우에는 유능감, 자발성, 전체적인 정보와 이해력이다(Bankert & Amdur, 2006). 다시 말해서 연구 참가자는 연구 참여에 만족하여야만 하고, 자원에 의한 것이고 참여에 대한 강요를 받지 않아야 하며, 의사 결정을 내릴 때 필요한 모든 정보를 가지고 있어야 하고, 어떤 것에 참여를 하는지에 대해서 이해를 하여야 한다. 어떤 상황에서는 이 모든 조건을 얻기가 어렵다. 예를 들어 아동들은 종종 연구 기간 동안 무슨 일이 일어나는지에 대해서 완전히 이해하지 못한다. 유사하게 지적장애나 조현병과 같이 인지적인 손상을 가진 개인은 참가자로서 역할이나 권리를 이해하지 못할 수도 있다. 기관이라는 환경에서 참가자는 연구 참여에 대한 강요를 느껴서는 안 된다. 그리고 각기 다른 문화에서 온 개인들은 사전동의에서 중요한 것이 무엇인지에 대한 관점이 다를 수 있다(Lakes et al., 2012).

일정한 일반적 보호가 이와 같은 우려를 적절하게 해결하였는지를 보증하는 데 도움이 된다. 첫째, 대학과 병원 환경에서의 연구는 기관 연구윤리심의위원회(Institutional Review Board)의 승인을 받아야 한다(Fisher & Vacanti-Shova, 2012). 이 위원회는 대학의 교원과 지역사회의 인물로 구성되어 있으며, 그 목적은 연구 참가자의 권리

사전동의(informed consent) 연구 참가자가 연구 전반과 그 안에서 참가자의 역할에 대한 설명을 들은 후 연구의 참여에 대해 동의하는 윤리적 필요요건.

 다양성에 대한 논의 심리장애는 국가 간에 동일한가?

2차 세계대전이 끝난 이래로 연구자들은 전체 인구 중 얼마나 많은 사람들이 심리장애를 갖고 있는지에 대한 조사를 시행하였다. 이런 조사에서는 연구자들은 흔히 국가 내에서 무선적으로 선정된 대규모(약 5,000명)의 사람들을 대상으로 면대면 진단적 면담을 시행하고, 이 자료를 바탕으로 국가 내에서 각 장애를 가진 사람의 비율을 추론한다. 이와 같은 조사는 이 책에서 논의하는 장애를 가진 사람들의 비율을 우리가 어떻게 알 수 있는지를 보여준다. 대부분의 조사는 개별 국가 내에서 시행되며, 따라서 다른 국가별로 동일하게 보는지 혹은 심리장애가 국가별로 동일한 비율로 나타나는지에 대해서 알 수는 없다.

1990년대 말 이런 문제를 다루기 위해 28개국의 연구자들은 전 세계적으로 심리장애의 유병률을 추정하고 각 장애에 대한 위험, 보호요인과 치료를 확인하기 위한 조사를 시작하였다. 세계보건기구 세계정신건강조사(World Health Organization World Mental Health Survey)라고 불리는 이 프로젝트는 의미 있는 결과들을 내놓았다. 각 심리장애의 유병률은 28개 국가별로 의미 있게 다양하였다. 그러나 장애가 발생하였을 때 각 국가별로 그 장애는 유사하였다. 예를 들어 장애가 나타났을 때 그 발병 연령은 국가 간에 의미 있게 일관되었으며, 모든 장애의 약 절반 정도는 각 국가에서 성인기 이전에 시작되었다. 이 연구의 결과는 유병률과 징후에서 차이가 있을지라도 심리장애의 많은 특성은 전 세계적으로 유사하다는 것이다. 이 연구와 그 결과에 대해서 더 알고 싶다면 www.hcp.med.harvard.edu/wmh를 참고하라.

를 보호하는 것이다. 위원회 구성에 연구자뿐 아니라 다른 사람도 넣어서 연구 과정을 검토하도록 하여서 참가자의 복지와 존엄성을 보호하기 위한 충분한 조치가 이뤄졌는지를 확인한다.

심리학 연구에 참여하는 사람들을 보호하고 연구자의 책임을 명확히 하기 위하여 미국심리학회는 『심리학자의 윤리 원칙과 시행 규칙』(*Ethnical Principles of Psychologists and Code of Conduct*)을 출간하였고, 이에는 연구 시행의 일반적인 가이드라인을 포함하였다(Knapp, Gottlieb, Handelsman, & VandeCreek, 2012a, 2012b). 연구 실험에 참여한 사람들은 신체적, 심리적 위험으로부터 보호되어야 한다. 사전동의에 더해 연구 참가자의 복지가 실험설계를 포함하여 무엇보다도 우선시되는 가치이기 때문에 이 원칙에서는 연구 참가자에 대한 연구자의 책임을 강조하였다.

심리적 위험은 정의하기가 어렵지만 이 정의 속에는 연구자의 책임이 포함되어 있다. 연구자는 참가자로부터 얻은 모든 정보를 비밀로 하여야 하며, 참가자는 서면으로나 비공식적인 방식의 모든 정보에서 자신의 신원이 노출되지 않을 권리를 갖는다. 만약 속임이 연구에서 필수적이라고 생각되는 경우에는 연구자는 자신의 판단이 맞는 것인지에 대하여 동료들의 위원회에서 확인을 받아야 한다. 만약 속임이나 숨김이 사용되는 경우에는 연구 참가자에게 반드시 사후에 설명이 제공되어야 한다. 즉 연구의 실제 목적이 무엇이고 속임이 활용되었던 이유가 무엇인지에 대한 설명이 있어야 한다.

이 영역에서 심리장애의 이해에 도움을 줄 수 있는 마지막 중요한 발전은 참여 행동 연구(participatory action research)라 불리는, 연구의 중요한 측면에 소비자를 참여시키는 것이다(Chevalier & Buckles, 2013). 연구에서 어떻게 사람들을 치료할 것인가뿐만 아니라 그 정보를 어떻게 해석하고 활용할 것인가에 대해 많은 정부기관에서는 연구에서 목표로 삼고 있는 사람들(예를 들어, 조현병, 우울증 혹은 불안장애)이 그 과정에 개입하도록 안내를 하고 있다. 만약 이런 장애를 경험하는 사람이 연구를 설계·실행·해석하는 데 파트너가 된다면, 연구 참가자의 치료뿐 아니라 연구의 타당성도 크게 향상될 것이다.

A

다음은 시간에 따른 연구에서 사용하는 방법들의 이득과 제한점들에 대한 것이다. 다음 중 어떤 것이 횡단 설계에 대한 것이고, 어떤 것이 종단 설계에 대한 것인지를 기입하시오.

이득:

1. _____ 개인의 발달을 보여준다.
2. _____ 더 용이하다.
3. _____ 코호트 효과가 없다.

제한점:

4. _____ 코호트 효과가 있다.
5. _____ 세대 효과가 있다.
6. _____ 개인 발달의 정보가 없다.

B

아래의 진술이 참(T)인지 거짓(F)인지를 기입하시오.

7. _____ 피험자가 실험의 본질과 실험에서 참가자의 역할에 대해서 들은 후, 사전동의서에 서명을 할지 말지 판단할 수 있어야 한다.

8. _____ 만약 통제집단이나 위약을 투약받는 집단에 참가자가 소속된 경우에는 사전동의가 필요하지 않다.

9. _____ 대학 또는 임상 현장에서의 연구는 인지 능력이 부족하여서 스스로를 보호하기 어려운 참가자를 위해로부터 보호하기 위하여 연구윤리심의위원회의 승인을 받아야 한다.

10. _____ 참가자는 수집되고 보고되는 모든 자료에서 자신의 신상정보를 밝히지 않을 권리를 갖는다.

11. _____ 속임이 연구에서 필수적인 경우에는 참가자는 그 연구의 본래 목적에 대해서 사후설명을 듣지 않아도 된다.

요약

심리장애의 평가

임상 평가와 진단은 무엇인가?

▶ 임상 평가는 심리장애를 갖고 있을 수 있는 한 개인에 대한 심리적, 생물학적, 사회적 요인에 대한 체계적인 평가와 측정이다. 진단은 어떤 특정한 심리장애의 기준에 부합하는지를 확인하는 과정이다.

▶ 신뢰도, 타당도, 표준화가 심리 평가의 가치를 확인하는 데 중요한 요소이다.

임상 평가에서 사용되는 주요한 방법은 무엇인가?

▶ 심리장애의 다양한 측면들을 평가하기 위하여 임상가는 먼저 환자를 면담하고 비공식적인 정신상태검사를 시행하여야 한다. 행동에 대한 좀 더 체계적인 관찰은 행동평가라고 부른다.

▶ 모호한 자극에 대해서 무의식적 사고를 투사하여 반응하는 투사검사, 개인의 특성을 측정하도록 설계된 자기보고식 검사를 통한 성격검사, 지능지수를 알 수 있는 지능검사 등의 다양한 심리검사가 평가에서 사용된다.

▶ 심리장애에 대한 생물학적 요소는 뇌 기능부전의 영역을 확인하고자 개발된 신경심리학적 검사를 통해서 평가된다. 신경영상은 좀 더 직접적으로 뇌 구조와 기능을 확인하는 데 사용될 수 있다. 정신생리학적 평가는 심리장애와 관련이 있을 수 있는 정서 혹은 심리학적 사건을 반영하는 신경계에서의 변화 측정을 의미한다.

심리장애의 진단

어떻게 정신의학적 진단은 수행되는가?

▶ 분류는 집단이나 범주를 구성하고, 대상이나 사람을 공유된 속성이나 관계에 근거하여서 범주로 할당하는 것을 의미한다. 분류의 방법에는 고전적인 범주적, 차원적, 원형적 접근이 있다. 현재 우리의 분류 체계인 DSM-5는 원형적 접근에 근거하고 있으며, 이는 특정한 본질적 요소의 확인이 분류에 중요하지만, 어떤 비본질적인 변형은 분류의 변화를 필요로 하지는 않는다. DSM-5의 범주는 각 진단의 진단기준을 확인하는 경험적 발견에 근거한다. 이 체계가 과학적인 기반에서 현재로서는 최선일지라도 완벽하다고 할수 없으며, 심리장애를 분류하기 위한 가장 유용한 방법을 찾기 위한 연구는 지속되어야 한다.

정신병리 연구 수행

정신병리학에서 연구의 기초적 요소는 무엇인가?

▶ 연구는 가설을 설정하고 그것을 검증하는 것을 포함한다. 이상심리학에서 연구는 장애의 본질, 원인, 치료를 설명할 수 있는 가설에 초점을 맞춘다.

연구 방법의 유형

행동의 원인을 밝히는 연구를 하는 데 어떤 방법이 사용되는가?

▶ 개별사례 연구는 하나 혹은 그 이상의 개인들을 면밀히 연구하는 것을 의미한다. 사례 연구가 심리학의 이론적 발달에서 중요한 역할을 했을지라도 이것은 실험적 통제가 이루어지지 않았으며 내적, 외적 타당도에서 문제가 있을 수 있다.

▶ 상관에 근거한 연구는 두 변인들 간에 관계가 있는지의 여부를 알려주지만 그것들 간의 인과적 관계에 대해서는 알려주지 못한다. 역학 연구는 하나 이상의 집단에서 특정한 문제의 발병률, 분포, 결과를 보여주는 상관 연구의 하나이다.

▶ 실험 연구는 집단 또는 단일 사례의 두 설계 중 하나를 따른다. 두 설계에서 모두 변인이 조작되고 인과적 관계를 확인하기 위하여 그 효과를 확인한다.

유전학과 시간, 문화에 따른 행동

환경과 유전자 간의 상호작용에 대해 연구자들은 어떻게 연구하는가?

▶ 유전 연구에서는 행동에 대한 유전자의 역할에 초점을 맞춘다. 가계 연구, 입양아 연구, 쌍둥이 연구, 유전자 연관분석과 연관성 연구가 이들 연구 전략에 포함된다.

왜 연구자들은 시간과 문화에 따른 행동에 대해 연구하는가?

▶ 시간에 따른 정신병리를 확인하는 연구 전략에는 횡단과 종단 설계가 있다. 둘은 모두 다른 연령에서의 행동과 태도의 차이에 초점을 맞추고 있으나 전자는 다른 연령대에 있는 다른 사람들을 살펴보는 것이며, 후자는 동일한 사람들의 다른 연령대를 살펴보는 것이다.

▶ 예방 연구는 건강 증진 혹은 긍정 발달 전략, 보편적 예방 전략, 선택적 예방 전략과 지정적 예방 전략의 네 가지 범주로 볼 수 있다.

임상적 양상, 인과적 요인, 치료의 과정과 결과는 모두 문화적 요인의 영향을 받을 수 있다.

▶ 연구 프로그램의 결과가 반복되어질수록 그것에 대한 신뢰성은 증가한다.

연구 윤리

연구 과정에서 윤리 원칙이 왜 중요한가?

▶ 윤리는 연구 과정에서 중요하며, 많은 전문적인 기관에서는 연구 참가자의 복지를 보장하기 위해 윤리 지침을 상세히 설명하고 있다.

▶ 사전동의와 연구 설계, 실행과 해석에 참가자를 포함시킴으로써 윤리적 문제는 강조되고 있다.

핵심 용어

가계 연구 (135쪽)
가설 (123쪽)
가족 집적성 (117쪽)
개별기술적 전략 (115쪽)
검증가능성 (123쪽)
계보발단자 (135쪽)
계열 설계 (139쪽)
고전적인 범주적 접근 (115쪽)
공존장애 (119쪽)
긍정 오류 (111쪽)
기저선 (131쪽)
내적 타당도 (123쪽)
내적 표현형 (135쪽)
뇌신경영상 (111쪽)
뇌파 (113쪽)
다중 기저선 (133쪽)
단일사례 실험설계 (131쪽)
독립변인 (123쪽)
명명 (121쪽)
명명법 (114쪽)
무선화 (123쪽)
반복 측정 (131쪽)
방향성 (127쪽)
법칙정립적 전략 (115쪽)
변산성 (131쪽)
부적 상관 (127쪽)
부정 오류 (111쪽)
분류 (114쪽)

분류학 (114쪽)
비교처치 연구 (129쪽)
사례 연구 방법 (127쪽)
사전동의 (141쪽)
상관 (127쪽)
상관계수 (127쪽)
성격검사 (107쪽)
세대 효과 (139쪽)
수준 (131쪽)
신경심리검사 (111쪽)
신뢰도 (101쪽)
실험 (129쪽)
쌍둥이 연구 (135쪽)
역학 (127쪽)
연관성 연구 (137쪽)
연구 설계 (123쪽)
외적 타당도 (123쪽)
원형적 접근 (115쪽)
위약 통제집단 (129쪽)
위약 효과 (129쪽)
유사 모형 (125쪽)
유전성 표지 (137쪽)
유전자 연관분석 (137쪽)
유전자형 (135쪽)
이중 맹검 통제 (129쪽)
인간 게놈 프로젝트 (쪽)
일반화가능성 (125쪽)
임상적 유의성 (125쪽)

임상 평가 (99쪽)
입양아 연구 (135쪽)
자기감찰 (105쪽)
정신상태검사 (101쪽)
정신생리학적 평가 (113쪽)
정적 상관 (127쪽)
종단 설계 (139쪽)
종속변인 (123쪽)
지능지수(IQ) (109쪽)
진단 (99쪽)
질병분류학 (114쪽)
차원적 접근 (115쪽)
철회 설계 (131쪽)
추세 (131쪽)
코호트 (137쪽)
코호트 효과 (137쪽)
타당도 (101쪽)
통계적 유의성 (125쪽)
통제집단 (123쪽)
투사검사 (107쪽)
표준화 (101쪽)
표현형 (135쪽)
행동평가 (105쪽)
환자 동일성 신화 (125쪽)
회고적 정보 (137쪽)
횡단 설계 (137쪽)
효과 크기 (125쪽)

개념 확인의 답

단원 퀴즈

1. 임상면담 과정에서 심리학자는 내담자가 날짜와 현재의 장소에 대해서 인식하고 있지 못하다는 것을 기록하였다. 심리학자는 내담자의 정신상태의 어떤 측면에 대한 정보를 얻은 것인가?

   a. 신뢰도

   b. 정동

   c. 감각

   d. 지적 기능

2. 로르샤하 검사와 다른 투사 평가에 대한 비판 중 하나는 각 임상가들이 실행과 해석을 각기 다른 방식으로 한다는 점이다. 이런 변산성 때문에 이 검사들은 다음 중 어떤 요소가 부족한 것일까?

   a. 무선 표집

   b. 표준화

   c. 타당도

   d. 검증가능성

3. 다음 중 뇌 손상이나 부상을 입었는지의 여부를 확인하기 위해서 어떤 종류의 검사를 사용하는 것이 좋은가?

   a. 신경심리학적 검사

   b. 투사 검사

   c. 피부전기검사

   d. 성격검사

4. 뇌파를 이용하여서 뇌의 전기적 활동을 측정하는 것이 다음 중 어떤 것에 대해서 가장 적절한 답을 줄 수 있을까?

   a. 내담자가 학교에서 또래들과 동일한 수준의 수행을 할 수 있을까?

   b. 내담자가 과도한 불안과 걱정을 가지고 있는가?

   c. 내담자가 예술 활동에서 경력을 쌓아가기에 적합할까?

   d. 내담자가 이완훈련을 통해서 이득을 얻게 될까?

5. 다음의 진단 분류적 접근에서 모든 사람이 장애의 본질적 속성은 공유하고 비본질적 특성은 사람마다 다를 수 있다는 접근은 무엇인가?

   a. 원형적

   b. 표준화된

   c. 차원적

   d. 범주적

6. DSM-IV, DSM-IV-TR, DSM-5의 진전에도 불구하고 다음 중 그 분류 체계에 대해 제기될 수 있는 비판은?

   a. 심리적 건강에 영향을 줄 수 있는 생물학적, 사회적 요인에 대한 기술이 부족하다.

   b. 순전히 차원적 접근에 기대고 있으며, 내담자를 기술하는 관련된 차원의 숫자는 무한하다.

   c. 신뢰도를 손상시켜 가면서 타당도를 강조한다.

   d. 사람을 범주화하고 명명을 하며, 이것이 경멸적이고 심지어는 자기예언적일 수도 있다.

7. 대부분의 실험에서 연구자는 (1) _____에 대한 (2) _____의 영향을 기대하며 탐색한다.

a. (1) 유병률 (2) 발병률

b. (1) 종속변인 (2) 독립변인

c. (1) 내적 타당도 (2) 외적 타당도

d. (1) 일반화가능성 (2) 검증가능성

8. 실험자의 조작에 의한 결과라기보다는 변화에 대한 기대 때문에 행동이 바뀌는 것을 무엇이라고 부르는가?

a. 임상적 유의성

b. 코호트 효과

c. 위약 효과

d. 유병률

9. 만약 실험에서 20, 40, 60대의 각기 다른 연령 집단의 삶에 대한 만족도를 검증하였다면 이 연구 설계는 다음 중 어떤 종류인가?

a. 횡단

b. 종단

c. 다중 기저선

d. 사례 연구

10. 연구 프로젝트에 참가자들이 위험으로부터 보호되는 한 방법은 참가에 대해 강요받지 않고 연구 참가에 대한 모든 정보를 갖는 것을 보증하는 것이다. 이와 같은 윤리적 보호를 무엇이라고 부르는가?

a. 내적 타당도

b. 정적 상관

c. 사전동의

d. 임상적 유의성

(답은 부록 A에 있습니다.)

4

불안, 외상, 스트레스 관련 그리고 강박 관련 장애

* 이 단원의 내용은 미국심리학회(APA)가 학부 심리학 전공에 대한 지침(American Psychological Association, 2012)에서 제안한 학습목표들을 포함하고 있다. APA에서 제안한 학습목표(Suggested Learning Outcome, SLO)에 따른 범위는 위에서 확인할 수 있다.

불안장애의 복잡성

▶ 불안, 공포, 공황발작의 유사성과 차이점은 무엇인가?

Sigmund Freud가 수십 년 전에 인식했던 것처럼 불안은 복잡하고 불가사의하다. 어떤 점에서는 이에 대해서 더 많이 알수록 더 이해하기가 힘든 것 같다. '불안'은 장애의 특정한 유형이지만 그것 이상이다. 불안은 정신장애 전반에 상당히 연관이 있는 정서이며, 따라서 우리는 불안의 일반적 특성에 대해서 생물학적, 심리적 측면 모두 탐색해 보고자 한다. 그러고 난 후 관련된 정서이지만 어느 정도는 다른 공포에 대해서 살펴보겠다. 공황발작은 공포와 관련이 있는 것으로 두려워할 것이 없을 때, 즉 부적절한 시간에 공포가 발생하는 것이다.

불안, 공포, 공황: 정의

불안을 경험해 본 적이 있는가? 우리 삶에서 거의 매일 불안을 경험하기에 이 질문이 웃긴다고 생각할 수 있을 것이다. 충분히 준비되지 않은 상태에서 학교 시험을 본 적이 있는가? 지난주에 처음 보는 사람과 데이트를 한 적이 있는가? 앞으로 곧 닥칠 입사 면담은 어떠할까? 이런 것에 대해서 생각하는 것만으로도 긴장할 수도 있을 것이다. 불안하게 만드는 것에 대해서 생각하지 않으려 한 적이 있나? 그게 무엇이었나? 그래서 어떻게 되었나?

불안은 미래에 대한 우려와 신체적 긴장이라는 증상을 특징으로 하는 부정적인 기분 상태이다(American Psychiatric Association, 2013; Barlow, 2002). 인간에게 불안은 불편함이라는 주관적 감각, 행동 양상(걱정스럽고 불안해 하거나 안절부절못해 보이는), 혹은 뇌에서 기원하고 높은 심박률과 근육 긴장도로 반영되는 생리적 반응이다. 불안을 인간에게서 연구하기가 어렵기에 많은 연구들은 동물을 대상으로 이루어졌다. 그러나 쥐의 불안에 대한 경험이 인간과 동일할까? 유사할 수는 있겠으나 우리는 이에 대해서 확신할 수는 없다. 그러므로 불안은 여전히 신비스러우며, 이제부터 이에 대해서 점차 알아가 보도록 하겠다. 불안은 또한 우울과 밀접하게 관련되어 있으므로(Brown & Barlow, 2009; Rosellini, Boettcher, Brown, & Barlow, in press) 여기서 이야기하는 것의 상당 부분은 6장의 내용과 관련이 있다.

놀랍게도 불안은 적어도 중간 수준의 정도에서는 우리에게 유익하다. 심리학자들은 지난 한 세기 동안 우리가 약간 불안감을 느낄 때 수행을 더 잘 한다는 것을 확인하였다(Yerkes & Dodson, 1908). 만약 불안이 전혀 없었다면 그때 그 시험을 그렇게 잘 보지 못했을 것이다. 지난 주말에 약간 불안해 보였기에 조금 더 매력적이고 생기 있어 보였을 수 있다. 그리고 불안감을 느끼기에 곧 있을 입사 면담에 더 잘 준비할 수 있을 것이다. 요약하자면 불안에 의해 사회적, 신체적, 지적 수행은 증진된다. 이것이 없다면 우리 중 누구도 일을 하지 않을 것이다. Howard Liddell(1949)은 불안을 "지능의 그림자"라고 표현하며 이 생각을 최초로 제안하였다. 미래에 대해 계획을 세우는 인간의

불안(anxiety) 미래의 위험이나 불운에 대해 우려하는 사람이 겪는 현저한 부정적 정서와 긴장이라는 신체 증상을 특징으로 하는 기분 상태. 불안에는 감정, 행동과 생리적 반응이 포함된다.

능력은 뭔가 잘못될지도 모른다는 우리를 괴롭히는 감정과 관련되어 있으며, 그래서 우리는 이를 준비하게 된다고 그는 생각하였다. 이것이 불안이 미래지향적 기분 상태인 이유이다.

하지만 불안이 지나치면 어떤 일이 일어날까? 아마도 당신은 시험에 집중하지 못해서 시험에 실패하게 될 것이다. 당신이 너무 불안했을 때는 만약 실패한다면 그것이 얼마나 끔찍할까에 대해서 생각하게 될 것이다. 같은 이유로 면담을 망칠 것이다. 새로운 사람과의 데이트에서도 저녁 시간에 땀을 흠뻑 흘리고, 속이 쓰리며, 제대로 된 말 한마디 못하게 될 수 있다. 좋은 것도 지나치면 해가 될 수 있으며, 통제하기 어려운 심각한 불안은 참으로 해로운 것이다. 심각한 불안은 흔히 쉽게 사라지지 않아서 상황을 더욱 어렵게 한다. 즉 두려워할 것이 전혀 없다는 것을 알더라도 여전히 불안을 느낀다.

이 장에서 논의할 모든 장애들은 다양한 형태의 과도한 불안을 특징으로 한다. 2장에서 **공포**는 위험에 대한 즉각적인 경계 반응이라는 점을 배운 바 있다. 불안과 마찬가지로 공포는 우리에게 좋은 것일 수 있다. 자율신경계 반응의 활성화(예를 들어 심박률과 혈압의 증가)를 통해 우리는 보호될 수 있으며, 이와 함께 나타나는 경악이라는 주관적 감정 반응으로 인해 우리는 도피하거나 혹은 가능하다면 공격할 수 있다. 이와 같은 위기 반응을 도피 혹은 투쟁 반응이라고 부른다.

공포와 불안 반응은 심리적, 생리적으로 다르다는 증거는 상당하다(Barlow, 2002; Craske et al., 2010). 이전에 언급한 바와 같이 불안은 앞으로 닥쳐올 사건을 예측하거나 통제할 수 없기에 갖게 되는 우려를 특징으로 하는 미래지향적 기분 상태이다. 반면에 공포는 강한 회피 행동의 경향성과 자율신경계 중 교감신경의 급등을 특징으로 하는 현재 위험에 대한 즉각적인 정서적 반응이다(Barlow, Brown, & Craske, 1994; Craske et al., 2010).

두려워할 것이 전혀 없는, 즉 오경보의 상태에서 공포 신호 반응을 경험한다면 어떤 일이 발생할까? 저자의 클리닉에 내원했던 사례인 그레첸의 경우를 살펴보자.

그레첸 • 공황발작

처음 공황발작을 경험한 것은 25세였다. 퇴원을 하고 집으로 돌아온 지 몇 주가 지났을 때였다. 맹장 수술을 한 후였다. 수술은 잘 되었고 어떠한 위협도 없었는데 왜 그런 일이 일어났는지를 이해하기 어렵다. 그러나 어느 날 밤 잠이 들었고 몇 시간 후—얼마나 오래 됐는지는 알지 못한다—뭔가 모호한 불안의 감정에 잠에서 깨었다. 내가 기억하는 것은 심장이 쿵쾅거렸다는 것이다. 그리고 가슴에 통증을 느꼈고, 죽을 것 같은 기분에 심장발작을 느꼈다. 그리고 마치 내가 현실로부터 분리되는 듯한 뭔가 이상한 기분이 들었다. 그건 마치 잠자고 있던 침대에 연무가 드리운 것 같은 느낌이었다. 난 누이의 방으로 달려갔고 달려가는 동안에는 로봇이나 꼭두각시처럼 누군가에 의해 조종되는 것 같은 느낌이었다. 나의 이런 모습을 보고는 내 누이 역시 내가 놀란 만큼 놀랐다. 그리고 그녀는 구급차를 불렀다(Barlow, 2002).

이와 같은 갑작스런 압도적인 반응은 **공황**이라 알려져 있으며, 이 영어 단어는 굉음으로 나그네들의 간담을 서늘하게 했던 그리스 신인 Pan의 이름을 딴 것이다. 정신병리학에서 **공황발작**은 급작스런 극심한 공포 혹은 불편감으로 정의되며, 이때 심계항진, 흉통, 가쁜 호흡, 어지럼증 등과 같은 신체적인 증상이 동반된다.

공황장애의 두 가지 기본적인 유형인 예상되는 공황발작과 예기치 못한 공황발작이 *DSM-5*에는 기술되어 있다. 만약 당신이 높은 곳이나 긴 다리를 건너는 것을 두려워한다는 것을 안다면 다른 상황에서는 아니지만 이 상황에서 공황발작을 경험할 수 있다는 것이다.

DSM **5** DSM 진단기준 요약 **공황발작**

극심한 공포 혹은 불편감이 갑작스럽게 나타나고, 수 분 내에 최고조에 이르며, 그 시간 동안 다음 증상 중 네 가지(혹은 그 이상)가 해당됨.

1. 심계항진, 가슴 두근거림 혹은 심박률의 증가
2. 발한
3. 떨림 혹은 후들거림
4. 호흡이 가쁘거나 답답한 느낌
5. 숨이 막히는 듯한 느낌
6. 가슴 통증 또는 불편감
7. 메스꺼움 또는 복부 불편감
8. 어지럼증, 불안정함, 멍하거나 쓰러질 것 같은 느낌
9. 춥거나 화끈거리는 느낌
10. 감각 이상(감각을 느끼지 못하거나 따끔거리는 느낌)
11. 비현실감(현실이 아닌 것 같은 느낌) 혹은 이인증(자신에게서 분리되는 느낌)
12. 통제할 수 없거나 미칠 것 같은 느낌
13. 죽을 것 같은 느낌

출처: American Psychiatric Association. (2013). *Diagnostic and statistical manual of mental disorders* (5th ed.). Washington, DC.

이것은 예상되는(유발요인이 있는) 공황발작이다. 반면에 당신이 언제, 어디서 발작이 일어날지에 대한 유발단서를 갖지 않는다면 예기치 못한(유발 요인이 없는) 공황발작을 경험할 수 있다. 이 유형들이 언급되는 이유는 이것이 여러 불안장애에서 중요한 역할을 하기 때문이다. 예기치 못한 발작은 공황장애에서 중요하다. 예상되는 발작은 특정공포증이나 사회공포증에서 더욱 흔하다(그림 4.1 참고).

공포는 강렬한 정서적 경계로, 위험으로부터 우리를 도망칠 수 있도록 동기화하는 자율신경계에서 에너지의 급등이 동반된다. 그레첸의 공황발작이 공포 정서인 것처럼 보이는가? 공포와 공황 경험에 대한 보고, 회피를 위한 행동 경향성 그리고 내재화된 신경생물학적 과정의 유사성 등의 여러 증거들은 그렇다는 점을 시사한다(Barlow, 2002; Barlow, Chorpita, & Turovsky, 1996; Bouton, 2005).

불안 및 관련 장애의 원인

1장과 2장을 통해서 과도한 정서적 반응이라는 것은 단일 차원의 원인에 의해서가 아니라 다양한 요인에 의한 것임을 우리는 배웠다. 이제부터는 불안 및 관련 장애들의 발생과 관련된 생물학적, 심리적, 사회적인 요인과 그것들이 어떻게 상호작용하는지를 살펴볼 것이다.

생물학적 원인

긴장, 초조, 불안의 경향성이 유전된다는 증거는 점차로 증가하고 있다(Barlow, Sauer-Zavala, Carl, Bullis, & Ellard, in press; Clark, 2005; Eysenck, 1967; Gray & McNaughton, 1996). 공황의 경향성 역시 가족 내에 나타나는 듯하며, 불안에 대한 유전적 원인과는 어느 정도 다른 유전적 요소가 있는 듯 보인다(Barlow, 2002; Craske & Barlow, 2014; Kendler et al., 1995). 거의 모든 정서적 특성과 심리장애와 마찬가지로 어떤 하나의 유전자가 불안이나 공황의 원인인 것은 아니다. 대신 심리적, 사회적 요인이 준비가 되었을 때 염색체 내의 여러 영역에 있는 유전자들이 발병의 위험성을 높인다. 그리고 유전적 취약성은 불안이나 공황의 직접적인 원인이 되는 것은 아니다. 2장에서 살펴본 것과 같이 환경 내의 스트레스나 다른 요소들이 이 유전자들을 작동시키는 것이다(Owens et al., 2012; Rutter, Moffitt, & Caspi, 2006).

불안은 또한 특정한 뇌회로(brain circuits), 신경전달물질 체계와 관련되어 있다. 예를 들어 GABA-벤조디아제핀 체계의 부분인 감마-아미노부티르산(gamma-aminobutric acid, GABA)의 감소는 비록 이 둘의 관계가 직접적이지는 않더라도 불안의 증가와 관련되어 있

공포(fear) 위험이나 위협적인 상황에 대한 즉각적인 경계 반응을 특징으로 하는 정서.

공황(panic) 급작스런 압도적인 두려움이나 경악.

공황발작(panic attack) 어지럼증, 심계항진과 같은 신체적인 증상과 죽을 것 같은 공포 등의 파국적인 사고가 동반되는 강렬한 공포 혹은 불편감의 급작스런 경험.

불안
- 부정적 정동
- 긴장의 신체증상
- **미래**지향
- 다가오는 사건을 예측하거나 통제할 수 없을 것 같은 느낌

공포
- 부정적 정동
- 강한 교감신경계 각성
- **현재**의 위험이나 삶을 위협하는 위급상황에 대한 반응에서 도피하고자 하는 경향성을 특징으로 하는 즉각적인 경계 반응

정서 상태

공황발작

부적절한 때의 공포 발생
두 가지 유형: 예상되는
예기치 못한

● 그림 4.1 불안, 공포, 공황발작의 관계

세상의 모든 사람들은 불안을 경험한다. 그러나 불안장애의 비율과 사람들이 어떻게 이를 경험하는지는 나라마다 유의한 차이가 있다. 최근 한 연구에서 44개국의 거의 50만 명에 가까운 사람들을 아우르는 이전 역학 연구들을 분석해 보았다. 중국에서는 현재 불안장애를 가진 사람은 1%가 되지 않는 반면 아프가니스탄에서는 28%에 달한다고 보고되었다. 지난해에 불안장애를 경험한 사람은 이탈리아는 2.4%였는데 멕시코에서는 거의 30%에 육박하였다(Baxter, Scott, Vos, & Whiteford, 2013). 이는 국가별로 불안 비율의 실제 차이를 반영한다고 할 수 있지만, 불안이 경험되고 보고되는 차이로 인한 것일 수 있다.

예를 들어 전 세계적으로 불안장애의 여부를 평가하는 기준은 일반적으로 장애에 대한 서구의 개념화에 근거하고 있다. 공황장애의 경우 극도의 생리적 증상(심계항진과 발한)이 일반적으로 미칠 것 같거나 통제할 수 없을 것 같은 두려움과 미래의 발작에 대한 지속적인 걱정에 동반된다. 공황과 관련된 생리적 증상은 보편적이고 모든 국가에서 보고된다. 그러나 공황의 심리적 현상은 국가마다 다르며, 이로 인해 서구 기준으로 정의된 공황장애의 진단기준에 맞는 여타 국가 사람들의 숫자는 더 낮은 것으로 나타난다.

예를 들어 많은 제3세계 국가에서 불안과 기분장애는 신체적인 민감성으로 경험되지만 공포나 두려움과 같은 증상으로 보고되지는 않는다(Hinton, Chhean, Faman, Pollack, & McNally, 2007).

불안에 대한 경험의 차이에 더해 일부 사람들은 다른 것보다 불안을 더 많이 보고하기도 한다. 이것이 미국에서 불안장애 유병률의 남녀 성차가 큰 이유가 되기도 한다. 즉 여성은 지속적으로 공포나 두려움을 더 많은 비율로 보고하는 반면에 남성은 이런 장애를 인정하는 경향이 더 적다(Kessler, Petukhova, Sampson, Zaslavsky, & Wittchen, 2012). 그렇다면 심각한 불안을 가진, 보고되지도 치료되지도 않은 남자는 어떻게 될까? 이들 중 상당수는 술을 마시는 것으로 불안에 대처하는 듯하며, 그래서 종종 알코올사용장애로 발전하기도 한다(DeMartini & Carey, 2011).

불안장애의 비율에 대한 성차는 비교적 많이 알려져 있지만 문화적 요인이 어떻게 불안장애의 경험과 보고에 영향을 주는지에 대한 연구는 이제 막 시작되었다. 이는 전 세계적으로 불안장애를 이해하고 치료하는 능력을 지속적으로 증진시키기 위한 미래의 중요한 작업이 될 것이다.

다. 노르아드레날린 체계 역시 불안을 증가시킨다는 증거(Hermans et al., 2011)가 인간의 정상적인 불안뿐 아니라 동물 실험에서도 나타났으며, 이는 세로토닌 신경전달물질 체계가 관련되어 있음을 시사한다(Lesch et al., 1996; Stein, Schork, & Gelernter, 2007). 그러나 최근 몇 년간 불안(그리고 우울) 표현의 중심적 역할을 하는 부신피질자극호르몬 방출인자(corticotropin releasing factor, CRF) 체계와 이 체계의 가능성을 증가시킬 유전자들에 대해서 관심의 초점이 맞춰져 왔다(Essex et al., 2010; Heim & Nemeroff, 1999). 2장에서 언급되었던 것처럼 CRF는 시상하부-뇌하수체-부신피질(HPA) 축을 활성화시키며, CRF 체계는 불안과 연관된 뇌의 영역들에 폭넓은 영향을 준다. 이 영역에는 정서적 뇌(변연계), 특히 해마와 편도체, 뇌간에서 청반(locus coeruleus), 전전두피질과 도파민 신경전달물질 체계가 있다. CRF 체계는 또한 직접적으로 GABA-벤조디아제핀 체계와 세로토닌, 노르아드레날린 신경전달 체계와도 관련이 있다.

불안과 가장 자주 관련되는 뇌의 영역은 변연계이며(Hermans et al., 2011; LeDoux, 2002; 그림 2.7c 참고), 이 영역은 뇌간과 피질을 매개하는 기능을 한다. 원시적인 뇌간에서는 신체 기능의 변화를 감찰과 감지를 하고, 변연계를 통해서 더 고차원적인 피질로 잠재적인 위험의 신호를 전달한다. 저명한 영국 신경심리학자인 Jeffrey Gray는 동물 변연계의 뇌회로가 불안과 상당히 깊은 관련이 있음을 발견하였고(Gray, 1985; McNaughton & Gray, 2000), 이는 인간에서도 관련

이 있을 것으로 추정된다. 이 회로는 변연계의 중격(septal)과 해마 영역에서 전두엽까지 연결되어 있다. Gray가 **행동억제체계**라고 부르는 체계는 예기치 않았던 사건에 대한 뇌간으로부터의 신호로 활성화된다. 위협이 될 만한 무언가를 본 것에 대한 반응인 위협 신호는 피질로부터 중격-해마 체계로 내려간다. 행동억제체계는 또한 편도체로부터 큰 힘을 받는다(LeDoux, 1996, 2002). 행동억제체계가 뇌간으로부터 올라오거나 피질로부터 내려온 신호로 활성화될 때, 얼어붙거나 불안을 느끼고 위협이 현재적이라는 것을 확인하기 위하여 상황을 판단하는 경향이 있다.

행동억제체계 회로는 공황 관련 회로와는 구분된다. Gray(1982; Gray & McNaughton, 1996)와 Graeff(1993; Deakin & Graeff, 1991)는 Gray가 **투쟁-도피체계**라고 부른 것을 발견하였다. 이 회로는 뇌간에서 시작하여 중뇌 구조의 여러 영역, 즉 편도체, 해마의 복내측핵(ventro-medial nucleus)과 회색질 중앙부(central gray matter)를 거친다. 동물에서 자극되었을 때 이 회로는 인간에게서 나타나는 공황과 매우 유사한 즉각적인 경계-도피반응을 일으킨다.

여러 연구실에서 확인된 바는 환경적 요소가 이러한 뇌회로의 민감성을 바꿀 수 있으며, 이는 불안 및 관련 장애를 발병시키는 가능성을 증가시킬 수 있다(Francis, Diorio, Plotshy, & Meaney, 2002; Stein et al., 2007). 예를 들어 십대 때 흡연은 성인기의 불안장애 특히 공황장애와 범불안장애의 발달 위험성을 상당히 증가시키는 것으로 알

려져 있다(Johnson et al., 2000). 이에 대한 한 가지 가능한 설명은 호흡기 문제뿐 아니라 신체증상을 증가시키는 니코틴에 대한 만성적인 노출로 인해 불안과 공황이 야기되며, 이로 인해 심각한 불안장애의 생물학적 취약성이 증가하는 것이다.

뇌영상 연구는 불안과 공황의 신경생물학에 대한 더 많은 정보를 제공하고 있다(Britton & Rauch, 2009; Shin & Liberzon, 2010). 예를 들어 불안장애를 가진 사람들에게서 편도체를 포함한 변연계는 자극 혹은 새로운 정보에 과도하게 반응한다(비정상적인 상향식 과정). 동시에 과도한 편도체의 흥분을 억제하는 피질의 조절 기능 역시도 결핍되며(비정상적인 하향식 과정), 이는 Gray의 행동억제체계 모형과 일치한다(Ellard, 2013; Ochsner et al., 2009).

심리적 원인

심리적 요인들이 포함된 불안의 통합모형을 지지하는 증거들은 축적되고 있다(예를 들어 Barlow, 2002; Suárez, Bennett, Goldstein, & Barlow, 2008 참고). 아동기에 우리는 모든 사건들을 항상 통제할 수 있는 것은 아니라는 것을 인식한다(Chorpita & Barlow, 1998). 이와 같은 인식의 연속성은 우리 삶의 모든 것을 전부 통제할 수 있다는 확신에서부터 우리 자신과 앞으로 닥칠 사건을 다룰 우리의 능력에 대한 불확실성의 측면까지 다양할 수 있다. 예를 들어 만약 학업에 대해서 불안해한다면 전반적인 성적이 A와 B일지라도 다음 시험에서 나쁜 성적을 받을까봐 걱정을 할 수 있다. 일반적인 '통제할 수 없을 것이라는 느낌'은 어린 시절의 양육과 파괴적인 혹은 외상적인 환경적 요인으로 인해 발생했을 수 있다.

흥미롭게도 초기 아동기에 부모의 행동은 이런 통제감 혹은 통제할 수 없는 느낌을 많은 부분 발달시키는 것 같다(Barlow, Ellard, Sauer-Zavala, Bullis, & Carl, 2014; Bowlby, 1980). 일반적으로 자녀의 관심, 음식, 아픈 것을 달래주는 것 등의 욕구에 대해서 소통을 할 때 자녀의 욕구에 반응함으로써 긍정적이고 예측 가능한 방식으로 상호작용하는 부모는 중요한 기능을 하는 것으로 보인다. 이런 부모는 자녀들에게 그들이 환경을 통제하고 그들의 반응이 부모와 환경에 영향을 줄 수 있다는 것을 가르친다. 그리고 안전한 본거지를 제공하며, 자녀에게 세상을 탐색하고 예기치 않은 것에 대처하는 데 필요한 기술을 발달시키도록 북돋는 부모는 자녀가 건강한 통제감을 발달시킬 수 있게 해준다(Chorpita & Barlow, 1998). 반면에 과잉보호하고 과다하게 간섭을 하며, 자녀에게 확실한 길을 알려주고 다른 것들은 자녀가 스스로 경험해 보지 못하게 하는 부모는 역경에 대처할 수 있는 방법을 배우지 못하는 상황을 만든다. 그러므로 그 자녀들은 환경을 다루는 법을 배우지 못한다. 이런 생각들을 지지하는 연구 결과는

무수히 많다(Barlow, 2002; White, Brown, Somers, & Barlow, 2006). 이런 어린 시절의 경험으로부터 발달하는 통제감의 결핍은 이후 삶에서의 불안에 다소 취약하게 만든다.

불안과는 대조적으로 공황에 대한 심리적 설명은 대부분 조건화와 인지적 요인으로 설명하며, 이 둘은 분리하기 어렵다(Bouton, Mineka, & Barlow, 2001). 극도의 스트레스나 환경 속에서 위험의 상황(실제 경보)에 대한 결과로 강한 공포 반응이 발생한다. 이런 정서적 반응은 곧 다양한 외부적, 내부적 단서와 연합된다. 다시 말해서 이 단서 또는 조건화된 자극은 위험이 실제가 아니더라도 공포 반응과 위험에 대한 추정을 불러일으키며(Bouton, 2005; Bouton et al., 2001; Martin, 1983; Mineka & Zinbarg, 2006; Razran, 1961), 이것은 학습된 것 혹은 오경보이다. 이것은 2장에서 언급한 조건화 과정이다. 외부적 단서는 최초 공황발작이 일어났던 것과 유사한 장소나 상황이다. 내부적 단서는 운동과 같이 정상적인 상황의 결과일지라도 최초 공황발작과 연관된 심박률, 호흡의 증가이다. 그래서 심장 박동이 빠르게 증가하면 정상적으로 박동할 때에 비해서 공황발작을 경험하는 것이라고 생각할 수 있다. 극심한 공포의 단서나 촉발요인을 인식하지 않아도 나타날 수 있으며, 즉 공황장애를 가진 환자들에게 나타나는 것처럼 그것들은 무의식적인 것이다(Meuret et al., 2011).

사회적 원인

스트레스 생활 사건은 불안에 대한 생물학적, 심리적 취약성을 촉발시킨다. 대부분은 결혼, 이혼, 직장에서의 어려움, 사랑하는 사람의 죽음, 학교에서 성취에 대한 압박과 같은 사회적이고 대인관계적인 것이다.

동일한 스트레스는 두통이나 고혈압과 같은 신체 반응과 공황발작과 같은 정서 반응을 촉발한다(Barlow, 2002). 스트레스에 대해 반응하는 특별한 방식은 가족 내에서 지속되는 것 같다. 만약 당신이 스트레스하에서 두통을 느낀다면 당신의 가족 중 다른 사람도 역시 두통을 느낄 가능성이 있다. 만약 공황발작을 경험한다면 가족 역시도 그런 경험을 할 수 있다. 이런 면을 보면 최소한 최초의 공황발작에는 유전적인 원인이 있음을 시사한다.

행동억제체계(behavioral inhibition system, BIS) 위협 신호에 대해서 활동을 억제하고 불안을 야기함으로써 반응하는 변연계의 뇌회로.

투쟁–도피체계(fight/flight system, FFS) 동물에 있어 자극됐을 때 인간의 공황과 유사하게 즉각적인 경계–도피 반응을 일으키는 뇌회로.

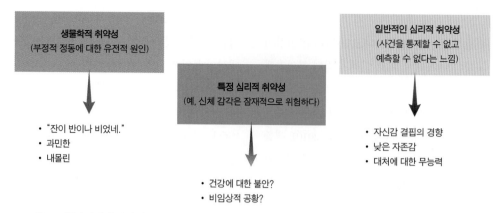

● 그림 4.2 불안장애의 발달에 영향을 주는 세 가지 취약성. 만약 한 개인이 셋을 모두 가지고 있다면 스트레스 사건을 경험한 후 불안장애로 발달할 가능성은 증가된다. [출처: Barlow, D. H. (2002). *Anxiety and its disorders: The nature and treatment of anxiety and panic* (2nd ed.). New York: Guilford Press.]

통합 모형

다양한 요인들을 통합하기 위해서는 삼원 취약성 이론(triple vulnerability theory)(Barlow, 2000, 2002; Barlow et al., 2014)이라 불리는 불안 발달에 대한 이론을 기술할 필요가 있겠다. 첫 취약성(혹은 소인)은 일반적인 생물학적 취약성이다. 높은 긴장이나 예민함의 경향성은 유전될 수 있다. 하지만 불안 발달과 관련된 일반적인 생물학적 취약성은 불안 그 자체를 발현시키기에는 충분하지 않다. 두 번째 취약성은 일반적인 심리적 취약성이다. 즉 세상은 위험하고 통제할 수 없으며 과거 경험에 기대어 볼 때 뭔가 일이 잘못될 때 이에 대처할 수 없다고 믿으며 성장할 수 있다. 만약 이런 지각이 강하다면 불안에 대한 일반화된 심리적 취약성을 가진 것이다. 세 번째 취약성은 특정 심리적 취약성이며, 이는 부모가 가르쳐준 것과 같이 초기 경험을 통해서 어떤 상황이나 대상이 (실제는 그렇지 않더라도) 위험하다고 학습한 것이다. 예를 들어 만약 당신의 부모가 개를 무서워하거나 다른 사람에게 평가받는 것에 대한 불안을 표현한다면, 당신에게도 역시 개에 대한 공포 혹은 사회적 평가에 대한 두려움이 발달할 수 있다. 이런 삼원 취약성은 그림 4.2에 제시되었다. 만약 많은 압력, 특히 대인관계의 스트레스로부터의 압력하에 있다면 그 스트레스는 불안에 대한 생물학적 경향성과 그 상황을 다루고 스트레스를 통제할 수 없을 것이라는 느낌의 심리적 경향성을 활성화시킨다. 이 순환이 시작되면 스스로 자극되어 특별한 생애 사건이 지난 후조차도 멈출 수가 없게 된다. 불안은 일반적이며 삶의 많은 차원에 의해 촉발된다. 그러나 사회적 평가나 평판과 같은 한 영역에 일반적으로 초점이 맞춰진다(Barlow, 2002).

불안 및 관련 장애의 공존장애

특정 장애에 대해서 이야기하기 전에 장애는 종종 동반해서 발생한다는 것을 알고 있는 것은 중요하다. 3장에서 기술하였던 것처럼 한 개인에게 둘 혹은 그 이상의 장애가 발생하는 것을 공존장애라고 부른다. 불안 및 관련 장애(그리고 우울증)에서 높은 공존장애를 보인다는 것은 이 장애들이 여기서 언급하고 있는 불안과 공황의 공통 요소들을 공유한다는 것을 의미한다. 또한 이들 장애들은 불안과 공황의 발생과 관련된 동일한 생물학적, 심리적인 취약성을 공유한다. 각 장애들은 아마도 불안이 촉발되는 것과 공황의 양상이 다를 뿐일 것이다. 물론 불안 및 관련 장애를 가진 환자가 다른 모든 불안장애를 가졌다면 이들의 특정 장애들을 구분할 필요가 없을 것이다. 하지만 실제가 그러하지 않고 공존장애율이 높기는 하지만 장애는 서로 어느 정도 다르다(Allen et al., 2010; Bruce et al., 2005; Tsao, Mystkowski, Zucker, & Craske, 2002). 저자들의 센터 중 한 곳에서 *DSM-IV*의 불안과 기분 장애의 공존장애율과 관련한 대규모 연구를 실시한 적이 있다(Brown & Barlow, 2002; Brown, Campbell, Lehman, Grisham, & Mancill, 2001). 이 연구에서는 1,127명을 대상으로 반구조화된 면담을 통해 진단을 내렸다. 평가 당시의 공존장애율을 확인한 결과, 불안이나 우울장애를 주진단으로 받은 사람의 55%는 평가 당시 시점에서 최소 한 개 이상의 불안이나 우울장애 진단을 받았다. 추가적인 진단을 평가 당시의 시점이 아니라 평생 중 어느 시점으로 확장하게 되면, 공존장애율은 76%까지 상승하였다.

모든 불안장애에 가장 흔하게 추가되는 장애는 무엇보다도 주요 우울장애였으며, 이 장애는 약 50%의 환자에게서 전 생애를 통해서 발생하였다. 4장의 후반부에서 불안과 우울 간 관계의 중요성에 대해서 추가적으로 더 논의할 것이다. 그리고 우울이나 알코올 혹은 약물남용의 추가적인 진단을 받은 경우에는 불안장애로부터 덜 회복되는 경향이 있었으며, 회복되더라도 재발을 더 많이 하는 경향이 있었다(Bruce et al., 2005; Huppert, 2009).

개념 확인 4.1

불안 및 그 원인과 관련한 아래 진술문의 빈칸에 (a) 공존장애 (b) 공황발작 (c) 예상되는 (d) 신경전달물질 (e) 뇌회로 (f) 스트레스 중 알맞은 것을 적어 넣으시오.

1. _____는(은) 흉통이나 숨이 가쁜 것과 같은 신체적 증상

이 동반되는 갑작스런 극심한 공포나 고통이다.

2. _____ 공황발작은 다른 곳에서는 아닌 특정한 상황에서 흔히 일어난다.

3. 불안은 특정한 _____ (예를 들어 행동억제체계 또는 투쟁-도피체계)와(과) _____ 체계(예를 들어 노르아드레날린)와 관련된다.

4. 불안 및 관련 장애는 불안과 공황의 공통된 속성을 공유하기 때문에 이들에서의 _____는(은) 높다.

5. 생애 사건 _____는(은) 불안에 대한 생물학적, 심리적 취약성을 촉발시킬 수 있다.

불안장애

일반적으로 불안장애로 분류되는 장애로는 범불안장애, 공황장애와 광장공포증, 특정공포증, 사회불안장애와 함께 새로운 두 장애인 분리불안장애와 선택적 함구증이 있다. 이들 각 불안장애들은 공황발작이나 다른 불안의 초점이 되는 요소들로 인해 더욱 복잡하다. 그러나 범불안장애에서는 그 초점이 일상생활 사건으로 일반화되어 있다. 따라서 범불안장애를 가장 먼저 다루어보도록 한다.

범불안장애

▶ 범불안장애의 핵심적 요소, 가능한 원인적 요소와 치료적 접근은 무엇인가?

누구나 대부분은 어느 정도 걱정을 한다. 이미 이야기한 바와 같이 걱정은 유익할 수 있다. 걱정으로 인해 우리는 미래에 대한 계획을 세우고 시험을 준비하며, 휴가를 가게 되면 퇴근 전에 여러 차례 생각하고 또 확인을 한다. 하지만 모든 것에 대해서 걱정한다면 어떨까? 그리고 그 고민이 비생산적인 것이라면 또 어떨까? 얼마나 걱정하는지와 상관없이 앞으로 닥칠 문제나 상황에 대해서 무엇을 할지에 대해서 결정하지 못한다면 또 어떨까? 걱정하는 것이 결코 좋은 결과를 내지 못하고 주변 사람을 힘들게 한다는 것을 알고 있음에도 불구하고 계속 걱정만 하고 있다면 또 어떨까? 이런 요소들이 **범불안장애**의 특성이다. 다음의 아이린의 예를 살펴보자.

아이린 • 걱정에 지배당하는

20세 대학생인 아이린은 과도한 불안과 자신의 삶을 통제하기 어렵다는 것을 주호소문제로 상담센터에 찾아왔다. 모든 것이 아이린에게는 재앙이었다. 그녀의 평량평균은 3.7이었지만 매 시험마다 낙제를 할 것이라고 확신하였다.

아이린은 첫 번째 대학에 입학했을 때 너무 걱정이 많아서 1개월만을 다니고는 그만두었다. 그녀는 얼마 동안 우울해했고, 그러고는 지역의 전문대학에서 몇 과목을 수강하기로 결심하였으며, 그곳에서

범불안장애(generalized anxiety disorder, GAD) 과도하고 통제 불가능하며 목적이 불분명하고 만성적이고 지속적인 걱정을 특징으로 하는 불안장애로, 그 걱정은 고통스럽고 비생산적이며 긴장이나 과민함, 안절부절못함과 같은 신체적인 증상을 동반함.

는 예전에 비해서 더 잘 할 것이라고 생각했다. 그 전문대학에서 2년 간 모든 과목에서 A를 받은 후 다시 한 번 4년제 대학교에 3학년으로 편입하였다. 얼마 지나지 않아 극도의 불안 상태에서 클리닉을 찾기 시작하였으며, 자신이 이러저러한 과목을 도저히 어떻게 할 수가 없어서 포기를 해야겠다고 이야기하였다. 어려웠지만 치료자와 그녀의 부모는 강의를 계속 듣고 다른 도움이 될 만한 것을 찾아보자고 설득을 하였다. 아이린은 수업을 들었고 학점은 A에서 B⁻ 중간쯤이었지만 그녀는 매 시험과 과제마다 여전히 걱정하였다.

아이린은 친구들과의 관계에 대해서도 역시 걱정하였다. 새 남자친구를 만날 때마다 자신이 바보 같아 보일 것 같고, 그가 좋아하지 않을 것 같다고 걱정하였다. 데이트는 잘되었다고 이야기는 하였지만, 다음번은 아마 정말 나쁠 것이라고 이야기하였다.

아이린은 자신의 건강에 대해서도 걱정하였다. 그녀에게는 미약한 고혈압이 있었는데 아마도 이는 그녀가 약간 과체중이었기 때문인 것 같았다. 그래서 그녀는 마치 한 끼라도 잘못 먹으면 죽기라고 하는 것처럼 조심스레 식사를 관리하였다. 그녀는 혈압이 너무 높을까 봐 겁이 나서 혈압을 확인하지 않았으며, 체중이 줄지 않았을까봐 걱정돼서 체중을 재는 것도 하지 않으려 하였다. 먹는 걸 엄격하게 제한하였으나 그 결과 간헐적인 폭식을 하였다.

아이린은 가끔 공황발작이 있었으나 이것이 그녀에게 중요하지는 않았다. 공황을 경험하자마자 그녀는 다음에 있을 끔찍한 일에 초점을 맞췄다. 고혈압에 더해 아이린에게는 긴장성 두통이 있었고 신경성 위 질환이 있어서 가스가 많이 차고 종종 설사를 하였으며, 복부에 통증이 있었다. 아이린의 일상은 항상 바로 눈앞에 재앙이 닥친 것과 같았다. 그녀의 어머니는 항상 최악의 고비 상태인 딸을 보아야 하기 때문에 아이린의 전화를 받는 것이 두렵다고 하였으며, 같은 이유로 그녀에게는 친구가 거의 없었다.

임상적 기술

아이린은 범불안장애를 앓고 있다. *DSM-5*의 진단기준에서는 최소 6개월 이상의 과도한 불안과 걱정(우려하는 예측)을 하고, 그 기간 동안 그렇지 않은 날보다 그런 날이 더 많아야 한다고 명시하였다. 그리고 걱정의 과정을 조절하거나 중단하기는 어려워야 한다. 우리 대부분은 일정 시간 동안 걱정을 하지만 문제를 잠시 두고 다른 일을 할 수 있다. 앞으로 닥칠 일이 크더라도 그것이 끝나고 나면 걱정은 사라진다. 아이린은 그것을 그만둘 수 없었다. 현재 문제가 끝나고 나면 그녀는 곧장 다음에 있을지 모르는 위기에 몰입하였다.

일반적인 불안이나 범불안장애와 연관된 신체 증상은 공황발작, 공황장애와 연관된 것과는 다소 다르다. 공황은 아마도 교감신경계

DSM 진단기준 요약 범불안장애

범불안장애의 양상은 다음과 같다.

A. (직장이나 학업과 같은) 수많은 일상적 사건이나 활동에 대해 과도한 불안과 걱정(우려하는 예측)이 최소한 6개월 이상으로 그렇지 않은 날보다 그런 날이 더 많다.

B. 걱정을 조절하기가 어렵다고 느낀다.

C. 불안과 걱정이 다음의 증상 중 최소한 3가지(혹은 그 이상)와 관련이 있다(지난 6개월 동안 적어도 일부 증상은 있는 날이 없는 날보다 더 많다). (주의점: 아동의 경우 한 가지 증상만 만족해도 된다)
  (1) 안절부절못하거나 낭떠러지 끝에 서 있는 느낌
  (2) 쉽게 피곤해짐
  (3) 집중하기 힘들거나 머릿속이 하얗게 되는 것
  (4) 과민성
  (5) 근육 긴장
  (6) 수면 교란

D. 불안, 걱정이나 신체 증상이 사회적, 직업적 또는 다른 중요한 기능 영역에서 임상적으로 현저한 고통이나 손상을 초래한다.

E. 장애가 물질(예, 남용약물, 치료약물)의 생리적 효과나 다른 의학적 상태로 의한 것이 아니며 다른 정신장애로 더 잘 설명되지 않는다.

출처: American Psychiatric Association. (2013). *Diagnostic and statistical manual of mental disorders* (5ᵗʰ ed.). Washington, DC.

의 급등으로 인한 자율신경계의 각성(예를 들어 심박률의 증가, 심계항진, 발한과 떨림)과 연관된 반면에, 범불안장애는 근긴장, 정신적 초조(Brown, Marten, & Barlow, 1995), 피로에 대한 민감성(아마도 만성적인 과도한 근긴장으로 인한 결과), 과민성과 수면의 어려움 등을 특징으로 한다(Campbell-Sills & Brown, 2010). 마음이 빠르게 위험에 따라 변화하면서 주의집중을 유지하는 것은 어렵다. 범불안장애를 가지고 있는 사람은 대부분 사소한 것, 일상생활의 사건에 대해 걱정을 한다는 점에서 다른 불안장애와 구별된다. "사소한 것에 대해서 과도하게 걱정하는가?"라는 질문을 던진다면 범불안장애를 가진 사람들 100%가 "예"라고 응답하며, 반면에 불안장애의 다른 범주에 해당되는 사람의 약 50% 정도만 그렇다고 응답한다(Barlow, 2002). 이런 차이는 통계적으로 유의하다. 주요한 사건들은 불안과 걱정의 초점이 되기도 한다. 성인은 일반적으로 자신의 자녀, 가족의 건강, 직업적 책임감과 함께 집안일이나 약속에 늦지 않는 것과 같이 사소한 것들에서 발생할지 모르는 불행에 초점을 맞춘다. 범불안장애를 가진 아동은 학업, 운동, 사회적 수행의 효능감이나 가족문제에 대해

종종 걱정한다(Albano & Hack, 2004; Furr, Tiwari, Suveg, & Kendall, 2009; Weems, Silverman, & La Greca, 2000). 노인은 당연하게도 건강에 대해서 더 초점을 맞추는 경향이 있다(Ayers, Thorp, & Wetherell, 2009; Beck & Averill, 2004; Person & Borkovec, 1995). 또한 이들은 수면의 문제를 가지며 이는 걱정을 더 악화시키는 경향이 있다(Beck & Stanley, 1997).

통계

걱정과 신체적 긴장이 흔하지만, 아이린이 경험하는 것과 같은 심각한 일반화된 불안은 흔치 않다. 전체 인구의 3.1% 정도가 1년 동안(Kessler, Chiu, Demler, & Walters, 2005), 그리고 평생 동안 어느 시점이라면 5.7%의 사람이 범불안장애의 진단기준에 해당되며(Kessler, Berglund, Demler, Jin, & Walters, 2005), 이는 불안장애 중 가장 흔한 장애 중 하나이다. 이런 비율은 전 세계적으로, 예를 들면 남아프리카에서도 유사하다(Bhagwanjee, Parekh, Paruk, Petersen, & Subedar, 1998). 그러나 공황장애를 가진 환자들과 비교해 볼 때 상대적으로 범불안장애를 가진 사람들 중 적은 비율만이 치료를 받는다. 불안장애 클리닉의 보고에 따르면 환자 중 10% 정도만이 범불안장애에 해당되며, 30~50% 정도가 공황장애이다. 이는 대부분의 범불안장애 환자들은 손쉽게 찾아갈 수 있는 1차 진료의사를 찾아가기 때문인 것으로 보인다(Roy-Byrne & Katon, 2000).

임상 표본(Woodman, Noyes, Black, Schlosser, & Yagla, 1999; Yonkers, Warshaw, Massion, & Keller, 1996)과 역학 연구(모집단을 대상으로 한 조사에서 범불안장애를 가진 사람들을 확인하는 것) 모두에서 범불안장애를 가진 사람의 2/3는 여성이었으며, 여기에는 치료를 받을 필요가 없는 사람이 포함된다(Blazer, George, & Hughes, 1991; Cater, Wittchen, Pfister, & Kessler, 2001; Wittchen, Zhao, Kessler, & Eaton, 1994). 하지만 이런 비율의 성차는 선진국에 특정적인 것 같다. 여기서 언급한 남아프리카 연구에서는 범불안장애가 남성에게서 더욱 흔하였다.

범불안장애를 가진 사람 중 일부는 일반적으로 생애 스트레스 사건에 대한 반응으로 초기 성인기에 발병하였다고 보고한다. 그럼에도 불구하고 대부분의 연구에서 범불안장애는 다른 대부분의 불안장애보다는 조금 더 이른 시기에 발병하고 점진적인 발병이 일반적인 것 같다(Barlow, 2002; Beesdo, Pine, Lieb, & Wittchen, 2010; Brown, Barlow, & Liebowitz, 1994; Sanderson & Barlow, 1990). 면담에 근거한 발병 나이의 중앙값은 31세이지만(Kessler, Berglund et al., 2005), 아이린처럼 많은 사람들은 전 생애 동안 불안과 긴장을 보인다. 한번 발병하면 범불안장애는 그 증상이 좋아졌다 나빠졌다 하는

만성적인 경과를 따른다.

범불안장애는 노인들에게 만연되어 있다. 미국 전역을 대상으로 한 대규모 연구들에 따르면 범불안장애는 45세 이상의 사람들에게 가장 흔하게 발견되며 15~24세의 젊은 사람들에게 가장 덜 흔한 것으로 보고되었다(Wittchen et al., 1994; Byers, Yaffe, Convinsky, Friedman, & Bruce, 2010). 노인의 범불안장애 유병률은 10%에 달하는 것으로 보고되고 있다. 한 연구에서 노인을 대상으로 한 신경안정제의 사용이 17%~50%에 이르는 것으로 보고되고 있기도 하다(Salzman, 1991). 노인을 대상으로 약이 많이 처방된 이유는 명확하지는 않다. 하나의 가능성은 이 약물이 전적으로 불안 때문에 처방된 것은 아닐 것이라는 점이다. 처방된 약물은 주로는 수면 문제나 혹은 의학적 질환의 이차적 효과 때문일 것이다. 어떤 경우이건 벤조디아제핀(benzodiazepines, 신경안정제)은 인지 기능을 방해하고 노인의 낙상과 골절, 특히 고관절 골절의 위험을 증가시킨다. 노인기 불안에 대한 조사를 어렵게 하는 주요한 이유는 좋은 평가 도구와 치료에 대한 연구의 부재와 관련이 있으며, 이는 연구에 대한 관심의 부재 때문이다(Ayers et al., 2009; Beck & Stanley, 1997; Campbell-Sills & Brown, 2010).

고전적인 연구에서 Rodin과 Langer(1977)는 노인은 그들의 삶에서 가지고 있었던 통제감이 줄어들면서 건강의 저하나 다른 삶의 상황에 대한 불안에 특별히 취약한 것 같다고 보고하였다. 이와 같은 통제감의 부족, 건강의 저하, 의미 있는 기능에 대한 점진적인 손실은 서구 문화권에서 노인을 대하는 방식과 관련된다(Wetherell et al., 2004). 만약 태도와 행동을 바꿀 수 있다면 노인들의 불안, 우울과 조기 사망을 줄일 수 있을 것이다.

원인

범불안장애의 원인은 무엇일까? 최근에 이에 대해서 많은 것을 알게 되었다. 대부분의 불안장애와 마찬가지로 일반적인 생물학적 취약성이 있다. Kendler와 동료들(1995; Hetteman, Prescott, Myers, Neale, & Kendler, 2005)이 밝힌 바에 따르면 유전된 것이 범불안장애 그 자체보다는 불안에 대한 취약성이기는 하지만 범불안장애의 원인이 되는 유전적 소인들에 대해 연구되어 왔다.

여러 해 동안 임상가들은 일반적으로 불안한 사람은 그들의 불안이 어떤 특정한 것에 초점이 맞춰지는 것은 아니라고 생각했다. 그래서 이런 불안은 부유 불안(free floating)이라고 묘사되었다. 하지만 이제는 과학자들이 이에 대해 좀 더 살펴보았고 다른 불안장애와 다른 흥미로운 구별점을 발견하였다.

첫 차이점은 범불안장애를 가진 사람들의 생리적 반응이었다. 범

불안장애를 가진 사람은 공황증상이 현저한 다른 불안장애를 가진 사람에 비해 스트레스 사건에 대한 반응이 강하지는 않다. 범불안장애를 가진 사람은 심박률, 혈압, 피부전도, 호흡률 등과 같은 대부분의 생리적 측정에서 다른 불안장애를 가진 사람들에 비해 반응을 덜 보인다는 점이 여러 연구들에서 밝혀졌다(Borkovec & Hu, 1990; Roemer & Orsillo, 2014). 그래서 범불안장애를 가진 사람들은 자율신경계 제한자(autonomic restrictor)라고도 불린다(Barlow et al., 1996; Thayer, Friedman, & Borkovec, 1996).

범불안장애를 가진 사람을 불안해하지 않는 정상적인 사람과 비교할 때 일관되게 구별해 내는 하나의 생리적 측정은 근긴장이며, 범불안장애를 가진 사람은 만성적으로 긴장되어 있다(Adrews et al., 2010; Marten et al., 1993). 만성적인 근긴장이라는 현상을 이해하기 위해서는 범불안장애를 가진 사람들 마음속에 어떤 현상이 일어나고 있는지를 이해해야 할 것이다. 인지과학의 새로운 방법을 이용하여 범불안장애에서 진행되는 무의식적인 정신 과정을 밝혀내기 시작하였다(McNally, 1996).

범불안장애를 가진 사람은 일반적인 위협, 특히 개인적으로 관련된 것에 대한 위협에 대해서 높은 민감도를 가지고 있다고 보고된다. 즉 그들은 불안하지 않은 사람들에 비해 위협에 대해서 좀 더 주의를 두는 경향이 있었다(Roemer & Orsillo, 2014; Bradley, Mogg, White, Groom, & de Bono, 1999). 이런 높은 민감성은 세상은 위험하고 통제할 수 없으며 대처할 수 없을 것(일반적인 심리적 취약성)이라는 것을 학습한 초기 스트레스 경험에서 발생한 것으로 보인다. 게다가 이런 잠재적 위협, 특히 개인적인 것에 대한 위협 인식은 전반적으로 자동적이거나 무의식적인 것인 듯하다.

범불안장애를 가진 사람의 이와 같은 정신적 과정이 어떻게 자율신경계의 제한자라는 것과 연결이 될까? Tom Borkovec과 동료들은 비록 범불안장애를 가진 사람들의 말초 자율신경계의 각성이 제한적이기는 하지만 EEG 활동에서 나타나는 것처럼 전두엽, 특히 좌반구에서 집중적인 인지적 과정이 나타난다는 것을 밝혀냈다. 이는 어떤 심상(이것은 좌반구보다는 우반구의 활동에 반영된다)을 동반하지 않은 격렬한 사고 과정이나 걱정이 있음을 시사한다(Borkovec, Alcaine, & Behar, 2004). 이런 종류의 걱정으로 인해 범불안장애 환자들이 자율신경계의 제한자가 된다고 Borkovec은 제안하고 있다(Borkovec, Shadick, & Hopkins, 1991; Roemer & Orsillo, 2014). 즉 그들은 앞으로 닥칠 문제에 대해서 과도하게 생각하여서 결과적으로 부정적 정서와 자율신경계의 활동을 만드는 잠재적 위협에 대한 심상을 생성할 만큼 충분한 주의 용량을 갖지 못하는 것이다. 다시 말해서 위협과 연관된 심상을 회피하는 것이다(Borkovec et al., 2004;

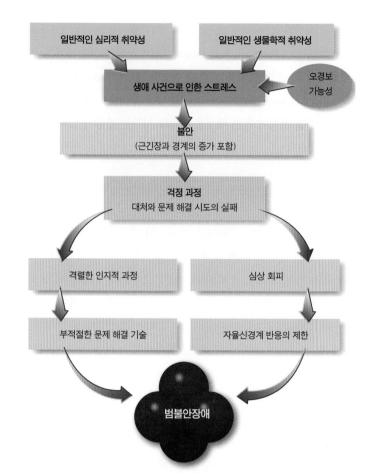

● 그림 4.3 **범불안장애의 통합 모형**

Fisher & Wells, 2009). 그러나 치료의 관점에서 보면 불안과 관련된 부정적 감정과 심상의 과정을 거치는 것이 중요하다(Craske & Barlow, 2006; Zinbarg, Craske, & Barlow, 2006). 범불안장애를 갖고 있는 사람들은 이런 과정에 참여하지 않는 것으로 보이기 때문에 부정적 감정, 심상과 연관된 불쾌와 고통의 상당 부분을 회피한다. 그래서 이를 감내하고 최종적인 해결에 도달할 수는 없는 것이다. 그러므로 그들은 자율신경계의 유연성은 낮고 심각한 근긴장을 동반한 만성적으로 걱정이 많은 사람이 되는 것이다. 요약하자면 높은 긴장 경향성(일반적인 생물학적 취약성)을 타고난 사람이 있는데, 그들은 자신의 삶에서 중요한 사건은 통제할 수 없고 잠재적으로 위험하다는 감각(일반적인 심리적 취약성)을 어린 시절에 발달하게 된다. 어떤 의미 있는 스트레스로 인해 그들은 불안하고 경계심이 높아진다. 이것이 심각한 걱정과 그것에 따른 결과로 생리적 변화를 유발하며 범불안장애를 일으킨다(Roemer et al., 2002; Turovsky & Barlow, 1996). 이를 지지하는 자료가 많기는 하지만 만약 현재 모형이 맞는지의 여부는 시간이 알려줄 것이다(Borkovec et al., 2004; Mineka & Zinbarg, 2006). 어떤 경우이건 불안을 실제 현재의 위험에 대한 응급과 경계의 반응이라기보다는 잠재적 위험이나 위협에 초점을 맞춘 미래지향적인 기분 상태로 보는 시각은 일관된다. 범불안장애의 발달에 대한 모형은 그림 4.3에 제시되어 있다.

치료

범불안장애에 대해서 상당히 효과적인 약물과 심리치료가 있다. 벤조디아제핀이 일반적인 불안에 대해서 가장 자주 처방되는 약물이며 단기간 동안 안도감을 주는 것으로 알려져 있다. 8주 이상의 기간 동안 이 약물의 효과에 대해서 살펴본 연구는 거의 없다(Mathew & Hoffman, 2009). 하지만 치료적 효과는 상대적으로 보통 정도이다. 게다가 벤조디아제핀에는 위험성이 있다. 첫째, 이 약물은 인지, 운동 기능에 손상을 주는 것 같다(예, Hindmarch, 1990; van Laar, Volkerts, & Verbaten, 2001). 이 약물은 운전 능력을 손상시키며, 노인의 경우 낙상과 연관되는 것 같다(Ray, Gurwitz, Decker, & Kennedy, 1992; Wang, Bohn, Glynn, Mogun, & Avorn, 2001). 더욱 중요한 것은 벤조디아제핀은 심리적, 생리적 의존을 만들어내서 끊기가 어렵다(Mathew & Hoffman, 2009; Noyes, Garvey, Cook, & Suelzer, 1991; Rickels, Schweizer, Case, & Greenblatt, 1990). 그래서 벤조디아제핀은 가족문제와 같은 일시적 위기나 스트레스 사건과 관련된 불안을 안정시키기 위해서 단기적으로 사용하는 것이 적합하다(Craske & Barlow, 2006). 이런 환경하에서 의사는 1주나 2주를 넘지 않는 정도로 위기가 해결되는 한에서만 벤조디아제핀을 처방한다. 파록세틴(paroxetine, Paxil)(Rickels, Rynn, Ivengar, & Duff, 2006)이나 벤라팍신(venlafaxine, Effexor)(Schatzberg, 2000)과 같은 항우울제 역시도 범불안장애 치료에 효과적이라는 보고가 있다. 이 약물들을 선택하는 것이 더 나을 수 있다는 것이 확인되기도 하였다(Brawman-Mintzer, 2001; Mathew & Hofmann, 2009).

범불안장애 치료에 있어서 단기적으로 심리치료는 약물과 동일한 효과를 보이는 것 같지만, 장기적으로는 심리치료가 더욱 효과적이다(Barlow, Allen, & Basden, 2007; Roemer & Orsillo, 2014). 최근에는 단기 심리치료에 대해 보고되고 있다. 범불안장애를 가진 사람들이 위협 심상과 관련된 불안의 감정과 부정 정서를 회피하기 때문에, 임상가들은 심상과 생각을 활용하여 정서 수준에서 위협 정보를 정면에서 처리하고(감정을 회피하기보다는) 불안을 느낄 수 있도록 범불안장애 환자들을 도와주는 치료들을 개발하여 왔다. 1990년대 초반에 저자들은 범불안장애 환자들을 위한 인지행동치료를 개발하였고, 여기에서는 치료 회기 동안에 걱정 과정을 불러일으키고 불안이 야기되는 심상과 생각에 직면하도록 하였다. 환자는 인지치료 및 다른 대처 기술을 활용하여 걱정 과정에 대응하고 조절하는 방법을 배웠다(Craske & Barlow, 2006; Wetherell, Gatz, & Craske, 2003). 다른 연구에서는 이 치료의 단축형 역시 범불안장애 환자들이 흔히 방문하는 1차 진료기관(가정의학과 의사와 간호사)에서 성공적으로 불안을 줄이고 삶의 질을 향상시켰음을 확인하였다(Rollman et al., 2005). 이와 같은 단기 심리치료는 범불안장애와 관련된 무의식적인 인지적 편향을 바꾼다는 연구 결과도 보고되었다(Mathews, Mogg, Kentish, & Eysenck, 1995; Mogg, Bradley, Millar, & White, 1995).

이런 성공에도 불구하고 만성적이고 치료가 잘 되지 않는 경우를 위한 더 강력한 약물과 심리 치료가 필요하다는 것은 명백하다. 최근에 범불안장애를 대상으로 하는 새로운 심리치료가 개발되었으며, 이는 고통스런 생각과 감정을 회피하는 대신에 인지치료에 더해서 수용에 초점을 맞추는 것을 병합하는 것이다. 명상적 접근은 환자들이 이러한 감정에 대해서 좀 더 견딜 수 있게 하는 법을 가르쳐주는 데 도움이 된다(Orsillo & Roemer, 2011; Roemer & Orsillo, 2009; Roemer et al., 2002). 예비 연구 결과는 긍정적이었으며(Roemer & Orsillo, 2007), 최근의 임상시험에서는 높은 성공을 보인다고 보고되었다(Hayes-Skelton, Roemer, & Orsillo, 2014).

심리치료가 일반화된 불안으로 어려움을 겪고 있는 아동들에게도 효과적이라고 보고되고 있다(Albano & Hack, 2004; Furr et al., 2009). Kendall과 동료들은 9~13세인 94명의 아동들을 인지행동치료와 대기 통제집단에 무선할당하였다. 아동 대부분은 범불안장애 진단을 받았으나 일부는 사회공포증 혹은 분리불안장애를 갖고 있었다. 교사 보고에 따르면 치료받은 아동의 70%는 치료 후에는 정상적으로 기능하였으며, 이는 최소 1년 이상 지속되었다. 아동을 대상으로 한 다른 대규모 임상시험에서는 항불안제인 설트랄린(sertraline, Zoloft)을 처방받은 아동과 인지행동치료를 받은 아동은 모두 위약 처방을 받은 아동들과 비교할 때 치료 직후에 동일하게 더 나은 효과를 보였다. 하지만 인지행동치료와 설트랄린을 함께 받은 아동들이 더 나았으며, 이는 위약의 경우 24%의 호전이 있었던 것과 비교할 때 80%의 호전을 보였다(Walkup et al., 2008). 마음챙김 기반 치료(mindfulness-based treatment) 역시 범불안장애를 대상으로 적용되었으며, 청소년을 대상으로 하여 성공적이었음을 확인하였다(Semple & Burke, 2012). 유사하게 노인을 대상으로 한 심리치료에서도 적용되고 있다(Beck & Stanley, 1997; Stanley et al., 2003; Wetherell, Lenze, & Stanley, 2005). 대규모의 임상시험에서 60세 이상인 노인들을 대상으로 하여 이 치료를 적용하였을 때 일반적인 치료에 비해서 더 효과적임이 확인되었다(Stanley et al., 2009).

다양한 약물을 시도해 본 후 아이린은 저자의 클리닉에서 개발한 인지행동치료를 받았으며 그 결과 삶에 대한 대처가 가능해졌다. 그녀는 대학과 대학원을 졸업하였고, 결혼하였으며, 요양소에서 상담자로서 경력을 이어나갔다. 그러나 지금도 아이린은 미약에서 중간 정도의 불안을, 특히 스트레스를 받을 때, 지속적으로 경험한다. 그녀는 심리적 대처 기술을 뒷받침하기 위해 때때로 신경안정제를 복용한다.

개념 확인 4.2

참(T)인가 거짓(F)인가?

1. _____ 범불안장애는 근긴장, 정신적 동요, 과민성, 수면 곤란

2. _____ 범불안장애는 대체로 생애 스트레스에 대한 즉각적인 반응으로 초기 성인기에 발병하는 것으로 대부분의 연구에서 보고되고 있다.

3. _____ 범불안장애는 미국 사회에서 노인과 여성에게 흔하다.

4. _____ 범불안장애에는 유전적 기초는 없다.

5. _____ 범불안장애를 대상으로 하는 인지행동치료와 다른 심리치료는 장기적으로 보았을 때 약물치료에 비해서 더 낫다.

공황장애와 광장공포증

▶ 공황장애와 광장공포증의 핵심적인 요소는 무엇인가?

주변의 친척—예를 들어 좀 특이한 고모할머니—중에 집 밖으로 나가지 않는 분은 없는가? 친척들끼리 모임을 가질 때에는 꼭 그 할머니 댁에서 해야만 한다. 그 할머니는 다른 곳에는 나가지 않는다. 많은 사람들은 그 할머니의 행동이 좀 독특하기 때문이거나 여행을 좋아하지 않기 때문이라고 생각할 수도 있다. 사람들이 방문했을 때에는 따뜻하고 친절하게 맞아줘서 친척들과의 관계는 지속될 수 있다.

그 할머니는 특이하다거나 독특한 것이 아닐 수 있다. 그녀는 아마도 **공황장애**라고 불리는 불안장애를 앓고 있는 것일 수 있다. 공황장애를 가진 사람은 극심한 예기치 않은 공황발작을 경험하고 죽을 것 같은 생각이 들거나 스스로 통제하지 못할 것 같은 느낌을 갖는다. 모든 경우는 아니지만 많은 사례들에서 공황장애는 **광장공포증**이라고 불리는 관련된 장애가 동반되기도 한다. 광장공포증을 가진 사람은 공황 증상이나 방광 조절의 어려움과 같은 다른 신체적인 증상이 나타날 때 안전하지 않다고 느끼거나 집 혹은 병원으로 도피할 수 없다고 느끼는 상황을 두려워하고 회피한다. 사람들은 언제 증상이 나타날지를 모르기 때문에 광장공포증이 발생한다. 심각한 경우에는 광장공포증을 가진 사람은 다음에 볼 M씨의 예처럼 몇 해 동안 집을 떠나지 못한다.

M씨 • 스스로를 가둬둔

M씨는 67세로 도시의 중하위계층이 사는 아파트의 2층에 거주 중이다. 그녀의 딸은 그녀가 세상에서 만나는 몇 안 되는 사람으로, 그 딸이 M씨의 평가를 요청하였다. 나는 초인종을 누르고 복도 안으로 들어갔으나 M씨는 어디에도 보이지 않았다. 그녀가 2층에 살고 있다는 것을 알고 있어서 난 2층으로 올라갔고 문에 노크를 했다. M씨가 들어오라는 이야기를 했고 난 집 안으로 들어갔다. 그녀는 거실에 앉아 있었고 난 빠르게 집안을 둘러보았다. 거실이 정면에 있었고 부엌은 뒤편에 있었으며 그쪽에 베란다가 보였다. 계단 우측으로 침실이 있었으며 문이 열려 있는 화장실이 그쪽에 있었다.

M씨는 반갑게 나를 맞았고 커피와 집에서 만든 쿠키를 건넸다. 나는 지난 3주 동안 그 집에 방문한 유일한 사람이었다. M씨는 20년간 이 아파트를 떠나지 않았으며 지난 30여 년간 공황장애와 광장공포증을 앓고 있었다.

그녀는 그녀 자신의 이야기를 생생하게 들려주었다. 그녀는 역경에 맞서 싸우고 있었으며 제한된 상황에서 최선을 다하고 있었다. 그녀가 살고 있는 아파트조차도 공황발작과 관련한 잠재적 위험의 신호였다. 복도를 쳐다보는 것이 무서워서 지난 15년 동안 밖의 벨소리에도 응답하지 않았다. 부엌과 스토브, 냉장고가 있는 곳에는 갈 수 있었지만, 지난 10년간 뒷마당이 보이는 곳과 베란다에는 들어가 보지 못했다. 그녀는 지난 10년간 침실, 거실과 부엌의 앞쪽 절반 정도

에 갇혀 살아왔다. 딸이 매주 한 번씩 먹을 것들을 사오는 것에 의존해왔다. 그녀를 방문하는 사람은 2~3주에 한 번씩 방문하는 사제뿐이었다. 외부 세계와의 접촉은 오직 텔레비전과 라디오를 통해서였다. 그녀의 남편은 알코올 남용자였고 M씨를 학대하였으며, 10년 전 알코올남용으로 인해 사망하였다. 그녀는 결혼생활 초기에 심한 스트레스로 인해 공황발작을 경험하였으며 점차 세상으로부터 멀어져 갔다. 아파트에 머무르는 동안 그녀는 상대적으로 공황으로부터 자유로웠다. 그래서 그녀가 생각하기에 위험을 무릅써야 할 이유가 없기 때문에 그녀는 치료를 거부하였다.

임상적 기술

*DSM-IV*에서 공황장애와 광장공포증은 광장공포증을 동반한 공황장애라고 불리는 하나의 장애로 통합되어 있었다. 그러나 많은 사람들이 광장공포증 없이 공황장애를 보이며, 일부의 사람들은 공황장애 없이 광장공포증을 갖고 있다는 것을 연구자들은 발견하였다 (Wittchen, Closter, Beesdo-Baum, Fava, & Craske, 2010). 그러나 대부분의 경우 이 둘은 함께 나타나며, 그래서 여기에서는 함께 논의토록 한다.

4장의 앞 부분에서 우리는 불안과 공황의 현상에 대해서 이야기한 바 있다. 공황장애에서 불안과 공황은 M씨의 경우처럼 파괴적일 수 있는 복잡한 관계로 얽혀 있다. 공황발작을 가진 많은 사람들이 공황장애를 갖게 되는 것은 아니다. 공황장애의 진단기준에 부합하기 위해서는 예상치 못했던 공황발작을 경험해야 하며, 또 다른 발작 가능성 혹은 발작으로 인한 결과에 대한 불안이 있어야만 한다. 다시 말해서 발작이 죽음 혹은 무력에 대한 임박의 증거라고 생각하여야 한다. 일부 사람들은 또 다른 발작에 대해 걱정을 하지는 않지만 발작이 야기하는 고통을 겪고 그로 인해 행동을 바꾸려한다. 그들은 어떤 특정한 장소를 피하려 한다거나 발작이 일어날지도 모르는 두려움 때문에 책임을 무시하기도 한다.

광장공포증(agoraphobia)이라는 용어는 독일 의사인 Karl Westphal이 1871년에 만든 용어로 원래는 그리스어의 장터에 대한 공포를 의미한다. 그리스의 장터인 *agora*가 바쁘고 북적거리는 곳이었기에 적절한 단어라 할 수 있다. 오늘날 광장공포증을 가진 사람에게 가장 스트레스를 느끼는 장소는 쇼핑몰로 오늘날의 *agora*이다.

광장공포증에서 가장 회피하고자 하는 행동은 심각하고 예기치 않은 공황발작의 발생이다(Barlow, 2002; Craske & Barlow, 1998; Craske & Barlow, 2014). 만약 당신이 기대하지 않았던 공황발작을 경험했고 또 다른 발작이 염려된다면, 안전한 장소에 있거나 혹은 최

표 4.1 광장공포증을 가진 사람들이 흔히 회피하는 상황

쇼핑몰	집에서 멀리 떨어진 곳
차(운전자 또는 승객)	집에 혼자 남겨진 것
버스	줄을 서서 기다리는 것
기차	슈퍼마켓
지하철	상점
넓은 도로	군중 속
터널	비행기
식당	엘리베이터
극장	에스컬레이터

출처: Barlow, D. H., & Crske, M. G. (2007). *Mastery of your anxiety and panic* (4th ed., p. 5). New York: Oxford University Press에서 발췌.

소한 또 다른 발작이 일어났을 때 빠르게 병원으로 데려다 주거나 최소한 침대에 누울 수 있도록(집이 일반적으로 안전한 장소이다) 도와줄 수 있는 사람과 함께 있고 싶을 것이다. 만약 광장공포증을 갖고 있는 사람이 그 장소나 사람이 안전하다고 생각하면 실제 나쁜 일이 일어났을 때 주변의 사람이 효과적인 행위를 해 줄 수 없다고 하더라도 불안은 감소될 수 있다. 이런 이유 때문에 집 밖으로 나가려 할 때 광장공포증을 갖고 있는 사람은 항상 신속한 도피 계획을 세운다(예를 들어 문가에 앉는다). 광장공포증을 가진 사람들이 일반적으로 회피하는 일반적인 상황의 목록이 표 4.1에 제시되었다.

광장공포증적 행동이 워낙에는 공황의 발생과 밀접하게 연결되어 있기는 하지만, 점차로 공황발작과는 독립적이 될 수 있다(Craske & Barlow, 1988; White & Barlow, 2002). 즉 몇 해 동안 공황발작을 경험하지 않은 사람들도 M씨의 예처럼 강한 광장공포증적인 회피를 보일 수 있다. 광장공포증적 회피는 발작이 실제로 얼마나 자주 또는 심각하게 일어났나보다는 다른 발작이 일어날 것으로 얼마나 생각하거나 기대하느냐에 따라 결정되는 것 같다. 그러므로 광장공포증적 회피는 예기치 않은 공황발작에 대한 대처의 한 방법이라고 할 수 있다.

공황발작에 대해 대처하는 또 다른 방법은 약물이나 알코올을 사

공황장애(panic disorder, PD) 미래에 발작이 일어날 것에 대한 두려움이 동반된 반복적인 예상하지 못한 공황발작.

광장공포증(agoraphobia) 공황 같은 증상이나 다른 불쾌한 신체적인 증상의 상황에서 도피하는 것이 어려울 것 같은 장소 혹은 상황에 있는 것에 대한 불안.

용하는 것이다(점차로 남용하게 된다). 어떤 사람들은 광장공포증의 상황을 회피하지 않고 극도의 공포 속에서 이것을 참는다. 예를 들어 매일 출근을 해야 하는 사람이거나 일의 일부로 여행을 다녀야 하는 사람은 목표를 성취하기 위하여 불안과 공황의 고통을 견뎌야 한다. 그래서 *DSM-5*에서 광장공포증은 상황을 회피하거나 혹은 극도의 공포와 불안 속에서 견디는 것을 그 특성으로 한다. 앞서 언급한 바와 같이 역학 조사에서 일부의 사람들은 공황발작이나 혹은 공포의 상황을 경험하지 않은 경우도 있다. 임상에서는 이런 사례를 보기가 상대적으로 어렵지만 일반 인구 중에서는 사실 광장공포증을 가진 사람들 중 약 50% 정도는 이에 해당한다(Wittchen et al., 2010). 이런 사람들은 다른 예상치 못했던 고통스런 경험, 예를 들어 어지럼증이나 화장실까지 가는 것을 참을 수 없을 것 같은 방광이나 배변 조절의 문제, (특별히 노인의 경우) 낙상의 두려움 등과 같은 경험을 하고, 이들 경험은 안전한 장소나 도움을 줄 수 있는 사람이 부재하다면 당황스럽게 하거나 위험한 것들이다.

공황장애와 광장공포증적 회피를 가진 대부분의 환자는 내부감각 회피(interoceptive avoidance) 혹은 내부신체감각의 회피라고 부르는 양상을 보인다(Craske & Barlow, 2014; Shear et al., 1997). 이런 행동들은 공황발작의 초기와 일부 유사한 생리적인 각성을 일으킬 수 있는 상황이나 활동을 회피하는 것을 포함한다. 일부 환자들은 운동이 심혈관계 활동이나 가쁜 호흡을 일으키고 이런 현상이 공황발작을 상기시키며 그때의 상황과 유사하다는 이유로 운동을 삼가기도 한다. 또 다른 환자들은 땀을 흘리게 하는 사우나나 공간을 회피하기도 한다. 정신병리학자들은 이와 같은 회피 행동이 전통적인 광장공포증적 회피만큼이나 중요하다는 것을 인식하기 시작하였다.

다. 이런 아동들은 죽음이나 통제력 상실에 대한 공포를 보고하지는 않는데, 이는 아마도 그들이 이런 귀인을 할 수 있을 정도로 충분한 인지적 발달의 단계에 이르지 못하였기 때문으로 여겨진다(Nelles & Barlow, 1988).

노인을 대상으로 한 불안에 대한 연구를 보면 건강과 활력이 노인 집단에게서 주요한 불안의 초점이었다(Mohlman et al., 2012; Wolitzky-Taylor, Castriotta, Lenze, Stanley, & Craske, 2010). 일반적으로 공황장애의 유병률 혹은 공황장애와 광장공포증의 공존장애는 노인기에는 감소하여서 30~44세에는 5.7%였던 것이 60세 이후에는 2.0% 이하로 떨어진다(Kessler, Berglund, et al., 2005).

이미 언급한 것처럼 광장공포증으로 어려움을 겪는 사람의 75% 이상은 여성이다(Barlow, 2002; Myers et al., 1984; Thorpe & Burns, 1983). 오랫동안 왜 그런지를 몰랐으나 현재 이에 대한 가장 논리적인 설명은 문화적인 이유라는 것이다(Arrindell et al., 2003a; Wolitzky-Taylor et al., 2010). 여성은 많은 상황에 대해서 공포를 호소하고 회피하는 것이 수용된다. 그러나 남성은 더 강하고 용감하여, 어려움을 참고 견딜 것이라 기대된다. 광장공포증적 회피의 심각도가 높을수록 여성의 비율이 더 많다. 예를 들어 저자들의 클리닉에서 경도의 광장공포증을 가진 공황장애 환자 중 72%가 여성이었다. 그러나 만약 광장공포증이 중등도의 수준이라면 그 비율은 81%에 이른다. 유사하게 만약 광장공포증이 심각한 수준이라면 그 비율은 89%에 달한다.

심각한 예상치 않은 공황장애를 경험한 남성에게는 어떤 일이 일어난 것일까? 남성의 공포 표현에 대해서 문화적으로 용인하지 않는 것이 강해서 대부분의 남성은 단순히 공황을 참는 것일까? 이에 대한 대답은 아닌 것 같다는 것이다. 예상치 않은 공황발작을 경험

통계

공황장애는 상당히 흔하다. 전체 인구 중 약 2.7%가 1년간 공황장애 진단기준에 해당되었고(Kessler, Chiu et al., 2005; Kessler, Chiu, Jin et al., 2006), 4.7%가 전 생애 중 어떤 시점에 이에 해당되었으며, 이 중 2/3는 여성이었다(Eaton, Kessler, Wittchen, & Magee, 1994; Kessler, Berglund, et al., 2005). 다른 일부의 사람들(전 생애 중 어떤 시점에서 1.4%)은 완전한 공황발작 경험 없이 광장공포증이 발병하였다.

공황장애의 발병은 일반적으로 초기 성인기, 10대 중반에서 40대 사이에 발생하였다. 발병의 중앙값은 20~24세 사이였다(Kessler, Berglund, et al., 2005). 처음 예상치 않았던 공황발작은 대부분 사춘기 동안이나 사춘기 후에 나타났다. 일반의에게 진료를 받은 많은 사춘기 전의 아동들은 공황발작과 같은 과호흡 증상을 보이기도 하였

DSM **5** **DSM 진단기준 요약 공황장애**

공황장애의 양상은 다음과 같다.

A. 반복되는 예상하지 못한 공황발작이 있다.

B. 적어도 1회 이상의 발작 이후에 1개월 이상 다음 중 하나 혹은 둘이 해당된다. (a) 추가적인 발작이나 그 결과에 대한 지속적인 걱정 혹은 (b) 발작과 관련된 행동에서 현저하게 부적응적인 변화.

C. 장애가 약물(예, 남용약물, 치료약물)의 생리적 효과에 의하거나 다른 의학적 상태에 의한 것이 아니며 다른 의학적 상태로 더 잘 설명되지 않는다.

출처: American Psychiatric Association. (2013). *Diagnostic and statistical manual of mental disorders* (5th ed.). Washington, DC.

한 남성들 중 많은 사람들은 문화적으로 수용되는 방식으로 대처하였다. 그들은 많은 양의 알코올을 소비하였다. 문제는 그들이 알코올에 의존하게 되었고 많은 수가 심각한 중독의 문제로 빠져들기 시작한다는 것이다. 그래서 남성은 더욱 심각한 문제에 직면하게 되었다. 이런 남성들은 알코올남용에 의해 손상을 입게 되어, 임상가들은 그들이 공황장애와 광장공포증을 가지고 있다는 것을 인식하지 못하기도 한다. 그래서 그런 중독의 문제가 성공적으로 해결된다고 하더라도 불안장애에 대한 치료가 필요하다(Chambless, Cherney, Caputo, & Rheinstien, 1987; Cox, Swinson, Schulman, Kush, & Reikman, 1993; Kushner, Abrams, & Borchardt, 2000; Kushner, Sher, & Beitman, 1990).

문화적 영향

공황장애의 표현이 지역마다 다를지라도 그 장애는 전 세계적으로 존재한다. 공황장애의 유병률은 미국, 캐나다, 푸에르토리코, 뉴질랜드, 이탈리아, 한국과 대만이 상당히 유사하며, 대만이 다소 낮은 유병률을 보인다(Horwath & Weissman, 1997). 이란 대학생의 공황발작 증상의 발생률과 양상도 서구 대학생들과 유사하였다(Nazemi et al., 2003). 미국 내에서 발생률은 흑인을 포함한 다양한 인종 간에도 유사하였다. 공황장애를 갖고 있는 흑인과 백인의 증상에서도 유의한 차이는 없었다(Friedman, Paradis, & Hatch, 1994). 그러나 흑인 환자들은 공황장애가 종종 고혈압과 함께 나타나는 경향이 있었다(Neal, Nagle-Rich, & Smucker, 1994; Neal-Barnett & Smith, 1997).

불안의 신체 증상은 제3세계에서 강조되는 것 같다. 두려움과 불안에 대한 주관적 느낌이 일부 문화에서는 나타나지 않는 것 같다. 즉 이런 문화권에서 사람들은 이런 기분이 나타난다고 보고하지 않으며 신체적인 감각에 좀 더 초점을 맞춘다(Asmal & Stein, 2009; Lewis-Fernández et al., 2010). 불안과 관련된 문화적으로 정의된 증후군은 히스패닉계 미국인, 특히 카리브해 지역 출신들에게서 두드러지는데 이를 *ataques de nervios*라고 부른다(Hinton, Chong, Pollack, Barlow, & McNally, 2008; Hinton, Lewis-Fernández, & Pollack, 2009). *ataque*의 증상에서는 통제할 수 없는 것처럼 소리를 지르고 눈물을 흘리는 것이 공황발작보다 더 자주 나타나기는 하지만, 대체로 *ataque* 증상은 공황발작의 증상과 유사한 것 같다.

그리고 정신과 의사이자 인류학자인 Devon Hinton과 동료들은 미국에 있는 캄보디아와 베트남 난민들에게서 나타나는 공황장애의 증상들을 기술하였다. 이 두 집단에게서 모두 공황장애의 높은 비율을 보였다. 하지만 그 공황발작의 상당수는 기립성 현기증(급하게 일어설 때 나는 현기증)과 목 부위의 따끔거림과 관련이 있었다. 이 연구자들이 발견한 것은 *kyol goeu* 혹은 가스 과부하라는 캄보디아의 개

넘(신체 내에 가스가 많아서 혈관이 터질 것 같다는 느낌)이 공황발작 중에 파국적인 생각의 초점이 된다는 것이었다(Hinton, Pollack, Pich, Fama, & Barlow, 2005; Hinton, Hofmann, Pitman, Pollack, & Barlow, 2008).

야간 공황발작

앞서 공황발작에 대해서 이야기했던 그레첸의 사례로 돌아가 보자. 그녀의 경우 정상적인 수면 상태 동안 발작을 경험한 것으로 보인다. 공황장애를 가지고 있는 사람들의 약 60% 정도가 야간 공황발작을 경험한다(Craske & Rowe, 1997; Uhde, 1994). 사실 공황발작은 오전 1시 30분에서 3시 30분 사이가 다른 시간에 비해 더 자주 발생한다. 일부 사례의 경우에는 밤에 잠자리에 들기를 두려워한다. 그들에게 어떤 일이 벌어지는 것일까? 악몽을 꾸는 것일까? 연구 결과를 보면 그렇지는 않다. 수면 연구를 통해 야간의 공황발작에 대해 연구해 왔다. 환자들은 뇌파를 확인할 수 있는 도구를 착용하고 잠을 잔다(3장 참고). 델타파 혹은 느린파형 수면 동안에 야간 공황발작이 일어나

며, 이는 잠든 후 몇 시간 후에 깊은 잠의 단계에 일반적으로 나타난다. 공황장애를 가진 사람은 델타 수면에 들어가기 시작했을 때 흔히 공황발작이 시작되고 발작 중에 깨어난다. 그들이 정상적인 수면 상태에서 불안하거나 공황상태에 빠질 명백한 이유가 없기 때문에 대부분 그들은 죽어간다고 생각한다(Craske & Barlow, 1988; Craske & Barlow, 2014).

야간 공황발작의 원인은 무엇일까? 현재까지 알려진 바는 느린파형 수면으로 수면의 상태가 변화할 때 신체적으로 놓아버리는 느낌을 가지고 이것이 공황장애를 가진 사람들을 경악케 하는 것 같다(Craske, Lang, Mystkowski, Zucker, & Bystritsky, 2002). 수면 중 야간 공황장애와 비슷한 다른 변화들이 발생하기도 하며, 일부의 사람들은 이를 야간 공황발작이라고 오해하기도 한다. 이런 사건들이 악몽이라고 여겨지기도 하지만, 악몽이나 다른 꿈과 같은 활동은 일반적으로 수면의 단계 후반부에 나타나는 REM(rapid eye movement)수면 단계에서만 발생한다. 따라서 야간 공황발작이 일어날 때에는 꿈을 꾸고 있는 상태가 아니라는 것은 환자 보고를 통해서 일관되게 밝혀진 결론이다.

이와 관련해서 아동에게서 일어나는 현상인 야경증(sleep terror)에 대해서는 8장에 더 자세히 기술되어 있다(Durand, 2006). 아동은 마치 무언가에 쫓기는 것처럼 소리를 지르고 잠자리에서 일어난다. 그러나 깨지는 않고 아침에 그 사건을 기억하지 못한다. 반면에 야간 공황발작을 경험하는 사람은 분명히 깨어나며 그 사건에 대해서 명확히 기억한다. 야경증은 몽유병과 관련이 있는 수면의 후기 단계(수면 4단계)에 일어나는 경향이 있다.

마지막으로 문화적으로 영향을 받는 국한 수면마비(isolated sleep paralysis)라는 흥미로운 현상이 있다. 국한 수면마비는 수면과 각성의 전환 단계에 발생한다. 잠들거나 혹은 깰 때 모두 발생할 수 있으나 대부분 깰 때 나타난다. 이 기간 동안 움직일 수 없고 공황발작과 같은 공포를 경험한다. 때로는 생생한 환각이 나타나기도 한다. 이에 대한 가능한 설명 하나는 REM수면이 각성 주기로 번지는 현상이라는 것이다. REM수면 상태의 한 특징이 신체 움직임이 줄어든다는 것임을 감안하면 그럴 듯하다. 또한 생생한 꿈은 환각의 경험으로 설명될 수 있다. Paradis, Friedman과 Hatch(1997)는 국한 수면마비의 발생이 다른 집단과 비교할 때 공황장애를 가지고 있는 아프리카계 미국인(59.6%)에게 유의하게 더 많다는 것을 확인하였다(그림 4.4 참고). 최근에 Ramsawh와 동료들(2008)은 이 결과를 재검증하였고 국한 수면마비를 가진 아프리카계 미국인의 경우 이를 가지지 않은 아프리카계 미국인에 비해서 외상 경험이 더 많고 공황장애와 외상후 스트레스장애 진단을 더 많이 보인다는 것을 발견하였다.

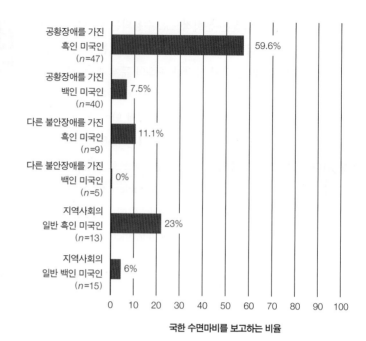

● 그림 4.4 국한 수면마비 비율

[Paradis, C. M., Friedman, S., & Hatch, M. (1997). Isolated sleep paralysis in African-Americans with panic disorder. *Cultural Diversity & Mental Health, 3*, 69-76에서 발췌.]

원인

공황장애에 대한 이해를 위해서 이 책 전반에서 이야기하는 원인의 3요인인 생물학적, 심리적, 사회적 요인에 대한 이해가 반드시 필요하다. 광장공포증은 예기치 않은 공황발작(또는 공황 유사 증상)을 경험한 사람에게 흔하게 발달하지만 광장공포증이 발달할지 그리고 그것이 얼마나 심각할지는 앞서 언급한 바와 같이 사회, 문화적으로 결정된다. 그러나 공황발작과 공황장애는 생물학적, 심리적 요인 그리고 그 상호작용과 밀접하게 관련된 것으로 보인다. 삼원 취약성 모형(Bouton et al., 2001; White & Barlow, 2002)에 따르면 우리 모두는—어떤 사람들은 다른 사람보다 더 많이—스트레스에 대한 취약성을 가지고 태어나며, 이는 일상생활의 사건에 대해 신경생물학적으로 반응하는 경향성과 관련이 있다(일반적인 생물학적 취약성). 그러나 일부 사람들은 스트레스 상황에 직면했을 때 다른 사람들보다 응급 경보 반응(예상하지 못한 공황발작)을 더 보이는 경향을 가지고 있다. (동일한 스트레스에 대해서 두통이나 고혈압 증상을 더 많이 보이는 사람이 있다는 점을 생각해 보라.) 어떤 특정한 상황은 공황발작이 일어나는 동안 개인의 마음 속에서 외적, 내적인 단서와 빠르게 연합된다(Bouton et al., 2001). 다음에 그 사람이 운동을 할 때 심박률이 상승하면 그 사람은 자신에게 공황발작이 왔다고 가정할 수 있다(조건화). 무해한 운동이 공황발작의 내적 단서 혹은 조건화된 자극의 예인 것이다. 처음 공황발작이 발생했을 때 극장에 있었다면 그 상황이라는 외적 단서가 앞으로 나타날 공황발작의 조건화된 자극이 될 수 있다. 이러한 단서들이 학습의 과정을 통해서 각기 다른 다양한 내적, 외적 자극들과 연합되기 때문에 우리는 이것을 학습된 경보(learned alarms)라고 부른다.

그러나 이런 것들보다 다음 단계가 훨씬 더 큰 차이를 만들어낸다. 왜 다른 사람은 그렇지 않은데 일부 사람들은 공황발작이 일어났을 때 끔찍한 사건이 발생할 것이라고 생각하는 것일까? 중요한 선행 연구에서는 불안장애 위험군인 젊은 여성들을 몇 해 동안 전향적으로 관찰하였다. 여러 신체장애의 병력이 있고 자신의 건강에 대해서 염려하는 이런 여성들에게는 사회불안장애와 같은 다른 불안장애보다는 공황장애가 더 많이 발달하는 경향이 있었다(Rudaz, Craske, Becker, Ledermann, & Margraf, 2010). 공황발작을 경험한 다른 사람들과는 달리 이런 여성들은 아동기에 예상치 않은 신체적 감각이 위험하다는 것을 학습한 것으로 보인다. 예상치 않은 신체적 감각이 위험하다는 믿음의 경향성은 공황 및 관련된 장애의 발달에 대한 특정한 심리적 취약성을 반영한다. 공황장애 발달의 인과적 순서는 그림

4.5에 제시하였다.

전체 인구의 약 8%에서 12%는 격렬한 스트레스의 시기에 때때로 예상치 않은 공황발작을 경험한다(Kessler et al., 2006; Mattis & Ollendick, 2002; Norton, Harrison, Hauch, & Rhodes, 1985; Suárez et al., 2008; Telch, Lucas, & Nelson, 1989). 이런 사람들의 대부분에게서 불안이 발달하지는 않는다(Telch et al., 1989). 그들은 그 공황발작을 그 순간의 상태, 예를 들어 친구와 갈등이나 뭔가 먹고 있던 것, 운이 없는 날로 귀인하며 일상에서 지나쳐 간다.

David Clark(1986, 1996)의 영향력 있는 인지 모형에서는 공황장애에서 나타나는 인지적 과정을 조금 더 상세히 기술하였다. Clark은 정상적인 신체적 감각을 파국적인 방식으로 해석하는 것을 이 장애를 가진 사람들의 특정한 심리적 취약성이라고 강조하였다. 다시 말해서 우리 모두는 대부분 운동 직후에 빠른 심장 박동을 경험하지만, 심리학적, 인지적 취약성을 가진 사람들은 그 반응을 위험하다고 해석하고 불안에 빠져들게 된다는 것이다. 그 불안은 교감신경계의 반응 때문에 다시 더 심한 신체적 감각을 만들게 되며, 이로 인해 상태가 더 위험해졌다고 지각하고, 악순환이 시작되어 공황발작에 이

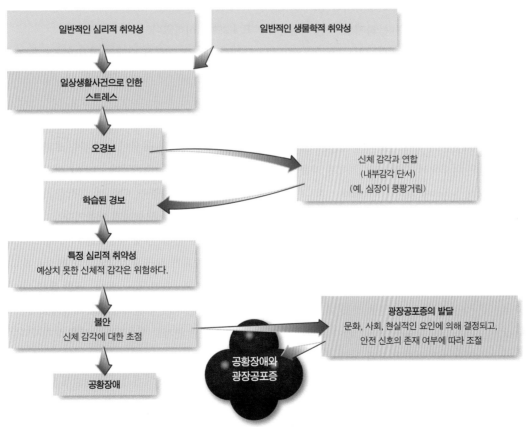

● 그림 4.5 광장공포증을 동반한 혹은 동반하지 않은 공황장애의 발병 모형 [White, K. S., & Barlow, D. H. (2002). Panic disorder and agoraphobia. In D. H. Barlow, *Anxiety and its disorders: The nature and treatment of anxiety and panic*, 2nd ed. New York: Guilford Press에 근거함]

르게 된다. 그래서 Clark은 공황장애에서 인지적 과정이 가장 중요하다고 강조하였다.

치료

1장에서 언급한 바와 같이 새로운 치료의 효과에 대한 연구는 정신병리학에서 중요하다. 어떤 특정한 치료법이 약물이건 심리치료이건 그것에 대한 반응은 그 장애의 원인을 보여주기도 한다. 지금부터는 약물치료와 심리적 개입 그리고 두 치료를 함께 처치할 때의 이득과 문제점에 대해서 논의하기로 한다.

약물치료

노르아드레날린, 세로토닌, GABA-벤조디아제핀 신경전달 체계 혹은 이들에 대해 복합적으로 영향을 주는 많은 약물들은 공황장애의 치료에 효과적인 것 같다. 고효능 벤조디아제핀, 프로작이나 팍실과 같은 새로운 선택적세로토닌재흡수억제제(SSRI), 벤라팍신과 같은 세로토닌-노르에피네프린재흡수억제제(SNRI) 등이 이에 해당한다 (Craske & Barlow, 2014; Pollack & Simon, 2009).

각 종류의 약물에는 장점과 단점이 있다. 현재까지의 증거를 보면 SSRI는 공황장애에 적절한 약물인 듯하다. 하지만 이런 약물은 투약받는 사람의 75% 이상에서 성기능장애가 나타난다(Lecrubier, Bakker, et al., 1997; Lecrubier, Judge, et al., 1997). 반면에 공황장애에 흔히 쓰이는 알프라졸람(Xanax)과 같은 고효능 벤조디아제핀은 빠르게 작용하지만 심리적, 신체적 의존성과 중독성이 있어서 중단하기가 어렵다. 그러므로 SSRI만큼 강하게 권고되지 않는다. 그럼에도 불구하고 벤조디아제핀은 실제에서 가장 널리 쓰이는 약물이며 (Blanco, Goodwin, Liebowitz, Schmidt, Lewis-Fernandez, & Olfson, 2004), 그 사용이 점차 증가하고 있다(Comer, Mojtabai, & Olfson, 2011). 또한 모든 벤조디아제핀은 어느 정도 인지와 운동 기능에 부작용이 있다. 그래서 고용량의 약물을 투여받는 사람에서 차를 운전하는 능력이나 학습 능력이 어느 정도 감소하는 것이 확인된다.

공황장애 환자 중 적절한 약물을 투여받는 경우 약 60%에게는 공황발작이 일어나지 않지만(Lecrubier, Bakker, et al., 1997; Pollack & Simon, 2009), 20% 이상은 치료가 종결되기 전에 투약을 중단하며 (Otto, Behar, Smits, & Hofmann, 2009), 투약을 중단하면 재발률은 약 50%까지 증가한다(Hollon et al., 2005). 벤조디아제핀의 투약을 중단한 사람의 경우 재발률은 약 90% 가까이에 미친다(예를 들어 Fyer et al., 1987을 참고).

표 4.2 상황-노출 과제(가장 쉬운 것에서 어려운 것의 순서)

사람들로 붐비는 슈퍼마켓에서 30분간 혼자 쇼핑하기
집에서 다섯 블록 떨어진 곳을 혼자 걷기
붐비는 고속도로에서 5마일 정도를 배우자와 함께 혹은 혼자 운전하기
식당의 가운데 앉아서 식사하기
좌석의 줄 중앙에 앉아 영화 보기

출처: Barlow, D. H., & Craske, M. G. (2007). *Mastery of your anxiety and panic* (4th ed., p. 133). New York: Oxford University Press에서 발췌.

심리적 개입

심리치료는 공황장애 치료에 매우 효과적이라는 것이 검증되었다. 원래 이 치료는 공포감을 느끼는 상황에 대한 노출에 근거한 전략을 이용하여 광장공포증적 회피를 줄이는 데 초점이 맞춰져 있었다. 노출에 근거한 치료 전략은 환자가 점진적으로 공포스러운 상황에 직면하고 그것을 두려워할 필요가 없다는 것을 배우는 방식으로 진행되었다. 때때로 치료자는 환자의 노출 시행에 동행한다. 다른 경우에 치료자는 단순히 환자가 훈련을 구조화하는 데 도움을 주고, 환자가 그 훈련을 시행하는 데 도움이 될 만한 다양한 심리적 대처 기제를 쉬운 것에서 어려운 것으로 제공해 주는 역할을 수행한다. 그 예는 표 4.2에 제시하였다.

점진적 노출 훈련은 때때로 이완이나 호흡 재훈련과 같이 불안을 감소시키는 대처 기제와 병행되며, 이것은 공황장애를 동반하거나 동반하지 않는 광장공포증적 행동을 극복하는 데 효과적이라는 것이 입증되었다(Craske & Barlow, 2014). 이 치료를 받은 환자의 70% 정도에게서 불안과 공황이 감소하는 효과를 보였고, 광장공포증적 회피는 유의하게 감소하였다. 그러나 완치되는 경우는 적었는데, 그것은 여전히 많은 경우, 비록 덜 심각한 수준이기는 하지만, 여전히 불안과 공황발작을 경험하기 때문이다.

광장공포증이 없는 공황장애를 직접적으로 치료할 수 있는 효과적인 심리치료가 최근에 개발되었다(Barlow & Craske, 2007; Clark et al., 1994; Craske & Barlow, 2014). **공황 통제 치료**(panic control treatment, PCT)는 저자의 클리닉에서 개발되었으며, 여기서는 공황장애를 갖고 있는 환자들에게 공황발작을 상기시키는 내부(신체) 감각의 노출에 집중하게 한다. 치료자는 상담센터에서 환자의 심박률을 상승시키게끔 운동을 시키거나 어지럽게 하기 위해 의자를 돌리는 것과 같은 방식을 사용하여서 최소의 공황발작을 일으킨다. 다양한 운동 방식이 이러한 목적으로 개발되었다. 환자는 또한 인지치료를 받는다. 이를 통해 위협적이지만 객관적으로는 전혀 해가 없는 상황에 대한 기본적인 태도와 지각을 확인하고 변형하는 것이다. 이전에 논의한 바와 같이 많은 태도와 지각은 환자의 인식 밖에 있다. 이와 같은 무의식적인 인지 과정을 인식하는 것은 상당한 치료적 기술이 필요하다. 때로는 내부감각에 대한 노출과 인지치료에 더해서, 불안과 과도한 각성을 낮추는 데 도움을 주기 위해서 이완이나 호흡 재훈련을 환자에게 교육시키기도 한다. 하지만 실제로는 추가적인 것이 그다지 필요하지 않기 때문에 이를 사용하는 경우는 많지 않다.

심리적 개입과 약물치료의 병행

일반적으로 공황장애를 가진 사람들을 치료하는 데 가장 먼저 만나는 임상가가 1차 진료 의사이기 때문에 그 환경에서는 심리치료가 제공되지 않는다. 따라서 환자에게 심리치료가 의뢰될 때에는 환자는 이미 약물치료를 받고 있는 경우가 많다. 그래서 이 두 치료를 서로 어떻게 비교할 것인가, 그리고 병행하여 제공할 것인가라는 질문은 중요하다. 미국국립정신보건원의 지원을 받은 주요한 연구에서 심리치료와 약물치료의 각각 효과와 병행된 치료의 효과를 확인하였다(Barlow, Gorman, Shear, & Woods, 2000). 이 이중 맹검 연구에서 환자는 다섯 조건 중 하나에 무선적으로 배치되었다. 그 다섯 조건은 심리치료만 제공(CBT), 약물치료만 제공(IMI, SSRI가 개발되기 전에 연구가 진행되었기에 삼환계 항우울제인 이미프라민이 사용되었음), 두 치료를 병행하여 제공(IMI+CBT), 혹은 두 위약조건, 즉 위약만 사용되거나(PBO) 혹은 PBO+CBT(병행하여 치료가 진행되었을 때 위약에 의해 발생한 효과가 어느 정도인지를 확인하기 위함)이었다. 연구 결과 모든 치료 집단은 위약 집단에 비해서는 유의한 반응을 보였으나, 거의 동일한 수의 환자들이 약물치료와 심리치료에 반응을 보였다. 두 치료가 병행되는 것이 개별 치료에 비해서 더 낫지는 않았다.

환자를 한 달에 한 번씩 만나는 유지 치료가 지속된 6개월 후(치료가 시작된 후 9개월이 지난 후), 결과는 치료 직후와 크게 다르지 않았다. 다만 그 시점에 치료가 병행된 경우 약간의 이득이 있었으며 위약에 대해 반응하는 사람은 줄어들었다. 그림 4.6은 치료가 중단되고 6개월이 지난 시점(치료가 시작된 후 15개월이 지난 후)의 최종적인 결과를 보여준다. 이 시점에서 약물치료를 받은 환자는 CBT를 함께 받고 있는지의 여부와 상관없이 어느 정도 악화되었으며, 약물치료 없이 CBT를 받은 환자는 호전된 상태를 유지하였다. 예를 들어 CBT와 병행하여 약물치료(CBT+IMI)를 받은 29명 중 14명의 환자(6개월 추수 단계를 시작한 사람의 48%)는 재발하였으며 여기에서는 추수 단계에서 탈락한 사람들은 실패로 간주하였다. 추수 단계를 전부 마친 25명 중 10명, 즉 40%의 환자가 재발하였다. CBT를 포함한 조건에서 가장 낮은 재발률을 보임을 알 수 있다. 그러므로 현재로서는 약물치

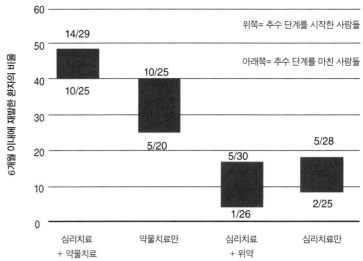

● 그림 4.6 공황장애를 가진 환자들의 치료 후 재발률

[Barlow, D. H., Gorman, J. M., Shear, K. M., & Woods, S. W. (2000). Cognitive-behavioral therapy, imipramine, or their combination for panic disorder: A randomized controlled trail. *Journal of the American Medical Association, 283*[19], 2529-2536에서 발췌.]

료 없이 CBT를 포함한 치료가 가장 좋은 지속 효과를 보이는 것으로 나타났다.

대부분 연구 결과를 보면 약물, 특히 벤조디아제핀이 심리치료의 효과를 방해하는 것 같다(Craske & Barlow, 2014). 또한 벤조디아제핀을 오랜 기간 사용하는 것은 인지적 손상과 관련이 있다(Deckersbach, Moshier, Tuschen-Caffier, & Otto, 2011). 이 때문에 여러 곳에서 함께 연구를 하는 저자들의 연구팀에서는 하나의 치료만을 실시하고 기대만큼 호전이 없는 환자에 대해서만 처치를 더하는 순차적인 방식이 동시에 두 치료가 제공된 경우에 비해서 더 나은지에 대해 확인해 보았다. 앞서 언급하였던 저자들의 장기 연구의 두 번째 부분인 이 연구(Payne et al., in press)에서 256명의 환자 중 CBT 치료에 대해 일차적인 반응을 보이지 않은 58명을 대상으로 CBT를 지속적으로 받거나, 혹은 파록세틴을 통해 SSRI 치료를 받는 조건에 무선적으로 배치하였다. 파록세틴은 12개월간 지속 처방되었고 반면에 CBT는 3개월간 실시되었다. 3개월이 지난 시점에서는 CBT를 지속한 집단보다는 파록세틴을 처방받은 집단에게 더 좋은 효과가 있었으나 그 차이는 1년이 지난 시점에 사라졌다. 특히 치료 반응이 없었고 파록세틴을 처방받은 사람 중 53%에게 반응이 나타난 반면, 지속해서 CBT를 받은 사람의 경우 33%였다. 그러나 12개월째에는 그 결과가 각각 56% 대 53%였다. 따라서 만약 일부 환자에게서 좀 더

공황 통제 치료(panic control treatment, PCT) 공황발작에 대한 인지행동치료로 공포스러운 신체적 감각에 점진적으로 노출시키고 이에 대한 지각과 태도를 변형시키는 것을 포함함.

빠른 반응이 필요하다면 약물치료를 시도할 만하지만 이후에는 개선의 정도는 유사하다는 점을 임상가는 알고 판단하여야 할 것이다. 일부 환자의 경우에는 빠른 반응이 중요할 수도 있다. 일부는 투약을 받고 잠재적인 부작용을 견디는 것에 대해서 썩 달가워하지 않을 수 있으며, 시간이 걸리더라도 투약 없이 개선되는 것을 더 선호할 수 있다.

이미 투약을 받고 있는 환자들에게는 어떠할까? Craske 등의 연구 (2005)에 따르면 1차 진료 기관에서 이미 투약을 받고 있는 환자들에게 CBT를 추가할 경우, CBT가 제공되지 않은 상태에서 약물 처방만을 받는 집단에 비해서 더 나은 효과가 있음이 밝혀졌다. 위의 두 연구 모두 임상가가 한 치료를 시작하고 난 후 만약 필요하다면 다른 치료를 더 하는 단계적 치료 접근이 시작부터 여러 치료를 행하는 것보다 더 나을 가능성을 시사한다.

이런 연구들로부터 얻을 수 있는 일반적인 결론은 공황장애와 광장공포증에 약물과 CBT를 처음부터 혼합하는 것은 별로 이득이 없다는 것이다. 그리고 심리치료는 장기적으로 보았을 때(치료가 끝난 후 6개월이 지난 시점) 더욱 나은 효과를 보이는 것으로 보인다. 이를 보았을 때 심리치료에 접근이 어려워 약물치료를 받았거나 약물치료에 대해서 적절한 반응을 보이지 않았던 환자들에게 우선적으로 심리치료가 제공되어야 할 것이다.

개념 확인 4.3

다음의 내용이 맞는가(T), 틀리는가(F)?

1. _____ 공황장애는 안전하지 않은 상황에 있다는 것에 의해 야기되는 한 개인이 경험하는 불안과 공황의 장애이다.
2. _____ 전체 인구 중 약 40%가 생애에서 어떤 한 순간에는 공황장애의 진단기준에 해당된다.
3. _____ 공황장애를 가진 사람들 중 일부는 자살을 하고, 야간의 공황발작을 경험하며, 광장공포증을 갖고 있다.
4. _____ PCT나 CBT와 같은 심리치료는 공황장애 치료에 매우 효과적이다.

특정공포증

▶ 특정공포증의 주요한 원인은 무엇인가?
▶ 특정공포증 치료를 위해 일반적으로 어떤 방법이 사용되는가?

1장에 언급되었던 주디를 기억해 보라. 그녀는 개구리가 해부되는 영상을 볼 때 메스꺼움을 느끼기 시작하였다. 다른 사람이 단순히 '잘라 버려!(cut it out)'라고 하는 말에도 그녀는 실신하는 수준에 다다랐다. 주디는 특정공포증을 가지고 있었다.

임상적 기술

특정공포증은 특정한 대상 혹은 상황에 대해서 비합리적인 공포를 가지고 있으며 그것이 적절히 기능할 수 있는 능력을 현저히 방해하는 것을 의미한다. *DSM*의 이전 판에서는 이 범주의 장애를 좀 더 복잡한 광장공포증 조건과 구별짓기 위해서 '단순' 공포증이라고 불렀으나, 지금은 이것이 그만큼 단순하지 않다는 것을 우리는 알고 있다. 많은 사람들이 위험하지 않은 것들, 예를 들어 치과에 가는 것을 공포스러워하거나, 약간 위험한 것들, 예를 들어 차를 운전하거나 비행기를 타는 것과 같은 것의 위험성에 대해서 과도한 공포감을 갖는다. 설문 연구를 통해 다양한 대상이나 상황에 대한 특정한 공포감이 대

DSM 5 DSM 진단기준 요약 특정공포증

특정공포증의 양상은 다음과 같다.

A. 특정 대상이나 상황에 대한 극심한 공포나 불안이 6개월 이상 지속된다.

B. 공포 대상이나 상황은 거의 항상 즉각적인 공포나 불안을 야기하고, 이를 회피하거나 극심한 공포나 불안 속에서 참는다.

C. 공포나 불안이 특정 대상이나 상황이 줄 수 있는 실제 위험보다 극심하며 사회문화적 맥락에서 봐도 극심하다.

D. 공포, 불안, 회피는 사회적, 직업적 또는 다른 중요한 기능 영역에서 임상적으로 현저한 고통이나 손상을 초래한다.

E. 장애는 다른 정신장애의 증상으로 더 잘 설명되지 않는다.

출처: American Psychiatric Association. (2013). *Diagnostic and statistical manual of mental disorders* (5th ed.). Washington, DC.

표 4.3 "A"로 시작하는 공포증

용어	~에 대한 두려움
Acarophobia	곤충, 진드기
Achluophobia	암흑, 야간
Acousticophobia	음향
Acrophobia	고소
Aerophobia	비행
Agoraphobia	광장
Agyiophobia	도로를 가로질러 가는 것
Aichmophobia	날카로운 것, 뾰족한 물건, 칼, 손이 닿는 것
Ailurophobia	고양이
Algophobia	통증
Amathophobia	먼지
Amychophobia	열상, 할퀴어지는 것, 긁히는 것
Androphobia	남자(남자와 성관계를 갖는 것)
Anemophobia	바람
Anginophobia	협심증(짧은 순간의 흉부 통증)
Anthoropophobia	인간 사회
Antlophobia	홍수
Apeirophobia	무한
Aphephobia	물리적 접촉, 만져지는 것
Apiphobia	벌, 벌이 쏘는 것
Astraphobia	천둥, 번개
Ataxiophobia	장애
Atephobia	붕괴
Auroraphobia	오로라
Autophobia	혼자 있는 것, 고독, 자기, 자신

출처: Maser, J. D. (1985). List of phobia. In A. H. Tuma & J. D. Maser (Eds.), *Anxiety and the anxiety disorders* (p. 805). Mahwah, NJ: Erlbaum, 1985 Lawrence Erlbaum Associates.

다수의 사람들에게 있음이 밝혀졌다(Myers et al., 1984). 하지만 공포나 극심한 공포가 매우 일반적이어서 종종 사람들은 특정공포증으로 알려진 심리장애의 심각성을 경시하는 경향이 있다. 이런 공포증은 주디의 예에서 본 것처럼 상당한 장애를 초래할 수 있다.

많은 사람들에게 공포증이 골칫거리이기는 하지만—때로는 상당히 불편하기도 하지만—어느 정도 이에 적응하면서 살아간다. 뉴욕 북부와 뉴잉글랜드에서 일부 사람들은 눈길에서 차를 모는 것을 두

려워한다. 저자들의 클리닉에 방문했던 일부 사람들은 공포증이 심각하여서 겨울에 살던 곳을 떠나고 직장을 바꿔서 남쪽으로 이주하려고 준비하기도 하였다. 이것이 공포증에 대처하는 한 방법이다. 이 장의 끝 부분에서 대처하는 다른 방법들에 대해서 이야기할 것이다.

주디의 공포증은 특정한 대상 혹은 상황에 대한 현저한 공포나 불안이라는 *DSM-5*의 진단기준에 해당한다. 그녀는 그 공포와 불안이 실제의 위험에 비해 과도하다는 것을 인지하고 있었고 공포 반응이 일어날 수 있는 상황을 회피하기 위해 노력하였다.

세상에는 대상과 상황만큼이나 많은 공포증이 있다. 공포증을 기술하는 그리스와 라틴어로 된 용어는 무수히 많다. 표 4.3에는 알파벳 "a"로 시작하는 공포증만을 제시하였다(Maser, 1985).

1994년 *DSM-IV*가 나오기 전에는 특정공포증에 대한 의미 있는 분류가 존재하지 않았다. 이제는 특정공포증을 뚜렷하게 주요한 차이를 보이는 유형으로 구별한다. 특정공포증에는 혈액-주사-손상형, 상황형(비행, 엘리베이터 또는 폐쇄공간), 자연환경형(예, 높은 곳, 폭풍, 물), 동물형의 4가지 하위유형이 확인되었다. 다섯 번째 범주인 "기타"에는 주요 유형에 해당되지 않는 공포증(예, 질식, 구토를 유발하거나 병을 얻는 상황이나 아동의 경우 큰 소리나 가장 캐릭터)이 포함된다. 이와 같이 하위유형을 분류하는 것이 유용하지만, 공포증을 갖고 있는 대부분의 사람들은 여러 유형의 다양한 공포증을 갖는 경향이 있다(LeBeau et al., 2010; Hofmann, Lehman, & Barlow, 1997).

혈액-주사-손상공포증

공포증의 하위유형이 서로 어떻게 다를까? 우리는 주디의 사례를 통해서 이미 주요한 차이를 볼 수 있었다. 흔하게 나타나는 교감신경계 활동의 상승과 심박률, 혈압의 상승이 나타나기보다는 주디에게서는 심박률과 혈압의 현저한 저하와 그 결과로 인한 현기증을 경험하였다. 공포를 느끼는 상황에서 공황발작을 경험하는 많은 사람들은 실신할 것 같은 느낌을 보고하지만 실제로 기절하지는 않는다. 이는 왜냐하면 실제로는 이들의 심박률과 혈압이 상승하기 때문이다. 따라서 **혈액-주사-손상공포증**을 가진 사람들은 거의 항상 다른 유형의 사람과는 다른 생리적 반응을 보인다(Barlow & Liebowitz, 1995; Hofmann, Alpers, & Pauli, 2009; Öst, 1992). 2장에서 논의했던 것처럼

특정공포증(specific phobia) 상당한 고통을 야기하거나 혹은 일상에서의 기능을 현저히 방해하는 특정 대상이나 상황에 대한 비합리적인 공포.

혈액-주사-손상공포증(blood-injection-injury phobia) 혈액, 손상이나 주사의 가능성에 대한 비합리적인 공포와 회피를 보임. 환자는 실신과 혈압의 저하를 경험함.

혈액-주사-손상공포증은 다른 공포 장애에 비해서 가족력이 더 강하다. 이는 아마도 이 공포증을 가지고 있는 사람들은 혈액, 주사 혹은 주사의 가능성에 대한 강한 혈관미주신경 반응을 타고 태어났기 때문인 것으로 보이며, 이 모든 것들은 혈압의 저하와 실신의 경향성의 원인이 된다. 이 공포증은 이와 같은 반응을 가진 가능성에 의해 발달한다. 이 공포증 발병의 평균 연령은 약 9세쯤 된다(LeBeau et al., 2010).

상황공포증

대중교통수단이나 폐쇄된 장소에 대한 공포를 특징으로 하는 공포증을 **상황공포증**이라고 한다. 조그만 폐쇄된 공간에 대해 공포를 보이는 폐쇄공포증은 비행에 대한 공포증과 마찬가지로 상황적인 것이다. 정신병리학자들은 상황공포증이 공황장애나 광장공포증과 유사하다고 생각했다. 공황장애, 광장공포증과 상황공포증은 10대 중반에서 20대 중반에 나타나는 경향이 있다(Craske, Antony, & Barlow, 2006; LeBeau et al., 2010). 공황장애, 광장공포증과 상황공포증의 가족력 역시 유사하여(Curtis, Hill, & Lewis, 1990; Curtis, Himle, Lewis, & Lee, 1989; Fyer et al., 1990), 1차 친족의 약 30%가 동일한 혹은 유사한 공포증을 가지고 있다. 하지만 일부 분석 결과를 보면 그 유사성이 충분히 지지되지는 않는다(Antony, Brown, & Barlow, 1997a, 1997b). 상황공포증과 공황장애의 주요한 차이는 상황공포증을 가진 사람들은 그들이 두려워하는 대상이나 상황 밖에서는 공황발작을 경험한 적이 없다는 것이다. 그러므로 공포스러워하는 상황을 직면할 필요가 없을 때에서는 긴장하지 않는다. 반면에 공황장애를 가진 사람들은 언제든 예측되지 않는 공황발작을 경험할 수 있다.

자연환경공포증

때로는 아주 어린아이들이 자연환경에서 일어나는 상황이나 사건에 대한 공포감을 보이기도 한다. 이런 공포를 **자연환경공포증**이라 부른다. 대표적인 예가 높은 곳, 폭풍과 물이다. 이런 공포는 함께 나타나는 경향이 있다(Antony & Barlow, 2002; Hofmann et al., 1997). 만약 깊은 물과 같은 한 상황이나 사건에 대해서 두려워한다면 폭풍과 같은 다른 것에도 두려워할 가능성이 있다는 것이다. 이런 상황의 많은 경우는 실제 위험과 관련되어 있어서 그 공포는 일부 적응적이기도 하다. 예를 들어 우리는 높은 곳이나 깊은 물에 대해서 주의하여야 한다. 우리는 어느 정도 이런 상황에 대해서 두려워하는 준비된 경향성을 가지고 있을 수 있다. 2장에서 언급한 바와 같이 만약 위험이 실재한다면 그 상황에 대해서 민감해지게 만드는 유전자는 우리 어딘가에 있을 수 있다. 이런 공포증의 발병 시점은 약 7세 전후에 최

고이다. 만약 그것이 그냥 지나가는 공포감이라면 그것은 공포증이라 할 수 없다. 6개월 이상 지속되어야 하며, 그 개인의 기능에 유의하게 방해가 되어야 한다.

동물공포증

동물과 곤충에 대한 공포를 **동물공포증**이라고 부른다. 다시 말하지만 공포는 흔하지만 기능상 심각한 방해가 될 경우에만 공포증이라고 할 수 있다. 예를 들어 저자의 클리닉에서는 뱀이나 쥐에 대한 공포증을 갖고 있는 많은 사례들을 볼 수 있었다. 이들은 그 동물 중 하나의 사진이라도 나타날까 봐 잡지를 보지 못하는 수준이었다. 이런 사람들은 아무리 가고 싶더라도 갈 수 없는 장소가 많이 있다. 동물공포증을 가진 사람들이 경험하는 공포는 일반적인 약한 공포감과는 다르다. 이 공포증의 발병 연령은 자연환경공포증과 마찬가지로 약 7세 전후에 최고이다(Antony et al., 1997a; LeBeau et al., 2010).

통계

대부분의 사람은 특정 공포를 가지고 있다. 표 4.4에 Agras, Sylvester와 Oliveau(1969)가 분류한 사람들에게 가장 흔하게 나타나는 특정 공포들이 제시되었다. 뱀에 대한 공포와 고소공포가 상위 순위에 있는 것은 놀라운 결과는 아니다. 특정 공포의 수준이 공포증으

표 4.4 극심한 공포와 공포증의 유병률

극심한 공포	인구 1000명당 유병률	성별 분포	성별에 따른 표준오차
뱀	253	남: 118, 여: 376	남: 34, 여: 48
고소	120	남: 109, 여: 128	남: 33, 여: 36
비행	109	남: 70, 여: 144	남: 26, 여: 38
폐쇄	50	남: 32, 여: 63	남: 18, 여: 25
질병	33	남: 31, 여: 35	남: 18, 여: 19
죽음	33	남: 46, 여: 21	남: 21, 여: 15
손상	23	남: 24, 여: 22	남: 15, 여: 15
폭풍	31	남: 9, 여: 48	남: 9, 여: 22
치과	24	남: 22, 여: 26	남: 15, 여: 16
혼자 여행하기	16	남: 0, 여: 31	남: 0, 여: 18
혼자 있기	10	남: 5, 여: 13	남: 7, 여: 11

출처: Agras, W. S., Sylvester, D., & Oliveau, D. (1969). The epidemiology of common fears and phobias. *Comprehensive Psychiatry, 10*, 151-156.

로 분류될 정도로 보고한 사람은 많지 않다. 1년간의 유병률은 전반적으로는 8.7%이지만(Kessler, Berglund, et al., 2005), 청소년의 경우에는 15.8%이다(Kessler et al., 2012). 이 비율은 높은 것으로, 특정공포증은 미국과 전 세계적으로 가장 흔한 심리장애 중 하나이다(Arrindell et al., 2003b). 일반적인 공포와 마찬가지로 특정공포증의 성비는 4:1 정도로 여성에게 많으며 이런 수치는 전 세계적으로 일관된다(Craske et al., 2006; Lebeau et al., 2010).

공포증이 한 개인의 기능을 방해할지라도 가장 심각한 일부의 사례만이 치료를 받는다. 이는 공포증의 영향을 받는 많은 사람들이 그럭저럭 그것에 대처하며 살기 때문이다. 예를 들어 고소 공포를 가진 사람은 높은 건물이나 다른 높은 곳에 가지 않으며 살아간다. 운전, 비행이나 폐쇄 공간에 대한 상황공포증을 가진 사람들이 대부분 치료를 받는다.

공포증이 발달하면 이것은 평생 동안 유지되며(만성적인 경과를 보인다)(예, Antony et al., 1997a; Barlow, 2002; Kessler, Berglund, et al., 2005 등을 참고), 따라서 앞서 언급한 치료가 중요해진다.

대부분의 불안장애가 성인과 아동에게서 유사하지만, 임상가는 아동기 동안에 경험하는 정상적인 공포와 불안의 유형에 대해서 인식하여야 하며, 이를 특정공포증과 구별할 수 있어야 한다(Albano et al., 1996; Silverman & Rabian, 1993). 예를 들어 영아는 큰 소리와 낯선 사람에 대한 현저한 두려움을 보인다. 1~2세 사이에 정상적인 아동은 부모와 분리되는 것을 두려워하며, 동물과 어둠에 대한 공포가 발달하고 이는 4~5세까지 지속된다. 여러 괴물과 다른 상상 속의 대상에 대한 두려움은 약 3세 정도에 시작되어 여러 해 동안 지속된다. 10세 때에 아동은 타인에게 평가받는 것을 두려워하고 외모에 대해서 걱정을 한다. 일반적으로 공포는 나이가 들면서 줄어들지만, 시험을 보거나 여러 사람들 앞에서 이야기를 하는 것과 같은 수행과 관련된 불안은 나이가 들면서 증가한다. 특정공포증은 나이가 들면서 감소한다(Ayers et al., 2009; Blazer et al., 1991; Sheikh, 1992).

특정공포증의 유병률은 문화권마다 다르다(Hinton & Good, 2009). 히스패닉은 그 이유가 분명하지는 않으나 히스패닉이 아닌 백인인 미국인에 비해서 특정공포증이 약 2배 정도 더 많은 것으로 보고되었다(Magee et al., 1996). 중국 문화권에서 다양한 공포증은 *Pa-leng*, *frigo phobia* 혹은 '차가움 공포'라는 공포증이 있다. *Pa-leng*은 음양이라는 중국의 전통적인 개념의 맥락하에서 이해될 수 있다(Tan, 1980). 중국 의학에서는 건강이 지속되기 위해서는 신체 내에서 음양의 균형이 맞아야 한다고 본다. 음은 삶의 차가움, 어둠, 바람, 기운이 소모되는 측면을 상징하며, 양은 따뜻함, 밝음, 기운이 나는 측면을 상징한다. *Pa-leng*을 가진 사람은 차가움의 공포를 가진 사람이다.

그들은 신체의 열을 잃을까봐 걱정하고 더운 날에도 여러 겹의 옷을 껴입는다. 그들은 트림을 하고 배에 가스가 차는 것에 대해서 염려하는데, 이것이 바람이 있고 신체 내에 지나치게 많은 음이 있다는 것을 의미하기 때문이다.

원인

오랫동안 대부분 특정공포증이 특별한 외상적 사건에 의해서 시작되는 것이라 생각했다. 예를 들어 개에게 물렸다면 개에 대한 공포증이 발달할 것이다. 이제는 꼭 그런 것은 아니라는 점을 알게 되었다(Barlow, 2002; Craske et al., 2006). 외상적인 조건형성의 경험이 공포증적인 행동의 결과로 나타나는 것은 아니라고 이야기하는 것은 아니다. 질식에 대한 공포증을 가지고 있는 사람 대부분이 질식의 경험을 가지고 있었다. 최근에 저자의 클리닉을 방문한 폐쇄공포증을 가진 한 사람은 굉장히 긴 시간 동안 엘리베이터에 갇힌 경험이 있었다. 이것들이 직접적인 경험을 통해서 공포증이 획득되는 예이며, 이는 실제 위험이나 고통이 경계 반응(실제 경계 반응)이 된 것들이다. 이것은 공포증이 발달하는 한 방식이며, 이외에도 최소한 세 가지의 다른 방식이 있다. 특정한 상황에서 오경보(공황발작)를 경험하는 것, 다른 누군가가 심각한 공포를 경험하는 것을 관찰하는 것(대리 경험), 적절한 조건하에서 위험에 대해서 듣게 되는 것이 그것이다.

연구들에서는 많은 공포증이 발병 시기에 실제 위험을 경험하는 것이 필요한 것은 아니라는 점을 보여주었다. 많은 사람들은 특정 상황에서 예상치 않은 공황발작을 경험하며, 이는 아마도 생활 스트레스와 관련되어 있다. 그 상황에 대한 특정한 공포증은 발달할 수도 있다. Munjack(1984; Mineka & Zinbarg, 2006)은 운전에 대한 특정공포증을 가진 사람들에 대해서 연구하였다. 공포증이 언제부터 시작되었는지를 기억하는 사람의 약 50% 정도는 교통사고와 같은 외상적 경험으로 인해서 실제 경계 반응을 경험하였다. 나머지 사람들은 운전을 하는 도중 끔찍한 경험을 한 적이 없었지만, 운전하는 것에 대한 통제감을 잃어버릴 것 같다는 느낌을 갖는 동안에 예상하지 않은 공황발작을 경험하였다. 운전에 문제는 없었으나 파국적인 사고

상황공포증(situational phobia) 폐쇄된 공간(예, 폐쇄공포증)이나 대중교통수단(예, 비행 공포)에 대한 불안.

자연환경공포증(natural environment phobia) 자연환경의 상황이나 사건, 특히 높은 곳, 폭풍, 물에 대한 공포.

동물공포증(animal phobia) 흔히 어린 시절에 발생하는 동물이나 곤충에 대한 지속되고 비합리적인 공포.

가 공황발작의 일부였다.

공포는 또한 대리 학습될 수 있다. 외상 경험을 하거나 극심한 공포를 견디는 사람을 보는 것으로도 공포증이 나타나기에 충분할 수 있다. 정서란 전염성이 있다는 것을 이전에 언급한 것을 기억해 보라. 만약 누군가 행복해하거나 공포스러워하는 사람과 함께 있다는 것만으로도 행복이나 공포의 느낌을 가질 수 있다. Öst(1985)는 이런 방식으로 심각한 치과 공포가 어떻게 발달하는지를 기술하였다. 청소년기의 한 소년이 학교 치과의 대기실에 앉아서 친구들의 치료를 받는 과정을 관찰하고 그 소리는 모두 다 들었다. 이후 그는 통증에 대해 돌발적으로 반응하였고 이로 인해 드릴이 그의 뺨을 뚫게 되었다. 대기실에 있으면서 그는 치과라는 상황에 대한 심각하고 지속되는 공포를 키우게 된 것이다. 실제로는 다른 사람에게 일어난 것이었지만, 그 학생에게 공포증이 왜 일어나게 됐는지를 이해할 수 있을 것이다. 때로는 잠재적인 위험에 대해서 반복적으로 경고받는 것만으로도 공포증이 발병하는 데 충분하다. Öst(1985)는 단 한 번도 뱀을 본 적이 없는 여성이 극심한 뱀 공포증을 가지게 된 사례를 기술하였다. 그녀는 풀 사이에 있는 뱀의 위험성에 대해서 반복적으로 들으면서 성장하였다. 그녀는 눈 앞에 닥친 위험을 방어하기 위해 고무

로 된 장화를 신고 다녔으며, 이는 길거리를 걸을 때에도 마찬가지였다. 공포증이 이런 양상으로 발달하는 것을 정보 전염(information transmission)이라고 부른다.

경험을 두려워하는 것 그 자체만으로 공포증이 형성되지는 않는다. 이미 언급한 바와 같이 진정한 공포증에는 다른 외상 사건의 가능성 혹은 오경보에 대한 불안이 있으며, 경악할 만한 대상이 나타날 수 있는 상황을 회피하는 경향이 있어야 한다. 만약 불안이 발달하지 않는다면 그 반응은 아마 정상적인 공포의 범주 안에 있을 것이다. 정상적인 공포는 약간의 스트레스를 야기하지만 일반적으로 무시되고 잊혀진다. 이와 관련해서는 개 공포증을 갖고 있는 집단과 공포증을 갖지 않은 집단에 대한 연구를 한 Peter DiNardo와 동료들(1988)이 매우 잘 기술하였다. Munjack(1984)이 운전 공포에 대해 기술한 것처럼 개 공포증을 가진 사람의 약 50%는 개에게 물리는 등의 공포에 대한 경험이 있었다. 그러나 개 공포증을 갖지 않은 다른 집단들도 역시 약 50% 정도는 개에 대한 공포의 경험을 가지고 있었다. 그렇다면 왜 이들에게는 공포증이 발현되지 않은 것일까? 그들에게는 공포증이 발병한 사람들(일반적인 심리적 취약성을 반영)과는 다르게 개를 맞닥뜨리는 것에 대한 불안이 발달하지 않았다. 특정공포증의

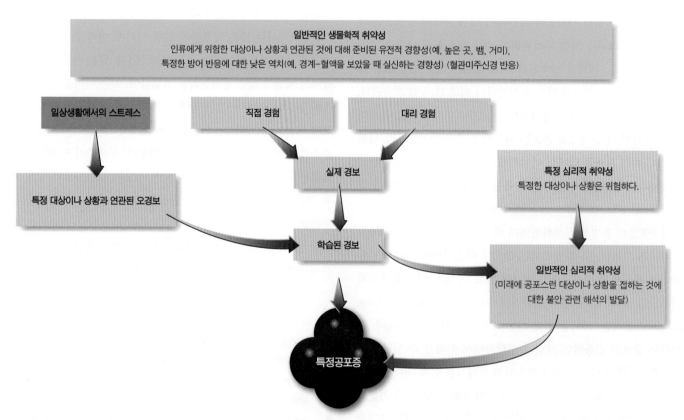

● 그림 4.7 특정공포증 발달의 다양한 경로 모형 [Barlow, D. H. (2002). *Anxiety and its disorders: The nature and treatment of anxiety and panic* (2nd ed.). New York: Guilford Press에 기초함.]

발병에 대한 도표를 그림 4.7에 제시하였다.

요약하면 공포증이 발달한 사람들에게는 여러 가지의 것들이 발생한 것이다. 먼저 외상 조건형성 경험이 종종 역할을 한다(일부의 사람들에게는 공포스런 사건을 듣는 것만으로도 충분하다). 둘째, 만약 준비되어 있다면 공포는 더 발달한다. 준비되어 있다는 것은 야생 동물이나 좁은 공간에 갇히는 것과 같이 인류에게 위험한 상황에 대해서 공포를 갖는 것과 같은 경향성을 물려받은 것을 의미한다(2장 참고).

셋째, 그 사건이 다시 발생할 것이라는 가능성에 대한 두려움 발달에 예민할 수 있다. 우리는 이미 불안에 대한 생물학적, 심리적 원인에 대해 논의한 바 있으며 혈액-주사-손상공포증과 같은 공포증은 유전경향성이 높다는 것을 확인하였다(Öst, 1989; Ayala, Meuret, & Ritz, 2009; Page & Martin, 1998). 혈액공포증을 가진 환자들은 아마도 실신에 대해 예민하게 하는 혈관미주신경 반응을 타고났을 것이다. 이것 자체만으로는 공포증이 될 만큼 충분하지는 않지만, 불안에 대한 강한 취약성을 만들어내는 것이다.

Fyer와 동료들(1990)은 정상 통제집단의 1차 친족의 11%가 공포증을 가진 것에 비해 특정공포증을 가진 사람들의 1차 친족의 약 31%가 공포증을 가지고 있음을 확인하였다. 더 최근에 Fyer의 클리닉과 저자들의 클리닉에서 실행한 공동 연구에서는 통제집단의 1차 친족의 10%에게서 공포증이 나타난 것에 비해 공포증을 가진 환자들의 경우에는 동일 친족에서 28%의 유병률을 보임을 확인하였다. 더욱 흥미롭게도 그 친족에게서 공포증의 동일 유형이 나타나는 것으로 나타났다. Kendler, Karkowski와 Prescott(1999a), Page와 Martin(1998)은 각 개별 특정공포증의 유전성이 상대적으로 더 높다는 것을 발견하였다. 가족에서 공포증이 유전되는 경향성이 유전자 때문인지 아니면 모델링 때문인지를 확실히 알 수는 없지만, 이 결과는 특정공포증에 특정한 유전자적 원인이 있을 가능성을 시사한다(Antony & Barlow, 2002; Hettema et al., 2005).

최종적으로 사회와 문화적 요인도 특정공포증의 발병에 강력한 결정 요인이다. 대부분의 사회에서 남성이 공포와 공포증을 표현하는 것은 잘 수용되지 않는다. 그러므로 특정공포증을 보고하는 압도적인 다수는 여성이다(Arrindell et al., 2003b; LeBeau et al., 2010). 남성에게는 어떤 일이 일어날까? 아마도 남성들은 공포스런 상황에 반복적으로 스스로를 노출시킴으로써 공포를 극복하려고 노력할 것이다. 혹은 공포를 누구에게 이야기하거나 치료를 받지 않고 그냥 단순히 참고 있을 가능성이 더 높다(Antony & Barlow, 2002).

치료

공포증 발달은 복잡하지만, 그 치료는 비교적 직접적이다. 특정공포증 치료를 위해서는 구조화되고 일관된 노출에 기초한 연습이 필요하다는 것에 대해서 대부분의 사람들이 동의한다(Barlow, Moscovitch, & Micco, 2004; Craske et al., 2006). 그럼에도 불구하고 환자가 공포스런 대상에 대해서 점진적으로 노출을 하는 데에 대부분의 경우에는 치료적인 지도가 필요하다. 혼자서 그 연습을 시행하려고 노력하는 사람들은 너무 빠르게 많이 하려고 하기 때문에 결국은 그 상황을 회피하게 되고, 그래서 그 공포증이 더 악화된다. 그리고 만약 그 상황에서 예상치 않은 공황발작이 있을 것에 대해서 두려워한다면 공황장애에서 언급한 방식으로 공황발작에 대한 치료적 개입을 받는 것이 도움이 된다(Antony, Craske, & Barlow, 2006; Craske et al., 2006).

혈액-주사-손상공포증의 경우에서 실신할 가능성이 실재하는 경우에는 점진적인 노출에 근거한 연습이 특별한 방식으로 이루어져야 한다. 노출 연습을 수행하기 위해서 혈압의 수준을 일정한 높은 수준으로 유지하여야 하며, 이를 위해서는 다양한 근육이 긴장되어야 한다(Ayala, Meuret, & Ritz, 2009; Öst & Sterner, 1987). 혈액공포증을 포함한 많은 특정공포증의 치료가 개발되어서 2~6시간 정도의 단일 회기로 치료가 가능해졌다(예, Antony et al., 2006; Craske et al., 2006; Hauner, Mineka, Voss, & Paller, 2012; Öst, Svensson, Hellström, & Lindwall, 2001). 기본적으로 치료자들은 대부분의 회기를 통해서 공포증을 가지고 있는 대상이나 상황에 대한 노출 치료 훈련을 실행한다. 그리고 환자는 집에서 공포증을 가진 상황에 접근하는 연습을 하고, 이를 가끔 치료자와 확인한다. 이런 경우들에서 공포증이 사라질 뿐 아니라 혈액공포증의 경우에는 피를 봤을 때 혈관미주신경 반응을 경험하는 경향성 역시 저하된다는 점은 흥미롭다. 이런 치료는 편도(amygdala), 대뇌섬(insula), 대상피질(cingulate cortex)과 같은 영역에서의 신경 회로를 변화시키는 것과 같은 뇌 기능의 변화를 나타낸다는 것을 뇌영상 연구에서 보여주고 있다(Hauner et al., 2012). 치료 후에는 이런 공포 반응 네트워크의 반응성이 저하되지만 전전두 영역의 반응성은 증가하며, 이는 더 이성적인 판단이 위험에 대한 정서적 반응을 억제하고 있음을 시사한다. 따라서 이런 치료는 뇌의 네트워크를 재연결하는 것이다(Paquette et al., 2003).

분리불안장애

4장에서 기술하고 있는 모든 불안 및 관련 장애들은 아동기에 발생할 수 있지만(Rapee, Schniering, & Hudson, 2009), 최근까지 한 장애만이 아동에 조금 더 가까운 것으로 확인됐다. **분리불안장애**는 부모나 중요한 누군가에게 어떤 일이 일어나거나 아동 자신에게 어떤 일이 일어나서 부모와 떨어지게 된다(예, 길을 잃거나 유괴되거나 죽거나 사고로 인해 다침)는 아동의 비현실적이고 지속된 걱정을 특징으로 한다. 아동은 종종 학교 가기를 거부하거나 심지어는 집을 떠나는 것을 거부한다. 이는 학교가 두려워서가 아니라 사랑하는 사람과 분리될 것에 대한 두려움 때문이다. 이런 공포로 인해서 혼자 잠자기를 거부하기도 하고 분리될 수 있다는 악몽을 꾸기도 하며 신체적 증상, 심리적 고통, 불안을 느끼기도 한다(Barlow, Pincus, Heinrichs, & Choate, 2003).

어린 아동 모두는 어느 정도 분리불안을 경험하며, 이런 공포는 커 갈수록 점차로 감소한다. 그러므로 임상가는 분리불안이 특정 연령에서 기대되는 수준에 비해서 더 심각한지를 판단해야 한다(Allen et al., 2010; Barlow et al., 2003). 아동의 4.1%는 장애의 진단기준을 충족할 정도로 심각한 수준의 분리불안을 보인다(Shear, Jin, Ruscio, Walters, & Kessler, 2006). 분리불안을 학교 공포증과 구별하는 것도 또한 중요하다. 학교 공포증에서 공포는 학교라는 상황에 특정적으로 초점이 맞춰진다. 아동은 학교가 아닌 다른 곳에 가기 위해서는 부모나 애착 대상으로부터 떨어질 수 있다.

분리불안이 치료되지 않으면 약 35% 정도는 성인기까지 이어진다는 것이 몇 년 전 확인되었다(Shear et al., 2006). 또한 성인의 약 6.6%가 생애 중 어느 순간에 분리불안이 발생할 수 있다는 것도 확인되었다(Shear et al., 2006). 일부의 경우에는 아동기에 발병한 것이 지속되었다기보다는 성인기에 발병하기도 하였다. 성인기 불안의 초점은 동일하다. 분리되어 있는 동안에 사랑하는 사람에게 나쁜 일이 일어날까봐 걱정한다(Manicavasagar et al., 2010; Silove, Marnane, Wagner, Manicavasagar, & Rees, 2010). 분리불안장애가 전 생애에 걸쳐서 나타날 수 있고 그 특성이 동일하다는 점을 알게 되면서 이 장애를 *DSM-5*에서는 온전한 하나의 진단적 범주로 다루게 되었다. 다른 새

▲ 분리불안장애를 가진 아동은 중요한 사람에게서 떨어지는 것이 그 사람과 자신을 큰 위험에 빠트린다고 지속적으로 염려한다.

로운 장애와 마찬가지로 이와 관련한 많은 연구가 진행되기를 바라며 이 문제로 어려움을 겪고 있는 모든 연령대의 사람이 그들에게 필요한 도움을 좀 더 쉽게 받을 수 있게 되기를 바란다.

아동에게 나타나는 분리불안의 치료에서는 부모가 개입하여 구조를 갖추도록 도와주고 아동의 불안에 대해서 반응해 주도록 한다(Choate, Pinus, Eyberg, & Barlow, 2005; Pincus, Santucci, Ehrenreich, & Eyberg, 2008). 최근에 연구자들은 마이크로폰을 이용하여 부모에게 실시간으로 코칭을 하여서 아동이 분리되는 것을 저항할 때 어떻게 반응하는 것이 좋은지를 알려주는 시도들을 하였다(Puliafico, Comer, & Pincus, 2012; Sacks, Comer, Pincus, Comacho, & Hunter, 2013). 이런 혁신적인 치료 방식은 매우 성공적임이 확인되었으며, 앞서 언급한 바와 같이 분리불안장애를 가진 8~11세의 여아를 대상으로 한 1주의 집중적인 치료를 통해서 치료의 마지막 날에는 클리닉에서 밤샘 파티를 할 수도 있었다(Santucci, Ehrenreich, Trosper, Bennett, & Pincus, 2009).

사회불안장애(사회공포증)

▶ 사회불안장애(사회공포증) 발병의 주요한 원인은 무엇인가?
▶ 사회불안장애(사회공포증) 치료를 위해서 어떤 전략들이 이용되는가?

당신은 수줍음이 많은가? 만약 그렇다면 연구 조사에 따라 조금 다르기는 하지만 20~50%의 대학생과 비슷하다고 할 수 있다. 이보다 는 훨씬 적은 숫자의 사람이 사람들 사이에서 힘들어하는 **사회불안장애** 혹은 **사회공포증**을 가지고 있다. 다음의 13세 남아인 빌리의 예를

빌리는 집에만 있는 모범적인 남아이다. 그는 숙제도 잘하고, 문제를 일으키지도 않으며, 부모님 말씀을 잘 듣고 대체로 조용하며, 특별히 관심을 쏟지 않아도 됐다. 그러나 중학교에 들어갔을 때 부모는 그에게 문제가 있다는 점을 발견하였다. 그에게는 친구가 없었다. 그는 다른 또래들이 대부분 하고 싶어하는 학교와 연관된 사회 활동이나 스포츠 같은 것을 하기 싫어했다. 부모가 상담자에게 확인해 보기로 하였을 때, 상담자 역시 막 부모와 상담을 하기를 원하던 참이었다. 상담자가 이야기하기를 빌리는 학급에서 친구들을 사귀지 않고 이야기를 하지도 않으며, 그가 뭔가를 해야 하는 상황이 오면 배가 아프다고 했다. 교사에게는 예, 아니오 정도의 간단한 대답 이상을 하지 않았다. 더욱 심각한 것은 점심시간에 식사 대신에 화장실에 가 있는 것이 몇 달 동안 지속되었다는 것이었다. 빌리는 저자의 클리닉으로 의뢰되었고, 사회상황에 대해 비합리적이고 극심한 공포를 가진 사회공포증의 심각한 사례로 진단되었다. 빌리의 공포증은 극심한 수줍음의 모습이었다. 그는 부모를 제외하고 다른 사람들이 있는 상황에서 수치스럽거나 당황스러울 것에 대해서 걱정하였다.

임상적 기술

사회불안장애는 지나친 수줍음 이상이다(Bögels et al., 2010; Hofmann et al., 2009). 여기 기술된 사례는 지난 몇 해 동안 종종 언론에 소개된 전형적인 사례이다.

Chuck Knoblauch는 1997년에 2루수 골든 글러브를 받은 선수이지만 1999년에는 26회(대부분 송구 실책) 실책으로 가장 많은 실책을 범한 선수였다. 아나운서와 리포터가 보기에 어려운 플레이를 하고 생각 없이 빠르게 돌아서 공을 던져야 하는 상황에서는 그의 송구는 1루로 강하고 정확하게 갔다. 하지만 일상적인 땅볼을 받고 송구에 대해서 생각할 시간이 있으면 송구가 이상해지고 느려졌으며 종종 목표를 벗어났다. 어려운 플레이를 할 때를 보면 그의 어깨에는 문제가 없으며 따라서 문제는 정신적인 것이라고 아나운서와 리포터는 생각하였다. 2001년 시즌에는 그런 송구를 하지 않기 위하여 좌익수로 옮겼고 2003년에는 야구에서 은퇴하였다.

미식축구 선수인 Ricky Williams 역시 심각한 사회불안 때문에 그의 커리어에 문제가 있었다. Knoblauch는 계속해서 문제가 됐었던 반면에 Williams는 문제를 극복하였다. 많은 다른 운동 선수들이 그렇게 운이 좋은 것만은 아니다. 이 문제는 운동선수뿐 아니라 유명한 강연자나 연기자들도 역시 경험한다. Scarlett Johansson은 무대 공포라고 불리는 견디기 힘든 수행불안 때문에 한동안 브로드웨이에서 떠나 있었다. 숙련된 선수가 야구공을 1루로 던지지 못하는 것이나 노련한 연기자가 무대 위에 오르는 것을 두려워하는 것은 우리가 흔히 생각하는 수줍음과는 확연하게 차이가 있다. 이와 같이 다른 조건인 것으로 보이는 것이 사회불안장애라는 하나의 범주로 묶일 수 있는 것은 무엇일까? Billy, Knoblauch와 Johansson은 모두 하나 혹은 그 이상의 사회적 혹은 수행 상황에서 극심한 공포나 불안을 경험하였다. 빌리의 사례에서 그 상황은 그가 사람들과 마주 대하게 되는 모든 경우에 해당되었다. Knoblauch와 Johansson의 경우에는 대중 앞에서 특정한 행동을 수행해야 하는 상황에 제한되었다. 사회불안장애의 한 유형인 수행불안을 가진 사람의 경우에는 사회적인 상호작용에는 일반적으로 어려움이 없지만, 사람들 앞에서 무언가를 하여야만 할 때 불안이 나타나고 스스로 당혹스럽게 될 가능성에 초점을 맞추게 된다.

수행불안의 가장 일반적인 유형은 모든 사람들에게 관련될 수 있는 대중 연설이다. 수행불안을 불러일으키는 또 다른 상황은 식당에서 음식을 먹는 것이나 다른 사람 앞에서 서명을 하는 것 등이 있다. 불안에 의해 야기되는 신체적 반응에는 얼굴이 붉어지는 것, 땀흘림, 떨림, 남성의 경우 공중화장실에서 소변을 누는 것[공중화장실 공포증("bashful bladder" 또는 paruresis)]이 있다. 이러한 문제를 가진 남성은 화장실 칸이 빌 때까지 기다리며, 때로는 어려움을 경험한다. 이런 예들은 다른 사람이 있거나 관찰하고 있어서 어느 정도 그 행동이 평가받는 상황이라는 점에서 공통점이 있다. 그 사람들이 혼자 있을 때는 먹고, 쓰며, 소변을 보는 것에 어려움이 없기 때문에 진정한 의미로 사회불안장애라고 할 수 있다. 다른 사람이 관찰하고 있을 때 그 행동이 악화되는 것이다.

분리불안장애(separation anxiety disorder) 배우자나 부모와 같이 애착 대상으로부터 떨어질 것에 대한 과도하고 지속된 공포.

사회불안장애(사회공포증)(social anxiety disorder, social phobia) 사회상황 혹은 수행상황에 대한 극심하고 지속적이며 비합리적인 공포와 회피.

통계

일반 인구의 12.1% 정도가 생애 중 어느 한 순간에 사회불안장애를 경험한다(Kessler, Berglund et al., 2005). 1년의 기간 동안 유병률은 6.8%이며(Kessler, Chiu, et al., 2005), 청소년의 경우는 8.2%에 이른다(Kessler et al., 2012). 이는 특정공포증 다음으로 가장 널리 퍼져 있는 불안장애이며, 현재 인구로 추정해 보건대 미국에서만 3500만여 명의 사람들이 이로 인해 고생하고 있다. 더 많은 사람들은 수줍어 하지만 사회공포증의 진단기준에 합당할 정도로 심각하지는 않다. 다른 불안장애의 경우 여성에게 더 많이 나타나지만(Hofmann et al., 2009; Magee et al., 1996), 사회불안장애의 남녀 성비는 거의 50:50이다(Hofmann & Barlow, 2002; Marks, 1985). 전반적으로 사회불안장애를 앓고 있는 사람의 45.6%가 최근 12개월의 기간 동안에 전문적인 도움을 찾았다(Wang et al., 2005). 사회불안장애는 일반적으로 청소년기에 시작되며 13세 전후가 발병이 가장 흔한 시기이다(Kessler, Berglund et al., 2005). 사회불안장애는 또한 젊고(18~29세), 학력수준이 낮으며, 미혼이고, 낮은 사회경제적 상태인 사람에게 더 흔한 경향이 있다. 60세 이상인 사람의 유병률(6.6%)은 18~29세인 사람의 유병률(13.6%)에 비해서 거의 절반 수준이다(Kessler, Berglund et al., 2005).

그들이 사람 만나기를 어려워한다는 점을 고려해 보면 사회불안장애를 가진 사람들이 결혼을 하지 않은 비율이 일반 사람들에 비해 더 많다는 것이 놀랍지 않다. 미국에서 백인이 흑인이나 히스패닉, 아시아계에 비해서 사회불안장애(그리고 범불안장애와 공황장애) 진단을 더 많이 받는 경향이 있다(Asnaani, Richey, Dimaite, Hinton, & Hofmann, 2010). 국가간 자료를 보면 아시아 문화권은 사회불안장애의 비율이 가장 낮으며 반면에 러시아와 미국은 가장 높은 비율을 보인다(Hofmann, Asnaani, & Hinton, 2010). 일본에서 불안장애들의 임상적 현상은 *shinkeishitsu*(神經質)라는 용어로 잘 요약될 수 있다. 가장 흔한 하위 범주 중 하나는 *taijin kyofusho*(對人恐怖症)라고 불리는 것이며, 그 양상 중 일부는 사회불안장애와 유사하다(Hofmann et al., 2010; Kleinknecht, Dinnel, Kleinknecht, Hiruma, & Harada, 1997). 이 사회불안장애 양상을 보이는 일본인은 다른 사람의 눈을 쳐다보는 것을 극도로 두려워하고, 개인적 요소들을 드러내는 것(얼굴이 빨개지는 것, 말을 더듬는 것, 체취 등)이 비난받을 것이라고 여긴다. 그래서 사회불안장애와 이 장애가 상당 부분 겹치지만, 이 장애에서 불안의 초점은 사회불안장애에서처럼 자기 자신이 당혹스러울 것보다는 타인을 당황스럽게 하거나 기분을 상하게 하는 것에 대한 두려움에 있다(Dinnel, Kleinknecht, & Tanaka-Matsumi, 2002). 이

장애를 가진 일본인 남성은 여성보다 많아, 그 비율은 3:2 정도 된다(Takahasi, 1989). 최근에 이 증후군이 여러 문화권에서 발견되기는 하였으나, 아시아 문화권에서 두드러진다(Wriends, Pfatz, Novianti, & Hadiyono, 2013). 그럼에도 불구하고 북미 지역에서 후각관계증후군(olfactory reference syndrome)이라고 불리는 증상의 실재가 보고되기도 하였다(Feusner, Philiips, & Stein, 2010). 그 주요 양상은 자신의 역겨운 체취로 인해 다른 사람에게 해가 되고 스스로 당혹스러워할 것이라는 믿음에 사로잡혀 있다는 것이다. 이와 같이 이것은 사회불안장애보다 강박장애와 유사하며, 강박장애를 치료하는 데 사용되는 심리치료에 반응을 보이는 것 같다(Martin-Pichora & Antony, 2011).

원인

우리는 자연환경에서 일정한 야생의 동물이나 위험한 상황에 대해서 준비하도록 진화되었다는 점을 언급한 바 있다. 유사하게 우리는 또한 화가 나 있거나 비판적이거나 혹은 거부적인 사람에 대해 공포감을 갖도록 준비된 것 같다(Blair et al., 2008; Mineka & Zinbarg, 2006). 일련의 연구를 통해서 Öhman과 동료들(예, Dimberg & Öhman, 1983; Öhman & Dimberg, 1978)은 우리가 다른 얼굴표정보다 분노 표현에 대해서 더 빠르게 학습하며, 이런 공포는 다른 유

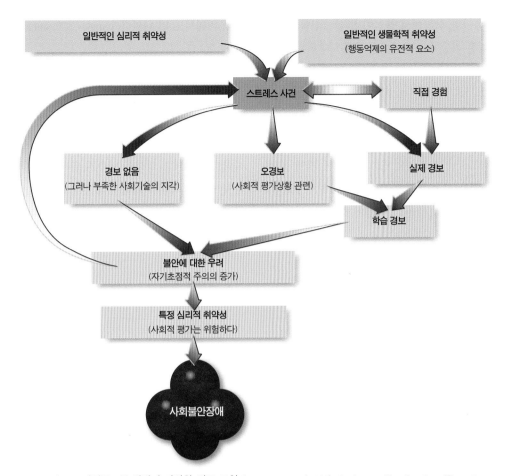

● 그림 4.8 사회공포증 발달의 다양한 경로 모형 [Barlow, D. H. (2002). *Anxiety and its disorders: The nature and treatment of anxiety and panic* (2nd ed.). New York: Guilford Press에 기초함.

형의 학습에 비해서 더 느리게 약화된다는 점을 보여줬다. Lundh 와 Öst(1996)는 사회불안장애를 가진 사람들이 여러 얼굴 사진을 본 후에 비판적인 표정을 더 잘 기억하고 있음을 보여주었다. Mogg 와 동료들(2004)은 사회불안을 가진 사람들이 정상인 사람들보다 더 빠르게 화난 얼굴을 인식하고 반면에 정상인 사람들은 수용적인 표현을 더 잘 기억함을 보여줬다(Navarrete et al., 2009). Fox와 Damjanovic(2006)은 눈 주변이 얼굴에서 특별히 더욱 위협적인 영역임을 보여줬다.

화난 얼굴에 대해 공포를 가지는 경향을 가지고 태어난 이유는 무엇일까? 우리 선조는 아마도 우리를 공격하고 죽일 수도 있는 공격적이고, 화를 내며, 지배적인 사람을 회피하였을 것이다. 모든 종들에서 사회적 위계에서 상위에 있는 지배적이고 공격적인 개체는 피한다. Jerome Kagan과 동료들(예, Kagan, 1994, 1997; Kagan & Snidman, 1999)은 일부 아동의 경우 4개월쯤 되면 나타나는, 억제나 수줍음의 기질을 타고난다는 것을 보여줬다. 이런 기질을 타고난 4개월 된 아동은 그 연령대에 적절한 자극이나 장난감이 제시되었을 때 다른 아동에 비해서 더 많이 동요하며 더 빈번하게 운다. 과도한 행

동억제 기질의 사람에게 공포증적 행동이 더 많이 나타날 가능성이 크다는 증거가 있다(Essex, Klien, Slattery, Goldsmith, & Kalin, 2010; Hirschfeld et al., 1992).

사회불안장애의 병인론 모형은 공황장애나 특정공포증의 모형과 어느 정도 유사하다. 그림 4.8에 묘사된 것처럼 사회불안장애에 이르는 세 가지의 경로가 가능하다. 첫째, 어떤 사람은 불안을 발달시키는 일반적인 생물학적 취약성이나 사회적으로 억제된 생물학적 경향성 혹은 둘 다를 타고 태어날 수 있다. 일반적인 심리적 취약성—예를 들어 어떤 사건, 특히 스트레스 사건은 잠재적으로 통제할 수 없다는 믿음—은 그 사람이 가진 취약성을 증가시킨다. 스트레스를 받을 때 그 사람은 불안해하고 자기초점적 주의를 보여, 오경보(공황발작)가 없을 때에도 수행에 방해가 되는 수준에 이른다. 둘째, 스트레스를 받을 때 어떤 사람은 사회적 상황에서 예기치 않은 공황발작을 경험할 수 있으며, 이는 이후 사회적 단서와 연합(조건화)될 수 있다. 그러면 그 사람은 동일하거나 유사한 사회적 상황에서 공황발작을 할 수 있을 것이라는 불안을 가질 수 있다. 셋째, 어떤 사람은 실제로 사회적인 외상을 경험할 수 있고 그것이 실제 경보가 될 수 있

다. 그러면 동일하거나 유사한 상황에서 불안이 발달(조건화)될 수 있다. 외상의 사회적 경험은 아동기에 경험했던 어려움과 연관될 수 있다. 초기 청소년기—일반적으로 12~15세—는 아동들이 자신의 지배성을 드러내고자 하는 다른 또래들에 의해 가장 심하게 놀림을 받는 시기이다. 이런 경험은 이후 사회적 상황에서 불안과 공황으로 이어질 수 있다. 예를 들어 McCabe, Anthony, Summerfeldt, Liss와 Swinson(2003)은 사회공포증을 가진 성인 중 92%가 아동기에 심각하게 놀림을 받거나 따돌림을 받은 경험이 있다는 것을 보여주었다. 반면 다른 불안장애를 가진 사람의 경우 그 경험이 35~50%에 그치고 있었다.

그러나 사회불안장애가 발병하기 위해서는 또 다른 하나의 요인이 필요하다. 취약성이 있고 앞서 언급한 경험을 한 사람이 성장을 하면서 사회적 평가가 위험하다는 것을 학습할 때에야 사회불안이 발달할 특정한 심리적 취약성이 형성된다. 사회불안장애를 가진 사람은 그들의 불안을 사회적 평가와 관련하여 초점을 맞추는 경향이 있다. 연구자들(Bruch & Heimberg, 1994; Rapee & Melville, 1997)은 사회공포증을 가진 환자의 부모는 공황장애 환자의 부모에 비해 사회적으로 두려움이 많고 타인의 견해에 대해서 좀 더 많이 신경을 쓰며, 이런 염려가 그들의 자녀에게 전달된다는 것을 확인하였다(Lieb et al., 2000). Fyer, Mannuzza, Chapman, Liebowitz와 Klein(1993)의 연구에 따르면 사회불안장애를 가진 사람의 친척들은 이를 발달시킬 위험성이 사회불안장애를 가지지 않은 사람의 친척에 비해서 유의하게 높은 것으로 나타났으며(16% 대 5%), 이것이 그림 4.8에 묘사된 특정한 심리적 취약성이다. 여기에서 볼 수 있듯이 생물학적 그리고 심리적 사건의 결합이 사회불안장애의 발달을 일으키는 것으로 보인다.

치료

사회불안장애 치료를 위한 효과적인 방법이 발달해왔다(Barlow & Lehman, 1996; Heimberg & Magee, 2014; Hofmann & Smits, 2008). Clark과 동료들(2006)은 치료 기간 중에 위험의 자동적 지각이 틀렸음을 입증하기 위한 실생활의 경험을 강조하는 인지치료 프로그램에 대해서 검증하였다. 이 프로그램을 통해 치료를 받은 사람의 84%에서 호전이 있었으며, 그 효과는 1년 후에도 지속되었다. 이런 결과는 어려운 조건에서도 최고였으며 이전의 다른 접근들과 비교할 때에도 유의하게 더 좋았다. 이후의 연구에서는 이 치료가 두 번째로 믿을 만한 치료인 대인관계치료에 비해서도 치료 직후와 1년 후의 결과에서 더 나았으며, 대인관계치료에 특화된 센터에서 진행된

것에 비해서도 더 나았다(Stangier, Schramm, Heidenreich, Berger, & Clark, 2011).

유사한 접근법이 저자들의 센터에서도 개발되었다(Hofmann, 2007b). 이 치료는 특별하게 이 장애를 지속시키는 다른 요인들을 초점으로 삼은 것이다. 사회불안장애가 사회적 단서에 반복적으로 노출됨에도 불구하고 지속되는 중요한 이유는 사회불안장애를 가진 사람이 거부의 위험성을 낮추기 위해서 다양한 회피와 안전행동을 하며, 이로 인해서 환자들은 다른 사람들과 상호작용을 할 때 자신들이 당혹스럽고 멍청해 보일 것이라는 파국적인 믿음을 평가할 수 있는 기회가 차단되기 때문이다. 사회적인 실수들에 대한 노출은 직접적으로 환자의 믿음을 목표로 하며, 이를 통해서 그런 실수들이 실제 어떤 결과를 낳는지 직면하게 한다. 예를 들어 만약 처음 만나서 이야기하는 사람 앞에서 뭔가를 쏟는다면 어떤 일이 일어날지를 보는 것이다(Hofmann & Otto, 2008). 집단치료로 82%가 치료를 마쳤으며, 73%의 반응률을 보였고, 이는 이후 6개월 동안 지속되었다(Hofmann et al., 2013).

저자들은 이런 프로토콜을 청소년에게도 적용하였고 집단치료 과정에서 부모를 직접 개입시켰다. 여러 연구 결과, 심각한 사회불안을 보이는 청소년이 인지행동치료를 받은 후에는 학교와 다른 사회적 상황에서 상대적으로 정상적인 기능을 보였다(Albano & Barlow, 1996; Barcia-Lopez et al., 2006). 사회불안을 가진 청소년들을 대상으로 개인과 가족기반 치료를 비교하는 여러 임상 시험이 진행되었고, 두 치료적 접근 모두 동일하게 효율적임이 확인되었으나(Barmish & Kendall, 2005), 가족기반 치료가 개인치료에 비해서 아동의 부모가 불안장애를 가지고 있을 때 더욱 나은 효과를 보였다(Kendall, Hudson, Gosch, Flannery-Schroeder, & Suveg, 2008). 최근에 있었던 장기적인 연구에서 치료의 일부에 부모 개입의 요소를 넣은 치료를 받은 청소년들이 치료 후 3년의 기간 동안 재발을 덜 하는 것으로 나타났다(Cobham, Dadds, Spence, & McDermott, 2010).

약물치료 역시 효과적임이 확인되었다(Van Amerigen, Mancini, Patterson, & Simpson, 2009). 한때 임상가들은 베타차단제(Inderal과 같이 심박과 혈압을 낮춰주는 약)가 수행불안과 같은 것에 효과가 있을 것이라고 생각하였으나, 이는 지지되지 않았다(Liebowitz et al., 1992; Turner, Deidel, & Jacob, 1994). 1999년 이래로 Paxil, Zoloft와 Effexor와 같은 SSRI 약물들이 위약에 비해 효과적이라는 연구에 근거하여서 사회불안장애에 대한 치료 약물로 미국 식약청으로부터 승인받았다(예, Stein et al. 1998).

심리치료와 약물을 비교하는 여러 연구가 진행되었다. 그 중 한 연구에서는 Clark의 인지치료와 SSRI 약물인 Prozac 그리고 사회불안

장애를 가진 환자들에게 더 자주 사회적 환경에 참여해 보라는 지시 (자기 노출)를 준 세 경우를 비교해 보았다. 세 번째 집단에는 위약과 함께 사회적 활동에 더 많이 참여해 보라는 지시를 함께 주었다. 12 주의 치료 전과 치료의 중간, 치료 직후, 그리고 3개월의 추수 기간에 측정이 이루어졌다. 그리고 최종적으로 두 치료 집단의 경우에는 12 개월 후까지 추수 회기를 가졌다(Clark et al., 2003). 그 결과 두 치료 모두 효과가 있으나 심리치료가 더 나았으며 대부분의 환자가 치료 되었고 남아 있는 증상도 거의 없었다. 또한 인지치료를 통해서 나타 난 호전은 5년 후에도 지속되었다(Mörtberg, Clark, & Bejerot, 2011).

SSRI나 관련된 약물과 심리치료를 혼합하여 사용하는 것의 유효 성에 대한 증거는 혼재되어 있다. Davidson, Foa와 Huppert(2004) 는 인지행동치료와 SSRI 모두 효과적이지만 이 둘을 혼합하는 것 이 각기 개별적인 치료에 비해 더 나은 것은 아니라는 것을 발견했 다. 몇몇의 연구에서 D-cycloserine(DCS)을 인지행동치료에 추가 할 경우 치료 효과가 증진한다는 것을 제안하였다. 쥐를 가지고 연 구를 하는 에모리대학교의 Michael Davis와 같은 신경과학자들은 DCS가 소거를 더 빠르게 하고 그것의 지속을 늘린다는 것을 발견하 였다(Walker, Ressler, Lu, & Davis, 2002). 또 다른 연구에서는 이 약물 이 공포와 불안의 학습과 망각과 관련된 뇌 구조인 편도체에 작용한 다는 것을 알려주었다. SSRI와는 달리 이 약물은 2장에서 언급한 것 처럼 글루타메이트계(glutamate system)에서 신경전달물질의 흐름 을 바꿈으로써 불안의 소거를 빠르게 하는 것으로 알려져 있다(Hof-mann, 2007a).

선택적 함구증

*DSM-5*에 와서 불안장애군에 포함된 **선택적 함구증**은 드문 아동기 장애로, 하나 혹은 그 이상의 말을 해야 하는 사회적 상황에서 말을 하지 않는 것을 특성으로 한다. 이야기를 하지 않는 것이 지식이 부 족하거나 다른 신체적인 문제 때문이 아니며, 자폐스펙트럼장애와 같이 말을 잘 하지 않거나 손상된 다른 장애 때문 또한 아니기에, 이 런 현상은 사회불안 때문에 일어나는 것으로 보인다. 사실 선택적 함 구증은 집과 같은 어떤 상황에서는 말을 잘 하며, 학교와 같은 다른 곳에서는 말을 잘 하지 않기 때문에 '선택적'이라는 용어를 쓴다. 선 택적 함구증의 진단기준에 충족되기 위해서는 말을 하지 않는 것이 한 달 이상 지속되어야 하며, 학교생활의 첫 1개월에 한정되지는 않 아야 한다. 그리고 선택적 함구증과 불안장애, 특히 사회불안장애와 높은 공존장애를 보인다는 점이 이 장애가 사회불안과 밀접하게 관 련되어 있다는 증거이다(Bögels et al., 2010). 사실 어떤 한 연구에서

는 선택적 함구증을 가진 아동의 거의 100%가 사회불안장애 진단 에 해당되기도 하였다(Dummit et al., 1997). 또 다른 최신의 연구에서 는 선택적 함구증을 가지지 않은 통제집단에 비해 이를 가진 아동이 더 사회불안이 높다는 것을 발견하기도 하였다(Buzzella, Ehrenreich-May, & Pincus, 2011). 선택적 함구증의 유병률은 아동의 경우 0.5% 이며, 여아가 남아에 비해 더 흔하다(Kumpulainen, 2002; Viana, Bei-dal, & Rabian, 2009).

왜 선택적 함구증과 같이 어떤 상황에서 다른 사회적으로 불안한 행동이 아니라 말을 하지 않는 증상이 나타나는 것일까? 이에 대해 서는 아직 명확하게 알려져 있지는 않지만, 부모가 아이들을 대신해 서 하는 행위가 이와 관련된다는 일부의 보고가 있다(Buzzella et al., 2011).

이에 대한 치료에서는 사회불안을 가진 아동들을 치료하는 데 효 과적으로 알려진 인지행동치료의 원칙을 이용하며 말하기를 더욱 강조한다. 예를 들어 저자의 클리닉 중 한 곳에서는 'The Boston University Brave Buddies Camp'라고 부르는 특별한 프로그램을 운영한다. 이것은 선택적 함구증 진단을 받았거나, 친구나 어른이 있는 사회적·학교 상황에서 말하기를 어려워하는 4~8세인 아동들 을 대상으로 한 1주일의 집중 치료 프로그램이다. 이 프로그램에서 는 새로운 아동이나 성인과 상호작용할 수 있는 기회를 제공하고, 학 교 생활과 같은 활동, 현장 학습, 사회적으로 어울리는 게임 등을 통 해서 말을 하고 자발적으로 이야기를 할 수 있도록 한다. 이런 접근 에서는 모델링, 자극 용암법(stimulus fading), 조성과 같은 행동적 개 입을 활용하며 이를 통해서 말을 하는 상황에 점차적으로 노출되게 한다. 치료에서 이런 기법들은 참여에 대한 행동보상체계와 함께 활 용된다(Furr et al., 2012; Sacks, Comer, Furr, Pincus, & Kurtz, 2011). 이 프로그램의 결과를 보면 매우 유망해 보인다. 이 프로그램에 참여한 15명의 아동 중 80%가 성공적으로 이야기를 시작하였고 2년 이후에 도 언어 표현은 지속되었다. 아쉽게도 이런 특수화된 프로그램은 현 재 이용 가능한 준비가 충분히 되어 있지는 않다.

개념 확인 4.4

아래의 내용을 읽고 다음 공포증 중 해당되는 것을 고르시오. 동일

선택적 함구증(selective mutism) 다른 상황에서는 말을 할 수 있으나 특정한 사회 상황에서 지속적으로 말을 하지 않는 것을 특징으로 하는 발달장애.

공포증이 하나 이상에 답이 될 수 있다. (a) 혈액-주사-손상 (b) 고소 (c) 동물 (d) 사회 (e) 자연환경 (f) 기타

1. 마크는 학교에서 친구가 없고 점심시간과 쉬는 시간에 화장실에 숨는다. _____
2. 데니스는 폭풍을 두려워하고 이를 완강하게 회피한다. 바다에서 유람선 여행을 처음 하였을 때에는 깊은 물에 대해서도 두려워하였다. _____
3. 리타는 동물원에서 곤충을 보게 되자 편안했던 마음이 갑자기 공포스러워졌다. _____
4. 아만도는 생선 먹는 것을 즐겼으나, 생선 가시에 숨이 막힐 것을 지나치게 두려워한다. _____
5. 존은 피를 보고 겁에 질려 외과 의사가 되는 꿈을 포기하여야 했다. _____
6. 레이첼은 사람들 앞에서 강연을 하는 벌이가 좋은 직업을 포기하고 그 대신 낮은 임금의 사무직을 선택하였다. _____
7. 파라는 뱀을 두려워하였기에 시골에 사는 친구를 방문할 수 없었다. _____

외상 및 스트레스 관련 장애

*DSM-5*에서는 스트레스 생활 사건이나 극도의 스트레스 사건 혹은 트라우마 사건 이후에 발생하는 장애들을 하나의 군으로 통합하였다. 이들 장애군이 **외상 및 스트레스 관련 장애**이며, 여기에는 아동기의 부적절하거나 학대하는 양육에 뒤따르는 애착장애, 스트레스 사건 후에 나타나는 지속적인 불안과 우울을 특징으로 하는 적응장애, 외상에 따른 반응인 외상후 스트레스장애와 급성 스트레스장애가 포함된다. 이 영역의 연구자들은 이 장애들이 이전에 가정했던 것처럼 불안장애군과 같은 다른 장애군에는 잘 맞지 않는다고 결론을 내렸다. 외상 및 스트레스 관련 장애는 모두 스트레스 사건에 따른 격렬한 정서적 반응이라는 것을 공유한다. 공포와 불안에 더해서 격노, 경악, 죄책감, 수치심과 같은 다양한 정서가 특히 외상후 스트레스장애 발병에 관련되어 있다(Friedman et al., 2011; Keane, Marx, Sloan, & DePrince, 2011). 외상후 스트레스장애부터 함께 살펴보도록 하자.

외상후 스트레스장애

▶ 외상후 스트레스장애의 필수적인 요소와 가능한 원인은 무엇인가?
▶ 외상후 스트레스장애에 어떤 치료적 접근이 가능한가?

최근 들어 다양한 외상 사건 후에 발생하는 심각하고 지속적인 정서장애에 대해서 많이 언급되어 왔다. 미국의 경우 21세기에 있었던 아마도 최악의 외상 사건은 이라크와 아프가니스탄에서 있었던 전쟁과 2001년 9월 11일에 있었던 테러 공격 그리고 (2012년에 있었던 Hurricane Sandy와 같은) 허리케인이었다. 신체적 공격(특히 강간), 자동차 사고, 자연재해나 사랑하는 사람의 급작스런 죽음 후에는 정서장애가 나타날 수 있다. **외상후 스트레스장애**(PTSD)는 이들 장애 중 가장 잘 알려진 것이다.

임상적 기술

*DSM-5*에서 PTSD에 해당되는 사건은 죽음이나 죽음에 대한 위협, 심각한 상해 또는 위협, 성폭행 또는 그 위협을 경험하거나 목격하는 것과 같은 외상 사건에의 노출이다. 외상 사건이 친밀한 가족이나 친구에게 일어나거나 외상 사건에 지속적으로 반복해서 자세히 노출되는 것(테러로 인한 변사체 처리의 최초 대처자)도 또한 그 상황에 해당된다. 그 후에 피해자가 기억이나 악몽을 통해서 그 사건을 재경험한다. 기억이 강렬한 정서와 함께 갑작스레 나타날 때에 피해자들은 그 사건 속에 다시 있는 것과 같은 느낌을 갖게 되며 플래시백을 경험한

다. 피해자는 외상을 회상시키는 것들을 회피하려고 한다. 그들은 종종 정서적 반응성이 제한되거나 마비되기도 하며, 이는 대인관계에 방해가 될 수 있다. 그들은 때때로 그 사건의 일부를 기억할 수 없기도 하다. 피해자가 공황장애를 가진 사람처럼 정서 경험 그 자체를 무의식적으로 회피할 수 있으며, 이는 강렬한 정서가 외상의 기억을 가져오기 때문이다. 마지막으로 피해자는 일반적으로 만성적인 각성을 보이고, 쉽게 놀라며, 화를 쉽게 낸다.

*DSM-5*에서 새로운 것은 각성과 반응성 증가의 한 징후로서 PTSD의 E 기준에 '무모하거나 자기파괴적 행동'이 덧붙여진 것이다. 또한 *DSM-5*에서 새로운 것은 재경험하거나 과도한 각성이라는 PTSD의 특성의 반응을 보이지 않는 피해자인 '해리'의 하위유형을 덧붙였다는 것이다. 해리를 경험하는 PTSD를 가진 사람은 일반적인 사람에 비해 덜 각성을 보이며 비현실감의 (해리된) 느낌을 가진다(Wolf, Lunney, et al., 2012; Wolf, Miller, et al., 2012). PTSD의 해리 하위유형 진단기준에 해당될 경우 그 사람은 치료에 대한 반응이 어느 정도 다르다(Lanius, Brand, Vermetten Frewen, & Spiegel, 2012).

저자들의 클리닉에 방문한 존스 가족의 사례에 대해서 고려해 보자.

존스 ● 한 명의 피해자, 수많은 외상

베티 존스 씨와 그녀의 네 자녀들은 친구를 만나기 위해 농장에 도착하였다. (존스씨는 일을 하고 있었다.) 제프는 8세로 첫째였다. 마시, 캐시, 수전은 각각 6, 4, 2세였다. 어머니인 존스 씨는 길가에 차를 대놓고 모두가 뜰을 가로질러 문을 향해 가고 있었다. 갑자기 제프는 집 근처 어딘가에서 으르렁거리는 소리를 들었다. 다른 사람에게 이에 대해서 이야기하기도 전에 큰 독일 세퍼드가 6살인 마시를 덮치고 땅에 눕혀 얼굴을 물어뜯었다. 가족들은 너무 놀라 움직일 수 없었고 무기력하게 그 광경을 목격하였다. 영원한 것 같던 시간이 지난 후 제프는 개에게 달려갔고 그 개는 물러났다. 개 주인은 놀란 상태에서 도움을 구하러 주변의 집으로 달려갔다. 존스 씨는 즉시 피를 멈추기 위해 마시의 얼굴 상처 부위를 눌렀다. 개 주인은 개를 수습하는 것을 소홀히 했고 개는 놀란 가족들로부터 가까운 거리에서 으르렁거리고 짖었다. 개는 저지되었고 마시는 병원으로 급히 향했다. 마시는 발작적으로 반응하여 응급의학과 의사가 상처를 꿰매기 위해서 결박해야 했다.

마시에게 PTSD가 발병했을 뿐 아니라 그녀의 8세된 오빠에게도 발병했다는 점에서 이 사례는 흔치 않다. 게다가 4세인 캐시와 2세인 수전도 매우 어리지만 증상을 보였고 엄마도 그러했다(표 4.5 참

표 4.5 마시와 형제자매들에서 나타난 PTSD 증상

증상	제프	마시	캐시	수전
외상을 주제로 반복되는 놀이		O	O	O
악몽	O	O	O	O
재경험	O			
유사한 자극에 노출될 때의 불쾌감	O	O	O	O
외상에 대해서 이야기하는 것을 회피	O	O		
외상 회상에 대한 회피				
퇴행 행동	O	O		
분리	O	O		
제한된 감정	O	O		
수면 장해	O	O	O	O
분노 폭발	O	O		
과경계	O	O		
놀람 반응	O	O		
DSM-III-R PTSD 진단기준에 충족 여부	O	O		

출처: Albono, A. M., Miller, P. P., Zarate, R., Côté, G., & Barlow, D. H. (1997). Behavioral assessment and treatment of PTSD in prepubertal children: Attention to developmental factors and innovative strategies in the case study of a family. Cognitive and Behavioral Practice, 4, 245~262에 기초함.

고)(Albano, Miller, Zarate, Côté, & Barlow, 1997). 제프는 전형적인 생존자 죄책감 증후군을 보이며, 마시를 구했어야 했거나 최소한 마시와 개 사이에 있어야 했다고 이야기했다. 제프와 마시는 모두 발달적으로 퇴행하여 이불에 소변을 지렸으며(야간 유뇨증), 악몽과 분리 공포를 경험하였다. 묶여서 국소 마취와 봉합 수술을 받은 마시는 다른 의학적 절차도 두려워하였으며, 손톱을 다듬거나 목욕을 하는 일상의 활동조차도 두려워하게 되었다. 게다가 이전에는 그녀가 좋아했던 이불 속에 폭 들어가는 것도 거부하였으며, 이는 아마도 병원이 상기되었기 때문인 것 같았다. 제프는 손가락을 빨기 시작하였고 이는 오랫동안 없었던 행동이었다. 극심한 분리불안과 함께 이런 행동들은 어린 아동들에게 흔한 것이다(Eth, 1990; Silverman & La Greca, 2002). 4세인 캐시는 검사에서는 상당한 공포와 회피가 관찰되었으

외상 및 스트레스 관련 장애(trauma- and stressor-related disorder) 스트레스 사건(예, 외상 경험, 주요 생활 스트레스, 아동기 방임)이 그 원인인 것으로 분류되는 정신장애군.

외상후 스트레스장애(posttraumatic stress disorder, PTSD) 외상 사건에 노출된 후의 지속적이고 심각한 정서장애. 희생자는 외상을 재경험하고 그와 관련된 자극을 회피하며 무감각한 반응을 보이고 경계와 각성이 증가된다.

외상후 스트레스장애의 양상은 다음과 같다.

A. 실제 혹은 위협적인 죽음, 심각한 부상, 성폭력에 다음과 같은 방식 중 하나(혹은 그 이상)의 방식으로 노출되었다. 외상 사건을 직접 경험하거나 목격함, 심각한 폭력 혹은 사고 경험이 가까운 친척이나 친구에게 발생했다는 것을 알게 됨. 외상 사건의 혐오스런 세부 내용에 대해서 반복적으로 노출(예, 변사체 처리의 최초 대처자).

B. 외상 사건과 관련된 다음의 침습 증상 중 하나(혹은 그 이상)가 현존한다. (1) 외상 사건의 반복적, 불수의적, 침습적인 고통스런 기억, (2) 외상 사건과 관련된 반복적인 고통스런 꿈, (3) 마치 외상 사건이 재현되는 것과 같이 느끼거나 행동하는 것 같은 해리 반응, (4) 내부, 외부적으로 외상 사건을 생각나게 하는 것에 노출되었을 때 느끼는 현격한 심리적, 생리적 고통

C. 외상 사건이 발생한 이후에 외상 사건과 관련된 자극을 지속적으로 회피하는 것이 다음 중 하나 혹은 둘 모두에서 나타난다. (1) 외상 사건이나 혹은 그것과 밀접하게 관련된 것에 대한 고통스런 기억, 생각, 감정이나 대화를 회피하거나 회피하고자 노력함, (2) 외상 사건이나 혹은 그것과 밀접하게 관련된 것에 대한 고통스런 기억, 생각, 감정을 불러일으키는 외부적 요소들을 회피하거나 회피하고자 노력함.

D. 외상 사건이 발생한 이후에 외상 사건과 관련된 인지와 기분에서 부정적인 변화가 시작되거나 악화된 현상이 다음 중 둘 이상에서 나타난다. (1) 외상 사건의 중요한 측면을 기억할 수 없음, (2) 자신, 타인 혹은 세상에 대한 지속적이고 과장된 부정적 믿음이나 기대를 보임, (3) 자신이나 타인을 비난하게 만드는 외상 사건의 원인이나 결과에 대해 지속적으로 왜곡된 인지를 보임, (4) 지속적으로 부정적인 감정의 상태, (5) 흥미나 중요한 활동에 대한 현저한 감소, (6) 타인과 멀어지거나 소원해지는 느낌, (7) 긍정적인 감정을 지속적으로 경험할 수 없음.

E. 장애의 기간이 1개월 이상이며, 이것이 사회적, 직업적 혹은 중요한 영역에서의 기능에 임상적으로 유의한 고통을 주거나 손상을 준다.

출처: American Psychiatric Association. (2013). *Diagnostic and statistical manual of mental disorders* (5th ed.). Washington, DC.

월 이내에 사라지기 때문에 PTSD 진단은 외상 사건이 발생한 후 1개월 이내에는 할 수 없다. 지연되어 발생하는 경우에는 외상 직후 혹은 몇 개월간 증상이 거의 없지만 최소 6개월이 지난 후 그리고 아마도 몇 해 후에 PTSD가 완전히 발달한다(O'Donnell et al., 2013). 왜 일부 사람들에게 지연되어 발병하는지에 대해서는 분명하지는 않다.

앞서 언급했던 것처럼 PTSD는 외상 발생 후 한 달이 지나기 전까지는 진단할 수 없다. *DSM-IV*에서 **급성 스트레스장애**라는 장애가 소개되었다. 이것은 PTSD와 매우 유사하지만 외상 발생한 후 첫 한 달 동안에 발생한 경우에 진단된다. 이는 다른 이름을 사용하여서 일부 사람들이 즉각적으로 가지는 심각한 반응임을 강조하였다. 최근의 연구에 따르면 급성 스트레스장애를 가진 사람의 약 50% 정도가 PTSD로 진행되었다(Bryant, 2010; Bryant, Friedman, Spiegel, Ursano, & Strain, 2011). 그러나 이런 연구는 또한 외상 생존자들 중 약 52% 정도는 외상 사건 이후 한 달 동안 급성 스트레스장애의 진단기준에 해당되지 않지만 PTSD로 진행된다는 것을 보여준다(Bryant et al., 2011). 외상에 대해 심각한 반응을 보이는 사람들에 대해서 진단될 만한 것이 없었고 그래서 보험 적용을 받을 수 없었기에 급성 스트레스장애가 *DSM-IV*에 포함되었다. 앞서 기술한 연구를 통해서 외상 사건에 대해 심한 반응을 보였던 사람들은 크게 충격을 받았으며, 치료를 통해서 도움을 받을 수 있었다는 것을 확인하였다. 그러나 이런 초기 반응은 PTSD로 진행될지의 여부를 판단하는 데 특별히 좋은 예측 변인은 아니다.

통계

많은 연구들에서 외상 피해자들의 PTSD 유병률이 주목할 정도로 낮음을 보여주고 있다. 고전적인 연구에서 Rachman은 2차 세계대전 당시 생명에 위협을 주는 수많은 공습을 견뎌낸 영국 시민들에 대해서 언급한 바 있다. 그는 "일반적으로 대중들이 공포에 사로잡혔을 것이라는 기대와는 달리 대부분의 사람은 공습을 매우 잘 견뎌냈다. 반복적인 폭격에 대한 노출은 정신과적인 장애들을 유의하게 증가시키지 않았다. 짧은 시간 동안 공포 반응은 일반적이었으나 놀랍게도 지속적인 공포 반응은 거의 나타나지 않았다"(Rachman, 1991, p. 162). 유사한 결과들 역시 이어지는 재앙적인 화재, 지진, 홍수 등의 고전적 연구들에서도 관찰되었다(예, Green, Grace, Lindy, Titchener, & Lindy, 1983).

이라크와 아프가니스탄 전쟁에 참여했던 참전군인들을 대상으로 한 PTSD 유병률에 대한 대규모 조사들이 이루어졌다. 베트남 전쟁의 경험에 근거하여 군정신건강 전문가들은 PTSD의 비율이 30%

나 아동심리학자가 행한 인터뷰에서는 그런 문제를 부인하였다. 2세 아동인 수전은 표 4.5에 제시된 바와 같은 증상을 보였으나 너무 어려서 이를 이야기할 수는 없었다. 그러나 그 외상이 발생한 몇 달 후 어떤 촉발 요인도 없이 "멍멍이가 언니를 물었어"라고 반복해서 이야기하였다.

사람들이 스트레스 사건에 대해서 경험하는 강한 반응은 흔히 1개

나 그 이상이 될 것이라고 매우 염려하였다(McNally, 2012b). 다행히도 결과는 예상했던 것보다는 끔찍하지는 않았다. 47,000명 이상의 야전군인들을 대상으로 한 연구에서 4.3%에서만 PTSD가 발생하였다. 전투에 노출된 경험이 있는 사람은 7.6%에 달한 반면, 전투 경험이 없는 경우는 1.4% 정도였다(Smith et al., 2008). 물론 지난 10년간 많은 수의 군인들이 전장에 나갔으며, 여전히 많은 숫자의 군인들이 PTSD로 고생하고 있다. 그럼에도 불구하고 지난 전쟁들에 비해서 이들 참전군인들은 상대적으로 나은 탄력성을 보이고 있으며, 이는 PTSD에 대해서 그만큼 많이 인식하게 되었고 조기에 신속하게 이에 대한 치료를 할 수 있었던 것에 기인한다.

인구 전체로 보았을 때 6.4% 정도가 생애 중 어느 한 순간에 PTSD를 경험하는 것으로 보고되었으며(Kessler, Berglund et al., 2005), 3.5%는 지난 한 해 동안 이를 경험하였다(Kessler et al., 2012). 이런 대규모 조사 연구에 근거하여 Breslau(2012)는 PTSD의 가장 높은 비율은 강간, 억류, 고문이나 납치의 경험이나 심하게 공격받은 경험임을 보고하였다. 더욱 비극적인 것은 반복되는 성폭행을 경험한 여성의 PTSD 비율이다. 피해자가 아닌 경우와 비교해 보았을 때 한 차례의 성폭행을 경험한 여성의 PTSD 비율은 2.4~3.5배 높았으며, 여러 차례 경험한 경우는 4.3~8.2배였다(Walsh et al., 2012).

런던에서 폭격을 견뎌야 했던 시민들의 낮은 PTSD 유병률과 공격, 폭력의 희생자에게 상대적으로 높은 유병률이 나타난 차이는 어떻게 설명될 수 있을까? 연구자들은 공습 동안 많은 사람들은 죽음과 공격의 공포를 직접적으로 경험하지는 못하였을 것이라 결론 내렸다. 외상에 대해 직접적으로 노출되는 것은 이 장애가 발달하는 데 필수적인 것 같다(Friedman, 2009; Keane & Barlow, 2002). 18.7%에서 PTSD가 발병한 베트남 참전군인들의 경우에도 유병률은 전투에 노출된 정도와 직접적으로 관계된다는 것이 또 다른 증거이기도 하다(Dohrenwend, Turner, & Turse, 2006). 2005년 허리케인 카트리나의 피해자인 76명을 대상으로 한 연구에서도 그 위험에 직접적으로 노출된 정도에 따라 심각한 정신질환이 두 배에 이른다고 보고되었다(Kessler, Galea, Jones, & Parker, 2006). 외상 사건에 대한 근접성과 PTSD 발달 간의 관계는 9/11 참사를 통해서도 확인된다. Galea와 동료들(2002)은 맨하탄 110번가 남쪽에 살고 있는 성인들의 대표적인 표본들을 대상으로 조사하였으며, 급성 스트레스장애나 PTSD에 해당하는 증상을 가지고 있는 사람이 7.5%임을 확인하였다. 그러나 그 응답자들 중 세계무역센터(Canal Street의 남쪽)에 가까이 살고 있던 사람의 경우 이 장애의 유병률은 20%였다. 이것은 그 재앙을 개인적이고 직접적으로 경험한 사람들이 가장 영향을 받는 것이라는 점을 다시 한 번 보여준다.

그러나 이것이 전부일까? 그렇지는 않은 것 같다. 일부 사람들은 상상할 수 있는 가장 극심한 외상을 경험하고도 심리적으로 건강하다. 또한 일부 사람들에게는 상대적으로 덜 심각한 스트레스 상황도 장애가 발생하기에 충분하기도 하다. 어떻게 이럴 수 있는지를 이해하기 위해서는 PTSD의 병인론을 고려해야만 한다.

원인

PTSD는 최소한 촉발되는 사건이 무엇인가를 안다는 차원에서 보면 그 원인에 대해서 알고 있는 장애이다. 외상을 경험하는 누군가에게 그 장애는 발생한다. 그러나 그 사람에게 PTSD가 발생하는지의 여부는 생물학적, 심리적, 사회적 요인들이 관여되는 복잡한 과정이다. 노출된 폭력성의 정도가 PTSD의 발병에 영향을 준다는 것은 알려져 있지만(Dohrenwend et al., 2006; Friedman, 2009), 이것이 그 모든 것을 설명할 수는 없다. 극단적인 예를 본다면 베트남전에서 전쟁포로의 67%에게서 PTSD가 발생하였다(Foy, Resnick, Sipprelle, & Carroll, 1987). 이는 오랜 시간 동안 결핍되고 고문을 받았던 사람의 33%에게서는 그 장애가 발생하지 않았다는 것을 의미한다. 그 대표적인 예가 상원의원인 John McCain이다. 유사하게, 심각한 화상을 입은 아동은 그 화상의 심각도와 그로 인한 통증의 정도에 따라 PTSD가 발생하는 경향이 있다(Saxe et al., 2005). 외상의 수준이 낮을 때 대부분의 사람은 발병하지 않지만, 일부 사람에게는 PTSD가 발생한다. 이런 차이를 어떻게 설명할 수 있을까?

다른 장애들에서처럼 일반적인 생물학적, 심리적 취약성으로 이를 설명해 볼 수 있다. 취약성이 높을수록 PTSD 발생 가능성은 더 높아진다. 만약 어떤 특성이 가족 내에 있다면 이 장애 발생의 가능성은 더 높아진다. 불안에 대한 가족력은 PTSD 발병의 일반적인 생물학적 취약성을 시사한다. True와 동료들(1993)은 동일하게 전투에 노출되고 쌍둥이 중 한 명이 PTSD가 발병한 경우에 이란성 쌍둥이보다 일란성 쌍둥이에게 PTSD 발병이 더욱 많다는 것을 발견하였다. 일란성 쌍둥이의 증상 간 상관은 .28~.41인 반면 이란성 쌍둥이는 .11~.24였으며, 이는 PTSD 발병에 유전자의 영향이 어느 정도 있음을 시사한다. 그럼에도 불구하고 다른 장애들과 마찬가지로 유전자가 직접적인 PTSD의 원인인 것은 아니다(Norrholm & Ressler, 2009). 그보다는 2장에서 언급한 스트레스-취약성 모형이 의미 있는 것으로 보인

급성 스트레스장애(acute stress disorder) 외상 사건 직후에 심각한 반응을 보이는 것으로 흔히 사건에 대한 기억상실, 정서적 마비, 비현실감 등이 포함된다. 많은 피해자들에게서 이후 PTSD로 진행한다.

다. 즉 유전적 요인으로 인해 한 개인은 쉽게 스트레스를 받거나 불안해지고, 이것으로 인해 외상 경험이 PTSD 발생으로 이어질 가능성이 더 큰 것이다(Uddin, Amstdter, Nugent, & Koenen, 2012).

2008년 Northern Illinois University에서 있었던 교내 총기 사고를 목격한 여대생을 대상으로 한 최근의 연구에서 이를 보여준다. 모든 사람이 동일한 외상 경험을 하였으나 2장에서 우울의 가능성을 증가시키는 것으로 언급된 두 짧은 대립 유전자가 관련된 세로토닌 전달체 유전자와 같은 특징이 총격에 대한 노출의 정도와 같은 다른 변인을 통제하고도 그 사건 후에 경험하는 급성 스트레스 증상의 정도를 증가시키는 것으로 나타났다(Mercer et al., 2012). Wang 등(2011)은 참전군인들에게서도 동일한 유전적 위험 요인을 확인하였다.

Breslau, Bavis와 Andreski(1995; Breslau, 2012)는 무선 표집한 1,200명을 대상으로 불안 경향성 같은 특성과 교육 수준 같은 요인이 외상 사건에 얼마나 노출될지와 그에 따른 PTSD 발병을 예측할 수 있음을 보였다. Breslau, Lucia와 Alvarado(2006)는 이런 연구를 정교화하였다. 그들은 외현화 행동 문제를 가지고 있는 6세 아동들은 아마도 행동화를 더 많이 하기 때문에 외상(공격과 같은 것)을 더 많이 접하게 되며 이로 인해 이후 PTSD 발생이 더 많다는 것을 보였다. 지능이 높을수록 이와 같은 외상 사건에 대한 노출이 더 줄어들었다. 다시 말하면 일부 유전적으로 타고나는 성격과 다른 특성은 사람들이 외상 사건이 발생하는 그 상황에 있게 되는지에 영향을 주는 방식으로 외상 경험을 할 것인가에 영향을 줄 수 있다(Norrholm & Ressler, 2009).

그리고 다른 장애들에서 기술한 것과 같이 초기 경험에 근거한 예측불가능하거나 통제할 수 없는 상황에 대한 일반적인 심리적 취약성이 있는 것 같다. Foy와 동료들(1987)은 그들이 연구했던 전쟁포로와 같은 경우 대부분(67%)에게서 PTSD가 발생했기에 이와 같이 높은 수준의 외상에서는 이런 취약성이 크게 영향을 미치지 않는다고 보았다. 그러나 낮은 수준의 스트레스나 외상의 경우에는 장애의 발생 여부에 취약성이 크게 영향을 줄 수 있다. 가족 불안정성은 세상이 통제 불가능하고 잠재적으로 위협적인 공간이라는 느낌을 갖게 만드는 한 요인이기에(Chorpita & Barlow, 1998; Zuarex et al., 2008), 만약 외상을 경험하였을 경우 불안정한 가족에 있다는 것이 PTSD 발생의 위험성을 증가시키는 것이라는 점은 놀랍지 않다. 가족 불안정성은 1,600명 이상

의 남녀 베트남 참전군인을 대상으로 한 연구에서 PTSD 발생과 관련한 전쟁 전 위험요인이라는 점이 밝혀졌다(King et al., 1996; 2012).

마지막으로 PTSD 발생에 사회적 요인이 주요한 역할을 한다(King et al., 2012; Ruzek, 2012). 많은 연구들에서 주변에 지지적인 집단이 있을 경우 외상 후에 PTSD 발생 가능성은 줄어든다는 점을 발견하였다(Friedman, 2009). 한 연구에서 Vernberg, La Graca, Gilverman과 Prinstein(1996)은 허리케인 Andrew가 플로리다 남부 해안을 치고난 3개월 후에 568명의 초등학생들을 대상으로 조사를 하였다. 55% 이상의 아동들이 중등도에서 심각한 수준의 PTSD 증상을 호소하였으며, 이는 이런 형태의 재난에서 전형적인 결과이다(La Greca & Prinstein, 2002). PTSD 증상이 발생하고 그렇지 않은 것에 영향을 준 것이 무엇인지를 확인한 연구자들의 조사에 따르면 부모, 친구, 급우와 교사로부터의 사회적 지지가 중요한 보호요인이었다. 유사하게 적극적인 문제 해결과 같은 긍정적인 대처 전략이 보호 요인이었으며 반면에 화를 내거나 타인을 비난하는 것은 높은 수준의 PTSD와 관련이 있었다. 사회적 지지의 관계망이 넓고 깊을수록 PTSD 발생의 가능성은 낮아졌다. 2004년 허리케인 Charley가 플로리다를 치고 간 9개월과 21개월 후에 아동들을 대상으로 조사한 결과에서도 사회적 지지가 강할수록 외상후 스트레스 증상의 지속성을 줄인다는 점을 재확인하였다(La Greca, Silverman, Lai, & Jaccard, 2010).

이런 이유가 무엇일까? 2장에서도 보았듯이 우리는 사회적 동물이고 우리 주변에 사랑하고 도움을 주는 사람들이 있다는 것은 스트레스에 대한 생물학적, 심리적 반응에 직접적으로 영향을 미친다. 많은

Andy Nelson/The Christian Science Monitor/Getty Images

▲ 외상 사건에 대한 노출로 인해 극심한 공포와 무력감이 일어날 수 있다. PTSD로 고생하는 사람은 공포스러운 사건을 비자발적으로 다시 느끼는 플래시백과 같은 현상을 통해 그때의 감정을 재경험하기도 한다.

연구에서 사랑하는 사람으로부터 받는 지지는 스트레스 상황에서 아동의 코르티솔의 분비와 시상하부-뇌하수체-부신피질(HPA) 축의 활동을 낮춘다(예, Nachmias, Gunna, Mangelsdorf, Parritz, & Buss, 1996). 이라크와 아프가니스탄전에 비해서 베트남 참전군인에게서 PTSD 유병률이 높은 하나의 이유는 전장으로부터 돌아왔을 때 사회적 지지가 부재했던 것일 수 있다.

PTSD는 많은 신경생물학계, 특히 2장과 3장의 초반부에 언급한 바와 같이 HPA의 증가된 활동을 나타내는 부신피질자극호르몬 방출인자의 증감과 관련이 있다(Amat et al., 2005; Yehuda, Pratchett, & Pelcovitz, 2012). HPA 축과 연관된 만성적인 각성과 PTSD의 다른 증상들은 뇌 기능과 구조 변화에 직접적으로 관련되어 있다(Brenner, 1999; McEwen & Magarions, 2004). 예를 들어 전쟁과 관련된 PTSD를 가진 환자 집단(Gurvits et al., 1996; Wang et al., 2010), 아동기 성적 학대를 받았던 성인(Bremner et al., 1995), 그리고 극심한 외상에 노출된 소방관(Shin et al., 2004)에게서 해마의 손상이 발견되기도 하였다.

해마는 HPA 축을 조절하고 학습과 기억에 중요한 역할을 하는 뇌의 부분이다. 따라서 해마에 손상이 있을 경우 학습과 기억에서의 문제뿐 아니라 지속적이고 만성적인 각성이 있을 것이라 생각할 수 있다. 이런 기억 손상이 PTSD를 가지지 않은 홀로코스트 생존자 혹은 건강한 성인 유대인과 비교할 때 홀로코스트의 생존자 중 PTSD를 가진 사람들과 걸프 전쟁의 참전군인에게서 나타났다는 증거가 있다(Goiler et al., 2002).

이전에 공황발작이 부적절한 때에 일어나는 적응적인 공포 반응임을 기술한 바 있다. 공황발작이라는 '경보 반응'이 공황장애와 PTSD에서 모두 유사하지만 공황장애에서는 그것이 오경보이다. PTSD에서는 초기 경보는 위험이 실재한다는 점에서 사실이다(Jones & Barlow, 1990; Keane & Barlow, 2002). 만약 그 경보가 충분히 심각하다면, 외상을 상기시키는 단서에 대한 조건화된 혹은 학습된 경보가 발달할 것이다(예를 들어 이불 안으로 들어가는 것이 마시에게 응급실의 침상을 상기시켰다)(Lissek & Grillon, 2012). 또한 부가적으로 통제 불가능한 정서 경험의 가능성에 대한 불안이 발전할 수 있다(예를 들면 PTSD에서 흔한 플래시백). 불안이 발달할 것인가의 여부는 부분적으로 취약성에 달려 있다. 이와 같은 PTSD의 병인론은 그림 4.9에 제시되었다.

치료

심리학적 관점에서 보았을 때, 이 장애의 악영향을 극복하기 위해서는 PTSD 희생자는 실제 외상에 직면하고, 강렬한 정서를 거치며, 효과적인 대처 방법을 발전시켜야 할 것이라는 점에 대해서 대부분의 임상가는 동의한다(Beck & Sloan, 2012; Najavits, 2007; Monson, Resick, & Rizvi, 2014). 정신분석 치료에서는 정서적 고통을 경감시키기 위해 정서적 외상을 재경험하는 것을 카타르시스라고 부른다. 그것이 외상적이기보다는 치료적이기 위한 재경험을 마련하는 것이다. 특정공포증의 대상과는 다르게 외상 경험은 다시 만들어내기가 어렵고 어떤 치료자도 그것을 원치는 않는다. 그러므로 외상의 내용 그리고 그것과 연관된 정서를 체계적으로 실행하는 상상 노출이 다양한 이름하에 수십 년간 활용되었다. 현재 청소년이나 성인을 대상으로 이와 같은 목적을 위해서 가장 일반적인 전략은 치료 장면에서 피해자들로 하여금 외상 경험에 대한 이야기를 기술하게 하고 그것에 대해서 집중적으로 검토해 보는 것이다. 외상에 대한 부정적인 가정—예를 들어 어떤 방식으로든 자신을 비난하고 죄책감을 느끼는 것—을 수정하는 인지치료는 종종 치료의 일부가 된다(Najavits, 2007; Monson et al., in press).

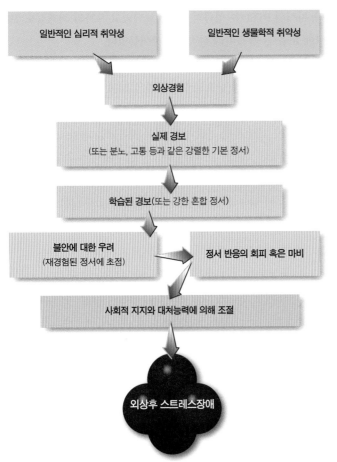

● 그림 4.9 PTSD 원인 모형 [Barlow, D. H. (2002). *Anxiety and its disorders: The nature and treatment of anxiety and panic* (2nd ed.). New York: Guilford Press에 기초함]

또 달리 복잡한 것은 외상 피해자는 종종 그 사건의 기억과 관련한 정서적 측면 혹은 때로는 기억 자체를 억압하는 것 같다. 이는 자동적이고 무의식적으로 일어난다. 때때로 치료에서 기억이 되돌아와서 환자는 극적으로 그 상황을 재경험한다. 이것이 환자와 치료자 모두에게 두려운 것이기는 하지만 이를 적절하게 다루기만 한다면 치료적일 수 있다. 외상 직후 될 수 있으면 빨리 치료를 필요로 하는 사람들에게 빠르고 구조화된 개입이 진행되면 PTSD의 진행을 막는 데 도움이 된다는 증거가 최근에 축적되고 있으며(Ehlers et al., 2003; Kearns, Ressler, Zatzick, & Rothbaum, 2012), 이런 예방적인 심리적 접근은 약물치료보다 더 효과적인 것 같다(Shalev et al., 2012). 예를 들면 Ehlers와 동료의 연구(2013)에서 끔찍한 교통사고를 경험하여 PTSD 발생의 위험에 있는 환자들 중 12 회기의 인지치료를 받은 경우에는 11%에서만 PTSD가 발생하였으며, 스스로 대처할 수 있도록 하는 책자를 받은 집단은 61%, 시간이 지남에 따라 치료 없이 단순히 평가만을 반복한 집단의 경우에는 55%가 발병하였다. 그리고 난 후에는 필요로 하는 모든 환자는 인지치료를 받았다. 한편 외상 피해자들에게 자신의 감정을 드러내게끔 하는 단일 보고 회기의 심리경험 사후 보고(debriefing)를 실시한 경우에는 오히려 해로웠다는 증거도 있다(Ehlers & Clark, 2003).

개에게 물렸던 여아였던 마시와 오빠는 클리닉에서 동시에 치료를 받았다. 주요한 어려움은 마시가 의사 진료를 보지 않으려 하거나 신체 검진을 받으려 하지 않은 것이었으며, 그런 경험은 거의 없는 것에서 매우 심한 것에 이르기까지 다양하였다(표 4.6 참고). 마시를 약간 불안하게 하는 것은 맥박을 재는 것과 검진을 위해 눕는 것이었다. 가장 문제가 극심한 것은 결박되는 것이었다. 먼저 마시는 오빠가 그런 과정을 경험하는 것을 관찰하였다. 마시의 극심한 공포 때문에 오빠는 결박되는 것에 대해 불안해 하기는 하였으나 이런 과정을 두려워하지 않았다. 오빠가 두려움 없이 그것을 경험하는 것을 관찰한 후에 마시는 한 번 해 보았다. 그 과정을 다 거친 후에 치료자는 그 과정에 있었던 그녀의 즉석 사진을 찍었다. 마시에게는 그 상황에 대해서 그림을 그리게 하였다. 치료자와 그녀의 가족은 각 과정을 실행할 때마다 따뜻하게 축하해 주었다. 마시의 나이 때문에 외상적인 의학적 절차에 대한 기억을 상상하게 하지는 않았다. 그래서 치료의 과정에서는 상황에 대한 현재의 지각을 바꿔주는 경험을 하게 하

표 4.6 마시의 공포와 불안의 위계

	치료 전 공포 평정	치료 후 공포 평정
결박되는 것	4	0
심전도 측정	4	0
흉부 X-ray 촬영	4	0
의사가 청진기로 심장을 청진하는 것	3	0
검사를 위해 눕는 것	3	0
사고로 상처를 입은 후 목욕하는 것	3	0
치료자가 상처에 밴드를 붙이는 것	2	0
치료자가 청진기로 심장을 청진하는 것	1	0
맥박을 재는 것	1	0
치료자가 혀를 누르는 기구를 이용해 목을 검사하는 것	1	0

출처: Albono, A. M., Miller, P. P., Zarate, R., Côté, G., & Barlow, D. H. (1997). Behavioral assessment and treatment of PTSD in prepubertal children: Attention to developmental factors and innovative strategies in the case study of a family. Cognitive and Behavioral Practice, 4, 254.

였다. 마시의 PTSD는 성공적으로 치료되었고 오빠의 죄책감도 그녀 치료에 도움을 줌에 따라 현격하게 줄어들었다.

앞서 언급한 전략들이 변화를 지속시킨다는 근거가 있다. 강간 피해자 여성 144명을 대상으로 근거기반 심리치료를 실시하였고 치료가 끝나고 5~10년 후에 재평가를 실시하였다. 애초에 있었던 증상의 감소는 이 기간 동안 거의 변화 없이 지속되었다(Resick, Williams, Suvak, & Gradus, 2012). 또 다른 중요한 연구에서는 40명의 동성 혹은 이성 커플 중 한 쪽이 PTSD에 해당되는 사람들에게 치료 효과를 평가하였다. 이 연구에서는 PTSD에 동반하여 흔히 나타나서 재발로 이어지기도 하는 친밀한 관계에서의 심각한 문제를 다루기 위해서 파트너를 직접적으로 치료에 포함시켰다(Monson et al., 2012). 그 결과 PTSD 증상뿐 아니라 장기적인 적응에 영향을 줄 수 있는 관계 만족에서도 유의한 호전이 있었다. PTSD 증상에 약물 역시 효과가 있다(Dent & Bremner, 2009; Schneier et al., 2012). 일반적으로 불안장애군에 효과적인 SSRI(예, Prozac과 Paxil) 약물은 PTSD에 효과가 있었으며, 이는 아마도 이들 약물이 이 장애에서 흔한 심각한 불안과 공황발작을 경감시켰기 때문인 것 같다.

다른 외상 및 스트레스 관련 장애

▶ 다른 외상 및 스트레스 관련 장애의 원인은 무엇인가?

PTSD 말고도 다른 여러 장애들이 이 범주에 속한다. **적응장애**는 이미 살펴본 급성스트레스장애나 PTSD보다 덜 하기는 하지만 그럼에도 불구하고 직장, 학교에서의 수행, 대인관계, 삶의 다른 영역에서 손상이 있는 생활 스트레스에 대한 불안 혹은 우울 반응이라고 할 수 있다(Friedman et al., 2011; Strain & Friedman, 2011). 때때로 청소년의 경우에는 생활 스트레스가 품행문제를 일으킬 수 있다. 스트레스 사건 그 자체는 외상적이라고 할 수 없으나 각 개인이 상황의 요구에 대처를 하지 못하면 개입이 필요할 수 있다. 만약 스트레스 사건이나 그 결과가 사라지고 6개월 후에도 증상이 지속된다면 적응장애는 '만성적'임을 고려해야 한다.

애착장애는 5세 이전의 아동에게서 발달적으로 부적절한 행동과 장애를 보이는 것을 일컫는다. 이 장애에서 아동은 보호자인 성인과 정상적인 애착 관계를 형성할 수 없거나 그런 의지가 없다. 이런 심각하게 부적응적인 양상은 부적절한 혹은 학대의 양육에 기인한다. 많은 경우에는 위탁 보육에서의 잦은 교체나 아니면 단순히 집에서의 방치로 인해 이런 부적절한 양육이 나타날 수 있다. 그 어떤 경우에서건 그 결과는 아동의 기본적인 정서적 욕구, 즉 애정, 안락함이나 생활에서의 기본적인 필수 요소의 제공을 충족시키지 못하는 것이다. 이와 같이 이런 장애는 초기의 극심한 스트레스에 대한 병리적 반응으로 이해된다(Kay & Green, 2013).

반응성 애착장애에서 아동은 보호, 지원이나 돌봄을 위해 거의 보호자를 찾지 않고, 보호자가 이런 보호를 제공하였을 때 그것에 대해 거의 반응하지 않는다. 일반적으로 반응이 결핍되고 긍정적 반응이 제한되며 공포나 극심한 슬픔과 같은 추가적인 고양된 반응을 보인다. **탈억제성 사회적 유대감장애**에서는 아마도 초기 지속적인 심한 처벌이 포함된 유사한 양육 환경 속에서 성장한 것으로 인해서 아동이 접근하는 성인이 누구이건 억제를 보이지 않는 행동 양상을 보이

는 것이다. 이런 아동은 보호자의 확인 없이도 어느 곳에서든 친숙하지 않은 성인을 즉각 따라가려 하는 등의 부적절하게 친밀한 행동을 보일 수 있다.

개념 확인 4.5

아래의 사례에 가장 적절한 진단을 다음 중에서 고르시오. (a) 외상후 스트레스장애 (b) 급성 스트레스장애 (c) 외상후 스트레스장애의 지연된 발병

1. 주디는 3주 전 농장에서 끔찍한 토네이도를 목격하였다. 그 후로는 그 사건에 대한 플래시백을 경험하고, 잠을 잘 못 자고 비바람이 칠 때 밖에 나가는 것을 두려워한다. _____

2. 잭은 6주 전에 자동차 사고를 경험하였고 다른 차에 있는 운전자는 죽었다. 그 이후로 잭은 차를 타려고 하면 그가 목격했던 끔찍한 장면이 생각이 나서 차를 탈 수 없었다. 그 사건에 대한 악몽을 꾸었고 잠을 잘 못 잤다. 그는 과민하고 직장과 취미 생활에서 흥미를 잃었다. _____

3. 패트리샤는 30년 전인 17세에 강간을 당했다. 최근 들어 그녀는 그 사건에 대한 플래시백을 경험하고 잠을 잘 못자며, 남편과의 성관계에 대한 두려움을 느꼈다. _____

적응장애(adjustment disorders) 주요한 생활 스트레스(예, 이혼, 이주, 새 직장)로 인해 나타나는 지속적인 부정적인 감정 반응.

애착장애(attachment disorders) 흔히 부적절한 양육 관계로 인해 발생하는 정상적인 관계형성의 어려움을 특징으로 하는 아동기 정신장애.

반응성 애착장애(reactive attachment disorder) 성인 보호자에 대해 억제되고 회피적인 행동 양상이 아동에게서 나타남.

탈억제성 사회적 유대감장애(disinhibited social engagement disorder) 친숙하지 않은 성인에 대해 비정상적인 외향적인 행동이 아동에게서 나타남.

강박 및 관련 장애

*DSM-5*에 와서 반복적인 행동과 다른 증상들, 그리고 유사한 경과와 치료 반응과 같은 여러 특징들을 공유하는 장애들을 하나로 묶는 장애군이 제안되었다. 이전에는 이런 장애들이 *DSM-IV*의 여러 다양한 군에 흩어져 있었다. 현재는 새로운 별개의 진단군으로 묶이며 *DSM-5* 이전에는 불안장애군으로 분류되었던 강박장애에 더해서 수집광, 신체이형장애(이전에는 신체증상장애군에 있었음), 발모광(이전에는 충

동조절장애군으로 묶였음)이 포함되었다. 그리고 피부뜯기장애는 또다른 새로운 장애로 이 군집에 묶였다. 이 군집 중 가장 흔한 장애인 강박장애를 먼저 살펴보도록 하자.

강박장애

▶ 강박장애의 증상은 무엇인가?
▶ 강박장애는 어떻게 치료되는가?

불안 및 관련된 장애로 어려움을 겪는 사람 중 입원을 요하는 내담자는 **강박장애**를 가지고 있을 가능성이 높다. 심리치료와 약물치료가 잘 듣지 않고 고통을 참기 어려워서 정신외과(심리장애에 대한 신경외과)로 의뢰되는 내담자도 아마 강박장애를 가지고 있을 가능성이 높다. 강박장애는 불안장애 중 심한 손상의 정점이다. 강박장애를 가진 사람에게 심각한 일반화된 불안, 반복적인 공황발작, 회피, 주요우울증 등이 모두 강박장애 증상과 동시에 나타나는 경우가 드물지 않다. 강박장애를 가지고 있는 환자는 삶에서 위험한 사건에 대한 통제와 예측 가능성을 확고히 하는 것에 대한 완전한 희망이 없어서 마법과 의례 같은 것에 기댄다.

임상적 기술

다른 불안장애들에서 위험은 흔히 외부 대상이나 상황이거나 최소한 그것에 대한 기억에 있다. 강박장애에서는 회피하고자 노력하는 위험한 사건이란 뱀 공포증을 가진 사람이 뱀을 회피하는 것과 마찬가지로 생각, 심상 또는 충동이다(Clark & O'Connor, 2005). 예를 들면 누군가 당신에게 핑크색 코끼리는 생각하지 말라고 이야기해 본 적이 있는가? 만약 모든 가능한 정신적인 수단을 이용하여 핑크 코끼리를 생각하지 않으려고 집중하면, 당신은 그 생각이나 심상을 억제하는 것이 얼마나 어려운지를 인식할 수 있을 것이다. 강박장애를 가지고 있는 사람은 어떨 때는 그들 삶의 대부분, 매일매일 이런 전투를 실행하며 비참하게 실패를 경험한다. 3장에서 뇌전증 혹은 발작에 대한 불수의적인 사고와 주의를 돌리려는 노력의 일환으로 기도를 하거나 다리를 흔드는 프랭크의 사례에 대해서 논의한 바 있다. **강박사고**는 그 사람이 저항하거나 없애려고 노력하는 침습적이고 대부분 무의미한 사고, 심상이나 충동이다. **강박행동**은 강박사고를 억제하고 안심하기 위해서 사용하는 생각이나 행동이다. 프랭크는 강박사고와 강박행동을 모두 갖고 있으나 리처드의 사례에 비해서는 심하지 않다.

리처드 ● 의례에 종속된

철학을 전공하는 대학교 1학년에 재학 중인 19세인 리처드는 생활을 불가능하게 하는 의례적인 행동 때문에 학교를 중단하게 되었다. 다른 아무것도 할 수 없을 정도로 시간이 많이 드는 씻을 때의 강박적 의례 때문에 그는 청결할 수 없었다. 계속해서 샤워를 해야 하기에 전혀 샤워를 할 수 없었다. 머리와 수염을 깎거나 감는 것, 이를 닦는 것, 옷을 갈아입는 것도 포기하였다. 그는 거의 방에만 머물러 있었으며, 화장실과 관련한 의례를 피하기 위하여 종이 타월에 대변을 눴고, 종이컵에 소변을 눴으며, 옷장에 쓰레기를 쌓아 두었다. 그는 다른 가족들이 잠을 자는 늦은 밤에만 식사를 하였다. 먹기 위해서는 완벽하게 숨을 내쉬고, 쉬익 소리와 기침 소리를 내어서 마치 폐 속에는 공기가 없는 것 같은 상태에서 가능한 많은 양의 음식물을 입 속에 집어 넣었다. 그는 땅콩 버터, 설탕, 코코아, 우유와 마요네즈가 혼합된 것만 먹었다. 다른 모든 음식은 오염되었다고 여겼다. 그가 걸어가는 동안에는 발끝으로 총총 걸었고, 뒤를 계속해서 쳐다 보면서 확인하고 또 확인하였다. 때때로 제자리에서 빠르게 뛰기도 하였다. 그는 마치 장애가 있는 것처럼 셔츠를 팔걸이 붕대처럼 이용해 왼쪽 팔을 셔츠 소매에서 완전히 꺼냈다.

강박장애를 가진 다른 사람들처럼 리처드는 침습적이고 지속적인 생각과 충동을 경험하였다. 그의 경우에는 그 강박사고는 성, 공격, 종교였다. 성적이고 공격적인 생각을 억제하기 위해 그리고 만약 의례를 하지 않는다면 벌어질 것이라고 생각하는 최악의 결과를 막기 위해 그는 다양한 행동을 하였다. 리처드는 *DSM-IV* 진단기준에서 언급되는 반복적인 행동과 정신적 행위 대부분을 수행하였다. 강박행동은 행동적(손을 씻거나 확인하는 것)이거나 정신적인 것(특별한 순서로 특정한 단어를 생각하기, 숫자 세기, 기도하기 등)일 수 있다(Foa et al., 1996; Purdon, 2009; Steketee & Barlow, 2002). 중요한 것은 이런 행동들이 스트레스를 줄여주거나 끔직한 일을 막아줄 것이라고 믿는다는 점이다. 강박행동은 강박사고와 어떠한 논리적인 관련이 없다는 점에서 종종 '마법 같다.'

표 4.7 강박사고와 관련된 강박행동의 유형

증상 하위유형	강박사고	강박행동
정렬/정확/'딱 맞음'	사물들이 정렬/일렬될 필요가 있음 '딱 맞다'는 느낌이 들 때까지 뭔가를 해야 한다는 충동	어떤 특정한 방식으로 사물을 정리 의례를 반복함
금지된 생각 또는 행동 (공격/성/종교)	자신 혹은 타인을 해치려는 충동, 두려움 신의 기분을 상하게 할 것에 대한 공포	확인 회피 확인을 반복적으로 요구
청결/오염	세균 세균 또는 오염에 대한 공포	반복적으로 혹은 과도하게 씻음 일상활동을 할 때 장갑이나 마스크를 사용
수집	뭔가를 버리는 것에 대한 공포	음식물 포장지와 같이 실질적 혹은 감정적 가치가 없는 사물을 모으거나 저장

Mathews(2009)와 Bloch et al.(2008)에서 발췌

강박사고와 강박행동의 유형

통계적인 군집화에 근거해 보면, 강박사고에는 네 가지 주요한 형태가 있으며(Bloch, Landeros-Weisenberger, Rosario, Pittenger, & Leckman, 2008; Mathews, 2009), 각각은 강박행동의 유형과 연관되어 있다(표 4.7 참고). 정렬 강박사고(26.7%)는 가장 흔하고, '금지된 생각이나 행동'(21%), 청결과 오염(15.9%), 수집(15.4%)의 순서이다(Bloch et al., 2008). 정렬은 사물들을 완벽한 순서로 유지하거나 어떤 것을 특별한 방식으로 행하는 것을 의미한다. 어렸을 때 보도의 금을 밟지 않으려고 주의했던 적은 없나? 아마 친구들과 함께 지칠 때까지 몇 분 정도는 이런 행동을 했을 것이다. 하지만 걷거나 차를 타고 갈 때 뭔가 나쁜 일이 생기지 않게 주의하려고 삶의 대부분 시간 동안 금을 밟지 않으려고 한다면 과연 어떨까? 공격적인 (금지된) 강박사고 충동을 가지고 있는 사람은 교회에서 욕을 내뱉고 싶은 느낌을 가진다. 젊고 도덕적인 여성 환자는 버스를 탔을 때 자신이 옆에 앉은 남성의 가랑이를 잡을까봐 걱정을 하였다. 실제로는 절대 그럴 일이 없었지만 공격적인 충동이 정말 공포스러워서 그녀는 이것을 가능한 억제하고, 버스를 타거나 그런 충동이 발생할 수 있는 상황을 회피하려고 갖은 애를 썼다.

특정 종류의 강박사고는 특정 종류의 의례와 밀접하게 연결되어 있다(Bloch et al., 2008; Leckman et al., 1997). 예를 들어 금지된 생각이나 행동은 확인 의례를 만들어내는 것 같다. 확인 의례는 상상의 재앙이나 파국을 막는 데 기여한다. 난로가 제대로 꺼졌는지를 반복적으로 확인하는 것과 같이 많은 것이 논리적이기는 하지만 심각한 사례의 경우는 비논리적일 수 있다. 예를 들어 리처드는 만약 특정한 방식으로 음식을 먹지 않는다면 그가 귀신에 홀릴 것이라고 생각했다. 만약 총총 걷고 뒤를 돌아보지 않았다면 재앙이 그의 가족에게 발생할 수 있다는 것이었다. 숫자 세기와 같은 정신 활동 또한 강박

행동이다. 정렬의 강박사고는 정리와 정렬 또는 반복의 의례로 이어진다. 오염의 강박사고는 안전과 통제감을 만들어 주는 씻는 의례와 연결된다(Rachman, 2006). 리처드처럼 많은 환자들은 여러 종류의 강박사고와 강박행동을 갖는다.

틱 장애와 강박장애

불수의적인 운동(예를 들어 팔다리를 휙 움직임)을 특징으로 하는 틱 장애가 OCD를 가진 환자(특히 아동) 혹은 그 가족에게 함께 나타나는 것 역시 흔하다(Grados et al., 2001; Leckman et al., 2010). 불수의적 음성을 함께 보이는 더 복잡한 틱은 투렛장애라고 부른다(Leckman et al., 2010; 13장 참고). 일부 사례의 경우에는 이런 행동은 틱이 아니라, 3장에서 나왔던 뇌전증에 대해서 생각하게 되면 다리를 계속해서 움직였던 프랭크의 사례와 같이 강박행동일 수도 있다. 강박장애를 가진 아동 및 청소년의 약 10~40% 정도에서 어떤 시점에는 틱 장애를 보인다(Leckman et al., 2010). 틱과 관련된 강박장애의 강박사고는 거의 항상 정렬과 관련된다.

강박 및 관련 장애(obsessive-compulsive and related disorders) 종종 불안이나 고통감을 잠재우는 기능을 하는 강박행동을 특징으로 하는 정신장애의 한 군집.

강박장애(obsessive-compulsive disorder, OCD) 원치 않고 지속되며 침습적인 사고와 충동뿐 아니라 이를 억제하기 위한 반복적인 행동이 관여된 불안장애.

강박사고(obsessions) 강박행동을 통해 중화되기도 하는 반복적이고 침습적이며 고통을 주는 사고나 충동(예, 의심, 오염에 대한 공포, 원치 않는 성적 충동).

강박행동(compulsions) 종종 강박사고에 대한 반응으로 해야 할 것 같은 느낌을 갖는 반복적이고 의례적이며 시간 소모적인 행동이나 정신적 행위.

강박장애의 양상은 다음과 같다.

A. 강박사고, 강박행동 혹은 둘 다를 보인다.

▶ **강박사고:** 장애의 기간 중 일부 시간에 반복적이고 지속적인 생각, 충동 또는 심상을 침투적이고 부적절하게 경험하고, 이것이 불안과 고통을 야기한다. 그 사람은 이런 생각, 충동 또는 심상을 무시하거나 억제하려고 노력하거나 다른 생각이나 행동을 통해 이를 중화시키려고 노력한다.

▶ **강박행동:** 그 개인은 강박사고에 대한 반응으로 반복적인 행동(예, 손씻기, 확인하기) 또는 정신 활동(예, 숫자 세기, 속으로 단어 읊조리기)을 수행하게 되거나 엄격한 규칙에 따라 수행한다. 행동이나 정신 활동은 고통감을 예방하거나 감소시키기 위한 목적이거나 혹은 두려운 사건이나 상황을 방지하기 위한 것이다. 하지만 이런 행동이나 정신 활동은 중화시키거나 예방하고자 하는 것과 현실적으로 관련이 없거나 명백히 과도하다.

B. 강박사고나 강박행동은 시간을 소모하게 만들거나(예, 하루에 한 시간 이상) 임상적으로 유의한 고통감이나 중요한 기능의 영역에서 손상을 일으킨다.

C. 장애가 물질의 생리적 효과나 다른 의학적 상태에 의한 것이 아니며 다른 정신장애의 증상으로 더 잘 설명되는 것은 아니다.

출처: American Psychiatric Association. (2013). *Diagnostic and statistical manual of mental disorders* (5th ed.). Washington, DC.

통계

강박장애의 평생유병률은 약 1.6%~2.3% 정도 되며(Calamari, Chik, Pontarelli, & DeJong, 2012; Kessler, Chiu, et al., 2005), 1년 유병률은 1% 정도이다(Calamari et al., 2012; Kessler, Chiu, et al., 2005). 강박장애의 진단기준에 해당되는 모든 사례들이 전부 리처드와 같이 심각한 것은 아니다. 강박사고와 강박행동은 대부분 불안장애의 임상적 양상처럼 연속선상에 있다. 침투적이고 고통스런 생각은 비임상('정상') 집단에도 흔하다(Boyer & Liénard, 2008; Clark & Rhyno, 2005; Fullana et al., 2009). Spinella(2005)는 지역사회의 '정상인'의 13% 정도에게서 강박장애의 진단기준에 해당될 만큼 심각하지는 않지만 상당 수준의 강박사고 혹은 강박행동이 있음을 확인하였다.

간헐적인 침투적 혹은 이상한 생각을 하지 않는 것도 흔하지 않다. 많은 사람들은 수업시간에 앉아 있을 때와 같이 지루할 때에는 기괴하거나 성적인 혹은 공격적인 생각을 한다. Gail Steketee와 동료들

(2002)은 강박장애를 가지지 않은 일반적인 사람들의 생각을 수집하여 보았다. 표 4.8에 이런 생각의 예를 제시하였다. 이런 생각을 해본 적이 있는가? 대부분 사람들은 그렇지만 그냥 걱정 없이 넘어간다. 그러나 일부 사람들은 이런 생각에 두려움을 갖고 이를 괴상하고, 침투적인, 악의 힘의 신호라고 간주한다.

다른 불안 및 관련 장애들과는 달리 강박장애는 여성 대 남성의 비율이 거의 1:1이다. 아동에게는 남아가 여아보다 많다는 보고가 있기도 하지만(Hanna, 1995), 이는 남자에게서 더 빨리 강박장애가 발달하는 경향이 있기 때문인 것으로 보인다. 청소년 중기에 이르러서 성비는 거의 같아진다(Albano et al., 1996). 발병 연령의 범위는 아동기부터 30대까지이며, 중앙값은 19세이다(Kessler, Berglund et al., 2005). 발병 연령은 여자(20~24세)에 비해 남자(13~15세)가 더 이르다(Rasmussen & Eisen, 1990). 강박장애가 한 번 발병하면 만성이 되는 경향이 있다(Calamari et al., 2012; Steketee & Barlow, 2002).

강박장애는 문화권에 따라 매우 유사한 것으로 보인다. 영국, 홍콩, 인도, 이집트, 일본과 노르웨이를 대상으로 한 연구를 보면 강박사고와 강박행동의 유형과 비율은 기본적으로 유사하였으며, 이는 캐나다, 핀란드, 대만, 아프리카, 푸에르토리코, 한국과 뉴질랜드에서도 마찬가지였다(Horwath & Weissman, 2000; Weissman et al., 1994).

원인

많은 사람들은 스트레스를 받을 때에는 때때로 침투적이고 끔찍하기도 한 생각을 하고 종종 의례적인 행동을 하기도 한다(Parkinson & Rachman, 1981a, 1981b). 그러나 대부분에게서 강박장애가 발생하지는 않는다. 공황장애나 PTSD와 마찬가지로 추가적으로 침투적 생각을 가질 가능성에 집중할 때 불안이 발생하게 된다.

강박장애의 반복적이고, 침투적이며, 용인될 수 없는 생각은 2장에서 기술된 뇌회로에 의해 조절될 것이다. 그러나 추가적으로 강박사고를 갖게 되는 것은 일반적인 불안과 마찬가지로 일반적인 생물학적, 심리적 전조를 가지고 있는 것으로 보인다(Barlow et al., 2013; Suárez et al., 2008).

강박장애를 가진 사람들이 공황발작이나 다른 외적 상황의 가능성보다는 침투적 사고에 대한 불안에 초점을 맞추는 이유는 무엇 때문일까? 하나의 가능성은 초기 경험으로 인해 그들이 생각하는 어떤 끔찍한 생각이 발생할 수 있고 이에 대해서 책임이 있기 때문에 위험하고 수용될 수 없다는 것을 배웠을 수 있다는 것이다. 이런 초기 경험은 강박장애 발달의 특정 심리적 취약성을 만들 수 있다. 강박장애를 가진 내담자가 사고와 그 사고에 해당하는 특정 행동이나 활동을

표 4.8 비임상집단이 보고한 강박 및 침습적 사고*

위해
높은 창에서 뛰어내리는 충동
차 앞에 뛰어드는 생각
기차 앞에서 누군가를 미는 충동
누군가 죽었으면 하는 소망
아이를 잡고 있을 때 차 버리고 싶은 갑작스런 충동
아이를 떨어뜨리는 생각
누군가에게 작별인사를 하는 것을 잊으면 그 사람이 죽을 것이라는 생각
끔찍한 일이 아이에게 일어날 것이라는 생각이 실제 그 일을 불러일으킨다는 생각
오염 혹은 질병
수영장이나 다른 공공 장소에서 병을 얻게 될 것이라는 생각
변기를 만져서 병이 걸릴 것이라는 생각
손이 항상 더러울 것이라는 생각
부적절하거나 용인될 수 없는 행동
상사에게 욕을 하거나 고함을 지르는 생각
윗도리 입는 것을 잊는 것과 같이 공공 장소에서 뭔가 당혹스러운 짓을 하는 생각
누군가 성공하지 않기를 바람
교회에서 뭔가를 불쑥 말하는 생각
'부자연스런' 성적 행동에 대한 생각
안전, 기억 등에 대한 의심
집을 제대로 잠갔는지에 대한 생각
플러그를 빼지 않고 고데기를 카페트에 두었다는 생각
히터와 스토브를 켜 놓은 상태로 나왔다는 생각
차를 잠갔다는 것을 알면서도 차를 잠그지 않았다는 생각
사물들이 완벽하게 정렬되지 않았다는 생각

* 예들은 Rachman과 deSilva(1978) 그리고 Dana Thordason 박사와 Michael Kyrios 박사의 미출간 연구(개인 교신, 2000)에서 발췌함.
출처: Steketee, G., & Barlow, D. H. (2002). Obsessive-compulsive disorder. In D. H. Barlow, Anxiety and its disorders: The nature and treatment of anxiety and panic (2nd ed., p. 529), 2002, Guilford Press.

동일시하며, 이를 사고-행동 융합(thought-action fusion)이라고 부른다. 결국 사고-행동 융합은 과도한 책임감과 어린 시절에 나쁜 생각을 하는 것만으로도 악과 연관되어 있다고 느끼는 발달 과정 속의 죄책감에 의해 발생하는 것일 수 있다(Steketee & Barlow, 2002; Taylor, Abramowitz, McKay, & Cuttler, 2012). 이는 뱀 공포증을 가진 사람이 뱀은 위험하고 어디에나 있을 수 있다는 확신을 갖는 정보처리의 오류 과정과 동일한 방식으로 학습하는 것이다. 어떤 환자는 낙태에 대해서 생각하는 것이 실제 낙태를 하는 것과 윤리적으로 동일하다고 믿었다. 리처드는 결국 자신과 사제가 수용할 수 없는 강한 동성애적 충동을 인정하였고 이런 충동은 실제 행위와 같이 죄악이라고 여겼다. 종교적 교리를 믿는 강박장애를 가진 많은 사람들은 기독교, 유대교, 혹은 이슬람교인지의 여부와 상관없이 과도한 책임감과 사고-행동 융합의 유사한 태도를 보인다. 여러 연구들에서 종교적 믿음의 유형이 아닌 그 정도가 사고-행동 융합과 강박장애의 심각성과 연관되어 있다고 보여 주었다(Rassin & Koster, 2003; Steketee, Quay, & White, 1991). 물론 종교적 믿음을 가진 대부분의 사람에게 강박장애가 발생하지는 않는다. 하지만 당신의 인생에서 가장 무서운 것이 뱀이나 다른 사람들 앞에서 이야기를 해야 하는 것이 아니라 끔찍한 생각이 자꾸 머리에 떠오르는 것이라면 어떻겠는가? 뱀을 회피할 수 있는 것처럼 그 생각을 회피할 수 없다면, 당신은 이런 생각을 억제하거나 주의를 딴 데로 돌리기, 기도하기, 혹은 확인하기와 같은 정신적 혹은 행동적 전략을 활용하여 이를 중화시키는 방식으로 이에 저항할 것이다. 이런 전략이 강박행동이 되지만, 이런 전략에는 역효과가 있고 또 실제로 그 생각의 빈도를 늘려가게 되어 장기적으로는 실패하게 된다(Franklin & Foa, 2014; Wegner, 1989).

일반적인 생물학적 그리고 심리적 취약성은 이 장애가 발달하기 위해서는 반드시 있어야 한다. 어떤 생각이 허용되지 않는다고 생각하고 그래서 반드시 억제해야 한다는 것(특정한 심리적 취약성)은 강박장애 발생의 위험을 증가시킨다(Parkinson & Rachman, 1981b; Salkovskis & Campbell, 1994). 다른 불안장애의 모형과 어느 정도 유사한 강박장애 발병의 모형은 그림 4.10에 제시되었다.

치료

강박장애에 대한 약물의 효과는 집중적으로 평가되어왔다(Dougherty, Rauch, & Jenick, 2012; Stewart, Jenick, & Jenick, 2009). clomipramine이나 SSRI계열의 약물처럼 세로토닌 재흡수를 억제하는 약물이 가장 효과적이어서 강박장애 환자의 60%에 이르기까지 호전을 보였으며, 어떤 특정한 약물이 특별히 더 나은 것 같지는 않다(Dougherty et al., 2012; Lydiard, Brawman-Mintzer, & Ballenger, 1996).

잘 구조화된 심리치료는 약물에 비해 어느 정도 낫기도 하지만 이것은 손쉽게 이용할 수 있는 것은 아니다. 가장 효과적인 접근은 노출 및 반응억제이며, 이는 의례적 반응을 적극적으로 차단하고, 체계적이고 점진적으로 두려워하는 생각이나 상황에 환자를 노출시키는 과정을 포함한다(Abramowitz, Taylor, & McKay, 2012; Franklin & Foa, in press). 예를 들어 리처드에게 오염됐다고 생각하는 무해한 대상이나 상황에 체계적으로 노출시키고, 손을 씻거나 확인하는 의례를 하지 못하도록 하는 것이다. 환자가 씻거나 확인을 하지 않는지를 지켜보기 위하여 환자와 밀접한 협력 작업을 시행한다. 심각한 사례

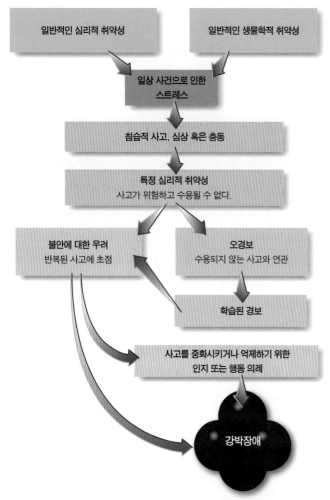

그림 4.10 **강박장애 원인 모형** [Steketee, G., G., & Barlow, D. H. (2002). Obsessive-compulsive disorder. In *Anxiety and its disorders: The nature and treatment of anxiety and panic* (2nd ed., p. 536). New York: Guilford Press에 기초함.]

(다이어그램 내부 텍스트)
일반적인 심리적 취약성

일반적인 생물학적 취약성

일상 사건으로 인한 스트레스

침습적 사고, 심상 혹은 충동

특정 심리적 취약성
사고가 위험하고 수용될 수 없다.

불안에 대한 우려
반복된 사고에 초점

오경보
수용되지 않는 사고와 연관

학습된 경보

사고를 중화시키거나 억제하기 위한
인지 또는 행동 의례

강박장애

의 경우, 환자를 입원시켜서 반복적으로 씻는 것을 하지 못하도록 화장실에 수도꼭지를 빼놓을 수도 있다. 그러나 의례가 금지되면, 그것을 실행하는지의 여부와는 상관없이 어떠한 해악도 일어나지 않는다는 것을 내담자는 감정적 차원에서 빠르게 배우게 되고, 그 절차는 현실 검증력을 증대시킨다. 강박장애에 대한 근거기반 심리치료에서의 최근의 변화에서는 침습적 사고의 위험, 중요성과 통제의 과대 추정과, 강박장애에서 나타나는 완벽주의, 확실성에 대한 요구, 그리

고 파국화를 막기 위한 책임이 자신에게만 있다는 책임감의 과잉에 초점을 맞춘 인지치료의 효율성을 검증하였다(Whittal & Robichaud, 2012). 초기 결과로 봐서는 이런 접근이 효과적이며 아마도 노출 및 반응억제와 비슷한 수준인 것으로 보인다.

약물치료와 심리치료가 함께 제공될 때의 효과성에 대한 연구도 진행되었다(Tolin, 2011). 대규모 연구(Foa et al., 2005)에서 노출 및 반응억제와 clomipramine 약물, 그리고 이 둘을 함께 제공하는 조건이 비교되었다. 약물을 함께 제공하는지의 여부와 관련 없이 노출 및 반응억제의 경우가 약물치료 단독 제공에 비해서 더 나은 결과를 보였다. 노출 및 반응억제가 단독으로 제공된 경우 86%에서 반응을 보인 반면, 약물이 단독으로 제공되었을 경우 48%에 불과하였다. 치료가 함께 제공되었을 때 추가적인 이득을 보이지는 않았다. 그리고 약물 처치를 중단하였을 때 약물이 단독으로 제공되었던 조건에서 재발률은 가장 높았다.

정신외과 수술은 강박장애에 대한 가장 급진적인 치료 중 하나이다. 정신외과 수술이라는 용어는 심리장애에 대한 신경외과술을 의미하는 부적절한 명칭이다. Jenike와 동료들(1991)은 약물이나 심리치료에 반응을 보이지 않던 극심한 사례들인 강박장애 환자 33명의 진료 기록을 검토하였다. 대상회절개술(cingulotomy) 후에 약 30% 정도가 호전을 보였다. 유사하게 Rück 등(2008)이 5년간의 치료에 반응을 보이지 않은 25명의 환자들에게 관련된 외과적 처치[피막절개술(capsulotomy)]를 실시하였고, 35%(9명의 환자)에게서 호전이 있었으나 이들 9명 중 6명에게서 심각한 부작용이 있었다. 이런 결과는 외과적 처치에서 전형적인 것 같으며(Greenberg, Rauch, & Haber, 2010), 두개골에 작은 구멍을 내서 전극을 연결하고 뇌에 조율기와 같은 기구를 연결하는 뇌심부 자극(deep brain stimulation)과 같은 절차에서도 그 결과가 유사하다. 전통적인 외과 수술에 비해 뇌심부 자극이 가지는 이득은 원상태로 돌릴 수 있다는 것이다(McLaughlin & Greenberg, 2012). 강박장애 환자들이 다른 치료에서 어떠한 호전의 가능성이 보이지 않을 때 외과적 수술은 최종적으로 고려해 볼 만한 치료라 할 수 있다.

신체이형장애

▶ 신체이형장애의 양상은 무엇이며 어떻게 치료되는가?

당신의 외모 중에서 특정한 부분을 바꾸고 싶은 느낌이 든 적이 있는가? 코의 크기나 귀가 툭 튀어나온 것은 어떠한가? 대부분의 사람들은 뭔가를 개선했으면 하고 바라기는 한다. 그러나 일부의 정상적으로 생긴 사람들은 자신이 너무 못 생겨서 다른 사람들과 상호작용하기를 거부하거나, 정상적으로 기능하기는 하지만 자신이 못 생긴 것에 대해서 다른 사람들이 비웃을 것이라고 두려워한다. 이런 고통스런 현상을 **신체이형장애**라고 부르고, 그 중심에는 다른 사람이 보기에는 정상으로 보이는 외모일지라도 뭔가 결점이 있다고 생각하고 여기에 몰두하는 것이 있다. 이 장애는 '상상의 추함(imagined ugliness)'이라고 불려왔다(Phillips, 1991). 짐의 사례를 참고하라.

짐 ● 보여지는 것을 부끄러워하는

20대 중반에 짐은 사회공포증이 의심된다는 진단을 받았다. 그가 랍비 학교를 막 마쳤을 때 시 외곽의 유대교 회당의 자리 제안이 있었다. 그러나 현저한 사회적인 어려움 때문에 그는 받아들일 수 없었다. 최근에 그는 아는 사람을 만날까봐 자그마한 아파트를 벗어나지 못했으며 사람들과 상호작용하는 것을 포기하였다.

짐은 평균 키에 짙은 머리와 눈을 가진 잘생긴 청년이었다. 약간 우울해 하긴 했어도 정신상태검사와 현재 기능상태와 과거력을 확인하는 간단한 면담에서는 현저한 문제를 드러내지 않았다. 정신병적 과정의 증상도 없었다(현실 검증력에 문제는 없었다). 그래서 우리는 짐의 사회적 어려움에 대해서 초점을 맞췄다. 우리는 사람들과 상호작용하는 것이나 사람들 앞에서 무언가를 하는 것에 대한 불안 같은 것을 예상했다. 그러나 그것이 짐이 염려하는 바는 아니었다. 그보다는 그는 다른 사람들, 심지어는 친한 친구들조차 그의 신체 중 그가 보기에 기괴한 신체 부위를 응시하고 있다고 확신하고 있었다. 낯선 사람들은 그의 기형에 대해서 언급하지 않을 것이고, 그의 친구들은 미안해서 그것에 대해서 언급하지 않을 것이라고 그는 이야기했다. 짐이 생각하기에 그의 머리는 사각형이었다! 〈미녀와 야수〉에서 다른 사람들이 섬뜩해 하는 것 말고 다른 반응을 보여줄 것이라고 상상하기 어려웠던 야수와 같이 짐도 다른 사람들이 그의 사각 얼굴을 그냥 지나칠 수 없을 것이라 생각하였다. 가능한 그의 상태를 숨기기 위해서 짐은 부드러운 헐렁한 모자를 썼고, 큰 모자로 머리 전체를 감쌀 수 있는 겨울을 가장 편안해 하였다. 우리에게 짐은 정상으로 보였다.

임상적 기술

신체이형장애는 신체적인 이슈에 대해서 심리적인 몰두를 보이는 것이 주요한 양상이었기에 오랫동안 신체증상장애로 고려되었다. 그러나 강박장애와 좀 더 유사하다는 증거가 쌓이면서 *DSM-5*에 와서 강박 및 관련 장애에 배치되었다. 예를 들어 강박장애는 신체이형장애와 종종 동시에 발병하며, 신체이형장애 환자의 가족에게서 발견된다(Chosak et al., 2008; Gustad & Phillips, 2003; Phillips et al., 2010; Phillips & Stout, 2006; Tynes, White, & Steketee, 1990; Zimmerman & Mattia, 1998). 다른 유사성도 있다. 신체이형장애를 가진 사람들은 자신의 외모에 대한 지속적, 침습적이고, 끔찍한 생각을 호소하고, 자신의 신체 양상을 확인하기 위해서 반복적으로 거울에 비춰 보는 것과 같은 강박행동을 한다. 신체이형장애와 강박장애는 발병 연령도 거의 동일하고 동일한 경과를 보인다. 뇌 영상 연구에서는 신체이형장애와 강박장애 환자에게서 유사한 이상 뇌 기능을 보이기도 했다(Rauch et al., 2003).

DSM 5 — DSM 진단기준 요약 신체이형장애

신체이형장애의 양상은 다음과 같다.

A. 다른 사람이 알아보기 어렵거나 미미한 하나 혹은 그 이상의 신체적 외모의 결함이나 결점에 집착한다.

B. 외모에 대한 걱정으로 인해 반복적인 행동(예, 거울 보기) 혹은 정신적인 행위(예, 자신의 외모를 다른 사람들과 비교하는 것)를 보인다.

C. 이런 집착으로 인해 임상적으로 유의한 고통감이나 중요한 기능의 영역에서 손상을 입는다.

D. 외모에 대한 집착이 섭식장애 진단을 충족하는 사람에게서 나타나는 신체 지방이나 몸무게에 대한 염려로 더 잘 설명되지 않는다.

출처: American Psychiatric Association. (2013). *Diagnostic and statistical manual of mental disorders* (5th ed.). Washington, DC.

신체이형장애(body dysmorphic disorder, BDD) 외모에서 어떤 결점(상상의 추함)이 있다는 생각에 사로잡혀 있는 것을 특징으로 하는 심리장애.

신체이형장애를 가진 환자들이 보이는 염려가 어떤 것들이 있는지와 관련하여, 200명의 환자가 보고한 상상의 결점이 있는 영역은 표 4.9에 제시하였다. 그들이 걱정하는 신체 영역의 평균 개수는 5~7개다(Phillips, Menard, Fay, & Weisberg, 2005). 신체이형장애를 가진 또 다른 청소년 23명의 경우에는 61%가 피부에, 그리고 55%가 머리에 주의 초점을 두었다(Albertini & Phillips, 1999). 그들의 걱정을 낮추기 위한 노력으로 신체이형장애를 가진 사람들에게서 다양한 확인과 보상 의례는 흔하다. 예를 들어 과도한 태닝은 흔하여서, 200명의 환자 중 25%가 피부의 결점을 감추기 위해서 스스로 태닝을 하였다(Phillips, Menard, Fay, & Weisberg, 2005). 과도한 몸단장과 피부 뜯기도 역시 흔하다. 이 장애를 가진 많은 사람들이 거울에서 떨어지지 않는다(Veale & Riley, 2001). 그들은 추한 모습들이 혹시나 바뀌었을까하는 생각에 자주 확인을 한다. 일부는 거의 공포증의 수준으로 거울을 피하기도 한다. 자살 사고, 자살 시도와 자살 그 자체도 이 장애의 전형적인 결과라는 것이 충분히 이해되는 바이다(Phillips, Menard, Fay, & Weisberg, 2005; Zimmerman & Mattia, 1998). 신체이형장애를 가진 사람들은 또한 관계사고, 즉 주변의 모든 것이 어느 정도 자신과 관계가 있다는 생각—이 경우는 상상의 결점—을 가지기도 한다. 이 장애는 환자의 삶에 상당한 혼란을 야기한다. 많은 심각한 환자 사례에서는 다른 사람에게 자신을 보이는 것이 두려워서 바깥 출입을 못 하게 된다.

통계

신체이형장애는 기본적으로 잘 드러나지 않기에 그 유병률을 추정하기는 어렵다. 그러나 추정을 해 보면 이전에 생각했던 것보다는 훨씬 더 흔한 것 같다. 치료를 받지 않으면 전생애에 걸쳐 만성화되는 것 같다(Phillips, 1991; Beale, Boocock, et al., 1996). Phillips와 동료(1993)가 보고한 신체이형장애의 한 사례에서는 9세 이래로 71년간 장애를 앓아온 경우도 있었다. 대학 친구가 최소한 신체이형장애의 경미한 수준을 보인다면, 그 추측은 아마 맞을 것이다. 대학생의 70% 정도가 자신의 신체에 대해서 불만을 가지고 있으며, 4~28%는 장애의 기준에 해당되었다(Fitts, Gibson, Redding, & Deiter, 1989; Phillips, 2005). 그러나 이 연구는 설문 조사에 근거하였으며 학생의 대부분은 단순히 체중에 대한 염려이었다.

신체이형장애의 유병률에 대한 또 다른 연구에서는 다양한 인종의 14~19세 청소년 566명을 대상으로 조사를 실시하였다. 이 집단에서 신체이형장애의 전반적인 유병률은 2.2%였으며, 여자 청소년이 남자에 비해 자신의 신체에 대해서 더욱 불만족감이 높았고, 흑인인 경

표 4.9 신체이형장애를 가진 200명의 환자가 상상의 결함을 가진 부위

영역	%	영역	%
피부	80	얼굴 전체 외모	19
머리카락	58	왜소한 체형	18
코	39	다리	18
복부	32	얼굴 크기나 형태	16
치아	30	턱	15
체중	29	입술	14.5
가슴	26	손 혹은 팔목	14
엉덩이	22	둔부	13
눈	22	뺨	11
허벅지	20	귀	11
눈썹	20		

Phillips, K. A., Menard, B. A., Fay, C., & Weisberg, R. (2005). Demographic characteristics, phenomenology, comorbidity, and family history in 200 individuals with body dysmorhpic disorder. *Psychosomatics, 46*(4), 317-325에서 발췌.

우가 남녀 모두 유럽계, 아시아계, 히스패닉계에 비해서 자신의 신체에 대한 만족도가 더 높았다(Mayville, Katz, Gipson, & Cabral, 1999; Roberts, Cash, Feingold, & Johnson, 2006). 전체적으로 지역사회의 경우 1~2% 정도가, 학생의 경우 2~13%가 신체이형장애의 진단기준을 충족하였다(Koran, Abujaoude, Large, & Serpe, 2008; Phillips, Menard, Fay, & Weisberg, 2005; Woolfolk & Allen, 2011). 신체이형장애를 가진 사람은 그렇지 않은 사람에 비해서 상대적으로 높은 비율로 예술과 디자인에 관심을 가지며, 이는 아마도 미학과 외모에 대한 강한 관심을 반영한다(Veale, Ennis, & Lambrou, 2002).

신체이형장애를 가진 대부분의 사람들이 성형외과 의사나 피부과 의사와 같은 다른 건강 전문가들을 찾기에 정신건강센터에서 이 장애는 흔하지 않다. 신체이형장애는 남성과 여성에게 비슷하게 나타난다. Phillips, Menard, Fay와 Weisberg(2005)가 보고한 200명의 사람들의 경우에는 68.5%가 여성이었으나, 일본에서 신체이형장애의 62%는 남성이었다. 일반적으로 신체이형장애를 가진 남녀에서 차이보다는 유사성이 더 많지만, 일부 차이가 나타나기도 한다(Phillips, Menard, & Fay, 2006). 남자는 체격, 성기나 얇은 모발에 대해서 주의를 두며, 더 심각한 경향이 있다. 근육 결함과 체격에 대해 초점을 맞추는 것은 이 장애를 가진 남성에게만 특별한 것이다(Pope et al., 2005). 여성은 좀 더 다양한 신체 영역에 초점을 두고, 섭식장애를 더 많이 갖는 경향이 있다.

발병 연령은 초기 청소년기에서 20대에 이르며, 16~17세에 최고를 보인다(Phillips, Menard, Fay, & Weisberg, 2005; Veale, Boocock, et al., 1996; Zimmerman & Mattia, 1998). 사람들은 치료를 받는 데

어느 정도 주저한다. 많은 경우 친척이 도움을 받도록 주선하며, 이는 이 장애가 가족들에게도 지장을 주는 것임을 반영한다. Veale, Boocock과 동료들(1996)이 보고한 50 사례 중 24%, Phillips, Menard, Fay와 Weisberg의 200 사례 중 27.5%, 22명의 청소년 사례 중 21%(Albertini & Phillips, 1999)가 과거 자살 시도를 했다는 것 역시 이 장애의 심각성을 반영한다.

신체이형장애를 가진 외래환자 62명을 대상으로 한 연구에서 심리적 스트레스, 삶의 질과 손상의 정도는 우울증, 당뇨나 최근에 심근경색(심장발작)을 경험한 환자들에 비해 여러 설문지로 측정한 지표들에서 일반적으로 더 나쁜 것으로 나타났다(Phillips, Dufresne, Wilkel, & Vittorio, 2000). 176명의 환자를 대상으로 한 연구에서도 비슷한 결과를 보였다(Phillips, Menard, Fay, & Pagano, 2005). 신체이형장애는 심리장애 중 심각한 장애이며, 우울증이나 약물남용이 이로 인해 흔하게 나타나는 결과이다(Gustad & Phillips, 2003; Phillips et al., 2010). 추정할 수 있겠지만 이 장애를 가지고 있는 대부분의 사람들은 결혼을 하지 못한다. Veale이 과거에 미용 수술을 찾았던 25명의 신체이형환자와 관련된 정보들은 이 장애에서 나타나는 극심한 고통을 보여준다. 이들 중 수술을 할 여유가 없거나 여러 이유 때문에 거절된 9명의 환자는 자기 스스로 외모를 바꾸려는 노력을 하였으며, 이는 흔히 비극적인 결과를 보였다. 사례 중 하나는 자신의 피부가 너무 느슨하다고 믿는 남자의 사례였다. 그는 자신의 피부를 팽팽하게 유지하고자 얼굴의 양쪽에 스테이플을 사용하였다. 10분 후 스테이플이 떨어져 나갔고 그는 얼굴 신경 손상을 간신히 피했다. 다른 사례는 자신의 얼굴 형태와 피부에 대해 몰두하는 한 여성의 사례였다. 그녀는 자신의 턱선의 모양을 바꾸기 위하여 치아들을 다듬었다. 자신 신체의 여러 곳이 추하다는 생각에 몰두해 있는 다른 여성은 지방 흡입술을 하고자 했으나 이를 할 수 없어서 칼을 이용해 허벅지를 자르고 지방을 짜내려고 하였다. 신체이형장애 또한 만성적이다. 183명을 대상으로 한 전향 연구에서 1년 동안 21%만이 어느 정도 호전이 있었으며, 이 중 15%는 그 해에 재발하였다(Phillips, Pagano, Menard, & Stout, 2006).

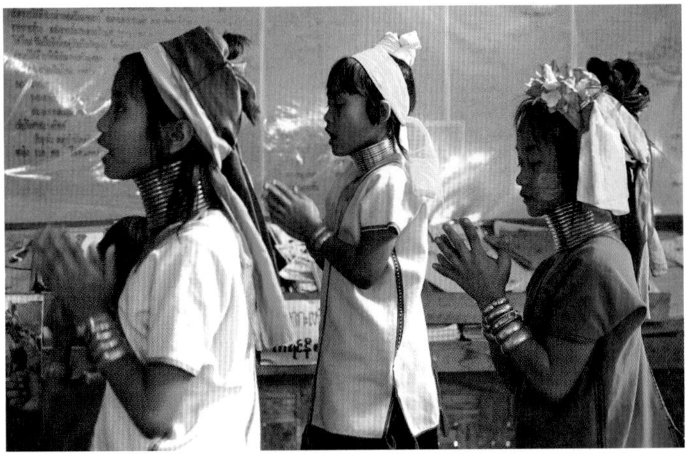

Thierry Falise/LightRocket/Getty Images

▲ 미얀마 여아들의 목을 늘리기 위해 링을 사용하는 것과 같이 다양한 문화권에서 아동의 머리나 얼굴을 바람직한 모습으로 만들기 위해서 조작한다.

신체이형장애를 가진 사람들은 그들이 생각하기에 끔찍하고 기괴한 것에 반응한다. 따라서 정신병리는 다른 사람은 지각할 수 없는 '기형'에 대한 그들의 반응에 있다. 무엇이 기형인가에 대한 정의는 아름다움과 신체상에 대한 사회적, 문화적 요인이 상당한 부분 결정한다. (8장에서 보게 될 것처럼 섭식장애에서 중요한 역할을 하는 체중과 체형에 대한 다양한 문화적 기준이 이보다 눈에 띄는 곳은 없다.)

이런 손상을 통해서 우리가 신체이형장애에 대해서 무엇을 배울 수 있을까? 신체이형장애를 가진 사람들의 행동은 얼굴 형태를 바꾸는 것을 강조하지 않는 현재의 문화적 관습에 반해서 움직이는 것이기에 상당히 이상해 보인다. 다시 말해서 (1장에서 언급한 것처럼) 문화의 기대에 단순히 순응하는 사람들은 이 장애를 갖지 않는다. 그럼에도 불구하고 특히 코와 입술에 대한 성형 수술은 여전히 폭넓게 수용되고 있고 지위 상승의 의미를 지니는데, 이는 부자들이 이를 행하기 때문에 그러하다. 이런 차원에서 신체이형장애는 그다지 이상한 것도 아니다. 대부분의 정신병리에서처럼 특징적 태도와 행동은 정상적인 문화적 행동이 단순히 과장된 것일 수 있다.

원인과 치료

신체이형장애의 특정한 병인론에 대해서 아는 것이 많지 않다. 병인론에 대해서 많지 않지만 알고 있는 지식은 앞서 언급한 것처럼 강박장애와 신체이형장애의 공존장애와 관련한 정보에서 온 것이다. 강박장애와 상당한 유사성을 가지고 있기에 아마도 병인론 역시 어느 정도 유사할 것이다. 흥미롭게도 섭식장애를 가진 100명의 환자 중 약 15% 정도가 동시에 체중, 체형과 관련 없는 신체이형의 걱정을 보이는 신체이형장애를 가지고 있었다(Kollei, Schieber, de Zwaan, Svitak, & Martin, 2013).

더 중요하게 신체이형장애에 대한 효과성이 입증된 치료는 두 개가 있으며, 이 치료들은 강박장애에서도 역시 효과가 있다고 밝혀졌다. 첫째로 clomipramine(Anafranil)과 fluvoxamine(Luvox)과 같은 세로토닌 재흡수를 막는 약물은 적어도 일부 사람들에게는 효과를 보였다(Hadley, Kim, Priday, & Hollander, 2006). 흥미롭게도 이런 약물들은 강박장애에서 가장 효과적인 것이다. 둘째로 강박장애에 효과적인 인지행동치료의 하나인 노출 및 반응억제 역시 신체이형장애 치료에 성공적이었다(McKay et al., 1997; Rosen, Reiter, & Orosan, 1995; Veale, Gournay, et al., 1996; Wilhelm, Otto, Lohr, & Deckersbach, 1999). 게다가 신체이형장애와 강박장애를 가진 환자들에게 이들 치료에 대한 반응률은 유사하였다(Saxena et al., 2001; Williams et al., 2006). 약물치료 단독으로 제공되었을 때와 비교해 보면 강박장애에서처럼 인지행동치료는 더 낫고, 더 오래가는 결과를 보이는 경향이 있었다(Buhlmann, Reese, Renaud, & Wilhelm, 2008). 하지만 인지행동치료는 약물처럼 손쉽게 이용 가능하지는 않다.

유사한 장애에 대한 횡문화적 탐색은 신체이형장애의 원인에 대한 흥미로운 시사점을 준다. 이미 언급한 바와 같이 사회불안장애가 일본에서는 *taijin kyofusho*(176쪽 참고)라는 변형된 형태로 나타나며, 여기에서는 자신이 불쾌한 입 냄새나 체취를 가지고 있다고 믿어서 사회적 상호작용을 회피하는 증상을 보였다. 그러나 *taijin kyofusho*를 가진 사람은 사회불안장애의 다른 특성 또한 가지고 있다. 미국 문화권에서 신체이형장애로 진단을 받은 환자는 일본이나 한국에서는 단순히 심각한 불안장애를 가지고 있다고 여겨질 수도 있다. 사회불안은 근본적으로 신체이형장애와 관련이 있다고 볼 수 있으며, 그 연관성을 통해 이 장애의 본질에 대한 단서를 얻을 수 있다. 사실 서구 국가들에서 시행된 신체이형장애에 대한 최신 연구에서는 다른 사람이 자신의 외모에 대해 내린 부정적인 평가를 지각하는 것과 관련된 걱정은 상상의 결점이라는 자기평가만큼 중요하다는 것을 보여준다(Anson, Veal, & de Silva, 2012). 공존장애에 대한 연구들은 사회불안장애가 강박장애와 함께 신체이형장애를 가진 사람들에게 흔하게 나타난다는 것을 보여준다(Phillips & Stout, 2006).

성형 수술과 다른 의학적 치료

신체이형장애를 가진 환자는 그들이 신체적으로 어떤 면에서 기형이라고 믿으며, 그런 점을 고치기 위하여 의사를 찾는다(Woolfolk & Allen, 2011). Phillips, Grant, Siniscalchi와 Albertini(2001)는 치료를 찾은 39명의 아동, 청소년이 포함된 신체이형장애를 가진 289명의 환자들에 대해 연구하였으며, 그 결과 76.4%가 이런 종류의 치료를 찾았고 66%는 실제로 받았다. 피부과적 치료는 가장 흔하게 받는 것이었고(45.2%), 성형 수술이 그 뒤를 이었다(23.2%). 이를 다른 차원에서 본 다른 연구를 보면 피부과 전문의를 찾은 268명의 환자 중 11.9%는 신체이형장애의 진단기준에 해당되었다(Phillips et al., 2000).

신체이형장애를 가진 사람들은 대부분 얼굴이나 머리에 대해서 걱정하기 때문에 외과 수술의 전문가들에게 이 장애는 큰 시장이다. 연구자들은 성형 수술을 원하는 모든 환자들의 8~25% 정도는 신체이형장애를 가지고 있을 것이라 추정한다(Barnard, 2000; Crerand et al., 2004). 가장 흔한 처치는 코 성형수술, 주름살 제거 수술, 눈썹 거상술, 지방 흡입술, 가슴 확대술과 턱선을 교정하는 수술이다. 2000년에서 2012년 사이에 미국성형외과학회(American Society of Plastic Surgeons, 2012)에 따르면, 미용 시술을 받은 전체 수치는 98% 증가하였다. 문제는 신체이형장애를 가진 사람을 대상으로 한 상당수의 수술이 만족스런 결과를 거의 만들지 못한다는 것이다. 이들은 동일한 결점에 대해서 추가적인 수술을 받거나 다른 새로운 결점에 초점을 맞춘다. Phillips, Menard, Fay와 Pagano(2005)는 수술이나 유사한 의학적 자문을 찾은 50명의 사람 중 81%는 그 결과에 대해서 만족하지 않았다고 보고하였다. 심리치료보다는 의학적 치료를 찾았던 신체이형장애를 가진 사람들의 88%에서 수술 후에 그 장애의 심각도와 그에 동반되는 고통이 변화하지 않거나 증가하였다. 피부 치료와 같은 다른 유형의 의학적 처치에서도 비슷한 실망스럽고 부정적인 결과가 보고되었다(Phillips et al., 2001). 성형외과 의사들에게는 이런 환자들을 선별하는 것이 중요하며, 많은 이들이 의학적인 수련을 받은 심리학자들과의 협업을 통해서 그렇게 한다(Pruzinsky, 1988).

다른 강박 및 관련 장애

▶ 다른 강박 및 관련 장애에는 무엇이 있고, 이는 어떻게 치료되는가?

수집광

몇 해 전에 일군의 환자들이 클리닉에서 주목을 받은 적이 있었다. 이들은 강박적으로 물건을 수집하고, 10년 된 신문조차도 필요로 할 지 몰라서 버리는 것을 두려워하였다. 처음 클리닉에서는 강박장애의 낯선 변종이라고 추정하였으나, 요즘 텔레비전 프로그램에 나오는, 사는 게 거의 불가능한 집에서 사는 이 장애를 가진 사람들처럼, 이것 자체가 주요한 문제임이 확실해졌다. 전체 인구를 대상으로 한 유병률은 강박장애 유병률의 두 배에 달하는 2~5%로 추정되며, 남녀의 비율은 거의 유사하고, 전 세계적으로 퍼져 있다(Frost, Steketee, & Tolin, 2012). 이 문제의 주요한 세 가지 특징은 물건의 과도한 수집, 어떤 것이건 버리는 데 있어서의 어려움, 그리고 전체적으로 어지러움 속에서 생활한다는 것이다(Frost & Rasmussen, 2012; Grisham & Barlow, 2005). 일부 환자들의 집과 마당이 공중보건 담당자의 관심을 끌게 되는 경우는 흔하다(Tolin, 2011). 한 환자의 집과 마당에는 쓰레기가 쌓여 있어서 보기 흉하고 화재 위험이 있기도 한 탓에 비난거리가 되기도 하였다. 그녀가 수집한 것 중에는 20년 된 사용한 냅킨도 있었다! 수집광인 사람들의 집에서 화재가 일어나는 경우는 적기는 하지만, 이런 화재들은 사망과 관련된 전체 화재의 24%에 해당된다(Frost et al., 2012).

기본적으로 이런 사람들은 10대 때부터 물건을 모으기 시작하고, 쇼핑이나 그것이 아니면 다양한 물건을 모으는 과정에서 종종 큰 즐거움과 희열을 얻기도 한다. 쇼핑이나 물건을 모으는 것은 기분이 처지거나 우울함에 대한 반응일 수 있으며, 때로는 우스갯소리로 '구매 치료'라고 불리기도 한다. 그러나 쇼핑이나 수집을 좋아하는 대부분의 다른 사람들과는 달리 이런 사람들은 버리는 것에 대해서 강한 불안과 고통감을 경험하며, 이는 모든 것이 잠재적으로 유용하거나 감상적인 가치가 있다고 생각하거나 아니면 그것들이 자신의 정체성의 확장이라고 생각하기 때문이다. 그들의 집이나 아파트는 거의 살기가 불가능해진다. 이런 사람들의 대부분은 가족이나 당국이 치료를 받아야겠다고 이야기하기 전까지는 그 문제를 인식하지 못한다.

수집광에 대해서 세밀히 분석해 보면, 이것은 강박장애나 충동조절장애와 유사점과 차이점 모두를 가지고 있다. 따라서 별개의 장애로 고려되는 것이 최선이며, DSM-5에서는 그렇게 제안되었다. 예를 들어 강박장애는 증상이 좋아졌다 나빠졌다 하는 경향이 있으나, 수집광 행동은 어린 시절에 생겨서 시간이 갈수록 악화된다(Ayers, Saxena, Golshan, & Wetherell, 2010). 한 연구에서는 소유물을 가지고 있을지 아니면 버릴지에 대해 의사결정할 때의 신경 기제에 대해서 수집 증상이 없는 강박장애와 수집광을 가진 환자를 비교해 보았다. 연구 결과, 대상에 대한 정서적 중요성을 판단하고 적절한 정서적인 반응을 형성하는 문제와 관련된 뇌의 영역에서 두 집단에서 차이를 보였다(Tolin et al., 2012).

수집광에 대한 새로운 치료법이 저자들의 클리닉에서 개발되었다. 이 치료에서는 사람들에게 대상에 다른 가치들을 부여하고, 가치가 없는 것을 버리는 것에 대한 불안을 줄이는 것을 가르치도록 하였다(Grisham et al., 2012; Steketee & Frost, 2007). 예비 연구 결과를 보면 유망한 것으로 보이지만, 강박장애를 대상으로 한 것에 비하면 보통

정도였다. 또한 이런 치료의 장기적 효과에 대한 정보가 필요하겠다.

발모광(털뽑기장애)과 피부뜯기장애

두피, 눈썹, 팔을 포함하여 신체의 어느 곳에서건 털을 뽑고자 하는 충동은 **발모광**이라고 일컫는다. 이런 행동은 눈에 띄는 탈모, 고통감과 사회적 손상을 야기한다. 이 장애는 종종 심각한 사회적 결과를 가지며, 그 결과로 이 장애를 가진 사람들은 이런 행동을 감추기 위해 무엇이든 한다(Lochner et al., 2012; Grant, Stein, Woods, & Keuthen, 2012). 강박적인 털뽑기는 기대하는 것보다 훨씬 흔해서 대학생의 1~5%에서 관찰되며, 남성보다는 여성에게서 더 많다고 보고된다(Scott, Hilty, & Brook, 2003). 발모광에 유전적 영향이 있는 것으로 보이며, 한 연구에서는 일부 사람들에게서 독특한 유전적 변이가 발견되기도 하였다(Zuchner et al., 2006).

피부뜯기장애는 그 장애명이 의미하는 것처럼 반복적이고 강박적으로 피부를 뜯는 것이 특징이며, 이로 인해 조직 손상이 일어난다(Grant et al., 2012). 많은 사람들이 가끔 피부를 뜯기는 하지만 피부에 어떤 심각한 손상이나 고통을 야기하지는 않는다. 그러나 일반 인구의 1~5% 정도 사람들에게서는 피부에 심각한 손상을 보이며 때로는 의학적 치료를 필요로 한다. 사회적, 직업적 기능에서 당혹감, 고통과 손상을 보일 수 있다. 피부뜯기장애는 대부분 여성에게서 나타난다.

DSM-5 이전에는 두 장애 모두 충동조절장애로 분류되었으나 이 장애들이 종종 서로 같이 나타날 뿐 아니라 강박장애, 신체이형장애와 함께 나타난다고 보고되었다(Grant et al., 2012; Odlaug & Grant, 2012). 이런 이유 때문에 반복적이고 강박적인 행동을 공유하는 이들 장애는 모두 현재 DSM-5에서는 강박 및 관련 장애에 포함되었다. 그럼에도 불구하고 의미 있는 차이는 있다. 예를 들어 신체이형장애를 가진 사람은 외모를 좋게 보이기 위해서 피부를 뜯는 것이며, 이는 피부뜯기장애를 가진 사람에게 해당되지는 않는다.

심리치료, 특히 '습관 역전 훈련(habit reversal training)'이라 불리는 접근은 이들 두 장애에 가장 효과적이라는 근거가 있다. 이 치료에서 환자는 자신의 반복된 행동에 대해 조금 더 인식할 수 있도록 배우고, 특히 막 시작하려고 할 때 껌을 씹기, 피부에 로션을 바르기

발모광(trichotillomania) 두피, 눈썹, 사지를 포함하여 신체의 어디건 반복적으로 자신의 털을 뽑는 것을 특징으로 하는 심리장애.

피부뜯기장애(excoriation) 반복적으로 자신의 피부를 뜯는 것을 특징으로 하는 심리장애.

등 해가 없고 즐거운 다른 행동과 같이 다른 것으로 대체할 수 있도록 한다. 4회의 회기이지만 환자와 치료자의 협업, 그리고 하루 종일 행동에 대한 밀접한 감찰이 요구되는 과정의 결과는 분명하였다(Nock et al., 2011). 약물치료, 대부분 선택적세로토닌재흡수억제제는 특히 발모광의 경우에 희망적이었으나 피부뜯기장애에서는 그 결과가 혼재되었다(Grant et al., 2012).

DSM 5 | DSM 논란   불안 및 관련 장애의 분류에 대해서

*DSM-IV*에서 불안장애군으로 분류되었던 것이 현재는 세 가지 분리된 군집으로 나뉘었고, 10개의 장애가 이런 군집에 추가되었다. 존재하는 장애가 분리되고, 신체증상장애와 같이 다른 장애 영역에서 재배치되었거나 혹은 *DSM*에 처음으로 새롭게 장애가 소개되기도 하였다. 3장에서 이미 언급한 바와 같이 정신병리에 대해 최근 생겨난 개념은 범주적 진단에 대한 강조보다는 폭넓은 차원 혹은 유사하고 관련된 진단을 군집화하는 스펙트럼에 대한 고려라 할 수 있다. 이런 스펙트럼의 예는 불안과 우울을 포함한 정서장애라고 불리는 것이다(Leyfer & Brown, 2011). 그러나 이런 정신병리에 대한 차원적 접근이 어떻게 우리가 진단을 하는 방식을 바꿀까? 최근에 저자들은 정서장애에 대해 차원적 접근을 활용한 진단체계가 어떻게 작용을 할지에 대해서 숙고하였고(Brown & Barlow, 2009), 최신의 이론적 발달과 경험적 증거를 볼 때 이것은 4장뿐 아니라 6, 7장에서도 보이는 많은 개별의 범주적 진단을 고려해야 하는 것보다는 더 만족할 만하다(Barlow et al., in press). 이런 접근을 기술하기 위해 먼저 저자들의 클리닉 사례들에 대해서 고려해 보자.

S씨는 40대 중반의 고등학교 교사로, 오기 몇 달 전에 매우 심각한 자동차 사고를 경험하였고 그 사고와 관련된 증상들로 고생하고 있었다. 충돌에 대한 침습적인 기억, 매우 강렬한 정서를 보이는 사고 그 자체에 대한 '플래시백', 그리고 그 부인 얼굴에 생긴 상처와 타박상의 심상을 떠올리는 증상을 보였다. 그는 또한 차 사고를 회상하게 하는 어떠한 단서들에 대해서도 매우 강한 놀람 반응을 보였으며, 그가 사고를 당했던 곳과 유사한 장소에서 운전하기를 꺼렸다. 이러한 증상들은 그가 베트남에서 군 복무를 할 때 발생했던 외상적 경험들로 인해 발생한 유사한 증상들과 혼합되었다. 이런 외상 증상에 더해서 그는 그의 건강이나 가족의 건강과 같은 다양한 일상적인 사건에 대해서 많은 격정을 하였다. 그는 또한 직장에서의 수행에 대해서 걱정을 하였고, 지속적으로 그의 강의가 높은 평가를 받고 있음에도 불구하고 다른 교사들로부터 부정적인 평가를 받을 것에 대해서 걱정하였다.

그가 이야기한 모든 것을 고려한 후에 치료자는 그가 PTSD 진단에 해당된다는 것을 확인하였다. 그가 외상과 관련이 없는 일상에 대해서도 걱정하고 있다는 점을 고려하면 범불안장애 진단에도 일치하였다. 게다가 아마도 부분적으로는 그가 경험하고 있는 모든 불안 때문에 그는 경도의 우울증을 보였다. 요약하자면, 그 환자는 범불안장애와 우울증 양상을 보이고 있을지라도 PTSD로 진단될 수 있었다. 하지만 만약 어떤 장애 범주의 진단기준에 맞는지의 여부보다는 차원적으로 그의 증상을 기술한다면 그것은 어떤 모습일까? 그림 4.11에는 하나의 가능한 차원적 체계를 보여준다(Brown & Barlow, 2009). 이런 차원적 체계에서는 불안이나 우울장애를 가진 모든 사람들은 어느 정도 불안을 보이고 있기에 '불안'(AN)은 좌측에 표시된다. 모든 사람은 아니지만 (S씨처럼) 많은 사람들은 또한 우울(DEP)하기도 한다. S씨는 불안에서 상당히 높은 점수를 보였고 우울에서는 어느 정도 낮은 점수를 보였다. 우측의 끝 부분을 보면 S씨는 많은 행동적인 회피와 함께 신체 감각의 회피(내부감각수용의 회피)(AV-BI)를 보이고 있다. 대부분 그는 운전을 하는 데 어려움을 갖고 있으며, 만약 전쟁과 관련된 활동이나 대화와 조금이라도 관련이 있을 것을 거부하는 것과 같이 이전의 외상과 연관된 단서를 회피한다. 또 다른 유형의 회피는 강렬한 정서 혹은 정서적 경험에 대한 생각을 회피하는 것이다. 이를 인지 및 정서적 회피(AV-CE)라고 부르며, S씨는 이런 양상의 회피에서 또한 상대적으로 높은 점수를 보였다.

그러나 S씨의 불안의 초점은 무엇이었을까? 여기 현재 불안 및 관련 장애 진단군의 다섯 가지 특성을 살펴보자. 먼저 외상 초점을 보면, S씨의 프로파일에서 가장 높은 점수를 보였다. 그는 또한 외상 경험에 대한 반복적인 플래시백으로 어려움을 겪고 있으며, 이는 공황발작과 매우 유사해서 급작스런 심박율의 증가와 같은 강한 자율신경계의 급등이 포함된다. 그래서 그는 공황 및 관련된 자율신경계 급등(PAS)에서도 높은 점수를 얻었다. 침습적 사고는 현재 나타나지 않으며, 이 영역(IC)에서는 낮은 점수를 보였다. 그는 자신의 건강과 가족의 건강에 대해서 걱정하고 있으며, 이로 인해서 신체적 불안(SOM)에서는 중간 정도로 높은 점수를 보였고 사회불안(SOC)은 특별히 높지는 않았다.

이와 같이 차원적인 프로파일은 단순히 그가 PTSD 진단기준에 합당하다고 기록하는 것보다 S씨의 임상적 양상을 좀 더 복잡하게 보여줄 수 있다. 프로파일은 흔히 현재 범주적 체계 내에서는 단지 단일한 진단기준에 맞는 것일 뿐인 환자들에게서 흔히 함께 나타나는 불안과 기분장애의 많은 주요한 영역들에 대한 상대적 심각성을 드러낼 수 있다. 이 프로파일은 또한 S씨가 기분장애의 진단기준에 해당되는 역치 이하의 우울증을 갖고 있다는 사실을 드러낸다. 그림 4.11에 제시된 S씨의 프로파일을 보면서 이 모든 것을 알게 되면, 임상가가 현재 그에게 나타나는 문제에 맞는 치료를 하는 데 도움을 줄 수 있다.

이는 단순히 하나의 가능한 사례일 뿐이지만, 미래의 진단 체계가 어떠할지에 대한 아이디어를 준다. 가장 좋은 방식이 무엇인지를 확인하기

위해서 더 많은 연구가 필요하기에 이런 체계가 DSM-5에 포함된 것은 아니지만, 이와 같은 체계는 DSM-6를 위해서 준비될 수 있겠다.

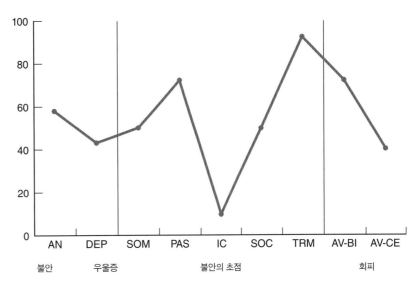

● 그림 4.11 PTSD를 가진 환자에 대한 DSM-5(혹은 6) 차원적 진단 제안. AN, 불안; DEP, 단극성 우울증; SOM, 신체적 불안; PAS, 공황 및 관련된 자율신경계 급등; IC, 침습적 인지; SOC, 사회적 평가; TRM, 과거 외상; AV-BI, 행동 및 내부감각수용 회피; AV-CE, 인지 및 정서적 회피. y축의 점수가 높을수록 x축의 차원이 더 높다는 것을 의미하지만, y축 값은 임의적인 것이며 하나의 예로 사용되었다. Brown, T. A., & Barlow, D. H. (2009). A proposal for a dimensional classification system based on the shared features of the DSM-IV anxiety and mood disorders: Implications for assessment and treatment. *Psychological Assessment*, 21(3), 267에서 발췌.

요약

불안장애의 복잡성

불안, 공포, 공황발작 간에 유사점과 차이점은 무엇인가?

▶ 불안은 미래지향적 상태로, 통제불가능한 위험이나 불운의 가능성에 초점을 맞춘 사람에게서 나타나는 부정적인 정서가 특징이다. 반면에 공포는 현재지향적 상태로, 현재의 위험에 대한 반응으로 강한 도피 경향성과 자율신경계의 교감신경계의 급등을 특징으로 한다.

▶ 공황발작은 실제의 위험은 없지만 실제 위험에 대한 경계 반응을 나타낸다.

▶ 공황발작은 (1) 예견되지 않을 수도(경고 없이), (2) 예견될 수도 있다(특정 상황에서 항상 일어남).

▶ 공황과 불안은 결합되어 다양한 불안 및 관련 장애들을 형성한다. 여러 장애들이 불안장애군에 포함된다.

불안장애

범불안장애

범불안장애의 핵심 양상, 가능한 원인과 유효한 치료적 접근은 무엇인가?

▶ 범불안장애에서는 하나의 주요한 걱정이나 염려가 아니라 자잘한 일상의 사소한 사건들에 초점을 맞춘 불안을 보인다.

▶ 유전적, 심리적 취약성 모두가 범불안장애 발달의 원인이 되는 것 같다.

▶ 약물과 심리치료가 단기적으로 효과가 있으나, 약물치료는 장기적으로는 위약치료에 비해서 더 효과적인 것은 아니다. 성공적인 치료는 범불안장애를 가진 사람들이 그들의 삶에 실제로 위협적인 것이 무엇인지에 초점을 맞출 수 있도록 도와줘야 한다.

공황장애와 광장공포증

공황장애와 광장공포증의 핵심 양상은 무엇인가?

▶ 공황장애에서 광장공포증("안전하지 않다"고 생각되는 상황에 대한 공포와 회피)을 동반하건 하지 않건, 불안은 다음에 있을 공황발작에 초점을 맞춘다. 일부 사람들에게는 공황발작이나 그와 유사한 증상 없이도 광장공포증이 발달한다.

▶ 사람들 모두는 스트레스에 대한 유전적 취약성을 일부 가지고 있으며, 많은 사람들은 일부 스트레스 사건에 대해 신경생물학적인 과반응, 즉 공황발작을 보인다. 공황장애가 발생하는 사람은 또 다른 공황발작이 있을 가능성에 대해서 불안해 한다.

▶ 약물과 심리치료 모두 공황장애 치료에 성공적임이 증명되었다. 공황 통제 치료라는 심리치료 방법에서는 환자들에게 공황발작을 상기시키는 여러 감각들을 노출하는 것을 강조한다. 광장공포증의 경우에는 위험을 느끼는 상황에 대해 치료적인 지도감독하에 노출을 하는 것이 가장 효과적이다.

특정공포증

특정공포증의 주요 원인은 무엇인가?

▶ 공포장애를 가진 사람은 심각한 불안, 공황 혹은 그 둘을 모두 야기하는 상황을 회피한다. 특정공포증에서 공포는 특정한 대상이나 상황에 초점이 있다.

▶ 공포증은 어떤 외상 사건을 경험하면서 발생하게 된다. 공포증은 간접적으로 학습될 수 있으며, 심지어는 이를 가르칠 수도 있다.

특정공포증에 대한 치료의 전형적인 전략은 무엇인가?

▶ 공포증 치료는 좀 더 직접적이어서, 구조화되고 일관된 노출에 기반한 훈련에 초점을 맞춘다.

사회불안장애(사회공포증)

사회불안장애(사회공포증)의 주된 원인은 무엇인가?

▶ 사회불안장애는 사람들 주변에 있는 것을 두려워하는 것이며, 특히 다른 사람들 앞에서 뭔가를 수행하는 상황에 대해 두려워하는 것이다.

사회불안장애(사회공포증) 치료에 사용되는 전략은 무엇인가?

▶ 사회불안장애의 원인은 특정공포증과 유사하기는 하지만, 치료는 사회적으로 두려움을 보이는 상황을 시연하거나 역할 연습을 하는 것과 같이 그 초점은 다르다. 그리고 약물치료는 효과적이다.

외상 및 스트레스 관련 장애

외상후 스트레스장애

외상후 스트레스장애의 핵심 양상과 그 가능한 원인은 무엇인가?

▶ 외상후 스트레스장애(PTSD)에서는 과거 외상 경험의 생각과 심상을 회피하는 것에 중점을 둔다.

▶ PTSD 촉발 원인은 명백하게 외상 경험이다. 그러나 외상 경험에 단순 노출로는 충분하지 않다. 그 경험의 강도가 어떤 한 개인에게 PTSD가 발달하는지에 대한 요인인 것 같다. 생물학적 취약성과

사회, 문화적 요인도 역시 역할을 한다.

외상후 스트레스장애에 효과적인 치료는 무엇인가?

▶ PTSD의 악화요인을 극복하기 위해서 PTSD의 피해자를 외상에 재노출시키고 안전감을 재건하는 것이 치료에 포함된다.

다른 외상 및 스트레스 관련 장애

다른 외상 및 스트레스 관련 장애의 원인은 무엇인가?

적응장애

▶ 적응장애는 외상은 아니지만 스트레스를 느끼는 생활 사건에 대한 반응으로 불안이나 우울이 발달하는 것이다.

▶ 불안이나 우울하기 쉬운 사람은 일반적으로 스트레스의 생활 사건동안 이의 증가를 경험할 수 있다.

애착장애

▶ 초기 아동기에 학대 혹은 보살핌의 부재를 경험한 아동은 양육자와 정상적인 애착관계를 형성하지 못하여서 다음의 두 장애를 가질 수 있다.

▶ 반응성 애착장애는 억제되고 정서적으로 철수되었으며 양육자와 애착을 형성할 수 없는 아동을 일컫는다.

▶ 탈억제성 사회적 유대감장애는 부적절하게 낯선 사람에게 다가가고, 마치 낯선 사람과 강한 애정관계를 가진 것처럼 행동을 하는 아동을 일컫는다.

강박 및 관련 장애

강박장애

강박장애의 증상은 무엇인가?

▶ 강박장애는 공포스럽거나 혐오스러운 침습적 사고(강박사고)를 회피하거나 의례적 행동(강박행동)을 통해서 이런 생각을 중화시키는 것에 중점을 둔다.

▶ 모든 불안장애와 마찬가지로 생물학적, 심리적 취약성은 강박장애 발달에 영향을 준다.

강박장애는 어떻게 치료되는가?

▶ 약물치료는 강박장애 치료에 약간의 개선을 보인다. 가장 효과적인 치료적 접근은 노출 및 반응억제라고 부르는 심리치료이다.

신체이형장애

신체이형장애의 양상은 무엇이며, 어떻게 치료되는가?

▶ 신체이형장애는 정상적으로 생긴 사람이 강박적으로 외모에 대한 상상의 결점(상상의 추함)에 몰두하는 것이다. 이런 환자는 일반적으로 자신의 문제를 인식하고, 치료를 위해 성형외과를 찾는다. 강박장애와 유사하게 심리치료적 접근이 효과적이다.

다른 강박 및 관련 장애

다른 강박 및 관련 장애는 무엇이며, 어떻게 치료되는가?

▶ 수집광은 과도하게 물건을 모으고, 뭔가를 버리는 것을 어려워하며, 전반적으로 혼란된 상태 속에서 사는 것을 특징으로 한다.

▶ 치료적 접근은 강박장애와 유사하지만 덜 효과적이다.

▶ 반복적이고 강박적인 털뽑기로 인해 눈에 띄게 탈모가 될 수 있고, 강박적으로 피부를 뜯어서 조직이 손상되는 것을 특징으로 하는 것을 각각 발모광과 피부뜯기장애라고 한다.

핵심 용어

적응장애 (187쪽)

특정공포증 (169쪽)

혈액-주사-손상공포증 (169쪽)

탈억제성 사회적 유대감장애 (187쪽)

피부뜯기장애 (197쪽)

투쟁-도피체계 (153쪽)

행동억제체계 (153쪽)

개념 확인의 답

4.1

1. b, 2. c, 3. e, d,, 4. a, 5. f

황발작이 예기치 않게 발생한다), 2. F (3.5%),
3. T, 4. T

4.6

1. 강박사고, 2. 강박행동, 3. 1.6%, 4. 정신
외과 수술

4.2

1. T, 2. F (더욱 점진적), 3. T, 4. F, 5. T

4.4

1. d, 2. e, 3. c, 4. f, 5. a, 6. d, 7. c

4.3

1. F (공황장애에서는 '안전한' 상황에서조차 공

4.5

1. b, 2. a, 3. c

단원 퀴즈

1. _____은(는) 미래 사건에 대한 걱정을 특징으로 하는 심리
적 경험이고, _____은(는) 현재 환경에 대한 걱정을 특징으
로 한다.
   - a. 공황, 불안
   - b. 공포, 불안
   - c. 불안, 공포
   - d. 우울증, 불안

2. 불안에 대한 통합 모형에 따르면 다음 중 어떤 아동기 경험이 성인
기 불안 취약성을 높이게 될까?
   - a. 부모로부터의 부정적이고 비일관된 관심
   - b. 개인적 통제에 대한 엄격함이 강화되는 상황에 대한 노출
   - c. 폭력적인 동료들과의 상호작용
   - d. 학교에 입학하기 전의 학업적 실패

3. 다음 진술 중 범불안장애에 대해 올바른 것은?
   - a. 15~24세인 사람들에게 가장 흔하다.
   - b. 그 경과는 만성적이다.
   - c. 불안장애 중에서 가장 흔하지 않다.
   - d. 남성에게서 더욱 흔하다.

4. 광장공포증을 가진 사람들의 다수가 여성인 이유는?
   - a. 시상하부-뇌하수체 축의 민감성과 관련한 염색체 특성이 여성
에게 더 흔하다.
   - b. 사건을 위험으로 해석하는 것에서 인지적 왜곡을 여성이 더 많
이 사용하는 경향이 있다.
   - c. 여성의 호르몬 체계로 인해 여성의 신경계가 스트레스에 더 민
감하다.
   - d. 상황을 회피하고 그 공포에 대해서 이야기하는 것에 대해서 문
화적으로 여성에게 더 수용적이다.

5. 마티에게는 개에 대한 공포가 있다. 다음 중 무엇이 있다면, 그의
공포가 단지 일상의 공포라기보다는 특정공포증에 해당되게 될
까?
   - a. 상황적 요소에 따라서 마티의 개에 대한 공포는 들쑥날쑥하다.
   - b. 마티는 개는 아니지만 고양이는 키운다 .
   - c. 마티는 개에 대한 공포가 합리적이고 적절하다고 믿는다.
   - d. 마티는 모든 개가 안전하게 묶여 있는 시간이라고 생각하는 밤
에만 일을 하려 한다.

6. 다음 테크닉 중 공포증에 대해 가장 효과적인 치료는 무엇인가?

   a. 치료적 지도감독하에 공포 대상에 대한 노출

   b. 공포 대상에 대한 즉각적이고 반복적인 노출 후에 즉각적인 회피

   c. 무의식에 있는 공포와 관련된 갈등 동안의 최면

   d. 내담자에게 공포가 비합리적, 비현실적 그리고 과도하다는 것을 도전시킴

7. 다음 중 사회불안장애(사회공포증)의 가장 핵심적인 특징은?

   a. 공공 장소에 있는 것에 대한 불안

   b. 홀로 남겨지는 것에 대한 불안

   c. 다른 사람의 평가에 대한 불안

   d. 공황발작에 대한 불안

8. 어떤 요소가 외상후 스트레스장애와 급성 스트레스장애를 변별하는가?

   a. 외상 사건이 발생한 이후의 시간

   b. 증상의 심각도

   c. 증상의 본질

   d. 정서적 마비의 유무

9. 매일 아침 출근을 할 때 앤서니는 문을 잠궜는지를 계속해서 의심하였다. 또한 일에 집중을 못할 정도로 하루 종일 이에 대한 생각을 계속했다. 그는 다음 중 무엇을 경험하고 있는가?

   a. 강박사고

   b. 현실감 상실

   c. 공황

   d. 강박행동

10. 누군가를 해칠 생각을 하기만 해도 그를 실제 해치는 것만큼 나쁘다고 믿는 사람이 있다면 그는 다음 중 무엇을 경험하고 있는가?

   a. 강박사고

   b. 오경보

   c. 공황발작

   d. 사고-행동 융합

(답은 부록 A에 있습니다.)

불안, 외상 및 스트레스 관련, 강박 및 관련 장애 탐구하기

불안장애를 가진 사람은

▶ 실제적인 위협이 없을 때 과도한 긴장, 우려 혹은 공포를 느낀다.

▶ 불안의 근원을 회피하기 위해 과도한 행동을 보인다.

촉발 요인

생물학적 영향
- 불안과/혹은 공황발작을 경험할 타고난 취약성
- 특정한 뇌회로, 신경전달물질, 신경호르몬 체계의 활성화

사회적 영향
- 사회적 지지는 촉발요인이나 스트레스에 대한 신체적, 정서적 반응의 강도를 줄임
- 사회적 지지의 결여는 증상을 심화시킴

원인

행동적 영향
- 공포, 불안 혹은 공황발작과 연관된 상황과/혹은 사람에 대한 현저한 회피

정서적, 인지적 영향
- 위협이라 지각된 상황 혹은 사람에 대한 증가된 민감성
- 공황의 신체적 증상은 파국적이라는 무의식적 느낌(신체 반응을 심화시킨다)

장애

불안장애에 대한 치료

인지행동치료	약물치료	기타 치료
■ 불안을 야기하는 상황이나 생각에 대한 체계적 노출 ■ 부정적인 행동이나 생각을 긍정적인 것으로 대체하는 것을 학습 ■ 이완 훈련, 호흡 조절 등과 같은 새로운 대처 기술 학습	■ 뇌 화학에 영향을 줌으로써 불안장애의 증상을 감소시킨다 – 항우울제(Tofranil, Paxil, Effexor) – 벤조디아제핀(Xanax, Klonopin)	■ 휴식, 운동, 영양, 사회적 지지, 절제된 음주 또는 약물 섭취 등과 같은 건강한 생활방식을 통해서 스트레스를 관리

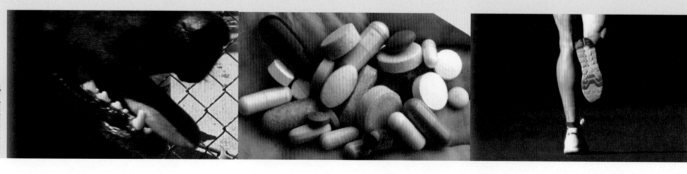

장애의 유형

공황

공황장애를 가진 사람은 하나 혹은 그 이상의 공황발작을 보이고 미래에 발작을 보일 것에 대해서 불안해하고 공포스러워한다.

Eyewire/Getty Images

공황발작은 무엇인가?

공황발작을 가진 사람은 다음을 느낀다.

- 강렬한 불안을 일으키는 염려
- 미칠 것 같거나 통제할 수 없을 것 같은 느낌
- 심장박동, 격한 호흡, 어지러움, 메스꺼움 혹은 심장마비나 임박한 죽음에 대한 감각 등과 같은 고통감의 신체적 증상

언제/왜 공황발작이 발생하는가?

공황발작은

- 예상될 수 있다: 항상 특정한 상황에서 발생
- 예기치 못할 수 있다: 경고 없이 발생

공포증

공포증을 가진 사람은 심각한 불안 그리고/혹은 공황이 발생하는 상황을 회피한다. 여기에는 세 가지 주요한 유형이 있다.

Eyewire/Getty Images

광장공포증

- 쇼핑몰, 슈퍼마켓, 버스, 비행기, 터널 등의 공황발작을 일으키기에 안전하지 않은 장소, 상황, 사람을 두려워하고 회피
- 극심하면 집이나 심지어는 특정한 방에서 나갈 수 없음
- 공황발작 후 시작되고 다른 공황이 발생하지 않더라도 여러 해 지속될 수 있음

특정공포증

- 높은 곳, 밀폐된 공간, 벌레, 뱀 혹은 비행같이 발작을 촉발하는 특정한 대상 혹은 상황에 대한 공포
- 촉발 대상이나 상황과 관계된 외상 사건의 개인적인 혹은 대리 경험, 혹은 잘못된 정보를 통해서 발달

사회불안장애(사회공포증)

- 대중 연설, 공중화장실의 사용(남성의 경우), 혹은 일반적으로 사람들과 상호작용을 하는 것과 같이 자신의 수행을 다른 사람들이 판단하는 것에 대한 두려움

기타 유형

Eyewire/Getty Images

범불안장애

- 일상사에 대한 통제 불가능한 비생산적인 걱정
- 성공 후조차도 임박한 파국화의 느낌
- 걱정-불안의 순환을 중단할 수 없음. 예, 모든 것이 다 잘 되어 감에도 불구하고 아이린이 보인 학교 관계와 건강에서의 실패에 대한 불안
- 근육 긴장의 신체적 증상

외상후 스트레스

- 강간, 전쟁, 생명 위협의 상황 등과 같은 외상 사건의 재경험에 대한 공포
- (외상에 대한) 악몽 혹은 플래시백
- 정서적 마비를 통해 사건에 대한 강력한 감정을 회피

강박

- 원치 않는 침습적인 사고(강박사고)에 대한 두려움
- 원치 않는 생각을 중화시키고자 하는 반복적인 의례 행동 혹은 사고(강박행동). 예, 성, 공격, 종교에 대한 '위험한' 생각을 강박적인 씻기와 청소 의례를 통해 억제하기 위한 리처드의 시도

5

신체증상 및 관련 장애와 해리장애

Dunca Daniel Mihai/Alamy

혁신적이고 통합적인 사고와 문제해결에 참여한다.	▶ 경험적으로 연구하기 위하여 문제를 조작적으로 기술한다. (APA SLO 1.3a) (교재의 208~212, 214~217, 219~224쪽 참고)
훈련 기반 문제 해결의 활용을 기술한다.	▶ 행동과 정신과정의 선행 요인 및 결과를 정확하게 파악한다. (APA SLO 5.3c) (교재의 211~212, 217~218, 226~227쪽 참고)
	▶ 일상생활에 심리학적 원리를 적절하고 실용적으로 적용한 예를 기술한다. (APA SLO 5.3a) (교재의 207~210, 215~217, 219~224쪽 참고).

* 이 단원의 내용은 미국심리학회(APA)가 학부 심리학 전공에 대한 지침(American Psychological Association, 2012)에서 제안한 학습목표들을 포함하고 있다. APA에서 제안한 학습목표(Suggested Learning Outcome, SLO)에 따른 범위는 위에서 확인할 수 있다.

당신은 건강염려증을 앓고 있는 그 누군가를 알고 있는가? 우리 중 많은 이가 건강염려증을 가진 그 누군가를 알고 있다. 아니 그 누군가가 당신이 될 수 있다. 『정신질환의 진단 및 통계 편람』 5판 (DSM-5, American Psychiatric Assocaition, 2013)에서 '질병불안장애'라 불리는 이 상태의 가장 잘 알려진 이미지는 경미한 신체적 증상을 과장하는 사람의 모습일 것이다. 이들은 실제 몸에 이상이 없을 때조차 의사에게 달려간다. 보통 이런 행동 경향성은 개인에게 해를 끼치지 않는다. 하지만 몇몇 사람에게 있어서는 건강이나 외모에 대한 몰두가 지나쳐 이것이 개인의 삶을 지배하게 된다. 후자의 문제는 **신체증상장애**라는 일반적 명칭하에 놓이게 된다. Soma라는 말은 몸을 뜻하고, 앞서 언급한 사람들을 지배하는 문제들은 얼핏 보면 신체적 장애처럼 보인다. 신체증상장애를 가진 사람들은 신체증상이나 이와 관련된 건강문제에 과도하게 반응하고 부적응적으로 반응한다는 공통점을 가지고 있다. 이들 장애는 때때로 '의학적으로 설명되지 않는 신체 증상들(medically unexplained physical symptoms)'이란 약칭 장애군에 들어가기도 하지만(olde Hartman et al., 2009; Woolfolk & Allen, 2011), 어떤 경우는 신체증상에 대한 의학적 원인이 알려져 있는 상태에서 신체증상에 대한 반응이 지나쳐 정서적 고통이나 장해를 야기하거나 신체증상을 악화시키는 특징을 보이기도 한다.

당신은 자신이나 자신의 주변 환경으로부터 '분리된' 듯한 느낌을 경험해 본 적이 있는가? ("내가 아닌 것 같아," "내 손이 내 손 같아 보이질 않아," "이곳은 현실 같지 않아") 이런 경험을 하는 동안 일부의 사람은 자신이 마치 꿈을 꾸고 있는 것마냥 느낀다. 많은 이가 때때로 경험하는 이 같은 경미한 감각은 해리(dissociation) 혹은 해리 경험(dissociative experiences)이라 불리는 의식이나 정체성에서의 경미한 변화 혹은 분리를 의미하나 이는 전적으로 정상적인 경험이다. 하지만 일부의 사람에게 이러한 경험은 너무 강렬하고 극단적이어서 자신의 정체성 전체를 잃고 새로운 정체성을 갖게 하거나 기억 혹은 현실

감을 잃고 제대로 기능하지 못하게 한다. 우리는 이 장의 후반부에서 **해리장애**의 여러 형태들에 대해 이야기할 것이다.

신체증상장애와 해리장애는 역사적으로 서로 강하게 연결되어 있으며, 경험적 증거들도 이 두 장애가 공통된 특징을 공유하고 있음을 시사하고 있다(Kihlstrom, Glisky, & Anquilo, 1994; Prelior, Yutzy, Dean, & Wetzel, 1993). 이들 장애는 '히스테리성 신경증(hysterical neurosis)'이라는 공통된 명칭하에 범주화된다. 여러분은 히스테리아(hysteria)가 '떠돌아다니는 자궁'이라는 의미를 가지고 있음을 제1장에서 배웠다. 따라서 히스테리아라는 용어로부터 여러분은 여성에게서 주로 발생한다고 여겨지는 이들 장애의 원인이 '떠돌아다니는 자궁(wandering uterus)'이라 생각할 수 있다. 하지만 hysterical이란 용어는 기질적 원인이 부재한 상태에서 나타나는 신체증상들을 총칭하기 위해서 혹은 여성에 특징적이라 생각되는 극적이고 '연극조의(histrionic)' 행동을 총칭하기 위해서 사용되고 있다. Sigmund Freud(1894~1962)는 전환 히스테리아(conversion hysteria)에서 보이는 설명되지 않은 신체적 증상들이 무의식적 정서적 갈등을 보다 바람직한 형태로 전환시켜 나타낸 거라 주장하였다. 전환이라는 역사적 용어는 이론적 함의를 제시하지 않은 채 현재까지도 계속 사용되고 있다. 하지만 히스테리성이라는 편견과 낙인이 내포된 용어는 더 이상 사용되고 있지 않다.

신경증(neurosis)이라는 용어는, 정신분석 이론에서 정의되었듯,

신체증상장애(somatic symptom disorder) 심리장애의 하나로 이 장애에서 개인은 신체증상으로 인해 매일의 삶이 와해될 정도의 강력하고 지나친 고통 혹은 불안을 경험한다.

해리장애(dissociative disorder) 심리장애의 하나로 이 장애에서 개인은 자신이나 주변 환경으로부터 분리된 듯한 느낌을 경험하며 현실, 경험, 정체성이 붕괴된 것 같은 느낌을 경험한다.

특정 장애에 대한 특정 원인을 시사한다. 신경증적 장애는 특히 무의식적 갈등, 이런 갈등들로부터 야기된 불안 그리고 자아 방어기제의 작동으로부터 기인했다. 신경증이란 용어는 1980년 진단체계에서 삭제되었는데, 이는 신경증이 거의 모든 비정신증적 장애를 지칭하는 매우 모호한 특성을 띠고 있었기 때문이었고 또한 신경증이 이들 장애의 특정한 그러나 경험적으로 입증되지 않은 원인을 시사하고 있었기 때문이었다.

신체증상장애와 해리장애는 현재 잘 이해되고 있지 않다. 하지만 이들 장애는 수세기 동안 정신병리학자나 일반 대중의 흥미를 불러일으키고 있다. 제대로 된 이해는 우리 모두에게서 발견되는 정상적이고 일상적인 특성이 어느 정도가 되어야만 왜곡되고 이상하며 개인을 무력화시키는 장애로 진화할 수 있는지에 대한 풍부한 관점을 제공해 준다.

신체증상 및 관련 장애

▶ 신체증상 및 관련 장애의 주된 특징은 무엇인가?
▶ 신체증상 및 관련 장애를 위해 어떤 치료들이 개발되었는가?

*DSM-5*는 신체증상 및 관련 장애로 신체증상장애, 질병불안장애, 기타 의학적 상태에 영향을 주는 심리적 요인, 전환장애, 인위성장애의 5개 장애를 포함하고 있다. 각 장애에서 개인은 자신의 신체 기능에 대해 병적으로 걱정한다. 이 장에서 다룰 처음 세 장애(신체증상장애, 질병불안장애, 기타 의학적 상태에 영향을 주는 심리적 요인)는 각 장애가 특정 신체 증상 혹은 증상군(환자가 이들 문제로 지나치게 불안해 하거나 고통을 겪어 기능상의 장해를 경험하게 되는)에 초점을 두고 있다거나 질병불안장애에서처럼 불안과 고통이 병의 발달 가능성에 집중되어 있다는 점에서 상당히 중복된다.

신체증상장애

1859년 프랑스인 의사 Pierre Briquet는 의학적 원인을 찾을 수 없는 수많은 신체증상을 호소하는 환자들에 대해 기술하였다(American Psychiatric Association, 1980). 문제가 없다는 의학적 소견에도 불구하고 환자들은 곧 같은 문제로 혹은 다소 변형된 신체문제를 가지고 다시 찾아오곤 하였다. 이 장애는 수년간 브리케 증후군(Briquet's syndrome)이라 불렸지만 이제는 신체증상장애로 간주되고 있다. 린다의 사례를 살펴보자.

린다 ● 전업 환자

30대의 지식인 여성인 린다는 고통스러운 모습으로 클리닉을 방문했다. 착석하면서 호흡 곤란과 부은 팔·다리 관절로 그간 클리닉을 방

문할 수 없었음을 설명했다. 만성 요도염으로 통증이 있고 그래서 어느 때라도 화장실로 직행해야 할지 모른다는 말도 덧붙였다. 하지만 린다는 진찰 약속을 지킬 수 있었음을 기뻐하고 있었다. 상세한 초기 면담을 거쳐야 한다는 사실을 알고 있지만 시간을 절약할 그 무엇인가를 자신이 가지고 있다는 설명도 하였다. 이 시점에서 그녀는 몇 장의 종이를 꺼내 치료자에게 건네주었다. 다섯 장 분량에 달하는 한 섹션이 모두 주요문제로 인한 의료 기관 방문력에 관한 것이었다. 시간, 날짜, 가능한 진단, 입원 기간 등이 여기에 기재되어 있었다. 빽빽하게 채워진 한 장 반 분량의 섹션 2는 다양한 문제로 인해 린다가 지금까지 복용하였던 약물의 리스트였다.

린다는 어떤 사람도 제대로 진단할 수 없는 수많은 만성 감염들 중 하나를 자신이 가졌다고 생각하였다. 이들 문제는 그녀가 십대일 때 처음 나타났다고 한다. 그녀는 의사나 성직자들과 종종 자신의 증상과 두려움에 대해 이야기하였다. 병원 및 의료클리닉과의 인연으로 린다는 고교 졸업 후 간호학교에 진학하였다. 그러나 병원 실습 동안 그녀는 자신의 신체적 상태가 빠르게 악화되고 있음을 알아챘다. 어떤 병에 대해 배우면 그 병에 걸린 듯한 느낌이 들었다. 일련의 스트레스적인 정서적 사건들로 인해 그녀는 간호학교를 그만두었다.

설명할 수 없는 다리 마비 증세를 나타낸 이후 린다는 정신병원에 입원하게 되었고 일 년 후 다시 걸을 수 있게 되었다. 퇴원 시 그녀는 장애 등급 판정을 얻었고 이로 인해 전업 직장을 갖지 않아도 되었다. 그녀는 지역 병원에서 자원봉사를 하였다. 만성적이고 들쑥날쑥한 몸 상태로 인해 어떤 날은 병원에 갈 수 있었고 어떤 날은 갈 수 없었다. 현재는 가정의와 6명의 전문의로부터 진찰을 받고 있는데, 이들은 다양한 측면에서 그녀의 신체 상태를 모니터링하고 있다. 이들과 더불어 현재 린다는 두 명의 성직자로부터 목회 상담을 받고 있다.

린다는 *DSM-5*의 신체증상장애 진단기준 모두를 쉽게 그리고 넘치게 만족시키고 있다. 그녀는 심하게 손상되어 있고 과거 마비 증상들(우리는 이를 전환증상으로 일컫고 있음, 214~216쪽 참고)로 인해 고통을 겪었다. 신체증상장애를 가진 이들은 행동을 취해야 한다는 절박감은 가지고 있지 않으나 지속적으로 약한 혹은 병든 느낌을 가지고 있으며 운동이 증상을 악화시킬 거란 생각으로 운동을 기피한다(Rief et al., 1998). 린다의 전 생애는 증상을 주축으로 돌고 있다. 한때 그녀는 치료자에게 증상이 그녀의 정체성이라 말한 적도 있었다. 증상 없이는 그녀는 자신이 누구인지조차 알 수 없었다. 남들이 직장에서의 하루에 대해 이야기하거나 자녀의 학교 성취에 대해 이야기하는 것처럼 그녀는 증상에 대해 이야기하고 있으며 이를 제외하곤 사람들과 관계하는 방법을 알지 못했다. 건강관리 전문가를 제외한 극히 몇 안 되는 일반인 친구들은 그녀의 증상에 동정적으로 반응하는 인내를 보여 주었으며, 그녀는 이들을 자신의 고통을 '이해하는' 진정한 친구로 생각하고 있었다.

신체증상장애의 또 다른 공통점은 심한 통증을 경험한다는 데 있다. 통증의 발생을 설명하는 기질적 원인이 있든 없든 이 통증은 심리적 원인에 의해 유지되고 악화되는 경향이 있다. 의대생의 사례를 살펴보자.

다시 강조하지만 이 상태에 있어 중요한 점은 신체증상(이 경우에는 통증)이 명확한 의학적 원인을 가지고 있느냐 그렇지 않느냐의 여부가 아니라 심리적 혹은 행동적 요인, 특히 불안이나 고통이 신체증상의 심각도와 장해에 관여하느냐 그렇지 않느냐의 여부에 있다. 신체증상장애에 있어 *DSM-5*의 심리 증상에 대한 강조는 임상가들에게 유용한 시사점을 제공하고 있는데, 이는 이러한 강조가 신체증상에 집중된 불안과 고통의 심리적 경험을 치료의 가장 중요한 타깃으

로 조명하고 있기 때문이다(Tomenson et al., 2012; Voigt et al., 2012). 하지만 통증과 같은 신체적 증상들의 중요한 특징은 그것이 실제로 존재한다는 것이며 명확한 신체적 원인이 있든 없든 개인에게 상해를 입힌다는 것이다(Aigner & Bach, 1999; Asmundson & Carleton, 2009).

질병불안장애

질병불안장애는 이전 건강염려증(hypochondriasis)으로 알려졌던 장애로, 건강염려증이라는 용어는 현재에도 대중들 사이에서 널리 사용되고 있다. 질병불안장애에서 신체증상은 현재 경험되고 있지 않거나 혹은 매우 경미하게 경험되고 있다. 반면 심각한 불안은 심각한 질병에 걸렸거나 이런 상태로 발전할 가능성에 집중되어 있다. (만약 하나 혹은 그 이상의 신체적 증상들이 상대적으로 심하고 이것이 불안 및 고통과 관련되어 있다면 진단은 신체증상장애가 될 것임에 주목하라.) 질병불안장애에서의 염려는 주로 신체증상 그 자체가 아닌 아플지도 모른다는 생각에 집중되어 있다. 그 위협이 너무 생생하여 안심시키는 의사의 말이 도움이 되지 않는 것처럼 보인다. 게일의 사례를 살펴보자.

질병불안장애(illness anxiety disorder) 신체적 증상이 경미하거나 존재하지 않는 경우에도 심각한 질병이나 병을 가졌을까 불안해하는 심리장애.

게일은 21세에 결혼했고 새로운 생활을 기대하고 있었다. 중하층 가정 출신의 그녀는 나약함과 사람들의 무시를 느꼈고 낮은 자존감으로 고통을 겪기도 했다. 하지만 그녀는 결혼이 이 모든 것을 해결해 줄 것이고 그녀를 특별한 존재로 만들어 줄 거란 믿음을 가지고 있었다. 하지만 불행히도 상황은 그렇게 돌아가지 않았다. 그녀는 곧 남편이 다른 여자와 바람을 피우고 있음을 알아차리게 되었다.

결혼 3년차 되던 때 게일은 우리 클리닉을 방문했다. 초반에는 불안과 스트레스를 호소했다. 하지만 주된 호소 문제가 건강이라는 사실이 곧 명백해졌다. 호흡곤란이나 두통과 같은 경미한 신체증상을 경험할 때마다 그녀는 심각한 질병에 걸린 것은 아닌지 두려워했다. 두통은 뇌종양을 의미한다. 호흡곤란은 임박한 심장발작을 의미한다. 다른 신체 감각은 빠르게 AIDS나 암의 가능성으로 돌변했다. 게일은 호흡이 멈출까 두려워 밤에 자러 가길 두려워했다. 행동이 이끌어낼 신체적 감각이 두려워 운동, 음주, 심지어는 웃는 것까지 회피하였다. 공중화장실, 때로는 공중전화도 감염을 일으킬까봐 사용을 피했다.

통제할 수 없는 불안과 두려움의 주된 촉발자는 신문과 TV 뉴스였다. '이 달의 질병'에 기사가 실릴 때마다 게일은 그 병에 해당하는 증상을 언급하며 통제할 수 없이 그 기사에 빨려 들어가곤 했다. 수일 동안 게일은 자신과 남들에게서 이러한 증상을 찾으려 신경을 곤두세웠다. 큰 노력을 투여한 후에야 겨우 이런 생각들을 몰아낼 수 있었다. 친구나 친척이 앓게 된 진짜 병은 며칠 동안 그녀를 무력하게 만들었다.

게일의 두려움은 결혼 첫 해에 처음 나타났다. 그즈음 그녀는 남편의 외도를 알게 되었다. 처음 그녀는 엄청난 시간을 썼고 자신이 지불할 수 있는 비용보다 더 많은 돈을 병원 가는 데 썼다. 지난 몇 년에 걸쳐 의사들은 매번 같은 말을 반복했다. "문제가 없어요. 당신은 아주 건강합니다." 게일은 자신의 걱정이 지나치다는 것을 인정하였다. 하지만 그녀의 두려움은 사라지지 않았고 그녀는 만성적으로 불행하다.

임상적 기술

당신은 신체증상장애를 보이는 린다와 질병불안장애를 보이는 게일 간의 차이를 발견하였는가? 게일은 특정 신체증상에 대해서는 별로 걱정하지 않았고 아플 것에 대한 혹은 병을 얻을 것에 대한 생각에 더 몰두하고 있었다. 게일의 문제는 전형적인 질병불안장애에 해당한다.

연구는 질병불안장애와 신체증상장애가 불안 및 기분장애, 특히

공황장애와 발병 시기, 성격 특성, 가족집적성(가족 내 유전되는 특성)과 같은 여러 특징에서 유사하다고 지적한다(Craske et al., 1996; Creed & Barsky, 2004). 실제 불안 및 기분 장애와 신체증상장애가 공병하는 경우가 흔하다. 신체증상장애를 가진 개인들이 추가적 진단을 가지고 있다면 이것은 불안 혹은 기분 장애일 가능성이 높았다 (Côté et al., 1996; Wolburg, Voigt, Braukhaus, Herzog, & Lowe, 2013).

신체증상장애와 질병불안장애는 모두 자신이 심각한 병을 가지고 있다는 불안이나 공포로 특징지어진다. 따라서 본질적 문제는 불안이다. 하지만 이들 장애에서의 불안의 표현은 다른 불안장애에서의 불안의 표현과 다르다. 이 두 장애에서 개인은 신체증상이 질병이나 병의 표현이라 오해석하며 이들 증상에 몰두한다. 거의 모든 신체 감각은 걱정의 근원이 된다. 일부는 심박 수나 발한과 같은 정상적인 몸의 기능에 초점을 두고 다른 이는 기침과 같은 경미한 신체 이상에 초점을 둔다. 일부는 통증이나 피로감과 같은 모호한 증상을 호소한다. 이들 장애의 주요 특징이 신체증상에 대한 몰두이기 때문에 이들 장애를 가진 사람들은 거의 항상 가정의를 먼저 찾는다. 가정의가 문제에 대한 의학적 원인을 배제한 후에서야 이들은 정신건강 전문가들의 관심의 대상이 된다.

수많은 의사들의 '괜찮다,' '건강하다'라는 안심의 말의 효과가 단지 단기간만 지속된다는 점도 이들 장애가 보이는 중요한 특징이다. 게일이나 린다와 같은 환자들은 이전 의사들이 뭔가를 놓쳤다는 가정을 가지고 또 다른 의사들을 찾는다. 이는 이들 중 많은 이가 병을 가졌다는 잘못된 믿음을 가지고 있기 때문이다. 이러한 믿음은 흔들기 어려운 믿음으로 흔히 '질병 확신(disease conviction)'이라 불린다(Côté et al., 1996; Haenen, de Jong, Schmidt, Stevens, & Visser, 2000). 이처럼 질병 가능성에 집중된 불안과 질병 확신이 신체증상장애와 질병불안장애를 구성하는 핵심 특징이다(Benedetti et al., 1997; Woolfolk & Allen, 2011).

통계

우리는 현 DSM-5 장애들과는 다소 다르게 정의된 유사한 DSM-IV 장애들에 대한 연구들로부터 일반 인구에서의 신체증상장애 유병률을 추정할 수 있다. 예를 들어 질병불안장애와 신체증상장애의 일부를 포괄하는 DSM-IV 건강염려증의 유병률은 1~5%로 추정되었다 (APA, 2000). 1차 의료 기관에서 건강염려증 유병률의 중앙치는 6.7% 이지만 고통스러운 신체증상들의 유병률 중앙치는 16.6%로 이는 1차 의료 기관에서의 신체증상장애와 질병불안장애를 합친 유병률에 육박하는 수치이다(Creed & Barsky, 2004). 신체증상장애는 노인

5 DSM 진단기준 요약 질병불안장애

질병불안장애의 특징은 다음을 포함한다.

▶ 심각한 질병을 가지고 있거나 질병을 발전시키지는 않을까 하는 공포에 몰두함

▶ 신체증상들은 존재하지 않거나 존재하여도 그 정도가 매우 경미함. 만약 다른 의학적 상태가 존재하거나 의학적 상태를 발달시킬 높은 위험이 존재한다면 이에 대한 몰두는 명백히 지나치거나 불균형적으로 커야 함

▶ 건강에 대한 높은 수준의 불안

▶ 개인은 지나친 건강관련 행동을 수행하거나(예, 병의 징후가 있는지 자신의 몸을 반복적으로 체크함) 부적응적인 회피를 보임(예, 의사와의 약속을 회피함)

▶ 질병 몰두는 적어도 6개월 간 지속되어야 함. 하지만 두려워하는 특정 질병은 변할 수 있음

출처: American Psychiatric Association. (2013). *Diagnostic and statistical manual of mental disorders* (5th ed.). Washington, DC.

충에서 더 흔하게 나타난다고 오랫동안 생각되어 왔지만 이는 사실인 것 같지 않다(Barsky, Frank, Cleary, Wyshak, & Klerman, 1991). 사실상 이들 장애는 다양한 성인기 단계들에 있어 상당히 유사하게 분포하고 있다. 노인들은 의사들을 더 자주 찾아가고 이는 이 연령 집단에서 젊은 연령 집단보다 신체증상장애 전체 환자 수가 다소 더 높게 집계되도록 하고 있다. 하지만 신체증상장애를 가지고 의사를 찾아가는 비율은 이들 연령 집단 모두에서 유사하다.

린다의 신체증상장애는 이 장애의 전형적 발병 시기인 청소년기에 발달하였다. 많은 연구는 현재 신체증상장애를 가진 개인들이 여성이고 미혼이며 사회경제적 지위가 낮은 사람들인 경향이 있음을 보여주었다(예를 들어 Creed & Barsky, 2004; Lieb et al., 2002를 보라). 다양한 신체적 호소와 더불어 개인들은 불안이나 기분장애와 같은 심리적 호소들도 함께 가지고 있을 수 있다(Lieb et al., 2002; Rief et al., 1998). 명백히 신체증상장애를 가진 개인들은 보통 환자들의 9배에 달하는 높은 의료청구서를 받을 정도로 건강관리 체계를 과용 혹은 오용하고 있다(Barsky, Orav, & Bates, 2005; Woolfolk & Allen, 2011). 한 연구에서 신체증상장애를 가진 사람들의 19%가 장애 판정을 받았다(Allen, Woolfolk, Escobar, Gara, & Hamer, 2006). 비록 증상이 나타나고 사라지곤 하지만 신체증상장애와 그에 동반하는 아픈 역할 행동은 만성화되며, 노년까지 지속되곤 한다.

원인

견해가 사뭇 다른 연구자들조차도 신체증상장애의 정신병리적 과정에 대해서는 일치된 입장을 보이고 있다. 신체 징후와 감각을 신체 질병의 증거라 오해석하는 것이 이들 장애의 핵심이며, 거의 모든 이가 이들 장애가 강한 정서적 변화를 동반하는 인지 혹은 지각 장애라는 데에 동의하고 있다(olde Hartman et al., 2009; Witthöft & Hiller, 2010).

신체증상장애를 가진 개인들은 우리들도 경험하는 신체감각들을 경험하지만 이런 감각들에 보다 빨리 집중하는 특징을 보인다. 자기에게 집중하는 행위 그 자체가 각성을 증가시키고 신체감각을 본래보다 더 강렬하게 느끼도록 만든다는 사실을 기억하라(제4장). 만약 당신이 이런 신체 감각들을 질병의 증상으로 오해석하는 경향이 있다면 당신의 불안은 더욱 증가할 것이다. 증가된 불안은 부가적인 신체증상들을 만들어 내고 이는 악순환 고리를 창출한다(그림 5.1 참고. 그림 5.1은 *DSM-IV* 건강염려증에 적용하기 위해 발전시킨 것이나 사실상 *DSM-5* 신체증상장애와 질병불안장애에 적용됨)(Warwick & Salkovskis, 1990; Witthöft & Hiller, 2010).

스트룹 검사(제2장)와 같은 인지과학으로부터 나온 절차를 사용하여 연구자들은(Hitchcock & Mathews, 1992; Pauli & Alpers, 2002) 신체증상장애를 가진 참가자들이 질병단서에 증가된 지각적 민감성을 보이고 있음을 확인하였다. 이들 참가자는 이 외에도 모호한 자극을 위협적으로 해석하는 경향이 있었다(Haenen et al., 2000). 따라서 이들은 가능한 질병이나 병의 징후를 다른 사람들보다 더 빨리 인지하게(또한 두려워하게) 된다. 예를 들어 경미한 두통은 뇌종양의 확실한 징후로 해석될 수 있다. Smeets, de Jong과 Mayer(2000)는 이들 장애를 가진 개인들이 정상인과 비교하여 경미한 신체증상들을 가능한 빨리 확인함으로써 '후회보다는 안전'이라는 접근을 취하고 있음을 보여주었다. 보다 근본적으로 이들은 '건강 상태란 증상이 하나도 없는 상태'라는 편협한 건강 개념을 가지고 있었다(Rief et al., 1998).

무엇이 이들로 하여금 이런 유형의 신체적 민감성과 왜곡된 신념을 발달시키도록 한 것인가? 확실치는 않지만 생물학적 혹은 심리학적 요인만으로는 설명될 것 같지 않다. 이들 장애의 근본 원인이 불안장애에 내재된 원인과 유사하다고 믿을 만한 많은 이유가 있다(Barlow, 2002; Barlow et al., 2013). 예를 들어 증거는 신체증상장애가 가족 내 유전됨을 보여주고 있고(Guze, Cloninger, Martin, & Clayton, 1986; Katon, 1993) 약간의 유전적 기여가 있음을 보여주고 있다(Taylor, Thordarson, Jang, & Asmundson, 2006). 하지만 유전적 기여

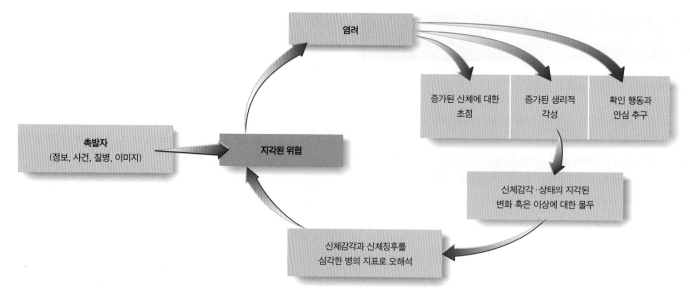

● 그림 5.1 **건강염려증의 원인에 대한 통합모델** [Warwick, H. M., & Salkovskis, P. M. (1990). *Hypochondriasis. Behavior Research Therapy, 28*, 105-117에 기초함]

는 스트레스에 대한 과잉반응경향성과 같은 비특정적인 것일 수 있으며, 따라서 불안장애들에 대한 비특정적 유전적 기여와 구분되지 않을 수 있다. 과잉반응성은 부정적 삶의 사건을 예측불가능하고 통제불가능한 것으로 보는 견해와 결합될 수 있으며 따라서 항상 경계하고 조심하는 경향성과 결합될 수 있다(Noyes et al., 2004; Barlow et al., 2013). 제4장에서 지적하였다시피, 이러한 요인들은 불안에 대한 생물학적 그리고 심리학적 취약성을 구성할 수 있다.

그렇다면 왜 이러한 불안이 신체감각과 병에 집중되는 것일까? 우리는 이러한 걱정을 가지고 있는 아동이 다른 가족구성원이 이전에 보고했던 증상과 동일한 증상을 보고하고 있음을 안다(Kellner, 1985; Kirmayer, Looper, & Taillefer, 2003). 신체증상장애나 질병불안장애를 발달시키는 개인은 공황장애에서와 마찬가지로 가족구성원으로부터 특정 신체 상태와 병에 집중하는 것을 배웠을 가능성이 있다.

다른 세 가지 요인들이 병인 과정에 기여하는 것 같다(Côté et al., 1996; Kellner, 1985). 첫째, 장애는 불안장애를 포함한 다른 많은 장애에서와 마찬가지로 스트레스적인 삶의 사건 맥락에서 발달하는 것으로 보인다. 스트레스적인 삶의 사건은 흔히 사망이나 병을 포함한다(Noyes et al., 2004; Sandin, Chorot, Santed, & Valiente, 2004). (게일의 사례에서 외상적인 결혼 첫 해와 장애의 시작은 동시 발생한 것으로 보인다.) 둘째, 이런 장애를 발달시키는 사람들은 어린 시절 가족 내에서 지나치게 많은 질병의 발생을 경험했다. 따라서 성인기까지 신체증상장애를 발달시키지 않았다 하더라도 쉽게 불안의 초점이 될 수 있는 질병에 대한 강한 기억을 가지고 있을 가능성이 높다. 셋째, 중요한 사회적, 대인관계적 영향이 관여되었을 수 있다(Noyes et al.,

2003; Barlow et al., 2013). 질병이 가족 내 큰 문제가 되었던 사람들의 일부는 아픈 사람이 상당한 관심을 받는다는 사실을 배웠을 수 있다. 아픈 역할이 제공하는 '이점'이 일부 사람들에게 신체증상장애를 발달하도록 했을 수 있다. 아파서 많은 관심을 받거나 일이나 책임을 면제받은 사람은 '아픈 역할'을 채택한 것으로 기술된다.

치료

불행히도 이들 장애의 치료법에 대해서는 많이 알려져 있지 않다. '놀랍게도' 임상보고는 안심의 말이나 교육이 몇몇 경우에 있어 효과적일 수 있음을 시사하고 있다(Haenen et al., 2000; Kellner, 1992). '놀랍게도'라는 표현을 쓴 이유는 이들 장애를 가진 사람들이 안심의 말로부터 도움을 받지 못하는 특징을 가지고 있기 때문이다. 그러나 가정의로부터의 안심의 말은 흔히 아주 짧게 제공되고 있다. 의사들은 내담자들에게 필요할 수 있는 계속적인 지지와 안심을 제공할 시간이 부족하다. 정신건강 전문가들은 보다 더 효과적이고 민감한 방식으로 안심을 제공할 수 있고, 환자가 가진 염려들에 충분한 시간을 투자할 수 있으며, 증상의 의미(예, 증상과 환자의 인생 스트레스 간 관계)에 민감하게 반응할 수 있다. Fava, Grandi, Rafanelli, Fabbri와 Cazzaro(2000)는 *DSM-IV* 건강염려증(신체증상장애와 질병불안장애 모두와 상당부분 겹치는) 진단기준을 만족하는 20명의 환자들을 2개 집단에 할당함으로써 이 가설을 검증했다. 한 집단은 임상가가 증상의 원천과 근원을 상세히 다루는 '설명 치료'를 받았다. 환자들은 치료가 끝난 직후와 6개월 후에 재평가를 받았다. 다른 집단은 대기자 통제집단으로 6개월의 대기 기간 동안 설명 치료를 제공받지 않

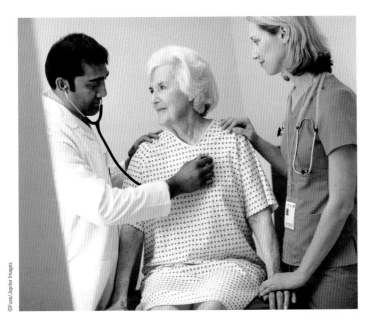

▲ 신체증상장애에서 주된 인간관계는 의료진과의 관계가 된다. 개인의 증상들은 개인의 정체성을 형성한다.

았다. 모든 환자들은 의사들로부터 일상적인 의학적 관리를 받았다. 교육적 틀에서의 상세한 장애 설명은 두 집단 모두에서 신체증상에 대한 공포 및 비합리적 신념의 유의한 감소, 건강관리 사용의 유의한 감소와 연관되었으며, 이러한 이득은 추후 검사에서도 유지되었다. 대기자 통제집단의 경우 설명 치료가 제공되기 전까지는 이득이 나타나지 않다가 설명 치료가 제공된 이후 이득이 나타나기 시작했는데, 이는 설명 치료의 효과를 시사하는 결과이다.

치료에 대한 좀 더 견고한 평가는 최근 몇몇 연구 결과에서 찾을 수 있다(Kroenke, 2007; Thomson & Page, 2007). 한 강력한 연구에서 Barsky와 Ahern(2005)은 *DSM-IV* 건강염려증을 가진 환자 187명을 훈련된 치료자가 진행하는 6회기 인지행동치료(CBT)와 1차 의료 의사가 진행하는 일상치료 중 하나에 무선할당하였다. CBT는 신체 감각에 대한 질병 관련 오해석을 확인하고 도전하는 데 집중하였다. 또한 CBT는 몸의 특정 영역에 초점을 두는 것이 증상을 만들어 낼 수 있음을 환자에게 보여주는 데 집중하였다. 증상을 스스로 만들어 낼 수 있음을 보여준 것이 많은 환자들에게 이들 사건이 자신의 통제 하에 있음을 이해하도록 하는 데 도움을 주었다. 환자들은 또한 자신의 염려에 대한 안심을 덜 구하도록 지도되었다. CBT는 치료 직후와 추후 검사에서 건강염려증 증상 호전과 전반적 기능 상태 및 삶의 질 향상에 더 큰 효과를 나타내었다. 하지만 결과는 여전히 '경미한' 수준이었고, 많은 환자들이 문제를 심리적인 것이라기보다는 의학적인 것이라 믿는 바람에 치료에 들어가길 꺼렸다.

최근의 몇몇 보고는 약물이 신체증상장애를 가진 일부의 사람들에게 도움이 될 수 있음을 보여주고 있다(Fallon et al., 2003; Kroenke, 2007). 신체증상장애 치료에 도움이 되는 약물(항우울제)이 불안과 우울에도 유용하다는 사실은 놀랍지 않다. 한 연구에서 CBT와 선택적 세로토닌재흡수억제제(SSRI)인 파록세틴(팍실)은 모두 효과적이었다. 하지만 이 중 CBT만이 위약조건과 유의한 차이를 나타내었다. 특히 연구에 참가한 환자들 중 CBT 집단의 45%, 팍실집단의 30%, 위약 집단의 14%가 치료에 반응하였다(Greeven et al., 2007).

우리 클리닉에서는 먼저 안심을 제공하고, 스트레스를 경감시키며, 특히 도움추구행동을 감소시키기 위해 노력한다. 환자가 보이는 가장 흔한 행동 경향 중 하나는 증상을 치료하기 위해 수많은 전문의를 찾는다는 것이다. 새로운 의사(혹은 방문이 뜸했던 의사)를 찾을 때마다 광범위한 의학검사와 신체검사가 진행되며 이로 인해 엄청난 비용이 소요된다(Barsky et al., 2005; Witthöft & Hiller, 2010). 따라서 치료는 의사 방문의 수를 제한하기 위해 신체 문제를 선별하는 문지기 의사(gatekeeper physician)를 환자에게 할당하는 것을 포함한다. 이후의 전문의 방문은 문지기 의사가 허가한 경우에만 가능하다. 긍정적인 치료관계의 맥락에서 대부분의 환자들은 이러한 안배를 흔쾌히 받아들인다.

또 다른 치료적 관심은 신체증상으로부터 얻는 이차적 이득을 감소시키는 데 있다. 아픈 역할에 의존하지 않은 채 건강한 사회적, 개인적 적응을 이루도록 돕고 타인과 관계 맺는 보다 적절한 방법을 사용하도록 격려한다. 이런 맥락에서 CBT는 다른 어떤 치료적 접근보다 더 유용할 수 있다(Allen et al., 2006; Woolfolk & Allen, 2011). 이 장애를 가진 많은 환자들처럼 린다는 주 정부로부터 장애 지원금을 받고 있기 때문에 장애 종식이라는 최종 목표와 더불어 적어도 시간제 고용 상태의 유지라는 추가적 목표를 설정하고 있다.

기타 의학적 상태에 영향을 주는 심리적 요인

신체증상장애에 속하는 또 다른 장애는 기타 의학적 상태에 영향을 주는 심리적 요인이라 불린다. 이 장애의 핵심 특징은 하나 혹은 그 이상의 심리적 혹은 행동적 요인에 의해 부정적으로 영향받는 진단 가능한 의학적 상태(예, 알려진 의학적 상태에 의해 야기되는 천식, 당뇨병, 중증 통증)가 존재한다는 것이다. 이러한 행동적, 심리적 요인들은 의학적 상태의 진행이나 치료에 직접적으로 영향을 주곤 한다. 불안이 천식 증상을 악화시킬 정도로 심한 경우가 그 한 예라 하겠다. 또 다른 예로는 당뇨병 환자가 혈당 수준을 정기적으로 체크해야 할 필요성이나 개입의 필요성을 부인하는 경우이다. 이 경우 합당한 의학적 점검과 개입을 계속적으로 무시하며, 이러한 무시가 환자의 의학 일부 신체적 걱정은 특정 문화에 고유하며 이는 신체증상장애 평가에 있어 문화적 맥락을 고려하는 것이 중요함을 보여준다. 이러한 장애 중 하나가 코로(koro)장애인데, 코로장애는 성기가 배로 들어간다는 믿음과 함께 극심한 불안과 공황을 경험하는 장애이다. 여성에게서도 보고되고 있기는 하나 코로장애 희생자의 대부분은 중국 남성이다. 서구 문화에서 이 문제를 호소하는 이는 거의 없다. 그렇다면 코로장애는 왜 중국 문화에서 발생하는 것인가? Rubin(1982)은 이에 대한 대답으로 중국 남성의 성적 기능에 대한 강조를 지적한다. 전형적인 코로장애 환자는 지나친 자위행위, 불만족스러운 성교, 성적 난잡함에 대한 죄책감을 가지고 있다. 이런 종류의 사건들은 남성으로 하여금 성기에 주의를 집중하도록 만들 수 있으며 성기에의 주의는 불안장애에서와 마찬가지로 불안과 정서적 각성을 강화할 수 있다. 또한 중국 문화에 고유한 것으로 파렁(pa-leng)이라는 몸의 한기와 풍에 대한 강한 공포가 있는데, 이는 찬 손, 불규칙한 심박, 가스, 입마름과 같은 신체적 호소를 동반한다. 이러한 불안은 중국 한의학의 음과 양의 힘을 고려할 때 확실히 문화적이라 하겠다(Lin, 1980). 양의 힘은 밝고 뜨거우며 공격적이지만, 음의 힘은 차갑고 어두우며 바람이 불고 소극적이다. 음이 지나치면 삶에 위험이 될 수 있다. 사람들이 때로 느끼는 지나친 풍이나 냉의 느낌은 따라서 중국 사람들로 하여금 죽어가고 있다는 생각을 갖도록 만들 수 있다.

인도에서 만연하는 또 다른 문화 특정적 신체장애는 성적 행위 동안 일어나는 정자 상실에 대한 불안이다. 이 장애는 다하트(dhat)라 불리는데, 현기증, 힘없음, 피로를 포함한 신체증상들의 모호한 혼합으로 특징지어진다. 인도 사람들 특히 인도 시골 사람들은 정자 상실과 같은 신체적 요인이 경미한 우울 혹은 불안 증상의 원인이라 생각하고 있다(Ranjith & Mohan, 2004).

골고우(kyol goeu) 혹은 '바람 과부하'는 문화 특정적인 신체적 근심의 또 다른 예이다. 캄보디아 크메르 사람들에게서 발견되는 이 장애는 혈액이나 '바람'의 몸 속 순환을 가능하게 하는 관이 막히는 것에 대한 공포로 특징지어지며, 사람들은 순환이 막혀 사망할지 모른다는 두려움을 갖는다. 크메르인들은 목아픔, 어지럼증, 힘없음, 피로, 몸떨림과 같은 특정 신체 문제를 이러한 막힘의 징후로 해석한다. 이런 감각들이 강한 불안을 야기하기 때문에(자신이 죽어가고 있다고 생각하는 사람들에게 이런 감각들은 강한 불안을 야기하기 때문에) 골고우는 공황장애와 매우 닮았다(제4장 참고).

일본에서 신체증상들은 서구의 불안장애와 유사한 신케이시츠(神經質, shinkei-shitsu)라 불리는 장애 발병에 기여한다(Reynolds, 1976). 이 장애를 가진 개인들은 두통, 변비, 얼굴 붉힘과 같은 신체증상에 극도로 몰두하거나 이러한 증상들이 타인의 기분을 상하게 할까봐 걱정한다(예, 몸 냄새). 정서적 요인과 관련된 또 다른 문화 특정적 신체증상들로 아프리카 환자들에게 나타나는 머리의 열감이나 머리에 뭔가가 기어다니는 듯한 감각이 있거나(Ebigno, 1986), 파키스탄이나 인도 환자들에게 나타나는 손과 발의 화끈거림이 있다(Kirmayer & Weiss, 1993). 연구자들은 오랫동안 심리적 고통을 신체적 문제로 표현하는 것이 비서구권 국가나 개발도상국가에서 흔하다고 생각했다. 하지만 좀 더 자세히 살펴보면 이것은 사실이 아닌 것 같다. 장애 발생 비율은 전 세계적으로 비교적 동일하며 장애 발생의 남녀 성비 또한 전 세계적으로 비교적 동일하다(Gureje, Simon, Ustun, & Goldberg, 1997). 문제가 진단기준을 만족시킬 정도로 충분히 심각한 경우 여성 대 남성의 성비는 대략 2:1 정도이다.

적 상태에 부정적 영향을 미치는 행동적 혹은 심리적 요인으로 작동한다고 할 수 있다. 이 진단은 중증 의학 문제를 가지므로 사람들이 나타내는 스트레스나 불안과는 변별되어야 한다. 중증 의학 문제를 가짐으로써 사람들이 나타내는 스트레스나 불안은 적응장애로 진단하는 것이 더 합당하다(제4장 참고). 제7장에서 우리는 건강심리학 및 심리적 요인이 심혈관계질환, 암, AIDS, 만성통증을 포함한 신체장애의 발달에 어떻게 기여하는지에 대해 논의하게 될 것이다.

전환장애(기능적 신경학적 증상장애)

전환(conversion)이라는 용어는 중세시대 이후로 종종 사용되었지만(Mace, 1992) 용어의 대중화는 Frued에 의해 이루어졌다. Freud는 무의식적 갈등으로부터 유발된 불안이 신체적 증상으로 '전환'되어 표현되었다고 믿었다. 전환장애는 DSM-5에서 기능적 신경학적 증상장애(functional neurological symptom disorder)라는 부제를 가지고 있는데, 이는 이 부제가 전환장애 진단을 가진 많은 환자를 보고 있는 신경학과 의사들에 의해 자주 사용되고 있고 이들 환자군의 기술에 더 적합했기 때문이다. '기능적'이란 용어는 기질적 원인 없이 증상을 나타냄을 의미한다(Stone, LaFrance, Levenson, & Sharpe, 2010). 전환이라는 오래된 용어는 DSM 추후 버전에서는 폐기될 것으로 보인다.

임상적 기술

전환장애는 일반적으로 마비, 실명, 실성증(aphonia)과 같은 신체적 기능부전과 관련되며, 이러한 기능부전은 이를 설명할 수 있는 기질적 혹은 신체적 장애의 부재 상태에서 발생한다. 비록 전환증상들이 폭넓은 신체 기능의 부전으로 나타나기도 하지만 대부분의 전환증상들은 감각 운동 체계에 영향을 주는 일종의 신경학적 장애로 나타난다.

전환장애는 심리장애의 가장 흥미로운 예, 때로는 매우 놀라운 예를 제공한다. 무엇이 시각 과정은 정상인데 실명을 호소하는 이를 설명할 수 있을 것이며 무엇이 신경학적 손상이 없는데 팔이나 다리의 마비를 호소하는 이를 설명할 수 있을 것인가? 엘로이즈의 사례를 살펴보자.

엘로이즈는 마룻바닥에 발을 대지 않고 무릎을 꿇은 채 의자에 앉았다. 엄마는 엘로이즈가 일어나거나 움직이려 할 때 도움을 주기 위해 근처에 자리하였다. 진료 예약을 한 후 엄마는 친구와 함께 가까스로 엘로이즈를 사무실로 데려왔다. 엘로이즈는 20세 경계선 지능의 여성으로 초기 면담 동안 친절하고 단정하였다.

엘로이즈의 보행 어려움은 지난 5년에 걸쳐 발달하였다. 오른발은 약화되었고 이로 인해 넘어지기 시작했다. 상태는 점진적으로 악화되었고 입원 6개월 전에는 기어야만 이동이 가능한 상태로까지 악화되었다.

신체검사는 기질적 문제를 시사하지 않았다. 엘로이즈는 전환장애의 고전적 사례를 보이고 있었다. 마비 증세를 나타내고 있진 않았지만 다리 약화와 균형 맞추기 어려움을 나타내고 있었으며, 이로 인해 자주 넘어졌다. 이런 유형의 전환증상은 특히 기립불능(astasia)—보행불능(abasia)이라 불린다. 엘로이즈는 선물가게를 운영하는 엄마와 함께 작은 시골 마을에서 살고 있다. 15세까지 특수교육 프로그램에 있었고, 이후로는 교육 프로그램이 제공되지 않아 집에 있었다. 집에 있기 시작하면서 걷기가 악화되기 시작했다.

실명, 마비, 실성증 외에도 전환증상은 완전 무언증, 촉감 상실을 포함할 수 있다. 일부는 발작을 나타낸다. 이 발작은 심리적 원인으로 발생한 것으로 볼 수 있는데, 이는 유의한 뇌전도(EEG) 변화가 탐지되지 않기 때문이다. 이러한 발작은 흔히 심인성 비간질성 발작(psychogenic non-epileptic seizures)이라 불린다. 또 다른 흔한 증상은 히스테리구(globus hystericus)로, 목의 이물감으로 인해 삼키거나 먹거나 말하는 것이 어려워지는 증상이다(Finkenbine & Miele, 2004).

밀접히 관련된 장애

실제 신체의 문제와 **꾀병**을 전환반응과 구별하기는 어렵다. 몇몇 요인이 이러한 구분에 도움을 줄 수 있다. 전환증상은 두드러진 스트레스로 인해 촉발되는 경우가 많다. 이러한 스트레스로 흔히 신체 부

상이 포함된다. 한 조사에서 869명의 환자들 중 324명(37%)이 이전에 부상을 당했다고 보고했다(Stone, Carson, Aditya, et al., 2009). 하지만 스트레스의 발생이 전환장애를 위한 믿을 만한 징후라고는 말할 수 없다. 왜냐하면 스트레스 사건이 전환장애뿐 아니라 다른 많은 심리장애에도 관여하고 있고 스트레스 사건이 모든 사람들에게 심리장애를 촉발하는 것도 아니기 때문이다. 이러한 이유로 DSM-5 전환장애 진단기준에는 장애가 선행하는 스트레스와 관련되었다는 문구가 없다. 비록 전환증상을 가진 사람들이 정상적으로 기능할 수 있다고는 하지만 이들은 자신의 이러한 능력을 인지하고 있거나 감각적 투입을 인지하고 있지는 않아 보인다. 예를 들어 실명이라는 전환증상을 보이는 사람들은 보통 자신의 시각장 내에 놓인 물건들을 피할 수 있다. 하지만 물으면 이것들을 볼 수 없다고 말할 것이다. 유사하게 다리 마비의 전환증상을 보이는 사람들은 갑자기 일어나 응급실로 달려가면서도 이럴 수 있는 자신의 능력에 놀랄 것이다(종교의식 중 기적적 치유를 경험한 사람들의 적어도 일부는 전환반응을 앓고 있었을 가능성이 있다). 이러한 요인이 전환장애와 기질적 신체장애의 구분에 도움이 될 수 있다. 하지만 임상가들은 때때로 이 두 장애를 구분하는 데 실수를 하기도 한다. 물론 현대의 진단 기술에서 이러한 실수는 자주 발생하지 않지만 말이다. 어찌 되었건 증상에 대한 의학적 원인의 배제는 전환장애 진단에 있어 필수적 사항이며, 의학적 선별 절차가 진보된 상황에서 이는 DSM-5 전환장애 진단에 있어 핵심 기준이 되고 있다(APA, 2013; Stone et al., 2010).

진짜 전환증상을 경험하는 사람들과 증상을 허위로 가장하는 꾀병자들을 구분하는 것 또한 힘들다. 꾀병자임이 알려진 경우 이들의 동기는 명백하다. 이들은 직업적 어려움이나 법적 어려움에서 무언가를 얻고자 하거나 재정적 해결과 같은 어떤 이득을 얻고자 한다. 꾀병자들은 자신이 지금 무엇을 하고 있는지 잘 인지하고 있고, 목표한 결과를 얻기 위해 현재 자신이 타인을 이용하고 있음을 잘 인지하고 있다.

꾀병과 전환장애 사이 어딘가에 위치한 **인위성장애**라 불리는 일단의 상태는 좀 더 곤혹스럽다. 이 장애의 증상은 꾀병에서처럼 개인의 자발적 통제하에 있지만 아픈 역할을 맡으려 하거나 더 많은 관심을 얻는 것 외에는 증상을 자발적으로 만들어낼 만한 뚜렷한 이유

전환장애(conversion disorder) 신경학적 손상을 시사하는 시력 상실이나 마비와 같은 신체적 기능 상실이 나타나나 이를 설명할 만한 기질적 병리는 없음.

꾀병(malingering) 이득으로 동기화된 신체적 혹은 심리적 장애의 고의적 날조.

인위성장애(factitious disorder) 동정이나 관심을 제외하곤 특별한 외적인 이득이 없는 상태에서 고의로 가장된 실재하지 않는 신체 혹은 심리 장애.

전환장애의 특징은 다음을 포함한다.

▶ 하나 혹은 그 이상의 변화된 수의적 운동 기능 혹은 감각 기능
▶ 증상과 인지된 신경학적 혹은 의학적 상태 사이의 양립불가능성의 증거가 존재
▶ 증상이나 결핍은 임상적으로 심각한 고통을 야기하거나 사회적, 직업적 혹은 다른 중요한 기능 영역에서의 장해를 유발하거나 의학적 평가를 요구함

출처: American Psychiatric Association. (2013). *Diagnostic and statistical manual of mental disorders* (5th ed.). Washington, DC.

인위성장애의 특징은 다음을 포함한다.

▶ 신체적 혹은 심리적 증후나 증상들을 가짜로 만들어 내거나 자신이나 타인에게 상해나 병을 유도함
▶ 개인은 자신을 아프거나 손상된 것으로 남에게 제시하거나 또 다른 개인(피해자)을 이러한 방식으로 제시함
▶ 거짓된 행동은 명백한 외적 보상이 부재한 상태에서도 나타남

출처: American Psychiatric Association. (2013). *Diagnostic and statistical manual of mental disorders* (5th ed.). Washington, DC.

가 존재하지 않는다. 불행하게도 이 장애는 다른 가족구성원에게도 전파될 수 있다. 성인의 경우 거의 모든 경우가 어머니인데, 어머니는 아픈 아이의 어머니에게 주어지는 관심이나 연민을 얻기 위해 일부러 아이에게 병을 유도한다. 누군가가 어떤 이를 일부러 아프게 만들었다면 이 상태는 타인에게 시행된 인위성장애(factitious disorder imposed on another)라 불린다. 이는 이전에는 대리인에 의한 뮌하우젠 증후군(Munchausen syndrome by proxy)이라 알려지기도 했다. 어떤 경우라도 이는 아동학대의 비전형적 형태이다(Check, 1998). 표 5.1은 전형적인 아동학대와 타인에게 시행된 인위성장애(대리인에 의한 뮌하우젠 증후군) 사이의 차이를 보여준다.

가해 부모는 아동에게 병이 있는 것처럼 보이도록 하기 위해 고도의 전략에 의지한다. 한 예로 엄마는 아이의 소변 샘플을 생리 때 얻은 탐폰으로 저었다. 또 다른 엄마는 똥을 아이의 토사물에 섞었다 (Check, 1998). 엄마는 전형적으로 의료진과 좋은 관계를 형성하고 있기 때문에 병의 진위는 의심되지 않는다. 또한 의료진은 부모를 극

도로 헌신적이고 협조적이며 아이의 안위를 위해 노력하는 부모로 지각한다. 따라서 엄마는 흔히 주변의 의심에서 쉽게 벗어난다.

타인에게 시행된 인위성장애의 가능성을 평가하는 데 유용한 절차는 아이를 엄마로부터 분리시키는 것이나 아이가 병원에 있는 동안 병실에 감시 카메라를 작동시키는 것이다. 한 중요한 연구는 타인에게 시행된 인위성장애가 의심되는 아동의 병실을 녹화하는 것의 유용성을 보여주었다. 이 연구에서 진단하기 어려운 만성 신체 문제를 보이는 41명 환자의 병원 체류 동안의 병실 녹화 테이프가 검토되었다. 이 중 23사례에서 진단은 부모가 자녀의 신체증상에 책임이 있는, 타인에게 시행된 인위성장애로 판정되었다. 이 중 절반 이상에서 감시 녹화 테이프가 진단에 결정적으로 작용하였다. 나머지에서는 실험실 검사 결과나 현장 적발이 진단을 확증하였다.

무의식적 정신 과정

무의식적 인지적 과정이 심리병리에 한 역할을 하긴 하나(반드시 Freud가 구상한 방식대로는 아니나) 전환장애와 다른 관련된 임상적 상

표 5.1 전형적인 아동학대 대 대리인에 의한 뮌하우젠 증후군과 관련된 아동학대

	전형적 아동학대	비전형적 아동학대 (대리인에 의한 뮌하우젠 증후군)
아동이 보이는 신체증상	아동과의 직접적 신체 접촉으로부터 야기됨. 신체증후는 보통 신체검사를 통해 탐지됨	신체검사에서 명백히 드러나지 않는 급성 혹은 우발적인 의학적 혹은 외과적 질환의 와전된 증상
진단 얻기	가해자는 학대 징후가 발견되기를 원치 않음	가해자는 학대 증상을 건강관리체계에 제시함
피해자	아동은 좌절 및 분노의 대상이 되거나 과도한 혹은 부적절한 처벌을 받음	아동은 엄마가 갈구하는 관심을 얻게 하는 매개체. 분노는 문제를 발생시키는 원인이 아님
학대 인식	흔히 존재함	흔히 존재하지 않음

출처: Check, J. R. (1998). Munchausen syndrome by proxy: An atypical form of child abuse. *Journal of Practical Psychiatry and Behavioral Health*, 1998, p. 341, Table 6.2.

태들을 구분하려 할 때처럼 무의식적 인지적 과정이 명백하게 작용한 때는 없다. 무의식적 인지적 과정에 대한 정보(제2장에서 고찰됨)는 이 맥락에서 중요해진다. 우리는 실제 의식하지 않고도 수많은 감각 채널(예, 시각, 청각)을 통해 정보를 받아들이고 처리할 수 있다. 맹시 현상 혹은 무의식적 시각이라는 말을 기억하는가? Weiskrantz(1980)와 다른 이들은 뇌의 국소 손상을 가진 사람들이 자신들의 시각장 내에 존재하였던 물체를 식별할 수 있으나 보았다는 사실은 의식하지 못함을 발견하였다. 이러한 현상이 실제 뇌손상이 없는 사람들에게서도 일어날 수 있는 것인가? 셀리아의 사례를 살펴보자.

셀리아 ● 실명을 통해 보기

셀리아라는 15세 소녀는 어느 날 갑자기 볼 수가 없게 되었다. 얼마 후 시력을 일부 되찾긴 했으나 형태를 흐릿하게 볼 수 있을 뿐 읽을 수는 없었다. 검사를 위해 클리닉을 찾았을 때 심리학자는 일련의 정교한 시각 검사들을 준비했다. 이 검사들은 언제 보이고 언제 보이지 않는지의 보고를 요구하는 검사가 아니었다. 과제 중 하나는 3개의 서로 다른 스크린에 제시된 3개의 삼각형을 검토하고 직립한 삼각형을 포함하고 있는 스크린 밑의 버튼을 누르는 것이었다. 셀리아는 자신이 무엇인가를 볼 수 있다는 자각 없이 이 과제를 완벽하게 수행하였다(Grosz & Zimmerman, 1970). 그렇다면 셀리아는 허위로 실명을 가장했는가? 아닐 것이다. 허위로 가장하였다면 그녀는 의도적으로 실수를 범했을 것이다.

Sackeim, Nordlie와 Gur(1979)는 두 참가자에게 최면과 장님의 암시를 제시하여 실제 무의식적 과정과 허위로 가장하는 것 사이의 차이를 평가하였다. 참가자 중 하나는 이들 절차에 더하여 사람들 앞에서 장님인 것처럼 보이는 것이 매우 중요하다는 말을 들었다. 두 번째 참가자는 이러한 지시를 받지 않았다. 첫 번째 참가자는 장님으로 보이라는 지시를 잘 따른 것으로 보였는데, 앞서의 직립 삼각형 탐지 과제와 유사한 시각 변별 과제에서 우연 이하의 수행을 보였다. 거의 모든 수행에서 참가 여성은 그릇된 응답을 선택하였다. 장님이라는 최면적 암시를 받았으나 그 어떤 경우라도 장님인 것처럼 보이라는 부가적 지시는 받지 않았던 두 번째 참가자는 아무것도 보이지 않는다고는 보고하였으나 시각 변별 과제에서 완벽한 수행을 나타내었다. 어떻게 이것이 꾀병의 탐지와 관련된 것인가? 앞선 사례에서 Grosz와 Zimmerman(1965)은 맹증의 전환증상을 가진 것으로 보이는 한 남성을 평가하였다. 이들은 남성이 시각 변별 과제에서 우

연보다도 훨씬 더 낮은 수행을 보임을 발견하였다. 하지만 다른 원천들로부터 온 추후의 정보는 그 남성이 거의 확실히 꾀병을 나타내고 있음을 확인시켜 주었다. 기술한 차이들을 고찰해 볼 때, 진짜 장님은 시각 변별 과제에서 우연 수준의 수행을 보일 것이다. 하지만 전환장애를 가진 사람들은 자신의 시각장 내 대상들을 볼 수 있어 시각 변별 과제에서 더 나은 수행을 보일 것이지만 이러한 경험은 자신에게 인지되지 않을 것이다.

통계

우리는 린다의 사례에서처럼 전환장애가 다른 장애, 특히 신체증상장애와 함께 나타날 수 있음을 이미 알고 있다. 린다의 마비는 몇 달 후 사라졌고, 재발한 것 같다는 느낌이 보고되긴 했으나 실제 재발하지는 않았다. 전환장애는 불안장애 혹은 우울장애와의 공존이 흔하다(Rowe, 2010; Stone, Carson, Duncan, et al., 2009). 전환장애는 정신건강 장면에서 상대적으로 드물게 관찰된다. 하지만 전환장애로 도움을 구하는 이의 경우 신경학자들이나 다른 전문가들을 찾을 가능성이 높다는 점을 기억하라. 신경학 장면에서의 전환장애 유병률 추정치는 높은데 평균 30%로 보고되고 있다(Rowe, 2010; Stone, Carson, Duncan, et al., 2009).

중증 신체증상장애와 같이 전환장애는 주로 여성에게서 나타나고(Brown & Lewis-Fernandez, 2011; Deveci et al., 2007) 전형적으로 청소년기 혹은 그보다 더 후에 발병한다. 전환반응은 전쟁에 참가한 병사들에서 드물지 않다(Mucha & Reinhardt, 1970). 전환증상은 시간이 지나면 사라지는 경향이 있으나 새로운 스트레스가 발생하면 같은 혹은 유사한 형태로 다시 나타난다. 다른 문화들에서 몇몇 전환증상은 종교의례 혹은 치유의례의 공통 양상이다. 발작, 마비, 가수(假睡) 상태는 미국 일부 지역 근본주의적 종교집단에서 흔하며(Griffith, English, & Mayfield, 1980), 신과 접속한 증거로 비춰지곤 한다. 이러한 증상들을 보이는 개인은 또래에 의해 높게 평가된다. 전환증상은 지속되지 않는 한 혹은 기능상의 장해를 유발하지 않는 한 '장애'로 진단되지 않는다.

원인

Freud는 전환장애 발달을 위한 네 가지 기본 과정을 기술하였다. 첫째, 개인은 외상적 사건을 경험한다. Freud의 관점에서 보면 수용할 수 없는 무의식적 갈등을 경험한다. 둘째, 갈등과 이에 수반되는 불안은 수용할 수 없는 것이기에 개인은 이러한 갈등을 무의식화하는 방식으로 억압한다. 셋째, 불안이 증가하여 의식화되려 하면 개인은

이를 신체증상으로 '전환'하여 갈등을 직접적으로 다루어야 하는 부담을 감소시킨다. 불안의 감소는 전환증상을 유지시키는 일차적 이득(primary gain) 혹은 강화 사건으로 간주된다. 넷째, 개인은 사랑하는 이들로부터 상당한 관심과 동정을 받고 또한 힘든 상황의 회피나 과제의 회피가 허용되기도 한다. Freud는 이러한 관심과 회피를 이차적 이득(secondary gain), 이차적 강화 사건이라 간주하였다.

비록 이들 생각을 지지하는 증거는 부족하고 Freud의 관점은 여기서 기술된 것보다 훨씬 더 복잡하긴 하지만 우리는 Freud가 네 번째를 제외한 적어도 세 개의 언급에서 기본적으로 옳았다고 믿는다. 거의 대부분의 경우에서 전환장애를 가진 개인들은 어떤 대가를 치르고서라도 도망가야만 할 외상 사건을 경험하였다(Brown & Lewis-Fernandez, 2011; Stone, Carson, Aditya, et al., 2009). 이는 죽음이 임박한 전쟁일 수도 있고 불가능한 대인관계 상황일 수도 있다. 대부분의 사례에서 도망이 수용되지 않기 때문에, 사회적으로 수용되는 대안인 아픈 것이 이를 대체한다. 하지만 고의로 아프게 되는 것 또한 수용할 수 없는 것이기에 이러한 동기는 개인의 의식에서 분리되게 된다. 마지막으로 도피 행동(전환증상)이 외상 상황을 없앨 정도로 성공적이면 이 행동은 기저한 문제가 해결될 때까지 지속되게 된다.

한 연구는 적어도 이러한 가설이 부분적으로 타당함을 보여주고 있다(Wyllie, Glazer, Benbadis, Kotagal, & Wolgamuth, 1999). 이 연구에서 심리적 기반을 가진 가짜발작 진단(심인성 비간질성 발작)을 받은 34명의 아동 및 청소년 환자들(이 중 25명은 여자임)이 평가되었다.

이들 아동, 청소년의 다수가 부가적인 심리장애를 가진 것으로 평가되었는데, 32%가 기분장애를, 24%가 분리불안과 등교 거부를 가진 것으로 평가되었다. 다른 일부 환자들에서는 다른 불안장애들이 나타났다. 이들 아동의 심리 스트레스 정도를 조사한 결과, 대부분에서 성학대력, 최근 부모의 이혼, 가까운 가족구성원의 사망, 신체학대 등을 포함한 상당한 스트레스가 발견되었다. 이에 연구자들은, 다른 연구들에서 시사된 것과 유사하게(Roelofs et al., 2002), 가짜발작 전환장애를 가진 아동, 청소년에게서 주요우울장애와 중증 외상 스트레스, 특히 성학대가 흔하다는 결론을 내렸다.

Freud의 주장 중 질문을 낳는 부분은 일차적 이득과 관련한 쟁점이다. 일차적 이득이란 개념은 증상무관심(la belle indifference)을 설명해 준다. 증상무관심은 개인이 자신의 증상에 대해 조금도 고통스러워하지 않는 것을 의미한다. 다시 말해 증상이 갈등을 해결하는 무의식적 시도를 반영하는 것이기 때문에 Freud는 환자가 이들 증상을 기분 나빠하지 않을 것이라 생각했다. 하지만 이 특징에 대한 공식적 검증은 Freud의 주장을 거의 지지하고 있지 않다. 예를 들어 앞서 전환증상에 대한 '무관심'을 기술한 연구에서 Stone과 동료들

▲ 전환장애의 증상일 수 있는 발작과 가수상태는 미국 일부 지역의 근본주의적 종교 집단들에서 흔하다.

(2006)은 기질적 병을 가진 환자들과 전환장애를 가진 환자들이 증상에 대해 느끼는 고통 수준에서 차이가 없었음을 발견하였다.

사회·문화적 영향도 전환장애의 발달에 기여하는데, 전환장애도 신체증상장애처럼 질병이나 의학적 병에 대한 지식이 부족한, 교육 수준과 사회경제적 수준이 낮은 집단에서 발생하는 경향이 있다(Brown & Lewis-Fernandez, 2011; Woolfolk & Allen, 2011). 예를 들면 Binzer와 동료들(1997)은 기질적 원인으로 운동문제를 보이는 대조군 환자들에서는 67%가 고등학교를 다닌 것에 반해 전환장애로 운동 문제를 보이는 성인 환자들에서는 13%만 고등학교에 다녔음을 발견하였다. 신체문제의 선행 경험, 흔히 다른 가족구성원의 신체문제 경험은 특정 전환증상의 선택에 영향을 주는 경향이 있다. 말하자면 환자는 자신에 익숙한 증상들을 채택하는 경향이 있다(Brady & Lind, 1961의 예 참고). 게다가 이런 장애의 발병은 지난 몇십 년에 걸쳐 감소하고 있다(Kirmayer et al., 2003). 이에 대한 가장 그럴듯한 설명은 신체문제의 실제 원인에 대한 환자나 가족의 증가된 지식이 이들 장애에 핵심을 이루는 이차적 이득의 발생 가능성을 제거했다는 설명이다.

마지막으로 많은 전환증상들은 더 큰 군집의 정신병리의 한 부분인 것 같다. 린다는 중증 전환증상과 더불어 다양한 신체증상장애를 가지고 있었다. 그리고 이런 증상들 때문에 입원을 하였다. 유사한 사례들에서 개인들은 스트레스 시 전환장애를 발달시키기 쉬운 현저한 생물학적 취약성을 가지고 있을 수 있다. 이는 신체증상장애 부분에서 논의되었던 것과 유사한 생물학적 과정이다. 신경과학자들은 뇌영상 절차를 이용하여 전환증상과 정서를 조절하는 뇌의 영역, 예를 들면 편도체 간의 강한 연관성을 발견하고 있다(Bryant & Das, 2012; Rowe, 2010).

하지만 다른 많은 사례에서 생물학적 기여 요인은 대인관계적 요인(엘로이즈 엄마의 행동처럼)보다 덜 중요한 것처럼 보인다. 우리는 이 점에 대해 다음 섹션에서 논의할 것이다.

치료

전환장애는 신체증상장애와 많은 부분에서 유사하다. 따라서 치료 원칙들도 상당히 유사한 특성을 보인다. 전환장애 치료의 주된 전략은 외상성 혹은 스트레스성 삶의 사건을 찾고 이것이 여전히 존재한다면(실제 삶이나 기억에) 이에 주의를 기울이는 것이다. 치료자는 전환증상이 만들어내는 강화적 혹은 지지적 결과(이차적 이득)를 감소시키도록 노력해야 한다. 예를 들어 엘로이즈의 엄마의 경우 자신이 집 앞 가게에서 장사를 하고 있는 동안 엘로이즈가 한 곳에서 조용히 있어 준다면 편했을 것이며 이는 명백해 보인다. 엘로이즈의 운동곤란은 엄마의 관심과 염려에 의해 강하게 강화받았다. 불필요한 이동이나 움직임은 처벌을 받았다. 치료자는 이러한 자기파괴적 행동을 제거하기 위해 환자와 가족 모두와 협력하여야 한다.

| 개념 확인 | **5.1** |

기술된 문제들에 대한 진단을 다음에서 골라 적으시오. (a) 질병불안장애 (b) 신체증상장애 (c) 전환장애

1. 에밀리는 끊임없이 자신의 건강에 대해 걱정한다. 암이나 다른 심각한 질환을 가진 것은 아닌지 걱정하며 이 때문에 수많은 의사를 찾아갔다. 심지어 자신이 현재 보이는 신체증상을 명백히 보고하지도 못하면서도 건강문제 때문에 의사를 찾았다. 하지만 의사들은 건강하다는 말만 되풀이하였다. 에밀리의 불안은 가벼운 병들(예를 들어 가벼운 두통이나 배아픔)로 인해 악화되었고 에밀리는 이들 증상들이 큰 문제를 드러내 주는 것이라 간주하였다. _____

2. 디제이는 의료 기록, 증상 증빙 서류, 처방 치료 및 처방약 리스트로 가득 찬 폴더를 들고 블레이크 박사 진찰실에 도착했다. 몇몇 의사는 가슴 통증에서 삼키기 어려움에 이르는 디제이의 호소 문제들을 모니터하고 있다. 디제이는 최근 병가를 너무 많이 내서 직장을 잃었다. _____

3. 16세인 채드는 특별한 의학적 이유도 없이 갑자기 팔을 쓰지 못하게 되었다. 완전 마비에서 지금은 팔을 약간 들 수 있을 정도로 호전되었다. 하지만 그는 운전을 못하고, 물건을 들지 못하며, 일상생활 영위에 필요한 과업의 대부분을 수행하지 못하고 있다. _____

해리장애

▶ 해리장애의 기본 특성과 유형은 무엇인가?
▶ 해리장애의 병인과 치료에 영향을 주는 요인은 무엇인가?

이 장 시작에서 우리는 개인이 자신을 둘러싼 환경과 분리되었을 때, 즉 마치 꿈을 꾸고 있는 것 같고 슬로우 모션 속에서 살고 있는 것 같을 때, 개인은 해리 현상을 경험하고 있는 것이라 말했다. *Journal of Abnormal Psychology*(이상심리 학술지) 창립자인 Morton Prince는 100년도 더 전에 많은 사람들이 때때로 해리와 같은 무엇인가를 경험한다고 언급하였다(Prince, 1906~1907). 해리는 사고와 같은 극심한 스트레스 사건 후에 나타나는 것 같다(Spiegel, 2010). 또한 해리는 피곤하거나 시험 공부로 밤을 새워 수면이 부족할 때도 나타나는 것 같다(Giesbrecht, Smeets, Leppink, Jelicic, & Merckelbach, 2007). 이유를 안다면 해리 경험은 그다지 당신을 괴롭히지 않을 것이다(Barlow, 2002). 하지만 몹시 무섭기는 할 것이다. 일반 인구의 절반 정도가 생애 어느 시점에서 일시적 해리를 경험할 수 있으며, 연구들은 외상 사건을 경험한 개인의 31~66%가 사건 경험으로 인해 해리를 경험할 것이라 시사하고 있다(Hunter, Sierra, & David, 2004; Keane, Marx, Sloan, & DePrince, 2011). 해리는 측정이 어렵기 때문에 외상과 해리 간 관련성은 논란의 여지가 있다(Giesbrecht, Lynn, Lilienfeld, & Merckelbach, 2008).

해리 경험은 두 가지 유형으로 나뉜다. **이인성**의 삽화 동안 개인은

이인성(depersonalization) 순간적으로 자신에 대한 현실감을 잃도록 만드는 지각의 변화. 해리장애를 가진 사람들에서 가장 빈번히 나타남. 흔히 자신의 행동을 외부에서 관찰하는 듯한 감각으로 경험됨.

지각의 변화를 경험하여 자신에 대한 현실감을 잃는다. 마치 꿈 속에 있는 듯하거나 자신이 자신을 관찰하는 듯한 경험을 하게 된다. **비현실감**의 삽화 동안 개인은 외부 세계에 대한 현실감을 잃는다. 이 상태에서 사물은 형태나 크기가 변화되어 보인다. 또한 사람들이 죽은 듯 보이거나 기계인 듯 보인다. 이러한 비현실의 감각들은 해리장애의 특징이라 할 수 있는데, 왜냐하면 이러한 감각들이 현실로부터 개인을 해리시키는 심리적 기제이기 때문이다. 이인성은 심각한 상태의 일부일 수 있는데 이 상태에서 현실, 경험, 심지어 정체성은 해체된 것처럼 보인다. 우리는 매일의 삶을 살 때 보통 우리가 누구인지 잘 알고 있으며 타인의 정체성에 대해서도 일반적 지식을 가지고 있다. 또한 우리는 우리 주변의 사건들을 인식하고 있으며 우리가 어디에 그리고 왜 있는지 안다. 마지막으로 일상적인 작은 시간의 흐름을 제외하곤 기억이 손상되어 있지 않아 현 순간에 이르도록 한 사건들을 마음 속에 명확히 가지고 있다.

그러나 만약 우리가 어떻게 하여 특정 장소에 있는 것이고 내가 누구인지 기억할 수 없다면 우리에게 무슨 일이 벌어질까? 만약 주변이 실제라는 감각을 잃게 된다면 우리에게 무슨 일이 벌어질까? 마지막으로 내가 누구인지 잊어버리고 이에 더해 내가 다른 누군가(다른 성격, 다른 기억, 이전에 없던 알레르기와 같은 다른 신체적 반응을 가진 다른 누군가)로 생각되기 시작한다면 우리에게 과연 무슨 일이 벌어질까? 이것들이 해체된 경험의 예이다(Dell & O'Neil, 2009; Spiegel et al., 2013). 매 경우 자신, 세상, 기억과정과 맺는 관계가 변화할 것이다.

비록 해리장애에 대해 더 많이 배워야 할 것이지만 우리는 이 중 이인성-비현실감장애와 해리성 기억상실을 간략히 기술하고 있다. 당신도 알게 될 것이지만 사회적 혹은 문화적 요인의 영향은 해리장애에서 특히 강하다. 중증 사례에서조차 장애의 표현은 사회적, 문화적으로 인정된 형태들로부터 크게 벗어나지 않는다(Giesbrecht et al., 2008; Kihlstrom, 2005).

이인성-비현실감장애

비현실감이 개인의 삶을 지배하고 정상적으로 기능하는 것을 방해할 정도로 너무 강하거나 위협적일 때 임상가들은 **이인성-비현실감장애**라는 드문 진단을 내리게 된다. 보니의 사례를 살펴보자.

보니 • 자신에게서 이탈하여 춤추는

20대 후반의 무용 선생인 보니는 남편과 함께 클리닉을 방문하였고

'자제력 상실'을 호소하였다. 무엇을 의미하는지 물었더니 "세상에서 가장 무서운 일이라 할 수 있어요. 현대 무용을 가르치는 동안 주로 일어나요. 앞에 서서 최대한 집중을 하고 있어요. 스텝을 보여주고 있는데 갑자기 내가 나로 느껴지지 않고 발을 통제하지 못하겠어요. 때론 내가 내 뒤에 서서 날 지켜보는 듯 느껴져요. 터널 시각도 갖게 되요. 마치 내 앞의 아주 제한된 공간만 보고 내 주변에서 무슨 일이 벌어지는지에 대해서는 완전히 단절된 듯한 느낌을 갖게 돼요. 그렇게 되면 무서워지기 시작하고, 땀을 흘리고, 몸을 떨게 되요." 보니의 문제는 10년 전 마리화나를 처음 피운 시점에서 시작된 것으로 밝혀졌다. 그 당시 보니는 같은 느낌을 가졌었고 무서웠다고 하였다. 하지만 친구들의 도움으로 이를 극복하게 되었다고 하였다. 하지만 나중에 그 느낌은 더 자주 그리고 더 심하게 재발하였고, 특히 무용 수업 중 가르칠 때 더 자주, 강하게 나타나게 되었다고 한다.

당신은 제4장으로부터 강한 공황발작 동안 많은 사람들(거의 50%에 육박하는 사람들)이 비현실감을 경험한다는 사실을 기억하고 있을 것이다. 강한 스트레스 혹은 외상적 사건을 경험하는 사람들 또한 이런 증상을 경험할 수 있다. 이러한 증상은 새로 정의된 급성 스트레스장애(acute stress disorder)에서 관찰될 수 있다. 이인성와 비현실감은 여러 장애에서 관찰된다(Spiegel et al., 2011; Spiegel et al., 2013). 하지만 심한 이인성이나 비현실감이 문제의 주가 될 때 개인은 이인성-비현실감장애진단 기준을 충족시킨다(APA, 2013). 조사는 이 장애가 인구의 약 0.8~2.8%에서 발견되고 있음을 보여주고 있다(Johnson, Cohen, Kasen, & Brook, 2006; Spiegel et al., 2011). Simeon, Knutelska, Nelson, 그리고 Guralnik(2003)은 117개의 이인성-비현실감장애 사례가 거의 동등하게 남성과 여성 사례로 나누어지고 있음을 기술하였다. 발병 평균 연령은 16세이며 만성화 진행 경향이 보고되고 있다. 모든 환자가 상당한 기능 손상을 경험하고 있었다. 불안, 기분, 성격 장애가 이인성-비현실감장애 환자들에서 흔하게 발견되고 있다(Simeon et al., 2003; Johnson et al., 2006). 앞서 기술한 117명의 환자들 중 73%가 기분장애를 함께 가지고 있었으며 64%가 일생 중 어느 시점에 불안장애를 앓았다.

두 연구(Guralnik, Giesbrecht, Knutelska, Sirroff, & Simeon, 2007; Guralnik, Schmeidler, & Simeon, 2000)는 이인성-비현실감장애 환자들이 이들에 대응된 정상-비교 참가자들과 인지 기능을 측정하는 종합신경심리검사 배터리 점수에서 어떻게 다른지 비교하였다. 비록 두 집단이 동등한 지능 수준에 있었지만, 이인성장애를 가진 참가자들은 주의, 정보처리, 단기기억, 공간추론에서의 특정 인지적 결핍을 드러내는 구별되는 인지 프로파일을 나타내었다. 기본적으로 이들

DSM 진단기준 요약 이인성-비현실감장애

이인성-비현실감장애의 특징은 다음을 포함한다.

▶ 이인성, 비현실감 혹은 이 둘을 지속적으로 혹은 빈번하게 경험함
▶ 이인성 혹은 비현실감 경험 중 현실검증력은 손상되지 않고 유지됨
▶ 증상이 임상적으로 심각한 고통을 야기하거나 사회적, 직업적 혹은 다른 중요한 기능 영역에서 손상을 야기함
▶ 장해는 약물이나 다른 의학적 혹은 심리적 상태의 생리적 결과로 기인되지 않아야 함

출처: American Psychiatric Association. (2013). *Diagnostic and statistical manual of mental disorders* (5th ed.). Washington, DC.

환자는 쉽게 주의가 산만해지며, 새로운 정보의 지각과 처리에서 느린 특성을 나타내었다. 어떻게 발달하게 되었는지는 명확하지 않으나 이런 인지적, 지각적 결핍은 이들을 특징짓는 '터널 시각'(지각적 왜곡), '마음의 공백'(새로운 정보 흡수의 어려움) 보고들과 부합하는 것으로 보인다.

특정 영역의 뇌기능 또한 이인성과 관련된다(예로 Sierra & Berrios, 1998; Simeon et al., 2000을 참고). 뇌조영 연구들은 이인성이 지각에서의 결핍(Simeon, 2009; Simeon et al., 2000), 정서 조절에서의 결핍(Phillips et al., 2001)과 관련됨을 확인시켜주고 있다. 다른 연구들은 이 환자들이 정상 통제집단 참가자들에 비해 시상하부-뇌하수체-부신피질축(HPA axis)에서의 조절문제를 나타내고 있음을 지적하고 있는데, 이 또한 정서 반응의 결핍을 시사하는 결과이다(Simeonm Guralnik, Knutelska, Hollander, & Schmeidler, 2001; Spiegel et al., 2013). 이인성-비현실감장애를 위한 심리치료는 체계적으로 연구되고 있지 않은 실정이다. 이 장애의 프로작 약물의 효과를 평가한 한 연구에서 프로작은 위약조건보다 더 나은 치료 효과를 보이지 못하였다(Simeon, Guralnik, Schneider, & Knutelska, 2004).

해리성 기억상실

아마도 가장 쉽게 이해할 수 있는 중증 해리장애는 **해리성 기억상실**일 것이다. 이 장애는 몇몇 유형을 포함하고 있다. 자신이 누구인지를 포함하여 어떤 것도 기억할 수 없는 사람들은 **전반적 기억상실**로 고생하고 있다고 일컬어진다. 전반적 기억상실은 일생을 포괄하거나 아니면 앞선 6개월 혹은 1년과 같이 보다 최근의 기간을 포함할 수 있다. 아래 기술된 사례 연구를 살펴보자.

몇 해 전 50대 초반의 한 여성이 등교 거부와 기타 심각하게 와해된 행동을 보이는 딸을 데리고 클리닉을 방문했다. 아버지는 회기 참석을 거부한 관계로 오지 않았으며 싸우기 좋아하고, 술꾼이며, 때때로 학대적이라 한다. 소녀의 오빠는 20대 중반으로 집에서 함께 거주하고 있으며, 가족에게 짐이 되고 있다고 한다. 한 주에 몇 번씩 고성, 밀치는 싸움이 발발하고 있는데, 가족구성원 각각이 서로에게 자신의 문제를 탓하는 과정에서 이런 분쟁이 일어난다고 한다. 엄마는 강한 여성으로 그나마 가족을 묶는 중재인 역할을 하고 있다. 거의 6개월마다 가족 분쟁이 있은 후 엄마는 기억을 잃고 가족은 그런 엄마를 병원에 입원시킨다고 한다. 엄마의 기억은 가족으로부터 벗어나 병원에서 며칠을 보낸 후 돌아오곤 했는데, 기억을 되찾으면 집으로 돌아와 이후 몇 달은 같은 패턴을 반복하게 된다고 한다. 비록 우리가 이 가족을 치료하지는 않았으나(가족이 너무 멀리 살기 때문에) 자녀들이 이사하여 스트레스가 감소되었을 때 상황은 자연 치유되었다.

전반적 기억상실보다 훨씬 더 흔한 유형은 **국소적 혹은 선택적 기억상실**로, 이는 특정 기간 동안 일어난 특정 사건, 흔히 외상적 사건에 대한 기억 실패를 의미한다. 국소적 기억상실은 전쟁 중 흔하다(Cardeña & Gleaves, 2003; Spiegel et al., 2013). Sackeim과 Devanand(1991)는 어려서 아버지에게 버림을 받고 14세 때 낙태를 강요받았던 한 여성의 흥미로운 사례를 기술하고 있다. 몇 년 후 이 여성은 잦은 두통으로 치료를 찾았다. 치료에서 여성은 사무적이고 냉정하게 초기의 사건들(예, 낙태 사건)을 보고했다. 하지만 최면하에서 그녀는 초기 낙태를 강한 정서를 가지고 다시 체험하였으며 낙태 의사로부터 강간을 당했던 것을 기억하였다. 여성은 또한 이모의 장례식에 참가하고 있는 아버지의 이미지를 가지고 있었는데, 이는 그녀가 아버지를 보았던 몇 안 되는 경우 중 하나였다. 최면 상태에서

비현실감(derealization) 개인이 외부세계에 대한 현실감을 잃게 되는 상황.

이인성-비현실감장애(depersonalization-derealization disorder) 개인이 자신의 외부세계나 자신 둘 다에 대한 현실감을 잃게 되는 장애.

해리성 기억상실(dissociative amnesia) 개인적 정보, 특히 스트레스적이거나 외상적 특성의 정보를 기억해내지 못하는 것을 특징으로 하는 해리장애.

전반적 기억상실(generalized amnesia) 정체성을 포함한 모든 개인적 정보에 대한 기억을 상실하는 경우를 뜻함.

국소적 혹은 선택적 기억상실(localized or selective amnesia) 특정 기간과 사건에 국한된 기억상실. 특히 외상적 사건에 국한된 기억상실.

해리성 기억상실의 특징은 다음을 포함한다.

▶ 중요한 자전적 정보를 기억하지 못함. 흔히 외상적 혹은 스트레스적 속성을 지닌 자전적 정보를 기억하지 못하는데 이는 일상적인 망각에 해당하지 않음

▶ 증상들이 임상적으로 심각한 고통을 야기하거나 사회적, 직업적 혹은 다른 중요한 기능 영역에서 손상을 야기함

▶ 장해는 약물(예, 알코올이나 다른 약물의 남용), 신경학적 혹은 다른 의학적 상태 혹은 다른 심리장애의 생리적 결과로 기인한 것이 아님

출처: American Psychiatric Association. (2013). *Diagnostic and statistical manual of mental disorders* (5th ed.). Washington, DC.

깨어났을 때 그녀는 이들 사건들을 정서적으로 재경험하였던 것을 기억해 내지 못하였고 자신이 울었다는 사실에 놀랐다. 이 사례에서 여성은 사건 자체에 대해서는 기억상실을 보이고 있지 않았으나 이들 사건에 대한 강한 정서적 반응에 대해서는 기억상실을 보이고 있었다. 이인성-비현실감장애에서 흔히 나타나는 그리고 뇌조영 연구들(Phillips et al., 2001)에 의해 확인되고 있는 정서의 주관적 경험 부재는 이 사례에서 두드러진다. 해리성 기억상실의 대부분의 사례에서 망각은 일반화되어 있기보다는 외상 사건 혹은 외상 기억에 선별적이다.

해리성 기억상실의 하위 유형으로 **해리성 둔주**가 있다(Ross, 2009). 둔주(fugue)는 번역하면 '도망(flight)'이란 말로 도망자(fugitive)라는 단어도 이 어간으로부터 나왔다. 해리성 둔주 사례에서의 기억 손실은 특정 사건 즉 예기치 않은 여행(혹은 여행들)을 축으로 하여 나타난다. 대부분 개인은 살던 곳을 벗어나 새로운 장소에 있는 자신을 발견하며, 왜 그리고 어떻게 하여 그곳에 오게 됐는지 기억하지 못한다. 이들은 흔히 견딜 수 없는 상황을 버리고 떠나왔다. 이러한 여행 동안 개인은 때때로 새로운 정체성을 갖고 적어도 옛 정체성에 대해 혼란스러워 한다.

해리성 기억상실은 청소년기 이전에는 잘 나타나지 않으며 주로 성인기에 나타난다. 50세 이후 처음 나타나는 경우는 드물다(Sackeim & Devanand, 1991). 하지만 한 번 나타나면 노년기까지 지속될 수 있다. 유병률은 1.8~7.3% 범위로 추정되며, 이는 이 장애가 여러 해리장애들 중 유병률이 가장 높은 장애임을 드러낸다(Spiegel et al., 2011).

둔주 상태는 갑작스럽게 끝나곤 하며, 개인은 이전 무슨 일이 일어 났는지 완전히는 아니더라도 거의 대부분 기억한 채 집으로 돌아온다. 이 장애에서 통합되지 않은 경험은 기억상실상태 이상이라 할 수 있는데, 이는 완전히 새로운 정체성의 채택은 아니더라도 적어도 정체성의 일부가 통합되지 않은 상태에 있기 때문이다.

서구 문화에서는 발견되지 않는 해리 상태의 하나가 아모크(amok, 미친 듯이 날뛰다라는 표현에서 볼 수 있듯)라 불리는 상태이다. 이 장애를 가진 사람들은 남성들이다. 아모크는 사람들의 관심을 끌고 있는데, 왜냐하면 이 가수상태에 있는 개인들이 종종 매우 난폭해져서 사람이나 동물을 죽이기도 하기 때문이다. 자신이 자신에게 살해되지 않는 한 개인은 아마도 이런 해리 상태를 기억하지 못할 것이다. 아모크라는 상태는 개인이 가수(假睡) 비슷한 상태에 들어가 신비한 힘에 의해 갑작스럽게 오랫동안 날뛰는 그런 수많은 광란 증후군들 중 단지 하나이다. 아모크를 제외하면 광란 장애의 유병률은 대부분의 해리장애들에서와 마찬가지로 여성에게서 남성에게서보다 더 높다. 북극 원주민들에게서 나타나는 광란 장애는 피블로크토크(pivloktoq)라 불린다. 나바호족은 광란의 마법(frenzy witchcraft)이라 부른다. 문화적으로 다른 표현에도 불구하고 광란 장애들은, 아모크는 예외일 수 있으나, 해리성 둔주와 비슷해 보인다.

해리장애는 문화마다 중요한 방식으로 차이를 보인다. 세계 많은 지역에서 해리 현상은 가수상태 혹은 빙의의 형태로 발생할 수 있다. 갑작스러운 성격 변화와 같은 흔한 해리 증상들은 특정 문화에서 중요하게 여겨지는 영혼에 의해 빙의된 것으로 설명된다. 흔히 이 영은 희생자의 가족 혹은 친구들에게 선물이나 호의를 요구하고 이를 받아들인다. 다른 해리 상태들과 마찬가지로 가수상태나 빙의도 여성에서 더 흔하며 해리성 기억상실이나 둔주 상태에서와 마찬가지로 과거가 아닌 현존하는 스트레스 혹은 외상과 관련되어 있다.

가수상태와 빙의는 일부 전통 종교 혹은 문화 의식에서 공통적으로 나타나며, 이 상황에서 나타난 가수 및 빙의 상태는 비정상으로 간주되지 않는다. 인도, 나이지리아(vinvusa라 불림), 태국(phii pob), 기타 아시아 혹은 아프리카 국가들에서 이런 해리성 가수상태는 흔하다(Mezzich et al., 1992; van Duijil, Cardeña, & de Jong, 2005). 미국에서는 이런 문화적으로 수용되는 해리가 아프리카계 미국인의 기도 모임(Griffith et al., 1980), 미국 원주민의 의례(Jilek, 1982), 푸에르토리코 심령술사의 회기(Comas-Diaz, 1981)에서 주로 발견된다. 바하마인들과 남부 아프리카계 미국인 사이에서의 가수 증후군은 '헐거워짐(falling out)'이라 불리고 있다. 객관적 성격 검사로부터 추출된 싱가포르 **해리성 가수장애** 58개 사례의 성격 프로파일들은 이들 장애를 가진 개인들이 불안하고, 잘 흥분하며, 다른 싱가포르 정상인들과 비교해 정서적으로 덜 안정적임을 보여주었다(Ng, Yap, Su, Lim,

& Ong, 2002). 비록 가수상태와 빙의가 서구 문화권에서는 매우 드물지만 다른 곳에서는 해리 상태의 가장 흔한 형태를 이룬다. 이런 상태가 문화권 내 구성원들에 의해 바람직하지 못한 것 혹은 병리적인 것으로 간주되었을 때 특히 악령에 들린 것으로 지각되거나 타인으로 빙의되었다고 지각되었을 때 그 개인은 '달리 명시된 해리장애(해리성 가수상태, dissociative trance)'로 진단될 것이다.

해리성 정체성장애

해리성 정체성장애 환자의 평균 정체성 수는 15개 정도이나 100개까지 나타나기도 한다. 일부의 경우 각 정체성은 고유의 행동, 목소리, 신체 제스처를 가진 완전한 독립체이다. 하지만 많은 경우에서 정체성들은 단지 부분적으로만 독립적이기 때문에 일부의 특성만 뚜렷하고, 따라서 '다중'의 완전한 성격이라 보기 어렵다. 이에 *DSM* 이전 판인 *DSM-IV*에서 장애 명칭이 다중성격장애에서 해리성 정체성장애로 변환되었다. Ludwig, Brandsma, Wilbur, Bendfeldt와 Jameson(1972)이 보고한 요나의 사례를 살펴보자.

요나 ● 어리둥절한 기억상실

27세 흑인 요나는 장기간 지속되는 참을 수 없는 중증 두통에 고통을 받았다. 두통이 있는 동안 요나는 일어난 일들을 기억하지 못했다. 특별히 안 좋은 밤을 보낸 후 그는 더 이상은 견딜 수 없다고 결심하고 지역 병원에 입원하기로 했다. 하지만 실상 요나를 병원으로 가게 만든 것은 사람들이 알려준 심한 두통 동안 그가 자행한 행동 때문이었다. 예컨대 전날 밤 누군가와 폭력적인 싸움을 하였고 그 와중에 상대방을 칼로 찌르려 했다는 말을 들었다. 요나는 현장에서 도망쳤고 경찰 추적 중 총에 맞았다. 부인도 보고하였는데, 요나가 이전 두통 동안 자신과 3살 난 딸을 쫓아와 부엌칼로 위협했다고 한다. 두통 동안 그리고 폭력적이 된 동안 요나는 자신을 오메가의 아들 우소파 압둘라고 불렀다. 한번은 한 남성을 강물에 익사시키려 했었다. 그 남성은 살아남았고 요나는 강을 거슬러 1/4마일을 헤엄쳐 나왔다. 다음 날 아침 그는 자신의 침대에서 흠뻑 젖은 채 사건에 대한 아무 기억을 가지지 않은 채 깨어났다.

임상적 기술

병원 의료진은 두통을 앓고 있는 동안 혹은 기억을 잃은 동안 요나가 어떻게 행동하는지 직접 관찰할 수 있었다. 이 시기 동안 요나는 자기를 다른 사람이라 주장했고, 원래의 자기와 다르게 행동했으며, 정

말 다른 사람인 듯 보였다. 스태프들은 요나 이외의 3개의 구별되는 정체성 혹은 **대체성격**(대체성격은 해리성 정체성장애에서 나타나는 다른 정체성 혹은 성격을 약칭한 용어임)을 발견하였다. 첫 번째 대체성격은 새미라 불렀다. 새미는 이성적이고 조용하며 자신을 잘 통제하는 것처럼 보였다. 두 번째 대체성격인 킹 영은 모든 성적 행동을 주관하는 것처럼 보였고 특히 가능한 많은 이성과 관계를 맺는 것에 관심이 있었다. 세 번째 대체성격은 폭력적이고 위험한 우소파 압둘라였다. 요나는 이 세 대체성격의 존재를 모르고 있었다. 새미가 다른 성격들을 가장 잘 인지하고 있었다. 킹 영과 우소파 압둘라는 다른 성격의 존재를 직접적으로는 아니지만 간접적으로 인지하고 있었다.

병원 심리학자들은 새미가 요나의 나이 6세 때 처음 출현했음을

해리성 둔주(dissociative fugue) 갑작스럽고 예상하지 못한 집 떠남과 과거에 대한 기억 망각 그리고 때로는 새로운 정체성을 갖게 되는 것을 특징으로 하는 해리장애.

해리성 가수장애(dissociative trance disorder, DTD) 바뀐 의식 상태로 이 상태에서 사람들은 자신들이 혼령에 씌웠다고 굳게 믿는다. 고통이나 기능장해가 있을 때만 장애로 간주된다.

해리성 정체성장애(dissociative identity disorder, DID) 성격의 조각들 혹은 100개 정도의 성격들이 한 마음과 몸에 공존하는 장애. 이전에는 다중성격장애로 알려져 있다.

대체성격(alters) 대체자아의 약칭으로 해리성 정체성장애에서의 다른 성격 혹은 정체성들 중 하나를 말한다.

알아내었다. 요나는 엄마가 아빠를 칼로 찌르는 것을 목격하였고 그 직후 새미가 나타났다. 요나의 엄마는 어린 요나를 몰래 여장시키곤 하였는데, 킹 영은 새미가 나타난 직후 엄마가 요나를 여장시키던 중 나타났다. 9세나 10세경, 요나는 백인 십대들에 의해 잔인하게 공격당했다. 이 시점에서 우소파 압둘라가 나타났는데, 압둘라는 자신의 존재의 유일한 이유가 요나의 보호에 있다고 주장하였다.

DSM-5의 해리성 정체성장애 진단 준거는 해리성 기억상실에서와 마찬가지로 기억상실을 포함하고 있다. 하지만 해리성 정체성장애에서는 기억상실과 더불어 정체성의 분열을 포함하고 있다. 얼마나 많은 성격들이 한 몸에 들어 있는가는 그것이 3개, 4개 혹은 100개가 되든 중요치 않다. 다시 말해 이 장애의 핵심 특성은 개인의 정체성의 일부가 해리되었다는 것이다.

특징

환자가 되고 치료를 구하는 개인은 흔히 '주인(host)' 정체성이다. 주인 성격은 흔히 다양한 정체성의 조각들을 한 군데 담으려 하지만 결국에는 압도된 상태로 끝을 맺는다. 치료를 구하는 처음 성격은 대개 그 개인의 본래 성격이 아니다.

흔히 주인 성격은 이후에 발달한다(Putnam, 1992). 많은 환자들은 성생활을 관장하고 때로는 몸을 팔아 수입을 창출하는 적어도 하나의 충동적 대체성격을 가진다. 하지만 다른 사례에서 모든 대체성격들은 금욕적이기도 하다. 성별을 바꾸는 대체성격도 드물지 않다. 예를 들어 왜소하고 날렵한 한 여인은 보호자로 활약하는 강하고 힘이 센 남성 대체성격을 가질 수 있다.

한 성격에서 다른 성격으로의 전환은 스위치(switch)라 불린다. 흔히 스위치는 즉각적이다(비록 TV나 영화에서는 극적 효과를 위해 길게 끄는 경우도 있지만). 신체적 변형은 스위치 동안 일어날 수 있다. 자세, 얼굴 표정, 얼굴 주름의 형태에서의 변화 그리고 신체장애에서의 변화까지도 나타난다. 한 연구에서 손 우세에서의 변화(예, 오른손잡이가 왼손잡이로 변화됨)가 사례의 37%에서 나타났다(Putnam, Guroff, Silberman, Barban, & Post, 1986).

해리성 정체성장애는 허위로 꾸며질 수 있는가?

분열된 정체성들은 '진짜'일까 아니면 개인이 책임이나 스트레스에서 벗어나기 위해 꾸민 것일까? 전환장애에서와 마찬가지로 몇 가지 이유에서 이 질문에 대답하기는 어렵다(Kluft, 1999). 첫째, 증거들은 해리성 정체성장애를 가진 개인들이 피암시적임을 시사하고 있다(Giesbrecht et al., 2008; Kihlstrom, 2005). 대체성격들은 치료 중 혹은 최면 상태 중 치료자의 유도질문에 의해 만들어질 수 있다. 다른 사례들에서 다중 정체성들은 개인적 이득을 위해 의도적으로 가장될 수 있다. 케네스의 사례를 살펴보자.

케네스 ● 힐사이드의 교살범

1970년대 후반 케네스는 로스앤젤레스 지역에서 10명의 젊은 여성들을 잔인하게 강간·살해한 후 시체를 벌거벗긴 채 언덕 면에 방치하였다. '힐사이드 교살범'임을 드러내는 압도적인 증거들에도 불구하고 케네스는 계속해서 자신의 결백을 주장했다. 이러한 그의 행동은 몇몇 전문가들로 하여금 그가 해리성 정체성장애를 가진 것은 아닌가 의심하게 만들었다. 케네스의 변호사는 임상심리학자를 데려왔고, 임상심리학자는 그에게 최면을 건 후 함께 이야기할 수 있는 또 다른 이가 있는지 물었다. 결과는 어땠을까? '스티브'라 불리는 이가 대답했고 그는 자신이 이 모든 살인을 저질렀다고 고백했다. 스티브가 말하길 케네스는 살인에 대해 전혀 모른다고 했다. 이 같은 증거로 케네스의 변호사는 정신이상이라는 이유로 유죄가 성립될 수 없다는 논거를 제기하였다.

이에 맞서 검사 측은 최면과 해리장애 분야 대가인 현재는 작고한 Martin Orne을 법정에 세웠다(Orne, Dinges, & Orne, 1984). Orne은 케네스가 해리성 정체성장애를 꾸미고 있는지 아니면 진짜 심리장애를 가졌는지 판별하기 위해 전환 실명(conversion blindness)의 맥락에서 사용되는 절차를 사용하였다. 예를 들어 Orne은 케네스와 심층 면담을 진행하는 동안 케네스에게 진짜 다중성격장애에서는 적어도 3개의 성격들이 나타난다는 이야기를 들려 주었다. 이러한 제시에 케네스는 곧 제3의 성격을 만들어냈다. Orne은 케네스의 친구, 친지들과의 면담을 통해 케네스의 대체성격들이 체포 이전에는 존재하지 않았음을 알아내었다. 또한 정체성이 정말로 파편화되었다면 정체성들 간 성격검사에서 종종 다른 점수를 나타내는 데 반해, 케네스의 성격들은 성격검사에서 유의한 차이를 나타내지 않았다. 이런 결과들을 바탕으로 Orne은 케네스가 최면을 흉내 내는 그 누군가이지 실제 최면화된 누군가는 아니라는 결론을 내렸다. Orne의 법정 증언으로 인해 케네스는 유죄로 판명되었고 무기징역형을 선고받았다.

일부 연구자들은 해리 경험을 가장하는 개인의 능력에 대해 연구하였다. Spanos, Weeks 그리고 Bertrand(1985)는, 케네스의 면담에서에서처럼, 허위가 타당해 보이도록 암시되었을 때 대학생이 대체성격을 만들어 낼 수 있음을 실험을 통해 보여주었다. 집단에 있던 학생들 모두는 무죄를 주장하는 살인범 역할을 수행토록 지시받았다. 실험 참가자들은 Orne이 케네스에게 했던 것과 똑같은 면담을 받았다. 실험 참가자의 80% 이상이 유죄 판결을 면하기 위해 대체성격을 만들어냈다. 모호한 지시를 받았던 집단이나 대체성격이 존재할 수 있다라는 직접적 암시를 받지 않았던 집단은 자신의 방어에서 이런 대체성격을 훨씬 덜 사용하였다.

객관적 기억 평가, 특히 내현적(무의식적) 기억의 객관적 평가는 인지과학에서 사용하는 방법들을 사용했을 때 해리성 정체성장애 환자의 기억과정이 '정상인'의 기억과정과 다르지 않음을 보여주고 있다(Huntjens et al., 2002; Huntjens, Postma, Peters, Woertman, & van der Hart, 2003). Huntjens과 동료들(2006)은 해리성 정체성장애 환자들이 그 존재를 모른다고 주장하는(정체성 간 기억상실) 다른 성격들을 모의로 꾸민 것처럼 행동하고 있음을 발견하였는데, 이는 가장의 가능성을 시사한다. 이는 해리성 정체성장애 환자들의 면담으로부터 나온 보고와는 상반되는데, 이들 보고에서 기억들은 각 대체성격마다 서로 달랐다. 게다가 King, Allen 그리고 Glisky(2008)는 해리성 정체성장애 환자들이, 정체성간 기억상실의 자기보고와는 상반되게, 정상 참가자들과 마찬가지로 한 정체성에서 기억한 단어들을 다른 정체성으로 스위치된 후에도 잘 기억할 수 있었음을 발견하였다.

Spanos(1996)는 이러한 허위가장 및 최면의 효과에 관한 발견들에 기초해 해리성 정체성장애 증상이 피암시적 개인에게 대체성격의 존재를 암시하는 치료자에 의해 발생하였다고 주장하였다. 이 모델은 정체성의 분열 가능성과 초기 외상이 치료자에 의해 사회적으로 강화되었다고 보기 때문에 "사회인지모델(sociocognitive model)"이라고도 알려져 있다(Kihlstrom, 2005; Lilienfeld et al., 1999). 미국 정신의학자들을 대상으로 한 한 조사는 정신의학자들이 해리성 정체성장애의 과학적 타당성에 대해 합치된 생각을 가지고 있지 않음을 보여주었는데, 조사 대상의 단지 1/3만이 이 진단기준이 *DSM*에 당연히 포함되어야 한다고 믿었다(Pope, Oliva, Hudson, Bodkin, & Gruber, 1999)(우리는 거짓 기억 부분에서 이 논점을 다시 이야기할 것이다).

한편 다른 객관적 검사들은 분열된 정체성이 의식적이고 자발적으로 만들어진 것이 아니라고 제안하고 있다(Kluft, 1991; 1999). Condon, Ogston 그리고 Pacoe(1969)는 『이브의 세 얼굴』이란 책과 영화의 실제 주인공인 크리스 시즈모어에 대한 영화를 검토하였다. 연구자들은 시즈모어의 성격 중 하나(이브 블랙)가 다른 성격들에서 관찰되지 않는 일시적 미세사시를 가지고 있음을 알아냈다. 이러한 시력 차이는 S. D. Miller(1989)에 의해서도 확인되었는데, Miller는 해리성 정체성장애 환자들의 시각기능 평균 변화 수가 대체성격들을 가장하는 통제집단의 시각기능 평균 변화 수의 4.5배에 달함을 보여주었다. Miller는 시력, 눈 굴절력, 눈근육평형치를 포함한 시각 변화

가 허위로 가장하기 힘든 것들이라고 결론 내렸다. Ludwig와 동료들(1972)은 요나의 다양한 정체성들이 정서적 단어에 대해 각기 서로 다른 생리적 반응(다른 방법으로는 탐지되지 않는 땀샘 활동의 측정치인 피부전기 활동과 EEG 뇌파 반응에서)을 보이고 있음을 발견하였다.

기능적 MRI(fMRI)를 사용한 절차에서 뇌 기능상의 변화가 한 성격에서 다른 성격으로 스위치되고 있는 동안 환자에게서 발견되었다. 특히 이 환자는 스위치 후 해마활동과 내측측두엽 활동에서 변화가 나타났다(Tsai, Condie, Wu, & Chang, 1999). 이후 많은 연구들은 다양한 대체성격들이 독특한 심리생리학적 프로파일을 가지고 있음을 확인하였다(Cardeña & Gleaves, 2003; Putnam, 1997). Kluft(1999)는 해리성 정체성장애 환자와 꾀병 환자를 구별하기 위한 많은 부수적 임상 전략들을 제시하고 있다. 꾀병자들은 흔히 자신의 증상들을 보이길 원하며 매우 우아한 방식으로 이를 드러낸다는 관찰이 여기에 포함된다. 반대로 해리성 정체성장애 환자들은 이런 증상들을 숨기려 하는 경향이 있다.

통계

요나는 4개의 정체성을 가지고 있지만 임상가들은 대체성격의 평균 수가 15개에 가깝다고 보고한다(Ross, 1997; Sackeim & Devanand, 1991). 해리성 정체성장애 환자에서 여성 대 남성 비율은 9:1에 이른다. 물론 이 자료는 조사 연구에 기반했다기보다는 축적된 사례 연구들에 기반한 것이다(Maldonado, Butler, & Spiegel, 1998). 발병은 거의 항상 아동기인데, 흔히 4세에 발병한다고 한다. 물론 증상이 나타난 후 장애가 확인되기까지 보통 7년 정도가 걸리긴 하지만 말이다(Maldonado et al., 1998; Putnam et al., 1986). 한 번 발병하면 장애는 치료 없이는 평생 지속되곤 한다. 비록 스위치 빈도가 연령에 따라 감소하긴 하나 해리성 정체성장애의 형태는 평생을 거쳐 그다지 크게 변하는 것 같지 않다(Sackeim & Devanand, 1991). 대체성격들은 요나의 사례에서처럼 새로운 삶의 상황에서 이에 대한 반응으로 나타날 수 있다.

비록 해리성 정체성장애 유병률이 이전 추정치보다 더 높다고 연구자들은 생각하고 있지만, 일반 인구에서 이 장애 유병에 관한 좋은 역학 연구는 없는 실정이다(Kluft, 1991; Ross, 1997). 예를 들어 많은 수의 심각하게 와해된 입원 환자들을 대상으로 한 반구조화된 면담은 북미의 해리성 정체성장애 유병률이 3~6%(Ross, 1997; Saxe et al., 1993), 네덜란드의 해리성 정체성장애 유병률이 2%(Friedl & Draijer, 2000)임을 발견하였다. 비임상(지역사회) 장면에서 지금까지 수행된 조사들 중 가장 좋은 조사는 지난 한 해 동안의 해리성 정체성장애 유병률이 1.5%임을 발견하였다(Johnson et al., 2006). 해리성 정

체성장애 환자의 높은 비율이 불안, 물질남용, 우울, 성격 장애를 포함한 다른 심리장애들을 함께 가지고 있었다(Giesbrecht et al., 2008; Johnson et al., 2006).

원인

해리성 정체성장애 발달을 촉진하는 삶의 상황과 관련하여 적어도 한 가지 측면만은 명확해 보인다. 이 장애를 보이는 거의 모든 환자들이 정신건강 전문가들에게 아동기 때 끔찍한 혹은 말할 수 없을 정도의 심한 학대를 경험하였다고 보고한다.

당신이 만약 아이로서 이런 상황에 놓여 있다고 상상해 보라. 당신은 무엇을 할 수 있겠는가? 도망가기에 당신은 너무 어리다. 당국에 신고하기에도 너무 어리다. 비록 고통이 참을 수 없을 정도로 크다 할지라도 당신은 결코 이것이 이상하다거나 옳지 않다라고 생각하지 못할 것이다. 하지만 당신은 단 한 가지는 할 수 있다. 상상의 세계로 도망갈 수 있으며, 이 세계에서 누군가 다른 사람이 될 수 있다. 만약 이런 도피가 잠시라도 당신의 신체적 혹은 정서적 고통을 경감시켜 준다면, 아니면 이런 도피가 당신으로 하여금 다음 몇 시간을 더 견딜 수 있게 해 준다면, 당신은 도피를 선택하게 될 것이다. 이내 당신은 필요하다면 어떤 정체성도 만들어 낼 수 있음을 깨닫게 될 것이다. 인생을 헤쳐나가는 데 도움이 된다면 당신은 그 무엇이든 할 것이다. 대부분의 조사는 해리성 정체성장애 환자들에게서 아동기 외상 발생 비율이 높았음을 보고한다(Gleaves, 1996; Ross, 1997). Putnam과 동료들(1986)은 100개의 해리성 정체성장애 사례를 검토하였는데, 이 중 97%가 심각한 외상, 흔히 성학대 혹은 신체학대를 경험했음을 발견하였다. 68%는 근친상간을 보고하였다. 하지만 모든 외상이 학대에 의해서만 야기되는 것은 아니다. Putnam(1992)은 지뢰를 밟고 산산조각이 난 부모를 목격한 한 소녀의 이야기를 기술하고 있다. 가슴이 미어지는 상황에서 소녀는 부모의 시체 조각을 하나하나 주워 모으고 있었다.

이러한 관찰은 해리성 정체성장애가 심한 학대에 결부된 부정적 정서들로부터 도피하거나 이를 분리시키고자 하는 자연적 경향에 기초하고 있다는 가설을 도출해내고 있다(Kluft, 1984, 1991). 학대 동안 혹은 그 이후의 사회적 지지 부족도 이 문제의 발생에 기여하고 있다. 428명의 청소년 쌍생아들을 대상으로 한 한 연구는 해리 경험의 주된 부분이 혼돈되고 비지지적인 가족 환경으로부터 기인할 수 있음을 보여주고 있다. 개인적 경험과 성격적 요인 또한 해리 경험에 기여하였다(Waller & Ross, 1997).

해리장애들을 구성하는 행동이나 정서들은 우리들도 어느 정도 보이는 정상적 특성이라 할 수 있다. 정상인들도 정서적 혹은 신체적 고통으로부터 어떤 방식으로든 도피하고자 한다(Butler, Duran, Jasiukaitis, Koopman, & Spiegel, 1996; Spiegel et al., 2013). Noyes와 Kletti(1977)는 위협적 인생 상황으로부터 생존한 100명이 넘는 사람들을 조사하였고 이들 중 대부분이 비현실감, 정서적 혹은 신체적 고통의 둔화, 심지어는 자신의 몸으로부터 분리되는 해리 상태를 경험했음을 발견하였다. 해리성 기억상실과 둔주는 심각한 생활 스트레스에 대한 반응이라 하겠다. 하지만 여기서의 생활 스트레스나 외상은 과거의 것이라기보다는 현재의 것이다. 해리성 기억상실로 고생하는 앞서 소개한 걱정에 찌든 어머니의 사례에서와 같이 말이다. 많은 환자들은 가정이나 직장에서의 법적 어려움이나 심각한 스트레스로부터 도피한다(Sackeim & Devanand, 1991). 하지만 정교한 통계 분석은 '정상적' 해리 반응이 우리가 앞서 기술한 병리적 해리 반응과 크게 다름을 보여주고 있으며(Waller, Putnam, & Carlson, 1996; Waller & Ross, 1997), 적어도 일부의 사람들은 그 스트레스가 얼마나 크든 병리적 해리 경험을 발달시키지 않음을 보여주고 있다. 이러한 발견은 적절한 취약성(diathesis)이 존재하는 상태에서만 개인이 스트레스에 병리적 해리로 반응할 것이라고 가정하는 병적 소질 트레스 모델(diathesis-stress model)의 설명과 일관된다.

여러분은 해리성 정체성장애가 외상후 스트레스장애(PTSD)와 그 병인에서 유사함을 발견했을 수 있다. 한 입장은 해리성 정체성장애가 PTSD의 극단적 하위 유형이라 제안한다. 이 입장에서는 불안 증상보다는 해리 과정에 더 큰 집중을 하고 있다. 물론 해리성 정체성장애에서 해리와 불안이 모두 나타나지만 말이다(Butler et al., 1996). 일부 증거는 해리성 정체성장애로 이끄는 학대에 취약해지는 발달적 창(developmental window)이 9세경에 닫힘을 보여주었다(Putnam, 1997). 그 이후에는 PTSD는 발달해도 해리성 정체성장애는 발달할 것 같지 않다. 이것이 사실이라면, 이는 심리장애의 병인에서 발달이 중요함을 보여주는 좋은 예라 하겠다.

우리는 해리성 정체성장애에 대해 너무나도 모르고 있음을 기억해야 한다. 우리가 내린 결론들은 회상적 사례 연구들이나 상관 연구들에 기반한 것이지 이 장애로 이끌 만한 심각한 외상을 경험한 사람들을 종단적으로 추적해가는 전향연구들에 기반한 것이 아니다(Kihlstrom, 2005; Kihlstrom, Glisky, & Anguilo, 1994). 따라서 어떤 심리적 혹은 생물학적 요인이 기여할 것인지에 대해 말하기는 어렵다. 하지만 장애 발달에 기여할 수 있는 개인차에 관한 힌트 정도는 가지고 있다.

피암시성

피암시성이란 체중이나 신장처럼 인구에 정상적으로 분포되어 있는

▲ 최면적 가수상태에서 개인은 피암시적이 되며 특정 경험에 푹 빠질 수 있다.

성격적 특질이다. 일부는 다른 이들보다 피암시성이 더 강하다. 어떤 이는 상대적으로 피암시성이 낮다. 대부분의 사람들은 중간 지점에 속해 있다.

혹시 여러분 중 어렸을 때 상상의 친구를 가져 본 이가 있는가? 많은 이들이 이런 친구를 가져보았을 것이다. 이런 친구가 있다는 것은 상상의 세계를 활용할 능력이 여러분에게 있다는 것을 말해주며, 이 능력은 여러분에게 도움이 되거나 여러분에게 적응적으로 작용할 수 있다. 하지만 이는 피암시성 혹은 최면취약성과도 상관이 있어 보인다(어떤 사람들은 피암시성이라는 용어와 최면성이라는 용어를 동격화한다). 최면화된 가수상태 또한 해리와 유사하다(Butler et al., 1996; Spiegel et al., 2013). 가수상태에 놓인 사람들은 자신의 세상 한 면에 집중하는 경향이 있고 최면술사의 암시에 쉽게 취약해진다. 자기최면이라는 현상 또한 있는데, 여기서 개인은 자신을 세상과 분리시킬 수 있으며 한 손의 통증을 느끼지 않는다와 같은 암시를 자신에게 걸 수 있다.

자동최면 모델(autohypnotic model)에 따르면 피암시적인 사람은 극도의 외상에 대한 방어로서 해리를 사용할 수 있다고 한다(Putnam, 1991). 비록 해리 증상이 외상 이전에 생겼는지 혹은 그 이후에 생겼는지 명확치 않으나, 해리성 정체성장애 환자의 50%는 어렸을 때 상상의 친구를 가졌다고 기억하고 있다(Ross et al., 1990). 이 관점에 따르면 외상이 더 이상 견디기 어려워지면 개인의 정체성은 다수의 해리된 정체성들로 분리된다고 한다. 성장함에 따라 나타나는 현실과 환상 간 차이를 구분하는 능력이 이들의 해리성 정체성장애 발달의 문을 닫을 수 있다. 그리고 이는 약 9세경인 것으로 보인다. 피암시성이 적은 사람은 해리 반응이 아닌 중증 외상후 스트레스 반응을 발달시킬 것이다.

생물학적 기여

증거가 명확한 PTSD에서처럼 해리성 정체성장애에서도 생물학적 취약성이 거의 확실히 존재하는 것 같다. 하지만 그것이 무엇이라고는 꼭 집어 말하기 어렵다. 예를 들어, 앞서 언급한 대규모의 쌍둥이 연구에서(Waller & Ross, 1997) 유전으로 돌릴 만한 어떤 이상 변인이나 확인 가능한 원인적 요인은 없었다. 모두가 환경적 요인들이었다. 불안장애에서처럼 긴장이나 스트레스에 대한 반응성과 같은 보다 근원적인 유전 특질들이 취약성을 증가시킬 수 있다. 반면 PTSD에서처럼 해리성 정체성장애 환자들도 정상군 사람들에 비해 더 작은 해마와 편도체 중량을 나타내었다(Vermetten, Schmahl, Lindner, Loewenstein, & Bremner, 2006).

머리 부상과 이로 인한 뇌손상은 기억상실이나 다른 형태의 해리 경험을 유발할 수 있다. 하지만 이런 상태들은 손상의 범위가 넓고 불가역적이며 확인 가능한 두부 외상이 있어 진단하기 쉽다(Butler et al., 1996). 마지막으로 수면 결핍이 환각 행동과 같은 해리 증상을 야기한다는 강한 증거가 있다(Giesbrecht et al., 2007; van der Kloet, Giesbrecht, Lynn, Merckelbach, & de Zutter, 2012).

진짜 기억과 가짜 기억

오늘날 이상심리 영역에서 가장 큰 논란이 되고 있는 쟁점의 하나는 초기 외상 기억, 특히 성학대 관련 초기 외상 기억이 정확한가 그렇지 않은가의 쟁점이다. 일부 학자들은 초기 외상 기억이 부주의한 치료자들이 제공한 강한 암시에 의해 나타났다고 제안한다. 이러한 치료자들은 기억 해리를 보이는 사람들이 학대되었다고 가정하는 경향이 있다. 이 논쟁은 상당히 위험하다고 볼 수 있는데 이는 논쟁 양편에 있는 사람들 모두에게 해를 가할 수 있기 때문이다.

만약 초기 성적 학대가 실제로 발생했고 이것이 해리성 기억상실로 인해 기억되지 않았다면, 노련한 치료자의 지도하에 환자에게 외상의 측면들을 재경험하게 하여 환자의 고통을 경감시킬 필요가 있다. 치료가 없다면 환자는 PTSD나 해리장애로 인해 끊임없이 고통을 받을 것이다. 또한 가해자가 자신의 행동에 대해 책임을 져야 함도 중요하다. 이런 종류의 행동은 범죄이며 예방은 중요한 목적이 될 수 있기 때문이다.

한편 초기 외상 기억이 부주의한 치료자에 의해 예기치 않게 만들어졌고 이것이 환자에게 진짜인 것으로 여겨진다면, 이는 사랑하는 이에 대한 잘못된 추궁·비난으로 이어질 것이며, 추궁·비난은 회복할 수 없는 가족 붕괴와 더 나아가 가해자로 잘못 기소된 이를 감옥으로 보내는 그릇된 결과를 낳을 수 있다. 최근 몇 년 동안 거짓 기억에 입각한 잘못된 고발로 수많은 심리치료자들이 고소되는 결과가 발생했으며, 이는 수백만 달러의 피해 보상금으로 마무리되었다. 이 정도의 논란과 반론을 불러일으키는 대부분의 쟁점들에서와 마찬가지로, 확실한 사실은 최종 결론이 이것 아니면 저것과 같은 전무율식 해결책을 포함하고 있지 않다는 것이다. 거짓 기억이 너무나도 잘 이해되는 심리 과정에 의해 창출될 수 있다는 반박할 수 없는 증거가 있다(Bernstein & Loftus, 2009; Frenda, Nichols, & Loftus, 2011; Geraerts et al., 2009; Loftus & Davis, 2006; McNally, 2003, 2012a; Toth, Harris, Goodman, & Cicchetti, 2011). 하지만 초기 외상적 경험이 심리적 기능에 영향을 줌과 동시에 선택적 해리성 기억상실도 야기할 수 있다는 증거 또한 있다(Gleaves, Smith, Butler, & Spiegel, 2004; Spiegel et al., 2013).

인지심리학자인 Elizabeth Loftus와 동료들은 실험을 통해 왜곡된 기억 혹은 환각 기억이 존재함을 보여주었다(Loftus, 2003; Loftus & Davis, 2006). Loftus, Coan 그리고 Pickrell(1996)의 실험에서 일군의 사람들은 자신이 5세경 상당 기간 동안 실종되었다고 믿게 조작되었다. 참가자들에게 이러한 기억을 심어놓기 위해 실험자는 참가자들의 친지를 섭외했다. 한 사례에서 14세 소년은 형으로부터 소년이 5세 때 쇼핑몰 근처에서 없어졌고 한 노인이 그를 구출하여 엄마와 형의 품으로 되돌려 보냈다는 이야기를 들었다. 이런 암시를 받고 며칠 후 소년은 그 사건을 기억한다고 보고하였으며, 길을 잃었을 때 무서웠었다는 감정 보고까지 하였다. 시간이 지나자 소년은 "주입된" 사건을 넘어서는 세부 사항, 예를 들어 노인에 대한 정확한 기술을 포함하는 세부 사항들을 더 많이 기억하였다. 종국에 실험자로부터 그런 사건이 일어난 적이 없었다라는 말을 듣게 되었는데, 이때 소년은 놀랐으며 사건이 사실인 양 사건의 세부 사항들을 계속해서 이야기했다. 좀 더 최근에 Bernstein과 Loftus(2009)는 유사한 일련의 실험들을 고찰하였다. 계란 샐러드를 먹은 후 체했다는 거짓 기억을 갖도록 참가자를 조작하였고, 이런 거짓 기억이 그들로 하여금 계란 샐러드를 덜 먹게 만들었다. 또한 음식 선호도 검사를 받는다는 사실을 모른 채 4개월 후 진행된 검사에서 이러한 실험 조작을 받은 참가자들은 여전히 계란 샐러드에 대한 혐오를 나타내었다.

어린아이들은 사건의 세부 사항 보고에서 신뢰성이 떨어진다(Bruck, Ceci, Francouer, & Renick, 1995). 특히 정서적 사건의 세부 사항 보고에 있어 신뢰하기 어렵다(Howe, 2007; Toth et al., 2011). 한 연구에서(Bruck et al., 1995), 연구자들은 35명의 3세 여아들에게 정기 신체 검사의 일부로 성기 검사를 실시하였다. 또 다른 35명의 여아들에게는 성기 검사를 실시하지 않았다(통제집단). 검사 직후 엄마가 동석한 상태에서, 연구자들은 각 참가 아동에게 의사가 그녀의 어디를

만졌는지 이야기해보도록 요청하였다. 다음으로 소녀 인형을 제시한 후 다시 의사가 만진 부분이 어디인지 가리켜보라고 요청하였다. 아동들은 무슨 일이 일어났는지에 대한 보고에서 부정확한 결과를 나타내었다. 성기 부분이 만져진 여아의 60%가량이 인형이 사용되었건 그렇지 않았건 상관없이 접촉된 부위를 가리키기를 거부했다. 반면 통제집단 여아들 중 60%가량이 의사가 성기 삽입 혹은 기타 침습적 행동을 했다고 지적하였다. 비록 이런 종류의 의사 행동이 전혀 발생하지 않았음에도 불구하고 말이다.

또 다른 연구에서(Ceci, 2003), 학령전기 아동들은 사고와 같은 이전 자신이 경험했던 실제 사건들에 대해 생각해보도록 요청받았다. 이와 더불어 쥐덫에 낀 손가락을 절개하기 위해 병원에 가야만 하는 허구적 사건들에 대해서도 생각해보도록 요청받았다. 이후 10주 동안 매주 면담자는 연구 참가 아동 각각에게 여러 사건 장면들 중 하나를 선택하여 이에 대해 잘 생각해 본 후 이 사건이 자신에게 진짜 일어났었는지 말해보도록 요청하였다. 따라서 아이들은 실제 장면과 허구 장면 모두를 상당 기간 동안 열심히 생각해보고 시각화하는 경험을 갖게 되었다. 10주 후 아이들은 이전 연구에 참가하지 않았던 새로운 면담자에 의해 검사되었다.

Ceci와 그의 동료들은 이 패러다임을 사용해 몇 개의 실험을 수행하였다(Ceci, 1995, 2003). 한 연구에서 학령전기 아동의 58%가 허구적 사건을 마치 실제 일어났었던 사건처럼 묘사하였다. 또 다른 25%의 아동들은 대부분의 시간 동안 이 허구적 사건들을 실제 사건인 것처럼 묘사하였다. 게다가 이들 아동의 이야기는 원래 제시된 이야기와는 다른 방식으로 정교화되었고 일관성을 나타내었으며 윤색되었다. 한 연구에서 아이들에게 그들이 가진 기억이 거짓이라 알려주었는데 이에 대해 27%의 아동들은 자신들은 정말 그 사건을 기억한다고 주장하였다.

치료자는 해리장애 환자나 PTSD 환자가 기억해내지 못하는 외상의 단서들에 민감해질 필요가 있는데 이러한 필요성을 보여주는 증거는 많다. 비록 환자가 초기 외상을 기억하거나 보고할 수 없더라도 초기 외상은 여러 증거를 통해 그것의 실체를 입증받을 수 있다(Coons, 1994). 한 연구에서 Williams(1994)는 병원기록과 같은 문서를 통해 아동기 성학대 과거력이 확인된 129명의 여성들과 만나 이야기했다. 이 중 38%의 여성들은 여러 학대력을 함께 살피면서도 적어도 17년 전 당국에 보고된 성학대 사건에 대해 기억하지 못하였다. 이러한 회상의 어려움은 학대가 어려서 발생한 경우 그리고 피해자가 학대 행위자를 알고 있을 경우 더 광범위했다. 하지만 아동 성학대 기록이 있는 175명의 사람들과 면담한 결과 Goodman과 동료들(2003)은 대부분의 참가자들(81%)이 학대 사건을 기억하고 보고함을 발견

하였다. 나이가 들어 학대가 종식된 경우 그리고 학대 사실의 첫 개방 후 정서적 지지를 제공받은 경우 학대에 대한 개방 비율은 더 높았다. 이에 더해 McNally와 Geraerts(2009)는 단순히 잊고 지내다가 수년 후 외부 상기물들로 인해 초기 외상 사건을 기억하게 된 사례가 몇 있음을 보여주었다. 이런 집단에 있어서는 억압, 외상, 거짓 기억이라는 개념의 사용이 요구되지 않는다. 이는 단순 망각이라 할 수 있다. 요약해 보면 성학대 기억을 보고하는 개인들은 실제 이를 경험했고 쭉 이를 기억하는 사람들, 거짓 기억을 가지고 있는 사람들, 억압된 성학대의 기억이 치료 중 회복되는 사람들 그리고 단순히 사건을 망각하고 있다가 나중에 기억하게 되는 사람들로 구성되어 있다.

그렇다면 이 섹션에서 제시한 임상적 논쟁을 어떻게 해결할 것인가? 거짓 기억은 권위적 인물에 의한 강하고 반복적인 암시에 의해 만들어질 수 있기 때문에 치료자는 이런 현상이 일어날 만한 상황을 잘 이해하고 있어야 한다. 특히 어린 아동들을 대할 때는 말이다. 이를 위해선 기억의 작용과 기타 심리적 기능에 대한 폭넓은 지식이 필요하다. 또한 이는 미숙한 심리치료자 혹은 적절히 훈련받지 못한 심리치료자가 우리에게 얼마나 위험할 수 있는지를 보여준다. 어린이집의 늙은 보모가 아동을 악마처럼 학대하였다는 이야기는 공격적이고 부주의한 치료자에 의해 혹은 경관에 의해 주입된 거짓 기억의 대표적 사례이다(Loftus & Davis, 2006; McNally, 2003). 몇몇 사례에서 이 늙은 보모는 무기 징역형을 받았다.

반면 많은 해리장애 및 PTSD 환자들은 실제 일어난 학대나 외상으로 고통을 겪고 있으며 이러한 학대나 외상은 개인에게 의식되지 않고 해리될 수 있다. 추후 연구는 해리성 기억상실의 심각도가 특정 대처 양식을 가진 취약한 개인에서 외상 심각도와 직접적 관련을 맺고 있는지 확인할 필요가 있다(Toth et al., 2011). 또한 추후 연구는 이러한 유형의 중증 해리 반응이 비현실감이나 순간적 이인성과 같은 우리가 때때로 경험하는 정상적 해리 경험과 질적 차이를 가진 것인지 확인할 필요가 있다(예로 Kluft, 1999; Waller et al., 1996을 참고하시오). 이 쟁점 양편의 옹호자들 모두 임상과학이 빠르게 진보해야 한다는 점에 동의하고 있다. 특히 거짓기억이 주입되는 과정에 대한 구체화나 실제 외상 경험과 해리된 외상 경험을 암시하는 특징의 규정이 가능할 정도로 임상과학이 진보해야 할 것이란 점에 동의하고 있다(Frenda et al., 2011; Goodman, Quas, & Ogle, 2010; Kihlstrom, 1997, 2005; Lilienfeld et al., 1999). 그때까지 정신건강 전문가들은 실제 학대 사건의 피해자들은 물론 가해자로 잘못 기소된 피해자들 모두가 겪을 불필요한 고통을 연장시키지 않도록 최대한의 주의를 기울여야 할 것이다.

치료

해리성 기억상실이나 해리성 둔주를 경험하는 개인들은 흔히 스스로 호전되며 자발적으로 망각한 것을 기억해낸다. 이들이 보이는 삽화들은 인생 스트레스와 명백한 관련을 보이기 때문에 추후 해리 삽화 발생의 예방은 흔히 고통스런 상황의 치료적 해결과 개인의 대처 기제의 강화를 포함한다. 필요하다면 치료는 친구나 가족의 도움을 활용하여 기억상실 혹은 둔주 동안 일어났던 일들을 기억하도록 하는 데 초점을 둔다. 이로써 환자들은 정보들에 직면하고 이들을 개인의 의식적 경험에 통합할 수 있게 된다. 좀 더 어려운 사례에 대해서는 기억해도 괜찮다는 치료자의 암시와 더불어 최면이나 벤조디아제핀(약한 신경안정제)을 사용한다(Maldonado et al., 1998).

그러나 해리성 정체성장애의 경우는 장애 치료의 과정이 쉽지 않다. 개인의 자기 정체성이 많은 조각으로 쪼개졌기 때문에 성격을 다시 통합하는 것은 일면 불가능한 작업처럼 보인다. 그러나 다행히도 항상 불가능한 것은 아니다. 비록 잘 통제된 설계를 활용하여 치료 효과성을 살펴본 연구는 없었으나, 장기 심리치료를 통해 정체성들을 재통합하려는 시도가 성공적이었다는 보고는 몇몇 있다(Brand et al., 2009; Kluft, 2009). 그럼에도 불구하고 이 장애를 가진 대부분의 사람들의 예후는 방치되어 있는 상태다. Coons(1986)은 20명의 환자들 중 단 5명만이 정체성의 완전한 통합을 이루었음을 발견하였다. Ellason과 Ross(1997)는 54명의 환자들 중 12명(22.2%)이 치료 시작 후 2년째에 통합을 이루었고 이 중 대부분이 이 상태를 유지했음을 보고하였다. 실험적 비교가 이루어지지 않았기 때문에 이러한 결과는 치료 이외의 요인으로 기인될 수 있었다(Powell & Howell, 1998).

오늘날 치료자들이 해리성 정체성장애를 치료하는 전략들은 PTSD 치료에 성공적으로 적용되었던 절차들 그리고 그간 축적된 임상적 지혜에 기반하고 있다(Gold & Seibel, 2009; Keane, Marx, Sloan, & De Prince, 2011; 제4장 참고). 치료의 기본 목표는 외상 기억, 해리 혹은 이 모두를 유발하는 단서 혹은 촉발제를 찾아 이를 중립화하는 것이다. 더 중요한 것은 환자가 초기 외상을 직면, 재경험하도록 하여 적어도 사건이 환자 마음 속에서 되풀이되는 동안 이에 대한 통제권을 갖도록 하는 것이다(Kluft, 2009; Ross, 1997). 통제감을 불어넣기 위해 치료자는 기술적으로 그리고 천천히 환자의 외상 측면들에 대한 시각화와 재경험을 돕는다. 이러한 과정은 외상 사건이 현재 진행형의 사건이 아닌 끔찍한 과거 기억으로 남을 때까지 반복된다. 무의식화된 기억은 의식화되기 전까지는 환자와 치료자에게 알려져 있지 않다. 최면은 무의식 속 기억에 접근하기 위해 그리고 여러 대체성격들을 의식화하기 위해 흔히 사용된다. 해리 과정은 최면 과정과 유사하기 때문에 최면은 외상 기억에 접근하기 위한 효과적인 방법이 될 수 있다(Maldonado et al., 1998). (하지만 최면이 해리성 정체성장애 치료에 필수적 부분이라는 증거는 아직까지 없다). 해리성 정체성장애는 만성 경로로 가는 경우가 많고 좀처럼 자발적으로 호전되지 않는다. 이는 현 치료가 비록 원초적이긴 하나 약간의 효과성이 있음을 확인시켜준다.

외상 기억의 재현이 또 다른 해리를 촉발할 수 있다는 주장은 가능해 보인다. 따라서 치료자는 이러한 상황이 벌어지지 않도록 경계해야 한다. 신뢰는 그 어떤 치료적 관계에서도 중요하나 해리성 정체성장애에 있어서는 특히 필수적이다. 종종 약물이 심리치료와 함께 제공되고 있으나 약물이 치료를 돕는지에 대한 증거는 거의 없다. 비록 임상적 증거는 부족하나 항우울제가 몇몇 경우에 있어 적절할 수 있다는 증후가 발견되고 있다(Kluft, 1996; Putnam & Loewenstein, 1993).

DSM 5 — DSM 논란 분류의 급진적 변화

이 장 초반에서 지적하였듯이 신체증상 및 관련 장애나 해리장애는 오래전부터 인지되어 온 정신장애들이다. 하지만 최근의 증거는 이들 장애 특징에 대해 우리가 더 많은 것을 배워야 하며 어떤 장애 묶음도 공유된 특징을 대변하는 획일된 범주를 만들어내고 있지 못함을 보여주고 있다(Mayou et al., 2005). 예를 들어 신체증상장애의 분류는 최근까지 신체증상의 형태로 표출되는 공통의 과정을 공유하는 장애들이라는 '신체화' 관련 가정에 기초하여 이루어졌다. 그리고 이 범주에 속하는 각 장애는 증상이 신체적으로 표현되는 서로 다른 방법들을 대변하고 있다. 하지만 이들 장애 분류와 관련하여 질문이 제기되었다(Noyes, Stuart, & Watson, 2008; Voigt et al., 2010).

특히 이 장 초반에서 지적하였듯 신체증상장애들은 공통적으로 신체증상들로 표출되며 증상에 대한 오귀인 혹은 증상에 대한 지나친 몰두의 형태로 나타나는 인지적 왜곡을 동반한다. 이러한 인지적 왜곡에는 건강이나 신체증상들에 대한 지나친 불안, 최악을 생각하거나 증상과 관련하여 파국화하는 경향 그리고 자신의 신체증상이 건강관리 전문가들이 생각하는 것보다 더 위중하다는 강한 믿음이 포함된다. 또한 신체증상장애를 나타내는 사람들은 건강에 대한 근심을 자신의 삶의 매우 중요한 일부로 만들곤 한다. 다시 말해 '환자 역할'을 채택하곤 한다.

이러한 이유로 DSM-5는 신체증상장애의 정의를 대폭 변화시켰다. 즉 신체증상의 심각도와 숫자뿐 아니라 증상에 집중된 불안의 심각도 및 증상으로 인한 행동 변화의 정도에 집중하도록 변화시켰다. 질병불안장애에서 신체증상은 경미한 호소 이상이 될 필요가 없다. 단지 병에 걸린 가능성 혹은 병에 걸릴지도 모른다는 가능성에 대한 심각한 불안에 초점이 맞춰진다. 이런 진단 전략의 타당성 및 유용성에 대해 예비 연구는 신체적 그리고 심리적 증상 심각도를 반영하는 새로운 차원적 접근이 임상가들의 장애 경로 예측과 치료 방법 선택에 매우 유용할 수 있음을 시사한다(Voigt et al., 2010; Voigt et al., 2012; Wollburg et al., 2013).

이런 진단적 접근의 또 다른 장점은, DSM-IV에서와는 달리, 증상이 기질적 원인으로 인한 것인지 결정하도록 하는 부담을 의사에게 덜 지운다는 데 있다. 즉 진단기준을 위해서는 만성적 신체증상과 이에 동반하는 심리적 요인(증상의 의미에 대한 오귀인과 증상에 대한 지나친 염려)이면 충분하다. 이 새로운 범주에는 기타 의학적 상태에 영향을 주는 심리적 요인과 인위성장애가 함께 포함된다(제7장 참고). 이는 신체증상 그리고/또는 의학적 질병에 대한 염려가 이 두 장애에서도 발견되기 때문이다. 언급할 필요도 없이 진단에서의 이러한 급진적 변화는 논란을 불러일으키고 있다. 특히 이런 접근을 활용한 진단의 신뢰성 및 타당성에 대한 관련 자료가 거의 없는 상태에서 논란은 어찌 보면 당연하다. 하지만 이런 방식은 진보로 여겨지며 임상 연구가들은 이 새로운 접근의 유용성을 입증하거나 반증하기 위해 현재 상당히 바쁘다.

할 때가 있어서 걱정하고 있었다. 그의 말하는 방식, 사람 및 환경과 관계 맺는 방식은 마치 다른 사람이 된 것처럼 극적으로 변하곤 하였다. 그와 엄마를 더욱 힘들게 한 것은 이런 극적 변화의 시간 동안 일어난 어떤 일도 그가 기억하지 못한다는 데 있었다. _____

3. 테리는 통제를 넘어선 이상한 경험들 때문에 힘들다고 호소했다. 천장 밑에 떠다니며 자기에게 일어나고 있는 일들을 관찰하고 있는 듯 느껴진다고 말했다. 또한 터널 시각을 경험하고 있으며 방에서 일어나고 있는 일이 나와 관련되지 않은 것처럼 느껴진다고 했다. 이러한 경험은 공포와 진땀을 유발한다고 한다. _____

4. 헨리는 64세로 최근에 마을로 왔다. 그는 자신이 어디 출신이며 어떻게 이 마을에 오게 됐는지 모른다. 운전면허증은 그의 이름을 알려주지만 그 자신은 이 이름이 생소하다. 그는 건강 상태가 좋고 어떤 약도 복용하고 있지 않다. _____

5. 로지타는 지난 주말에 무슨 일이 일어났는지 기억할 수 없다. 월요일 그녀는 자상, 멍, 타박상을 입은 채로 병원에 입원되었다. 또한 그녀는 성폭행을 당한 듯 보였다. _____

요약

신체증상 및 관련 장애

신체증상 및 관련 장애의 핵심 특징은 무엇인가?

▶ 신체증상 및 관련 장애를 가진 개인들은 자기 몸이 어떻게 보여지며 기능하는지에 대해 병적으로 걱정하며 이러한 걱정을 건강 전문가들에게 가져간다. 건강 전문가들은 흔히 이러한 신체 호소가 의학적 기반을 갖고 있지 않음을 발견한다.

▶ 신체증상장애들에는 여러 형태가 있다. 신체증상장애는 현저한 불안과 고통을 동반하는 하나 혹은 그 이상의 신체증상들에 대한 초점으로 특징지어진다. 이들 불안과 고통은 증상에 집중되며, 신체증상의 특성 혹은 심각도에 비해 지나쳐 보인다. 이 상태는 개인의 삶과 대인관계를 지배할 수 있다. 질병불안장애에서 개인은 자신이 심각한 병에 걸렸다고 믿으며 비록 눈에 띄는 신체증상을 경험하지 않음에도 이러한 가능성 때문에 불안해한다. 전환장애에서 개인은 분명한 신체적 문제가 없음에도 마비와 같은 신체적 역기능을 보인다. 전환 반응, 실제 신체적 장애 그리고 노골적 꾀병을 구분하기는 때때로 어렵다. 더 어려운 것은 인위성장애이다. 인위성장애에서 신체증상은 꾀병에서처럼 가장된 것이며 자발적인 통제 하에 있으나 명백한 이유는 부재하다.

▶ 신체증상장애들의 원인은 잘 이해되고 있지 않으나 불안장애와 밀접한 관련을 가지고 있는 듯하다.

▶ 신체증상장애의 치료는 안심시키기, 사회적 지지와 같은 기본적 기법에서부터 스트레스를 감소시키고 행동의 이차적 이득을 제거하는 개입에 이르기까지 다양하다. 최근에는 특별하게 조율된 인지행동치료가 신체증상장애 치료에 성공적인 것으로 입증되고 있다.

해리장애

해리장애의 핵심 특징은 무엇이며 어떤 형태들이 있는가?

▶ 해리장애는 자기 자신, 세상, 기억으로부터 분리된 감각과 같은 지각에서의 변화로 특징지어진다.

▶ 해리장애에는 이인성-비현실감장애가 포함된다. 이 장애에서 개인은 외부 세계에 대한 현실감을 순간적으로 상실함(비현실감)은 물론 개인에 대한 현실감을 순간적으로 상실한다(이인성). 해리성 기억상실에서 개인은 중요한 개인적 정보를 기억하지 못한다. 전반적 기억상실에서 개인은 어떤 것도 기억하지 못한다. 더 흔한 형태로 개인은 특정 기간 동안 일어난 특정 사건들을 기억하지 못한다(국소적 혹은 선택적 기억상실). 해리성 기억상실의 하위 유형인 해리성 둔주에서, 기억 상실은 갑작스러운 여행(혹은 여행들)과 결합된다. 극단적인 경우 해리성 정체성장애(DID)에서처럼 새로운 정체성 혹은 대체성격들을 형성한다.

해리장애의 병인과 치료에 영향을 주는 요인에는 어떤 것이 있는가?

▶ 해리장애의 원인에 대해서는 잘 이해되고 있지 않지만 스트레스나 외상 사건의 기억으로부터 심리적으로 도피하려는 경향과 관련이 있어 보인다.

▶ 해리장애의 치료는 환자가 외상 사건을 치료적으로 통제할 수 있는 방식으로 재경험할 수 있도록, 즉 이런 상황에서 더 나은 대처

기술을 발달시킬 수 있도록 돕는 것을 포함한다. 해리성 정체성장애의 경우 치료는 흔히 장기적이 되곤 한다. 이 장애 치료에 있어 필수적인 것은 치료자와 환자 간 신뢰로운 관계이다.

핵심 용어

국소적 혹은 선택적 기억상실 (221쪽)

꾀병 (215쪽)

대체성격 (223쪽)

비현실감 (221쪽)

신체증상장애 (207쪽)

이인성 (219쪽)

이인성-비현실감장애 (221쪽)

인위성장애 (215쪽)

전반적 기억상실 (221쪽)

전환장애 (215쪽)

질병불안장애 (209쪽)

해리성 가수장애 (223쪽)

해리성 기억상실 (221쪽)

해리성 둔주 (223쪽)

해리성 정체성장애 (223쪽)

해리장애 (207쪽)

개념 확인의 답

5.1

1. a, 2. b, 3. c

5.2

1. c, 2. d, 3. b, 4. a, 5. e

단원 퀴즈

1. 질병불안장애의 주요 증상은?

   a. 병에 걸릴까 두려워함

   b. 병을 퍼뜨릴까 두려워함

   c. 병 있는 사람들과 접촉할까 두려워함

   d. 현재 병을 가진 것은 아닐까 두려워함

2. 다음의 증상을 보이는 사람은 질병불안장애를 가지고 있을 수 있다.

   a. 위장의 순간적인 떨림을 병의 증후로 해석함

   b. 공황발작을 가질까 두려워 의사를 보기 꺼려함

   c. 의사에게 진찰될 때 받게 되는 관심을 즐김

   d. 병이 있으면 전면적 장애 혜택을 받을 자격이 될 수 있음을 깨달음

3. 신체증상장애를 가장 잘 드러내는 시나리오를 고르시오.

   a. 리사는 구역질이 계속 나서 일을 할 수 없다고 보고한다. 하지만 검사는 병의 징후를 드러내지 않았다. 리사는 간호를 위해 남편이 집에 있을 때만 증세가 좀 나아진다고 말한다.

   b. 에디는 자기 몸이 자기 것 같지 않은 경험이 자주 있었다고 한다.

   c. 셰리는 적어도 10년은 지속된 신체 문제가 있다. 발·손·목의 통증, 설사와 변비의 반복, 보행의 어려움이 그것인데 의사는 이런 증상들을 설명할 만한 어떤 병도 발견하지 못했다.

   d. 페드로는 귀가 두 배는 커진 것같이 생각되어 그리고 자신이 미친 놈처럼 보일 것 같아 일을 그만두었다. 하지만 치료자는 그의 귀가 정상 크기임을 발견하였다.

4. 인위성장애에서

   a. 개인은 개인적 이득을 위해 증상을 가장한다.

   b. 개인은 명백한 재정적 혹은 다른 외적 이득이 없음에도 자발적으로 증상을 만들어 낸다.

   c. 증상에 대한 통제력이 없으나 증상을 설명할 만한 이유도 없다.

   d. 증상은 아직 확인되지 않은 바이러스에 의해 야기되었다.

5. 19세 남성 호르혜는 수업에 가다 쓰러져 병원에 입원하였다. 그는 설 수 없었고 필사적으로 다시 걷길 원했으나 걸을 수 없었다. 신경학적 검사는 어떤 의학적 문제도 드러내지 않았다. 호르혜의 행동은 다음에 해당한다.

   a. 신체증상장애

   b. 전환장애

   c. 꾀병

   d. 질병불안장애

6. 톰슨 부인은 네 살 난 딸 카르멘을 응급실로 데려왔다. 부인은 아이가 아침 내내 계속 토했다고 말했다. 카르멘의 상태는 다음 며칠에 걸쳐 호전되었다. 퇴원하는 날 간호사는 톰슨 부인이 카르멘에게 바닥 청소제를 먹이는 것을 목격하였다. 톰슨 부인의 행동은 다음에 해당한다.

   a. 부모의 질병불안장애

   b. 타인에게 시행된 인위성장애

   c. 대리인에 의한 전환 증후군

   d. 부모의 신체증상장애

7. _____은(는) 자신에 대한 현실감을 상실하는 것을 말한다. 반면 _____은(는) 외부 세상에 대한 현실감을 잃는 것을 말한다.

   a. 이인성, 비현실감

   b. 비현실감, 신체화

   c. 비현실감, 이인성

   d. 신체화, 비현실감

8. 마이클의 아내 제니퍼는 1998년 남편이 실종되었다고 경찰에 신고하였다. 2년 후 제니퍼는 공항에서 남편 마이클을 보았다. 남편은 제니퍼와 두 개 주 떨어진 곳에 살고 있었고 다른 여성과 결혼해 두 아이를 가지고 있었다. 마이클은 제니퍼에게 자신의 이름은 마이클이 아니라 대니이며 제니퍼를 이전에 본 적이 없다고 말했다. 마이클의 문제는 다음에 해당한다.

   a. 이인성-비현실감장애

   b. 해리성 가수장애

   c. 해리성 정체성장애

   d. 해리성 둔주

9. 해리성 정체성장애에서 다른 정체성 혹은 성격들은 _____(으)로 불린다. 반면 한 성격에서 다른 성격으로 변화되는 것은 _____(으)로 불린다.

   a. 가면(masks), 전환(transition)

   b. 얼굴(face), 스위치(switch)

   c. 정면(facades), 전환(transition)

   d. 대체성격(alters), 스위치(switch)

   (답은 부록 A에 있습니다.)

신체증상장애와 해리장애 탐구하기

이 두 장애군은 몇몇 특징을 공유하며 '히스테리성 신경증'으로서 역사적으로 서로 강하게 연관되어 있다. 두 장애군은 상대적으로 드물며 아직까지 잘 이해되고 있지 않다.

신체증상 및 관련 장애

신체 기능이나 외모에 대한 병적 염려를 특징으로 함.

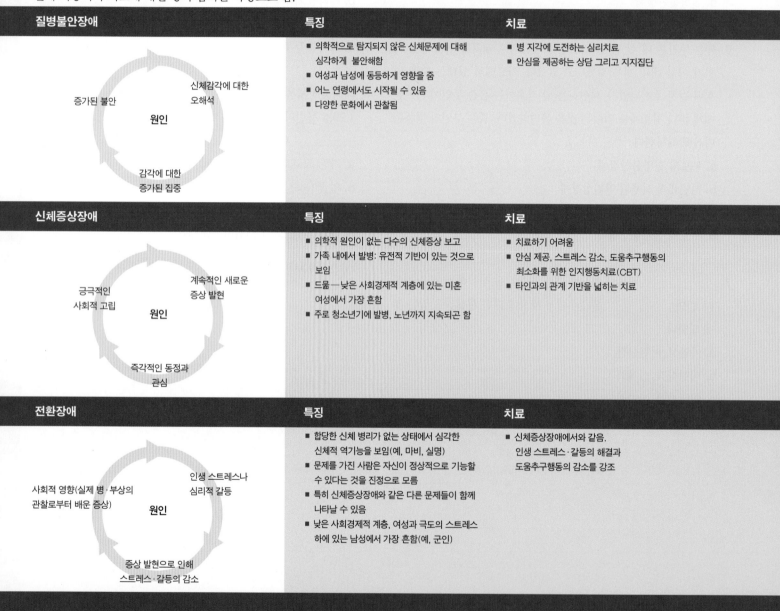

질병불안장애	특징	치료
원인 증가된 불안 신체감각에 대한 오해석 감각에 대한 증가된 집중	■ 의학적으로 탐지되지 않은 신체문제에 대해 심각하게 불안해함 ■ 여성과 남성에 동등하게 영향을 줌 ■ 어느 연령에서도 시작될 수 있음 ■ 다양한 문화에서 관찰됨	■ 병 지각에 도전하는 심리치료 ■ 안심을 제공하는 상담 그리고 지지집단

신체증상장애	특징	치료
원인 궁극적인 사회적 고립 계속적인 새로운 증상 발현 즉각적인 동정과 관심	■ 의학적 원인이 없는 다수의 신체증상 보고 ■ 가족 내에서 발병: 유전적 기반이 있는 것으로 보임 ■ 드묾—낮은 사회경제적 계층에 있는 미혼 여성에서 가장 흔함 ■ 주로 청소년기에 발병, 노년까지 지속되곤 함	■ 치료하기 어려움 ■ 안심 제공, 스트레스 감소, 도움추구행동의 최소화를 위한 인지행동치료(CBT) ■ 타인과의 관계 기반을 넓히는 치료

전환장애	특징	치료
원인 사회적 영향(실제 병·부상의 관찰로부터 배운 증상) 인생 스트레스나 심리적 갈등 증상 발현으로 인해 스트레스·갈등의 감소	■ 합당한 신체 병리가 없는 상태에서 심각한 신체적 역기능을 보임(예, 마비, 실명) ■ 문제를 가진 사람은 자신이 정상적으로 기능할 수 있다는 것을 진정으로 모름 ■ 특히 신체증상장애와 같은 다른 문제들이 함께 나타날 수 있음 ■ 낮은 사회경제적 계층, 여성과 극도의 스트레스 하에 있는 남성에서 가장 흔함(예, 군인)	■ 신체증상장애에서와 같음. 인생 스트레스·갈등의 해결과 도움추구행동의 감소를 강조

해리장애

자기로부터의 단절(이인성) 혹은 객관적 현실로부터의 단절(비현실감)을 특징으로 함.

생물학적 취약성과의
상호작용

아동기의 심한 학대
■ 환상 세계는 유일한 '도피처'
■ 처리는 자동적이고 불수의적

원인

높은 피암시성
(가능한 특질)

PTSD와
유사한 병인

©istockphoto.com/track5/Vetta Collection

논란

다중성격이 진짜 경험인지 아니면 허위 경험인지에 대해 과학계는 의견이 나누어지고 있다. 연구들은 '거짓 기억'이 치료자에 의해 만들어진('주입된') 경험일 수 있음을 보여준다. 다른 검증들은 다양한 대체성격들이 생리학적으로 서로 구분되는 특징을 가졌음을 확인시켜준다.

장애	특징	치료
해리성 정체성장애(DID)	■ 장애를 가진 개인은 공존하는 새로운 정체성 혹은 대체성격을 채택함: 대체성격은 그 자체 완전하고 분리된 성격일 수도 단지 부분적으로 독립적일 수도 있음 ■ 대체성격의 평균 수는 15개 ■ 아동기에 발병: 남성보다 여성에서 더 많이 발생 ■ 환자들은 DID와 동시에 다른 심리장애를 앓고 있음 ■ 서구 문화권 밖에서는 드묾	■ 장기 심리치료는 25%의 환자에서 분리된 성격을 재통합시킬 수 있음 ■ PTSD와 유사하게 관련 외상을 치료함. 치료 없는 평생 지속됨
이인성–비현실감장애	■ 심각하고 공포스러운 유리감이 개인의 삶을 지배 ■ 장애를 가진 개인은 자신이 자신의 정신과정 혹은 신체과정을 외부에서 관찰하는 듯한 느낌을 가짐 ■ 심각한 고통이나 기능 상의 장해, 특히 정서 표현의 장해나 지각 결핍을 유발 ■ 일부 증상은 공황장애의 증상과 유사 ■ 드묾: 흔히 청소년기에 발병	■ 공황장애의 심리치료와 유사한 심리치료가 도움이 될 수 있음 ■ 장애의 발발과 관련된 스트레스에 개입해야 함 ■ 일평생 지속되는 경향 있음
해리성 기억상실	■ 전반적 기억상실: 자신의 정체성을 포함한 모든 것을 기억하지 못함—상대적으로 드묾 ■ 국소적 기억상실: 특정 사건을 기억하지 못함—흔히 전쟁 중 발생 ■ 일반적 기억상실보다 더 흔함 ■ 두 기억상실 유형은 성인기 때 주로 발병 ■ 해리성 둔주 하위 유형: 기억 손실은 의도적 여행 혹은 정처 없는 헤맴을 동반	■ 현재의 인생 스트레스가 해결되면 자발적으로 회복되곤 함 ■ 필요하다면 치료는 잃어버린 정보의 인출에 초점을 둠
해리성 가수상태	■ 갑작스런 성격 변화가 가수상태나 빙의를 수반 ■ 심각한 개인적 고통 그리고 기능상 장해를 유발 ■ 종종 스트레스나 외상과 연관됨 ■ 전 세계적으로 발병, 흔히 종교적 맥락에서 발생, 서구 문화에서는 거의 관찰되지 않음 ■ 남성보다 여성에서 더 흔함	■ 알려진 것이 거의 없음

Photodisc/Getty Images

6

기분장애와 자살

Ada Summer/Crush/Corbis

행동을 해석하기 위해 과학적 추론을 사용한다.	▶ 행동에 대한 설명들(예, 추론, 관찰, 조작적 정의, 해석)에서 기본적인 생물학적, 심리적, 사회적 요소들을 확인한다. (APA SLO 1.1a) (교재의 252〜264쪽 참고)
훈련 기반 문제 해결의 활용을 기술한다.	▶ 동물 종내 혹은 종간에서 행동과 정신과정의 다양성과 연속성을 분석한다. (APA SLO 1.2d2) (교재의 255〜258쪽 참고)
혁신적이고 통합적인 사고와 문제해결에 참여한다.	▶ 경험적으로 연구하기 위하여 문제를 조작적으로 기술한다. (APA SLO 1.3a) (교재의 238〜239, 244〜248쪽 참고)
심리학의 내용 영역에 대한 지식을 발달시킨다.	▶ 주요 인물, 핵심 관심사, 사용된 방법, 이론적 갈등을 포함해 심리학의 역사와 관련된 중요한 측면들을 요약한다. (APA SLO 5.2c) (교재의 269〜271쪽 참고)
훈련 기반 문제 해결의 활용을 기술한다.	▶ 행동과 정신과정의 선행 요인 및 결과를 정확하게 파악한다. (APA SLO 5.3c) (교재의 242〜244, 252〜261, 265, 276〜279쪽 참고) ▶ 일상생활에 심리학적 원리를 적절하고 실용적으로 적용한 예를 기술한다. (APA SLO 5.3a) (교재의 237, 242〜244, 246〜247, 258, 270, 273〜274쪽 참고)

* 이 단원의 내용은 미국심리학회(APA)가 학부 심리학 전공에 대한 지침(American Psychological Association, 2012)에서 제안한 학습목표들을 포함하고 있다. APA에서 제안한 학습목표(Suggested Learning Outcome, SLO)에 따른 범위는 위에서 확인할 수 있다.

기분장애의 이해와 정의

▶ 우울증 삽화와 조증 혹은 경조증 삽화 간 차이점은 무엇인가?
▶ 주요우울장애, 지속성 우울장애, 양극성장애의 임상적 증상은 무엇인가?

지난 달 당신의 삶이 어땠는지 생각해 보라. 여러 방면에서 정상적이었을 것이다. 주중에는 공부를 하였고, 주말에는 친구들과 나가 놀았으며, 자주는 아니었지만 미래에 대해서도 생각해 보았을 것이다. 곧 돌아올 방학을 기대해 보기도 했고 옛 친구를 만나기도 했을 것이다. 하지만 공부한 만큼의 성적이 나오지 않아, 이성 친구와 헤어져, 조부모님이 돌아가셔 기분이 침체된 적도 있었을 것이다. 그때의 당신의 기분을 기억해 보라. 슬펐는가? 아마도 울었던 자신을 기억할 것이다. 아마도 무기력을 경험했을 것이고 공부할 혹은 친구와 어울릴 에너지가 없다고 느꼈을 수 있다. 이따금 특별한 이유 없이 침울한 기분에 빠졌을 수 있고 친구들도 그런 당신의 기분 상태를 알아챘을 것이다.

만약 당신이 대부분의 사람들과 같다면 당신은 이런 기분이 곧 지나갈 것임을 안다. 당신은 며칠 내에 혹은 한 주 내에 원래의 당신으로 되돌아갈 것이다. 만약 살아오면서 이런 기분을 경험하지 못하고 상황에서 긍정적인 것만 보았다면 이는 이따금씩 우울을 경험하는 것보다도 더 이례적인 일일 것이다(친구들에게도 이례적으로 보일 것이다). 우울감(그리고 기쁨의 감정)은 사람들이 보편적으로 경험하는 감정이며, 이런 보편성이 개인을 무력화하고 종국에는 삶보다 자살을 선호하게 만드는 심리장애인 기분장애를 이해하기 어렵게 만든다. 케이티의 사례를 살펴보자.

케이티 ● 사람을 피폐하게 만드는 우울증

케이티는 매력적이지만 수줍음이 많은 16세 소녀로, 부모와 함께 클리닉에 찾아왔다. 지난 몇 년 동안 케이티는 심한 사회불안으로 가족 이외의 사람들과는 거의 상호작용을 하지 않았다. 등교는 힘들었고 사회접촉의 감소로 생활은 점차 공허해지고 따분해졌다. 16세가 될 즈음 깊은 우울증은 케이티의 삶의 태양을 가리게 되었다. 그때의 자신을 케이티는 다음과 같이 회상하고 있다.

"우울증은 깊고도 어두운 나락으로 떨어지는 경험이었습니다. 소리를 질러도 아무도 듣지 못하는 것 같았지요. 어떤 날은 노력 없이도 수면에 떠오르지만, 또 다른 날은 다시 떨어지고 싶지 않아 오히려 바닥을 치기를 희망하게 됩니다. 우울증은 사건을 해석하는 방식에 영향을 줍니다. 자신을 보는 방식이나 타인을 보는 방식 모두에 영향을 주지요. 한번은 거울을 보면서 제가 세상에서 가장 추한 존재라 생각한 적도 있었습니다. 이후 이런 생각들 중 일부가 다시 나타나면 전 자신에게 다음을 상기시킵니다. 어제도 이런 생각들을 가지지 않았고 내일, 그리고 그 다음 날에도 이런 생각을 가질 가능성은 없다고. 이는 날씨가 변하길 기다리는 것과 유사하지요."

하지만 깊은 절망의 나락 속에 있었던 16세의 케이티는 이런 관점을 가지지 못했다. 저녁이 되면 종종 몇 시간씩 울었다. 15세에는 부모의 승인하에 술을 마시기 시작했다. 이는 가정의가 처방한 약이 효과를 내지 못했기 때문이었다. 저녁 식사 중 마신 한 잔의 포도주는 일시적 진정을 가져왔고, 케이티와 부모는 절박감 때문에 증상을 호전시키는 것이라면 그 무엇이든 시도할 각오가 되어 있었다. 하지만 한 잔은 충분치 않았다. 케이티는 점점 더 자주 마시게 되었다. 그녀는 수면에 도움을 얻기 위해 술을 마시기 시작했다. 그리고 이것은 자신에 대한 부정적 생각으로부터 도피를 하기 위한 수단이었다. 술은 "나아질 가능성은 없어. 나와 가까운 이들 또한 희망이 있다고 생각하지 않아. 난 분노하고 있고 냉소적이며 극심한 정서적 고통 속에 있어"라는 부정적 생각으로부터의 도피를 가능케 했다.

몇 년 동안 케이티는 자신의 불행에 대한 해결책으로 자살을 생각했다. 13세 때 케이티는 동석한 부모 앞에서 심리학자에게 이런 자신의 생각을 보고했다. 부모님은 우셨고 이들의 눈물은 케이티에게 큰 영향을 주었다. 그 후 케이티는 자살 사고를 밖으로 드러내지 않았다. 대신 자살 사고를 자기 내부에 감춰 두었다. 16세에 이르러 자살에 대한 케이티의 몰두는 더 커져만 갔다.

"제 생각엔 자살 사고는 탈진의 표현 같아요. 불안, 우울에 대처하는 것에 진절머리가 났어요. 곧 전 제 자신이 절친, 엄마, 오빠와 같은 그나마 몇 안 되는 사람들과의 관계까지도 끊으려 하고 있음을 발견하게 되었지요. 이들에게 이야기하는 것은 거의 불가능했어요. 전 항상 화가 나 있었고 좌절 상태에 있었어요. 하루는 극단으로 갔습니다. 엄마와 전 사소한 일로 의견 충돌이 있었어요. 위스키, 보드카, 뭐가 됐든 그 당시 제가 마시던 술이 비치된 침실로 올라갔어요. 꼬집어도 감각을 못 느낄 만큼 술을 많이 마셨습니다. 그러고는 보관해 두었던 날카로운 칼을 꺼내 손목을 깊게 그었습니다. 손목으로부터 흐르는 피의 온기만을 느낄 수 있었어요.

피는 제가 누운 침대 옆 마루로 쏟아져 내렸어요. '실패했어'라는 생각이 불현듯 저에게 다가왔고 죽음에 이르기에는 이것으로는 부족하다는 생각도 다가왔습니다. 전 침대에서 일어나 웃기 시작했어요. 휴지로 지혈하려 했습니다. 침착함을 유지하고 있었고 이상하리만큼 기분이 좋았습니다. 부엌으로 내려갔고 엄마를 불렀어요. 전 엄마가 피가 범벅이 된 제 셔츠와 바지를 보면 어떤 기분이 될까 상상할 수 없었어요. 엄마는 놀랄 만큼 차분하셨지요. 엄마는 제 상처를 보자고 했고 이대로는 지혈이 어려우니 의사에게 가자고 했습니다. 의사

는 노보케인 주사를 손목 상처에 놓으면서 손을 그을 때는 먼저 마취제를 사용했어야 했다고 알려주었습니다. 전 주삿바늘이나 스티치의 감촉을 전혀 느끼지 못했어요.

그 사건 후 자살 사고는 보다 빈번해졌고 더 실질적인 것이 되어 갔습니다. 아버지는 다시는 이런 짓을 하지 않겠다 맹세하라고 했고 전 그러지 않겠다고 아버지께 말씀드렸지요. 하지만 맹세는 저에겐 아무 의미가 없습니다. 전 이러한 아버지의 요구가 아버지 자신의 고통과 두려움을 경감시키기 위한 것이지 제 고통과 두려움을 경감시키기 위한 것이 아님을 알고 있었습니다. 그리하여 자살에 대한 저의 몰두는 계속되었습니다."

확실히 케이티의 우울증은 그 증상의 심각도와 지속기간에서 정상 범주를 넘어섰다. 또한 그녀의 심각한 혹은 '임상적' 우울은 그녀의 기능을 심각하게 손상시켰다. 마지막으로 수많은 관련 심리적, 신체적 증상들이 임상적 우울에 동반되었다.

때때로 **기분장애**는 비극적 결과를 낳는다. 따라서 기분장애에 대한 완전한 이해는 중요하다. 다음 절에서 우리는 다양한 정서적 경험과 증상들이 어떻게 서로 상호작용하여 특정 기분장애를 유발하는지에 대해 기술할 것이다. 우리는 서로 다른 기분장애 종류들에 대해 자세히 기술할 것이며 이들 장애를 규정하는 많은 준거들도 검토할 것이다. 우리는 불안과 우울 간의 관계에 대해 논의할 것이고 기분장애들의 원인과 치료에 대해 살펴볼 것이다. 우리는 자살에 대한 논의로 이 장을 마무리할 것이다.

우울증과 조증의 개요

우울증과 조증의 경험은, 독자적으로 혹은 함께, 기분 상태 진단에 기여한다. 가장 흔히 진단되는 중증의 우울 상태는 **주요우울 삽화**라 불린다. *DSM-5* 진단기준은 주요우울 삽화를 극단적으로 우울한 기분 상태로 묘사하고 있다. 적어도 2주 이상 지속되는 우울한 기분 상태로 특징지어지는 주요우울 삽화는 경미한 활동이나 움직임에도 많은 노력을 요할 정도의 인지적 문제(예, 무가치하거나 우유부단한 느낌)와 와해된 신체적 기능 상태(예, 변화된 수면 패턴, 식욕과 체중에서의 유의한 변화, 가시적인 에너지 상실)를 포함하고 있다. 삽화는 전형적으로 흥미의 상실과 가족·친구와의 상호작용이나 직장·학교에서의 성취와 같은 생활에서 기쁨을 경험하는 능력의 상실을 동반한다. 비록 모든 증상들이 중요하긴 하나 경험적 증거는 완전한 주요우울 삽화를 위한 가장 핵심적인 지표가 행동 활성화 척도에서의 낮은 점수로 나타나는 행동적, 정서적 '정지(shutdown)'(Kasch, Rottenberg,

주요우울 삽화의 특징은 적어도 2주간 거의 매일 하루의 대부분 동안 일어나는 다음의 증상들을 포함한다.

▶ 우울한 기분(아동이나 청소년에서는 짜증나는·성마른 기분)

▶ 거의 모든 매일의 활동에 대한 현저하게 감소된 흥미나 즐거움

▶ 다이어트를 하는 중이 아님에도 불구하고 나타나는 심각한 체중 감소, 체중 증가 혹은 심각한 식욕의 감소 혹은 증가

▶ 불면 혹은 과다 수면

▶ 눈에 띌 만한 정신운동적 초조 혹은 정신운동적 지체

▶ 피로 혹은 에너지 상실

▶ 무가치감 혹은 지나친 죄책감

▶ 감소된 사고력, 주의집중력 혹은 의사결정력

▶ 반복 발생하는 자살에 대한 생각, 자살 사고 혹은 자살 시도

▶ 임상적으로 심각한 개인적 고통 혹은 장해

▶ 증상은 약물(예, 약물남용)의 효과에 의한 것이 아니거나 일반적인 의학적 상태(예, 갑상선 기능부전)에 의한 것이 아니어야 함

출처: American Psychiatric Association. (2013). *Diagnostic and statistical manual of mental disorders* (5th ed.). Washington, DC.

조증 삽화의 특징은 다음의 증상들을 포함한다.

▶ 적어도 1주간 지속되는 비정상적으로 그리고 지속적으로 고양된, 확장된 혹은 성마른 기분 상태

▶ 다음의 증상들 중 적어도 3가지에서 심각한 수준을 보여야 함: 고양된 자존감, 수면에 대한 감소된 요구, 지나친 수다, 질주하는 사고, 주의산만, 증가한 목표지향적 활동이나 정신운동적 초조, 고위험 행동에의 관여

▶ 기분의 장애가 정상적 기능 수준에 장해를 유발할 정도로 혹은 입원을 요구할 정도로 심각하여야 함 혹은 정신증적 특징을 나타냄

▶ 증상은 약물의 직접적 생리적 효과에 의한 것이 아니거나 일반적 의학적 상태에 의한 것이 아니어야 함

출처: American Psychiatric Association. (2013). *Diagnostic and statistical manual of mental disorders* (5th ed.). Washington, DC.

Arnow, & Gotlib, 2002; Rottenberg, Gross, & Gotlib, 2005)와 더불어 신체적 변화(*somatic* 혹은 *vegetative* 증상이라고도 불림)임을 알려주고 있다(Bech, 2009; Kessler & Wang, 2009).

무쾌감증(anhedonia, 에너지의 상실 및 즐거움을 주는 활동을 하는 능력 혹은 이로부터 즐거움을 얻는 능력의 상실)은 슬픔이나 고통의 보고보다 우울증의 중증 삽화에서 더 특징적이다(Kasch et al., 2002). 한편 우울한 혹은 우울하지 않은 개인 모두에게서 같은 빈도로 발생하는 울고 싶은 경향성은 우울 삽화의 존재나 이의 심각도에 대해 말해 주지 않는다(Rottenberg, Gross, Wilhelm, Najmi, & Gotlib, 2002). 무쾌 감증은 우울 삽화가 단지 높은 부정적 정서 상태만을 의미하는 것이 아닌 높은 부정적 정서와 낮은 긍정적 정서가 조합된 상태임을 말해 준다(Brown & Barlow, 2009; Kasch et al., 2002). 만약 치료하지 않고 둔다면 주요우울 삽화는 대강 4~9개월 정도 지속된다(Hasin, Goodwin, Stinson, & Grant, 2005; Kessler & Wang, 2009).

기분장애에 있어 두 번째 핵심 상태는 비정상적으로 과장된 기분의 고양, 기쁨, 행복감이다. **조증**에서 개인은 모든 활동으로부터 극단적 기쁨을 찾는다. 일부 환자는 조증 상태에서의 경험을 다중 오르가즘 경험에 비유한다. 이들은 극단적으로 활동적이고(과활동적이고), 잠을 필요치 않으며, 희망한 것은 그 무엇이든 성취할 수 있다는 믿음으로 웅대한 계획을 발전시키곤 한다. *DSM-5*는 진단기준에 '목표지향적 활동이나 에너지의 지속적 증가'라는 항목을 추가함으로써 이러한 특징을 강조하고 있다(American Psychiatric Association, 2013). 한번에 너무 많은 흥미로운 아이디어를 표현하려는 의도에서 말은 보통 매우 빠르고 비논리적이다. 이러한 특징은 보통 사고의 비약(flight of ideas)이라 지칭된다. 조증 삽화의 *DSM-5* 진단기준은 단지 1주의 지속기간을 요구한다. 하지만 치료되지 않은 조증 삽화의 지속기간은 보통 3~4개월이다(Angst, 2009; Solomon et al., 2010).

*DSM-5*는 일주일이 아닌 4일의 지속기간을 요구하는 그리고 사회적·직업적 기능에서의 현저한 장해를 야기하지 않는 조증 삽화의 덜 심각한 버전인 **경조증 삽화**를 정의하고 있다(*hypo*는 'below'를 의미하며 따라서 경조증 삽화는 조증 삽화 수준의 바로 밑에 있다). 경조증 삽

기분장애(mood disorders) 기분고양에서 심한 우울이라는 범위를 오가는 심각한 그리고 지속되는 정서적 문제를 포함하는 장애군.

주요우울장애, 단일 혹은 재발성 삽화(major depressive disorder, single or recurrent episode) 하나의 주요우울 삽화를 포함하는 기분장애, 복수의 주요우울 삽화(각 삽화는 우울증상이 없는 적어도 2개월의 기간으로 분리되어야 함)를 포함하는 기분장애.

조증(mania) 기분장애와 관련된 비정상적으로 지나친 기분고양 혹은 행복감의 기간.

경조증 삽화(hypomanic episode) 몇몇 기분장애의 진단기준 중 하나인 조증 삽화의 덜 심각하고 덜 와해된 버전.

화는 그 자체로 문제적이진 않지만 다른 기분장애 진단에 필요하다.

기분장애의 구조

우울증 혹은 조증을 경험하는 개인들은 기분이 우울증-조증의 연속선상에서 한 '극단'에 머무르고 있기 때문에 단극성 기분장애(unipolar mood disorder)를 앓고 있다고 말할 수 있다. 조증만(단극성 조증) 발생하기도 하나(Bech, 2009; Solomon et al., 2003) 단극성 기분장애를 가진 사람들의 대부분이 종국에는 우울증을 발달시키기 때문에 단극성 조증은 드문 것으로 보인다. 한편 조증 삽화만은 청소년에서 다소 빈번한 것으로 보인다(Merikangas et al., 2012). 우울증과 조증을 번갈아 나타내는 사람들은 우울증-기분고양이라는 연속선상의 한 극과 또 다른 극을 왕복하기 때문에 양극성 기분장애(bipolar mood disorder)라 불린다. 하지만 우울과 기분고양은 같은 기분 상태의 양극이 아닐 수 있다. 서로 관련되어 있으나 이 둘은 서로 독립적으로 존재하기도 한다. 즉 개인은 조증 증상들을 경험하면서 동시에 약간의 우울감이나 불안감을 경험하기도 하며 몇 개의 조증 증상들을 가지면서 동시에 우울할 수도 있다. 이러한 삽화는 **혼합특성**을 가진 것으로 언급된다(Angst et al., 2011; Swann et al., 2013). 연구는 조증 삽화가 우리가 생각한 것보다 더 자주 불쾌 특징으로(불안한 혹은 우울한) 개념화되고 있고, 이 불쾌가 심각한 수준임을 보여주고 있다(Cassidy et al., 1998; Swann et al., 2013). 한 연구에서 급성 조증으로 입원한 1,090명의 환자들 중 30%가 혼합특성을 가지고 있었다(Hantouche et al., 2006). DSM-5에서 혼합특성은 주로 조증 삽화가 우세한지 아니면 우울 삽화가 우세한지 세분화시킬 것을 요구하고 있으며, 다음으로 혼합특성 준거를 충족시킬 만한 충분한 정도의 양극단 증상들이 존재하는지 명시할 것을 요구하고 있다.

우울장애

DSM-5는 우울장애의 몇 가지 유형을 기술하고 있다. 이들 장애는 우울증상의 발생 빈도, 심각도, 증상 경과(거의 연속되는 만성적 경로와 비만성적 경로)에서 차이가 있다. 사실상 강력한 증거들은 심각도와 만성도가 기분장애를 가장 잘 기술하는 두 가지 요인임을 시사하고 있다(Klein, 2010; 아래를 참조하시오).

임상적 기술

가장 쉽게 인지되는 기분장애는 **주요우울장애**이다. 이는 적어도 하나의 주요우울 삽화의 존재와 이 장애 발생 이전 혹은 이 장애 발생 중

조증 혹은 경조증 삽화의 부재로 정의된다. 일생 동안 독립적 우울삽화가 한 번만 발생하는 경우는 상대적으로 드문 것으로 알려져 있다(Eaton et al., 2008; Kessler & Wang, 2009).

만약 둘 혹은 그 이상의 주요우울 삽화가 발생하였고 이들 삽화들이 우울하지 않은 적어도 2개월의 간격을 가지고 있다면 주요우울장애는 **재발성**으로 명명된다. 재발은 우울장애의 적절한 치료법 선정뿐 아니라 우울장애의 경과 예측에 중요하다. 23년을 추적 조사한 연구에 기초할 때(Eaton et al., 2008) 주요우울장애의 단일 삽화를 경험한 개인들의 35~85%가 이후 두 번째 삽화를 경험하였다(Angst, 2009). 삽화 발생 후 첫 해의 재발 위험은 20%이지만 삽화 발생 후 두 번째 해의 재발 위험은 40%로 그 확률이 증가한다(Boland & Keller, 2009). 이러한 발견과 이후 고찰들로 인해 임상과학자들은 최근 단극성 우울증이 시간에 따라 완급을 거듭하지만 좀처럼 사라지지 않는 만성 상태라 결론지었다(Judd, 2012). 주요우울 삽화의 일생 발생 빈도의 중앙치는 4~7번이며, 한 대형 표본에서 25%의 사람들이 여섯 혹은 그 이상의 주요우울 삽화를 경험하였다(Angst, 2009; Kessler & Wang, 2009). 재발성 주요우울 삽화의 지속 기간의 중앙치는 첫 주요우울 삽화의 평균 길이보다 다소 짧은 4~5개월이다(Boland & Keller, 2009; Kessler et al., 2003).

이러한 준거들에 기초할 때 여러분은 케이티를 어떻게 진단할 것인가? 케이티는 심각한 우울 기분, 무가치감, 주의집중 곤란, 반복적 자살 사고, 수면 문제, 에너지 상실 등을 경험하고 있다. 그녀는 명백히 '주요우울장애, 재발성'의 진단기준을 충족하고 있다. 케이티의 우울 삽화는 상당히 심각하나 이는 나타났다 또 사라지곤 하였다.

지속성 우울장애는 주요우울장애의 증상을 상당 부분 공유하나 경과 면에서는 주요우울장애와 차이를 보인다. 지속성 우울장애는 주요우울장애보다 더 적은 증상을 보인다. 하지만 우울증상이 더 오래, 때로는 20년, 30년 혹은 그 이상 동안 상대적으로 변하지 않은 채 지속된다(Cristancho, Kocsis, & Thase, 2012; Klein, Shankman, & Rose, 2006; Murphy & Byrne, 2012).

지속성 우울장애는 적어도 2년 동안 지속되는 우울 기분으로 정의된다. 이 2년의 기간 동안 환자는 2개월 이상 증상 없이 지낸 적이 없어야 한다. DSM 이전 버전은 장애 증상이 덜 심각하여 주요우울 삽화 진단기준을 덜 충족하는 지연된 우울 기분 상태를 기분부전장애(dysthymia)라고, 그리고 지연된 주요우울 삽화를 만성(chronic) 주요우울장애라고 지칭하였다. DSM-5는 기분부전장애와 만성 주요우울장애를 모두 지속성 우울장애 범주에 포함시켰다. DSM-5의 지속성 우울장애는 지연된 저조한 기분과 보다 심각한 우울 삽화가 함께 나타나는 경우도 포함하고 있다. 따라서 이 장애는 요구되는 최소 증상 수에서

주요우울장애와 구분된다고 하겠지만, 이보다 더 많은 경우 장애의 만성도에서 주요우울장애와 구분된다. 이 장애는 다른 정신장애와 높은 공존장애율을 보인다는 점에서, 치료에 덜 반응적이라는 점에서, 그리고 시간 흐름에 따른 호전 비율이 낮다는 점에서 보다 더 심각한 장애로 간주되고 있다. 주요우울 삽화를 경험한 환자들의 약 20% 정도가 적어도 2년간 지속되는 삽화를 보고하고 있는데, 이로써 만성 우울장애 진단을 충족한다(Klein, 2010). 현재 지속성 우울장애 진단을 충족하는 많은 이들이 과거에는 기분부전장애 진단을 받았는데, 이전 용어와의 연속성을 위해 *DSM-5*는 장애의 공식 이름 '지속성 우울장애(기분부전증)'에 기분부전증이라는 용어를 그대로 유지하였다. 하지만 이 장에서는 편의를 위해 지속성 우울장애로 짧게 지칭하겠다.

적은 증상, 즉 '순수한 기분부전 증후군'으로 세분화되는 지속성 우울장애를 앓고 있는 환자들의 22%가 종국에는 주요우울 삽화를 경험하였다(Klein et al., 2006). 주요우울 삽화와 적은 증상의 지속성 우울 모두로 고통 받고 있는 이들은 **이중 우울증**을 가졌다고 칭해진다. 전형적으로 우울증상 몇 개가 젊은 나이에 먼저 나타나고, 하나 혹은 그 이상의 주요우울 삽화가 나중에 나타나며, 한 번 주요우울 삽화가 진행되면 기저의 우울로 다시 되돌아간다(Boland & Keller, 2009; Klein et al., 2006). 이런 특별 패턴의 우울장애를 확인하는 것은 중요한데, 이는 이 패턴이 더 심각한 정신병리와 관련되어 있고 더 좋지 않은 장애 진행 경로와 관련되어 있기 때문이다(Boland & Keller, 2009; Klein et al., 2006). 예를 들어 Keller, Lavori, Endicott, Coryell과 Klerman(1983)은 이중 우울증 환자의 61%가 2년 후 추수검사에서 기저의 우울증상에서 회복되지 않았음을 발견하였다. 연구자들은 또한 이중 주요우울 삽화로부터 회복된 환자들이 더 높은 재발을 보임을 발견하였다. 잭의 사례를 살펴보자.

잭 ● 계속적으로 가라앉는 삶

잭은 49세의 이혼한 백인 남성으로 10살 난 아들과 함께 어머니 집에 살고 있다. 그는 도움이 필요하다는 것을 마침내 깨닫게 되었다고 말하면서 자신의 만성 우울증을 호소하였다. 그는 자신이 비관론자이자 걱정꾼이라 보고하였다. 계속되는 침체된 우울 기분을 경험했고 삶에서 재미를 찾지 못하였다. 결정에 어려움을 보였고, 미래에 대해 비관적이었으며, 자신에 대해 부정적으로 평가하였다. 지난 20년 동안 기분이 정상 혹은 덜 우울했던 기간이 최대 4일 혹은 5일 정도였다고 기억하였다. 어려움에도 불구하고 그는 대학을 마쳤으며 행정학 석사학위를 취득하였다. 사람들은 그에게 미래가 밝을 것이고 주

정부는 그를 높이 평가할 것이라 말해주었다. 하지만 잭은 그렇게 생각하지 않았다. 그는 승진을 할 수 있으리란 기대를 가지고 주 정부 기관의 낮은 직급인 서기 직을 얻었다. 하지만 그는 같은 직급에 20년간 머무르고 있다.

잭의 부인은 그의 비관적 태도, 자신감 부족, 즐거움을 얻는 능력의 부족에 진저리를 냈으며, 낙담하여 그와 이혼했다. 잭은 자신의 어머니가 아들 돌보는 일에 도움을 줄 것이라 생각하고 엄마 집으로 이사하여 현재 생활비를 분담하고 있다.

클리닉에 오기 전 5년 정도 잭은 이전에 알았던 그 어느 것에도 견줄 수 없는 한 차례의 큰 우울을 경험했다. 자존감은 이전의 낮은 수준에서 아예 없다시피할 정도로 떨어졌다. 우유부단함으로 그는 어떤 일도 결정할 수 없었다. 거의 매일 탈진해 있거나 납 덩어리가 팔과 다리를 가득 채워 움직일 수 없는 듯한 느낌을 경험하였다. 그는 프로젝트를 끝내거나 마감일을 맞출 수 없었다. 희망이 없음을 깨닫고 자살을 고려하기 시작했다. 유능할 거란 믿음에 수년간을 참아주었던 고용주도 마침내는 잭을 해고시키고야 말았다.

6개월 후 주요우울 삽화는 누그러졌으나 대신 경미한 만성 우울이 그를 찾아왔다. 비록 자신의 능력에 대해 여전히 회의적이었으나 잭은 침대에서 나올 수 있었고 몇 가지 일을 수행할 수 있었다. 하지만 다른 직장을 찾을 수는 없었다. 일이 나아지기를 기다리며 몇 년의 세월을 보낸 후에야 비로소 그는 문제를 스스로 해결할 수 없다는 사실과 도움 없이는 우울증이 끝도 없이 지속될 것이라는 사실을 깨닫게 되었다. 철저한 평가 후 우리는 잭이 이중 우울증의 고전적 사례로 고통을 겪고 있다고 결론내리게 되었다.

발병과 지속기간

주요우울증 발달의 위험은 십대 초까지는 상당히 낮다가 이후 꾸준히 증가하기 시작한다(Rohde, Lewinsohn, Klein, Seeley, & Gau, 2013). 주요우울장애의 평균 발병 연령은 미국의 한 대형 표본(43,000

혼합특성(mixed features) 조증 혹은 경조증 삽화 동안 우울증상을 경험하는 것 혹은 우울 삽화 동안 조증 증상을 경험하는 경우를 지칭하는 용어.

재발성(recurrent) 반복된 우울 삽화들을 지칭하는 용어로, 우울 삽화는 완전 관해 혹은 부분 관해 기간으로 구분됨.

지속성 우울장애(persistent depressive disorder) 2년 혹은 그 이상의 기간 동안 지속되는 우울 기분 혹은 기분부전 상태로 특징지어지는 우울장애로 그 심각도는 다양함.

이중 우울증(double depression) 중증우울장애로 이 장애는 기분부전장애(이 장애는 현재 지속성 우울장애로 분류됨)라는 배경에 주요우울 삽화가 중첩되어 나타나는 것을 특징으로 함.

명)이자 대표성을 띤 인구 표본을 활용했을 때 30세인 것으로 나타났다. 하지만 주요우울증을 발달시킨 사람들의 10%는 첫 삽화를 가진 시점이 55세나 그 이상이었다(Hasin et al., 2005). 놀랄 만한 결과 중의 하나는 우울증 및 그에 수반하는 자살의 발생이 꾸준히 증가하고 있다는 점이다. Kessler와 동료들(2003)은 네 연령 집단을 비교하였고, 18~29세 연령 범위에 있는 사람들의 25%가 이미 주요우울장애를 경험하였다는 사실을 발견하였다. 이 비율은 나이가 더 든 집단들이 이 연령에서 나타낸 주요우울장애 발생 비율보다 훨씬 더 높은 수준이었다. Rohde 등(2013)도 주요우울장애 발생을 살폈는데, 이들은 네 연령 집단을 좀 더 기간을 늘려 검토하였다. 연구자들은 5~12세 아동에서 5%가 주요우울장애를 경험하였음을 발견하였다. 청소년기(13~17세)의 주요우울장애 발생률은 19%였고, 성인기 진입기(18~23세)의 주요우울장애 발생률은 24%, 초기 성인기(24~30세) 주요우울장애 발생률은 16%였다.

앞서도 지적하였듯 우울 삽화의 지속 기간은 다양하다. 어떤 경우는 2주 이하일 수 있고, 좀 더 심각한 경우에는 몇 년 동안 지속될 수 있다. 하지만 첫 삽화의 전형적 지속기간은 치료를 하지 않고 내버려 둔 경우 2~9개월이다(Boland & Keller, 2009; Rohde et al., 2013). 비록 9개월이 중증 우울 삽화로 고생하기에는 긴 시간이지만, 아주 심각한 사례에서조차 90%는 1년 안에 우울 삽화로부터 차도를 보인다(Kessler & Wang, 2009). 삽화가 5년 이상 지속되는 중증 사례에서도 38%는 궁극에는 회복될 것으로 기대할 수 있다(Mueller et al., 1996). 하지만 삽화가 완전 회복되지 못하고 몇몇 잔여 증상을 남기는 경우도 있다. 이 경우 이후 삽화들에서 또 다시 완쾌되지 못할 가능성이 높다(Boland & Keller, 2009; Judd, 2012). 이러한 가능성에 대한 인식은 치료를 계획할 때 중요할 수 있는데, 이는 치료가 이들 사례들에서 훨씬 더 길어질 수 있기 때문이다.

최근 연구들은 지속성 우울장애의 중요한 하위 유형들을 찾아냈다. 이러한 하위 유형들은 증상들이 언제 시작되었느냐에 주로 의존하고 있다. 전형적인 발병 연령은 20대 초반으로 추정되고 있지만, Klein, Taylor, Dickstein과 Harding(1988)은 21세 혹은 그 이전 발병은 다음의 3가지 특징과 관련됨을 발견하였다. (1) 만성화(더 길게 지속된다) (2) 상대적으로 나쁜 예후 (3) 가족 내 장애 내력이 그것이다. 이러한 발견들은 반복되었다(Akiskal & Cassano, 1997). 공존하는 성격장애의 유병률도 초기발병 지속성 우울장애 환자에서 주요우울장애 환자들에서보다 더 높았다(Klein, 2008; Pepper et al., 1995). 이러한 발견들은 초기발병 지속성 우울장애의 위험성을 설명해 준다. 연구자들은 경미한 지속성 우울증상의 유병률이 성인(3%~6%)에서보다 아동(0.07%)에서 더 낮았음을 발견하였으나(Klein et al.,

2000), 이들 증상이 아동기 동안 안정적으로 유지됨을 또한 발견하였다(Garber, Gallerani, & Frankel, 2009). Kovacs, Akiskal, Gatsonis와 Parrone(1994)은 경미한 지속성 우울증상을 가진 아동 표본의 76%가 나중에 주요우울장애를 발전시켰음을 발견하였다.

비록 장애 지속 중앙치가 성인 5년(Klein et al., 2006), 아동 4년 정도(Kovacs et al., 1994)라는 연구 보고가 있긴 하지만, 지속성 우울장애는 20년에서 30년 혹은 더 오랫동안 지속될 수 있다. Klein과 동료들(2006)은 앞서 언급한 연구에서 기분부전증(더 적은 수의 우울증상 혹은 더 경미한 우울증상으로 특징지어지는 지속성 우울장애)을 가진 97명의 성인을 10년 동안 추적하였고, 이 중 74%가 어느 시점에서 회복되었으나 회복된 이들의 71%가 다시 재발했음을 발견하였다. 97명의 환자 모두는 10년의 추수 기간의 60% 정도를 기분장애 진단기준을 완전히 충족시키는 상태로 있었다. 이러한 결과는 주요우울장애 환자의 21%(역시 10년 동안 추적관찰된)와 비교된다. 기분부전장애 환자들은 5년의 기간 동안 (비지속성) 주요우울장애 환자들보다 자살 시도를 할 가능성이 더 높았다. 앞서 언급했듯이 주요우울장애와 기분부전장애가 공존하는 경우가 상대적으로 흔하다(이중 우울증)(Boland & Keller, 2009; McCullough et al., 2000).

애도에서 우울로

사랑하는 그 누군가가 죽었다면 특히 그 죽음이 예기치 못한 것이고 사망한 이가 가까운 가족이었다면 이 외상에 대한 초기 반응 후 당신은 불안, 정서적 마비, 부정과 더불어 많은 우울증상을 경험할 수 있다(Kendler, Mylers, & Zisook, 2008; Shear et al., 2011). 때때로 개인은 정신증적 특징, 자살 사고 혹은 심각한 체중 감소, 역기능을 야기할 만한 적은 에너지를 동반하는 주요우울 삽화와 같은 즉각적인 치료를 요하는 매우 심각한 증상들을 경험한다(Maciejewski, Zhang, Block, & Prigerson, 2007).

우리는 죽음에 직면해야 하고 이에 대한 정서적 처리를 해야 한다. 모든 종교와 문화는 사랑하는 이를 잃은 슬픔을 친지들의 지원과 사랑을 통해 극복할 수 있도록 하기 위해 장례식이나 매장 행사와 같은 의식들을 가지고 있다(Bonanno & Kaltman, 1999; Shear, 2012). 물론 일부에게 있어 애도 과정은 1년 혹은 그 이상 지속되기도 하지만, 흔히 자연적인 애도 과정은 6개월 내에 최고조에 이른다(Currier, Neimeyer, & Berman, 2008; Maciejewski et al., 2007). 우리 대부분이 느끼는 가장 첨예한 슬픔은 **통합된 애도**라 불리는 상태로 진화해 간다. 통합된 애도에서 개인은 죽음이라는 최종적 상태와 죽음으로 인해 야기된 결과들을 인정하게 되고 상실에 적응해 나간다. 개인을 지배하지 않고 개인의 기능을 방해하지 않는 고인에 대한 새롭고, 달콤쌉싸

표 6.1 정상적 그리고 복잡한 애도

상실 경험 후 6~12 개월 이내에 나타나는 정상 범주에 속하는 급성 애도 증상들
• 사망한 이와의 재결합에 대한 강력한 갈망, 사랑하는 고인과 함께 있기 위해 죽음까지도 희망함
• 휴식 혹은 괜찮은 기분 중간중간에 나타나는 깊은 슬픔이나 회한, 울음 혹은 흐느낌의 삽화
• 고인에 대한 생각이나 이미지가 생생하고 심지어는 실제 고인을 보는 듯한 혹은 고인의 소리를 듣는 듯한 환각적 경험을 수반함
• 죽음에 항의하고자 하는 식으로 죽음이라는 현실의 수용에 어려움을 나타냄, 죽음에 대해 비통이나 분노의 감정이 있을 수 있음
• 신체적 고통: 예를 들어, 통제할 수 없는 한숨, 소화기 증상, 낮은 식욕, 입마름, 공허감, 수면장해, 피로, 소진이나 신체약화, 초조, 목적 없는 행동, 조직화된 활동을 시작하거나 유지하기 어려움, 변화된 감각
• 세상이나 사람들과 단절된 느낌, 타인에 무감각하거나 관심이 없거나 짜증난 느낌
정상 범주에 속하는 통합된 애도 증상들
• 상실에 적응한 듯한 감각
• 관심, 목적감, 기능할 수 있는 능력, 즐거움과 만족을 느낄 수 있는 능력이 회복됨
• 정서적 고독감이 지속됨
• 슬픔의 감정과 갈망이 전면적이지는 않으나 여전히 존재함
• 고인에 대한 생각과 기억이 접근가능하고 달콤 쌉쌀하나 더 이상 마음을 지배하지는 않음
• 고인에 대한 환각적 경험이 때때로 나타남
• 고인을 상기시키는 특별한 날이나 물건에 밀려드는 슬픔을 나타낼 수 있음
복잡한 애도
• 지속되는 그리고 강력한 급성 애도 증상
• 죽음의 상황이나 결과에 대한 지나친 혹은 마음을 산란케 하는 걱정을 나타내는 생각, 감정 혹은 행동의 존재

출처: Shear, M. K., Simon, N., Wall, M., Zisook, S., Neimeyer, R., Duan, N., & Keshaviah, A. (2011). Complicated grief and related bereavement issues for DSM-5. *Depression and Anxiety, 28,* 103–117.

▲ 빅토리아 여왕이 남편인 알버트 왕자의 죽음으로 상심에 빠져 있다. 남편의 사망 후 여왕은 수년간 군주로서의 역할을 제대로 수행할 수 없었다.

름한 그러나 대부분 긍정적 기억들이 개인의 기억 내에 통합되어진다(Shear et al., 2011).

통합된 애도는 사랑하는 이의 생일, 휴일 혹은 사망일과 같은 중요한 기념일에 다시 나타나곤 한다. 이는 매우 정상적이며 긍정적인 반응이다. 사실상 정신건강 전문가들은 개인이 슬픔의 반응을 나타내지 않을 때 이를 걱정한다. 이는 슬픔이 우리가 상실을 마주하는 그리고 상실을 다루는 자연적인 방법이기 때문이다. 정신건강 전문가들은 슬픔이 일정 기간을 넘어 지속될 때도 걱정한다(Neimeyer & Currier, 2009). 6개월에서 1년이 지난 후 치료 없이 심각한 슬픔으로부터 회복할 가능성은 상당히 감소하게 되는데, 사별한 사람들의 7% 정도에서 자연적 애도 과정은 장애로 변한다(Kersting, Brahler, Glaesmer, & Wag-

ner, 2011; Shear et al., 2011). 이 단계에서 자살 사고는 급격히 증가하고 고인을 따라가기에 집중한다(Stroebe, Stroebe, & Abakoumkin, 2005). 미래의 일을 상상하는 능력이 손상되곤 하는데, 예를 들어 고인이 없는 미래를 상상하기 어려워진다(MacCallum & Bryant, 2011; Robinaugh & McNally, 2013). 정서 조절에도 어려움을 나타내는데 이들의 정서는 경직되고 융통성이 적어지곤 한다(Gupta & Bonanno, 2011). 우울 삽화 경험과 같은 많은 기분장애와 관련된 심리적·사회적 요인들이 **복잡한 애도** 증후군이라 불리는 상태의 발달을 예측한다(Bonanno, Wortman, & Nesse, 2004). 이러한 반응은 사전 우울 상태가 없어도 발달할 수 있다.

정상적 애도, 통합된 애도, 복잡한 애도의 특징들이 표 6.1에 제시되어 있다(Shear et al., 2011). 일부의 사람들은 이런 고유한 증상 특

통합된 애도(integrated grief) 죽음이라는 최종적 상태와 상실의 의미가 인정되고 음미되는 애도의 단계.

복잡한 애도(complicated grief) 상실에 대한 반응으로 나타나는 지속적인 강한 슬픔과 집중을 방해하거나 개인을 손상시키는 상실의 결과 혹은 상실의 상황에 대한 걱정이 특징임.

성들로 인해 복잡한 애도는 우울과 구분되는 하나의 독자적인 진단 범주로 볼 수 있다고 제안한다(Bonanno, 2006; Shear et al., 2011). 예를 들어 복잡한 애도에서 관찰되는 매우 강한 갈망은 도파민 신경전달물질 체계의 활성화와 관련된 것으로 보이며, 이는 도파민 체계 활동이 감소되는 주요우울장애와 대조된다(O'Connor et al., 2008). 또한 뇌영상 연구는 좀 더 일반적인 정서 반응과 관련된 뇌영역과 더불어 가까운 관계 및 애착과 관련된 뇌영역이 애도하는 사람들에서 활동적이었음을 보여준다(Gundel, O'Connor, Littrell, Fort, & Lane, 2003). 복잡한 애도는 이제 DSM-5 III장에 추후 연구가 요구되는 진단으로 포함되어 있다.

다른 우울장애

월경전불쾌감장애와 **파괴적 기분조절장애**의 두 우울장애가 DSM-5에 추가되었다.

월경전불쾌감장애

월경전불쾌감장애(premenstrual dysphoric disorder, PMDD)는 지난 몇십 년간 많은 논란을 일으킨 주제이다. 이 장애는 편견과 낙인이라는 새로운 진단 범주 생성에서 고려되어야 할 쟁점들을 부각시켰다. 임상가들은 월경전 주기 동안 심각하고 때로는 개인을 무력화시키는 정서적 반응들로 고통을 겪는 2~5%에 해당하는 소수의 여성 집단을 찾아내었다(Epperson et al., 2012). 하지만 이 상태를 공식적 진단으로 포함시키는 데 대한 강한 반대는 여성으로 태어난 이유로 매월 매우 정상적인 생리적 주기를 경험하는 여성들이 매우 큰 낙인이 될 수 있는 장애를 가진 것으로 분류될 수 있다는 염려에서 기인하였다. 하지만 이 소수의 여성 집단이 불편하지만 그럼에도 기능 장해와는 연관되지 않는 월경전 증후군(premenstrual syndrome, PMS)을 경험하는 20~40%의 여성들과 여러 면에서 차이가 있다는 증거가 현재 확립되어 있다. PMDD를 정의하는 준거들이 DSM 진단기준 요약에 제시되어 있다. 신체적 증상, 심각한 기분 변화, 불안의 복합체는 월경전 기간 동안의 기능 장해와 관련되어 있다(Hartlage, Freels, Gotman, & Yonkers, 2012). 모든 증거는 PMDD가 신체장애(내분비계 장애와 같은)라기보다는 기분장애로 고려될 수 있음을 보여주고 있다. 이 진단기준이 만들어짐으로써 장애를 가진 수천의 여성들이 고통 감소와 기능 향상에 필요한 치료를 받을 수 있게 될 것이다.

파괴적 기분조절장애

지난 수년에 걸쳐 점점 더 많은 아동과 청소년들이 양극성장애 진단을 받고 있다. 사실상 1995년에서 2005년의 기간 동안 아동 양극성장애 진단은 40배 증가하였고 미국 지역사회 병원에서는 4배 증가하였다(40%에 이름)(Leibenluft & Rich, 2008; Moreno et al., 2007). 왜 이러한 증가가 나타났을까? 많은 임상가들은 제I형 양극성장애와 제II형 양극성장애의 현재 정의에 부합하지 않는 오히려 달리 분류되지 않는 양극성장애(bipolar disorder NOS)라는 상대적으로 모호한 범주에 해당하는 보다 큰 진단기준 그리고 간혹 나타나는 삽화에 한정되지 않는 만성 짜증, 분노, 공격성, 과각성, 빈번한 감정폭발의 아동을 포함하는 보다 큰 진단기준을 사용하고 있다.

하지만 이들 아동은 고양된 기분(조증) 기간을 가지지 않는 것으로 파괴적 기분조절장애의 특징은 다음의 증상들을 포함한다.

▶ 한 주에 3번 혹은 그 이상의 빈도로 발생하는 심각한 분노폭발로, 분노는 상황에 비추어볼 때 언어적으로나 행동적으로 그 정도와 지속시간이 지나치며 발달 수준에 적절치 않음

▶ 분노폭발 사이의 기분은 거의 매일, 하루의 대부분 지속되는 짜증과 분노로 특징지어지며, 적어도 세 환경(가정, 학교, 또래집단) 중 두 상황에서 타인에 의해 관찰되어야 하며, 이 중 한 환경에서는 심각해야 함

▶ 장애는 6세 이전이나 18세 이후에 처음 진단되어서는 안 됨

▶ 조증 혹은 경조증 삽화를 충족시키는 증상들(단, 지속 기간은 제외함)이 하루 이상 지속된 적이 없음

▶ 증상은 약물의 생리적 효과에 의한 것이거나 의학적 상태 혹은 신경학적 상태에 의한 것이 아니어야 함

출처: American Psychiatric Association. (2013). *Diagnostic and statistical manual of mental disorders* (5th ed.). Washington, DC.

관찰되었는데, 이 조증 기간은 양극성장애 진단의 필수적 요건이다 (Leibenluft, 2011). 연구들은 또한 심각한 만성 짜증과 잦은 감정폭발로 귀결되는 정서조절에서의 어려움을 보이는 아동들이 조증 삽화보다는 우울·불안장애를 함께 발달시킬 위험이 높음을 보여주었다. 또한 이 상태가 정말 양극성장애라면 나타나야 할 높은 가족 내 유병률의 증거도 발견하지 못했다. 이 같은 심각한 짜증은 양극성장애보다도 더 흔한 것으로 인식되고 있으나 현재 연구가 많이 진행된 상태는 아니다(Brotman et al., 2006). 이 짜증은 아동에게 심각한 고통의 원천이 되고 있는데, 이는 아동이 보이는 높은 빈도의 부정적 정서와 가정 생활의 현저한 와해에서 드러나고 있다. 비록 이 광범위한 증상 정의가 고전적 양극성장애 증상과 일부 유사하다고는 하지만 (Biederman et al., 2005; Biederman et al., 2000), 위험은 이런 아동들이 주의력결핍 과잉행동장애(ADHD)나 품행장애(conduct disorder) 진단기준에 더 부합함에도 불구하고 양극성장애로 오진단되는 데 있다(제13장). 이 경우 양극성장애를 위한 약물치료는 아동들에게 도움을 주기보다는 약물 부작용이라는 위험을 안겨준다. 하지만 짜증과 현저한 기분 조절의 문제를 야기하는 것이 강한 부정적 정서라는 점에서 이들 사례는 좀 더 전형적인 품행장애 혹은 ADHD 상태와는 또 다르다.

이 상태의 구별되는 특징을 고려할 때 이 문제를 가진 18세까지의 아동들을 기존의 양극성장애 혹은 품행장애라 오진단하도록 내

버려 두는 것보다는 **파괴적 기분조절장애**라 진단하는 것이 더 중요해 보인다. 이 새로운 장애의 진단기준이 *DSM* 진단기준 요약에 제시되어 있다. 베시라는 9세 소녀가 중증 불안의 평가를 위해 아빠와 함께 우리 클리닉에 내원하였다. 아빠의 보고에 따르면 베시는 학교에서는 문제가 없는 매우 똑똑한 아이이나 집에서는 짜증을 잘 내고, 식구들과 계속해서 충돌을 하며, 작은 도발에 심한 논쟁으로 반응한다고 한다. 기분은 공격적인 감정폭발로 악화되곤 하며 제 방으로 뛰어들어가 물건들을 던지는 경우도 있다고 한다. 작은 논쟁이 커져 베시는 가족과 식사하기를 거부하기 시작하였고 이때에는 아이가 방에서 혼자 식사하도록 내버려 두는 편이 낫다고 한다. 어떤 것도 아이를 진정시킬 수 없어 아빠는 베시가 아기였을 때 사용하던 방법을 사용한다고 한다. 차에 태워 롱 드라이브를 해주는 방법이다. 조금 지나면 베시는 진정되곤 하는데 한번은 차 속에서 베시가 아빠에게 이렇게 말했다. "아빠, 제발 기분이 좋아지도록 날 좀 도와줘. 계속 이런 상태면 난 아마 죽고 싶어질 거야."

가까운 시일 내 우리가 해야 할 일 중 하나는 이 어려운 상태를 위한 심리치료 혹은 약물치료를 개발하고 이를 평가하는 일일 것이다. 예를 들어 현재 중증 아동정서조절 문제를 위해 개발 중인 새로운 심리치료들이 파괴적 기분조절장애 치료에도 유용할 수 있을 것이다 (Ehrenreich, Goldstein, Wright, & Barlow, 2009).

양극성장애

양극성장애는 끝나지 않을 것만 같은 의기양양의 최고조에서 절망이라는 나락으로 떨어지는 롤러코스터와 같이 주요우울 삽화에 교차되어 나타나는 조증 삽화로 특징지어진다. 이것을 제외하고는 양극성장애는 우울장애와 여러 면에서 유사하다. 예를 들어 조증 삽화는 단 한 번 발생하기도 하고 여러 번 반복적으로 발생하기도 한다. 제인의 사례를 살펴보자.

월경전불쾌감장애(premenstrual dysphoric disorder) 여성에서 나타나는 기분장애로 월경기 근처에 정기적으로 발생하는 현저한 우울, 불안, 짜증 증상으로 특징지어짐.

파괴적 기분조절장애(disruptive mood dysregulation disorder) 아동에서 나타나는 심리장애로 짜증스런 기분이라는 배경에서 발생하는 반복적 감정폭발로 특징지어짐.

제인은 유명 외과 의사의 아내인 동시에 세 아이의 사랑스러운 엄마이다. 그녀는 50세가 다 됐다. 큰 애 둘은 이미 다 커 집을 떠났고, 막내아들인 마이크는 16세로 학교 문제와 불안 문제를 가지고 있다. 제인은 막내아들의 문제를 파악하기 위해 그를 데리고 클리닉에 내원했다.

들어오는 제인과 아들을 보며 난 그녀가 옷을 잘 차려 입었고, 쾌활하며, 외모가 단정하다는 것을 발견했다. 발걸음에 탄력이 있었다. 그녀는 착석하기도 전 성공적인 그녀의 가족에 대해 이야기하기 시작했다. 반면 마이크는 조용하고 과묵했다. 그는 순종적이었고 회기 동안 거의 말을 하지 않아도 됨을 다행으로 생각하는 것처럼 보였다. 제인이 착석할 즈음 그녀는 남편의 미덕과 물질적 성공, 첫째아이의 총명함과 수려한 외모에 대해 이야기하였고 이제 둘째아이로 넘어가려 하였다. 말을 채 마치기도 전 그녀는 불안장애 책에 주목하기 시작하였고, 불안장애에 대해 열심히 읽으면서 막내아들을 괴롭히는 다양한 불안 문제에 대해 이야기하기 시작했다.

그러는 동안 마이크는 자신의 고통 그리고 예측불허의 엄마에 대한 불안을 숨기기라도 하듯 입술에 작은 미소를 띤 채 방 구석에 앉아 있었다. 면담이 진행됨에 따라 마이크가 강박장애로 고생하고 있음이 더 명확해졌다. 이 강박장애가 마이크의 학교 안팎에서의 집중을 방해하였고 이는 수업 낙제로 이어졌다.

제인 또한 경조증 삽화 중에 있음이 명확해졌다. 이는 그녀의 억제되지 않은 열정, 과대망상적 지각, '제어되지 않는' 말과 최근 잠이 거의 필요 없다는 그녀의 보고에서 명백히 드러났다. 그녀는 또한 쉽게 주의가 산만해졌는데 이는 아이 이야기에서 재빨리 책상 위 책으로 주의가 옮겨가는 행동에서 알 수 있다. 심리 상태에 대한 질문에 그녀는 '조울증'(양극성장애의 옛 이름)이라는 점을 인정했고, 세계 최고인 것 같은 기분과 우울한 기분이 다소 빠르게 교차하고 있음과 조울증 약을 복용하고 있음을 인정했다. 나는 즉각적으로 마이크의 강박이 엄마의 기분 상태와 연관된 것이 아닌가 의심했다.

마이크는 강박사고와 강박행동을 고치기 위해 집중 치료를 받았지만 별로 나아지진 않았다. 마이크는 엄마가 우울 상태에 있을 때 그의 삶이 정말 힘들다는 보고를 하였다. 엄마는 침대에 들어가 3주 동안 나오지 않는 때도 있었다. 이런 때 엄마는 며칠이고 움직일 수조차 없는 우울 혼수상태에 빠진 듯 보였다. 아이들은 자신과 엄마를 돌봐야만 했고, 심지어 엄마에게 밥을 떠먹여 주어야만 했다. 형들이 집을 떠난 지금, 이 모든 일들은 마이크에게 떨어졌다. 제인의 심각한 우울 삽화는 보통 3주가 지나면 나아지고, 대신 몇 달간 지속되는 경조증 삽화가 이를 대체한다. 경조증 기간 동안의 제인은, 만약 끼어들 수만 있다면, 대체로 재밌고 쾌활하며 함께 있기 유쾌한

여성이다. 양극성장애 전문가인 제인의 치료자와 이야기해 본 결과 여러 약물 처방에도 불구하고 제인의 기분 변화는 현재까지 통제되고 있지 못하다.

제인은 **제II형 양극성장애**로 고생하고 있다. 제II형 양극성장애에서 주요우울 삽화는 조증 삽화보다 경조증 삽화와 번갈아 나타나는 특성을 보인다. 앞서 지적하였듯 경조증 삽화는 조증 삽화보다 덜 심각하다. 비록 눈에 띄게 '기분이 들떠 있기는' 하나 제인은 이 기분 상태에서도 기능 상태를 꽤 잘 유지하고 있었다. **제I형 양극성장애**는 개인이 완전한 조증 삽화를 경험하는 것을 제외하곤 제II형 양극성장애와 똑같다. 주요우울장애의 진단기준에서와 마찬가지로, 각 조증 삽화가 별개로 고려되기 위해서는 이들 조증 삽화들 사이에 적어도 2개월이라는 무증상 기간이 존재해야만 한다. 그렇지 않으면 한 삽화는 지난 삽화의 연장으로 간주된다.

다음에 제시된 빌리의 사례는 완전한 조증 삽화를 보여주고 있다. 빌리는 병원 입원 시 처음 자신의 문제와 마주하게 되었다.

조증 혹은 경조증 단계 동안 환자들은 빌리와 같이 자신의 문제를 부인한다. 과도하게 많은 돈을 썼거나 바보 같은 사업 결정을 했음에도 불구하고 이들은, 특히 조증 삽화 중에는, 지나친 열정과 과대망상에 싸여 자신의 행동을 지극히 이성적인 것으로 지각한다. 조증 상태에서의 기분고양이 너무 좋아 이들은 고통과 낙담의 기간 중에도 다음 조증 상태가 오도록 하기 위해 약 복용을 멈추곤 한다. 환자의 이런 행동은 전문가들에게 심각한 도전이 된다.

DSM 5 DSM 진단기준 요약 제II형 양극성장애

제II형 양극성장애의 특징은 다음의 증상들을 포함한다.

▶ 하나 혹은 그 이상의 주요우울 삽화나 주요우울 삽화력의 존재
▶ 적어도 하나의 경조증 삽화나 경조증 삽화력의 존재
▶ 완전 조증 삽화의 과거력이 없음
▶ 기분 증상들은 다른 심리장애로 더 잘 설명되지 않음
▶ 임상적으로 심각한 개인적 고통이나 기능 상의 장해를 유발해야 함

출처: American Psychiatric Association. (2013). *Diagnostic and statistical manual of mental disorders* (5th ed.). Washington, DC.

입원병동에 도착하기 전 당신은 빌리의 웃음소리와 그윽한 목소리를 들을 수 있다. 이 소리는 그가 아주 좋은 시간을 보내고 있는 것처럼 들린다. 간호사가 그를 스태프에게 소개하기 위해 병원 홀로 데리고 오는 동안 그는 탁구 테이블을 엿보았다. 그는 크게 소리쳤다. "탁구! 난 탁구를 좋아해! 지금까지 딱 두 번 탁구를 쳐 봤지. 하지만 여기 있는 동안 난 탁구를 연습할 거야. 세상에서 가장 위대한 탁구 선수가 될 거야! 그리고 저 탁구 테이블은 정말 멋져! 난 저 테이블을 제대로 손 봐 세상에서 제일 좋은 테이블로 만들 거야. 반짝반짝 광택을 내고 각이 완벽해지도록 사포질하고, 분리하고, 다시 조립할 거야." 얼마 되지 않아 빌리는 주의를 끄는 다른 것으로 이동했다.

그 전주에 빌리는 은행에서 인출한 돈과 부모님의 신용카드를 사용해 고급 스테레오 장비들을 구입했다. 이 도시 최고의 음향 스튜디오를 만든 후 렌트 사업을 시작해 큰 돈을 벌 거라 생각했다. 이 일로 그는 병원에 입원하게 되었다.

제인의 사례로 되돌아가 보자. 우리는 제인의 막내아들 마이크를 수개월 동안 치료했다. 학기가 끝나기 전 호전은 거의 없었다. 마이크의 학업 수행은 너무 나빴고, 그래서 학교는 마이크 부모에게 다음 해에는 마이크를 받지 않겠다고 통보했다. 마이크와 부모는 그가 집을 떠나 잠시 다른 것을 하는 것이 좋겠다고 결정했고, 그는 스키·테니스 리조트에 거주하며 일을 하기 시작했다. 몇 달 후 마이크의 아버지는 우리에게 전화를 걸어 그의 강박 사고와 행동이 집을 떠난 후 아주 호전되었다는 소식을 전해주었다. 마이크는 그곳 학교에 입학해 학업을 잘 이어가고 있었고, 따라서 아버지는 그가 계속해서 리조트에 머물러야 한다고 생각했다. 이제 아버지는 그의 상태가 엄마와 관련되었다는 우리의 평가에 동의하게 되었다. 몇 년 후 우리는 마이크의 엄마 제인이 우울 혼수상태에서 양극성장애의 끔찍한 비극인 자살을 시도하여 성공했다는 이야기를 들었다.

순환성장애라 불리는 다소 완화된 그러나 좀 더 만성적인 양극성장애 버전은 지속성 우울장애와 많은 면에서 유사하다(Akiskal, 2009; Parker, McCraw, & Fletcher, 2012). 지속성 우울장애와 마찬가지로 순환성장애는 기분 고양과 우울이 만성적으로 교차되는 상태이다. 하지만 여기서의 기분 고양과 우울은 조증이나 주요우울 삽화에 이를 만큼 심각하지는 않다. 순환성장애를 가진 개인들은 상대적으로 짧은 기간의 중립 기분과 더불어 여러 해 지속되는 하나의 기분 상태 혹은 다른 기분 상태에 있는 경향이 있다. 순환성 진단을 충족시키기 위해서는 이러한 형태가 적어도 2년간은 지속되어야 한다(아동 및 청

소년의 경우 1년간 지속되어야 한다). 순환성장애를 가진 개인들은 잭이 그의 기분부전 상태 동안 경험한 경미한 우울증상들과 제인이 경험한 경조증 삽화 증상들을 번갈아 나타낸다. 하지만 이 중 어떤 시기도 입원이나 즉각적 개입을 요구할 만큼 심각한 행동을 보이지 않는다. 이들은 대부분의 기간 동안 변덕스런 기분을 보인다고 인식된다. 하지만 진단을 충족하기 위해서는 만성적으로 변동을 거듭하는 기분 상태가 개인의 기능 상태를 방해하기에 충분한 정도여야 한다. 게다가 순환성장애 환자들은 상태가 더 심한 제I형 양극성장애나 제II형 양극성장애로 발전할 가능성이 높기 때문에 치료를 받아야 한다(Goodwin & Jamison, 2007; Otto & Applebaum, 2011).

▲ 2013년 4월, 캐서린 제타 존스는 제II형 양극성장애로 다시 치료를 구했다. 그녀는 이 장애로 지난 몇 년간 치료를 받았었다.

발병과 지속기간

물론 두 장애가 모두 아동기에 시작될 수 있지만 평균 발병 연령은 제I형 양극성장애가 15~18세, 제II형 양극성장애가 19~22세이다(Judd et al., 2003; Merikangas & Pato, 2009). 양극성장애는 주요우울장애보다 발병 평균 연령에서 다소 더 어리며, 더 급성적으로 시작된다. 즉 양극성장애는 더 갑작스럽게 발달한다(Angst & Sellaro, 2000; Johnson et al., 2009). 양극성장애 사례의 약 1/3은 청소년기에 시작되며, 보통 기분의 작은 진동 혹은 순환성 기분 변동 후 발병하는 경향이 있다(Goodwin & Jamison, 2007; Merikangas et al., 2007). 제II형 양극성장애를 가진 사람들의 10%~25%는 제I형 양극성장애로 진행된다(Birmaher et al., 2009; Coryell et al., 1995).

비록 단극성장애와 양극성장애가 구분되는 장애로 생각되고는 있

제I형 양극성장애(bipolar I disorder) 주요우울 삽화와 조증 삽화가 번갈아 나타남.

제II형 양극성장애(bipolar II disorder) 주요우울 삽화와 경조증 삽화(완전한 조증 삽화가 아님)가 번갈아 나타남.

순환성장애(cyclothymic disorder) 조증이나 주요우울 삽화와 같은 심각한 기분 문제가 번갈아 나타나는 것은 아니지만 기분고양이나 우울과 같은 경미한 기분 문제들이 번갈아 나타나는 만성(적어도 2년 지속되는) 기분장애.

순환성장애의 특징은 다음의 증상들을 포함한다.

▶ 적어도 2년 동안 경조증 증상들의 수많은 기간들과 주요우울 삽화 진단기준을 충족하지 않는 우울증상들의 수많은 기간들이 있음

▶ 발병 이후 2개월 이상의 기간 동안 증상이 없었던 적이 없음

▶ 주요우울 삽화, 조증 삽화 혹은 경조증 삽화가 장애 초반 2년 동안 존재하지 않아야 함

▶ 기분 증상들이 다른 정신장애, 약물의 생리학적 효과 혹은 일반적 의학 상태에 의해 더 잘 설명되지 않아야 함

▶ 임상적으로 심각한 고통이나 기능의 장해를 유발해야 함

출처: American Psychiatric Association. (2013). *Diagnostic and statistical manual of mental disorders* (5th ed.). Washington, DC.

지만, Angst와 Sellaro(2000)는 다소 오래된 연구들의 고찰에서 추후 완전한 조증 삽화를 경험하는 우울 환자의 비율을 25%로 추정하였다. 그리고 Akiskal(2006) 및 Angst와 동료들(2010)과 더불어 Cassano와 동료들(2004)은 단극성 우울증을 가진 환자의 67.5%가 조증 증상의 일부를 경험하고 있음을 발견하였다. 이들 연구는 단극성 우울증과 양극성장애 사이의 진정한 차이에 대한 몇 가지 질문을 제기했고, 이들이 연속선상(정신장애에서 스펙트럼이라 불리는)에 있음을 제시하였다(Johnson, S. L., Cuellar, A. K., & Miller, 2009; Merikangas et al., 2011).

40세 이후에 양극성장애를 발전시키는 사람은 상대적으로 드물다. 이 경우 장애는 만성화의 경로로 간다. 말하자면 조증과 우울증이 끝없이 반복된다. 치료는 삽화 재발을 막는 약물치료로 장애를 관리하는 것을 포함한다. 자살은 양극성장애에서 매우 흔하게 관찰되는 결과이다. 자살은 제인의 사례에서처럼 거의 언제나 우울 삽화 기간 동안 나타난다(Angst, 2009; Valtonen et al., 2007). 양극성장애의 자살 시도 비율은 평생 12~48%에 이르며, 이 비율은 양극성장애가 없는 개인의 자살 시도 비율과 비교해 볼 때 20배나 더 높은 수준이다(Goodwin & Jamison, 2007). 완료된 자살(completed suicide)의 비율은 양극성장애 환자들이 재발성 주요우울장애 환자들보다 4배나 높았다(Brown, Beck, Steer, & Grisham, 2000; Miklowitz & Johnson, 2006). 양극성장애 환자들은 치료를 받았음에도 불구하고 기능을 잘 못하는 경향이 있다. 한 연구는 치료 후 처음 5년 동안 60%에 이르는 사람들이 낮은 적응 상태에 있었음을 보여주었다(Goldberg, Harrow, & Grossman, 1995; Goodwin et al., 2003). 219명의 환자들을 대

상으로 한 좀 더 포괄적이고 긴 추수 검사에서 단지 16%만이 회복하였고, 52%는 재발성 삽화로 고생하였으며, 16%는 만성 장애 상태에 있었고, 또 한 연구에서는 8%의 환자가 자살을 하였다(Angst & Sellaro, 2000). 40년을 추적한 또 다른 장기종단 연구에서 11%가 자살을 하였다(Angst, Angst, Gerber-Werder, & Gamma, 2005). 자살 위험은 서구 국가에 국한되지 않는 전 세계적 현상이었다(Merikangas et al., 2011).

순환성장애는 만성적이며 일평생 지속되는 특성을 보인다. 1/3 혹은 1/2의 환자들에서 순환성 기분 변화는 양극성장애로 발전한다(Kochman et al., 2005; Parker et al., 2012). 순환성장애 환자 표본에서 60%는 여성이었고, 발병 연령은 십대 혹은 그 이전이었으며, 또한 일부 자료는 가장 흔한 발병 연령이 12~14세임을 제시하고 있다(Goodwin & Jamison, 2007). 순환성장애는 흔히 잘 인지되고 있지 않으며 장애를 앓는 사람들은 몹시 신경질적이거나 폭발적이거나 침울하거나 과활동적인 것으로 생각되고 있다(Akiskal, 2009; Goodwin & Jamison, 2007). 순환성장애의 하위 유형으로 경미한 우울증상이 지배적인 유형, 경조증이 지배적인 유형, 둘이 동등하게 나타나는 유형이 있다.

개념 확인 6.1

기술된 문제들에 대한 진단을 다음에서 골라 적으시오. (a) 조증 (b) 이중 우울증 (c) 지속성 우울장애 (d) 주요우울 삽화 (e) 제I형 양극성장애

1. 지난 주 라이언은 3달에 한 번씩 보이는 행동을 했다. 즉 친구들과 외출해 술을 마셨고, 이른 아침까지 사람들과 어울렸으며, 세상 최고가 된 듯한 기분을 느꼈다. 하지만 오늘의 그는 침대를 나와 직장에 갈 수도 없었고, 친구를 볼 수도 없었으며, 불을 켤 수조차 없었다. _____

2. 복권에 당첨될 것을 확신하며 찰스는 신용카드를 최고 한도까지 긁으며 밤새 쇼핑을 즐겼다. 찰스는 이전에도 몇 번 이상하리만큼 극도로 고양된 기분, 즐거움, 쾌락 상태에서 비슷한 일을 했다. _____

3. 아야나는 과거 여러 기분장애 문제들을 가졌었다. 비록 며칠은 다른 날들보다 나았지만, 대부분은 마치 함정에 빠진 듯한 느낌을 경험하고 있다. 비록 어찌어찌 살아나가고 있지만 자신을 믿을 수 없어 결정에 어려움을 나타내고 있다.

_____

4. 지난 몇 주 동안 제니퍼는 엄청 많이 잤다. 그녀는 무가치함을 느꼈고, 집을 나설 만한 힘이 없었으며, 살이 많이 빠졌다. 그녀의 문제는 가장 흔하면서도 극단적인 기분장애이다. _____

5. 유세비오는 기분이 항상 처져 있고 우울했지만 때로는 그 우울 정도가 너무 심해져 그 어떤 것도 그를 즐겁게 하지 못하는 정도에 이르렀다. _____

기분장애의 유병률

▶ 어떻게 기분장애 유병률이 일생에 걸쳐 달라지는가?

기분장애의 유병률을 추정하는 대형 역학 연구들이 최근 들어 몇몇 수행되었다(Kessler & Bromet, 2013; Merikangas & Pato, 2009). 기분장애의 전 세계적 유병률 추정치는 주요우울장애의 평생 유병률이 16%, 지난 해 유병률이 6%이다(Hasin et al., 2005; Kessler, Chiu, Demler, & Walters, 2005). 기분부전장애와 만성 주요우울장애를 합한 것(DSM-5의 지속성 우울장애에 해당함)의 평생 유병률과 일년 유병률은 모두 3.5%에 이른다(Kessler & Wang, 2009; Wittchen, Knäuper, & Kessler, 1994). 양극성장애의 평생 유병률은 1%, 일년 유병률은 0.8%이다(Merikangas & Pato, 2009; Merikangas et al., 2011). 기분부전장애와 양극성장애에서 관찰되는 일생 유병률과 일년 유병률 간 유사성은 이들 장애가 개인의 일생에 걸쳐 지속되는 만성적 상태임을 반영한다.

연구는 여성이 남성보다 기분장애를 가질 확률이 두 배나 높음을 보여주고 있다(Kessler, 2006; Kessler & Wang, 2009). 하지만 남성-여성 간 유병률 차이는 주요우울장애와 지속성 우울장애로만 설명된다. 이는 양극성장애가 남녀에 걸쳐 거의 동등한 비율로 발생하기 때문이다(Merikangas & Pato, 2009). 비록 비슷한 유병률을 보이기는 하지만, 양극성장애는 몇몇 성별에 근거한 차이가 있다. 앞서도 지적하였듯 여성은 남성보다 빠른 기분 변화 주기를 경험할 가능성이 더 높고, 조증 단계보다 불안 혹은 우울 단계에 있을 가능성이 더 높다(Altshuler et al., 2010).

비록 양극성장애에서는 인종 간 유병률 차이가 발견되지 않았지만, 주요우울장애와 기분부전장애의 유병률이 백인들에서보다 흑인들에서 더 낮다는 사실은 흥미롭다(Hasin et al., 2005; Kessler et al., 1994). 지역사회 흑인을 대상으로 한 주요우울장애 유병률 연구들 중 하나에서 흑인의 주요우울장애 일년 유병률은 3.1%(Brown, Ahmed, Gary, & Milburn, 1995), 또 다른 연구에서 흑인의 주요우울장애 일년

유병률은 4.52%로 나타났다(Hasin et al., 2005). 이러한 결과는 백인의 일년 유병율이 5.53%인 것과 비교된다. 좋은 혹은 나쁜 건강 상태는 흑인의 우울증을 예측하는 주요 인자였다. 우울한 흑인들 중 적은 수만이 적절한 치료를 받았는데, 단지 11%만이 정신건강 전문가들과 접촉하였다(Brown et al., 1995). 반면 미국 원주민들은 유의하게 높은 우울 유병률을 나타내었다(Hasin et al., 2005). 하지만 우울 개념을 미국 원주민 문화에 맞게 번역하는 작업의 어려움으로 인해 이러한 발견은 연구가 더 필요하다(Beals et al., 2005; Kleinman, 2004).

아동, 청소년, 노년층에서의 유병률

아동·청소년에서의 기분장애 유병률 추정치는, 비록 좀 더 정교한 연구가 나오고 있긴 하지만, 연구들마다 서로 크게 다르다. 일반적 결론은 우울장애가 성인에서보다 사춘기 전 아동들에서 덜 발생하고 있다는 것과 청소년기에 우울장애의 발생이 극적으로 증가한다는 것이다(Kessler et al., 2012; Rohde et al., 2013; Rudolph, 2009). 2~5세 아동들 중 주요우울장애의 발생 비율은 약 1.5%이며, 아동기 후반에는 이보다 다소 낮다(Garber et al., 2009). 하지만 20~50%의 아동들은 진단기준을 충족할 만큼 빈번하고 심한 증상을 보이고 있지는 않지만 기능상 장해를 유발하는 약간의 우울증상들을 경험하고 있다(Kessler, Avenevoli, & Ries Merikangas, 2001; Rudolph, 2009). 청소년은 주요우울장애를 성인만큼 자주 경험한다(Kessler et al., 2012; Rohde et al., 2013). 아동에서 우울장애의 성비는 약 50:50이며, 이는 청소년기에 극적으로 변한다. 청소년에서의 주요우울장애는 성인에서와 마찬가지로 주로 여성 장애라 할 수 있는데, 사춘기가 이러한 성차를 촉발하는 것 같다(Garber, Clarke et al., 2009; Nolen-Hoeksema & Hilt, 2009). 흥미롭게도 경미한 우울에서는 이러한 성차가 덜 분명하게 나

타난다.

65세 이상의 사람들에서의 주요우울장애 유병률은 일반 인구에서의 주요우울장애 유병률의 절반 수준이다(Byers, Yaffe, Covinsky, Friedman, & Bruce, 2010; Fiske, Wetherell, & Gatz, 2009; Hasin et al., 2005; Kessler et al., 2003). 이는 주요우울 삽화를 촉발하는 스트레스성 인생 사건들이 연령이 증가함에 따라 감소하기 때문일 것이다. 주요우울장애 진단에 못 미치는 경미한 증상들은 노인층에서 더 흔한 것으로 보고되고 있으며(Beekman et al., 2002; Gotlib & Nolan, 2001), 이들 증상은 질환이나 노쇠와 관련되어 보인다(Delano-Wood & Abeles, 2005; Roberts, Kaplan, Shema, & Strawbridge, 1997).

양극성장애의 유병률은 성인기에서와 마찬가지로 아동기, 청소년기 모두에서 1%이다(Kessler et al., 2012; Merikangas & Pato, 2009). 하지만 클리닉에서의 양극성장애 진단 비율은 상당히 높은데, 이는 아동의 양극성장애 진단기준을 현재의 파괴적 기분조절장애로까지 확대시켰기 때문으로 볼 수 있다. 기분장애가 개인, 가족, 사회에 미치는 심대한 영향과 기분장애의 만성적 특징 및 심각성 등을 고려해 볼 때(Gotlib & Hammen, 2009), 기분장애 유병률은 전 연령 집단에서 참으로 높다 하겠다.

기분장애의 발달 주기별 영향

여러분은 우울증이 인생 경험을 요구한다고 가정할 수 있다. 부정적 사건이나 실망이 쌓여 비관주의를 만들고 이것이 우울증으로 이어진다고 가정할 수 있다. 하지만 정신병리에서의 여러 다른 합리적 가정들에서처럼 이는 모두 사실이라고 할 수는 없다.

3개월 된 아기가 우울할 수 있다는 증거가 일부 보고되고 있다. 우울한 어머니의 유아들은 우울하지 않은 성인들과 상호작용할 때조차도 현저한 우울 행동(슬픈 얼굴, 느린 동작, 반응성의 결핍)을 보인다(Garber et al., 2009; Guedeney, 2007). 이러한 행동이나 기질이 어머니로부터 물려받은 유전적 경향 때문인지, 우울한 어머니 혹은 주양육자와의 초기 상호작용 때문인지 혹은 이 둘의 조합 때문인지는 아직 분명하지 않다.

연구자 대부분은 기분장애가 아동과 성인에 있어 근본적으로 유사하다는 데 동의한다(Brent & Birmaher, 2009; Garber et al., 2009). DSM-5의 기분장애는 파괴적 기분조절장애(18세까지만 이 진단이 가능한)를 제외하고는 발달 단계에 특정적이라고 할 만한 것이 없다. 이 점에서 기분장애는 수많은 상태가 발달 초기에 국한하여 나타나는 불안장애와 대조된다. 하지만 우울증의 '표현'이 연령에 따라 변하는 것은 분명한 것 같다. 예를 들어 3세 이하의 아동은 섭식과 수

▲ 우울한 어머니의 자녀들은 한 살이 되기 전에도 우울 행동을 보일 수 있다.

면 문제, 슬픈 얼굴 표정, 짜증, 피로, 안달복달, 감정폭발로 우울을 드러낸다. 극단적인 경우 이는 파괴적 기분조절장애로 발전할 수 있다. 반면 9~12세 연령 범위의 우울한 아동은 이런 증상의 상당수를 나타내지 않는다. Luby와 동료들(2003)은 학령전기(6세나 그 이하) 아동에 있어서 주요우울증이 적어도 2주 지속되어야 한다는 2주 진단기준을 무시할 필요가 있음을 주장한다. 이는 기분의 계속적 변동이 이 연령 집단에서는 지극히 정상적인 현상이기 때문이다. 게다가 이 아동들이 슬픔이나 짜증, 무쾌감(쾌감 상실)이라는 핵심 증상을 가지고 있다면 장애 진단을 위한 필요 증상 수는 전체 5개가 아닌 4개면 충분해 보인다. 그러나 무쾌감, 무망감, 지나친 수면, 사회적 철회의 핵심 증상들조차 연령의 증가와 함께 변하는 것 같은데, 대개 증상은 연령의 증가와 함께 더 심화되는 경향을 보인다(Garber & Carter, 2006; Weiss & Garber, 2003).

조증에 관한 한, 9세 이하의 아동은 전형적인 조증 상태에 비해 더 많은 짜증이나 감정 변화, 특히 짜증을 보이는 것 같다(Field & Fristad, 2009; Leibenluft & Rich, 2008). 하지만 짜증만으로 조증을 진단한다는 것이 충분치 않음을 인지하는 것 또한 중요하다. 이는 짜증이 조증뿐 아니라 다른 많은 아동기 문제들과 관련이 있기 때문이다(짜증은 조증에 특수한 것이 아니다). 성인에서보다 덜 뚜렷한 '정서변화' 혹은 왔다갔다하는 조증 상태는 짧은 조증 삽화와 빠른 변화 주기와 더불어 아동 조증을 대변하는 특징일 수 있다(Youngstrom, 2009).

성인과 비교되는 아동 대 청소년 간 발달적 차이는 공존장애 형태에서도 찾아볼 수 있다. 예를 들어 아동기 우울증(그리고 조증)은 ADHD 혹은 공격·파괴 행동으로 특징지어지는 품행장애와 관련이 있고, 이들 장애로 오진단되기도 한다(Fields & Fristad, 2009; Garber et al., 2009). 품행장애와 우울은 양극성장애에서 흔히 함께 발생한다. 이들 아동의 대부분은 또한 파괴적 기분조절장애 진단기준을 충족시키는데, 이는 품행장애와 우울 간 공존장애를 더 잘 설명해 준다. 어쨌든 기저하는 우울의 성공적 치료(혹은 자발적 회복)는 이들 환자에서 함께 나타나는 ADHD나 품행장애의 해결로 이어질 수 있다.

장애가 어떻게 드러나든 간에 아동기 및 청소년기 기분장애는 그 장애가 야기하는 결과로 인해 문제가 심각하다(Garber et al., 2009).

Fergusson과 Woodward(2002)는 대형 종단 연구에서 14세~16세 때 주요우울장애를 발달시킨 1,265명의 청소년 13%를 찾아냈다. 이후 이들은 우울하지 않았던 청소년보다 16~21세 때 교육적 성취가 더 낮았고, 더 빨리 부모 역할로 들어섰으며, 주요우울장애, 불안장애, 니코틴 의존, 자살 시도, 약물 및 알코올 남용 위험도 더 높았다. 또한 Fergusson, Horwood, Ridder와 Beautrais(2005)는 청소년기 우울증상 정도와 심각도가 성인기 우울 정도와 자살 행동 정도를 유의하게 예측함을 발견하였다. 확실히 아동기나 청소년기 우울은 시급한 치료를 요하거나 가능하면 예방해야 할 위험하고도 위협적인 사건이라 하겠다.

노인에 대한 연령 기반의 영향

노인 우울문제를 심각하게 고려하게 된 것은 비교적 최근의 일이다 (Wittchen, 2012). 몇몇 연구들은 양로원 거주자들의 14~42%가 주요우울 삽화를 경험할 수 있다고 추정하였다(Djernes, 2006; Fiske et al., 2009). 한 대형 연구는 56~85세 사이의 우울한 노인 환자들을 6년간 추적하였다. 이 중 대략 80%는 증상이 진단기준을 충족할 만큼 심각하지 않았음에도 불구하고 회복하지 못하고 계속 우울한 상태에 머물렀다(혹은 우울이 있다없다를 반복하였다)(Beekman et al., 2002). 만기 발병 우울은 현저한 수면문제, 질병불안장애(아픈 가능성 혹은 다칠 가능성에 집중된 불안), 초조와 관련된다(Baldwin, 2009). 노년층의 우울 진단은 어려울 수 있다. 신체적 병이나 치매가 노인을 우울하게 만들 수 있음에도 불구하고, 우울과 기분장애의 징후들이 질병이나 치매의 증상으로 오인되어 진단에 잡히지 않을 수 있기 때문이다(예를 들어 Blazer & Hybels, 2009; Delano-Wood & Abeles, 2005 참고). 알츠하이머 치매 환자의 50%는 공존하는 질환인 우울로 고생하는데 이는 이들 환자 가족들의 삶을 더 힘들게 만든다(Lyketsos & Olin, 2002).

불안장애가, 특히 범불안장애와 공황장애가, 노인 환자의 1/3~1/2에서 우울에 동반하여 나타나며(Fiske et al., 2009; Lenze et al., 2000) 이 경우 환자의 우울 정도는 더 심각하다. 앞서 기술하였듯 DSM-5에서 임상가들은 이제 기분장애의 심각도와 경로 그리고 치료에의 함의 제공을 위해 기분장애 진단 시 불안의 공존 여부와 심각도를 명시하여야 한다. 또한 우울장애 환자의 1/3은 공존하는 알코올 남용으로 고생한다(Devanand, 2002). 몇몇 연구는 폐경기에 들어가는 것이 우울 병력이 없는 여성들의 우울 비율을 증가시킴을 보여주었다 (Cohen, Soares, Vitonis, Otto, & Harlow, 2006; Freeman, Sammel, Lin, & Nelson, 2006). 이러한 결과는 호르몬 변화와 같은 생물학적 요인 혹은 폐경기 동안 발생하는 고통스런 신체 증상이나 인생 사건의 경험 때문일 수 있다.

우울증은 노인의 질병과 사망에도 기여할 수 있다(Blazer & Hybels, 2009). 우울증은 심장발작이나 뇌졸중을 가진 노인 환자의 사망 위험을 배가시킨다(Schulz, Drayer, & Rollman, 2002; Whooley & Wong, 2013). Wallace와 O'Hara(1992)는 장기 종단 연구에서 노인들이 지난 3년에 걸쳐 더 많이 우울해지고 있음을 발견하였다. 이들은 이러한 경향이 질병의 증가와 사회적 지지 감소와 연관된다는 일부 증거를 제시한다. 다시 말해 우리가 허약해지고 외로워질수록 우울해질 것이고, 그러면 허약해질 확률과 사회적 지지를 덜 받게 될 확률이 보다 증가하게 된다는 것이다(Wittchen, 2012). Bruce(2002)는 배우자의 죽음, 아픈 배우자 간병의 부담, 병으로 인한 독립성 상실이 노년층 우울의 가장 강력한 위험요인임을 확인하였다. 이 악순환 고리는 치명적인데 이는 최근 노인 자살률의 감소 추세에도 불구하고(Blazer & Hybels, 2009) 다른 연령 집단에서보다 노인층에서의 자살률이 더 높기 때문이다(Conwell, Duberstein, & Caine, 2002).

초기 우울증 발병에서의 성차는 65세 이후 상당히 감소한다. 아동기 초반에는 소년들이 소녀들보다 우울 발생 가능성이 더 높다. 하지만 청소년기에 이르러 소녀들의 우울증 급증으로 우울 발병에서 성 불균형이 야기된다. 이런 불균형은 많은 여성들이 우울하지만 점점 더 많은 남성 또한 우울문제를 보이게 되는 노년기까지 유지된다 (Fiske et al., 2009). 인생 주기 관점에서 초기 아동기 이후로 우울의 성비가 비등해지는 시기는 노년기가 처음이다.

문화에 따른 유병률

우리는 일부 문화권에서 불안이 신체적 형태를 띠는 경향에 대해 언급하였다. 공포 혹은 일반적 불안에 대해 이야기하는 대신 많은 사람들은 복통, 가슴 통증, 심장 통증, 두통을 호소한다. 같은 경향이 기분장애에서도 나타나는데 이는 불안과 우울 간의 밀접한 관계를 고려할 때(Kessler & Bromet, 2013) 놀랄 만한 일이 아니다. 허약감 혹은 피로감은 특히 정신적 혹은 신체적 둔화나 지체를 동반하는 우울증의 특징이다(Kleinman, 2004; Ryder et al., 2008). 일부 문화는 우울에 대한 고유의 용어를 가지고 있다. 예를 들어 미국 원주민 부족인 Hopi(호피)는 "심장이 부서졌다"라고 말하는 반면(Manson & Good, 1993), 중앙 오스트레일리아의 우울한 원주민 남성들은 우울을 영혼의 나약함 혹은 영혼의 상처 때문으로 귀인한다(Brown et al., 2012).

기분장애를 특징짓는 신체 증상들은 문화 간 대체로 비슷해 보이나, 문화 간 기분장애의 주관적 감정을 비교하는 것은 어렵다. 사람들이 우울을 생각하는 방식은 개인에 대한 문화적 관점과 사회에서의 개인의 역할에 의해 영향 받는 것 같다(Kleinman, 2004; Ryder et al., 2008). 예를 들어 집단 대신 개인에 집중하는 사회에서 "나는 기분이 우울하다" 혹은 "나는 우울하다"라는 말을 듣는 것은 흔하다. 하지만 개인이 더 큰 집단에 단단히 속해 있는 문화의 사람들은 자신이 속해 있는 집단을 언급하며 "우리 인생은 의미를 잃었어"라고 말할 수 있다(Manson & Good, 1993).

우울 유병률은 지역마다 극적인 차이를 보일 수 있다. Kinzie, Leung, Boehnlein과 Matsunaga(1992)는 미국 원주민 마을의 성인 구성원들 중 기분장애 진단을 충족하는 성인의 비율을 알아보기 위해 구조화된 면접을 실시하였다. 기분장애(기분장애 어떤 것이라도)의 평생 유병률은 남성에서 19.4%, 여성에서 36.7%였는데, 이는 일반 인구에서의 기분장애 평생 유병률보다 4배 정도 높은 수준이었다. 장애별로 검토하면 거의 모든 증가가 높은 주요우울장애 비율에 의해 설명되었다. 같은 마을 약물남용과 관련한 결과도 주요우울장애와 관련한 결과와 유사하다(제10장 참조). Hasin과 동료들(2004)은 다른 마을에서는 19.17%라는 다소 낮은 비율을 발견하였다. 물론 이 19.17%도 미국 백인에서 발견된 기분장애 비율보다 1.5배 높은 수준이었다. 한편 Beals와 동료들(2005)은 자신들이 연구한 두 부족들에서 상당히 낮은 기분장애 유병률을 발견하였다. 이는 면접 방법에서 차이가 있기 때문이거나 부족에 따라 상황과 문화에서 차이가 있

기 때문일 것이다. 원주민 특별보호구역의 끔찍한 사회적, 경제적 상황이 만성 주요 인생 스트레스의 모든 조건을 충족하고 있었고, 이런 상황은 기분장애, 특히 주요우울장애의 발생과 강하게 연관된다.

기분장애의 원인

▶ 기분장애 발달에 기여하는 생물학적, 심리적, 사회문화적 요인들은 무엇인가?

정신병리학자들은 기분장애 병인에 크게 관여하는 것으로 보이는, 즉 기분장애를 촉발하는 것으로 보이는 생물학적, 심리적, 사회적 요인들을 규명하고 있다. 기분장애 병인에 있어 통합 이론은 생물학적, 심리적, 사회적 차원 간 상호작용을 고려하고 있으며 불안과 우울 사이의 강한 관계에 주목하고 있다. 이러한 상호작용들을 기술하기에 앞서 우리는 먼저 각 기여 요인에 해당하는 증거들을 고찰할 것이다.

생물학적 관점

특정 장애나 장애군 발달에 있어 유전적 기여를 파악하는 연구는 그 수행이 복잡하고 어렵다. 하지만 가족 연구나 쌍둥이 연구와 같은 몇 몇 전통적 전략들은 우리로 하여금 유전적 기여분을 추정할 수 있게

해 준다.

가족적 그리고 유전적 영향

가계 연구에서 우리는 특정 장애를 가지고 있다고 알려진 개인(계보발단자, proband)의 직계 친척들에서 해당 장애가 얼마나 발생하고 있는지 그 유병률을 살핀다. 여러 다양성에도 불구하고, 기분장애 계보발단자의 친척들에서의 유병률은 기분장애를 가지지 않은 통제집단의 친척들에서의 유병률보다 일관되게 2~3배 정도 높다(Lau & Eley, 2010; Levinson, 2009). 계보발단자의 장애 심각성, 주요우울 삽화 재발, 낮은 초발 연령은 친척들 사이에서의 높은 우울 유병률과 관련된다(Kendler, Gatz, Gardner, & Pedersen, 2007; Weissman et al., 2005).

유전자와 기분장애와의 관련성을 보여주는 가장 좋은 증거는 쌍

둥이 연구로부터 나온다. 쌍둥이 연구에서 우리는 유전자의 50%만 공유한 이란성 쌍둥이와 비교하여 일란성 쌍둥이가 장애를 함께 가질 확률을 검토한다. 유전적 기여가 있다면 장애는 이란성 쌍둥이 사이에서보다 일란성 쌍둥이 사이에서 더 높은 공존장애율을 보여야 한다. 수많은 쌍둥이 연구들은 기분장애가 유전됨을 시사한다(예로 Kendler, Neale, Kessler, Heath, & Eaves, 1993; McGuffin et al., 2003). 이 분야 주요 연구 중 하나는 쌍둥이 중 한 명이 기분장애를 가진 경우 나머지 쌍둥이가 기분장애를 가질 확률이 이란성 쌍둥이에서보다 일란성 쌍둥이에서 2~3배 높음을 보여주었다(한 쌍둥이가 양극성장애를 가진 경우 나머지 쌍둥이가 같은 장애를 보일 확률은 일란성 쌍둥이에서 66.7%, 이란성 쌍둥이에서 18.9%였음: 한 쌍둥이가 단극성장애를 가진 경우 나머지 쌍둥이가 같은 장애를 보일 확률은 일란성 쌍둥이에서 45.6%, 이란성 쌍둥이에서 20.2%였음). 하지만 한 쌍둥이가 단극성장애를 가진 경우 나머지 쌍둥이가 양극성장애를 가질 확률은 아주 낮거나 없었다.

두 보고가 우울증에 대한 유전적 취약성에서의 남녀 성차를 암시한다. Bierut와 동료들(1999)은 호주 쌍둥이 등록부에 기재된 2,662쌍의 쌍둥이들을 연구하였고, 여성에서 남성에서보다 쌍둥이 간 우울장애 공존장애율이 더 높았음을 발견하였다. 여성에서의 유전 가능성 추정치는 36~44%로 다른 연구들로부터의 발견과 일치했다. 하지만 남성의 유전 가능성 추정치는 더 낮았고, 18~24% 범위에 있었다. 이는 미국 남성들을 대상으로 한 Lyons와 동료들(1998)의 연구 결과와 일치한다. 연구자들은 우울증 발달에 있어 환경적 사건의 역할이 여성에서보다 남성에서 더 크다고 결론 내렸다.

선행 연구들로부터 파악한 결론은 양극성장애가 가까운 친척의 기분장애 발달 위험을 증가시키나 증가된 위험이 반드시 양극성장애에만 국한되지는 않는다는 것이다. 이러한 결과는 양극성장애가 기분장애와 근본적으로 다른 장애라기보다는 기분장애의 좀 더 심각한 한 유형일 수 있다는 가정을 지지해준다. 또 다른 발견은 기분장애를 함께 보이는 쌍둥이들 중 80%가 상응하는 장애에 쏠리는 경향이 있다는 것이다. 이 말은 한 일란성 쌍둥이가 단극성일 때 남은 쌍둥이가 단극성일 확률이 80%가 된다는 것이다. 이러한 발견은 단극성과 양극성장애가 개별적으로 유전되고 따라서 별개의 장애임을 시사한다(Nurnberger, 2012; Nurnberger & Gershon, 1992).

McGuffin과 동료들(2003)은 두 입장 모두 부분적으로 옳다는 결론을 내린다. McGuffin과 동료들은 두 장애에서의 우울증에 대한 유전적 기여는 똑같거나 유사하지만 조증의 유전은 우울증의 유전과는 구분된다는 사실을 발견하였다. 이처럼 양극성장애를 가진 개인들은 우울증에 유전적으로 취약한 동시에 이와는 또 다른 독립적 방식으로 조증에도 유전적으로 취약하다. 이 가설은 추후 연구를 통해 입증될 필요가 있다.

이러한 발견들이 심리사회적 요인 대 유전적 요인의 기분장애에의 상대적 기여에 관한 계속되는 질문을 제기함에도 불구하고, 압도적 증거는 기분장애 발달에서, 특히 여성의 기분장애 발달에서 가족력과 기저하는 유전적 취약성이 있음을 시사하고 있다. 제2장에서 상세히 설명하였듯 이 분야 연구들은 이제 특정 유형의 우울 취약성을 만드는 유전자들의 다양한 형태를 찾기 시작했다(Bradley et al., 2008; Caspi et al., 2003; Garlow, Boone, Li, Owens, Nemeroff, 2005; Kendler, Aggen, & Neale, 2013; Levinson, 2009). 다양한 종류의 우울증에 기여하는 많은 새로운 유전자 결합 형태들이 이 분야 연구에서 발견될 것이다.

요약하면 우울증에 대한 유전적 기여는 여성에서 대략 40% 범위에 있고, 남성에서 이보다 유의하게 낮은 것으로 보고되고 있다(약 20%). 양극성장애의 유전적 기여는 이보다 다소 높은 것으로 보인다. 이는 우울증 원인의 60~80%는 환경적 요인으로 귀인할 수 있음을 뜻한다. 또한 최근 발견들은 한 정신장애에 대한 유전적 관련성이 상당히 다양할 수 있음을 강조하고 있다. 이 수치들(여성에서는 40%, 남성에서는 20%)은 특정 유전자 집단들과 관련 있는 어떤 한 유형의 유전적 기여를 반영한 것이 아니라 아마도 다른 유전자 집단들로부터 온 다양한 유형들을 반영한 것일 수 있다(Kendler, Jaffee, & Roemer, 2011; McClellan & King, 2010). 예를 들면 저명한 행동유전학자 중 하나인 Ken Kendler는 최근 동료들과 함께 세 개의 서로 다른 유전적 요인들이 주요우울증에 기저한다고 보고하였다. 이들은 한 유전적 요인은 인지 및 정신운동성 증상들과, 또 한 요인은 기분과, 또 다른 요인은 신경식물학적(멜랑콜릭) 증상들과 관련 있다고 보고하였다(Kendler et al., 2013). 제3장에서 언급하였듯 행동유전학자들은 환경 요인을 쌍둥이들에 의해 공유된 사건(같은 집에서 같은 양육을 경험하는 것과 아마도 같은 스트레스 사건을 경험하는 것)과 공유되지 않은 사건으로 구분한다. 우리의 경험 어떤 부분이 우울을 야기하는가? 공유된 사건보다 공유되지 않은 개인 고유의 사건들이 생물학적 취약성과 상호작용하여 우울을 야기한다는 입장이 폭넓은 동의를 얻고 있다(Lau & Eley, 2010; Plomin, DeFries, McClearn, & Rutter, 1997).

우울과 불안: 같은 유전자?

대부분의 연구가 특정 장애를 별개로 살피고 있지만, 최근의 추세는 관련 있는 장애들의 유전 가능성을 함께 검토하고 있다. 경험적 증거는 우울, 불안, 공황(기타 정서장애 포함)이 서로 밀접히 관련되었다는 가정을 지지하고 있다. 예를 들어 가족 연구로부터 나온 자료들은 불안과 우울 증상이 많으면 많을수록 일차 친척과 자녀에서 불안, 우울 혹은 둘 모두의 발생 비율이 높음을 보여주었다(Hudson et al., 2003; Leyfer & Brown, 2011). 2,000명 이상의 여성 쌍둥이들의 자료로부터 나온 몇몇 보고에서 Kendler와 동료들(Kendler, Neale, Kessler, Heath, & Evans, 1992b; Kendler et al., 1995)은 같은 유전적 요인이 불안과 우울 모두에 기여하고 있음을 발견하였다. 유전자라기보다 사회적 혹은 심리적 설명이 우울과 불안을 구별하는 요인을 설명하는 것으로 보였다. 이러한 발견들은, 조증을 제외하고, 기분장애의 생물학적 취약성이 그 장애에 특수한 것이 아닌 불안, 기분장애 모두에 적용되는 보다 일반적인 취약성일 수 있음을 혹은 기분장애의 생물학적 취약성이 신경증(neuroticism)과 같은 모든 정서장애에 기저하는 기본적 기질일 수 있음을 시사한다(Barlow, Sauer-Zavala, Carl, Bullis, & Ellard, in press). 장애의 특정 형태는 고유의 심리적, 사회적 혹은 기타 생물학적 요인에 의해 결정될 것이다(Kilpatrick et al., 2007; Rutter, 2010).

신경전달물질 체계

우리는 신경전달물질 체계가 많은 하위 유형들을 가지고 있고 여러 복잡한 방식들로 서로 간 혹은 신경조정인자들(내분비계의 산물들인)과 상호작용하고 있음을 안다. 제2장에서 우리는 우리의 지식 수준이 여기에까지 도달해 있음을 목격하였다. 연구들은 낮은 세로토닌 수준이 기분장애의 원인이 됨을 보여주고 있는데, 특히나 노르에피네프린과 도파민을 포함한 다른 신경전달물질들과 비교하여 세로토닌 수준이 낮았을 때만 그러하였다(예로 Thase, 2005, 2009 참조). 세로토닌의 주된 기능이 정서 반응의 조절이라는 점을 기억하라. 예를 들면 우리는 세로토닌 수준이 낮을 때 충동적이 되며 기분 변화가 더 커진다. 이는 세로토닌의 기능 중 하나가 노르에피네프린과 도파민 체계들을 조절하는 것이기 때문일 수 있다. '허용(permissive)' 가설에 따르면 세로토닌 수준이 낮게 되면 다른 신경전달물질들의 보다 넓은 분포가 '허용'되고, 이들 물질들에 대한 조절이 이루어지지 못하게 되어, 종국에는 우울증을 포함한 기분 문제 발생에 기여하게 된다고 한다. 노르에피네프린의 수준 감소는 이런 결과 중 하나일 것이다. Mann과 동료들(1996)은 우울 환자의 세로토닌성 전달 체계 손상을 확인하기 위해 섬세한 뇌영상 절차(PET 스캔)를 사용하였으나, 후속 연구는 이러한 관계가 자살 경향이 있는 중증 환자들에서만 나타남을 시사하였다(Mann, Brent, & Arange, 2001; Thase, 2009). 현재의

추론은 특정 신경전달물질의 절대적 수준보다 다양한 신경전달물질들 간 균형과 이들 물질들의 자기조절체계들과의 상호작용이 더 중요하다는 것이다(Whisman, Johnson, & Smolen, 2011; Yatham et al., 2012).

이런 섬세한 균형의 맥락에서 도파민의 역할에 대한 관심, 특히 조증 삽화, 비전형적 우울증, 정신증적 특징을 보이는 우울증과의 관계에서 도파민이 어떤 역할을 수행하는가에 대한 관심이 계속되고 있다(Dunlop & Nemeroff, 2007; Thase, 2009). 예를 들어 도파민 작용제(agonist)인 L-dopa는 다른 도파민 작용제들과 더불어(Slverstone, 1985) 양극성장애 환자에게 경조증을 야기하는 것 같다(예로 Van Praag & Korf, 1975 참조). 만성 스트레스 또한 도파민 수준을 감소시키고 우울 비슷한 행동을 야기한다(Thase, 2009). 하지만 이 분야의 다른 연구들과 마찬가지로 어떤 관계도 확실하게 밝혀내기는 상당히 어렵다.

내분비계

지난 몇 년에 걸쳐 우울증 병인 연구의 관심이 신경전달물질들에서 내분비계와 '스트레스 가설'로 이동하였다(Nemeroff, 2004). 스트레스 가설은 스트레스 호르몬을 만들어내는 시상하부-뇌하수체-부신피질축(hypothalamic-pituitary-adrenocortical axis, HPA axis로 후에 논의할 것임)의 과활동성에 초점을 둔다. 다시 이러한 내용이 제4장의 불안의 신경생물학에서 언급했던 내용들과 유사함에 주목하라(예로 Barlow et al., in press; Britton & Rauch, 2009 참조). 내분비계에 영향을 주는 질병에 걸린 환자들이 우울해짐을 보고 연구자들은 내분비계에 관심을 가지게 되었다. 예를 들어 부신피질에 영향을 주는 갑상선 기능 저하증(hypothyroidism)이나 쿠싱병(Cushing's disease)은 코르티솔의 과다분비를 이끌고 더 나아가 우울(및 불안)을 야기하곤 한다.

제2장과 제4장에서 우리는 HPA 축이라 불리는 뇌회로에 대해 이야기했다(그림 2.10). HPA 축은 시상하부에서 시작하여 내분비계를 조절하는 뇌하수체를 거쳐 뻗어 나간다. 연구자들은 시상하부에서의 신경전달물질의 활동이 HPA 축에 영향을 주는 호르몬의 분비를 조절한다는 사실 역시 발견했다. 이러한 **신경호르몬**은 정신병리 연구에 있어 중요한 연구 초점이 되고 있다(예로 Hammen & Keenan-Miller, 2013; Nemeroff, 2004; Thase, 2009). 수천의 신경호르몬이 있다. 이들 신경호르몬이 선행 신경전달물질 체계들과 맺는 관계를 정리하는 것은(그리고 이들이 중추신경계에 주는 독립적 영향을 밝히는 것은) 참으로 복잡한 일인 것 같다. 뇌하수체로부터 영향을 받는 분비샘들 중 하나가 부신피질인데, 이 부분은 HPA 축을 완성하는 스트레스 호르

몬인 코르티솔을 생산한다. 코르티솔은 스트레스적인 인생 사건을 경험하는 도중 높아지기 때문에 스트레스 호르몬이라 불린다. (우리는 제7장에서 이 체계에 대해 자세히 논할 것이다.) 현재는 우울증 환자들이 상승된 코르티솔 수준을 보이고 있다는 것을 아는 것만으로도 충분하다. 우울과 심각한 인생 스트레스 간 관계를 고려할 때 이러한 발견은 쉽게 이해가 된다(Barlow et al., 2013; Thase, 2009).

우울(및 불안) 환자들의 스트레스 호르몬 수준이 상승되어 있다는 사실에 기반하여 연구자들은 이러한 상승이 야기하는 결과에 집중하기 시작했다. 예비적으로 발견된 사실은 스트레스 호르몬이 신경세포의 건강과 성장에 관여하는 핵심 성분을 감소시켜 신경세포에 해를 줄 수 있다는 것이다. 여러분은 불안장애에 대해 다룬 제4장에서 높은 스트레스 호르몬 수준을 장기간 보인 개인들이 수축된 해마(hippocampus)라 불리는 뇌구조를 가지고 있음을 보았다. 해마는 스트레스 호르몬의 활동을 통제하고 단기기억과 같은 인지 과정을 촉진하는 중요한 임무를 담당한다. 하지만 적어도 동물에서 장기간에 걸친 스트레스 호르몬의 과다분비는 해마의 새로운 신경세포 발달(신경발생, neurogenesis)을 저해했다(Glasper, Schoenfeld, & Gould, 2012; Synder, Soumier, Brewer, Pickel, & Cameron, 2011; Thase, 2009). 재발성 우울증을 가진 엄마로 인해 우울 발달 위험군으로 구분된 건강한 소녀들은 우울하지 않은 엄마를 가진 소녀들보다 낮은 해마 용량을 가지고 있었다(Chen, Hamilton, & Gotlib, 2010). 이러한 발견은 낮은 해마 용량이 먼저 나타나고, 이것이 우울 발병에 기여할 가능성을 제기한다. 과학자들은 이미 전기경련요법을 포함한 우울에 성공적인 치료들이 해마의 신경발생을 야기해 결과적으로 위에서 설명한 과정을(수축된 해마가 우울의 원인일 수 있다는) 반전시킴을 관찰하였다(Duman, 2004; Santarelli et al., 2003). 보다 최근에 수행된 동물 실험은 운동이 신경발생을 증가시킴을 보여주었는데, 바로 이것이 아래에서 소개하는 행동 활성화(behavioral activation)와 같은 운동을 활용한 성공적 심리치료의 작동기제가 될 수 있다(Speisman, Kumar, Rani, Foster, & Ormerod, 2013). 강력한 예비적 증거들에도 불구하고 이는 현재 과학적 입증이라는 긴 과정을 거쳐야만 하는 하나의 이론에 불과하다.

수면과 일주기성 리듬

우리는 수면 장해가 기분장애를 대표하는 특성임을 지난 수년에 걸쳐 알았다. 더 중요한 사실은 우울한 사람들은 수면에 든 후 REM수면에 돌입하기까지의 시간이 유의하게 더 짧다는 것이다. 심리학 개론 수업이나 생물학 수업에서 배웠다시피, 수면은 크게 REM수면과 비REM(NREM)수면의 두 단계로 구성된다. 잠에 들면 우리는 몇 개의 하위 단계를 거쳐 깊은 수면으로 진행하게 되며, 이 과정에서 대부분의 휴식을 얻는다. REM수면은 거의 90분 후면 경험하기 시작한다. REM수면에서 뇌는 각성하고 우리는 꿈을 꾼다. 눈은 눈꺼풀 밑에서 빠르게 앞뒤로 움직이며, 이런 이유로 빠른 안구 운동 수면이란 이름이 붙었다. REM수면의 양은 밤이 깊어가면서 증가한다.(제8장에서 수면 과정에 대해 좀 더 자세히 기술하겠다.) REM수면에 더 빨리 들어가는 것과 더불어 우울 환자들은 더 강한 REM 활동을 경험하며 느린 뇌파 수면이라 불리는 가장 깊은 수면 단계들이 늦게까지 나타나지 않는다(Jindal et al., 2002; Thase, 2009). 물론 종국에는 나타난다 해도 말이다. 어떤 수면 특성들은 우리가 우울해 있는 상태에서만 나타나며 다른 때에는 나타나지 않는다(Riemann, Berger, & Voderholzer, 2001; Rush et al., 1986). 하지만 다른 증거들은 적어도 재발성 우울을 가진 더 심한 사례에서 깊은 수면의 감소와 더불어 수면 유지의 어려움이 있을 수 있음을 시사하며, 수면 유지의 어려움은 그 개인이 우울하지 않은 때조차도 나타날 수 있다(Kupfer, 1995; Thase, 2009).

우울한 아동에서 관찰되는 수면 패턴 장해는 성인에서보다 덜 현저하다. 이는 아동이 대체로 깊은 잠을 자기 때문이고, 이런 결과는 정신병리에서 발달 단계의 중요성을 다시 한 번 보여준다(Brent & Birmaher, 2009; Garber et al., 2009). 하지만 수면 장해는 우울한 노인들에서 훨씬 더 심각하다. 사실상 노인에 의해 빈번히 경험되는 불면증은 우울의 발생과 지속 모두에 위험요인이다(Fiske et al., 2009; Talbot et al., 2012). 최근 Talbot 등(2012)은 현재 우울이나 조증 상태에 있지 않은(삽화 사이에 있는) 양극성장애 환자들과 불면증을 앓고 있는 환자들을 대상으로 수면과 기분 간의 관계를 연구했다. 양극성장애 환자와 불면증 환자들은 모두 건강한 통제집단에 비해 더 큰 수면문제를 가지고 있었다. 하지만 연구자들은 수면과 기분 간 관계가 두 집단 모두에서 양방향적임을 발견하였다. 말하자면 부정적 기분이 수면 장해를 예측하였으며, 수면 장해가 이후 부정적 기분을 초래하였다. 이 같은 관계는 다른 진단들에도 적용될 수 있으며, 수면 장해를 치료하는 것은 불면증에서뿐만 아니라 기분장애에서도 기분에 직접적인 긍정적 영향을 줄 수 있다.

또 다른 흥미로운 발견은 우울 환자에게 수면을 결핍시키는 것이, 특히 밤 후반부 수면을 결핍시키는 것이, 환자 상태에 일시적 향상을

신경호르몬(neurohormones) 뇌에 영향을 주는 호르몬으로 점점 더 많은 정신병리연구가 이 주제에 관심을 쏟고 있다.

가져온다는 것이다(Giedke & Schwarzler, 2002; Thase, 2009). 수면 결핍은 특히 우울 상태에 있는 양극성장애 환자에게 기분의 일시적 향상을 야기한다(Johnson et al., 2009; Harvey, 2008). 물론 환자가 다시 정상 수면을 시작하면 우울이 되돌아오지만 말이다. 수면 패턴이 생물학적 리듬을 반영하는 것이기 때문에, 계절성 정서장애(seasonal affective disorder, SAD), 우울 환자에서의 수면 장애, 생물학적 리듬의 좀 더 일반적인 장해 간에는 관계가 있을 수 있다(Soreca, Frank, & Kupfer, 2009). 이것이 사실이라 하더라도 이는 놀랄 만한 일이 아니다. 왜냐하면 대부분의 포유동물들은 서식하는 위도의 낮길이에 매우 민감하고, 이러한 '생물학적 시계'가 섭식, 수면, 체중 변화를 통제하기 때문이다. 따라서 일주기성 리듬의 현저한 장해는 일부 취약한 개인들에게 특히 문제가 될 것이다(Sohn & Lam, 2005; Soreca et al., 2009).

심리적 관점

지금까지 우리는 신경전달물질, 내분비계, 수면과 일주기성 리듬, 우울 관련 특정 뇌 영역의 상대적 활동성 연구들로부터의 발견을 포함한 유전적 및 생물학적 요인들에 대해 고찰하였다. 하지만 이러한 요인들은 심리적 그리고 사회적 차원들과 뗄 수 없이 연결되어 있으며, 과학자들은 이러한 심리적, 사회적 차원 역시 우울증과 강한 연관을 보이고 있음을 발견하고 있다. 이제 우리는 이러한 발견들의 일부를 고찰할 것이다.

스트레스성 인생 사건들

스트레스와 외상은 모든 심리장애 발생에 기여하는 가장 강력한 원인들 중 하나이다. 이러한 사실은 여러 정신병리들을 통해 드러나고 있으며, 또한 제2장(그리고 이 책 전반에서 언급되고 있음)에서 소개한 정신병리의 유전적, 심리적 취약성에 관해 기술하고 있는 병적 소질 스트레스 모델(diathesis-stress model)의 광범위한 채택에서도 드러나고 있다. 하지만 무엇이 이러한 병적 소질을 활성화시키는가의 탐색에 있어서 우리는 흔히 스트레스적 혹은 외상적 인생 사건을 고려하고 있다.

스트레스와 우울증

당신은 아마도 우울증 혹은 다른 심리장애 환자들에게 장애 발병 전 어떤 인생 사건이 있었는지 질문하는 것이 충분하다는 생각을 가질 수 있다. 우울증을 발달시키는 사람의 대부분은 실직, 이혼, 아이 출생, 졸업이나 직장생활 시작과 같은 사건들을 보고한다. 하지만 정신

병리 연구에서의 대부분의 쟁점들과 마찬가지로, 주된 인생 사건의 심각성은 그리 쉽게 발견되지 않는다(Carter & Garber, 2011; Hammen & Keenan-Miller, 2013). 이런 이유로 많은 연구자들은 환자들에게 단순히 어떤 안 좋은 일(혹은 좋은 일)이 발생했었는지 묻는 것을 그만두었다. 대신 이들은 이러한 사건이 발생한 맥락과 사건이 개인에게 주는 의미를 탐색하기 시작했다.

예를 들어 실직은 대부분의 사람들에게 스트레스가 될 수 있지만, 어떤 사람들에게는 다른 사람들에게보다 더 힘든 일이 될 수 있다. 또한 일부의 사람들의 경우 실직은 오히려 축복이 되기도 한다. 만약 당신이 구조조정으로 대형 회사 관리직에서 해고되었다고 생각해 보자. 하지만 부인이 다른 회사의 회장으로 있고 가족을 부양할 만한 충분한 돈을 벌고 있다면 실직은 당신에게 그리 큰 악재는 아닐 것이다. 게다가 만약 당신이 문필가나 예술가의 꿈을 지니고 있고 그간 재능을 발휘할 시간적 여유가 없었다면 실직은 오히려 당신에게 기회를 제공할 수 있다. 특히 당신 부인이 여러 해 동안 당신에게 창조적 재능을 쏟아보는 것이 어떻겠느냐는 건의를 해왔다면 말이다.

이제 상황을 바꿔 당신이 두 어린아이를 홀로 키우고 있는 싱글맘이며, 월급으로 근근히 살아가고 있고, 최근 병원비 때문에 생활비가 쪼들려 전기세를 지불할 것인가 음식을 사야 할 것인가 선택해야 하는 위치에 놓여 있다고 가정해 보자. 그리고 이때의 실직을 생각해 보자. 스트레스성 인생 사건은 앞서의 경우에서와 마찬가지로 실직이다. 하지만 스트레스가 발생한 맥락이 다르며 이 맥락이 사건의 중대성을 상당히 변화시켰다. 시나리오를 좀 더 복잡하게 만들기 위해 잠시 동안 다양한 여성들이 이 상황에서 어떻게 반응할 것인가 생각해 보도록 하자. 한 여성은 자신을 실패자라 생각하며 더 이상 지탱할 수 없고 아이들을 부양할 수 없다고 결정할 수 있다. 또 다른 여성은 실직은 내 탓이 아니라고 깨달아 지역사회 직업훈련 프로그램을 최대한 활용할 수 있다. 이처럼 인생 사건이 놓인 맥락과 이것이 주는 의미는 모두 중요하다. Georgy W. Brown(1989b)과 그의 영국 동료들이 개발한 인생 사건의 탐색 방법이 그림 6.1에 제시되어 있다.

Brown의 인생 사건에 대한 연구는 그 수행이 어렵고 방법론 또한 계속 진화하고 있다. Scott Monroe와 Constance Hammen (Hammen, 2005; Monroe et al., 2009; Monroe, Rohde, Seeley, & Lewinsohn, 1999)과 같은 심리학자들은 새로운 방법을 개발하였다. 연구 방법과 관련하여 제기되는 중요한 쟁점 중 하나는 사건을 기억하는 과정에서 발생하는 기억 편향이다. 만약 당신이 현재 우울한 사람에게 과거 우울이 처음 발생했을 당시(5년도 더 전) 무슨 일이 있었는지 묻는다면 이들의 대답은 현재 우울하지 않은 사람들의 대답과

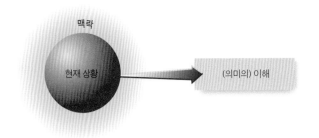

맥락

현재 상황 → (의미의) 이해

● 그림 6.1 **스트레스적 인생사건의 맥락과 의미** [Brown, G. W. (1989b). Life events and measurement. In G. W. Brown & T. O. Harris, Eds. *Life events and illness*. New York, NY: Guilford Press에 기반함]

다를 것이다. 현재의 기분 상태가 기억을 왜곡할 수 있기 때문에 많은 연구자들은 스트레스성 인생 사건 연구의 유일하면서도 유용한 방법이 사람들을 순행적으로 쫓아가는 것(전향적 연구방법, prospective study)이라 결론내렸다. 전향적 연구 방법은 사건의 본질과 후속 정신병리와의 관련성을 보다 명확히 조명하는 데 유용하다.

스트레스성 인생 사건과 기분장애 발생 사이의 강한 연관성은 선행연구를 종합한 그 어떤 고찰 연구에서도 명백히 드러나고 있다(Kendler & Gardner, 2010; Monroe & Reid, 2009). 스트레스성 사건의 맥락과 이것이 무선 인구 집단에 미치는 영향을 측정해 본 결과, 많은 연구자들은 심각한 혹은 외상적 인생 사건들이 우울증 발생과 관련됨을 발견하였다(Brown, Harris, & Hepworth, 1994; Kendler et al., 1996b). 인생 사건이 부재한 상황에서 우울이 나타나는 그런 삽화를 경험하고 있는 멜랑콜릭 혹은 정신병적 특징을 가진 소수 우울 환자를 제외하고는 모든 종류의 우울증에서 심각한 인생 사건이 우울증에 선행하여 나타났다(Brown et al., 1994). 주된 인생 사건은 재발 삽화보다는 최초우울 삽화 예측에서 더 강력한 예측자이다(Lewinsohn, Allen, Seeley, & Gotlib, 1999). 한편 재발성 우울증 환자의 경우, 가장 최근 삽화에 선행하여 발생한 심각한 인생 스트레스나 최근 삽화 초반부에 발생한 심각한 인생 스트레스가 치료에 대한 나쁜 반응, 긴 완치에 걸리는 시간(Monroe et al., 2009; Monroe, Kupfer, & Frank, 1992) 및 높은 재발률을 예측하였다(Monroe et al., 2009; Monroe, Roberts, Kupfer, & Frank, 1996).

보통은 사건의 발생 맥락과 사건의 의미가 사건 그 자체보다 더 중요하지만, 어떤 사건은 그 자체로 우울증과 특히 더 잘 연결되는 것 같다. 이러한 사건들 중 하나가 관계 파국(헤어짐)인데 이는 청소년(Carter & Garber, 2011; Monroe, Rohde, Seeley, & Lewinsohn, 1999)과 성인(Kendler, Hettema, Butera, Gardner, & Prescott, 2003) 모두에게 힘든 사건이다. 세련된 쌍둥이 연구에서 Kendler와 동료들(2003)

은 사랑하는 이의 죽음과 같은 상실을 경험한 쌍둥이가 상실을 경험하지 않은 나머지 쌍둥이보다 우울해질 확률이 10배나 더 높았음을 발견하였다. 하지만 상실에 굴욕감이 더해지는 사건의 경우(예를 들어 남자친구나 남편이 자신을 떠나 자신의 친구에게로 갔고 이들을 매일 봐야만 하는 처지에 놓인 경우), 이런 사건을 경험한 쌍둥이는 이런 사건을 경험하지 않은 나머지 쌍둥이보다 우울해질 확률이 20배나 더 높았다. 과학자들은 우울증으로 이어질 가장 강력한 스트레스성 인생 사건이 굴욕, 상실, 사회적 배척이라는 사실을 확인하였다(Monroe et al., 2009).

확실히 스트레스와 우울 간에는 강한 연관이 있으며 과학자들은 이 두 변인들 간 인과관계가 양방향적일 수 있음을 발견하고 있다. 제2장에서 우리는 유전적 특성이 스트레스성 인생 사건 경험에 영향을 줄 수 있음을 지적하였는데 여러분은 이를 기억하는가? 우리는 이를 유전-환경 상관 모델(gene-environment correlation model, Kendler, 2011; Kendler, Jaffee, & Roemer, 2011)이라 지칭하였다. 유전에 기반한 성격적 특성으로 주로 어려운 관계만을 찾는 사람이 그 예가 될 수 있는데, 이런 어려운 관계는 결과적으로 우울증으로 이어질 가능성이 높다. Kendler와 동료들(1999a)은 스트레스성 인생 사건과 우울증 간 관계의 약 1/3이 스트레스가 우울을 촉발하는 그런 흔한 패턴이 아닌 우울증에 취약한 개인들에 의해 설명되고 있다고 보고한다. 즉 우울증에 취약한 개인들은 어려운 관계나 안 좋은 결과가 뻔히 보이는 고위험 스트레스 환경에 자신을 놓을 가능성이 높다는 것이다. 상호호환 모델에서 중요한 점은 이 같은 상황이 같은 개인에서 양방향적으로 발생할 수 있다는 사실이다. 즉 스트레스가 우울을 촉발하는 경우와 우울한 개인이 스트레스성 사건을 창출하거나 쫓게 되는 경우 이 두 경우 모두가 한 개인에서 나타날 수 있다는 것이다. 흥미롭게도 엄마들에게 물으면 우울한 청소년 자녀가 문제를 만들었다고 대답하는 반면 청소년에게 물으면 스트레스성 사건이 문제라고 대답하는 경향이 있다(Carter, Garber, Cielsa, & Cole, 2006; Eley, 2011). 상호호환 모델에 따르면 진실은 이 둘의 중간쯤에 위치해 있다.

스트레스와 양극성장애

스트레스 사건과 양극성장애 삽화 발생 사이의 관계 또한 강하다(Goodwin & Jamison, 2007; Johnson, Gruber, & Eisner, 2007; Johnson et al., 2008). 그러나 몇몇 쟁점들이 양극성장애 발생과 특히 더 관련될 수 있다(Goodwin & Ghaemi, 1998). 첫째, 우울증에 있어서는 전형적으로 부정적 스트레스 사건들이 우울을 촉발하지만 조증에 있어서는 약간 다른 좀 더 긍정적 형태의 스트레스 사건들이 조증을 촉발하는 것 같다(Alloy et al., 2012; Johnson et al., 2008). 특히 대학원 합격, 취업, 승진, 결혼, 인기, 재정적 성공과 같은 중요한 인생 목표 성취와 관련된 경험은 취약한 개인들에게 조증을 촉발한다(Alloy et al., 2012). 둘째, 스트레스는 초반에는 조증, 우울증 모두를 촉발하는 것 같지만, 장애가 진행됨에 따라 이런 삽화들은 스스로 생명력을 얻는 것 같다. 다시 말해 한번 이런 사이클이 시작되면 심리적 혹은 병리생리적 과정이 이를 넘겨받아 장애가 계속되도록 보장한다는 것이다(예로 Post, 1992; Post et al., 1989을 참조). 셋째, 조증 삽화의 몇몇 촉발자는 수면 상실(Harvey, 2008)과 관련된 것 같은데, 산후 몸조리 단계에서의 수면 상실(Soreca et al., 2009)이나 비행 시차로 인한 수면 상실, 곧 일주기성 리듬의 장해가 조증 삽화와 관련되는 것 같다. 그럼에도 불구하고 양극성장애 사례 대부분에서 스트레스성 인생 사건들이 장애 재발이나 회복 방해에 상당히 관여하는 것으로 나타나고 있다(Alloy, Abramson, Urosevic, Bender, & Wagner, 2009; Johnson & Miller, 1997).

마지막으로 기분장애를 발달시키는 사람 거의 모두가 심각한 스트레스 사건을 경험하고 있는 반면 스트레스 사건을 경험한 사람들의 대부분은 기분장애를 발달시키지 않고 있다. 비록 자료가 기대만큼은 정확하지 않지만, 심각한 사건을 경험한 사람들의 20~50%가 기분장애를 발달시키는 것으로 나타난다. 따라서 50~80%에 이르는 사람들은 기분장애나 기타 심리장애를 발달시키지 않는다. 앞서 우울증의 경우에서와 마찬가지로 자료는 스트레스성 인생 사건과 몇 가지 취약성(유전적, 심리적 혹은 더 자주 이 두 가지의 조합)이 상호작용하고 있음을 강하게 지지하고 있다(Barlow, 2002; Kendler, Kuhn, Vittum, Prescott, & Riley, 2005).

유전적 취약성(diathesis)과 심각한 인생 사건(stress)이 있다면 무슨 일이 벌어지는가? 연구는 수많은 심리적, 생물학적 과정들을 분리해 내고 있다. 한 예로 케이티의 사례로 되돌아가보자. 케이티가 경험한 스트레스성 인생 사건은 새 학교로의 진학이다. 케이티의 통제 상실감은 우울증의 또 다른 중요한 심리적 요인인 학습된 무기력으로 이어지고 있다.

케이티 • 순조롭지 못한 진급

"저는 사춘기 언저리에 있는, 그리고 많은 십대 아이들이 초등학교에서 중학교로 진학하는 그런 모험의 언저리에 있는, 진지하고 예민한 11세 여자아이였습니다. 새로운 학교, 새로운 사람들, 새로운 책임, 새로운 압박. 학업에 있어서 전 우수한 학생이었습니다. 하지만 전 제

자신을 긍정적으로 느끼지 못했고, 전반적으로 자신감이 결여되어 있었습니다."

케이티는 심한 불안 반응을 경험하기 시작했다. 그 당시 그녀는 감기로 크게 앓았었다. 병에서 회복된 후 학교로 돌아가려 할 때, 자신의 불안이 이전보다 더 악화되어 있음을 발견했다. 더 중요한 건 통제감의 상실도 함께 경험하기 시작했다는 것이다.

"지금에 와서는 그 당시 무엇이 저를 불안하고 두렵게 만들었는지 알 수 있습니다. 하지만 당시에는 모든 것이 갑작스럽고, 이유 없이 발생한 것만 같았습니다. 전 자신도 이해할 수 없는 방식으로, 정서적으로 그리고 신체적으로 반응하고 있었습니다. 감정과 몸에 대한 통제력을 잃은 듯 느껴졌습니다. 매일매일 아이들이 그러하듯이 전 제게 일어난 모든 일들이 기적처럼 끝나버리길 바랐습니다. 어느 날 일어나 몇 달 전의 나로 돌아간 자신을 발견하길 희망했습니다."

학습된 무기력

제2장에서 논의하였듯 Martin Seligman은 개와 쥐들이 통제할 수 없는 사건에 대해 흥미로운 정서적 반응을 나타내고 있음을 발견하였다. 전기쇼크를 피할 수 있는, 다시 말해 전기쇼크에 대처할 수 있는 수단이 주어지는 한(예, 지렛대를 누르면 전기쇼크를 피하는 것과 같이) 쥐들은 간헐적 전기쇼크가 주어지는 상황에서도 합리적으로 기능할 수 있었다. 하지만 그 어떤 것도 전기쇼크 회피에 도움이 되지 않는다는 사실을 깨달은 쥐들은 종국에는 무기력해지고, 포기하며, 우울증에 상응하는 행동들을 보였다(Seligman, 1975).

인간도 유사한 방식으로 반응할 것인가? Seligman은 그럴 것이지만 중요한 어떤 한 조건하에서만 그럴 것이라고 제안한다. 즉, 그는 사람들은 자신의 인생 스트레스를 통제할 수 없다고 판단했을 때 불안해지고 우울해진다고 주장하였다(Abramson, Seligman, & Teasdale, 1978; Miller & Norman, 1979). 이러한 발견은 **우울증의 학습된 무기력 이론**이라 불리는 중요한 모델로 진화하였다. 하지만 종종 간과되는 사실은 불안이 스트레스 상황에 대한 첫 반응이라는 셀리그만의 지적이다. 우울은 어려운 인생 사건에 대처하지 못할 거라는 현저한 무망감에 뒤따르는 현상일 수 있다(Barlow, 1988, 2002). 우울한 귀인 양식은 (1) 부정적 사건을 개인적 실패로 귀인하는 경우("그것은 모두 내 탓이야")처럼 내적이며(internal) (2) 특정 부정적 사건이 지난 후에도 "다른 안 좋은 일들도 다 내 탓이다"라고 귀인하는 경우처럼 안정적이고(stable) (3) 귀인이 다양한 쟁점으로 확장되는 경우처럼 전반적(global)이다. 이 흥미로운 개념에 대한 연구가 계속되고 있지만 여러분은 케이티의 사례를 통해 이 개념이 어떻게 적용되고 있는지 엿볼 수 있다. 등교가 어려워지기 시작한 즈음 케

이티는 일들이 자기 통제에서 벗어나고 있다고 믿기 시작했고 대처를 못할 것이라 믿기 시작했다. 더 중요한 것은 "통제의 어려움에 대해 전제 자신을 비난했습니다"라는 고백에서 드러나듯 그녀 눈에는 안 좋은 상황들이 모두 자기 탓으로 비춰졌다는 것이다. 이후 주요우울 삽화로의 추락이 뒤따랐다.

하지만 중요한 질문은 여전히 남아 있다. 학습된 무기력이 우울증의 원인인가 아니면 우울증과 상관이 있는 우울증에서 파생된 부작용인가? 만약 학습된 무기력이 우울증의 원인이라면 학습된 무기력은 우울 삽화에 앞서 나타나야 한다. 아동을 대상으로 한 5년 장기종단 연구로부터의 결과는 이 쟁점을 조명하고 있다. Nolen-Hoeksema, Girgus와 Seligman(1992)은 부정적 귀인 양식이 아동의 이후 우울증상을 예측하지 못한다고 보고하였다. 오히려 스트레스성 인생 사건들이 우울증상의 주된 촉발자인 것으로 보인다. 하지만 스트레스에 놓인 아동들이 성장해 감에 따라 이들은 좀 더 많은 부정적 인지 양식을 발전시켰고, 이러한 부정적 인지 양식이 부정적 사건에 대한 반응으로 나타나는 우울증상을 예측하는 경향이 있었다. Nolen-Hoeksema와 동료들은 아동기 초반에 발생한 의미 있는 부정적 사건들이 부정적 귀인 양식으로 이어지고, 이 귀인 양식이 아동들로 하여금 추후 스트레스 발생 시 우울 삽화에 대한 취약성을 높이는 역할을 하게 되는 것 같다는 설명을 제시하였다. 대부분의 연구들은 부정적 인지 양식이 우울증에 선행하며 부정적 인지 양식이 우울증의 위험요인이라는 발견을 지지하고 있다(Garber & Carter, 2006; Garber et al., 2009).

이 같은 생각은 불안장애 발달에 기여하는 것으로 가정되고 있는 여러 종류의 심리적 취약성을 생각나게 한다(Barlow, 1988, 2002; Barlow et al., 2013). 말하자면 불안, 우울에 비특정적 유전적 취약성을 가진 개인에 있어 스트레스성 인생 사건은 인생사는 통제불가능한 것이라는 심리적 감각을 촉발한다(Barlow, 2002; Chorpita & Barlow, 1998). 경험적 증거는 부정적 귀인 양식이 우울증에만 특정적인 것이 아닌 불안 환자들에게도 적용되는 특징이라는 점을 시사하고 있다(Barlow, 2002; Barlow et al., 2013). 이는 심리적(인지적) 취약성이 유전적 취약성만큼이나 기분장애에 특정적이지 않다는 사실을 보여주는 것일 것이다. 두 종류의 취약성은 다른 다양한 장애들에도 기저하는 것으로 보인다.

Abramson, Metalsky, 그리고 Alloy(1989)는 부정적 귀인의 영향을 덜 강조하고 여러 종류의 우울증의 결정적 원인으로서 무망감을 강조하기 위해 학습된 무기력 이론을 수정하였다. 귀인은 무망감 발달에 기여하는 수준에서 그 정도까지만 중요하다. 이 이론은 불안과 우울 간 결정적 차이에 대한 최근의 생각들과 잘 맞아떨어진다. 불안

▲ 우울증의 학습된 무기력 이론에 따르면 인생 스트레스에 대해 자신이 통제력을 가지고 있지 않다고 믿을 때 사람들은 우울해진다고 한다.

한 사람들과 우울한 사람들은 모두 무기력감을 느끼고 자신에게 통제감이 결여됐다고 믿는다. 하지만 우울에서만 사람들은 포기하고 통제력을 회복하지 못하리라 기대한다(Barlow, 1991, 2002; Chorpita & Barlow, 1998).

부정적인 인지 양식

1967년 Aaron T. Beck(1967, 1976)은 우울증이 매일의 사건을 부정적으로 해석하는 경향성 때문에 초래될 수 있다고 제안하였다. Beck에 따르면 우울 환자는 매사 최악을 기대하는 경향이 있다. 이들에게 있어 작은 차질이나 실패는 커다란 재앙을 의미한다. Beck은 방대한 임상 작업을 통해 자신의 우울 환자들이 모두 이런 방식으로 생각하고 있음을 관찰하였고, 이런 방식을 특징짓는 '인지적 오류(cognitive errors)'를 정리하기 시작했다. 인지적 오류 목록 중 대표적인 두 가지가 임의적 추론(arbitrary inference)과 과일반화(overgeneralization)이다. 임의적 추론은 우울한 개인이 상황의 긍정적 측면보다는 부정적 측면을 강조할 때 관찰된다. 한 고등학교 교사는 학생 두 명이 수업시간에 졸았다고 본인을 최악의 선생이라 가정했다. 이 교사는 학생들이 졸게 된 다른 이유들(예, 파티를 하느라 밤을 샘)을 생각해 내지 못하였고 자신의 교수 방식이 문제라고 '추론'하였다. 과일반화의 예로는 선생님이 당신의 시험지에 대해 비판적인 언급을 했을 때

우울증의 학습된 무기력 이론(learned helplessness theory of depression) 인생 스트레스에 대해 통제력이 없다고 귀인할 때(실제 이들이 인생 스트레스에 통제력을 가지고 있는지 없는지와는 상관없이) 사람들은 불안해지고 우울해진다는 Martin Seligman의 이론.

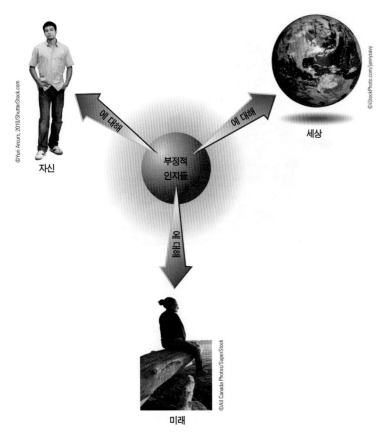

● 그림 6.2 Beck의 우울증에서의 인지 삼제

로, 다른 시험지들에 주어진 긴 긍정적 코멘트나 좋은 성적에도 불구하고 수업에 낙제할 거라고 부정적 가정을 하는 경우이다. 이 경우 당신은 작은 언급으로부터 과일반화를 하고 있다. Beck에 따르면 우울한 사람들은 항상 이런 식으로 생각한다고 한다. 이들은 자신에 대해, 자신을 둘러싼 주변 세상에 대해, 그리고 자신의 미래에 대해 부정적으로 생각하는 인지적 오류를 범하고 있다. 이 세 영역을 함께 **우울의 인지 삼제**라 부른다.

이에 더해 Beck은 아동기에 일련의 부정적 사건들을 경험한 개인들은 깊숙이 자리 잡은 인생에 대한 부정적 인지 신념 체계인 부정적 도식(negative schema)을 발달시킨다고 제안했다(Alloy et al., 2012; Beck, Epstein, & Harrison, 1983; Gotlib & Krasnoperova, 1998; Young, Rygh, Weinberger, & Beck, 2014). 자기비난 도식에서 개인은 발생한 모든 부정적 사건에 대해 개인적 책임감을 느낀다. 부정적 자기평가 도식을 가진 개인은 어떤 일도 제대로 할 수 없을 것이라고 믿는다. Beck은 이러한 인지적 오류와 도식들이 자동적이라고 설명한다. 말하자면 개인은 이러한 오류나 도식을 지각하지 못할 수 있다. 개인은 스스로 부정적으로 생각하는 경향 혹은 비합리적으로 생각하는 습성을 알아채지 못할 수 있다. 이런 방식으로 사소한 부정적 사건은

주요우울 삽화로 이어질 수 있다.

다양한 증거들이 전반적으로는 정서장애의 인지이론을, 특수하게는 우울증의 인지이론을 지지하고 있다(Gotlib & Joormann, 2010; Hammen & Keenan-Miller, 2013). 우울한 개인들의 사고는 우울하지 않은 개인들의 사고보다 일관적으로 더 부정적인데, 이들은 자신, 세상, 미래라는 인지 삼제 각 영역에서 우울하지 않은 개인들보다 더 부정적으로 생각한다(Gotlib & Abramson, 1999; Joormann, 2009). 우울한 인지는 왜곡되고 아마도 자동화된 정보처리 방식으로부터 나오는 것 같다. 우울증에 취약한 사람들은 우울하지 않았을 때보다 우울할 때 그리고 우울하지 않은 개인들보다 부정적 사건들을 회상할 가능성이 더 높다(Gotlib, Roberts, & Gilboa, 1996; Joormann, 2009).

이 이론의 함의는 중요하다. 인지적 오류와 기저하는 도식을 인식함으로써 우리는 오류와 도식을 교정하고 우울 및 관련 정서장애 증상을 완화할 수 있다. 개입의 방법을 개발하는 과정에서 Beck은 인지치료의 아버지가 되었는데 인지치료는 지난 50년에 걸쳐 개발된 심리치료들 중 가장 중요한 심리치료이다(269~270쪽 참조). 양극성장애를 가진 개인들 또한 부정적 인지 양상을 나타내지만 약간 꼬인 형태라고 할 수 있다. 양극성장애 환자의 인지 양상은 우울한 인지 양상에 더해 목표에 대한 야심찬 분투, 완벽주의, 자기비판으로 특징지어진다(Alloy & Abramson, 2010; Johnson et al., 2008).

우울증에 대한 인지적 취약성: 통합

Seligman과 Beck은 각각 독립적으로 자신들의 이론을 개발하였고, 이들 이론은 하나는 사람들이 부정적 관점(역기능적 태도)을 가지고 있다고 주장하는 반면, 다른 하나는 사람들이 사건을 부정적으로 설명한다(무망적 귀인)고 주장한다는 점에서 서로 독립되었다고 할 수 있다(Joiner & Rudd, 1996; Spangler, Simons, Monroe, & Thase, 1997). 그럼에도 불구하고 이들 입장의 기본 전제는 상당히 중복되어 있으며, 상당한 증거는 우울이 언제나 비관적 설명 양식과 부정적 인지와 관련되어 있음을 보여주고 있다. 인지적 취약성이 일부의 사람들에게 사건을 부정적으로 해석하도록 만들어 우울에의 위험을 높인다는 증거 또한 존재한다(예로 Abela et al., 2011; Alloy et al., 2012 참조).

이러한 결론을 지지하는 증거들은 Lauren Alloy와 Lyn Abramson에 의해 진행된 템플-위스콘신대학 우울증의 인지적 취약성 연구에서부터 왔다(Alloy & Abramson, 2006; Alloy, Abramson, Safford, & Gibb, 2006). 초기 평가 때 우울하지 않던 대학 1학년생들이 총 5년간 일정 개월마다 스트레스 사건을 경험하고 있는지와 진단 가능한 우울 삽화나 기타 다른 정신병리를 경험하고 있는지 평가되었다. 첫

평가에서 연구자들은 역기능적 태도와 무망감 귀인 척도 점수를 기초로 하여 학생들이 우울증 발달과 관련한 인지적 취약성을 가지고 있는지를 밝혀내었다. 결과는 역기능적 태도로 인해 고위험군에 속한 학생들이 저위험군 학생들에 비해 과거 우울증을 보였던 비율을 더 높게 보고하였음을 보여준다. 하지만 더 중요한 결과는 이 연구의 순행적 추적 부분에서 나왔다. 부정적 인지 양식은 실제로 이후 우울증 발달에 있어 취약 요인으로 작용하였다. 이전에 우울증을 앓아본 적이 없었음에도 고위험군 학생들(인지적 취약성 척도에서 높은 점수를 받은 학생들)은 저위험군 학생들보다 주요우울 삽화를 경험할 확률이 6~12배나 높았다. 이에 더해 고위험군의 16% 대 저위험군의 2.7%가 주요우울 삽화를 경험하였고, 고위험군의 46% 대 저위험군의 14%가 경미한 우울증상들을 경험하였다(Alloy & Abramson, 2006).

사회적, 문화적 관점

수많은 사회적, 문화적 요인들이 우울증의 발생과 유지에 기여한다. 이들 중 결혼관계, 성별, 사회적 지지가 가장 두드러진다.

결혼관계

관계 와해가 우울증으로 이어지곤 한다는 앞서의 언급에도 나타나듯 결혼 불만족과 우울증(양극성장애를 포함한)은 서로 강하게 연관되어 있다(Davila, Stroud, & Starr, 2009). Bruce와 Kim(1992)은 여성 695명과 남성 530명으로부터 자료를 수집한 후, 최대 1년 후 이들과 다시 인터뷰를 했다. 물론 대다수는 안정된 결혼 상태를 보고하고 있었으나, 이 기간 동안 얼마의 참가자들은 배우자와 별거하거나 이혼했다. 별거나 이혼으로 헤어짐을 보고한 여성의 약 21%가 중증 우울증을 경험하였는데, 이는 결혼 상태를 유지하고 있던 여성의 3배의 수준이었다. 한편 남성의 경우 헤어짐을 보고한 남성의 약 17%가 중증 우울증을 발달시켰는데 이는 결혼 상태를 유지하고 있던 남성보다 9배나 더 높은 수준이었다. 한편 분석을 과거 중증 우울증을 앓았던 경험이 없는 참가자들만으로 제한한 경우, 연구 기간 동안 별거하거나 이혼했던 남성은 14%가, 연구 기간 동안 별거하거나 이혼했던 여성은 5%가 중증 우울증을 경험하였다. 다시 말해 남성만이 부부가 헤어진 직후 기분장애 발달 위험의 상승에 직면하게 되었다.

또 다른 상당한 지지를 받고 있는 발견은 양극성장애를 포함한 우울증은, 특히 우울증이 지속되면 결혼관계에 상당한 악화를 가져올 수 있다는 것이다(Beach, Jones, & Franklin, 2009; Davila et al., 2009). 이에 대한 원인을 알아내는 것은 어렵지 않다. 부정적이고, 격하고, 비관적인 사람 곁에 줄곧 있으면 사람들은 지치게 된다. 기분은 전염성이 있기 때문에 배우자도 곧 기분이 안 좋아지기 시작할 것이다. 이 같은 상호작용은 부부간 언쟁을 촉발할 것이고, 더 안 좋게는 우울하지 않은 배우자로 하여금 결혼관계를 떠나게 만든다(Joiner & Timmons, 2009; Whisman, Weinstock, & Tolejko, 2006).

하지만 결혼관계에서의 갈등은 남성과 여성에 서로 다른 효과를 주는 것 같다. 우울증은 남성에게는 철회 혹은 관계 와해를 초래하는 것 같다. 반면 여성에게는 관계 문제가 거의 대부분 우울증을 초래한다. 이처럼 남성과 여성에 있어 우울증과 결혼관계에서의 문제는 서로 연관되어 있으나 인과적 방향은 서로 다르다(Fincham, Beach, Harold, & Osborne, 1997). 이러한 결과는 Spangler, Simons, Monroe 와 Thase(1996)의 연구에서도 발견되었다. 이런 발견들에 기초해 Beach, Jones와 Franklin(2009)은 환자에게 가장 높은 수준의 성공을 보장하기 위해 그리고 재발의 가능성을 최대한 줄이기 위해 치료자가 기분장애와 더불어 환자의 와해된 결혼관계를 함께 치료해야 한다고 제안한다.

여성에서의 기분장애

기분장애의 유병률 자료는 남녀 간 큰 성차를 보여주고 있다. 비록 양극성장애에 있어서는 남성과 여성이 장애 발생에서 균등한 분포를 보이나, 주요우울장애와 지속성 우울장애에서는 환자들의 약 70%가 여성이다(Kessler, 2006; Kessler & Bromet, 2013). 물론 전반적인 장애 발생 비율에서 나라마다 차이가 있기는 하지만, 이러한 성 불균형은 전 세계적으로 일관되게 관찰되고 있다(Kessler & Bromet, 2013; Seedat et al., 2009, 그림 6.3 참조). 흔히 간과되고 있는 사실은 대부분의 불안장애들에서, 특히 공황장애와 범불안장애에서, 이와 유사한 남녀 간 성 불균형이 나타난다는 것이다. 제2장에서 지적한 것처럼 특정공포증에서 여성이 남성보다 훨씬 더 높은 비율을 차지한다. 무엇이 이러한 성차를 설명할 수 있을까?

정서장애 발달에서의 성차는 통제감의 지각에 의해 강하게 영향받고 있다는 것이 한 설명이 될 수 있다(Barlow, 1988; Barlow et al., 2013). 만약 자신의 삶을 혹은 마주하는 어려움을 통제할 수 있다고 느낀다면 당신은 때때로 스트레스를 경험할지는 모르나 불안이나 기분장애의 핵심인 무기력을 경험하지는 않을 것이다. 이러한 차이의 원천은 문화적이라 할 수 있는데 특정 문화가 남성과 여성에

우울의 인지 삼제(depressive cognitive triad) 우울한 사람들에서 나타나는 부정적 사고 오류는 세 영역에 집중되어 있다. 자신, 자신의 주변 세상 그리고 자신의 미래가 그것이다.

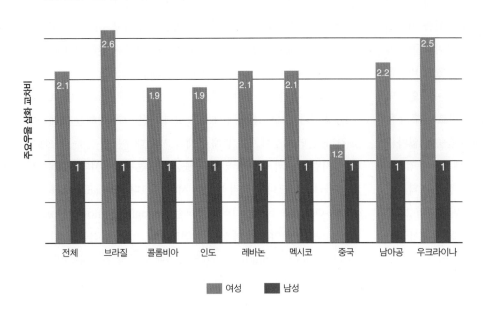

● 그림 6.3 교차비로 표현된 우울에서의 전 세계적 성차. 교차비는 여성의 지난 해 주요우울 삽화 경험 확률을 남성의 지난 해 주요우울 삽화 경험 확률 대비로 표현한 것이다. 예로, 브라질에서는 지난 해 주요우울 삽화를 경험하였다고 보고한 확률이 여성에서 남성보다 2.6배 더 높았다 [Bromet et al.,(2011), p. 11 of 16을 수정]

게 부과한 성역할이 그 차이의 원천이 될 수 있다. 사회는 남성은 독립적이고 능수능란해야 하며 주장적일 것을 기대하는 반면, 여성은 소극적이고 타인에 민감하며 의존적일 것(친애 욕구)을 기대한다(Cyranowski, Frank, Young, & Shear, 2000; Hankin & Abramson, 2001). 점차 변화하고 있는 추세이긴 하나, 아직도 이런 문화적 고정관념이 성역할 규정에 작용하고 있다. 문화적으로 유도된 의존성과 소극성은 여성에게 비통제감과 무력감을 증가시켜 이들의 정서장애 위험을 높인다.

고정관념적 성역할을 조장하는 부모양육방식이 우울 및 불안에 기여하는 초기 심리적 취약성 발달에 영향을 준다는 증거가 꽤 있다(Chorpita & Barlow, 1998; Barlow et al., in press). 특히 아동의 주도성 발달을 막는 부모의 지나치게 통제적이고 과보호적인 양육방식이 그러하다. 또한 흥미로운 점은 앞서도 언급하였듯 사춘기 소녀들에서 우울증의 '급증'이 나타난다는 점이다. 많은 이들은 이 시기 소녀에서의 우울증 급증은 생물학적 이유 때문이라 생각하였다. 하지만 Kessler(2006)는 7~9학년 중학교 체계에 있는 소녀에서는 낮은 자존감이 7학년 때 급증하여 나타나지만, 유치원~8학년제 그리고 4년제 고등학교로 이어진 학교 체계에 있는 소녀에서는 낮은 자존감이 9학년 이전에는 나타나지 않음(Simmons & Blyth, 1987)을 지적하였다. 이는 7학년, 9학년 혹은 그 외 다른 학년이든 새로운 학교에 진학

하는 것이 어린 소녀들에게 스트레스가 될 수 있음을 시사하는 결과이다. 또한 신체적으로 조숙한 소녀들이 늦게 성숙한 소녀들보다 고통 수준이 높고 우울증이 더 많았다(Ge, Conger, & Elder, 1996).

여성은 남성보다 친밀한 관계에 더 큰 가치를 부여하는 경향이 있다. 이러한 경향은 사회 관계망이 강한 경우에는 보호요인으로 작용할 수 있으나, 동시에 여성들을 위험에 빠뜨리기도 한다. 관계의 와해는 관계문제에 대처하는 능력의 부족에 더해져 남성들보다는 여성들에게 더 큰 해를 끼치는 것 같다(Nolen-Hoeksema & Hilt, 2009; Rudolph & Conley, 2005). Cyranowski와 동료들(2000)은 다른 소녀들을 거부함으로써 공격성을 표현하는 청소년기 소녀들의 특성이 증가된 거부 민감성과 결합하여 청소년기 소년들보다 청소년기 소녀들에게 더 많은 우울 삽화를 촉발할 수 있음을 지적한다. Kendler, Myers와 Prescott(2005) 역시 여성이 남성들보다 좀 더 넓고 친밀한 사회관계망을 가지고 있음과 정서적으로 지지적인 친구 집단이 이들을 우울증으로부터 보호하고 있음을 관찰하였다. 하지만 앞서 고찰한 Bruce와 Kim(1992)의 자료는 만약 부부 갈등이 이혼의 수준에 이르게 되면 이전에 잘 기능하던 남성이 우울로 빠질 위험이 아주 높아질 수 있음을 시사한다.

또 다른 중요한 성차는 Susan Nolen-Hoeksema(1990, 2000; Nolen-Hoeksema, Wisco, & Lyubomirsky, 2008)에 의해 제시되었다. 여성은 남성보다 자신이 처한 상황에 대해 반추하는 경향이 더 높고 우울하게 된 이유를 자신에게 돌리는 경향이 더 높다. 이러한 반응 양상은 스트레스하에서의 우울증 발달을 예견하였다(Abela & Hankin, 2011). 남성은 생각을 떨쳐버리는 활동을 취하며 자신의 감정을 무시하는 경향이 있다(Addis, 2008). 사람들을 '활성화'시키는 것(사람들을 바쁘게 만드는 것)이 성공적 우울증 치료에서 발견되는 공통 요소이기 때문에(Dimidjian, Martell, Herman-Dunn, & Hubley, 2014; Jacobson, Martell, & Dimidjian, 2001) 이러한 남성의 행동은 치료적일 수 있다.

여성은 우리 사회에서 불리한 위치에 있다. 이들은 차별과 가난, 성희롱, 학대를 남성보다 더 많이 경험한다. 이들은 존경을 덜 받고 권력도 덜 축적한다. 미국 내 빈곤 상태에 놓여 있는 사람들의 3/4이 여성과 아이들이다. 여성들은, 특히 싱글맘들은 직업전선에 들어가

기도 어렵다. 흥미롭게도 정규직을 가진 기혼 여성들과 정규직을 가진 기혼 남성들 사이에 우울 수준에서 차이가 없었다. 홀로 있는, 이혼한 혹은 사별한 여성들은 같은 상황에 있는 남성들보다 우울증을 유의하게 더 많이 경험한다(Davila et al., 2009). 이는 단지 우울해지지 않기 위해 직업을 가져야 한다는 것을 의미하는 것은 아니다. 남성과 여성 모두에게 있어 통달이나 통제의 느낌 그리고 주부 혹은 부모라는 사회적으로 강력하게 지지된 역할에 대한 가치가 우울증의 낮은 빈도와 연관되어야만 할 것이다.

마지막으로 성역할 고정관념은 다른 장애들에서도 반영되고 있으나 우울에서와는 반대 방향으로 반영되고 있다. 공격성, 과활동성, 약물남용과 관련된 장애들은 여성보다는 남성에서 훨씬 더 자주 발생한다(Barlow, 1988, 2002). 다양한 정신장애들에서 성 불균형의 원인을 찾아내는 것은 장애의 원인을 파악하는 데 중요할 수 있다.

사회적 지지

제2장에서 우리는 우리의 심리적, 생리적 기능에 주는 사회적 영향력에 대해 검토하였다. 사회적 요인들이 우울증 발달에 영향을 준다는 사실은 놀랄만한 것이 아니다(Beach et al., 2009). 예를 들면 홀로 사는 사람은 다른 사람과 함께 사는 사람보다 우울증에 걸릴 위험이 80% 더 높다(Pulkki-Raback et al., 2012). 초기 기념비적 연구에서 Brown과 Harris(1978)는 우울증 발달에 사회적 지지가 중요함을 처음 제시하였다. 심각한 인생 스트레스를 경험했던 여성들을 대상으로 한 연구에서, 연구자들은 속을 터놓고 이야기할 친구가 있는 여성에서 10%가 우울해진 반면 가까운 지지적 관계가 없는 여성에서는

▲ 자기비난과 반추는 남성보다 여성에게서 높은 기분장애의 발생에 기여할 수 있다.

37%가 우울해짐을 발견하였다. 이후 진행된 전향 연구들도 우울 증상 발달에 사회적 지지가 중요함을 확인하였다(예로 Kendler, Kuhn et al., 2005; Monroe et al., 2009 참조). 우울증 예방에 있어 사회적 지지가 중요하다는 사실은 중국을 포함한(Wang, Wang, & Shen, 2006) 이 주제가 연구된 다른 모든 나라들에서 유효하였다. 다른 연구들은 우울 삽화 회복을 가속화하는 데 사회적 지지가 중요함을 보여주었다(Keitner et al., 1995; Sherbourne, Hays, & Wells, 1995). 사회적 지지의 중요성과 관련한 이러한 연구 발견들은 대인관계 심리치료라 불리는 정서장애에 대한 흥미로운 새로운 심리치료의 발전으로 이어졌다. 대인관계 심리치료는 이 장 후반에서 논의될 것이다.

통합 이론

이 모든 발견들을 어떻게 통합할 것인가? 기본적으로 우울과 불안은 유전적으로 결정된 생물학적 취약성을 공유할 수 있다(Barlow, 2002). 이 생물학적 취약성은 스트레스성 인생 사건에 대한 과민한 신경생물학적 반응으로 기술될 수 있다. 취약성은 우울이나 불안 어떤 하나에 특화된 취약성이라기보다는 우울(혹은 불안)을 발달시키는 일반화된 경향성이다. 우울의 원인을 이해하기 위해서 우리는 유전적 취약성과 상호작용하는 인생 경험뿐 아니라 심리적 취약성을 살펴야 한다.

기분장애를 발달시키는 사람들은 우울한 인지 양식뿐 아니라 어려움에 대처할 때 부적절감으로 경험되는 심리적 취약성을 가지고 있다. 불안에서와 마찬가지로, 우리는 이런 통제감을 아동기 때 발달시킬 수 있다(Barlow, 2002; Chorpita & Barlow, 1998). 통제감은 통제에 대한 완전한 자신감에서 대처에 대한 완전한 무능감에 이르는 연속선상에 위치할 수 있다. 취약성이 촉발되었을 때 비관적 '포기' 과정은 우울증 발달에 결정적인 듯하다(Alloy et al., 2000; Alloy & Abramson, 2006).

부적절한 대처와 우울한 인지 양식이라는 심리적 과정이 특정 유전 패턴과 결합하여 신경증 혹은 부정적 정서라는 기질을 구성한다(Barlow et al., in press). 신경증이 뇌의 좌우 반구 간 다른 각성수준(반구 편측 불균형), 특정 뇌회로의 활성화뿐 아니라(Barlow et al., in press; Davison et al., 2009) 스트레스와 우울의 생화학적 표식과 관련이 있다는(예로 Nemeroff, 2004; Thase, 2009 참조) 것은 이미 제4장에서 배웠다. 최근의 연구는

유전과 일반화된 심리적 취약성 사이의 강한 연관성을 보여주고 있다(예, Whisman, Johnson, & Smolen, 2011). 스트레스성 인생 사건이 취약한 개인들에서 우울증을 촉발한다는 충분한 증거가 있는데, 특히 스트레스성 인생 사건은 취약한 개인들의 초반 우울증 삽화 발생을 촉발하는 것으로 발견되고 있다(Jenness, Hankin, Abela, Young, & Smollen, 2011). 그렇다면 이러한 요인들은 어떻게 상호작용하는가? 현재의 추론은 취약한 개인들에서 스트레스성 인생 사건이 스트레스 호르몬을 활성화하고 이는 신경전달물질 체계, 특히 세로토닌, 노르에피네프린, 부신피질자극호르몬 분비 체계에 광범위한 영향을 끼치게 된다는 것이다.

우리가 현재 알고 있는 바는 병적 소질 스트레스 모델(diathesis-stress model)의 가능한 작동기제이다. 대인관계나 인지 양식과 같은 요인들이 스트레스의 영향으로부터 우리를 보호할 수 있다는 것, 그래서 이들 요인이 종국에는 우울장애의 발달을 막는 데 기여할 수 있다는 것은 확실한 것 같다. 아니면 적어도 이들 요인은 우리가 우울장애로부터 쉽게 회복할 것인지를 결정할 수 있다. 하지만 양극성장애, 특히 조증 삽화의 활성화는 우울증에서와는 다른 사회적 지지에 대한 반응뿐 아니라 우울증에서와는 다른 유전적 기반을 가지고 있는 것 같다. 과학자들은 양극성장애를 가진 개인들이(앞서 논의한 바에 더해) 행동접근체계(behavioral approach system, BAS)라 불리는 뇌 회로의 과활동성 때문에 중요한 목표를 달성하려는 노력과 같은 인생 경험에 매우 민감한 특성을 가지고 있다고 이론화하기 시작했다(Alloy & Abramson, 2010; Gruber, Johnson, Oveis, & Keltner, 2008). 이 경우 새로운 직장의 시작이나 중요한 학기말 과제물 완성을 위해 밤샘 공부를 하는 것과 같은 스트레스적이긴 하나 다소 긍정적인 인생 사건들이 취약한 개인들에게 우울증 삽화 대신 조증 삽화를 촉발할 수 있다. 또한 양극성장애를 가진 개인들은 일주기성 리듬의 파괴에 아주 민감하다. 양극성장애 환자들은 우울증과 조증 모두에 취약

하도록 만드는 뇌회로를 가지고 있을 수도 있다. 이 가설에 대한 연구는 이제 시작되고 있다.

종합해 보면 그림 6.4에 묘사된 것과 같이, 생물학적, 심리적, 사회적 요인 모두가 기분장애 발달에 영향을 미친다. 통합 모델은 계절성 기분장애, 양극성 기분장애 혹은 다른 기분장애와 같이 다양한 기분장애를 완전히 설명하고 있지 않다. 비록 양극성장애에서의 조증이 고유한 유전적 기여와 관련되어 있고, 앞서 언급한 바 있듯 상대적으로 독특한 인생 사건에 의해 촉발되는 것 같기는 하지만 말이다. 그리고 왜 스트레스성 인생 사건을 경험한 기저하는 유전적 취약성을 가진 이는 불안장애나 신체증상장애 대신 기분장애를 발달시키는 것일까? 불안장애나 스트레스 장애들에서와 마찬가지로, 조기 학습 경험과 같은 특정 심리사회적 상황은 다양한 정서장애를 만들어 내는 데 특정 유전적 취약성 및 성격 특성과 상호작용하는 것 같다.

기분장애의 치료

▶ 기분장애 치료에 성공적인 의학적, 심리적 치료에는 무엇이 있는가?

연구자들은 지난 몇 년에 걸쳐 기분장애의 신경생물학에 대해 아주 많이 배웠다. 신경화학물질들 간 복잡한 상호작용에 관한 발견들이 기분장애의 본질을 조명하기 시작했다. 앞서 언급하였듯 약물이 주는 주된 효과는 신경전달물질들과 기타 관련 신경화학물질들의 수준을 변화시키는 것이다. 전기경련요법(electroconvulsive therapy)과

같은 다른 생물학적 치료들은 뇌 화학에 극적인 영향을 준다. 그러나 이 책 전반에서 시사되고 있듯 보다 더 흥미로운 발전은 유력한 심리치료들도 뇌 화학을 변화시킨다는 점이다. 이러한 진보에도 불구하고 우울증 환자의 대부분은 건강관리 전문가들과 환자 모두의 우울증에 대한 인식 부족과 정확한 식별·진단의 부재로 인해 치료되

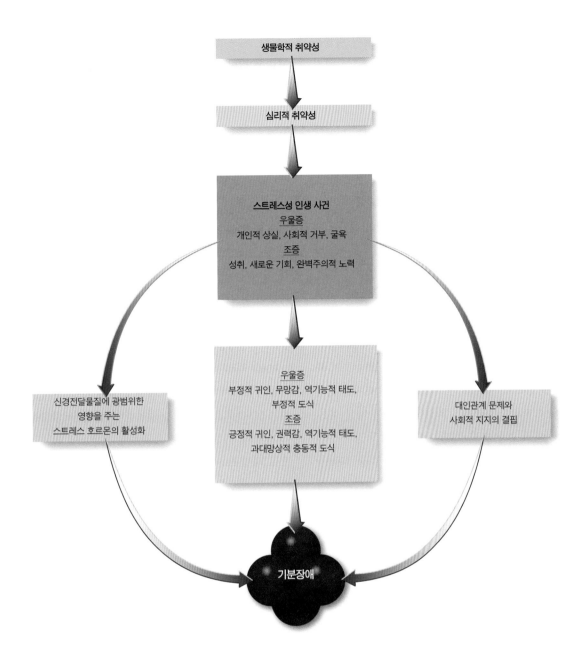

● 그림 6.4 기분장애의 통합 모델

고 있지 않다. 유사하게 많은 전문가들과 환자들은 효과적이고 성공적인 치료법이 존재한다는 사실조차 모르고 있다(Delano-Wood & Abeles, 2005; Hirschfeld et al., 1997).

약물

수많은 약물들이 우울증 치료에 효과적이다. 새로운 약물들에 대한 정보나 이전 약물들의 효과성에 대한 새로운 연구 결과들이 현재 접근 가능하다.

항우울제

4가지 유형의 항우울제가 우울장애 치료에 사용되고 있다. 선택적세로토닌재흡수억제제(selective-serotonin reuptake inhibitors, SSRI), 혼합재흡수억제제(mixed reuptake inhibitors), 삼환성 항우울제(tricyclic antidepressants), 모노아민산화효소억제제(monoamine oxidase inhibitors[MAO])가 그것이다. 서로 다른 항우울제들 간 효과성이 거의 다르지 않다는 사실부터 먼저 언급하고 시작해야겠다. 환자들의 약 50%가 약물로부터 약간의 이득을 얻으며, 이 중 절반이 정상 기능 수준(완치)에 가깝게 된다. 중도 탈락한 사람을 제외, 치료 완수한 사람들만 포함시킬 경우, 약간의 이득을 얻는 사람의 비율은 60~70%로 증가한다(American Psychiatric Association, 2010). 하지만 한 철저한 메타분석 연구는 항우울제들이 경도~중등도 우울증에서는 위약조건보다 상대적으로 덜 효과적이었음을 보여주었다. 위약 대비 항우울제의 확실한 이득은 고도 우울증 환자에서만 나타났다(Fournier et al., 2010).

현 우울증 약물치료에서 첫 선택으로 간주되고 있는 약물 계열은 세로토닌 신경전달물질 체계에 특정한 영향력을 가지고 있는 것 같다(물론 이들 약물들은 다른 체계에도 약간의 영향을 주고 있다). 선택적세로토닌재흡수억제제(SSRI)는 특히 세로토닌의 시냅스전 재흡수를 막는다. 이는 수용기 부근 세로토닌 수준의 순간적 증가를 가져온다. 종국에는 세로토닌 수준이 증가하지만, 이를 야기하는 약물의 장기적 작용 기전에 대해서는 아직 확실히 알려져 있지 않다(Gitlin, 2009; Thase & Denko, 2008). 이 계열 약물로 가장 잘 알려진 것이 플루오세틴(프로작)이다. 다른 많은 약물처럼 프로작(Prozac)은 발매 초기 획기적 약물로서 각광을 받았다. 이 약물은 『뉴스위크』지 표지를 장식하기도 했다(Cowley & Springen, 1990). 하지만 이 약이 자살 심취, 망상 반응, 때때로 폭력과 관련될 수 있다는 보고들이 등장하기 시작했다(예로 Mandalos & Szarek, 1990; Teicher, Gold, & Cole, 1990 참조). 프로작은 언론에서 기적의 약이라는 찬사로부터 현대 사회의 잠재적 위협이라는 언급까지 다양한 평가를 받았다. 하지만 어떤 결론도 사실은 아니다. 연구는 이 약의 일반 인구에 있어 자살 위험이 다른 항우울제의 자살 위험보다 더 크지 않으며(Fava & Rosenbaum, 1991), 약효에 있어서도 다른 항우울제와 거의 같음을 보여준다.

몇 년 전 SSRI의 자살 위험 증가(증가된 자살 사고 및 기타)와 관련된 염려, 특히 청소년 집단에 사용됐을 때 자살 위험을 증가시킬 수 있다는 염려가 다시 수면 위로 떠올랐다. 하지만 이번에는 적어도 청소년들에게 있어서는 이런 염려가 근거가 있는 듯했다(Berman, 2009; Olfson, Marcus, & Schaffer, 2006). 이러한 발견들로 인해 미국 식약청(Food and Drug Administration, FDA)과 기타 다른 나라 감독기관들은 이 약물 사용과 관련하여 경고를 하게 되었다. 하지만 Gibbons, Hur, Bhaumik과 Mann(2006)은 SSRI 처방이 가장 많았던 미국에서 다른 나라에서보다 실제 자살률이 더 낮았음을 발견하였다. 게다가 대규모 지역사회 조사에서 이 약을 복용하지 않는 청소년들과 비교해 볼 때 SSRI의 복용은 청소년의 실제 자살률 감소와 연관이 있었다(Olfson, Shaffer, Marcus, & Greenberg, 2003). 하지만 이러한 발견은 상관 결과에 기초한 것이어서, SSRI의 처방 증가가 자살률 감소의 원인이라 결론내릴 수 없다. 이 중요한 질문에 해답을 얻기 위한 연구가 계속해서 진행될 것이다. 가능한 한 가지 결론은 SSRI가 처음 몇

주간은 일부 청소년에서 자살 사고를 증가시키지만 몇 달 후 약물이 효력을 발휘하기 시작하면 우울의 자살로의 진행을 막는다는 결론이다(Berman, 2009; Simon, 2006).

프로작과 다른 SSRI는 이 약물 계열만의 독특한 부작용이 있다. 부작용 중 대표적인 것이 신체 흥분, 성기능 부전, 낮은 성욕(사례의 50~75%에서 나타남), 불면, 위장 장애이다. 하지만 이런 부작용들은, 성기능 부전을 제외하고는, 삼환성 항우울제의 부작용들보다 환자들을 덜 괴롭힌다. 또 다른 항우울제 계열(혼합재흡수억제제라 불리는)은 다소 다른 신경생물학적 작용 기전을 가지고 있는 것으로 보인다. 가장 잘 알려진 벤라팍신(에펙서)은 삼환성 항우울제 계열로, 세로토닌뿐 아니라 노르에피네프린의 재흡수를 막는 식으로 SSRI와는 다소 다른 방식으로 작동한다. 심혈관계 손상을 포함한 SSRI와 관련된 일부 부작용들은 벤라팍신의 사용으로 감소된다. 하지만 오심(메스꺼움)이나 성기능 부전과 같은 다른 전형적 부작용은 여전히 남아있다.

MAO 억제제는 다르게 작동한다. 이 약물 계열 이름이 시사하듯 이들은 노르에피네프린과 세로토닌 신경전달물질들의 분해에 관여하는 MAO 효소의 활동을 억제한다. 신경전달물질들이 분해되지 않기 때문에, 이들 신경전달물질들은 시냅스에 머무르게 되며 결과적으로 하향조절(down-regulation; 시냅스후 수용기자리의 수를 감소시키는 것) 현상을 초래한다. MAO 억제제는 삼환성 항우울제와 비교할 때 더 적은 부작용을 초래하면서 삼환성 항우울제만큼의 효과를 가져오는 것으로 보고되고 있다(American Psychiatric Association, 2010). MAO 억제제가 비전형적 특징을 가진 우울증에 상대적으로 더 효과적이라는 일부 증거가 있다(American Psychiatric Association, 2010; Thase & Kupfer, 1996). 하지만 MAO 억제제는 두 가지 매우 심각한 문제들로 인해 훨씬 덜 사용되고 있다. 치즈나 적포도주, 맥주와 같은 티라민을 함유한 음식을 먹거나 음료를 마시는 것은 심각한 고혈압 삽화를 초래할 수 있고 종종 사망에도 이르게 할 수 있다. 게다가 사람들이 매일 복용하는 다른 많은 약물들과 함께 섭취되었을 때, MAO 억제제는 위험한 심지어는 치명적 상황을 초래할 수 있다. 따라서 MAO 억제제는 다른 항우울제가 효과를 보이지 않을 때에 한하여 처방된다.

삼환성 항우울제는 SSRI 출현 이전에는 우울증 치료에 가장 널리 사용되었지만, 이제는 덜 사용되고 있다(Gitlin, 2009; Thase & Denko, 2008). 가장 잘 알려진 변형은 아마도 이미프라민(토프라닐)과 아미트립틸린(엘라빌)일 것이다. 이들 약물이 어떻게 작동하는지는 아직도 명확하지 않지만, 적어도 이들은 특정 신경전달물질들의 재흡수를 막는 효과를 가지고 있다. 신경전달물질의 재흡수가 제지되면 신경전달물질이 시냅스에 머무르게 되고, 이는 이론에 의하면

신경전달물질의 전달을 둔감화(desensitization; 시냅스후 수용기의 반응성을 감소시키는 것)하거나 신경전달물질의 전달을 하향조절(down-regulation; 시냅스후 수용기자리의 수를 감소시키는 것)하도록 하는 결과를 초래한다(결과적으로 더 적은 신경화학물질들이 전달된다). 삼환성 항우울제들은, 비록 세로토닌과 같은 다른 신경전달물질 체계에도 영향을 미치지만, 노르에피네프린의 하향조절로서 최고의 효과를 내는 것 같다. 이러한 작용은 신경전달물질 활동의 시냅스전 조절과 시냅스후 조절 모두에 복잡한 효과를 만들어내 결과적으로 신경전달물질체계의 적정한 균형을 회복시킨다. 삼환성 항우울제의 부작용은 흐린 시야, 입마름, 변비, 소변 어려움, 졸림, 체중 증가(적어도 평균 약 6kg의 체중 증가가 나타남), 때때로 성기능 부전 등을 포함한다. 이런 부작용들로 인해 환자의 40%는 "치유가 병보다 더 나쁘다"는 생각을 품고 약물 복용을 중지한다. 그럼에도 주의 깊게 관리된다면 부작용들은 시간이 지나면 사라진다. 임상가들이 고려해야 할 또 다른 쟁점은 삼환성 항우울제는 과복용될 경우 치명적일 수 있다는 것이다. 따라서 임상가들은 자살 경향이 있는 환자들에게 이 약물을 처방할 때 최대한의 주의를 기울여야 한다.

SSRI와 다른 약물들은 치료를 받는 환자들의 50%에서 우울증상을 어느 정도 경감시키고 있으며, 25~30%에서 우울증을 제거(완치) 혹은 그에 가까운 상태로 만들고 있다(Trivedi et al., 2006). 하지만 질문은 여전히 남아 있다. 우울증이 약물치료에 제대로 반응하지 않는 경우 즉 치료-저항적 우울증(treatment-resistant depression)의 경우, 임상가들은 무엇을 하고 있는가의 질문이다. STAR*D(Sequenced Treatment Alternatives to Relieve Depression)라 불리는 대형 연구는 완치에 이르지 못한 개인들에게 또 다른 약물을 더하거나 첫 약물을 다른 약물로 교체시키는 것이 유용한지를 연구하였다. 두 번째 약물 치료에 응한 환자들 중 약 20(약물을 교체한 경우)~30%(두 번째 약물을 더한 경우)가 완치에 이르렀다. 첫 번째와 두 번째 약물로 완치에 이르는 데 실패한 환자들 중 세 번째 약물로 앞서의 과정을 반복한 경우 결과는 이전만 못하였고(10~20%가 완치에 이르렀음; Insel, 2006; Rush, 2007), 매우 적은 임상가만이 처음 두 실패 후 같은 계열의 약물치료를 계속하는 행동을 보였다(Gitlin, 2009). 결론은 우울 환자가 두 번째 약물에 도전할 의사가 있는 한, 약물치료는 계속할 가치가 있다는 것이다. 첫째 약물에서 효과를 보지 못한 사람들 중 일부가 다른 약물에서 효과를 볼 수 있기 때문이다. 나중에 우리는 약물치료와 심리치료를 병행하는 것에 대해 보고할 것이다. 종합해 보면 모든 항우울제는 대형 임상 실험들에서 비슷한 정도의 효과를 나타내고 있었다. 하지만 환자가 한 약물에서보다 다른 약물에서 더 잘 반응하는 경우도 종종 있었다.

최근의 연구들은 성인에 효과적인 약물치료가 아동에 반드시 효과적인 것은 아니라는 사실을 보여준다(American Psychiatric Association, 2010; Kaslow, Davis, & Smith, 2009). 삼환성 항우울제를 복용하던 14세 미만 아동이 급작스럽게 사망하는 사건들이 보고되고 있는데, 특히 학교 운동 시합과 같은 운동 중 발생한 사망이 보고되고 있다(Tingelstad, 1991). 심장발작 부작용이 이들 죽음과 관련이 있는 것으로 암시되고 있다. 하지만 삼환성 항우울제와는 달리 적어도 SSRI의 하나인 플루오세틴(프로작)은 안전하고, 일부 증거는 플루오세틴이 청소년에 사용되었을 때 초반[Kaslow et al., 2009; Treatment for Adolescents with Depression Study(TADS) Team, 2004]과 추후(TADS Team, 2009) 모두에서 효과가 있음을 보여주고 있다. 특히 인지행동치료(CBT)와 병행되었을 때 효과가 있다는 일부 증거가 제시되고 있다(March & Vitiello, 2009). 전통적인 항우울제 치료는 흔히 노인들에게도 효과적이다. 하지만 노인층에 약물을 사용하는 데는 상당한 기술이 필요한데, 이는 노인은 기억 손상이나 신체 흥분을 포함하는 젊은 성인층에서 경험되지 않는 다양한 부작용으로 고생할 수 있기 때문이다(Blazer & Hybels, 2009; Fiske et al., 2009). 동네 병원에서 우울 노인 환자 대상의 전문 돌봄(약 복용 준수 격려, 노인 환자에 고유한 약물 부작용 점검, 약간의 심리치료 제공 포함) 서비스를 제공하는 우울 관리사를 활용하는 것은 일상적인 의학 관리보다 더 효과적이었다(Alexopoulos et al., 2005; Unutzer et al., 2002).

임상가들과 연구자들은 우울로부터의 회복이 중요하긴 하나 이것이 가장 중요한 치료 결과는 아닐 수 있다고 결론내렸다(Frank et al., 1990; Thase, 2009). 대부분의 사람들은 종국에는 주요우울 삽화로부터 회복되며, 일부는 다른 이들보다 더 빨리 회복한다. 더 중요한 목표는 다음 우울 삽화의 발생을 지연시키거나 이런 삽화의 발생을 전적으로 막는 것이다(National Institute of Mental Health, 2003; Thase, 2009). 이 목표는 일부 우울증상이 잔존하는 환자들이나 만성 우울 혹은 다중 우울 삽화의 과거력을 지닌 환자들에게 있어 특히 더 중요하다(Forand & DeRubeis, 2013; Hammen & Keenan-Miller, 2013). 이 모든 요인들이 우울 재발 가능성을 높이기 때문에 약물치료는 우울 삽화가 종식되었더라도 삽화 종식 후 6~12개월 혹은 그 이상 동안 더 지속될 필요가 있다(American Psychiatric Association, 2010; Insel, 2006). 그 후 약물은 몇 주나 몇 달에 걸쳐 서서히 단계적으로 감축된다. (우리는 후에 다시 치료 이득 유지의 전략들로 돌아갈 것이다.) 비록 항우울제의 장기 투약에 대해 널리 연구되지는 않았으나, 몇 년에 걸친 장기 약물치료는 우울 경로를 악화시킬 수 있다는 일부 증거가 제시되고 있다(Fava, 2003).

항우울 약물들은 중증 우울증상을 경감시켰고, 의심할 여지없이

전 세계 수만의 우울 환자들의 자살, 특히 중증 우울 환자들의 자살을 막았다. 비록 이들 약물이 쉽게 얻어지고 있기는 하나, 많은 사람들은 항우울제 사용을 거부하거나 약물 복용의 대상이 되지 못하고 있다. 일부는 항우울제의 장기 부작용을 경계한다. 태아에 줄 수 있는 손상 때문에 가임기 여성들은 항우울제 복용 중 임신할 가능성으로부터 자신을 보호해야 한다. 최근 덴마크에서 진행된 10년에 걸친 출생아 분석에서 임신 중 SSRI를 복용한(다른 항우울제의 복용은 없이 SSRI만 복용) 엄마의 영아는 낮은 Apgar 점수(출생 직후의 영아 건강 상태를 보여주는 측정치로, 이 점수는 아이의 이후의 IQ 점수, 학교에서의 수행, 뇌성마비, 간질, 출생 후 수년간 지속되는 인지적 손상과 같은 신경학적 장애를 예측함)를 받을 확률이 보통 영아보다 2배나 높았다. 항우울제를 복용하지 않았던 여성들에서 임신 전 혹은 임신 중 엄마의 우울 수준은 낮은 Apgar 점수와 관련되지 않았다(Jensen et al., 2013). 게다가 치료를 완수한 환자의 약 30~40%가 이들 약물에 반응하지 않았고 나머지 중 상당수가 잔존 증상을 나타내었다.

리튬

항우울제의 다른 유형인 탄산리튬(lithium carbonate)은 자연 환경에서 쉽게 얻을 수 있는 보통 소금의 일종이다(Nemeroff, 2006). 이 물질은 우리가 마시는 물에도 함유되어 있으나 그 양이 너무 적어 효과를 내지 못한다. 하지만 리튬의 치료적 용량으로 인한 부작용은 다른 항우울제의 부작용보다 더 심각할 수 있다. 약의 용량은 독성(중독)을 막고 갑상선 기능저하를 막기 위해 신중히 조절되어야 한다. 특히 약물로 인한 갑상선 기능저하는 우울증과 관련된 에너지 부족을 강화할 수 있다. 체중 증가도 흔한 부작용이다. 하지만 리튬은 다른 항우울제들과는 구분되는 주된 장점이 있다. 조증 삽화를 예방하고 치료하는 데 종종 효과적이라는 것이다. 따라서 리튬은 흔히 **기분안정제**라 불린다. 항우울제는 이전 양극성장애가 없는 개인에게조차 조증 삽화를 유도할 수 있고(Goodwin & Ghaemi, 1998; Goodwin & Jamison, 2007), 그래서 리튬은 양극성장애 치료의 표준으로 자리잡고 있다(Nivoli, Murru, & Vieta, 2010; Thase & Denko, 2008).

연구 결과는 양극성장애 환자의 50%가 초반에 리튬에 잘 반응하고 있음을 보여주고 있는데, 이는 조증 증상에서 적어도 50%의 감소가 있었음을 의미한다(Goodwin & Jamison, 2007). 비록 효과적이긴 하나 리튬은 이처럼 상당수 환자들에게 불충분한 치료적 이득을 제공하고 있다. 리튬에 반응하지 않는 환자들은 카바마제핀이나 발프로에이트(디발프록스)와 같은 항경련제를 포함한 항조증 특성을 갖춘 다른 약물을 복용할 수 있다(Sachs & Rush, 2003; Thase & Denko,

2008). 발프로에이트는 양극성장애를 위한 기분안정제로 가장 흔하게 처방되던 리튬의 자리를 최근 대체하고 있으며(Thase & Denko, 2008), 우울증과 조증 간 변화 주기가 빠른 양극성장애 환자들에게조차 똑같이 효과적이다(Calabrese et al., 2005). 하지만 새로운 연구들은 발프로에이트가 자살 예방에 있어 리튬보다 덜 효과적이라는 뚜렷한 단점을 가지고 있음을 보여주고 있다(Thase & Denko, 2008; Tondo, Jamison, & Baldessarini, 1997).

연구들은 리튬에 반응하는 환자들을 대상으로 최대 5년간 추적하였고, 리튬을 계속 복용하고 있음에도 이 중 약 70%가 재발하였음을 보고하고 있다(Frank et al., 1999; Hammen & Keenan-Miller, 2013). 그럼에도 불구하고 재발성 조증 삽화를 가진 환자들에게 재발 방지를 위해 리튬이나 관련 약물이 계속적으로 복용될 것이 추천되고 있다(Yatham et al., 2006). 양극성장애 약물치료와 관련한 또 다른 문제는 많은 사람들이 조증이 야기하는 도취 혹은 들뜬 기분을 좋아한다는 것과 이런 상태를 되찾기 위해 리튬 복용을 멈추곤 한다는 것이다. 말하자면 환자들이 약물 처방에 따르지 않는다는 것이다. 현재의 증거들은 약물 복용을 멈춘 개인들에서 재발의 위험이 상당히 높음을 보여주고 있는데, 이런 이유로 다른 치료적 방법, 흔히 심리치료가 약 처방 준수를 높이기 위해 사용되곤 한다.

전기경련요법과 경두개 자기자극

환자가 약물에 반응하지 않을 때(혹은 극도로 증상이 심각할 때) 임상가들은 **전기경련요법**(ECT)과 같은 보다 더 극적인 치료를 고려한다. 전기경련요법은 정신외과술(psychosurgery) 다음으로 심리치료 영역에서 논란을 불러일으키고 있는 치료방법이다. 우리는 제1장에서 ECT가 20세기 초반 어떤 방법으로 사용되었는지 기술하였다. ECT는 이제 다른 치료로 효과를 얻지 못하는 중증 우울증 사례에 적용될 수 있는 안전하고 상당히 효과적인 방법이 되었다(American Psychiatric Association, 2010; Gitlin, 2009; Kellner et al., 2012).

현재의 ECT 시행 방법을 보면 불편감 감소를 위해 환자를 마취하고 발작경련 중 뼈 손상 가능성을 방지하기 위해 환자에게 근육이완제를 제공한다. 전기 충격은 1초 미만으로 뇌에 직접 실행한다. 이 충격은 흔히 수 분간 지속되는 발작과 일련의 짧은 경련들을 야기한다. 현재 치료는 며칠에 한 번 간격으로 총 6~10회기 진행한다(만약 환자의 기분이 정상으로 돌아오면 회기는 더 짧아짐). 비록 일부 환자에 있어서는 장기 기억 문제가 나타나기도 하지만, 부작용은 일반적으로 단기 기억 상실과 혼란이 주를 이루며, 이들 부작용은 한두 주 후면 사라진다. 정신병적 특징을 가진 중증 우울 입원 환자들을 대상으로 한 통제된 연구들은 약물에 반응하지 않는 환자의 약 50%가 ECT로 이득을 얻음을 보여준다. 약물이나 심리치료로 치료를 지속하는 것이 필요한데, 이는 재발률이 60% 이상에 접근하기 때문이다(American Psychiatric Association, 2010a; Gitlin, 2009).

최근 강한 자기장을 형성해 뇌의 전기적 활동을 바꾸는 또 다른 방법이 소개되었다. 경두개 자기자극(transcranial magnetic stimulation, TMS)이라 불리는 절차인데 이 방법은 국부화된 전자기 펄스를 생성하기 위해 사람 머리 위에 자기 코일을 위치시킨다. 마취가 필요하지 않으며 부작용 또한 두통 정도에 머무른다. 새로운 절차들이 처음 소개될 때와 마찬가지로 이 방법도 우울 치료에 큰 가능성을 제시하고 있고(Fitzgerald, Brown, et al., 2003; Fitzgerald, Benitez, et al., 2006), 최근의 관찰과 고찰은 TMS가 효과적일 수 있음을 보여준다(Mantovani et al., 2012; Schutter, 2009). 하지만 중증 우울증 환자 혹은 치료-저항적 정신증적 우울증 환자들을 대상으로 한 몇몇 중요한 임상 실험들은 ECT가 TMS보다 명백히 더 효과적이라 보고하였다(Eranti et al., 2007). TMS는 따라서 ECT보다는 항우울제에 필적하는 치료일 수 있다. 최근 한 연구는 TMS와 약물을 병행하는 것이 이 중 한 가지만 시행하는 것보다 조금 더 나을 수 있음을 보고하였다(Brunoni et al., 2013; Gitlin, 2009).

치료-저항적 우울을 위한 다른 비약물적 접근들이 개발되고 있다. 미주신경 자극(vagus nerve stimulation)은 심박조율기 같은 장치를 체내에 삽입하는 것을 포함한다. 조율기는 목에 있는 미주신경에 맥박을 생성하는데 이는 뇌간과 변연계에서의 신경전달물질 생성에 영향을 주는 것으로 생각되고 있다(Gitlin, 2009; Marangell et al., 2002). 충분한 증거가 축적되어 FDA가 이 절차를 승인하기는 했지만, 효과가 일반적으로 약하고 임상 현장에서 이 절차의 사용이 상대적으로 적은 편이다. 뇌심부자극(deep brain stimulation)이 몇몇 심하게 우울한 환자들에게 사용되었다. 이 절차에서 전극들이 변연계(정서 뇌)에 외과적으로 삽입된다. 이들 전극은 심박조율기와 같은 장치와 연결된다(Mayberg et al., 2005). 초기 결과들은 이 절차의 치료-저항적 우울 환자들에의 활용에 대한 긍정적 전망을 보여주고 있으나, 시간이 이 치료의 유용성에 대해 좀 더 잘 말해 줄 것이다(Kennedy et al., 2011).

우울증의 심리치료

우울장애에 현재 사용되고 있는 심리치료들 중 두 접근이 가장 큰 경험적 지지를 받고 있다. 하나는 인지행동접근으로, Aaron T. Beck에 의해 창시된 치료가 이 접근에 가장 근접한다. 다른 하나는 대인관계 심리치료로 Myrna Weissman과 Gerald Klerman에 의해 개발되었다.

인지행동치료

Beck은 깊게 자리한 부정적 사고가 우울증을 발생시키고 있음을 임상 장면에서 직접 목격했고, 이러한 직접적 목격은 인지치료(cognitive therapy)의 창시로 이어졌다(Beck, 1967, 1976; Young et al., 2014). 인지치료에서 내담자는 우울한 동안 자신의 머릿속에 일어나고 있는 사고 과정을 면밀히 관찰하도록 배우며, 사고에서 '우울증적' 오류를 인식하도록 배운다. 이 과업은 쉽지 않은데, 이유는 많은 사고가 자동적이고 내담자의 인식 너머에 있기 때문이다. 내담자는 사고에서의 오류가 직접적으로 우울증을 야기함을 배운다. 치료는 사고 내 인지적 오류를 수정하고 우울한 사고와 평가를 덜 우울하고 좀 더 현실적인(아마도) 사고와 평가로 대체하는 것을 포함한다. 치료 후반에는 특정 인지 오류를 촉발하는 기저하는 부정적 인지도식(세상을 보는 특징적 방식)에 집중하며, 도식에 대한 작업은 클리닉에서뿐만 아니라 내담자 매일의 생활에서도 진행된다. 치료자는 치료자와 내담자가 협업하여 잘못된 사고 패턴과 이에 영향을 준 인지도식을 찾을 것이라는 점을 명확히 하며, 의도적으로 소크라테스식 접근법(질문을 통해 가르치는 것으로 아래의 대화를 참조하시오)을 취한다. 치료자는 능숙해야 하며 고도로 훈련되어 있어야 한다. 아래는 Beck과 아이린이라는 이름의 우울 환자 간에 이루어진 실제 상호작용을 보여주고 있다.

우울을 위한 인지행동 접근은 심리치료의 인지행동 분석 체계(cognitive-behavioral analysis system of psychotherapy, CBASP)를 포함하는데, 이 치료는 인지, 행동, 대인관계적 전략들을 통합하고 문제해결 기술, 특히 중요한 대인관계 맥락에서의 문제해결 기술에 초점을 둔다(McCullough, 2000, in press). 이 치료는 지속성(만성) 우울증 환자들을 위해 고안되었고, 대규모 임상 실험을 통해 그 효과성이 검증되었다(아래 참조). 마지막으로 마음챙김 기반 인지치료(mindful-

---

기분안정제(mood-stabilizing drug) 기분장애, 특히 양극성장애 치료에 쓰이는 약물로, 기분의 병리적 기복을 예방하고 치료하는 데 유용하다.

전기경련요법(electroconvulsive therapy, ECT) 중증우울증, 만성우울증을 위한 생물학적 치료로 뇌에 발작(seizure)을 생성시키기 위해 전기 자극을 준다. ECT가 효과를 내는 기전에 대해서는 아직 밝혀지지 않았다.

인지치료(cognitive therapy) 심리장애(우울이나 불안)와 관련된 부정적 사고 양식을 확인하고 수정하는 것, 이들 부정적 사고를 좀 더 긍정적 믿음과 태도로 교체하고, 궁극에는 보다 더 적응적인 행동과 대처 양식으로 교체하는 것을 목표로 하는 치료적 접근이다.

치료자(T): 지난 주 슬픈 감정을 느꼈을 때, 머릿속에 어떤 생각이 스치고 지나갔습니까?

환자(P): 글쎄요…아마도 '도대체 이 모든 것이 무슨 소용이 있단 말인가'라는 생각이었던 것 같아요. 인생이 다 끝났다. 이전과 같지 않다… '난 무엇을 하려 하고 있는 건가?'란 생각… 때때로 남편에게 화가 나요. 어떻게 날 떠날 수 있는가? 나한테 정말 너무하지 않은가? 나한테 도대체 무슨 문제가 있는 것인가? 내가 어떻게 그에게 화를 낼 수 있겠는가? 남편은 끔찍한 죽음을 원하지 않았다… 내가 더 노력했어야 했다. 처음 두통이 있었을 때 남편을 데리고 의사에게 갔어야만 했는데… 오, 이 모든 것이 무슨 소용이 있단 말인가…

T: 들어보니 지금 기분이 상당히 안 좋은 것 같네요. 맞나요?

P: 네.

T: 당신 머릿속을 스치고 지나가는 생각들을 계속 말씀해 주세요.

P: 어떤 것도 고칠 수 없다… 끝났다… 모르겠다… 모든 게 암울하고 희망이 없는 것 같아요. 무엇을 기대해야만 할 것인가… 병 혹은 죽음…

T: 그러니까 가지고 계신 생각 중 하나가 어떤 것도 바꿀 수 없다, 상황이 더 나아지지 않을 것이다?

P: 맞아요.

T: 그리고 어떤 때는 이 모든 생각이 정말이라 믿고요?

P: 네, 믿어요. 때때로는요.

T: 지금도 그렇게 믿나요?

P: 예. 그렇게 믿어요.

T: 바로 지금 이 순간 이 모든 것을 바꿀 수 없고 상황이 더 나아지지 않을 것이다라고 믿나요?

P: 글쎄요. 아주 조금의 희망은 있지만 그래도 대체로…

T: 지금까지 살아오시는 동안 앞으로의 인생에서 이런 것이 이루어졌으면 하던 것이 있다면 무엇이었나요?

P: 글쎄요. 바란 게 있다면 아이들을 보는 것, 그걸 좋아해요. 하지만 애들이 지금 바빠서. 아들은 변호사고 딸은 의대에 있어요. 그래, 모두들 아주 바빠요. 애들이 나와 함께 보낼 시간이 없어요.

ness-based cognitive therapy, MBCT)는 인지치료에 명상을 접목시킨다(Williams, Teasdale, Segal, & Kabat-Zinn, 2007; Segal, Williams, & Teasdale, 2002). MBCT의 효과성이 평가되었는데, 대체로 우울 삽화로부터 회복된 환자들의 재발을 막는 데 그 효과성이 발견되었다. 이 접근은 특히 3개 이상의 우울 삽화 과거력을 가진 중증 장애 환자들에게 특별히 더 효과적인 것으로 보인다(Segal et al., 2002; Segal et al., 2010).

작고한 Neil Jacobson과 동료들은 활동의 증가만으로도 자기개념의 향상과 우울 상태의 호전이 가능함을 보여주었다(Dimidjian et al., 2014; Jacobson et al., 1996). 인지적 접근만큼의 효과 혹은 더 나은 효과를 나타낸다는 초반의 평가로 인해(Hollon, 2011; Jacobson, Martell, & Dimidjian, 2001) 행동치료가 재구성되고 있다. 행동치료의 새로운 초점은 부정적 정서와 우울을 만들어내고 회피와 무기력을 낳는 사회·환경적 단서들에 대한 회피를 막는 데 있다. 그 대신 개인들은 이런 단서나 촉발제에 직면하도록 격려받으며, 더 나은 대처 기술의 개발을 통해 우울문제를 극복하도록 격려받는다. 유사하게 몇 주 혹은 몇 달에 걸친 프로그램화된 운동도 우울치료에 놀랄 만큼 효과적이다(Mead et al., 2009; Stathopoulou, Powers, Berry, Smits, & Otto, 2006). Babyak와 동료들은(2000) 한 주 3번의 프로그램화된 에어로빅 운동이 항우울제(졸로프트) 치료나 운동과 졸로프트의 혼합보다 4개월 후 더 효과적이었음을 보여주었다. 더 중요한 것은 치료 후 6개월 이내 재발의 예방에 있어 운동이 약물 혹은 혼합 치료보다 더 나은 효과를 가져왔다는 사실이다. 특히 환자가 운동을 계속하고 있었을 때 그러하였다. 운동이 우울 탄력성(resilience)과 관련된 것으로 알려진 해마에서의 신경발생을 증가시킨다는 증거가 새롭게 등장하고 있음을 앞서 언급하였다. 신체단련 활동에 초점을 둔 이런 접근은 정서 변화를 위한 가장 강력한 치료 방법들에서 발견된 결과들과 일관된다(Barlow, Allen, & Choate, 2004; Campbell-Sills, Ellard, & Barlow, 2014). 그리고 우리는 머지않은 미래에 이 접근과 관련한 더 많은 연구들을 접하게 될 것이다.

대인관계 심리치료

대인관계 심리치료(IPT)(Bleiberg & Markowitz, in press; Weissman, 1995)는 현 관계에서 발생하는 문제를 해결하고 중요한 새로운 대인관계 형성 방법을 교육하는 데 그 목표를 두고 있다. 인지행동적 접근들과 마찬가지로 IPT는 고도로 구조화되어 있으며, 주 1회기 형식으로 15~20회기보다 길게 진행하지 않는다(Cuijpers et al., 2011). 우울을 촉발하는 인생 스트레스를 찾은 후, 치료자와 환자는 환자의 현 대인관계 문제해결을 위해 함께 작업한다. 전형적으로 다음의 4가지 대인관계 쟁점들이 치료에서 다루어지게 된다. (1) 대인관계 역할 갈등 다루기(예, 부부갈등에서 나타나는 역할 갈등) (2) 관계 상실에 적응하기(예, 사랑하는 이의 죽음에 대한 애도) (3) 새로운 관계 획득하기(예, 결혼하거나 직업적 관계 형성하기) (4) 사회기술에서의 결핍을 찾고 이를 교정하기(사회기술의 결핍은 개인으로 하여금 중요한 관계를 시작하거나 유지하는 것을 방해하기 때문이다).

치료자의 첫 번째 임무는 대인관계 분쟁을 확인하고 이를 정의하는 것이다(Bleiberg & Markowitz, in press; Weissman, 1995). 한 예로 남편이 가족을 부양해 주길 기대하나 생활비 지불을 위해 어쩔 수 없이 바깥일로 내몰리는 아내의 경우를 생각해 보자. 남편은 수입 창출에 있어 부인이 동등한 몫을 담당해 주길 기대할지 모른다. 만약 이 분쟁이 우울증상을 야기하고 해결책 없는 수없이 많은 언쟁과 불일치로 이어진다면 이는 IPT의 초점이 될 것이다.

분쟁의 확인을 도운 후 치료자가 해야 할 다음 임무는 이 분쟁을 해결하는 것이다. 우선 치료자는 환자의 분쟁 단계에 대한 판단을 돕는다.

1. 협상 단계 양측은 지금 자신들이 분쟁 중에 있으며 분쟁 재협상을 위해 노력하고 있음을 인지하고 있다.
2. 교착 단계 분쟁이 표면 아래서 불타고 있고 낮은 수준의 분노가 나타나고 있지만 해결을 위한 노력이 시도되지 않은 상태다.
3. 해결 단계 양측은 이혼, 별거, 결혼에의 재헌신과 같은 어떤 행동을 취하고 있다.

치료자는 분쟁이 양측 모두에 명확하도록 정의하기 위해 그리고 해결을 위한 세부적 전략을 발전시키기 위해 환자와 협력한다. 주요 우울장애와 지속성 우울장애를 위한 인지치료와 IPT의 결과들을 항우울제나 다른 통제 조건들의 결과들과 비교한 연구들은 심리치료와 약물이 치료 직후 동등하게 효과적임을 발견하였고, 모든 치료가 위약 조건, 단기 정신역동 치료 혹은 다른 적절한 통제 조건들보다 더 효과적임을 발견하였다(Hollon, 2011; Paykel & Scott, 2009). '성공'이 어떻게 정의되느냐에 따라 약 50% 혹은 그 이상의 사람들이 치료로부터 유의한 정도의 이득을 얻고 있는데, 이는 위약 조건이나 통제 조건의 사람들의 약 30%가 치료로부터 이득을 얻고 있는 것과 비교된다(Hollon, 2011; Hollon & Dimidjian, 2009).

유사한 결과가 우울 아동과 청소년에서 보고되고 있다(Kaslow et al., 2009). 한 유명한 임상 실험에서 Brent 등(2008)은 SSRI 항우울제에 반응하지 않았던 중증 우울 청소년 300명 이상에서 CBT가 또 다른 약물로 교체하는 것보다 유의하게 더 효과적이었음을 보여주었다. Kennard 등(2009)은 이러한 결과가 적어도 9회기의 CBT를 받은 청소년에서 더 현저하게 나타남을 보여주었다. 더군다나 연구들은 우울 심각도에 따른 치료 효과성의 차이를 발견하지 못했다(Fournier et al., 2010; Hollon, Stewart, & Strunk, 2006).

예방

아동, 청소년 기분장애의 심각성을 인식하여 아동, 청소년 집단의 기분장애 발생을 예방하기 위한 노력이 시작되고 있다(Horowitz & Garner, 2006; Muñoz, Beardslee, & Leykin, 2012). 의학연구소(Institute of Medicine, IOM)는 3가지 유형의 프로그램을 기술하고 있다. 하나는 전반적(universal) 프로그램으로 누구에게나 다 적용되는 프로그램이다. 다음은 선별적(selected) 개입으로 이혼, 알코올중독 가족력과 같은 요인들로 인해 우울 위험이 높은 개인들을 대상으로 한다. 마지막으로 명시된(indicated) 개입으로 프로그램에 포함된 개인은 이미 경미한 우울증상을 보이고 있다(Muñoz et al., 2009). 선별적 개입의 예로 Gilham과 동료들(2012)은 부정적 사고 양식으로 우울 위험이 높은 10~15세 연령 범위의 학령기 아동 400명 이상에게 인지적 전략과 사회적 문제해결전략을 가르쳤다. 대응된 비처치 통제집단 아동들과 비교하여 예방집단 아동들은 추후 기간 동안 더 적은 우울증상을 보고하였다. Seligman, Schulman, DeRubeis와 Hollon(1999)은 비관적 인지 양식으로 인해 우울 위험이 높은 대학생들에게 유사한 수업을 제공하였다. 3년 후 8회기의 프로그램을 진행받았던 대학생들은 평가만 받았던 통제집단 대학생들보다 불안과 우울을 더 적게 경험하였다. 이는 적절한 인지, 사회기술을 훈련시킴으로써 사춘기 진입 이전의 위험 아동, 청소년을 우울로부터 '심리적으로 면역'시킬 수 있음을 보여주는 결과이다.

주요 임상 실험으로부터 나온 결과들은 '선택적(selected)' 접근과 '명시된(indicated)' 접근을 혼합한 접근들이 우울 위험 청소년들을 대상으로 하고 있음을 보여주었다(Garber et al., 2009). 현재 혹은 과거 우울장애를 가진 부모들의 청소년 자녀 316명이 이 실험에 참가했고, CBT 예방 프로그램과 일상 돌봄 조건 중 하나에 무선할당되었다. 연구 포함 조건으로 청소년들은 우울 과거력을 가지고 있거나 진단을 충족시킬 만큼 심각하지는 않지만 현재 우울증상들을 가지고 있거나 혹은 이 둘 모두를 가져야 했다. CBT 예방집단의 청소년들은 8번의 주별 회기들과 더불어 6번의 월별 유지 회기들을 제공받았다. 일상적 돌봄 집단은 정신건강 혹은 다른 건강 돌봄 서비스들의 적극적 활용을 포함하고 있었으나 CBT 집단에 사용된 절차는 그 어떤 것도 포함하고 있지 않았다. 결과는 CBT 예방 프로그램이 일상적 돌봄 조건보다 추후 우울 삽화 예방에 유의하게 더 효과적이었음을 보여

대인관계 심리치료(interpersonal psychotherapy, IPT) 결혼관계에서의 역할 분쟁, 결혼을 통한 관계 형성, 새로운 직업과 같은 대인관계 문제와 스트레스의 해결을 강조하는 단기 치료적 접근.

준다. 하지만 이런 효과는 부모가 현재 우울 삽화 상태에 있지 않은 청소년들에 한정되었다. 현재 우울 삽화 상태에 있는 부모를 둔 예방 프로그램 청소년들은 추후 평가 기간 동안 자기보고에서는 다소 덜 우울했지만 우울 삽화 경험에 있어서는 유의한 감소를 나타내지 않았다. 이러한 결과들은 매우 중요한데 이는 예방 프로그램의 강력함 뿐만 아니라 우울한 부모와 함께 사는 것이 예방 프로그램의 효과를 어느 정도 감소시킴을 보여주었기 때문이다(Hammen, 2009). 또한 이러한 결과는 미래 우울 삽화 예방을 위해 통합적 방법으로 가족 전체의 우울을 치료하는 것이 필요할 수 있음을 시사한다.

우울증의 병합치료

한 가지 중요한 질문은 심리사회적 치료와 약물치료를 병합하는 것이 하나만 사용하는 것보다 우울치료와 재발 방지에 더 효과적일 것인가의 문제이다. Keller와 동료들(2000)이 수행한 대규모 지속성(만성) 주요우울증에 대한 치료 연구는 미국 전역 12개 클리닉으로부터 온 681명 환자들을 항우울 약물(네파조돈), 만성 우울 환자를 위해 특별히 고안한 CBT(CBASP, McCullough, 2013) 혹은 이 둘의 병합 조건에 할당하였다. 연구자들은 약물치료 조건과 CBT 조건에서는 환자의 48%가 회복하거나 임상적으로 만족할 만한 방식으로 반응한 반면 병행치료 조건에서는 환자의 73%가 회복하거나 임상적으로 만족할 만한 방식으로 반응하였음을 발견하였다. 연구는 만성 우울증 환자라는 특정 우울 환자군만을 대상으로 하였다. 따라서 병합 치료가 우울 환자 전반에 효과적이라는 결론을 내리기 위해서는 결과가 다른 연구에서도 재현되는지 확인할 필요가 있다. 게다가 CBT가 위약과 병행되는 제5의 조건을 연구에 포함시키지 않았기 때문에, 우리는 병행치료의 증가된 효과성이 위약 요인 때문인지 배제할 수 없었다. 그럼에도 불구하고 합의된 의견은 병행치료가 이득을 제공한다는 것이다.

우울증의 재발 방지

우울 재발이 높은 현실에서 항우울제 복용 환자의 50%가 약물 중지 상태에서 마지막 우울 삽화 경험 후 4개월 이내에 재발하였다는 사실은 놀랄 만한 일이 아니다(Thase, 1990). 이런 현실에서 관심은 장기 재발이나 악화를 방지하기 위한 **유지치료**에 모아지고 있다. 수많은 연구들에서 인지치료가 항우울제 치료보다 치료 후 환자들의 재발을 50% 이상 더 감소시켰다(예로 Hollon et al., 2005, 2006; Teasdale et al., 2000 참조).

지금까지 진행된 연구들 중 가장 인상 깊은 연구의 하나에서 환자들은 항우울제 치료와 인지치료 중 하나로 치료받았고(DeRubeis et al., 2005), 치료 이후 경과가 연구되었다(Hollon et al., 2005; Hollon, Stewart, & Strunk, 2006). 치료에 잘 반응한 환자들이 2년에 걸쳐 추적되었다. 첫 번째 환자군은 항우울제 치료를 받았던 환자들로, 추적 첫 해 약물을 계속 투약하다 둘째 해 투약을 그만두었다. 두 번째 환자군은 인지치료를 받았던 환자들로, 추적 첫 해 3번까지의 추수 회기(booster session)를 제공받았으나 둘째 해 추수 회기를 제공받지 못했다. 세 번째 환자군은 항우울제 치료를 받았던 환자들로, 추적 기간 동안 위약으로 대체되었다.

추적 첫 해 약물 투약이 철회되고 위약 조건에 놓이게 된 환자들은 약물을 계속 투약한 환자들보다 다음 12개월의 기간 동안 재발할 확률이 더 높았다(위약 조건 환자들은 23.8%가 재발하지 않았던 반면, 약물 조건 환자들은 52.8%가 재발하지 않았다). 반면 인지치료 과거력을 가진 환자들은 69.2%가 재발하지 않았다. 인지치료 환자들과 항우울제 투약 환자들은 재발률에서는 통계적으로 유의한 차이를 보이지 않았다. 이는 앞서의 인지치료가 약물의 계속적 복용만큼이나 큰 효과 지속의 힘을 가지고 있음을 의미한다. 추적 두 번째 해 모든 치료들이 중지되었을 때, 약물치료를 받았던 환자들은 인지치료를 받았던 환자들보다 재발을 경험할 확률이 높았다. 조정된 재발률은 인지치료력을 가진 환자 조건에서 17.5%, 항우울제 계속 투약 환자 조건에서 56.3%로 나타났다. 이 연구들은 심리치료가 우울 악화나 우울의 재발 방지에 가장 주목할 만한 효과를 내는 치료 방법임을 보여주고 있다.

양극성장애의 심리치료

약물 특히, 리튬이 양극성장애에 필수적 치료처럼 보이기는 하나, 대부분의 임상가들은 대인관계 혹은 실제 문제(예, 양극성장애의 결과 나타나는 결혼관계 및 직장 내 어려움)의 관리를 위한 심리적 개입의 필요성을 강조하고 있다(Otto & Applebaum, 2011). 최근까지 심리적 개입의 주된 목표는 리튬과 같은 약물 처방에 대한 환자의 순응을 높이는 것이었다. 우리는 조증 상태의 '즐거움'이 리튬 복용 거부라는 치료 과정의 장해를 만들어낸다고 앞서 언급하였다. 삽화 사이에 약 복용을 포기하거나 삽화 동안 약 복용을 건너뛰는 것은 치료를 심각하게 약화시킨다. 따라서 약물치료에 대한 순응을 높이는 것은 중요하다(Goodwin & Jamison, 2007). 예를 들어 Clarkin, Carpenter, Hull, Wilner와 Glick(1998)은 입원 환자 약물치료에 심리치료를 추가하는 것이 어떤 이득을 낼지 평가하였고, 심리치료의 추가가 약물치료 단독보다 환자의 약물 처방 순응을 향상시켰고, 결과적으로 중증 환자들에게 더 나은 치료 결과를 만들어 냄을 발견하였다.

보다 최근의 양극성장애를 위한 심리치료는 심리사회적 측면에 맞춰져 있다. Ellen Frank와 그녀의 동료들은 환자의 섭식·수면 주기 조절과 일과 조절을 돕고 스트레스성 인생 사건, 특히 대인관계 사건을 보다 효과적으로 대처할 수 있게 돕는 방식으로 일주기 리듬을 조절하는 심리치료를 개발하였다(Frank et al., 2005; Frank et al., 1997). 대인관계·사회적 리듬 치료(interpersonal and social rhythm therapy, IPSRT)라 불리는 이 접근의 효과 평가에서, IPSRT를 받은 환자들은 표준, 집중 임상 관리를 받은 환자들보다 조증 혹은 우울증 삽화 부재 상태를 더 오래 유지하였다. 청소년을 대상으로 한 초기의 연구 결과 또한 긍정적이었다(Hlastala, Kotler, McClellan, & McCauley, 2010).

David Miklowitz와 그의 동료들은 가족 내 긴장이 양극성장애 재발과 관련됨을 발견하였다. 예비 연구들은 양극성장애 증상에 대한 가족의 이해를 돕고 가족구성원 내 새로운 대처 기술 및 의사소통 양식의 개발을 돕는 치료가 실제 가족구성원 간 의사소통 방식을 바꾸고(Simoneau, Miklowitz, Richards, Saleem, & George, 1999) 재발을 방지함(Miklowitz, 2014)을 보여주고 있다. Miklowitz, George, Richards, Simoneau와 Suddath(2003)는 약물과 가족 초점화된 치료의 병행이 같은 기간 위기관리와 약물치료를 병행한 것보다 치료 시작 1년 후 더 적은 재발을 낳았음을 보여주었다. 구체적으로 가족치료+약물치료 집단에서는 35%가 재발한 반면 비교집단(위기관리+약물치료)에서는 54%가 재발하였다. 유사하게 가족치료 환자들의 재발 이전 기간의 평균은 1.5년(73.5주)이었는데, 이는 비교 집단의 재발 이전 기간의 평균보다 유의하게 길었다.

Rea, Tompson과 Miklowitz(2003)는 가족치료를 같은 기간 같은 수의 회기를 받은 개인 심리치료와 비교하였고, 치료 2년 후에도 계속해서 가족치료의 이점을 발견하였다. Reilly-Harrington 등(2007)은 CBT가 빠른 주기를 특징으로 보이는 양극성장애 환자들에게 유용하다는 일부 증거를 발견하였다. 앞서 고찰된 양극성장애 우울 단계에 대한 항우울제의 상대적 비효율성을 고려하여, Miklowitz 등(2007)은 30회기에 달하는 집중 심리치료가 일상적이고 관례적인 치료보다 양극성장애의 우울 회복 촉진과 치료 이득 유지에 더 효과적이었음을 보여주는 한 중요한 연구 결과를 보고하였다. 항우울제 효과의 부족과 더불어 양극성장애의 가장 흔한 단계인 양극성 우울에 특정한 효과는 이러한 심리치료 절차가 양극성장애의 포괄적 치료에 중요한 기여를 할 것임을 시사한다. Otto 등(2008a, 2008b)은 이같은 양극성장애의 근거 기반 심리치료 절차들을 새로운 치료 프로토콜에 통합시켰다.

이제 다시 케이티의 사례로 돌아가 보자. 케이티는 기억하다시피 주요우울 삽화 동안 자살을 시도했었다.

케이티 ● 자신에 대한 승리

심각한 심리장애를 가진 대부분의 사람들처럼 케이티도 적절한 치료를 받아보질 못했다. 물론 다양한 정신건강 전문가들로부터 간간히 평가는 받았지만 말이다. 그녀는 유능한 전문가의 도움이 용이하지 않은 시골에 살았다. 그녀의 인생은 어려움으로 오르락내리락했으며 종국에는 불안과 우울에 제압당했다. 케이티가 충분히 자신의 감정을 조절할 수 있게 되었을 때, 고등학교에서 운영하는 독립연구 프로그램의 수업 몇 개를 들었다. 케이티는 자신이 학업에 상당히 매료되어 있음을 그때 알았다. 비록 고교 1학년까지만 학교를 다녔지만, 19세에는 지역 전문대학에 등록하였고 학업을 아주 잘 해냈다. 대학에서 그녀는 고등학교 졸업에 준하는 학위를 받았다. 그런 다음 지역 공장에서 일했다. 하지만 과음과 바륨 복용은 계속되었다. 불안과 우울은 재발되곤 했고 그녀의 삶을 와해시켰다.

결국 케이티는 집을 떠나 대학에 진학하였고, 사랑에 빠졌다. 하지만 사랑은 일방적이었고 결국 상대에게 거부당했다.

"하루는 그이와 전화 통화를 마치고 거의 죽을 정도로 술을 마셨어요. 전 기숙사 싱글룸에서 살았어요. 제가 마실 수 있는 가장 빠른 속도로 보드카를 마셨습니다. 그런 다음 잠에 들었지요. 깨어났을 때 토사물에 뒤덮인 제 자신을 발견했습니다. 어떻게 잠이 들었는지 어떻게 토하게 되었는지 기억할 수 없었습니다. 다음 날 대부분을 취한 상태에 있었지요. 그 다음 날 아침 깼을 때, 토사물로 질식사했을 수도 있었겠구나 깨달았습니다. 더 중요한 것은 '내가 정말 죽기를 원했을까'하는 사실이 불분명했다는 것입니다. 그날이 제가 술을 마신 마지막 날이었습니다."

케이티는 변하기로 결심했다. 이전 받았던 치료에서 배웠던 것을 활용하여 자신의 삶과 자신을 다르게 보기 시작했다. 자신이 얼마나 부족하고 나쁜가에 몰두하기보다 자신의 강점에 주의를 기울이기 시작했다. "하지만 이제는 제 자신을 있는 그대로 포용하고 직면한 장애물을 치울 필요가 있음을 깨달았습니다. 가능한 행복하게 그리고 편안하게 세상을 헤쳐 나갈 필요가 있었습니다. 전 그럴 권리가 있었어요." 치료에서 배운 다른 교훈들이 이제 가치가 있게 되었고, 케이티는 자신의 정서 기복을 인지할 수 있었다.

유지치료(maintenance treatment) 치료 후의 재발을 방지하기 위해 고안된 심리사회적 치료, 약물 혹은 그 둘의 조합.

"전 우울한 기간을 '감정을 느끼는' 기간으로 객관화하는 방법을 배웠습니다. 이들 감정도 제 일부이긴 하나 전부는 아닙니다. 전 제가 이런 기분일 때를 인지하고 있고, 감정들에 대해 분명하지 않을 때는 믿는 누군가와 함께 제 지각을 확인합니다. 그리고 이런 우울 기간은 단지 일시적이라는 믿음을 유지하고자 노력하고 있습니다."

케이티는 인생에 성공적으로 대처하기 위한 다른 전략들도 개발했다.

"전 제 목표와 저한테 중요한 것들에 집중하고자 노력하고 있습니다. 목표 성취를 위한 하나의 전략이 효과가 없으면 효과가 있을 다른 전략이 있을 것입니다. 끈기는 제 장기 중 하나입니다. 인내, 헌신, 자기통제도 중요합니다. 지금까지 제가 이룬 어떤 변화도 즉각적으로 혹은 자동적으로 나타난 것은 없습니다. 제가 성취한 것 대부분은 시간, 노력, 인내가 요구되는 것들이었습니다."

케이티는 열심히 노력하여 자신과 유사한 문제를 가진 다른 사람들을 도울 수 있기를 꿈꿨다. 그 꿈을 추구했고, 심리학 박사학위를 얻었다.

개념 확인 **6.4**

각 기술에 해당하는 기분장애 치료 유형을 쓰시오.

1. 뇌에 전류를 통과시켜 발작을 유도하는 것을 포함하는 논란은 있지만 다소 성공적인 치료. _____
2. 사고 과정을 주의 깊게 검토하고 '우울증적' 사고 양식을 인지하도록 내담자를 가르치는 치료. _____
3. 주로 세 형태(삼환성, MAO 억제제, SSRI)로 이루어지며 많이 처방되지만 상당한 부작용을 가진 치료. _____
4. 이 항우울제의 용량과 사용은 질병을 피하기 위해 신중하게 조절되어야만 하나 조증 삽화에 영향을 준다는 점에서 장점이 있음. _____
5. 이 치료는 현 관계들에서 나타나는 문제를 해결하고 새로운 대인관계 형성 방법을 학습시키는 데 집중함. _____
6. 이 치료는 장기 재발 방지·악화 방지 노력임. _____

자살

▶ 자살과 기분장애 사이의 관계는 무엇인가?

우리는 암과의 사투 혹은 AIDS 치유를 위한 치열한 노력과 관련한 뉴스를 자주 접한다. 우리는 또한 심장병 예방을 위해 식습관을 개선하고 운동량을 늘리라는 끝없는 경고를 듣고 있다. 하지만 가장 무시무시하고 위험한 의학적 상태보다 더 위에 위치한 사망의 또 다른 원인이 있다. 이것은 바로 미국에서만 한 해 거의 40,000명의 사람들에 의해 선택된, 겉으로는 그 이유를 알 수 없는 자살이다.

통계

자살은 미국 내 사망 원인들 중 11번째에 해당하며(Nock, Borges, Bromet, Cha, et al., 2008), 많은 역학연구자들은 자살자의 실제 수가 현재 보고된 수보다 2~3배는 높을 것이라는 데 동의하고 있다. 이같은 보고되지 않은 자살은 주로 사람들이 의도적으로 다리 끝 혹은 벼랑 아래로 운전하여 발생하며(Blumenthal, 1990), 과거에는 망자에 대한 존중으로 자살에 의한 사망을 의학적 원인에 의한 사망으로 돌리는 경우도 드물지 않았다(Marcus, 2010). 전 세계적으로 자살은 살인이나 HIV/AIDS보다 더 많은 사망을 야기하고 있다(Nock, Borges,

Bormet, Cha, et al., 2008).

자살은 압도적으로 백인들의 현상이라 할 수 있다. 흑인과 히스패닉을 포함한 대부분의 소수 민족들은 이 같은 극단적인 대안에 좀처럼 의존하지 않는다. 이는 그림 6.5에서 명백히 드러난다. 그러나 미국 원주민의 자살 수에서 예상 가능하듯 이들의 자살률은 타 민족 집단의 자살률을 훨씬 앞지르며 매우 높다[Center for Disease Control and Prevention (CDC), 2013c; Nock, Borges, Bromet, Cha, et al., 2008]. 하지만 아파치 부족들 사이에서 자살률은 큰 편차가 보이고 있으며, 이들 부족의 자살률은 국가 평균의 거의 4배 수준에 달한다(Mullany et al., 2009). 더 놀랄 만한 사항은 청소년기를 기점으로 자살로 인한 사망이 극적으로 증가하고 있다는 사실이다. 미국에서 10만명당 자살로 인한 사망자 수는 10~14세 연령 집단에서 1.29명인데 반해 20~24세 연령 집단에서는 12.35명으로 증가한다(CDC, 2010b; Nock, Cha, & Dour, 2011). 10대에게 있어서 자살은 2007년 자동차 사고, 살인과 같은 비의도적 상해 다음으로 세 번째로 높은 사망의 원인이었다(CDC, 2010b). 유병률은 그림 6.5에서도 나타난 바와 같이 민족 집단마다 큰 차이를 보인다. 이는 청소년 자살의 예방과 치료를 위해 문

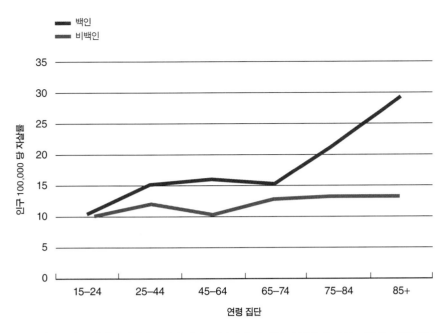

● 그림 6.5 미국 백인과 비백인의 연령 집단(+남녀 합산)에 따른 자살률(자료출처: 미국 주요 통계, 국립보건통계센터, 2001). [출처: Centers for Disease Control and Prevention (2003a). Deaths: Final data for 2001. *National Vital Statistics Reports*, 52(3). Hyattsville, MD: National Center for Health Statistics.]

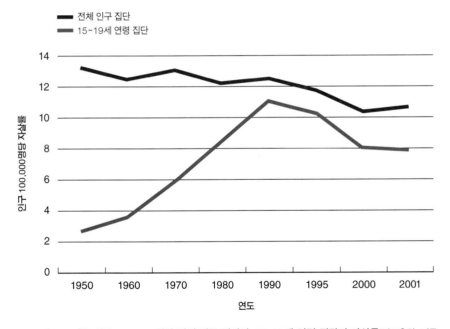

● 그림 6.6 미국 인구 100,000명당 전체 인구 집단과 15~19세 연령 집단의 자살률(자료출처: 미국 주요 통계, 국립보건통계센터, 2001) [출처 Centers for Disease Control and Prevention (2003a). Deaths: Final data for 2001. *National Vital Statistics Reports*, 52(3). Hyattsville, MD: National Center for Health Statistics.]

화적 요인에 주의를 기울일 필요가 있음을 강조한다(Goldston et al., 2008). 그림 6.6에 제시된 바와 같이 청·장년층에서의 자살률과 비

교해 노인층에서의 자살률이 극적으로 증가하고 있음을 주목하라. 이 같은 증가는 노인층에서의 증가된 의학적 질병 발생과 사회적 지지 상실(Conwell, Duberstein, & Caine, 2002) 그리고 그로 인한 우울증(Fiske et al., 2009; Bøen, Dalgard, & Bjertness, 2012)과 관련되어 있다. 앞서 언급하였듯 질병 혹은 노쇠는 무망 혹은 우울과 강한 관련을 가지고 있다.

연령과 상관없이 중국을 제외한 세계 각국에서 남성은 여성보다 자살을 할 가능성이 4배나 높다(Nock et al., 2011). 이 같은 놀랄 만한 사실은 자살 시도 방법에서의 성차와 부분적으로 관련되어 보인다. 남성은 일반적으로 총이나 목매달기와 같은 보다 폭력적인 방법을 선택하는 반면 여성은 약물과다투여와 같은 덜 폭력적인 대안을 사용하는 경향이 있다(Callanan & Davis, 2012; Nock et al., 2011). 더 많은 남성이 노년에 자살을 하는 데 반해 더 많은 여성이 중년에 자살을 하는 것으로 나타났는데, 이는 나이 든 여성의 경우 자살 시도의 대부분이 성공하지 못하는 데 부분적으로 기인한다(Berman, 2009; Kuo, Gallo, & Tien, 2001).

유일하게 중국에서만 여성이 남성보다 더 많이 자살한다. 특히 시골에서 그렇다(Sun, 2011; Wu, 2009). 무엇이 이 같은 문화적 차이를 설명할까? 중국 과학자들은 아마도 세상에서 가장 높은 중국의 자살률이 낙인의 부재로 인한 결과라는 데 동의한다. 자살, 특히 여성의 자살은 중국 고전문학에서 문제에 대한 합당한 해결책으로 묘사되고 있다. 시골에 거주하는 중국 여성에게 있어 가족은 세상 전부를 의미하며 자살은 이들에게 있어 가족이 붕괴할 때 선택할 수 있는 영광스런 해결책이다. 게다가 독성이 강한 농약은 시골에서 쉽게 구할 수 있으며, 자살을 의도하지 않은 많은 여성들조차 실수로 농약을 삼켜 사망할 가능성이 있다.

성공한 자살에 더해 자살 행동에 대한 다른 3가지 중요한 지표가 있는데, **자살 사고**(자살에 대해 심각하게 고려하는 것), **자살 계획**(자살의 구체적 방법을 세우는 것), **자살 시도**(시도하고 살아남음)가 그것이다(Kessler et al., 2005; Nock et al., 2011). 또한 Nock과 Kessler(2006)는 '시도자(attempters, 죽음을 목적으로 자기에게 해를 가하는 사람)'를 '흉내자

(gesturers, 죽음을 목적으로 하지 않고 타인에게 영향력을 행사하거나 타인을 조종하거나 도움을 요청하려는 목적으로 자기에게 해를 가하는 사람)'와 구분하고 있다. 일관된 정의를 사용한 잘 수행된 국가간 연구에서 자살 사고의 평생 유병률은 9.2%로, 자살 계획의 평생 유병률은 3.1%로, 자살 시도의 평생 유병률은 2.7%로 추정되었다(Nock, Borges, Bromet, Alonso, et al., 2008).

비록 세상 대부분에서 남성이 여성보다 더 많이 자살을 하지만(예, CDC, 2013c), 여성은 남성보다 3배나 더 자주 자살을 시도한다(Berman & Jobes, 1991; Kuo et al., 2001). 덜 치명적인 자살 사고, 자살 계획, (실패한) 자살 시도의 전반적 비율은 여성에게서 남성에게서보다 40~60% 더 높다(Nock et al., 2011). 이 같은 높은 발생 비율은 남성보다 여성이 더 많이 우울하고 우울이 자살 시도와 강력하게 관련되어 있음을 반영한다(Berman, 2009). 백인에게서 더 높은 자살 성공이 보고됨에도 불구하고 자살 사고, 계획 혹은 시도에서는 민족 혹은 인종 집단 간 유의한 차이가 보고되지 않음은 흥미롭다(Kessler et al., 2005). 청소년들 사이에서 자살 사고와 자살 시도 간 비율은 3:1에서 6:1 사이에 분포한다. 다시 말해 자살에 대해 생각하는 청소년의 16~30%가 실제로 자살을 시도한다(Kovacs, Goldston, & Gatsonis, 1993; Nock, Borges, Bromet, Cha, et al., 2008). 자살에서의 '사고'는 철학적 형태의 자살에 대한 사고가 아닌 행동에 대한 진지한 숙고를 의미한다. 자살이라는 위험한 길로 가는 첫 단계는 자살에 대해 생각하는 것이다.

대학생(자살은 대학생 집단의 사망 원인 중 2번째를 차지하고 있음)을 대상으로 한 한 연구에서 12% 정도의 학생들이 지난 1년 동안 자살에 대해 심각하게 생각해 보았다고 보고했다(Wilcox et al., 2010). 자살을 생각해 본 대학생들의 단지 일부만이(10% 정도) 자살을 시도했고 이들 중 극히 일부만이 자살에 성공했다(Schwartz, 2011). 그럼에도 불구하고 자살 문제의 심각함으로 인해 정신건강 전문가들은 자살 사고를 심각하게 받아들이고 있다.

원인

위대한 사회학자인 Emile Durkheim(1951)은 자살이 발생하는 사회적 혹은 문화적 상황을 기초로 여러 자살 유형을 정의하였다. 한 유형은 일본의 고대 전통인 할복(자신이나 가족에게 불명예를 가져온 개인은 칼로 자신을 찌르도록 기대됨)과 같은 공인된 '형식화된' 자살이다. Durkheim은 이를 이타적 자살(altruistic suicide)이라 지칭하였다. Durkheim은 사회적 지지의 상실도 자살을 야기하는 중요한 도발이라 인지하였다. 그는 이를 이기적 자살(egoistic suicide)이라 지칭하였

다. (친구나 가족을 잃은 후 자살하는 노인들이 이 범주에 속한다.) Magne-Ingvar, Ojehagen과 Traskman-Bendz(1992)는 심각하게 자살을 시도했던 75명의 사람들 중 단지 13%만이 적절한 친구망 혹은 관계망을 가지고 있음을 발견하였다. 유사하게 최근의 연구는 자살시도자가 비자살시도자보다 사회적 지지를 받지 못한다고 지각하는 경향이 있음을 발견하였다(Riihimäki, Vuorilehto, Melartin, Haukka, & Isometsä, 2013). 아노미적 자살(anomic suicide)은 명망 있는 직업을 갑작스럽게 잃는 것과 같은 현저한 삶의 와해에 대한 결과이다(아노미는 상실이나 혼란감을 의미함). 마지막으로 치명적 자살(fatalistic suicide)은 자신의 운명에 대한 통제력을 상실한 데서 기인한다. 1997년 Heaven's Gate라는 사이비 종교 신자 39명의 집단자살은 이 유형의 한 예이다. 이들의 목숨이 카리스마를 가진 최고 지도자 Marshall Applewhite의 손에 놓여졌기 때문이다. Durkheim의 업적은 자살에 대한 사회적 기여를 우리에게 알려줬다는 점에서 중요하다. Sigmund Freud(1917/1957)는 자살(어느 정도의 우울)이란 분노를 자아내는 타인이나 상황에 대한 밖으로 향해진 적대감이라기보다는 자기에게로 향해진 무의식적 적대감이라 믿었다. 하지만 사실 자살의 희생자들은 자신을 거부한 타인 혹은 상처를 주었던 타인에 대해 심리적으로 '처벌'하는 것처럼 보이기도 한다. 현대에는 자살의 원인으로 사회적, 심리적 요인을 고려하는 동시에 생물학적 기여에 대한 잠정적 중요성도 강조하고 있다.

위험요인

Edward Shneidman은 자살 위험요인 연구의 선구자이다(Shneidman, 1989; Shneidman, Farberow, & Litman, 1970). 개인을 취약하게 만드는 상황이나 사건의 연구를 위해 Shneidman과 동료들이 사용한 방법으로 **심리부검**이 있다. 자살자의 심리 프로파일이 자살자의 생각과 행동을 잘 알 만한 친구 및 가족구성원과의 광범위한 면담을 통해 재구성된다. 심리부검과 다른 방법들은 연구자들이 수많은 자살 위험을 찾을 수 있도록 돕는다.

가족력

한 가족구성원이 자살을 하면 다른 가족구성원도 자살을 할 위험이 증가한다(Hantouche, Angst, & Azorin, 2010; Berman, 2009; Mann et al., 2005; Nock et al., 2011). 사실 최근 연구는 우울 환자들 중에서 자살 행동의 가장 강력한 예언자가 자살의 가족력이라는 사실을 발견하였다(Hantouche et al., 2010). Brent와 동료들(2002)은 자살을 시도했던 가족구성원의 자녀들이 비자살시도자의 자녀들보다 자살 시

전 세계 인구에서 1,000명을 무선적으로 추출했다고 생각해 보자. 매년 이 1,000명 중 4명의 사람이 자살을 시도할 것이고, 7명의 사람이 자살을 계획할 것이며, 20명의 사람이 자살을 신중하게 고려할 것이다(Borges et al., 2010). 비록 자살이 사망의 주된 원인이긴 하나 자살을 예측하고 이를 예방하기는 쉽지 않다. 이는 자살로 사망한 사람들이 더 이상 자신을 자살로 이끈 요인에 대한 정보를 제공할 수 없기 때문이다. 게다가 자살로 사망한 많은 사람들은 삶을 마감하겠다는 결심에 영향을 준 요인들에 대한 단서를 거의 남기지 않는다. 자살을 더 잘 이해하고 예방하기 위한 시도로 연구자들은 때때로 자살 사고를 경험하였고 치명적이지 않은 자살 시도를 하였던 사람들을 대상으로 연구를 진행한다. 이런 연구들의 결과는 세계 각지의 자살 행동에 대한 흥미로운 정보를 제공하고 있다.

17개국의 사람들을 대상으로 최근의 한 조사는 성인의 약 9% 정도가 생애 어느 시점에서 자살을 신중하게 고려하였고, 3%가 실제 자살 계획을 수립하였으며, 3% 미만의 성인이 자살 시도를 하였음을 발견하였다(Nock, Borges, Bromet, Alonso, et al., 2008). 하지만 자살 사고의 비율과 자살 시도의 비율은 국가마다 유의하게 차이가 있었다. 예를 들어 이탈리아에서는

단지 3%만이 자살 사고를 보고한 반면 뉴질랜드에서는 16%의 사람들이 자살 사고를 보고하였다. 절대적으로 높은 수의 자살이 인구밀집 국가인 중국과 인도에서 발생하고 있는 가운데, 최근 일본, 헝가리, 리투아니아, 한국에서 높은 자살률이 보고되고 있다(Värnik, 2012).

연구자들은 왜 국가마다 자살과 관련된 비율에서 이 같은 차이를 보이는지 이해하려고 노력하고 있다. 주목할 만한 점은 자살 사고를 가졌다고 혹은 자살 시도를 하였다고 보고한 사람들은 국가를 막론하고 유사한 특징을 보이고 있다는 것이다. 예를 들어 조사된 모든 국가에서 자살 사고의 비율은 청소년기에 급증하였고, 자살 사고를 가진 이의 1/3이 자살 시도를 하였으며, 자살 시도를 한 사람들의 60%가 자살 사고를 가진 후 1년 안에 자살을 시도했다는 것이다. 더욱이 자살 사고와 자살 시도의 위험요인은 국가 간 매우 유사했다. 위험요소에 여성, 어린, 덜 교육받은, 미혼 그리고 정신장애가 포함된다(Nock, Borges, Bromet, Alonso, et al., 2008). 자살 행동의 수많은 위험요인이 확인되고 있음에도 불구하고, 불행히도 현재까지 자살에 대한 어떤 이론도 이들 요인을 한데 묶어 우리에게 어떤 이가 자살의 위험이 있는지 정확히 예측하게 하고 자살 행동을 예방하게 하고 있지 못하다.

도 위험이 6배나 높았음을 지적하였다. 만약 형제도 자살시도자였다면 그 위험성은 더 높아진다(Brent et al., 2003). 이러한 사실은 놀랄 만한 것이 아니다. 왜냐하면 자살을 한 수많은 사람들이 우울하거나 자살 관련 정신장애를 가지고 있으며 이러한 장애들은 가족 내에서 유전된다(Nock et al., 2011). 그럼에도 불구하고 질문은 남아 있다. 자살한 사람들은 단순히 가족 내에서 목격한 친숙한 해결책을 채택한 것인가 아니면 충동성 같은 유전적 특성이 증가된 가족 내 자살 행동을 설명하는가? 두 요인 모두 기여하는 것 같다. 개인이 공격성 혹은 충동성과 더불어 기분장애의 초기 발병을 가지고 있다면 그 가족은 자살 행동의 위험이 무척 높다(Mann et al., 2005). 유전의 가능성은 몇몇 입양 연구에 의해 지지되고 있다. 한 연구는 자살한 입양아의 생물학적 친척 사이에서 자살하지 않은 입양아의 생물학적 친척 사이에서보다 더 높은 자살률을 발견하였다(Nock et al., 2011). 또한 입양아와 그들의 생물학적 가정 그리고 입양 가정의 고찰 연구에서 Brent와 Mann(2005)은 입양아의 자살 행동이 생물학적 친척들의 자살 행동만으로 예측되고 있음을 발견하였다. 이는 상대적으로 그 정도는 적을지라도 그리고 그 유전적 기여가 우울 및 관련 장애에 대한 유전적 기여와 독립적이지 않을지라도 자살에 있어 생물학적(유전적) 기여가 일부 있음을 시사하는 결과이다.

신경생물학

다양한 증거들은 낮은 세로토닌 수준이 자살과 폭력적 자살 시도와 관련되어 있을 수 있음을 시사하고 있다(Pompili et al., 2010; Cremniter et al., 1999). 앞서 지적했듯이 지나치게 낮은 수준의 세로토닌은 충동성, 불안정성, 상황에 과반응하는 경향성과 관련되어 있다. 즉, 낮은 수준의 세로토닌은 충동적으로 행동하는 취약성을 만들어 낼 가능성이 있다. 여기에는 충동적 행동인 자살도 포함된다. Brent와 동료(2002) 그리고 Mann과 동료들(2005)의 연구는 충동성 특징을 포함한 기분장애 취약성의 전이가 자살 시도의 가족 내 전이를 매개할 수 있음을 시사한다.

존재하는 심리장애와 다른 심리적 위험요인

자살자의 80% 이상이 흔히 기분장애, 약물사용장애 혹은 충동조

자살 사고(suicide ideation) 자살을 할까 하는 신중한 생각.
자살 계획(suicide plans) 자기를 죽이는 구체적 방법에 대한 모색.
자살 시도(suicide attempts) 자신을 죽이려는 노력.
심리부검(psychological autopsy) 사망 이전의 자살자를 알고 있던 사람들과의 면담으로부터 구성된 자살자의 사후 심리 프로파일.

절장애와 같은 심리장애를 앓고 있다(Berman, 2009; Joe, Baser, Breeden, Neighbors, & Jackson, 2006; Nock, Hwang, Sampson, & Kessler, 2010). 자살은 자주 기분장애와 연관되며 이는 그럴 만하다. 자살의 60%(청소년 자살의 75%)가 존재하는 기분장애와 관련되어 있다(Berman, 2009; Oquendo et al., 2004). 하지만 기분장애를 가진 많은 사람들은 자살을 시도하지 않고 반대로 자살을 시도한 많은 사람들이 기분장애를 가지고 있지 않다. 따라서 우울과 자살은 서로 강하게 연관되어 있어도 여전히 독립적이다. 기분장애와 자살 간의 관계를 자세히 살펴보면서 일부 연구자들은 우울의 한 특정 요소인 무망감을 자살의 강력한 예언자로 분리시키고 있다(Beck, 1986; Goldston, Reboussin, & Daniel, 2006). 하지만 무망감은 주요 정신건강 문제가 우울증이 아닌 사람들의 자살도 예측하며(Klonsky et al., 2012; Simpson, Tate, Whiting, & Cotter, 2011), 이 발견은 중국에서도 유사하게 나타나고 있다(Cheoung, Law, Chan, Liu, & Yip, 2006). 자살의 대인관계 이론(interpersonal theory of suicide)이라 불리는 자살에 대한 최근 이론은 타인의 짐이라고 여기는 자기지각과 소속감의 감소가 무망감과 그 뒤에 이어지는 자살의 강력한 예언자라고 인용하고 있다(van Orden et al., 2010).

알코올 사용과 남용은 자살의 약 25~50%와 관련되고, 대학생 자살(Lamis, Malone, Langhinrichsen-Rohling, & Ellis, 2010)과 청소년 자살(Pompili et al., 2012; Berman, 2009)에서 더 특징적으로 발견된다. 사실상 Brent와 동료들(1998)은 자살 청소년의 약 1/3이 사망 당시 술에 취해 있었고 더 많은 수가 약물의 영향하에 있었을 것이라는 점을 발견하였다. 성인에서 물질남용과 기분장애의 복합 그리고 아동과 청소년에서 기분장애와 품행장애의 복합은 어떤 장애 하나보다 자살에 대한 취약성을 더 높이는 것 같다(Nock, Hwang, et al., 2010; Woods et al., 1997). 예를 들어 Nock, Hwang과 동료들(2010)은 우울 하나가 자살 사고나 시도를 예측하지 않고 충동조절문제와 불안·동요와 결합된 우울이 자살 사고와 시도를 예측하였음을 발견하였다. Woods와 동료들(1997)도 싸움, 총기 소지, 흡연과 같은 다른 위험 추구 행동과 결합된 물질남용이 고통 속에 있는 청소년의 충동성을 반영하며 10대 자살을 예언하고 있음을 발견하였다. 또한 자극추구(sensation seeking)라고 불리는 좀 더 관련된 특징이 우울이나 물질남용이 설명하는 정도 혹은 그 이상으로 10대의 자살 행동을 예측하고 있다(Ortin, Lake, Kleinman, & Gould, 2012). 이전 자살 시도는 또 다른 강한 자살의 위험요인이며 따라서 심각하게 고려되어야 한다(Berman, 2009). Cooper와 동료들(2005)은 고의적 자해로 응급실에서 치료받던 8,000명의 사람들을 최대 4년간 추적하였다. 이들 중

60명이 이후 자살을 했는데, 이는 일반 인구 자살률의 30배에 해당한다.

우울보다 충동성으로 특징지어지는 장애가 경계선 성격장애이다(제11장 참조). 이 장애를 가진 개인은 실제 자신을 파괴할 의도 없이 다른 사람을 조종하려는 목적으로 충동적 자살 제스처를 취하는 것으로 알려져 있는데, 이들 중 10%에서 실수로 자신을 죽음으로 이끄는 경우가 발생하기도 한다. 경계선 성격장애와 우울증의 결합은 특히 치명적이다(Perugi et al., 2013; Soloff, Lynch, Kelly, Malone, & Mann, 2000).

자살과 중증 심리장애들과의 관련성, 특히 우울증과의 관련성이 그렇지 않았으면 건강했을 사람들이 실망에 직면해 나타내는 반응이 자살이라는 착각을 만들어 내고 있다.

스트레스적인 인생 사건

아마도 가장 중요한 자살의 위험요인은 학교나 직장에서의 실패(실제 혹은 상상된), 예상치 못한 구금 혹은 연인으로부터의 거부와 같은 수치스럽고 굴욕적으로 경험되는 스트레스 사건일 것이다(Conwell et al., 2002; Joiner & Rudd, 2000). 신체적·성적 학대 또한 중요한 스트레스원이다(Wagner, 1997). 증거는 스트레스와 자연재해로 인한 붕괴가 자살의 위험을 증가시킴을 확인하였다(Stratta et al., 2012; Krug et al., 1998). 특히 거대한 지진과 같은 극단적인 재해에서 그러하였다(Matsubayashi, Sawada, & Ueda, 2012). 1980년대 자연재해를 경험한 337개 국가들로부터의 자료를 기반으로 Krug와 동료들(1998)은 자살률이, 심한 홍수 발생 4년 후에는 13.8%, 허리케인 발생 2년 후에는 31%, 지진 발생 1년 후에는 62.9% 증가하였다고 결론 내렸다. 심리장애, 충동성, 사회적 지지 부족을 포함한 취약성들이 이미 있는 상태에서 스트레스 사건이 발생하면 이는 개인을 극단으로 이끌 수 있다. 자살 행동의 원인에 대한 통합적 모델이 그림 6.7에 제시되어 있다.

자살은 전염성이 있는가?

사람들은 자살 뉴스를 접할 때 슬픔과 의구심으로 반응한다. 일부는 자신들도 자살을 시도하는 방식으로 반응하는데, 이들은 자신들이 금방 접해 들은 것과 같은 방법을 사용하여 자살을 시도한다. Gould(1990)는 자살이 자살 관련 뉴스 보도 후 9일 안에 증가한다고 보고했으며, 최근의 고찰은 자살 행동과 자살관련 매체보도에의 노출 사이에 정적 관계가 있음을 발견하였다(Sisask & Värnik, 2012).

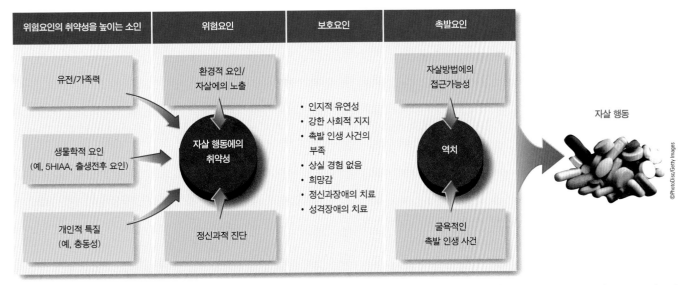

| 위험요인의 취약성을 높이는 소인 | 위험요인 | 보호요인 | 촉발요인 |

위험요인의 취약성을 높이는 소인
- 유전/가족력
- 생물학적 요인 (예, 5HIAA, 출생전후 요인)
- 개인적 특질 (예, 충동성)

위험요인
- 환경적 요인/ 자살에의 노출
- 정신과적 진단

자살 행동에의 취약성

보호요인
- 인지적 유연성
- 강한 사회적 지지
- 촉발 인생 사건의 부족
- 상실 경험 없음
- 희망감
- 정신과장애의 치료
- 성격장애의 치료

촉발요인
- 자살방법에의 접근가능성
- 굴욕적인 촉발 인생 사건

역치

자살 행동

©PhotoDisc/Getty Images

● 그림 6.7 **자살 행동의 역치모델.** 5HIAA 5 5-hydroxyindoleacetic acid. [Blumenthal, S. J., & Kupfer, D. J. (1988). Clinical assessment and treatment of youth suicide. *Journal of Youth and Adolescence, 17*, 1~24에서 발췌]

자살자 무리(타인의 자살을 모방하는 일군의 사람들)는 주로 청소년들인데, 모든 청소년 자살의 5%가 모방 자살의 범주에 속한다(Gould, 1990; Gould, Greenberg, Velting, & Shaffer, 2003).

왜 어떤 이는 자살을 모방하려 할까? 첫째, 자살은 매체에서 낭만적인 것으로 묘사되고 있다. 견딜 수 없는 압박하에 있던 매력적인 젊은이가 자살을 하고 이를 통해 어려운 상황을 창출한 성인 세계에 복수함으로써 친구와 또래에게 순교자가 되는 식의 내용이 전개되곤 한다. 또한 매체는 자살에서 사용된 방법을 상세히 보도하고 있는데, 이것은 잠재적 희생자들에게 지침을 제공하는 역할을 한다. 미완성 혹은 실패한 자살로 야기된 마비, 뇌손상, 그 외 끔찍한 결과에 대해서는 그리고 자살이 중증 심리장애와 거의 매번 연관되었는지에 대해서는 거의 보도되지 않고 있다. 더 중요한 사실은 자살이라는 문제해결 방법의 무익성에 대해서는 더 적게 보도되고 있다는 것이다(Gould, 1990, 2001; O'Carroll, 1990). 따라서 이러한 비극을 예방하기 위해 정신건강 전문가들은 사람들이 우울해지거나 혹은 자살의 전염에 취약해지는 학교나 그 외의 장소에서 즉각적인 개입을 시도해야 한다(Boyce, 2011). 하지만 자살이 전염성이 강한 질병에서와 같은 의미에서 '전염성인가'는 명확치 않다. 오히려 친구의 자살로 인한 스트레스 혹은 기타 다른 주요 스트레스가 현재 있는 심리장애로 인해 취약해진 몇몇 개인에게 영향을 주었을 가능성이 있다(Joiner, 1999; Blasco-Fontecilla, 2013).

치료

중요한 위험요인의 규명에도 불구하고, 자살을 예측하는 것은 여전히 불확실성의 영역 안에 있다. 촉발요인이 거의 없는 개인이 갑작스럽게 자살을 하는 반면, 가늠할 수 없이 많은 스트레스와 질병에 시달리고 있고 사회적 지지나 인도도 거의 없는 많은 이가 어찌어찌 살아남아 난관을 극복하기도 한다.

정신건강 전문가들은 자살 사고의 평가를 위해 철저히 훈련받는다(Fowler, 2012; Joiner et al., 2007). 어떤 이는 누군가의 머리에 자살이라는 생각을 심어 넣을까 두려워 자살 관련 질문을 하길 꺼린다. 하지만 우리는 자살 사고에 대한 영감을 불어넣는 위험이 매우 적거나 없다는 것을 알고 있고 자살 사고를 발견 못하고 방치하는 것의 위험도 알고 있다. 따라서 아무것도 하지 않는 것보다 이러한 '비밀'을 확인해 보는 것이 훨씬 중요하다는 것을 우리는 안다(Berman, 2009). Gould와 동료들(2005)은 선별 프로그램 동안 자살 사고와 행동에 대해 질문 받았던 1,000명 이상의 고등학생이 선별 프로그램을 받았으나 자살 관련 질문을 받지 않았던 1,000명의 학생들보다 자살 사고의 위험이 증가하지 않았음을 발견하였다. 따라서 누군가 자살의 징후가 보인다면 정신건강 전문가들은 "최근 인생이 살 가치가 없다고 느낀 적이 있는가 혹은 나에게 해를 가하고 싶다거나 자살을 하고 싶다고 생각한 적이 있는가?"라는 질문을 해야 할 것이다.

자살 사고 평가의 어려움 중 하나는 자살 사고가 내재적이거나 개인에게 인식이 되지 않을 경우가 있다는 점이다. 현재 Cha, Najmi, Park, Finn과 Nock(2010)은 내재적 자살 사고를 측정하기 위해 인지심리 연구실로부터의 방법을 응용한 내재적(무의식적) 인지 측정 도구를 개발하였다. 제2장에서 기술한 스트룹 검사(Stroop test)를 활용한 이 평가에서 죽음·자살과 자기 사이에 내재적 연합을 보인 사람들(비록 자신이 이를 인지하고 있지 않았어도)은 이런 특정 연합을 보이지 않는 사람들보다 다음 6개월 동안 6배나 더 높은 비율로 자살을 시도하였다. 그리고 이 평가 점수가 환자 자신의 예측이나 임상가의 예측보다 자살 시도를 더 잘 예측하였다(Nock, Park, et al., 2010).

정신건강 전문가는 최근 굴욕 사건을 확인할 것이고 각 사건에서 자살 가능성을 높이는 요인의 존재 여부를 판단할 것이다. 예를 들어 자살을 생각하는 사람의 계획이 구체적인가 아니면 모호한 상상에 불과한가? 만약 계획이 구체적 시간, 장소, 방법을 포함하고 있다면 자살의 위험은 더 높다. 구체적 계획이 개인사 정리, 소지품 양도, 이 밖의 다른 최후 행동들을 포함하고 있는가? 그렇다면 위험은 한층 더 높다. 어떤 자살 방법을 고려하고 있는가? 일반적으로 더 치명적이고 폭력적인 방법(총, 목 매달기, 독약 등)을 고려하고 있을수록 자살의 위험은 더 높다. 실제 무슨 일이 발생할 것인지 이해하고 있는가? 약물 과다복용의 결과를 이해하지 못하고 있는 사람들이 많다. 마지막으로 발각될 것에 대한 예방책을 가지고 있는가? 그렇다면 위험은 극단에 이른다(American Psychiatric Association, 2003).

만약 위험이 존재한다면 임상가는 자살 사고자로 하여금 자살하지 않겠다는 계약에 동의하도록 하거나 비자살 계약서에 서명하도록 할 수 있다. 흔히 계약서는 정신건강 전문가에게 연락을 취하지 않은 상태에서 자살과 관련된 어떠한 행동도 취하지 않을 것을 약속하는 조항을 포함하고 있다. 만약 자살 위험이 있는 사람이 계약에 동의하길 거부한다면(혹은 임상가가 환자의 진심을 믿을 수가 없다면) 자살의 위험은 높은 것으로 판단되며, 환자 개인의 의사에 반할지라도 즉각적 입원이 필요하다. 입원시키든 않든 간에 기저하는 생활 스트레스를 해결하고 심리장애를 치료하는 치료가 즉각적으로 시행되어야 한다.

자살이 공공의 건강 상태에 미치는 결과를 고려하여 수많은 프로그램들이 자살률 감소를 위해 시행되었다. 많은 연구들은 인생 스트레스를 다루고 사회적 지지를 높이는 방법을 훈련하는 학교 혹은 기관에서의 일반인을 대상으로 하는 교육과정 프로그램(일반적 프로그램)이 효과적이지 않다는 것을 보여주었다(Berman, 2009; Garfiled & Zigler, 1993). 보다 도움이 되는 프로그램은 자살의 위험을 가진 개인들을 대상으로 하는 프로그램인데, 자살을 시도한 학생이 있는 학교에서 청소년을 대상으로 진행하는 자살 예방 프로그램이 여기에 포함될 수 있다. 의학연구소(Institute of Medicine, 2002)는 자살자의 친구나 친지에게 즉각 제공될 수 있는 서비스의 마련을 제안하고 있다.

중요한 처치는 자살 위험이 있는 사람의 치명적 무기에의 접근 가능성을 제한하는 것이다. 최근의 분석은 이것이 자살예방 프로그램의 가장 중요한 부분임을 시사한다(Mann et al., 2005). 직통 전화나 다른 위기 개입 서비스들도 유용한 것으로 보인다. 그럼에도 불구하고, Garfield와 Zigler(1993)가 지적하였듯 핫라인 자원봉사자들은 심각한 자살 위험을 탐지해낼 수 있는 유능한 정신건강 전문가들에 의해 지원되어야 한다. 한 거대 건강유지공단은 자살 위험으로 서비스를 받으러 내원한 약 20만 명의 회원들을 주의 깊게 선별하였고 위험이 감지되면 이에 대한 개입을 제공하였다. 자살은 이 유망 프로그램에서 크게 감소하였다(Hampton, 2010)

자살 위험이 있는 사람들에 대한 특정 치료도 개발되고 있다. 예를 들면 노인을 위한 자살예방프로그램은 가족지지와 같은 보호 요인을 강화하는 대신 자살의 위험요인(예, 우울치료)을 감소시키는 데 집중하고 있으며, 사회관계망 참여를 독려함으로써 향상을 꾀할 수 있다(Lapierre t al., 2011). 다른 개입은 자살과 관련된 특정 정신건강 문제를 대상으로 하고 있다. 예를 들어 Marsha Linehan과 그녀의 동료들(Linehan, 1987; Neacsiu & Linehan, 2014)은 경계선 성격장애를 위한 주목할 만한 치료를 개발하였다. 이 치료는 경계선 성격장애와 관련된 충동적 자살 행동을 다루고자 하였다(제11장 참조).

경험적 연구는 인지행동 개입이 자살 위험을 줄이는 데 효과적일 수 있음을 보여주고 있다. 예를 들어 David Rudd와 동료들은 자살 사고에 자살 시도력이 결합되어 혹은 자살 사고에 우울이나 약물사용장애가 결합되어 혹은 자살 사고에 이 둘 모두가 결합되어 자살 위험을 보이는 젊은 청년들을 대상으로 한 단기 심리치료를 개발하였다(Rudd et al., 1996). 환자는 치료 후 2년간 측정되었고 결과는 문제해결력의 괄목할 만한 향상과 더불어 자살 사고와 자살 행동의 감소를 보여주었다. 이 프로그램은 자살 행동 치료에 효과성을 보이는 심리치료로 확인되었다(Rudd, Joiner, & Rajab, 2001). 현재까지 진행된 여러 주요 연구들 중 하나에서 자살 시도자들을 위한 10회기의 인지치료가 지난 18개월간 추가적 자살 시도의 위험을 50% 정도 감소시킨 것으로 나타났다(Brown et al., 2005). 특히 일반 관리 집단에 있었던 이들 중 42%가 자살 시도를 반복한 반면 인지치료 집단에서는 24%만이 자살 시도를 반복하였다. 인지치료가 널리 이용가능하기 때문에, 이는 자살 예방의 중요한 발전이라고 말할 수 있다.

자살률이 증가하고 있는 현 상황에서 특히, 청소년 자살률이 증가하고 있는 현 상황에서 자살 행동은 보건 당국의 철저한 조사를 받고 있다. 이 조사는 심리장애의 가장 심각한 결과 중 하나인 자신의 생명을 앗아가는 행동을 예방하는 더 효과적이고 효율적인 방법들을 찾아내는 단계로 넘어가고 있다.

다음의 서술에 해당하는 자살 유형을 고르시오. (a) 이타적 (b) 이기적 (c) 아노미적 (d) 치명적

1. 랄프의 아내는 그를 떠났고 아이들도 데려갔다. 그는 유명 TV 스타이나 방송국 새 소유주와의 갈등 때문에 최근 해고당했다. 그가 자살을 한다면 그것은 _____으로 간주될 수 있다.

2. 샘은 베트남 전쟁 포로로 있는 와중에 자살했다.

   _____

3. 세이바는 아프리카 외딴 마을에 산다. 그녀는 최근 근처 마을의

한 남성과 바람을 피우다가 발각되었다. 남편은 그녀를 죽이고 싶었지만 부족의 전통 때문에 직접 죽일 필요가 없었다. 세이바는 근처 '죄를 지은 여성의 절벽'이라는 곳에서 뛰어내렸다.

   _____

4. 메이벨은 여러 해 동안 양로원에서 살았다. 처음에는 가족과 친구들이 자주 방문했다. 이제는 크리스마스에만 온다. 가장 친한 양로원 친구 둘이 최근 사망했다. 그녀는 취미도 없고 별다른 관심사도 없다. 메이벨의 자살은 어떤 유형으로 분류될 수 있을까? _____

DSM 5 DSM 논란 언제 정상적인 애도가 주요우울장애로 간주되는가?

DSM-5 이전에는 강한 자살 사고나 정신증적 증상과 같은 심각한 증상을 가지지 않는 한 사별 후 2달 이내 주요우울 삽화를 충족하는 증상을 보이면 주요우울장애로 진단되지 않았다. 이를 **애도 예외조항**이라 부른다. 하지만 이 예외조항은 *DSM-5*에서 몇 가지 이유로 사라졌다(Zisook et al., 2012). 예를 들어 주요우울 삽화는 취약한 사람들에서 사랑하는 이의 상실을 제외한 스트레스 사건으로 촉발된다고 언급되었다. 만약 주요우울 삽화의 모든 진단기준을 충족한다면 그 촉발 사건이 사랑하는 이의 상실이었다는 이유만으로 이를 제외시킨다는 입장은 정당해 보이지 않는다. 게다가 수많은 원천으로부터의 자료는 상실로 인해 촉발된 우울증 삽화와 상실이 아닌 다른 이유로 촉발된 우울증 삽화 간에 유의한 차이가 없음을 시사하고 있으며, 또한 촉발요인이 사랑하는 이의 상실이든 그렇지 않든 간에 요우울증의 발달 취약성을 높이는 생물학적, 심리적, 사회적 요인이 동일함을 시사하고 있다(Shear et al., 2011; Zisook et al., 2012). 마지막으로 자료는 2달의 애도 예외조항의 삭제가 주요우울증 치료를 요하는 사람들의 수를 유의하게 증가시키고 있지 않음을 보여준다(Gilman et al., 2012; Zisook et al., 2012).

그럼에도 불구하고 이러한 변화는 논란을 불러일으키는데, 이는 *DSM-5*가 정상적 애도 과정을 항우울제 처방을 요하는 장애로 만들 수 있다는 문제의식 때문이다(Fox & Jones, 2013; Maj, 2008). *DSM*이 정신건강 전문가들의 사업 촉진과 거대 제약 회사의 이윤 추구에 동조하고 있

다는 비판이 있어 왔는데 애도 예외조항의 삭제는 이런 *DSM-5*를 향한 비판의 주를 이루고 있다. 하지만 애도 예외조항의 삭제를 옹호하는 사람들은 주요 생활 스트레스에 대한 반응으로 주요우울장애 혹은 외상후 스트레스장애를 진단하는 것이 문제가 되지 않는 것처럼 사랑하는 이의 상실에 대한 반응으로 주요우울장애를 발달시키는 것 또한 문제가 될 수 없다고 지적한다. 게다가 옹호자들은 주요우울장애와 애도 사이에 차이가 있다고 주장한다. 애도를 경험하는 이들은 공허와 상실의 감정을 경험하며 파도처럼 밀려오는 이러한 감정들은 때때로 **극심한 슬픔**이라 지칭되고 있으며 사랑하는 이의 상실에 대한 생각으로 촉발된다. 더욱이 애도하는 개인은 부분적으로 긍정적 정서를 경험할 수 있으며 유머나 자존감도 유지하고 있다. 반면 주요우울 삽화에서는 우울감이 지속되며 긍정적 정서가 거의 동반되지 않는다. 사고 과정은 보통 매우 비관적이며 낮은 자존감과 무가치감을 동반한 자기비판적 성향을 띤다(APA, 2013).

이에 대한 반응으로 일부 정신건강 전문가들은 상실, 외상, 스트레스 정도에 상응하는 강한 슬픔, 스트레스 혹은 우울은 인간의 자연스러운 경험이기 때문에 장애로 간주해서는 안 된다고 제안한다(Wakefield, Schmitz, First, & Horwitz, 2007). 주요우울장애 진단에서 애도 예외조항을 삭제하는 것이 긍정적인 발전인지 혹은 부정적인 발전인지는 시간이 말해줄 것이다.

요약

기분장애의 이해와 정의

우울 삽화와 조증 혹은 경조증 삽화 간의 차이점은 무엇인가?

▶ 기분장애는 가장 흔한 심리장애 중 하나로 이 장애를 발달시킬 위험이 전 세계적으로, 특히 젊은 층에서 증가하고 있다.

▶ 두 기본적인 경험인 주요우울 삽화와 조증 삽화는 독자적으로 혹은 함께 모든 특정 기분장애 진단에 기여한다. 사회적 혹은 직업적 기능에 장해를 유발하지 않는 덜 심각한 형태의 조증 삽화는 경조증 삽화로 알려져 있다. 불안 혹은 우울과 짝을 이루는 조증 삽화는 혼합 삽화 혹은 혼합 상태라고 알려져 있다.

▶ 우울 삽화로 고생하는 사람들은 단극성장애를 가지고 있다고 일컬어진다. 우울증과 조증 삽화를 번갈아 보이는 사람들은 양극성장애를 지니고 있다.

주요우울장애, 지속성 우울장애, 양극성장애의 임상적 증상은 무엇인가?

▶ 주요우울장애는 단일 삽화 혹은 재발성 삽화를 나타내나 항상 그 기간이 제한되어 있다. 우울증의 또 다른 형태인 지속성 우울장애에서 증상들은 다소 경미한 상태이나 오랜 기간 상대적으로 변하지 않고 유지되는 특성을 보인다. 지속성 우울장애의 몇몇 사례에서 주요우울 삽화에서보다 더 적은 증상이 관찰되나 이들 증상은 적어도 2년간 지속된다(기분부전장애). 다른 사례에서는 주요우울 삽화가 적어도 2년간 지속된다(만성 주요우울 삽화). 지속성 우울장애의 한 형태인 이중 우울증 사례에서 개인은 주요우울 삽화와 기분부전 모두를 경험한다.

▶ 상을 당한 사람들 중 약 20%가 복잡한 애도 반응을 경험하는데, 여기서 정상적 애도 반응은 완전한 기분장애로 발달하게 된다.

▶ 양극성장애의 주요 임상적 특징은 교대로 나타나는 조증 삽화와 주요우울 삽화이다. 순환성 기분장애는 양극성장애의 더 경미한 그러나 더 만성화된 버전이다.

▶ 명시자(specifier)라 불리는 기분장애에 동반하는 부과적 특징 양상은 때때로 기분장애의 시간적 양상이나 경로가 그러하듯 장애 경로나 치료에 대한 반응을 예측할 수 있다. 명시자 유형의 하나인 계절성 정서장애는 겨울에 주로 발병한다.

기분장애의 유병률

기분장애의 유병률이 왜 발달 단계별로 서로 다른가?

▶ 아동의 기분장애는 성인의 기분장애와 근본적으로 유사하다.

▶ 우울증 증상들은 노인 집단에서 극적으로 증가한다.

▶ 문화집단 간 불안의 경험이 다르며 예를 들어 우울이라는 주관적 경험을 비교하려 할 때 이들 집단 간 비교는 특히나 더 어려울 수 있다.

기분장애의 원인

어떤 생물학적, 심리적, 사회문화적 요인들이 기분장애의 발달에 기여하는가?

▶ 기분장애의 원인은 생물학적, 심리적, 사회적 요인들의 복잡한 상호작용에 있다. 생물학적 관점으로부터 연구자들은 특히 스트레스 가설과 신경호르몬의 역할에 관심을 보인다. 우울의 심리학적 이론은 학습된 무기력과 우울한 인지 도식(cognitive schema) 그리고 대인관계의 와해에 집중한다.

기분장애의 치료

어떤 의학적, 심리적 치료들이 기분장애 치료에 성공적이었는가?

▶ 생물학적, 심리적 치료를 포함한 다양한 치료는 적어도 단기간은 기분장애에 효과적이라고 입증되어 왔다. 항우울제나 심리사회적 치료에 반응하지 않는 개인들을 위해 좀 더 극적인 신체적 치료인 전기경련요법이 때에 따라 사용되기도 한다. 심리치료로는 인지치료와 대인관계 심리치료가 우울장애를 치료하는 데 효과적인 것으로 보인다.

▶ 기분장애의 재발은 장기간으로 볼 때 흔하다. 따라서 치료 노력은 유지치료, 즉 재발방지에 집중해야 한다.

자살

자살과 기분장애 간에는 어떤 관계가 있는가?

▶ 자살은 흔히 기분장애와 연관되지만 기분장애가 없어도 혹은 다른 장애가 있는 상태에서도 나타날 수 있다. 자살은 미국인 사망 원인 중 11번째를 차지하지만 청소년 사망 원인 중에는 3번째를 차지한다.

▶ 자살을 이해하는 데 있어 3개의 지표가 중요하다. 자살 사고(자살 시도에 대한 심각한 사고), 자살 계획(자살에 대한 상세한 방법), 자살 시도(성공하지 못한 자살)가 그것이다. 또한 심리부검은 자살의 위험요인 파악에 중요한데, 심리부검에서 자살을 한 사람의 심리적 프로파일이 재구성되고 단서로서 검토된다.

핵심 용어

개념 확인의 답

6.1

1. e, 2. a, 3. c, 4. d, 5. b

6.2

1. T, 2. F(삶의 경험을 요구하진 않음), 3. T, 4. T

6.3

1. 유전, 신경전달물질 체계 이상, 내분비계, 일주기 혹은 수면 리듬, 신경호르몬

2. 스트레스 인생 사건, 학습된 무기력, 우울의 인지 삼제, 통제감 상실

3. 결혼 불만족, 성별, 적은 사회적 지지

6.4

1. 전기경련치료, 2. 인지치료, 3. 항우울제, 4. 리튬, 5. 대인관계 심리치료, 6. 유지치료

6.5

1. c, 2. d, 3. a, 4. b

1. 고양된 기분, 수면에 대한 감소된 요구, 주의산만 등을 경험하는 개인은 다음을 경험할 확률이 높다.

   a. 공황장애

   b. 조증

   c. 이인성

   d. 환각

2. 사별과 우울증 간 관계에 대하여 정신건강 전문가들 사이에 일반적으로 합의된 사항은 무엇인가?

   a. 사별은 모든 사례에서 우울증보다 덜 심각하다.

   b. 우울증은 많은 경우 사별로 이어질 수 있다.

   c. 사별은 많은 경우 우울증으로 이어질 수 있다.

   d. 사별의 증상과 우울증의 증상은 좀처럼 겹치지 않는다.

3. 제I형 양극성장애는 _____(으)로 특징지어지는 반면 제 II형 양극성장애는 _____(으)로 특징지어진다.

   a. 완전한 조증 삽화, 경조증 삽화

   b. 경조증 삽화, 완전한 조증 삽화

   c. 우울과 조증 삽화 모두, 완전한 조증 삽화

   d. 완전한 조증 삽화, 우울과 조증 삽화 모두

4. 사별에 대한 치료는 흔히 다음을 포함한다.

   a. 상실에서 의미 찾기

   b. 상실한 사람을 다른 사람으로 교체하기

   c. 비극에서 유머 찾기

   d. 상실한 사람에 대한 슬픈 생각을 좀 더 행복한 생각으로 교체하기

5. 불안과 우울 간의 관계를 가장 잘 특징짓는 문장은?

   a. 불안은 흔히 우울증 발달에 선행한다.

   b. 우울은 흔히 불안장애 발달에 선행한다.

   c. 거의 모든 우울 환자들은 불안하지만 모든 불안 환자들이 우울한 것은 아니다.

   d. 거의 모든 불안 환자들이 우울하지만 모든 우울 환자들이 불안한 것은 아니다.

6. 어떤 이론이 삶의 상황들에 대한 통제권을 가지지 못한다고 개인이 믿었을 때 우울이 발생한다고 주장하고 있는가?

   a. 귀인 이론

   b. 학습된 무기력

   c. 사회학습 이론

   d. 등결과성(equifinality) 이론

7. 우울 환자를 치료할 때 심리학자는 환자들이 자신에 대해, 세상에서의 자신의 지위에 대해, 그리고 미래에 대한 전망에 대해 보다 더 긍정적으로 생각할 수 있도록 돕는다. 이 심리학자의 기법은 누구의 우울 모델에 기반하고 있는가?

   a. Sigmund Freud

   b. Carl Rogers

   c. Rollo May

   d. Aaron Beck

8. 우울증의 유지치료는 이것이 다음의 무엇을 예방하기 때문에 중요할 수 있다.

   a. 전이

   b. 사별

   c. 발생

   d. 재발

9. 우울증 치료에서 약물 복용을 꺼리거나 약물 복용 후 이를 중지하는 사람들이 있다. 이들의 행동에 대한 이유를 설명하고 있는 것은 다음 중 어떤 것인가?

   a. 약물 공급이 딸리거나 약물 구입이 어렵다.

   b. 약물은 많은 사람들에게 작용하지 않는다.

   c. 약물은 일부의 사람들에게 심각한 부작용을 야기한다.

   d. 약물은 단기간은 작용하나 장기간은 작용하지 않는다.

10. 다음 중 자살의 위험요인인 것은?

    a. 자살을 한 친척이 있다.

    b. 온몸을 쓰는 공격적인 격투기를 하고 있다.

    c. 여러 번 결혼한 결혼력이 있다.

    d. 추상적이고 철학적 인지 사고 양식을 가지고 있다.

(답은 부록 A에 있습니다.)

기분장애 탐색하기

기분장애를 가진 사람들은 아래 중 하나 혹은 둘 다를 경험한다.

▶ **조증:** 과다한 자신감과 에너지를 동반하는 미친 듯한 '기분고양(high)'으로 흔히 무모한 행동을 초래한다.

▶ **우울증:** 극도의 에너지·흥미·자신감·인생 즐거움의 부족을 동반하는 파괴적인 '기분저조(low)'

- 부정적 혹은 긍정적 삶의 변화
  (사랑하는 이의 죽음, 승진 등)
- 신체 질환

촉발요인

©PhotoDisc/Getty Images

생물학적 영향

- 유전된 취약성
- 변화된 신경전달물질과 신경호르몬 체계
- 수면 부족
- 일주기성 리듬의 와해

사회적 영향

- 여성과 소수자 –사회적 불평등과 억압 및
  약화된 통제감
- 사회적 지지가 증상을 감소시킬 수 있음
- 사회적 지지 결핍이 증상을 악화시킬 수 있음

원인

행동적 영향

우울증

- 전반적으로 느려진 행동
- 책임이나 외모꾸미기를 등한시함
- 짜증, 수월하게 해내던 일들에 대한 불만

조증

- 과활동
- 무모한 혹은 이례적 행동

©PhotoDisc/Getty Images

장애

정서적, 인지적 영향

우울증

- 둔마된 정서 혹은 공허감
- 무쾌감
- 기억 어려움
- 집중 곤란
- 무망감 그리고/혹은 학습된 무기력
- 성욕 상실
- 가족, 친구를 향한 온정감 소실
- 과장된 자기비난 혹은 죄책감
- 과일반화
- 자존감 상실
- 자살 사고 혹은 행동

조증

- 과장된 도취감 및 흥분감

©PhotoDisc/Getty Images

286

우울

우울장애

주요우울장애

주요우울장애의 증상들:

- 갑자기 시작되며, 흔히 위기·변화·상실에 의해 촉발됨
- 정상적 기능 수행을 방해할 정도로 극도로 심각함
- 장기간 지속될 수 있는데, 치료하지 않고 놔두면 몇 달이나 몇 년 지속될 수 있음

일부의 사람들은 단지 하나의 삽화를 가지고 있지만 일반적인 패턴은 반복성 삽화나 지속되는 증상들을 가지고 있음

지속성 우울장애(기분부전)

장기간 지속되는 경미한 우울증상을 나타내며, 치료하지 않고 놔두면 20~30년 지속되기도 함 매일의 기능 상태는 심각하게 영향받지 않으나 시간이 지나면서 장애가 누적이 됨

이중 우울증

주요우울증과 기분부전의 시기가 번갈아 나타남

양극성장애

양극성장애를 가진 사람들은 끝없는 정서의 롤러코스터를 타고 있음

양극성장애 유형

- 제I형 양극성장애 유형(bipolar I): 주요우울증과 조증
- 제II형 양극성장애 유형(bipolar II): 주요우울증과 경조증
- 순환성장애(cyclothymia): 경미한 우울증과 경미한 조증, 만성적이고 장기간 지속

우울 단계 동안 개인은 다음을 경험할 수 있음:

- 즐거운 활동이나 친구에 대한 흥미 상실
- 무가치함, 무기력, 무망감을 느낌
- 주의집중 문제를 가짐
- 노력하지 않는데도 체중이 감소하거나 증가함
- 수면에 어려움 혹은 보통보다 긴 수면
- 항상 피로함
- 의학적 원인이 없는데도 신체 통증이나 아픔을 느낌
- 죽음에 대해 생각하거나 자살을 시도함

조증 단계 동안 개인은 다음을 경험할 수 있음:

- 매일의 활동에서 극도의 기쁨과 즐거움을 느낌
- 매일 지나치게 많은 활동을 계획하는 식으로 지나치게 활동적임
- 수면을 매우 적게 취하며 적은 수면에도 피로해지지 않음
- 무모한 행동으로 이어질 수 있는 과대한 계획을 발전시킴: 억제할 수 없는 흥청망청 돈쓰기, 무분별한 성적 행동, 멍청한 사업 투자 등등
- 질주하는 사고(racing thought)를 가지며 끝없이 말함
- 쉽게 짜증을 내며 주의가 산만해짐

기분장애의 치료

기분장애의 치료는 일찍 시작될수록 더 효과적이고 용이하다. 대부분 아래의 방법들을 혼합한 방식으로 치료한다.

치료

약물

항우울제는 증상 조절과 신경전달물질 기능의 회복에 도움을 줄 수 있다. 흔한 유형의 항우울제들은 우측과 같다.

- 삼환성(Tofranil, Elavil)
- 모노아민산화효소억제제 혹은 MAO 억제제(Nardil, Parnate): MAO 억제제는 심각한 부작용을 가질 수 있는데, 특히 특정 음식이나 일반의약품과 함께 복용했을 때 심각한 부작용을 일으킬 수 있다.
- 선택적세로토닌재흡수억제제 혹은 SSRI(Prozac, Zoloft)는 다른 항우울제보다 새로운 약물로, 삼환성 항우울제나 MAO 억제제보다 더 적은 부작용을 야기한다.
- 리튬은 양극성장애 치료에 선호되는 약물이다. 부작용은 심각할 수 있다. 용량은 신중하게 조절되어야만 한다.

인지행동치료

우울한 사람들을 돕는다.

- 부정적이고 우울한 사고와 귀인을 좀 더 긍정적인 것으로 대체하는 법을 배운다.
- 좀 더 효과적인 대처 행동과 기술을 개발한다.

대인관계 심리치료

우울한 사람들을 돕는다.

- 우울을 야기하는 사회적, 대인관계적 촉발제에 집중한다(예, 사랑하는 이를 잃는 것).
- 대인관계 갈등을 해결하는 기술과 새로운 관계를 맺는 기술을 개발한다.

전기경련요법(ECT)

- 중증 우울증에 있어 다른 치료들이 효과가 없을 때 사용한다. ECT는 기억상실이나 무기력과 같은 일시적 부작용을 가지고 있다. 일부 환자에서는 특정 지적 그리고/혹은 기억 기능이 영구적으로 소실되기도 한다.

광선치료

- 계절성 정서장애에 적용된다.

7

신체장애와 건강심리학

행동을 해석하기 위해 과학적 추론을 사용한다.	▶ 행동에 대한 설명들(예, 추론, 관찰, 조작적 정의, 해석)에서 기본적인 생물학적, 심리적, 사회적 요소들을 확인한다. (APA SLO 1.1a) (교재의 290~297쪽 참고)
	▶ 심신이 어떻게 상호작용하며 심리적, 신체적 건강에 영향을 주는지 평가한다. (APA SLO 5.3b) (교재의 291~295, 297~307쪽 참고)
혁신적이고 통합적인 사고와 문제해결에 참여한다.	▶ 경험적으로 연구하기 위하여 문제를 조작적으로 기술한다. (APA SLO 1.3a) (교재의 293~294, 397~299, 300~304, 307~311쪽 참고)
	▶ 행동과 정신과정의 선행 요인 및 결과를 정확하게 파악한다. (APA SLO 5.3c) (교재의 292~294, 300~302쪽 참고)
훈련 기반 문제 해결의 활용을 기술한다.	▶ 심신이 어떻게 상호작용하며 심리적, 신체적 건강에 영향을 주는지 평가한다. (APA SLO 5.3b) (교재의 312~318쪽 참고)

* 이 단원의 내용은 미국심리학회(APA)가 학부 심리학 전공에 대한 지침(American Psychological Association, 2012)에서 제안한 학습목표들을 포함하고 있다. APA에서 제안한 학습목표(Suggested Learning Outcome, SLO)에 따른 범위는 위에서 확인할 수 있다.

건강에 영향을 미치는 심리적 및 사회적 요인

▶ 행동의학과 건강심리학의 차이는 무엇인가?

▶ 면역체계기능, 스트레스, 신체장애가 어떻게 연관되어 있는가?

20세기 초반의 주요 사망 원인은 독감, 폐렴, 디프테리아, 폐결핵, 장티푸스, 홍역, 위장관 감염과 같은 감염성 질환이었다. 감염성 질환으로 인한 연간 사망률은 그 이후 38.9%에서 4%로 급격히 감소하였다(표 7.1). 이와 같은 감소 추세는 많은 감염성 질환을 제거하거나 통제 가능하도록 한 공중보건의 첫 혁신을 반영한다. 보건의료제도가 성공하여 질환으로 인한 사망률을 감소시킴과 동시에 이보다 더 복잡하고 어려운 문제가 모습을 드러냈다. 현대사회의 질병과 사망에 기여하는 주요 원인은 심리적·행동적 요인이 되었다(Ezzati & Riboli, 2012; Marteau, Hollands, & Fletcher, 2012).

제2장에서 뇌구조 및 기능에 심리적·사회적 요인이 강력한 영향을 미침을 살펴보았다. 이러한 요인은 신경전달물질의 활동과 내분비기계 신경호르몬의 분비, 좀 더 근본적인 수준에서 유전자 발현에도 영향을 미친다. 심리장애의 발병 및 유지에 있어 생물학적, 심리적, 사회적 요인 간의 복잡한 상호작용에 대해 여러 장에서 반복적으로 살펴보았다. 그러나 심리사회적 요인은 제2형 당뇨병과 같은 내분비계 질병이나 심혈관질환, 후천성면역결핍증(Acquired Immune Deficiency Syndrome, AIDS)과 같은 면역체계 질병 등 여러 종류의 질병에서도 중요하다. 이 장에서 다룰 이러한 질병은 명백한 신체장애(physical disorder)이다. 이들은 명확하거나 강력하게 추정될 수 있는 신체적 원인이 존재하며 단순포진, 손상된 심장 근육, 악성 종양,

측정 가능한 고혈압과 같은 대개 관찰 가능한 신체적 병리현상이 기저에 있다. 제5장에서 언급된 신체증상장애와 한번 비교해 보자. 예를 들어 전환장애에서 환자는 신체 손상이나 질환을 호소하지만 신체적 병리현상은 발견되지 않는다.

심리적·사회적 요인이 신체장애에 미치는 영향에 대한 연구는 정신병리학과 구분되는 독립된 분야로 간주되어 왔다. 초기에는 심리적 요인이 신체(somatic) 기능에 영향을 미친다는 것을 뜻하는 정신신체의학(psychosomatic medicine)으로 불렸으며(Alexander, 1950), 정신생리장애(psychophysiological disorders) 또한 유사한 개념으로 볼 수 있다. 오늘날에는 이러한 용어에 오해의 소지가 있어 자주 사용되지 않는다. 분명한 신체적 요소가 존재하는 장애를 정신신체적으로 묘사하는 것은 자칫 기분과 불안 같은 심리장애에는 생물학적 요소가 관여하지 않는다는 인상을 줄 수 있다. 현재 이 가정은 타당하지 않으며 심리·신체적 장애의 원인과 지속에 있어 생물학적, 심리적, 사회적 요인이 관여하고 있음은 널리 인정되고 있다.

신체장애의 원인과 치료에 있어 심리사회적 요인의 기여는 널리 연구되고 있다. 그 중 몇몇은 심리학 및 생물학 분야를 통틀어 좀 더 흥미진진한 연구 결과에 속한다. 예를 들어 제2장에서 스트레스 수준을 낮추고 가족 및 친구와 같은 풍부한 사회적 연결망을 가지는 것이 더 좋은 건강상태, 장수, 연령 증가에 따른 인지적 쇠퇴를 감소

표 7.1 1900년과 2010년의 미국 내 10대 사망 원인(총 사망 비율)

	1900	비율	2010	비율
1	폐렴 및 인플루엔자	11.8	심장병	24.2
2	결핵	11.3	암	23.3
3	설사, 장염, 내장 궤양	8.3	만성 하기도질환	5.6
4	심장 질환	8.0	뇌졸중(뇌혈관질환)	5.2
5	두개내 혈관질환	6.2	사고(의도하지 않은 부상)	4.9
6	신염(신장질환)	5.2	알츠하이머병	3.4
7	사고(의도하지 않은 부상)	4.2	당뇨병	2.8
8	암 및 다른 악성 종양	3.7	신염, 신장염증후군, 신장증	2.0
9	노쇠	2.9	인플루엔자 및 폐렴	2.0
10	디프테리아	2.3	의도적인 자기상해(자살)	1.6
	기타	36.1	기타	25.0

출처: Figures for 1900 from Historical Tables: Center for Disease Control, National Vital Statistics System. *Leading Causes of Death, 1900–1998*. Figures for 2010 from Murphy, S. L., Xu, J., & Kochanek, K. D. (2013). *Deaths: Final data for 2010*. National Vital Statistics Reports, 61 (4). Retrieved from http://www.cdc.gov/nchs/ data/nvsr/nvsr61/nvsr61_04.pdf.

시키는 것과 관련이 있다는 것을 간단히 소개한 바 있다(Cohen & Janicki-Deverts, 2009). 또한 가족이나 친구와 같은 사회적 지지체계로부터 멀어진 노인들의 비극적인 신체적 및 정신적 감퇴 현상도 기억해야겠다(Hawkley & Cacioppo, 2007).

건강 및 건강관련 행동

공공보건의 두 번째 혁신은 감염성 질환에서 심리적 요인으로 주안점이 전환된 것이다. 밀접한 관계가 있는 새로운 두 분야가 개척되었다. 첫 번째는 **행동의학**(Agras, 1982; Meyers, 1991)으로 행동과학에서 파생된 지식을 의학적 문제의 예방, 진단 및 치료에 적용한다. 행동의학은 심리학자, 의사 및 다른 의료 전문가들이 새로운 예방 전략과 치료를 개발하기 위해 긴밀히 협력하는 학제 간의 분야이다. **건강심리학**은 학제 간의 분야라기보다는 행동의학의 하위분야로 볼 수 있다. 실무가는 건강 증진과 유지에 중요한 심리적 요인을 연구하고 심리학계 내에서 보건의료제도 및 보건정책 제정을 분석하고 개선방안을 권고하기도 한다(Feuerstein, Labbe, & Kuczmierczyk, 1986; Nicassio, Greenberg, & Motivala, 2010).

심리적 및 사회적 요인은 다음의 두 가지 경로를 통해 건강과 신체적 문제에 영향을 미친다(그림 7.1).

첫째, 질병과 질환을 초래하는 근본적인 생물학적 과정에 영향을 미칠 수 있다. 둘째, 장기적 행동양상이 특정 신체장애의 발병 위험성을 증가시킬 수 있다. 때로 두 경로 모두 질병의 원인과 유지에 기여할 수 있다(Ezzati & Riboli, 2012; Miller & Blackwell, 2006; Schnei-

derman, 2004; Williams, Barefoot, & Schneiderman, 2003). 생식기헤르페스(genital herpes)의 예를 생각해 보자. 여러분이 아는 누군가

❶ 부정적 정서 및 스트레스와 같은 심리사회적 요인은 기본 생물학적 과정에 지장을 주어 신체장애와 질환을 초래한다.

스트레스 / 통제력 결여

❷ 위험한 행동이 다양한 신체장애와 질환을 유발하거나 발병에 기여한다.

흡연 음주 나쁜 식습관 운동 부족

● 그림 7.1 심리사회적 요인은 두 가지 방식으로 직접 신체 건강에 영향을 미친다.

가 이 질환이 있음에도 여러분에게 그 사실을 밝히지 않았을 수 있다. 왜 그랬을지 충분히 이해는 된다. 생식기헤르페스는 치료가 불가능한 성병이다. 통계에 따르면 미국 인구의 20%에 해당되는 5천만 명 이상이 단순포진 바이러스에 감염되어 구강 또는 생식기가 영향을 받는다(Brentjens, Yeung-Yue, Lee, & Tyring, 2003). 이 질환이 젊은 성인층에 집중되어 있기 때문에 해당 연령집단의 유병률은 더 높은 것으로 알려져 있다. 이 바이러스는 주기적으로 재활성화될 때까지는 휴면 상태에 있다. 만약 생식기 부위에서 재발될 경우 통증, 간지러움, 질 또는 요도 분비물, 가장 흔하게는 생식기 부위의 궤양성 병변(ulcerative lesions)과 같은 증상이 초래된다. 병변은 연간 4번 정도 나타날 수 있으나 더 자주 발생하기도 한다. 최근 생식기헤르페스는 생물학적뿐만 아니라 심리적, 행동적 원인으로 인해 급격하게 증가하고 있다. 생식기헤르페스가 분명 생물학적 질환이기는 하나 콘돔을 사용하는 것과 같은 간단한 행동수정을 통해 위험률을 낮출 수 있는 선택을 하지 않았기에 빠르게 확산되고 있다.

스트레스 또한 단순포진의 재발에 중요한 역할을 한다(Chida & Mao, 2009; Coe, 2010; Goldmeier, Garvey, & Barton, 2008). 이완과 같은 스트레스-통제 절차가 면역체계에 긍정적인 영향을 미쳐 단순포진의 재발 횟수를 감소시키고 재발 지속기간도 단축시킨다(Burnette, Koehn, Kenyon-Jump, Huttun, & Stark, 1991; Pereira et al., 2003).

AIDS의 예를 살펴보자. AIDS는 스트레스의 직접적인 영향을 받는 면역체계상의 질환으로(Cohen & Herbert, 1996; Kennedy, 2000), 스트레스는 AIDS의 치명적인 진행을 촉진할 수 있다. 이는 심리적 요인이 생물학적 과정에 어떻게 직접적인 영향을 줄 수 있는지를 보여주는 하나의 예시이다. 무방비한 성행위 또는 주사기를 돌려쓰는 것과 같이 우리가 선택한 행동이 AIDS와 같은 질환에 대한 감염 위험성을 증가시킬 수 있다. AIDS에 대한 의학적 완치가 아직까지 불가능하므로 전염을 예방할 수 있는 대규모의 행동수정이 가장 강력한 무기이다(Fauci & Folkers, 2012; Mermin & Fenton, 2012).

다른 행동양상 또한 질환에 기여할 수 있다. 미국의 10대 주요 사망원인 중 절반 정도는 특정 생활양식에서 나타나는 행동과 관련된다[Centers for Disease Control and Prevention(CDC), 2003b; Kaplan, 2010; Taylor, 2009]. 흡연은 미국에서 예방 가능한 사망 원인 1위로 폐암에 의한 사망의 70%와 모든 원인에 의한 사망의 20%를 유발하는 것으로 추정된다(CDC, 2007; Ezzati & Riboli, 2012). 나쁜 식습관, 운동 부족, 안전벨트 미착용 등의 미흡한 사고 예방 노력과 같은 다른 건강하지 않은 행동도 있다. 위 행동은 대부분의 경우 일상생활에서 장기간 지속되어 온 확고한 습관이기 때문에 생활양식(lifestyle)으로 분류된다(Lewis, Statt, & Marcus, 2011; Oldenburg, de Courten,

& Frean, 2010). 기존 연구에 의하면 심리장애에 작용하는 동일한 사회적, 심리적, 생물학적 원인 요인이 몇몇 신체장애에서도 작용한다(Mostofsky & Barlow, 2000; Uchino, 2009). 그러나 이 중에서도 가장 주목받는 요인은 스트레스로, 특히 스트레스 반응과 관련된 신경생물학적 요소이다.

스트레스의 본질

Hans Selye는 캐나다 몬트리올의 젊은 과학자로 1936년 특정 화학 추출물이 주입된 쥐들에게서 궤양과 더불어 면역체계 조직의 위축과 같은 다른 생리적 문제가 발생한다는 것을 발견하였다. 그러나 어떠한 작용도 하지 않아야 하는 식염수가 매일 주입되었던 통제집단에서도 동일한 신체적 문제가 나타났다. Selye는 예상하지 않았던 이러한 결과에 대해 계속해서 실험을 진행하였고 결국 주입되었던 물질이 아닌 주입한 행위 그 자체가 원인임을 발견하였다. 또한 다양한 환경의 변화 역시 동일한 결과를 초래하였다. 공학 용어를 빌려 Selye는 이와 같은 불특정 반응의 원인이 스트레스라고 판단하였다. 과학 분야에서 종종 나타나는 현상 중 하나가 우연 또는 뜻하지 않은 관찰로 인해 새로운 연구 분야가 창출되는 것인데 이 경우에는 일명 스트레스 생리학(stress physiology)이라 불리는 분야가 탄생하였다(Selye, 1936).

Selye는 지속되는 스트레스에 대한 반응으로 몸은 여러 단계를 거친다고 이론화하였다. 첫 번째 단계는 당면한 위험이나 위협에 대한 경고반응(alarm)이다. 스트레스가 지속되면 다음 단계인 저항(resistance)에 접어들게 되는데 이때 스트레스에 반응하기 위해 여러 대처 기제가 동원된다. 마지막으로 스트레스가 지나치게 강렬하거나 혹은 너무 오랜 기간 지속될 경우에는 영구적인 신체 손상이나 사망까지 이를 수 있는 소진(exhaustion) 단계에 들어가게 된다(Selye, 1936, 1950). Selye는 이러한 일련의 단계를 **일반적응증후군**이라고 명명하였다.

현대사회에서 스트레스라는 용어는 다양한 의미를 갖는다. 공학분야에서의 스트레스란 무거운 트럭이 다리를 건널 때 발생하는 긴장

행동의학(behavioral medicine) 행동과학을 의학적 문제의 예방, 진단. 치료에 적용시키는 학제 간 접근법으로 정신신체의학이라고도 알려져 있다.

건강심리학(health psychology) 행동의학의 하위분야로 건강증진과 유지에 있어 중요한 심리적 요인을 연구한다.

일반적응증후군(general adaptation syndrome, GAS) 지속적인 스트레스에 따른 일련의 반응으로 Hans Selye가 기술하였다. 경고·저항·소진 단계는 사망에까지 이를 수도 있다.

과 같은 것으로 설명할 수 있으며 이 상황에서 스트레스는 트럭의 무게에 따른 다리의 반응으로 정의될 수 있다. 그러나 스트레스는 동시에 자극(stimulus)이기도 하다. 트럭은 다리 입장에서 보면 일종의 '스트레스원(stressor)'인데 이는 마치 직장에서 해고를 당하거나 어려운 시험에 직면하는 것이 자극 혹은 스트레스원인 것과 같다. 스트레스와 관련된 이러한 다양한 정의는 혼란스러울 수 있으나 **스트레스를 스트레스원에 대한 개인의 생리적 반응으로 초점을 맞추어 살펴보고자 한다.**

스트레스의 생리학

제2장에서는 스트레스 초기 단계에서 발생되는 생리적 영향에 대해 논의하였다. 특히 위협 또는 위험 상황에서 몸이 도피 또는 투쟁과 같은 즉각적인 행동을 취할 수 있도록 내부 기관을 활성화시키고 자원을 동원하는 역할을 하는 등의 교감신경계를 활성화시키는 영향을 살펴보았다. 이와 같은 변화는 활력과 정신 활동을 증가시킨다. 또한 제2장에서 스트레스를 경험할 때 주로 시상하부-뇌하수체-부신피질축(HPA axis)의 활성화를 통해 내분비계 활동이 증가한다는 것을 살펴보았다. 다양한 신경전달물질이 신경계에서 흐르기 시작하지만 내분비샘에서 혈관으로 바로 분비되는 호르몬인 신경조절물질 또는 신경펩티드에 관심이 집중되었다(Chaouloff & Groc, 2010; Owens, Mulchahey, Stout, & Plotsky, 1997; Taylor, Maloney, Dearborn, & Weiss, 2009). 이러한 신경조절물질 호르몬은 뇌에서부터 신체의 다양한 부위에 메시지를 전달해주는 신경전달물질과 유사한 역할을 한다. 신경호르몬 중에서도 부신피질자극호르몬방출인자(corticotropin-releasing factor, CRF)는 시상하부에 의해 분비되어 뇌하수체를 자극한다. HPA축의 연결망 말단에 위치한 뇌하수체는 자율신경계와 함께 코르티솔 호르몬과 같은 물질을 분비하는 부신을 자극한다. 스트레스 반응과 밀접히 관련되었기 때문에 코르티솔과 다른 관련 호르몬을 스트레스 호르몬(stress hormone)으로 부른다.

HPA축은 변연계와 밀접한 관계가 있다는 것을 기억하자. 뇌간 상단에 위치한 시상하부는 변연계 바로 옆에 위치해 있는데 해마를 포함하고 있고 정서적 기억을 통제한다고 알려져 있다. 해마는 코르티솔에 민감하게 반응하는데 HPA축이 활성화되어 코르티솔에 의해 자극을 받으면 해마는 변연계와 HPA축의 다양한 영역 사이의 순환 고리를 마무리하면서 스트레스 반응을 중단시킨다.

이러한 순환고리는 여러 이유에서 중요하다. 영장류 연구를 통해 Robert Sapolsky와 동료들(Sapolsky & Meaney, 1986; Sapolsky, 2007)은 만성적 스트레스에 따른 증가된 수준의 코르티솔이 해마의

신경세포를 죽일 수 있음을 밝혔다. 따라서 만약 이처럼 해마의 활동이 위태롭게 된다면 코르티솔이 과분비되며 시간이 지남에 따라 스트레스 반응을 중단시킬 수 있는 능력이 감소하고 결국 해마의 노화로 이어진다. 이는 만성적 코르티솔 분비를 초래하는 만성 스트레스가 뇌손상을 포함하는 신체적 기능에 장기적 영향을 미칠 수 있음을 시사한다. 세포의 죽음은 결과적으로 노년기 문제해결 능력의 결핍 나아가서는 치매를 초래한다. 또한 이러한 생리적 과정은 다른 병태 생리학 체계(pathophysiological system) 내에서 감염성 질환에 대한 취약성 및 이로부터의 회복에도 영향을 미칠 수 있다. Sapolsky의 연구가 중요한 이유는 만성 스트레스 및 불안과 관련된 시상하부 세포사가 외상후 스트레스장애와 같은 불안장애(제4장 참고) 그리고 우울(제6장 참고)을 경험하고 있는 이들에게 일어난다는 사실이 오늘날 밝혀졌기 때문이다. 그러나 아직까지 이러한 세포사에 따른 장기적 영향은 밝혀지지 않고 있다.

스트레스 반응에 기여하는 요인

스트레스 생리학은 심리적·사회적 요인에 의해 막대한 영향을 받는다(Lovallo, 2010; Taylor et al., 2009). 이러한 연관성은 Sapolsky와 그의 동료들에 의해 입증되었다(e.g., 1990, 2000, 2007; Gesquiere et al., 2011). 이들은 케냐 국립공원에서 자유롭게 살고 있는 개코원숭이를 연구하였다. 인간과 유사하게 개코원숭이의 주된 스트레스 원천이 신체적이 아닌 심리적 요인이기 때문에 연구 대상으로 선택되었다. 다른 수많은 영장류처럼 개코원숭이는 사회적 위계질서에 속해 있으며 지배집단은 상위에 위치하는 반면 피지배집단은 하위에 위치

Thomas Dobner 2006/Alamy

▲ 사회적 위계질서상 상위에 위치한 개코원숭이는 문제에 대처할 수 있고 신체적 건강을 유지할 수 있게 예측성과 통제력을 가지고 있다. 피지배집단에 속한 개코원숭이는 음식, 휴식처, 짝짓기 상대와 관련하여 통제감이 결여되어 있기 때문에 스트레스 증상으로 인해 고통받는다.

한다. 하위에 속한 원숭이들의 삶은 고달프다. 지배집단의 지속되는 괴롭힘으로 인해 종속된 동물의 삶은 (Sapolsky의 표현을 빌리자면) 스트레스로 가득하고(stressful), 음식, 좋아하는 휴식처, 짝짓기 상대와 관련된 기회가 줄어든다. Sapolsky의 연구에서 흥미로운 발견은 서열구조상의 사회적 지위에 따라 개코원숭이의 코르티솔 수준이 다르다는 점이다.

HPA축에 대한 설명에서도 언급했듯이 스트레스 상황에서 변연계에서 시작된 연쇄 호르몬 분비 과정 중 부신에서 코르티솔이 분비되는 것이 마지막 단계에 속한다. 코르티솔 분비는 단기적으로는 각성과 동원력에 기여하나 만약 만성적으로 분비될 경우 해마에 피해를 줄 수 있다. 또한 근육이 위축되며 테스토스테론 감소에 의해 생식력이 영향을 받고 심혈관계에서는 고혈압이 진행되고 면역반응이 손상된다. Sapolsky는 개코원숭이 중 지배집단에 속한 수컷이 종속적 위치에 있는 피지배집단 수컷에 비해 휴식기 코르티솔 수치가 일반적으로 낮은 것을 발견하였다. 하지만 응급상황이 발생하면 지배집단의 수컷의 코르티솔 수치는 피지배집단의 수컷보다 더 급속히 증가하는 경향을 보였다.

Sapolsky와 그의 동료들은 이러한 차이를 설명하기 위해 HPA축을 역으로 추적해 보기로 하였다. 그들은 피지배집단 동물에게서 시상하부에 의한 부신피질자극호르몬방출인자(CRF)의 과분비와 더불어 CRF에 의해 자극을 받는 뇌하수체의 민감도가 감소된 것을 확인하였다. 따라서 지배적 위치의 동물과는 달리 종속적 위치의 동물은 일상생활 스트레스가 지나치게 많기 때문에 지속적으로 코르티솔을 분비하게 된다. 더욱이 그들의 HPA축은 코르티솔의 영향에 민감하지 못하여 스트레스 반응을 중단하는 데 덜 효율적이다.

Sapolsky는 피지배집단의 수컷이 지배집단의 수컷에 비해 면역체계의 억제가 시사되는 더 적은 양의 혈중 림프구, 즉 백혈구를 갖고 있다는 것을 발견하였다. 또한 피지배집단의 수컷은 더 적은 혈중 고밀도지질단백질(high density lipoprotein, HDL) 콜레스테롤을 보여 조금 뒤 논의될 주제인 관상동맥심질환과 죽상동맥경화증 발병 위험률이 높음을 시사하였다.

그렇다면 정상에 있는 것이 어떠한 이유로 긍정적인 효과를 낳는가? Sapolsky는 삶에 있어 예측성(predictability)과 통제력(controllability)을 가능케 하는 심리적 이점이 그 이유라고 결론지었다. 몇몇의 수컷 개코원숭이들은 분명한 승자가 없는 상황에서 위계상 우위를 점하고 있었다. 비록 이들은 집단의 다른 동물들을 지배하였으나 끊임없이 서로를 공격하였다. 이러한 상황 속에서 그들은 피지배집단 수컷과 유사한 호르몬 수치를 보였다. 따라서 안정성과 결합된 우열은 최적의 스트레스 호르몬 프로파일을 만들어 냈다. 하지만 스트레스 생리학을 조절하는 가장 중요한 요인은 통제감이며(Sapolsky & Ray, 1989) 이러한 결론은 이후 연구 결과가 강력히 확인해 주었다(Kemeny, 2003; Sapolsky, 2007). 사회적 상황에 대한 통제감과 어떠한 유형의 긴장감이든 대처할 수 있는 능력은 스트레스에 의한 장기적 영향을 감소시킨다.

스트레스, 불안, 우울, 흥분

만일 불안, 기분, 이와 관련된 심리장애를 소개한 단원을 이미 읽었다면 아마도 결여된 통제감과 같은 심리적 취약성과 스트레스를 주는 일상생활 사건의 결합이 심리·신체 장애 모두에 있어 중요한 요인이라는 점을 분명 확인하였을 것이다. 심리·신체 장애 사이에는 정말 관련성이 있는 것일까? 매우 강력한 연관성이 있다. George Vaillant(1979)는 Harvard 대학교 2학년에 재학 중인 신체 및 정신적으로 건강한 남학생 200명 이상을 대상으로 1942년부터 1944년까지 연구한 이후 30년 동안 추적 연구하였다. 심리장애 혹은 고도의 스트레스를 경험한 남자는 심리장애 없이 잘 적응한 남자에 비해 만성질환 발병률이나 사망률이 높은 것으로 확인되었으며 이후 연구에서도 반복적으로 검증되었다(Katon, 2003; Robles et al., 2005). 이와 같은 결과는 심리장애에 영향을 미치는 스트레스 관련 심리적 요인이 신체장애의 향후 발병에도 기여할 수 있으며 스트레스, 불안, 우울은 밀접한 관련성이 있음을 시사한다. 스트레스, 불안, 우울, 흥분감 간의 차이를 구분할 수 있는가? 그렇게 어렵지 않다고 대답하는 사람도 있겠으나 사실 이 네 가지 상태는 상당히 많은 공통점을 지니고 있다. 특정 상황에서 어떠한 특정 상태를 경험할 것인지는 개인의 통제감, 직면한 어려움의 특성, 또는 위협에 얼마나 잘 대처할 수 있다고 스스로 생각하는지에 따라 결정된다(Barlow, 2002; Barlow, Sauer-Zavala, Carl, Bullis, & Ellard, in press). 흥분감에서 스트레스, 불안, 우울로 이어지는 감정의 연속체는 그림 7.2에 묘사되어 있다.

흥분된 상태에서 어떠한 느낌이 드는지 생각해 보자. 빨라진 심장 박동수, 갑작스런 에너지 분출, 조마조마한 마음 등을 경험할 수 있다. 그러나 만일 준비된 상태로 도전을 직면하였다면 어떨까? 예를 들어 경기를 앞둔 운동선수가 자신의 능력에 자신감이 있어 기세가 등등하거나 음악가가 기막힌 연주를 할 것이라는 확신이 있다면 그런 상황에서의 흥분감은 즐거울 수도 있다.

스트레스(stress) 사건 또는 적응을 요구하는 변화와 같은 스트레스원에 대한 신체의 생리적 반응이다.

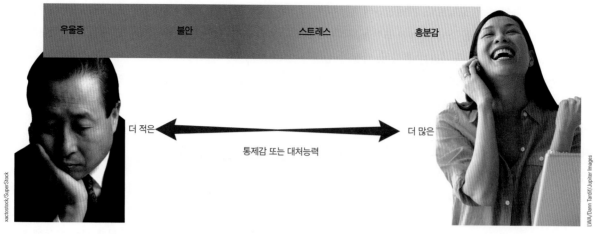

| 우울증 | 불안 | 스트레스 | 흥분감 |

더 적은 ◄─────────────────────► 더 많은

통제감 또는 대처능력

● 그림 7.2 위협과 도전에 따른 반응. 우리의 감정은 통제감과 대처능력에 부분적으로 기반하여 우울, 불안, 스트레스, 흥분감으로 이어지는 연속선상에서 경험된다. [Barlow, D. H., Rapee, R. M., & Reisner, L. C. (2001). *Mastering Stress 2001: A Lifestyle Approach*. Dallas, TX: American Health, 2001, American Health Publishing에서 수정]

때로 어려운 과제를 직면하게 될 때 누군가 여러분을 도와주거나 또는 충분한 시간만 있다면 해볼 만하다고 느낄 수 있으나 이러한 자원이 부재하다면 압박감을 느끼게 될 것이다. 이에 대한 반응으로 결과는 괜찮을 것이라고 생각하면서도 더 완벽하게 잘하기 위해 더 열심히 노력할 수도 있다. 지나친 압박감을 느낀다면 점점 긴장하고 과민해지거나 두통 또는 소화불량을 경험할 수도 있다. 이것이 바로 스트레스를 느끼는 상태이다. 만약 어떠한 것이 정말 위협적이고 할 수 있는 것이 아무것도 없다고 생각할 때 불안을 느낄 것이다. 위협상황은 신체적 공격이 가해지는 순간이 될 수도 있고 다른 사람 앞에서 웃음거리가 되는 것 등 다양하다. 신체가 도전에 대비하면서 끝없는 걱정 또한 시작된다. 스트레스 상황에서의 통제감은 유의미하게 낮아진다. 어떠한 경우 실제 문제 상황이 아닐 수도 있다. 때로 삶의 몇몇 부분이 통제가 안 된다고 특별한 이유 없이 불안해지기도 한다. 마지막으로 인생을 항상 위협적으로 지각할 경우 통제감을 회복할 수 있다는 희망을 잃으면서 우울상태에 빠져 대응하려는 시도조차 더 이상 안 할 수 있다.

요약하면 몇 가지 이유에서 특정 정서상태의 기본 생리학은 비교적 유사하다. 그래서 불안, 우울, 스트레스 관련 신체장애를 논의할 때 교감신경계 각성과 특정 신경전달물질 및 신경호르몬상의 유사 양상을 언급하게 된다. 다른 한편으로 차이 또한 존재한다. 도전이 대처자원을 압도할 때 혈압이 상승하여 낮은 통제감을 초래할 수 있으나(불안, 우울) 흥분감 혹은 뚜렷한 스트레스 상태에서는 혈압에 변화가 일어나지 않는다(Blascovich & Tomaka, 1996). 그럼에도 불구하고 심리적 요인, 구체적으로 Bandura가 정의한 스트레스 또는 도전에 대처할 수 있다는 자신감과 통제감을 지칭하는 **자기효능감**은 이

정서들 중에서 뚜렷하게 다르며 궁극적으로 다른 감정을 야기한다 (Taylor et al., 1997).

스트레스와 면역반응

지난 몇 달 동안 감기에 걸린 적이 있는가? 어떻게 감기에 걸리게 되었는가? 감기에 걸린 사람과 시간을 보냈는가? 수업시간에 주변 누군가가 옆에서 재채기를 했는가? 감기 바이러스에 노출되는 것은 감기에 감염되는 데 있어 필수적이나 제2장에서 간략하게 언급하였듯이 경험한 스트레스 정도 또한 감기 바이러스에 대한 노출이 감기로 이어질지를 결정짓는 중요한 역할을 한다. Sheldon Cohen과 동료들(Cohen, 1996; Cohen, Doyle, & Skoner, 1999)은 자발적으로 연구에 참여한 대상자를 일정 용량의 감기 바이러스에 노출시켰고 이후 면밀히 관찰하였다. 그 결과 참가자가 감기에 걸릴 확률은 지난 한 해 동안 경험한 스트레스 정도와 직접적으로 연관된다는 것을 확인하였다. 또한 감기 바이러스 노출 시점에서의 스트레스 및 부정적 정서의 강도와 추후 점액 생성으로 측정된 감기 증상의 중증도 간의 연관성을 보고하였다(Cohen et al., 1995). 흥미롭게도 Cohen, Doyle, Turner, Alper와 Skoner(2003)는 사회적 관계의 질과 수로 반영된 사교성의 정도가 바이러스에 노출되었을 때 감기의 발현 여부에 영향을 준다는 사실을 밝혔다. 이는 아마도 친구와 어울리는 것이 스트레스를 완화시키기 때문일 수 있다(Cohen & Janicki-Devarts, 2009).

스트레스가 감염에 대한 민감성에 미치는 효과는 몸에 침입한 이물질로부터 신체를 보호하는 **면역체계**에 의해 영향을 받는다. 감기, 헤르페스, 단핵구증과 같은 감염병 발병률이 스트레스를 경험하고

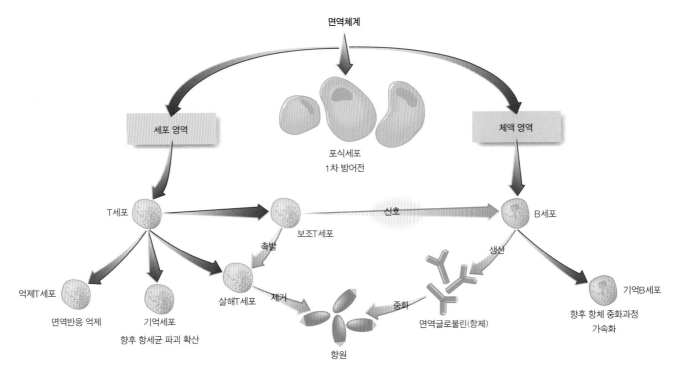

면역체계

세포 영역

체액 영역

포식세포
1차 방어전

T세포

보조T세포

신호

B세포

촉발

생산

억제T세포

면역반응 억제

기억세포

향후 항세균 파괴 확산

살해T세포

제거

중화

면역글로불린(항체)

항원

기억B세포

향후 항체 중화과정
가속화

● 그림 7.3 면역체계 개요

있는 사람에게서 명확히 더 높다(Coe, 2010; Cohen & Herbert, 1996). 기존 연구는 부부불화나 관계상의 문제(Kiecolt-Glaser & Newton, 2001; Uchino, 2009), 실직과 사랑하는 이의 죽음(Hawkley & Cacioppo, 2007; Morris, Cook, & Shaper, 1994; Pavalko, Elder, & Clipp, 1993)과 같은 여러 스트레스 상황과 저하된 면역체계 기능 간의 관련성에 대해 보고하고 있다.

심리장애가 신체장애에 대한 취약성을 증가시킨다고 앞에서 이미 설명하였다(Katon, 2003; Robles et al., 2005; Vaillant, 1979). 이에 대한 직접적인 증거로 우울이 면역체계 기능을 약화시키며(Herbert & Cohen, 1993; Miller & Blackwell, 2006), 특히 노년기 성인 집단에서 그러하다(Herbert & Cohen, 1993). 아마도 우울 수준 그리고 이보다 더 중요하다고 할 수 있는 우울과 동반되는 통제감의 부재가 개인의 면역체계기능을 감소시키는 중요한 기제일 것으로 간주되는데 이와 같은 기제는 실직과 같은 대부분의 부정적인 일상생활 스트레스 사건에서 나타난다(Miller & Black-well, 2006; Robles et al., 2005). 또한 우울은 미숙한 자기 돌보기나 더 위험한 행동에 가담할 가능성을 초래할 수 있다. Sapolsky의 개코원숭이와 마찬가지로 건강을 누리는 데에 있어 가장 큰 기여를 하는 것은 아마도 일상 사건에 대한 통제감을 유지할 수 있는 능력일 것이다.

스트레스와 면역체계에 관한 대부분의 연구는 급작스러운 또는 급성 스트레스원을 살폈다. 하지만 만성 스트레스는 그 이름이 뜻하듯 그 영향이 더 오래 지속되므로 더 큰 문제를 낳을 수 있다(Schneiderman, 2004). 예를 들어 알츠하이머병과 같은 만성질환 진단을 받은 가족구성원을 장기간 간병하는 사람에게서 저하된 면역체계기능이 관찰되었다(Hollan & Gallagher-Thompson, 2011; Mills et al., 2004).

면역체계가 어떻게 우리를 보호하는지 이해하기 위해서는 우선 어떻게 작동하는지 알아볼 필요가 있다. 그림 7.3을 시각적 안내 자료로 활용하여 면역체계를 잠시 둘러보고 그 후 면역체계 기능과 밀접한 연관성이 있는 두 질환, AIDS와 암의 생물학에 심리학적 요인이 기여하는 부분을 살펴볼 것이다.

면역체계는 어떻게 작동하는가

면역체계는 신체 내 항원이라 불리는 이물질을 식별하고 제거한다. 항원은 박테리아, 바이러스 혹은 기생충과 같이 다양한 물질 중 하나일 수 있다. 그러나 때로 면역체계는 악성 종양과 같이 변이되거나

자기효능감(self-efficacy) 스트레스 또는 도전에 대처할 수 있는 능력을 보유하고 있다는 지각을 가리킨다.

면역체계(immune system) 세균, 기생충, 장기 이식 등 침입한 이질적 물질을 식별하고 제거하는 신체 기능이다.

항원(antigens) 박테리아와 기생충을 포함하는 인체에 침입하는 이물질.

건강에 영향을 미치는 심리적 및 사회적 요인 **295**

손상된 체내 세포를 공격할 수도 있다. 기증 받은 장기는 이질적이기 때문에 면역체계는 장기이식 수술 후 이를 공격한다. 이러한 이유에서 이식수술 후 일시적으로 면역체계를 억제시킬 필요가 있다.

면역체계는 두 개의 주요 영역이 있는데 하나는 체액(humoral)이며 또 다른 하나는 세포(cellular)이다. 특정 세포 유형이 두 영역의 물질로 기능한다. 대부분의 일은 백혈구(leukocyte)가 맡는다. 백혈구에는 여러 유형이 존재한다. 포식세포(macrophages)는 신체의 1차 방어선 중 하나로 식별된 항원을 둘러싸서 파괴한다. 포식세포는 B세포와 T세포 두 집단으로 구성되어 있는 림프구(lymphocyte)에 신호를 전달한다.

B세포는 면역체계의 체액 부위에서 작동하는데 혈액이나 다른 체액 내에 존재하는 항원을 발견하여 중화시키는 분자를 분비하는 기능을 수행한다. B세포는 항체로 작용하는 면역글로불린(immunoglobulin)이라는 매우 특정한 분자를 생성하는데 이 분자는 항원과 결합하여 항원을 중화시킨다. 항원이 중화되면 기억B세포(memory B cell)라 불리는 하위집단이 생성되어 이후 그 항원과 맞닥뜨리게 되면 더 신속한 면역체계 반응을 가능하게 한다. 유년기의 홍역 또는 볼거리에 대한 예방접종의 효과를 이러한 활동이 설명해준다. 예방주사는 아프게 할 정도의 양이 아닌 소량의 선별된 균을 포함하고 있다. 면역체계는 이 항원을 '기억'하게 되며 그 질환에 노출되었을 때 병에 걸리지 않도록 한다.

림프구의 두 번째 집단에 해당되는 T세포는 면역체계 세포 내에서 작동한다. T세포는 항체를 생산하지 않는다. 대신 하위집단인 살해T세포(killer T cell)가 바이러스성 감염과 암 증식 과정을 직접적으로 제거한다(Dustin & Long, 2010; Wan, 2010). 이 과정이 완료되면 동일한 항원에 신속히 반응하기 위해 기억T세포가 만들어진다. T세포의 다른 하위집단은 면역체계를 조절할 수 있도록 돕는다. 예를 들어 T4세포는 B세포로 하여금 항체를 생성하도록 하고 항원을 파괴하라는 신호를 T세포로 보내 면역체계 반응을 증진시키기 때문에 보조T세포(helper T cell)로 불린다. 억제T세포(suppressor T cell)는 항체가 더 이상 필요 없다고 판단될 때 B세포에 의한 항체 생성을 억제한다.

억제T세포보다 T4세포가 약 두 배 정도 더 많아야 한다. 만약 T4세포가 너무 많아지면 면역체계는 과잉반응하게 되어 항원이 아닌 정상 세포를 공격하게 된다. **류마티스 관절염**과 같은 **자가면역질환**이 이러한 경우 발생할 수 있다. 억제T세포가 많아지면 다양한 항원의 침투에 취약해진다. 인체면역결핍 바이러스(human immunodeficiency virus, HIV)는 체액 그리고 세포 면역에 중요한 림프구인 보조T세포를 직접 공격하여 면역체계를 약화시켜 AIDS를 발병시킨다.

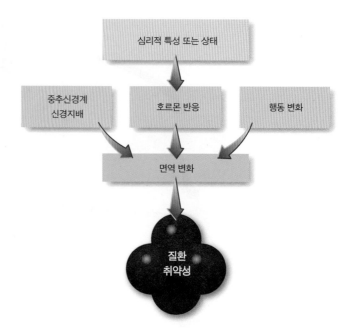

● 그림 7.4 면역체계가 관여하는 질환의 발병 및 경과에 심리적 요인이 영향을 미치는 경로. 간소화하기 위해 화살표가 심리적 특성에서 질환 한 방향으로만 제시되었다. 다른 경로가 존재하지 않음을 의미하는 것은 아니다. [출처: Cohen, S., & Herbert, T. B. (1996). Health psychology: Psychological factors and physical disease from the perspective of human psychoneuroimmunology. *Annual Review of Psychology, 47*, 113–142.]

1970년대 중반까지 대부분의 과학자는 뇌와 면역체계가 독립적으로 작동한다고 믿었다. 그러나 1974년 Robert Ader와 동료들(예를 들어 Ader & Cohen, 1975, 1993)은 아주 놀라운 사실을 발견하였다. 고전적 조건형성 패러다임을 연구하는 과정에서 쥐에게 설탕맛이 나는 물과 함께 면역체계를 억제하는 약물을 주었다. 이 후 Ader와 Cohen은 동일한 쥐에게 설탕맛이 나는 물만 주어도 면역체계상에 유사한 변화가 초래됨을 검증하였다. 다시 말해 면역체계를 억제하면서 물에 반응하도록 고전적 조건형성을 통해 '학습'을 한 것이다. 오늘날 우리는 신경계와 면역체계 간에 많은 연관성이 존재한다는 것을 알고 있다. 이를 통해 **심리신경면역학**(Ader & Cohen, 1993; Coe, 2010)이라는 분야가 구축되었으며 면역반응과 연루된 신경학적 반응에 심리학적 요인이 미치는 영향을 집중적으로 연구한다.

심리적 및 사회적 요인이 어떠한 경로를 통해 면역체계기능에 영향을 미치는지 방대한 양의 결과가 최근 보고되고 있다. 뇌(중추신경계), HPA축(호르몬), 면역체계 간의 직접적인 연관성에 대해서는 이미 기술하였다. 흡연 또는 바람직하지 않은 식습관과 같이 스트레스 사건에 따른 행동적 변화도 면역체계를 억제시킨다(Cohen & Herbert, 1996; 그림 7.4). 특정 유전자를 발현시켜 스트레스와 질병의 발병을 잇는 분자사슬이 밝혀졌다(Cole et al., 2010). 기본적으로 스트레스는 세포 내에 존재하는 특정 분자를 활성화시키고 이 분자는 전사인자(transcription factor)로 불리는 유전자를 활성화시킨다. 구체적으로 GABA-1 전사인자는 인터류킨-6 유전자를 활성화시킨다. 이 유전자는 염증반응을 일으키는 단백질을 생산하는데 이 과정에서 감염에 대항하는 세포들을 주변으로 불러 모은다. 손가락을 베였을 때에는 아주 좋은 현상이나 장기간 지속된다면 해로울 수 있다. 이러한 만성적 염증반응이 암, 심장병, 당뇨병을 악화시키고 수명을 단축시킨다. 제2장에서 언급되었던 세로토닌 전달체 유전자와 같은 다른 유전자 또한 특정 유형의 스트레스에 취약하게 만든다. 앞으로 스트레스 반응의 영향력과 연루된 더 많은 유전자 집단과 보다 통합적인 심리생물학적 경로가 분명 발견될 것이다(Segerstrom & Sephton, 2010).

신체장애에 대한 심리사회적 영향

▶ 스트레스는 AIDS, 암, 심혈관계질환과 어떻게 관련되어 있는가?
▶ 급성·만성 통증의 잠재적인 원인은 무엇이며 통증 유형은 어떻게 다른가?

정서적·행동적 요인이 면역체계에 미치는 영향에 대해 보다 자세히 이해하게 되었으니 이와 같은 요인이 특정 신체장애에 어떻게 영향을 주는지 살펴보겠다. AIDS부터 살펴보자.

AIDS

AIDS 전염에 따른 피해가 확산되면서 전 세계 공중보건체계에서 AIDS를 최우선 과제로 선정하고 있다. 전 세계적으로 HIV 감염자 수는 증가 추세를 보이고 있어 2011년에는 그 수가 약 3420만 명에 도달하였으며 이는 2000년 대비 22% 더 증가한 수치이다(Kates, Carbaugh, Rousseau, & Jankiewicz, 2012). 지구촌 몇몇 지역에서의 적극적인 치료와 예방 조치로 인해 2004년이 되어서야 비로소 아동 및 성인 사망률이 안정화되었다(Bongaarts & Over, 2010; Fauci & Folkers, 2012). 이러한 감소 추세에도 불구하고 2010년 한 해에만 약 180만 명이 AIDS로 인해 사망하였다(Fauci & Folkers, 2012). 가

장 큰 타격을 입은 지역인 남부 아프리카에서는 성인 인구의 15%에서 28%가 HIV에 감염된 것으로 보고되고 있으며 이는 전 세계 HIV 감염자 수의 3분의 2에 해당된다. 또한 이로 인해 약 1800만 명의 아동이 고아가 되었다(Kates et al., 2012; Klimas, Koneru, & Fletcher, 2008). AIDS는 인구가 밀집되어 있는 인도와 중국으로 급속히 확산되고 있으며(Normile, 2009), 중남미 지역에서는 2006년 200만 명에서 2015년에는 350만 명으로 증가할 것으로 추정되고 있다(Cohen,

류마티스 관절염(rheumatoid arthritis) 고통스러운 퇴행성 질환으로 면역체계가 본질적으로 자신을 공격하여 결림, 부기, 심지어 관절의 손상까지 이를 수 있다. 통증과 결림을 완화하도록 인지행동치료가 유용할 수 있다.

자가면역질환(autoimmune disease) 면역체계가 항원이 아닌 정상세포를 공격하는 상태를 가리킨다.

심리신경면역학(psychoneuroimmunology, PNI) 면역반응에 따른 신경학적 반응에 심리학적 요인이 미치는 영향을 연구하는 학문이다.

2006). 이 치명적 질환은 아시아인을 제외한 그 외 소수집단에 불균형적으로 영향을 주고 있다. 실제 미국에서는 효과적인 치료적 대안이 부족한 상황에서 권리가 박탈된 성적 소수자와 유색인종 집단에 AIDS가 집중 발생하는 양상을 보이고 있다(Pellowski, Kalichman, Matthews, & Adler, 2013). 하지만 최근 10년 사이 미국이나 다른 국가에서 AIDS 문제에 대한 지각된 위기감은 유의하게 감소하는 추세이다.

HIV에 감염되면 질병의 경과는 꽤 상이하다. 증상 발현 없이 몇 달에서 몇 년이 지나 체중 감소, 고열 및 식은땀과 같은 가벼운 건강상의 문제가 나타나기 시작하며 이 상태를 **후천성면역결핍증관련증후군**이라고 한다. 폐포자충폐렴, 암, 치매, 또는 몸이 말 그대로 시들어 가는 소모증후군과 같은 심각한 질환 중 하나가 발현되기 전까지 AIDS라는 진단은 내려지지 않는다. 초기 감염에서 완전히 진행된 AIDS로 발전되기까지의 중앙값은 대략 7.3년에서 10년 또는 그 이상으로 추정된다(Pantaleo, Graziosi, & Fauci, 1993). 임상과학자들은 진행성 상태에서도 HIV를 억제시키는 강력한 항레트로바이러스치료(highly active antiretroviral therapy, HAART)라 불리는 복합약을 개발하였다(Hammer et al., 2006; Thompson et al., 2010). 이러한 개발은 질환의 진행을 늦추고 사망률을 낮추는 긍정적인 효과를 가져왔다. 예를 들어 개발도상국의 경우와 같이 AIDS를 가진 대부분의 환자는 치료를 받지 못할 경우 1년 안에 사망한다(Zwahlen & Egger, 2006). 그러나 AIDS 치료를 통해 2년 이상 생존하는 환자의 비율은 2005년에 이르러 85%로 증가하였으며 AIDS에 의한 사망률은 2002년에서 2010년 사이 약물치료를 가장 수월하게 제공받을 수 있는 미국에서 최소 50% 감소하였다(Fauci & Folkers, 2012).

그럼에도 불구하고 HAART를 완치약이라고 보기 어려운 이유는 바이러스가 완전히 제거되는 것이 아니고 단순히 감소된 수준으로 잠복상태에 들어갈 뿐이기 때문이다. 따라서 환자는 일생 동안 다수의 약물을 복용해야만 한다(Buscher & Giordano, 2010; Thompson et al., 2012). 또한 구토 및 설사 증상과 같은 심각한 부작용으로 인해 HAART 치료를 조기 중단하는 환자의 비율이 어떠한 연구에서는 61%에 도달한다고 한다(O'Brien, Clark, Besch, Myers, & Kissinger, 2003; Thompson et al., 2012). 이와 같은 이유로 과거 치료적 권고사항은 질환 증후를 보여 위급해질 때까지 치료를 미루는 것이었다(Cohen, 2002; Hammer et al., 2006). 그러나 신규 HIV 감염 사례에 대한 치료적 성공을 고려해서 현재 치료적 지침은 감염이 발견되면 가능한 빠른 시일 내에 치료를 시작하고 약물치료 일정을 고수할 수 있도록 협력하는 것이다(Mermin & Fenton, 2012; Thompson et al., 2012). 최근 연구에 의하면 이러한 치료법이 고위험 집단에서의 바이러스 감염을 예방할 수 있다고 한다(Cohen, 2011; Mermin & Fenton, 2012). 그러나 안타깝게도 약제 내성 HIV 바이러스 변종이 현재 전염되고 있다.

AIDS가 상대적으로 새로운 질병이기 때문에 생존을 연장시킬 수 있는 심리적 그리고 이외 다양한 요인에 대해 아직도 확인하는 중이다(Klimas et al., 2008; Taylor, 2009). 이 과정에서 AIDS 바이러스에 반복적으로 노출되었으나 감염되지 않은 집단이 발견되었다. 이 집단이 다른 이유는 부분적으로는 유전적 요인 때문에(Kaiser, 2006) 면역체계, 특히 면역체계의 세포가지가 매우 튼튼하고 강하였으나(Ezzel, 1993) 심리적 요인 또한 중요한 역할을 하고 있었다. 예를 들어 바이러스 보유자이나 아직 AIDS로 진행되지 않은 환자는 더 강한 면역체계 기능과 관련된 요인 중 하나인 치료진에 대한 특히 강한 믿음과 소중한 사람으로부터 많은 사회적 지지를 받고 있었다(Ruffin, Ironson, Fletcher, Balbin, & Schneiderman, 2012). 따라서 면역체계를 촉진시키는 노력은 AIDS 예방에 기여할 수 있음을 시사한다.

심리적 요인이 면역체계 기능에 영향을 미치기 때문에 이러한 요인이 HIV 진행에도 영향을 주는지 연구가 시작되었다. 예를 들어 높은 수준의 스트레스와 우울, 낮은 수준의 사회적 지지는 질환의 더 급속한 진행과 연관된다(Leserman, 2008; Leserman et al., 2000). 그 이유 중 하나는 우울증이 저하된 약물치료 이행수준과 유의한 상관관계를 보인다는 사실이다(Gonzalez, Batchelder, Psaros, & Safren, 2011). 하지만 더 흥미로운 질문은 증상을 보이고 있는 개인에게서도 심리적 개입이 질환의 진행을 늦출 수 있는지 여부이다(Cole, 2008; Gore-Felton & Koopman, 2008). 실제 몇몇 주요 연구에서 인지행동 스트레스 관리(cognitive-behavioral stress-management, CBSM) 프로그램이 이미 증상을 보이는 개인의 면역체계에 긍정적인 효과를 가져올 수 있다고 보고되었다(Carrico & Antoni, 2008; Lerner, Kibler, & Zeichner, 2013; Lutgendorf et al., 1997). 예를 들어 Lutgendorf와 동료들(1997)은 CBSM이 HIV 양성반응을 보이는 성인 남성의 우울과 불안수준을 치료에 참가하지 않은 통제집단에 비해 유의하게 감소시킨다고 보고하였다. 더욱 중요한 사실은 치료집단에서 단순포진 바이러스 II에 대한 항체가 통제집단에 비해 유의하게 감소하였고 이는 바이러스에 대한 면역체계의 세포영역이 더 향상된 통제 능력을 발휘함을 반영한다.

Goodkin과 동료들(2001)은 10주간의 심리치료가 완전히 진행된 AIDS로의 진행을 견실하고 강력하게 예측하는 HIV 바이러스 수(viral load)의 증가를 늦출 수 있다고 보고하였고 이와 같은 결과는 치료를 받지 않은 대조군에서는 발견되지 않았다. Antoni와 동료들(2006)은 연구를 한 단계 더 진보시켰다. HAART 약물치료를 받고 있는 HIV 양성반응을 보이는 남성을 대상으로 배정 받은 시간에 가능한 최대한 맞춰 정확한 양의 처방약을 적절히 복용하도록 훈련시켰다. 참가자 중 절반은 CBSM 프로그램에도 참여하였다. CBSM 프로그램을 병행한 남성들은 15개월 뒤 바이러스 수가 감소하였으나 약물복용 훈련만 참가한 남성에게서는 바이러스 수에서 변화가 나타나지 않았다. 바이러스 수의 감소는 주로 우울증상의 감소에 따른 결과였으며 우울증상이 호전되면서 스트레스 호르몬인 코르티솔 또한 감소하였다. 따라서 이미 증상이 발현되고 있는 진행된 HIV 질환이라도 심리적 개입은 심리적 적응의 향상뿐만 아니라 면역체계 기능을 향상시키고 이러한 효과는 오래 지속될 수 있다.

이와 같은 결과가 충분히 지속적으로 견고하여 AIDS 환자의 생존기간이 연장되는 시점까지 이어질지를 언급하는 것은 아직 시기상조나 Antoni와 동료들(2000, 2006)의 연구결과에 의하면 가능성은 있다. 기존 연구(Cole, 2008; Leserman, 2008)가 제안한 것과 같이 만약 스트레스와 관련 변인이 HIV 감염 환자의 면역반응, 면역기능, 질환의 진행에 있어 정말 임상적으로 중요하다면 면역체계를 강화시킬 수 있는 심리사회적 개입이 생존율을 증가시키고 최적의 경우 면역체계의 점진적 악화를 막을 수 있을 것이다(Carrico & Antoni, 2008; Kennedy, 2000). 물론 가장 효과적인 방법은 위험행동의 감소와 안전한 성생활 같은 개인의 행동변화에 초점을 맞춰 HIV에 감염되는 것을 우선 예방하는 것이다(Mermin & Fenton, 2012; Temoshok, Wald, Synowski, & Garzino-Demo, 2008).

암

질병 · 질환 관련 연구에서 가장 경탄스러운 발견 중 하나가 심리사회적 요인이 다양한 유형의 **암**의 발병과 경과에 영향을 준다는 것이다(Emery, Anderson, & Andersen, 2011; Fagundes et al., 2012; Giese-Davis et al., 2011; Williams & Schneiderman, 2002). 이로 인해 **정신종양학**이라는 새로운 분야가 탄생하였다(Antoni & Lutgendorf, 2007; Helgeson, 2005; Lutgendorf, Costanzo, & Siegel, 2007). 종양학은 암을 연구한다는 뜻을 갖는다. Stanford 대학교의 정신건강의학 전문의인 David Spiegel과 동료들(Spiegel, Bloom, Kramer, & Gotheil, 1989; Spiegel, 2013)은 지금도 널리 인용되는 연구에서 다른 신체부위로 전이가 진행된 진행성 유방암으로 2년 내 사망할 것으로 예상되는 86명의 성인여성을 조사하였다. 이들의 예후는 분명 좋지 않았다. Spiegel과 동료들은 질병 자체에 효과를 보일 것이라고 기대하지 않았으나 집단 심리치료를 통해 최소한 그들의 불안, 우울, 통증의 일부분을 완화시킬 수 있지 않을까 생각하였다.

모든 환자는 암에 대한 정기적 의학적 치료를 받고 있었다. 86명 중 50명은 매주 소규모 집단으로 치료자와 만나 심리치료를 받았다. 정말 놀랍게도 최고의 의학적 치료를 받았으나 심리치료에 참여하지 않은 통제집단에 비해 심리치료 집단의 생존기간이 유의하게 길었다. 심리치료를 병행했던 환자가 약 3년 생존한 반면 통제집단 환자의 생존기간은 약 18개월로 심리치료 병행군이 평균적으로 2배 이상 더 오래 생존하였다. 연구 시작 시점으로부터 4년 뒤 심리치료를 병행한 환자 중 3분의 1이 여전히 생존한 반면 심리치료 없이 최고의 의학적 치료만 받은 환자 전원이 사망하였다. 이후 각 집단이 받은 의학적 치료에 대한 정밀한 재분석 결과 심리치료의 효과를 설명할 수 있는 유의한 집단 간 차이는 발견되지 않았다(Kogon, Biswas, Pearl, Carlson, & Spiegel, 1997). 물론 심리적 개입이 진행성 암을 완치시킨다는 것은 아니다. 10년 뒤 심리치료 집단 환자 중 오직 3명만이 생존한 것으로 나타났다.

좀 더 최근에는 Andersen과 동료들(2008)이 유방암에 대한 외과 치료를 받은 227명의 환자를 심리적 개입과 평가 병행 집단 또는 평가만을 받는 집단으로 무선 할당하였다. 심리적 개입에는 스트레스 감소, 기분 증진, 흡연량 감소나 운동량 증가와 같은 건강증진 행동변화, 항암치료 및 암관리 이행을 유지할 수 있는 전략 등이 포함되었다. 이러한 심리적 개입은 환자의 스트레스를 감소시키고 긍정적 기분과 건강행동을 증진시키는 데 성공적이었다(Andersen et al., 2007). 더욱 중요한 사실은 11년 뒤 추적한 결과 심리적 개입을 받은 환자의 경우 유방암에 의한 사망 위험률이 56%, 유방암 재발 위험률은 45% 감소하여 심리치료가 생존을 증진하는 데에 기여할 수 있음이 시사되었다. 이와 유사하게 우울증상의 감소가 전이성 유방암 진단을 받은 환자의 생존에 긍정적인 효과를 가진다는 결과도 보고되었다(Giese-Davis et al., 2011).

이와 같은 연구 결과를 기반으로 심리사회적 치료는 스트레스 감소, 삶의 질 향상과 심지어는 생존율 증가와 재발률 감소까지를 목표로 다양한 암에 대한 치료방안으로 현재 더 많이 활용되고 있다(Manne & Ostroff, 2008; Penedo, Antoni, & Schneiderman, 2008). 최

후천성면역결핍증관련증후군(AIDS-related complex, ARC) HIV 감염 이후나 완전히 진행된 AIDS로 변화하기 전에 나타나는 체중감소, 고열, 식은땀과 같은 가벼운 건강문제 군집이다.

암(cancer) 흔히 치명적일 수 있는 의학적 상태 범주로 비정상적인 세포 성장과 악성 종양이 발생한다.

정신종양학(psycho-oncology) 암의 경과 및 치료에 관여하는 심리적 요인을 연구하는 학문이다.

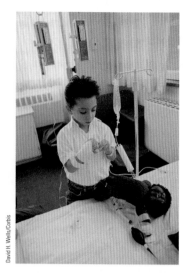

▲ 심리적 준비는 수술을 앞둔 아동의 회복을 촉진하고 고통을 감소시킨다.

소 몇몇 연구에서 밝혀진 생존 기간에 대한 이와 같은 심리치료의 초기 성공은 어떠한 기제로 이러한 효과가 나타나는지 많은 관심을 불러일으켰다(Antoni et al., 2009; Antoni & Lutgendorf, 2007; Emery et al., 2011; Nemeroff, 2013). 이를 설명할 수 있는 몇 가지 가능성으로 면역기능을 향상시키는 더 나은 건강 습관, 의학적 치료에 대한 더 엄격한 이행, 향상된 스트레스 반응 및 내분비계 기능이 있다(Antoni et al. 2006, 2009; Foley, Baillie, Huxter, Price, & Sinclair, 2010; Emery et al., 2011; Nezu et al., 1999). 예를 들어 지난 한 해 극심한 스트레스를 유발하는 생활사건이 특히 문제적인 생애 초기 부모 자녀 관계를 경험한 개인에게 있어서 기저세포암종(basal cell carcinoma tumor, 피부암)에 대한 유의하게 감소된 면역반응성을 예측하였다(Fagundes et al., 2012).

또한 스트레스를 완화시키고(Hostinar, Sullivan, & Gunnar, 2013) 질환의 진행을 늦춰주기 때문에(Antoni et al., 2006; Foley et al., 2010; Nezu et al., 1999) 암환자에게 있어 친밀하고 지지적인 관계는 매우 중요하다. 심리적 요인이 암과 다른 질환의 경과뿐만 아니라 진전에도 기여한다는 예비 결과도 보고되고 있다(Antoni & Lutgendorf, 2007; Lutgendorf et al., 2007). 지각된 통제감의 부족, 불충분한 대처반응, 압도적인 스트레스 사건, 또는 부정과 같은 부적절한 대처반응은 면역기능상의 변화뿐만 아니라 암 유발 바이러스의 활동, DNA 복구과정, 종양 성장을 통제하는 유전자의 발현과 같은 기제를 통해 암 발병에 기여할 수 있다(Antoni & Lutgendorf, 2007; Lutgendorf et al., 2007; Nemeroff, 2013).

이와 같은 암 관련 연구를 통해 그 동안 간과되었던 요인에 대한 관심이 재개되었다. 즉 어떠한 사람은 암에 따르는 긍정적 결과를 발견하기도 한다. 예를 들어 유방암 진단을 받은 환자 중 일부는 목적의식이 더 뚜렷해지고 영성은 더 깊어지며 타인과 더 친밀한 유대감을 느끼며 삶의 우선순위를 변경하게 된다(Lechner & Antoni, 2004; Park, Edmondson, Fenster, & Blank, 2008; Yanez et al., 2009). 이러한 경험을 이점발견(benefit finding)이라고 일컫는데 이는 스트레스의 해로운 영향을 감소시키고 탄력성(resiliency)의 기반이 되는 대처기

술, 통제감, 낙관주의와 같은 기질 유형을 반영한다(Bower, Moskowitz, & Epel, 2009).

심리적 요인은 또한 소아암 진단을 받은 아동의 치료와 회복에 있어서도 중요하다(Koocher, 1996). 많은 유형의 암은 침습적이고 고통스러운 의료절차를 요구하는데 아동뿐만 아니라 부모와 의료진 입장에서도 견디기 힘든 고통이다. 아동은 일반적으로 이 과정에서 몸부림치며 심하게 울기 때문에 많은 치료절차를 진행하기 위해 신체적 제재를 가하기도 한다. 아동의 행동이 치료를 완수하는 데 어려움을 가져올 뿐만 아니라 반복적인 고통스러운 치료와 연관된 스트레스와 불안 그 자체가 질병과정에 해로운 영향을 줄 수 있다. 아동의 통증과 스트레스를 감소시키기 위해 숨쉬기 운동, 영상물 시청을 통한 치료과정에 대한 불확실성 줄이기, 인형을 사용한 치료절차 예행연습과 같은 심리적 개입을 통해 의학적 처치에 대한 환아의 감내력을 증진시키고 결과적으로 치료를 더 성공적으로 이끈다(Brewer, Gleditsch, Syblik, Tietjens, & Vacik, 2006; Hubert, Jay, Saltoun, & Hayes, 1988). 이와 같은 치료적 개입은 Barbara Melamed와 동료들의 선구적 노력에 기반하고 있으며 이들은 아동의 의학적 치료, 특히 수술을 앞두고 있는 아동에게 있어 이와 같은 심리치료를 포함하는 것의 중요성을 입증하였다(Melamed & Siegel, 1975). 소아 심리학자(pediatric psychologist)는 이와 같은 절차를 의료장면에서 더 일상적으로 활용하고 있다.

자녀가 암 진단을 받은 이후 대부분의 부모는 외상후 스트레스 증상을 경험하기 때문에 부모가 더 많은 지지적 보살핌을 제공할 수 있도록 부모의 스트레스를 감소시키는 것 또한 중요하다(Kazak, Boeving, Alderfer, Hwang, & Reilly, 2005). Sahler와 동료들(2005)은 소아암 진단을 받은 신규 소아 사례 중 아동의 어머니를 대상으로 인지행동적 문제해결 치료 프로그램을 제공하였고 프로그램의 효과성을 보편적으로 제공되는 치료와 비교하였다. 그 결과 문제해결 집단에 참여한 어머니는 덜 부정적이고 스트레스를 덜 보고하였으며 더 나은 문제해결 능력을 보였다. 자녀의 암에 대처해야 하는 비극적인 상황인 점을 감안했을 때 분명 긍정적인 결과이다.

심혈관계 문제

심혈관 체계는 심장, 혈관, 이들의 기능을 조절하는 복합 제어 기제로 구성되어 있다. 이 체계에서 여러 가지 문제가 발생하여 **심혈관계 질환**으로 이어질 수 있다. 예를 들어 많은 사람, 특히 노인에게서 **뇌혈관사고**, 즉 **뇌졸중**이 발생할 수 있다. 뇌졸중은 뇌로 이어지는 혈관이 일시적으로 차단되거나 뇌의 혈관이 파열되어 일시적 또는 영구

적 뇌손상과 기능상실을 초래한다. 현재 가장 주목받고 있는 심혈관 문제는 고혈압과 관상동맥심질환이며 이들에 대해서 살펴볼 것이다. 먼저 존의 사례를 살펴보자.

존 • 인간 활화산

존은 55세 기업체 간부로 두 명의 사춘기 자녀를 둔 기혼자이다. 성인기 대부분의 기간 동안 매일 담배 한 갑 정도를 피워왔다. 비록 존은 바쁜 일정을 소화하고 있으나 동료들과의 규칙적인 식사 덕분에 약간 비만한 편이다. 그는 42살 무렵부터 고혈압 치료를 위해 여러 약물을 복용하고 있다. 그의 주치의는 특히 존의 아버지가 심장마비로 사망한 이력이 있기 때문에 존이 특히 흡연을 줄이고 더 자주 운동하도록 반복적으로 처방하였다. 가끔 존은 흉부통증을 경험하지만 바쁘고 스트레스가 많은 생활양식을 계속하고 있다. 지난 10년간 회사가 매우 좋은 성과를 내고 있었기 때문에 일을 줄여나가는 것이 쉽지는 않았다.

더욱이 존은 인생은 너무 짧아 느긋해질 시간이 없다고 믿는다. 거의 매일 야근을 하며 가족을 거의 보지 못한다. 집에 있을 때에도 보통 밤까지 일을 한다. 쉬는 것을 어려워 하며 가능한 많은 일을 완료해야 한다는 지속적인 긴박감을 느끼며 여러 과제를 동시에 처리하는 것을 선호한다. 존은 회사의 성공이 자신의 업무처리 방식 덕분이라 생각한다. 그의 성과에도 불구하고 직장 동료들은 그를 오만하고 쉽게 좌절하며 어떠한 경우 적대적이기까지 하다고 느낀다. 특히 그의 부하직원들은 존이 지나치게 성급하고 그들의 업무수행에 대해 비판적이라고 주장한다.

대부분의 사람들은 존의 행동과 태도가 그의 삶을 불쾌하게 만들며 아마 치명적일 수도 있다고 인정할 것이다. 이러한 행동과 태도 중 일부는 심혈관계에 직접적으로 작용하며 고혈압과 관상동맥심질환을 초래할 수도 있다.

고혈압

고혈압은 뇌졸중과 심장병뿐만 아니라 신장병에 대한 주요 위험요인이다. 이러한 이유에서 고혈압은 매우 심각한 의학적 상태로 볼 수 있다. 신체기관과 말초 부위로 이어지는 혈관이 수축하면서, 즉 좁아지면서 증가된 양의 피가 신체 중심부로 강제로 유입되면서 혈압은 상승한다. 너무 많은 혈관이 수축되었기 때문에 심근은 혈액이 신체 모든 부위로 전달될 수 있도록 더 노력하게 되고 이에 따라 혈압이 상승한다. 이러한 요인으로 인해 점점 좁아지고 있는 혈관은 점차 손상되고 심혈관질환으로 이어진다. 고혈압 사례 중 작은 비율은 신장

병이나 부신내 종양과 같은 특정 신체적 이상에 기인된다(Chobanian et al., 2003; Papillo & Shapiro, 1990). 하지만 90%에 이르는 대부분의 경우 고혈압은 확인될 수 있는 구체적인 신체적 원인이 없으며 **본태고혈압**으로 여겨진다. 세계보건기구(WHO)에 의하면 혈압이 160/95 이상일 때 고혈압으로 간주되나(Papillo & Shapiro, 1990), 140/90 이상인 경우도 우려할 만하여 고혈압을 정의할 때 더 많이 활용되는 수치이다(Chobanian et al., 2003; Taylor, 2009). 혈압의 첫 번째 수치는 수축기혈압(systolic blood pressure)이라 하며 이는 심장이 피를 내보낼 때의 압력이다. 두 번째 수치는 확장기혈압(diastolic blood pressure)으로 심장박동 간 심장이 휴식기일 때의 압력이다. 확장기혈압의 상승은 질환에 대한 위험성 측면에서 더 우려스러운 현상으로 간주되고 있다.

한 포괄적 연구에 따르면 북미의 35세~64세 사이의 성인 중 27.6%가 고혈압을 앓고 있으며 6개 유럽국가에서는 이에 상응하는 수치가 44.2%라는 충격적인 결과를 보였다(Wolf-Maier et al., 2003). 미국 자치주별로 실시된 더 최근 조사에서는 놀랍게도 고혈압 유병률이 성인 남성에게서는 38% 그리고 성인 여성에게서는 40%로 파악되었다(Olives, Myerson, Mokdad, Murray, & Lim, 2013). 고혈압이 초래할 수 있는 많은 치명적 질환이 존재함에도 불구하고 고혈압의 증상이 두드러지지 않고 대부분이 고혈압이라는 사실조차 인식하지 못한다는 이유로 고혈압을 소리 없는 살인자(silent killer)로 부른다는 점에서 이와 같은 유병률은 매우 놀라운 수치라 할 수 있다. 이 수치는 그 어떠한 특정 심리장애의 유병률보다 높다. 특히 눈에 띄는 사실은 아프리카계 미국 남성 및 여성이 백인계 미국인에 비해 고혈압 발병 가능성이 1.5배에서 2배 높다는 것이다(CDC, 2011a; Egan et al., 2010; Lewis et al., 2006; Yan et al., 2003). 더욱이 소수민족 집단이 백인집단에 비해 고혈압 및 다른 심혈관계질환에 대한 관리에 더 소홀하다(McWilliams, Meara, Zaslavsky, & Ayanian, 2009). 더욱 중요한 사실은 아프리카계 미국인은 백인에 비해 고혈압성 혈관질환 유병률이

심혈관계질환(cardiovascular disease) 심장, 혈관, 이것들의 제어체계를 포함하여 혈액을 조직과 장기로 운반하는 기제에서의 문제이다. 심리적 요인은 심혈관계질환과 이에 대한 치료에서 중요한 역할을 맡는다.

뇌졸중 · 뇌혈관사고(stroke/cerebral vascular accident, CVA) 뇌에 혈액을 공급하는 혈관이 일시적으로 차단되거나 파열되어 일시적 또는 영구적 뇌기능 상실을 초래한다.

고혈압(hypertension) 뇌졸중과 심장 및 신장 질환에 대한 주요 위험요인으로 심리적 요인과 깊숙이 연관된다.

본태고혈압(essential hypertension) 신체적 유발 요인이 확인되지 않는 높은 혈압으로 대부분의 고혈압 사례가 이 유형에 해당한다.

▲ 아프리카계 미국인들은 불균형적으로 높은 비율로 고혈압을 경험한다.

5배에서 10배 더 높다는 것이다. 이러한 이유에서 고혈압은 아프리카계 미국인들 사이에서 가장 우려할 만한 주요 질병이다. Saab와 동료들(1992)은 실험실 스트레스 검사에서 고혈압이 없는 아프리카계 미국인이 상승된 혈압을 포함한 더 높은 혈관 반응성을 보인다고 보고하였다. 따라서 아프리카계 미국인은 일반적으로 고혈압 발병 위험이 더 높다는 것을 알 수 있다.

생물학적, 심리적, 사회적 요인이 이와 같은 치명적일 수 있는 질환의 발병에 영향을 준다는 사실은 놀랍지 않을 수 있다. 고혈압이 대물림되고 유의한 유전적 영향을 받는다는 것은 분명하다(Fava et al., 2013; Papillo & Shapiro, 1990). 정상 혈압을 가진 사람도 만약 부모가 고혈압이 있다면 정상 혈압을 가진 부모를 둔 정상 범위의 혈압을 보이는 사람에 비해 실험적으로 유발된 스트레스 상황에서 혈압이 더 높은 반응성을 나타낸다(Clark, 2003; Fredrikson & Matthews, 1990). 다시 말해 고혈압에 대한 유전된 취약성을 활성화시키는 데 많은 것이 필요하지 않다. 고혈압을 가진 부모의 자녀는 정상 혈압을 가진 부모의 자녀보다 고혈압이 발현될 확률이 2배 더 높다(Taylor, 2009). 그러나 양육과 같은 다른 관련 요인과는 대조적으로 유전이 고혈압의 전부를 말해주는 것은 아니라고 지적하는 연구도 있다. 즉 특정 유전적 변이는 고혈압 위험률의 일부분만을 설명한다(Kurtz, 2010).

고혈압에 대한 신경생물학적 원인에 대한 연구는 혈압 조절에 핵심적 역할을 하는 두 요인에 초점을 두고 있다. 그것은 자율신경계 활동과 신장의 나트륨 조절기제이다. 자율신경계의 교감신경계 가지가 활성화되면 혈액순환에 대한 더 강한 저항을 초래하는 혈관의 수축이 유발된다. 즉 혈압이 상승하게 된다(Joyner, Charkoudian, & Wallin, 2010; Guyton, 1981). 교감신경계가 스트레스에 대응하기 때문에 오래 전부터 많은 연구자는 스트레스가 본태고혈압에 대한 주요 기여요인이라고 간주해왔다. 신장의 기능 중 하나는 나트륨과 수분을 조절하는 것인데 이것은 혈압을 조절하는 데에 매우 중요하다. 과다한 염류는 혈액량을 증가시키며 혈압을 상승시킨다. 이러한 이유에서 고혈압이 있는 사람에게 염분 섭취를 제한하도록 권장한다.

성격, 대처방식, 스트레스 수준과 같은 심리적 요인은 혈압에서의 개인차를 설명한다(Lehman, Taylor, Kiefe, & Seeman, 2009; Winters & Schneiderman, 2000). 예를 들어 28개의 연구를 개관한 결과 Uchino와 동료들(1996)은 사회적 지지의 정도와 혈압 간의 유의한 상관관계를 발견하였고 이와 같은 결과는 최근 연구에서도 일관성 있게 보고되고 있다(예, Hawkley, Thisted, Masi, & Cacioppo, 2010). 외로움, 우울, 통제감 상실은 고혈압과 사회적 지지 간의 연관성에 기여하는 심리적 기제이다. 부부를 대상으로 실시된 한 연구는 사랑과 지지를 전달하기 위한 방법으로 빈번한 애정 어린 스킨십을 실현하는 것이 혈압을 유의하게 감소시킨다고 보고하였다(Holt-Lunstad, Birmingham, & Light, 2008).

한 장기 연구는 고혈압에 대한 위험률을 2배 이상 증가시키는 두 가지 심리적 요인을 확인하였는데 그것은 (1) 적대감, 특히 대인관계 상황에서의 적대감과 (2) 시간에 쫓김 또는 성급함이다. 이러한 결론을 내리기 위해 아프리카계 및 백인계 미국 성인 5천 명 이상을 Coronary Artery Risk Development in Young Adults(CARDIA) 연구의 일환으로 15년 동안 추적하였다(Yan et al., 2003). 이 두 요인의 조합이 한층 더 강력한 위험을 초래하는 것으로 추정되었다. 또한 분노와 적대감 모두 실험실 및 응용 환경에서의 혈압 상승과 연관성을 보였다(Mezick et al., 2010; Miller, Smith, Turner, Guijarro, & Hallet, 1996).

적대감 또는 억압된 적대감이 고혈압이나 다른 심혈관 문제를 예측한다는 발상은 분노 표출 불능이 고혈압과 다른 심혈관 문제로 이어질 수 있다고 제안한 Alexander(1939)의 연구로 거슬러 올라갈 수 있다. 분노가 억제되는지 여부보다 더 중요할 수 있는 요인은 스트레스 상황에서 분노와 적대감이 얼마나 자주 경험되며 타인에게 표현되는가이다(Brondolo et al., 2009; Miller et al., 1996). 잠시 존의 사례로 돌아가 보자. 존은 분명 고혈압이 있다. 그의 사례에서 혹시 분노감이 감지되는가? 그의 고혈압은 스트레스가 많은 생활양식, 좌절 수준, 적대감과 분명 관련이 있을 것이다. 건설적으로 분노를 표현하는 분노통제 능력은 일반인구 조사에서 더 낮은 혈압과 유의하게 연관되므로(Haukkala, Konttinen, Laatikainen, Kawachi, & Utela, 2010; Taylor, 2009) 이와 같은 능력이 고혈압 환자에게도 유용할 수 있다. 그러므로 유전적 기반을 둔 것으로 추정되는 높은 스트레스 반응성, 스트레스 과다노출, 적대감과 분노감이 동반되는 부적절한 대처기술과 반응 간의 상호작용이 고혈압의 원인인 듯하다(Brondolo et al., 2009; al'Absi & Wittmers, 2003; Taylor, 2009).

관상동맥심질환

관상동맥심질환(CHD)은 간단히 말해 심근(myocardium)으로 혈액을 공급하는 동맥이 막히는 것이다. 심장병에는 여러 용어가 사용된다. 동맥의 부분적 폐색으로 인한 흉통은 협심증(angina pectoris 또는 angina)이라고 한다. 죽상동맥경화증(atherosclerosis)이란 지방질이나 플라크(plaque)가 동맥 내에 축적되어 폐색이 나타나는 현상을 말한다. 허혈(ischemia)은 너무 많은 플라크가 동맥을 협착하여 특정 신체 부위로의 혈액공급이 충분하지 않을 때 나타난다. 그리고 심근경색증(myocardial infarction), 즉 심장발작(heart attack)은 특정 동맥이 플라크로 인해 막혀 심장조직이 죽는 것을 뜻한다. 플라크 이외 다양한 이유로 인해 동맥은 수축되거나 막힐 수 있다. 예를 들어 혈전이 동맥 내에 자리 잡을 수도 있다.

CHD와 다른 많은 신체장애에 대한 취약성은 유전되는 것이 분명하며 식단, 운동, 문화와 같은 요인도 심혈관 상태에 중요한 기여를 한다(Allender, Peto, Scarborough, Boxer, & Rayner, 2007; Thoresen & Powell, 1992). 하지만 어떠한 심리적 요인이 CHD에 영향을 미치는가?

여러 연구에서 스트레스, 불안과 분노감이 대처기술의 부족과 낮은 사회적 지지와 함께 CHD와 연관되었다고 밝히고 있다(Jiang et al., 2013; Matthews, 2005; Suls & Bunde, 2005; Taylor, 2009). 가족 중한 명이 급작스럽게 사망하였다는 소식과 같은 극심한 스트레스는 심부전의 일종인 심근기절(myocardial stunning) 상태로 드물게 이어질 수 있다(Wittstein et al., 2005). 최근 연구에 따르면 비록 드물기는 하나 정서적 촉발요인에 의해 유발되는 심장발작은 이전부터 높은 부정적 정서성과 사회적 억제성향을 보였던 사람에게서 평균보다 더 자주 나타난다(Compare et al., 2013).

많은 연구에서 추후 심장발작을 예방하고 수명을 연장하는 데 있어 스트레스 감소 프로그램의 가치를 강조하고 있다(Orth-Gomer et al., 2009; Emery et al., 2011; Williams & Schneiderman, 2002). 연구 결과를 통합하는 분석과정인 메타분석을 실시한 한 연구에 따르면 스트레스 감소 프로그램이 CHD에 미치는 영향은 확실하였다. 37개의 연구결과를 취합한 결과 스트레스 감소 프로그램이 심장발작으로 인한 사망률을 34%, 심장발작 재발률은 29% 감소시켰으며 CHD 위험인자인 혈압, 콜레스테롤 수치, 체중, 이외 다른 요인에 긍정적인 효과를 가져왔다(Dusseldorp, van Elderen, Maes, Meulman, & Kraaij, 1999). 또 다른 임상 연구에서는 스트레스 감소와 운동이 심장질환을 이미 갖고 있는 환자의 정서적 고통을 완화시키고 심장 기능을 향상시키며 추후 심장발작에 대한 위험률을 감소시킴을 입증하였다(Blumenthal et al., 2005). 매우 중요한 질문이 뒤따른다. 첫 심장발작에 취약하게 만드는 높은 수준의 스트레스를 경험하고 있는 사람을 심장발작 전에 가려낼 수 있는가? 아마도 가능하다고 대답할 수 있으나 이에 대한 답변은 생각보다 더 복잡하다.

수십 년 전 특정 집단이 스트레스 상황에서 어떠한 행동군집 양상을 보이면 CHD 발병 유병률이 높아지는지 확인되었다. 행동 중에는 과도한 경쟁심, 거듭되는 시간에 대한 압박감, 조급함, 가속화된 언변 및 운동 활동에서 나타나는 엄청난 에너지, 분노 폭발이 있다. **A형 행동패턴**으로 명명된 이와 같은 행동은 Meyer Friedman과 Ray Rosenman(1959, 1974) 두 심장전문의에 의해 처음으로 확인되었다. 두 의사는 **B형 행동패턴**에 대해서도 설명하였는데 기본적으로 A형 행동패턴을 지니지 않는 사람이다. 즉 B형 행동패턴을 보이는 사람은 더 느긋하며 시간압박에 대해 걱정하지 않으며 압박감 그리고 어쩌면 도전에 동반되는 흥분감 또는 다른 무엇보다 더 중요시되는 야망을 거의 느끼지 않는다.

목표 지향적이고 정력적인 문화에서 A형 성격 혹은 행동패턴은 널리 수용되는 개념이다. 초기 연구는 A형 행동이 CHD 발병 위험을 증가시킨다는 것을 확인하였으며(Friedman & Rosenman, 1974), 분노와 같은 A형 성격의 개별적 요소는 지금까지도 심혈관 위험성을 증가시킨다고 보고되고 있다(Chida & Steptoe, 2009). 하지만 가장 설득력 있는 증거는 행동과 심장질환 간의 관계를 밝히기 위해 수천 명의 환자를 장기간 추적한 두 개의 대규모 전향적 연구에서 비롯되었다. 첫 번째 연구는 Western Collaborative Group Study(WCGS)로 39세~59세 사이의 건강한 성인 남성 3,154명을 대상으로 연구 초반 면접을 통해 이들의 전형적인 행동양상을 조사하였다. 그 후 8년간 그들을 추적 조사하였다. 그 결과 연구 시작 시 A형 행동패턴을 보인 남성이 B형 행동패턴의 남성에 비해 CHD 발병 사례가 두 배 더 많았다. 39세~49세 사이 젊은 성인 남성의 자료만을 분석했을 때 그 결과는 더욱 놀라웠다. 이 연령군에서는 A형 행동패턴 집단이 B형 행동패턴 집단에 비해 CHD로 발전할 가능성이 6배 더 큰 것으로 나타났다(Rosenman et al., 1975).

두 번째 주요 연구는 Framingham Heart Study로 총 40년에 걸쳐 지속되었다(Haynes, Feinleib, & Kannel, 1980). 이 연구는 CHD의

관상동맥심질환(coronary heart disease, CHD) 심근으로 혈액을 공급하는 동맥이 막힌다. 서구권에서 주요 사망 원인이며 사회적·심리적 요인이 관여한다.

A형 행동패턴(type A behavior pattern) 과도한 경쟁심, 시간에 대한 압박감, 조급함, 가속화된 언변, 분노를 포함한 행동 군집으로 심장질환에 대한 위험성을 가중시킨다.

B형 행동패턴(type B behavior pattern) 느긋한 태도, 시간 압박에 대한 무관심, 낮은 야망을 포함한 행동 군집으로 심장질환에 대한 위험성을 낮춘다.

발병 및 경과에 대해 오늘날 우리가 알고 있는 상당부분을 알려주었다. A형 그리고 B형 행동패턴으로 분류된 1,674명의 건강한 남성과 여성을 8년간 추적하였다. 역시 A형 패턴을 보이는 남성과 여성은 B형 패턴을 보이는 개인에 비해 CHD를 진단받을 가능성이 두 배 이상 높았으며 특히 남성의 경우는 거의 3배 정도 높았다. A형 행동패턴을 보이는 여성의 경우 낮은 교육수준을 보고한 여성의 CHD 발병 가능성이 가장 높았다(Eaker, Pinsky, & Castelli, 1992).

유럽에서 진행된 인구기반 연구에서도 기본적으로 유사한 결과가 나왔다(De Backer, Kittel, Kornitzer, & Dramaix, 1983; French-Belgian Collaborative Group, 1982). 흥미롭게도 하와이에서 진행된 일본인 남성을 대상으로 한 대규모 연구에서는 이와 같은 결과가 도출되지 못하였다(Cohen & Reed, 1985). 일본계 대상자 중 A형 행동패턴을 보이는 남성의 비율(18.7%)은 미국 성인 남성의 비율(50%)보다 훨씬 더 낮았다. 이와 비슷하게 일본 남성의 CHD 유병률(4%)은 Framingham 연구에서 밝혀진 미국 남성 유병률인 13%보다 역시 낮았다(Haynes & Matthews, 1988). 문화의 영향을 더 확실히 보여주는 한 연구에서는 3,809명의 일본계 미국인을 가정에서 일본어를 사용하는지, 일본 전통 가치관과 행동을 유지하고 있는지와 같은 지표에 근거하여 얼마나 '전통적인 일본인'인가에 따라 집단을 분류하였다. 가장 전통적인 일본인이라고 평가된 일본계 미국인은 CHD 유병률이 가장 낮았으며 이는 일본에 거주하는 일본 남성의 발생 수치와 크게 다르지 않았다. 반면 가장 덜 전통적인 일본인이라고 구분된 일본계 미국인의 CHD 유병률은 3배에서 5배 더 높았다(Marmot & Syme, 1976; Matsumoto, 1996). 사회문화적 차이는 분명 매우 중요하다.

이러한 복잡하지 않은 결과에도 불구하고 A형 개념은 최소 서구 문화에서는 희망했던 것보다 더 복잡하고 규명하기 힘든 것으로 밝혀졌다. 우선 평가도구가 서로 일치하지 않기 때문에 구조화된 면접, 설문지 또는 다른 측정치로 어떠한 개인이 A형인지 파악하기가 어렵다. 많은 사람이 A형의 몇 가지 특성을 가지고 있을지는 모르나 전부 가지고 있지 않을 수 있으며 몇몇 다른 사람은 A와 B형의 혼합양상을 보일 수도 있다. 이 개념의 기저를 이루는, 인간을 두 가지 유형으로 분류할 수 있다는 가정은 이미 오래 전 폐기되었다. 따라서 추후 연구결과는 A형 행동과 CHD 간의 관계를 반드시 지지한 것은 아니다(Dembroski & Costa, 1987; Hollis, Connett, Stevens, & Greenlick, 1990).

만성적 부정적 정서의 역할

이 시점에서 연구자들은 A형 구성개념 자체가 잘못된 것이 아닐지 의문을 품었다(Matthews, 1988; Rodin & Salovey, 1989). CHD 발전에 있어 A형 성격을 대표하는 특정 행동과 정서가 중요할 수 있지만 모든 특성이 영향력을 갖지는 않는다고 합의되었다. 제2장에서 기술된 Ironson의 연구와 앞서 논의된 고혈압과 관련된 내용을 읽어봤다면 놀라운 사실이 아닐 수 있으나 분노는 A형 성격과 CHD 간의 관계를 설명하는 하나의 원인이 될 수 있다(Chida & Steptoe, 2009; Miller et al., 1996). Ironson과 동료들(1992)은 심장병을 가지고 있는 사람에게 자신을 화나게 했던 실제 상황이나 사건을 상상하도록 하고 이들의 상승된 심박동수를 운동과 같은 다른 상황을 상상했을 때의 심박동수와 비교하였다. 분노는 심장의 박동 효율성을 손상시켜 심장 박동에서의 불안정성(부정맥, arrhythmia)이 나타날 가능성을 증가시켰다. 이 연구는 잦은 분노 경험이 이후 CHD와 관련된다는 선행 연구를 뒷받침하였다(Houston, Chesney, Black, Cates, & Hecker, 1992; Smith, 1992). 또 다른 연구가 이와 같은 결론을 확인시켜준다. Iribarren과 동료들(2000)은 건강한 백인계·아프리카계 젊은 미국 성인 374명을 10년간 추적하였다. 적대감과 분노 수준이 높은 성인은 CHD의 초기 징후인 심장동맥 석회화(coronary artery calcification) 현상을 보였다.

A형 행동패턴은 심장병 발전에 있어 무관한 것인가? 대부분의 연구자는 A형 구성개념 중 특히 만성적으로 높은 수준의 분노와 같은 부정적 정서와 시간에 쫓김 또는 조급함 요인이 CHD에 대한 중요한 결정요인이라고 주장한다(Matthews, 2005; Thoresen & Powell, 1992; Williams, Bare-foot, & Schneiderman, 2003; Winters & Schneiderman, 2000). 존의 사례로 돌아가 보면 성급함을 포함한 모든 A형 행동 이외 잦은 분노폭발도 있었다. 하지만 서로 밀접히 연관된 다양한 부정적 정서를 만성적으로 경험하는 개인의 경우는 어떠한가? 그림 7.2를 보면 스트레스, 불안, 우울 간에 밀접한 관계를 확인할 수 있다. 이와 같은 정서의 생리적 요소와 이들이 심혈관계에 미치는 영향은 동일하거나 최소 유사할 수 있다는 결과가 보고되고 있다(Suls & Bunde, 2005). 또한 스트레스와 흔히 관련되는 분노라는 정서가 투쟁-도피반응(flight or fight response)에서 볼 수 있듯이 두려움이라는 정서와도 밀접한 관계를 가지고 있다. 투쟁은 분노와 관련되어 나타나는 전형적인 행동경향이며 도피 또는 회피는 두려움과 연관된다. 하지만 긴박한 위험 혹은 위협에 의해 활성화되는 신체 경고 반응은 두 가지 정서 모두와 관련된다.

불안과 우울이 분노만큼 CHD 발전에 있어 중요할 수 있다고 문헌 고찰을 통해 확인되고 있으며(Barlow, 1988; Strike & Steptoe, 2005) 유년기에 관찰된 불안과 우울 양상조차 중요한 기여요인이다(Grossardt, Bower, Geda, Colligan, & Rocca, 2009). 심장발작을 경험한 896명의 환자를 연구한 결과 애초 심장병의 심각성과는 무관하게 우울한 환자가 우울하지 않은 환자에 비해 심장발작 발병 1년 안에 사망할 가능성이 3배 더 높았다(Frasure-Smith, Lesperance, Juneau, Talajic, & Bourassa, 1999). CHD를 가진 환자 1,017명을 조사한 결과 우울증상을 보이는 환자가 우울증상이 없는 환자에 비해 심장발작 또는 부정맥과 같은 심혈관 사건의 발생률이 31% 더 높은 것으로 보고되었다(Whooley et al., 2008). 주요우울 삽화와 같은 심각한 우울증은 심혈관 손상과 특히 연루된다(Agatisa et al., 2005; Emery et al., 2011). 또한 80,000명의 54세~79세 사이 여성 중 우울증 이력이 있는 여성이 우울하지 않은 여성에 비해 뇌졸중을 경험할 위험이 29% 더 컸다(Pan et al., 2011). 이와 같이 스트레스(분노), 불안(두려움), 진행성 우울과 같은 부정적 정서를 만성적으로 경험하는 것과 더불어 이러한 정서를 동반하는 신경생물학적 활성화는 CHD와 아마 다른 신체장애에 기여하는 가장 중요한 심리사회적 요인으로 사료된다.

이러한 결과에 부분적으로 기인하여 몇몇 연구자는 사회적 억제 성향과 고조된 부정적 정서로 특징되는 또 다른 성격 유형인 D형 성격을 제안하였다. D형 성격은 최근 연구에서 CHD와 관련되었으나(Compare et al., 2013), D형 행동과 심혈관 문제 간의 연관성이 나타나지 않은 연구결과(Larson, Barger, & Sydeman, 2013)도 존재하는 바, 추후 연구가 필요하다(Hausteiner, Klupsch, Emeny, Baumert, & Ladwig, 2010).

부정적 정서가 CHD에 기여하는 구체적 과정에 대해서도 또한 더 많이 알려지고 있다. 염증이 죽상동맥경화증과 심부전에 직접적으로 기여하기 때문에 스트레스 반응 및 모든 부정적 정서와 관련된 염증 반응이 다시 한 번 주목받게 된다(Matthews et al., 2007; Taylor, 2009). Gallo와 Matthews(2003; Matthews, 2005)는 CHD에 기여하는 심리사회적 요인에 대한 모델을 제시하였다(그림 7.5). 낮은 사회경제적 수준과 상대적으로 부족한 자원 또는 사회적 위계에서의 낮은 위치가 첫 번째 박스에 기재되었으며 스트레스 경험이 두 번째 박스에 제시되어 있다. 세 번째로는 스트레스에 대한 완충효과를 가져오는 예비 수용력(reserve capacity)에 기여하는 대처기술과 사회적 지지가 위치한다. 부정적 정서와 부정적 인지적 양식 모두 주요 위험요인을 구성한다. 반면 긍정적 정서와 낙관적 성향은 CHD에 대한 위험을 감소시키며(Davidson, Mostofsky, & Whang, 2010; Giltay, Geleijnse, Zitman, Hoekstra, & Schouten, 2004), 부정적 정서만큼 CHD에 영향을 줄 수도 있다. 부정적·긍정적 정서는 네 번째 박스에 제시되어 있다. 이 모델은 심리사회적 요인이 CHD에 미치는 영향에 대해 현재까지 파악된 정보를 잘 요약하고 있다.

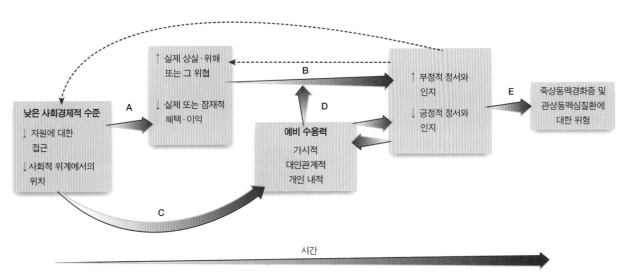

● 그림 7.5 관상동맥심질환에 대한 증가된 위험으로 이어지는 낮은 사회경제적 수준을 반영하는 환경, 스트레스 사건, 심리사회적 자원, 정서 및 인지 간의 연관성을 설명하는 예비 수용력 모델이다.

주: 화살표 A는 사회경제적 수준이 스트레스 경험에 대한 노출에 직접적으로 영향을 주는 것을 보여준다. 화살표 B는 정서 및 인지에 대한 스트레스 사건의 직접적인 영향을 가리킨다. 화살표 C는 스트레스 관리에 활용 가능한 축적된 자원, 즉 예비 수용력을 사회경제적 수준이 조성하고 조건화한다는 것을 보여준다. 화살표 D는 예비 수용력은 스트레스와 정서-인지적 요인 간의 연관성을 잠재적으로 중재하는 요소일 수 있다. 화살표 E는 정서-인지적 요인이 중간과정과 관상동맥심질환과 죽상동맥경화증에 직접적으로 영향을 주는 역할을 반영한다. 점선은 가능할 수 있는 반대 영향을 나타낸다.

[출처: Gallo, L. C., & Matthews, K. A. (2003). Understanding the association between socioeconomic status and physical health: Do negative emotions play a role? *Psychological Bulletin, 129*, 34 (Figure 1), 2003, American Psychological Association. Reprinted, with permission, from Matthews, K. A. (2005). Psychological perspectives on the development of coronary heart disease. *American Psychologist, 60*(8), 791 (Figure 2), 2005, American Psychological Association.]

만성통증

통증 자체는 장애가 아니나 통증은 대부분의 사람에게 있어 손상, 질병, 또는 질환을 알리는 신호이다. 통증을 스스로 완화시킬 수 없거나 통증의 원인이 불분명할 때 일반적으로 의학적 자문을 구하게 된다. 미국 국립보건원(National Institutes of Health)에 따르면 만성통증은 미국에서 가장 큰 의료비용이 지출되는 문제로 최소 1억 1600만 명이 넘는 개인에게 영향을 미치며 매년 6350억 달러 규모의 의료비와 생산성 손실을 초래하는 것으로 전해지고 있다(Institute of Medicine, 2011). 실제 미국에서는 두통, 감기, 다른 경증 질병에 동반되는 통증을 일시적으로 치료하기 위한 일반의약품 구매를 포함한 만성통증 치료에 연간 최소 1250억 달러 정도를 지출하고 있다(Gatchel, 2005; Taylor, 2009). 통증은 전체 내원 사유의 80%를 차지하여(Flor & Turk, 2011; Gatchel, Peng, Peters, Fuchs, & Turk, 2007), 주치의를 찾는 가장 흔한 사유이다(Otis, MacDonald, & Dobscha, 2006). 그럼에도 불구하고 대부분의 연구자는 만성통증과 이에 따른 보건의료체계의 막대한 손실의 원인은 상당부분 심리적·사회적 요인과 연관된다는 사실에 동의하고 있다(Gatchel et al., 2007; Taylor, 2009; Turk & Monarch, 2002).

임상 통증에는 급성과 만성 두 가지 유형이 있다. **급성통증**은 일반적으로 부상 또는 손상에 따른 상태로 손상이 치유되거나 효과적으로 치료가 되면 1개월 이내에 사라진다. 반면 **만성통증**은 급성으로 시작될 수 있으나 시간이 지나 손상이 치유되거나 효과적인 치료가 제공되어도 통증이 감소하지 않는다. 일반적으로 만성통증은 근육, 관절, 혹은 힘줄, 특히 허리 부위에서 발생한다. 확장된 혈관으로 유발된 혈관성 통증(vascular pain)은 만성적일 수 있으며 그 외 두통, 특정 불치병에서와 같이 점진적 조직변성으로 인한 통증, 통증 수용체를 침해하는 암성 종양의 성장으로 인한 통증 모두 만성적일 수 있다(Otis & Pincus, 2007; Taylor, 2009).

통증경험을 보다 잘 이해하기 위해 임상가와 연구자는 환자의 보고에 의한 주관적 경험을 뜻하는 통증(pain)과 통증경험의 명백한 발현을 지칭하는 통증행동(pain behavior)을 구분한다. 통증행동은 앉거나 걷는 방법을 바꾸거나 계속해서 타인에게 통증에 대해 불평하는 행동, 얼굴 찡그리기와 가장 중요한 행동으로 다양한 활동, 특히 일과 여가활동을 회피하는 것을 포함한다. 마지막으로 통증의 정서적 요소를 반영하는 고통(suffering)은 통증과 때로 동반될 수도 있으나 그렇지 않을 수도 있다(Fordyce, 1988; Liebeskind, 1991). 매우 중요하다고 밝혀졌기 때문에 심리적·사회적 요인이 통증에 어떻게 기여하는지부터 살펴보겠다.

통증의 심리적 · 사회적 측면

경미한 수준의 만성통증은 궁극적으로 개인을 지치게 하고 삶의 즐거움을 뺏어가는 눈엣가시 같은 존재라 할 수 있다. 심각한 만성통증은 실직, 가족으로부터의 철회, 흥미 상실을 일으키고 또한 모든 주의와 관심을 통증을 완화하는 데에 돌린다. 흥미로운 점은 통증의 심각도가 통증에 대한 반응을 예측하지 못한다는 사실이다. 어떠한 사람은 강렬한 통증을 자주 경험하지만 생산적인 일을 계속하고 의학적 치료를 추구하지 않으며 비교적 정상적인 삶을 영위해 나간다. 이와 같은 차이는 주로 심리적 요인에 의한 결과이다(Dersh et al., 2002; Flor & Turk, 2011). 이러한 심리적 요인이 스트레스 반응과 불안 및 우울과 같은 부정적 정서와 연루된 요인이라는 사실은 놀라운 일이 아니다(Ohayon & Schatzberg, 2003; Otis, Pincus, & Murawski, 2010) (제4장, 제6장). 결정적 요인은 상황에 대한 개인의 전반적인 통제감, 즉 통증과 이에 따르는 결과를 효과적이고 의미 있는 방식으로 다룰 수 있는가에 달려 있다. 미래에 대한 일반적으로 낙관적인 견해가 긍정적인 통제감과 결합될 때 유의하게 낮은 수준의 고통과 장애수준으로 이어진다(Keefe & France, 1999; Otis & Pincus, 2007; Zautra, Johnson, & Davis, 2005). 긍정적 심리적 요인은 수동적으로 괴로워하는 대신 운동과 식이요법 같은 주도적인 대처를 도모하며(Gatchel & Turk, 1999; Otis et al., 2010; Zautra et al., 2005), 우울이 성공적으로 치

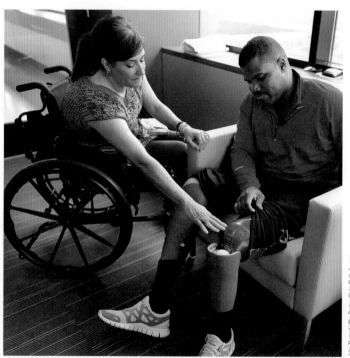

▲ 더 이상 신체의 일부가 아닌 팔 또는 다리에서 특정 통증을 경험하는 것이 드물지 않게 보고되고 있다.

료되면 만성통증경험이 감소한다(Teh, Zaslavsky, Reynolds, & Cleary, 2009).

Philips와 Grant(1991)는 부상 이후 등과 목의 통증을 호소하는 117명의 환자를 연구하였는데 대부분은 빠른 시일 내에 회복될 것으로 예상하였으나 그들 중 40%는 6개월 후에도 심각한 수준의 통증을 호소하여 만성통증 진단기준을 충족시켰다. 6개월 후 통증을 보고하지 않았던 환자 60%는 손상 이후 약 1개월 시점부터 통증을 호소하지 않은 것으로 나타났다. 해당 연구에서는 통증경험과 이후 장애정도 간의 관계는 통증강도와는 큰 상관을 보이지 않는 반면 성격과 사회경제적 수준에서의 차이 그리고 부상과 관련하여 소송을 고려하고 있는지 여부와 더 큰 연관성을 보였다. 기존 불안 및 성격 문제 또한 누가 만성통증을 경험할지 예측한다(Flor & Turk, 2011; Taylor, 2009). 일반적으로 불안 및 우울과 같은 부정적 정서, 부족한 대처기술, 낮은 사회적 지지, 통증에 따르는 보상이 있을 경우에 만성통증 유형이 예측된다(Dersh et al., 2002; Gatchel et al., 2007). 정반대로 통제감을 증진시키거나 통증에 대한 감소된 불안감은 통증의 강도와 손상정도를 줄인다(Burns, Glenn, Bruehl, Harden, & Lofland, 2003; Edwards et al., 2009; Otis et al., 2010). 마지막으로 Zautra와 동료들(2005)은 관절염 또는 섬유근육통으로 인한 극심한 통증을 호소하는 124명의 성인 여성 중 긍정적 정서가 높은 여성이 긍정적 정서 수준이 낮은 여성에 비해 차후 몇 주 내에서의 감소된 통증경험을 예측한다는 사실을 관찰하였다.

통증경험이 질환이나 손상과는 전혀 무관할 수도 있다는 것을 가장 잘 보여주는 현상은 아마 환상사지통(phantom limb pain)일 것이다. 이 상태에서는 팔이나 다리를 잃은 개인이 더 이상 존재하지 않는 사지에서 통증을 경험한다. 환자는 통증 부위와 더불어 둔통 또는 예리한 통증과 같은 통증 유형에 대해서도 매우 상세히 묘사한다. 팔과 다리가 절단된 것을 인식하나 이것이 통증을 경감시키지 못한다. 2013년 4월 보스턴 마라톤대회 폭발사건의 피해자들 또한 환상사지통을 경험하였고 자신의 감정과 대처방법을 공유하면서 서로 도움을 받았다. 대처방법 중 하나는 매일 아침 전신거울을 몇 분 동안 응시하면서 사지가 더 이상 제자리에 없다는 사실을 뇌가 인식할 수 있도록 하는 것이었다. 연구에 의하면 뇌의 감각피질상의 변화가 이 현상에 기여하는 것으로 나타났다(Flor et al., 1995; Katz & Gagliese, 1999; Ramachandran, 1993).

사회적 요인 또한 통증경험에 영향을 미치게 된다(Fordyce, 1976, 1988). 예를 들어 이전에는 비판적이고 요구가 많았던 가족구성원들이 배려하고 동정적이 될 수 있다(Kerns, Rosenberg, & Otis, 2002; Otis & Pincus, 2007). 이러한 현상은 행동이 사회적 결과의 통제하에 있음

을 명확히 보여주는 현상으로 간주되어 통증행동에 대한 조작적 통제(operant control of pain behavior)라고 불린다(Flor & Turk, 2011). 그러나 이러한 사회적 결과는 통증이 경험되는 정도와는 불명확한 관계를 갖는다.

반면 강력한 사회적 지지 체계는 통증을 감소시킬 수 있다. Jamison과 Virts(1990)는 요통, 복통, 흉부통을 호소하는 521명의 만성통증 환자를 대상으로 연구를 실시한 결과 가족으로부터의 사회적 지지가 부족한 환자는 더 많은 통증 부위를 보고하였고 대부분의 시간을 침대에 누워 있는 등 통증행동을 더 많이 보였다. 또한 가족으로부터 강한 사회적 지지를 받는다고 보고한 환자에 비해 통증강도 평가 수치가 더 높지 않았음에도 불구하고 더 많은 정서적 고통을 호소하였다. 가족으로부터 튼튼한 사회적 지지를 받고 있는 환자는 사회적 지지를 받고 있지 않다고 보고한 환자에 비해 직장으로 더 빨리 복귀하였으며 약물에 대한 의존도가 더 낮았고 활동수준을 더 신속히 증가시켰다. 실제 사랑하는 사람의 사진만 볼 수 있어도 통증경험은 감소된다(Master et al., 2009).

위 결과가 통증행동에 대한 조작적 통제와 관련된 연구 결과를 반박하는 듯 보일 수 있으나 서로 다른 기제가 작동하고 있을 수 있다. 전반적인 사회적 지지는 통증 및 손상과 연관된 스트레스를 감소시킬 수 있고 적응적인 대처방식과 통제감을 촉진시킬 수 있다. 하지만 특히 사회적 지지가 부재할 경우 통증행동이 구체적으로 강화된다면 이와 같은 행동은 유의미하게 증가될 수 있다. 이러한 복잡한 쟁점은 아직 명확히 정리되지 않았다.

통증의 생물학적 측면

통증이 오로지 신체적인 현상이라고 생각하는 사람이 없는 것처럼 어느 누구도 통증을 전적으로 심리적이라고 가정하지는 않을 것이다. 따라서 다른 장애와 마찬가지로 통증에 있어 심리적·신체적 요인이 어떻게 상호작용하는지 고려해야 한다.

통증경험과 통증조절의 기제
관문조절설(gate control theory)은 심리적·신체적 요인 두 가지 요

급성통증(acute pain) 부상 이후 일반적으로 나타나는 통증으로 부상이 아물거나 효과적으로 치료된 후 사라진다.

만성통증(chronic pain) 시간이 지나도 경감되지 않는 지속적인 통증으로 근육, 관절, 허리에서 나타날 수 있다. 만성통증은 확장된 혈관, 퇴행성, 암성 종양 조직으로 인해 유발될 수 있다. 이외 다른 중요한 요인은 사회적·심리적 요소이다.

소 모두 수용한다(Melzack & Wall, 1965, 1982). 이 이론에 따르면 통증 자극으로부터 야기되는 신경자극은 척추를 통해 뇌로 전달된다. 척수의 후각(dorsal horns of the spinal column)이라고 불리는 영역은 관문으로서의 역할을 하는데 자극이 충분히 강렬하면 문을 열어 통증감각을 전달한다. A델타신경섬유와 C섬유로 구성된 특정 세섬유(small fiber)와 굵은 섬유(large fiber)인 A베타신경섬유가 자극의 강도와 양상을 결정한다. 세섬유는 관문을 여는 경향이 있어 통증자극의 전달을 촉진시키는 반면 굵은 섬유는 관문을 닫는 경향이 있다.

주시해야 할 중요한 정보는 뇌가 관문조절 기제에 영향을 줄 수 있는 신호를 척수를 통해 내려보낸다는 사실이다. 예를 들어 두려움이나 불안 같은 강한 부정적 정서를 경험하는 사람은 더 강렬한 통증을 경험할 수 있는데 그 이유는 이러한 상황에서 뇌는 이후 발생할 수 있는 위협이나 위험에 대해 바짝 경계하라는 신호를 보내기 때문이다. 반면 긍정적 정서를 더 많이 보이거나 장거리 경주를 반드시 끝내려는 달리기 선수와 같이 관심을 사로잡는 어떠한 활동에 몰두되어 있는 사람의 뇌에서는 억제신호가 내려와 관문을 닫게 하므로 통증경험이 감소한다. 비록 관문조절설이 주기적으로 개선되었으나(Melzack, 1999, 2005), 많은 사람이 여전히 지나치게 단순하다고 여기고 있다. 하지만 연구 결과는 이 이론이 주장하고 있는 기본적 요소, 특히 통증경험에 있어 심리적·생물학적 요인 간의 복합적인 상호작용과 관련된 요소를 계속 지지하고 있다(Edwards et al., 2009; Gatchel et al., 2007).

내재성 아편

뇌의 신경화학적 수단을 통한 통증억제는 매우 중요한 발견이다(Taylor, 2009). 헤로인 또는 모르핀과 같은 약물은 아편물질에서 제조된다. 신체 내에도 **내재성 아편**이 존재하는 것으로 밝혀졌고 오늘날 엔도르핀(endorphins) 혹은 엔케팔린(enkephalins)으로 불리는 이 물질은 신경전달물질과 유사한 작용을 한다. 내재성 아편은 신체 내부에 널리 분포되어 있기 때문에 약물 내성과 의존성, 섭식장애와 스트레스 반응과 같은 다양한 정신병리적 증상 및 상태와 연루된다(Bodnar, 2012). 내재성 아편은 격렬하고 때로는 고통스러운 신체적 활동 뒤에 맛보는 도취감(runner's high)과 보통 연관된다. 뇌는 심각한 조직손상이나 상해가 존재하여도 엔도르핀을 사용하여 통증을 억제한다. Bandura와 동료들(1987)의 연구에 의하면 높은 수준의 자기효능감과 통제감을 소유한 개인은 자기효능감이 낮은 개인에 비해 통증에 대한 감내력이 더 높았으며 통증자극에 직면했을 때 내재성 아편의 생산이 증가함을 보고하였다. 좀 더 최근에는 Edwards와 동료들(2009)이 통증경험을 변화시키는 효과적인 심리적 대처 방법의 기저에 있는 신경생물학적 과정에 대해 설명하였다. 통증에 따른 최악의 상황을 상상하거나 파국화하는 대신 통증의 중대성에 대해 재평가하는 것과 같은 특정 개입은 통증경험을 조절하거나 감소시켜 더 정상적인 기능을 가능하게 하는 다양한 뇌회로를 활성화시키는 것으로 나타났다.

다양성에 대한 논의 개인 건강과 발달에 미치는 문화의 영향: 세계 도처의 여성생식

심리적 및 정신적 상태 및 장애에 대한 연구는 문화적 가치관과 양육 과정에서의 경험과 항상 결부되어 있다는 사실에 주목해야 한다. 전 세계 여성의 생식에 대한 검토를 통해 다양한 문화적 그리고 심리적·신체적 영향을 볼 수 있다. 인간생물학의 가장 기본이 될 수 있는 생식도 문화적, 환경적, 심리적 요소에 의해 많은 영향을 받는다.

여성의 생식력은 여성의 첫 생리를 뜻하는 초경부터 시작한다. 생리주기가 멈추는 폐경기에 도달할 때까지 여성은 생식이 가능하다. 비록 모든 여성이 초경과 폐경기를 경험하게 되지만 어떠한 문화적, 환경적, 심리적 맥락에서 이것이 발생하는지에 따라 시기나 경험이 다를 수 있다. 예를 들어 전 세계 지역별로 초경 시작 연령이 다른 이유는 영양상태의 차이가 설명할 수 있다(Euling et al., 2008). 또한 스트레스 정도가 높고 아버지가 없는 가정에서 자란 소녀의 초경은 더 일찍 시작되는데 그 이유는 진화론적 관점에서는 아마도 이와 같은 환경적 특성은 집을 떠나서 자신만의 가정을 시작하

라는 신호로 작용할 수 있기 때문이다(Weisfeld & Woodward, 2004).

폐경기에 대한 심리적·사회적 경험에서도 유의한 비교문화적 차이가 있다. 예를 들어 이탈리아 문화에서는 생식력 상실은 건강악화나 신분의 하락과 연관되는 반면 중국과 인도 문화에서는 폐경은 사회에서 더 권위 있는 위치를 수여받도록 한다(Fu, Anderson & Courtney, 2003; Gifford, 1994). 흥미롭게도 폐경에 대한 이와 같은 서로 다른 지각은 문화가 폐경기 여성에게 어떻게 반응하는지뿐만 아니라 폐경기 증상의 발현에도 영향을 준다. 따라서 폐경을 긍정적인 인생 전환기로 지각할 경우 부정적 증상을 경험하지 않거나 더 적게 경험한다(Fe et al., 2003). 이와 같은 결과는 내담자가 상담실로 가져오는 문화적 차이에 임상가가 얼마나 민감하게 대처해야 하는지와 내담자가 자신의 어려움을 어떻게 경험하고 묘사하는지에 문화가 어떻게 영향을 주는지 알려주고 있다(예를 들어 Ryder et al., 2008).

통증에서의 성차

성별에 따라 경험하는 통증 유형이 다른 것으로 보고되고 있다. 여성은 생리통과 분만통 외 편두통, 관절염, 손목터널증후군과 턱의 측두하악관절(temporomandibular joint, TMJ) 통증을 더 자주 경험한다(Lipchik, Holroyd, & Nash, 2002; Smitherman, Burch, Sheikh, & Loder, 2013). 반면 남성은 심장통과 요통을 더 자주 경험한다. 내재성 아편은 남성이나 여성 모두 보유하고 있으나 남성에게서 더 강력하다고 알려져 있다. 하지만 여성은 좀 색다른 부가적 통증조절 기제가 있는 것으로 간주되고 있다. 여성의 신경화학 체제는 에스트로겐 의존 신경세포체계에 기반을 두었고 이는 생식활동에 동반될 수 있는 통증에 대처하도록 진화되었을 수 있다(Mogil, Sternberg, Kest, Marek, & Liebeskind, 1993). 이 기제는 여성에게서는 부가적 통증조절 회로로 호르몬이 제거되어 회로가 사라진다 하여도 아직 작동하고 있는 남은 통증조절 회로에는 아무런 영향을 주지 않는다. 이와 같은 발견은 통증을 가장 잘 관리하고 통제할 수 있는 약물이나 심리적 개입 또는 이들의 독특한 조합의 효과가 성별에 따라 다를 수 있음을 시사한다.

심리적·신체적 통증경험의 불가분성

이번 장과 이전 장에서 심리적 요인이 뇌기능과 구조에 어떠한 영향을 미치는지 알아봤고 CHD나 AIDS와 같은 신체적 질병에 심리적 개입이 영향을 줄 수 있다는 사실 또한 논의하였다. 위약(플라시보) 반응에 대한 연구는 이 논의에 또 하나의 쟁점을 던진다. 하나의 예로 위약은 통증을 실제 감소시키는 것이 아니면 개인이 통증을 덜 느낀다고 단지 생각하거나 보고하는 것인가? 위약 반응과 관련된 논란은 통증뿐만 아니라 우울증에서도 거론되고 있다.

한 연구에서는 자원하여 참가한 대상자 턱에 소금물을 주사하여 통증을 유도하였는데 참가자 중 일부에서는 위약이 주어진 후 통증을 실제 덜 경험하도록 뇌가 작동한다는 사실이 뇌영상 기술의 도움으로 발견되었고 이러한 양상은 통증을 덜 느낀다고 단지 생각하거나 보고할 때와는 대조적이었다(Wager, 2005; Zubieta et al., 2005). 뇌의 광범위한 영역이 영향을 받지만 가장 중요한 활성화된 체계는 통증억제 기능을 가진 내재성 아편 체계, 또는 엔도르핀이다. 증가된 엔도르핀 활동이 뇌의 여러 영역에서 나타나면 통증강도에 대한 더 낮은 평정과 더불어 통증감각 및 통증에 따른 정서적 반응의 감소와 연관된다. 좀 더 최근 연구는 주의분산이 위약 반응과 같은 뇌회로를 통해 작동하는지 검토하였다(Buhle, Stevens, Friedman, & Wager, 2012). 팔에 열통이 유도된 후 참가자는 주의분산 과제에 몰두하면서 통증을 완화시킬 수 있다고 묘사된 위약 연고를 피부에 발라주는 조건 또는 통증에는 아무 효과가 없다고 묘사된 연고가 주어지는 통제

집단에 배정되었다. 위약과 주의분산 과제는 통증경험을 각각 감소시켰으나 두 가지 조건이 결합되었을 때 각각 제시되었을 때보다 통증이 유의하게 더 감소하는 상가효과가 나타났다. 이러한 결과는 이와 같은 절차가 다소 다른 뇌회로를 통해 작동함을 시사한다. 따라서 위약 효과는 "단지 상상일 뿐이야"라고 설명될 수 없다. 가짜 알약이나 다른 위약 물질은 뇌에서 실제 화학적 변화를 유발하여 통증을 감소시킬 수 있다.

그러나 반대로도 작동할까? 약물과 같은 의학적 치료가 분명한 심리적 과정에 영향을 미치고 만약 그렇다면 동일한 목적을 달성하기 위해 약물은 심리치료와 비교하였을 때 뇌의 다른 영역에 영향을 주는 것인가? 예를 들어 약물치료가 불안과 우울을 완화시킬 수 있다는 것은 분명하다. 하지만 이에 대한 전제는 심리치료와 비교하였을 때 약물이 뇌의 다른 영역에 효과를 미친다는 것이다. 몇몇 연구는 부상으로 인한 신체적 통증과 사회적 거부로 인한 상한 감정이 초래하는 사회적 고통이 같은 행동·신경기제에 의존함을 밝혔다(DeWall et al., 2010; Eisenberger, 2012). 한 실험 연구에서 신체적 통증 완화를 위해 일반적으로 사용되는 아세트아미노펜 성분의 타이레놀을 복용한 집단과 위약을 복용한 집단을 비교하였다. 그 다음 상한 감정에 대해 3주 동안 매일 기록하였다. 아세트아미노펜을 복용한 집단은 위약 집단에 비해 상한 감정을 유의하게 더 적게 보고하였다. 두 번째 실험에서는 아세트아미노펜이 사회적 고통과 신체적 통증 모두와 연관된 것으로 알려진 뇌 영역(배측전방대상피질, dorsal anterior cingulate cortex; 앞섬엽, anterior insula)에서 사회적 거부에 따른 신경반응을 감소시킨다는 것을 발견하였다. 이는 사회적 고통과 신체적 통증 사이에는 상당한 중복이 있음을 보여준다(Eisenberger, 2012; Wager, 2005). 이 모든 결과는 이 책의 중심 주제를 한 번 더 보여주고 있다. 기대감과 인지적 평가와 같은 심리적 요인으로 야기된 뇌기능과 생물화학적으로 야기된 뇌기능을 쉽게 구분할 수 없다. 몸과 마음은 확실히 나눌 수 없으며 전반적인 반응성 범위에 초점을 두는 다차원적 통합적 접근만이 정상적·병리적 행동에 대한 완전한 이해를 가능하게 할 것이다.

내재성 아편(endogenous opioids) 체내에서 자연적으로 존재하는 물질로 신경전달물질과 유사한 기능을 하여 두드러진 조직 손상이 발생하였을 때도 통증 감각을 차단한다. 이와 같은 아편물질은 섭식장애와 같은 심리적 문제에도 기여할 수 있다. 엔도르핀 또는 엔케팔린으로도 불린다.

만성피로증후군

만성피로증후군(CFS)은 서구 사회에서 만연된 질병이다(Brown, Bell, Jason, Christos, & Bell, 2012; Jason, Fennell, & Taylor, 2003; Prins, van der Meer, & Bleijenberg, 2006). CFS의 증상(표 7.2)은 신경쇠약증의 증상과 거의 동일하며 바이러스, 특히 엡스타인-바 바이러스(Epstein-Barr virus)나 좀 더 최근에는 HIV와 일정 유사성을 가진 레트로바이러스 XMRV(Cohen & Enserink, 2011; Kean, 2010) 감염, 면역체계 역기능(Straus, 1988), 독소에 대한 노출 또는 임상수준의 우울(Chalder, Cleare, & Wessely, 2000; Costa e Silva & De Girolamo, 1990)을 포함한 다양한 원인에 의한 것으로 알려져 있다(Straus et al., 1985). 유력한 단서가 가끔 발견되나 아직 확실한 증거는 부족하다(Kean, 2010; Prins et al., 2006). 특히 XMRV 바이러스를 유력한 원인으로 제기하였던 연구는 결함이 있었고 크게 반증되었다(Cohen & Enserink, 2011). Jason과 동료들(1999)은 지역사회 CFS 유병률을 정교한 연구를 통해 검토하였는데 표본의 0.4%가 CFS를 가지고 있는 것으로 나타났고 백인계에 비해 라틴계 또는 아프리카계 미국인이 더 높은 유병률을 보였다. CFS는 일차의료기관 환자의 3% 정도를 차지하며 특히 여성에게서 더 많이 나타난다. 일반적으로 성인 초기에 발생하나(Afari & Buchwald, 2003) 때론 7세라는 어린 나이에도 발현되기도 한다(San-

표 7.2 만성피로증후군의 정의

포함 기준
의학적으로는 설명되지 않으나 임상적으로는 평가되는 최소 6개월간 지속된 피로감으로:
첫 발현(일생의 발병이 아님)
지속된 운동성에 기인하지 않음
휴식을 통해 유의하게 감소되지 않음
이전 활동 수준의 유의미한 감소
아래 중 4개 이상의 증상이 존재:
주관적 기억 손상
인후염
림프절상의 압통
근육통
관절통
두통
상쾌하지 않은 수면
운동 후 24시간 이상 지속되는 권태감

출처: Adapted from Fukuda, K., Straus, S. E., Hickie, I., Sharpe, M. B., Dobbins, J. G., & Komaroff, A. L. (1994). Chronic fatigue syndrome: A comprehensive approach to its diagnosis and management. *Annals of Internal Medicine, 121*, 953–959.

key, Hill, Brown, Quinn, & Fletcher, 2006). 4,591명의 쌍둥이 연구에서는 유병률이 2.7%로 나타났으며(Furberg et al., 2005), 대규모 전향적 출생코호트 연구에서는 53세 시점에서 참가자 중 1.1%가 CFS 진단을 받았다(Harvey, Wadsworth, Wessely, & Hotopf, 2008). 유병률을 좀 더 잘 규명하기 위해서 더 많은 심리학자가 대규모 인구조사를 실시할 필요가 있다.

CFS는 상당한 고통을 초래하며 만성적 경과를 갖기 때문에 대부분은 직장을 그만두게 된다(Taylor et al., 2003). 18개월 동안 100명의 CFS 환자를 추적한 연구에 의하면 79%의 사례에서 만성피로 증상이 유의하게 감소하지 않았다. 기존에 정신건강 상태가 더 양호하고 더 적은 양의 진정제를 복용하는 것과 더불어 질병의 원인을 의학적이 아닌 심리적 원인에 귀인하는 것이 더 좋은 결과로 이어졌다(Schmaling, Fiedelak, Katon, Bader, & Buchwald, 2003). 장기 추적 연구 결과는 조금 더 고무적이어서 25년 전 CFS를 진단받은 25명의 환자 중 오직 5명만이 CFS 진단을 계속 유지한 반면 나머지 20명은 더 이상 진단이 유효하지 않다고 응답하였다. 그러나 해당 20명의 환자도 CFS 진단을 한 번도 받은 적이 없는 통제집단과 비교했을 때 상대적으로 더 많은 기능 손상을 보였다(Brown et al., 2012). 물론 소규모 연구였기 때문에 결과에 대한 신중한 해석이 요구된다. 다행히 CFS 환자가 질환이나 자살로 인한 사망률에 있어 일반 인구에 비해 더 높지는 않은 것으로 보고되고 있다(Smith, Noonan, & Buchwald, 2006).

Abbey와 Garfinkel(1991), Sharpe(1997)가 제기한 것처럼 19세기에 만연하였던 신경쇠약과 20세기에 이어 현재까지 만연한 CFS 모두 극심한 스트레스 환경, 여성의 역할변화, 새로운 기술과 정보의 급속한 보급에 기인하고 있다. 두 장애는 보편적으로 여성에게서 더 많이 발생한다. CFS를 설명할 수 있는 바이러스나 특정 면역체계 역기능이 앞으로 밝혀질 것으로 기대하나 아직까지의 결과는 실망스럽다. Abbey와 Garfinkel(1991)이 제안한 또 다른 가능성으로는 CFS가 스트레스에 따른 불특정 반응을 반영한다는 것이며 앞서 언급되었던 Sapolsky의 개코원숭이를 연상시키는 결과로 Heim과 동료들(2006)은 통제군에 비해 CFS 환자의 생애 초기 스트레스 사건의 역경수준이 더 높다는 것을 발견하였다. 또한 CFS에 기여할 수 있는 성격요인을 알아본 대규모 연구는 기존 스트레스와 정서적 불안정성이 중요한 요인임을 밝혔다(Kato, Sullivan, Evengard, & Pederson, 2006). 하지만 왜 특정 개인은 다른 심리·신체장애가 아닌 만성피로로 인한 스트레스에 반응하는지 그 이유가 명확하지는 않다.

Michael Sharpe(1997)는 최초로 CFS의 특성을 모두 설명할 수 있는 원인 모델을 제시하였다(그림 7.6). 이 모델에 따르면 아마도 근본적 부적절감에 의해 작동되는 성취지향적인 생활양식을 가진 사람

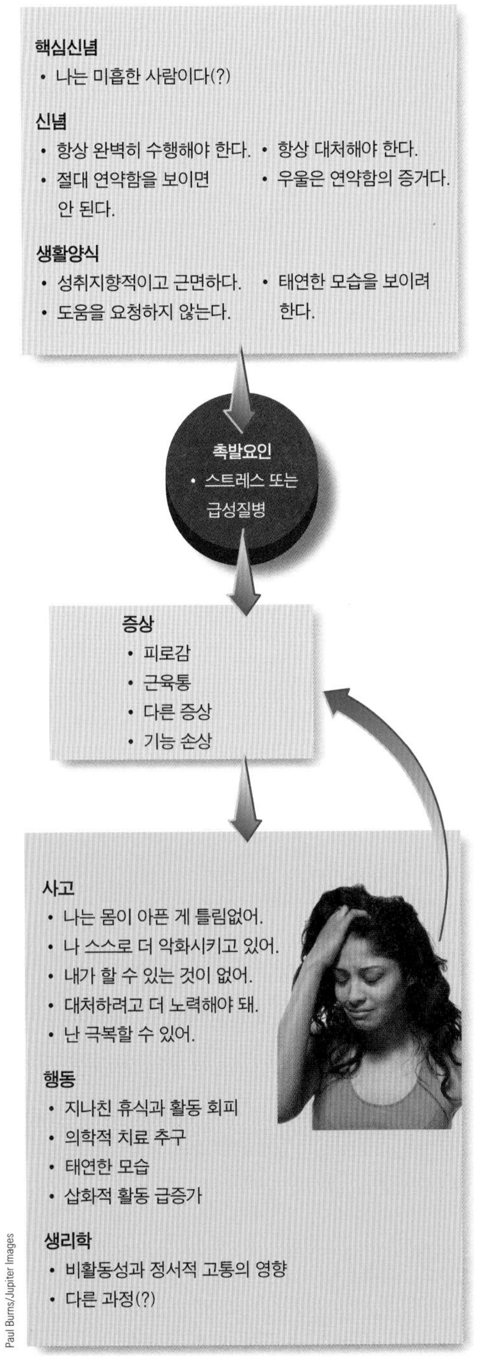

핵심신념
- 나는 미흡한 사람이다(?)

신념
- 항상 완벽히 수행해야 한다.
- 절대 연약함을 보이면 안 된다.
- 항상 대처해야 한다.
- 우울은 연약함의 증거다.

생활양식
- 성취지향적이고 근면하다.
- 도움을 요청하지 않는다.
- 태연한 모습을 보이려 한다.

촉발요인
- 스트레스 또는 급성질병

증상
- 피로감
- 근육통
- 다른 증상
- 기능 손상

사고
- 나는 몸이 아픈 게 틀림없어.
- 나 스스로 더 악화시키고 있어.
- 내가 할 수 있는 것이 없어.
- 대처하려고 더 노력해야 돼.
- 난 극복할 수 있어.

행동
- 지나친 휴식과 활동 회피
- 의학적 치료 추구
- 태연한 모습
- 삽화적 활동 급증가

생리학
- 비활동성과 정서적 고통의 영향
- 다른 과정(?)

Paul Burns/Jupiter Images

● 그림 7.6 CFS의 복합 특정 모델 [출처: Sharpe, M. (1997). Chronic fatigue syndrome. In D. M. Clark & C. G. Fairburn, Eds., *Science and Practice of Cognitive Behavior Therapy*. Oxford, UK: Oxford University Press, pp. 381–414, ©1997 Oxford University Press.]

이 특히 극심한 스트레스나 급성질병을 경험할 것이라고 주장하였다. 그리고 그런 사람들은 피로감, 통증, 기존의 높은 기능수준을 유지하지 못하는 양상이 예상보다 오래 지속되는 이유를 활동하면 악화되고 휴식하면 나아지는 하나의 지속적인 질환으로 잘못 해석한다. 이로 인해 행동적 회피, 무기력감, 우울감 및 좌절감이 초래된다.

증상에 대처하고 문제를 정복할 수 있어야 한다고 생각한다. 만성적 비활동성은 체력저하, 쇠퇴, 증폭된 우울과 무기력감으로 이어지며 이를 극복하기 위해 삽화적인 장기적 활동을 하면서 피로도가 결과적으로 가중된다. 다른 장애와 마찬가지로 CFS를 유발하는 스트레스와 심리적 요인의 영향력에 유전적 요인이 영향을 주는 것으로 간주되고 있다(Kaiser, 2006).

Harvey와 동료들(2008)에 의하면 CFS를 가진 34명의 개인은 CFS 발현 이전 매우 높은 수준의 운동량과 아마도 피로감에 대한 보상으로 CFS 발병 후에도 장시간 동안 운동하는 횟수가 더 증가하였다. 이들이 질병이 더 많거나 바이러스에 더 많이 노출되었다는 증거가 없기 때문에 CFS의 발병을 설명할 수 있는 한 가능성은 정력적이고 성취지향적인 이 개인들이 선택한 과도한 운동일 수도 있다.

CFS에 대한 약물치료의 효과성은 검증되지 않았으나(Afari & Buchwald, 2003; Chalder et al., 2000), Sharpe는 인지행동치료 프로그램을 개발하였고 여기에는 활동수준 증가, 휴식기간 조절, 그림 7.6에 명시된 인지를 겨냥한 인지치료 전략들이 포함되었다. 이 치료는 곧이어 우리가 살피게 될 이완훈련, 호흡훈련과 전반적 스트레스 감소 절차 또한 포함한다(Sharpe, 1992, 1993, 1997). 프로그램의 효과를 검토한 초기 통제된 실험에서 60명의 환자는 인지행동치료 또는 일반적 치료 집단에 배정되었다. 인지행동치료 집단에 배정된 환자 중 73%가 피로도, 장애수준, 질병신념 측정치에서 통제집단에 비해 유의하게 향상된 것으로 나타났다(Sharpe et al., 1996). CFS를 위한 유사 인지행동치료의 효과를 검증한 두 번째 더 정교한 대규모 연구에서는 CFS 진단을 받은 60명의 환자가 인지행동치료 또는 이완훈련 집단으로 무선 할당되었다(Deale, Chalder, Marks, & Wessely, 1997). 인지행동치료 집단 환자의 피로감은 감소하였고 전반적인 기능수준은 향상된 것으로 나타났다. 6개월 뒤에 실시된 추적조사에서 인지행동치료를 완수한 환자 중 70%가 유의한 신체기능 향상을 보인 반면 이완훈련 집단 환자 중 19%만이 향상을 보였다. 또한 5년 후에도 이러한 향상은 유지되고 있었다(Deale, Husain, Chalder, & Wessely, 2001). 과도한 운동을 방지할 필요성이 현재 지속적으로 강조되고 있다(예를 들어 Harvey & Wessely, 2009; Jason et al., 2010). 격렬한 운동 대신 적정 수준의 점진적 운동은 치료에 효과적이라는 연구결과도 있으나 불안과 우울감이 CFS와 공존할 경우 인지행동치료가 추천되고 있다(Castell, Kazantzis, & Moss-Morris, 2011; White et al., 2011).

만성피로증후군(chronic fatigue syndrome, CFS) 최소한의 운동성만으로도 나타나는 무능화시키는 피로감으로 고열, 두통, 근육 및 관절통, 우울 그리고 불안이 동반되는 증후군이다.

그 이유는 피로감이 삶에서 갖는 의미에 대한 인지적 재평가의 중요성과 자기효능감의 향상이 핵심요소임이 강조되고 있기 때문이다 (Friedberg & Sohl, 2009).

개념 확인 7.2

신체장애에 대한 심리사회적 영향력과 관련된 다음 질문에 답하시오.

1. 다음 중 통증경험의 일부분이 아닌 것은?
   a. 환자가 보고한 주관적 통증
   b. 통증행동 또는 통증의 명백한 발현
   c. 상처, 타박상, 다른 부상
   d. 고통이라는 정서적 요소

2. 몇몇 연구결과에 의하면 심리적 요인이 암, AIDS 그리고 다른 질환의 경과와 _____와(과) 더불어 치료와 회복에 영향을 미친다고 보고한다.

3. 심리사회적 그리고 생물학적 요인은 치명적일 수 있는 고혈압 상태를 보이는 _____와(과) 심근에 혈액을 공급하는 동맥의 막힘으로 대변되는 _____의 발달에 기여한다.

4. 심리학자들은 신체적 건강에 영향을 주는 행동패턴 유형을 확인하였다. _____은(는) _____에 비해 질병의 발달과 더 연관되는 것으로 나타났다.

5. 직업을 포기하고 유의한 고통을 경험하는 질환인 _____에 대한 명백한 신체적 원인은 아직 확인되지 않았다.

신체장애의 심리사회적 치료

▶ 어떠한 과정과 전략이 스트레스 관리, 질병 예방 및 중재 프로그램에서 사용되는가?

일부 연구는 통증이 해로울 뿐만 아니라 죽음까지 초래할 수 있다고 지적한다. Liebeskind와 동료들은 수술 후 통증이 특정 암세포가 쥐의 폐로 전이되는 속도를 두 배 증가시켰다는 것을 확인하였다(Page, Ben-Eliyahu, Yirmiya, & Liebeskind, 1993). 모르핀 투여를 받지 않고 복부 수술을 받은 쥐는 모르핀을 투여받은 쥐에 비해 폐전이 수가 두 배 더 많았다. 또한 진통제를 투여받고 수술을 받은 쥐는 수술을 아예 받지 않은 쥐보다도 전이 비율이 더 낮았다.

이와 같은 결과는 통증과 면역체계 간의 상호작용으로 인해 발생할 수 있다. 통증은 아마도 통증에 따른 전반적 스트레스 반응 때문에 면역체계 내 자연살해세포(natural killer cell) 수를 감소시키는 듯하다. 따라서 쥐가 극심한 통증을 느낀다면 이와 연관된 스트레스는 통증을 더 증가시키는 악순환으로 이어진다. 이러한 현상에 주목해야 하는 이유는 이것이 인간에게도 나타날 수 있는 악순환이며(Flor & Turk, 2011; Taylor, 2009), 특히 암과 같은 만성질환 치료에 있어 진통제 사용을 일반적으로 꺼린다는 의견에 모두 동의하기 때문이다. 한 추정치에 의하면 미국의 모든 암환자의 절반 이하만이 충분한 통증완화를 제공받고 있다. 수술 환자의 초기 통증완화의 긍정적 효과가 보고되고 있다(Coderre, Katz, Vaccarino, & Melzack, 1993; Keefe & France, 1999). 수술 전부터 진통제를 처방받은 환자는 수술 후 통증을 덜 보고하였으며 진통제를 덜 요구하였다. 의학적이든 심리적이든 충분한 통증관리 절차는 만성질환 관리의 핵심 요소이다.

신체장애와 통증 치료를 위해 다양한 심리치료가 개발되었으며 여기에는 바이오피드백, 이완 요법, 최면 등이 있다(Kerns, Sellinger, & Goodin, 2011; Otis et al., 2010). 그러나 많은 신체장애의 원인과 지속에 있어 스트레스가 갖는 중점적 역할 때문에 이러한 장애를 치료하는 의료기관에서 포괄적 스트레스 관리 프로그램이 점점 더 활용되고 있다.

바이오피드백

바이오피드백은 환자로 하여금 평상시 의식적으로 감지하지 못하는 심박동수, 혈압, 신체 부위에서의 근육수축, 뇌파, 혈류의 패턴과 같은 특정 생리적 기능을 인식할 수 있도록 하는 과정이다(Kerns et al., 2011; Schwartz & Andrasik, 2003). 임상가는 생리현상 관측 장비를 이용하여 심박동수와 같은 신체반응을 환자가 직접 보고 들을 수 있도록 한다. 이후 환자는 치료자와 함께 자신의 신체반응을 조절하는 방법을 배운다. 성공적인 반응은 특정 신호를 유발하게 된다. 예를 들어 환자가 자신의 혈압을 특정 수준으로 낮추는 데 성공하면 혈압 측정치가 시각적으로 측정기에 신호음과 함께 제시된다. 바이오피드백의 도입 이후 얼마 되지 않아 인간이 자율신경계의 활동 변화를 높은 수준의 정확성을 갖고 식별할 수 있음이 밝혀졌다(Blanchard & Epstein, 1977).

바이오피드백의 목적 중 하나는 머리와 두피 근육의 긴장을 이완시켜 두통을 완화시키는 것이다. Ed Blanchard, Ken Holroyd와 Frank Andrasik 같은 개척자는 바이오피드백이 비록 깊은 근육 이완 요법보다 더 성공적인 것은 아니지만(Andrasik, 2000; Blanchard & Andrasik, 1982; Holroyd & Penzien, 1986), 결론적으로 효과적임을 밝혔다(Holroyd, Andrasik, & Noble, 1980). 이러한 결과 때문에 일부는 바이오피드백이 단순히 이완을 가르침으로써 긴장성 두통에 효과를 거둘 것이라고 생각하였다. 하지만 Holroyd와 동료들(1984)은 최소한 두통 치료에 있어 바이오피드백의 효과는 근육긴장 감소에 의한 것이 아니라 통증에 대한 통제감이 얼마나 향상되었는지에 좌우된다고 결론을 내렸다. 이와 같은 결론이 앞서 논의한 개코원숭이의 스트레스 연구와 어떠한 연관성이 있을까?

어떠한 기제에 의한 것이든 바이오피드백과 이완 훈련은 위약 처치를 포함한 다른 치료법보다 더 효과적이다. 어떤 사람은 바이오피드백을 통해 효과를 얻고 또 어떤 사람은 이완 요법에서 효과를 얻기 때문에 바이오피드백과 이완 요법에 따른 결과는 서로 호환될 수 없다. 그러므로 두 가지 치료를 모두 적용하는 것이 안전한 전략일 수 있겠다(Andrasik, 2000; Kerns et al., 2011). 여러 문헌에 의하면 이완 요법 또는 바이오피드백을 적용받은 환자 중 38%~63%는 유의한 두통 감소를 보인 반면 위약을 투여받은 환자는 약 35%만이 두통 감소를 보였다(Blanchard, 1992; Holroyd & Penzien, 1986). 또한 바이오피드백과 이완 요법의 효과는 지속성이 있는 것으로 보인다(Kerns et al., 2011; Andrasik, 2000).

이완과 명상

다양한 유형의 이완과 명상 요법이 신체장애와 통증 환자 치료에 단독으로 또는 다른 치료와 병행되어 사용되고 있다(Kerns et al., 2011). Edmund Jacobson이 1938년에 고안한 점진적 근육이완 요법(progressive muscle relaxation)에서는 다양한 근육군을 고의로 긴장시킨 뒤 각각의 특정 근육군을 순차적으로 이완시키는 과정을 밟는다. 이를 통해 근육군에서 나타나는 근육의 긴장상태를 인식하고 이를 감소시키는 방법을 배우게 된다. 명상 요법에서는 특정 신체 부위나 하나의 생각 혹은 이미지에 주의를 기울이도록 하며 이와 같은 주의 초점을 일반적으로 규칙적이고 느린 호흡과 함께 진행하도록 한다. 초월적 명상 요법(transcendental meditation)에서는 주의를 반복되는 음절, 즉 만트라에만 집중하도록 한다.

Herbert Benson은 초월적 명상 기법에서 비본질적이라 판단된 요소를 없애고 **이완 반응**이라 칭하는 간이형 명상 기법을 개발하였다. 이 절차에서는 침투적 사고로부터 마음을 닫아 산만함을 최소화할 수 있도록 마음속으로 만트라를 반복한다. Benson은 '하나'(one)라는 단어에 주의를 집중하도록 권장하였으나 다른 중립적인 단어나 문장도 사용 가능하다. 하루 10분 또는 20분 동안 명상하는 개인은 일상에서 더 차분하고 이완된 느낌을 보고한다. 이러한 짧고 간단한 절차는 특정 신경전달물질과 스트레스 호르몬의 분비를 감소시키는 데 매우 효과적이며 이와 같은 효과는 증가된 통제감과 숙달감에 의해 조절되는 것으로 간주되고 있다(Benson, 1975, 1984). Benson의 발상은 대중적 인기를 얻었고 미국 의과대학의 60%에서 교육되고 있으며 많은 주요 병원에서 제공되고 있다(Roush, 1997). 이완 요법은 두통, 고혈압, 급성 및 만성 통증에 전반적으로 긍정적인 효과를 미치나 그 효과는 때로는 미미하다(Taylor, 2009).

포괄적 스트레스 및 통증 감소 프로그램

이 책의 저자들이 개발한 스트레스 관리 프로그램(Barlow, Rapee, & Parini, 2014)에서는 워크북으로 제시된 다양한 스트레스 관리 기법을 소개하고 있다. 첫째, 일상생활에서 자신의 스트레스를 면밀히 감지하고 스트레스 사건을 파악하는 것을 배운다(그림 7.7 예시 참고). 스트레스를 경험한 시간, 스트레스 강도, 스트레스 촉발요인을 자세히 기록하며 스트레스 경험 시 나타나는 신체적 증상과 사고를 함께 기록한다.

스트레스를 감지하는 방법을 배운 후에는 깊은 근육 이완 요법을 전수받게 된다. 먼저 여러 근육군의 위치를 파악할 수 있도록 다양한 근육을 긴장시키는 것부터 배운다. 이후 근육에 긴장감이 전혀 남아 있지 않도록 적극적으로 근육을 놓아주면서 근육군을 이완시키는 연습을 체계적으로 실시한다. 스트레스에 있어 평가와 태도는 중요하므로 내담자들은 일상생활 사건이 가져올 수 있는 부정적 영향을 자신들이 어떻게 과장해 왔는지도 배우게 된다. 치료자와 내담자는 인지

바이오피드백(biofeedback) 생리현상 관측 장비를 활용하여 일상적으로 감지하기 어려운 혈압 또는 뇌파와 같은 신체 기능을 보다 잘 인식하여 해당 기능을 향후 조절할 수 있도록 한다.

이완 반응(relaxation response) 명상 요법의 주요 요소로 특정 소리를 반복적으로 생각하여 마음을 산란하게 하는 사고를 감소시키고 다른 침습적 사고로부터 마음을 닫는다. 이를 통해 스트레스 호르몬과 신경전달물질의 흐름 또한 감소시켜 차분함을 유도한다.

치료를 통해 아래 소개되는 샐리의 사례에서처럼 좀 더 현실적인 평가와 태도를 발전시키게 된다.

(샐리는 45세의 여성 부동산 중개업자이다.)

내담자: 엄마는 항상 제가 중요한 일을 하고 있을 때만 전화를 하시는데, 이게 정말 화가 나고 그래서 엄마한테 성질을 내게 돼요.

치료자: 방금 말한 것을 다른 관점에서 한번 볼까요? 어머니가 뭘 하고 있을 때만 전화를 하신다고 했는데 그러실 확률이 100%라는 의미로 해석됩니다. 이게 정말 맞나요? 중요한 일을 하고 있을 때 전화를 하실 가능성이 어느 정도일까요?

내담자: 음, 엄마가 최근 10번 전화하셨을 때 전 대개 TV를 보거나 책을 읽고 있었어요. 한번은 저녁을 준비하고 있는데 전화를 하시는 바람에 음식이 탔어요. 다른 한번은 집에 회사 일을 가져와 처리하느라 바빴는데 전화를 하셨어요. 그럼 20% 정도 되는 것 같네요.

치료자: 네, 좋아요. 이제 좀 더 논의해 볼까요? 만약 곤란할 때 전화하시면 어떤가요?

내담자: 음, 처음 드는 생각은 "엄마가 내가 하는 일을 중요하게 여기지 않으시나"예요. 하지만 선생님이 말씀 안 하셔도 알아요. 엄마가 전화할 때 내가 뭘 하고 있는지 모르시는 것이 당연하니 이건 심각한 과대평가라는 것을요. 하지만 전화 때문에 하던 일을 멈춰야 하니 많이 불편하고 방해받는다고 생각되는 부분도 있어요.

치료자: 계속해 보세요. 큰 불편이 될 가능성은 어느 정도인가요?

내담자: 뭘 하고 있었는지 잊게 되어 다시 시작하는데 10분이 걸렸어요. 뭐, 나쁘지는 않죠. 고작 10분이니까요. 저녁이 탔어도 심하지는 않았어요. 약간 탔을 뿐이었으니까요. 여하튼 제 잘못도 있었어요. 전화 받기 전 가스 불을 끌 수도 있었으니까요.

치료자: 그럼 어머니가 전화하셔서 방해가 되어도 매우 곤란해질 가능성은 낮다는 것이군요.

내담자: 맞아요. 선생님이 무슨 말을 하실지 알아요. 큰 불편이라도 죽기야 하겠어요. 직장에서 이보다 더 어려운 문제를 많이 처리했었으니까요.

일상 스트레스 기록지
(예시)

기간 _____

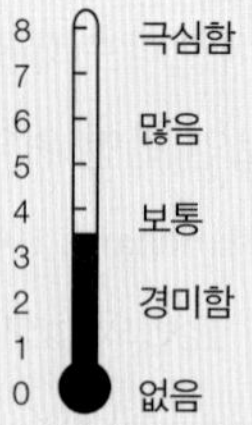

	(1) 시작 시간	(2) 끝난 시간	(3) 최고 스트레스 수준 (0-8)	(4) 촉발 요인	(5) 증상	(6) 생각
11월 5일	오전 10:00	오전 11:00	7	회사 회의	땀이 흐르고 머리가 아픔	내가 수치를 잘못 발표했나?
11월 7일	오후 5:15	오후 5:35	6	교통체증	긴장감, 조급함	아마 집에 못 들어가겠다
11월 8일	오후 12:30	오후 12:32	3	열쇠를 잃어버림	긴장감	열쇠를 못 찾겠어
11월 9일	오후 3:30	오후 4:30	4	손님 기다리기	땀이 흐름	길을 못 찾고 헤매고 있나?

온도계 범례: 8·7 극심함 / 6·5 많음 / 4·3 보통 / 2·1 경미함 / 0 없음

● 그림 7.7 **스트레스 관찰 기록 방법** [출처: Barlow, D. H., Rapee, R. M., & Reisner, L. C. (2001). *Mastering Stress 2001: A Lifestyle Approach*. Dallas, TX: American Health, 2001, American Health Publishing.]

이 프로그램에서는 비현실적 부정적 사고를 파악하고 부정적 사고가 발생할 때 새로운 평가와 태도를 즉각적으로 생성시키는 방법을 배우게 된다. 평가를 새롭게 하는 작업이 프로그램의 가장 어려운 요소이다. 위에서 살펴본 회기 이후 Sally는 인지치료를 통해 습득한 스트레스 상황에 대한 재평가 기법을 사용하기 시작하였다. 스트레스 감소 프로그램에 참여하는 내담자는 시간관리와 자기주장성 훈련과 같은 새로운 대처전략 또한 발전시키게 된다. 시간관리 훈련에서는 활동에 우선순위를 매기는 것과 중요한 사항에만 주의를 주는 방법을 배우게 된다. 자기주장 훈련은 적절한 방식으로 자기 자신을 옹호하는 기법을 습득하도록 한다. 또한 일상문제를 관리하는 다른 기법도 터득해 나간다.

여러 연구에서 이러한 포괄적 프로그램의 효과성을 검토하였다. 그 결과 이완 요법이나 바이오피드백과 같은 개별적 치료 요소만 제공되었을 때보다 만성통증(Keefe et al., 1992; Otis & Pincus, 2007; Turk & Monarch, 2002), CFS(Deale et al., 1997), 긴장성 두통(Lipchik et al., 2002), 고혈압(Ward, Swan, & Chesney, 1987), 측두하악관절 통증(Turner, Mancl, & Aaron, 2006), 암 통증(Andersen et al., 2007; Crichton & Morey, 2003)에 더 효과적이었다.

약물과 스트레스 감소 프로그램

일부 연구에 의하면 처방전 없이 구매되는 진통제에 대한 만성적 의존은 두통에 대한 포괄적 프로그램의 효과를 감소시키며 약물효과가 떨어지거나 약물 복용이 중단될 때마다 더 심한 두통(반동두통, rebound headache)을 일으키기 때문에 두통을 더 악화시킬 수 있다(Capobianco, Swanson, & Dodick, 2001). Holroyd, Nash, Pingel, Cordingley와 Jerome(1991)은 긴장성 두통 치료에 있어 포괄적 인지행동치료의 효과를 항우울제인 아미트립틸린과 비교하였다. 심리치료는 환자의 56%에서 최소 50% 이상의 통증 완화를 보였으나 약물의 경우 오직 27%의 환자에게서만 비슷한 효과를 보였다. Grazzi와 동료들(2002)은 진통제를 과다 복용 중인 61명의 편두통 환자에게 진통제 복용을 점차적으로 중단하면서 비중독성 약물 요법과 함께 바이오피드백과 이완 요법이 제공되는 포괄적 치료 조건 또는 비중독성 약물만 제공되는 조건에 할당하여 치료하였다. 약물치료만 제공받은 조건에서 3년 뒤 더 많은 환자가 진통제 사용을 재개하면서 약물남용의 재발 양상을 보였고 더 심한 두통을 호소하였다. 주목할 점은 심리치료는 Grazzi와 동료들(2002)의 연구에서 나타난 것과 같이 두통뿐만 아니라 심각한 고혈압에서도 약물사용량을 비교적 일관되게 감소시킨다는 것이다.

대처 방법으로서의 부정

강렬한 정서적 경험을 되새기고 처리하는 것이 과거를 뒤로 하고 더 효과적인 대처 반응을 발전시키는 데 있어 중요하다는 사실을 정신건강 전문가들은 예전부터 인식하고 있었다. 예를 들어 관상동맥우회술을 받은 환자 중 비관적인 환자에 비해 낙관적인 환자가 더 빠른 회복을 보였으며 수술 6개월 후 더 높은 삶의 질을 보고하였다(Scheier et al., 1989). Scheier와 동료들은 또한 긍정적일수록 수술과 같은 극심한 스트레스 요인에 대한 대처 방법으로 부정을 덜 사용한다는 것을 발견하였다. 많은 정신건강 전문가는 부정이 많은 부정적 효과를 낳기 때문에 이를 제거하려고 노력한다. 예를 들어 심한 질환 관련 통증을 부정하는 사람은 증상의 유의한 변화를 인지하지 못할 수 있으며 치료나 재활 프로그램을 보통 회피한다.

하지만 부정이 언제나 해로운가? 저명한 건강심리학자 Shelley Taylor(2009)에 의하면 적절히 기능하고 있는 대부분의 사람들이 최소한 초기에는 잠재적으로 위험할 수도 있는 질환의 의미를 부정한다. 통상적으로 그 상태가 심각하지 않거나 조만간 나아질 것이라고 가정한다. 암이나 심장병과 같은 심각한 질환의 경우에도 이러한 반응이 나타난다. 여러 연구자(예를 들어 Hackett & Cassem, 1973; Meyerowitz, 1983)에 의하면 초기 진단 시기와 같은 극심한 스트레스 기간 동안 부정은 환자가 충격을 견뎌내도록 하는 데 도움이 될 수 있다. 충격을 견디면서 이후 더 적응적인 대처 반응을 발전시키게 된다. 대처 기제로서 부정의 가치는 따라서 시기에 의해 결정된다. 하지만 장기적으로는 상황을 직면하고 감정을 처리하고 현실을 받아들여야 한다(Compas et al., 2006).

건강증진을 위한 행동수정

일찍이 1991년에 미국 국립보건원장은 "생활양식의 변화만을 통해서도 많은 통상질환은 예방될 수 있으며 다른 질환은 지연되거나 통제될 수 있다"(U.S. Department of Health and Human Services, 1991)고 하였다. 나쁜 식습관, 운동 부족, 흡연은 장기적으로 여러 신체장애에 대한 위험을 가중시키는 가장 공통적인 행동 중 세 가지이다(Lewis et al., 2011). 다른 고위험 행동과 조건을 몇 가지만 예를 들면, 무방비 성관계, 사고 방지를 위한 예방조치 불이행, 과음, 자외선 과다노출 등이 있다. 이와 같은 행동 대부분은 심장병과 암뿐만 아니라 음주와 안전벨트 미착용과 관련된 다양한 유형의 사고, 과음과 연관된 간경화, 흡연과 스트레스와 연관된 독감과 폐렴 같은 다양한 호흡계 질환 등 주요 사망 원인이라고 알려진 많은 질환과 신체장애의 발병에 기여한다(Lewis et al., 2011). 지금도 미국 성인 21%가 흡연자이며(CDC, 2007), 흡연은 가장 예방 가능한 사망 원인으로 모든 원인으로 인한 사망의 20%를 차지하며 연간 443,000명을 사망에 이르게 하고 있다(CDC, 2008; Ezzati & Riboli, 2012).

식습관 개선, 약물 및 의학 치료 이행 증진, 최적의 운동 계획을 위한 효과적인 행동수정 프로그램을 개발하기 위해 많은 노력이 계속되고 있다. 사고 예방, AIDS 예방, Stanford Three Community Study로 알려진 지역사회 예방에 대해 살펴보자.

사고 예방

사고는 만 1세~45세 사이 미국인의 사망 원인 1위로 모든 사망 원인 중 5위에 해당한다(표 7.1). 또한 사고에 따른 개인적·사회적 차원의 생산성 손실과 수명 단축은 다른 네 가지 사망 요인인 심장질환, 암, 뇌졸중과 호흡계질환에 따른 것보다 훨씬 크다(Institute of Medicine, 1999; National Safety Council, 2013). 따라서 미국 정부는 사고율을 감소시킬 수 있는 방안에 대해 관심을 갖기 시작하였다(Scheidt, Overpeck, Trifiletti, & Cheng, 2000; CDC, 2010b). Spielberger와 Frank(1992)는 사고에 이르게 하는 사실상 모든 요인에 있어 심리적 요인이 결정적이라고 주장하였다. 그에 대한 좋은 예로 Lizette Peterson과 동료들의 연구가 있다(예를 들어 Peterson & Roberts, 1992; Damashek, Williams, Sher, & Peterson, 2009). Peterson은 특히 아동 사고를 예방하는 데 관심이 있었다. 사고로 인한 아동 사망자 수는 다른 여섯 개의 아동기 사망 원인을 합한 것보다 더 많으며(Scheidt et al., 1995; Taylor, 2009), 모든 중독(poisoning) 사망사건 중 절반 정도가 매년 6세 미만의 아동에게서 일어난다(CDC, 2006).

행동변화에 초점을 맞춘 다양한 프로그램이 아동의 사고 예방에 효과가 있는 것으로 나타났다(Sleet, Hammond, Jones, Thomas, & Whitt, 2003; Taylor, 2009). 예를 들어 화재 대피(Jones & Haney, 1984), 응급 상황 감지 및 신고 방법(Jones & Ollendick, 2002; Jones & Kazdin, 1980), 안전한 도로횡단(Yeaton & Bailey, 1978), 안전하게 자전거 타기, 심각한 자상과 같은 부상에 대한 처치방법(Peterson & Thiele, 1988)을 체계적이고 성공적으로 학습할 수 있음이 밝혀졌다. 이와 같은 프로그램에 참여한 대다수의 아동은 학습한 안전기술을 프로그램 종료 몇 개월 후에도 유지하였다. 반복적인 경고가 사고 예방에 효과적이라는 증거가 미미하기 때문에 행동을 변화시킬 수 있는 계획적인 노력이 중요하다. 그러나 이와 같은 프로그램은 대부분의 지역사회에서 제공되고 있지 않다. 다행히도 자녀의 사고에 대한 부모의 반응이 인지행동적 개입을 통해 향상될 수 있음이 확인되어

회복 중인 아동에 대한 효율적인 보살핌이 가능하게 되었다(Marsac, Kassam-Adams, Hildenbrand, Kohser, & Winston, 2011).

AIDS 예방

앞서 AIDS의 경악스러운 전염, 특히 개발도상국에서의 전파에 대해 논의했었다. 미국과 전 세계적에서 2008년과 2009년에 걸친 AIDS 전파양식이 표 7.3에 제시되어 있다. 예를 들어 AIDS는 아프리카와 같은 개발도상국에서는 거의 전적으로 HIV에 감염된 상대와의 이성애적 성관계에 기인한다. 현재 AIDS 백신은 없는 상태이다. 고위험 행동을 변화시키는 것이 가장 효과적인 예방책이다(Grossman, Purcell, Rotheram-Borus, & Veniegas, 2013; Mermin & Fenton, 2012).

HIV 양성 혹은 음성 여부를 검사하는 것만으로는 행동을 변화시키기 어렵기 때문에 포괄적 프로그램이 특히 중요하다(예를 들어 Grossman et al., 2013). 심지어 위험에 노출될 가능성이 높은 개인을 교육하는 것조차도 고위험 행동을 변화시키는 데 일반적으로 효과가 없다. 가장 효과적인 행동변화 프로그램 중 하나는 AIDS 유행 초기 샌프란시스코에서 실시되었다. 이 프로그램은 특정 행동에 초점을 두고 다양한 집단에서 행동변화를 달성하기 위해 실시되었다. 어느 한 남성 동성애자 표본에서는 해당 프로그램이 소개되기 이전에는 빈번한 무방비 성관계가 37.4%, 다른 표본에서는 33.9%로 보고되었다(Stall, McKusick, Wiley, Coates, & Ostrow, 1986). 프로그램 실시 이후인 1988년 후속 조사 시점에서는 발생률이 1.7%와 4.2%로 각각 내려갔다(Ekstrand & Coates, 1990). 프로그램이 도입되지 않았던 비교집단에서는 이러한 변화가 나타나지 않았다.

최근까지 대부분의 미국 언론 보도가 백인 남성 동성애자에만 초점을 맞췄기 때문인지 소수민족과 여성은 자신이 AIDS에 대한 위험에 처해 있지 않다고 생각한다. 이러한 이유로 행동변화 프로그램이 이들에게 확장되어 적용될 필요가 있다. 2003년에 신규 AIDS 사례

표 7.3 전체 사례 중 전파양식에 따른 AIDS 사례 비율 추정치(World, 2009; U.S., 2008)

전파양식 범주	전 세계(%)	미국(%)[*]
남성 간 성적 접촉	5-10	50
주사 약물 사용	10	17
남성 간 성적 접촉 및 주사 약물 사용	–	5
이성 간 성적 접촉	59-69	32
기타[**]	16-21	1

[*] 전체 수가 하위 연구집단과는 독립적으로 계산되었으므로 비율이 정확히 100%로 합산되지 않을 수 있다.

[**] 혈우병, 수혈, 분만 시의 노출, 의료장면에서의 전파 그리고 파악되지 않거나 보고되지 않은 위험을 포함한다.

의 50%가 여성이었다(World Health Organization, 2003). 또한 여성에게 있어 가장 위험한 연령대는 15세에서 25세인 반면 남성은 20대 후반에서 30대 초반에 정점을 찍는다. 여성의 경우 HIV 감염 위험에 노출되는 상황이 가난으로 인한 성매매 등 남성과 다를 수 있다는 사실을 고려했을 때 여성을 위한 행동변화 프로그램은 남성 대상 프로그램과는 분명 차별화되어야 한다(World Health Organization, 2000).

HIV의 일차적 전파양식이 감염자와의 이성애적 성관계인 아프리카에서는 감염 위험이 있는 개인의 대인관계 및 사회적 체계에 더 치중하기 시작하였다. 새로운 중대 계획 중 하나는 개인이 아닌 부부 또는 연인에게 예방 전략을 주력하는 것이다(Grabbe & Bunnell, 2010). 아프리카의 15세에서 49세 사이의 성인 중 22%만이 자신의 HIV 감염 여부를 인지하고 있고 상대가 안전하고 자신의 감염 가능성은 낮다고 추정하기 때문에 부부 또는 연인관계에서 콘돔 사용률은 매우 낮다. 신규 HIV 감염 사례의 55%에서 93%가 동거하는 관계에서 발생하기 때문에 자신의 HIV 감염 상태에 대해 알지 못하는 부부 또는 연인 사이에서 대부분의 전파가 이루어지고 있음을 의미한다. 르완다, 우간다, 케냐에서 부부상담과 검사가 성공적으로 개시되었다. HIV 예방을 위한 부부상담은 또한 포괄적인 임산부 및 아동 보건서비스를 동시에 공급할 수 있는 기회를 제공한다.

중국에서의 흡연

정부의 노력에도 불구하고 중국의 담배중독 인구수는 전 세계적으로 가장 많다. 대략 3억 2천만의 인구가 습관성 흡연자이며 이 수치는 미국 전체 인구보다도 많다. 중국 흡연자의 90%는 남성이다. 중국의 담배 소비량은 전 세계 소비량의 33%를 차지하며 향후 50년 이내에 1억 명의 중국인이 흡연으로 인해 사망할 것으로 추정된다(Gu et al., 2009; Lam, Ho, Hedley, Mak, & Peto, 2001; Zhang & Cai, 2003).

Unger와 동료들(2001)에 의하면 중국의 중학교 1학년에서 3학년 사이 남학생 중 47%는 이미 흡연 경험이 있었지만 여학생의 경우 16%만이 담배를 피워봤다고 보고하였다. 이 위험 연령군에 접근하기 위해 과거에는 중국의 강한 가족 유대감을 활용하여 의료 종사자가 흡연자의 자녀를 통해 개입이 실시되도록 하였다. 이 과정에서 지금까지 발표된 건강증진을 위한 행동수정 프로그램의 효과성 연구 중 가장 큰 규모의 연구가 진행되었다. 연구자는 중국 저장성의 수도 항저우에 위치한 23개의 초등학교에서 1989년도에 금연운동을 실시하였다. 학생들은 가정으로 금연 책자와 설문지를 가져가 대략 10,000명의 아버지들에게 전하였다. 학생들은 또한 아버지에게 금연을 부탁하는 편지를 작성하였고 월별로 아버지의 흡연 습관을 기재

한 보고서를 학교로 제출하였다. 대략 9개월 후 자료가 분석되었다. 결과에 의하면 학생들의 개입은 어느 정도 효과가 있었다. 개입 집단에 속한 아버지 중 거의 12%가 최소 6개월 동안 금연하였다. 이에 반해 또 다른 10,000명의 통제집단 아버지의 금연율은 0.2%에 불과하였다.

그 이후 중국 정부는 금연운동에 더욱 관여하게 된다. 예를 들어 Ma와 동료들(2008)은 중국 흡연자를 특징짓는 미신을 파악하였다. 여기에는 (1) 흡연이 자유의 상징이라는 인식, (2) 사회적, 문화적 대인관계에서 담배는 중요하다는 인식, (3) 분별 있고 신중한 사용을 통해 흡연이 건강에 미치는 영향을 통제할 수 있다는 인식, (4) 산업 경제에 있어 담배가 중요하다는 인식이 포함되었다. 현재 중국 정부는 위와 같은 만연한 오해를 바로잡을 수 있는 더 효과적인 방법과 예방 프로그램을 검토하고 있다.

스탠포드 지역사회 연구

지역사회 내에서의 질환 위험요인을 감소시키는 노력 중 가장 잘 알려지고 성공적인 연구 중 하나가 스탠포드 지역사회 연구(Stanford Three Community Study)이다(Meyer, Nash, McAlister, Maccoby, & Farquhar, 1980). 비록 수십 년 전 진행된 연구이나 아직까지도 모범 프로그램으로 남아 있다. 세 집단으로 사람을 모으기보다는 크기와 거주민 유형에 있어 비교적 유사한 캘리포니아 중부의 세 개 지역사회를 1972년에서 1975년까지 연구하였다. 연구 목적은 심장병에 대한 위험요인을 감소시키는 것이었다. 흡연, 고혈압, 식습관, 체중감량에 초점이 맞춰진 긍정적 행동이 소개되었다. 첫 번째 지역인 Tracy의 경우 특별한 개입은 실시되지 않았으나 이중 무작위로 추출된 성인 표본에서 위험요인에 대한 지식 증가와 시간이 흐름에 따른 위험요인상의 변화와 관련된 상세한 정보가 수집되었다. 또한 Tracy 지역 거주민은 심혈관계 관련 의학적 검사를 받았다. Gilroy의 거주민 전체와 Watsonville 거주민 일부는 심장병의 행동적 위험요인의 위해성, 이와 같은 요인을 감소시킬 필요성, 언론 공세를 통해 도움이 될 수 있는 유익한 암시를 받도록 하였다. Watsonville 지역 대부분의 거주민은 행동주의 상담자와의 개별 상담에 참여했고 상담자는 심장병에 대한 위험이 특히 높다고 판단된 거주민에 대한 상담을 진행하였다. 모든 세 개의 지역사회 참여자는 개입 이후 3년간의 추적 기간 동안 매년 평가되었다. 결과에 의하면 개입은 심장병에 대한 위험요인을 감소시키는 데 있어 유의한 효과를 보였다(그림 7.8). 또한 집중적인 개별 상담을 받은 Watsonville 거주민은 Tracy와 심지어 Gilroy 그리고 언론 공세만 받은 Watsonville 일부 거주민보다도 위

험요인이 유의하게 더 감소하였고 위험요인에 대한 지식 수준도 유의하게 더 높아졌다.

많은 지역사회 언론이 이와 같은 의미 있는 노력에 시간을 기부하여 동참하고자 하나 Stanford 연구와 같은 개입은 막대한 예산을 필요로 한다. 그러나 결과가 보여주듯이 원래 프로그램에 든 예산보다 더 많은 생명이 구해지고 노동불능휴가 기간이 단축될 수 있기 때문에 충분히 가치 있을 것이다. 하지만 안타깝게도 이러한 유형의 대규모 프로그램은 여전히 광범위하게 시행되지 못하고 있다.

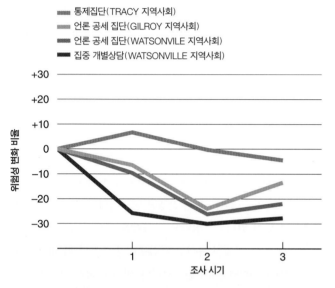

● 그림 7.8 스탠포드 지역사회 연구 결과 [출처 Meyer, A. J., Nash, J. D., McAlister, A. L., Maccoby, N., & Farquhar, J. W. (1980). Skills training in a cardiovascular health education campaign. *Journal of Consulting and Clinical Psychology, 48*, 129–142. 1980, American Psychological Association.]

아래 기술된 상황 또는 설명을 적합한 치료법/중재와 맞추어 심리사회적 치료에 대한 이해를 확인하시오. (a) 바이오피드백 (b) 명상과 이완 (c) 인지적 대처 중재 (d) 부정 (e) 건강증진을 위한 행동수정 (f) 스탠포드 지역사회 연구

1. 매리는 다른 사람들이 항상 하는 멍청한 행동 때문에 자주 냉정을 잃는다. 매리의 주치의는 이와 같은 사건을 과장하는 성향을 인지하도록 _____을(를) 제안한다.

2. 타이런은 직장에서 아무것도에 집중할 수 없다. 너무 스트레스를 받고 있다. 타이런은 직장에서 짧은 시간 안에 이와 같은 침습적인 생각을 최소화시킬 수 있는 _____이(가) 필요하다.

3. 스트레스를 경험할 때 해리의 혈압은 급증한다. 해리의 주치의는 신체과정을 보다 잘 인지하여 조절할 수 있도록 _____을(를) 사용하였다.

4. 한 세계회의에서 지도자들이 모여 아동기 부상, AIDS 위험성, 그리고 여러 흡연관련질환을 어떻게 감소시킬 수 있을지 논의하였다. 전문가들은 개인들에게 어떻게 _____을(를) 할 수 있는지 알려주는 프로그램을 권장하였다.

5. 초기에는 강한 _____이(가) 환자가 안 좋은 소식에 따른 충격을 감당하도록 도움을 주나 이후에는 치유과정을 억제하거나 막을 수 있다.

6. _____은(는) 지역사회 질환 위험요인을 감소시킬 수 있다는 것을 가장 잘 보여주었다.

요약

건강에 영향을 미치는 심리적 및 사회적 요인

행동의학과 건강심리학의 차이가 무엇인가?

▶ 여러 신체장애의 발전과 유지에서 심리적·사회적 요인은 주요 역할을 한다.

▶ 질병에 기여하는 심리적 요인에 대한 관심이 점점 증가하면서 두 학문 분야가 등장하였다. 행동의학은 행동과학적 기법을 의학적 문제의 예방, 진단, 치료에 적용한다. 건강심리학은 하위분야로서 건강과 안녕감의 증진과 관련된 심리적 요인에 초점을 둔다.

면역체계기능, 스트레스, 신체장애는 어떻게 연결되어 있는가?

▶ 심리적·사회적 요인들은 스트레스가 면역체계와 다른 신체기능에 미치는 심리적 영향을 통해 질병과 질환에 직접적으로 기여할 수 있다.

▶ 면역체계가 손상되면 항원을 더 이상 공격하거나 효과적으로 신체에서 제거할 수 없게 되고 심지어 정상 조직을 공격하기 시작할 수 있으며 이것을 자가면역질환이라고 한다.

▶ 신경계와 면역체계의 많은 연관성에 대해 점점 인지하게 되면서 심리신경면역학이라는 새로운 학문 분야가 생겨났다.

▶ 스트레스가 면역체계에 미치는 영향과 부분적으로 관련된 질환으로는 AIDS, 심혈관계질환, 암 등이 있다.

신체장애에 대한 심리사회적 영향

스트레스가 AIDS, 암, 심혈관계질환과 어떻게 연관되나?

▶ 오랜 기간 지속된 행동 혹은 생활양식 패턴은 특정 신체적 질병이 발병할 위험성을 증가시킬 수 있다. 예를 들어 무방비 성생활은 AIDS와 다른 성병으로 이어질 수 있으며 나쁜 식습관, 운동부족 혹은 A형 행동패턴과 같은 건강하지 않은 행동양상은 뇌졸중, 고혈압, 심장병과 같은 심혈관계질환에 기여할 수 있다.

▶ 미국의 10대 사망 원인 중 50%는 생활양식 행동에 기인한다.

급성 및 만성 통증의 잠재적 원인은 무엇이며 통증유형은 어떻게 다른가?

▶ 심리적·사회적 요인은 만성통증에도 영향을 미친다. 뇌는 자연적으로 생성되는 내재성 아편을 통해 통증을 억제시키며 이 물질은 다양한 심리장애와도 연관될 수 있다.

▶ 만성피로증후군은 스트레스에 부분적으로 기인된 장애나 아직 밝혀지지 않은 바이러스 혹은 면역체계 역기능 요소도 존재할 수 있다.

신체장애의 심리사회적 치료법

스트레스 관리 및 예방과 중재 프로그램에서 어떠한 절차와 전략이 사용되는가?

▶ 신체장애를 치료하거나 예방하기 위해 다양한 심리사회적 치료가 개발되었다. 이 중에는 바이오피드백과 이완 요법이 있다.

▶ 포괄적 스트레스 및 통증 감소 프로그램은 이완과 관련 기법뿐만 아니라 효과적인 대처를 위해 스트레스 관리, 현실적 평가 및 인지 치료를 통한 개선된 태도를 포함한 새로운 기법들로 구성되었다.

▶ 개별 치료 요소를 단독으로 제공할 때보다 포괄적 프로그램이 전반적으로 더 효과적이다.

▶ 다른 개입방법은 무방비 성관계, 흡연, 나쁜 식습관과 같은 행동을 수정하고자 한다. 이와 같은 노력은 사고 예방, AIDS 예방, 심장병과 같은 질환에 대한 위험요인을 감소시키는 프로그램 등 다양한 영역에서 활용되고 있다.

핵심 용어

건강심리학 (291쪽)

고혈압 (301쪽)

관상동맥심질환 (303쪽)

급성통증 (307쪽)

내재성 아편 (309쪽)

뇌졸중·뇌혈관사고 (301쪽)

류머티스 관절염 (297쪽)

만성통증 (307쪽)

만성피로증후군 (311쪽)

면역체계 (295쪽)

바이오피드백 (313쪽)

본태고혈압 (301쪽)

스트레스 (293쪽)

심리신경면역학 (297쪽)

심혈관계질환 (301쪽)

암 (299쪽)

이완 반응 (313쪽)

일반적응증후군 (291쪽)

자가면역질환 (297쪽)

자기효능감 (295쪽)

정신종양학 (299쪽)

항원 (295쪽)

행동의학 (291쪽)

후천성면역결핍증관련증후군 (299쪽)

A형 행동패턴 (303쪽)

B형 행동패턴 (303쪽)

개념 확인의 답

7.1

1. d, 2. a, 3. c, 4. b, 5. f, 6. e

7.2

1. c, 2. 발병, 3. 고혈압, 관상동맥심질환,
4. A형 행동패턴(정력적이며 성급함), B형 행동패턴(느긋하며 신경을 덜 쓴다), 5. 만성피로증후군

7.3

1. c, 2. b, 3. a, 4. e, 5. d, 6. f

단원 퀴즈

1. 인간의 사고, 정서, 그리고 활동과 관련된 지식을 활용하여 의학적 문제를 예방하고, 진단하며 치료하는 학제 간 분야는 무엇인가?

   a. 행동의학

   b. 내인성 의학

   c. 건강심리학

   d. 의학심리학

2. 일반적응증후군은 지속적인 스트레스에 대한 반응으로 사람이 경험할 수 있는 몇 가지 단계를 설명한다. 이와 같은 단계는 어떤 순서로 진행되는가?

   a. 경고, 저항, 소진

   b. 저항, 경고, 소진

   c. 저항, 소진, 경고

   d. 소진, 경고, 저항

3. 코르티솔은?

   a. 불안을 감소시키는 신경전달물질이다.

   b. 만성적인 분비가 해마와 면역기능을 증진시키는 신경호르몬이다.

   c. 스트레스에 대한 반응으로 HPA축을 자극하는 뇌의 부위이다.

   d. 스트레스 반응을 멈추도록 해마를 자극하는 호르몬이다.

4. 샨티는 다음 달 중요한 대학 입학시험을 본다. 시험에 대한 반응이 긍정적 또는 부정적임에 가장 영향을 주는 요인은 무엇인가?

   a. 부모로부터 물려받은 스트레스에 대한 유전적 취약성

   b. 샨티가 혼자 또는 다른 학생들과 시험을 볼 것인지 여부

   c. 상황에 대해 어느 정도의 통제력을 발휘할 수 있는지에 대한 샨티의 신념

   d. 시험을 보기 전 공부할 수 있는 시간이 어느 정도인지 여부

5. 조앤은 지난 3년 동안 HIV 보유자였다. 최근 스트레스관리 지지 집단에 참여하기 시작하였다. 선행 연구에 근거하면 참여를 통해 조앤은 무엇을 기대할 수 있는가?

a. T세포와 자연살해세포 활동

b. 항원의 증가

c. 질병에 대해 이야기하면서 우울증의 증폭

d. 집단 첫 몇 주의 기간 동안에만 나타나는 면역기능 항진

6. 심리사회적 요인이 어떻게 암에 영향을 주는지를 연구하는 학문은?

a. 정신병리

b. 정신약물학

c. 정신종양학

d. 종양사회학

7. 다음 중 관상동맥심질환의 위험인자는?

a. A형 행동패턴의 일환인 분노

b. B형 행동패턴의 일환인 투쟁성

c. B형 행동패턴의 일환인 경쟁 동력

d. A형 행동패턴의 일환인 마감일에 대한 속편한 무시

8. 바이오피드백은 개인이 무엇을 하도록 사용될 수 있는가?

a. 경쟁 동력과 긴박감을 감소시킨다.

b. 의식 밖에 존재하는 생리적 기능을 의식적으로 통제할 수 있게 한다.

c. 더욱 지지적인 사회적 지지 연계망을 발전시킨다.

d. 기분을 조절하기 위해 얼굴 표정을 통제할 수 있게 한다.

9. 다음 중 대처전략으로서의 부정을 정확히 설명하는 것은?

a. 관상동맥우회술을 받게 되는 개인이 자신의 통증을 부정하면 일상적 활동으로 더 빨리 복귀할 수 있다.

b. 부정은 스트레스 반응에 있어 해로운 단기 결과를 초래할 수 있으나 장기적으로 재활에 유용한 것으로 알려져 있다.

c. 진단에 따른 초기 충격을 감내할 때 부정이 유용할 수 있으나 자신의 질환을 부정할 경우 증상의 유의미한 변동을 감지하지 못할 수 있다.

d. 부정은 건강과 적응에 오직 부정적 결과를 초래한다.

10. 신체적 문제에 대한 위험 취약성을 가장 증가시키는 수정 가능한 세 가지 행동은 무엇인가?

a. 나쁜 식습관, 운동 부족, 흡연

b. 오염, 나쁜 식습관, 운동 부족

c. 운동 부족, 흡연, 난폭 운전

d. 흡연, 알코올 섭취, 보복 운전

신체장애와 건강심리학 탐구하기

심리적 그리고 행동적 요인은 질병과 사망에 유의한 기여를 한다.

▶ 행동의학은 행동과학을 의학적 문제에 적용시킨다.

▶ 건강심리학은 심리적 요인이 건강에 미치는 영향과 건강관리를 증진시키는 데 초점을 둔다.

심리적 그리고 사회적 요인은 생물학에 영향을 미친다.

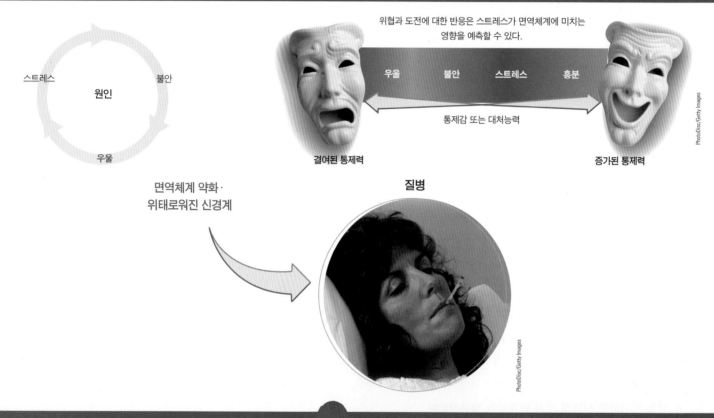

위협과 도전에 대한 반응은 스트레스가 면역체계에 미치는 영향을 예측할 수 있다.

원인
스트레스　불안　우울

우울　불안　스트레스　흥분

통제감 또는 대처능력

결여된 통제력　　증가된 통제력

면역체계 약화·
위태로워진 신경계

질병

PhotoDisc/Getty Images

PhotoDisc/Getty Images

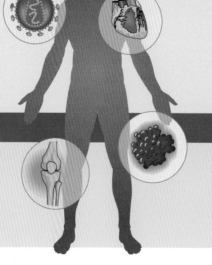

AIDS

- HIV는 면역체계를 공격하여 통제 불가능할 정도로 기회감염을 초래한다.
- 심리치료는 면역체계를 강화시키고 통제감을 증진시키는 것을 목표로 한다.
- 약물치료가 바이러스를 통제할 수 있으나 현재 생물학적 예방법은 없으며 질환은 치명적이다.

심혈관 문제

- 심장과 혈관은 다음으로 인해 손상될 수 있다.
  - 뇌졸중 : 뇌혈관의 막힘 또는 파열
  - 고혈압 : 신체기관 및 말초 부위로 이어지는 혈관이 수축되어 심장에 추가적 압력을 주어 결과적으로 기능이 약화된다.
  - 관상동맥심질환 : 심장에 혈액을 공급하는 동맥이 차단된다.
- 생물학적, 심리적 그리고 사회적 요인이 이 모든 상태에 기여하여 치료에서 다뤄진다.

만성통증

- 급성 삽화로 시작될 수 있으나 손상이 아물어도 감소되지 않는다.
- 일반적으로 관절, 근육 그리고 힘줄에서 경험된다. 확장된 혈관, 조직 변성 또는 암성 종양으로부터 비롯될 수 있다.
- 심리적 그리고 사회적 영향이 만성통증을 유의미하게 유발시키고 지속시킬 수 있다.

암

- 비정상적 세포 성장이 악성 종양을 생산한다.
- 심리사회적 치료는 수명을 연장시키고, 증상을 완화시키며 우울감과 통증을 감소시킨다.
- 암 유형에 따라 각기 다른 회복 및 사망률을 보인다.
- 정신종양학은 암의 경과 및 치료에 관여하는 심리사회적 요인을 연구하는 학문이다.

신체장애에 대한 심리사회적 치료

통증과 연관된 스트레스 반응은 면역체계의 자연살해세포의 수를 감소시킬 수 있다.

질환 또는 부상:

향상된 질환 또는   극심한 통증
부상   원인

스트레스

바이오피드백

- 전기 모니터가 심박동과 같은 생리적 반응을 컴퓨터 화면을 통해 표시한다.
- 환자는 반응을 증가하거나 감소시키는 방법을 배워 기능을 향상시킨다(긴장을 감소시킨다). 통제감을 발전시키는 것이 치료적일 수 있다.

이완 및 명상

- 점진적 근육 이완 요법: 신체적 긴장감의 위치를 정확히 파악하도록 훈련받으며 이후 특정 근육군을 이완시켜 대응하도록 연습한다.
- 명상: 특정 신체 부위 또는 과정,는 긍정적인 생각 또는 심상에 주의를 집중시킨다. 어떤 유형에서는 반복되는 음절, 즉 만트라에 집중하도록 한다. 명상은 느리고 정기적 호흡과 병행되어 진행된다. 매일 명상을 최소 10분에서 20분 실시할 경우 특정 신경전달물질과 스트레스 호르몬을 감소시키고 통제감을 증가시켜 차분함과 이완을 가져온다.

건강증진을 위한 행동수정

많은 부상과 질환이 식습관, 물질 사용, 운동 그리고 사고 예방과 관련된 생활양식 변화를 통해 예방되거나 통제될 수 있다.

부상 통제

- 만 1세에서 45세, 특히 아동 연령군의 주요 사망 원인이 부상이다.
- 대부분의 사람들이 부상은 자신의 통제 밖에 있다고 생각해서 고위험 행동을 바꾸지 않는다.
- 아동의 경우 예방은 다음에 초점을 둔다.
    - 화재 대피
    - 도로 횡단
    - 카시트, 안전벨트, 자전거 헬멧 사용하기
    - 응급처치

AIDS 예방

- 개인 및 지역사회 교육을 통해 고위험 행동을 변화시키는 것이 유일한 효과적인 전략이다.
    - 안전하지 않은 성행위를 인지행동적 자기관리 훈련과 사회적 지지 연계망을 활용하여 제거한다.
    - 약물남용자에게 주사기를 깨끗이 관리하고 안전하게 주사를 놓도록 알려준다.
- 소수민족과 여성 그리고 자신은 위험하지 않다고 지각하고 있는 집단을 표적으로 둔다.
    - 언론은 백인 동성애 남성에게 초점을 둔다.
    - 여성은 정맥 내 약물 사용을 통한 감염보다 이성애적 성관계를 통해 더 많이 감염된다.

8

섭식장애와 수면-각성장애

Christoffer Askman/Cultura RM/Alamy

행동을 해석하기 위해 과학적 추론을 사용한다.	▶ 행동에 대한 설명들(예, 추론, 관찰, 조작적 정의, 해석)에서 기본적인 생물학적, 심리적, 사회적 요소들을 확인한다. (APA SLO 1.1a) (교재의 334~339, 345쪽 참고)
혁신적이고 통합적인 사고와 문제해결에 참여한다.	▶ 경험적으로 연구하기 위하여 문제를 조작적으로 기술한다. (APA SLO 1.3a) (교재의 326~331, 343쪽 참고)
훈련 기반 문제 해결의 활용을 기술한다.	▶ 행동과 정신과정의 선행 요인 및 결과를 정확하게 파악한다. (APA SLO 5.3c) (교재의 327~331쪽 참고).
	▶ 일상생활에 심리학적 원리를 적절하고 실용적으로 적용한 예를 기술한다. (APA SLO 5.3a) (교재의 339~343, 345~346쪽 참고)

* 이 단원의 내용은 미국심리학회(APA)가 학부 심리학 전공에 대한 지침(American Psychological Association, 2012)에서 제안한 학습목표들을 포함하고 있다. APA에서 제안한 학습목표(Suggested Learning Outcome, SLO)에 따른 범위는 위에서 확인할 수 있다.

대다수의 사람들은 자신의 몸이 하는 일을 당연하게 여긴다. 매일 주어진 일들을 맑은 정신상태로 잘 해결할 수 있을 것이라고 생각한다. 하루에 2~3번의 식사를 하며 때론 꽤 많은 간식을 먹는다. 격한 운동을 하는 경우도 있으며, 성적 활동을 하기도 한다. 사람들은 아프거나 혹은 병에 걸렸을 때를 제외하고는 몸의 기능에 주의를 기울이지 않는다. 심리적 및 사회적 요소는 이러한 '생존을 위한 활동'에 상당히 부정적인 영향을 끼칠 수 있다.

이 장에서는 사람들의 행동에 상당한 영향을 주는 인간의 기본적인 욕구인 섭식과 수면의 심리적 문제에 대해 다룬다.

섭식장애의 주요 유형

▶ 신경성 폭식증과 신경성 식욕부진증을 정의하는 특징은 무엇인가?
▶ 폭식장애는 신경성 폭식증과 어떻게 다른가?

이 장에서 논의하는 장애들 중 일부는 치명적인데 대다수의 사람들은 이런 장애가 매우 흔하다는 것을 인지하지 못한다. 이 장애들은 1950년대와 1960년대 초반부터 수십 년 동안 서서히 증가하고 있다. **신경성 폭식증**, 통제할 수 없을 정도의 섭취 삽화 혹은 **폭식** 후에 체중 증가를 억제하기 위한 의도적 구토, 완화제 남용, 과도한 운동 등의 보상행동을 동반한다. **신경성 식욕부진증**을 앓는 사람은 아주 소량의 음식만을 섭취하기 때문에 위험할 정도로 체중이 감소한다. **폭식장애**의 경우 지속적으로 폭식을 하고 그로 인해 괴로워하지만 체중 증가를 억제하기 위한 행동은 하지 않는다. 섭식관련장애의 가장 큰 특징은 사회에 만연한 마른 몸매에 대한 강한 욕망이다. 오랫동안 신경성 식욕부진증을 앓는 사람들의 20%가량은 이 병으로 인해 사망하게 되는데, 그 중 약 5% 이상은 10년 안에 사망한다(예를 들어, Millar et al., 2005; Papadopoulos, Ekbom, Brandt, & Ekselius, 2009). 신경성 식욕부진과 관련된 죽음의 원인 중 20~30%는 자살에 의한 것인데, 일반인 자살과 비교해 50배 이상 높은 수치이다(Arcelus, Mitchell, Wales, & Nini, 2011; Chavez & Insel, 2007).

전 세계에서 진행되고 있는 연구들은 섭식장애가 1960년경 서구권 국가에서 시작되어 1995년까지 급증했다고 보고한다(Ressell, 2009; Steiger, Bruce, & Israël, 2013). 그중 신경성 폭식증의 유병률에 가장 큰 변화가 있었다(Russell, 2009). Garner와 Fairburn(1988)은 캐나다의 주요 섭식장애센터의 의뢰율을 검토한 결과, 신경성 식욕부진증 환자는 1975년부터 1986년까지 서서히 증가한 반면, 신경성 폭식증 환자는 연당 0명에 가까운 수준에서 연당 140명 이상으로 급

신경성 폭식증(bulimia nervosa) 통제할 수 없을 정도의 폭식 후 체중 증가를 억제하기 위한 보상행동(예, 의도적 구토, 완화제 남용, 과도한 운동)을 반복적으로 하는 섭식장애.

폭식(binge) 음식이나 알코올의 과다 섭취를 통제하지 못하는 짧은 삽화.

신경성 식욕부진증(anorexia nervosa) 반복적으로 열량 섭취를 제한하여 위험한 수준의 저체중이 되는 섭식장애.

폭식장애(binge-eating disorder, BED) 구토와 같은 행동 없이 불쾌할 정도로 배가 부를 때까지 폭식하는 행위. 최신 *DSM*에서 새 진단 범주로 소개됨.

증한 것을 발견하였다. 다른 국가에서도 비슷한 결과가 보고되었으나(Hay & Hall, 1991; Lacey, 1992), 최근 연구에서는 1990년대 최고점을 찍은 이후 폭식증 환자의 수에 변화가 없거나 감소하는 추세라고 보고한다(Keel, Heatherton, Dorer, Joiner, & Zalta, 2006).

앞서 언급했듯이 섭식장애를 앓는 사람들은 그렇지 않은 사람들에 비해 6배가량 높은 사망률을 보인다(Arcelus et al., 2011; Papadopoulos et al., 2009). 섭식장애는 미국정신과학회(American Psychiatric Association)에서 2000년도에 출판한 *DSM-IV*에서 처음으로 독립된 장애군으로 분류되었다.

지난 반세기 동안 전 세계적으로 섭식장애가 증가했다는 사실은 선뜻 이해하기 어렵다. 섭식장애는 문화에 따라 다른 양상을 보여왔는데, 특히 신경성 폭식증의 경우 최근까지 음식물을 구하기 어려운 개발도상국에서는 보기 드문 질병이었다. 반면 음식이 비교적 풍부한 서부권 국가에서는 흔하게 관찰되었다. 그러나 최근 많은 연구들은 섭식장애가 세계적인 문제임을 시사한다. 예를 들어 최근 연구들은 중국과 일본의 유병률이 미국과 다른 서부권 국가들의 유병률에 근접하고 있음을 보여준다(Chinsuwa & O'Dea, 2010; Steiger et al., 2013). 하지만 전 세계인 모두가 위험에 처한 것은 아니다. 섭식장애를 가진 사람은 소수에 불과하다. 중증 섭식장애를 경험하는 인구의 90% 이상이 사회적으로 경쟁에 시달리는 여성들이다.

섭식장애는 성별 및 나이와 큰 연관이 있어 보이는데, 이는 섭식장애의 원인에 대한 연구를 더욱 흥미롭게 만든다. 대다수의 다른 장애와 달리 섭식관련장애는 심리적 혹은 유전적 요인보다 사회문화적 요인에 가장 많이 영향을 받는다.

비만은 *DSM*에서 장애로 보지 않지만 현대사회에서 유행병처럼 많은 사람들을 위협하기 때문에 이 책에서는 장애로 간주한다. 가장 최근 실시된 설문조사에 따르면 미국 성인의 70%가 과체중이며, 이중 35%가 비만 범주에 속한다는 사실을 알 수 있다(Flegal, Carroll, Kit, & Ogen, 2012). 최근에는 북아메리카 지역에서 비만율에 큰 변화가 없지만, 이 수치는 지난 수십 년 동안 증가추세에 있었다(Fegal et al., 2012; Ogden et al., 2006). 저체중, 과체중 그리고 비만은 체지방을 측정하는 체질량지수(BMI)로 결정되며 각각에 대해서는 이 장 뒤에서 자세히 다룰 것이다.

신장에 비해 체중이 더 나갈수록 건강이 위험하다(Convit, 2012). 심혈관질환, 제2형 당뇨병, 고혈압, 발작, 담낭질환, 호흡기질환, 근육골계통 문제와 호르몬 관련 암 등은 과체중인 사람에게 흔하며 유병률이 높은 질환이다(Convit, 2012; Flegal, Graubard, Williamson, & Gail, 2005). 비만은 사용되는 에너지보다 칼로리 섭취가 높을 때 발병한다. 에너지 등식을 위배하는 이러한 행동은 일반적인 가정, 즉

비만인 사람은 마른 사람보다 꼭 더 많이 먹거나 운동을 덜 하는 것은 아니라는 가정과 상충되는 것처럼 보인다. 하지만 비만한 사람이 많이 먹는 것이 맞다. 과식과 운동부족은 유전적인 요소가 있으나, 나중에 설명하는 바와 같이 문제의 핵심인 과도한 음식 섭취는 비만을 섭식장애의 일종으로 보는 이유라 할 수 있다.

신경성 폭식증

신경성 폭식증은 본인 혹은 지인이 한 번쯤 겪어봤을 정도로 익숙한 섭식장애다. 이는 대학가에서 가장 흔한 심리장애이기도 하다. 피비의 경우를 살펴보자.

피비 ● 겉보기에 완벽한

겉보기에 완벽한 피비는 전형적인 미국 소녀이다. 그녀는 인기가 많고 매력적이며 똑똑하고 재능이 많았다. 고등학교 졸업반 때까지 많은 것을 성취하였는데, 고등학교 4년 동안 학급 위원이었고, 2, 3학년 때에는 가장 인기 많은 여학생으로 뽑히기도 했다. 피비는 아름다운 목소리로 노래를 했고, 뛰어난 발레 실력을 갖추고 있었다. 평균 A⁻의 성적을 유지하며 스포츠 팀에서 활동했고 명문대에 진학했다.

하지만 그녀에게는 비밀이 있었다. 피비는 스스로 뚱뚱하고 못생겼다고 생각했다. 음식을 먹을 때마다 그녀는 성공적인 삶과 인기가 끝날 것 같은 두려움에 사로잡혔다. 피비는 11살 때부터 체중에 신경을 쓰기 시작했다. 완벽주의자였던 그녀는 중학교에 입학 후 먹는 것을 통제했다. 아침은 건너뛰고(어머니의 만류에도 불구하고), 점심으론 소량의 프레즐(역주: 밀가루를 구워 만든 달지 않은 과자)을 먹었고 저녁엔 어떤 음식이든 반만 섭취하였다.

이러한 행동은 고등학교 때까지 이어졌는데, 음식을 제한하는 데 어려움을 느끼며 가끔 패스트푸드를 폭식하곤 했다. 처음엔 폭식 후 목구멍에 손을 넣는 방법을 사용했으나 구토를 하지는 못했다. 마지막 학년이 되었을 때, 피비는 무엇을 먹고 언제 먹는지에 대해 집착을 보였다. 엄청난 의지로 먹는 것을 자제하려고 했지만, 항상 성공하지는 못했다. 가을 학기 어느 날 그녀는 하교 후 TV를 보며 큰 사탕 박스 2개를 비운 적이 있다. 우울감과 죄책감을 느끼며 자포자기 상태로 화장실로 달려가 전보다 깊이 손가락을 목구멍으로 집어넣어 먹은 것을 모두 토했다. 너무 힘이 들어 30분가량을 누워 있어야 했지만, 그녀는 어느 때보다 마음이 가벼웠으며 폭식 후 느끼던 두려움, 죄책감, 긴장감도 느끼지 못했다. 그녀는 먹고 싶은 것을 먹고 배를 비울 수 있는 방법을 찾아낸 것이었다.

피비는 어떻게 해야 음식을 더 쉽게 토해낼 수 있는지 터득하였다.

그리고 항상 많은 양의 물을 마셨다. 엄격하게 음식을 제한할수록 폭식하는 횟수가 증가하였다. 고등학교 마지막 해 4월까지 약 6개월간 이런 패턴이 지속되었다. 이 시기쯤 피비는 신체적으로 지쳐갔고 학업에 문제가 생기기 시작했다. 종일 피곤해 했으며, 피부가 상하고 입 주변을 중심으로 얼굴이 퉁퉁 부었다. 선생님과 어머니가 피비의 섭식문제를 알아차리고 도움을 주었지만 효과는 잠시뿐이었다. 피비는 살이 찌면 인기를 잃을 것이라는 두려움에 사로잡혀 더 교묘한 방법으로 좋지 않은 습관을 이어갔다. 6개월 동안 피비는 약 15회 폭식과 음식을 토하는 행위를 반복하였다.

피비가 대학에 입학한 후 상태는 더욱 악화되었다. 피비는 기숙사에서 룸메이트에게 비밀을 지키기 위해 더욱 필사적으로 노력하였다. 학교에선 1학년 학생들에게 섭식장애 관련 프로그램을 제공하였으나 피비는 살이 찌는 것이 두려워 행동을 바꾸지 않았다. 그녀는 공공화장실은 피하고 사람들이 이용하지 않는 화장실에서 토하곤 했다.

피비의 비밀은 2학년 때 발각되었다. 파티에서 술과 닭고기를 먹고 평소와 같이 죄책감과 두려움을 해소하기 위해 화장실에 갔으나 구토를 할 수 없었다. 그녀는 충격으로 남자친구에게 전화하여 자살을 암시하는 말을 했다. 피비가 자신을 통제하지 못하고 통곡하며 울었기 때문에 모든 친구들의 관심을 끌게 되었고, 도움을 얻긴 했지만 이 사건으로 친구와 부모에게 그녀의 비밀이 알려지게 되었다. 피비는 자신의 인생이 망가지고 있음과 전문가의 도움이 필요하다는 사실을 깨닫게 되었다.

임상적 기술

신경성 폭식증의 특징은 유사한 상황에서 다른 사람과 비교해 엄청난 양의 음식—주로 과일이나 채소 이외의 불량식품—을 먹는다는 것이다(Fairburn & Cooper, 2014). 폭식증 환자들이 보고하는 증상은 비슷하지만, 실제로 폭식을 통해 섭취하는 열량은 개인에 따라 변동폭이 크다(Franko, Wonderlich, Little, & Herzog, 2004). 섭취하는 음식의 양도 중요하지만 통제력 상실 또한 빠질 수 없는 폭식증 증상이다(Fairburn & Cooper, in press; Sysko & Wilson, 2011).

신경성 폭식증을 앓는 사람들의 대다수는 **제거행동 기법**을 사용하여 폭식과 체중 증가에 대한 보상행위를 한다. 제거행동 기법에는 식후 즉시 구토하는 방법(피비처럼)과 변비약(그 외에 변비를 해소하는 약물)이나 이뇨제(배뇨작용을 통해 상당한 양의 수분을 체외로 배설하는 약물) 사용 등이 있다. 어떤 사람들은 이 두 가지 방법을 모두 사용하거나 그 외의 방법을 사용하기도 한다. 예를 들면 과도하게 운동을 하거나(과도한 운동은 주로 신경성 식욕부진증의 특징 중 하나이기도 하다) 혹은 폭식 전까지 오랜 시간을 굶는다. DSM-IV-TR에서 신경성 폭식증의 하위 유형으로 보상행동(purging) 유형(예, 구토하기, 변비약 혹은

이뇨제) 혹은 비보상행동(nonpurging) 유형(예, 운동, 굶기)이 있었다. 그러나 비보상행동 유형은 폭식증 환자의 6~8%로 매우 드물다(Hay & Fairburn, 1998; Striegel-Moore et al., 2001). 선행 연구들은 보상행동 유형과 비보상행동 유형 간 차이가 없으며 장애의 심각성, 폭식의 주기 혹은 주요우울장애 혹은 공황장애와의 공존장애율도 크게 다르지 않다고 보고한다(van Hoeken, Veling, Sinke, Mitchell, & Hoekk, 2009). 이런 이유로 DSM-5에서는 보상행동 유형과 비보상행동 유형을 구별하지 않는다.

보상행동은 섭취한 칼로리를 소모하는 데 효과적인 방법은 아니다(Fairburn, 2013). 구토를 통해 섭취한 칼로리의 50%를 줄일 수 있으나, 줄일 수 있는 칼로리의 양은 점점 더 적어진다(Kaye, Weltzin, Hsu, McConaha, & Bolton, 1993). 변비약 복용 같은 방법은 칼로리 소모에 거의 영향을 끼치지 못하며 영향을 주더라도 효과가 아주 늦게 나타난다(Fairburn, 2013).

1994년 DSM-IV에 추가된 진단 기준 중 주목할 점은 심리적 특징을 구체화하였다는 것이다. 피비는 성공적인 삶을 살아가고 있었으나, 자신의 인기와 자존감이 몸무게와 몸매에 좌우된다고 믿었다. Garfinkel(1992)은 107명의 폭식증 여성 환자 중에서 단지 3%만이

비만(obesity) 신체질량지수(몸무게와 키의 비율)가 30 이상으로 나타나는 체지방 과다.

제거행동 기법(purging technique) 신경성 폭식증의 증상으로 과도한 음식의 섭취를 보상하기 위하여 스스로 구토하거나 완화제를 남용.

이러한 증상이 없다고 한다. 최근 연구는 섭식장애를 앓는 사람들에게 폭식, 보상행동, 몸매에 대한 집착 등 주요 특징이 모두 나타남을 보여주는데 이는 진단 기준 타당성을 강력하게 지지해 준다(Fairburn, & Cooper, in press; Fairburn, Stice, et al., 2003).

의학적 결과

보상행동이 수반되는 만성 신경성 폭식증은 내과적 문제를 일으킨다(Mehler, Birmingham, Crow, & Jahraus, 2010; Russell, 2009). 침샘 비대증은 계속해서 구토를 하면 생기는 질환으로 얼굴이 붓는다. 피비는 이 증상을 보였다. 또한 앞니의 안쪽 치아계면과 식도에 상처를 만든다. 나트륨과 칼륨 농도 변화 등 신체 수액(bodily fluid)의 화학적 균형을 망가뜨리기도 한다. 전해질 불균형이라고도 부르는 이 증상은 방치하면 심부정맥(불규칙적인 심장박동), 뇌전증(간질)과 신장질환 등 치명적인 결과를 초래할 수 있다. 폭식증이 있는 젊은 여성들은 같은 연령대에 비슷한 체중을 가진 다른 여성들에 비해(그들이 가장 피하고 싶어 했던) 체지방이 많다(Ludescher et al., 2009). 이러한 불균형은 식습관을 바로잡으면 쉽게 고칠 수 있다. 변비약 남용으로 인한 장 문제 또한 짚고 넘어가야 할 심각한 문제이다. 변비약 남용은 심한 변비와 결장 손상을 초래할 수 있다.

관련된 심리장애

신경성 폭식증을 앓는 사람의 경우 보통 다른 심리장애(특히, 불안과 기분장애)를 동반한다(Steiger et al., 2013; Sysko & Wilson, 2011). 미 전역을 대상으로 한 섭식장애의 공존장애율에 대한 조사에서 폭식증 환자의 80.6%가 사는 동안 한 번쯤 불안장애를 경험하며(Hudson et al., 2007), 면접 조사에서는 66%의 청소년 폭식증 환자가 불안장애를 동반하고 있다고 보고하였다(Swanson et al., 2011). 기분장애, 특히 우울증 역시 폭식증과 함께 빈번하게 나타나는데 면접 조사에서는 약 20%의 폭식증 환자가 기분장애 진단을 받으며, 50~70%가 폭식증과 함께 기분장애를 진단받는다고 보고하였다(Hudson et al., 2007; Swanson et al., 2011).

섭식장애가 단순히 우울증의 한 증상이라고 보는 이론이 오랫동안 관심을 받아왔다. 하지만 많은 증거들은 우울증이 폭식증에 뒤따르거나 혹은 폭식증에 대한 반응임을 보여준다(Brownell & Fairburn, 1995; Steiger et al., 2013). 약물남용 또한 신경성 폭식증과 동반하여 빈번히 발생한다. 예를 들어 Hudson과 동료들(2007)은 36.8%의 폭식증 환자와 27% 식욕부진증 환자가 약물을 남용하며 평생 약물중독자가 될 확률이 높다고 말한다. Wade, Bulik, Prescott과 Kend-ler(2004)는 쌍둥이 연구를 통해, 새로운 것을 탐색하는 행위와 정서적 불안정이라는 공통 위험인자가 폭식증과 불안 그리고 물질사용장애 사이의 높은 공존장애율을 설명한다고 밝혀내었다. 이를 종합하면 폭식증은 기분장애나 물질사용장애보다 불안장애와 밀접한 관계가 있음을 알 수 있다. 정서적 불안정과 새로운 것을 탐색하려는 행동적 특징이 이런 공존장애율을 설명해 준다.

신경성 식욕부진증

상당수의 신경성 폭식증 환자들은 표준 몸무게의 10% 범주 안에 든다(예, 50kg이 표준 몸무게인 경우 45~55kg을 말함)(Fairburn & Cooper, in press; Hsu, 1990). 반면에 신경성 식욕부진증(단어 자체는 신경 과민으로 인해 식욕을 잃음을 의미하지만 사실 식욕이 있기 때문에 올바른 정의는 아니다) 환자들의 경우 신경성 폭식증 환자들과 다른 한 가지 특징이 있다. 그들은 생명에 위협을 받을 정도로 체중 감량에 과도하게 성공한다. 신경성 식욕부진증 환자들의 경우 엄격한 식단 관리와 체중 관리 성공으로 자부심을 느끼지만 신경성 폭식증 환자의 경우 음식 섭취에 대한 통제력 상실로 인해 수치심을 느낀다. 반면 신경성 폭식증과 신경성 식욕부진증 환자들 모두 살찌는 것과 식욕 억제 실패에 대한 병적인 두려움을 느낀다는 점이 공통적인 특징이다.

줄리 ● 날씬할수록 더 완벽한

줄리는 처음 도움을 요청했을 때 17살이었다. 줄리는 쇠약하고 아파 보였다. 18개월 전만 해도 그녀는 155cm에 63kg의 비만이었다. 줄리의 어머니는 사람은 좋았으나 남을 지배하려 하며 까다로운 성향으로 끊임없이 줄리의 외모를 겨냥한 잔소리를 하곤 했다. 줄리의 친구들은 상냥한 편이었지만, 한 번도 연애를 해보지 못한 줄리에게 살을 빼면 데이트를 할 수 있을 거라는 말을 하곤 했다. 결과적으로 몇 번의 실패 끝에 결국 그녀는 살을 뺐다!

다이어트를 시작하고 몇 주 뒤, 그녀는 체중이 줄고 있음을 실감했다. 그녀는 어느 때보다 절제하는 삶을 살고 있었다. 친구들과 어머니 모두 칭찬을 하기 시작하자 뿌듯함을 느꼈다. 하지만 줄리의 체중은 급속히 빠지고 있었다. 생리가 멈췄지만 다이어트를 막지는 못했다. 클리닉에 왔을 때 줄리의 몸무게는 34kg이었다. 그때까지도 줄리는 치료에 대한 필요성을 느끼지 못하는 상태였다. 결국 왼쪽 종아리에 감각이 없고 왼발을 들어올리지 못하는 상황이 왔다. 신경과 전문의는 영향 결핍을 마비의 원인으로 판단하여 줄리를 클리닉으로 보냈다.

다른 신경성 식욕부진증 환자와 같이 줄리 또한 약간의 체중 증량에는 동의한다는 마음에 없는 소리를 했다. 그녀는 자신의 몸매에 만족하고 있었고, 식욕을 잃었다는 신빙성 없는 말(식욕부진증 환자도 식욕을 느낀다. 다만 통제를 할 뿐이다)을 했다. 그럼에도 불구하고 일상생활을 잘 유지하였고 학업과 과외 활동에서 우수한 성취를 보이고 있었다. 줄리의 부모는 다이어트 비디오를 사주는 데 지원을 아끼지 않았고 줄리는 차근히 운동량을 늘리기 시작했다. 줄리의 운동량이 과하다고 판단한 부모는 줄리를 말리기도 하였지만 줄리는 아무도 없을 때 몰래 운동을 하였다. 밥을 먹고 난 후, 섭취한 칼로리를 모두 태우기 위해 그녀는 끊임없이 운동하였다.

▲ 이 여성들은 각기 다른 신경성 식욕부진증 단계에 있다.

언론은 신경성 식욕부진증을 앓고 있는 연예인들과 모델의 비극적인 결말에 대해 보도하고 있다. 2006년 11월, 브라질의 21살 모델 아마 캐롤리나 레스톤은 신경성 식욕부진증으로 생을 마감했다. 당시 그녀는 176.8cm의 큰 키에 40kg이 채 나가지 않았으며 BMI수치는 아사의 기준인 16보다 낮은 13.4였다. 비슷한 시기에 스페인부터 시작해 이탈리아, 브라질 그리고 인도에서는 BMI수치가 18 이하인 모델들이 패션쇼에 나가는 것을 금지하였다(스페인 모델 30%가 자격을 박탈당하였다). 이런 통제가 각 나라에서 이상적 체형에 대한 관점을 바로 세우는 데 효과가 있었는지는 알 수 없다.

임상적 기술

신경성 식욕부진증은 신경성 폭식증에 비해 덜 발생하지만 공통점이 있다. 예를 들어 신경성 폭식증을 앓았던 사람들 중 신경성 식욕부진증으로 진단받았던 사람들이 많다. 신경성 식욕부진증을 가진 사람들은 거식을 하며 목표 몸무게를 달성한다(Fairburn & Cooper, in press; Fairburn, Welch et al., 1997).

체중 감소는 신경성 식욕부진증의 눈에 띄는 증상 중 하나이지만 핵심 증상은 아니다. 건강상태에 따라 살이 빠지는 경우도 있지만 신경성 식욕부진증 환자들은 비만에 대한 두려움을 느끼고 끊임없이 마른 몸매를 갈구한다(Fairburn & Cooper, in press; Russell, 2009). 섭식장애는 줄리처럼 비만이거나 자신을 비만이라고 생각하는 청소년들 사이에서 빈번하게 발병한다. 그들은 마른 몸매가 되기 위해 강박적으로 살인적인 운동을 시작한다(Davis et al., 1997; Russell, 2009). 칼로리 섭취를 엄격하게 제한하고 보상행동을 통해 극적인 체중 감량에 성공한다.

DSM-5에서는 신경성 식욕부진증을 2가지로 나눈다. 제한 유형(restricting type)은 식이요법을 통해 칼로리 섭취량을 제한한다. 폭식 후 보상행동 유형(binge-eating-purging type)은 보상행동에 의존한다. 신경성 폭식증과 다르게 폭식 후 보상행동 유형을 가진 신경성 식욕부진증 환자들은 상대적으로 소량의 음식을 폭식하며 꾸준히 혹은 거의 매끼마다 보상행동을 한다. 신경성 식욕부진증 환자들의 절반가량이 폭식과 보상행동을 한다(Fairburn & Cooper, in press). 8년 동안 136명의 신경성 식욕부진증 환자를 대상으로 진행된 연구자료에서는 이 2가지 하위 유형이 증상의 심각성 혹은 특성 측면에서 큰 차이가 없었다(Eddy et al., 2008). 이러한 이유로 DSM-5는 마지막 3개월을 기준으로 하위 유형을 나눈다(Peat, Mitchell, Hoek, & Wonderlich, 2009).

신경성 식욕부진증을 앓는 사람들은 체중 감량을 했음에도 절대 만족을 하지 못한다. 혹여 하루 사이에 체중이 유지되거나 늘면 극심한 공포, 불안과 우울한 감정을 경험한다. 오직 지속적인 체중 감량만이 그들을 만족시킬 수 있다. DSM-5에서는 정상 체중보다 15% 적은 체중을 명시하고 있지만, 치료 시 그들의 체중은 평균적으로 정상 체중보다 25%에서 30% 적다고 보고된다(Hsu, 1990). 또 다른 중요한 기준은 왜곡된 신체상이다. 줄리는 거울에 비치는 자신의 모습을 보며 다른 사람들이 보는 것과 다른 모습을 보았다. 사람들은 수척하고 허약하며 고통스러워 보이는 반기아 상태의 소녀를 보았지만, 줄리에게는 빼야 할 살이 보였다.

줄리와 같은 증상을 호소하는 사람들은 다른 사람들이 무엇을 원하는지를 파악하고 마음에 없는 소리를 한다. 그들은 의사에 동의하는 척하며 자신이 저체중이고 살찔 필요가 있다고 말한다. 하지만 질문을 계속하게 되면 거울 속에 비친 자신의 모습이 뚱뚱하다고 실토한다. 이러한 이유로 많은 신경성 식욕부진증 환자들은 치료를 기피한다. 줄리와 같이 대다수의 신경성 식욕부진증 환자들은 가족구성원들의 강압으로 인해 간신히 병원을 찾는다(Agras, 1987; Fairburn & Cooper, in press). 때로는 신경성 식욕부진증 환자들도 요리와 음식에 관심을 갖는데 이는 아마 완벽한 식욕 통제를 위한 것으로 추정된다. 이들 중 몇몇은 가족들의 끼니를 대접하는 훌륭한 요리사가 되기도 한다. 또 다른 몇몇의 경우 음식을 방에 쌓아 놓고 보기만 하기도 한다.

의학적 결과

생리 중단(무월경증)은 신경성 식욕부진증의 흔한 신체적 증상이며 때론 신경성 폭식증 환자에게도 발견된다(Crow, Thuras, Keel, & Mitchell, 2002). 이는 음식 제한의 객관적인 신체적 지표가 될 수 있지만 매번 동반되지는 않기 때문에 일관성 있는 지표는 아니다(Franko et al., 2004). 따라서 DSM-5에서는 무월경증이 진단 기준에서 제외되었다(Attia & Roverto, 2009; Fairburn & Cooper, in press). 식욕부진증의 또 다른 의학적 신호와 증상에는 피부 건조증, 푸석한 모발과 손발톱, 그리고 추위를 타는 것이 있다. 또한 볼과 팔에 솜털이 자라기도 한다. 심혈관질환, 예를 들어 저혈압과 낮은 심장박동 수가 동반될 수도 있다. 구토 증상이 있는 경우 전해질 불균형으로 인한 심장과 신장 문제를 일으킬 수 있으며, 이는 신경성 폭식증 환자에게도 해당된다(Mehler et al., 2010).

관련된 심리장애

신경성 식욕부진증 환자 역시 불안과 기분장애를 자주 보이는데(Russell, 2009; Sysko & Wilson, 2011), 이들이 평생 적어도 한 번 우울증을 앓을 확률은 71%이다(Codart et al., 2007). 흥미로운 사실은 신경성 식욕부진증 환자들은 강박장애를 동시에 겪기도 한다는 것이다(4장을 보라, Keel et al., 2004). 신경성 식욕부진증은 체중 증가에 대한 부정적인 생각을 갖게 하며 그런 생각을 떨치기 위해 일부는 의례적인 행위를 한다. 약물중독 또한 흔한 증상인데(Root et al., 2010; Swanson et al., 2011) 이는 죽음, 특히 자살을 예견하는 증상이다.

폭식장애

1990년대 초에 실시된 연구는 폭식(보상행동은 하지 않아 신경성 폭식증으로 진단받지 않음) 때문에 괴로워하는 집단에 집중했다(Castonguay, Eldredge, & Agras, 1995; Fairburn et al., 1998). 이들은 폭식장애군으로 분류된다. DSM-IV에서 이 장애군을 분리하며 자세한 연구가 요구되었고 이후 DSM-5에서 폭식장애를 완전한 장애군으로 독립시켰다(Woderlich, Gordon, Mitchell, Crosby, & Engel, 2009). 독립된 장애군으로 분류된 근거 중 하나로 유전적 측면에서 다른 섭식장애와 다른 특이한 패턴을 들 수 있다(Builk et al., 2000). 남성에게서 더욱 빈번히 발생한다는 점과 발병 나이가 늦다는 것 또한 증거로 들 수 있다. 폭식장애는 다른 섭식장애보다 예후가 좋은 편이며 치료 또한 효과적인 편이다(Striegel-Moore & Franko, 2008; Wonderlich et al., 2009).

체중 조절 프로그램에서 폭식장애 위험이 있는 사람들을 쉽게 찾을 수 있다. 통계에 따르면 체중 조절 프로그램에 참가한 약 20%의 비만 참가자가 폭식을 하며, 비만을 치료하기 위해 수술하는 환자 중 약 50%가 폭식을 한다.

절반가량의 폭식장애 환자들은 폭식 이전에 다이어트를 시도하며, 나머지 절반은 반대 양상을 보인다(Abbott et al., 1998). 폭식 후 다이어트를 선택하는 사람들은 폭식장애로 발전할 가능성이 상당히 높으며 다른 장애를 앓을 확률 또한 높아진다(Spurrell, Wilfley, Tanofsky, & Brownell, 1997). 폭식장애가 없는 비만인 사람들과 달리, 폭식장애를 앓는 사람들도 신경성 폭식증과 신경성 식욕부진증 환자들과 같이 몸매와 몸무게로 인해 스트레스를 받는다(Fairburn & Cooper, in press; Grilo, Masheb, & White, 2010). 폭식장애의 약 33% 가량이 나쁜 감정과 부정적인 영향을 피하기 위해 폭식을 한다(Vrilo, Masheb, & Wilson, 2001; Steiger et al., 2013을 참고하라). 이들은 스트레스에 대한 해소법으로 음식 섭취가 아닌 다른 방법을 택하는 사람

DSM 진단기준 요약 폭식장애

폭식장애는 다음과 같은 특징을 가진다.

▶ 반복되는 폭식 삽화를 가진다.
▶ 폭식 삽화는 다음 중 3가지(혹은 그 이상)와 연관된다. (1) 평소보다 많은 양을 급하게 먹음 (2) 불편하게 배가 부를 때까지 먹음 (3) 신체적으로 배고프지 않은데도 많은 양의 음식을 먹음 (4) 먹는 양에 대한 수치감으로 혼자서 먹음 (5) 폭식 후 스스로에 대한 역겨운 느낌, 우울감 혹은 큰 죄책감을 느낌
▶ 폭식으로 인해 현저한 고통
▶ 폭식은 평균적으로 최소 3개월 동안 일주일에 1회 이상 발생한다.
▶ 폭식은 신경성 폭식증에서 관찰되는 것과 같은 부적절한 보상행동과 연관되어 있지 않다.

출처: American Psychiatric Association. (2013). *Diagnostic and statistical manual of mental disorders* (5th ed.). Washington, DC.

들에 비해 심리적 불안감을 더욱 많이 호소한다(Grilo et al., 2001).

통계

신경성 폭식증의 사례는 수천 년 전부터 전해져 왔지만(Parry-Jones & Parry-Jones, 2002) 1970년대에 와서 정신장애로 간주되기 시작하였다(Boskind-Lodahl, 1976; Russell, 1979). 따라서 유병률 관련 정보 수집은 최근에서야 시작되었다.

폭식증으로 치료를 받는 사람들 중 대다수(90~95%)는 여성이다. 남성의 경우 발병 시기가 약간 늦은 편이며 동성애자와 양성애자 남성 비율이 매우 높다(Rothblum, 2002). 예를 들어 Carlat, Camargo와 Herzog(1997)가 제공한 135명의 남성 환자의 정보에 의하면 13년 이상 치료를 받은 남성 환자 중 42%가 동성애자 혹은 양성애자라고 한다(Feldman & Meyer, 2007). 체중 조절을 해야 하는 상당수의 남자 운동 선수들(예, 레슬링) 또한 섭식장애를 앓는다고 보고된다(Ricciardelli & McCabe, 2004). 최근 연구에 따르면 남성의 비율은 증가하고 있는 추세이다(Domine, Berchtold, Akré, Michaud, & Suris, 2009).

여성의 경우 여자 청소년들이 가장 위험하다. 496명의 여자 청소년들을 상대로 한 최근 조사에 따르면, 여자 청소년들의 12% 이상이 20세 무렵부터 섭식문제를 겪는다고 한다(Stice, Marti, Shaw, & Jaconis, 2009). 1,498명의 대학교 신입생을 대학 4년 동안 조사한 또 다른 연구에서는 대상자의 28~34%만이 섭식 관련 고민을 하지 않

았다. 29~34%는 꾸준히 몸매와 몸무게 관리를 위해 음식 섭취량을 제한했다. 14~18%는 과식과 폭식을 했다. 14~17%는 자제와 폭식을 번갈아 했다. 6~7%는 폭식증과 같은 증상을 보였다. 이는 대학 4년 동안 꾸준히 지속되었다(Cain, Epler, Steinley, & Sher, 2010).

신경성 폭식증의 유병률에 대한 또 다른 견해는 특정 청소년 집단보다는 전국 자료연구에서 나왔는데, 가장 확실한 연구는 2007년에 발표되었다(Hudsone et al., 2007). 국가공존장애율 조사(National Comorbidity Survey)에서는 평생 유병률과 12개월 유병률을 보여주는데, 이 책에서 다루는 주요 3개 섭식장애 외에도 역치하 폭식장애(폭식장애가 발병될 확률이 높으나 다른 증상, 예를 들어 고통을 보이지 않아 폭식장애 진단기준을 충족하지 못함)를 포함한다. 이 연구는 *DSM-5*를 출간하기 전에 실시된 연구임에도 *DSM-IV-TR*에서의 6개월이 아닌 *DSM-5*의 신경성 폭식증(역치하 폭식증 포함)의 진단 기준인 3개월을 사용하였다. 최종적으로 폭식이 주 2회, 3개월 이상 지속되면—비록 이것이 표 8.1의 나머지 4개의 장애 증상에 해당되었으나—"그 외 다른 폭식"으로 구분하였다. 표 8.1의 I 범주는 전반적인 폭식의 유병률을 보여준다. 표 8.1에서 역치하 폭식장애를 제외한 나머지 범주에서 여성이 남성에 비해 평생 유병률이 2~3배 높았다. 다른 표본들에 비해 남성 비율이 높은데, 이는 섭식 연구에 참가한 남성의 수가 작아 연구마다 수치가 서로 다르게 나오기 때문이다. 국가공존장애율 조사의 청소년 부록은 13~18세 청소년만 다루는데, 신경성 식욕부진증의 평생 유병률은 0.3%[전체 나이 유병률은 0.6%(표 8.1 참고)], 폭식증은 0.9%[전체 나이 유병률은 1.0%(표 8.1 참고)] 그리고 폭식장애는 1.6%[전체 나이 유병률은 2.8%(표 8.1 참고)]이다(Swanson et al., 2011). 이 통계에서 신경성 폭식증을 제외한 신경성 식욕부진증과 폭식장애는 18세 이후에 발병되는 것을 유추할 수 있다.

모든 섭식장애 중앙값 발병 나이는 18~20세이다(Hudson et al., 2007). 신경성 식욕부진증의 발병 나이는 비교적 일관성 있는 편으로, 어리면 15세부터 시작된다. 반면 신경성 폭식증은 피비처럼 10세에 발병하는 경우가 흔하다.

신경성 폭식증은 치료를 받지 않으면 만성 질병이 된다(Fairburn, Stice et al., 2003; Hudsone et al., 2007). 한 연구에 따르면 진단 후 10년이 지나도 여성들은 '마르고 싶은 욕구'와 그 외 동반되는 증상들을 보였다고 한다(Joiner, Heatherton, & Keel, 1997). 앞서 언급한 신경성 폭식증 연구에서 Fairburn과 동료들(2000)은 102명의 신경성 폭식증 여성 환자들 중 92명을 5년간 추적했다. 그들 중 1/3은 매년 호전되어 진단 기준에서 벗어났으며, 다른 1/3은 신경성 폭식증이 재발하였다. 50~67%는 5년 동안 매년 심각한 섭식장애 증상을 호소하였는데 이는 이 질병이 예후가 좋은 편이 아님을 입증한다. 후속

표 8.1 *DSM-IV-TR*의 섭식장애와 그 관련 문제의 평생 및 12개월 유병률 추정치

	남성	여성	전체
	%	%	%
I. 평생 유병률			
신경성 식욕부진증	0.3	0.9	0.6
신경성 폭식증	0.5	1.5	1.0
폭식장애	2.0	3.5	2.8
폭식장애 역치하	1.9	0.6	1.2
그 외 다른 폭식	4.0	4.9	4.5
II. 12개월 발병률*			
신경성 폭식증	0.1	0.5	0.3
폭식장애	0.8	1.6	1.2
폭식장애 역치하	0.8	0.4	0.6
그 외 다른 폭식	1.7	2.5	2.1
(n) 참가자 수	(1,220)	(1,760)	(2,980)

* 12개월 신경성 식욕부진증 기준을 만족시키는 응답자는 없었다.
출처: Hudson et al. (2007). The prevalence and correlates of eating disorders in the national comorbidity survey replication. *Biological Psychiatry, 61*, 348-358.

연구에서 Fairburn, Stice 등(2003)은 아동기 비만이었던 과거와 살을 빼야 한다는 강박이 강력한 예측 변수라고 말한다.

비록 신경성 폭식증만큼 예후가 나쁜 편은 아니나 신경성 식욕부진증 또한 비슷한 형태로 발전한다. Hudson과 동료들(2007)의 연구 결과는 이 병을 빨리 인지하고 치료가 빨리 시작될수록 예후가 좋다고 말한다. 하지만 신경성 식욕부진증 환자들은 진단기준을 충족하지 않아도 먹는 것을 제한하며 오랜 기간 동안 왜곡된 신체상과 몸무게, 낮은 BMI를 유지한다(Fairburn & cooper, in press). 이러한 이유로 신경성 식욕부진증 치료가 신경성 폭식증 치료보다 어려운 것으로 유추할 수 있다(Vitilello & Lederhendler, 2000). 7년간 치료를 받아왔던 사람들을 추적한 자료에서는 신경성 식욕부진증 환자들의 33%와 신경성 폭식증 환자들의 66%가 완치되었다(Eddy et al., 2008).

비교문화적 고려사항

앞서 신경성 식욕부진증과 신경성 폭식증이 문화와 큰 연관이 있음을 언급하였다. 최근에는 서양권 나라로 이민 온 이민자들이 섭식장애 증상을 보인다는 보고가 있다(Anderson-Fye, 2009). 런던에서 대학을 다니는 50명의 이집트 여성과 카이로(이집트의 수도)에서 대학을 다니는 여성을 설문조사한 고전적인 연구에서는 흥미로운 점이 발견되었다(Nasser, 1988). 카이로 대학생들 중에는 섭식장애를 앓는 학생이 한 명도 없었던 반면, 런던에서 재학 중인 학생들

의 12%가 섭식장애를 앓고 있었다. Mumford, Whitehouse 그리고 Platts(1991)는 미국에 거주하는 아시아 여성들에게서 비슷한 양상을 찾아내었다.

유독 북미에서만 아프리카계 미국인, 아메리칸 인디언, 히스패닉계 그리고 아시아인을 포함한 소수 개체군에 따라 섭식장애 유병률에 차이를 보인다. 선행 연구에서는 백인 여자 청소년에 비해 흑인 여자 청소년이 자신의 몸에 대한 불만족도가 낮고, 몸무게에 대한 걱정을 적게 했으며, 스스로에 대해 긍정적으로 생각하며, 보이는 것보다 더 날씬하게 생각한다고 보고한다(Celio, Zabinski, & Wilfley, 2002). Greenberg와 Laprote(1996)는 연구를 통해서 백인 남성들이 흑인 남성들보다 더욱 날씬한 여성상을 원하는 것을 관찰하였다. 이것이 흑인 여성들의 섭식장애 유병률이 비교적 낮은 이유 중 하나일 것이라 추정된다. Marques 등(2011)은 라틴계가 아닌 백인, 아프리카계 미국인, 아시아계 미국인 그리고 히스패닉 여성들의 섭식장애 유병률이 비슷하게 되어가는 추세임을 보고한다(Crago, Shisslak, & Estes, 1997).

앞서 다룬 내용을 근거로 신경성 식욕부진증과 신경성 폭식증은 비슷한 장애임을 알 수 있다. 특히 신경성 폭식증을 포함한 섭식장애는 서양 문화권의 심각한 문제이다. 서양 문화권의 소수집단 간에는 과거에는 섭식장애 빈도수와 양상에 있어 다소 차이가 있었으나 그 차이는 점점 줄어드는 추세이다(Marques et al., 2011).

발달적 고려사항

섭식장애의 대부분이 청소년기에 발병하기 때문에 신경성 폭식증과 신경성 식욕부진증은 성장과 깊은 관계가 있음을 알 수 있다(Smith, Simmons, flory, Annus, & Hill, 2007; Steiger et al., 2013). Striegel-Moore, Silberstein 그리고 Rodin(1986)의 고전 연구에서 강조한 바와 같이 여자아이들과 남자아이들의 성장과정에서 보이는 신체적인

▲ 신경성 식욕부진증은 북미 흑인 여성에게는 거의 발생하지 않는다.

발달의 차이점은 문화의 영향을 받아 섭식장애로 이어진다. 사춘기를 넘어가면서 여자아이들은 체중이 증가하는데 주로 지방이 발달하게 되는 반면 남자아이들은 근육과 지방이 적은 세포가 발달한다. 서양권 나라에서는 근육질의 남성과 사춘기 이전의 날씬한 여성을 이상적인 신체상으로 정의하는데, 남자들은 신체가 발달하며 이상적인 신체상에 가까워지지만 여자는 멀어지게 된다.

섭식장애, 특히 신경성 식욕부진증은 11살 이하의 아이들에게도 관찰된다(Walsh, 2010). 3살 이후부터 살이 찌는 것에 대한 부정적인 태도를 보이게 되는데 6~8세 아이들의 절반 이상이 날씬함을 추구한다(Striegel-Moore & Franko, 2002). 9살이 되면, 20%의 여자아이들은 체중 감량을 시도하고, 14살 아이들의 40%가 체중 감량을 시도한다(Field et al., 1999).

신경성 폭식증과 신경성 식욕부진증 모두 55세가 넘은 늦은 나이에도 발병할 수 있다. Hsu와 Zimmer(1998)에 따르면 수십 년간 섭식장애를 앓았던 많은 이들은 나이가 들어도 큰 변화가 없다고 말한다. 하지만 대체로 몸매에 대한 걱정은 나이가 들면서 사라지는 경향이 있다(Tiggemann & Lynch, 2001; Whitbourne & Skultety, 2002). 아무런 증상이 없다가 나이가 들어 갑자기 발병하는 사례들에 대해선 아직 원인을 파악하지 못했다.

다양성에 대한 논의 섭식장애에 대한 문화적 영향

우리 모두는 먹는다. 무엇을 먹고, 얼마만큼 먹느냐는 우리가 속해 있는 문화로부터 영향을 받는다. 앞서 말했지만 문화적 영향은 섭식장애 비율과 밀접한 관련이 있다. 신경성 식욕부진증과 신경성 폭식증을 포함하는 섭식장애는 남성보다 여성에게 빈번하게 발생하며 아프리카계 미국인 여성보다 유럽계 미국인 여성들에게 자주 발병한다(Striegel-Moore et al., 2003).

문화는 섭식장애에 어떠한 영향을 주었을까? 많은 이들은 섭식장애가 각각의 문화가 정의하는 이상적인 신체상에 영향을 받았다고 본다. 날씬함을 요구하는 문화일수록 그 문화권 안에 살고 있는 사람들은 마르고자 하는 욕구가 더 강력할 것이다. 한 연구에서는 역대 최고로 마른 여성상을 선호(플레이보이 잡지에 실리는 여성과 미스 아메리카 참가자들의 사이즈 감소를 참고)하는 요즘, 서양권의 젊은 여성들의 섭식장애 발병이 급증했다고 밝힌다(Keel & Klump, 2003).

문화를 바꿈으로써 섭식장애 비율에 어떠한 변화가 있는지 조사하는 다양한 흥미로운 연구들은 문화적 요소—서양권 나라에서 만연하는 유전적 혹은 생물학적 요소가 아닌—의 영향을 뒷받침하는 증거를 제시한다. 서양권 나라에서 대학을 다니는 아시아와 중동 지방 여성들의 섭식장애 발병률은 고향에서 대학을 다니는 여성들보다 훨씬 높게 집계된다(Mumford, Whitehouse, & Platts, 1991; Nasser, 1988). 누군가는 서양권으로 유학을 온 특정 여성집단이 섭식장애를 경험한다고 주장할 수 있다. 하지만 피지섬 여아들에 대한 조사 결과는 1995년도에 텔레비전의 등장과 함께 서양문화(마른 여성상)가 전달되어 이 여자아이들의 섭식문제가 증가했음을 보여준다. 처음 텔레비전을 시청한 1달 이내에 7.9%가 폭식을 호소했으며 3개월 이후 스스로 토하는 행위를 유발하는 경우가 0%에서 11%로 증가하였다(Becker, Burnwell, Gilman, Herzog, & Hamburg, 2002). 피지섬의 여아들을 인터뷰한 결과 서양문화가 그들의 섭식문제에 영향을 끼쳤다는 것을 알 수 있었다. 전반적으로 섭식장애는 유전적 영향을 받는 것으로 알려져 있지만 앞서 소개한 연구들은 문화가 한 사람의 자아상과 식습관, 섭식장애 발병률에 끼치는 영향을 보여준다.

▶ 섭식장애를 유발하는 사회적, 정신적, 신경생물학적 원인은 무엇인가?

이 책의 모든 장애와 같이 섭식장애 또한 생물학적, 심리적 그리고 사회적 영향을 받는다. 많은 증거들이 사회적·문화적 요인들이 가장 강력하게 작용하고 있음을 보여준다.

사회적 관점

신경성 식욕부진증과 특히 신경성 폭식증은 문화적 영향을 많이 받는 심리장애로 밝혀져 있다. 무엇이 그토록 젊은이들을 목숨이 위험할 정도로 굶으며 보상행동을 하게 만드는가? 젊은 여성들은 건강보다 외모에 더 많은 신경을 쓴다. 경쟁이 심한 환경에서, 이 여성들의 자존감, 행복함 그리고 성공은 체격 측정치와 체지방률에 따라 결정되지만 장기적인 행복과 성공에는 거의 또는 전혀 도움이 되지 않는다. 날씬해야 한다는 이 암묵적인 명령은 다이어트와 직결되며 신경성 식욕부진증과 신경성 폭식증의 지름길이기도 하다.

Levine과 Smolak(1996)는 텔레비전과 잡지에서 미국의 평균 여성보다 훨씬 마른 여성의 '호리호리한 몸매를 찬양함'을 언급했다. 과체중 여성에 비해 과체중 남성은 약 2~5배가량 더 자주 텔레비전에 등장하는데, 이는 대중매체가 날씬해야 한다는 메시지를 여성들에게만 집중적으로 전달하고 있음을 분명하게 보여준다. Grabe, Ward 그리고 Hyde(2008)는 77개의 연구를 토대로 미디어에서 묘사하는 날씬한(이상적인) 몸매와 여성들의 몸매에 대한 걱정 사이에 깊은 관계가 있음을 주장하였다. 흥미롭게도 에보니(*Ebony*, 아프리카계 미국인들이 주 독자인) 잡지에서는 미디어에서 묘사하는 날씬한(이상적인) 몸매를 쉽게 찾을 수 없었는데, 이는 아프리카계 미국인들이

비교적 건강한 신체상을 갖고 있음을 시사한다(Thompson-Brenner, Boisseua, & St. Paul, 2011). Thompson과 Stice(2001)는 여성들이 미디어에서 찬양하는 날씬한 몸매에 노출되어 익숙해지는 것이 섭식장애 발병에 직접적으로 영향을 미친다고 주장했는데, 이 주장은 Cafri, Yamamiya, Brannick 그리고 Thompson(2005)에 의해 다시 한 번 사실임이 입증되었다.

현대 사회 기준의 문제는 너무 높아 달성이 어렵다는 것이다. 먹을 것이 풍부한 요즈음 평균적으로 여성의 몸무게와 신체 사이즈는 증가하는 추세이다. 역사적으로도 여성의 신체 사이즈는 꾸준히 증가해 왔다(Brownell, 1991; Brownell & Rodin, 1994). 이러한 문화적 요소와 생리적 요소가 충돌하면서(Brownell, 1991; Fairburn & Brownell, 2002) 부정적인 결과를 초래하는데 그 예로 여성들의 자신의 신체상에 대한 불만족을 들 수 있다.

Fallon과 Rozin(1985) 사례 연구에서는 대학생 남녀를 조사하였다. 남성들은 자신의 신체 사이즈, 이상적 신체 사이즈 그리고 이성에게 매력적으로 보이는 사이즈를 비슷하게 평가하였다. 심지어 여성들이 매력적으로 느끼는 몸무게보다 더 높은 몸무게를 이상적이라고 보고하였다(그림 8.1). 반면 여성들은 현재 몸무게가 자신들이 생각하는 매력적인 몸무게보다 많이 나간다고 보고했으며, 이상적인 몸무게를 낮게 보고하였다. 이러한 현실과 패션에서의 차이가 현대 사회에서 섭식장애의 급속한 확산을 초래하는 것으로 보인다.

Fallon과 Rozin(1985)이 연구를 통해 밝혀낸 여성과 남성의 서로 다른 신체상 지각에 대한 근거를 제시하는 연구자들이 있다. Pope와 동료들(2000)은 남성들이 대체적으로 더 무거운 근육질 몸매를 선호

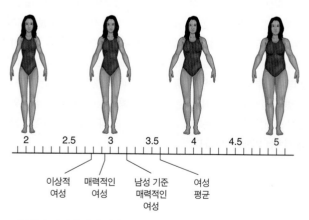
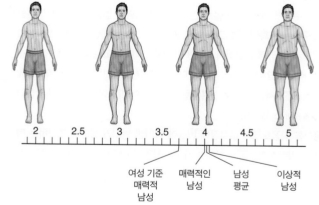

● 그림 8.1 남성과 여성의 신체 사이즈 평가 [Fallon & Rozin (1985).]

한다는 것을 확인했다. 이들은 3개 나라(오스트리아, 프랑스 그리고 미국)의 남자 대학생을 대상으로 신장, 몸무게 그리고 체지방을 측정하였다. 남성들은 (1) 현재의 몸매 (2) 이상적인 몸매 (3) 평균 남성 몸매 (4) 이성에게 매력적인 몸매를 선택하였다. 세 나라 남성들 모두 대략 현재 몸무게보다 12kg 무거운 몸매를 이상적 몸무게로 선택하였다. 또한 자신의 몸무게가 13kg 증가하면 여성들이 매력적으로 느낄 것이라고 보고하였다. 하지만 Pope와 동료들(2000)은 선행 연구를 통해 여성들은 평범한 남성들을 선호한다는 것을 밝힌 적이 있다. 단백동화 안드로겐 스테로이드를 남용하여 근육량을 늘리는 남성들은 약물 복용을 하지 않는 남성에 비해 몸무게, 근육량, '이상적 남성상'에 대해 왜곡된 생각을 갖고 있었다(Kanayama, Barry, & Pope, 2006).

섭식장애와 신체상에 대한 사고방식은 갈수록 사회적 영향을 많이 받게 된다. 예를 들어 섭식장애가 있는 여자아이들과 젊은 여성들은 온라인상에서 "pro-ana"(신경성 식욕부진증)과 "pro-mia"(신경성 폭식증) 동지들을 만나 서로 격려하고 때로는 영감을 주기도 하는데(예, my-pro-ana, 2013; Peng, 2008) 이는 건강에 해가 된다. 이러한 사고방식이 어떻게 사회로부터 여자 청소년들에게 전파되는지에 대한 자세한 정보가 있다. Paxton, Schutz, Wetheim 그리고 Muir(1999)의 연구에서는 친한 친구 집단에서 신체상에 대한 걱정과 식욕 억제 그리고 극한의 다이어트가 서로에게 어떤 영향을 미치는지 탐구하였다. 523명의 여자 청소년 사이에는 79개의 소집단이 구성되어 있었는데 이들은 신체상, 식욕억제, 다이어트 등에서 비슷한 의견을 가지고 있었다. 연구자들은 이 결과를 토대로 섭식장애와 몸매에 대한 걱정이 이 소집단과 깊은 관계가 있다고 가정한다. 즉, 친구 중 한 명이 극심한 다이어트를 하거나 다른 방법을 통해 체중 감량을 시도하는 경우, 나머지 친구들 또한 그럴 확률이 높아진다는 것이다(Hutchinson & Rapee, 2007). 가장 최근 진행된 실험에서는 여자아이들이 신체상에 대해 비슷한 고민을 하지만 이 소집단 자체가 사고방식이나 섭식장애를 유발하지는 않는다고 주장한다. 여자아이들은 자신과 비슷한 또래를 찾는 경향이 있기 때문이다(Rayner, Schniering, Rapee, Taylor, & Hutchinson, 2012). 어떠한 섭식장애 치료법을 선택하든 사회적 요인들을 고려해야 한다.

지방을 혐오하는 행위는 비극적 결과를 낳을 수 있다. 선행 연구에서는 살찐 부모님을 가진 영유아들이 성장과 발달이 심각하게 지연된 '성장장애' 증후군으로 인해 병원을 찾는다고 보고한다. 부모님들이 아이들의 비만을 막기 위해 자녀들을 다이어트시키기 때문이다(Pugliese, Weyman-Daun, Moses, & Lifshitz, 1987). 신경성 식욕부진증이 있는 어머니들은 자신뿐 아니라 아이들의 섭식까지 제한하여

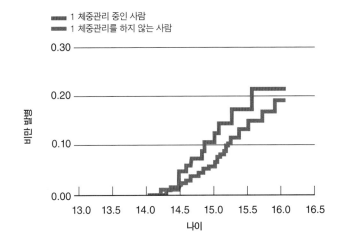

● 그림 8.2 자기가 다이어트를 한다고 보고한 사람과 하지 않는다고 보고한 사람들 중 4년간에 걸친 비만 발병률

건강에 해를 끼치기도 한다(Russell, 2009).

다이어트를 하는 사람 모두가 섭식장애를 앓지는 않지만 Patton, Johnson-Sabine, Wood, Mann 그리고 Wakeling(1990)은 전향적 연구를 통해 다이어트 중인 여자 청소년들이 다이어트를 하지 않는 또래에 비해 8배 이상 섭식장애 발병률이 높은 것을 발견했다. Telch와 Agras(1993)는 201명의 비만 여성들을 관찰하여 엄격한 다이어트 중과 후에 폭식의 빈도가 증가하는 것을 확인했다. Stice와 동료들(1999)에 따르면 섭식장애 발병 원인 중 하나는 여자 청소년들이 체중 감량을 위한 노력으로 인해 살이 찌는 경우가 빈번하기 때문이다. 비슷한 몸무게의 여자아이 692명을 4년간 추적한 결과 다이어트를 시도했던 아이들은 비만이 될 확률이 300%나 높았다. 결과는 그림 8.2에 제시되어 있다.

다이어트가 왜 살을 찌게 만드는가? Cottone 등(2009)은 쥐들에게 불량식품을 먹이기 시작하자 쥐들이 이전 음식 대신에 이 음식을 선호하게 됨을 관찰하였다. 그들은 불량식품 제공을 중단하고, 불량식품을 한 번도 먹어보지 않은 쥐와 먹었던 쥐의 뇌를 비교 관찰하였다. 그 결과 불량식품에 길들여진 쥐들은 음식이 제공되지 않았을 때 더 스트레스를 받고 불안해 했다. 나아가 불량식품에 길들여진 쥐들은 대조군보다 더 많은 건강 음식을 섭취하였는데 이는 스트레스를 해소하는 행위로 보인다. 반복되는 다이어트는 중독성이 강한 다른 물질과 마찬가지로 뇌에서 스트레스 관련 금단 증상을 유발하는 것으로 추정된다. 그 결과 다이어트를 하지 않는 경우보다 더 많은 양을 먹게 된다.

Fairburn, Cooper, Doll 그리고 Davies(2005)는 2,992명의 다이어트 중인 젊은 여성들을 평가하였고 2년 후 재조사하였을 때 이들 중 104명에게 섭식장애가 발병한 것을 확인하였다. 이 여성들을 토

▲ 17세기 그려진 루벤스 그림과 현재의 모델 사진을 비교했을 때, 이상적 몸무게에 대한 기준이 변했음을 알 수 있다.

대로 치명적인 위험요소를 찾아내었다. 위험 단계에 있던 여성들은 이미 폭식과 보상행동을 반복하고 있었고 비밀리에 음식을 섭취하며 공복을 갈망하고 항상 음식에 대한 생각에 사로잡혀 있었으며 음식에 대한 통제력을 상실할까 두려워했다.

남성들 또한 왜곡된 신체상으로 인해 비극적 결말을 맞이할 수 있다. Olivardia, Pope 그리고 Hudson(2000)은 남성들, 특히 근력운동을 하는 남성들에게서 증후군을 발견했는데, 이를 역신경성 식욕부진증이라 부른다. 이러한 증상을 호소하는 남성들은 근육질임에도 불구하고 자신들이 왜소해 보일까 두려워한다. 이 남성들은 근육을 키우기 위해 단백동화 안드로겐 스테로이드를 복용할 가능성이 높은데 이러한 행위는 정신적으로나 신체적으로 자신을 위험에 처하게 만든다. 여성들은 크게 보이는 것에 대한 두려움, 남성들은 작게 보이는 것에 대한 두려움으로 반대의 왜곡된 신체상을 갖고 있는데, 어떠한 양상을 보이든 왜곡된 생각은 신체와 정신 건강 모두에 악영향을 끼친다(Corson & Andersen, 2002; Kanayama et al., 2006).

몸무게가 가변성이 뛰어났다면 이러한 갈등은 덜 했을 것이나 사람들의 몸무게는 쉽게 변하지 않는다. 유전이 사람들의 신체 사이즈 결정에 절대적인 기여를 한다. 어떤 사람들은 무겁게 태어나고 각각은 서로 다른 신체적 특성을 가진다. 많은 사람들은 신체적으로 건강하지만 소수의 사람들만이 현대사회에서 요구하는 이상적 목표를 달성할 수 있다. 이상적 목표 달성은 생물학적으로 사실상 불가능하다(Brownell, 1991; Fairburn & Brownell, 2002). 많은 현대인들은 이 생물학적 한계를 극복하기 위해 굶기까지 한다. 청소년기에는 사회적 기준이 또래집단 압박(peer pressure)으로 나타나며, 이는 무엇보다 강한 영향력을 끼치게 된다. 상대적으로 드문 남성 섭식장애 환자들 중 상당수의 동성애자들은 같은 동성애 남성들로부터 날씬해야한다는 압박을 받는다(Carlat et al., 1997; Feldman & Meyer, 2007). 반면 상당수의 남자들은 더 건강하고 근육질인 몸매를 선호한다(Pope et al., 2000).

섭식 제한

날씬함을 추구하는 문화가 섭식장애의 무시할 수 없는 원인이라면, 이러한 환경에 노출되어 있는 사람들에게 언제든지 섭식장애가 발병할 수 있음을 의미한다. 그 예로 비정상적으로 말라야 한다는 압박을 받는 발레 댄서를 들 수 있다. Garner, Garfinkel, Rockert 그리고 Olmsted(1987)는 발레 학교의 11~14살 여자아이들을 관찰하였다. 실험 시작 2년 후, 25%의 아이들에게서 섭식장애가 관찰되었다. 체조선수와 같은 운동선수들에게도 비슷한 양상을 볼 수 있었는데 여성 운동선수들이 더욱 취약함을 알 수 있었다. 발레 수업에서는 어떠한 일이 있었던 것일까? 피비를 다시 살펴보자.

피비 ● 파괴를 향해 춤추다

피비는 어릴 때 발레 수업에서 자기보다 나이가 많은 여자아이들이 몸무게에 대해 끊임없이 이야기했던 것을 아직도 기억하고 있다. 발레 선생님은 "살이 빠지면 춤도 더 잘 출 수 있을 거야"라며 발레 기법 자체보다 몸무게에 대한 지적을 더 많이 하곤 했다. 누군가가 다이어트에 성공하면 선생님은 항상 칭찬을 해주며 다른 학생들에게 이를 강요하였다. 하루는 선생님이 뜬금없이 피비에게 다음 시간까지 2~3kg를 빼라고 지시했다. 그녀는 그 당시 160cm가 조금 안 되는 44kg의 작은 소녀였다. 다음 시간까지는 약 이틀이 남아 있었다. 이 경고를 받은 후로 며칠을 굶다시피 한 피비는 주체할 수 없는 폭식을 경험하였다.

고등학교 입학 후 얼마 되지 않아 피비는 다른 취미생활을 하기 위해 발레를 관두었다. 대학생이 된 피비는 3번째 구토를 하기 위해 변기통에 얼굴을 박으며 문득 발레 시간에 배운 것이 떠올랐다. 죽든 살든 마른 것이 최고라는.

이렇듯 다이어트는 섭식장애를 유발하며(Polivy & Herman, 2002) 자신의 몸에 대한 불만족도는 섭식장애의 주요 원인이다(Stice, Ng, & Shaw, 2010).

가족의 영향

과거에는 가족 간의 상호작용 방식이 섭식장애 발병에 큰 영향을 미친다고 보았다. 상당수의 임상의와 연구자들은(Attie & Brooks-Gunn, 1995; Bruch, 1985를 참고하라) 신경성 식욕부진증이 있는 '전형적인' 가정은 성공적인 삶을 살고 있고 정열적이고 외모에 관심이 많고 조화를 중시한다는 것을 관찰했다. 이러한 목표를 달성하기 위해 이 가정의 구성원들은 의견충돌, 부정적인 감정들을 부정하거나 무시했고 솔직한 대화를 포기하면서까지 남의 탓을 한다(Fairburn, Shafran & Cooper, 1999; Hsu, 1990). Pike와 Rodin(1991)은 대조군과 섭식장애 여아가 있는 가정의 소통방식을 비교하였다. 하지만 최근 연구들은 섭식장애 원인으로 부모 혹은 가족의 영향을 배제하는 경향이 있다(Steiger et al., 2013; Russell, 2009). 이러한 결과를 바탕으로 섭식장애아카데미(Academy for Eating Disorders)(le Grange, Lock, Loeb, & Nicholls, 2010)는 다음과 같은 결론을 내렸다.

"섭식장애아카데미(AED)는 가족 요소가 섭식장애의 시작과 유지에 영향을 주지만, 주요 기제로 보는 것은 논쟁의 소지가 있다고 본다." (p. 1)

좋은 관계를 유지해 왔든 아니든, 섭식장애가 발병하면(특히 신경성 식욕부진증) 가족관계는 급속도로 악화될 것이다. 심리학자들과 정신과의사들에게 교육을 받은 혹은 배경 지식이 있는 부모들은 자녀가 조금이라도 음식을 먹게 하기 위해 노력하지만 좌절감을 느낄 때 물리적 폭력에 의지를 한다고 말한다. 그로 인한 부모들의 죄책감과 괴로움은 상당했다.

생물학적 관점

다른 정신장애와 같이 섭식장애 또한 집안 내력일 수 있으며 유전적 요소가 있다(Trace, Baker, Peñas-Lledó, & Buli, 2013). 섭식장애 환자의 가족들은 다른 가족들의 비해 약 4~5배가량 섭식장애의 위험이 있는데, 이 중 신경성 식욕부진증 환자의 여성 친척이 가장 취약하다(예로, Strober, Freeman Lampert, Diamond, & Kaye, 2000; Strober & Humphrey, 1987을 참고하라). Kendler와 동료들(1991)들의 신경성 폭식증 쌍둥이 연구와 Walters와 Kendler(1995)의 신경성 식욕부진증 연구에서 연구자들은 섭식장애 유병률을 알아내기 위해 2,163명의 여성 쌍둥이를 대상으로 인터뷰를 진행하였다. 일란성 쌍둥이는 23%가, 이란성 쌍둥이들은 9%만이 신경성 폭식증을 진단받았다. 아직까지 입양 연구가 보고되지 않아 사회문화적 영향을 배제할 수 없으며, 많은 연구결과는 혼재되어 있다(Fairburn, Cowen, & Harrison, 1999). 신경성 식욕부진증의 경우, 연구 수가 너무 적어 정확한 측정에 어려움이 있었지만 쌍둥이 중 한 명이 이 질병을 가지면 다른 한쪽에게 신경성 식욕부진증이나 신경성 폭식증의 위험이 유의미하게 증가하는 것으로 보인다. 유전자 구성이 식욕부진증과 폭식증의 원인을 반쯤 설명하는 것으로 보인다.

다시 한 번 말하지만 무엇이 유전되었는지 아무도 모른다(Steiger et al., 2013; Trace et al., 2013). Hsu(1990)와 Steiger 등(2013)은 정서 불안정 혹은 부족한 충동조절 능력 등 불특정 성격적 특성이 유전되었을 것이라 추측한다. 즉, 스트레스를 받는 상황에서 쉽게 감정적으로 동요되는 기질이 유전되어 결과적으로 먹는 것을 통해 스트레스와 불안감을 해소하게 된다는 것이다(Kye, 2008; Strober, 2002). Klump와 동료들(2001)은 완벽주의적 성향 또한 부정적 영향을 끼친다고 말한다. 이러한 생물학적 취약성은 사회적, 정신적 요인들과 상호작용하여 섭식장애를 발병시킬 수 있다. Wade와 동료들(2008)은 1,002명의 동성 쌍둥이 연구를 통해 가족 내에서 공통되는 완벽주의적 성향과 정리정돈 욕구가 식욕부진증과 관련돼 있음을 밝힘으로써 이러한 주장을 뒷받침하고 있다.

생물학적 과정은 활발한 활동을 통해 때론 섭식과 섭식장애를 통제하는데 이는 시상하부와 밀접한 연관이 있다. 연구자들은 시상하부와 이를 통과하는 주요 신경전달물질(노르에피네프린, 도파민 그리고 특히 세로토닌)의 기능 장해와 섭식장애의 연관성을 확인하고자 했다(Kaye, 2008; Vitiello & Lederhendler, 2000). 흔히 섭식장애와 연관된 낮은 세로토닌성 활성도(Russell, 2009; Steiger, Bruce, & Groleau, 2011)는 주로 충동성 및 폭식과 연관이 있다(2장을 참고하라). 그러므로 섭식장애를 위해 연구 중인 대부분의 약은 세로토닌 체계를 표적으로 한다(예로, Grilo, Crosby, Wilson, & Masheb, 2012; Kaye, 2008을 참고하라).

신경생물학적 기능과 섭식장애의 강한 관련성을 찾아냈지만 여전히 인과관계는 밝혀지지 않았다. 현재까지는 섭식장애 환자들에게서 신경생물학적 기능에 이상이 있다고 보고되지만(예, Marsh et al., 2011; Mainz, Schulte-Rüther, Fink, Herpertz-Dahlmann, & Konrad, 2012) 이는 섭식장애의 원인이 아닌 반굶주림 혹은 폭식의 반복으로 인한 결과일 가능성이 있다. 중요한 것은 기능 이상이 시작된 한, 섭식장애가 유지될 수 있다는 점이다.

심리적 관점

수년간의 임상 관찰을 통해 많은 섭식장애 여성들에게 자제력과 자신의 능력과 재능에 대한 자신감이 결여되었음을 알 수 있었다

(Striegel-Moore, Silberstein, & Rodin, 1993; Walters & Kendler, 1995). 이는 눈에 띄게 낮은 자존감으로 표출될 수 있다(Fairburn, Cooper, & Shafran, 2003). 이들은 완벽주의를 추구하며 자신의 인생에 있어 중요한 사건들을 통제하기 위해 온 힘을 쏟는다(Fairburn, Welch, et al., 1997; Joiner et al., 1997). Shafran, Lee, Payne 그리고 Fairburn (2006) 은 정상발달 여성들을 두 집단으로 나누고 한 집단에는 24시간 동안 그들이 하는 모든 일에서 가능한 한 최대로 기준을 높이고 다른 집단에는 최소로 기준을 낮추라고 요청하였다. 그 결과 전자의 여성들은 후자에 비해 고열량 음식을 적게 섭취하며 먹는 것을 더욱 강하게 통제하였고 음식 섭취 후 더 많은 후회를 하였다. 이러한 양상은 안내문에서 최대한으로 성취하는 것에 섭식에 관한 내용은 포함되지 않았음에도 나타났다.

대개의 섭식장애 환자들은 자기 자신을 과체중이라 생각하고 있고, 눈에 띄게 자존감이 낮기 때문에 완벽주의 자체는 사실 섭식장애 발병과 큰 연관이 있지는 않다(Vohs, Bardone, Joiner, Abramson, & Heatherton, 1999). 하지만 완벽주의가 왜곡된 신체상을 갈망하는 데 초점을 두는 순간 섭식장애 발병률은 급상승하게 된다(Lilenfeld, Wonderlich, Riso, Crosby, & Mitchell, 2006; Shafran, Cooper, & Fairburn, 2002). 섭식장애를 가진 여성들은 사람들이 자신을 어떻게 바라볼지에 대한 생각에 사로잡혀 있다(Fairburn, Stice, et al., 2003; Smith et al., 2007). 또한 그들은 스스로에게 만족하고 자립심 있고 가치 있는 사람인 척하는 스스로를 위선으로 생각한다. 이런 의미에서 그들은 자신이 속한 사회집단에서 스스로를 위선자라 생각하며, 높은 불안감을 경험하는데(Smolak & Levine, 1996), 이것이 그들이 음식과 신체상에 대해 비슷한 태도를 가진 사회집단을 선택하는 이유를 설명해 준다(Rayner et al., 2012). Striegel-Moore와 동료들(1993) 은 섭식장애 여성들은 사회적 문제를 경험할 수 있으며 자신들을 소외시킬 위험이 있다고 경고한다.

사람들의 왜곡된 신체상은 그날그날 어떤 경험을 하는지에 따라 바뀌게 된다. McKenzie, Williamson 그리고 Cubic(1993)은 폭식증 여성은 사탕과 탄산음료를 섭취한 후 자신들이 뚱뚱해졌다고 생각한 반면 대조군의 여성들은 이러한 반응을 보이지 않았다고 보고한다. 이렇게 중요하지 않은 문제조차 몸무게가 증가하는 것에 대한 두려움을 증폭시켜 더욱 왜곡된 신체상을 갖게 하고 보상행동과 같은 무효화 행동을 활성화시킨다.

Rosen과 Leitenberg(1985)는 관찰을 통해 사람들이 간식을 먹기 전과 먹으면서 엄청난 불안감을 느끼는 것을 보았다. 보상행동은 불안감을 해소해 주므로 불안감으로부터 벗어나 기쁨을 주는 보상행위가 반복되는 것으로 보았다. 하지만 폭식증 치료 시 불안감보다는 음식을 제한하는 행위와 왜곡된 신체상이 보상행동을 유도한다는 증거가 있다(예로, Fairburn & Cooper, in press를 참고하라). 섭식장애 환자들의 하위 집단은 부정적인 감정을 참는 데 어려움을 느껴 이 감정을 무마하기 위해 폭식과 구토를 하거나 과하게 운동을 한다(Haynos & Fruzzetti, 2011; Paul, Schroeter, Dahme, & Nutzinger, 2002).

통합 모델

섭식장애에 관한 모든 지식을 통합해 보면 많은 요인들이 복합적으로 작용함을 알 수 있다(그림 8.3을 참고한다). 섭식장애 환자들은 불안장애 환자들과 마찬가지로 유전적으로 취약성(스트레스에 쉽게 자극되는 등)을 타고났을 가능성이 있다(Kendler et al., 1995; Rojo, Coneasa, Bermudez, & Livianos, 2006). 불안과 기분장애는 섭식장애 환자의 가족에게서 빈번히 관찰된다(Steiger et al., 2013). 과민증과 마찬가지로 부정적인 감정은 폭식을 초래하는 경향이 있다. 불안장애를 위한 검증된 약물과 심리치료는 섭식장애 환자들에게도 사용된다. 따라서 섭식장애는 과체중에 대한 극심한 불안장애라는 맥락으로 볼 수 있다.

사회·문화적으로 날씬해야 되는 시대를 살고 있는 사람들은 음식 섭취를 거부하고 강도 높은 다이어트를 한다. 청소년기의 여성들을 포함한 상당수의 사람들은 다이어트를 하지만, 이 중 소수만이 섭식장애로 발병한다. 따라서 다이어트 자체가 장애의 원인이 되는 것은 아니다. 반면 성취 수준이 높은 가정에선 가정 내 소통문제가 원인이 될 수도 있다. 외모, 성취에 대한 강조와 완벽주의적 성향은 다른 무엇보다 외모가 성공과 유명세에 있어 중요하다는 강력한 가치관을 세우는 데 기여한다. 결과적으로 이는 왜곡된 체형과 몸무게를 갈망하게 만든다.

여기서 궁금한 점은 왜 소수만이 절제된 식이요법을 통해 위험할 정도의 체중 감량에 성공하고(식욕부진증) 그 외의 대다수는 폭식과 보상행동을 반복하는가이다(Eddy et al., 2002; Eddy et al., 2008). 이 차이는 생물학적 혹은 생리적—예를 들어 유전적으로 날씬하게 태어나는—측면으로 설명할 수 있을 듯하다. 중요한 것은 신경성 식욕부진증 환자들 또한 평생 폭식과 보상행동을 피할 수 없다는 것이다.

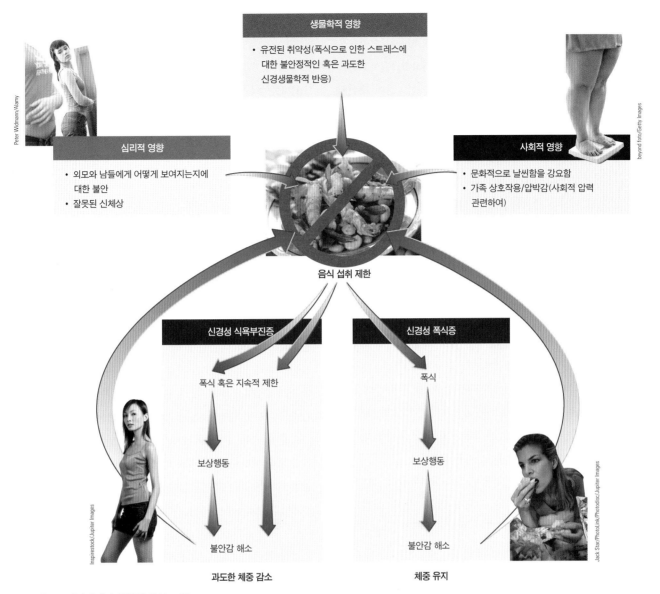

다음은 그림 내의 텍스트이다.

생물학적 영향
- 유전된 취약성(폭식으로 인한 스트레스에 대한 불안정적인 혹은 과도한 신경생물학적 반응)

심리적 영향
- 외모와 남들에게 어떻게 보여지는지에 대한 불안
- 잘못된 신체상

사회적 영향
- 문화적으로 날씬함을 강요함
- 가족 상호작용/압박감(사회적 압력 관련하여)

음식 섭취 제한

신경성 식욕부진증

폭식 혹은 지속적 제한

보상행동

불안감 해소

과도한 체중 감소

신경성 폭식증

폭식

보상행동

불안감 해소

체중 유지

● 그림 8.3 섭식장애의 통합적 원인 모델

섭식장애 치료

▶ 섭식장애 치료에 있어 약물치료와 심리치료의 차이점은 무엇인가?

신경성 폭식증 치료가 시작된 시점은 1980년대로 비교적 최근이다. 신경성 식욕부진증 치료의 경우 그 이전부터 시행되어 왔지만 치료법의 발달은 미미하였다. 신경성 폭식증의 경우 문헌들은 1~2개 정도의 효과적인 심리치료가 있음을 보여준다. 비록 확실히 증명되진 않았지만 몇 가지 약물이 효과를 보일 수 있다.

약물치료

신경성 식욕부진증 치료에 약물치료는 아직까지는 큰 역할을 하지 못하고 있다(Crow, Mitchell, Roerig, & Steffen, 2009; Wilson & Fairburn, 2007을 예시로 참고하라). 예를 들어 플루옥세틴이라 불리는 항우울제(프로작)는 정상 체중을 회복한 식욕부진증 환자의 재발 예방에 아무런 효과를 내지 못하였다(Walsh et al., 2006).

반면 (폭식과 보상행동을 반복하는) 신경성 폭식증 환자들은 약물치료의 효과를 보기도 한다. 주로 기분과 불안장애에 사용되는 항우울제는 폭식증 개선에 도움이 된다(Broft, Berner, & Walsh, 2010; Wilson & Fairburn, 2007). 미식품의약국(FDA)은 프로작을 섭식장애 개선약물로 승인하였다. 효과성 검증을 위해 폭식의 빈도수 감소와 보상행동의 감소가 보고되는 환자의 수를 측정한다. 단기 복용 시 항우울제는 위약보다 더욱 효과적이며 심리치료의 효과를 높이기도 하지만(Whittal, Agras, & Gould, 1999; Wilson et al., 1999) 장기적 항우울제 복용이 신경성 폭식증 개선에 도움이 된다는 명백한 근거는 없다(Walsh, 1995; Wilson & Fairburn, 2007).

심리치료

1980년대까지 섭식장애 심리치료는 낮은 자존감과 바람직하지 못한 가족 간 상호작용과 대화를 바로잡는 데 주력해 왔다. 하지만 전문가들의 바람과 달리 이 치료법 하나만으로는 효과가 없었다(Minuchin et al., 1978; Russell, Szmukler, Dare, & Eisler, 1987를 참고하라). 단기 인지행동치료는 문제 있는 섭식행동과 몸무게와 신체상에 대한 잘못된 태도를 겨냥했는데, 이는 후에 폭식증 치료법 중 하나로 발전됐다(Fairburn & Cooper, in press; Sysko & Wilson, 2011).

가장 최근 들어 이 방법은 2가지 방향에서 개선되었다. 첫째, 결과를 향상시키는 여러 가지 절차들이 소개되었다. 둘째, 섭식장애의 핵심 문제가 몸매와 몸무게에 대한 집착으로 밝혀짐에 따라 치료가 모든 섭식장애에 약간 변형되어 적용된다는 측면에서 '초진단적'(transdiagnostic)이 되었다. 초진단적 치료에서는 모든 섭식장애에 공통적인 원인을 통합적으로 다루는 것이 인지행동치료(CBT)의 핵심이 된다. 치료효과를 극대화시키기 위해, 입원치료가 필요한 BMI 17.5 이하의 저체중 신경성 식욕부진증 환자들은 몸무게가 정상 범주로 돌아온 후 치료를 실시한다. 왜곡된 신체상과 몸무게, 폭식을 유발할 수 있는 제한된 식단 등 잘못된 방법으로 체중을 조절하는 행위, 과식을 보상하기 위한 보상행동을 중점으로 다룬다. Fairburn은 이러한 치료법을 강화된 인지행동치료(CBT-E)라고 정의했다(Fairburn & Cooper, in press). 섭식장애 종류에 따라 치료 결과가 다르기 때문에 치료법을 세분화하여 논의할 것이다.

신경성 폭식증

Fairburn(2008)이 개발한 CBT-E의 첫 단계는 폭식과 보상행동으로 인해 겪을 신체적 변화 및 구토와 변비약의 무익함에 대한 정보 전달이다. 잘못된 다이어트 상식 또한 다루게 되는데 환자들은 매일 소량의 음식 혹은 간식을 5~6회가량 3시간 간격을 두고 먹는다. 3시간 이상 간격이 생길 시 과식과 음식 섭취를 제한하는 폭식증 증상이 유발될 수 있기 때문에 시간 간격은 중요하다. 치료 후반 단계에서 CBT-E는 왜곡된 신체상과 몸무게, 음식에 대한 생각을 바로잡기 위해 주력한다. 또한 치료 초기에는 다양한 활동을 통해 혼자 있는 것을 방지하는 방법과 폭식과 보상행동 욕구를 조절하는 법을 배우게 된다(Fairburn & Cooper, in press). 신경성 폭식증 단기(3개월) 인지행동치료는 다른 심리치료법보다 폭식과 보상행동을 억제하고 왜곡된 생각과 관련된 우울감을 완화시키는 측면에서 상당한 효과가 있다. 물론 모든 환자들이 완벽하게 회복한 것은 아니었으나 긍정적인 결과는 잘 유지되는 편이다(Pike, Walsh, Vithousek, Wilson, & Bauer, 2003; Thompson-Brenner, Glass, & Westen, 2003).

Agras, Walsh, Fairburn, Wilson 그리고 Kraemer(2002)의 유명한 연구에서는 신경성 폭식증 환자 220명을 19회 진행되는 인지행동치료(CBT)와 대인관계 심리치료(IPT)에 무선할당하여 대인관계 기능에 대해 알아보았다. 치료를 마친 사람들을 비교했을 때, CBT군이 45%로 IPT군의 8%보다 훨씬 높은 회복률을 보였다. 진단 미충족 환자(섭식장애 진단기준을 충족하지 않지만 여전히 증상이 남아 있음)는 CBT군이 67%, IPT군이 40%였다. 하지만 1년 후 두 집단 차이는 더 이상 유의미하지 않았는데, IPT군이 CBT군을 따라잡는 경향을 관찰할 수 있었다. CBT군의 회복된 환자는 40%였으나 IPT군의 경우 27%였다. Agras와 동료들은(2000) 회복의 가장 강력한 변수는 초반 6번의 회기 동안의 현저한 향상이라고 말한다.

가장 최근 평가된 CBT-E 연구에서 기대했던 결과를 얻었다. 신경성 폭식증 환자 70명을 대상으로 2년 동안 진행된 정신분석 심리치료(psychoanalytic psychotherapy, PPT)와 20주 동안 진행된 CBT-E를 비교한 결과, 2개 집단 모두 차도를 보였으며 치료에 있어 어려움이 없었다고 보고하였다. 하지만 치료 후 5개월을 비교한 결과 호전율은 CBT-E 집단에선 42%였으나, PPT환자는 6%에 그쳤다. 2년 경과 후 각각의 수치는 44%와 15%였다(Poulsen et al., 2013).

섭식장애가 있는 청소년들이 가정 내에서 겪는 고통스러운 문제를 가족치료에서 다루는 것 또한 좋은 결과를 낳을 수 있다(le Grange, Crosby, Rathouz, & Leventhal, 2007). 가족과 대인관계 기법을 CBT와 통합한다면 섭식장애 치료에 큰 진전이 있을 것이다(Sysko & Wilson, 2011). 섭식장애 환자들이 늘고 있는 현재 이러한 치료법 개선책에 대해 고심해 볼 필요가 있다.

신경성 폭식증의 단기치료법은 장점이 많지만 지속되는 문제를 해결하기에는 다소 부족하다. 사실상 일부는 단기치료법에서 아무런 이득을 얻지 못할 때도 있다. 약물치료와 심리사회적 기법을 동시에 피비는 2학년이 된 후 앞서 설명한 것과 비슷한 단기 CBT 프로그램에 참여했다. 처음 몇 개월 동안 그녀는 차도를 보였고 규칙적으로 밥을 먹고 통제력을 회복하기 위해 노력했다. 그녀가 혼자서 통제하기 어려울 때는 항상 누군가와 같이 있으며, 너무 많이 먹었다고 생각될 때 혹은 파티에서 과도하게 음주를 했을 때, 보상행동의 유혹을 뿌리치기 위한 대체가능한 계획을 세웠다. 첫 2개월 동안 피비는 3번의 실패가 있었는데 그때마다 상담자와 함께 재발의 원인을 파악했다. 피비의 우려와 달리 치료가 진행되는 동안 운동량을 늘리지 않았음에도 몸무게를 유지할 수 있었다. 물론 피비의 몸무게와 외모, 음식에 대한 선입견과 구토하고 싶은 욕구가 완벽히 없어지지는 않았다. 피비와 치료사는 이런 생각들을 집중적으로 다뤘다.

치료가 진행되는 9개월 중 한 번은 피자와 많은 양의 맥주를 마시고 구토를 한 적이 있긴 했지만 피비의 욕구는 줄어들고 있었다. 그녀는 한 번의 실패를 통해 스스로에게 실망감을 느꼈으며 상담을 받으러 돌아오는 것이 조금 망설여졌다고 한다. 2년의 치료가 끝나고 토하고 싶은 욕구는 완벽히 사라졌으며 피비 부모의 보고가 이를 증명하였다.

진행하는 경우 단기치료 효과를 극대화한다는 보고가 있다(Whittal et al., 1997). 역대 최대 규모의 실험(Walsh et al., 1997)에 따르면 신경성 폭식증 치료에 있어 CBT는 다른 어떠한 심리치료(상담자가 내담자를 이해하고 공감하며 내담자가 목표를 달성할 수 있게 용기를 주는 치료)보다 압도적으로 실용적이었다. 선택적세로토닌재흡수억제제(SSRI)를 포함한 두 가지 항우울제 복용과 CBT치료를 동시에 진행한 결과, 약물 복용은 어느 정도 CBT효과를 증진시켰다. 그럼에도 CBT 자체로도 큰 역할을 하기에 CBT는 가장 인기 있는 치료법이다(Sysko & Wilson, 2011). CBT에서 별다른 차도를 보이지 않은 환자들은 대인관계 심리치료(Fairburn, Jones, et al., 1993) 혹은 항우울제 복용(Walsh et al., 2000)을 시도해 볼 수 있다.

폭식장애

CBT는 신경성 폭식증 환자와 폭식을 하는 비만 환자 치료에 효과적임이 증명되었다(Smith, Marcus, & Kaye, 1992). 예를 들어 Agra, Telch, Arnow, Elderge 그리고 Marnell(1997)이 93명의 폭식장애가 있는 비만 환자를 1년간 추적한 결과 CBT 치료 직후 41%가 폭식을 자제하게 되었고 72%는 폭식 횟수가 감소하였다. 1년 후 폭식은

64% 감소하였으며 33%가 자제하는 모습을 보였다. CBT치료 도중 폭식을 멈춘 환자들은 1년간 약 4~5kg 체중 감량 효과를 보았다. 지속적으로 폭식을 했던 환자들은 3~4kg 정도 체중이 증가하였다. 비만 환자들의 체중 감량에 대한 연구 결과와 같이 체중 관리를 위해서 폭식 행위를 멈추는 것 또한 상당히 중요하다(Marcus et al., 1990).

IPT기법은 폭식 치료에 CBT만큼 효과적인데 이는 신경성 폭식증 치료 결과와 상반된다. Wilfley와 동료들(2002)은 폭식장애가 있는 162명의 과체중·비만 남성과 여성을 CBT와 IPT 방법을 이용해 치료하여 긍정적인 결과를 얻었다. 1년 후 추수회기에서 60%의 환자들이 폭식을 하지 않고 있었다. 반면 프로작(항우울제)의 효과성을 평가하는 연구에서는 위약과 큰 차이를 보이지 않았으며, CBT와 결합되었을 때에도 추가적인 효과가 관찰되지 않았다(Crilo, Masheb, and Wilson, 2005). CBT 효과는 1년 후 추수회기에서도 지속되었다(Grilo et al., 2012). CBT치료에 4주 내에 반응을 한다면, 단기적으로나 장기적으로 좋은 예후를 보인다(Grilo, Masheb, & Wilson, 2006).

흥미롭게도 웨이트 워처스(Weight Watchers)와 같은 널리 알려진 체중 감량 프로그램은 폭식 완화에 도움이 되지만 CBT만큼의 효과를 보이지 못한다(Crilo, Masheb, Wilson, Gueorguieva, & White, 2011). 인종과 민족에 따라 다른 양상을 보이기도 한다(Franko et al., 2012). 아프리카계 미국인 참가자들은 BMI가 높은 축에 해당되며 히스패닉 참가자들은 백인 참가자들보다 몸무게와 몸매에 집착하는 경향이 있다. 따라서 인종과 민족에 따라 조절된 치료법이 필요하다.

자조 절차(self-help procedures)는 폭식장애의 치료에 유용하게 사용될 수 있다(Carter & Fairburn, 1998; Wilson & Zanberg, 2012). 예를 들어 자조 절차로 진행된 CBT가 치료 직후와 2년 후 추수회기에서 기존의 폭식장애 체중 감량 프로그램보다 좋은 효과를 보였다(Wilson, Wilfley, Agras, & Bryson, 2010). 이런 결과를 종합해 보면 폭식장애 치료 첫 단계에서는 경제적으로나 시간적으로 부담이 되는 치료 대신 자조 절차를 도입하는 것이 합리적이다. 하지만 신경성 폭식증(특히 다른 장애와 동반될 경우)은 폭식장애에 비해 심각한 사례가 많아 치료사가 직접 진행하는 집중치료가 필요하다(Wilson et al., 2010). 또한 폭식을 하는 비만 환자들의 폭식 자체를 직접적으로 해결하지 않으면 체중 감량 프로그램은 큰 도움이 되지 않을 것이다.

신경성 식욕부진증

신경성 식욕부진증 치료에서 핵심 목표는 환자의 몸무게를 정상 범주 안으로 끌어올리는 것이다(American Psychiatric Association,

2010b). 몸무게가 정상 몸무게의 85% 이하일 때 혹은 몸무게가 급감하거나 음식을 거부하게 되면 급성 심부전증 등의 심각한 의학적 합병증을 초래할 수 있어 입원치료를 권유한다(American Psychiatric Association, 2010b; Russell, 2009). 체중이 서서히 증가하거나 안정을 찾게 되면 통원치료를 통해 정상 몸무게로 회복시킬 수 있다.

정상 몸무게를 되찾는 것은 치료 중 가장 쉬운 단계일 것이다. 많은 연구에서 다양한 장면의 전문가들은 적어도 85% 이상의 환자가 체중 회복에 성공했다고 보고한다. 정상 범주에 속할 때까지 꾸준히 체중을 늘려 나간다. 공복은 뇌에서 회백질을 감소시키고 호르몬 조절을 못하게 방해하기 때문에 체중 조절은 상당히 중요한 역할을 한다(Mainz et al., 2012).

Hsu(1988)와 많은 이들은 몸무게 증가가 신경성 식욕부진증의 치료효과에 대한 강력한 예측 변수는 아니라고 한다. 근본적으로 체형에 대한 왜곡된 생각과 생활패턴을 바로잡지 않으면 언제든 재발 가능성이 있다. 따라서 완벽한 치료를 위해서는 비만이 되고 먹는 것에 대한 통제력을 잃는 것에 대한 두려움과, 날씬함이 자신의 가치와 성공·행복을 결정한다는 착각에서 벗어날 수 있도록 돕는 것이 중요하다. 이러한 측면에서 신경성 식욕부진증 치료는 앞서 언급한 신경성 폭식증의 '초진단적인' 접근(CBT-E)과 비슷하다(Fairburn & Cooper, in press). 정상 몸무게를 찾은 신경성 식욕부진증 외래환자를 대상으로 실시된 한 연구에서는(Pike, Walsh, Vitousek, Wilson, & Bauer, 2003) 장기(1년) CBT의 실패율(재발 혹은 중도포기)이 22%로, 재발 방지차원에서 실시된 영양 상담 실패율 73%에 비해 훨씬 낮다고 보고한다. Carter 등(2009)도 또한 비슷한 결과를 보고했으며, 두 연구 모두 영양 상담 자체로서는 실용성이 떨어짐을 보여준다. CBT-E를 받은 99명의 신경성 식욕부진증 환자들은 초진단적인(transdiagnostic) 치료가 효과적임을 암시한다(통제군 혹은 대조군이 없었기 때문에 확증할 순 없다). 40회기를 마친 64%의 환자들은 살이 찌기 시작했으며 섭식장애 증상이 완화되었고, 60주 동안 진행된 추수회기에서 체중을 유지하였다(Fairburn et al., 2013).

두 가지 목표를 달성하기 위해 가족들의 적극적인 동참이 필요하다. 첫 번째, 부정적이며 바람직하지 못한 음식과 섭식관련 대화는 지양되어야 하며 식단은 계획적으로 보강되어야 한다. 두 번째, 가족 상담 때 체형과 신체상에 대한 대화를 나누게 된다. 치료자가 개입하지 않으면 신경성 식욕부진증 환자들은 평생 동안 이러한 생각에 사로잡혀 건강한 체중 유지와 사회적 적응에 어려움을 겪게 되며 재입원 대상이 된다. 가족상담은 효과적이며 특히 단기간 장애가 있었던 여자아이들(19세 이하)에게서 가장 좋은 효과를 보인다(Eisler et al., 2000; Lock, le Grange, Agras, & Dare, 2001). 최근 실시된 중요한 임상 실험에서 121명의 신경성 식욕부진증 청소년들은 24회기의 가족 기반치료(family based treatment, FBT) 혹은 개인 심리치료를 받았다. FBT군은 치료 직후 42% 그리고 1년 후 49%가 차도를 보인 반면, 개인 심리치료군은 치료 후와 1년 후 모두 23%만이 차도를 보였다(Lock et al., 2010). 또한 최근 신경성 식욕부진증 청소년들에게 희소식이 될 만한 CBT-E 결과가 보고되었다(Dalle Grave, Calugi, Doll, & Fairburn, 2013).

섭식장애 예방

많은 이들이 섭식장애 예방에 관심을 두고 연구하고 있다(Field et al., 2012; Stice, Rohde, Shaw, & Marti, 2012). 섭식장애는 치료에 대한 저항이 크며, 많은 사람들이 치료를 받기까지 오랜 시간, 때로는 평생을 고통받으며 살아가기 때문에 효과적인 치료법을 찾는 것이 매우 큰 과제이다(Eddy et al., 2008). 청소년기에 발병하는 섭식장애는 성인이 되었을 때 심혈관계질환, 만성피로, 전염병, 폭음과 약물 섭취, 불안과 기분장애 등으로 연결되어 더 큰 문제를 일으킬 수 있어 방치해서는 안 될 문제이다(Field et al., 2012; Johnson, Cohen, Kasen, & Brook, 2002).

예방법을 적용하기 앞서 어떠한 행동을 수정할지 목표를 정하는 것이 중요하다. Stice, Shaw 그리고 Marti(2007)는 15세 이상 여자 청소년들의 왜곡된 신체상이나 몸무게를 바로잡아 주고 자기포용을 유도하는 것이 섭식장애를 예방하는 최선책이라 판단하여 이에 중점을 두고 프로그램을 개발하였다. 몸무게와 체형을 걱정하는 섭식장애 위험군인 398명의 여자 대학생들에게 Stice 등이 개발한 '건강 몸무게(Healthy Weight)' 프로그램과 교육자료를 배포하여 결과를 비교하였다. 4주 동안 6~10명으로 구성된 집단은 음식과 식습관에 대한 교육을 받았다(좋은 습관을 기를 수 있도록 장려하는 동기 향상 절차를 사용하였다). 대조군과 비교하였을 때, '건강 몸무게(Healthy Weight)' 집단의 섭식장애 위험 인자와 증상은 현저하게 감소하였으며(특히 고위험군 여성들에게 가장 효과적) 6개월 후 만남에서도 여전히 좋은 결과를 보였다.

이러한 예방책은 인터넷을 통해서 확산이 가능하다. Winzelberg와 동료들(2000)은 섭식장애가 없지만 외모에 신경을 쓰는 여자 대학생들을 관찰하였다. 관찰자들은 신체상에 대한 만족도를 높이기 위한 체계적인 건강 교육 프로그램인 '학생 바디프로그램(Student Bodies Program)'을 설계하여 인터넷을 통해 전파하였다(Winzelberg et al., 1998). 대조군과 비교한 결과 이 방법은 성공적이었다. 참가자들의 왜곡된 신체상은 완화되었으며 날씬해지고 싶은 욕구 또한 줄어들었다. 이들은 추수회기에서 85%의 프로그램 준수율을 보이며 변화를 보고하였다(Celio, Winzelberg, Dev, & Taylor, 2002). 더 간단하며 효율적인 프로그램인 '바디 프로젝트(The Body Project)'는 인터넷기반 프로그램으로 전문가의 도움 없이 독립적으로 널리 사용되고 있다(eBody Project; Stice, Rohde, Durant, & Shaw, 2012). 이 프로그램은 전문가가 진행하는 프로그램과 큰 차이를 보이지 않는다는 초기 연구결과가 있다.

비만

▶ 비만의 원인은 무엇인가?
▶ 어떠한 치료법이 있는가?

앞서 언급한 바와 같이 *DSM*은 비만을 장애로 구분하지 않는다. 하지만 2000년도에 비만인구가 저체중인구를 뛰어넘었다(Caballero, 2007). 실제로 비만 유병률은 매우 높지만 비만이 건강상 혹은 사회적으로나 심리적으로 문제를 일으키지 않는다면 정상으로 간주된다.

통계

2000년도에 집계된 미국의 성인 비만 유병률(BMI 30 이상)은 남녀 상관없이 30.5%였으며 2002년에는 30.6%, 2004년에는 32.2%, 2008년에는 33.8% 그리고 2012년 35.7%로 증가 추세에 있다(Flegal et al., 2010; Flegal et al., 2012; Odgen et al., 2006). 이는 1991년에 측정된 12%의 3배이다. 과체중과 비만으로 인한 의료비는 1470억 달러로 추정되며 미국의 건강 관리 비용의 9.1%를 차지한다(Brownell et al., 2009). 비만은 전체 인구 사망 주요 원인 중 하나이다(Felgal, Kit, Orpana, & Graudard, 2013). 그림 8.4에서 비만과 사망률(조기 사망)의 연관성을 확인할 수 있다. BMI수치가 30인 경우 사망률은 30% 증가하며, 40 이상일 경우 100% 이상이 된다(Manson et al., 1995; Wad-

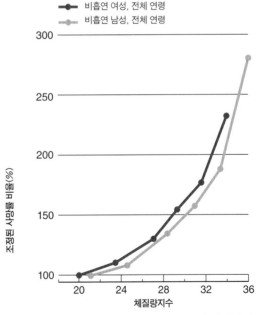

● 그림 8.4 미국암협회(American Cancer Society) 연구에 참여한 비흡연 여성과 남성(전체 연령)의 사망률과 BMI 관계. [출처: Vanitallie, T. B., Lew, E. A. (1992). *Assessment of morbidity and mortality risk in the overweight patient.* In T. A. Wadden and T.B. Vanitallie, Eds., Treatment of the seriously obese patient (p. 28). New York: Guilford Press.]

den, Brownell, & Foster, 2002). 미국 성인 인구의 6.3%가 BMI 40 이상(Flegal et al., 2012)으로 이는 1000만 명이 넘는 사람들의 건강이 심각한 상태임을 의미한다.

아동과 청소년들의 경우 비만은 지난 25년간 3배가량 증가했다(Critser, 2003). 지난 10년간 비만율(이 연령대의 성별 특정적 BMI를 기준으로 상위 95번째 백분위수 이상)은 2~19세의 경우 2000년도 13.9%에서 2004년 17.1%로 증가하였으나(Ogden et al., 2006), 2008년 그리고 2010년에는 16.9%로 유지되고 있다(Ogden, Carroll, Curtin, Lamb, & Flegal, 2010; Odgen, Carroll, Kit, & Flegal, 2012). 미취학 아동의 경우 이 비율이 조금씩 감소하고 있어(Pan, Blanck, Sherry, Dalenius, & Grummer-Strawn, 2012) 공공 캠페인의 효과가 나타나고 있다는 의견도 있다. 아동과 청소년의 비만 혹은 과체중(BMI 백분위수 상위 85번째 이상) 비율은 30.4%이다. 비만에 대한 부정적인 시각은 삶의 질에 상당한 영향을 미친다(Gearhardt et al., 2012; Neumark-Sztainer & Haines, 2004). 예를 들어 대학교, 직장, 가정에서 비만한 사람은 선입견과 차별에 시달린다(Gearhardt et al., 2012).

비만은 북미 외의 지역에서도 관찰된다. 동유럽과 남유럽 지방의 비만율은 50%에 육박하며(Berghöfer et al., 2008; Bjorntorp, 1997) 개발도상국에서는 이 수치가 치솟고 있다. 일본은 상대적으로 낮은 편에 속하나 1992년에 비해 남성과 젊은 여성들의 비만율은 약 2배 증가하였다(Organization for Economic Co-operation and Development, 2012). 중국 또한 7년 주기로 6%에서 8%로(Holden, 2005) 비만 인구가 증가하고 있다(Hednerson & Brownell, 2004).

민족에 따라 수치에 차이를 보인다. 미국에 거주하는 58%의 흑인 여성과 41%의 히스패닉 여성이 비만인 반면 백인 여성 비만자는 32%이다(Flegal et al., 2012). 미성년자의 경우 흑인과 히스패닉 청소년들의 비만율은 백인 청소년들보다 상당히 높다.

비만의 비정상적 섭취 패턴

비만인 사람들은 두 가지 비정상적인 식습관(폭식과 **야식증후군**)을 보인다(Lundgren, Allison, & Stunkard, 2012; Streigel-Moore, Franko, & Garcia, 2009). 앞서 폭식장애에 대해 언급하긴 했으나 비만 환자의 7~19%만이 폭식장애를 앓고 있음을 분명히 해야 한다. 이 경우 폭식장애 치료와 함께 체중 감량 프로그램이 동반되어야 한다.

6~16%의 야식증후군을 앓는 비만 환자들은 체중 감량을 위한 방법을 모색하는데, 이들 중 심한 비만에 속하는 55%는 배리애트릭 수술(bariatric surgery)을 원한다(나중에 언급하겠다)(Colles & Dixon, 2012; Stunkard, Allison, & Lundgren, 2008). 야식증후군이 있는 사람들은 오후에 오전의 3배 혹은 그 이상의 음식을 섭취하며, 수면 도중 일어나 고칼로리의 간식을 섭취한다. 반면 아침에는 배고픔을 느끼지 않아 식사를 생략하는 경우가 많다. 그들은 밤에 폭식을 하지 않고 가끔 보상행동을 하는 것으로 알려져 있다. 비만이 아닌 사람들도 종종 야식을 섭취하는데 야식은 과체중과 비만의 지름길이다(Lundgren et al., 2012; Striegel-Moore and Rosselli et al., 2012).

그림 8.5에서는 야식 섭취와 비만이 함께 증가함을 확인할 수 있다(Colles, Dixon, & O'Brien, 2007). 야식증후군은 뒤에서 설명할 야간섭취증후군(nocturnal eating syndrome, 수면 중 일어나 비각성상태에서 냉장고로 가 음식을 섭취하는 것으로 조리되지 않은 음식 등 위험한 음식을 섭취할 수 있음)과는 다른 질환이다. 야식증 환자들은 습관적으로 밤에 음식을 먹는다. 비만치료의 주된 목표는 밤에 먹는 습관을 고쳐 신체활동이 활발한 낮 시간에 음식을 섭취하도록 도와주는 것이다.

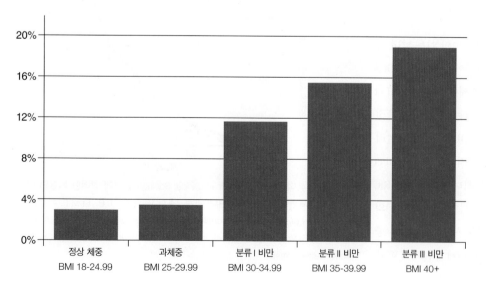

● 그림 8.5 야식증후군 유병률 대비 비만율 [Colles, S.L., Dixon, J. B., & O'Brien, P. E. (2007). Night eating syndrome and nocturnal snacking: Association with obesity, binge eating, and psychological distress. *International Journal of Obesity, 31,* 1722-1730에 기초함.]

원인

Henderson과 Brownell(2004)은 현대화와 비만이 뗄 수 없는 관계에 놓여 있다고 주장한다. 주로 앉아 있는 비활동적인 생활 스타일과 고열량에 에너지 밀도가 높은 식습관이 비만의 가장 큰 원인이라 할 수 있다(Caballero, 2007; Levine et al., 2005). Kelly Brownell(2003; Brownell et al., 2010; Gearhardt et al., 2012)은 현대인들이 값싸고 영양가 없는 유지식품 섭취를 촉진하는 광고에 노출되었다고 지적한다. 이러한 음식 섭취와 비활동적인 생활패턴이 계속되면 아무도 비만을 피할 수 없다. Brownell은 이를 '독성 환경(toxic environment)'이라고 부른다(Schwartz & Brownell, 2007).

미국인들 전부가 비만은 아닌 것과 마찬가지로 이러한 환경에 노출된 모든 사람들이 비만은 아니다. 따라서 유전학, 생리학 그리고 성격적 요인들을 살펴봐야 한다. 문화적 요소는 유전적 요소보다 강한 영향을 끼친다. 하지만 같은 환경에서 어떤 사람들은 비만이 되고 어떤 사람들은 그렇지 않다. 이를 통해 유전적인 요인이 비만의 원인 중 하나임을 알 수 있다. 실제로 유전자는 사람들의 지방세포, 지방 저장, 활성도 등과 연관이 있다(Cope, Fernandez, & Allison, 2004; Hetherington & Celci, 2010). 비만의 30%는 유전적인 원인으로 발생한다고 알려져 있다(Bouchard, 2002). 하지만 '독성' 환경이 있어야 그런 유전자가 발현된다. 생리적인 과정, 특히 식욕을 조절하는 호르몬은 섭식 개시와 유지를 조절하며, 이는 사람마다 다르다(Friedman, 2009; Smith & Gibbs, 2002). 음식에 대한 자제력이 약하고 음식이 없을 때 금단 현상을 보이는 등 음식에 대한 강한 집착을 보이는 사람들은 약물중독자들과 같이 뇌의 보상 신경순환계 반응을 보인다(Gearhardt et al., 2011). 감정을 통제하는 심리적 과정(예, 기분이 안 좋을 때 음식으로 달래는 행위), 충동억제, 음식 섭취에 관한 태도와 동기, 음식 섭취 결과에 대한 민감성도 비만과 깊은 관련이 있다(Blundell, 2002; Stice, Presnell, Shaw, & Rohde, 2005).

이러한 태도와 식습관은 가족들과 가까운 지인들에 가장 큰 영향을 받는다. Christakis와 Fowler(2007)는 12,000명의 사회 연결망(가까운 친구와 이웃)을 30년간 관찰했다. 이를 통해 그들은 비만인 배우자, 형제 혹은 친구가 있을 경우 비만이 될 확률이 37~57%임을 밝혀냈다. 반면 비만인 사람들과 교류가 없는 사람들은 비만이 되지 않았다. 비만은 사회 연결망을 통해 전파되는 것으로 보인다. 다른 질병과 마찬가지로 비만의 원인 또한 비정상적으로 복잡하나 생물학적 요소와 심리적 요소의 상호작용과 함께 강력한 환경적, 문화적 요소가 비만을 야기한다고 말할 수 있다.

치료

비만치료 중 개인 치료는 중간 정도의 성공률을 보이며(Bray, 2012; Ludwig, 2012) 치료가 장기간 지속될 시 어른보다 아이들에게 효과적이다(Sarwer et al., 2004; Waters et al., 2011). 치료는 비만의 정도에 따라 가장 덜 간섭하는 단계에서 몹시 간섭하는 단계로 진행된다. 유명한 다이어트 서적을 구입해 스스로 다이어트 프로그램을 세우는 것이 가장 먼저 시도되는 방법이다. 대다수의 사람들은 단기적으로 체중 감량에 성공하지만 요요현상을 겪는다. 이러한 서적 구입은 사실상 식습관과 운동습관 개선에 도움이 되지 않으며(Freedman, King, & Keneedy, 2001) 장기적으로 성공하는 사람들은 소수에 불과하다(Wing, 2010). 하지만 아예 가능성이 없는 것은 아니다. 의사들은 전문가를 소개하는 등 구체적인 치료법을 제시할 수 있다(Sarwer et al., 2004).

다음 단계에서 웨이트 워처스(Weight Watchers) 혹은 제니 크레그(Jenny Craig)와 같은 판매되는 프로그램을 구입한다. 이 방법은 앞서 말한 방법보다는 효과적이긴 하다(Jakicic et al., 2012; Wing, 2010). 선행연구에 의하면(Heshka et al., 2003) 6주 동안 다이어트 효과를 본 사람들 중 19~37%는 5년 후 목표 체중보다 약 2~3kg 정도만 체중이 증가했음을 보고했다(Lowem Miller-Kovach, Frie, & Phelan, 1999; Sarwer et al., 2004). 이는 최대 80%가량은 다이어트에 실패했음을 시사한다.

최근 진행된 임상 실험을 통해 프로그램에 참여한 모든 사람들이 치료 직후 그리고 2년 후에 2배가량의 효과를 볼 수 있도록 수정된 프로그램이 개발되었다(Recok et al., 2010). 여기서 수정된 요소는 무료로 제공된, 음식과 체중 감량에 대한 정보, 상담, 신체활동을 촉진시키는 DVD와 CD, 그리고 온라인 자료이다. 무료로 제공된 자료로 인해 사람들은 체중 감량에 성공할 수 있었다. 많은 사람들은 왜 무료로 제공된 이 수많은 자료가 효과적인지 궁금해 한다. 비만과 연관된 상당한 의료 비용으로 보아, 공중 위생학 전문가들은 이러한 장려책이(특히 저소득층 내에서) 건강 관리 시스템과 납세자들을 도울 것으로 본다. 다른 연구를 통해 초기 몸무게 감량에 관한 장려책의 중요성이 입증되었기 때문이다(John et al., 2011).

가장 효과적인 방법은 전문가가 개입한 행동수정 프로그램인데

야식증후군(night eating syndrome) 저녁 식사 후부터 자기까지 적어도 한 번은 하루 음식 섭취의 1/3 이상을 고칼로리 간식으로 섭취함. 아침에는 주로 배고프지 않아 식사를 하지 않음. 이 사람들은 야식 중에는 폭식을 하지 않으며 보상행동도 거의 하지 않음.

특히 체중 감량 후 주기적으로 참여할 경우 효과가 극대화된다(Bray, 2012; Wing, 2010). Svetkey 등(2008)의 연구에선 지난 6개월간 진행된 행동수정 프로그램을 통해 약 4kg 이상 체중 감량을 했던 과체중 혹은 비만 성인 1,032명을 30개월 동안 진행되는 3가지의 체중 감량 유지 행동수정 프로그램에 무선배정하였다. (1) 한 달에 한 번 상담자와의 연락을 통해 프로그램을 유지할 수 있도록 도움 제공(개인적 연락 집단) (2) 참가자가 프로그램 유지를 하고 싶을 때 접속할 수 있는 웹사이트 제공(상호적 기술 집단) (3) 도움이 제공되지 않는 통제군(자기주도 집단). 프로그램은 전반적으로 효과적인 편이었으나, 다른 두 집단에 비해 개인적 연락 집단에서 체중 증가가 가장 적었다. 행동수정 프로그램의 참가자들은 평균적으로 8kg을 감량하였으나, 2.5년 후 개인적 연락 집단은 4kg, 나머지 두 집단은 5.2~5.5kg의 체중 증가를 보고하였다.

심각한 비만 위험에 있는 사람들에게는 행동수정 프로그램, 저열량 식단과 약물 복용을 동시에 추천한다. 하루 4~6회의 유동식 혹은 쉐이크 형태의 저열량 식단을 통해 몸무게의 최대 20%를 감량할 수 있다. 마지막 3, 4개월 동안 균형 잡힌 저열량 식단을 실시한다. 다른 모든 다이어트 프로그램에서와 같이, 보통은 치료 후 1년 내에 감량한 몸무게의 50% 정도까지 다시 회복하게 된다(Wadden & Osei, 2002). 하지만 절반가량의 내담자들은 몸무게를 유지한다(Sarwer et al., 2004). 약물을 통해 배고픔을 알리는 신호를 조절하는 방법(특히 생활습관 개선 행동수정 방법이 동반될 경우)은 효과적이나 부작용으로 인한 심혈관계질환이 우려된다(Morrato & Allison, 2012). FDA에서는 로카세린(lorcaserin, Belviq)과 페터민/토피라메이트(phentermine/topiramate, Osymia) 등의 소수의 약품만 허용한다.

배리애트릭 수술은 BMI가 40이 넘는 고도비만 환자들에게 가장 인기가 좋은 체중 감량 방법이다(Adams and Davidson et al., 2012; Courcoulas, 2012; Livingston, 2012). 수술 후 원래 체중의 20~30%를 감량할 수 있는 효과적인 방법이며 추후 몇 년간 감량한 체중을 유지할 수 있다(Adams et al., 2012; Buchwald et al., 2004). 이 수술은 건강에 적신호가 켜진 고도비만 환자들에게 주로 실시된다. 특히 심장 질환과 제2형 당뇨병과 같은 비만관련 질환이 있어야 한다. 식도 밑을 묶어 작은 주머니를 만드는 위 절제 수술은 가장 흔한 수술법이다. 이는 섭취량 제한에 효과적이다. 위장 접합술은 이름에서 알 수 있다시피 음식 섭취뿐만이 아니라 칼로리 흡수를 억제한다.

약 15%의 환자들은 배리애트릭 수술 후 체중 감량에 실패하거나 요요현상을 겪는다(Latifi, Kellum, DeMaria, & Sugarman, 2002). 0.1~0.5%의 소수만이 수술 중 사망한다. 15~20%는 수술 후 1년 혹은 2년 동안 재입원과 재수술을 한다(O'brien et al., 2010; Zigmond,

McGory, & Ko, 2005). Sjöstörm 등(2012)이 진행한 연구에서는 이 수술이 심혈관질환 등으로 인한 사망률을 감소시키는 것을 강조한다. 하지만 체중 감량 자체로 심혈관질환을 극복할 수 있는 것은 아니기 때문에 생활습관 개선 등의 다른 노력들이 요구된다. 이 같은 정보는 이 수술이 보편화되기까지 많은 연구가 필요함을 보여준다(Livingston, 2012). 어떤 경우든 집도의들은 수술 외에 환자가 할 수 있는 모든 방법을 동원하고, 심리평가를 통해 수술 후 급격한 식습관 변화를 감당할 수 있는지를 평가한다.

성인들과 달리 아이들은 단기적으로나 장기적으로 더 좋은 효과를 볼 수 있었다(Cooperberg & Faith, 2004; Oude Luttikhuis et al., 2009). 상당수의 연구 결과는 행동수정 프로그램(특히 부모 개입 시에)이 아동 비만 환자의 20%에서 체중 감량과 유지에 효과적이었음을 보여준다. 이 프로그램은 텔레비전 시청, 비디오 게임, 장시간 컴퓨터 사용 등의 비활동적인 생활습관 개선에도 초점을 맞춘다. 이와 같은 방법이 효과적인 이유는 아이들은 체계적으로 꾸준히 부모의 도움을 받을 수 있기 때문이다(Ludwig, 2012). 많은 부모는 비만 아동에게 음식 섭취를 제한하는 등의 압박을 주는데, 실제로 이 방식은 아동의 음식 섭취를 증가시킨다(Agras et al., 2012). 아이들은 성인들에 비하여 쉽게 나쁜 식습관을 개선할 수 있다. 현재 BMI 35 이상의 심각한 비만 아동들을 위해 외과적 수술 부위 등을 최소화하는 안전한 방법의 배리애트릭 수술이 개발되고 있다(O'Brien et al., 2010).

생존과 섭식은 뗄 수 없는 관계에 있음은 명백한 사실이다. 일상적인 기능과 심리장애에 영향을 주는 수면 또한 마찬가지이다. 이제 섭식에서 수면의 문제로 넘어가, 수면부족이 우리에게 어떠한 악영향을 끼치는지에 대해 알아볼 것이다.

개념 확인 8.3

참(T), 거짓(F)으로 답하시오.

1. _____ 비만은 미국에서 흡연과 음주를 능가하는 경제적으로 가장 부담이 되는 유일한 건강 이상이다.

2. _____ 야식증후군이 있는 환자들은 하루 섭취량 절반 이상을 저녁 식사 후 섭취한다.

3. _____ 미국에서 고열량 식품과 관련기술은 비만 확산의 원인이 아니다.

4. _____ 전문가가 진행하는 행동수정 프로그램은 비만치료에 가장 효과적이다.

▶ 주요 수면-각성장애를 진단하기 위한 결정적인 특징은 무엇인가?
▶ 수면장애의 의학적 · 심리학적 치료법에 어떠한 것이 있는가?
▶ REM수면과 NREM수면은 사건수면과 어떠한 관련이 있는가?

사람들은 인생의 1/3(연 평균 약 3,000시간)을 잠을 자며 보낸다. 많은 사람들은 수면을 통해 정신적으로나 신체적으로 충전을 한다. 불행히도 모든 사람들이 충분한 수면을 취하는 것은 아니다. 미국에 거주하는 사람들의 28%는 상당 수준의 피로를 호소한다(Ohayon, Dau-villiers, & Reynolds, 2012). 연구에 따르면 단 하루라도 잠을 충분히 자지 못한 경우 사고력이 흐트러진다고 한다(Joo, Yoon, Koo, Kim, & Hong, 2012). 충분히 잠을 자지 못한 사람들은 감기와 같은 질병에 쉽게 노출되는데, 이는 수면부족이 면역력과 연관이 있기 때문이다(Ruiz et al., 2012).

왜 이상심리학에서 수면-각성장애를 다루는지는 의문이 들 수 있다. 수면 방해의 경우 생리학을 기초로 하기 때문에 의학적인 접근을 선호할 수 있다. 하지만 다른 신체적 장애와 같이 수면장애 또한 심리적 요소와 연관이 있다.

수면-각성장애 개요

수면에 관한 연구는 이상심리학에서 개념을 정립하는 데 많은 영향을 준다. 19세기 심각한 심리장애를 앓는 사람들에게 사용된 정신요법 중 하나로 충분한 수면을 취하도록 권장하였다(Charland, 2008). 사람들을 오랜 시간 동안 자지 못하게 한 연구자들은 수면부족이 엄청난 결과를 초래함을 보여주었다. 이 책에서 소개하는 자폐스펙트럼장애, 조현병, 주요 우울증, 조울장애와 불안관련 등의 정신장애는 수면박탈과 연관되어 있다. 수면장애는 다른 정신장애의 결과일 수 있다. 혹시 미래(곧 있을 시험과 같이)에 대한 불안감으로 인해 잠에 들지 못한 경우는 없었는가? 수면 장해와 정신건강은 복잡한 관계에 있다(Reynolds, 2011). 수면문제는 일상생활에 지장을 주기도 하고(McKenna & Eyler, 2012; Talbot et al., 2012), 혹은 정신장애로 인해 빈번히 겪는 문제에서 기인한 결과일 수도 있다.

4장에서 변연계의 뇌회로와 불안감이 어떠한 관계인지 설명했다. 이 기관은 꿈을 꾸는 수면과 연관되어 있는데, 이를 **급속안구운동(REM)수면**이라고 부른다(Steiger, 2008). 정확한 관계는 밝혀지지 않았지만 이러한 신경생물학적 상호관계가 불안과 수면이 밀접한 관계가 있음을 암시한다. 예를 들어 불충분한 수면은 과식을 유발하고

비만에 이르게 할 수도 있다(Hanlon & Van Cauter, 2011). 같은 맥락으로 6장에서 언급한 바와 같이 REM수면은 우울증과 연관이 있다(Wiebe, Cassoff, & Gruber, 2012). 때로 수면박탈은 특정 사람들에게 일시적으로 항우울제 역할을 하기도 하며, 우울증을 앓고 있지 않은 사람들에게는 우울한 감정을 느끼게 한다(Wiebe et al., 2012). 현재까지 진행된 연구에서 정신장애와 수면이 어떤 관계가 있는지 명확히 알 수 없지만 정신장애에 대한 넓은 그림을 그리기 위해서는 수면에 대한 이해가 필요하다.

수면-각성장애는 크게 **수면이상**과 **사건수면**이라는 2개의 범주로 나뉜다(표 8.2를 참고한다). 수면이상은 충분히 잠을 못 자고, 원할 때 수면을 취할 수 없으며, 수면의 질이 낮은 경우(예를 들어 밤새 자고 일어난 후에도 상쾌함을 못 느낌)를 말한다. 사건수면은 잠을 자는 동안 비정상적인 행동 혹은 생리적 현상(악몽을 꾸거나 수면 중 보행)이 일어나는 경우를 말한다.

잠버릇에 대한 가장 정확하고 포괄적인 그림은 **수면 다원 검사**를 통해 알 수 있다(Morin, Savard, & Ouellet, 2012). 내원자는 하루 이상 수면 실험실에서 밤을 보내면서 호흡과 산소 포화 이탈(산소흐름을 측정)을 포함한 몇몇 영역을 측정한다. 다리 움직임, 뇌파 활성도[뇌전도(electroencephalogram, EGG)를 사용하여 측정], 안구 움직임[안구전도(electrooculogram, EOG)를 사용하여 측정], 근육 움직임[근전도(electromyogram, EMG)를 사용하여 측정], 심장 활동[심전도(electrocardiogram, ECG)를 사용하여 측정], 낮 동안의 행동과 특정 수면양상도 기록한다. 예를 들어 약물 복용 혹은 음주를 하는지, 오후에 낮잠을 자는지, 혹은 다른 정신장애 여부 등이 있다. 모든 자료를 모으는 것은 시간과 비용

배리애트릭 수술(bariatric surgery) 고도 비만을 대상으로 하는 수술. 위를 봉합하여 작은 위 주머니를 만들거나 위장 접합술을 하여 위장을 우회하도록 함.

REM수면[rapid eye movement (REM) sleep] 눈이 빠른 속도로 좌우로 움직이는 수면 사이클 기간으로 꿈을 꾸지만 몸은 비활동 상태.

수면이상(dyssomnia) 잠들기 어렵거나 질 높은 수면을 하지 못하는 경우.

사건수면(parasomnia) 수면 중 나타나는 악몽 혹은 몽유병과 같은 이상 행동.

수면 다원 검사(polysomnographic evaluation, PSG) 실험실에서 내담자가 잠을 자는 동안 심장, 근육, 호흡, 뇌파 및 다른 기능을 모니터링하는 수면장애 평가 방법.

표 8.2 *DSM-5* 수면-각성장애 요약

수면장애	설명
수면이상 관련장애	(수면의 양, 타이밍 혹은 질에 문제가 있는 경우)
불면장애	취침시간에 잠에 들지 못하며, 밤 동안 수면상태를 유지하기 힘들거나, 정상적인 시간 동안 수면을 취했으나 개운하지 못한 경우
과다수면장애	평상시보다 긴 시간 수면 후 혹은 낮잠 후에도 과하게 피곤한 경우
기면증	갑작스럽고 저항할 수 없는 수면발작을 포함하는 수면장애
호흡관련 수면장애(폐쇄성 무호흡 저호흡 증후군, 중추성 수면무호흡증, 수면관련 환기저하)	수면 중에 발생하는 다양한 호흡장애로 인하여 과도한 피로와 불면증을 유발하는 수면장애
일주기리듬 수면-각성장애	밤낮의 패턴과 수면패턴이 일치하지 않아 졸음, 불면증을 야기하는 수면장애
사건수면 관련장애	(수면 중 혹은 깰 때 나타나는 이상 행동)
각성장애	NREM수면 중 일어나는 행동 혹은 신체적 움직임으로 불완전한 지각상태(혼돈스러운 각성상태), 몽유병, 야경증(수면 중 놀란 듯 소리를 지르며 갑작스럽게 잠에서 깸)을 포함한다.
악몽장애	꿈으로 인해 반복적으로 잠에서 깨어나는 경우로 괴로움과 기능장애 유발
REM수면 행동장애	수면 중 일어나는 각성상태를 나타내며 간혹 본인 혹은 다른 사람을 다치게 하는 행동을 초래하는 경우
하지불안증후군	불쾌한 감각으로 인해 다리를 움직이고 싶은 충동을 느끼는 경우('저린','당기는' 다리라고 표현하기도 한다)(Willis-Ekbom병이라고 일컫는다)
물질/치료약물로 유발된 수면장애	물질중독 혹은 금단 현상으로 인한 심각한 수면장애

출처: American Psychiatric Association. (2013). *Diagnostic and statistical manual of mental disorders* (5th Edition). Washington D.C.: American Psychiatric Association.

이 많이 들지만 정확한 진단과 알맞은 치료법을 찾기 위해서는 필요한 과정이다. 전반적인 평가를 위한 대안 중 하나는 **액티그래프**라 불리는 손목시계 크기의 기계를 사용하는 것이다. 이 도구는 팔의 움직임 횟수를 기록하고 컴퓨터로 이 자료를 다운받아 수면시간과 질을 측정할 수 있게 도와준다. 여러 연구들은 우주비행사들이 우주에 있는 동안 수면을 측정하여 이 장치의 실용성에 대해 측정하였는데 잠이 든 시간, 기상 시간 그리고 수면이 얼마나 편안하였는지에 대해 신뢰도 있는 정보를 제공하였다(Barger, Wright, & Czeisler, 2008).

전문가와 연구자들은 하루 평균 수면시간을 파악하는 것은 **수면 효율성**, 즉 누워서 잠을 청하려는 시간뿐만이 아니라 실제 수면시간의 비율의 측면에서 유용하다고 말한다. 수면 효율성은 실제 수면시간을 침대에 누워 있는 시간으로 나누면 구할 수 있다. 100% 수면 효율성은 눕자마자 잠이 들어 아침까지 깨지 않는 것을 의미한다. 반대로 50% 수면 효율성은 누워 있는 시간 반을 잠을 자기 위해 할애한다는, 즉 그 시간 동안 깨어 있다는 뜻이다. 이러한 측정 결과는 전문가들이 수면의 질을 판단하는 데 도움을 준다.

개인이 수면문제가 있는지 확인하기 위한 또 한 가지 방법은 주간 후유증 혹은 깨어 있는 동안의 행동을 관찰하는 것이다. 예를 들어 잠이 드는 데 90분이 소요되지만 다음날 활동하는 데 피곤함을 느끼지 못한다면 이는 정상으로 간주하지만 불안감이 유발되거나 피로

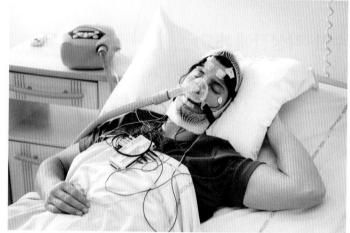

▲ 이 참가자는 수면양상을 측정하는 검사 중이다.

를 느낀다면 이는 명백히 수면문제로 봐야 한다. 수면문제는 개인이 어떻게 느끼고 반응하느냐에 따라 달라진다는 점에서 다소 주관적이라 할 수 있다.

불면장애

불면장애는 빈번히 일어나는 수면-각성장애이다. 불면장애라는 단

어를 들으면 밤새 잠을 청하지 못하는 사람을 떠올릴 수 있다. 하지만 한숨도 잠을 자지 않는 것은 불가능하다. 예를 들어 하루 혹은 이틀 이상 잠을 자지 못한 사람은 초 단위의 짧은 수면인 **마이크로 수면**을 하기 시작한다(Morin et al., 2012). 드문 사례나 치명적인 가족성 불면증(유전적 뇌질환)으로 인해 잠을 거의 자지 못한다면 끝내 죽음을 맞이할 수도 있다(Parchi, Capellari, & Gambetti, 2012). 불면이라는 단어는 잠을 자지 않는다는 의미로 사용되지만 이외에도 많은 증상을 포함한다. 잠에 쉽게 들지 못하거나(수면 개시의 어려움), 수면 도중 자주 깨거나, 너무 일찍 일어나서 다시 잠을 청하지 못하는 경우(수면 유지의 어려움) 혹은 충분한 시간을 잤음에도 피로가 가시지 않는 경우가 해당된다.

소냐 ● 학교생각

소냐는 과거 수면문제를 겪었던 23살의 법학전문대학원 학생이다. 그녀는 잠드는 데 시간이 오래 걸리고, 일찍 깨기 때문에 잠을 제대로 자본 기억이 없다고 말한다. 작년에 법학전문대학원에 입학을 하면서 수면문제가 더욱 심각해졌다. 침대에 누워 학교에 대한 고민으로 밤을 지새운 채 다음 날을 맞이하고, 주로 밤에 3~4시간 자는 것이 전부였다. 아침에 일어나는 것이 힘들어 아침 수업에 자주 지각을 하기도 한다.

그녀는 불면증으로 학업에 차질이 생기며 우울증을 앓게 되었다. 최근 들어 잠을 자는 도중 불안감이 엄습하여 잠에서 깨곤 한다. 이러한 문제로 인해 치료를 권유하는 가족들과 친구들을 점점 피하게 되었다.

임상적 기술

소냐의 증상은 다른 의학적 혹은 정신과적 증상이 아니기 때문에 *DSM-5*의 **불면장애**(일차성 불면증도 해당됨) 기준에 부합한다. 일차성 수면-각성장애는 불안·우울과 같은 정신과적 장애와 공통점이 있다. 잠을 자지 못하면 불안해지고 이 불안감이 다시 불면을 초래하는 악순환이 반복되기 때문에 단순히 수면-각성장애만 있는 사람을 찾는 것은 쉬운 일이 아니다.

소냐는 전형적인 불면장애의 표본이다. 그녀는 수면을 개시하고 유지하는 데 어려움이 있었다. 어떤 사람들의 경우 밤새도록 잠을 청하지만 마치 깨어 있었다는 느낌을 받기도 한다. 대다수의 사람들은 일상생활을 유지하는 데 어려움이 없지만 집중도가 떨어져 버스기사처럼 장거리 운전을 하거나 전기기사와 같이 위험한 도구를 사용

하는 직업의 경우 사고가 나는 등 많은 문제가 발생할 수 있다. 소냐와 같은 처지인 학생들은 저하된 집중력으로 인해 학업 성취율이 떨어질 수 있다.

통계

인구의 1/3은 일정한 기간 내에 불면증 관련 증상을 호소한다(Roth et al., 2011). 이들 중 대다수는 수면문제로 평생을 괴로워한다(Mendelson, 2005). 약 35%의 노인들은 참을 수 없는 피로를 호소하는데, 특히 나이가 많은 흑인 남성에게 가장 빈번하다(Green, Ndao-Brumblay, & Hart-Johnson, 2009).

불면증은 상당수의 정신장애와 연관이 있다. 우울장애, 물질사용장애, 불안장애 그리고 알츠하이머병으로 인한 신경인지장애를 앓는 경우 총 수면시간은 감소한다. 음주와 수면장애 간의 관련성은 특히 심각한 문제가 될 수 있다. 술은 수면을 개시하는 데 도움이 되는 것으로 알려져 있다(Morin et al., 2012). 소량의 알코올 섭취는 사람을 나른하게 만들지만 수면을 유지하는 데 방해가 된다. 잠을 깊게 못자게 되면 불안감이 생기고, 이는 다시 음주로 연결되어 악순환을 가져온다.

여성의 불면증 유병률은 남성의 약 2배이다. 여성은 주로 수면 개시에 어려움을 겪는데 이는 호르몬 불균형과 연관이 있을 수 있고 수면부족은 남성보다 여성에게 더욱 부정적인 영향을 끼친다(Jaussent et al., 2011). 여성의 경우 지중해식 식단(예, 채소, 콩류, 과일 그리고 올리브 오일의 주성분인 불포화 지방산을 다량 섭취)과 적정량의 알코올, 카페인 섭취가 수면의 질을 높이는 데 도움이 된다고 한다(Jaussent et al., 2011).

사람마다 평균 수면시간이 다르듯 나이에 따라서 불면증으로 인한 불편 빈도 또한 다르다. 아동들의 경우 20~40%가 불면증을 앓고 있다(Price, Wake, Ukoumunne, & Hiscock, 2012). 청소년의 불면증 원인으로서는 생물학적, 문화적 요소가 있다. 아이들이 청소년기로 넘어가며 생물학적으로 결정된 수면 스케줄의 취침시간이 늦춰지고

액티그래프(actigraph) 시계처럼 손목에 차는 작은 전자기기로 수면-각성 주기를 비롯한 신체의 움직임 기록.

수면 효율성(sleep efficiency, SE) 침대에 누워 있는 전체 시간과 실제로 수면을 한 시간의 비율.

마이크로 수면(microsleeps) 초 단위의 짧은 수면으로 수면이 부족한 사람에게서 나타남.

불면장애(insomnia disorder) 수면시간이나 질적인 면에서 불만족스러움을 느끼며 잠이 들기 힘들며 수면상태를 유지하기 어려움.

DSM 진단기준 요약 불면장애

불면장애는 다음과 같은 특징을 포함한다.

▶ 수면의 양이나 질의 현저한 불만족감으로 다음 중 한 가지 이상의 증상과 관련된다. (1) 수면 개시의 어려움 (2) 수면 유지의 어려움 (3) 이른 아침 각성하여 다시 잠들기 어려움

▶ 수면 교란이 사회적, 직업적, 교육적, 학업적, 행동적 또는 다른 중요한 기능 영역에서 임상적으로 현저한 고통이나 손상을 초래한다.

▶ 수면문제가 적어도 일주일에 3회 이상 3개월 동안 지속된다.

▶ 수면문제는 적절한 수면의 기회가 주어졌음에도 불구하고 발생한다.

▶ 불면증이 다른 수면-각성장애로 잘 설명되지 않으며, 또 다른 수면-각성장애의 경과 중에만 발생되지는 않는다.

출처: American Psychiatric Association. (2013). *Diagnostic and statistical manual of mental disorders* (5th ed.). Washington, DC.

있다(Mindell & Owens, 2009). 미국에서는 이른 기상 시간이 요구되어 아이들은 만성 수면박탈에 시달린다. 다양한 문화권의 모든 인종 집단의 모든 청소년들이 수면박탈을 겪는 것은 아니다. 예를 들어 중국계 미국인 청소년의 불면증 유병률이 가장 낮으며, 멕시코계 미국인 청소년은 가장 높다고 한다(Roberts, Roberts, & Chen, 2000). 불면증을 앓던 청소년들은 어른이 되면서 더 많은 불편을 경험한다. 나이와 함께 불면증 비율이 증가하는 것은 나이가 들수록 수면시간이 줄어들기 때문이다. 대다수의 65세 이상 노인은 6시간 이하로 수면을 취하며, 매일 밤 몇 차례씩 잠에서 깬다.

원인

불면증은 고통과 신체적 불쾌함, 무기력함, 호흡문제를 포함한 신체 및 정신 장애를 동반한다. 때로 불면증은 생체시계와 체온조절과 관련이 있다. 사람들은 지연된 온도 리듬으로 인해 밤에 잠들지 못할 가능성이 있다. 체온이 떨어지지 않아 밤이 되어도 잠이 오지 않기 때문이다. 숙면을 취하는 사람들은 불면증이 있는 사람들에 비해 체온이 낮은 편이며, 체온 변화폭이 크지 않다. 일정하지 않은 체온은 수면에 방해가 되기도 한다(Lack, Gradisar, Van Someren, Wright, & Lushington, 2008).

약물 복용과 환경적 요인(빛, 소음 혹은 온도 변화) 또한 수면을 방해하는 요소들이다. 병원에 입원한 환자들은 익숙하지 않은 소음과 일상으로 인해 불편함을 겪는다. 수면무호흡증(밤중에 일어나는 폐쇄성 무호흡) 혹은 하지불안증후군(periodic limb movement disorder, 과하

게 경련하는 다리 움직임) 등의 다른 수면장애는 수면을 방해하여 불면장애와 혼돈될 가능성이 있다.

심리적인 스트레스 또한 빠질 수 없는 수면 방해 인자이다. Snelling, Sahai 그리고 Ellis(2003)는 치대생과 의대생에게 스트레스가 많은 상황이 어떠한 영향을 미치는지 연구하였다. 저하된 수면 능력은 학생들이 보고한 결과 중 하나였다.

불면장애가 있는 사람들은 잘못된 상식을 가지고 있는 경우가 많다. 가령 하루에 자야 하는 시간을 정해 두며("8시간을 푹 자야 해") 숙면을 취하지 못한 경우 일상생활에 방해가 될까 고민("5시간밖에 자지 못하면 생각을 잘하지 못하거나 일을 제대로 끝내지 못할거야")한다(Morin & Benca, 2012). 사람마다 필요로 하는 수면시간은 각각 다르며, 수면시간이 일상생활에 어떠한 영향을 끼치는지에 따라 결정된다. 불면장애에 대해 어떻게 인지를 하고 있느냐는 매우 중요하다. 이 생각 자체가 사람들의 수면을 방해할 수 있기 때문이다.

부족한 수면은 학습된 행동인가? 수면문제가 있는 사람들은 침실과 침대를 불면장애로 인한 좌절감 및 불안감과 연결 짓는 경향이 있다. 밤이 되는 것 자체가 불안감을 낳기도 한다(Morin & Beneca, 2012). 수면과 관련된 상호작용이 아이들의 수면문제로 이어지기도 한다. 예를 들어 부모의 우울증과 아이의 수면에 관한 부정적 생각은 실제 아이의 몽유병과 관련이 있다(Teti & Crosby, 2012). 연구자들은 부모가 곁에 있어야 잠을 청하는 아이들이 있다고 한다. 부모의 부재는 그들을 두렵게 만들고 결국 수면을 방해한다.

아이들은 수면의 문화비교 연구의 관심 대상이다. 미국문화의 특징 중 하나는 가능한 한 유아를 독립된 방과 침대에서 따로 재운다는 것이다. 이와 반대로 과테말라의 시골과 한국과 일본에서는 엄마와 아이는 한방 혹은 한 침대에서 몇 년간 함께 지낸다(Burnham & Gaylor, 2011). 많은 문화권의 어머니들은 자는 도중에도 아이들의 울음소리에 반응하지만(Giannotti & Cortesi, 2009), 미국의 소아과 의사들은 특정 나이가 지난 아이들의 울음을 무시할 것을 권장한다(Moore, 2012). 이렇듯 문화적 기준은 수면에 각기 다른 영향을 끼친다. 충족되지 않은 수면 욕구는 스트레스를 낳고 이는 결국 아이들의 수면에 악영향을 미칠 것이다.

통합 모델

수면장애에 대한 통합적인 관점은 몇 가지 가정을 전제로 한다. 첫째, 생물학적 요소와 심리적 요소가 공존한다. 둘째, 복합적 요소들은 서로 연관되어 있다. 이에 대한 예로, 앞서 언급한 부모의 우울증과 아이의 수면에 대한 부정적 생각으로 인한 몽유병 발병을 들 수 있다(Teti & Crosby, 2012). 성격적 특징, 수면의 어려움 그리고 부모

▲ 미국에서는 아이들은 독립된 공간에서 잠을 잔다(왼쪽). 많은 문화권에서는 모든 가족구성원이 한 침대에서 잠을 잔다(오른쪽).

의 반응이 상호작용하여 수면문제를 야기하거나 지속시킨다.

어떤 사람들은 생물학적으로 수면장애에 취약할 수 있다. 이 취약성으로 인해 가벼운 혹은 심각한 수면장애를 겪게 된다. 예를 들어 어떤 사람은 주로 얕은 잠을 자거나(밤에 쉽게 깸), 가족 중 불면증, 기면증 혹은 폐쇄성 호흡장애를 앓았던 사람이 있을 수 있다. 이러한 모든 요인들은 수면에 악영향을 끼치는데 이를 내적 소인 조건(pre-disposing conditions)이라 일컫는다(Spielman & Glovinsky, 1991). 많은 경우 이 자체가 문제를 일으키지는 않지만 다른 요소들과 결합되어 수면을 방해할 수 있다(그림 8.6을 참고하라).

생물학적 취약성은 수면 스트레스와 상호작용을 하여(Durand, 2008) 다양하게 수면을 방해한다. 예를 들어 나쁜 잠자리 습관(예, 알코올 혹은 카페인 과다 섭취)은 숙면의 적이다(Morin et al., 2012)(그림 8.6). 생물학적 취약성과 수면 스트레스는 서로 영향을 주고받는다. 사람들은 직관적으로 생물학적 요소가 우선이라 생각하지만 나쁜 수면위생(수면에 영향을 주는 활동, 나중에 다시 다루겠다)과 같은 외적인 요소도 중요한 역할을 한다. 가장 적절한 예로 시차 적응을 들 수 있다. 이는 사람들의 수면패턴을 변형시키는데 시간 차가 늘어날수록 더욱 심각한 영향을 끼친다. 이러한 방해가 지속되는지 혹은 더욱 심각해지는지는 어떻게 관리를 하느냐에 달려 있다. 예를 들어 많은 사람들이 처방전 없이 살 수 있는 수면제를 복용한다. 불행하게도 약물을 중단하면 **반동성 불면증**—요요현상과 같음, 가끔 더 심각한 불면증으로 돌아옴—에 시달릴 수 있다. 사람들은 반동성 불면증과 불면증을 구별하지 못해 다시 약물을 복용하는 악순환을 반복하게 된다. 즉, 수면제는 수면문제를 지속시킬 수 있다.

이 외에도 수면문제를 악화시키는 방법이 있다. 부족한 수면을 낮잠으로 보충하는 경우 당장의 피로는 가실 수 있으나 밤잠을 방해할

● 그림 8.6 **통합적 다차원 수면장애 모델**

수 있다. 침대에 누워 학교, 가족 문제로 인한 불안감으로 잠을 이루지 못하는 경우도 문제를 심각하게 만든다(Uhde, Cortese, & Vedeniapin, 2009). 부모의 태도 역시 아이의 문제에 중요한 역할을 한다. 잠에서 깬 아이에게 긍정적인 반응을 보이게 되면 아이의 깨는 횟수가 증가할 것이다(Durand, 2008). 이런 비정상적인 반응이 수면문제와 수면 스트레스에 취약한 성향과 만나는 순간 문제는 계속될 것이다.

반동성 불면증(rebound insomnia) 약으로 불면증을 치료한 후 약을 중단하면 더 심각한 불면증이 나타남.

과다수면장애

부족한 수면이 불면장애의 특징이라면, **과다수면장애**는 과도한 수면이 특징이다. 과다수면장애가 있는 사람들은 숙면에도 불구하고 다음 날 수시로 잠에 빠진다. 앤의 이야기를 살펴보자.

> **앤 • 공공장소에서 잠드는**
>
> 대학생인 앤은 자신의 학업 성취도에 대해 상의하기 위해 나를 찾아왔다. 최근 본 시험에서 틀린 문제를 다시 검토하고 나서 사무실을 나갈 때쯤 자신이 한 번도 내 수업 시간에 잠든 적이 없다고 말했다. 신빙성 없는 이야기 같았지만 고맙다고 말했다. 그러자 강력하게 "저는 다른 수업에서 자주 졸지만 이 수업에서는 절대 안 그랬습니다"라고 말했다. 나는 그녀가 하는 말을 가볍게 받아치며 다음 학기부터는 수강 과목을 신중히 선택하라고 했다. 그녀는 웃으며 말했다. "그것도 그렇지만 제가 너무 많이 자는 거 같아요."
>
> 대화를 이어 나가면서 그녀는 10대 때부터 잠자는 시간이 부쩍 늘어났다고 고백했다. 단조롭거나 지루하거나 혹은 활동량이 없는 경우 그녀는 잠이 들었다. 무엇을 하느냐에 따라 하루에도 몇 번씩 잠이 들었다. 최근에는 흥미로운 강의를 제외한 모든 강의에서 잠이 들어 문제를 겪기도 했다. 텔레비전 시청과 장거리 운전을 하는 것도 문제였다.
>
> 그녀는 아버지도 같은 문제를 겪고 있다고 말했다. 아버지는 최근 기면증을 진단받아 클리닉에서 치료를 받고 있다고 했다. 그녀와 그녀의 오빠 또한 과다수면장애로 진단받았다. 4년 전 앤은 리탈린(자극제)을 처방받았고 낮에만 효과를 볼 수 있었다고 한다. 수면발작은 줄어들었지만 그 외의 문제는 해결하지 못하고 있었다.

*DSM-5*의 과다수면장애 진단 기준은 앤처럼 과도한 수면을 하는 증상과 비슷한 증상으로 인해 유사한 문제를 겪는 경우를 포함한다 (American Psychiatric Association, 2013). 불면증과 마찬가지로 이러한 증상이 기능에 영향을 끼치는 경우에만 문제가 된다. 앤은 운전할 때와 수업을 들을 때 불편함을 느꼈다. 과다수면장애는 학업에 영향을 끼쳤고 이러한 문제로 인해 그녀는 상심했다. 이 2가지 증상은 명백한 과다수면장애에 해당된다. 8시간을 꼬박 자는 앤의 경우 주간에 졸린 것이 부족한 수면으로 인한 문제라고 볼 수 없다.

과도한 피로를 경험한다고 해서 과다수면장애라고 진단할 수는 없다. 예를 들어 불면증이 있는 경우 충분한 수면을 하지 못했기 때문에 피곤을 느끼게 된다. 이와 반대로 과다수면을 하는 사람들은 충

출처: American Psychiatric Association. (2013). *Diagnostic and statistical manual of mental disorders* (5th ed.). Washington, DC.

DSM 5 DSM 진단기준 요약 과다수면장애

과다수면장애는 다음과 같은 특징을 포함한다.

▶ 주요 수면시간이 7시간 이상임에도 불구하고 과도한 졸림(과다수면)을 호소하며, 다음 중 한 가지 이상의 증상을 호소한다. (1) 동일한 날에 반복적인 수면기를 보이거나 혹은 반복적으로 깜빡 잠듦 (2) 하루에 주요 수면 삽화가 9시간 이상 지속되나 피로 해소가 되지 않음 (3) 갑자기 깬 후에 완전히 각성상태를 유지하기 어렵다.

▶ 과다수면이 일주일에 3회 이상 발생하고, 적어도 3개월 이상 지속된다.

▶ 과다수면이 인지적, 사회적, 직업적 또는 다른 중요한 기능 영역에서 현저한 고통이나 손상을 동반한다.

▶ 과다수면이 다른 수면장애로 잘 설명되지 않으며, 다른 수면장애의 경과 중에 발생되지 않으며, 약물(예, 남용약물, 치료약물)의 생리적 효과로 인한 것이 아니고 정신질환과 의학적 장애로 현저한 과다수면을 충분히 설명할 수 없다.

분한 수면을 하고 일어난 뒤 개운함을 느끼지만 시간이 지날수록 다시 피곤함을 느끼게 된다. 수면무호흡증 또한 과도한 피로의 원인이다. **수면무호흡증**으로 인해 수면 중 호흡에 어려움이 있게 된다. 코를 심하게 골며 숨을 쉬는 도중 멈추기 때문에 아침 기상 시 마른 입과 두통을 경험한다. 과다수면장애를 진단할 때 임상가는 불면증, 수면무호흡증 혹은 피곤을 유발하는 다른 원인들을 배제해야 한다 (American Psychiatric Association, 2013).

과다수면장애의 원인에 대한 연구는 그리 활발하지 않다. 생각보다 많은 사람들이 유전적으로 영향을 받는 것으로 추측되며, HLA-Cw2와 HLA-DR11과 같은 특정한 유전적 요소를 가지고 있을 확률이 높다(Buysse et al., 2008). 이전에 과다수면장애로 진단받은 상당수의 사람들은 선열, 간염, 바이러스성 폐렴 등의 바이러스 감염에 노출된 적이 있는데 이는 한 가지 이상의 원인이 있을 가능성을 암시한다(Hirshkowitz, Seplowitz, & Sharafkhaneh, 2009).

기면증

앤은 아버지가 **기면증**(앤과 앤의 오빠가 겪는 수면장애와는 다른 형태의 병)을 앓고 있다고 말했다(Ahmed & Thorpy, 2012). 이것은 활동시간

에 느끼는 수면 욕구 외에도 갑작스런 근긴장 저하로 인해 탈력발작을 일으키는 것이 특징이다. 탈력발작은 각성상태에서 일어나며 얼굴 근육이 살짝 약해지거나 심할 때는 쓰러지게 만들기도 한다. 이는 몇 초에서 몇 분간 지속된다. 주로 분노나 행복감과 같은 강렬한 감정이 앞선다. 탈력발작의 원인으로서 갑작스런 REM수면의 시작이 의심된다. 정상적으로 잠이 들고 REM수면의 단계로 넘어가기 전 NREM수면의 4단계를 거치는 것이 정상이지만, 기면증을 앓는 사람들은 곧바로 각성 전 꿈을 꾸는 REM수면상태로 빠지게 된다. REM수면으로 인해 근육의 움직임이 제한되는데 이는 탈력발작의 원인이 될 수 있다.

기면증은 또 다른 두 가지 특징을 가지고 있다(Ahmed & Thorpy, 2012). 기면증 환자들은 간혹 수면 마비(각성 시 짧은 시간 동안 몸을 움직이지 못하거나 말을 할 수 없는 것이 증상으로 두려움을 유발함)를 호소한다. 최면 환각(선명하고 끔찍한 경험으로 주로 수면 개시 직후 시작되며 촉각, 시각, 청각을 포함 몸의 움직임을 느낄 수 있어 믿을 수 없을 정도로 사실적이라고 함) 또한 기면증 환자들에게 쉽게 관찰된다. 불에 휩싸이거나 하늘을 나는 선명한 꿈은 최면 환각의 예이다. 인구의 약 0.03~0.16%가 기면증을 앓고 있으며 성차는 없다. 일부 기면증 환자들은 10대 때 처음으로 기면증 증상을 보이기 시작한다고 한다. 과

도한 수면 욕구가 주요 증상이며 탈력발작이 동반되거나 혹은 최대 30년 뒤에 나타나기도 한다. 주간의 졸림과 달리 탈력발작, 최면 환각, 수면 마비는 나이가 들면서 차차 사라지는 경향을 보인다.

기면증 관련 특정 유전자 모델에 관한 연구가 진행되고 있다(Tafti, 2009). 최근, 기면증을 물려받은 도베르만 핀셔와 래브라도 리트리버를 대상으로 한 연구에서 기면증은 6번 염색체와 연관이 있으며 열성인 상염색체일 수 있다고 제시한다. 기면증 환자들은 히포크레틴 신경세포의 뚜렷한 손상을 보인다. 이 세포들은 펩티드를 생산하여 각성을 조절하는 중요한 역할을 하는데 아직 이 신경세포 부족을 초래하는 요인은 밝혀지지 않았다(Burgess & Scammell, 2012).

호흡관련 수면장애

몸의 이상(잠을 잘 때 발생하는 호흡문제)으로 주간 졸림 혹은 밤에 깊은 잠을 자지 못하는 사람들이 있다. DSM-5는 이러한 증상들을 **호흡관련 수면장애**로 구분한다. 수면 시 호흡에 이상을 느끼는 사람들은 수도 없이 자다 깨다를 반복하여 8시간 이상 잠을 잤음에도 불구하고 피곤함을 느낀다(Overeem & Reading, 2010). 모든 사람들의 위쪽 기도 근육은 잠을 자는 동안 긴장이 풀리게 되는데 이는 통로를 수축시켜 숨을 쉽게 쉬지 못하게 만든다. 불행하게도 어떤 사람들은 숨을 쉬는 데 큰 어려움을 느끼며, 호흡저하를 경험하거나 심한 경우 10~30초가량 숨을 쉬지 못한다. 이를 수면무호흡증이라 한다. 간혹 이러한 증상을 겪고 있는 사람들은 호흡문제를 인식하지 못하고 수면문제와 호흡문제의 연관성을 찾지 못한다. 동침자는 상대방의 코고는 소리(문제의 증상) 혹은 비연속적인 호흡 때문에 이를 인지하게 된다. 이 환자들은 밤에 땀을 많이 흘리거나, 아침에 두통을 호소하고 갑자기 잠에 빠지는—수면발작—등의 이유로 피곤함을 호소한다(Overeem & Reading, 2010).

무호흡증에는 3가지 종류—폐쇄성, 중추성, 혼합된 기면증—가 있는데 각기 다른 원인과 증상 및 치료법이 있다. 폐쇄성 수면 무호흡 저호흡은 호흡계가 활성화되어 있음에도 공기흐름이 멈출 때 발생한다(Mbata & Chukwuka, 2012). 어떤 사람들은 기도가 선천적으로 작

과다수면장애(Hypersomnolence disorder) 비정상적인 과수면. 주간에 여러 차례 잠드는 현상이 나타남.

수면무호흡증(sleep apnea) 수면 중에 짧은 시간 동안 호흡이 멈추는 장애.

기면증(narcolepsy) 갑작스럽고 저항할 수 없는 수면발작을 포함하는 장애.

호흡관련 수면장애(breathing-related sleep disorder) 수면무호흡이나 호흡저하와 같은 문제로 인한 불면증.

폐쇄성 수면 무호흡 저호흡은 다음과 같은 특징을 포함한다.

▶ (1) 수면 다원 검사에서 수면시간당 적어도 5회 이상 폐쇄성 무호흡이나 저호흡이 있고 (a) 야간 호흡 장애(코골이, 거친 콧숨/헐떡임 또는 수면 중 호흡 정지) 혹은 (b) 충분한 수면 기회가 주어졌음에도 주간 졸림, 피로감 또는 개운하지 않은 수면을 보이며 다른 정신질환으로 더 잘 설명되지 않으며 다른 의학적 상태로 인한 것이 아님

▶ 동반된 증상과 관계없이 수면 다원 검사에서 확인된 수면시간당 15회 이상 폐쇄성 무호흡 그리고/또는 저호흡

출처: American Psychiatric Association. (2013). *Diagnostic and statistical manual of mental disorders*(5ᵗʰ ed.). Washington, DC.

중추성 수면무호흡증은 다음과 같은 특징을 포함한다.

▶ 수면 다원 검사에서 수면시간당 5회 이상의 중추성 무호흡을 보인다.
▶ 장애가 다른 수면장애로 더 잘 설명되지 않는다.

출처: American Psychiatric Association. (2013). *Diagnostic and statistical manual of mental disorders*(5ᵗʰ ed.). Washington, DC.

은 반면 어떤 사람들은 비정상적인 기능 혹은 훼손으로 인해 숨을 쉬는 데 어려움을 느낀다. 폐쇄성 수면 무호흡 저호흡 환자들은 코를 곤다(Guileminault, 1989). 비만인 사람들은 나이가 들수록 코를 골 확률이 높아진다. 폐쇄성 수면 무호흡 저호흡은 남성들에게서 빈번히 발견되며 인구의 10~20%가 이 증상을 경험하는 것으로 추정된다(Jennum & Riha, 2009).

중추성 수면무호흡증은 짧은 기간 동안 호흡계가 중지되며 대개 뇌혈관질환, 두부 손상과 유전질환 등의 특정 중추신경계질환과 관련이 있다(Badr, 2012). 중추성 수면무호흡증 환자들은 자주 잠에서 깨지만 낮 시간 동안 피곤을 호소하지 않으며, 호흡에 문제가 있다는 것을 인지하지 못한다. 낮에 보이는 뚜렷한 증상이 없어 병원을 찾는 사람들이 적기 때문에 유병률과 과정이 정확히 알려져 있지 않다. 수면관련 환기저하는 공기 순환이 원활하게 이루어지지 않아 이산화탄소 농도가 증가된 것과 관련 있다. 이 3가지 질병 모두 수면을 방해하며 불면증과 비슷한 증상을 초래한다.

수면관련 환기저하는 다음과 같은 특징을 포함한다.

▶ 수면 다원 검사에서 이산화탄소 농도의 상승과 연관된 호흡저하 삽화들이 나타난다.
▶ 장애가 현재의 다른 수면장애로 잘 설명되지 않는다.

출처: American Psychiatric Association. (2013). *Diagnostic and statistical manual of mental disorders*(5ᵗʰ ed.). Washington, DC.

일주기리듬 수면-각성장애

"봄에는 앞으로, 가을에는 뒤로(Spring ahead, fall back)"는 대다수의 미국 사람들이 시계의 시침을 봄에는 1시간 앞으로, 가을에는 1시간 뒤로 옮기는 것을 잊지 않기 위해 사용하는 기억 증진 장치이다(역주: 미국 대다수의 주에서는 전기를 아끼기 위해 시간을 앞뒤로 1시간씩 조절하는 서머타임을 시행하고 있다). 어떤 사람들은 이 한 시간의 변화로 인해 많은 어려움을 겪는다. 적어도 하루 이틀 동안 피곤해 하고 마치 시차 적응이라도 하는 듯 잠에 들지 못하기도 한다. 이는 한 시간을 잃고 얻고의 문제가 아니다. 사람은 적응의 동물이다. 중요한 것은 우리의 생체시계가 얼마나 잘 적응했냐이다. 습관적으로 사람들은 정해진 시간에 자려고 하지만 뇌는 이에 동의하지 않는다. 이러한 불일치가 지속되어 잠에 들지 못하는 경우를 **일주기리듬 수면-각성장애**라고 부른다. 이 장애는 뇌가 원래의 수면시간과 바뀐 수면시간을 조절하지 못하여 발생한 수면 방해(불면증 혹은 낮에 느끼는 졸림)가 특징이다.

1960년대 독일과 프랑스 과학자들은 환경의 신호 없이 우리 몸 스스로가 통제하고 지속하는 몇 가지 신체리듬을 찾아냈다(Aschoff & Wever. 1962; Siffre, 1964). 이는 24시간 주기와 완벽하게 일치하지 않아 서캐디안(circadian: *circa*는 ~에 대하여, *dian*은 하루를 의미)이라고 부른다. 일주기리듬이 24시간과 일치하지 않음에도 불구하고 사람들은 왜 수면에 지장을 받지 않을까?

우리의 뇌는 외부 세계와 조화를 이루려는 성향을 갖고 있다. 생체시계는 시상하부의 시교차상 핵에 위치한다. 시교차상 핵은 눈으로부터 오는 통로이다. 우리의 뇌는 아침에 보는 빛과 밤에 줄어든 빛을 통해 매일 생체시계를 다시 맞춘다. 일주기리듬 문제로 인해 원하는 시간에 잠을 청하지 못하는 사람들은 외부적(예, 짧은 시간 내에 시간 차가 나는 곳으로 건너가는 경우) 또는 내부적 요인의 문제가 의심된다.

일주기리듬 수면-각성장애 또한 여러 종류가 있다. 시차 적응 유형은 이름에서 유추할 수 있듯이 시간 차가 나는 곳으로 이동했을 때 나타난다(Kolla, Auger, & Morgenthaler, 2012). 시차 적응에 실패한 사람들은 알맞은 시간에 잠들지 못하며 활동 시간 동안 피로를 느낀다. 특히 서쪽으로 3개의 시간대 이상 차이 나는 곳으로 간 경우 큰 영향을 미치며 동쪽 혹은 2개의 시간대 이내의 시차가 나는 곳으로 간 경우 비교적 쉽게 적응한다(Kolla et al., 2012). 쥐 실험을 통해 밝혀진 바로 시차 적응은 특히 노인들에게 생각보다 심각한 문제이다. 인위적으로 만들어진 시차에 여러 번 노출되었던 늙은 쥐들은 그렇지 않은 쥐들에 비해 빨리 죽었다(Davidson et al., 2006). 교대제 근무 유형은 직장에서의 일과와 연관이 있다(Åkerstedt & Wright Jr., 2009). 병원에서 일하는 사람들, 경찰 혹은 응급요원 등은 밤에도 일하기 때문에 불규칙적인 생활을 한다. 결과적으로 그들은 깨어 있는 시간 동안 엄청난 피곤을 느끼며 수면문제를 겪게 된다. 비정상적인 시간에 일을 하거나 깨어 있는 것은 수면문제뿐 아니라 심혈관질환, 궤양 그리고 유방암의 위험을 증가시킨다(Richardson, 2006). 약 2/3의 교대 근무자들은 수면부족을 호소한다(Neylan, Reynolds, & Kupfer, 2003).

외부적 요인이 아닌 내부적인 요인도 일주기리듬 수면-각성장애의 원인이 된다. 야행성 사람들은 늦게 자고 늦게 일어나는 뒤처진 수면위상형으로 구분된다. 이 경우 수면이 지연되거나 정상적인 수면시간보다 늦다. 반대로 앞당겨진 수면위상형은 정상적인 수면시간보다 일찍 자고 일찍 일어난다. 마지막으로 불규칙한 수면-각성형(뒤죽박죽인 수면 사이클)과 비24시간 수면-각성형(예, 25시간 혹은 26시간 주기에 따라 수면하여 결국 수면시간이 계속 미뤄짐)이 있다.

무엇이 수면 리듬을 방해하는지에 대한 연구가 상당히 빨리 진행됨에 따라, 우리는 일주기리듬 과정을 이해하는 단계에 접어들었다. 과학자들은 멜라토닌이라는 호르몬이 수면에 영향을 끼친다고 말한다. 이 호르몬은 뇌의 중심인 송과선에서 분비된다. 우리의 눈이 밤을 인식하며 뇌로 신호를 전달하여 멜라토닌을 생산한다. 연구자들은 빛과 멜라토닌이 생체시계를 구성한다고 믿는다(Kolla et al., 2012).

개념 확인 8.4

빈칸에 알맞은 보기를 찾으시오. (a) 탈력발작 (b) 과다수면장애 (c) 불면장애 (d) 수면무호흡증 (e) 수면 마비 (f) 기면증 (g) 일주기리듬 수면-각성장애 (h) 호흡관련 수면장애

1. 티모시는 과호흡을 할 것 같다는 느낌에 매일 밤 자주 잠에서 깬다. 그는 충분히 공기를 못 마시는 것 같고, 아내가 코를 골지 말라며 자주 깨운다. 그는 _____ 로 고생하고 있다.

2. 소니아는 낮에 깨어 있는 것이 곤욕이다. 전화통화를 하거나 버스를 탈 때도 예상치 못하게 몸에 힘을 잃고 잠이 든다. 이것의 원인은 _____이다.

3. 제이미는 가끔 잠에서 깨면 움직이거나 말을 할 수 없다. 이것은 _____이다.

4. 브렛은 새로운 직장에 취직했는데 이곳에서는 월마다 교대 근무를 요구한다. 어느 때는 낮에 일하고 다른 때에는 밤에 일한다. 이로 인해 그는 수면에 문제가 생겼다. _____

5. 라마는 고도 비만이다. 매일 밤 코를 골고 잠을 잔 후에도 피곤을 느끼는 라마를 보며 그의 부인은 그가 _____가(이) 있을 거라고 짐작한다.

6. 멜린다는 숙면을 한 다음 날에도 종일 잔다. 일찍 자고 늦게 일어나도 이와 같은 일이 일어난다. _____

일주기리듬 수면-각성장애(circadian rhythm sleep disorder) 현재 밤낮의 패턴과 수면패턴이 일치하지 않아 졸음, 불면증을 야기하는 수면장애.

▶ 만성적인 수면문제의 의학적 치료에는 무엇이 있는가?
▶ 이 치료의 한계는 무엇인가?

잠에 들지 못할 때, 쉽게 깰 때 혹은 잠을 자도 회복이 되지 않을 때, 사람들은 도움을 필요로 한다. 다양한 생물학적, 심리학적 치료법이 개발되고 검증되어 정상적인 수면을 할 수 있도록 도와주고 있다.

의학적 치료

의학 전문의에게 불면증을 호소하는 사람들에게는 벤조디아제핀 혹은 단시간 작용하는 트라이아졸람(Halcion), 잘레플론(Sonata), 졸피뎀(Ambien) 그리고 장시간 작용하는 플루라제팜(Dalmane)과 비슷한 성분의 약을 처방한다. 장시간 작용하는 약물의 경우 다음 날 아침까지 영향을 끼치기 때문에 단시간 작용 약물을 더 선호한다. 반면 단시간 작용하는 약물을 복용한 사람들 중 낮 시간 동안 불안감을 느끼는 사람들에게는 장시간 작용하는 약물을 처방한다(Neubauer, 2009). 멜라토닌 체제와 바로 작용하여 사람들이 잠을 자고 수면을 유지할 수 있게 도와주는 신약(예, ramelteon, Rozerem)이 개발되고 있다. 수면 관련 약물은 대개 65세 이상 성인이 복용한다. 물론 아이들을 포함한 모든 연령의 사람들도 불면증이 있는 경우 약물 복용이 가능하다(Durand, 2008).

약물로 불면증을 치료할 때 부작용이 나타나기도 한다. 첫째, 벤조디아제핀 복용 시 지나치게 졸릴 수 있다. 둘째, 사람들은 쉽게 약물에 의존하게 될 수 있으며 의도적이든 아니든 약물을 남용할 수 있다. 셋째, 이 약물은 단기치료를 위한 것일 뿐 4주 이상 복용은 지양된다. 장기간 복용 시 약물에 의존하게 되거나 반동성 불면 위험이 있기 때문이다. 최근 들어 앰비엔(Ambien)과 같은 약물을 복용할 경우 수면 중 섭식 등 몽유병 관련 문제가 발생할 수 있다는 우려가 제기되었다(Morgenthaler & Silber, 2002). 그러므로 약물을 단기간 복용할 경우 효과적일 수 있으나 장기간 사용하는 것은 위험하다.

과다수면장애 혹은 기면증이 있는 사람들은 메칠페니데이트(methylphenidate, Riltalin, 앤이 복용하던 약물)나 모다피닐(modafinil)과 같은 각성제를 처방한다(Nevsimalova, 2009). 탈력발작 혹은 근력저하는 항우울제로 다스리는데 이는 기면증 환자들이 우울증을 앓기 때문이 아니라 항우울제가 REM(혹은 꿈)수면을 조절하는 데 효과적이기 때문이다. 소디움 옥시데이트(sodium oxydate)는 탈력발작 증상을 완화시킨다(Morgenthaler et al., 2007).

호흡관련 수면장애의 주된 치료 목적은 수면하는 동안 숨을 편안하게 쉴 수 있게 만드는 것이다. 어떤 사람에게는 체중 감량이 요구된다. 비만인 사람들은 연조직이 기도를 압박한다. 하지만 체중 감량을 오랫동안 지속하는 것은 쉬운 일이 아니다. 이로 인해 호흡관련 수면장애 치료에 있어 체중 감량은 효과적인 방법이라 할 수 없다(Sanders & Guvelber, 2006). 폐쇄성 수면무호흡의 표준 치료에는 호흡과 관련된 기계적인 도구―지속적 기도 내 양압호흡 기계(CPAP)―를 사용한다(Patel, White, Malhotra, Stanchian, & Ayas, 2003). 환자들은 수면 중 압축된 공기를 제공하는 마스크를 쓰는데, 이 마스크는 밤 사이 정상적으로 호흡하게 도와준다. 불행히도 많은 환자들이 사용상의 불편으로 이 도구를 이용하는 데 어려움을 겪고 있는데 일부는 폐쇄공포증도 경험한다. 심각한 호흡문제에는 기도 일부의 폐색을 제거하는 수술이 필요하다.

환경치료

주된 치료법인 약물치료는 사실상 치료자들이 선호하는 방법이 아니기 때문에 다른 방법으로 정상적인 수면리듬을 되찾는 것이 중요하다. 일주기리듬 수면-각성장애 치료 원칙은 단계지연(phase delay, 잠드는 시간을 늦춤)이 단계선행(phase advance, 잠드는 시간을 당김)보다 쉽다는 것이다. 즉, 평상시보다 몇 시간 늦게 자는 것은 쉽지만 일찍 잠드는 것은 어렵다는 것이다. 시계 방향(오전에서 오후)으로 시간 조절을 하면 근로자들이 비교적 쉽게 적응한다. 가장 효과적인 방법은 매일 잠드는 시간을 늦춰 정상 시간에 맞추는 것이다(Sack et al., 2007). 하지만 알맞은 시간에 도달하기까지 낮잠을 자야 하는데 낮에 일을 해야 하는 대다수의 사람들의 경우 이것이 불가능하다.

다른 방법으론 빛을 사용하여 뇌를 혼란시켜 생체시간을 정상으로 돌리는 것이다. 연구에 따르면 밝은 빛(광선요법)은 일주기리듬에 문제가 있는 사람들에게 도움이 되기도 한다(Kolla et al., 2012).

심리치료

약물치료의 한계로 심리치료가 발달하게 되었다. 표 8.3은 불면증 치료에 사용되는 치료법을 간략하게 보여준다. 각기 다른 수면문제를

표 8.3 불면증 심리치료

수면치료	설명
인지적(cognitive)	이 치료법은 수면자의 수면에 대한 비현실적인 기대와 생각(나는 꼭 매일 밤 8시간을 자야 한다)을 바꾸는 데 초점을 둔다. 치료자는 정상적인 수면시간과 부족한 수면시간을 보충할 수 있는 사람의 능력 등의 정보를 제공함으로써 잠에 대한 생각과 자세를 바로잡는다.
유도된 상상이완(guided imagery relaxation)	이 치료법은 잠을 청하지 못할 때 불안감을 느끼는 몇몇 사람들을 위해, 취침시간 혹은 밤중에 일어난 경우 명상 혹은 상상을 통해 이완하는 방법이다.
점진적 소거(graduated extinction)	잠에 들기 전 성질을 부리거나 밤중에 깨어 우는 아이를 위한 치료법으로, 부모가 점점 더 길어지는 시간 간격으로 아이 혼자 잠을 청할 때까지 개입하지 않는다.
역설적 의도(paradoxical intention)	이 치료법은 개인에게 원하는 결과와 반대되는 행동을 지시한다. 수면장애가 있는 사람에게 침대에 누워 최대한 오랜 시간 동안 깨어 있도록 지시하여 잠을 자야 한다는 불안감을 해소하는 데 도움을 준다.
점진적 이완법(progressive relaxation)	근육을 이완시켜 수면을 유도한다.

가지고 있는 사람들에게 이에 맞는 치료법이 사용된다. 예를 들어 이완법은 수면을 방해하는 몸의 긴장을 풀어준다. 몇몇 사람들은 직장, 관계 혹은 다른 이유로부터 오는 불안감이 수면 개시와 수면 유지에 방해가 된다고 말한다. 이 경우 인지치료가 적용된다.

심리치료는 연구를 통해 다른 어떤 치료보다 효과적이라고 증명되었다. 성인 환자들에게는 자극통제를 추천한다. 침실은 오직 수면과 성관계를 위한 장소로 제한되며 나머지 불안감을 조성하는 일들(예, 뉴스 시청)은 금지된다. 어떤 사람들에겐 점진적 이완법이나 수면위생(수면을 방해하는 습관들을 고침)만 진행하는 것으로는 자극통제만큼 효과를 보기 어려운 경우가 있다(Means & Edinger, 2006). 수면문제를 겪는 사람들이 증가하면서 필요한 도움을 쉽게 받을 수 있는 인터넷기반 치료법에 큰 관심이 쏠리고 있다. 한 연구에서는 여성 참가자들을 무선적으로 통제군과 인터넷기반 치료군으로 배정하였다(Ritterband et al., 2009). 인터넷군은 온라인으로 몇 가지 심리치료(예, 수면제한, 자극통제, 수면위생, 인지재구조화 그리고 재발 방지)에 대한 교육을 받았다. 실험 결과 온라인 교육이 효과적이며 6개월 경과 후 사람들이 호전되는 것을 볼 수 있었다. 경우에 따라 사람들은 근거기반 지시(evidence-based instruction, 치료법에 대한 교육)에 따라 많은 정신과적 문제를 해결할 수 있다.

소냐―앞서 언급한 법학전문대학원생―는 여러 가지 기법을 통해 수면문제를 극복할 수 있었다. 소냐는 침대에서의 시간을 실제 수면시간인 4시간으로 제한하라고 지시받았다(수면제한, sleep restriction). 그녀가 숙면을 시작하면서 수면주기를 점차 늘려 나갔다. 침대에서 숙제와 공부를 하지 못하게 했으며 15분 이내에 잠들지 못한 경우 다시 침대 밖으로 나오기를 권장했다(자극통제, stimulus control). 3주 동안 진행된 치료를 통해 소냐는 4~5시간에서 6~7시간으로 수면시간을 늘리고 깊은 잠을 잘 수 있게 되었다. 그녀는 아침 기상 후 개운함을 느낄 수 있었고 더욱 힘찬 하루를 보낼 수 있었다. 소냐의 사례는 성인 불면증 치료 시 다양한 방법이 동시에 실시되면 더욱 효과적임을 잘 보여준다(Savard, Savard, & Morin, 2011). 한 연구에서는 무선화된 위약-통제군 실험을 통해 성인 수면장애 치료에 약물치료보다 인지행동치료가 효과적임을 보여준다(Siddiqui & D'Ambrosio, 2012).

수면장애 예방

전문가들은 몇 가지 생활습관 개선을 통해서 매일 겪는 수면문제를 해결할 수 있다고 말한다. 수면위생이라 일컫는 생활습관 개선은 비교적 쉽게 지켜지며 때로는 불면증과 같은 수면문제를 예방할 수 있다(Goodman & Scott, 2012). 수면위생 권고 중 일부는 수면에 대한 욕구를 수면을 방해하는 활동에 대한 제한으로 대체한다. 예를 들어 규칙적인 시간에 자고 일어나게 되면 수면 개시가 쉬워진다. 카페인과 니코틴과 같은 자극제 복용을 삼가하는 것 또한 숙면에 도움이 된다. 표 8.4는 숙면에 도움이 되는 습관을 보여준다. 수면장애 예방에 대한 연구는 많지 않지만 좋은 수면위생을 지키는 것은 가장 좋은 예방법으로 보인다.

사건수면과 치료

사건수면은 수면 자체의 문제가 아니고 수면 중 혹은 수면과 각성 사이에 아무때나 발생하는 비정상적인 행동을 특징으로 한다. 사건수면과 관련된 사건은 각성상태에서 발생하면(냉장고에서 뭘 찾기 위해 부엌으로 가기) 이상하지 않다. 그러나 자는 동안 발생하면 문제가 된다.

표 8.4 바람직한 수면 습관

규칙적인 취침시간을 정한다.
정상적인 취침시간과 기상 시간을 정한다.
취침 6시간 전부터 카페인 함유 음식과 음료를 제한한다.
술과 담배를 제한한다.
취침 전 우유를 마신다.
지방 섭취는 줄이고 균형 잡힌 식단을 유지한다.
잠이 오는 경우에만 잠을 청하고, 15분 이상 잠이 오지 않거나 다시 잠에 들지 않는 경우 일어난다.
취침 1시간 전에는 운동 혹은 격렬한 활동은 금지한다.
규칙적으로 운동을 한다.
잠자리에 누워 있는 동안 잠을 방해하는 행동을 하지 않는다.
침실에서 소음과 빛은 최소화한다.
해가 떠 있을 때 외출을 하거나 햇빛에 노출되도록 한다.
침실에서 극심한 온도 변화(너무 춥거나 덥거나)는 피한다.

출처: Durand, V. M. (2015b). Good sleep habits. In V. M. Durand (Ed.) *Sleep better: A guide to improving sleep for children with special needs–Revised edition* (p. 78). Baltimore: Paul H. Brookes.

DSM 5

DSM 진단기준 요약 NREM수면 각성장애

NREM수면 각성장애는 다음과 같은 특징을 포함한다.

▶ 대개 주요 수면 삽화의 초기 1/3 동안에 발생하는 잠에서 불완전하게 깨는 반복적인 삽화가 있고 (1) 수면보행증 혹은 (2) 야경증을 동반한다.

▶ 꿈 이미지를 전혀 또는 거의 기억하지 못한다.

▶ 삽화를 기억하지 못한다.

▶ 삽화가 사회적, 직업적 또는 다른 중요한 기능 영역에서 임상적으로 현저한 고통이나 손상을 초래하나, 장애는 물질(예, 남용약물, 치료약물)의 생리적 효과로 인한 것이 아니며, 공존 정신질환과 의학적 장애가 불쾌한 꿈에 대한 호소를 충분히 설명할 수 없다.

출처: American Psychiatric Association. (2013). *Diagnostic and statistical manual of mental disorders* (5ᵗʰ ed.). Washington, DC.

*DSM-5*는 사건수면을 여러 가지로 분류한다(American Psychiatric Association, 2010). **악몽**(혹은 악몽장애)은 REM수면 혹은 꿈수면 시 발생한다(Augedal, Hansen, Krongaug, Harvey, & Pallesen, 2013). 아동의 10~50%, 성인의 9~30%가 수시로 악몽을 꾼다(Schredl, 2010). *DSM-5*는 악몽을 꾸는 행위가 일상생활에 지장(잠드는 것이 불안할 정도의 악몽을 꿈)을 주면 악몽장애로 간주한다. 어떤 연구자들은 악몽

DSM 5

DSM 진단기준 요약 악몽장애

악몽장애는 다음과 같은 특징을 포함한다:

▶ 대개 생존, 안전, 신체적 온전함에 대한 위협을 피하고자 노력하는 광범위하고 극도로 불쾌하며 생생하게 기억나는 꿈들이 반복적으로 발생하며 주로 야간 수면시간의 후기 1/2동안 일어난다.

▶ 불쾌한 꿈으로부터 깨어나면 빠르게 지남력을 회복하고 각성한다.

▶ 수면 교란이 사회적, 직업적 또는 다른 중요한 기능 영역에서 임상적으로 현저한 고통이나 손상을 초래한다.

▶ 악몽 증상이 물질(예, 남용약물, 치료약물)의 생리적 효과로 인한 것이 아니며, 공존하는 정신질환과 의학적 장애가 불쾌한 꿈에 대한 호소를 충분히 설명할 수 없다.

출처: American Psychiatric Association. (2013). *Diagnostic and statistical manual of mental disorders* (5ᵗʰ ed.). Washington, DC.

과 나쁜 꿈의 차이점은 꿈으로 인해 잠에서 깨냐 아니냐로 정의한다. '수면상태인 사람을 깨우면' 악몽으로 보는 반면 그렇지 않으면 나쁜 꿈으로 간주한다. 이 정의에 따르면 대학생들은 매해 평균적으로 30번의 나쁜 꿈, 10번의 악몽을 꾼다(Zadra & Donderi, 2000).

악몽은 유전(Hublin, Kaprio, Partinen, & Koskenvuo, 1999), 외상, 약물 복용, 그리고 정신장애(예, 약물중독, 불안, 경계성 성격장애, 조현병 스펙트럼장애)의 영향을 받는다(Augedal et al., 2013). 악몽장애는 심리치료(예, 인지행동치료)와 약물요법(prazosin)이 동시에 진행될 경우 호전될 수 있다(Augedal et al., 2013; Aurora et al., 2010).

각성장애는 NREM(non-rapid eye movement)수면 시에 일어나는 몽유병, 야경증 그리고 불완전 각성(NREM수면 각성장애) 등의 움직임을 말한다. 아이들에게서 주로 나타나는 **야경증**은 소리를 지르는 것으로 시작된다. 야경증이 있는 아이들은 흥분(나쁜 의미의 흥분)을 하며 땀을 흘리고 심장이 빠르게 뛴다. 야경증은 악몽과 비슷한 양상을 보이는데 야경증의 경우 NREM수면상태에서 일어나므로 무서운 꿈이 원인이 아니다. 악몽을 꿀 때와 같이 야경증을 앓는 아이들은 쉽게 잠에서 깨지 못하며 진정하는 데 꽤 오랜 시간이 걸린다. 아이들은 기억을 하지 못하나 이를 관찰하는 사람들에게 상당한 충격을 주기도 한다(Durand, 2008). 약 6%의 아동(남자아이 〉 여자아이)이 야경증을 경험한다. 성인의 경우 약 2%가 야경증을 경험하는 것으로 알려져 있다(Buysse, Reynolds, & Kupfer 1993). 야경증 관련 정보는 많지 않지만 몇 가지 가설이 있다. 대체로 가족들에게 비슷한 증상을 찾기 쉬우므로 유전적 원인이 그 하나이다(Durand, 2008). 야경증 치

료는 대개 저절로 없어질 때까지 기다려 보라는 권고로 시작한다.

만성적인 야경증을 줄이기 위한 접근으로 계획된 깨우기를 사용하는 방법이 있다. 이와 관련한 최초의 통제된 연구에서 Durand와 Mindell(1999)은 거의 매일 밤 야경증을 경험하는 아이의 부모에게 지시해서, 전형적인 삽화(대개 매일 밤 비슷한 시각에 발생)가 발생하기 약 30분 전에 아이를 잠깐 깨우도록 했다. 몇 주에 걸쳐 조금씩 횟수를 줄여가며 실시한 이 간단한 기법으로 이 성가신 증상을 거의 제거할 수 있었다.

몽유병(혹은 **수면보행증**) 또한 NREM수면 시 일어난다(Shatkin & Ivaneko, 2009). 사람들은 수면상태에서 보행을 하지만 꿈을 꾸진 않는다. 이 사건수면은 깊게 잠든 후 몇 시간 내에 발생한다. *DSM-5*는 몽유병 환자들이 침대 밖을 벗어나는 행위를 진단 기준으로 명시하는데 갑자기 일어나 앉거나 이불을 집는 혹은 손짓하는 등의 사소한 움직임 또한 일어날 수 있다. 수면보행은 깊은 수면상태에서 발생하기 때문에 보행 중인 사람을 깨우는 것은 쉬운 일이 아니다. 잠에서 깬 사람들은 자신에게 무슨 일이 일어났는지 기억하지 못한다. 몽유병 환자의 대다수는 아이들이지만 성인 환자도 있다. 15~30%의 아이들이 적어도 한 번의 수면보행 경험이 있으며 2%는 수시로 수면보행을 한다(Neylan et al., 2003).

비록 극심한 피로, 수면부족, 진정제 혹은 졸음을 유발하는 약물 복용, 그리고 스트레스가 수면보행을 초래한다는 설명이 있으나 정확한 이유는 알지 못한다(Shatkin & Ivanenko, 2009). 가끔 수면보행은 살인, 자살 행위와 같은 잔인한 행동과 연관되기도 한다(Catwright, 2006). 어떤 남자는 장모를 살해하고 장인을 거의 죽일 뻔하여 살인 및 살인미수 혐의로 기소되었지만 수면보행증을 주장함으로써 무죄를 선고받았다(Broughton, Billings, & Cartwrigth, 1994). 잔인한 행위와 수면보행이 동시에 일어날 수 있다는 증거가 있지만 이는 아직 큰 논란 사안이다. 이 또한 가족구성원들과 일란성 쌍둥이들에게서 빈번히 발견되므로 유전적 원인을 배제할 수 없다(Broughton, 200).

야간섭취증후군(Nocturnal eating syndrome)이 있는 사람들은 수면상태로 음식을 먹는다(Striegel-Moore, Rosselli et al., 2010). 이는 야식증후군과 현저히 다른 문제로 생각보다 많은 사람들이 야간섭취증후군을 보인다. 불면증으로 치료를 받는 사람들의 약 6%가 이와 같은 문제를 보였다(Manni, Ratti, & Tartara, 1997; Winkelman, 2006). 섹솜니아(sexsomnia)라는 희귀한 질병도 있다. 수면상태에서 자위행위 혹은 성교행위를 하지만 기억은 할 수 없다(Béjot et al., 2010). 이 흔치 않은 장애는 관계문제, 심각하게는 동의 없는 성관계 혹은 미성년자와의 성관계로 법적인 처벌을 받을 수 있다(Howell, 2012; Schenck, Arnulf, & Mahowald, 2007).

많은 사람들은 수면이 우리의 신체와 정신 건강에 상당히 중요한 역할을 하고 있다고 믿는다. 수면문제가 다른 장애와 공존할 경우 심리적 어려움을 겪는 사람들의 상태를 악화시킬 수 있다. 연구자들은 계속해서 수면을 연구하고 있으며 빠른 시일 안에 효과적인 치료법이 개발될 것이라 믿는다.

악몽(nightmare) 괴로움과 기능장애를 유발하는 꿈.

REM수면(rapid eye movement sleep) 나쁜 꿈을 기억할 수 있으며 각성상태와 지남력을 빨리 회복함.

각성장애(disorders of arousal) NREM수면 중 일어나는 행동 혹은 신체적 움직임.

야경증(sleep terror) 수면 중 갑자기 잠에서 깨어 공황상태를 보이고 이에 대한 기억상실을 보임. 야경증은 NREM수면 단계에서 나타나므로 무서운 꿈을 포함하지는 않음.

몽유병, 수면보행증(sleepwalking, somnambulism) NREM수면 단계에서 침대를 떠나는 행동을 포함하는 사건수면. 수면보행증 참고.

수면보행증(somnambulism) NREM 단계에서 수면 중 반복적으로 걸어 다니지만 꿈으로 인한 움직임이 아님. 깨우기가 쉽지 않으며 이 사건을 회상하지 못함.

A

빈칸에 알맞은 보기를 찾으시오.

(a) 야간섭취증후군(nocturnal eating syndrome) (b) 야경증(sleep terrors) (c) 악몽(nightmares)

1. 재클린의 아빠는 소리를 지르는 딸 때문에 잠에서 깬다. 아빠는 그녀의 방으로 뛰어가 진정시킨다. 그녀는 꿈에서 외눈박이 보라색 괴물이 그녀를 쫓아왔다고 설명한다. 친구들과 함께 무서운 영화를 본 직후였다. _____

2. 소젠의 부모님은 매일 밤 그녀의 날카로운 비명소리를 듣고 그녀의 방으로 달려가지만 그녀는 대답하지 않는다. 이러한 증상이 일어날 때마다 심장박동 수가 올라가며 잠옷은 땀으로 범벅이 된다. 하지만 다음 날 그녀는 무슨 일이 있었는지 기억하지 못한다. _____

3. 잭은 한 달 전 다이어트를 하기로 결심했지만 체중이 증가하고 있다. 먹은 기억이 없지만 냉장고의 음식은 사라지고 있다. _____

B

빈칸에 알맞은 단어를 채우시오.

4. 부모님의 보살핌에도 불구하고 커렌은 매일 밤 소리를 지르며 일어난다. 그녀의 심장박동 수가 상승되어 있고 땀으로 흥건하다. 다음 날 그녀는 무슨 일이 일어났는지 기억하지 못한다. 야경증 증상을 완화시키기 위해 주치의는 _____을(를) 사용한다.

5. 조지는, 부인이 68세로 생을 마감한 후, 잠에 들 수 없다. 불면증 치료에서 가장 힘겨운 첫 주 치료를 위해 주치의는 _____을(를) 처방했다.

6. 칼이 수면문제를 토로하자 주치의는 _____(이)라 불리는 간단한 생활습관 개선을 제안했다.

DSM 5 DSM 논란 폭식장애

폭식장애는 *DSM-5*에서 처음으로 추가된 장애인데, 새로 추가된 다른 장애와 마찬가지로 추가 여부에 대한 논란이 있었다. *DSM-IV* 프로젝트팀의 대표였던 정신과의사 Alan J. Frances는 폭식장애 추가를 반대하였다. 그는 정신건강관련 질병 분류학의 역사를 보면 유행을 따르는 데 급급해 체계가 엉망이 되었으며, 유행성 분류는 득보다 실이 많았다고 주장했다(Frances, 2012). 그는 폭식장애가 바로 그 경우에 속하는 예라고 보았다. 폭식장애 진단 기준인 3개월 동안 12번 이상의 과식(331쪽을 참고)은 맛있는 음식이 만연하는 현대사회의 한 징후라고 말한다(Frances, 2012). 혹시 과거 1달 동안 일주일에 한 번 '과식'을 한 경험이 있는가? 이것을 3개월 이상 계속한다면 당신은 폭식장애를 앓고 있을 수 있다.

폭식장애에 대한 설명을 다시 살펴보자. 체중 감량을 위해 체중 감량 프로그램에 참가한 비만인 중 소수만이 폭식을 한다. 또한 폭식 빈도수는 비만도와 비례하는데, 배리애트릭 수술이 필요할 정도로 고도비만인 사람들의 폭식 비율이 압도적으로 많다. 비만인 사람들(단, 폭식하지 않는 비만인 사람들은 제외)은 신경성 식욕부진증과 신경성 폭식증 환자들과 같이 몸매와 몸무게를 걱정하며, 주로 나쁜 감정을 해소하기 위해 폭식을 선택한다. 이러한 이유를 포함하여 폭식장애가 가족력을 보이며 유전적인 요소와 다른 섭식장애(폭식을 하지 않는 비만은 해당사항이 없음) 치료법에 반응한다는 사실에 근거하여 섭식장애 전문가팀과 *DSM-5* 특수전략팀은 폭식장애를 *DSM-5*에 포함시켰다. 이 결정으로 폭식장애의 인지도가 높아지고 보험 혜택을 누릴 수 있게 되어, 폭식장애 환자들은 적절한 도움을 받게 될 것이다.

요약

신경성 폭식증, 폭식장애, 신경성 식욕부진증

▶ 반세기 동안 섭식장애 유병률은 급속도로 증가하였다. 그로 인해 섭식장애는 처음으로 *DSM-IV*에 독립된 장애로 포함되었다.

신경성 폭식증, 폭식장애, 신경성 식욕부진증이 정의하는 특징은 무엇인가?

▶ 섭식장애는 일반적으로 3가지 유형으로 나뉜다. 신경성 폭식증의 경우 끊임없이 폭식을 하고, 구토를 하거나 그 외의 방법으로 음식을 제거하는 행동이 동반한다. 폭식장애의 경우 음식을 제거하는 행위 없이 끊임없는 폭식을 한다. 신경성 식욕부진증의 경우 소량의 음식을 섭취하여 결과적으로 급격한 체중 감소와 위험할 정도의 저체중을 초래한다.

섭식장애 통계와 경과

▶ 신경성 폭식증과 신경성 식욕부진증은 선진국의 젊은 여성들에게서 쉽게 발견된다. 그들은 문화가 세뇌하는 건강하지 못한 체형을 추구한다.

▶ 치료가 동반되지 않는 경우 섭식장애는 만성이 되어 죽음을 초래할 수도 있다.

섭식장애 원인

섭식장애를 유발하는 사회적, 심리적, 신경생물학적 원인은 무엇인가?

▶ 사회문화적 영향 외에도 생물학적 그리고 유전적 취약성(장애는 유전적인 경우가 많음), 심리적 요소(낮은 자존감), 사회불안(거절에 대한 두려움) 그리고 잘못된 신체상(평범한 정상 체중인 사람들도 자신을 뚱뚱하고 못생겼다고 생각함)이 있다.

섭식장애 치료법

섭식장애의 약물치료와 심리치료의 차이점은 무엇인가?

▶ 가족치료를 병행하는 인지행동 접근(CBT)과 대인관계 심리치료(IPT)를 포함한 몇몇 심리사회적 치료법은 효과적이다. 약물치료의 경우 현재 큰 효과를 보지 못하고 있다.

비만

비만의 원인은 무엇인가?

어떠한 치료법이 있는가?

▶ 비만은 *DSM*에 장애군으로 분류되어 있지 않지만 현대사회에 만연한 위험한 유행병 중 하나이다. 유전 요인과 다른 요인이 결합된 고지방음식 섭취를 장려하는 문화는 비만을 야기하는데 이는 치료가 어렵다.

▶ 식이요법과 운동을 강조하는 전문적인 행동변화 프로그램을 통해 효과를 보기도 하지만 정부차원에서 제공하는 영양관련 예방 정책이 가장 효과적일 것으로 보인다.

수면-각성장애

주요 수면-각성장애의 중요한 진단 기준은 무엇인가?

▶ 수면-각성장애는 일반인들에게서 자주 발견되며 2가지 종류가 있다. 수면이상(수면 방해)과 사건수면(악몽과 수면 중 보행 등 잠을 자는 동안 일어나는 비정상적인 사건)이 그것이다.

▶ 수면 개시가 힘들고, 수면상태 유지가 어렵거나 잠을 잔 후에도 상쾌함을 못 느끼는 불면장애는 수면이상 중 가장 흔하게 발견된다. 그 외에도 과다수면장애(과도한 수면), 기면증(갑작스럽고 저항할 수 없는 수면발작), 일주기리듬 수면-각성장애(밤낮의 패턴과 수면패턴이 일치하지 않는 데서 오는 졸음, 불면증), 호흡관련 수면장애(수면무호흡이나 호흡저하와 같은 호흡문제로 인한 불면증)가 있다.

▶ 공식적인 수면 평가인 수면 다원 검사는 심장, 근육, 호흡, 뇌파 그리고 내담자의 다른 수면 기능에 대해 모니터링을 한다. 또한 침대에 누워 있는 시간과 실제 수면시간의 비율을 구하여 얼마나 효율적인 수면을 하는지 파악하는 것이 중요하다.

수면장애를 치료하기 위해 어떠한 의학적 치료와 심리치료가 사용되고 있는가?

▶ 벤조디아제핀제는 다양한 수면이상을 단기적으로 치료하는 데 효과적이지만 약물을 중단했을 경우 더 큰 수면문제를 일으킬 수 있는 금단 증상, 즉 반동성 불면증을 일으킬 수 있기 때문에 신중히 복용해야 한다. 장기적 치료의 경우 자극통제와 수면위생과 같은 심리학적 개입이 필수이다.

REM수면과 NREM수면은 사건수면과 어떠한 관계가 있는가?

▶ 악몽과 같은 사건수면은 REM수면 동안 일어나고, 야경증과 몽유병은 NREM수면 동안 일어난다.

핵심 용어

개념 확인의 답

8.1

1. c, 2. a, 3. a, 4. B

8.2

1. T, 2. T, 3. F(여성들은 남성들보다 작은 사이즈를 더 매력적이라고 생각), 4. F(신경성 식욕부진증이 아닌, 신경성 폭식증을 돕는다), 5. T, 6. T

8.3

1. T, 2. F(적어도 1/3 이상), 3. F, 4. T

8.4

1. h, 2. f, 3. e, 4. g, 5. d, 6. B

8.5

A

1. c, 2. b, 3. A

B

4. 계획된 깨우기, 5. 벤조디아제핀, 6. 수면위생

단원 퀴즈

1. _____의 섭식장애 환자들은 죽음을 맞이하는데, 이 죽음의 50%는 _____이(가) 원인이다.

   a. 20%. 타살

   b. 20%. 자살

   c. 50%. 타살

   d. 50%. 자살

2. 톰슨 박사는 통통한 얼굴, 굳은살이 있는 손가락 그리고 손등에 작은 상처가 있는 환자를 진료한다. 검사를 통해 환자의 현재 몸무게가 목표 몸무게보다 살짝 높으며 전해질 불균형을 발견하였다. 환자는 만성 변비와 심장박동 이상을 호소하였다. 이는 어떤 질병의 증상인가?

   a. 우울증

   b. 불안

   c. 신경성 식욕부진증

   d. 신경성 폭식증

3. 신경성 폭식증과 함께 빈번히 발생하는 장애는 무엇인가?

   a. 불안장애

   b. 기분장애

   c. 정신이상

   d. 물질사용장애

4. 일반적으로 신경성 식욕부진증과 신경성 폭식증 발병 연령은 _____세이며, 신경성 식욕부진증의 경우 어리면 _____세, 신경성 폭식증의 경우, 어리면 _____세에 발병하는 경향이 있다.

   a. 30, 25, 20

   b. 20, 15, 10

   c. 15, 10, 5

   d. 15, 13, 12

5. Fallon과 Rozin의 연구 결과에 따르면, 여성 대학생들은?

   a. 자신의 현재 체형과 이상적 체형을 동일하게 보고한다.

   b. 이상적 체형을 매력적인 체형보다 작게 보고한다.

   c. 이상적 체형을 매력적인 체형보다 과체중으로 보고한다.

   d. 그들의 현재 체형을 이상적 체형보다 작게 보고한다.

6. 폭식증의 인지행동치료(CBT)와 대인관계 심리치료(IPT)에 대한 알맞은 해석은?

   a. CBT는 IPT에 비해 효과가 빠르게 나타나지만, 1년 후 추수회기에서는 두 개 모두 긍정적인 영향을 미쳤다.

   b. CBT와 IPT 모두 단기적으로나 장기적으로 동일한 영향력을 미쳤다.

   c. IPT는 CBT에 비해 효과가 빠르게 나타나지만, 1년 후 추수회기에서는 두 개 모두 긍정적인 영향을 미쳤다.

   d. CBT와 IPT 모두 폭식증 치료에 효과적이지 않다.

7. 수면활동과 수면의 질의 지표인 팔 움직임을 측정하는 데 사용되는 것은 무엇인가?

   a. 심전도

   b. 근전도

   c. 뇌전도

   d. 액티그래프

8. 55세 과체중 남성 마이클은 수면 중, 짧은 시간 동안 호흡 중지를 경험한다. 그의 부인은 남편이 지속적으로 코를 골며 피곤해한다고 말한다. 이는 무엇의 증상인가?

   a. 기면증

   b. 수면무호흡증

   c. 수면 각성주기 장애

   d. 탈력발작

9. 던은 몇 주 동안 불면증을 앓고 있다. 그의 주치의는 그가 실제로 수면하는 시간인 3시간 동안만 침대에 누워 있는 것을 권장한다. 침대에 누워 있는 시간은 던의 수면시간 증가와 함께 늘려갔다. 이 치료법은 무엇인가?

   a. 수면위생

   b. 수면제한(sleep restriction)

   c. 단계지연(phase delay)

   d. 점진적 이완요법

10. 야경증과 악몽의 주된 차이점은?

   a. 야경증은 비명을 지르며 시작한다.

   b. 아이들은 악몽을 기억하지 못한다.

   c. 야경증은 NREM수면 중 일어난다.

   d. 야경증 유병률이 더 높다.

섭식장애 탐구하기

섭식장애 환자들은:

▶ 지속적으로 마르고자 하는 갈망을 느낌

▶ 대다수가 경쟁이 치열한 환경에서 사는 중상위층의 젊은 여성

▶ 최근까지 서양권 국가에서만 주로 발견됨

심리적—자제력·자신감 상실로 인한 낮은 자존감. 왜곡된 신체상

사회적—날씬함을 이상으로 정의하는 문화와 사회로 인한, 신체에 대한 불만족과 음식·섭식에 대한 집착

원인

생물학적—취약한 충동 조절 능력, 불안정한 감정, 완벽주의적 성향

섭식장애

장애	특징	치료
신경성 폭식증	■ 통제력을 상실하여 짧은 시간 내에 주로 영양가 없는 음식 과도하게 섭취 ■ 폭식을 보상하기 위해 과도한 운동 혹은 폭식과 폭식 사이 금식 ■ 구토하는 행위는 침샘 비대증(볼이 통통해짐), 치아 부식, 급성 심부전 혹은 신부전증을 초래하는 전해질 불균형 야기 ■ 정상 체중의 10% 이내 ■ 주로 18~21세에 발병하나 빠르면 10세부터 발병	■ 약물치료, 예를 들어 항우울제 ■ 섭식과 신체상에 대한 행동과 태도를 다루기 위한 단기적 인지행동치료(CBT) ■ 대인 기능을 증진시키기 위한 대인관계 심리치료(IPT) ■ 치료하지 않을 경우 만성적으로 됨
신경성 식욕부진증	■ 비만이 되는 것에 대한 엄청난 두려움과 지속적으로 마르고자 하는 갈망, 체중 감량에 대한 영구적인 불만족감 ■ 극단적인 칼로리 섭취 제한으로 인한 생리 중단, 팔과 볼에 솜털, 건조한 피부, 푸석한 머리카락과 손톱, 추위에 약함, 급성 심부전 혹은 신부전 ■ 적어도 정상 체중의 15% 이하 ■ 평균 발병 나이는 18~21세로 어린 경우 15세부터 발병	■ 입원치료(정상 체중의 70% 이하인 경우) ■ 정상 체중 회복과 잘못된 섭식 상식과 신체상을 바로잡기 위한 통원치료 ■ 가족치료 ■ 치료하지 않을 경우 만성적으로 됨, 폭식증보다 치료가 어려움
폭식장애	■ 통제할 수 없는 폭식을 동반한 신경성 폭식증과 비슷하나 보상행동(토하기, 변비약, 이뇨제) 혹은 폭식을 보상하는 시도는 없음 ■ 뚜렷한 신체적, 정신적 스트레스, 나쁜 감정을 해소하기 위해 폭식 ■ 신경성 폭식증과 식욕부진증 환자와 같은 고민(몸매와 몸무게 관련)을 함 ■ 신경성 폭식증과 식욕부진증 환자 연령대보다 높은 편	■ 섭식과 신체상에 대한 행동과 태도를 알리기 위한 단기 CBT ■ 대인관계적 기능을 향상시키기 위한 IPT ■ 식욕을 억제하는 약물치료 ■ 자조법

PhotoDisc/Getty Images

장애	특징	치료
비만	■ 미국 성인의 70%는 과체중, 35%는 비만 ■ 세계적인 문제, 지방보다 도시에서 위험도가 높음 ■ 비만관련 비정상적 행동 양상 2가지: 폭식과 야식증후군 ■ 높은 심혈관계질병, 당뇨, 고혈압, 뇌졸중 외의 신체적 문제 발병률을 높임	■ 자기주도 체중 감량 프로그램 ■ 상업적 자조 프로그램, 예를 들어 웨이트 워처스(Weight Watchers) ■ 전문적인 행동수정 프로그램, 가장 효과적임 ■ 최후의 수단: 수술

Stockbyte/Getty Images

심리적—충동 조절 영향, 섭식에 대한 태도와 동기, 섭식의 결과에 대한 민감성

사회적—기술 발전으로 인한 운동량 적은 생활습관과 고열량음식

원인

생물학적—지방 세포의 수, 지방 저장 그리고 활성도에 영향을 끼치는 유전자

수면-각성장애 탐구하기

일상생활에 심각한 지장을 주는 것이 특징이며 다른 많은 정신장애의 중요한 요인이다.

수면-각성장애

수면-각성장애 진단

수면 다원 검사(PSG)는 수면 습관을 평가하기 위해 전자식 시험 장치를 이용해 기도, 뇌활성도, 눈 움직임, 근육 움직임 그리고 심장 움직임을 측정한다. 결과는 수면 효율성(수면한 시간 비율)에 비중을 둔다.

©TOPIC/AGE

수면이상
잠이 드는 시간, 잠의 양과 질의 문제

장애	특징	원인	치료
불면장애	■ 수면 개시, 수면 유지의 어려움, 비회복성 수면	■ 통증, 운동 부족, 약물 복용, 환경적 요인, 불안, 호흡 기관의 문제, 생물학적 취약성	■ 의학적(벤조디아제핀), 심리치료(불안감 해소, 수면위생 개선) 동시 진행 시 가장 효과적
기면증	■ 낮 시간에 탈력발작, 미미한 혹은 강력한 충동을 일으키는 근긴장 상실을 동반한 갑작스러운 REM수면 발생. 때때로 수면 마비 그리고/혹은 최면 환각 동반	■ 유전적	■ 의학적(각성제)
수면과다장애	■ 과도한 수면 혹은 졸림, 원치 않는 낮 수면. 지장을 줄 경우에만 장애로 간주	■ 유전적 혹은/그리고 세로토닌 과다	■ 의학적(각성제)
호흡관련 수면장애	■ 환기저하(숨 쉬기 힘듦) 혹은 수면무호흡증(호흡 중지)으로 인한 수면방해와 낮시간의 피로	■ 좁은 혹은 차단된 기도, 비만 그리고 나이에 따라 증가	■ 지속적 기도내 양압호흡(CPAP) 기계가 권고됨, 때로는 체중 감량을 처방
일주기리듬 수면–각성장애	■ 졸림 혹은 불면증	■ 시차, 교대 근무, 뒤처진 수면, 앞당겨진 수면(보통보다 일찍 잠드는) 등으로 인해 현재의 밤낮 패턴과 수면패턴을 일치시키는 데 어려움	■ 취침시간 조절을 위한 단계지연(phase delay)과 생체시계 조절을 위한 밝은 빛

사건수면
수면 중 일어나는 비정상적 행동

악몽

REM수면 중 꾸는 무서운 꿈으로 수면자(sleeper)를 깨운다. 악몽으로 인해 정상적 기능을 하지 못할 경우, 악몽장애로 간주한다. 원인은 밝혀지지 않았으나 나이가 들면서 사라지는 경향이 있다.

Royalty-Free/Corbis

야경증

NREM수면(꿈을 꾸지 않는) 중 발생하며 주로 아이들에게서 관찰된다. 수면 중인 아이는 소리를 지르고, 울고, 땀을 흘리며, 때론 걷기도 하고, 심장이 빨리 뛰며, 쉽게 깨거나 진정되지 않는다. 여아보다 남아에게 주로 발견되며 가족력이 있는 것을 보아 유전적 연관이 있는 것으로 추정된다. 시간이 지나면서 진정된다.

몽유병

NREM수면 중 15세 이하 15~30% 아이들에게 나타나며 적어도 한 번 발생한다. 극한 피로, 수면부족, 진정제 혹은 수면제 복용 그리고 스트레스 등의 원인이 있다. 성인 몽유병은 다른 정신장애와 연관이 있다. 유전적 연관이 있는 것으로 추정된다.

성기능부전, 변태성욕장애, 성별 불쾌감

Elisa Lazo de Valdez/Comet/Corbis

행동을 해석하기 위해 과학적 추론을 사용한다.	▶ 행동에 대한 설명들(예, 추론, 관찰, 조작적 정의, 해석)에서 기본적인 생물학적, 심리적, 사회적 요소들을 확인한다. (APA SLO 1.1a) (교재의 380~383, 385~386쪽 참고).
혁신적이고 통합적인 사고와 문제해결에 참여한다.	▶ 경험적으로 연구하기 위하여 문제를 조작적으로 기술한다. (APA SLO 1.3a) (교재의 374~383, 387~391, 396~398쪽 참고).
훈련 기반 문제 해결의 활용을 기술한다.	▶ 행동과 정신과정의 선행 요인 및 결과를 정확하게 파악한다. (APA SLO 5.3c) (교재의 380~383, 391~393, 398~400쪽 참고) ▶ 일상생활에 심리학적 원리를 적절하고 실용적으로 적용한 예를 기술한다. (APA SLO 5.3a) (교재의 374~378, 383, 388~389, 391~392, 394, 396, 398~399쪽 참고)

* 이 단원의 내용은 미국심리학회(APA)가 학부 심리학 전공에 대한 지침(American Psychological Association, 2012)에서 제안한 학습목표들을 포함하고 있다. APA에서 제안한 학습목표(Suggested Learning Outcome, SLO)에 따른 범위는 위에서 확인할 수 있다.

정상적인 성이란 무엇인가?

▶ 사회문화적 요인은 '정상'적인 성적 행동을 규정하는 데 어떠한 영향을 미치는가?

정상적인 성적 행동은 무엇인가? 앞으로 살펴보겠지만 이러한 질문에 대한 답은 상황에 따라 달라질 수 있다. 질문을 좀 더 구체적으로 바꾸어 본다면 규범으로부터 다소 벗어난 성적 행동은 어떤 상황에서 장애가 될 수 있을까? 이 경우 역시 답은 상황에 따라 달라진다. 현재의 관점은 성적 행동이 특이하더라도 기능상의 심각한 손상이나 아동과 같이 동의하지 않은 대상이 관련된 것이 아니라면 다양한 성적 표현에 대해 비교적 관용적인 편이다. 두 가지 유형의 성적 행동이 이러한 정의에 해당될 수 있다. 성기능부전(sexual dysfunction)은 성관계 상황에서 적절한 기능을 하지 못하는 상태를 말하는데 예를 들어 발기부전에 처하거나 절정 또는 극치감(오르가슴, orgasm)에 이르지 못하게 된다. 한편 변태성욕을 가리키는 비교적 새로운 용어인 변태성욕장애(paraphilic disorder)의 경우에는 주로 부적절한 대상이나 사물에 대해 성적 흥분이 발생한다. 이 용어에서 *philia*는 강한 매력이나 취향을 뜻하며 *para*는 이러한 이끌림이 비정상적임을 의미한다. 사실상 변태성욕장애는 성적 행위와 연관되었다는 사실 외에는 성기능부전과 거의 무관하다고 할 수 있다. 이러한 이유 때문에 변태성욕장애는 *DSM-5*에서 현재 별도의 장애 범주로 제시되어 있다. 성적 장애와 구분되는 또 하나의 장애는 성별 불쾌감(gender dysphoria)이다. 성별 불쾌감은 출생시 결정되는 성별(남아 또는 여아)에 대한 부조화, 심리적 고통 및 불만족감이 주된 특성인 장애이다. 이 장애는 성적이라기보다 여성성 또는 남성성에 대한 개인적 혼란감에 가깝다.

위에 언급된 세 가지 장애에 대한 논의에 앞서, 성기능부전과 변태성욕장애에 대한 중요한 관점을 이해하기 위해 "정상적인 성적 행동이란 무엇인가?"라는 첫 질문으로 돌아가 보자. 성적 행동의 성행 정도를 정확하게 파악하기 위해서는 인구의 무작위 표본에 대한 세심한 조사가 필요하다. Mosher, Chandra와 Jones(2005)는 미국 질병관리본부(CDC)에서 진행된 가족 성장에 대한 범국가적 조사의 일환으로 15세에서 44세 사이의 여성과 남성 12,471명의 자료를 보고하였다. 그림 9.1에 이에 관한 결과가 인용되어 있다. 연구 결과의 신뢰도를 높이기 위해 설문지 대신 대상자와의 직접적인 면접이 이루어졌고 그 자료는 상세하게 분석되었다. 연구 목적 중 하나는 청소년과 성인층에서 성적 접촉으로 감염될 수 있는 AIDS와 같은 질병의 위험 요인을 찾는 것이었다. CDC가 지원한 가장 최근의 미국 국립건강영양조사(National Health and Nutrition Examiner Survey) 결과가 2007년 6월에 발표되었다(Fryar et al., 2007). 해당 연구는 6,000명 이상의 남녀가 참여하였고 표집된 성적 행동 유형이 많지는 않으나 몇몇 갱신된 자료를 제공하였다.

Mosher와 동료들 그리고 Fryar와 동료들의 연구에서 거의 대부분의 남녀는 성적 경험이 있었고 결혼 경험이 없을 경우에도 질내 성교는 거의 보편적이었다. 만 15세 연령층에서도 대상자 중 25%는 질내 성교를 경험하였으며 연령이 증가함에 따라 이 비율은 점차적으로 높아졌다. 전체 표본에서 남성 중 90% 그리고 여성 중 88%가 구

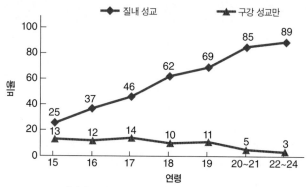

15~24세 남성 중 질내 성교 경험이 있는 연령별 비율과 여성과의 구강 성교 경험만 있다고 보고한 연령별 비율: 미국, 2002

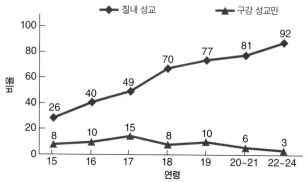

15~24세 여성 중 질내 성교 경험이 있는 연령별 비율과 남성과의 구강 성교 경험만 있다고 보고한 연령별 비율: 미국, 2002

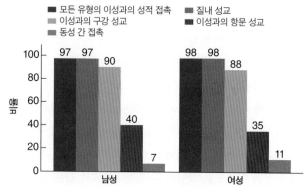

25~44세 사이 남성과 여성 중 각 성적 접촉 유형 경험을 보고한 비율: 미국, 2002

● 그림 9.1 남성과 여성의 성경험 조사 결과: 미국, 2002 [Mosher, W. D., Chandra, A., & Jones, J. (2005). *Sexual behavior and selected health measures: Men and women 15-44 years of age, United States, 2002.* Atlanta, GA: US Department of Health and Human Services, Centers for Disease Control and Prevention, National Center for Health Statistics.]

강 성교를 경험하였다고 보고하였으나 AIDS 전파에 있어 특히 고위험 행동으로 알려진 항문 성교는 남성과 여성 중 각각 40%와 35%만 경험한 것으로 나타났다. 좀 더 우려스러운 결과는 Billy와 동료들 (1993)의 선행 연구에서 나타난 것으로 남성 중 23.3%는 20명 이상

의 상대와 성관계를 한 것으로 나타났으며 이는 또 하나의 고위험 행동이다. 또 한편으로는 지난 한 해 동안 참가자의 70% 이상은 한 명의 성적 상대가 있었으며 10% 미만의 참가자만 같은 시기에 4명 이상의 상대가 있었던 것으로 나타났다. Fryar와 동료들(2007)의 연구에서도 유사한 수치가 보고되어 평생 동안 남성의 29% 그리고 여성의 9%가 15명 이상의 성관계 상대가 있었던 것으로 보고되었다. 이와 더불어 남성의 17%와 여성의 10%만이 지난 한 해 동안 2명 이상의 성관계 상대가 있었던 것으로 나타났다.

Mosher와 동료들(2005)의 연구에서 거의 대부분의 남성은 오직 **이성애적 행동**을 보고하였고 성인 남성의 6.5%만 **동성애적 행동**을 해 본 경험이 있는 것으로 나타났다. 해당 표본에서는 남성 중 92%가 여성에게만 매력을 느낀다고 응답하였으며 3.9%는 대체적으로 여성에게 그리고 1%는 남녀 모두에게 매력을 느낀다고 나타났다. 2.2%는 남성에게만 매력을 느낀다고 보고하였고 여성의 경우에서도 유사한 수치가 확인되었다. 여타 연구에서도 여성의 약 9%와 남성의 약 10%는 약간의 동성애적 매력을 느껴봤거나 동성애적 성적 행동을 경험한 것으로 보고한 바 있다. 청소년의 경우 10대 남학생의 5%와 10대 여학생의 11%는 이성애적 성적 행동과 더불어 약간의 동성애적 성적 행동에 대한 경험을 보고한 바 있으나, 대부분의 청소년은 스스로를 이성애자로 밝혔다(Diamond, Butterworth, & Savin-Williams, 2011; Mosher, Chandra, & Jones, 2005).

영국에서 수행된 한 연구(Johnson, Wadsworth, Wellings, Bradshaw, & Field, 1992)와 프랑스에서 진행된 연구(Spira et al., 1992)에서는 각 국가에서 20,000명 이상의 남녀를 대상으로 성적 행동과 관행에 대해 조사하였는데, 놀랍게도 미국 남성에 대한 조사결과와 매우 비슷한 양상을 보였다. 프랑스와 영국의 경우 모든 연령대에서 70% 이상의 응답자가 지난 일 년 동안 1명 이내의 상대와 성관계를 가졌다고 보고하였으며 여성의 경우 두 명 이하의 상대와 성관계를 가진 비율이 남성에 비해 약간 더 높았다. 프랑스 남성의 4.1%와 영국 남성의 3.6%가 동성의 성관계 상대를 가졌던 것으로 파악되었으며 최근 5년간의 기간만 두고 검토했을 때 이 수치는 영국 남성의 경우 1.5%로 경감하는 양상을 보였다. 전적으로 동성애적 성적 행동에만 가담한 남성의 비율만을 본다면 이 수치는 상대적으로 더 낮았다. 위 세 국가에서 보고된 이러한 일관적인 수치는 최소 서양권 국가에서는 이와 같은 결과가 규범에 가까운 것임을 시사한다. 최근 중국 도심 거주 성인 대상으로 진행된 대규모 조사(Parish et al., 2007)에서 볼 수 있듯이 성적 관행과 성적 만족감의 결정인자가 현재 전 세계적으로 매우 유사하다는 점은 흥미로운 사실이다.

또 다른 흥미로운 연구 자료는 우리가 가지고 있는 노년기 성에 대한 많은 관점을 반박하고 있다. 성적 행동은 노년기까지 지속될 수 있으며 몇몇의 경우 80세를 넘어서도 지속된다. 주목할 점은 75세에서 85세 사이 남성의 38.5%와 여성의 16.7%는 성관계를 가지고 있었다. 여기서 나타나는 성별에 따른 비율의 차이에 대한 이유는 분명하지 않으나 남성의 평균 수명이 더 짧고 일부 여성이 연상의 남성과 결혼한다는 점을 고려할 때 적합한 성관계 상대가 노년기 여성의 경우 부족하기 때문일 수 있다. 많은 노년기 여성은 성관계를 "전혀 중요하지 않다"고 보고하고 있으며 같은 연령층 남성에 비해 성적 관심이 일반적으로 적은 것으로 나타났다. 성적 활동의 감소 추세는 성적 흥분과 각성에 영향을 줄 수 있는 전반적인 활동성의 감소와 다양한 질환의 경과 및 이에 따르는 약물 복용과 관련성이 높다. 또한 다양한 혈관충혈(vasocongestive) 반응의 속도나 강도는 나이와 함께 감소한다.

성차

남성과 여성 모두 일부일처제 성관계 양상을 지향하나 성적 행동에서의 성차는 존재하며 일부에서는 상당한 성차를 보이기도 한다. 최근 Petersen과 Hyde(2010)는 성관련 태도와 행동에서의 성차를 검토한 수백 편의 연구 결과에 대한 정교한 분석을 진행하였다. 한 가지 공통적인 결과는 여성에 비해 훨씬 높은 비율의 남성이 자위, 즉 자기 자극을 통해 극치감 또는 절정에 도달한다는 것이었다(Oliver & Hyde, 1993; Petersen & Hyde, 2010). Pinkerton과 동료들(2003)이 223명의 대학생을 대상으로 조사하였을 때에도 역시 이러한 성차가 나타나 남학생의 98%가 자위 경험을 보고한 반면 여성의 64%가 자위 경험이 있다고 응답하였다.

자위 경험이 있는 이들 중에서 그 빈도는 남성이 여성에 비해 2.5배 많았다. 선행 연구는 자위 경험 여부, 다시 말해 사춘기에 자위 경험이 있는지는 이후 성기능, 즉 성관계, 성관계 빈도, 성관계 상대의 수, 또는 성적 적응을 반영하는 다른 요인과 관계가 없다고 밝혔다(Leitenberg, Detzer, & Srebnik, 1993).

특히, 혼전 성관계 경험 여부와 같이 사회에 오랜 기간 존재했던 성적 행동에서의 성차가 실제 상당 부분 사라졌다는 점을 고려할 때 여성이 왜 남성에 비해 상대적으로 자위를 덜 하는지는 성연구자들을 혼란스럽게 하는 문제이다(Clement, 1990; Petersen & Hyde, 2010). 자위에 있어서 이와 같은 성차를 설명하는 전통적 관점 중 하나는 남성이 육체적 만족을 더 추구하는 반면 여성은 성관계를 연애와 정서적 친밀감과 연관시켜 생각하도록 학습된다는 가정에 근거한다. 하지만 성에 대한 성별 특정적 태도가 감소하였음에도 이와 같은 성차는 지속적으로 나타난다. 성차가 나타나는 더 설득력 있는 이유는 해

▲ 성적 행동은 노년까지 계속될 수 있다.

부학적 요인이다. 남성 발기반응의 특성과 절정에 다다르는 데 필요한 자극을 주기가 상대적으로 수월한 점 때문에 여성에 비해 남성에게 자위가 더 용이하다고 할 수 있다. 영장류와 기타 동물의 자위에서도 왜 성차가 나타나는지 이러한 사실로부터 설명할 수 있을 것이다(Ford & Beach, 1951).

성차는 우연히 만난 상대와의 성관계, 즉 캐주얼 섹스의 발생률, 가벼운 혼전 성관계에 대한 태도, 그리고 외설물 사용 등에서 지속적으로 확인되는데 남성이 여성에 비해 더 허용적인 태도와 행동을 보인다. 캐주얼 섹스의 최신 용어, 특히 대학생들 가운데서 사용되는 용어는 잘 모르는 상대와의 성관계를 지칭하는 'hooking up'이라는 표현이다. 구체적으로 동반자 관계 밖에서 일어나는 다양한 범위의 신체적으로 친밀한 행동을 일컫는다(Owen, Rhoades, Stanley, & Fincham, 2010). 이러한 성적 현상은 주로 음주로 인해 촉발되며 남성에 비해 여성이 이와 같은 경험을 덜 긍정적으로 본다는 점에서 캐주얼 섹스와 관련된 이전 연구 결과와 유사하다. 예를 들어 Owen과 Fincham(2011)은 술을 많이 마실수록 애인이 아닌 친구이면서 지

이성애적 행동(heterosexual behavior) 이성과의 성행위를 가리킨다.

동성애적 행동(homosexual behavior) 동성과의 성행위를 가리킨다.

속적으로 성관계를 갖는 'friends with benefits' 관계로 이어지는 경우가 많아지며 이와 같은 현상은 특히 여성에게서 나타났다. 흥미롭게도 여성의 경우 의도적으로 가벼운 성관계를 갖는다 하여도 남성과는 반대로 성관계 상대가 많아질수록 걱정과 취약성이 증가한다 (Townsend & Wasserman, 2011). 따라서 대학교 1학년 기간 동안 여학생의 40%가 잘 모르는 사람과의 성관계를 보고함에도 불구하고 젊은 여성의 경우 애인과의 성관계가 여전히 캐주얼 섹스보다 두 배 더 빈번하다는 한 결과(Fielder, Carey, & Carey, 2013)는 놀랄 만한 일이 아니다.

이와는 대조적으로 다수의 연구 결과를 보면 동성애(대체로 수용적), 성적 만족감의 경험(양성 모두에게 중요), 그리고 자위에 대한 태도(대체로 수용적)에서는 현재 두드러진 성차가 밝혀지고 있지 않아 양성 모두 이에 대해 수용적인 것으로 나타났다. 약혼 또는 친밀한 관계에 있는 남녀에서는 혼전 성관계에 대한 입장에서 성차가 적거나 보통 정도로 보고되고 있는데, 예를 들어 남성의 경우 혼전 또는 혼외 성관계에 대해 여성에 비해 더 수용적이었다. 앞서 소개된 영국과 프랑스의 연구에서 살펴보았듯이 남성의 경우 여성에 비해 조금 더 많은 성관계 상대의 수와 성관계 빈도를 보이며 더 이른 연령에서 첫 성관계 경험이 보고되었다. 1943년부터 1999년까지의 추세를 보면 시간에 따라 존재하는 다양한 성차 중, 특히 혼전 성관계에 대한 입장에서의 성차가 점차 줄어듦이 확인된다. 구체적으로 살펴보면, 1943년에는 젊은 여성 중 12%만이 혼전 성관계에 찬성한 것에 비해 1999년에는 그 수치가 73%로 올라갔다. 남성의 경우에는 1943년의 40%에서 1999년의 79%로 변화하였다(Wells & Twenge, 2005). 보다 더 최근인 1990년대 후반에서 2000년 이후에는 아마도 AIDS에 대한 두려움 때문인지 성관계 상대 수의 감소와 더불어 사춘기 소년이 성관계를 미루는 경향이 보고되었으나 같은 시기 사춘기 소녀들에게서는 유의미한 변화가 관찰되지 않았다(Petersen & Hyde, 2010).

비록 감소 추세에 있기는 하나, 성적 행동이나 성에 대한 태도에서 성별에 따른 차이는 여전히 존재한다(Peplau, 2003; Petersen & Hyde, 2010). 예를 들어 성적 흥분 양상에 있어 차이가 존재한다(Chivers, Rieger, Latty, & Bailey, 2004). 남성의 흥분 양상은 더 분명하고 지엽적이다. 즉, 남성 이성애자는 여성의 성적 자극에만 흥분되고 남성의 성적 자극에는 이와 같은 반응이 나타나지 않는다. 남성 동성애자의 경우에는 정반대이다. 성별 불쾌감(뒤에서 논의)을 지닌 남성이 여성으로의 성전환 수술을 받고 난 이후에도 이러한 지엽성은 유지되어 여성이 아닌 남성에게만 매력을 느끼는 것으로 알려져 있다. 반면 여성의 경우 이성애자이건 동성애자이건 남성과 여성 모두의 성적 자극에 흥분될 수 있어 보다 광범위하고 전반적인 흥분 양상을 보인다.

Barbara Andersen과 동료들은 개인의 성적 면모에 대한 기본 혹은 핵심 신념에서의 성차에 대한 인상적인 일련의 연구를 수행하였다. 성과 관련된 핵심 신념을 성적 자기 도식(sexual self-schema)이라고 한다. 보다 구체적으로 일련의 연구(Andersen & Cyranowski, 1994; Andersen, Cyranowski, & Espindle, 1999; Cyranowski, Aarestad, & Andersen, 1999)에 따르면 여성은 성적 경험에 대한 개방성과 함께 열정적이고 낭만적인 경험이 성의 필수 요소라고 보고하였다. 그러나 상당수의 여성은 성적 태도의 긍정적인 측면과 상충되는 수치스러움, 보수적 또는 남의 시선을 의식하는 도식을 가지고 있었다. 반면 남성의 경우 열정과 애정, 그리고 경험에 대한 개방성이라는 성적 특성 외에도 독립성, 공격성 그리고 힘을 지녔다는 느낌과 같은 요소와도 연관되는 것으로 나타났다. 또한 남성의 경우 전반적으로 성에 대한 지나친 자의식, 수치심 또는 행동이 억제된다는 느낌과 같은 부정적 핵심 신념을 반영하는 도식을 보이지 않았다.

Peplau(2003)는 인간의 성에 있어서 성차에 대한 지금까지의 연구가 다음과 같은 네 가지 주제를 강조하고 있다고 정리하였다. (1) 남성이 여성보다 더 높은 성적 욕구와 흥분 수준을 보인다. (2) 여성은 남성보다 동반자 관계 맥락에서의 성관계를 더 추구한다. (3) 남성의 성적 자기개념은 여성과 달리 힘, 독립성과 공격성으로 특징지어진다. 그리고 (4) 여성의 성적 신념은 보다 유동적이어서 문화적, 사회적, 상황적 요인에 의해 쉽게 조형되는 편이다. 예를 들어 여성의 성적 지향성은 시간에 따라 변화할 가능성이 더 높거나(Diamond, 2007; Diamond et al., 2011), 성적 상대가 없어지면 성관계의 빈도에 더 많은 변동이 일어나 높은 빈도에서 낮은 빈도로 기복을 보일 수 있다.

성혁명 이후 성적 행동과 태도에서의 성차는 변화하였다. 1960년대에서 1970년대 사이 시작된 성적 표현과 행위에 대한 "무엇이든 괜찮다"는 태도의 영향은 어디로 갔는가? 많은 변화가 있었던 것은 분명하다. 성행위에 대해 엄격하고 더 보수적이었던 사회적 규범에 더 이상 속박되지 않는다는 면에서 이중 잣대는 사라졌다고 할 수 있다. 비록 특정 성차는 여전히 존재하나 태도와 행동에 있어 남녀가 단결되고 있는 것도 사실이다. 압도적인 다수는 한 상대와의 관계적 맥락 속에서 이성애적 질내 성교를 하는 것으로 보고되고 있다. 이러한 결과에 근거하면 성혁명은 극단적이거나 감각적인 사건에 주로 초점을 두는 대중매체의 산물일 수 있다. 실제 인간이 성적으로 이끌리게 되는 특성은 종족의 번식을 조성하는 강한 진화론적 근간과 연관된다. 예를 들어 여성에게 매력적으로 지각되는 얼굴을 가진 남성의 정자는 질적으로 더 우세하다. 남성에게 매력적으로 지각되는 체형을 가진 여성은 가임성이 더 높다. 그리고 매력적인 목소리를 가진 남성과 여성은 더 이른 나이에 순결을 잃는다(Gallup & Frederick, 2010). 따라서 성적 매력 그리고 행동은 종족에서 이와 같은 행동이 갖는 중요성을 반영한 진화론적 주문과 긴밀한 관계를 맺고 있다.

문화적 차이

서방 국가에서 정상적인 것이 세계 다른 지역에서 반드시 정상적인 것은 아니다(McGoldrick, Loonan, & Wohlsifer, 2007). 파푸아뉴기니의 삼비아(Sambia) 부족은 어린 소년의 성장과 발달에 있어 정액이 필수적인 물질이라고 믿는다. 그들은 또한 정액이 자연적으로 생겨나지 않는다고 믿는다. 즉, 신체가 정액을 자연발생적으로 생산하는 능력이 없다고 본다. 따라서 부족 내 모든 어린 소년은 약 7세경부터 남자 청소년과의 동성애적 구강 성교를 통해 정액을 받는다. 오직 구강 성교만 허락되며 자위는 금지된다. 사춘기 초기에 이 역할이 바뀌어 이제 어린 소년에게 정액을 공급하는 역할을 맡게 된다. 청소년기에 이를 때까지 이들은 이성애적 관계나 이성과의 단순한 접촉까지 금지된다. 사춘기 후반에 접어든 청소년은 결혼하고 전적으로 이성애적 성행위만 하도록 요구되며 이 규범을 벗어나는 사례는 없다(Herdt, 1987; Herdt & Stoller, 1989). 반대로 인도 북동쪽의 Munda 부족은 청소년과 아동들을 함께 살도록 한다. 남아와 여아 모두 같은 공간에서 살게 되며 애무와 상호 자위와 같은 성적 활동은 모두 이성애적이다(Bancroft, 1989).

전 세계적으로 조사된 100여 개의 사회 중 절반 이상에서 혼전 성행위는 문화적으로 수용되고 장려된다. 남은 절반 정도의 문화에서는 혼전 성관계가 용납되지 않으며 저지된다(Bancroft, 1989; Broude & Greene, 1980). 따라서 한 문화권에서 일반적인 성적 행동으로 간주된 것이 다른 문화, 심지어 같은 국가 내에 존재하는 다른 문화에서는 일반적이지 않을 수 있으며 장애를 진단하기에 앞서 성적 표현의 범위를 반드시 고려해야 한다.

성적 지향성의 발달

일부 보고에 따르면 동성애에 대한 가족 내력이 시사되며(Bailey & Benishay, 1993), 동성애에 대한 일란성 쌍둥이에서의 일치율이 이란성 쌍둥이 또는 일반 형제자매보다 높다. 두 개의 쌍둥이 연구에서 동성애적 지향성은 이란성 쌍둥이의 16~22%에서 나타나는 것에 비하여 일란성 쌍둥이의 50% 정도가 공유하는 것으로 나타났다. 쌍둥이가 아닌 형제자매에서는 이란성 쌍둥이의 결과와 비슷하거나 약간 낮은 비율로 동성애적 지향성이 나타났다(Bailey & Pillard, 1991; Bailey, Pillard, Neale, & Agyei, 1993). 동성애적 행동의 원인을 살펴본 연구에 의하면 남성의 경우 유전자가 약 34~39%를 설명하는 것으로 나타났으며 여성의 경우에는 이 수치가 18%~19%로 나머지 원인은 환경적 요인에 기인하는 것으로 간주되고 있다(Langstrom, Rahman, Carlstrom, & Lichtenstein, 2010). 제2장에서 환경적 영향에는 독특한 생물학적 경험이 포함될 수 있음을 살펴보았고 그 예로 태내에서의 차별적 호르몬 노출이 있다. 동성애 그리고 아동기의 비전형적 성별 행동이 차별적 호르몬 노출, 특히 태내 안드로겐의 이상 수치와 관련 있다고 보고되고 있으며(Auyeng et al., 2009; Gladue, Green, & Hellman, 1984), 이성애에 비해 동성애적 흥분 양상을 보이는 사람의 뇌구조가 실제 다르다는 보고도 있다(Allen & Gorski, 1992; LeVay, 1991).

지난 몇 년 동안 대중매체에서 내린 결론은 성적 지향성은 생물학적 원인에서 비롯된다는 것이다. 초기에는 이러한 결론의 중대성에 대한 동성애자 인권운동가들의 입장이 분열되었다. 일부는 대중이 더 이상 동성애자를 일탈적인 흥분 양상을 스스로 선택한 도덕적으로 타락한 존재로 상정하지 못할 것이라는 생각에 생물학적 해석을 반겼다. 반면 어떤 운동가는 동성애자를 생물학적으로 문제가 있는 사람들로 몰아 언젠가 이와 같은 생물학적 문제를 태아상태에서 식별하고 유전공학을 통해 방지하려 할 것이라고 생각하였다.

생물학적 원인에 대한 이러한 논쟁을 어디서 들어본 것 같지 않은가? 제2장에서 복합적 행동을 특정 유전자와 연관시키려 했던 연구에 대해 논의했었다. 거의 모든 경우 이러한 연구 결과는 재현되지 못했고 결국 인간의 행동적 특성과 심리적 장애에 유전이 기여하는 부분은 많은 유전자로부터 비롯되며 각각의 유전자는 인간의 취약성에 상대적으로 작은 영향만을 미친다는 모델로 되돌아갈 수밖에 없었다. 이와 같은 일반화된 생물학적 취약성은 다시 다양한 환경적 조건, 성격 특성 그리고 다른 기여요인과 복합적으로 상호작용하여 행동양식을 결정한다. 또한 특정 학습 경험과 환경적 사건이 뇌구조 및 기능 그리고 유전적 발현에 영향을 미친다는 상호적 유전자-환경 상호작용에 대해 논의했었다.

같은 논리가 성적 지향성에도 적용되고 있다. 성적 지향성의 복합적 상호작용을 설명하는 대부분의 이론적 모델은 이성애 또는 동성애의 발달에 있어 다양한 경로가 존재하며 생물학적이든 심리학적이든 단일 요인만으로는 결과를 예측할 수 없다고 본다(Bancroft, 1994; Byne & Parsons, 1993). Bailey와 동료들의 쌍둥이 연구에서 밝혀진 흥미로운 결과 중 하나는 같은 환경에서 자란 동일한 유전자를 가진 일란성 쌍둥이 중 약 50%가 같은 성적 지향성을 보이지 않았다는 점이다(Bailey & Pillard, 1991). 또한 302명의 남성 동성애자를 대상으로 한 연구에서 흥미로운 점은 손위 남자형제와 자란 경우 동성애자일 가능성이 보다 높게 나타나는 반면 손위 누나 또는 손아래 여자나 남자 형제가 있는 경우에는 이후의 성적 지향성과 상관관계가 나타나지 않았다. 이 연구에서는 손위 남자형제가 한 명씩 많아질수록 동성애적 성적 지향성을 보일 확률이 1/3 수준으로 증가한다고 보고하였다. 아직 명확한 기제는 불분명하나 환경적 영향의 중요성이 시사되는 이와 같은 결과는 여러 연구를 통해 재현되었으며 형제출생순서가설(fraternal birth order hypothesis)로도 알려져 있다(Blanchard, 2008; Cantor, Blanchard, Paterson, & Bogaert, 2002).

각기 다른 원인 양상을 가진 동성애 그리고 어쩌면 이성애 유형이 발견될 가능성도 크다(Diamond et al., 2011; Savin-Williams, 2006). 일부의 경우 성적 지향성이 시간이 경과함에 따라 변화하는 경우도 있다(Mock & Eibach, 2012). Lisa Diamond 박사는 장기종단연구를 통해 대인관계와 상황적 요인이 여성의 성적 행동이나 정체성에 상당한 영향을 미치는 것을 확인하였으며 이와 같은 양상은 남성에게서는 두드러지게 나타나지 않았다(Diamond, 2007, 2012; Diamond et al., 2011). 연구 시작 단계에서 이성애자, 여성 동성애자(레즈비언), 양성애자 또는 "분류할 수 없다"라고 응답한 여성들을 추적한 결과 10년 후 이 중 2/3 이상이 자신의 성정체성 분류를 몇 번 바꾼 것으로 나타났다. 자신의 성정체성을 바꾼 경우에는 주로 매력을 느끼는 상대와 관계의 수용범위가 좁아지기보다 넓어지는 양상을 보였다. 왜 이러한 현상이 여성에게는 나타나고 남성에게는 나타나지 않을까? 확신할 수는 없으나 이러한 혁신적인 종단연구를 통해 성적 지향성의 기원에 대해 많은 것을 터득할 수 있었다. 어쨌든 동성애가 하나의 유전자에 의해 결정된다는 생각이나 이성애가 건강한 초기 발달학적 경험에 기인된다는 일차원적 가정은 일반 대중 일부에서는 계속 받아들여질 것이다. 어느 쪽도 입증되기 어려울 것이다. 거의 확실한 사실은 생물학적 기원이 설정한 한계 내에서 사회적 그리고 심리적 요인이 인간의 발달에 영향을 준다는 것이다. 성적 지향성의 형성에 있어 생물학적 요인이 어떻게 기여하는지 언젠가 파악될 것이며 환경과 경험이 성적 흥분 양상에 지대한 영향을 미친다는 사실 또한 밝혀질 것이다(Diamond et al., 2011; Langstrom et al., 2010).

성기능부전의 개요

▶ 심리학자는 성기능부전을 어떻게 정의하는가?
▶ 성기능부전은 성반응주기와 어떻게 연관되어 있는가?

성기능부전에 대해 설명하기에 앞서 성적 상호작용 맥락에서 발생할 수 있는 문제는 이성애 그리고 동성애 관계 모두에서 존재함을 명시할 필요가 있다. 성적으로 흥분할 수 없거나 극치감, 즉 오르가슴에 도달할 수 없는 것은 이성애 관계만큼이나 동성애 관계에서도 나타나지만 임상장면에서 더 많이 접하게 되는 사례 특성상 이성애 관계 맥락에서 성기능부전을 논의할 것이다. 성반응주기(sexual response cycle)의 주요 단계(그림 9.2) 중 욕구(desire), 흥분(arousal) 그리고 절정 또는 극치감(orgasm) 세 단계는 각각 특정 성기능부전과 연관되어 있다. 또한 여성의 경우 통증이 성기능과 연관되어 나타날 수 있는데 이는 또 다른 장애를 야기한다.

본 장에서 다룰 *DSM-5*의 성기능부전 범주는 표 9.1에 제시되어 있다. 대부분의 성기능부전은 해부학적 특성과 성별 국한된 특성으로 결정되는 구체적 유형이 각각의 성별에 유사 형태로 존재한다. 하지만 한 성별에서만 나타나는 성기능부전도 있는데 조기사정(premature ejaculation)은 남성에게서만 나타나며 질의 수축 및 경련으로 발생하는 통증으로 인해 성관계 시 삽입이 어려워질 수 있는 성기-골반통증/삽입장애(genito-pelvic pain/penetration disorder)는 여성에게서만 나타난다. 성기능부전은 평생 지속될 수도 있고 후천적일 수도 있다. 평생이라는 표현은 개인의 전반적 성적 활동 기간 내내 동반되는 만성적 상태를 의미하며 후천적이란 성생활상의 문제가 없다가 발생하는 경우를 뜻한다. 또한 성기능부전은 성관계를 시도할 때마다 발생하는 일반화(generalized) 양상을 보이거나 모든 상대나 상황이 아닌 특정 상대나 상황에서만 문제가 나타나는 상황적(situational) 양상을 보일 수도 있다.

성기능부전의 유병률을 살펴보기에 앞서 Ellen Frank와 동료들 (1978)이 치료가 불필요한 교육수준이 높고 행복한 결혼생활을 하고 있는 100쌍의 부부를 상대로 진행한 연구부터 살펴볼 필요가 있다. 이들 부부의 80% 이상이 결혼 및 성관계가 행복하고 만족스럽다고 보고하였다. 놀랍게도 남성의 40%는 발기나 사정의 문제가 간혹 있음을 보고하였으며 여성의 63%는 흥분이나 극치감 단계에서 때로 문제가 있음을 보고하였다. 그러나 가장 중요한 발견은 이와 같은 문제가 응답자의 전반적 성적 만족감을 경감시키지 않았다는 점이다. 다른 연구에서는 여성 중 45%만이 오르가슴을 쉽게 경험하지 못한다는 점을 문제로 인식하고 있었다(Fugl-Meyer & Sjogren, Fugl-

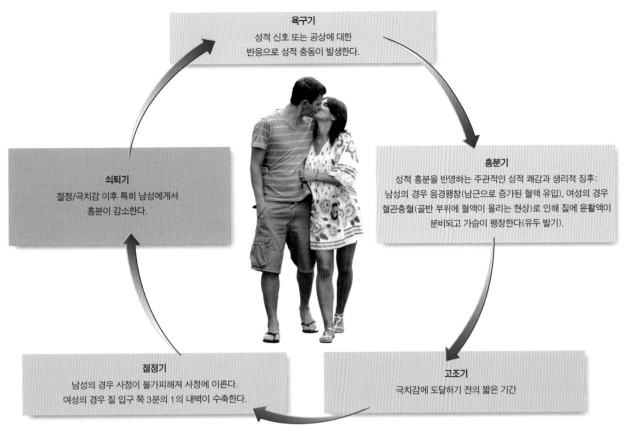

● 그림 9.2 인간의 성반응주기 [출처: Kaplan, H. S. (1979). *Disorders of sexual desire.* New York, NY: Brunner/Mazel, and Masters, W. H., & Johnson, V. E. (1966). *Human sexual response.* Boston, MA: Little, Brown.]

표 9.1 남녀의 성기능부전 범주

	성기능부전	
장애 유형	남성	여성
성욕	남성성욕감퇴장애 (성욕이 거의 또는 전혀 없음)	여성 성적 관심/흥분장애 (성욕이 거의 또는 전혀 없음)
흥분	발기장애(발기하거나 유지하는 데 어려움)	여성 성적 관심/흥분장애 (성욕이 거의 또는 전혀 없음)
극치감	사정지연, 조기사정	여성극치감장애
통증		성기-골반통증/삽입장애 (성적 활동과 관련된 통증·불안·긴장, 질경련, 즉 삽입을 불가능하게 하는 질근육 경련)

출처: American Psychiatric Association. (2013). *Diagnostic and statistical manual of mental disorders* (5th ed). Washington, DC: Author.

Meyer, 1999). Bancroft, Loftus와 Long(2003)은 6개월 이상 이성애적 관계가 지속되고 있는 1,000명에 달하는 미국 여성 대상으로 연구를 확장시켰다. 비록 여성 중 44.3%가 성기능부전 장애 중 최소 하나의 진단기준을 충족시켰으나 24.4%만이 이에 대해 고민하고 있었다. 실제 여성의 성생활 관련 고민을 가장 잘 예측하는 요인은 윤활액 또는 극치감 경험의 결핍이 아니라 성관계 상대와의 정서적 관계나 일반적인 정서적 안녕감의 결핍이었다. 이는 성적 만족감과 간헐

적인 성기능 문제가 상호 배타적이지 않음을 시사한다(Bradford & Meston, 2011; Graham, 2010). 건강한 관계 맥락에서 간헐적 또는 부분적 성기능부전은 쉽게 적응될 수 있다. 그러나 이는 곧 성기능부전을 진단할 때 문제로 작용할 수 있다. 성기능부전이 명백하게 존재하

성기능부전(sexual dysfunction) 성기능 장애로 내담자가 성관계 상황에서 적절히 기능하는 데에 어려움을 보고한다.

지만 개인이 이로 인해 큰 고통 또는 어려움을 느끼지 않는다면 성문제에 대한 진단을 내려야만 하는가(Balon, Segraves, & Clayton, 2007; Zucker, 2010)? DSM-5에서는 증상이 개인에게 임상적으로 유의미한 고통을 명백히 야기해야 한다고 명시되어 있다.

성욕장애

세 개의 장애가 성반응주기의 욕구 또는 흥분 단계에서의 문제를 반영한다. 이들 중 두 장애는 성행위에 대한 관심의 정도가 결여되었거나 부재하여 유의미한 정서적 고통을 야기하는 경우이다. 남성에게서 이 장애는 **남성성욕감퇴장애**라고 불린다. 여성의 경우 성욕감퇴는 일반적으로 성적 자극 또는 성적 행위로 인해 흥분되는 능력의 저하를 동반한다. 따라서 성욕 저하와 성적 흥분 결여는 통합되어 **여성 성적 관심/흥분장애**가 되었다(Basson, Wierman, van Lankveld, & Brotto, 2010; Brotto, 2010). 남성에게는 발기장애(erectile dysfunction)라는 구체적인 신체적 흥분 단계에서의 장애가 있다.

남성성욕감퇴장애와 여성 성적 관심/흥분장애

성욕감퇴장애를 가진 남성과 성적 관심/흥분장애를 가진 여성은 어떠한 성적 활동이든 전혀 또는 거의 관심을 느끼지 못한다. 성욕 저하는 측정하기 어려워 많은 임상적 판단이 요구된다(Leiblum, 2010; Wincze, Bach, & Barlow, 2008). 기혼 커플의 경우 한 달 2회 이하 등으로 성적 활동의 빈도로 측정될 수도 있다. 또는 성관계나 성적 공상에 대해 생각해본 적이 있는지를 확인해볼 수도 있다. 그런데 만약 주 2회 정도 성관계를 갖지만 실제로 원해서 관계를 갖는 것이 아니라 단순히 아내의 기대에 부응하기 위해 성관계를 갖는 사람이 있다고 생각해 보자. 이러한 경우 성관계는 자주 있으나 성욕은 없을 수 있다. 아래 부부의 사례를 살펴보자.

어떤 부부 • 시작하기

31세의 성공한 사업가 아내와 32세의 변호사 남편은 5살과 2살된 두 아이의 부모로 치료를 시작할 때 결혼 8년째에 접어들고 있었다. 상담을 찾게 된 주된 문제는 아내의 성욕 부족이었다. 초기 접수면접에서 이 부부는 각각 개별 면담을 진행하였고 이 과정에서 두 사람 모두 서로에 대한 사랑과 끌림을 치료자에게 인정하였다. 아내에 의하면 성관계를 일단 시작하면 즐길 수 있고 거의 언제나 절정을 경험한다고 보고하였다. 문제는 성관계를 갖고 싶은 욕구가 부족하다는 것

이었다. 남편의 성적 접근을 회피하였고 남편의 애정과 낭만적인 표현에 대해서 매우 회의적이고 대개 화나고 눈물이 가득 찬 시선으로 남편을 바라보았다. 아내는 지지적이고 다정한 중상위층 가정에서 자랐다. 그러나 6세에서 12세까지 자신보다 나이가 5살 많았던 사촌오빠는 지속적으로 성행위를 강요했다. 사촌오빠가 성행위를 항상 먼저 시작하였고 그녀의 의지에 반하는 것이었다. 사촌오빠가 힘을 사용하여 굴복시키지 않았다는 이유로 자신에게 책임이 있다고 느꼈고 따라서 부모에게도 이 사실을 알리지 못하였다. 남편이 낭만적으로 성적으로 먼저 다가올 때 사촌오빠가 가한 성적 학대 기억이 촉발된 것으로 사료된다.

성상담 클리닉을 방문하는 환자의 50% 이상은 성적 욕구나 관심의 결여를 주된 문제로 호소한다(Leiblum, 2010; Pridal & LoPiccolo, 2000). 이와 같은 어려움은 많은 상담 기관에서 여성의 가장 빈번한 문제로 보고되고 있으며 남성은 주로 발기부전을 주된 문제로 호소한다(Hawton, 1995). 미국 설문조사에서는 여성의 22%와 남성의 5%가 낮은 성욕으로 인해 문제를 경험하고 있는 것으로 나타났다. 그러나 더 큰 규모의 범국가적 조사에서는 여성의 43%가 이러한 문제를 보고하였다(Laumann et al., 2005). 남성의 경우 연령이 증가할수록 유병률이 높아지며 여성은 이와 반대로 낮아진다(DeLamater & Sill, 2005; Laumann, Paik, & Rosen, 1999). Schreiner-Engel과 Schiavi(1986)는 이 장애를 가진 환자는 성적 공상을 거의 경험하지 않으

DSM 5 DSM 진단기준 요약 남성성욕감퇴장애

A. 성행위에 대한/성적인 생각이나 환상, 그리고 성적 활동에 대한 욕구의 지속적이거나 반복적인 결여(혹은 부재). 결여에 대한 판단은 임상의에 의해 연령, 그리고 일반적이고 사회문화적인 맥락에서 성적인 기능에 영향을 미치는 요인들에 대해 고려하며 이루어져야 한다.

B. 진단기준 A의 증상은 최소 기간 대략 6개월간 지속되어야 하며 진단기준 A의 증상은 개인에게 임상적으로 현저한 고통을 초래한다.

C. 성기능부전은 비성적인 정신질환이나 심각한 대인관계 스트레스 혹은 다른 스트레스 요인으로 더 잘 설명되지 않으며 물질/치료약물의 효과나 다른 의학적 상태로 인한 것이 아니다.

출처: American Psychiatric Association. (2013). *Diagnostic and statistical manual of mental disorders* (5th ed.). Washington, DC.

며 여성의 35%와 남성의 52%는 자위 경험이 한 번도 없었고 남은 대부분의 응답자도 한 달에 1회 이상 자위하지 않는다고 보고되었으며 성관계는 한 달에 1회 이하이었다.

성적흥분장애

발기장애는 흥분과 관련된 특정 장애이다. 성욕이 문제가 아니다. 발기부전을 호소하는 많은 남성은 잦은 성적 충동과 공상 그리고 성관계를 갖고 싶은 강한 욕구도 있다. 문제는 신체적으로 흥분하지 못한다는 것이다. 성욕이 저하된 여성의 경우 적정 수준의 윤활액이 분비되지 않거나 유지되지 못하는 현상이 성적 흥분의 결여를 반영한다(Wincze, 2009; Wincze et al., 2008). 빌의 사례를 생각해 보자.

빌 ● 오랜 결혼생활과 새로운 문제

빌은 58세의 백인 남성으로 57세 아내와 결혼한 지 29년이 된다. 빌은 비뇨기과 의사의 의뢰로 상담클리닉을 방문하였다. 지난 몇 년간 빌은 성기가 발기되거나 발기를 유지하는 데에 어려움을 경험하고 있었다. 이와 같은 문제를 다루기 위해 부부는 다소 엄격한 일정을 지키고 있었다. 성관계는 일요일 오전 일과로 잡고 그전 빌은 여러 가사 일을 해야 했다. 우선 개를 마당에 풀어주고, 설거지를 한 뒤 면도를 하는 순서였다. 현재 부부의 성적 행동은 손으로 서로 자극해주는 것이었다. 빌은 아내가 절정에 도달하기 전까지는 삽입이 허락되지 않았다. 아내는 자신의 성적 행동을 바꾸지 않을 것이라고 단호하게 못박아두었다. 폐경으로 인해 윤활액이 감소한 상태를 호전시킬 수 있는 윤활제 사용을 거부하였다.

빌과 아내는 결혼 생활 중 부부문제가 있었음에도 불구하고 현재 문제에 봉착할 때까지 언제나 좋은 성관계를 유지해 왔음에 동의하였다. 개별 면담에서 유용한 정보가 얻어졌다. 빌은 토요일 저녁이면 다음날 아침에 자신의 발기를 조절하기 위해 자위를 했고 아내는 이에 대해 모르고 있었다. 또한 성상담클리닉의 평가실에서 성애물을 혼자서 시청하였을 때 평가자도 놀랄 만큼 수월하고 빠르게 발기를 완전히 할 수 있었다. 개별 면담에서 빌의 아내는 20년 전 남편의 외도로 인해 아직도 빌을 원망하고 있음을 인정하였다.

마지막 회기에서 세 가지 구체적인 제언이 제공되었다. 빌은 성관계 전날 자위를 하지 않도록 하였고 성관계 시 윤활제를 사용하도록 하였으며, 정해진 가사 일정은 성관계 이후로 미루도록 권장하였다. 한 달 후 부부는 성관계가 훨씬 호전되었음을 보고하였다.

남성의 발기장애와 여성의 성적 관심/흥분 문제를 지칭하는 오래

되고 다소 경멸적인 용어로 불능(impotence)과 불감증(frigidity)이 있으나 해당 용어는 성반응주기의 어떠한 특정 단계에서 발생하는 문제인지 구별하기 어려운 모호한 명칭이다. 여성에 비해 남성이 성 문제로 인한 손상을 더 많이 경험한다. 발기가 되지 않거나 이를 유지할 수 없다면 성관계 자체를 어렵게 하거나 불가능하게 만든다. 질 내에 윤활액을 충분히 생성하지 못하는 여성의 경우 시중에서 판매하는 윤활제를 활용할 수 있다(Leiblum 2010; Wincze, 2009). 여성의 경우 성적 흥분과 윤활액 분비는 언제라도 감소할 수 있으나 대개 남성의 경우와 마찬가지로 노화와 함께 나타난다(Basson, 2007; DeLamater & Sill, 2005). 발기가 완전히 안 되는 경우는 드물다. 더 전형적인 경우는 빌과 같은 경우로 자위를 통해서는 발기가 가능하고 성관계 상황에서도 부분적 발기는 가능하나 삽입에 필요한 강직 수준에는 미치지 않는다.

발기부전의 유병률은 생각보다 높으며 연령과 함께 증가한다. 미국 조사 자료에 의하면 18세에서 59세 사이의 남성 중 5%가 발기부전의 엄격한 진단기준을 충족하는 것으로 나타났으나(Laumann et al., 1999) 발기부전이 60세 이상의 남성에게서 급격하게 증가하기 때문에 유병률이 과소평가되었을 가능성이 분명 존재한다. Rosen, Wing, Schneider와 Gendrano(2005)가 여러 국가에서 진행된 연구 결과를 검토한 결과 60세 이상 남성의 60%가 발기부전을 경험하고 있음을 확인하였다. 다른 연구 결과(그림 9.3)에서는 40대 남성의 약 40% 그리고 70대 남성의 약 70%가 어느 정도의 문제를 가지고 있다고 보고하였다(Feldman, Goldstein, Hatzichristou, Krane, & McKunlay, 1994; Rosen, 2007). 발기장애는 남성이 치료기관을 찾게 되는 가장 흔한 문제로 성관련 문제로 전문가를 찾는 남성 중 절반 이상을 차지하고 있다(Hawton, 1995).

여성 성적 관심/흥분장애의 유병률은 많은 여성이 흥분의 결핍을 장애는 물론 문제로 인식하지 않는 관계로 추정하기 어렵다. 미국 결과에 따르면 여성의 14%가 흥분장애를 경험하는 것으로 보고되었다(Laumann et al., 1999). 성적 욕구, 흥분 그리고 극치감장애가 자

남성성욕감퇴장애(male hypoactive sexual desire disorder) 개인의 연령과 일상적 상황을 고려했을 때 예상되지 않는 성적 활동 또는 공상에서의 관심 결여를 보이는 장애이다.

여성 성적 관심/흥분장애(female sexual interest/arousal disorder) 일부 여성에게서 적절한 수준의 윤활액이 분비되고 성행위가 끝날 때까지 성적 흥분 반응을 유지하는 데에 어려움이 반복되어 발생하는 장애이다.

발기장애(erectile disorder) 일부 남성에게서 적절한 발기 수준에 도달하고 성행위가 끝날 때까지 발기가 유지되는 데에 어려움이 반복되어 발생하는 장애이다.

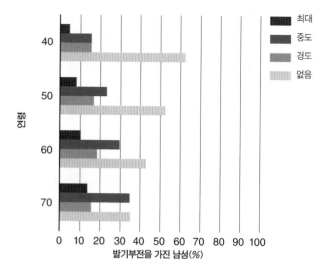

● 그림 9.3 40세에서 70세 사이 1,290명의 남성 표본에서 추정된 발기부전 유병률 및 심각성

출처: Hudson et al. (2007). The prevalence and correlates of eating disorders in the national comorbidity survey replication. *Biological Psychiatry*, 61, 348–358.

주 중첩되기 때문에 얼마나 많은 여성이 어떠한 구체적인 관심/흥분 장애를 가지고 성상담 클리닉을 찾는지 정확히 파악하기는 어렵다

(Basson, 2007; Wincze & Carey, 2001).

극치감장애

성반응주기의 절정감/극치감 단계는 여러 원인으로 인해 지장받을 수 있다. 이로 인해 오르가슴이 적절한 순간에 도달되지 않거나 아예 일어나지 않을 수 있다.

충분한 성적 욕구와 흥분이 있음에도 불구하고 극치감에 도달하지 못하는 것은 주로 여성에게서 나타나며 남성에게서는 자주 일어나는 현상은 아니다. 극치감을 어렵게 경험하거나 전혀 도달하지 못하는 남성은 **사정지연**이라는 상태에 대한 진단기준을 충족할 수 있다. 여성에게서 이러한 상태는 **여성극치감장애**로 부른다(Kleinplatz et al., 2013; Wincze, 2009). 그레타와 윌의 사례를 살펴보자.

그레타와 윌 ● 애정 어린 불화

그레타와 윌은 매력적인 부부로 서로에 대한 애정이 묻어나는 모습으로 상담실에 함께 들어왔다. 결혼 5년차인 20대 후반의 두 사람은 상담 클리닉에 오게 된 사유에 대해 묻자, 그레타는 아직까지 극치감을 느껴본 적이 없는 것 같다고 바로 응답하였다. "없는 것 같다"라고 말한 이유는 극치감이 무엇인지 확실히 몰라서라고 추가하였다.

윌은 그레타가 극치감에 도달한 적이 없다고 확신하였다. 윌은 서로가 성적으로 "다른 길"을 가고 있고 그레타의 성적 관심이 줄고 있는 것 같다고 보고하였다. 결혼 초기 그레타는 성관계를 먼저 시도할 때도 있었으나 현재 대략 6개월에 한 번 정도 급작스럽게 성관계를 갖게 되는 것 외에는 더 이상 먼저 시도를 안 한다고 응답하였다. 그러나 그레타는 성관계에서 성적인 쾌락보다 신체적 친밀감을 더 원한다고 말하였다. 추가 조사 결과 그레타는 가끔 성적으로 흥분되기는 하나 자위를 몇 번 시도했을 때에도 극치감에는 도달하지 못했던 것으로 나타났다.

그레타는 성에 대해 전반적으로 개방적이지 않았던 엄격하지만 애정 어리고 지지적인 가톨릭 가정에서 자랐다. 부모님은 언제나 그레타 앞에서 애정표현을 하는 것을 꺼려하였고 그레타가 자신의 음부 부위를 만지는 것을 보고 다소 엄하게 그런 행동을 자제하라고 주의를 주었었다.

성문제로 치료장면을 찾는 여성 중 극치감에 도달하지 못하는 어려움이 가장 빈번한 문제이다. 미국 조사에서 여성극치감장애의 유병률을 구체적으로 측정하지는 않았으나 여성의 25% 정도가 극치감에 도달하는 데에 어려움이 있는 것으로 추정되고 있다(Heiman,

2000; Laumann et al., 1999). 이 문제는 다양한 연령층에서 동일하게 나타나며 미혼 여성의 경우 기혼 여성에 비해 극치감장애를 경험하는 비율이 1.5배 더 많다. 전체 여성 중 20% 정도만이 성관계 시 확실한 정기적 극치감을 경험하기 때문에(Graham, 2010; Lloyd, 2005) 극치감장애를 진단하는 데에 있어 여성이 '전혀 또는 거의 전혀' 극치감에 도달하지 못하는지를 확인하는 것이 매우 중요하다(Wincze & Carey, 2001). 따라서 여성 중 약 80%는 성관계에서 극치감을 경험하지 못하며 극치감을 더 일관되게 경험하는 남성의 경우와는 대조적이다. 극치감장애의 진단에 있어 절정을 경험하지 못하는 것이 어느 정도의 고통을 초래하는지와 더불어 '전혀 또는 거의 전혀' 여부를 확인하는 작업이 이 때문에 중요하다.

미국 남성의 8% 정도는 성관계 상황에서 사정을 못하거나 사정이

지연된다고 보고한다(Laumann et al., 1999). 이 문제로 남성이 치료기관을 찾는 경우는 드물다. 다른 자극을 통해 절정을 경험하고 있고 커플은 이 문제를 수용하였을 가능성이 크다(Apfelbaum, 2000). 성관계 상황에서 사정을 할 수 없는 몇몇 남성은 자위를 통해 발기와 사정이 가능하다. 가끔 남성은 역행사정(retrograde ejaculation)으로 인해 고통받기도 하는데 이는 정액이 밖으로 배출되는 대신 방광으로 역행하는 현상을 말한다. 이러한 현상은 거의 대부분 약물이나 공존하는 의학적 문제로 인해 유발되며 사정지연과는 반드시 구분되어야 한다.

남성극치감장애의 더 일반적인 형태는 **조기사정** 또는 조루증으로 사정조절이 어려워져 원하지 않는 시점에서 사정하게 되며(Althof, 2006; Wincze, 2009), *DSM-5*의 진단기준에 따르면 삽입 후 약 1분 이

내에 사정할 경우로 정의된다. 전형적 사례로 볼 수 있는 게리의 경우를 논의해 보자.

게리 • 겁에 질리다

게리는 31세의 영업사원으로 한 달에 3~4회 정도 아내와 성관계를 갖는다. 성관계를 조금 더 자주 하고 싶으나 주 80시간 근무하는 바쁜 일정상 어렵다고 보고하였다. 게리의 주된 호소는 자신의 사정 시점을 조절할 수 없다는 것이었다. 약 70~80%의 경우 삽입 후 몇 초 내에 사정하게 된다고 보고하였다. 13년 전 아내를 만났을 때부터 이와 같은 양상은 일관적이었다고 하였다. 제한적이기는 하나 결혼 전 만났던 다른 여성과의 관계에서는 조기사정 문제가 없었다고 보고하였다. 사정을 지연시키기 위해 게리는 비성적인 생각을 하거나 주의를 분산시켜 보기도 하였고 성관계를 한 번 가진 뒤 곧이어 바로 성관계를 시도하면 절정시기가 약간 더 늦춰지는 것 같아 바로 다시 관계를 갖기도 한다. 게리는 일 년에 최대 3~4번 자위를 할 정도로 자위를 거의 하지 않았다. 자위를 할 때는 극치감에 빨리 도달하도록 노력하며 이러한 습관은 가족에게 들키지 않고 자위를 하려고 했던 과거 경험에서 비롯되었다.

게리의 주된 걱정 중 하나는 아내를 만족시키지 못한다는 것이었고 어떠한 경우에도 치료를 받는다는 사실이 아내에게 알려지지 않기를 원하였다. 추가 조사에서 아내를 기쁘게 해주기 위해 가정경제에 큰 타격을 주더라도 아내가 원한다면 사치를 용인한다는 사실이 밝혀졌다. 만약 아내를 지금 처음 만났다면 자신은 머리카락이 빠지고 아내는 예전에 비해 체중을 감량하여 더 매력적으로 변신하였기 때문에 아예 데이트 신청도 받아주지 않았을 것이라 믿었다.

조기사정의 빈도는 꽤 높은 편이다. 미국 조사에 의하면 전체 남성의 21%가 조기사정의 진단기준을 충족하여 가장 흔한 남성 성기능부전이기도 하다(Laumann et al., 1999). *DSM-5* 진단기준상 사정이 삽입 후 약 1분 이내라고 기재되어 있으나 '조기'를 정확히 정의하기는 어렵다. 사정시점까지의 적정 시간은 개인에 따라 다르다.

사정지연(delayed ejaculation) 남성극치감장애로 자위를 통해서는 사정이 가능하나 성관계 상황에서는 사정이 지연되어 극치감에 도달하지 못하게 된다.

여성극치감장애(female orgasmic disorder) 일부 여성에게서 정상적으로 흥분기를 거쳤으나 과거 경험과 현재 자극 정도에 비례하여 반복되어 나타나는 극치감의 지연 또는 부재이다. 여성의 경우 억제된 극치감으로도 불려진다.

조기사정(premature ejaculation) 원하던 시점 이전에 최소한의 성적 자극으로 인해 사정하게 된다.

Patrick과 동료들(2005)은 조기사정을 호소하는 남성은 삽입 후 평균적으로 1.8분 내에 사정하는 것에 비해 조기사정 문제가 없는 남성은 사정까지의 평균시간이 7.3분인 것으로 보고하였다. 하지만 극치감에 대한 지각된 통제감 결여가 조기사정에 영향을 주는 더 중요한 심리적 요인일 수 있다(Wincze et al., 2008). 비록 간헐적 조기사정은 일반적인 현상일 수 있으나 지속적인 조기사정은 주로 성에 대한 지식이 부족하고 성경험이 미숙한 남성에게서 나타난다(Laumann et al., 1999).

DSM 진단기준 요약 조기사정

A. 상대와의 성적 활동 동안 질내에 삽입을 하고 개인이 원하기 전에 대략 1분 안에 사정을 하는 것이 반복적 또는 지속적으로 일어난다.

주의점: 질내 삽입이 아니더라도 조기사정은 진단될 수 있다. 특정 시간의 기준은 이러한 성행위에는 적용되지 않는다.

B. 진단기준 A의 증상은 적어도 6개월간 있어야 하며 성적 활동을 할 때 거의 지속적으로 경험해야 한다(대략 75~100%)(동일한 상황 또는 일반적인 상황, 모든 상황). 진단기준 A의 증상이 개인에게 임상적으로 현저한 고통을 초래한다.

C. 성기능부전은 비성적인 정신질환이나 심각한 대인관계 스트레스 혹은 다른 스트레스 요인으로 더 잘 설명되지 않으며 물질/치료약물의 효과나 다른 의학적 상태로 인한 것이 아니다.

출처: American Psychiatric Association. (2013). *Diagnostic and statistical manual of mental disorders* (5th ed.). Washington, DC.

성적통증장애

여성 특정적인 성기능부전은 성관계 상황에서 삽입이 어렵거나 유의미한 통증이 동반되는 경우로 **성기-골반통증/삽입장애**라고 한다. 일부 여성은 성적 욕구와 흥분도 적절히 느끼고 절정에도 수월하게 도달하나 질 삽입이나 성교를 시도하는 동안 통증이 극심하여 성행위가 지장을 받는다. 어떠한 경우에는 질 삽입을 예상만 하여도 통증 발생에 대한 심한 불안과 심지어 공황발작도 경험할 수 있다.

가장 일반적인 발현 양상은 **질경련**으로 질 입구 쪽 1/3을 차지하는 골반근육에서 성교가 시도될 때 불수의 연축이 발생한다(Binik et al., 2007; Kleinplatz et al., 2013). 질경련의 연축 반응은 부인과 진찰을 받거나 생리컵 또는 탐폰을 삽입할 때와 같이 질 삽입이 시도되는 어떠한 상황에서도 일어날 수 있다(Beck, 1993; Bradford & Meston, 2011). 성교 시도 시 느껴지는 감각은 '찢어지는', '타는 듯', '쪼개지는 듯'으

로 표현한다(Beck, 1993, p. 384). 질의 사례를 살펴보자.

질 • 성교와 경련

질은 결혼 후 1년이 지났으나 아직 첫날밤을 치르지 못하여 다른 치료자가 성상담 클리닉으로 의뢰하였다. 질은 매력적인 23세 여성으로 남편이 회계사로 일하는 동안 자신은 모텔 관리직을 맡고 있는 사랑받는 아내였다. 성관계를 갖기 위해 여러 체위를 수없이 시도해 보았음에도 질의 심한 질경련으로 인해 어떠한 유형의 삽입도 불가능하였다. 질은 탐폰도 사용할 수 없었다. 마지못해 비정기적으로 부인과 진찰은 겨우 받았다. 불안감이 높은 편인 질은 성적 주제에 대한 대화는 거의 없었던 가정에서 자랐으며 질의 부모는 꽤 오래 전부터 성적 접촉이 없었던 것으로 파악되었다. 질은 애무는 즐겼으나 근본적으로 성관계는 역겹다고 느꼈다. 또한 질은 피임을 하고 있음에도 불구하고 임신에 대한 두려움이 있었다. 질은 성관계를 가지게 된다면 자신이 잘하지 못하여 결국 새신랑 앞에서 창피할 것이라 생각하였다.

DSM 진단기준 요약 성기-골반통증/삽입장애

A. 다음 중 하나 이상의 증상이 지속되거나 재발되는 어려움이 있다.

1. 성교 중 삽입통
2. 성교 중이나 삽입 시도 중 현저한 음부나 질의 통증 혹은 골반통
3. 질내 삽입을 예상하거나 질내 삽입 중이거나 질내 삽입의 결과로 인한 음부나 질의 통증 혹은 골반통에 대한 현저한 두려움이나 불안
4. 질내 삽입의 시도 동안 골반저근의 현저한 긴장 혹은 조임

B. 진단기준 A의 증상은 최소 약 6개월 이상 지속되어야 하며 진단기준 A의 증상은 개인에게 임상적으로 현저한 고통을 초래한다.

C. 성기능부전은 비성적인 정신질환이나 심각한 대인관계 스트레스 혹은 다른 스트레스 요인으로 더 잘 설명되지 않으며 물질/치료약물의 효과나 다른 의학적 상태로 인한 것이 아니다.

출처: American Psychiatric Association. (2013). *Diagnostic and statistical manual of mental disorders* (5th ed.). Washington, DC.

지역사회 표본에서의 질경련 유병률 관련 자료는 없으나 최적 추정치는 여성의 약 6%이다(Bradford & Meston, 2011). Crowley, Richardson과 Goldmeir(2006)에 따르면 성기능부전을 호소하는 여성 중 25%가 질경련을 경험한다. 질경련과 삽입에 따른 통증이 여성

에게서 중첩되는 양상 때문에 *DSM-5*는 이 두 상태를 성기-골반통증/삽입장애로 결합하였다(Binik, 2010; Bradford & Meston, 2011). 미국 조사에서는 여성의 7% 정도가 골반통증과 삽입관련 통증 중 하나를 경험하며 젊고 교육수준이 낮을수록 발생 비율이 높았다(Laumann et al., 1999). *DSM-5*는 북미 지역 여성 중 15%가 성관계 상황에서 재발성 통증을 경험한다는 좀 더 높은 추정치를 보고하고 있다(APA, 2013).

성적 행동에 대한 평가

성적 행동의 평가에 사용되는 방법은 다음과 같다(Wiegel, Wincze, & Barlow, 2002).

1. 면담 구술 면담보다 설문 작성을 통해 더 많은 정보가 제공될 수 있기에 여러 질문지가 면담과 함께 활용된다.
2. 철저한 의학적 진료 및 검사 성문제에 기여할 수 있는 다양한 의학적 상태를 배제하기 위해 실시된다.
3. 정신생리학적 평가 성적 흥분의 생리적 측면을 직접적으로 측정하기 위해 실시된다.

면담을 통해 성문제를 파악하고자 할 때 임상가는 몇 가지 유용한 권장사항을 숙지해야 한다(Wiegel et al., 2002; Wincze, 2009). 예를 들어 성적 주제를 편하게 다룰 수 있음을 입증해야 한다. 성적 행동의 여러 이면을 설명하기 위해 사용되는 다양한 전문용어가 환자에게는 친숙하지 않을 수 있기 때문에 환자가 익숙한 언어를 사용해야 한다. 또한 민감한 질문이 오갈 수 있기 때문에 불편감이나 불쾌감이 유발되지 않는 방식으로 면담을 진행해야 한다.

의학적 진료와 검사에서는 성기능에 영향을 줄 수 있는 의학적 상태를 파악한다. 고혈압 치료제, 항불안제, 항우울제 등 다양한 약물이 성적 흥분과 기능에 지장을 줄 수 있다. 최근에 수술을 받았는지 또는 공존하는 의학적 질환이 있는지 확인하고 이러한 상태가 성기능에 영향을 줄 수 있는지 평가한다. 성기능에 필요한 성호르몬 수치를 파악하고 남성의 경우 발기반응에 요구되는 혈관 기능도 함께 평가될 수 있다.

이와 함께 정신생리학적 측정을 통해 다양한 조건에서 성적 흥분이 나타나는지 평가한다. 남성의 경우 음경 발기는 직접적으로 측정되는데 예를 들어 저자의 클리닉에서 개발된 음경 변형률 측정계(penile strain gauge)를 이용한다(Barlow, Becker, Leitenberg, & Agras, 1970). 음경이 팽창됨에 따라 측정계는 그 차이를 감별하고 탐지기에 기록하여 성적 흥분 정도를 반영한다. 여성을 위한 비슷한 용도의 기구는 James Geer와 동료들이 개발한 질광전용적맥(vaginal photoplethysmograph)이다(Geer, Morokoff, & Greenwood, 1974; Prause & Janssen, 2006). 이 기구는 질에 삽입되어 질 벽에서 반사되는 빛의 양을 통해 혈류 및 성적 흥분 정도를 확인한다.

저자의 클리닉에서는 생리적 평가를 받을 때 일반적으로 성적인 영상물을 시청하거나 녹음테이프를 듣게 한다(예, Bach, Brown, & Barlow, 1999; Weisburg, Brown, Wincze, & Barlow, 2001). 성적 반응성은 위에서 기술된 기구를 통해 측정된다. 성적 흥분 정도에 대한 환자의 주관적 보고도 수집된다. 이러한 평가과정을 통해 어떠한 조건에서 흥분이 가능한지 파악할 수 있다. 예를 들어 심리적 원인에 기인된 성기능부전일 경우 평가 상황에서는 강한 흥분을 경험하나 성적 상대와의 관계에서는 흥분하지 못할 가능성이 크다(Bradford & Meston, 2011; Sakheim, Barlow, Abrahamson, & Beck, 1987).

개념 확인 **9.1**

다음의 성기능부전을 진단하시오.

1. 밥이 응원하는 미식축구팀이 우승한 후 성관계에 대한 밥의 관심이 감소하였다. 그의 모든 생각과 공상은 미식축구와 다음 시즌에 다시 우승하는 데에 집중되었고 부인은 그를 떠나겠다고까지 하고 있다. 밥이 보이고 있는 현상은?

   (a) 남성성욕감퇴장애　　　(b) 질경련
   (c) 음경 변형률 측정계　　　(d) 남성극치감장애

2. 켈리는 성관계에 대한 그 어떤 욕구도 없다. 오로지 남편이 떠날 것이 두려워 성관계를 갖고 있다. 켈리는 다음 중 어떤 문제로 인해 고통받고 있는가?

   (a) 성적 불안감　　　(b) 성욕감퇴장애
   (c) 지루함　　　(d) 여성 성적 관심/흥분장애

3. 아다시는 사정을 조절하는 데에 어려움을 경험하고 있다. 대부분의 경우 삽입 후 몇 초 안에 사정하게 된다. 그는 다음 중 어

성기-골반통증/삽입장애(genito-pelvic pain/penetration disorder) 질내 성교를 어렵게 하는 지속적이고 반복되는 질삽입에 따른 통증, 통증에 대한 두려움 또는 불안감, 그리고 긴장이 경험된다.

질경련(vaginismus) 반복되는 불수의적인 근육 경련이 질 입구쪽 1/3을 차지하는 근육에서 발생하여 성관계에 지장을 준다.

성기능부전의 원인과 치료

▶ 성기능부전을 규정하는 임상적 특징과 밝혀진 원인은 무엇인가?
▶ 어떠한 심리사회적 및 의학적 치료가 가능하며 치료는 효과적인가?

대부분의 장애와 마찬가지로 성기능부전의 발현에 있어 생물학적, 심리적 그리고 사회적 요인이 기여한다. 따라서 심리적 또는 의학적으로 치료될 수 있다.

성기능부전의 원인

성기능부전은 개별적으로 나타나지 않는다. 환자는 특히 문제가 되는 증상과 함께 일반적으로 다수의 성문제를 호소한다(Rozen, 2007; Wincze, 2009). 임상장면에서 여러 성문제의 조합이 관찰되기 때문에 다양한 생물·심리·사회적 원인을 함께 검토할 것이며 특정 성기능부전과 특별히 관련이 있다고 간주되는 병인 요인을 규명할 것이다.

생물학적 기여 요인

여러 신체적 그리고 의학적 상태가 성기능부전에 기여한다(Bradford & Meston, 2011; Wincze et al., 2008). 예를 들어 신경계에 영향을 미치는 당뇨병과 신장질환 같은 신경학적 질환 또는 상태는 음부 부위의 민감도를 감소시켜 성기능에 지장을 줄 수 있으며 실제 남성 발기부전의 흔한 원인 중 하나이다(Rosen, 2007; Wincze, 2009). 남성의 발기와 여성의 질 울혈(vaginal engorgement)이 적절한 혈류를 기반으로 발현되기 때문에 혈관계 질환은 성기능부전의 주요 원인이다. 남성의 경우 연관된 두 가지 혈관계 문제는 동맥이 수축되어 피가 성기에 이르지 못하게 하는 동맥부전증(arterial insufficiency)과 혈류가 너무 빨라 발기가 유지되지 못하게 하는 정맥유출(venous leakage)이 있다(Wincze & Carey, 2001).

만성질병 또한 간접적으로 성기능에 영향을 줄 수 있다. 예를 들어 심장마비 이력이 있을 경우 성적 활동이 요구하는 신체적 활동을 경계하고 기피할 수 있으며 성적 활동이 심장에 무리를 주지 않는다고 의사가 확인시켜주어도 성적으로 흥분하지 못하는 경우가 자주 발생한다(Cooper, 1988). 또한 관상동맥질환과 성기능부전은 흔히 공존하며 발기부전을 보이는 남성에게 심혈관질환 진단 검진을 받도록 현재 권장하고 있다(Jackson, Rosen, Kloner, & Kostis, 2006).

성기능부전의 주된 신체적 원인 중 하나는 약물이다. 예를 들어 고혈압 치료에 처방되는 약물은 성기능부전에 기여할 수 있다. 항우울제와 항불안제는 성적 욕구와 흥분에 지장을 줄 수 있다(Balon, 2006; Kleinplatz et al., 2013). 이러한 많은 약물, 특히 정신작용제는 뇌의 세로토닌의 특정 아형의 수준을 변화시킴으로서 성적 욕구와 흥분을 약화시킬 수 있다. 성기능부전, 특히 낮은 성욕과 흥분은 Prozac과 같은 항우울제의 일종인 선택적세로토닌재흡수억제제(selective serotonin reuptake inhibitor, SSRI)의 가장 흔한 부작용 중 하나이다(제6장).

알코올이 성적 흥분을 억제한다는 사실을 인지하고 있을 수도 있다. 그러나 코카인이나 헤로인과 같은 약물 또한 광범위한 성기능부전을 유발시킬 수 있다는 것은 생소할 수 있다(Macdonald, Waldorf, Reinarman, & Murphy, 1988). 알코올이 성적 흥분과 성적 행동을 촉진한다는 것은 오해이다. 실상은 낮은 또는 적절한 수준의 알코올은 사회적 억제감을 감소시켜 성관계를 갖고 싶다는 느낌을 더 유발하고 아마도 성관계를 적극적으로 추구하도록 할 수도 있다(Wiegel, Scepkowski, & Barlow, 2006). 알코올은 중추신경계 억제제이고 중추신경계가 억제되면 남성이 발기에 도달하고 여성이 윤활액을 분비하는 것이 더 어렵게 된다(Schiavi, 1990). 만성적 알코올 남용은 영구적인 신경학적 손상을 야기하고 사실상 성반응주기를 제거할 수 있다. 이와 같은 남용은 간과 고환의 손상으로 이어져 테스토스테론 수준이 감소하고 성적 욕구와 흥분 또한 저하될 수 있다.

코카인 또는 마리화나(대마초)가 성적 쾌락을 향상시킨다고 믿는 사람도 많다. 마리화나 사용 정도에 따른 효과가 명확히 밝혀진 것은 아니나 화학적 효과가 쾌락을 증가시킬 가능성은 적다. 성적 쾌락의 증진을 보고하는 소수는 약물의 영향으로 인해 단순히 주의가 감각적 자극에 더 완전하고 온전하게 집중되어 초래된 결과로 심리적 요인이 관여하였을 가능성을 시사한다(Buffum, 1982). 만약 그렇다면 방해자극을 최소화하고 무엇에 집중하도록 하는 명상과 같은 비약물적 치료를 통해서도 심상과 주의 초점은 향상될 수 있을 것이다. 마지막으로 4,000명 이상의 남성 퇴역군인을 연구한 Mannino, Klevens와 Flanders(1994)에 따르면 알코올 사용이나 혈관계 질환 여부를 통제한 후에는 흡연만이 발기부전의 증가와 관련성을 보였다(Wincze et al., 2008).

심리적 기여 요인

성기능부전을 심리학적 관점에서 어떻게 설명하는가? 기본적으로 수행불안이라는 개념을 몇 가지 요소로 나누어야 한다. 첫 번째 요소는 흥분, 두 번째 요소는 인지적 과정, 세 번째 요소는 부정적 정서이다(Wiegel et al., 2006; Wincze et al., 2008).

수년 동안 대부분의 성 연구자와 치료자는 성기능부전의 주요 원인은 불안이라고 가정하였다(e.g., Kaplan, 1979; Masters & Jonhson, 1970). 불안과 성기능부전의 역할을 저자의 실험실에서 알아보는 과정에서 사실 이러한 가정이 그렇게 간단하지 않으며 실제 어떤 상황에서는 불안이 성적 흥분을 증가시킬 수도 있다는 것을 발견하였다(Barlow, Sakheim, & Beck, 1983). 만약 불안이 반드시 성적 흥분과 수행을 저하시키는 것이 아니라면 무엇이 기능 저하를 가져오는가? 주의분산이 이 질문에 대한 부분적 해답이다. 예를 들어 남성은 주의가 분산될 때 저하된 흥분 수준을 보인다(Abrahamson, Barlow, Sakheim, Beck, & Athanasiou, 1985). 중요한 다른 두 가지 결과가 있다. 성기능부전이 있는 남성과 여성 환자 모두 자신의 실제 흥분 수준을 성기능부전이 없는 개인보다 과소평가한다(Sakheim et al., 1987; Wiegel et al., 2006). 두 번째 결과는 부정적 정서가 유발되면 성적 흥분 수준이 감소한다는 것이다(Mitchell, DiBartolo, Brown, & Barlow, 1998). 이후 여성을 대상으로 한 일련의 연구에서도 비슷한 양상이 나타났다(Bradford & Meston, 2006).

성관계로 이어질 것 같은 상황에 직면했을 때 성기능부전이 있는 사람은 최악을 예상하며 그 상황을 상대적으로 부정적이고 불쾌하게 지각한다(Weisburg et al., 2001). 성적 신호를 인식하지 못하도록 최대한 회피하며 이로 인해 자신이 신체적으로 어느 정도 흥분되었

는지 감지하지 못하게 되고 흥분 수준을 과소 보고하는 것이다. 또한 "나는 웃음거리가 될 거야", "나는 절대 흥분될 수 없을 거야"와 같은 부정적 사고로 인해 주의가 더 분산될 수 있다. 흥분이 증가할수록 주의는 더 강렬하고 일관되게 부정적 사고에 집중된다. 부정적 사고에 주의를 집중할 경우 성적 흥분은 어려워진다.

정상적 성기능을 하는 사람은 성적 상황에 긍정적으로 반응한다. 성적 자극에 집중하고 주의가 분산되지 않는다. 흥분되었을 때 심지어 더 강렬하게 성적 자극에 집중하여 성적으로 더 흥분될 수 있도록 한다. 그림 9.4는 기능적 그리고 역기능적 성적 흥분 모델을 보여주고 있다(Barlow, 1986, 2002). 이와 같은 연구는 심리적 요인, 특히 인지적 그리고 정서적 요인이 성적 흥분에 필수 요소인 음부로의 적절한 혈류를 결정할 만큼 유의미한 영향을 미칠 수 있음을 보여준다. 이는 또한 대부분의 기능에 관여하는 심리적 그리고 생물학적 요인 간의 강력한 상호작용을 다시 확인해주고 있다.

요약하면 정상적으로 기능하는 사람은 수행이 요구되는 상황에서 증가된 성적 흥분 양상을 보이고 긍정적 정서를 경험하며, 비성적인 자극에 의해 주의가 분산되지 않고, 자신의 성적 흥분 수준을 잘 인식하고 있다. 발기부전이 있는 남성과 같이 성문제가 있을 경우 수행 요구 상황에서 흥분 수준이 감소하고, 부정적 정서를 경험하며, 비성적인 자극에 의해 주의가 분산되고, 자신의 흥분 수준을 정확하게 인식하지 못한다. 이러한 과정은 앞서 언급했듯이 함께 나타날 수 있는 많은 성기능부전에 적용되는 것으로 보이나 성적 흥분장애에 특히 해당되는 것으로 간주되고 있다(Wiegel et al., 2006).

조기사정과 관련된 심리적 혹은 생물학적 요인에 대해 알려진 바가 많지 않으나(Althof, 2007; Bradford & Meston, 2011), 조기사정은 젊은 남성에게서 가장 많이 나타나며 교감신경계의 과도한 생리적 각성이 조기사정을 유발할 수 있다. 이러한 결과는 일부 남성에 있어 사정에 대한 역치가 자연적으로 낮을 수 있음을 시사한다. 즉, 사정에 필요한 자극과 흥분 정도가 상대적으로 낮다는 것을 의미한다. 불행히도 불안이라는 심리적 요인 또한 교감신경계 각성을 증가시킨다. 따라서 남성이 원하지 않는 시점에 사정하는 것에 대해 불안해지면 문제를 더 악화시킬 뿐이다.

사회·문화적 기여 요인

그림 9.4에 나타난 성기능부전 모델은 왜 기능장애를 현재 보이는지 설명할 수 있으나 왜 그렇게 되었는지에 대해서는 설명할 수 없다. 정확히 어떤 이유에서 이와 같은 문제가 발생하였는지는 알려지지 않았으나 많은 사람이 발달 초기에 성이 부정적일 수 있고 다소 위협적

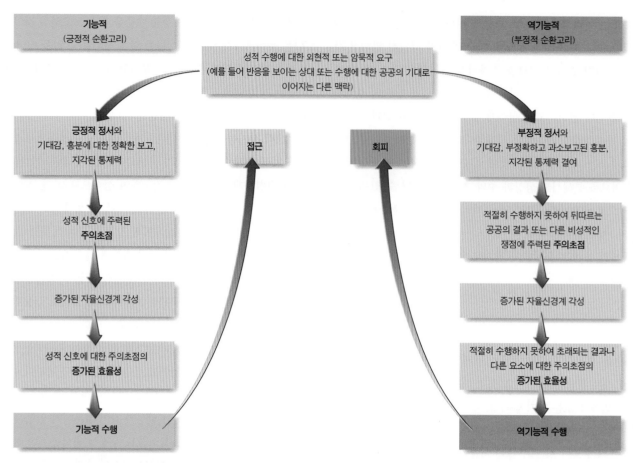

그림 9.4 기능적 및 역기능적 성적 흥분 모델 [출처: Barlow, D. H. (1986). Causes of sexual dysfunction: The role of anxiety and cognitive interference. *Journal of Consulting and Clinical Psychology, 54*, 140–148.]

일 수 있다고 학습하며 발달된 성관련 반응은 이와 같은 신념을 반영할 수 있다. Donn Byrne과 동료들은 이와 같은 부정적인 인지적 틀을 성애공포증(erotophobia)이라고 부른다. 성애공포증은 아마도 가족, 종교 당국, 또는 타인을 통해 아동 초기 학습된 것으로 이후 성 문제를 예측하는 것으로 보인다(Byrne & Schulte, 1990). 따라서 어떤 경우 성적 신호는 발달 초기부터 부정적 정서와 연관된다. 또 다른 경우 성적으로 잘 적응을 하고 있는 남성이나 여성이 특정 부정적 또는 외상 사건을 경험하는 것이다. 이러한 부정적 사건 중에는 흥분 상태로 이르는 과정에서의 급작스러운 실패 경험이나 강간 혹은 아동기 성적 학대와 같은 성적 외상이 포함될 수 있다.

Laumann과 동료들(1999)의 미국 성관련 조사에서 특히 여성에게서 생애 초기 성적 외상 사건이 이후 성기능에 상당한 영향을 미치는 것으로 파악되었다. 예를 들어 만약 여성이 사춘기 이전 성인에 의한 성적 학대를 경험했거나 성적 접촉을 강요당했을 경우 이와 같은 경험이 없는 여성에 비해 극치감장애를 약 2배 더 많이 보이는 것으로 나타났다. 성인-아동 성적 접촉이 남성 피해자를 포함할 경우 그

러한 성적 접촉이 없었던 남성보다 발기부전을 경험할 가능성이 3배 이상 높았다. 흥미롭게도 여성을 성폭행한 남성은 성폭행을 하지 않은 남성에 비해 발기부전을 3.5배 더 많이 보고하였다. 따라서 모든 유형의 성적 외상 사건은 차후 남성과 여성 모두의 성기능에 지속적인 영향을 미치며 때로 초기 사건 발생 이후 수십 년이 지난 시점까지도 계속된다(Hall, 2007). 이와 같은 스트레스 사건은 부정적 정서를 유발하여 성반응주기에 대한 개개인의 통제감 상실을 초래하며 그림 9.4에 묘사된 역기능적 기능 양상을 보이게 된다. 스트레스 상황에서 발기부전을 경험한 남성은 스트레스 상황이 종결되고 한참 이후에도 지속적으로 발기부전을 경험하게 되는 경우가 흔하다.

성적 상호작용에 대한 전반적으로 부정적인 태도나 경험뿐만 아니라 많은 다른 요인이 성기능부전에 기여할 수 있다. 이 중 가장 빈번히 보고되는 요인이 친밀한 대인관계의 유의미한 악화이다(Wincze et al., 2008). 상대에 대한 반감이 커져가는 상황에서 만족스러운 성관계를 갖는 것은 어려울 것이다. 때로 상대에게 더 이상 신체적 매력을 느끼지 못할 수도 있다. 마지막으로 자신을 매력적이라고 느

끼는 것 또한 중요하다. Koch, Mansfield, Thurau와 Carvey(2005)는 여성이 자신을 예전보다 지금 덜 매력적이라고 느낄수록 성문제를 경험하게 될 가능성이 높아진다는 것을 발견하였다. 성적 기술의 결핍 또한 빈번한 성적 실패로 이어져 궁극적으로 성욕 저하를 초래할 수 있다. 예를 들어 발기부전을 보이는 남성은 이러한 문제가 없는 남성에 비하여 상당히 제한된 범위의 성적 행동과 기술을 보고한다(Winzcze et al., 2008).

따라서 사회문화적 요인은 이후의 성기능에 영향을 미치는 것으로 보인다. John Gagnon은 이러한 현상을 토대로 성기능의 대본 이론(script theory)이라고 불리는 중요한 개념을 구축하였다. 그에 따르면 우리 모두 사회적 그리고 문화적인 기대를 반영하고 행동의 지침이 되는 대본(script)에 따라 움직인다(Gagnon, 1990; Laumann, Gagnon, Michael, & Michaels, 1994). 이러한 대본을 개인과 문화를 가로질러 발견할 수 있다면 성기능에 대해 더 많은 정보를 획득할 것이다. 예를 들어, 성은 잠재적으로 위험하고 불순하며 금지된 행위라고 학습할 경우 이후 성기능부전의 발현에 취약할 수 있다. 이러한 양상은 성과 관련된 구속적인 사고방식을 특징적으로 보이는 문화에서 가장 분명히 나타난다(McGoldrick et al., 2007). 예를 들어 질경련은 북미에서는 상대적으로 드물지만 아일랜드와 터키에서는 유병률이 상당히 높다(Dogan, 2009; McGoldrick et al., 2007).

성에 대한 비교적 개화되고 허용적인 태도에도 불구하고 사회적으로 전달된 특정 기대와 태도가 남아 있을 수 있다. Barbara Anderson과 동료들(예, Cyranowski et al., 1999)은 성에 있어 감정적이고 자신을 지나치게 의식할 경우 추후 스트레스 상황에서 성적 어려움이 야기됨을 입증하였다. 남성의 성에 있어 가장 권위 있는 사람 중 하나인 Zilbergeld(1999)는 많은 남성이 믿고 있는 성관련 속설에 대해 설명하였고 Baker와 DeSilva(1988)는 남성 속설에 대한 Zilbergeld의 초기 자료를 설문지로 변환하여 성적 기능을 잘하고 있는 남성과 역기능적 양상을 보이는 남성 집단을 비교하였다. 그 결과 성기능 문제를 보이는 남성은 성기능 문제가 없는 남성에 비해 이와 같은 속설을 더 많이 믿고 있는 것으로 나타났다.

심리적 · 신체적 요인 간의 상호작용

다양한 원인을 살펴보았고 심리적 또는 신체적 요인이 특정 성기능부전과 독점적으로 연관되지 않는다고 논의하였다(Rosen, 2007; Wiegel et al., 2006). 여러 요인이 미묘하게 조합된 경우가 더 많다. 전형적인 예로 불안에 취약한 젊은 남성이 있고, 이 남성은 몇 개의 성관련 속설을 믿는다(사회적 기여 요인). 많은 남성이 그렇듯 어느 날

약물이나 알코올을 섭취한 후 예상치 못하게 발기가 안 되는 경험을 할 수 있다(생물학적 기여 요인). 그 사건 이후 불안한 마음으로 성적 상황을 예상하면서 발기가 또 안 될까봐 걱정할 것이다. 이와 같은 경험과 우려가 결합하면서 음주 여부와는 상관없이 그림 9.4에 묘사된 일련의 심리적 과정이 활성화될 것이다.

요약하면 사회적으로 전파되는 성에 대한 부정적 태도는 관계적 어려움과 수행불안을 발전시킬 수 있는 소인과 상호작용할 수 있으며 궁극적으로 성기능부전으로 이어질 수 있다. 다양한 성기능부전이 같은 환자에게서 발생할 가능성은 높으나 어떤 이유에서 특정 개인은 한 기능장애를 보이게 되고 다른 장애는 나타나지 않는지 심리적 관점만으로는 설명이 어렵다. 아마도 어떠한 생물학적 소인이 심리적 요인과 상호작용하여 특정 성기능부전을 발생시키는 것으로 간주된다.

성기능부전의 치료

본 교재에서 논의된 대부분의 다른 장애와는 달리 성기능부전은 놀랍게도 교육이라는 간단한 중재를 통해 효과적으로 치료될 수 있다. 성반응주기와 성관계의 본질에 대한 무지는 종종 장기간 지속되는 기능장애로 이어진다(Bach, Wincze, & Barlow, 2001; Wincze et al., 2008). 저자의 성상담 클리닉을 방문한 칼의 사례를 고려해 보자.

칼 ● 절대 늦지 않았다

55세의 백인 남성인 칼은 발기를 유지하는 데 어려움이 있어 비뇨기과 전문의를 통해 의뢰되었다. 결혼한 적은 없으나 현재 50세 여성과 친밀한 관계를 지속하고 있었다. 해당 연인관계는 칼의 두 번째 성관계였다. 세밀한 면담을 통해 칼이 일주일에 두 번 성관계를 가진다는 것을 파악하였으나 성활동에 대한 단계별 묘사를 요청하였을 때 특이한 양상이 관찰되었다. 칼은 전희 과정 없이 즉시 성교를 시도하였다. 불행히도 애인이 충분히 흥분되지 않아 윤활액 분비가 부족하여 삽입이 불가능하였다. 삽입을 성공하기 위해 칼은 많은 노력을 했고 이로 인해 가끔 두 명 모두 고통스러운 찰과상을 입었다. 두 회기에 걸쳐 광범위한 성교육이 실시되었고 이 과정에서 전희 과정에서의 구체적인 단계별 교육과 지시가 제공되었다. 이로 인해 칼은 성에 대한 새로운 관점을 갖게 되었다. 생전 처음으로 칼은 성공적이고 만족스러운 성관계를 가질 수 있었고 두 사람은 기쁨을 공유할 수 있었다.

성욕감퇴장애(hypoactive sexual desire disorder)의 경우 커플 중한 명이 성욕에서의 차이를 보이면 그 상대는 성욕이 없다는 낙인이 찍힐 수 있다. 예를 들어 만약 한 사람은 일주일에 한 번 성관계를 갖는 것을 만족스러워 하나 상대방은 성관계를 매일 갖기를 원한다면 후자는 전자를 성욕이 낮다고 비난할 수 있고 불행히도 전자는 이에 동의할 수도 있다. 하지만 더 효율적인 조건을 만들면 이와 같은 시선은 바뀔 수 있다. 다행히 성욕감퇴나 다른 더 복잡한 성기능부전을 개선하기 위해 심리사회적 그리고 의학적 치료 모두 현재 제공될 수있다. 의학적 치료, 특히 발기부전에 대한 의학적 치료는 최근 몇 년간 극적으로 진보하였다.

심리사회적 치료

William Masters와 Virginia Johnson이 1970년 저술한 『인간의 성기능부전(*Human Sexual Inadequacy*)』은 성적 행동과 관련된 지식의 진보 중 가장 대표적 성과물이다. 이 책에서 개략적으로 서술된 절차는 성기능부전에 대한 간결하고, 직접적이고, 합리적인 치료 프로그램을 성공적으로 제공할 수 있게 도모하였으며 성 치료를 혁명적으로 바꾸었다. 성기능부전의 공통된 기반을 재차 강조하면서 특정 성적 문제에 따라 경미한 차이만 있을 뿐 비슷한 치료적 접근이 남성과 여성 모두에게 제공된다. 이러한 집중 프로그램은 남성과 여성 치료자가 성기능부전을 가진 대상 간의 의사소통을 촉진하는 작업을 수반한다. Masters와 Johnson이 원래 남성과 여성 치료자로 치료를 함께 실시하였다. 치료는 2주 동안 매일 시행되었다.

실제 프로그램은 매우 단순하다. 주된 목표는 성기능에 대한 기초적인 교육을 제공하는 것, 깊이 뿌리박힌 근거 없는 속설을 바꾸는것, 그리고 의사소통을 증가시키는 것 이외에 심리적 요인에 근거한 수행 불안을 제거하는 것이다(그림 9.4 다시 참조). 이를 위해 Masters와 Johnson은 감각집중훈련(sensate focus)과 비요구 쾌락화(nondemand pleasuring)를 소개하였다. 성교 또는 성기 애무를 삼가고 성기 이외 부위에 대한 손길 및 애무, 입맞춤, 포옹, 문지르기, 또는 비슷한 유형의 행동을 하면서 단순히 서로의 몸을 탐색하고 즐기도록 교육받는다. 첫 단계인 성기 외 쾌락화(nongenital pleasuring)에서 가슴과 성기는 제외하고 연습이 실시된다. 성공적으로 이 단계를 완료하면 성기 애무 과정이 시작되는데 이 단계에서는 절정과 성교는 금지되고 남성에게는 발기하는 것이 목적이 아님을 명확히 지시한다.

이 단계에서 흥분이 재정립되어야 하고 성관계를 시도할 신체적 준비가 되어야 한다. 너무 빨리 진행되지 않도록 이 단계는 다시 여러 부분으로 나뉜다. 예를 들어 삽입을 시작하는 방법을 교육받을 수있다. 다시 말해 삽입의 깊이와 지속 시간은 점진적으로 증가시키면서 성기와 성기 외 부위의 쾌감이 계속된다. 궁극적으로 성교가 반복적 삽입동작과 함께 달성된다. 이러한 2주간의 집중 프로그램 이후 장애에 따라 회복률에서 약간의 차이는 있지만 790명 이상의 성기능부전 환자 대다수에게서 향상이 있었다고 Masters와 Johnson은 보고하였다. 조기사정이 있던 남성 중 거의 100%가 회복되었던 반면 일생 동안 지속된 일반화된 발기부전과 같은 좀 더 복잡한 사례의 경우 60% 정도의 회복률을 보고하였다.

최근의 지식적 발전을 활용하여 이러한 절차는 수년간 확장되고 수정되어 왔다(예., Bradford & Meston, 2011; Wincze et al., 2008). 발기부전 치료는 최대 60%에서 70%의 사례에서 긍정적인 치료효과가 몇 년간 지속되는 것으로 나타났으나 그 이후 약간의 감소 추세를 보인다(Rosen, 2007; Segraves & Althof, 1998). 특정 성기능부전을 위한 보다 효과적인 치료를 제공하기 위하여 보편적 성 치료에 특정 절차가 통합된다. 예를 들어 조기사정을 치료하기 위해 대부분의 경우 Semans(1956)가 개발한 압착법(squeeze technique)이라고 불리는 절차를 적용한다. 이 절차에서는 성적 자극을 받고 음경이 거의 완전한 발기 상태에 이를 때 성적 상대가 귀두가 음경해면체와 만나는 부분을 꽉 쥐도록 하여 흥분을 빠르게 감소시키게 한다. 이 절차는 반복적으로 실시되며 마지막에는 음경을 질 내에 삽입한 후 음경을 밀어 넣는 움직임 없이 잠시 가만히 있도록 한다. 만약 이때 흥분이 지나치게 빨리 상승한다면 음경을 빼고 압착법을 다시 시행한다. 이러한 방법은 훈련을 통해 남성이 자신의 흥분과 사정에 대한 통제감을 발달시킬 수 있도록 한다. 지난 20년 동안 60%에서 90%의 남성에게 효과적이었다는 결과가 보고되었으나 치료 후 3년 이상 지난 시점에서는 성공률이 약 25%로 떨어진다(Althof, 2007; Polonsky, 2000). 게리는 이 방법으로 치료를 받았고 아내는 이 과정에서 협조적이었다. 또한 단기 부부상담을 통해 아내가 자신을 더 이상 매력적으로 느끼지 않는다는 게리의 불안감은 근거가 없다는 것을 그가 인식할 수 있도록 하였다. 치료 종결 이후 게리는 근무시간을 조금 줄였고 부부 및 성관계는 향상되었다.

일생 동안 지속되는 여성극치감장애는 자위 방법을 구체적으로 훈련시키면서 치료된다(Bradford & Meston, 2011). 예를 들어 그레타는 기본적인 성 치료를 받은 뒤에도 남편이 손으로 자극하는 것만으로는 절정에 도달하지 못하였다. 이 시점에서 문제해결을 위한 특정 표준화된 치료 프로그램(예, Heiman, 2000; Heiman, LoPiccolo, 1988) 절차에 따라 그레타와 윌은 진동기(vibrator)를 구매하였고 그레타는 수줍음을 버리고 성적 흥분 상태가 어떻게 느껴지는지 큰 소리로 표현하도록 안내받았고 원한다면 소리나 비명을 지르도록 하였다. 적절한 성기 애무의 시행과 망설임을 벗어나도록 하는 이와 같은 훈련

과정에서 그레타는 진동기를 통해 첫 절정을 경험하였다. 이와 같은 연습과 원활한 의사소통을 통해 부부는 결국 진동기를 사용하지 않고도 그레타가 절정을 느낄 수 있는 단계까지 도달하였다. 많은 연구 결과를 요약하자면 70%에서 90%의 여성이 성공적으로 치료된다. 그리고 이와 같은 치료적 효과는 안정적으로 유지되고 심지어 시간이 경과하면서 더 향상되기도 한다(Heiman, 2007; Segraves & Althof, 1998).

성기-골반통증/삽입장애와 관련된 질경련과 삽입통을 치료하기 위해 작은 확장기(dilator)의 삽입을 시작으로 점차적으로 더 큰 확장기를 삽입하는 훈련을 여성의 속도에 맞춰 반복하게 된다. 여성 그리고 파트너가 가장 큰 확장기를 삽입할 수 있을 때 이성애 커플의 경우 남성이 음경을 점진적으로 질에 삽입한다. 이러한 연습은 성적 흥분이 유지될 수 있도록 성기와 성기 이외 부위의 쾌감을 촉진시키는 성적 행동을 병행하면서 실시된다. 이 과정에서 현재 성기능 문제를 발병시키는 데에 기여했을 수 있는 생애 초기 성적 학대와 관련된 기억이 촉발될 수 있으므로 불안과 두려움이 증가하고 있는지 긴밀한 주의를 기울이며 실시되어야 한다. 이와 같은 치료는 매우 성공적이어서 80%에서 100%에 해당하는 여성이 질경련을 상대적으로 짧은 시간 안에 극복한다(Binik et al., 2007; ter Kuile et al., 2007).

성욕구 감퇴를 위한 다양한 치료절차가 개발되었다(예, Wincze, 2009; Wincze & Carey, 2001). 이러한 치료의 중심에는 전통 성 치료의 일환인 표준 재교육(standard reeducation)과 의사소통 향상 요소와 함께 때로 자위 훈련과 성적 소재에 대한 노출치료가 함께 시행되기도 한다. 사례에 따라 개별적 전략이 필요할 수 있다. 사촌에 의한 성적 학대 경험이 있는 '어떤 한 부부' 사례의 아내를 기억하는가? 원치 않았던 반복적인 성적 경험이 가져온 영향을 부부가 치료를 통해 이해하고 전희를 더 편하게 느낄 수 있도록 성을 재접근하는 치료

▲ 치료자는 일반적으로 한 사람의 역기능을 치료하기 위해 커플을 함께 만난다.

적 요소가 포함되었다. 아내는 성관계가 시작되면 자신이 통제하지 못할 것이라는 생각을 점차 버리게 되었다. 부부는 통제감 증진을 위해 성적 접촉을 시작하고 멈추는 연습을 하였다. 인지적 재구조화를 통해 남편의 다정다감함을 회의적이지 않고 긍정적으로 해석하는 훈련도 제공되었다. 치료 종결 후 최소 초기에는 성적 욕구가 낮은 개인 중 약 50%에서 70%는 성치료에 따른 효과를 보고한다(Basson, 2007; Brotto, 2006).

의학적 치료

최근 몇 년간 성기능부전을 치료하기 위해 다양한 약물치료와 수술 기법이 개발되었는데 거의 대부분은 남성 발기부전 치료에 초점을 맞추고 있다. 가장 인기 있는 치료인 비아그라와 같은 경구 투약제, 음경에 직접 주사하는 혈관작용제, 수술, 그리고 진공압축기를 살펴볼 것이다. 의학적 치료는 포괄적 교육과 성 치료 프로그램이 결합되어야 치료효과가 극대화된다는 점을 명시하면서 시작하자.

1998년 실데나필(제품명 Viagra)이 발기부전 치료에 도입되었다. 1998년 초반 미국 식품의약국의 승인을 받은 후 여러 대규모 임상시험에서 위약 집단에서는 약 30%가 효과를 보고한 반면 임상군에서는 50%에서 80%의 성공적인 효과를 보고하였다(Conti, Pepine, & Sweeney, 1999; Goldstein et al., 1998). 시알리스(Cialis)와 레비트라(Levitra)도 비슷한 결과를 보였다(Carrier et al., 2005). 그러나 투여량이 높을 경우 남성 중 30%가 심각한 두통을 부작용으로 경험할 수 있고(Rosen, 2000, 2007; Virag, 1999), 성적 만족도가 반드시 뒤따르는 것은 아니다. 또한 대다수의 남성이 몇 개월 혹은 일 년간 약물을 복용하다 사용을 중단하는 바, 장기적 경과가 만족스럽지 못함을 시사한다(Rosen, 2007). 이 문제를 해결하기 위해 Bach, Barlow와 Wincze(2004)는 인지행동치료를 Viagra 치료에 추가했을 때의 효과를 검토하였다. 결과는 고무적이어서 약물만 복용한 사례에 비해 약물치료와 인지행동치료를 함께 제공 받은 커플이 더 높은 성적 만족감과 증가된 성적 활동을 보고하였다.

Viagra가 폐경 후 여성의 기능장애에 효과적일 것이라는 희망도 있었지만 결과는 실망스러웠다(Bradford & Meston, 2011; Kaplan et al., 1999). Berman과 동료들(2003)은 Viagra가 폐경 후 여성의 성적 흥분장애에 부분적 개선을 가져왔으나 성적 욕구의 감소가 없었던 여성에게서만 이와 같은 결과가 나타났다고 밝혔다.

일부 비뇨기과 전문의는 환자에게 성관계를 할 때 파파베린(papaverine)이나 프로스타글란딘(prostaglandin)과 같은 혈관작용제를 음경에 직접 주사하도록 한다. 이 약물은 혈관을 확장시켜 혈액이 음경으로 유입되도록 하여 1시간에서 4시간 동안 유지될 수 있는 발기

가 15분 안에 출현한다(Rosen, 2007; Segraves & Althof, 1998). 이 절차가 생각하는 것 만큼 심한 수준은 아니나 다소 고통스러울 수 있기 때문에 일반적으로 50%에서 60%에 이르는 상당수의 남성이 단기간 사용 후 치료를 중단한다(Lakin, Montague, Vanderbrug Medendorp, Tesar, & Schover, 1990; Segraves & Althof, 1998).

음경인공삽입물(penile prostheses) 또는 임플란트는 지난 100년 간 제공되어 왔지만 최근에서야 이와 같은 시술이 일상적 성기능에 근접할 만큼 개선되었다. 어떠한 유형의 임플란트는 성관계에 필요한 위치로 남성이 구부릴 수 있고 평상시에는 활동에 지장을 주지 않는 형태로 조작할 수 있는 반경성의 실리콘 막대를 수술을 통해 이식한다. 이보다 더 많이 사용되는 유형물은 음낭에 작은 펌프를 삽입하고 이를 손으로 조이면 액체가 원통으로 이동하면서 팽창하여 발기가 출현한다. 이보다 더 최근의 음경인공삽입물은 펌프기구가 내재된 팽창 가능한 막대로 외부에 펌프가 달린 것보다 더 편리하다. 하지만 이와 같은 외과적 이식은 수술 전 성기능을 복원하거나 만족감을 보장해 주지는 않는다(Gregoire, 1992; Kim & Lipshultz, 1997). 이러한 시술은 다른 치료적 시도가 효과적이지 않을 경우에만 사용되고 있다.

또 다른 방법은 진공압축기치료(vacuum device therapy)인데 이 치료에서는 음경을 둘러싸도록 설계된 원통 안에 진공상태를 만든다. 진공 상태는 혈류가 음경으로 유입되도록 하고 이때 음경의 가장 아랫부분에 설치된 특별히 고안된 고리에 의해 피는 빠져나가지 못한 채 충혈된 상태가 유지된다. 70%에서 100%의 사용자, 특히 심리적 성 치료를 통해 효과를 경험하지 못한 환자가 만족스러운 발기 정도를 보고하였다(Segraves & Althof, 1998; Witherington, 1988). 이 치료는 수술이나 주사에 비해 덜 침습적이나 여전히 불편하고 인공적이다(Delizonna et al., 2001).

요약

심리사회적 그리고 의학적 치료 프로그램 둘 다 성기능부전 치료에 있어 효과적이다. 불행히도 이러한 프로그램을 제공할 수 있도록 훈련받은 건강 및 정신건강 전문가가 부족하기 때문에 많은 지역에

서 쉽게 이용되지 못하고 있다. 성적흥분장애에 대한 심리적 치료는 더 개선될 필요가 있으며 성욕구 감퇴에 대한 치료는 대부분 검증되지 않았다. 새로운 의학적 발전이 매년 거듭되고 있으나 여전히 침습적이고 어설픈 요소가 없지 않아 있다. 발기부전 치료에 Viagra와 Levitra가 어느 정도의 효과를 보이고 있으며 이와 유사한 효능을 가진 많은 약물이 개발단계에 있다.

불행히도 노년기 성문제는 간과되고 있다. 치료적 주안점인 의사소통 향상, 교육, 그리고 감각집중훈련 이외에 적절한 여성용 윤활제 활용과 남성의 경우 발기반응을 극대화하기 위한 여러 방법에 대한 논의는 모든 노인 대상 성상담의 필수 요소로 자리 잡아야 할 것이다. 더 중요한 것은 신체적 능력 저하가 존재하더라도 노화가 진행되고 있는 커플에게 성교뿐 아니라 여타 지속적인 성관계는 기쁨을 선사하는 중요한 삶의 일부가 되어야 한다.

개념 확인 9.2

성기능부전의 원인 및 치료와 관련하여 아래 설명이 참인지(True) 거짓인지(False) 확인하시오.

1. _____ 많은 신체적 그리고 의학적 상태와 이에 대한 치료(예, 처방전)가 성기능부전에 기여한다. 하지만 많은 전문의가 이와 같은 연관성을 인식하지 못하고 있다.

2. _____ 불안은 성적 흥분상태를 항상 감소시키거나 심지어 제거한다.

3. _____ 성기능부전은 증가되고 있는 성적 상대에 대한 반감, 성적 외상 사건 또는 성행위에 따른 부정적 결과에 대한 아동기 학습으로 인해 나타날 수 있다.

4. _____ 많은 장애에 대한 간편하고 효과적인 치료는 교육이다.

5. _____ 모든 성기능부전은 같은 심리사회적 기법을 통해 치료된다.

6. _____ 대부분의 최근 외과적 그리고 약물치료는 발기부전에 초점을 맞추고 있다.

▶ 주요 변태성욕장애는 어떤 임상적 특징을 갖는가?
▶ 변태성욕장애의 원인에는 어떤 것이 있는가?

만약 여러분이 대부분의 사람과 같다면 동의나 거부의사를 자발적으로 분명히 표명할 수 있는 신체적으로 성숙한 성인이나 청소년기 후반의 상대에게 성적으로 끌릴 것이다. 그러나 만약 진공청소기와 같은 사물이나 다른 무엇, 예를 들어 동물(Williams & Weinberg, 2003)에게 성적 매력을 느낀다면 어떻게 되는가? 또 만약 성적 만족을 얻을 수 있는 유일한 방법이 잔인한 살인을 저지르는 것이라면? 이와 같은 특이한 성적 흥분 양상과 수많은 다른 특이 성향을 가진 사람이 사실 생각보다 우리 주변에 많으며 그들 자신 그리고 만약 그들의 행동이 다른 사람을 포함하고 있다면 그 당사자에게 말할 수 없는 고통을 야기한다. 이 장의 도입에서 언급하였듯이 만약 이와 같은 성적 흥분과 관련된 장애가 개인에게 고통과 손상을 가져오거나 타인에게 개인적인 해를 끼치거나 해를 끼칠 가능성을 불러일으킨다면 **변태성욕장애**로 진단된다. *DSM-5*에 의하면 성적 도착(paraphilia)이 고통과 손상을 초래하지 않거나 타인에게 해나 위협을 주지 않는다면 장애로 간주되지 않는다. 따라서 성적 이끌림이 특이한 양상을 보인다는 사실 자체만으로는 장애 진단기준을 충족시키기에 충분하지 않다. 이는 *DSM-5*의 논란의 소지가 많은 변경 사항 중 하나이다.

저자의 클리닉에서는 수년간 다소 특이한 사람부터 위험한 살인 강간범까지 다양한 범위의 성적 도착과 변태성욕장애가 있는 많은 환자를 평가하고 치료하였다. 대부분의 환자는 주로 하나의 지배적인 문제를 보이나 2개, 3개 또는 그 이상의 양상을 나타내기도 한다(Brownell, Hayes, & Barlow, 1977; American Psychiatric Association, 2013). 더욱이 변태성욕장애에는 기분, 불안 그리고 물질남용 장애가 흔히 공존한다(Kafka & Hennen, 2003; Raymond, Coleman, Ohlerking, Christenson, & Miner, 1999). 변태성욕장애는 유병률이 높은 장애가 아니고 발생 빈도를 추정하기 어렵지만 복장도착장애(transvestic disorder)와 같은 몇몇 장애는 상대적으로 흔한 것으로 알려져 있다(Bancroft, 1989; Mason, 1997). 대도시에 거주한다면 주로 극심하게 붐비는 지하철이나 버스에서 **마찰도착장애**의 피해자가 된 경험이 있을 수도 있다. 대개 이러한 상황에서 여성은 평상시보다 뒤에서 더 비벼대고 밀쳐지는 느낌을 받는다고 한다. 뒤를 돌아보면 끔찍하게도 마찰도착적 흥분 양상을 가진 남성이 마찰을 통해 사정시점까지 자극을 받은 모습을 발견하게 된다. 피해자가 쉽게 도망갈 수 없는 상황이기에 마찰도착적 행위는 대개 성공적이다(Lussier & Piché, 2008).

물품음란장애

무생물 물체에 성적 매력을 느낄 경우 **물품음란장애**라고 한다. 물체의 수가 많은 만큼 수많은 종류의 도착양상이 존재하나 가장 흔한 물품은 여성의 속옷과 신발이다(Darcangelo, 2008; Kafka, 2010). 물품도착적 흥분은 두 부류의 물품과 연관된다. 하나는 무생물 물체이고 또 하나는 고무, 특히 고무로 만든 옷과 같은 특정 촉각 자극을 제공하는 것으로 반짝이는 검정 플라스틱도 여기에 포함된다(Bancroft, 1989; Junginger, 1997). 이러한 양상을 보이는 개인의 성적 공상, 충동, 그리고 욕구 대부분은 이러한 물체에 집중된다. 세 번째 성적 이끌림의 대상은 발, 엉덩이, 머리카락과 같은 신체 일부이며 때로 신체부분성애증(partialism)으로도 불린다.

DSM 5

DSM 진단기준 요약 마찰도착장애

A. 동의하지 않은 사람에 대한 접촉, 문지르는 행위를 통한 반복적이고 강렬한 성적 흥분이 성적 공상, 성적 충동, 또는 성적 행동으로 발현되며 적어도 6개월 이상 지속된다.

B. 개인이 동의하지 않는 사람에게 이러한 성적 충동에 따라 행동하거나, 이러한 성적 충동이나 성적 공상이 사회적, 직업적, 또는 다른 중요한 기능 영역에서 임상적으로 현저한 고통이나 손상을 초래한다.

출처: American Psychiatric Association. (2013). *Diagnostic and statistical manual of mental disorders* (5th ed.). Washington, DC.

변태성욕장애(paraphilic disorders) 부적절한 대상이나 물품을 통해서만 성적 흥분이 발생하는 장애이다.

마찰도착장애(frotteuristic disorder) 동의하지 않은 대상이 쉽게 피하지 못하는 많은 사람이 모인 곳에서 자신의 몸을 상대방에게 밀착시켜 비벼대면서 성적 쾌감을 경험하게 되는 도착장애이다.

물품음란장애(fetishistic disorder) 무생물 또는 특이한 물품에 대한 충동, 공상, 또는 행동을 통해 장기적이고 반복되는 강렬한 성적 흥분을 보이며 고통 또는 기능손상을 유발한다.

관음장애와 노출장애

관음장애는 성적 흥분을 얻기 위해 타인이 옷을 벗거나 나체로 있는 것을 몰래 관찰하는 행위이다. **노출장애**는 이와 대조적으로 눈치채지 못한 낯선 사람에게 자신의 성기를 노출함으로써 성적 흥분과 만족을 얻는 것이다(Lånström et al., 2010). 로버트의 사례를 고려해 보자.

로버트 • 커튼 밖

로버트는 31세의 기혼 생산직 노동자로 14살 때 처음으로 창문을 통해 다른 사람을 훔쳐보기 시작하였다. 밤에 자전거를 타고 동네를 배회하면서 창문을 통해 여성이 있는 것이 보이면 멈춰 서서 응시하였다고 한다. 어느날 밤 로버트는 창문 사이를 훔쳐보다 성적 흥분으로 인한 고통을 처음으로 느꼈다. 보이지 않는 곳이었으나 성기가 노출된 상태로 결국 창문 사이를 응시하면서 자위를 하였다. 나이가 더 들어서 로버트는 차를 몰고 사춘기 이전 나이의 소녀들을 찾아다녔다. 소녀들 주변에 주차하고 바지 지퍼를 내린 다음 그들을 불러서 비성적인 대화를 이어나가려고 하였다. 이후 가끔 어떤 소녀를 설득하여 상호 자위를 하고 로버트에게 구강 성교를 하도록 하였다. 여러 번 체포된 경험이 있음에도 불구하고 체포 가능성은 역설적으로 로버트를 오히려 더 흥분시켰다(Barlow & Wincze, 1980).

정확한 유병률은 알려지지 않았으나(Murphy & Page, 2008), 스웨덴 성인 표본 2,450명을 무작위로 추출하였을 때 31%가 최소 한 번 낯선 사람에게 성기를 노출하고 성적 흥분을 경험하였고, 7.7%가 적어도 한 번 타인의 성관계를 몰래 관찰하면서 성적으로 흥분되었다고 보고하였다(Lånström & Seto, 2006). 노출장애의 진단기준을 충족하기 위해서는 행동이 반복적으로 나타나야 하며 강박적이거나 통제가 불가능해야만 한다.

복장도착장애

복장도착장애는 이성의 옷을 입거나 입는 것에 대한 공상과 강력하게 관련되어 있으며 이를 일반인은 크로스드레싱(cross-dressing)이라고도 한다(Blanchard, 2010; Wheeler, Newring, & Draper, 2008). M씨의 사례를 살펴보자.

경찰관인 M씨는 31세의 남성 기혼자로 여성의 옷을 입고 공중 앞에 나서고 싶은 통제할 수 없는 욕구를 치료하기 위해 클리닉을 찾았다. 지난 16년 동안 이와 같은 행동을 하고 있었고 여장을 한 것 때문에 해병대에서 퇴출되었다. 그 이후로 M씨는 여러 번 사람들 앞에서 공개될 위험을 무릅썼다. M씨의 아내는 그의 여장 문제 때문에 이혼을 요구하며 M씨를 위협하면서도 종종 M씨에게 여성복을 사주었고 그 옷을 입고 있는 M씨를 보며 '동정심'을 느꼈다.

M씨가 경찰관이 되기 전에 해병대에 있었다는 사실에 주목해 보자. 여성의 옷을 입고자 하는 강한 욕구를 가진 남성은 이를 보상하기 위해 해병대와 같은 소위 '진짜 사나이' 조직에 합류하는 경향이 있다. 그럼에도 불구하고 이 장애가 있는 대부분의 사람은 어떠한 보상행동도 보이지 않는다. 앞서 논의된 스웨덴 조사에서 남성 중 2.8% 그리고 여성의 0.4%가 최소 한 번의 복장도착장애 삽화를 보고하였다(Lånström & Zucker, 2005). 추정치이긴 하나 일반적으로 남성에서의 유병률이 3%라고 한다(APA, 2013).

흥미롭게도 여장을 하는 많은 남성의 배우자는 이와 같은 남편의 행동을 수용하며 부부 사이의 사적인 문제로 남는다면 매우 지지적일 수 있다. Doctor와 Prince(1997)는 복장도착장애가 있는 1,000명 이상의 남성 중 60%가 조사 당시 기혼이었다고 보고하였다. 몇몇 사람은 기혼이든 미혼이든 정기적인 모임을 갖는 크로스드레싱 동호회에 가입하거나 이 주제를 다루는 소식지를 구독한다. 만약 성적 흥분이 주로 옷 자체에만 집중되어 있다면 복장도착장애에 대한 진단기준에 물품음란증 동반(with fetishism)이라는 명시자를 필요로 한다. 복장도착장애의 또 다른 명시자는 성적 흥분이 옷 자체와 연관되어 있기보다는 여성으로서의 자신을 떠올리거나 생각하는 것과 관련되어 있다. 이 명시자는 자가여성애(autogynephilia)라고 불리며 자가여성애를 경험하는 개인이 느끼는 성적 혼란감이 조금 뒤에 논의될 성별 불쾌감과 일정 부분 중첩되기 때문에 논란의 여지가 있다. 따라서 몇몇은 성별 불편감 개념이 이와 같은 성적 혼란감을 더 잘 반영한다고 주장한다. 실제 자가여성애 동반 복장도착장애가 있을 경우 성별 불쾌감으로 이어질 가능성이 더 크며 성전환 수술(sex reassignment surgery)을 통해 성별을 바꿀 가능성 또한 더 높다(Blanchard, 2010).

DSM 5 DSM 진단기준 요약 복장도착장애

A. 반대 성의 옷 입기로부터 반복적이고 강렬한 성적 흥분이 성적 공상, 성적 충동 혹은 성적 행동으로 발현되며 적어도 6개월 이상 지속된다.

B. 이러한 성적 공상, 성적 충동 또는 성적 행동이 사회적, 직업적, 또는 다른 중요한 기능 영역에서 임상적으로 현저한 고통이나 손상을 초래한다.

다음의 경우 명시할 것:

물품음란증 동반: 직물, 소재, 또는 의복으로부터 성적 흥분을 느끼는 경우

자가여성애 동반: 자신을 여성이라고 생각하거나 떠올림으로써 성적 흥분을 느끼는 경우

출처: American Psychiatric Association. (2013). *Diagnostic and statistical manual of mental disorders* (5th ed.). Washington, DC.

성적가학장애와 성적피학장애

성적가학장애와 **성적피학장애**는 고통이나 굴욕을 가하거나(가학증) 고통이나 굴욕을 당하는 것(피학증)과 관련되어 있고(Hucker, 2008; Krueger, 2010a; 2010b), 성적 흥분은 각각의 조건에서의 폭력 그리고 손상과 구체적으로 연결된다(Seto, Lalumière, Harris, & Chivers, 2012). M씨는 여장을 하고 싶은 자신의 욕구를 매우 우려하였으나 또 다른 문제가 심란함을 더하였다. 아내와의 성관계 상황에서 자신의 성적 쾌락을 극대화하기 위해 아내로 하여금 목걸이와 줄을 착용하도록 하였고 아내를 침대에 묶고 수갑을 채웠다. 때때로 여장을 한 채로 자기 자신을 밧줄, 사슬, 수갑, 철사로 묶었다. M씨는 자신이 크게 다칠 수 있지 않을까 염려하고 있었다. 실제 많은 사례에서 간 혹 문제가

관음장애(voyeuristic disorder) 성적 흥분이 눈치채지 못한 개인이 옷을 벗고 있거나 벗은 것을 관찰하면서 발생하는 성적 도착이다.

노출장애(exhibitionistic disorder) 자신의 성기를 타인에게 노출시키면서 성적 만족감을 경험한다.

복장도착장애(transvestic disorder) 대부분의 경우 남성이 반대 성별의 옷을 입으면서 성적 흥분 또는 만족감을 경험하는 성적 도착이다.

성적가학장애(sexual sadism disorder) 성적 흥분이 통증 또는 굴욕감을 가하는 것과 연관되는 성적 도착이다.

성적피학장애(sexual masochism disorder) 성적 흥분이 통증 또는 굴욕감을 경험하는 것과 연관되는 성적 도착이다.

발생하여 개인이 뜻하지 않게 목이 조이게 될 수 있으며 이러한 상황은 저산소애호증(hypoxiphilia)과 구별되어야 한다. 저산소애호증에서는 누군가로 하여금 자신의 목을 조르게 하거나 스스로 자신을 질식시켜 뇌로 공급되는 산소량을 감소시키면서 극치감 경험을 극대화시킨다. 성적 흥분을 얻기 위해 고통을 가하거나 받아야만 한다는 것이 역설적일 수 있으나 이러한 종류의 사례는 드물지 않다. 이와 같은 행위 자체는 대부분의 경우 수위가 약하며 특별한 해를 끼치지 않지만(Krueger, 2010a, 2010b) 위험하고 큰 대가가 따를 수도 있다.

가학적 강간

강간은 살인 다음으로 인간이 타인에게 가할 수 있는 가장 파괴적인 폭력이라고 할 수 있다. 가해자 대부분이 성도착적이지 않은 성적 흥분 양상을 가진 남성, 또는 드물게는 여성이기 때문에 강간은 변태성욕장애로 분류되지 않는다. 대신, 많은 강간범들은 반사회성 성격장애(antisocial personality disorder, 제11장)의 진단기준을 충족하고 다양한 반사회적이고 공격적인 행동에 가담할 수 있다(Bradford & Meston, 2011; Quinsey, 2010). 강간은 기회주의적인 가해자에 의한

범행이다. 공감능력이 결여되어 있고 고통을 가하는 것을 경시하는 특성(Bernat, Calhoun, & Adams, 1999)을 가진 가해자가 의심하지 않는 취약 여성을 우발적으로 이용한다는 점에서 그러하다. 이처럼 계획되지 않은 폭력은 종종 강도나 다른 범죄행위 과정에서 발생한다. 강간은 또한 분노나 특정 여성에 대한 복수심이 동기로 작용할 수 있으며 사전에 미리 계획된 범죄일 수도 있다(McCabe & Wauchope, 2005; Quinsey, 2010).

몇 년 전 저자의 성상담 클리닉에서 특정 강간범은 변태성욕장애 정의에 부합하고 가학성애자로 더 잘 설명되지 않을까 추정하였고 이와 같은 가설은 그 후 연구를 통해 사실로 확인되었다(Quinsey, 2010; Seto et al., 2012). 상호 간의 즐거운 성관계 그리고 남성의 강압으로 특징되는 성관계(강간)를 묘사한 두 개의 오디오 테이프를 선별된 청취자에게 각각 두 번씩 들려주었다. 일반인은 상호 간의 동의 하에 이루어진 성관계 묘사에 성적 흥분 양상을 보였으나 강압성이 묘사된 자극에는 이러한 양상을 보이지 않았다. 반면 강간범들은 두 종류 모두에 성적으로 흥분되는 양상을 보였다(Abel, Barlow, Blanchard, & Guild, 1977).

소아성애장애와 근친상간

아마도 가장 비극적인 성적 이상행동은 13세 이하의 아동 또는 사춘기 초기 청소년에게 성적 매력을 느끼게 되는 **소아성애장애**일 것이다 (Blanchard, 2010; Seto, 2009). 이 문제는 대중적인 물의를 빚은 가톨릭 교회의 충격적인 스캔들을 통해 전 세계적으로 각인되는 계기가 되었다. 소아성애장애 진단기준을 의심의 여지없이 충족시켰을 것으로 추측되는 신부들이 반복적으로 아동들을 학대하였고 심지어 다른 교회로 전근 조치된 상태에서도 학대는 계속되었다. 이러한 흥분 양상을 가진 개인은 남아, 여아, 또는 양성에게 성적 매력을 느낄 수 있다. 한 설문조사에 따르면 많게는 남성의 12%와 여성의 17%가 아동기 시절 성인으로부터 부적절한 신체적 접촉을 경험하였다고 보고하였다. 또 다른 조사에서는 성적 학대를 경험한 아동의 수가 1990년대에 125% 증가하여 미국에서만 330,000명 이상일 것이라 추정하였다(Fagan, Wise, Schmidt, & Berlin, 2002). 가해자의 90%는 남성이며 10%가 여성이다(Fagan et al., 2002; Seto, 2009). 성인 강간에서와 마찬가지로 성범죄자 중 많게는 40%에서 50%가 소아성애적 흥분 양상을 보이지 않으며 소아성애장애 진단기준에 부합하지 않는다. 오히려 그들의 범행은 잔인하면서도 기회주의적인 공격성향의 반사회성적 행동에 더 가깝다(Blanchard, 2010; Seto, 2009). 최근 언론의 많은 관심을 받고 있는 아동 음란물 수사에 따르면 아동 음란

A. 사춘기 이전의 아동들(일반적으로 13세 이하)을 상대로 한 성적 활동을 통해 반복적이고 강렬한 성적 흥분이 성적 공상, 성적 충동 또는 성적 행동으로 발현되며 적어도 6개월 이상 지속된다.

B. 개인은 이러한 성적 충동에 따라 행동하거나, 이러한 성적 충동 혹은 성적 공상이 현저한 고통이나 대인관계의 어려움을 초래한다.

C. 이러한 개인은 연령이 적어도 16세 이상이어야 하며 진단기준 A에 언급된 아동이나 아동들보다 적어도 5세 연상이어야 한다.

주의: 12세 또는 13세의 아동과 지속적인 성행위를 맺고 있는 청소년기 후기의 개인은 포함하지 않는다.

출처: American Psychiatric Association. (2013). *Diagnostic and statistical manual of mental disorders* (5th ed.). Washington, DC.

토니는 52세의 기혼 텔레비전 수리공으로 우울한 모습으로 클리닉을 방문하였다. 약 10년 전부터 그의 12살 딸과 성적 행위를 하고 있었다. 가벼운 키스와 어루만짐이 점차 애무로 그리고 마침내 상호자위에 이르게 되었다. 딸이 16세였을 때 아내가 근친상간 관계에 대해 알게 되었고 결국 아내는 토니를 떠났다. 얼마 후 결국 아내는 이혼하면서 딸을 데려갔다. 토니는 곧 재혼하였다. 토니가 클리닉을 찾기 바로 전 혼자 다른 도시에 살고 있던 당시 22살인 딸을 방문하였다. 5년 동안 대면하지 않은 상황이었다. 첫 번째 방문 후 얼마 되지 않아 두 번째 방문이 이뤄졌고 근친상간 행위는 재개되었다. 이 시점에서 토니는 극도로 우울해졌고 새 아내에게 모든 사실을 털어 놓았다. 아내는 토니의 전폭적인 협조하에 클리닉에 연락하였고 딸은 자신이 살고 있는 도시에서 치료기관을 찾았다.

물을 내려 받은 혐의가 있는 개인은 종종 "그냥 보기만 하였다"며 자신은 소아성애자가 아니라고 강변한다. 하지만 아동 음란물 소지 행위로 기소되는 것 자체가 소아성애장애의 최적의 진단적 지표이다(Seto, Cantor, & Blanchard, 2006).

만약 피해 아동이 가해자의 친족이라면 소아성애는 **근친상간**에 해당한다. 소아성애와 근친상간은 공통점이 많으나 소아성애장애의 피해자는 대개 어린 아동인 반면 근친상간 피해자는 신체적으로 성숙해지기 시작한 소녀인 경우가 대부분이다(Rice & Harris, 2002). Marshall, Barbaree와 Christophe(1986) 그리고 Marshall(1997)은 음경 압박 측정계 수치에 근거하여 아동에게만 집중하는 소아성애장애가 있는 남성에 비해 근친상간 남성은 일반적으로 성인 여성에 대한 흥분반응 양상이 더 큰 것으로 밝혔다. 따라서 소아성애에 비해 근친상간적 관계는 토니의 사례에서 볼 수 있듯이 가용성과 가족 내 관계상의 문제와 더 깊이 관련되었다.

토니의 사례는 조금 뒤 다시 살펴보겠으나 먼저 주목할 점이 몇 가지 있다. 우선 토니는 딸을 사랑하였고 자신의 행동에 대해 끔찍하게 실망하였으며 그로 인해 우울감을 느꼈다. 아동 성추행범은 가끔 학대적이고 공격적일 수 있으며 간혹 피해자를 죽일 수도 있다. 이 경우 진단 가능한 장애는 성적가학장애와 소아성애장애 모두이다. 하지만 대부분의 아동 성추행범은 신체적 학대를 가하지 않는다. 범행 상황에서 아동이 신체적 폭력을 당하거나 부상당하는 경우는 흔치 않다. 아동 성추행범 입장에서 보면 자신이 신체적 폭력이나 위협을 가하지 않았기 때문에 어떠한 해도 끼치지 않았다고도 볼 수 있다. 아동 성추행범은 종종 그들의 행위가 아이를 '사랑해서' 또는 아이에게 성에 대한 유용한 가르침을 주기 위한 행위였다고 합리화한다. 아동 성추행범은 피해자가 겪는 심리적 고통을 전혀 고려하지 않지만 아동은 이러한 경험으로 인해 신뢰감과 친밀감을 공유하는 능력을 상실할 수 있다. 아동 성추행범은 두려움으로 인해 분명히 원하지 않아도 저항하지 못하는 아동에게 자신의 지배력을 과시할 필요성을 특별히 느끼지 못한다. 아동은 가해자가 압력이나 위협을 가하지 않았다는 이유로 학대의 책임이 자신에게 있다고 생각할 수 있으며 더 커서야 성적 학대 당시 스스로를 보호할 힘이 없었다는 사실과 학대의 책임 주체가 자신이 아님을 깨닫게 된다.

변태성욕장애의 원인

과학적 연구를 대체할 수는 없겠지만 사례 연구는 통제된 과학적 관찰을 통해 검증 가능한 가설을 제공하기도 한다. 개인력에 어떤 실마리가 있는지 알아보기 위해 로버트와 토니의 사례로 돌아가 보자.

두 남성의 사례는 비정상적인 성적 흥분 양상이 종종 다른 성적 그리고 사회적 문제 맥락상에서 발생한다는 것을 상기시켜준다. 바람직하지 않은 유형의 흥분은 상호 동의가 이루어진 성인과의 관계에서 경험되는 바람직한 흥분의 결핍과 관련될 수 있다. 토니와 로버

소아성애장애(pedophilia) 아동에게 강렬한 성적 매력을 느끼게 되는 성적 도착이다.

근친상간(incest) 가족구성원에게 성적 매력을 느끼게 되는 소아성애로 대개 아버지가 신체적으로 성숙해지기 시작한 딸에게 성적 매력을 느낀다.

노출장애 치료를 희망하였던 로버트는 텍사스의 한 작은 소도시에서 엄격하고 권위주의적인 아버지와 수동적인 어머니 밑에서 자랐다. 독실한 정통파 종교 신앙인이었던 로버트의 아버지는 성교의 사악함에 대해 자주 설교하였다. 로버트는 아버지로부터 성이 나쁘다는 것만 배웠다. 따라서 로버트는 모든 이성애적 욕구와 공상을 억제하였고 청소년이 되었을 때 동년배의 여학생과 같이 있을 때 불편감을 느꼈다. 어느 날 성적 만족감을 경험할 수 있는 혼자만의 방법을 우연히 발견하게 되었다. 그것은 바로 눈치채지 못한 매력적인 여성을 창문을 통해 관찰하는 것이었다. 이것은 로버트의 첫 자위로 이어졌다. 아버지를 불명예스럽게 하는 것이 보복할 수 있는 유일한 방법이라고 생각했기 때문에 체포되는 것이 나쁘지만은 않았다고 로버트는 회상하였다. 대부분의 유사 사건에서와 같이 로버트는 경미한 처벌을 받았고 아버지는 공개적으로 굴욕을 당해 거주하던 지역에서 가족을 강제로 이주시켰다(Barlow & Wincze, 1980).

딸과의 근친상간 관계 때문에 도움을 요청했던 토니는 비교적 애정 어리고 겉으로 보기에는 정상적인 가톨릭 가정에서 자랐지만 이러한 분위기와는 거리가 먼 삼촌이 있었다. 토니가 9살 또는 10살 되었을 때 삼촌은 이웃 주민과 스트립 포커, 즉 판을 질 때마다 옷을 하나씩 벗는 포커를 하면서 토니가 구경하도록 독려하였다. 토니는 비슷한 시기에 음식점에서 삼촌이 여종업원을 애무하는 것을 목격하였고 그 후 얼마 되지 않아 삼촌은 토니에게 어린 여자 사촌동생을 애무하라고 지시하였다. 토니는 상호 애무와 자위에 대한 이러한 조기 경험이 하나의 본보기가 되었고 그 후 어린 소녀들과 같은 방식으로 성적으로 상호작용하는 과정에서 어느 정도의 쾌감도 느꼈다. 삼촌이 토니에게 직접적인 성적 접촉을 가한 적은 없으나 그의 행동은 분명 학대이다. 토니가 13살 되었을 때 그는 친누나 그리고 누나의 친구와 서로 애무를 하였고 그 상황이 즐거웠다고 기억하였다. 이후 토니가 18살이 되었을 때 매형이 그를 윤락 여성에게 데려갔고 거기서 첫 번째 성관계를 경험하였다. 토니는 조기사정으로 인해 첫 성관계 경험이 만족스럽지 않았다고 기억하였다. 그 이후에도 윤락 여성과 성관계를 가질 때 조기사정하였다. 이러한 현상은 토니가 어렸을 때 어린 소녀들과 경험했던 것과는 극명히 대조된다. 다른 성인 여성과의 경험도 불만족스러웠다. 군에 입대하고 해외로 파병되었을 때 토니는 윤락 여성을 찾았고 그 중 몇 명은 12살에 불과했다.

트에게 분명 해당되는 논리이다. 성인과의 성관계가 이 두 사람은 온전하지 못했다. 적절한 대상과 충분한 사회적 관계를 형성하지 못할 경우 부적절한 성적 발산 수단을 사용할 수 있다(Marshall, 1997). 실제 변태성욕장애의 원인을 설명하는 통합적 이론은 모두 아동기와 청소년기의 기형적인 관계와 그로 인한 건강한 성적 발달의 결핍이 기저에 있다고 주목한다(Marshall & Barbaree, 1990; Ward & Beech, 2008). 하지만 성적 그리고 사회적 기술이 결핍된 많은 사람이 모두 비정상적 흥분 양상을 보이는 것은 아니다.

초기 경험은 의도치 않게 영향을 미치는 것으로 간주된다. 토니의 초기 성적 경험은 성적 흥분을 유발시킬 수 있는 유형의 것이었다. 소아성애장애가 있는 많은 개인은 아동기에 자신 또한 학대받았다고 보고하는데 이와 같은 초기 경험은 피해자였던 이들이 이후 성적 학대 가해자가 될 가능성에 대한 강력한 예측요인이다(Fagan et al., 2002). 로버트의 첫 성적 경험은 그가 엿보고 있을 때 발생하였다. 그러나 대다수의 경우 초기 경험이 성적 양상에 반드시 반영되는 것은 아니다.

또 다른 요인은 개인의 초기 성적 공상의 특성이다. 예를 들어 Rachman과 Hodgson(1968; Bancroft, 1989)은 만약 부츠와 같은 중립적인 물체가 개인이 성적으로 흥분되었을 때 반복적으로 제시된다면 성적 흥분과 연합될 수 있다는 것을 입증하였다. 바람직하지 않은 흥분을 유발하는 가장 강력한 기제 중 하나는 자위에 따른 강한 성적 쾌감이 반복적으로 강화시킨 초기 성적 공상이다(Bradford & Meston, 2011). 소아성애 또는 성적가학장애가 있는 사람이 이와 같은 비정상적 욕구를 행동으로 옮기기 전 자위를 하는 동안 이에 대해 수천 번 공상을 하였을 수 있다. 이는 특정 물체나 행위에 따른 성적 흥분이라는 행동이 절정과 같은 긍정적이고 만족스러운 결과와 연합되어 반복적으로 강화되는 임상적 또는 조작적 조건화 기제에 근거한 학습과정의 한 전형적인 예이다. 이 기제는 왜 변태성욕장애가 거의 대부분 남성에게서만 발병되는지 설명할 수 있다. 여러 문화에서 나타나는 자위 빈도에서의 기본적인 성차가 변태성욕장애에서의 성차에 기여했을 것이다. 그러나 만약 초기 경험이 이후 성적 흥분 양상에 강력하게 기여한다면 아동기와 사춘기 초기 동성애적 경험만 있었으나 성인이 되어서는 이성애적 행동 성향만 보이는 삼비아족 남성을 어떻게 설명할 것인가? 삼비아족과 같이 응집력이 강한 사회에서는 성적 상호작용에 대한 사회적 요구 또는 대본이 우리 문화에서보다 더 강력하고 엄격하며 이에 따라 초기 경험의 영향은 무효화될 수 있다(Baldwin & Baldwin, 1989).

또한 변태성욕장애가 있는 사람은 매우 강력한 성적 욕구를 보인다. 하루에 세 번 혹은 네 번 자위를 하는 것은 흔한 현상이다. 저자의 클리닉 사례 중 하나는 가학적인 강간범이었는데 매일 거의 30분마다 자위하였다. 이와 같은 소모적인 활동은 강박장애(obsessive compulsive disorder)에서 나타나는 강박적 처리와 관련된 현상일 수도 있다(Barlow, 2002). 두 경우 모두 원치 않는 격한 감정을 담은 사고와 공상을 억제하려는 그 행동 자체가 역설적으로 그 빈도와 강도를 증가시키는 것으로 보인다(제4장). 이 과정은 또한 강한 부가적 갈망을 제한하려 할 때 바람직하지 않은 행동이 통제불능 상태로 증가하게 되는 섭식 및 중독 장애에서도 나타난다.

최근 연구는 세로토닌 기능을 억제하는 뇌의 행동억제체계(behavioral inhibition system, BIS)의 저하를 반영하는 것으로 추정되는 변태성욕장애에서의 약화된 억제적 통제(inhibitory control) 현상에 관심을 기울이고 있다(Ward & Beech, 2008). 제4장에서 BIS가 불안 및 억제와 관련된 뇌회로라는 것을 언급하였다. 그림 9.5는 변태성욕장애의 발달에 기여한다고 간주되는 요인을 통합된 모델로 요약하고 있다. 그러나 지금까지 제시한 여러 가설이나 추측은 아직 과학적 근거가 부족하다. 예를 들어 이 모델은 생물학적 차원을 포함하고 있지 않다. 변태성욕장애에서 나타나는 과잉 성적 흥분은 생물학적 기반을 두고 있을 수 있다. 확실한 결론을 내리기 전 더 많은 연구가 필요하다.

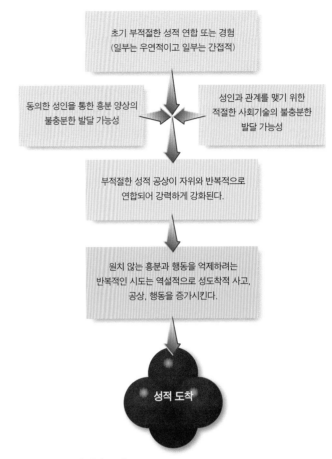

● 그림 9.5 성적 도착 발달 모델

변태성욕장애의 평가와 치료

▶ 어떠한 심리사회적 및 의학적 치료가 가능하며 치료는 효과적인가?

최근 특정 성적 흥분 양상을 평가하기 위한 정교한 방법들이 제안되고 있다(Ponseti et al., 2012; Wincze, 2009). 때로 문제를 가진 개인 자신도 무엇이 성적 흥분을 유발시켰는지 인식하지 못하고 있기 때문에 이러한 발전은 변태성욕장애를 연구하는 데 매우 중요하다.

앞서 설명된 성적 도착 모델을 사용하여 각 환자의 성도착적 흥분 양상의 존재 여부뿐만 아니라 성인에 대한 바람직한 흥분 수준, 사회적 기술, 그리고 관계형성 능력까지 평가한다. 토니는 사회적 기술에는 문제가 없었다. 그는 52세였고 비교적 행복한 결혼생활을 하고 있었으며, 그의 두 번째 아내와 전반적으로 잘 맞았다. 주된 어려움은 딸에 대한 지속적이고 강렬한 근친상간적인 끌림이었다. 그럼에도 불구하고 그는 딸을 사랑하였으며 정상적인 부녀관계를 형성하기를 강력히 원하였다.

심리적 치료

바람직하지 않은 흥분을 감소시키기 위해 많은 치료적 절차가 사용될 수 있으며 대부분은 성적 흥분 및 쾌감과의 연합 및 맥락을 중립적인 것으로 대체하는 행동치료에 근거한 절차이다. Joseph Cautela(1967; Barlow, 2004)가 처음 소개한 **내재적 민감화** 기법은 전적으로 환자의 상상 속에서 실시된다. 환자는 상상 속에서 성적 흥분을 유발시키는 이미지와 왜 그 행동이 해롭고 위험할 수 있는지에 대한 몇 가지 이유를 연합시킨다. 어떤 이유에서 해로울 수 있는지 환자는

내재적 민감화(covert sensitization) 바람직하지 않은 행동을 감소시키기 위한 인지행동치료로, 내담자가 행동에 따른 극도의 부정적 결과를 상상하여 행동에 대한 긍정적이 아닌 부정적인 연합을 수립한다.

이전부터 이미 숙지하고 있으나 성행위가 가져오는 강력한 즉각적인 쾌락과 강화가 미래에 발생할 수 있는 피해나 위험에 대한 어떠한 생각도 잠재운다.

바람직하지 않은 행동과 흥분은 해롭거나 위험할 수 있는 결과와 강렬하고 정서적으로 의미 있는 방식으로 상상 속에서 직접 연합될 수 있다. 토니의 행동에 따른 가장 강렬하고 부정적인 측면 중 하나는 현재 아내, 다른 가족구성원, 또는 가장 핵심적으로는 가족이 다니는 성당의 신부님에게 발각되어 당혹감을 경험하는 것이었다. 따라서 토니는 아래 소개된 상상을 하도록 안내되었다.

토니 ● 최악을 상상하기

트레일러에 당신과 딸 단 둘이 있다. 딸의 가슴을 애무하고 싶은 마음을 인식한다. 그래서 팔을 딸의 어깨에 두르고, 블라우스 안으로 손을 넣고, 가슴을 애무하기 시작한다. 갑자기 문이 열리고 아내와 X신부님이 들어온다. 딸은 그 즉시 일어나 문 밖으로 나가버린다. 아내는 딸을 쫓아간다. X신부와 단 둘이 남겨졌다. 그는 방금 그가 목격한 것에 대한 해명을 기다리는 듯 당신을 바라보고 있다. 몇 초가 몇 시간처럼 느껴진다. X신부가 당신을 응시하면서 무슨 생각을 하고 있을지 알고 있다. 창피하고 무엇이든 말하고 싶지만 적절한 말을 찾을 수 없다. X신부가 더 이상 예전과 같이 당신을 존중해 주지 않을 것임을 깨닫는다. X신부는 마침내 말한다. "이해가 안 돼요. 이건 당신답지 않잖아요." 신부와 당신은 울기 시작한다. 당신에게 중요한 X신부와 아내 두 사람 모두의 사랑과 존중을 잃었을 수 있다는 사실을 깨닫는다. X신부는 묻는다. "딸에게 무슨 짓을 한 건지 알고 있나요?" 당신은 이에 대해 생각하면서 딸이 울고 있는 소리를 듣는다. 딸은 정신이 없는 상태이다. 도망가고 싶지만 그럴 수 없다. 비참하고 자신이 넌더리가 난다. 아내와 X신부의 사랑과 존중을 다시 얻을 수 있을지 모르겠다.

(Reproduced, with permission of the authors and publisher, from Harbert, T. L., Barlow, D. H., Hersen, M., & Austin, J. B. [1974]. Measurement and modification of incestuous behavior: A case study. *Psychological Reports, 34*, 79-86, © 1974 Psychological Reports.)

이와 같은 장면을 6~8번의 회기를 걸쳐 극적으로 묘사하고 환자로 하여금 매일 성적 흥분이 사라질 때까지 상상하도록 한다. 토니의 근친상간적인 흥분은 3~4주 후에 많이 제거되었지만 치료는 딸과 건강한 방식으로 상호작용하고자 하는 그의 욕구에는 영향을 미치지 못하였다. 이러한 결과는 토니의 성적 흥분 반응에 대한 정신생리학적 측정치에 의해 확인되었다. 3개월 뒤 후속 면담에서 일정 수준의 근친상간적인 성적 흥분 양상이 다시 발생하여 일상생활에 혹

시 변화가 있는지 물어보았다. 토니는 부부관계가 나빠졌고 아내와의 성관계가 거의 전무한 상태라고 고백하였다. 부부 치료가 일정 기간 제공되었고 기존 치료적 성과가 그 후 다시 회복되었다. 몇 년 뒤 딸의 치료자가 딸이 아버지와 대면할 준비가 되었다고 판단하여 두 사람 모두 원했던 비성적인(nonsexual) 부녀 관계를 시작하였다.

토니의 삶에서 두 가지 중요한 영역에서 치료적 개입이 필요하였다. 하나는 비정상적인 근친상간적 성적 흥분 양상이고 또 하나는 부부문제였다. 성도착적 흥분 양상이 있는 대부분의 개인을 치료할 때 가족 기능이나 다른 대인관계 체계에 주의를 기울일 필요가 있다 (Fagan et al., 2002; Rice & Harris, 2002). 또한 다수는 적절하고 바람직한 성적 흥분 양상을 강화할 수 있는 치료도 필요로 한다. 예를 들어 **극치감 재조건화**는 평상시의 공상을 하며 자위를 하도록 하나 사정 직전에 더 바람직한 공상으로 대체하는 교육을 실시한다. 반복된 연습을 통해 환자는 점점 더 자위 과정 초기에 바람직한 공상을 시작할 수 있게 되며 대체된 바람직한 공상을 통해서도 흥분상태를 유지할 수 있게 된다. Gerald Davison(1968)에 의해 처음 소개된 이 기법은 다양한 장면에서 성공적으로 활용되었다(Brownell et al., 1977; Maletzky, 2002). 중독치료와 마찬가지로 매우 강력한 쾌락을 주는 바람직하지 않은 행동을 치료할 때 실수나 재발을 방지하기 위한 대처 기술을 습득해야 한다. 중독을 위해 개발된 재발방지(relapse prevention) 치료(Laws & O'Donohue, 1997)는 이러한 기능을 한다. 환자는 유혹의 초기 신호를 감지하고 충동이 너무 강해지기 전에 다양한 자기통제 절차를 실행할 수 있는 기술을 배운다.

성범죄자에 대한 심리적 치료의 효과성에 대한 결과는 분명 혼재되어 있다. 심각한 수준의 문제를 가진 수감자와 법체계와 접촉한 경험이 있는 성범죄자의 경우 이후의 상습적 범행에 대한 예방적 효과는 기껏해야 중간 수준이었다. 성범죄자의 상습적 범행을 평가하는 데 있어 서로 다른 방법과 절차를 사용하고 있어 연구 결과를 종합적으로 고찰하는 것은 쉽지 않다. 하지만 4~5년간 성범죄자를 추적한 몇몇 대규모 연구에 따르면 일반적 치료를 받은 집단에 비해 심리적 치료를 받은 환자의 재범률이 최대 11%에서 20%까지 감소하는 것으로 나타났으며 인지행동치료가 가장 효과적인 것으로 보고되었다 (Hanson et al., 2002; Lösel & Schmucker, 2005). 반면 미국 캘리포니아에서 시행된 수감된 성범죄자에 대한 대규모 연구에서는 어떤 치료도 출소 8년 후의 성적 또는 폭력 범죄의 발생률에 영향을 미치지 못하였다(Marques, Wiederanders, Day, Nelson, & van Ommeren, 2005).

외래환자의 경우 치료가 숙련된 전문가에 의해 시행되었을 때 성공적이라는 증거가 일부 존재한다. 예를 들어 Oregon 대학교 의과대학의 정신의학 전문의인 Barry Maletzky와 의료진은 8,000명 이상

의 다양한 성범죄자에 대한 치료 결과를 보고하였다(Maletzky, 2002). 특화된 클리닉에서 다양한 치료적 절차가 포함된 3~4개월의 치료 프로그램이 실시되었다. 이 연구가 주목할 만한 이유는 Maletzky가 환자의 호전 여부와 관련된 주관적 보고 이외에 앞서 언급된 음경 변형률 측정계를 이용하여 객관적인 생리적 측정치를 거의 모든 참가 자로부터 수집하였다는 것이다. 가족과 사법당국 관계자로부터 확증 적 정보 또한 상당수 확보하였다.

추적 조사에서 Maletzky(2002)는 치료의 성공을 (1) 모든 치료 회 기를 이수하였을 때, (2) 모든 연간 정기 추적 조사 시점에서 객관적 인 생리적 검사결과상 비정상적 성적 흥분 양상이 나타나지 않았을 때, (3) 치료가 종결된 후 어떤 시점에서도 비정상적 성적 흥분 양상 이나 행동이 보고되지 않았을 때, 그리고 (4) 확증되지 않았더라도 비 정상적 성적 활동으로 기소된 법적 기록이 없을 때라고 정의하였다. 위의 조건에 따라 치료가 성공적이지 않았다고 규정될 경우 치료 실 패라고 정의하였다. 어떠한 이유에서든 치료를 완수하지 못한 범죄 자는 치료에 부분적으로 참여하여 효과를 경험하고 회복되었더라도 치료 실패로 간주되었다. 이러한 기준을 적용하여 소아성애, 강간, 관 음증 등 성범죄의 유형에 따라 결과는 달랐으나 참가자 중 75%에서 95%에게서 성공적인 치료 효과가 나타났다. 하지만 Maletzky의 결 과는 과학적으로 통제된 임상시험에서 도출된 것은 아니다.

모든 단일 진단 성범죄자(75%) 중 남성 강간범이 가장 낮은 성공 률을 보였고 다수의 변태성욕장애가 있는 개인은 모든 집단과 비교 한 결과 가장 낮은 성공률을 보였다. Maletzky(2002)는 실패와 관련 된 요인 또한 검토하였다. 치료 실패에 대한 가장 강력한 예측 요인 중에는 불안정한 사회적 관계 이력, 불안정한 취업력, 문제에 대한 강한 부인, 다수의 피해자 발생, 그리고 성범죄자가 피해자와 계속 함께 거주하고 있는 상황(대부분의 근친상간의 경우)이 보고되었다. 이 러한 문제 상당수는 위에서 언급된 더 심각할 것으로 추정되는 수감 된 인구의 특색을 나타낸다.

그럼에도 불구하고 비슷한 치료 절차를 제공받은 다른 집단은 비 견될 만한 성공률을 달성하였다(Abel, 1989; Becker, 1990, Fagan et al., 2002). 성범죄자의 재범을 방지하기 위한 이와 같은 치료를 성공 적으로 제공하기 위해서는 치료자의 지식과 전문성이 매우 중요할 것이다.

약물치료

변태성욕장애를 치료하기 위해 가장 많이 사용되는 약물은 사이프 로테론(cyproterone acetate)이라고 불리는 항남성호르몬(antiandro-

gen)이다(Bradford, 1997; Seto, 2009). 화학적 거세라는 표현이 사용 될 만큼 이 약물은 테스토스테론(testosterone) 수준을 급격하게 감 소시켜 성적 욕구와 성적 공상을 제거한다. 하지만 약물치료가 중단 되면 공상과 성적 흥분이 곧바로 재발한다. 두 번째 약물은 메드록시 프로제스테론(medroxyprogesterone), 주사형은 Depo-Provera로, 테 스토스테론을 감소시키는 호르몬제이다(Fagan et al., 2002). 이 약물 은 대안적 치료에 반응을 보이지 않는 고위험 성범죄자나 이 약물을 요청하는 환자의 성적 흥분을 일시적으로 억제하기 위해 유용할 수 있으나 항상 성공적이지는 않다.

요약

변태성욕장애에 대한 심리사회적 치료의 효과에 대한 증거는 혼재 되어 있고 심각성이 경미하고 좀 더 안정적인 환자에 대한 더 많은 성공사례가 더 많은 외래 장면에서 보고되고 있다. 그러나 대부분의 결과는 소수의 치료 연구기관에서 통제되지 않은 결과 측정치에 근 거하고 있어 다른 클리닉이나 장면에는 적용되지 않을 수 있다. 성기 능부전 치료와 마찬가지로 변태성욕장애에 대한 심리사회적 치료는 특화된 치료센터 이외 기관에서는 찾기 어려울 수 있다. 변태성욕장 애가 만성적인 경과를 밟고 재발이 빈번하기 때문에 전반적인 예후 는 좋지 않다.

개념 확인 9.3

성도착장애에 대한 이해를 사례와 맞는 답을 찾아 확인하시오.
(a) 노출장애 (b) 관음장애 (c) 물품음란장애 (d) 성적가학장애

1. 매이는 가죽 채찍으로 맞는 것을 전희 과정에서 즐긴다. 이와 같은 자극 없이는 성관계에서 극치감을 경험하지 못한다. _____

2. 카이는 남성으로 자신을 흥분시키는 여성 속옷 수집품이 있다. 속옷을 쳐다보고, 수집하고, 입는 것을 즐긴다. _____

3. 샘은 공원에서 모르는 사람에게 다가가 자신의 성기를 보여주 면서 흥분한다. _____

4. 탐은 침실 창문을 통해 수지가 옷을 벗는 장면을 보는 것을 즐 긴다. 수지가 옷을 벗을 때 매우 흥분된다. 탐은 _____ 을(를)

극치감 재조건화(orgasmic reconditioning) 내담자가 바람직한 성적 흥분 양상을 강화시키는 학습과정으로 자위와 관련된 쾌감을 적절한 자극과 연합시킨다.

5. 탐이 모르고 있는 것은 수지가 사실 그가 보고 있다는 것을 알고 있다는 점이다. 수지는 누가 쳐다볼 때 천천히 옷을 벗으면서 흥분되며 보고 있는 사람이 무슨 생각을 할지 상상한다. 수지의 행동은 _____을(를) 반영한다.

6. 탐이 충격받을 수 있는 또 하나의 사실은 '수지'는 실제 스코트이며 여자 옷을 입어야만 흥분감을 경험하는 남성이다. 스코트의 행동은 _____을(를) 보여주고 있다.

성별 불쾌감

▶ 성별 불쾌감을 규정하는 주요 임상적 특징, 원인, 치료는 무엇인가?

무엇에 근거하여 자신이 남자 또는 여자라고 생각하게 되는가? 분명 성적 흥분 양상이나 해부학적 구조 그 이상이 관여한다. 또한 가족과 사회로부터의 반응과 그 환경 내에서의 경험 이상일 것이다. 남성성과 여성성의 본질은 성정체성(gender identity)이라고 불리는 깊이 뿌리박힌 개인의 느낌 또는 실제로 경험하는 성별(gender)이다. 만약 한 개인의 신체적 성(sex), 즉 타고난 성(natal sex)이라고도 하는 남성 또는 여성의 해부학적 구조가 개인이 실제 느끼는 자신의 정체성 또는 경험된 성과 일치하지 않을 때 **성별 불쾌감**을 느낀다고 한다. 성별 불쾌감은 연속선상에서 발생할 수 있지만[American Psychological Association(APA) Task Force of Gender Identity and Gender Variance, 2008; Cohen-Kettenis & Pfäfflin, 2010], 그 연속선의 극단에는 자신의 타고난 성을 완전히 거부하고 그것을 바꾸기를 희망하는 경우가 있다. 이 장애를 가진 개인은 줄곧 자신이 잘못된 성의 몸에 갇혀 있다고 느낀다. 조의 사례를 고려해 보자.

조 ● 엉뚱한 몸에 갇혀 있다

조는 17세의 남성으로 5명의 형제 중 막내이다. 어머니는 딸을 갖기 원했었지만 조는 엄마가 가장 아끼는 자식이 되었다. 아버지는 장시간 일을 했고 조와의 교류는 거의 없었다. 조가 기억하는 한 그는 항상 자신을 여자라고 생각해 왔다. 5세가 되기 전 조는 이미 여아 옷을 자발적으로 입기 시작하였고 중학교 입학 이후에도 계속 여장을 하였다. 요리, 뜨개질, 코바늘 뜨개질, 그리고 자수에 흥미를 갖고 백과사전을 통해 기술을 스스로 습득했다.

초등학교 1학년 시기에는 한 특정 남자아이와 특별한 애착을 보이기는 하였으나 중학교 시절에는 대부분 여학생들과 어울렸다. 약 12

세부터 나타난 조의 성적 공상에서 자신을 남성과 성관계를 갖는 여성으로 마음속에 그렸다. 그의 극히 여성적인 행동 때문에 고등학교 진학 후 경멸과 조롱의 대상이 되었다. 주로 수동적이고 내성적이었던 조는 가출하여 자살을 시도하였다. 고등학교를 계속 다닐 수 없다고 느낀 그는 자퇴한 후 비서양성학교에 등록하였고 거기서 조는 유일한 남학생이었다. 치료자와의 첫 면담에서 "나는 남자의 몸에 갇힌 여자이고, 여성이 되기 위해 수술을 받고 싶다"고 보고하였다.

만약 생물학적 성은 여성이지만 경험된 성 또는 성정체성이 남성이라면 일반적으로 성전환남성(transsexual man 또는 transman)이라고 불리고, 그 반대의 경우 성전환여성(transwoman)이라고 불린다. 만약 일관성 있게 원하는 성으로 사람들과 교류하며 경험된 성으로 일상생활을 영위하고 있고 성전환 수술(sex reassignment surgery)을 준비하고 있거나 이미 받았다면, 전환 후 상태(posttransition)를 가리키며 성별 불쾌감의 진단기준에 명시된다.

DSM

5 DSM 진단기준 요약 성별 불쾌감

아동에서의 성별 불쾌감

A. 자신의 경험된/표현되는 성별과 할당된 성별 사이의 현저한 불일치가, 최소 6개월의 기간으로, 최소한 다음 6가지를 보인다(진단기준 A1을 반드시 포함).
   1. 이성이 되고 싶은 강한 갈망 또는 자신이 이성이라고 주장함
   2. 남자아이(할당된 성별)는 여성 옷을 입거나 여성 복장의 흉내 내기를 강하게 선호하고, 여자아이(할당된 성별)는 전형적인

남성 복장만 착용하기를 강하게 선호하고 전형적인 여성 복장을 착용하는 것에 강한 저항을 보임

3. 가상 놀이 또는 공상 놀이에서 이성의 역할을 강하게 선호함

4. 이성이 사용하거나 참여하는 인형, 게임, 활동을 강하게 선호함

5. 이성 놀이 친구에 대한 강한 선호

6. 남자아이(할당된 성별)는 전형적인 남성 인형, 게임, 활동에 대한 강한 거부감과 난투 놀이에 대한 강한 회피, 여자아이(할당된 성별)는 전형적인 여성 인형, 게임, 활동에 대한 강한 거부감을 보임

7. 자신의 해부학적 성별에 대한 강한 혐오

8. 자신의 경험된 성별과 일치하고자 하는 일차적 또는 이차적 성적 특징에 대한 강한 갈망

B. 이 상태는 사회적, 직업적, 또는 다른 중요한 기능 영역에서 임상적으로 현저한 고통이나 손상과 연관된다.

청소년과 성인에서의 성별 불쾌감

A. 자신의 경험된/표현되는 성별과 할당된 성별 사이의 현저한 불일치가, 최소 6개월의 기간으로, 최소한 다음 2가지를 보인다.

1. 자신의 경험된/표현되는 일차 또는 이차 성징 사이의 현저한 불일치(또는 어린 청소년에서 기대되는 이차 성징)

2. 자신의 경험된/표현되는 성별(또는 어린 청소년에서 기대되는 이차 성징의 발달을 막고자 하는 갈망)의 현저한 불일치로 인해 자신의 일차 또는 이차 성징을 제거하고자 하는 강한 갈망

3. 이성의 일차 또는 이차 성징에 대한 강한 갈망

4. 이성이 되고 싶은 강한 갈망

5. 이성으로서 대우받고 싶은 강한 갈망(또는 자신에게 할당된 성별과는 다른 어떤 대체 성별)

6. 자신이 이성의 전형적인 느낌과 반응을 가지고 있다는 강한 확신(또는 자신에게 할당된 성별과는 다른 어떤 대체 성별)

B. 이 상태는 사회적, 직업적, 또는 다른 중요한 기능 영역에서 임상적으로 현저한 고통이나 손상과 연관된다.

출처: American Psychiatric Association. (2013). *Diagnostic and statistical manual of mental disorders* (5th ed.). Washington, DC.

성별 불쾌감에 대한 정의

반대 성별의 옷을 입음으로써 성적 흥분을 경험하는 변태성욕장애 범주의 물품음란증 동반 복장도착장애(transvestic fetishism)와 성별 불쾌감은 구별되어야 한다. 복장도착적 성적 흥분 양상을 가진 남성이 여성 역할을 때로 선호하기는 하나 반대 성별의 옷을 입는 일차적 목표는 성적 만족이다. 성별 불쾌감의 경우 주된 목적은 성적 만족이 아니라 공개적으로 다른 성으로 일관되게 살고자 하는 갈망이다.

성별 불쾌감은 성발달장애(disorders of sex development, DSD)를 가진 개인에게서도 나타날 수 있는데 성발달장애에는 과거 간성(intersexuality) 또는 자웅동체증(hermaphroditism)으로도 알려진 장애로 실제 의학적으로 호르몬 또는 다른 신체적 이상에 따른 모호한 생식기를 가지고 태어난 사람을 가리킨다. DSD가 진단된 사람은 일반적으로 출생 시 성별이 할당되는데 때로 성적 해부학적 구조가 할당된 성과 부합하도록 수술과 함께 호르몬 치료를 받는다. 만약 성별 불쾌감이 DSD 맥락에서 발생한다면 진단을 내릴 때 함께 명시되어야 한다. 하지만 성별 불쾌감이 있는 대부분의 개인은 신체적 기형을 가지고 있지 않다.

마지막으로 성별 불쾌감은 가끔 여자처럼 행동하는 동성 흥분 양상을 보이는 남성이나 전형적인 남성적 행동을 하는 동성 흥분 양상을 가진 여성과 구분되어야 한다. 이들은 자신이 남자의 몸에 갇힌 여성이라는 느낌 또는 여성이 되고 싶은 갈망을 보이지 않으며 그 반대의 경우도 마찬가지이다. 또한 *DSM-5* 진단기준에서도 유념하고 있듯이 성정체성은 성적 흥분 양상과는 독립적인 개념이다(Savin-Williams, 2006). 예를 들어, 생물학적 또는 타고난 성이 남성이나, 여성의 성정체성을 가진 성전환여성(transwoman)은 여성에게 성적 매력을 느낄 수 있다. 이와 유사하게 Eli Coleman과 동료들(Coleman, Bockting, & Gooren, 1993)은 9명의 성전환남성(transmen)이 남성에게 성적 매력을 느낀다고 보고하였다. 따라서 수술 이전에는 여성 이성애자였던 사람이 수술 후에는 남성 동성애자가 된 것이다. Chivers와 Bailey(2000)는 드문 경우이나 남자에게 매력을 느끼는 성전환남성 집단과 더 일반적인 양상인 여자에게 매력을 느끼는 성전환남성 집단을 수술 전과 후에 비교하였다. 두 집단 간 남성 성정체성 정도에서는 차이가 없었으나 후자 집단이 성적으로 더 적극적이었고 당연하게도 수술을 통해 인공 음경을 만드는 절차에 더 많은 관심을 보였다.

타고난 성을 거부하게 되는 성별 불쾌감은 상대적으로 드문 장애이다. 생물학적 성이 남성인 경우 대략 유병률은 100,000명당 1.5명에서 5명 사이이며 생물학적 성이 여성인 경우 100,000명당 2명에서 3명 사이인 것으로 알려져 있으며(American Psychiatric Association, 2013), 생물학적 성이 여성일 때보다 남성일 때 약 3배 더 많이 발생한다(American Psychiatric Association, 2008; Sohn & Bosinski, 2007). 많은 국가에서 성을 바꿀 수 있는 일련의 법적 단계를 요구하고 있다. 독일에서는 1990년대에 전체 인구 100,000명당 2.1명에서

성별 불쾌감(gender dysphoria) 개인의 경험된/표현된 성과 타고난/신체적 성별 간의 불일치가 특징인 장애이다.

2.4명이 자신의 주어진 이름을 바꾸는 첫 번째 법적 단계를 밟았다. 독일에서 성별 불쾌감에서의 남성 대 여성 비율은 2.3:1이다(Weitze & Osburg, 1996). 뉴욕 시에서는 2006년 이후부터 출생증명서에 기재된 타고난 성을 성전환 수술 후 바꿀 수 있게 되었다.

어떤 문화에서는 경험된 성별이 다른 개인에게 종종 주술사(shaman) 또는 예언자(seer)의 지위를 부여하고 지혜의 상징으로 대우한다. 주술사는 거의 항상 여성 역할을 선택한 남성이다(예, Coleman, Colgan, & Gooren, 1992). Stroller(1976)는 여성화된 동시대의 북미 원주민 두 명에 대해 보고하였는데 치유 의식에 대한 이들의 전문성 때문에 부족으로부터 인정뿐만 아니라 존경받기까지 하였다. 몇몇 문화에서 이러한 사람이 받는 존중과는 대조적으로 서구문화에서는 비록 Chaz Bono와 같이 단도직입적이고 공개적으로 성별 불쾌감에 대해 말할 수 있을 정도로 사회적 변화가 일어나고 있으나 아직은 사회가 이들을 포용하지 못하는 편이다.

원인

언젠가 생물학적 소인이 밝혀질 가능성은 있으나 성별 불쾌감이나 심지어 대안적 성별 경험에 기여하는 구체적인 생물학적 요인은 아직 확인되지 못하였다. Coolidge, Thede와 Young(2002)은 쌍둥이 표본에서 유전이 성별 불쾌감 경험에 대한 취약성에 약 62% 기여한다고 추정하였다. 즉, 취약성의 38%는 공유되지 않은 독특한 환경적 사건에서 비롯된 것이다. 네덜란드의 쌍둥이 등록 명부를 통한 연구에 의하면 타고난 성의 반대 성별과 일치하는 방식으로 행동하는 성교차 행동(cross-gender behavior)에 대한 취약성의 70%가 환경적이기보다는 유전적이라고 결론 내렸으나 이와 같은 행동은 조금 뒤 설명되겠으나 해당 연구가 측정하지 않은 성정체성을 충분히 반영하지 않는다(van Beijsterveldt, Hudziak, & Boomsma, 2006). Gomez-Gil과 동료들(2010)은 995명의 대규모 성별 불쾌감 집단에서 쌍둥이가 아닌 형제자매에서 우연이라고 하기에는 다소 높은 성별 불쾌감 유병률을 발견하였다. 반면 Segal(2006)은 성별 불쾌감이 있는 자매

다양성에 대한 논의 대안적 또는 혼합된 성정체성? LGBT에서 'T'를 강조하기

여성 동성애자(lesbian), 남성 동성애자(gay), 양성애자(bisexual) 그리고 성전환자를 지칭하는 또 다른 용어인 트랜스젠더(transgender), 즉 LGBT 문제는 성적 지향성으로 인한 또래 따돌림 현상 그리고 이로 인한 자살과 같은 여러 사건과 동성애자의 결혼할 권리 등 현재 미국에서 논쟁의 중심에 있다. 'L', 'G', 그리고 'B'는 이와 같은 논쟁에 자주 등장하나 'T'는 아마 이 집단에 대한 이해 부족 또는 혼란 때문에 배제되고 있다. **트랜스젠더**는 비관습적인 방식으로 성별을 표현하는, 다시 말해 타고난 생물학적 성별과 동일시하지 못하는 개인을 설명하는 포괄적인 용어이다. 이들에 대한 인식은 문화마다 다르다.

서구 문화는 인간을 남성 또는 여성 둘 중 하나라고 간주한다. 따라서 성전환자는 성별 불쾌감을 경험한다고 여겨지고 성전환 수술 허가를 받기 전에 타고난 성이 아닌 경험된 성별로 성정체성을 완전히 행사하도록 한다. 흥미롭게도 전 세계의 많은 문화에서 성별은 남성 또는 여성으로만 국한되어 있지 않고 혼합되어 있거나 대안적 성별 표현도 받아들여진다. 인도의 히즈라(hijras)나 태국의 카토이(kathoey 또는 ladyboys)를 생각해 보자. 이들은 생물학적으로 남성이나, 여장을 하고 여성성과 동일시하는 집단이다. 그들이 속한 사회에서 제3의 성별로 수용된다. 예를 들어 '남자도 여자도 아닌'(Nanda, 1999)으로 간주되는 히즈라는 실제 거세 수술을 받았을 수 있고 인간의 수태 이전에 트랜스젠더가 존재하였다는 힌두 신화 덕분에 종교적이고 문화적인 합법성을 부여받으며, 어떤 사람은 이들이 신성한 힘을 가지고 있다고 믿는다(Bakshi, 2004). 실제 히즈라는 결혼식이나 출생 의식

때 공연을 하는 등 문화 내에서 특별한 기능을 수행하며 그들의 행동은 자연스러운 것으로 여겨진다. 이와 유사하게 카토이는 생물학적으로 남성이나, 태국식 표현을 빌리자면 **여성의 심장**을 가지고 있는데 이들 또한 제3의 성별로 인식된다. 어떤 곳에서는 심지어 카토이를 위해 반은 파란 바지를 입고 반은 빨간 치마를 입은 사람 표시를 문에 내건 그들만의 화장실을 마련한다(Beech, 2008). 서구 문화에서는 인간을 양성 중 하나라고 믿고 인도나 태국과 같은 문화에서는 히즈라와 카토이를 제3의 성별로 받아들이는 반면 또 어떤 문화는 트랜스젠더를 수용하는 것을 아예 거부한다. 예를 들어 이란에서는 남성으로 태어나 성전환 수술을 받은 24세의 성전환여성을 친오빠들이 목 졸라 살해한 사례와 같이 성전환은 죽음을 초래할 수 있다. 오빠들은 "그녀의 비도덕성을 반대"하기 때문에 죽였다고 고백하였다. 이러한 형태의 살인은 **명예살인**(honor killing)으로도 알려져 있는데 가족의 '불명예'를 씻기 위해 가해진다. 이란의 법은 현재 명예살인과 같은 행동을 용인하고 있고 위 사례 가해자인 오빠들은 단지 1년에서 3년만 복역하게 될 것이다(Littauer, 2010).

트랜스젠더에 대한 이해와 대우가 문화마다 다르기는 하지만 LGBT 개인은 커밍아웃의 날(National Coming Out Day, NCOD, 인권운동)과 같은 행사를 통해 국제적 지지를 받고 있다. 10월 11일에 열리는 NCOD는 미국, 호주, 캐나다, 크로아티아, 독일, 뉴질랜드, 그리고 영국(10월 12일)에서 게이, 레즈비언, 양성애자, 트랜스젠더가 '커밍아웃'을 논의하고 자부심을 갖게 하는 시민의식의 날이다.

와 없는 자매로 각각 구성된 두 쌍의 일란성 쌍둥이를 찾았다. 이러한 차이를 설명할 수 있는 의학적 특이 사항이나 개인력과 관련된 요인은 파악되지 않았다. 그럼에도 불구하고 유전적 기여는 분명 중요한 일부분이다.

초기 연구는 성적 지향성과 마찬가지로 경미하게 더 높은 수준의 테스토스테론이나 에스트로겐이 특정 발달시기에서 여성 태아를 남성화하고 남성 태아를 여성화할 수 있다고 제안하였다(예, Keefe, 2002). 호르몬 수준의 변화는 자연적으로 또는 임산부가 복용하고 있는 약에 의해 발생할 수 있다. 선천부신과다형성(congenital adrenal hyperplasia, CAH)으로 알려진 간성 상태를 보이는 5세에서 12세 사이의 여아를 통해 CAH에서는 염색체상 여성인 개인의 뇌가 남성 호르몬(안드로겐)으로 가득 차게 되어 난소와 같은 내부 기관은 여성으로 남아 있으나 남성 외부 생식기가 만들어진다는 사실을 확인하였다. Meyer-Bahlburg와 동료들(2004)은 출생 시에는 여성으로 정확히 확인되어 여아로 키워졌으나 이후 CAH가 진단된 15명의 여아의 발달을 살펴보았다. CAH가 없는 여아 그리고 남아 집단과 비교해서 CAH가 있는 여아는 남성적 행동을 보였으나 성정체성에는 차이가 없었다. 따라서 출생 전 호르몬의 영향과 이후 성정체성 간의 관련성은 아직 입증되지 않았으나 존재할 가능성은 여전히 남아 있다.

성정체성이 18개월에서 3세 사이에 굳어진다는 연구가 있으며(Ehrhardt & Meyer-Bahlburg, 1981; Money & Ehrhardt, 1972), 이 시기 이후 상대적으로 변하지 않는다. 하지만 더 최근 연구는 기존의 생물학적 요인이 이미 이 시기 이전에 영향을 미쳤을 가능성이 시사되고 있다. Green과 Money(1969)가 처음 보고한 흥미로운 브루스/브렌다의 사례가 이 가능성을 잘 보여주고 있다. 출생 당시에 성별이 다시 할당된 이후 성공적으로 적응한 아동의 사례 연구가 있으나(예, Gearhart, 1989) 브루스의 사례는 생물학적 요인의 강력한 영향력을 보여주고 있다.

브루스/브렌다 ● 성별과 생물학

한 안정적인 가정에 남자 일란성 쌍둥이가 태어났다. 몇 달 뒤 불행한 사건이 발생하였다. 쌍둥이 중 한 아기는 큰 문제 없이 포경수술을 시술받았지만 다른 쌍둥이 형제의 경우 의사의 손이 시술 중 미끄러져 기기의 전류가 아기의 음경을 태워버렸다. 해당 의사를 향한 적대감을 진정시킨 이후 부모는 간성 문제(intersexual problem) 아동 치료 전문가들과 상담하였고 선택에 직면하게 되었다. 가장 쉬운 해결책은 브루스의 성별을 여아로 재할당하는 것이라는 전문가의 의견에 부모는 동의하였다. 생후 몇 개월밖에 안 된 브루스는 브렌다가 되었다. 부모는 옷을 새로 사고 가능한 모든 방면으로 브렌다를 딸처럼 대하였다. 쌍둥이는 아동기 이후까지 추적 관찰되었고 사춘기에 이르러 브렌다는 호르몬 대체 치료를 받았다. 6년 뒤 전문가는 쌍둥이와의 연락이 끊겼고 아이가 잘 적응하였을 것이라고 믿었다.

그러나 브렌다는 견딜 수 없을 정도의 내적 혼란을 경험하였다. 이 사실은 두 명의 임상 과학자가 브렌다를 찾아내어 장기간 조사한 결과를 보고하면서 밝혀졌다(Diamond & Sigmundson, 1997). 브렌다는 새로 할당된 자신의 성별에 적응하지 못하였다. 여아일 때 그녀는 거칠고 소란스러운 놀이를 선호하였고 여아복을 입는 것을 거부하였다. 종종 공중 화장실에서 서서 소변을 보겠다고 주장하기도 하였다. 청소년기 초반에 브렌다는 자신이 남자라고 꽤 확신하였으나 의사는 오히려 더 여성적으로 행동할 필요가 있다고 압박하였다. 14살 때 브렌다는 부모에게 너무 비참해서 자살을 생각하고 있다고 털어 놓았다. 부모는 브렌다에게 진실을 말해 주었고 브렌다는 마치 마음속 안개가 걷히고 모든 것이 분명해지는 것을 느꼈다. 그 이후 얼마 안 되어서 브렌다는 브루스로 되돌아가기 위한 추가 수술을 받았고 결혼하여 세 명의 자녀를 입양하여 아버지로 살았다. 그러나 유년 시절의 혼란감은 해결된 것이 결코 아니었다. 아마도 그 이유 때문에, 또는 쌍둥이 형제의 사망, 자신의 실직, 이혼 아니면 이 모든 것이 다 이유가 됐을까? David Reimer(본명)는 2004년 38세의 나이로 자살하였다.

이 분야의 선구자인 Richard Green은 여성스럽게 행동하는 남아와 남성적으로 행동하는 여아를 통해 무엇이 이들의 행동에 영향을 주었는지 그리고 이후 어떤 상황이 이들에게 발생하는지 조사하였다(Green, 1987). 이러한 행동과 태도를 **성별비순응**(예, Skidmore, Linsenmeier, & Bailey, 2006)이라고 한다. Green은 대부분의 남아가 자발적으로 '여성적인' 흥미와 행동을 보이면 대부분의 가족은 이와 같은 행동을 저지하며 이러한 행동은 대개 중단된다고 보고하였다. 그러나 이러한 행동이 지속적인 양상을 보일 경우에는 주변의 특별한 반대가 관찰되지 않았으며 오히려 때로는 독려되었다.

엄마의 과도한 관심과 신체적 접촉 그리고 사회화 과정 초기에 남자 놀이 친구의 부재와 같은 요인 또한 원인으로 작용할 수 있다. 이는 성별비순응적 남아의 특성으로 Green에 의해 밝혀졌다. 아직 밝혀지지 않은 생물학적 요인 또한 반대 성별의 행동과 흥미를 자발적

성별비순응(gender nonconformity) 반대 성의 특징을 행동과 태도로 일관적으로 표현하는 양상을 가리킨다.

▲ 태어나서 곧 성별을 여성으로 재할당받고 그렇게 키워진 David Reimer는 청소년기에 성정체성을 되찾았고 남성으로 살았다. 2004년 사망할 때까지 유아시기의 성별 재할당을 공개적으로 반대하였다.

으로 보이는 성향에 기여할 수 있다는 것을 명심해야 한다. 예를 들어, 태아기에 더 높은 수준의 테스토스테론에 노출될 경우 남아와 여아 모두 아동기에 더 남성적인 놀이 행동을 나타낸다(Auyeung et al., 2009). 하지만 남아를 추적한 결과 Green은 극소수만이 성별 불일치(gender incongruence)를 보인다는 것을 발견하였다. 이보다 더 가능한 결과는 동성애적 지향성의 발달이었으나 심지어 이와 같은 성적 흥분 양상도 성별비순응적 남아 중 약 40%에서만 나타났다. 다른 32%의 남아는 동성과 이성 모두에게 어느 정도 성적 매력을 느끼는 양성애성을 보였다. 다른 시각에서 보면 60%는 이성애적으로 기능하고 있었다. 이와 같은 결과는 이후 남아 대상 전향적 연구에서도 검증되었다(Zucker, 2005).

여아의 성별비순응적 행동은 서양 사회에서 주목을 덜 받기 때문에 연구가 많지 않다. 그러나 최근 한 연구에서 성별 불쾌감 정체성 클리닉에 의뢰될 정도로 행동이 극단적인 25명의 여아를 약 9세 시점부터 전향적으로 추적하였다. 여아 대부분은 아동 성별 불쾌감 정체성 장애의 진단기준을 충족하거나 거의 대부분 충족하였다. 현재 성인이 된 여아를 평균 25세가 되었을 때 추적 조사한 결과 단 3명만이 성별 불쾌감 진단기준을 충족시켰다. 다른 6명은 양성애 또는 동성애적 행동을 보고하였고 8명은 행동으로 옮기지는 않았으나 동성애적 공상을 경험하였다. 나머지 8명의 여성은 이성애자였다(Drummond, Bradley, Peterson-Badali, & Zucker, 2008).

성별비순응적 행동과 이후 성정체성 발달 간의 관련성이 미미하다는 이와 같은 결과는 미국 문화에만 국한되지 않는다. 태평양 제도 사모아의 동성애적 지향을 보이는 남성 집단인 파파피네(Fa'afafine)에서도 존재한다(Barlett & Vasey, 2006). 심지어 성별비순응적 행

동의 기미만 보여도 적극적으로 저지되는 엄격한 이슬람 문화에서도 성별비순응적 행동, 성별 불쾌감 또는 둘 다가 발생할 수 있다(Dogan & Dogan, 2006). 생물학적 성별과 경험된 성별 간의 불일치를 발달시키는 원인은 여전히 풀리지 않는 수수께끼이다. 성별비순응은 남성 동성애자의 경우 우울 및 불안과 같은 심리적 고통과 관련이 있지만 여성 동성애자에게는 나타나지 않아 검토가 분명 더 필요하다(Skidmore et al., 2006).

치료

성별 불쾌감 치료는 많은 논란 속에서 전 세계의 전문 클리닉에서 제공되고 있다(Carroll, 2007). 미국정신의학회(American Psychiatric Association)는 완전한 성전환을 요청하는 성인을 위한 치료 지침을 출판하였다(Byne et al., 2012). 이 지침에서는 개인이 갈망하는 이차 성징 발현을 위한 호르몬 투여와 같은 부분적으로 비가역적인 치료를 제공하기에 앞서 가장 덜 침습적인 충분한 심리평가와 교육을 실시하도록 권고하고 있다. 치료의 마지막은 해부학적 구조를 **성전환 수술**을 통해 성정체성과 일치하도록 물리적으로 바꾸는 비가역적 단계이다.

성전환 수술

성전환 수술에 적합하다고 판정되기 위해서는 성별을 진심으로 바꾸고 싶다는 갈망을 확인할 수 있도록 1~2년 동안 경험된 성별로 생활해야 한다. 또한 심리적, 재정적, 사회적으로 안정적인 상태여야 한다. 성전환여성에게는 가슴의 성장을 지칭하는 여성유방증(gynecomastia)을 촉진하고 다른 이차 성징을 발달시키기 위해 호르몬이 투여된다. 얼굴에 난 털은 일반적으로 전기분해요법을 통해 제거된다. 만약 시범 기간 동안의 경과에 만족한다면 성기가 제거되고 질이 재건된다.

성전환남성의 경우 일반적으로 성형수술을 통해 허벅지와 같은 신체 부위의 피부와 근육을 사용해 인공 음경을 재건한다. 가슴은 수술로 제거된다. 타고난 성이 여성인 경우 생식기 수술은 좀 더 어렵고 복잡하다. 수술에 대한 만족도를 추정해본 결과 수술 이후의 설문조사까지 응했던 사람 중 75%에서 100%가 성공적으로 적응한 것으로 나타났으며 성전환남성이 성전환여성보다 전반적으로 더 잘 적응하였다(Byne et al., 2012; Johansson, Sundbom, Höjerback, & Bodlund, 2010). 성전환 수술을 받은 후 추적 조사된 개인 중 대략 1%에서 7%가 수술을 받은 것을 어느 정도 후회하였다(Byne et al., 2012; Johansson et al., 2010). 수술은 되돌릴 수 없기 때문에 이와 같은 결

▲ 가수 Cher와 Sonny Bono의 아들 Chaz Bono는 여성에서 남성으로 전환한 트랜스젠더(성전환남성)이며, 작가·음악가·배우·운동가로 초기에는 레즈비언으로 커밍아웃하였고(좌측) 이후 성전환 수술을 선택하였다(우측).

과는 안타까운 사실이다. 또한 수술 이후 많게는 2%가 자살을 시도하는데 이와 같은 수치는 일반 인구의 자살률에 비하면 매우 높다. 그럼에도 불구하고 잘못된 몸에 살고 있다고 느끼는 많은 사람에게 수술은 삶의 가치를 부여할 수 있고 최근 조사된 만족률은 약 90%에 이른다(Johansson et al., 2010).

아동의 성별비순응에 대한 치료

성별비순응 아동의 치료는 더 많은 논란이 되고 있다. 샌프란시스코와 뉴욕과 같이 전통적으로 더 관용적인 미국 도심지역에서는 아동과 성인 모두의 성별 다양성에 대해 더 개방적이다. 어떤 학교에서는 아동이 자유롭게 '진정한 나'를 발견할 수 있다는 가정하에 성별비순응적으로 옷을 입고 행동하도록 허용하거나 심지어 장려한다. 반면 Skidmore와 동료들(2006)은 지역사회 기반 남성 및 여성 동성애자 표본에서 성별비순응이 심리적 고통과 관련성이 있는지 조사하였다. 성별비순응은 아동기 성별비순응 여부에 대한 자기보고와 더불어 현재의 행동에 대한 평가로 측정되었다. 연구자는 성별비순응이 우울 및 불안 그리고 심리적 고통과 연관성이 있지만 여성 동성애자에게는 이러한 상관관계가 나타나지 않았고 남성 동성애자에게서만 나타난다는 것을 발견하였다.

미국정신의학회가 발표한 아동·청소년 성별비순응에 대한 치료 지침은 선택 가능한 방안만 간략하게 요약하고 있다(Byne et al., 2012). 첫 번째 방안은 성별비순응을 약화시키고 반대 성별의 행동과 동일화를 감소시키기 위해 아동과 주 양육자와 함께 노력하는 것이다. 이 방안은 성별비순응적 행동이 어차피 지속될 가능성이 낮고 이로 인한 사회적 배척이 가져오는 부정적 영향을 모면할 수 있으며 이후 침습적인 수술을 피하는 것이 바람직하다는 가정에 근거한다. 두

번째 접근은 표현된 성별이 자연스럽게 발현되도록 예의 주시하는 것이다. 이 방안을 선택할 경우 잠재적으로 사회적 그리고 대인관계 문제와 또래집단과의 통합의 어려움이 발생할 수 있기 때문에 주 양육자와 지역사회의 확고한 지지가 요구된다. 세 번째 방안은 반대 성별에 대한 동일화를 적극적으로 지지해주고 독려하는 것이나 이 방안을 비판하는 전문가는 성별비순응이 일반적으로 지속되지 않으며 이 방안을 따를 경우 성별비순응이 지속될 가능성을 높일 수 있다고 주장한다. 어떤 접근이 특정 아동에게 가장 유익할지에 대한 확실한 과학적 정보는 부족하다.

성발달장애(간성)의 치료

양성의 신체적 특성을 갖게 되는 성발달장애는 해부학적 구조를 할당된 성과 가능한한 최대한 일치시키기 위한 수술과 호르몬 대체 치료가 일반적으로 제공된다. 치료는 일반적으로 출생 직후 시행된다. 그러나 후년에 가서 이들에게서 성별 불쾌감이 발생할 수 있으며 이럴 경우 앞서 설명한 대로 가장 덜 침습적인 방법부터 시작하는 일련의 치료과정이 유사하게 제공된다(Byne et al., 2012). 물론 성별 불쾌감의 치료는 어떤 형태이든 논란의 소지가 있으며 성발달장애가 동반될 때 더욱 그러하다. Anne Fausto-Sterling은 대안적 접근을 제안하였다. 그녀는 실제 5가지 성별이 있다고 주장하는데 여기에는 남성, 여성, 고환과 난소 둘 다 가지고 태어난 자웅동체(hermaphrodite)를 뜻하는 'herms', 해부학적으로는 남성에 가까우나 여성 생식기 일부를 가지고 있는 'merms', 그리고 난소는 있으나 남성 생식기 일부를 가지고 있는 'ferms'로 분류된다(Fausto-Sterling, 2000a, 2000b). 근거가 비교적 확실한 자료에 기반하여 Fausto-Sterling은 1,000명의 출생자 중 17명, 또는 1.7% 정도에서 어떤 형태로든 성발달장애가 나타난다고 추정하였다. 그녀와 다른 연구자들은 이 집단에 속한 개인은 브루스의 사례에서와 같이 종종 수술에 불만족스러워 한다는 점에 주목하였다(Fausto-Sterling, 2006).

소아 내분비의학 전문의, 비뇨기과 전문의, 그리고 심리학자가 비가역적 성별 할당을 초래하는 조기 생식기 수술의 타당성을 재검토하고 있다고 Fausto-Sterling은 지적하였다. 그 대신 성발달장애의 정확한 본질을 면밀히 검토하고 해당 상태가 특정 심리적 성정체성으로 이어진다는 것을 확신할 수 있을 때 최후의 수단으로서 수술을 시행해야 할 것이다. 그렇지 않을 경우 특정 해부학적 구조나 출현하

성전환 수술(sex reassignment surgery) 개인의 신체 해부학적 구조를 심리적 성정체성과 일치하도록 만드는 수술 절차이다.

는 성별 경험에 대한 개인의 적응을 도모할 수 있는 심리치료가 더 적절할 수 있다.

개념 확인 **9.4**

정상적 성정체성과 성별 불쾌감에 대한 아래 질문에 답하시오.
1. 성적 태도와 성적 행동과 관련된 성차 몇 가지를 기술하라.
　　　_____

2. 어떤 성적 취향이 정상적이며 어떻게 발달되는가? _____
3. 찰리는 항상 남아들 사이에서 겉돌았다. 어린 나이에 찰리는 여아들과 노는 것을 선호하였고 부모가 자신을 '샬린'으로 부르기를 고집하였다. 이후 자신은 남성의 몸에 갇힌 여성이라 느꼈다고 표현하였다. 찰리는 어떤 장애를 보여주는가? _____
4. 찰리의 장애 원인에는 어떤 것이 있는가? _____
5. 찰리에게는 어떤 치료가 제공될 수 있는가? _____

DSM 5

DSM 논란　성적 도착(paraphilia)인가 변태성욕장애(paraphilic disorder)인가?

*DSM-IV*에서 성적 도착은 무생물 물체, 자신 또는 타인의 고통과 굴욕, 혹은 아동 또는 다른 동의하지 않은 이들에 대한 다양한 종류의 강렬하고 지속적인 성적 공상, 충동 및 행동 여부에 의해 진단되었다. 또한 이러한 공상, 충동, 행동은 임상적으로 현저한 고통이나 손상을 야기해야 한다고 기술하고 있다. *DSM-5*는 성적 도착과 변태성욕장애를 명확히 구분하고 있다. 즉, 강렬하고 지속적인 성적 관심의 대상이 동의의사를 밝힌 신체적으로 성숙한 인간이 아니며 유의미한 고통과 손상이 야기되는 경우 성적 도착이 아닌 변태성욕장애로 진단된다.

즉, 변태성욕장애는 반드시 개인에게 고통 또는 손상을 입히고 타인에게 고통이나 위험을 야기하는 성적 도착이다. *DSM-5*가 이와 같은 구분을 결정한 이유는 특별한 정신적 장애가 없는 개인이 때로 '성도착적' 형태의 성적 공상을 갖는 현상이 우리가 생각한 것보다 성행하고 있는 현실을 반영하기 위해서이다(Ahlers et al., 2011). 하나의 예로 특정 의류 품목에 대한 해롭지 않은 성적 도착이 이를 기꺼이 용인해주는 상대와의 비파괴적인 성관계에서 나타날 수 있다. 이때 성적 도착은 있다고 할 수 있으나 이것이 꼭 변태성욕장애는 아니라는 취지이다. 그러나 만약 성적 도착, 즉 성적 관심과 공상이 아동과의 성관계나 타인에게 극심한 해를 가져오는 것이라면 어떠한가? *DSM-5*의 변화를 옹호할 경우 만약 이와 같은 성적 공상이 어떤 방식으로든 행동으로 옮겨지지만 않는다면 아무 해도 입히지 않으므로 장애가 아니라고 말할 것이다. 그리고 매우 사적일 수 있는 행동을 병리화하는 것이 오히려 정신장애라고 부르는 것보다 더 큰 문제를 야기할 수 있다고 지적할 것이다. *DSM-5*의 변화에 대해 비판적일 경우 이처럼 강렬하고 지속적인 성적 흥분 양상이 있는 개인이 이를 언젠가 어떤 방식으로든 행동화하지 않겠냐고 주장할 것이다. 예를 들어, 강렬한 소아성애적 성향의 공상을 경험하는 개인이 공상에 만족하지 못하고 인터넷으로 소아성애적 영상을 찾아볼 가능성이 크며 영상물을 시청하는 행위 그 자체만으로 해가 발생할 수 있다고 할 것이다. 이 예시는 제1장에서 논의하였던 정상과 비정상, 그리고 '정신장애는 무엇인가'라는 근본적인 질문의 논쟁이 되는 요점 중 하나이다.

요약

정상적인 성은 무엇인가?

'정상'이라고 여겨지는 성적 행동에 사회문화적 요인이 어떻게 영향을 미치는가?

▶ 성적 행동 양상은 이성애 그리고 동성애 모두에서 행동이나 위험성에 있어 전 세계적으로 다양하다. 조사된 사람 중 20% 정도가 여러 상대와 성관계를 가지며 이는 AIDS와 같은 성병에 감염될 위험에 놓이게 한다.

▶ 기능과 관련된 두 가지 장애는 성기능부전과 변태성욕장애이다. 성별 불쾌감은 성적 장애라기보다 자신의 타고난, 즉 생물학적 성과 자신이 경험하거나 동일시하는 성별 사이의 뚜렷한 불일치를 말한다.

성기능부전의 개요

심리학자는 성기능부전을 어떻게 정의하는가?

성기능부전이 성반응주기와 어떻게 관련되어 있는가?

▶ 성기능부전은 성관계에서 적절히 기능하는 데 어려움을 경험하는 다양한 장애를 포함한다.

▶ 구체적인 성기능부전에는 성관계에 대한 관심이 극히 낮거나 존재하지 않는 성적 욕구와 관련된 장애(남성성욕감퇴장애와 여성 성적 관심/흥분장애), 적절한 발기에 도달하거나 이를 유지하는 것 또는 성적 흥분과 질내 윤활액 분비에 문제가 있는 성적 흥분장애(발기장애와 여성 성적 관심/흥분장애), 그리고 절정이 너무 빨리 일어나거나 아예 발생하지 않는 극치감장애(여성극치감장애와 남성의 사정지연 또는 조기사정)가 있다. 이 중 가장 흔한 장애는 남성에게서 발생하는 조기사정이며 여성의 경우 억제된 극치감이 흔히 나타난다.

▶ 성적통증장애, 특히 여성에게서 발생하는 성기-골반통증/삽입장애는 성관계와 관련된 극심한 통증을 가리키며 질 입구 쪽 골반 근육이 성교가 시도될 때 불수의적인 경련을 일으키는 질경련도 포함된다.

▶ 성적 행동을 평가하기 위한 3가지 요소는 면담, 정밀한 의학적 평가 그리고 정신생리학적 평가다.

성기능부전의 원인과 치료

성기능부전을 규정하는 특징과 규명된 원인들에는 무엇이 있는가?

어떤 심리사회적 그리고 의학적 치료가 존재하며 이는 효과적인가?

▶ 성기능부전은 사회적으로 전파되는 성에 대한 부정적인 태도, 현재 관계에서의 어려움, 그리고 성적 활동에 초점화된 불안과 연관되어 있다.

▶ 성기능부전에 대한 심리사회적 치료는 전반적으로 성공적이지만 쉽게 제공받기는 어렵다. 최근 몇 년간 Viagra나 유사 약물을 포함한 다양한 의학적 치료를 받을 수 있게 되었다. 치료는 대개 발기부전에 초점을 두고 있으며 이를 사용하는 환자의 약 1/3이 효과적이고 만족스럽다고 보고한다.

변태성욕장애: 임상적 기술

주요 성적 도착의 임상적 특징은 무엇인가?

성적 도착의 원인에 대해 알려진 것은 무엇인가?

▶ 성적 도착은 아동과 같은 부적절한 대상 또는 의류와 같은 부적절한 물체에 성적 매력을 느끼는 것이다. 성적 도착으로 인한 성적 이끌림이 개인에게 상당한 고통이나 손상을 야기하거나 타인에게 해나 위험을 야기할 때 변태성욕장애로 정의된다.

▶ 변태성욕장애는 성적 흥분이 부적절한 대상 또는 물체에서만 거의 전적으로 발생하는 물품음란장애, 자신의 성기를 눈치채지 못한 낯선 사람에게 노출함으로써 성적 만족을 얻는 노출장애, 눈치채지 못한 사람이 옷을 벗거나 나체로 있는 것을 관찰함으로써 성적 흥분을 얻는 관음장애, 반대 성별의 옷을 입음으로써 성적 흥분을 경험하는 복장도착장애, 성적 흥분이 고통이나 모욕을 주는 것과 연관된 성적가학장애, 성적 흥분이 고통이나 모욕을 당하는 것과 연관된 성적피학장애, 아동에게 강한 성적 매력을 느끼는 소아성애장애가 있다. 근친상간은 피해자가 대개 아들이나 딸과 같은 친족인 소아성애의 한 종류이다.

▶ 변태성욕장애의 발달은 동의하는 성인과의 성적 흥분 양상 및 사회적 기술의 결핍, 사춘기 이전 또는 도중 발달되는 비정상적인 성적 공상, 그리고 이러한 흥분 양상과 관련된 사고를 억제하려는 시도와 연관되어 있다.

변태성욕장애를 평가하고 치료하기

변태성욕장애에는 어떤 심리사회적 및 약물치료가 있으며 얼마나 효과적인가?

▶ 변태성욕장애에 대한 심리사회적 치료는 수감자일 경우 중간 정도로 효과적이나 덜 심각한 양상을 보이는 외래환자의 경우 더 효과적이다.

성별 불쾌감

성별 불쾌감을 규정하는 임상적 특징, 원인, 치료는 무엇인가?

▶ 성별 불쾌감은 자신의 타고난, 즉 생물학적 성에 대한 불만족과 남자의 몸에 갇힌 여자로 인식하는 것과 같이 자신이 실제로는 반대 성별이라는 느낌이 특징이다. 18개월에서 3세 사이에 성 또는 성 정체성에 대한 인식이 발달하며 일치하는 성정체성과 일치하지 않는 성정체성 모두 생물학적 소인이 학습에 의해 영향을 받아 발현하는 것으로 추정된다.

▶ 뚜렷한 성별 불일치가 있는 성인(성전환을 원하는)을 위한 치료에는 심리적 접근이 함께 제공되는 성전환 수술이 포함된다.

핵심 용어

관음장애 (389쪽)

극치감 재조건화 (395쪽)

근친상간 (391쪽)

남성성욕감퇴장애 (375쪽)

내재적 민감화 (393쪽)

노출장애 (389쪽)

동성애적 행동 (369쪽)

마찰도착장애 (387쪽)

물품음란장애 (387쪽)

발기장애 (375쪽)

변태성욕장애 (387쪽)

복장도착장애 (389쪽)

사정지연 (377쪽)

성기-골반통증/삽입장애 (379쪽)

성기능부전 (373쪽)

성별 불쾌감 (397쪽)

성별비순응 (399쪽)

성적가학장애 (389쪽)

성적피학장애 (389쪽)

성전환 수술 (401쪽)

소아성애장애 (391쪽)

여성극치감장애 (377쪽)

여성 성적 관심/흥분장애 (375쪽)

이성애적 행동 (369쪽)

조기사정 (377쪽)

질경련 (379쪽)

개념 확인의 답

9.1

1. a, 2. d, 3. c, 4. a

9.2

1. T, 2. F(어떤 경우 흥분 증가), 3. T, 4. T, 5. F(비요구 쾌락화, 압착법 등), 6. T

9.3

1. d, 2. c, 3. a, 4. b, 5. a, 6. c

9.4

1. 남성이 자위를 더 많이 하며 더 자주 한다, 남성이 캐주얼 섹스에 대해 더 수용적이다, 여성이 성행위를 통한 친밀감을 더 많이 추구한다 등.

2. 이성애 및 동성애 모두 정상이다, 유전이 성적 지향성에 일부 영향을 줄 수 있다.

3. 성별 불쾌감

4. 발달과정에서의 비정상적인 호르몬 수준, 사회적 또는 부모의 영향력

5. 성전환 수술, 할당된 성 또는 희망하는 성별에 적응하도록 제공되는 심리사회적 치료

단원 퀴즈

1. 성적 활동과 관련된 통계에 의하면:

   a. 질 삽입 성교보다 구강 성교를 더 많이 행한다.

   b. 대부분의 사람들은 한 상대와의 관계에서 이성애적 질 삽입 성교를 한다.

   c. 인구의 10%에서 15% 정도가 전적으로 동성애적 성관계를 한다.

   d. 1990년대에는 일부일처주의 성관계보다 다수의 상대와의 성관계를 더 많이 보고하였다.

2. 다음 중 동성애의 원천에 대한 연구에서 영향을 준다고 밝혀진 요인이 아닌 것은?

   a. 유전적 또는 염색체의 영향

   b. 정서적 거리감이 있는 아버지

   c. 뇌구조의 크기 또는 기능

   d. 호르몬 노출

3. 성별 불쾌감 치료를 위해 가장 널리 제공되고 있는 치료는?
   a. 노출치료
   b. 항우울제 처방
   c. 인지행동치료
   d. 성전환 수술

4. 성반응주기 중 어떤 단계에서 남성은 발기에 도달하거나 유지하는 데에 어려움을 경험하는가?
   a. 쇠퇴기
   b. 절정기
   c. 흥분기
   d. 고조기

5. 시몬느와 그녀의 연인은 한 달에 한 번 정도 성관계를 갖는다. 시몬느는 성관계를 갖고는 싶으나 성교를 즐길 수 있을 만큼 충분히 윤활액이 분비되지 않는다고 보고하였다. 시몬느의 증상은 무엇과 일치하는가?
   a. 불능
   b. 성적혐오장애
   c. 성적흥분장애
   d. 질경련

6. 여성극치감장애 진단에 필요한 요소는 무엇인가?
   a. 극치감이 원하는 만큼 자주 경험되지 않는다.
   b. 지난 6개월 동안 극치감의 빈도가 20%에서 30% 정도 감소하였다.
   c. 지난 1년 동안 극치감의 빈도가 70%에서 80% 정도 감소하였다.
   d. 극치감이 결여되거나 부재하다.

7. 성기능장애에 대한 Masters와 Johnson의 심리사회적 치료의 최대 목표는?
   a. 심리적 기반을 둔 수행불안을 감소하거나 제거하기
   b. 성적 경험을 정상화할 수 있도록 커플이 성적 접촉의 빈도를 증가하기
   c. 잠재적 부작용에도 불구하고 커플이 의학적 치료를 시도하도록 격려하기
   d. 현재 성관계에 부모가 어떻게 영향을 주었는지 커플이 이해하기

8. 부적절한 무생물 물체에 성적 매력을 느끼는 장애는?
   a. 마찰도착장애
   b. 변태성욕장애
   c. 관음장애
   d. 노출장애

9. 다음 중 소아성애장애를 정확히 설명하는 것은?
   a. 이 장애에서는 여아에 비해 남아에 대한 성적 매력이 더 많이 나타난다.
   b. 대부분의 경우 이제 막 신체적 성숙을 시작한 여아가 대상이 된다.
   c. 가해자는 아동에게 성에 대해 교육하는, 허용될 수 있는 방법이라고 합리화한다.
   d. 아동으로 하여금 성행위를 하도록 물리적 압력이 가해진다.

10. 셰인은 변태성욕장애에 대한 치료의 일환으로 자신의 부적절한 행동과 흥분에 따른 폐해를 상상한다. 셰인은 어떤 유형의 치료를 제공받고 있는가?
    a. 내재적 민감화
    b. 부부치료
    c. 재발방지
    d. 극치감 재조건화

(답은 부록 A에 있습니다.)

성기능장애와 성별 불쾌감 탐구하기

▶ 성적 행동은 우리 문화에서 성별 불쾌감, 성기능부전 또는 변태성욕장애 중 하나와 연관된 경우가 아니라면 정상적인 것으로 간주된다.
▶ 성적 지향성은 환경적 그리고 사회적 요인의 영향을 받는 강력한 생물학적 소인이 존재하는 것으로 추정되고 있다.

성별 불쾌감

개인이 내적으로 느끼는 성정체성과 일치하지 않는 '잘못된' 성에 갇혀 있다고 느낄 때 발생한다. 성정체성은 성적 흥분 양상과는 독립적인 개념이다. 비교적 드물게 보고된다.

생물학적 영향

- 아직 확증되지 않았으나 태아기 호르몬 노출이 관여하는 것으로 추정된다.
  - 호르몬상의 변동은 자연적이거나 약물에 의한 것일 수 있다.

원인

심리적 영향

- 성정체성은 1세 반에서 3세 사이에 형성된다.
  - 여아의 '남성적' 행동과 남아의 '여성적' 행동은 가족에 따라 다른 반응을 초래한다.

Thinkstock/Getty Images

치료

- 성전환 수술: 가슴 또는 음경을 제거 → 성기 재건
  - 철저한 심리적 준비 및 재정적, 사회적 안정성을 요구한다.
- 성정체성을 변화시키기 위한 심리사회적 개입
  - 수술 이전 일시적 안도감을 제공하는 효과 외 대개 성공적이지 않다.

변태성욕장애

부적절한 물체 또는 대상을 통해서만 성적 흥분을 경험한다.

유형

- **물품음란장애**: 무생물 물체에 대한 성적 매력
- **관음장애**: 눈치채지 못하고 옷을 벗고 있거나 벗은 사람을 관찰하여 성적 흥분 발현
- **노출장애**: 눈치채지 못한 사람에게 성기를 노출하여 성적 만족감 성취
- **복장도착장애**: 반대 성별의 옷을 입어 성적 흥분 발현
- **성적가학장애**: 고통 또는 굴욕을 가하는 것과 연관된 성적 흥분
- **성적피학장애**: 고통 또는 굴욕을 당하는 것과 연관된 성적 흥분
- **소아성애장애**: 아동에게 강렬한 성적 매력을 느낌
- **근친상간**: 가족구성원에게 성적 매력을 느낌

원인

- 발병 전 존재한 결핍
  - 동의하는 성인에 의한 흥분 결핍
  - 동의하는 성인과의 사회적 기술 결핍
- 아동기 성인으로부터의 취급
- 자위로 강화된 초기 성적 공상
- 통제 불가능한 사고과정과 극도로 강렬한 성적 욕구 간의 결합

치료

- **내재적 민감화**: 상상 속에서 반복적으로 행동에 따른 부정적 결과를 연합시킨다.
- **재발방지**: 미래 상황에 대처할 수 있도록 기술을 습득한다.
- **극치감 재조건화**: 적절한 자극과 자위를 연합시켜 바람직한 흥분 양상을 발전시킨다.
- **의학적**: 테스토스테론 수준을 감소시켜 성적 욕구를 억제시키는 약물이 처방된다. 공상과 흥분은 약물치료가 중단되면 재발한다.

PhotoDisc/Getty Images

Thinkstock/Getty Images

PhotoDisc/Getty Images

성기능부전

성기능부전은:
- 성적 활동 기간 전반에 걸쳐 지속될 수 있다.
- 정상적인 성생활을 하는 과정에서 후천적으로 발생될 수 있다.
- 모든 성관계 상황으로 일반화될 수 있다.
- 특정 상대 또는 특정 시기에만 상황적으로 존재할 수 있다.

인간 성반응주기

성기능부전은 성반응주기의 특정 단계에서 나타나는 손상을 가리킨다.

욕구기 　 흥분기

쇠퇴기 　 고조기

절정기

성기능부전 유형

성욕장애
- **남성성욕감퇴장애**: 성적 활동 또는 공상에 대한 관심 결여

성적흥분장애
- **발기장애**: 충분한 발기가 지속적으로 일어나지 않거나 유지되지 않음
- **여성 성적 관심/흥분장애**: 충분한 윤활액 분비가 지속적으로 이루어지지 않거나 유지되지 않음

극치감장애
- **여성극치감장애**: 충분한 욕구와 흥분에도 불구하고 극치감을 경험하지 못함
- **조기사정**: 원하기 전 최소한의 자극으로 인한 사정

성적통증장애
- **성기-골반통증/삽입장애**: 의학적 원인이 없는 성교와 연관된 유의미한 통증·불안·긴장, 질경련(불수의적인 경련이 질 입구 쪽 1/3을 차지하는 골반근육에서 일어나 성교를 방해하거나 가로막음). 여성에게서 발현됨

심리학적 기여 요인
- 주의분산
- 흥분에 대한 과소평가
- 부정적 사고과정

심리적 및 신체적 요인의 상호작용
- 여러 영향의 조합이 거의 항상 존재한다.
  - 특정 생물학적 소인과 심리적 요인이 특정 장애를 유발할 수 있다.

원인

사회문화적 기여 요인
- 성적 신호가 위험하다는 형성기 경험으로 인한 성애공포증
- 성폭행과 같은 부정적 경험
- 관계 악화

생물학적 기여 요인
- 신경학적 또는 다른 신경계 문제
- 혈관성 질환
- 만성 질병
- 약물처방
- 알코올을 포함한 물질남용

치료
- **심리사회적**: 의사소통 촉진, 성교육 증진, 그리고 불안 감소를 목표로 치료 프로그램이 제공된다. 커플이 함께 참여한다.
- **의학적**: 거의 모든 치료가 남성 발기장애에 초점을 맞추고 있어 약물, 인공삽입물, 그리고 외과적 이식이 의학적 치료로 제공된다. 이와 같은 의학적 치료는 최대의 효과를 거두기 위해 성교육 및 상담과 병행된다.

10

물질관련 및 중독 장애, 충동조절장애

행동을 해석하기 위해 과학적 추론을 사용한다.	▶ 행동에 대한 설명들(예, 추론, 관찰, 조작적 정의, 해석)에서 기본적인 생물학적, 심리적, 사회적 요소들을 확인한다. (APA SLO 1.1a) (교재의 412~416, 433~437쪽 참고)
혁신적이고 통합적인 사고와 문제해결에 참여한다.	▶ 경험적으로 연구하기 위하여 문제를 조작적으로 기술한다. (APA SLO 1.3a) (교재의 437~438쪽 참고)
훈련 기반 문제 해결의 활용을 기술한다.	▶ 행동과 정신과정의 선행 요인 및 결과를 정확하게 파악한다. (APA SLO 5.3c) ▶ 일상생활에 심리학적 원리를 적절하고 실용적으로 적용한 예를 기술한다. (APA SLO 5.3a) (교재의 433~438쪽 참고)

* 이 단원의 내용은 미국심리학회(APA)가 학부 심리학 전공에 대한 지침(American Psychological Association, 2012)에서 제안한 학습목표들을 포함하고 있다. APA에서 제안한 학습목표(Suggested Learning Outcome, SLO)에 따른 범위는 위에서 확인할 수 있다.

이 장에서 우리는 **물질관련장애**와 **중독 장애**를 탐색할 것이다. 이런 장애들은 사람들이 생각하고 느끼고 행동하는 방식을 바꾸는 약물 또는 다른 물질들을 남용하는 것과 연관된다. 이뿐만 아니라 *DSM-5*에 새롭게 등장한 도박장애도 다루게 될 것이다. 이러한 장애들은 오랫동안 우리를 괴롭혀 왔고 우리가 어떻게 살아가고 일하고 여가를 즐기는가에 지속적으로 영향을 끼친다.

이와 유사하게 사람들에게 파괴적인 영향을 미치는 장애가 바로 **충동조절장애**이다. 충동이나 유혹에 따라 행하는 데 저항하지 못하는 것과 관련되는 수많은 문제들이 이에 해당된다. 예를 들어 공격적인 충동에 저항하지 못한다든지, 훔치고 싶은 충동을 이기지 못하거나, 불을 지르고 싶은 충동을 이겨내지 못하는 사람들이 이러한 장애군에 속한다. 우리 사회는 종종 이러한 문제들이 단지 의지의 부족 때문이라고 믿기 때문에 물질관련장애, 중독 장애 그리고 충동조절장애를 둘러싼 논란이 있다. 만약 당신이 술을 그만 마신다거나 코카인 사용이나 도박을 그만두기를 원한다면, 당신은 그만두었을 것이다. 이 책에서 우리는 여러 가지 종류의 화학물질들을 사용하거나(물질관련장애) 또는 중독된 행동(도박장애)으로 해를 입을 사람들을 먼저 살펴보고 그 다음에 충동조절장애 부분에서 병적 도벽이나 병적 방화와 같이 당혹스러운 몇 가지 장애들을 살펴보도록 할 것이다.

물질관련 및 중독 장애에 대한 관점

▶ 물질관련장애와 중독장애란 무엇인가?

인생에 치루는 비용, 돈, 정서적인 혼란은 물질남용을 전 세계의 주요 걱정거리로 만들었다. 현재 일반 대중에서 거의 9%에 이르는 사람들이 불법적인 약물을 사용하는 것으로 생각된다(Substance Abuse and Mental Health Services Administration, 2012). 미국의 여러 행정부들도 그동안 다양한 방법으로 '약물과의 전쟁'을 선포해 왔다. 로마의 가톨릭 교회도 1992년 전 세계적인 교리서를 발표하고, 약물남용과 음주운전을 죄악으로 공식 선포했다(Riding, 1992). 하지만 1970년대 록스타 Jimi Hendrix와 Janis Joplin으로부터 현대의 Michael Jackson과 Cory Monteith까지 많은 유명인들이 약물과 관련되어 사망하였고 약물남용은 아직도 많은 사람의 삶에 부정적인 영향을 끼치고 있다.

복합물질사용이라는 골치 아프지만 흔한 습관을 가진 대니의 사례부터 생각해 보자.

물질관련 및 중독 장애(substance-related and addictive disorder) 알코올, 코카인, 헤로인이나 그 외 사람들의 생각, 느낌, 행동을 변화시키는 약물의 사용 및 남용과 관련한 일련의 문제 중 하나. 개인적으로도 재정적으로도 치러야 하는 대가가 매우 큼.

충동조절장애(impulse-control disorders) 잠재적으로 위험성을 가지고 있는 충동적 행동을 스스로 조절하지 못하고 지속하는 장애.

복합물질사용(polysubstance use) 불법 약물과 같이 정신 및 행동을 변화시키는 다수의 물질들을 사용.

43세의 대니는 음주운전 사고로 한 여성을 죽게 하였고 차량 과실치사로 기소되어 재판을 기다리며 감옥에 있었다. 대니는 3형제 중 막내로 미국의 교외 지역에서 자랐고, 학교에서 인기가 좋은 보통의 학생이었다. 다른 친구들처럼 그 역시 10대 초기에 담배를 피웠고, 학교 뒤에서 밤에 친구들과 함께 술을 마셨다. 하지만 다른 친구들과 달리 대니는 항상 만취할 때까지 술을 마셨고, 코카인, 헤로인, "각성제(speed)"(암페타민), "진정제(downer)"(바비튜레이트)와 같은 다른 종류의 마약들도 경험했다.

고등학교를 졸업한 뒤, 대니는 인근에 있는 지역사회 대학에 한 학기 동안 다녔으나 모든 과목에서 낙제를 한 뒤 자퇴했다. 그의 형편없는 학교 성적은 그가 교재를 배우고 이해하는 능력이 부족했기 때문이라기보다는 대부분의 수업을 빠졌던 것과 관련되었던 것 같다. 그는 거의 매일 밤 파티를 하고 난 다음 날 아침에 수업을 가기 위해 일어나는 것이 힘들었고, 이런 일은 점점 더 잦아졌다. 그의 기분 상태는 매우 쉽게 변했고, 종종 매우 불쾌한 기분에 빠졌다. 대니의 가족들은 그가 가끔씩 술을 너무 많이 마신다는 것은 알았으나 그가 다른 종류의 마약을 하는지에 대해서는 몰랐다(혹은 알고 싶어하지 않았거나). 그는 어머니가 그의 방 양말 서랍에서 하얀 가루(아마도 코카인)가 든 작은 주머니를 찾아낸 뒤부터 그 누구도 방에 들어가지 못하도록 막았다. 대니는 그것을 친구를 위해 가지고 있었고 즉시 돌려주려고 했다고 말했다. 가족들이 그가 마약을 하는 것이 아닌지 의심하자 대니는 매우 분노했다. 가끔은 집에서 돈이 없어졌고, 한번은 스테레오 장비가 사라졌다. 그러나 가족들은 대니를 의심하기는 해도 이를 결코 인정하지 않았다.

대니는 계속해서 낮은 보수를 받는 직업을 가졌고, 일을 하고 있을 때 가족들은 그가 정상으로 돌아왔고 다 잘될 것이라고 스스로를 안심시켰다. 그러나 불행하게도 대니는 몇 개월 이상 직업을 유지하지 못했다. 대니는 계속 부모님 집에서 살았기 때문에 실직 상태가 자주 있어도 살아가는 것이 가능했다. 20대 후반이 되었을 때, 그는 모든 것을 가족들에게 털어 놓는 듯했다. 그는 알코올재활센터에 등록하려 한다면서 가족들의 도움이 필요하다고 말했는데, 그때까지도 자신이 다른 마약을 하고 있다는 것은 인정하지 않았다. 가족들은 매우 기뻐하고 안도했으며, 그가 개인 재활 프로그램에 돈을 지불할 수 있게 도와 달라며 수천 달러의 돈을 요구하는 것에 대해 아무도 의심하지 않았다. 대니는 수 주일 동안 사라졌고 아마도 가족들은 그가 재활 프로그램에 가 있다고 생각했다. 그러나 경찰서에서 걸려온 전화 한 통은 가족들의 이러한 환상을 완전히 끝장내 버렸다. 그는 버려진 건물에 살면서 완전히 약에 절은 상태에서 발견되었다. 대니의 속임수와 재정적인 무책임은 가족들과의 관계를 매우 얼어붙게 만들었

다. 그는 계속 부모님의 집에서 살 수 있었으나, 부모와 형제자매들은 그를 그들의 삶에서 감정적으로 제외시켜버렸다. 대니는 정신을 좀 차리는 듯 보였고, 한 주유소에서 거의 2년 동안 일을 계속했다. 대니는 주유소 주인 및 그의 아들과 친해졌으나, 어떤 뚜렷한 경고도 없이 다시 술을 마시고 마약을 하기 시작했으며, 몇 개월 동안 계속 일했던 여러 곳들에서 도둑질을 해서 체포되기에 이르렀다.

다른 친구들이나 형제자매들은 그렇지 않은데 왜 대니는 약물들에 의존하게 되었을까? 그는 왜 가족과 친구들의 물건을 훔쳤을까? 그는 결국에 어떻게 되었을까? 우리는 먼저 물질관련장애들의 원인과 치료를 살펴보고 난 후에 대니의 좌절스러운 이야기로 돌아올 것이다.

관여 수준

비록 이 단원에서 설명하고 있는 각각의 약물들은 독특한 효과를 가지지만, 그것이 사용되는 방식과 그것을 남용하는 환자들을 어떻게 치료하는지에 있어서는 공통점이 있다. 첫째, 우리는 일반적으로 물질관련장애들에 적용되는 몇 가지 개념을 소개하려고 한다.

당신은 약물들을 사용하고도 그것을 남용하지 않을 수 있는가? 또는 그것을 남용하더라도 그것에 중독되지 않을 수 있는가? 이러한 중요한 질문들에 답하기 위해서는 먼저 물질사용(substance use), 물질중독(substance intaxocation), 물질남용(substance abuse), 그리고 의존(dependence)이 무엇을 의미하는지에 대해 정리할 필요가 있다. 물질(substance)이란 용어는 기분이나 행동을 바꾸기 위해 섭취하는 화학적 혼합물을 일컫는다. **향정신성 물질**은 기분, 행동 또는 둘 다를 변화시킨다. 당신은 아마도 코카인이나 헤로인 같은 마약들을 먼저 떠올릴지도 모르겠지만 이러한 정의는 알코올, 담배에 있는 니코틴, 커피, 소프트드링크, 초콜릿에 들어 있는 카페인과 같은 좀 더 흔한 합법적인 약물들도 포함한다. 앞으로 보게 되겠지만 소위 안전약물(safe drug)이라고 불리는 것들 또한 기분과 행동에 영향을 주며 이에 중독될 수 있고 더 많은 건강문제의 원인이 되며 모든 불법적 약물들을 합쳤을 때보다 더 높은 사망률과 관련된다.

물질사용

물질사용은 향정신성 물질들을 사회적, 학업적, 직업적 기능에 심각한 영향을 주지 않을 정도의 적당한 양으로 섭취하는 것을 말한다. 이 장을 읽고 있는 여러분 대부분은 아마도 어떤 종류의 향정신성 물질을 종종 사용할 것이다. 대마초, 코카인, 암페타민 또는 바비튜레이트와 같은 불법 약물을 가끔 섭취하는 것처럼 잠에서 깨기 위해 아

침에 한 잔의 커피를 마시고 담배를 피우고 여유를 갖기 위해 친구와 술을 마시는 것 또한 물질사용의 예가 된다.

중독

섭취한 약물에 대한 우리의 생리적인 반응—술에 만취하거나 약으로 인해 고양되는 것—을 **물질중독**이라고 한다. 중독되는 것은 어떤 물질을 섭취하느냐 얼마나 섭취하느냐 그리고 개인의 생물학적 반응에 따라 달라진다. 우리가 여기서 다루는 많은 물질들의 경우 중독 상태에서 손상된 판단력, 기분 변화, 운동기능의 저하(예를 들어 걷거나 말하는 데 곤란)가 나타난다.

물질남용

물질남용을 어떤 물질을 얼마나 많이 섭취하였

▲ 중독

는가에 따라 정의하는 것은 문제가 있다. 예를 들어 한 시간에 와인 두 잔을 마시는 것은 남용인가? 세 잔은 어떤가? 여섯 잔은? 헤로인을 한 번 주사 맞는 것은 남용인가? 『정신질환의 진단 및 통계 편람』 제5판 (DSM-5, American Psychiatric Association, 2014)에서는 물질남용을 '얼마나 심각하게 사용자의 삶에 관여되는가'에 따라 정의하고 있다. 만약 약물들이 학업 수행, 직업 수행, 다른 사람과의 관계를 망가뜨리고, 신체적으로 위험한 상황(예를 들어 운전하는 동안에도 약물을 지속)으로 내몬다면, 약물남용자로 생각할 수 있을 것이다. 몇몇 연구들은 약물사용이 훗날의 직업 수행 정도를 예측할 수 있다는 결과를 보여주었다. 한 연구에서는 학업적 흥미, 다른 문제적 행동과 같은 요인들을 통제하고 나서도 반복된 심각한 약물사용이 대학 졸업 후 빈약한 직업 수행을 예측하는 변인이 된다는 것을 발견할 수 있었다(Arria et al., 2013).

대니는 남용의 이런 정의에 딱 들어맞는 것으로 보인다. 지역사회 대학에서 한 학기도 마치지 못했던 것은 직접적으로 마약을 했기 때문이었다. 대니는 종종 술 취하거나 다른 약물들을 한 상태에서도 운전을 했다. 그리고 그는 이미 두 번이나 체포된 적이 있었다. 대니의 복합물질사용은 수그러들지 않았고 만연한 상태였기 때문에 그는 아마도 심각한 장애인 약물의존(drug dependent)으로 진단받았을 것이다.

약물의존은 대개 중독(addiction)으로 묘사된다. 우리가 비록 약물의 영향하에 놓인 듯한 사람을 묘사할 때 일반적으로 중독이라는 용어를 사용하기는 하지만 중독 또는 **물질의존**을 어떻게 정의하느냐에 대해서는 어느 정도의 의견 불일치가 있다(G. Edwards, 2012). 한 가

지 정의에 따르면 약물 또는 약물들에 생리적으로 의존된 사람은 같은 효과를 경험하기 위해서 점점 더 많은 양의 약물을 필요로 한다(**내성**). 그리고 그 물질을 더 이상 섭취하지 않게 되면 부정적인 방향으로 그 약물에 생리적인 반응을 보이게 될 것이다(**금단 증상**)(Higgins, Sigmon, & Heil, 2014). 내성과 금단 증상은 섭취한 화학물질에 대한 생리적인 반응이다. 여러분 중에 많은 사람이 모닝 커피를 마시지 않았을 때 두통을 경험할 것이다. 이때 당신은 아마도 카페인 금

향정신성 물질(psychoactive substances) 기분이나 행동을 변화시키는 마약과 같은 물질.

물질사용(substance use) 향정신성 물질들을 사회적, 학업적, 직업적 기능에 심각한 영향을 주지 않을 정도의 적당한 양으로 섭취.

물질중독(substance intoxication) 향정신성 물질의 사용으로 인한 판단력, 운동 능력의 손상, 기분 변화와 같은 생리학적 반응을 일으킴.

물질남용(substance abuse) 향정신성 약물의 사용으로 현저한 고통과 사회적, 직업적 역할의 임무를 수행하지 못하고 위험한 상황을 초래하는 경우.

물질의존(substance dependence) 물질사용의 부적응적인 패턴으로 원하는 효과를 얻기 위하여 복용량이 증가함. 부정적인 신체 증상을 보이는 금단 현상이 있으며 물질의 사용을 통제할 수 없음. 물질을 얻기 위해 혹은 물질의 효과로부터 회복되는 데 많은 노력이 드는 것이 특징. 중독이라고도 함.

내성(tolerance) 원하는 효과를 얻기 위해서 물질의 사용량을 증가시켜야 함. 같은 양의 사용으로는 감소된 효과를 누리게 됨.

금단(withdrawal) 향정신성 물질의 제거에 대한 중증의 부정적 생리학적 반응. 동일한 혹은 유사한 물질에 의해 완화됨.

단 증상을 경험하고 있는 것이다. 좀 더 극단적인 예를 들어보자. 알코올 금단 증상은 알코올 금단 섬망을 야기할 수 있고 이때 무시무시한 환각과 몸의 떨림을 경험할 수 있다. 많은 물질들의 경우 이를 끊고 섭취하지 않을 때 오한, 열, 설사, 구토 그리고 통증이 나타날 수 있다. 하지만 모든 물질에 생리적으로 중독이 되는 것은 아니다. 예를 들어 LSD 같은 경우는 끊더라도 심각한 생리적 금단 증상을 경험하지는 않는다. 코카인 금단 증상은 불안, 동기의 저하, 무기력 등을 포함하는 특정 패턴을 보인다(Leamon, Wright, & Myrick, 2008), 그리고 대마초를 끊었을 때는 신경과민, 식욕 변화, 수면장애의 금단 증상을 보일 수 있다(Ehlers et al., 2010).

물질의존을 정의하는 또 다른 견해는 '약물 추구 행동' 그 자체를 의존을 평가하는 척도로 본다. 한 약물의 반복적 사용, 좀 더 많은 약물을 섭취하고자 결사적으로 애를 쓰는 것, 그리고 자제 기간 이후에 다시 약물을 사용하려는 경향들이 약물의존의 정도를 정의하는 행동들이다. 이러한 행동 반응들은 우리가 앞서 기술한 약물에 대한 생리적인 반응들과는 다르며 때때로 심리적 의존의 측면으로 언급되기도 한다. *DSM*의 이전 판들은 물질남용과 물질의존을 별개의 진단으로 여겼다. 하지만 *DSM-5*에서는 두 가지가 함께 발생한다고 밝힌 연구 결과에 기반을 두어 이 두 가지 장애를 물질관련장애라는 일반적인 제목 아래에 하나로 묶었다(Dawson, Goldstein & Grant, 2012; O'Brien, 2011). 그 대신 물질관련장애들은 이제 심각도의 정도에 따라 기술되는데, 경도는 11개의 진단기준 중 단지 두 개또는 세 개를 보인 사람들을 말하고, 중등도의 경우는 네 개에서 다섯 개의 진단기준에 맞는 사람들 그리고 심한 경우는 여섯 개 또는 그 이상의 진단기준에 맞는 경우를 말한다(American Psychiatric Association, 2013).

이제 우리가 처음 시작할 때 가졌던 질문으로 돌아가보자. "당신은 약물을 사용하면서 그걸 남용하지 않을 수 있는가?" 그리고 "물질을 남용하지만 그것에 중독되거나 의존하지 않을 수 있는가?" 첫번째 질문에 대한 답은 "그렇다"이다. 어떤 사람들은 와인이나 맥주를 주기적으로 마시지만 과도하지 않게 마실 수 있다. 그리고 일반적인 믿음과는 다르게 어떤 사람들은 헤로인, 코카인, 크랙(코카인의 한종류)과 같은 약들을 가끔(예를 들어, 1년에 몇 차례) 사용하면서도 남용하지 않을 수 있다(Rey, 2012). 하지만 문제는 우리가 어떤 사람이 통제력을 잃고 남용하게 되기 쉬운지, 어떤 사람이 물질사용을 넘어서서 의존하게 되기 쉬운지를 미리 알 수가 없다는 것이다.

우리의 직관과는 반대되는 것일지도 모르지만 의존은 남용 없이도 일어날 수 있다. 예를 들어 통증을 완화시키기 위해 모르핀을 사용하는 암환자는 남용하지 않고도 내성이 생기거나 끊을 때 금단 증

ACE STOCK LIMITED/Alamy

▲ 물질남용

상을 보이는 등 그 약에 의존하게 될 수 있다. 이 장의 뒷부분에서 우리는 물질관련장애들의 원인에 대한 생물학적 그리고 심리사회적 이론들과 우리가 왜 이러한 물질들에 개인마다 다른 반응을 보이는지에 대해 논의할 것이다.

진단적 쟁점

*DSM*의 초기 판들에서는 알코올중독과 물질남용을 별개의 장애로 다루지 않았다. 그 대신 물질사용을 다른 문제들에서 나타나는 하나의 증상으로 봤기 때문에, 이러한 장애들은 '반사회적 성격문제(sociopathic personality disturbances)'로 분류되었고, 이는 우리가 11장에서 다룰 반사회적 성격장애(antisocial personality disorder)의 전신이다. 이것은 도덕적 결함의 한 증상이라고 여겨졌고 유전적 또는 생물학적인 영향은 거의 인정되지 않았다. 물질남용장애에 대한 별개의 항목이 만들어진 것은 1980년 *DSM-III*부터이고, 그때부터 우리는 이 문제에 대한 복잡한 생물학적 그리고 심리적 특징들을 인정하

게 되었다.

*DSM-5*에서 물질관련장애는 11개의 증상들을 포함하고 있으며, 그 범위는 상대적으로 경미한 문제들(물질사용이 주요 역할 의무를 이행하는 데 실패하게 함)에서부터 심한 문제들(직업활동이나 여가활동을 물질사용 때문에 포기하거나 줄이게 됨)까지 모두를 포함한다. *DSM-5*에서는 물질과 관련된 법적 문제들과 같은 증상은 제외하였고, 대신에 그 물질을 사용하길 갈망하거나 강한 욕구를 보이는 것을 증상 중 하나로 첨가하였다(Dawson et al., 2012). 이러한 구분들은 문제를 명확히 하는데 도움이 되며, 질환의 적절한 측면을 치료하는 데 집중할 수 있도록 해 준다.

다른 장애의 증상들은 물질남용의 특징을 매우 복잡하게 만들 수 있다. 예를 들어 어떤 사람이 우울하기 때문에 약물을 과도하게 남용하는 것일까 아니면 약물을 사용했기 때문에(약물의 사용으로 예를 들어 친구를 잃거나 실직해서) 우울증이 생긴 것일까? 연구자들은 중독치료센터에 있는 사람들 중 대략 3/4 정도가 추가적인 정신과적 질병을 가진다고 추정하였다. 기분장애(예를 들어 주요우울장애)는 40% 이상에서 관찰되고, 불안장애와 외상후 스트레스장애는 25% 이상에서 관찰되었다(Dawson et al., 2012; McGovern, Xie, Segal, Siembab, & Drake, 2006).

물질사용은 몇 가지 이유에서 다른 질환들과 동시에 나타날 수 있다. 물질관련장애 그리고 불안장애와 기분장애는 우리 사회에서 매우 흔히 볼 수 있는 것들이고 우연히도 자주 함께 발생할 수 있다. 약물중독과 금단 증상이 불안, 우울, 정신증과 같은 증상들을 야기할 수 있다. 조현병이나 반사회적 성격장애와 같은 질환들에서는 2차적인 문제로 물질사용을 하게 될 가능성이 매우 높다.

물질관련장애가 매우 복잡할 수 있기 때문에, *DSM-5*에서는 어떤 증상이 물질사용의 결과일 때와 그렇지 않을 때를 구분하고자 하였다. 기본적으로 조현병이나 심한 불안 상태에서 나타나는 증상들이 중독 상태나 물질사용을 중단한 지 6주 이내에 나타난다면 그런 증상들은 별개의 정신병적 장애들의 징후로 고려되지 않는다. 가령 예를 들어 단지 많은 용량의 자극제를 끊은 직후에 심한 우울감의 징후를 보인 사람은 주요기분장애로 진단받지 않을 것이다. 하지만 자극제를 사용하기 전부터 심하게 우울했던 사람이거나 이러한 증상들이 약을 중단한 뒤에도 6주 이상 지속되는 사람이라면 별개의 다른 장애를 가지고 있을 수 있다(Leamon et al., 2008).

이제 우리는 각각의 물질들로 돌아가서 그것이 우리의 뇌와 몸에 미치는 영향을 살펴보고 우리 사회에서 그것이 어떻게 사용되는지

도 살펴볼 것이다. 우리는 물질들을 6개의 일반적인 범주로 묶어서 설명하였다.

- **억제제** 이러한 물질들은 행동을 진정시키고 이완을 가져온다. 여기에는 알코올(에틸 알코올) 그리고 바비튜레이트 계열의 진정제와 수면제(예, Seconal) 그리고 벤조디아제핀(예, Valium, Xanax)이 포함된다.

- **자극제** 이 물질들은 우리를 좀 더 활발하게 각성시키며 기분을 고양시킬 수 있다. 여기에 포함되는 약물들로는 암페타민, 코카인, 니코틴 그리고 카페인이 있다.

- **아편제** 이 물질들의 주된 효과는 일시적으로 통각 상실증을 야기하고(고통을 경감시키고) 다행감(euphoria)을 가져오는 것이다. 헤로인, 아편, 코데인 그리고 모르핀이 여기에 포함된다.

- **환각제** 이 물질들은 감각 지각을 바꾸고 망상, 편집증과 환각을 만들 수 있다. 대마초와 LSD가 이런 계열에 속한다.

- **다른 남용 약물들** 위에서 이야기한 범주들 중 하나에 잘 들어맞지 않는 다른 약물로는 흡입제(inhalants, 예를 들어 접착제), 근육증강제(anabolic steroid) 그리고 처방전 없이 또는 처방전을 가지고 살 수 있는 약제들(예를 들어 아산화질소)이 있다. 이러한 물질들 역시 위에 나온 물질들에서 기술된 특징인 다양한 향정신성 효과를 가져올 수 있다.

- **도박장애** 물질의 섭취와 마찬가지로 도박장애를 가진 사람들은 도박에 대한 충동에 저항할 수가 없어서 결국에는 개인적으로 부정적인 결말을 맞게 된다(이혼, 실직 등).

억제제(depressant) 알코올, 진정제, 수면최면제, 항불안제와 같이 행동을 억제시키는 향정신성 약물.

자극제(stimulant) 기분, 활동, 경계심을 고양시키는 향정신성 물질로 암페타민, 카페인, 코카인, 니코틴을 포함함.

아편제(opiate) 헤로인, 아편, 모르핀과 같은 중독성의 향정신성 약물로 일시적으로 극도의 행복감과 무통(통증 감소)을 가져옴.

환각제(hallucinogen) LSD, 마리화나와 같은 향정신성 약물로 망상, 환각, 편집증을 나타내며 감각인식을 변화시킴.

다른 남용 약물들 남용되지만 주요 약물 범주 중 하나에 잘 맞지 않는 다른 물질들(예, 흡입제, 스테로이드).

▶ 억제제의 생리적, 심리적 영향은 무엇인가?

억제제는 일차적으로 중추신경계의 활동을 감소시킨다. 이들의 주요한 효과는 우리의 생리적 각성 수준을 낮추고 우리를 이완하도록 돕는 것이다. 이러한 약물에 속하는 것으로는 알코올과 불면증 환자들에게 처방되는 진정제, 수면제, 항불안제 등이 있다(8장 참고). 이러한 약물들은 생리적 의존, 내성 그리고 금단 증상과 같은 증상들을 가장 잘 야기하는 종류의 것들이다. 제일 먼저 살펴볼 것은 가장 흔히 사용되는 물질인 알코올과 그 결과로 생기는 알코올관련장애들이다.

알코올관련장애

임상적 기술

알코올은 억제제이지만 처음에는 분명한 자극을 주는 효과가 있다. 사람들은 일반적으로 다행감(well-being)을 경험하고, 억제는 풀리며, 좀 더 외향적이 된다. 이것은 우리 뇌의 억제 센터가 초기에 풀려서 느려지기 때문이다. 하지만 계속 술을 마시게 되면 알코올은 우리 뇌의 좀 더 넓은 영역에 영향을 미쳐서 적절히 기능하는 능력을 떨어뜨리게 된다. 운동 조절 능력이 손상되고 (비틀거리고 혀가 꼬인다) 반응 속도가 느려지며 점점 더 정신이 혼란스러워지고 판단력이 흐려지며 심지어는 시각이나 청각에도 부정적인 영향을 미친다. 이 모든 것들은 왜 음주운전이 위험한지를 명백하게 설명해 준다.

영향들

알코올은 몸의 여러 부분들에 영향을 준다(그림 10.1). 알코올을 마시면 이는 식도를 지나서(그림 10.1에서 1) 위장으로 들어가게 되고 (2) 그곳에서 소량이 흡수된다. 대부분은 소장(3)으로 내려가게 되는데 그곳에서 쉽게 혈관으로 흡수된다. 순환계는 알코올을 몸 전체로 퍼져나가게 해서 심장을 비롯한 대부분의 주요 장기에 닿게 한다(4). 일부 알코올은 폐로 가고 그곳에서 기화되고 내쉬어지는데 이러한 현상을 이용하는 것이 취한 상태를 측정하는 음주측정기의 기본 원리이다. 알코올은 간을 거치면서(5) 효소에 의해 분해되거나 대사작용이 이루어져 이산화탄소와 물로 바뀌게 된다(Maher, 1997).

대마초, 아편제, 진정제 등 이 장에서 설명하는 대부분의 물질들은

A. 임상적으로 현저한 손상이나 고통을 가져오는 문제적 알코올 사용 양상이 지난 12개월 사이에 다음의 항목 중 최소한 2개 이상으로 나타난다.

(1) 알코올을 종종 의도했던 것보다 많은 양 혹은 오랜 기간 동안 사용함 (2) 알코올 사용을 줄이거나 조절하려는 지속적인 욕구 혹은 실패한 경험들이 있음 (3) 알코올을 구하거나 사용하거나 그 효과에서 벗어나기 위한 활동에 많은 시간을 보냄 (4) 알코올 사용에 대한 갈망감, 강한 바람, 혹은 욕구 (5) 반복적인 알코올 사용으로 인해 직장, 학교 혹은 가정에서의 주요한 역할 책임 수행에 실패함 (6) 알코올 사용으로 지속적으로 혹은 반복적으로 사회적 혹은 대인관계 문제가 발생하거나 악화됨에도 불구하고 알코올 사용을 지속함 (7) 알코올 사용으로 인해 중요한 사회적, 직업적 혹은 여가 활동을 포기하거나 줄임 (8) 신체적으로 해가 되는 상황에서도 반복적으로 알코올을 사용함 (9) 알코올 사용으로 인해 지속적으로 혹은 반복적으로 신체적·심리적 문제가 유발되거나 악화될 가능성이 높다는 것을 알면서도 계속 알코올을 사용함 (10) 내성, a, b 중 하나이거나 둘 다음 a. 중독이나 원하는 효과를 얻기 위해 알코올 사용량의 뚜렷한 증가가 필요 또는 b. 동일한 용량의 알코올을 계속 사용할 경우 효과가 현저히 감소 (11) 금단, 다음으로 나타남 a. 알코올의 특징적인 금단증후군 또는 b. 금단 증상을 완화하거나 피하기 위해 알코올(또는 벤조디아제핀 같은 비슷한 관련 물질)을 사용.

현재의 심각도를 명시할 것:

경도: 2~3개의 증상이 있다.

중등도: 4~5개의 증상이 있다.

고도: 6개 혹은 그 이상의 증상이 있다.

출처: American Psychiatric Association. (2013). *Diagnostic and statistical manual of mental disorders* (5th ed.). Washington, DC.

뇌세포의 특정 수용기와 상호작용한다. 그러나 알코올의 영향은 훨씬 더 복잡하다. 알코올은 수많은 신경수용기 시스템에 영향을 주고 이런 복잡성 때문에 연구하기가 어렵다(Ray, 2012). 예를 들어 우리가 2장과 4장에서 논했던 *gamma-aminobutyric acid(GABA)* 시스템은 알코올에 특별히 민감한 것 같다. 기억하다시피 GABA는 억제성 신경전달물질이고 그 주요한 역할은 그것과 결합하는 신경세포의 발화에 간섭하는 것이다. GABA가 수용기와 결합할 때 염화이온(chloride ions)이 세포 내로 유입되고 세포를 다른 신경전달물질의 영향에 덜 민감하게 만든다. 알코올은 이러한 염화이온들의 이동에 간섭하는 것으로 보인다. 그 결과 신경세포는 발화하기 어렵게 된다. 다른 말로 설명하자면 비록 알코올이 우리를 보다 수다스럽게 만들고 좀 더 사교적이게 만드는 것 같지만, 사실은 신경세포가 다른 세포들과 서로 연결되기 어렵게 만드는 것이다. GABA 시스템은 불안한 기분에 영향을 주는 것으로 알려져 있기 때문에, 알코올의 항불안 효과는 이러한 GABA 시스템과의 상호작용에서 기인한 것으로 보인다.

알코올의 영향과 관련해서 글루타메이트 시스템의 역할에 대해서는 아직 연구 중이다. GABA 시스템과는 달리 글루타메이트 시스템은 흥분성이고 이는 신경세포의 발화를 돕는다. 이는 학습과 기억에 관여하는 것으로 알려져 있으며 아마도 알코올이 우리의 인지 기능에 영향을 미치도록 하는 통로가 될 것이다. 필름이 끊기는 증상(blackout) ─중독 중에 발생하는 기억의 소실─ 은 아마도 알코올

과 글루타메이트 시스템 사이의 상호작용 때문일 것이다. 세로토닌 시스템 또한 알코올에 민감한 것으로 보인다. 이 신경전달물질 시스템은 기분, 수면 그리고 섭식행동에 영향을 주며 알코올에 대한 갈망감을 야기하는 것으로 생각된다. 알코올은 매우 많은 신경전달물질 시스템에 영향을 주는 물질이기 때문에 매우 광범위하고 복잡한 영향력을 가진다.

과음의 장기적인 영향은 종종 심각하다. 만성적인 알코올 사용을 그만두었을 때, 전형적인 금단 증상인 손 떨림, 오심 또는 구토, 불안, 일시적인 환각 증상, 초조감, 불면증 등이 수시간 이내에 나타나고, 극단적인 경우에는 **금단 섬망**(또는 **진전 섬망**)이 나타나는데 이때 무서운 환각 증상과 몸의 떨림이 나타날 수 있다. 진전 섬망증의 엄청나게 괴로운 경험은 적절한 의학적 치료를 받으면서 줄일 수 있다(Schuckit, 2009b).

알코올이 신체에 손상을 가져오는지의 여부는 유전적인 취약성, 사용 빈도, 폭음을 한 기간, 음주 기간 동안의 혈중 알코올 농도 그리고 폭음 사이에 신체적으로 회복할 수 있는 시간을 주는지의 여부에 달려 있다. 장기간의 과도한 음주는 간질환, 췌장염, 심혈관질환 그리고 뇌 손상을 야기한다.

알코올에 대한 민간 속설에 따르면 알코올은 뇌세포(신경세포)를 영원히 죽인다고 한다. 나중에 보게 되겠지만 이 말은 사실이 아닐 수도 있다. 뇌 손상에 대한 증거들은 알코올 의존과 의식 소실의 경험, 경련 그리고 환각 증상을 보였던 사람들로부터 얻어졌다. 기억과 특정 과제를 수행하는 능력도 아마 손상될 수 있다. 좀 더 심각하게 보자면 두 가지 종류의 뇌 손상이 알코올의 장기적인 과다 사용 때문에 나타날 수 있는데 그 하나는 치매(dementia)이고 다른 하나는 **베르니케-코르샤코프증후군**이다. 우리가 13장에서 좀 더 깊이 다루게 되는 치매(또는 신경인지장애)는 지적 능력의 전반적인 소실을 보이며 과도한 양의 알코올에 의한 신경독성(neurotoxicity) 또는 뇌

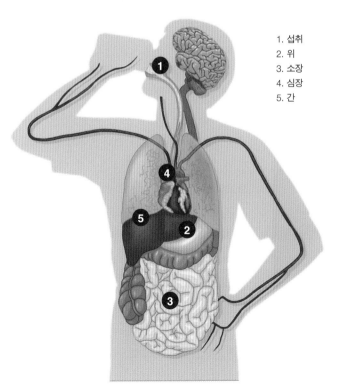

1. 섭취
2. 위
3. 소장
4. 심장
5. 간

● 그림 10.1 몸을 통과하는 알코올의 경로(자세한 설명은 본문을 보시오)

알코올관련장애(alcohol-related disorders) 알코올 사용 또는 남용과 관련되는 인지적, 생물학적, 행동적 그리고 사회적 문제.

알코올(alcohol) 이스트, 설탕, 물의 발효로 만들어짐. 가장 널리 쓰이고 남용되는 억제제.

금단 섬망(withdrawal delirium) 과음하는 사람이 금단으로 인해 경험하게 되는 환각과 몸의 떨림. 알코올 진전 섬망(delirium tremens/DTs)이라고도 알려짐.

베르니케-코르샤코프증후군(Wernicke-Korsakoff syndrome) 장기적인 음주로 인한 기질성 뇌 증후군으로 혼란, 이해할 수 없는 말, 운동 협응의 상실을 보임. 과음으로 인해 대사작용이 잘 되지 못한 비타민인 티아민(비타민 B1)의 결핍으로 유발됨.

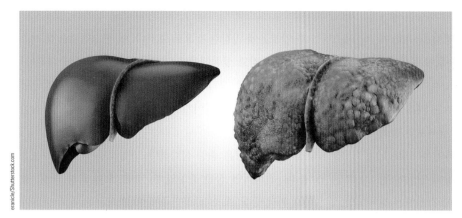

▲ 건강한 간(왼쪽)과 수년간의 알코올 남용으로 인해 손상되어 간경화를 보이는 간(오른쪽)

의 중독(poisoning)에 따른 직접적인 결과일 수 있다(Leamon et al, 2008).

베르니케-코르샤코프증후군은 정신 혼란, 근육 조절 능력의 손상, 명료하지 못한 말을 야기한다(Isenberg-Grzeda, Kunter, & Nicolson, 2012). 그리고 이러한 증상들은 티아민 부족으로 인해 발생하는데 술을 심하게 마시는 사람들에서는 이러한 비타민의 대사가 잘 이루어지지 못한다. 일단 뇌가 손상을 입게 되면 이 질병으로 인해 발생된 치매는 사라지지 않는다. 그러나 경미하거나 보통 정도의 알코올 섭취(특히 와인)는 고령이 되어 가면서 발생하는 인지적 저하를 사실상 보호하는 역할을 한다는 점에 주목할 필요가 있다(Panza et al., 2012).

알코올 남용은 음주자의 건강과 안녕을 넘어서까지 영향을 미친다. **태아알코올증후군**(FAS)은 엄마가 임신 중에 술을 마실 때 그 자녀에게서 나타날 수 있는 여러 가지 문제들로서 이제는 대중적으로 잘 알려져 있다. 나타날 수 있는 문제들에는 태아기 성장 지체, 인지적 손상, 행동 문제들 그리고 학습장애가 있다(Douzgou et al., 2012). 뿐만 아니라 여기에 더해서 FAS아동들은 특징적인 얼굴 모습을 가진다.

알코올 사용과 남용의 통계 수치들

미국의 대부분 성인들은 자신을 가벼운 음주자 또는 금주자라고 생각한다. 하지만 다른 한편으로, 12살 이상의 모든 미국인의 절반 정도는 현재 음주자라고 보고하고 있으며, 여기에는 인종과 민족적 배경에 따라서 상당한 차이가 있다(그림 10.2; Substance Abuse and Mental Health Services Administration, 2012). 백인들은 가장 높은 음주 빈도를 보고하고 있으며(56.8%) 동양인들은 음주의 빈도가 가장 낮다(40.0%).

약 5800만 명의 미국인들(22.6%)이 지난달에 폭음(한 번의 기회에 5잔 이상 마심)을 한다고 보고했는데 이는 경고할 만한 통계 수치다(Substance Abuse and Mental Health Services Administration, 2012). 다시 말해 인종 간 차이가 있는데, 동양인들의 폭음 빈도는 가장 낮은 것으로 보고되었고(11.6%), 미국 인디언들은 가장 높은 빈도를 보이는 것으로 보고되었다(24.3%). 대학생 연령대의 성인 남녀를 대상으로 하는 큰 규모의 설문조사에서는 응답자의 약 42%가 지난 2주 동안 한 번은 심한 폭음을 한 적이 있다고 응답했다(Presley & Meilman, 1992). 그러나 남자들은 2주의 기간 동안 여러 차례의 폭음을 했다고 더 많이 보고하는 경향이 있었다. 이 설문조사에 따르면 평균 A학점의 성적을 받은 학생들은 한 주에 3번 이상의 음주를 보고하지 않았으나, D나 F 학점의 학생들은 한 주 동안에 평균 11번의 음주를 하는 것으로 보고되었다(Presley & Meilman, 1992). 전반적으로 볼 때 이러한 자료들은 음주가 우리 사회에서 인기가 있고 흔하게 널리 퍼져 있음을 보여준다(Donath et al., 2012).

우리는 음주를 하는 모든 사람이 알코올에 의존하게 되거나 이를 남용하는 것이 아니라는 것을 알고 있다. 그러나 연구자들은 300만 명 이상의 성인들이 알코올 의존이라고 추정한다(Substance Abuse and Mental Health Services Administration, 2012). 미국 밖에서 알코올 남용

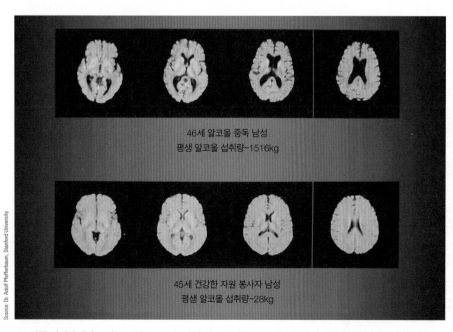

46세 알코올 중독 남성
평생 알코올 섭취량-1516kg

45세 건강한 자원 봉사자 남성
평생 알코올 섭취량-28kg

▲ 위쪽 뇌영상에서 보이는 어두운 부분은 심한 알코올 사용으로 인해 생긴 뇌조직의 현저한 손상을 보여준다.

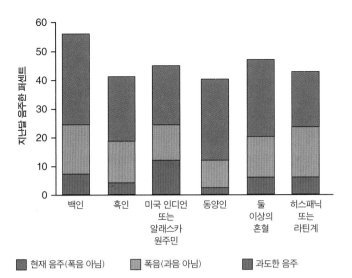

● 그림 10.2 인종 집단 간의 알코올 사용 정도. 폭음은 한 번에 다섯 잔 이상을 마시는 것을 적어도 한 달에 한 번 이상 하는 것으로 정의했고, 과도한 음주(heavy alcohol use)는 한 달에 5일 이상 폭음을 하는 것으로 정의했다. [Substance Abuse and Mental Health Services Administration, Office of Applied Studies. (2012). 결과는 다음 문헌에서 가져왔다. *2011 National Survey on Drug Use and Health: National Findings*, NSDUH Series H-44, DHHS Publication No. (SMA) 12-4713. Rockville, MD: 저자.]

과 의존의 비율은 매우 다양하게 차이가 난다. 페루에서의 알코올 의존의 유병률은 약 35%이고, 한국에서는 대략 22%, 대만에서는 약 3.5%이고, 상하이에서는 0.45%로 매우 낮다(Helzer & Canino, 1992; Yamamoto, Silva, Sasao, Wang, & Nguyen, 1993). 이러한 문화적 차이는 술에 대한 다른 태도, 술에 대한 접근성, 생리적인 반응 그리고 가족의 규준이나 패턴들에 의해 설명될 수 있다.

진행

대니 또한 심한 알코올 및 약물사용의 기간을 겪었을 뿐만 아니라 상대적으로 '멀쩡하고' 약을 사용하지 않는 시기도 있었다는 점을 기억하라. 이와 유사하게 알코올을 남용하거나 이에 의존하는 많은 사람들은 심한 과음, 부정적인 영향 없이 사회적으로 어울리면서 술 마시기 그리고 금주 상태 사이를 왔다 갔다 한다(McCrady, 2014). 심한 알코올 의존을 가졌던 사람들의 약 20%는 자발적으로 차도를 보여(그들은 스스로 음주를 중단할 수 있다) 음주와 관련된 문제들을 다시는 경험하지 않을 수 있다.

일단 음주문제가 발생하기 시작하면 술을 계속 마시는 한 예측되는 하향의 패턴을 그리면서 지속적으로 더욱 나빠질 것이라고 생각되어 왔다(Sobell & Sobell, 1993). 다시 말해서 적절하게 치료받지 않은 다른 질병처럼 알코올중독도 체크하지 않고 내버려두면 계속해서 나빠질 것이라는 말이다. 50년보다 더 전에 Jellinek에 의해 처음 제안되어서 지지받았던 이 견해는 사람들이 이 병을 바라보고 다루는 시선에 계속 영향을 끼쳤다(Jellinek, 1946, 1952, 1960). 안된 사실이지만 알코올 사용의 경과에 대한 Jellinek의 견해는 유명하지만 이제는 잘못된 것으로 밝혀진 한 연구에 기초한 것이었다(Jellinek, 1946).

알코올 사용의 경과는 좀 더 다양한 반면 알코올 의존의 경과는 대부분의 사람들에서 점점 진행되는 것 같다고 알려졌다. 예를 들어 초기의 알코올 사용은 후일의 남용을 예측할 수 있다. 약 6천 명의 음주자들을 대상으로 한 연구에서는 어린 나이(11살에서 14살 사이)에 술을 마시는 것이 후일의 알코올관련장애를 예측한다고 밝혔다(De-Witt, Adlaf, Offord, & Ogborne, 2000). 한 연구는 알코올재활센터에 입원 중인 636명의 남자 환자들을 대상으로 이루어졌는데(Schuckit et al., 1993), 비록 Jellinek이 제안했던 것 같은 특정한 패턴은 아니었지만, 만성적으로 알코올에 의존하고 있는 남성들에게서 알코올과 관련된 생활문제들이 일반적으로 진행된다는 점을 확인할 수 있었다. 대상자들의 3/4은 20대 때 직업에서 좌천되는 등 음주로 인한 중증도의 결과를 보고하였다. 30대에는 자주 필름이 끊기고 알코올 금단의 징조 같은 좀 더 심각한 문제들을 보였다. 30대 후반이나 40대 초반이 되자 이들은 음주로 인한 장기적인 심각한 문제들을 보였는데, 여기에는 환각, 금단 경련 그리고 간염이나 췌장염 같은 것들이 포함된다. 이 연구는 만성적인 알코올 남용과 의존을 보이는 사람들에게 공통된 패턴이 있음을 보여주는데, 즉 이들이 점점 커지는 심각한 결과를 갖게 된다는 것이다. 비록 우리는 아직 누가 취약하고 그렇지 않은지를 구분하는 것이 무엇인지 모르지만, 점차 진행하는 이 패턴이 알코올을 남용하는 모두에게 필연적인 것은 아니다(Krenek & Maisto, 2013).

초기 알코올 사용에 차이를 가져오는 기제에 대한 연구는 물질의 진정 효과에 대한 개인의 반응이 그 다음의 사용에 영향을 준다고 제안하였다. 다시 말해서 꼬이는 발음, 비틀거림 및 알코올로 인한 다른 진정 효과가 잘 나타나지 않는 사람들은 미래에 알코올을 남용할 가능성이 더 크다는 것이다(Chun & Martin, 2009; Schuckit, 2000). 고카페인 에너지 음료와 술을 섞어 마시는 추세와 관련해서 이 점은 특별히 더 큰 우려를 낳고 있다. 이러한 음료와 술을 섞게 되면 알코올의 진정 효과를 감소시킬 수 있고 이는 후일의 남용 가능성을 높일

태아알코올증후군(fetal alcohol syndrome, FAS) 임신부의 과음으로 인해 태아에게서 학습장애, 행동결핍, 특징적인 신체 결함 등이 나타남.

▲ 중독은 종종 가정폭력과 관련된다.

수 있다.

　마지막으로 알코올은 통계적으로 볼 때 폭력적 행동과 종종 관련되는 것으로 보고된다(Bye, 2007). 수많은 연구들이 살인, 강간, 폭행과 같은 폭력 행위를 저지르는 많은 사람들이 범죄의 순간에 중독되어 있었다는 결과를 보여주고 있다(Rossow & Bye, 2012). 하지만 우리는 여러분이 이런 관련성에 대해 회의적이기를 바란다. 왜냐하면 단지 만취 상태와 폭력이 동시에 일어났다는 것은 알코올이 사람을 반드시 폭력적으로 만든다는 의미는 아니기 때문이다.

　실험실 연구들은 알코올이 실험참가자들을 더욱 공격적으로 만든다는 것을 보여주었다(Bushman, 1993). 그러나 한 사람이 실험실 밖에서 공격적으로 행동할지 말지에 대해서는 아마도 수많은 요인들이 관련될 것이다. 예를 들어 섭취한 알코올의 양과 시기, 과거 폭력에 대한 그 사람의 개인사, 음주에 대한 기대 그리고 중독되었을 때 그 사람에게 무슨 일이 벌어졌는지 등이 관련될 것이다. 알코올은 공격성을 야기하지는 않는다. 그러나 알코올은 충동적인 행동에 뛰어드는 성향을 증가시키고 충동적으로 행동한 결과를 고려하는 능력을 손상시킬 수 있다(Bye, 2007). 딱 맞는 환경에 놓이게 되면 이처럼 손상된 이성적 사고는 공격적으로 행동할 위험을 증가시킬 것이다.

진정제, 수면제 또는 항불안제관련장애

일반적으로 억제제 종류에 속하는 약들은 진정, 수면, 불안 방지를 위한 약물들이다. 이러한 약물들에는 바비튜레이트와 벤조디아제핀이 있다. **바비튜레이트**(아미탈, 세코날, 넴뷰탈 등)는 진정제 계열의 약물로서 1882년 독일에서 처음 합성되어 만들어졌다(Cozaniti, 2004). 이 약은 수면을 돕고자 처방되었고, 알코올이나 아편과 같은 약물들을 대체하게 되었다. 바비튜레이트는 중독적 특징이 알려지기 전인 1930년대와 1940년대에 의사들에 의해 널리 처방되었다. 1950년대에 이르러서는 미국에서 성인들이 가장 많이 남용하는 약물 가운데 하나가 되었다(Franklin & Krances, 1999).

　벤조디아제핀(바리움, 자낙스, 아티반 등)은 1960년대 이후로 주로 불안을 감소시키기 위해 사용되었다. 원래 이 약물은 고도의 압력을 받는 첨단 기술의 사회를 살아가면서 갖게 되는 불안을 위한 기적의 치료제로서 각광을 받았다. 비록 1980년에 미국식품의약국(Food and Drug Administration)은 이 약물들이 일상생활에서 야기되는 긴장이나 불안을 감소시키는 데 적절하지 못하다는 결론을 내렸지만, 벤조디아제핀은 추정하기로 해마다 미국에서 7400만 번 처방되었다(Ciraulo & Sarid-Segal, 2009). 일반적으로 벤조디아제핀은 남용이나 의존의 위험이 적어 바비튜레이트보다 안전한 것으로 생각되었다. 그러나 로힙놀(Rohypnol)의 오용에 대한 보고서는 벤조디아제핀조차 얼마나 위험할 수 있는지를 보여준다. 로힙놀(그 외에도 '나를 잊어버리는 약(forget-me-pill)', '루페놀(roofenol)', '루피스(roofies)', '러피스(ruffies)'로 알려져 있다)은 냄새가 나지 않으면서도 알코올과 같은 효과를 낸다. 남성들이 몰래 이 약을 여성들에게 복용하도록 해 데이트 강간에 취약하게 만드는 사고들이 수없이 많이 발생했다(Albright, Stevens, & Beussman, 2012).

임상적 기술

바비튜레이트는 낮은 용량일 때 근육을 이완시키고 경미한 안녕감을 가져올 수 있다. 그러나 보다 높은 용량에서는 과음을 했을 때와 비슷한 결과, 즉 꼬이는 발음과 걷기 문제, 주의집중 및 근무에서의 문제를 야기한다. 극단적으로 높은 용량에서는 횡경막 근육이 너무 많이 이완되어서 질식으로 사망할 수 있다. 바비튜레이트를 과다복용하는 것은 흔한 자살 방법이다.

　바비튜레이트처럼 벤조디아제핀도 사람을 차분하게 하고 졸음을 오게 하기 위해 사용된다. 뿐만 아니라 이런 종류의 약들은 근육이완제와 항경련제로도 처방된다(항발작 약물)(Bond & Lader, 2012). 이 약들을 비의료적인 목적으로 사용하는 사람들은 처음엔 기분 좋은 고양감과 충동 억제가 감소하는 것을 느낀다고 보고하였는데 이는 알코올을 마셨을 때의 효과와 유사하다. 그러나 지속적으로 사용하게 되면 내성과 의존이 발생할 수 있다. 복용을 중단하려고 노력해본 사용자는 알코올 금단 시에 나타나는 것과 같은 증상들(불안, 불면증, 떨림, 섬망)을 경험하게 된다고 보고하였다.

*DSM-5*에서 **진정제, 수면제** 또는 **항불안제관련장애**에 대한 기준들은 알코올장애들의 진단기준들과 본질적으로 다르지 않다. 두 장애 모두 부적절한 성적 행동 또는 공격 행동, 변화무쌍한 기분, 손상된 판단력, 손상된 사회적 및 직업적 기능들, 어눌한 말, 운동 조절 능력의 장애, 불안정한 걸음걸이와 같은 부적응적인 행동 변화들을 포함한다.

진정제, 수면제, 항불안제는 알코올의 기전과 약간 다르기는 하지만 GABA 신경전달물질 시스템에 영향을 줌으로써 뇌에 영향을 끼친다(Bond & Lader, 2012). 그 결과 사람들이 이 약물 중 어느 한 가지를 알코올과 함께 마시던가 여러 가지 종류의 약들을 섞는다면, 상승 효과가 있을 수 있다. 다시 말해서 벤조디아제핀이나 바비튜레이트를 복용한 뒤에 알코올을 마신다면, 또는 이 약들을 섞어서 사용한다면, 전체 효과는 위험한 수준에 이를 수 있다. 2008년 배우 Heath Ledger의 죽음은 옥시코돈과 다양한 바비튜레이트 및 벤조디아제핀의 혼합 효과 때문이었다.

통계

바비튜레이트 사용은 줄어들고 있지만, 벤조디아제핀의 사용은 1960년 이후로 증가하고 있다. 다른 약물남용을 하는 경우와 비교하자면 물질관련장애를 치료받고자 하는 사람들 중 1% 미만의 사람들이 벤조디아제핀의 문제를 보인다. 벤조디아제핀 약물남용을 치료하고자 하는 사람들은 주로 여성이고, 백인이며, 35세 이상인 경향이 있다.

바비튜레이트(barbiturates) 아미탈, 세코날, 넵뷰탈과 같이 수면제로 쓰이는 진정제(그리고 습관성) 약물.

벤조디아제핀(benzodiazepines) 바리움, 자낙스, 달마인, 불면증 치료약인 할시온과 같은 항불안제. 불안에 효과적이지만(공황장애에도 효과가 있음), 벤조디아제핀은 인지 및 운동 장애와 같은 부작용이 있으며, 약물 의존의 가능성이 있음. 약물 복용 중지 시 재발률이 매우 높음.

진정제, 수면제 또는 항불안제관련장애(Sedative-, Hypnotic-, or Anxiolytic Related Disorders) 진정제, 수면제 또는 항불안제 사용 및 남용과 관련된 인지적, 생물학적, 행동적 그리고 사회적 문제들.

DSM 5 | DSM 진단기준 요약 진정제, 수면제 또는 항불안제 사용장애

A. 임상적으로 현저한 손상이나 고통을 일으키는 문제적 진정제, 수면제, 항불안제 사용이 지난 12개월 사이에 다음의 항목 중 최소한 2개 이상으로 나타난다.

(1) 진정제, 수면제 또는 항불안제를 종종 의도했던 것보다 많은 양, 혹은 오랜 기간 동안 사용함 (2) 진정제, 수면제 또는 항불안제 사용을 줄이거나 조절하려는 지속적인 욕구가 있음 혹은 사용을 줄이거나 조절하려고 노력했지만 실패한 경험들이 있음 (3) 진정제, 수면제 또는 항불안제를 구하거나, 사용하거나, 그 효과에서 벗어나기 위한 활동에 많은 시간을 보냄 (4) 진정제, 수면제 또는 항불안제 사용에 대한 갈망감 혹은 강한 바람 (5) 반복적인 진정제, 수면제 또는 항불안제 사용으로 인한 직장, 학교, 가정에서의 주요한 역할 책임 수행에 실패함 (6) 진정제, 수면제 또는 항불안제의 영향으로 지속적으로 혹은 반복적으로 사회적 혹은 대인관계 문제가 발생하거나 악화됨에도 불구하고 진정제, 수면제 또는 항불안제 사용을 지속함 (7) 진정제, 수면제 또는 항불안제 사용으로 인해 주요한 사회적, 직업적 활동 혹은 여가 활동을 포기하거나 줄임 (8) 신체적으로 해가 되는 상황에서도 반복적으로 진정제, 수면제 또는 항불안제를 사용함 (9) 진정제, 수면제 또는 항불안제 사용으로 인해 지속적으로, 혹은 반복적으로 신체적 또는 심리적 문제가 유발되거나 악화될 가능성이 높다는 것을 알면서도 계속 진정제, 수면제 또는 항불안제를 사용함 (10) 내성, 다음 중 하나로 정의됨 a. 중독 혹은 원하는 효과를 얻기 위해 진정제, 수면제 또는 항불안제 사용량의 뚜렷한 증가가 필요 b. 동일한 용량의 진정제, 수면제 또는 항불안제를 계속 사용할 경우 효과가 현저히 감소 (11) 금단, 다음 중 하나로 나타남 a. 진정제, 수면제 또는 항불안제의 특징적인 금단증후군 b. 금단 증상을 완화하거나 피하기 위해 진정제, 수면제 또는 항불안제(혹은 알코올 같은 비슷한 관련 물질)를 사용.

현재의 심각도를 명시할 것:

경도: 2~3개의 증상이 있다

중등도: 4~5개의 증상이 있다.

고도: 6개 혹은 그 이상의 증상이 있다.

출처: American Psychiatric Association. (2013). *Diagnostic and statistical manual of mental disorders* (5th ed.). Washington, DC.

A

다음의 사례 요약들이 말하는 것이 다음 중 무엇인지 적어서 물질사용의 정의를 얼마나 이해하였는지 확인해 보시오. (a) 사용 (b) 중독 (c) 남용 (d) 의존

1. 지야는 5주 전에 새로운 직장에 다니기 시작했으나 이제 곧 해고당할 판이다. 이 일은 올해만 해도 벌써 그녀의 3번째 직업이다. 그녀는 지난 5주 동안 적어도 일주일에 한 번은 직장에 결근하였다. 과거에 그녀는 아프다고 전화를 걸어 놓고는 술 취한 상태로 근무 시간 동안 근처 술집에 있는 것이 목격되어서 질책당한 일도 있었다. 이전 직장에서는 술 냄새를 풍기면서 적절히 처신하지 못할 상태로 직장에 온 것 때문에 해고당했었다. 지야는 문제에 맞닥뜨리게 되면 가장 가까운 술집으로 가서 이 상황을 잊어버리기 위해 술을 더 많이 마셨다. _____

2. 브레넌은 고등학교 축구팀에서 승점 골을 기록했고 그의 친구들을 이를 축하하기 위해 그를 데리고 외출했다. 그는 담배를 피우지는 않지만 종종 술을 마시는 것을 개의치 않았다. 브레넌이 경기를 상당히 잘하였기 때문에 그는 몇 잔 마셔야겠다고 결심했다. 경기에서 잘했음에도 불구하고 그는 쉽게 짜증을 내었고, 한순간 웃다가 다음 순간 바로 소리를 질렀다. 브레넌이 그의 승점 골에 대해 더 많이 장황하게 떠들수록, 그를 이해하기가 점점 더 힘들어졌다. _____

3. 마티는 24살의 대학생으로 15살 때부터 술을 많이 마시기 시작했다. 매일 밤 상당한 양을 마셨다. 고등학교 때에는 4병의 맥

주를 마시면 취했으나, 이제는 주량이 그때의 두 배 이상이 된다. 마티는 술이 대학 생활에서의 스트레스를 풀어 준다고 주장한다. 한번은 술을 끊고자 시도한 적이 있지만 오한, 열, 설사, 오심과 구토, 온몸의 통증이 나타났었다. _____

4. 지난 해 동안 헨리는 매일 점심 후에 담배를 피우는 습관을 들이게 되었다. 라운지에 친구들과 함께 앉아 있는 것 대신, 그는 마당에서 그가 가장 좋아하는 장소로 가서 담배를 피운다. 만약 어떤 이유로 인해 그가 점심 먹고 나서 담배를 피울 수 없더라도, 그는 그에 연연해 하지 않고 여전히 정상적으로 잘 활동할 수 있다. _____

B

다음의 질병들을 대응되는 영향들에 맞게 일치시켜 보시오. (a) 물질관련 및 중독 장애 (b) 치매 (c) 충동조절장애 (d) 알코올사용장애 (e) 베르니케-코르샤코프증후군.

5. 강한 충동이나 유혹을 따라 행동하는 데 저항하는 능력을 박탈시키는 장애. _____

6. 약물의 효과가 시력, 운동 통제, 반응 시간, 기억 그리고 청각에 영향을 줌으로써 적절하게 기능하는 능력을 방해하는 장애. _____

7. 전반적인 지적 능력의 퇴화, 예를 들어 술을 과도하게 마심으로써 야기됨. _____

8. 사람이 생각하고, 느끼고, 행동하는 방식에 영향을 주는 장애. _____

자극제

▶ 자극제의 생리적, 심리적 영향은 무엇인가?

미국에서 사용되는 모든 향정신성 약물들 중에서 가장 흔하게 소비되는 것이 자극제(stimulants)이다. 여기에 속하는 약물로는 카페인(커피, 초콜릿, 다양한 소프트드링크), 니코틴(담배 같은 타바코 제품들), 암페타민 그리고 코카인이 있다. 억제제와는 달리 자극제들은—그들의 이름이 제시하듯이—보다 각성시키고 활동적으로 만든다. 여기서는 몇 가지 자극제들과 이것이 행동, 기분, 인지에 미치는 영향에 대해 설명할 것이다.

자극제관련장애

암페타민

암페타민은 낮은 용량을 복용하였을 때 고양감(elation)과 활력(vigor)을 불어넣고, 피로를 줄일 수 있으며, 기분이 '뜬다(up)'고 느끼게 만든다. 그러나 기분이 들뜬 시기가 지나가고 난 뒤 현실로 다시 돌아오면 우울하거나 피로한 기분에 맞닥뜨리게 된다. 암페타민은 실험실에서 제조되었는데 처음 합성된 것은 1887년으로 천식에

DSM 진단기준 요약 자극제사용장애

A. 임상적으로 현저한 손상이나 고통을 일으키는 암페타민류 물질, 코카인 또는 기타 자극제 사용 양상이 지난 12개월 사이에 다음 중 최소한 2개 이상으로 나타난다.

(1) 자극제를 종종 의도했던 것보다 많은 양 혹은 오랜 기간 동안 사용함 (2) 자극제 사용을 줄이거나 조절하려는 지속적인 욕구 또는 실패한 경험들이 있음 (3) 자극제를 구하거나, 사용하거나, 그 효과에서 벗어나기 위한 활동에 많은 시간을 보냄 (4) 자극제 사용에 대한 강한 갈망감 혹은 강한 바람, 혹은 욕구 (5) 반복적인 자극제 사용으로 인해 직장, 학교 혹은 가정에서의 주요한 역할 책임 수행에 실패함 (6) 자극제의 영향으로 지속적으로 혹은 반복적으로 사회적 혹은 대인관계 문제가 발생하거나 악화됨에도 불구하고 사용을 지속함 (7) 자극제 사용으로 인해 중요한 사회적, 직업적 혹은 여가 활동을 포기하거나 줄임 (8) 신체적으로 해가 되는 상황에서도 반복적으로 자극제를 사용함 (9) 자극제 사용으로 인해 지속적으로 혹은 반복적으로 신체적 또는 심리적 문제가 유발되거나 악화될 가능성이 높다는 것을 알면서도 계속 자극제를 사용함 (10) 내성, 다음 중 하나로 정의됨 a. 중독이나 원하는 효과를 얻기 위해 자극제 사용량의 뚜렷한 증가가 필요 b. 동일한 용량의 자극제를 계속 사용할 경우 효과가 현저히 감소 (11) 금단, 다음 중 하나로 나타남 a. 자극제의 특징적인 금단증후군 b. 금단 증상을 완화하거나 피하기 위해 자극제(혹은 비슷한 관련 물질)를 사용.

현재의 심각도를 명시할 것:

경도: 2~3개의 증상이 있다.
중등도: 4~5개의 증상이 있다.
고도: 6개 또는 그 이상의 증상이 있다

출처: American Psychiatric Association. (2013). *Diagnostic and statistical manual of mental disorders* (5th ed.). Washington, DC.

대한 치료제와 코 막힘 완화제로 쓰였다(Carvalho et al., 2012). 암페타민은 또한 식욕을 떨어뜨리기 때문에 어떤 사람들은 체중을 줄이기 위해 복용한다. 밤샘을 해야 하는 장거리 운전자, 조종사 그리고 대학생들은 추가 에너지를 얻고 졸지 않고 깨어 있기 위해 암페타민을 사용한다. 이러한 약물들이 정신 자극 효과 때문에 남용되고 있는 것이 사실이지만, 이러한 약들 중 어떤 것(Ritalin, Adderall)은 주의력 결핍 과잉행동장애 아동들에게 처방되고 있다(13장에서 논의되었다). 한 대규모의 연구에 따르면 4학년에 재학 중인 대학생의 거의 2/3는 주로 공부를 더 잘하기 위해 자극제의 불법 처방전을 구했던 적이 있고, 31%는 이를 실제로 사용했다(Garnier-Dykstra, Caldeira, Vincent,

O'Grady, & Arria, 2012).

암페타민사용장애에서 중독에 대한 *DSM-5*의 진단기준들을 보면 현저한 행동 증상을 포함한다. 예를 들어 다행감, 정서적 둔화(정서적 표현의 부족), 사회성에서의 변화, 대인관계 민감성, 불안, 긴장, 분노, 상동화된 행동들(stereotyped behaviors), 판단력 장애, 그리고 사회적 또는 직업적 기능의 손상과 같은 증상들을 보일 수 있다. 뿐만 아니라 암페타민 또는 관련물질을 복용 중이거나 복용한 직후 생리학적 증상들이 나타나는데 여기에는 심박수 또는 혈압의 변화, 발한 또는 오한, 오심 또는 구토, 체중 감소, 근육 약화, 호흡 억제, 흉통, 발작(seizures) 또는 혼수상태 등이 포함된다. 심한 중독 또는 과용량 복용 시에는 환각, 공황장애, 초조감 그리고 피해망상을 야기할 수 있다(Carvalho et al., 2012). 암페타민 내성은 빠르게 발생하고 이는 상태를 두 배로 위험하게 만든다. 금단은 무기력, 장시간의 수면, 짜증, 우울을 야기한다.

어떤 "합성 마약들(designer drugs)"은 주기적으로 소규모 전염병(mini-epidemics)처럼 나타난다. 메틸렌디옥시메탐페타민(methylenedioxymethamphetamine, MDMA)으로 불리는 암페타민은 1912년 독일에서 처음 만들어졌는데 식욕 억제제로 사용되었다(McCann & Ricaurte, 2009). 그러나 이 약은 이제 오락용으로 사용되어서 흔히 엑스터시라고 불리는데 1980년대 후반에 사용이 급격히 증가했다. 메탐페타민(methamphetamine) 다음으로 MDMA가 사람들을 가장 자주 응급실로 가게 만드는 클럽 약물이 되었고 사용 빈도에 있어서 LSD를 제쳤다(Substance Abuse and Mental Health Services Administration, 2009). 엑스터시의 효과에 대해 사용자들은 다양하게 이야기한다. 엑스터시는 당신을 "행복하게" 그리고 "모든 사람과 모든 것을 사랑하게" 만들어 준다. "음악이 더 좋게 느껴진다" 그리고 "춤추는 것이 더욱 재미있다" "남들이 뭐라고 생각할까'하는 걱정 없이 마음에 있는 말을 할 수 있다"는 등의 반응이 보고되었다(Levy, O'Grady, Wish, & Arria, 2005, p. 1431). 정제되고 결정화된 형태의 암페타민을 메탐페타민[흔히 크리스탈 메스(crystal meth) 또는 아이스라고 불림]이라고 부르는데 이는 흡연을 통해 섭취된다. 이 약물은 상당히 공격적인 성향을 일으키고, 코카인보다 체내에 길게 머무르기 때문에 특히 더 위험하다. 이 약은 특히 동성애자 사회에서 사용해 왔는데 이제는 좀 더 많은 사람들에게 퍼져나갔다(Maxwell & Brecht, 2011). 그러나 다양한 암페타민이 주는 즐거움은 짧을 수 있지만, 장기간 어려움

암페타민(amphetamine) 낮에 깨어 있도록 하여 과수면증을 치료하고, REM수면을 억제하여 갑작스럽게 잠에 빠지는 기면증을 치료하는 자극성 치료제.

을 겪을 위험성이 높으며, 더불어 사용자들이 이에 의존하게 될 가능성 또한 매우 높다. 어떤 연구들은 또한 반복적인 MDMA의 사용이 지속되는 기억문제를 야기할 수 있음을 보여주었다(Wagner, Becker, Koester, Gouzoulis-Mayfrank, & Daumann, 2013).

암페타민은 노르에피네프린과 도파민의 활동을 높임으로써 중추신경계를 자극한다. 특히 암페타민은 이러한 신경전달물질들의 방출을 돕고, 재흡수를 막음으로써 더 많은 신경전달물질들이 신경계 내에서 쓰일 수 있도록 만든다(Carvalho et al., 2012). 너무 많은 용량의 암페타민—즉 너무 많은 도파민과 노르에피네프린—이 있으면 환각과 망상이 생길 수 있다. 12장에서 보았듯이 이러한 효과들은 환각과 망상을 가지는 조현병의 원인에 대한 이론들을 발전시켰다.

코카인

약물사용과 오용은 사회의 유행, 기조 그리고 제재에 따라 왕성해졌다 시들해지기를 반복했다. 1970년대에는 코카인이 자극제로서 암페타민을 대체하였다(Jaffe, Rawson, & Ling, 2005). 코카인은 코카 나무의 잎에서 추출되는데, 이는 남아메리카가 원산지인 꽃나무이다.

임상적 기술

암페타민과 마찬가지로 적은 용량의 코카인도 각성을 높이고, 다행감을 불러일으키며, 혈압과 맥박을 증가시키고, 불면과 체중 감소를 야기한다. 대니가 가끔씩 코카인을 흡입했던 것을 기억하자. 그는 이 약이 자신을 강력하고 천하무적 같은 느낌을 갖게 만든다고 했으며 진짜 자신을 느낄 수 있는 단 한 가지 방법이라고 하였다. 코카인의 작용 시간은 짧다. 그래서 대니의 경우에는 한 시간 미만으로 지속되었고, 고양된 기분을 유지하기 위해 반복적으로 흡입해야 했다. 이렇게 흥청망청하는 동안에 종종 편집증을 보이기도 했고, 체포되거나 누군가 자신의 코카인을 훔쳐 갈지도 모른다는 과장된 공포감을 느끼기도 했다. 코카인유발편집증이라고 불리는 이러한 증상은 **코카인 사용장애**를 가진 사람들 중 2/3 이상에서 나타날 정도로 흔하다(Daamen et al., 2012). 또한 코카인은 심장 박동을 좀 더 빠르고 불규칙하게 만들어서 사용자의 신체적 조건이나 흡입한 약의 용량에 따라서 치명적인 결과를 가져올 수도 있다.

통계

전 세계적으로 약 5%의 성인이 삶의 어느 시점이든 한 번은 코카인을 사용하며, 미국에서는 연간 190만 명 이상의 사람들이 코카인을 사용한다고 조사되었다(Substance Abuse and Mental Health Services Administration, 2009). 코카인 문제로 응급실에 내원한 사람들의 약 1/3은 백인 남성이며(29%), 그 뒤를 흑인 남성(23%), 백인 여성(18%) 그리고 흑인 여성(12%) 순으로 잇고 있다(Substance Abuse and Mental Health Services Administration, 2002). 코카인 사용자의 대략 17%가 크랙 코카인(crack cocaine, 피울 수 있는 결정화된 형태의 코카인)도 사용하였다(Closser, 1992). 한 가지 추정에 따르면 미국 내에서 약 0.2%의 사람들이 크랙을 해봤고, 치료를 원하는 사람들은 점점 늘어나고 있으며 이들은 주로 젊고 도심에 거주하는 실직한 성인들이었다(Substance Abuse and Mental Health Services Administration, 2009).

코카인과 암페타민은 뇌에 유사한 작용을 하기 때문에 같은 종류의 자극제에 속한다. 기분이 뜨는 것은 주로 코카인이 도파민 시스템에 영향을 미치기 때문인 것 같다. 이러한 활동이 어떻게 일어나는지 알려면 그림 10.3을 보라. 코카인은 혈류로 들어가서 뇌로 가게 된다. 코카인 분자들은 도파민의 재흡수를 막는다. 알다시피 시냅스에 방출된 신경전달물질들은 그 다음 신경세포를 자극하고 난 다음 일부가 원래의 신경세포로 다시 흡수된다. 코카인은 도파민 신경전달물질들이 원래의 신경세포로 다시 들어오려는 곳에 결합되어서 도파민의 재흡수를 막는다. 원래의 신경세포로 거둬들여지지 못한 도파민은 시냅스에 남아 있게 되고 이는 그 다음 신경세포를 반복해서 자극한다. '쾌락 경로'(pleasure pathway, 쾌락의 경험과 관련된다고 알려진 뇌 안의 한 장소)에 있는 도파민 신경세포를 이처럼 자극하여 코카인 사용에 따른 '황홀감'을 만든다.

1980년대까지는 많은 사람들이 코카인은 중독되지 않으면서도 행복감을 느끼게 하는 특효약이라고 생각했다(Weiss & Iannucci, 2009). 1980년에 나온 *Comprehensive Textbook of Psychiatry*와 같은 고전적인 책에서는 "1주일에 2~3번 이상 섭취하지 않는다면 코카인은 심각한 문제를 만들지 않는다"라고 명시하였다(Grinspoon & Bakalar, 1980). 한번 생각해 보라. 당신에게 에너지를 더해 주고 보다 명확하고 창의적으로 생각할 수 있도록 도와주며 하루 종일 보다 더 많이 성취할 수 있도록 해 주고 그러면서도 이 모든 것을 아무런 부작용 없이 가능하게 하는 약을 말이다! 고도로 경쟁적이고 복잡한 기술 사회에서 이것은 꿈이 이루어지는 것이나 마찬가지였다. 그러나 당신이 아마도 알고 있듯이 이러한 일시적인 혜택들은 매우 비싼 값을 치른다. 코카인 의존은 앞서 기술한 많은 다른 약들의 의존 증상과는 좀 다르다. 대개의 경우 약을 더 많이 섭취하는 것에 대해 저항하는 능력이 점점 낮아진다(Weiss & Iannucci, 2009). 처음에는 부정적인 영향들이 별로 나타나지 않는다. 하지만 계속 사용하게 되면

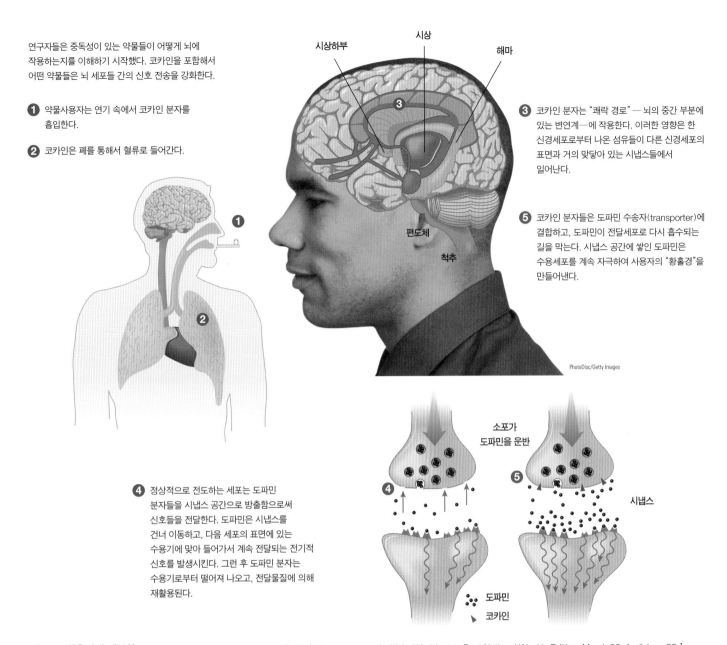

연구자들은 중독성이 있는 약물들이 어떻게 뇌에 작용하는지를 이해하기 시작했다. 코카인을 포함해서 어떤 약물들은 뇌 세포들 간의 신호 전송을 강화한다.

❶ 약물사용자는 연기 속에서 코카인 분자를 흡입한다.

❷ 코카인은 폐를 통해서 혈류로 들어간다.

시상하부   시상   해마

❸ 코카인 분자는 "쾌락 경로" — 뇌의 중간 부분에 있는 변연계—에 작용한다. 이러한 영향은 한 신경세포로부터 나온 섬유들이 다른 신경세포의 표면과 거의 맞닿아 있는 시냅스들에서 일어난다.

편도체

척추

❺ 코카인 분자들은 도파민 수송자(transporter)에 결합하고, 도파민이 전달세포로 다시 흡수되는 길을 막는다. 시냅스 공간에 쌓인 도파민은 수용세포를 계속 자극하여 사용자의 "황홀경"을 만들어낸다.

PhotoDisc/Getty Images

❹ 정상적으로 전도하는 세포는 도파민 분자들을 시냅스 공간으로 방출함으로써 신호들을 전달한다. 도파민은 시냅스를 건너 이동하고, 다음 세포의 표면에 있는 수용기에 맞아 들어가서 계속 전달되는 전기적 신호를 발생시킨다. 그런 후 도파민 분자는 수용기로부터 떨어져 나오고, 전달물질에 의해 재활용된다.

소포가 도파민을 운반

시냅스

도파민

코카인

● 그림 10.3 **황홀경의 해부학** [Anatomy of a high, from Booth, W. (1990). The anatomy of a high. *Washington Post National Weekly Edition*, March 26–April 1, p. 38.]

수면이 엉망이 되고, 내성이 높아져서 보다 높은 용량을 필요로 하게 되며 편집증 및 다른 부정적인 증상들이 나타나고 코카인 사용자는 사회적으로 점차 고립된다. 만성적인 사용은 뇌의 조기 노화를 가져올 수도 있다(Ersche, Jones, Williams, Robbins, & Bullmore, 2012).

대니의 사례도 이런 패턴을 보여준다. 몇 년 동안 그는 단지 친구들과 있을 때만 가끔씩 코카인을 사용하였다. 하지만 결국에는 과도하게 사용하거나 혹은 흥청망청 사용하는 경우가 점차 잦아졌고 중간 중간에 코카인에 대한 갈망이 늘어나는 것을 발견하였다. 코카인을 흥청망청 사용한 뒤 대니는 망가져서 잠이 들었다. 코카인 금단은 알코올 금단과 같지 않다. 빠른 심박동, 떨림 또는 오심 대신에, 코카인 금단은 오랜 시간 동안 무기력과 지루함을 느끼게 한다. 이런 종류의 금단 증상이 얼마나 위험한지 잠시만 생각해 보자. 첫째, 당신은 모든 것이 다 따분하고 직장이나 대인관계 등의 일상활동에서 어떤 즐거움도 찾을 수 없다. '당신을 삶으로 돌아오게 할 수 있는' 단 하나의 방법은 코카인이다. 상상할 수 있듯이 특별한 악순환이 발생한다. 코카인이 남용되고 금단은 무감동(apathy)을 발생시키며 코카인 남용은 다시 재개된다. 이례적인 금단 증상 때문에 코카인은 중독

코카인(cocaine) 코카 잎의 파생물. 국부 마취약이나 진통제로서 의학적으로 사용되나 종종 남용되는 물질.

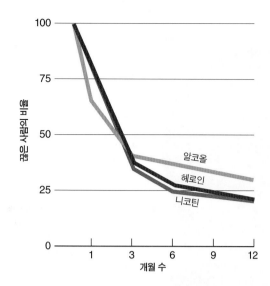

● 그림 10.4 알코올 및 헤로인과 비교할 때 니코틴의 재발률. 금연하고자 노력했던 흡연자들은 알코올 및 헤로인 중독자들만큼이나 많이 재발하게 된다. [Kanigel, R. (1988, October/November). Nicotine becomes addictive. *Science Illustrated*, pp.12-14, 19-21.]

니코틴은 흡입되어 폐를 통해서 혈류로 들어간다. 니코틴은 사람이 담배를 피운 후 단 7~19초 만에 뇌에 이른다. 니코틴은 중뇌의 망상체(reticular formation)와 변연계에 있는 니코틴 아세틸콜린 수용기(nicotinic acetylcholine receptors)라는 특정한 수용기를 자극하는데 뇌의 이 영역은 쾌락 경로(다행감을 담당하는 도파민 시스템)로 알려져 있다(Litvin et al., 2012). 흡연가들은 혈류 내의 니코틴을 하루 동안 일정한 수준으로 유지하고자 노력한다(Dalack, Glassman, & Covey, 1993). 임신 상태에서의 흡연이 후일 그 자녀들의 물질관련장애를 예측하는 변인이 된다는 연구 결과들이 있으나 이는 생물학적인 영향이라기보다는 환경적인 영향(예, 가정환경) 때문인 것으로 보인다(D'Onofrio et al., 2012).

흡연은 우울, 불안 및 분노와 같은 부정적인 정서의 증상들과 관

되지 않는다고 사람들이 잘못 알았던 것이다. 우리는 이제 코카인 남용자들이 다른 향정신성 약물의 남용자들이 겪는 것에 버금가는 내성과 금단 증상을 겪는다는 것을 알게 되었다.

담배관련장애

담배에 있는 니코틴은 일련의 의존, 내성, 금단 패턴을 낳는 향정신성 물질로서 **담배관련장애**는 우리가 이제까지 논의했던 다른 약물 장애들과 견줄 만하다(Litvin, Ditre, Heckman, & Brandon, 2012). 오늘날 약 20%에 달하는 미국인들이 담배를 피우는데 이 수치는 1965년 흡연자가 42.4%에 달했던 것에 비해서는 감소된 것이다(Litvin et al., 2012).

*DSM-5*에서는 담배관련장애에서 중독 패턴은 기술하지 않고 있다. 그 대신 금단 증상들을 나열하고 있는데 여기에는 우울감, 불면, 초조감, 불안, 주의집중의 곤란, 안절부절못함, 식욕의 증가와 체중 증가가 있다. 소량의 니코틴은 중추신경계를 자극해서 스트레스를 감소시키고 기분을 좋게 만든다. 그러나 이는 또한 혈압을 상승시키고 심장질환과 암의 위험을 높인다(Litvin et al., 2012). 고용량의 니코틴은 시각을 흐리게 만들고 혼돈 증상을 야기하며 발작을 일으키고 심지어는 죽음에 이르게 한다. 일단 흡연자가 니코틴에 의존하게 되면 니코틴 없이 지내는 것이 금단 증상을 야기한다. 니코틴의 중독성에 대해 의심이 든다면 알코올, 헤로인 그리고 담배를 끊고자 했던 사람들의 재발률이 비슷한 수준이라는 점을 생각해 보라.

DSM 5 DSM 진단기준 요약 담배사용장애

A. 임상적으로 현저한 손상이나 고통을 일으키는 문제적 담배 사용 양상이 지난 12개월 사이에 다음 중 최소한 2개 이상으로 나타난다.

(1) 담배를 종종 의도했던 것보다 많은 양 혹은 오랜 기간 동안 사용함 (2) 담배 사용을 줄이거나 조절하려는 지속적인 욕구나 실패한 경험들이 있음 (3) 담배를 구하거나 피우기 위한 활동에 많은 시간을 보냄 (4) 담배 사용에 대한 갈망감, 강한 바람 혹은 욕구 (5) 반복적인 담배 사용으로 인해 직장, 학교 혹은 가정에서 주요한 역할 책임 수행에 실패함 (6) 담배의 영향으로 지속적으로 혹은 반복적으로 사회적 혹은 대인관계 문제가 발생하거나 악화됨에도 불구하고 담배 사용을 지속함 (7) 담배 사용으로 인해 중요한 사회적, 직업적 혹은 여가 활동을 포기하거나 줄임 (8) 신체적으로 해가 되는 상황에서도 반복적으로 담배를 사용함 (9) 담배 사용으로 인해 지속적 혹은 반복적으로 신체적 또는 심리적 문제가 유발되거나 악화될 가능성이 높다는 것을 알면서도 계속 담배를 사용함 (10) 내성, 다음 중 하나로 정의됨 a. 중독이나 원하는 효과를 얻기 위해 담배 사용량의 뚜렷한 증가가 필요 b. 동일한 용량의 담배를 계속 사용할 경우 효과가 현저히 감소 (11) 금단 증상을 완화하거나 피하기 위해 담배(혹은 니코틴과 같은 비슷한 관련 물질)를 사용.

현재의 심각도를 명시할 것:
경도: 2~3개의 증상이 있다.
중등도: 4~5개의 증상이 있다.
고도: 6개 또는 그 이상의 증상이 있다

출처: American Psychiatric Association. (2013). *Diagnostic and statistical manual of mental disorders* (5th ed.). Washington, DC.

련된다고 알려져왔다(Rasmusson, Anderson, Krishnan-Sarin, Wu, & Paliwal, 2006). 예를 들어 담배를 끊었다가 다시 피우기 시작한 많은 사람들은 우울감이나 불안 때문에 다시 피우게 되었다고 보고한다 (Hughes, 2009).

카페인관련장애

카페인은 가장 흔한 향정신성 물질이며 전체 미국인의 약 90%가 정기적으로 사용한다(Juliano & Griffiths, 2009). 모든 중독성 약물들 중에서 가장 해가 적은 것이라고 생각되기 때문에 상냥한 자극제(gentle stimulant)라고 불리지만, 카페인도 역시 다른 약들과 마찬가지의 문제들을 만들 수 있다(예를 들어, 사회적·직업적으로 중요한 역할 수행을 방해함). 이 약물은 차, 커피, 콜라 음료, 코코아 제품들에 들어 있다. '에너지 음료'에는 높은 수준의 카페인이 들어 있는데 이는 미국에서는 매우 많이 팔리지만 몇몇 유럽 나라들(프랑스, 덴마크, 노르웨이)에서는 건강상의 이유로 금지되었다(Ferreira, DeMello, Pompéia, & De Souza-Formigoni, 2006; Price, Hilchey, Darredeau, Fulton, & Barrett, 2010).

여러분 대부분이 직접 체험한 바대로 적은 용량의 카페인은 기분을 고양시키고 피로감을 줄여준다. 고용량을 복용하면 초조해지고 불면증을 겪게 된다. 카페인은 몸에서 빠져나가는 데 상대적으로 오랜 시간이 걸리기 때문에(대략 6시간), 잠자리에 드는 시간에 가까운 때에 커피를 마시게 되면 수면에 방해를 받을 수 있다. 이런 점은 특히 이전부터 불면증으로 고생하고 있던 사람들에게서 더욱 현저하게 나타난다(Byrne et al., 2012). 다른 향정신성 약물들과 마찬가지로 사람들은 카페인에 다양하게 반응한다. 어떤 사람들은 이에 예민하지만, 또 다른 사람들은 별다른 영향 없이 상대적으로 많은 용량을 섭취할 수 있다. 연구에 따르면 임산부가 적당한 양의 커피(하루에 한 잔)를 마시는 것은 태아의 발달에 아무런 해를 끼치지 않는다 (Loomans et al., 2012).

*DSM-5*에는 **카페인사용장애**가 추가 연구가 필요한 진단적 상태에 들어 있는데 이는 현저한 손상이나 고통을 일으키는 문제적 카페인 사용으로 정의된다(American Psychiatric Association, 2013). 다른 자

극제들과 마찬가지로 정기적인 카페인의 사용은 내성과 의존을 야기한다. 아침 커피를 마시지 않았다가 두통, 졸림, 막연하게 불쾌한 기분을 경험한 사람들은 이 약물의 특징적인 금단 증상을 경험한 것이다(Juliano & Griffiths, 2009). 카페인이 뇌에 미치는 영향은 아데노신(adenosine)이라는 신경조절자와 관련 있으며, 신경전달물질인 도파민과는 관련성이 좀 더 적다(Herrick, Shecterle, & St. Cyr, 2009). 카페인은 아데노신의 재흡수를 막는다고 알려져 있다. 하지만 우리는 아직까지 아데노신이 뇌기능에서 어떠한 역할을 하는지 잘 모르고 있으며 아데노신 시스템을 방해하는 것이 카페인을 사용했을 때 나타나는 고양감과 에너지 상승의 원인인지 아닌지에 대해서도 잘 모르고 있다.

담배관련장애(tobacco-related disorder) 니코틴의 사용 및 남용과 관련한 인지적, 생물학적, 행동적, 사회적 문제로 특징되는 장애.

카페인사용장애(caffeine use disorders) 카페인의 사용 및 남용과 관련한 인지적, 생물학적, 행동적, 사회적 문제들.

아편계

▶ 아편제의 생리적, 심리적 영향은 무엇인가?

아편제(opiate)라는 단어는 양귀비(opium poppy)에 들어 있는 마약 효과를 가지는 자연적 화학물질을 말한다. 어떤 경우 이 물질들은 **아편계관련장애**를 야기시킬 수 있다. 한편 아편계(opioids)는 광범위한 용어로서 자연적 아편제, 합성 변형 물질들(헤로인, 메타돈, 하이드로코돈, 옥시코돈)과 뇌에서 자연적으로 발생하는 유사 물질들(엔케팔린, 베타-엔돌핀, 다이놀핀)을 포함하는 일련의 물질들을 일컫는다(Wu, Blazer, Li, & Woody, 2011). 아편제는 다행감, 졸림 그리고 느린 호흡을 일으킨다. 고용량을 섭취하면 호흡이 극단적으로 억제되면서 죽음에 이르게 될 수도 있다. 아편제는 또한 진통제여서 통증을 경감시키는 데 도움이 된다. 수술 전후로는 통증을 경감시키는 데 도움을 주고자 모르핀을 투여한다.

아편계 금단은 매우 불쾌한 기분을 야기하기 때문에 사람들은 진짜 끊고자 하는 욕구가 있음에도 불구하고 약물을 계속하게 된다. 아편을 끊거나 줄인 사람들은 6~12시간 이내에 금단 증상들을 경험하게 된다. 이러한 증상들에는 과도한 하품, 오심과 구토, 오한, 근육통, 설사 그리고 불면증이 있으며 일시적으로 일과 학업 그리고 사회적

▲ 양귀비

관계들을 방해한다. 금단 증상은 하루 내지는 3일 동안 지속되며 약 1주일이 지나면 금단 과정은 끝나게 된다.

헤로인의 남용과 의존은 가장 흔한 형태의 아편제 남용인데 미국에서만 50만 명이 있는 것으로 보고되며 이는 2007년에 추정된 수

DSM 5 DSM 진단기준 요약 아편계사용장애

A. 임상적으로 현저한 손상이나 고통을 일으키는 문제적 아편계 사용 양상이 지난 12개월 사이에 다음 중 최소한 2개 이상으로 나타난다.

(1) 아편계를 종종 의도했던 것보다 더 많은 양 혹은 오랜 기간 동안 사용함 (2) 아편계 사용을 줄이거나 조절하려는 지속적인 욕구 또는 실패한 경험들이 있음 (3) 아편계를 구하거나 사용하거나 그 효과에서 벗어나기 위한 활동에 많은 시간을 보냄 (4) 아편계 사용에 대한 갈망감 혹은 강한 바람, 혹은 욕구 (5) 반복적인 아편계 사용으로 인해 직장, 학교 혹은 가정에서의 주요한 역할 책임 수행에 실패함 (6) 아편계의 영향으로 인해 지속적으로 혹은 반복적으로 사회적 혹은 대인관계 문제가 발생하거나 악화됨에도 불구하고 아편계 사용을 지속함 (7) 아편계 사용으로 인해 중요한 사회적, 직업적 혹은 여가 활동을 포기하거나 줄임 (8) 신체적으로 해가 되는 상황에서도 반복적으로 아편계를 사용함 (9) 아편계 사용으로 인해 지속적으로 혹은 반복적으로 신체적 또는 심리적 문제가 유발되거나 악화될 가능성이 높다는 것을 알면서도 계속 아편계를 사용함 (10) 내성, 다음 중 하나로 정의됨 a. 중독이나 원하는 효과를 얻기 위해 아편계 사용량의 뚜렷한 증가가 필요 또는 b. 동일한 용량의 아편계를 계속 사용할 경우 효과가 현저히 감소 (11) 금단, 다음 중 하나로 나타남 a. 아편계의 특징적인 금단증후군 또는 b. 금단 증상을 완화하거나 피하기 위해 아편계(혹은 비슷한 관련 물질)를 사용.

현재의 심각도를 명시할 것:

경도: 2~3개의 증상이 있다.

중등도: 4~5개의 증상이 있다.

고도: 6개 또는 그 이상의 증상이 있다.

출처: American Psychiatric Association. (2013). *Diagnostic and statistical manual of mental disorders* (5th ed.). Washington, DC.

치의 두 배이다(Substance Abuse and Mental Health Services Administration, 2012). 아편이 함유된 처방약을 불법으로 사용하는 경우도 최근 들어서 증가하고 있다. 한 연구에 따르면 고등학교 졸업반 학생들의 12.3%가 비의학적인 이유로 아편(예를 들어 하이드로코돈, 옥시코돈)을 사용해 본 것으로 보고되었다(McCabe, West, Teter, & Boyd, 2012). 아편을 사용하는 사람들은 중독을 넘어서는 위험과 과용의 위협에 직면하게 된다. 이 약들은 대개 주사로 정맥에 놓기 때문에 인간면역결핍바이러스(HIV)에 노출되어서 에이즈(AIDS)에 걸릴 위험도 높아진다.

아편중독자의 삶은 매우 황폐해질 수 있다. 영국의 한 마을에서 80명 이상의 중독자들을 33년 동안 추적한 연구 결과는 그들 삶의 많은 부분에서 비관적인 결과를 보여주었다(Rathod, Addenbrooke, & Rosenbach, 2005). 추적 과정에서 중독자의 22%가 사망하였는데 이는 대략 12%인 일반인 사망률의 거의 두 배에 달하는 수치이다. 사망자의 절반 이상이 약물 과다 복용으로 숨졌고 몇몇은 스스로 목숨을 끊었다. 이 연구의 좋은 소식은 생존자의 80%는 더 이상 아편을 사용하지 않았고 나머지 20%는 메타돈으로 치료받았다는 것이다.

사용자들이 경험하는 황홀감(high)이나 '흥분(rush)'은 신체의 자연적 아편계 시스템의 활성화로부터 오는 것이다. 다시 말해서 우리의 뇌는 이미 진통 효과를 제공하는 자체 아편들─소위 엔케팔린과 엔도르핀이라고 불리는─을 가지고 있다(Ballantyne, 2012). 헤로인, 아편, 모르핀 그리고 다른 아편제들은 이 시스템을 활성화시킨다. 자연적인 아편계 시스템의 발견은 정신약물학 분야에서 획기적인 돌파구였다. 이를 통해 우리는 중독 약물이 우리 뇌에 미치는 영향을 연구할 수 있었을 뿐만 아니라, 이 약물들에 의존하는 사람들을 치료하는 데 도움이 되는 중요한 발견을 이끌어 냈다.

대마관련장애

▶ 대마의 생리적, 심리적 영향은 무엇인가?

대마(마리화나)는 가장 일상적으로 많이 사용되는 불법 약물로서 서구 사회의 약 5~15%의 사람들이 정기적으로 사용한다고 보고되었다(Jager, 2012). 마리화나(marijuana)는 대마(cannabis) 또는 삼나무(hemp plant)의 건조시켜 말린 부분에 붙여진 이름이다(이 식물의 원래 학명은 *Cannabis sativa*이다). 대마초는 열대지방 또는 기후가 온화한 지역 야생에서 자라는데 이 때문에 잡초(weed)라는 별명이 생겼다.

마리화나에 대한 반응은 대개 기분의 변동을 포함한다. 또한 정상적인 경험이 굉장히 재미있게 느껴지고 시간이 정지된 것 같은 꿈꾸는 상태에 들어가는 것 같다고 느낀다. 또한 종종 고조된 감각 경험을 보고하며, 색깔들을 매우 생생하게 보거나, 음악의 미묘함을 알아차릴 수도 있다. 대마는 아마도 다른 종류의 약들보다 훨씬 더 다양한 반응들을 일으킬 수 있다. 하지만 처음 사용했을 때 아무 반응이 없었다고 하는 경우가 드물지 않다.

▲ 마리화나

또한 충분한 동기만 있다면 황홀감에서 빠져나올 수 있는 듯 보인다(Jager, 2012). 적은 용량을 사용할 때 생기는 행복감은 고용량을 사용할 때 편집증, 환각 그리고 어지럼증으로 바뀔 수 있다. 이것이 대마 사용의 직접적인 결과인지 아니면 동시에 사용한 다른 약들의 결과인지는 확실하지 않지만, 마리화나를 피우는 고등학생들은 더 낮은 성적을 받고 더 적은 수가 졸업한다. 몇몇 연구자들은 대마 사용 이전에 어떤 심리적 문제가 대마초를 사용하게 될 가능성을 높인다고 보고하고 있기는 하지만, 대마를 빈번하게 이용하는 사람들에 대한 연구들을 보면 기억력장애, 집중력장애, 다른 사람들과의 관계문제, 직장에서의 문제 등이 장기간 사용에 따른 부정적인 결과들로 나타났다(아마도 **대마사용장애**에 이르게 된다)(Macleod et al., 2004). 합성 마리화나의 등장은 상당한 위험을 경고하는데[*K2* 또는 *Spice*와 같이 여러 가지 다른 이름으로 불리우고, 허브향(herbal incense)으로 유통된다]

아편계관련장애(opioid-related disorders) 아편제와 그 합성 변종의 사용 및 남용과 관련한 인지적, 생물학적, 행동적, 사회적 문제들.

대마(마리화나)(Cannabis, Cannabis sativa, marijuana) 삼나무(대마)의 건조한 부분으로 환각제. 불법 물질 중 가장 널리 알려져 있음.

대마사용장애(cannabis use disorders) 대마의 사용 및 남용과 관련된 인지적, 생물학적, 행동적, 사회적 문제들.

A. 임상적으로 현저한 손상이나 고통을 일으키는 문제적 대마 사용 양상이 지난 12개월 사이에 다음 중 최소한 2개 이상으로 나타난다.

(1) 대마를 종종 의도했던 것보다 많은 양 혹은 오랜 기간 동안 사용 (2) 대마 사용을 줄이거나 조절하려는 지속적인 욕구 또는 실패한 경험들이 있음 (3) 대마를 구하거나, 사용하거나, 그 효과에서 벗어나기 위한 활동에 많은 시간을 보냄 (4) 대마 사용에 대한 갈망감, 강한 바람 혹은 욕구 (5) 반복적인 대마 사용으로 인해 직장, 학교 혹은 가정에서의 주요한 역할 책임 수행에 실패함 (6) 대마의 영향으로 지속적으로 혹은 반복적으로 사회적 혹은 대인관계 문제가 발생하거나 악화됨에도 불구하고 대마 사용을 지속함 (7) 대마 사용으로 인해 중요한 사회적, 직업적 혹은 여가 활동을 포기하거나 줄임 (8) 신체적으로 해가 되는 상황에서도 반복적으로 대마를 사용함 (9) 대마 사용으로 인해 지속적으로 혹은 반복적으로 신체적 또는 심리적 문제가 유발되거나 악화될 가능성이 높다는 것을 알면서도 계속 대마를 사용함 (10) 내성, 다음 중 하나로 정의됨 a. 중독 혹은 원하는 효과를 얻기 위해 대마 사용량의 뚜렷한 증가가 필요 또는 b. 동일한 용량의 대마를 계속 사용할 경우 효과가 현저히 감소 (11) 금단, 다음 중 하나로 나타남 a. 대마의 특징적인 금단증후군 또는 b. 금단 증상을 완화하거나 피하기 위해 대마(혹은 비슷한 관련 물질)를 사용.

현재의 심각도를 명시할 것:

경도: 2~3개의 증상이 있다.

중등도: 4~5개의 증상이 있다.

고도: 6개 또는 그 이상의 증상이 있다.

출처: American Psychiatric Association. (2013). *Diagnostic and statistical manual of mental disorders* (5th ed.). Washington, DC.

이는 이 약물이 어떤 곳에서는 합법적으로 거래되고 반응이 극단적으로 해로울 수 있기 때문이다(예를 들어 환각, 발작, 심장 리듬 문제 등)(Wells & Ott, 2011).

대마의 내성에 대한 증거들은 아직 의견이 분분하다. 만성적인 과잉 사용자들은 내성을 보고하는데, 특히 행복감이 느껴지는 황홀경(euphoric high)에 대해 그렇다(Mennes, Ben Abdallah, & Cottler, 2009). 그들은 이전에 경험했던 쾌락의 수준에 오를 수가 없다. 하지만 연구 결과들은 정기적인 사용자들이 반복 사용 후에 더 많은 쾌락을 경험한다는 '반전 내성(reverse tolerance)'을 언급하기도 하였다. 대마 사용에서 주요한 금단 증상들은 대개 발생하지 않는다. 그러나 약 사용을 중단한 만성적인 사용자들은 한동안 초조감, 안절부절못함, 식욕 저하, 오심, 수면의 어려움을 보고하였다(Jager, 2012).

의학적 목적으로 대마를 사용하는 것을 둘러싸고 아직 의견 차이가 있다. 그러나 대마와 그 부산물이 특정 질병의 증상에 효과가 있을 수 있다는 점에 대한 자료가 늘어나고 있는 것 같다. 예를 들어 캐나다에서는 대마 생산물을 의학적 목적에서 사용하는 것이 가능한데 여기에는 약초 대마의 추출물(Sativex—코에 뿌리는 스프레이로 사용됨), dronabinol(Marinol), nabilone(Cesamet) 그리고 피우는 약초 형태의 대마가 있다(Wang, Collet, Shapiro, & Ware, 2008). 이러한 대마 추출 생산물들은 화학 치료로 유발된 오심, HIV와 관련된 식욕 부진증, 다발성 경화증에서의 신경병적 통증 그리고 암 환자의 통증에 대해 처방된다. 한 종단 연구에서 5000명 이상의 남녀를 20년 이상 추적 관찰한 결과 간헐적인 사용은 폐 기능에 부정적인 영향을 가져오지는 않는 것 같다고 제시했으나, 불행하게도 마리화나 연기는 담배 연기만큼이나 많은 발암물질을 포함하고 있다(Pletcher et al., 2012).

대부분의 대마 사용자들은 마리화나 담배의 말린 잎을 피워서 약을 흡입한다. 어떤 사람은 해시시(hashish)와 같은 조제 약품을 사용하는데 이것은 암 그루(female plant)의 잎에서 나온 송진(resin)을 말린 것이다. 마리화나는 카나비노이드(cannabinoid)라고 불리는 80가지 이상의 화학물질의 변형들을 포함하고 있는데 이것이 기분과 행동을 바꾸는 것으로 알려져 있다. 이러한 화학물질들 중 가장 흔한 것이 THC라고 알려진 테트라히드로카나비놀(tetrahydrocannabinols)이다. 대마 연구 분야에서 가장 흥미진진한 발견은 뇌가 스스로 자신의 THC, 즉 아난다미드(anandamide)라고 불리는 신경화학물질을 생성한다는 것이다(Sedlak & Kaplin, 2009). 후속 연구들도 자연적으로 발생하는 뇌의 화학물질을 몇 가지 밝혔는데, 여기에는 2-AG (2-arachidonylglecerol), 놀라딘 에테르(noladin ether), 비로드하민(virodhamine) 그리고 N-arachidonoyldopamine이 있다(Piomelli, 2003). 과학자들은 이런 신경화학물질이 어떻게 뇌와 행동에 영향을 미치는지 이제 막 탐색을 시작했다.

> ▶ 환각제의 생리적, 심리적 영향은 무엇인가?

LSD, 종종 *acid*라고 일컬어지는 이 약은 가장 흔히 사용되는 환각제 약물이다. 비록 곡물 곰팡이(맥각)에서 자연적으로 발생된 추출물이 역사적으로 존재해 왔지만, 이 약은 실험실에서 합성되어 만들어졌다. 1960년대까지는 LSD가 실험실에 남아 있었으나, 이 무렵 처음으로 오락의 목적으로 불법 생산되기 시작했다. 수많은 종류의 다양한 환각제들이 있고 어떤 것은 여러 가지 식물에서 자연적으로 발생하기도 하는데 예를 들면 실로시빈(psilocybin, 특정 버섯에서 발견됨), 리세르그산아미드(lysergic acid amide, 나팔꽃 씨에서 발견됨), 디메틸트립타민(dimethyltryptamine, DMT, 중남미 지역에서 자라는 Virola 나무의 껍질에서 발견됨), 메스칼린(mescaline, 페요테 선인장에서 발견됨)과 같은 것들이 있다. 펜시클리딘(phencyclidine or PCP)은 코로 흡입하거나 담배로 피우거나 정맥 주사로 맞기도 하며, 충동성과 공격성을 야기한다.

환각제중독에 대한 *DSM-5*의 진단기준은 대마중독장애와 비슷해서, 지각의 주관적인 극대화, 이인증(depersonalization) 그리고 환각 증상과 같은 감각의 변화를 포함하고 있다. 신체적 증상으로는 동공 확대, 빠른 심박동수, 땀, 눈의 침침함이 나타난다(American Psychiatric Association, 2013). 많은 사용자들이 환각제에 대해 기술했고 매우 다양한 경험들을 묘사하였다. 잘 계획된 위약(placebo) 통제집단 연구에서 존스홉킨스 의과대학의 연구자들은 지원자들에게 환각제 실로시빈 또는 통제 약[ADHD 약물인 리탈린(Ritalin)]을 제공했고 그들의 반응을 평가했다(Griffiths, Richards, McCann, & Jesse, 2006). 실로시빈은 지각의 변화(경미한 환시)와 기분의 변화(기쁨 또는 행복감, 불안 또는 공포)를 포함해서 개인마다 다른 반응들을 만들어냈다. 흥미롭게도 약물을 사용한 사람들은 신비한 경험들에 대한 보고를 더 많이 했고 2개월 후에 많은 사람들이 그 경험을 영적으로 중요한 것이라고 평가했다. 이런 종류의 약들이 어떻게 작용하는지를 탐색하기 위해서는 더 많은 연구가 필요하며 아마도 우리의 뇌가 어떻게 개인적인 의미나 영성과 같은 경험들을 처리하는지에 대해서도 많은 정보를 줄 수 있을 것이다(Griffiths, Richards, Johnson, McCann, & Jesse, 2008).

LSD(리세르그산 디에틸아미드)(*d*-lysergic acid diethylamide) 가장 널리 알려진 환각제. 곡물 맥각균의 인조 형태.

DSM 5 DSM 진단기준 요약 기타환각제사용장애

A. 임상적으로 현저한 손상이나 고통을 일으키는 문제적 환각제(펜시클리딘 외) 사용 양상이 지난 12개월 사이에 다음 중 최소한 2개 이상으로 나타난다.

(1) 환각제를 종종 의도했던 것보다 많은 양 혹은 오랜 기간 동안 사용함 (2) 환각제 사용을 줄이거나 조절하려는 지속적인 욕구 또는 실패한 경험들이 있음 (3) 환각제를 구하거나, 사용하거나, 그 효과에서 벗어나기 위한 활동에 많은 시간을 보냄 (4) 환각제 사용에 대한 갈망감 혹은 강한 바람, 욕구 (5) 반복적인 환각제 사용으로 인해 직장, 학교 혹은 가정에서의 주요한 역할 책임 수행에 실패함 (6) 환각제의 영향으로 지속적으로 혹은 반복적으로 사회적 혹은 대인관계 문제가 발생하거나 악화됨에도 불구하고 환각제 사용을 지속 (7) 환각제 사용으로 인해 중요한 사회적, 직업적 혹은 여가 활동을 포기하거나 줄임 (8) 신체적으로 해가 되는 상황에서도 반복적으로 환각제를 사용함 (9) 환각제 사용으로 인해 지속적으로 혹은 반복적으로 신체적 또는 심리적 문제가 유발되거나 악화된 가능성이 높다는 것을 알면서도 계속 환각제를 사용함 (10) 내성, 다음 중 하나로 정의됨 a. 중독 혹은 원하는 효과를 얻기 위해 환각제 사용량의 뚜렷한 증가가 필요 또는 b. 동일한 용량의 환각제를 계속 사용할 경우 효과가 현저히 감소.

현재의 심각도를 명시할 것:
경도: 2~3개의 증상이 있다.
중등도: 4~5개의 증상이 있다.
고도: 6개 또는 그 이상의 증상이 있다.

출처: American Psychiatric Association. (2013). *Diagnostic and statistical manual of mental disorders*(5th ed.). Washington, DC.

내성은 LSD, 실로시빈, 메스칼린을 포함한 많은 환각제에서 빠르게 나타난다(**환각제사용장애**)(Jones, 2009). 수일 이상 반복적으로 사용한다면 이 약들은 유효성을 잃는다. 그러나 약 1주일 동안 약을 끊으면 민감성은 다시 회복된다. 모든 환각제에서 금단 증상들은 보고되지 않았다. 그렇다 하더라도 환각제 사용에 대해 매우 많은 사람들이 염려하고 있다. 그 한 가지 염려는 정신병적인 반응의 가능성이다. 하늘을 날 수 있다고 믿어서 유리창 밖으로 뛰어내린 사람 또는 절대로 다치지 않는다는 생각을 가지고 도로에 뛰어든 사람에 대한 유명 미디어의 이야기는 세상을 놀라게 할 읽을거리를 제공하기는 했지만, 실제로 환각제 사용이 술에 취하거나 어느 다른 약물을 했을 때보다 더 큰 위험성을 낳는다는 점에 대해서는 증거가 별로 없다. 환각제 사용자들은 '나쁜 여행'을 한다고 보고하는데 이것은 일종의 무서운 경험으로 구름이 갑자기 위협하는 괴물이 된다든지 아니면 망상으로 인한 고통이 점점 더 커지는 것을 말한다. 지지적인 사람들이 그 경험은 약물의 일시적인 영향이며 수 시간 내에 사라질 것이라고 안심시키고 '나쁜 여행' 중인 사람들을 '달랠 수 있다'(Parrott, 2012).

우리는 LSD와 다른 환각제들이 어떻게 뇌에 영향을 끼치는지 여전히 잘 이해하지 못하고 있다. 이런 약물들 대부분은 신경전달물질과 어느 정도 닮은 점을 가지고 있다. LSD, 실로시빈, 리세르그산아미드, 그리고 DMT는 세로토닌과 유사하고, 메스칼린은 노르에피네프린을 닮았으며, 여기서 논의하지 않은 수많은 환각제들이 아세틸콜린과 유사하다. 하지만 환각제들에 대한 기전과 사용자들이 경험하는 다른 지각적 변화의 원인에 대해서는 아직 알려지지 않았다.

기타 약물남용

▶ 흡입제, 스테로이드 그리고 합성마약들을 포함한 다른 약물들의 생리적, 심리적 영향은 무엇인가?

사람들은 감각 경험을 바꾸기 위해서 수많은 물질들을 사용한다. 여기서는 흡입제, 스테로이드 그리고 흔히 합성마약(designer drugs)이라고 불리는 약물들에 대해 간단히 기술하였다.

흡입제는 다양한 물질들을 포함하고 있는데, 이들은 숨을 들이마셔서 폐로 들어가도록 하는 휘발성 용제(volatile solvent)에서 발견되는 것들이다. 매우 자주 사용되는 몇몇 흔한 흡입제로는 스프레이 페인트, 헤어 스프레이, 페인트 시너, 가솔린, 아질산아밀(amyl nitrite), 아산화질소(nitrous oxide, 웃음 가스), 손톱 메니큐어 지움 용액, 사인펜(felt-tipped markers), 비행기 수지(airplane glue), 마찰 시멘트(contact cement), 드라이클리닝 용액, 얼룩 지움 용액이 있다(Ridenour & Howard, 2012). 일반적으로 흡입제 사용에 빠져드는 사람들은 주로 남성이고 백인이며 시골 또는 소도시에 살고 높은 수준의 불안과 우울감을 가지며 좀 더 충동적이고 겁 없는 기질을 보이는 경향이 있다(Perron & Howard, 2009). 이 약물들은 입과 코에 가져다댄 용기나 옷감으로부터 흡입되었을 때 폐를 통해 혈류로 빠르게 흡수된다. 흡입제 사용과 관련된 황홀감은 알코올 중독과 비슷해서 대개는 어지럼증, 어눌한 말, 운동실조, 다행감 그리고 무기력을 보인다(American Psychiatric Association, 2013). 사용자들은 이 약물에 내성을 갖게 되고 수면 장애, 떨림, 안절부절못함, 그리고 오심 등의 금단 증상은 2~5일 동안 지속된다. 불행하게도 흡입제 사용은 공격적인 반사회적인 행동을 증가시키고, 장기 사용 시에는 골수, 콩팥, 간 그리고 뇌에 손상을 줄 수 있다(Sakai & Crowley, 2009). 만약 흡입제 사용자가 깜짝 놀랐을 때 이는 갑작스런 죽음을 야기하는 심장발작을 유발할 수 있다(이를 sudden sniffing death라고 부른다)(Ridenour & Howard, 2012).

동화작용 남성호르몬 스테로이드(anabolic-androgenic steroid, 주로 스테로이드, 로이드 또는 주스라고 흔히 알려져 있다)는 호르몬인 테스토스테론으로부터 추출되거나 합성된 형태의 테스토스테론이다(Pope & Kanayama, 2012). 이 약물을 정당하게 의학적으로 사용할 수 있는 환자들은 천식, 빈혈, 유방암 그리고 비정상적인 성적 발달을 보인 남성들이다. 그러나 근육량을 증가시켜 신체적 능력을 향상시키고 싶은 사람들은 이 약물들의 동화작용을(이는 체중 증가를 야기할 수 있다) 부정한 방법으로 사용할 수 있다. 스테로이드는 경구용으로 복용할 수도 있고 주사로 맞을 수도 있는데, 한 연구의 추정에 따르면 남성의 약 2~6%가 살면서 어느 시점이든 한 번쯤은 스테로이드를 불법적으로 사용한다고 한다(Pope & Kanayama, 2012). 사용자들은 종종 스테로이드를 몇 주 내지는 몇 개월의 스케줄에 따라 사용한 뒤 사용을 멈추고 휴지기를 갖는데 이를 주기화(cycling)라고 부른다. 또한 몇 가지 종류의 스테로이드를 같이 묶어서 사용하는데 이를 포개기(stacking)라고 한다. 스테로이드 사용은 다른 약물사용과

A. 임상적으로 현저한 손상이나 고통을 일으키는 문제적 탄화수소류 흡입제 물질사용 양상이 지난 12개월 사이에 다음 중 최소한 2개 이상으로 나타난다.

(1) 흡입제 물질을 종종 의도했던 것보다 많은 양 혹은 오랜 기간 동안 사용함 (2) 흡입제 물질사용을 줄이거나 조절하려는 지속적인 욕구 또는 실패한 경험들이 있음 (3) 흡입제를 구하거나, 사용하거나, 그 효과에서 벗어나기 위한 활동에 많은 시간을 보냄 (4) 흡입제 물질사용에 대한 갈망감 혹은 강한 바람, 욕구 (5) 반복적인 흡입제 물질사용으로 인해 직장, 학교 혹은 가정에서의 주요한 역할 책임 수행에 실패함 (6) 흡입제 물질의 영향으로 지속적으로 혹은 반복적으로 사회적 혹은 대인관계 문제가 발생하거나 악화됨에도 불구하고 흡입제 사용을 지속함 (7) 흡입제 물질사용으로 인해 중요한 사회적, 직업적 혹은 여가 활동을 포기하거나 줄임 (8) 신체적으로 해가 되는 상황에서도 반복적으로 흡입제 물질을 사용함 (9) 흡입제 물질사용으로 인해 지속적으로 혹은 반복적으로 신체적 또는 심리적 문제가 유발되거나 악화된 가능성이 높다는 것을 알면서도 계속 흡입제 물질을 사용함 (10) 내성, 다음 중 하나로 정의됨 a. 중독 혹은 원하는 효과를 얻기 위해 흡입제 물질사용량의 뚜렷한 증가가 필요 또는 b. 동일한 용량의 흡입제 물질을 계속 사용할 경우 효과가 현저히 감소.

현재의 심각도를 명시할 것:

경도: 2~3개의 증상이 있다.

중등도: 4~5개의 증상이 있다.

고도: 6개 또는 그 이상의 증상이 있다.

출처: American Psychiatric Association. (2013). *Diagnostic and statistical manual of mental disorders* (5th ed.). Washington, DC.

는 좀 다른데, 왜냐하면 이 물질은 황홀감을 만들지는 않지만 그 대신 신체의 능력과 크기를 향상시키기 위해 사용되기 때문이다. 따라서 스테로이드에 대한 의존은 변화된 정서적·신체적 상태를 다시 경험하고자 하는 욕구라기보다는 향상된 수행을 유지하고자 하는 바람과 관련되는 것 같다. 스테로이드의 장기적 영향에 대한 연구는 정서적 문제들(우울, 불안, 공황발작 같은)이 흔하게 관련된다고 보고하였고(Pope & Kanayama, 2012), 정기적으로 사용할 경우 심각한 신체적 결과가 발생할 수 있다는 염려가 있다.

또 다른 약물 종류인 해리성 마취제(dissociative anesthetics)는 졸림, 통증완화와 유체이탈의 느낌을 만든다(Javitt & Zukin, 2009). 합성마약(designer drugs)이라고 알려진 신종 마약군들은 원래 제약회사에서 특정 질환과 질병을 목표로 만들어진 것들이다. 시간이 지나면서 이러한 신종 기술들을 '레크리에이션 약물'을 만들기 위해 사용하기 시작했다. 가장 흔히 사용되는 불법 합성마약 중 하나는 MDMA 또는 엑스터시(Ecstasy)이다. 이 암페타민은 작지만 무섭게 성장하고 있는 관련 물질들 중 하나로서 여기에는 3,4-methelenedioxyethamphetamine(MDEA 또는 Eve)와 2-(4-bromo-2,5-dimethoxyphenyl)-ethylamine(BDMPEA 또는 Nexus)가 있다(Wu et al., 2009). 이 약물들은 사람의 미각과 촉각뿐만 아니라 청각과 시각 능력도 강화시킬 수 있다. 펜시클리딘과 관련되거나 '마약클럽'의 한 장면에서 연상되는 약물로는 ketamine(속칭으로는 K, 스페셜 K 그

개념 확인 **10.2**

자극제에 대한 다음 기술들이 사실(T)인지 거짓(F)인지 표시하시오.

1. _____ 코카인의 정기적인 사용은 종종 편집증을 야기한다.

2. _____ 자극제의 정기적인 사용은 그 약물에 대한 내성과 의존을 만들 수 있다.

3. _____ 암페타민은 식욕억제제로 사용되었다.

4. _____ 다른 약물들과 비교하였을 때 카페인이 가장 다양한 반응들을 만들어낼 수 있다.

5. _____ 암페타민은 자연적으로 발생하는 약물로서 고양감과 생기를 만들고 피로감을 줄여줄 수 있다.

6. _____ 자극제는 오직 실험실에서만 생산된다.

리고 Cat Valium으로 부른다)과 통증의 자각을 줄임과 동시에 분리감(sense of detachment)를 만드는 해리성 마취제가 있다(Wolff, 2012). Gamma-hydroxybutyrate(GHB 또는 액상 엑스터시)는 중추신경계 억제제제로서, 1980년대에는 시중의 건강식품 상점에서 근육성장을

환각제사용장애(hallucinogen use disorders) 환각제 사용 및 남용과 관련된 인지적, 생물학적, 행동적, 사회적 문제.

촉진하는 약으로 팔렸었다. 사용자들에 의하면 적은 용량일 때에는 이완 상태를 만들고 말을 많이 하는 경향을 만들지만 고용량을 사용하였을 때 또는 알코올이나 다른 약들과 함께 사용하였을 때에는 간질발작, 심한 호흡억제 그리고 혼수상태를 야기할 수 있다. 이러한 약물들의 사용은 내성과 의존을 만들 수 있으며, 청소년과 젊은 성인들 사이에서 인기가 높아서 공중 보건의 측면에서도 중요한 걱정거리가 되고 있다.

물질관련장애의 원인

▶ 어떤 생리적 그리고 심리적 과정들이 물질의존에 이르게 하는가?

우리는 대니가 한 인간으로서 분명히 잠재력을 지니고 있음에도 불구하고 계속해서 약물을 사용하여 자신을 망치는 것을 보았다. 대니 같은 사람들이 왜 약물을 계속 사용하는지를 설명하는 데 도움을 주는 많은 요인들이 있다. 예전에는 도덕적 약점의 결과라고 생각되던 약물남용과 약물의존이 이제는 생물학적 및 심리사회적 요인들이 결합하여 영향을 미치는 것으로 이해되고 있다.

왜 어떤 사람들은 남용이나 약물에 대한 의존 없이 향정신성 약물을 사용할 수 있을까? 왜 어떤 사람은 이러한 약물들에 의존하게 된 이후에도 사용을 중단하거나 적정량을 사용할 수 있고, 왜 또 다른 사람들은 끊으려고 아무리 노력을 해도 평생 동안 의존하면서 살게 되는 걸까? 이러한 질문들은 계속해서 전 세계의 수많은 연구자들의 관심을 끌어왔다.

생물학적 관점

가족력과 유전적 영향

여러분이 이 책을 통해 보았듯이 많은 심리장애들은 유전에 의해 중요한 영향을 받는다. 수많은 연구 결과들이 약물남용도 이러한 양상을 따른다고 보여주고 있다. 연구자들은 쌍둥이, 가족 그리고 입양 연구들을 수행하였고, 이를 통해 어떤 사람들은 유전적으로 약물남용에 취약하다는 것을 발견하였다(Strain, 2009). 예를 들어 흡연에 대한 쌍둥이 연구는 중간 정도의 유전적 영향이 있음을 보여주었다(예, Hardie, Moss, & Lynch, 2006; McCaffery, Papandonatos, Stanton, Lloyd-Richardson, & Niaura, 2008). 물질남용에 대한 대부분의 유전적 자료들은 알코올중독에 대한 연구로부터 나왔는데 알코올 사용은 합법적이고 알코올에 의존하는 사람들이 많기 때문에 연구도 광범위하게 시행되고 있다. 연구들은 일반적으로 기분을 바꾸는 모든 약물들에 유전적인 위험 요인들이 영향을 미친다고 제안한다(Kendler et al., 2012).

쌍둥이를 대상으로 했던 중요한 한 연구에서는 물질사용, 남용 그리고 의존에 대한 유전의 역할뿐만 아니라 환경의 역할도 조사하였다. 연구자들은 1,000쌍 이상의 남자 쌍둥이들을 연구했는데 이들에게 대마초, 코카인, 환각제, 진정제, 자극제 그리고 아편제의 사용에 대해 질문하였다(Kendler, Jacobson, Prescott, & Neale, 2003). 연구 결과는 이들 모든 약물들의 사용에 공통적으로 유전적 영향이 있음을 보여주었다. 그러나 물질관련장애에서 유전이 중요한 역할을 한다는 것은 비록 분명하지만, 이런 질병들에 영향을 주는 구체적인 특정 유전자를 지목하는 신뢰로운 결과는 아직 발견되지 않았다(Ray, 2012). 물질사용, 남용 그리고 의존에 영향을 주는 유전자를 찾는 연구가 계속 진행됨에 따라, 그 다음으로 반드시 하게 될 질문은 중독이 발생할 때 이런 유전자들이 어떻게 기능을 하느냐는 것이다. 이러한 연구 분야를 기능적 유전체학(functional genomics)이라고 부른다(Khokhar, Ferguson, Zhu, & Tyndale, 2010).

유전적 요인은 사람들이 어떤 약물을 어떻게 경험하는지에 영향을 줄 수 있고, 다시 말해서 누가 남용자가 되고 되지 않을지를 부분적으로 결정할 수 있다. 이러한 관련성들이 얼마나 복잡할 수 있는지 보여주기 위해서 한 연구는 특정 유전자가 히스패닉과 흑인들에게서 헤로인중독을 더 잘 일으킬 가능성과 관련되어 있음을 밝혔다(Nielsen et al., 2008). 또 다른 연구는 알코올사용장애에 대한 약물 치료—날트렉손(naltrexone, 아편계 길항제)—가 아마도 아편계 수용체에 특정한 유전변이(OPRM1 유전자)를 가진 사람들에게 가장 효과적일 것이라는 점을 밝혔다(Ray, 2012). 다시 말하자면 유전자는 물질관련장애를 갖게 될지의 여부에 영향을 줄 뿐만 아니라, 이러한 문제들을 줄이는 데 어떤 치료가 가장 효과적일 수 있는지를 예측하는 데에도 도움이 된다.

신경생물학적 영향

일반적으로 향정신성 물질사용자들이 보고하는 기분 좋은 경험들은 부분적으로나마 왜 사람들이 계속해서 그 물질을 사용하게 되는지를 설명한다. 행동주의 용어로 말하자면 사람들은 약물사용에 대해 정적으로 강화되는 것이다. 하지만 어떤 기제로 이런 경험들을 설명할 수 있을까? 복잡하지만 매우 흥미로운 연구들에 따르면 뇌는 보상 경험을 중재하는 자연적인 '쾌락 경로(pleasure pathway)'를 가지고 있다고 한다. 남용되는 모든 물질들은 우리가 특정 음식이나 성관계를 통해 즐거움을 경험하는 것과 같은 방식으로 이 내적인 보상센터에 영향을 준다. 다시 말해서 향정신성 약물은 공통적으로 이 보상센터를 활성화시키고, 사용자에게 적어도 잠시 동안이라도 쾌락 경험을 제공하는 능력을 가지고 있다.

쾌락센터(pleasure center)는 60여 년 전에 James Olds에 의해 발견되었는데 그는 쥐의 뇌에 대한 전기적 자극의 영향을 연구하고 있었다(Olds, 1956; Olds & Milner, 1954). 어떤 영역에 작은 양의 전기 자극을 주었을 때 그 쥐가 마치 먹이와 같이 즐거운 무언가를 받았을 때처럼 행동하는 것을 발견했다. 아마도 중뇌의 복측 피개 영역(ventral tegmental area)에서 시작하여 측좌핵(neucleus accumbens)으로 뻗어나가 전두엽 피질로 이어지는 도파민 시스템과 아편계 방출 신경세포가 관련되었을 거라고 생각되지만, 인간의 뇌에서 이와 같은 장소가 어디인지에 대해서는 아직도 논란이 많다(Strain, 2009).

서로 다른 신경전달물질 시스템에 영향을 주는 서로 다른 약물들이 어떻게 주로 도파민에 민감한 신경세포들로 이루어진 쾌락 경로를 활성화시킬 수 있는 것일까? 연구자들은 이제 막 이 질문에 대한 답변들을 찾기 시작했을 뿐이지만, 몇몇 놀라운 결과들이 최근 몇 년 사이에 밝혀졌다. 예를 들어 우리는 암페타민과 코카인이 직접적으로 도파민 시스템에 작용한다는 것을 알고 있다. 하지만 다른 약물들은 보다 우회적이고 복잡한 방식으로 도파민의 가용성을 높이는 것 같다. 예를 들어 뇌의 복측 피개 영역에 있는 신경세포들은 GABA 신경세포 덕분에 계속적인 발화를 피할 수 있다. 끝없는 활홀경에서 빠져나올 수 있게 하는 한 가지가 바로 GABA 신경세포인데, 이는 보상 신경전달물질 시스템에서 '뇌의 경찰' 또는 초자아로서 활동하는 셈이다. 아편제들(아편, 모르핀, 헤로인)은 GABA를 억제시키고 결국 GABA 신경세포들이 도파민을 억제하는 것을 멈추도록 하는데 결국 이것이 뇌의 쾌락 경로에서 더 많은 도파민이 작용할 수 있게 만든다. 보상센터를 직접적 또는 간접적으로 자극하는 약물에는 암페타민, 코카인, 아편계뿐만 아니라 니코틴과 알코올도 있다(Strain, 2009).

그러나 이런 복잡한 그림은 결코 완벽하지 않다. 우리는 이제 겨우 도파민 이외에도 세로토닌과 노르에피네프린 같은 다른 신경전달물질들도 뇌의 보상체계에 관련 있음을 알게 되었다(Khokhar et al., 2010). 약물과 뇌의 상호작용에 대한 흥미로운 통찰을 얻기 위해 앞으로 몇 년은 더 투자되어야 할 것이다. 설명이 필요한 또 다른 한 가지는 어떻게 약물들이 쾌락 경험들(정적 강화)을 제공할 뿐만 아니라 통증, 아픔 또는 불안감 같은 불쾌한 경험들(부적 강화)을 없애는 데 도움이 되는가 하는 점이다. 아스피린은 부적 강화제이다. 우리는 이것이 기분을 좋게 만들기 때문에 먹는 것이 아니라 아픔을 멈추기 때문에 복용한다. 향정신성 약물의 한 가지 특성은 이와 같은 방식으로 나쁜 기분을 멈추어 준다는 것인데 이는 기분을 좋게 만드는 것만큼 강력한 효과이다.

몇몇 약물들에서 부적 강화는 불안을 경감시키는 능력, 즉 항불안 효과와 관련된다(진정제, 수면제 또는 항불안제 부분에서 간단히 다루었다). 알코올도 항불안 효과를 가진다. 이러한 약물들이 어떻게 불안을 경감시키는지에 대한 신경생물학적인 기전은 중격-해마 시스템(septal-hippocampal system)과 관련되는 것으로 보이는데, 이 영역에는 GABA에 민감한 신경세포들이 많이 포함되어 있다(Ray, 2012). 약물이 이 영역에 있는 GABA의 활동을 높임으로써 불안을 낮출 수 있다. 이는 GABA의 활동이 높아지면 불안을 유발하는 상황에 대한 뇌의 정상적인 반응(불안이나 공포)이 억제되기 때문이다.

연구자들은 알코올에 반응하는 방식에 대한 개인 차를 확인하였다. 이러한 반응 차이를 이해하는 것은 중요한데, 왜냐하면 이는 왜 어떤 사람은 약물의존이 될 때까지 약을 계속 사용하고, 반면에 다른 사람은 의존이 나타나기 전에 끊는지를 설명하는 데 도움이 될 수 있기 때문이다. 수많은 연구들이 알코올중독의 가족력이 있고 없는 사람들을 비교하였다(Gordis, 2000). 그 결론에 따르면 알코올중독이 아닌 사람의 자녀들과 비교했을 때, 알코올중독자들의 자녀들은 알코올이 처음 섭취되었을 때 이에 좀 더 민감하고 술을 마신 뒤 시간이 지남에 따라 그 효과에 덜 민감해졌다. 이 결과는 의미가 있는데, 왜냐하면 알코올이 행복을 주는 효과는 단지 마신 직후에만 나타나며, 마신 지 몇 시간이 지난 뒤에는 오히려 슬프고 우울하게 느끼기 때문이다. 알코올중독이 될 위험이 높은 사람들(여기서는 알코올중독자들의 자녀들)은 아마도 술을 마신 초기의 황홀감은 더 높이 경험하고, 그 후에 따라오는 나쁜 느낌에는 덜 민감하기 때문에, 지속적인 음주를 하게 되는 알코올중독 후보자가 될 수 있다. 이러한 관찰과 같은 맥락에서 10년 넘게 진행된 추적 연구는 알코올에 덜 민감한 경향이 있는 남성들이 보다 과도하게 자주 음주하는 경향이 있음을 발견하였다(Schuckit, 1994, 1998).

심리적 관점

우리는 기분과 행동을 바꾸기 위해 사람들이 사용하는 약물들이 각자 고유한 효과를 가진다는 것을 보았다. 헤로인을 사용해서 얻는 황홀감은 담배를 피웠을 때의 경험과는 본질적으로 다른데, 이는 암페타민 또는 LSD의 효과와도 다르다. 그럼에도 불구하고 중요한 점은 사람들이 이러한 물질들에 정신적으로 반응하는 방식에 있어서는 공통점이 있다는 것이다.

정적 강화

연구자들은 사람들이 사용하거나 남용하는 많은 약물들이 동물들에게도 쾌락을 주는 것 같다는 점을 분명하게 보여주었다(Young & Herling, 1986). 코카인, 암페타민, 아편계, 진정제 그리고 알코올과 같은 약물들을 실험실의 동물들에게 주입하여 사회적 그리고 문화적 영향 없이도 이러한 약물들이 어떤 쾌락을 가져오는지를 보여주었다. 인간 연구에서도 모든 향정신성 약물들이 어느 정도까지는 쾌락 경험을 제공한다는 것이 밝혀졌으며(Ray, 2012), 뿐만 아니라 혼자서 약물을 사용하는 것도 바람직한 것은 아니지만 약물사용에 대한 사회적 맥락이 사용을 부추길 수 있다. 한 연구 결과에 따르면 약물 복용에 따라 돈을 제공하였더니 바리움(Valium)을 사용하지 않는 것을 선호하던 일부 참가자들이 위약에서 바리움 쪽으로 마음을 바꾸었다(Alessi, Roll, Reilly, & Johanson, 2002). 약물사용에서의 정적 강화와 약물사용을 둘러싼 상황들이 계속 약을 사용할 것인지 말 것인지를 결정하는 데 기여한다.

부적 강화

많은 연구자들은 어떻게 약물들이 부적 강화를 통해 불쾌한 기분을 줄이는지를 연구해왔다. 많은 사람들이 삶의 불쾌함으로부터 벗어나고자 마약을 시작하거나 유지하는 경향이 있다. 많은 약물들이 초기에 행복감을 불러일으킬 뿐만 아니라, 신체적 고통(아편제), 스트레스(알코올) 또는 공황상태나 불안상태(벤조디아제핀)로부터 벗어나도록 해 준다. 이러한 현상들은 긴장완화(tension reduction), 부적 정서(negative affect) 그리고 자기치료(self-medication) 등 여러 가지 이름들로 연구되어 왔으며, 각각 어느 정도 다른 초점을 지니고 있다(Ray, 2012).

남용과 의존에 대한 많은 문헌들에서 기본이 되는 전제는 물질사용이 사용자가 삶의 현장에서 겪는 불쾌한 기분들에 대처하는 한 가지 방식이 된다는 것이다. 예를 들어 이라크 해방작전(Operation Iraqi Freedom)을 마치고 집으로 돌아간 1,252명의 미국 육군에 대한 한 연구에 따르면 폭력적인 전투와 외상(human trauma)에 노출되었거나 다른 사람의 목숨을 구하는 직접적인 책임을 가졌던 군인들의 경우 위험을 추구하려는 경향이 더 높았고 알코올을 더 자주 그리고 더 많이 마실 위험이 높았다(Killgore et al., 2008). 성적 학대와 같은 다른 종류의 외상을 경험했던 사람들도 역시 알코올을 남용할 가능성이 더 높았다(Breckenridge, Salter, & Shaw, 2012). 이러한 관찰들은 누가 이러한 약물들과 어려움을 갖게 될지 아닐지를 결정하는 데 남용과 의존의 여러 가지 측면들—생물학적, 심리적, 사회적 그리고 문화적 측면들—이 중요한 역할을 한다는 것을 보여주었다.

스트레스를 줄이기 위해 청소년들이 범하는 물질사용에 대한 한 연구(Chassin, Pillow, Curran, Molina, & Barrera, 1993)에서 연구자들은 알코올중독 부모를 가진 청소년 집단과 음주문제가 없는 부모를 가진 청소년 집단을 비교하였다. 연구자들은 단지 알코올 의존의 부모를 가진 것만으로도 후일 누가 알코올 및 다른 약물을 사용하게 될지 예측하는 중요 요소임을 발견하였다. 그러나 외로움이나 긴장감 같은 부정적 정서를 보고한 청소년들은 그렇지 않은 청소년들에 비해 약물을 사용할 가능성이 더욱 높았다. 이에 연구자들은 상기한 두 집단의 청소년들이 불쾌한 기분에 대처하는 방식으로 약물을 사용하게 된 것 같다고 결론 내렸다. 이 연구와 또 다른 연구들(예를 들어, Pardini, Lochman, & Wells, 2004의 연구)에 따르면 청소년의 약물사용에 대한 한 가지 결정적인 요인은 불쾌함으로부터 벗어나고자 하는 욕구였다. 앞으로 치료 부분에서 논의할 책략이지만, 약물사용을 예방하기 위해서는 아마도 스트레스나 불안 같은 영향들을 다룰 필요가 있다는 점도 제안하였다.

많은 향정신성 물질사용자들은 약물사용으로 기분이 고양된 이후에 다시 바닥으로 곤두박질치는 경험을 한다. 만약 사람들이 일관되게 이런 무너지는 경험을 한다면, 왜 사람들은 약물 복용을 금방 멈추지 못하는 것일까? Solomon과 Corbit는 정적 강화와 부적 강화 작용의 흥미로운 통합이 이를 설명한다고 주장하였다(Solomon, 1980; Solomon & Corbit, 1974). 대립과정 이론(opponent-process theory)에 따르면 긍정적인 기분의 증가에는 곧 이어서 부정적인 기분의 증가가 따르게 된다. 이와 유사하게 부정적인 기분의 증가 뒤에는 긍정적인 기분의 순간이 뒤따르게 된다(Ray, 2012). 대립과정 이론은 이러한 기제가 사용할수록 더 강화되고 사용하지 않을수록 약화된다고 주장한다. 따라서 얼마 동안 약물을 사용한 사람은 같은 결과를 얻기 위해 이를 더 많이 필요로 하게 된다(내성). 동시에 약물사용 후 나타나는 부정적 기분은 더 강해지게 된다. 많은 사람들에게서 바로 이 시점이 약을 복용하는 동기가 기분 좋게 하는 고양감을 원하는 것으로부터 더욱 강해진 불쾌한 고통을 완화시키는 것으로 바뀌는 때이다. 불행하게도 그들은 가장 좋은 치료란 같은 마약을 더 많이 하는 것이라고 믿어버린다. 여기서의 슬픈 아이러니는 그렇게 나쁜 기분을 만들 수 있는 그 약이 또한 고통에서 구해 줄 수 있는 바로 그 약이란 점이다. 당신은 은밀한 순환고리에 따라 사람들이 왜 약물의 노예가 되어가는지를 볼 수 있다.

연구자들은 또한 물질남용이 다른 문제들에 대한 자기치료의 한 방법이라는 면에서 연구하였다(Bailey & Baillie, 2012). 예를 들어 누군가 불안문제를 가지고 있다면 불안 감소의 특징이 있는 바비튜레이트나 알코올에 관심을 가질 수 있다. 한 연구에서 연구자들은 ADHD를 가진 코카인중독 집단을 메칠페니데이트(methylphenidate, Ritalin)를 통해 성공적으로 치료하였다(Levin, Evans, Brooks, & Garawi, 2007). 연구자들의 가정은 환자들이 주의집중을 하기 위해 코카인을 사용한다는 것이었다. 일단 메칠페니데이트로 집중할 수 있는 능력이 향상되자 사용자들은 코카인의 사용을 줄였다.

인지적 관점

사람들이 약물을 사용할 때 무엇을 경험할지 기대하는 것은 그에 대해 어떻게 반응하는지에 영향을 준다. 어떤 사람이 술을 마셨을 때 덜 억제될 것이라고 기대한다면, 그 사람은 진짜 술을 마시든 아니면 술이라고 생각한 위약을 마시든, 덜 억제된 듯이 행동한다(Bailey & Baillie, 2012). 약물사용에 대해 우리가 어떻게 생각하는지가 미치는 영향에 관한 관찰들을 기대효과(expectancy effect)라고 부르며 이는 연구에서 많은 관심을 받았다.

기대는 실제로 약물을 사용하기 전에 만들어지는데 아마도 부모와 동료들의 약물사용, 광고 그리고 약물사용의 모델이 된 미디어 주인공의 영향으로 만들어질 것이다(Campbell & Oei, 2010). 한 연구에서 7학년부터 11학년까지의 캐나다 학생들에게 3년 동안 매해 알코올과 마리화나 사용에 대한 그들의 생각을 물었다(Fulton, Krank, & Stewart, 2012). 만일 그들이 특정 물질을 사용한다면 어떤 일이 일어날 거라고 예상하는지 3가지 또는 4가지 일들을 적으라는 지시도 포함되었다. 알코올이나 마리화나 사용의 효과에 대한 긍정적인 기대

다양성에 대한 논의 알코올, 약물 그리고 성

전 세계의 사람들은 알코올과 약물을 사용한다. 그러나 사용률은 나라와 문화에 따라서 상당히 다른데, 이는 부분적으로 가용성과 사회적 규준 때문이기도 하다. 전 세계 17개국의 사람들에게 설문조사를 한 결과 비록 아프리카와 중동에서의 알코올 사용률은 확실하게 낮지만(40~58%), 대략 85%에서 95%의 사람들이 살면서 언젠가 한 번은 알코올을 마신 적이 있다고 보고하였다(미국 사용률은 92%)(Degenhardt et al., 2008). 담배, 대마초 그리고 코카인과 같은 다른 약물들의 사용은 모든 나라들에서 매우 낮다. 그러나 미국에서의 사용률은 이러한 약물 각각에서 다른 모든 나라들에 비해 상당히 높다. 예를 들어 대부분의 나라들에서 대마초의 사용률은 0%에서 19%이지만, 미국에서는 42%이다(뉴질랜드에서도 그렇다). 미국에서는 16%의 사람들이 살면서 언젠가는 한 번이라도 코카인을 사용하는 것으로 보고되었지만, 미국을 제외한 모든 나라들에서의 코카인의 사용률은 0%에서 4% 정도이다. 미국에서 이렇게 사용률이 높은 정확한 이유는 알려지지 않았다. 하지만 약물사용은 높은 수입과 관련이 있고 그래서 약물의 가용률과 미국에 축적된 부가 아마도 강력한 역할을 했을 것이다.

비록 알코올과 약물의 사용률이 나라마다 다르긴 하지만 몇 가지 흥미로운 공통점도 발견되었다. 노인보다는 젊은 사람들이 알코올과 약물을 더 많이 사용하고 비록 역사적으로 남성이 여성에 비해 알코올과 약물을 더 많이 사용해 왔지만 여성이 이를 따라잡으려고 하고 있다. 이 점은 알코올 사용(Grucza, Bucholz, Rice, & Bierut, 2008; Grucza, Norberg, Bucholz, & Bierut, 2008)과 약물사용 모두에서 일반적으로 사실이다(Degenhardt et al., 2008). 여성의 알코올과 약물사용률에서 관찰된 변화에 대해서는 많은 설명이 가능한데, 다수는 지난 수십 년 동안 여성들이 더 나은 경제적, 사회적 그리고 정치적 지위를 성취하였다는 사실에 초점을 두고 있다. 보다 구체적으로 보자면 설명들은 다음과 같다. (1) 여성을 위한 직업적 선택에서의 변화(예, 여성들은 보다 많이 취업을 하고 있으며 힘든 일을 한 날에 대한 합리적인 보상으로 마시던 술에 대한 남성들의 전통적인 생각을 받아들였거나, 또는 술을 마실 수 있는 기회와 경우들에 보다 많이 노출될 수 있었다) (2) 여성의 사회적 역할에 대한 변화(예, 동거가 보다 널리 퍼지게 되었고, 이는 음주의 높은 빈도와 관련이 있다) (3) 성에 대한 고정관념의 집착에서 변화(예, 양육하고, 돌보고, 정서적이라는 여성에게 얹혀진 전통적인 역할을 더 이상 편안하게 받아들이지 않는다) [보다 부가적인 설명을 위해서는 Moore와 Measham(2008, 2013)이 쓴 리뷰를 보시오]. 여성들이 이러한 음주(그리고 약물사용) 행동에 참여하는 것이 비록 사회적으로 문화적으로 좀 더 허용되는 것 같지만, 여성들은 비슷한 의존문제를 가진 남성들에 비해 치료에 있어 더 큰 장벽과 낙인을 경험한다. 왜 이러한 변화가 발생하는지 좀 더 정확히 이해하고, 미국과 전 세계의 높은 남용률과 의존율을 예방하기 위한 방법을 개발하기 위해서는 연구들이 계속 필요하다.

들은 누가 약물을 사용하게 되고 3년 후에 사용이 증가할지를 예측하는 데 사용되었다. 연구들은 청소년들이 아마도 이러한 약물들이 긍정적인 효과를 줄 것이라고 믿기 때문에 음주나 다른 약물을 사용하기 시작할 것이라는 결과를 보여주었다.

비록 알코올, 담배, 대마초 그리고 코카인에 대한 그들의 기대는 비슷한 것 같지만 기대는 결국 사람들이 약물을 많이 경험할수록 바뀌는 것 같다(Simons, Dvorak, & Lau-Barraco, 2009). 어떤 증거들은 약물을 복용하면 기분이 좋아질 것이라고 믿는 긍정적인 기대가 약물문제들에 대해 간접적인 영향이라고 지적하였다. 다른 말로 하면 이러한 믿음들은 아마도 어떤 약물을 복용할 가능성을 높이고, 이는 다시 그 약물과 관련된 문제들이 일어날 가능성도 높일 것이다.

한동안 또는 반복적으로 마약을 사용한 후에 복용을 중단하게 되면, 갈망(cravings)이라고 하는 강력한 욕구가 약을 끊고자 하는 노력을 방해할 수 있다(Hollander & Kenny, 2012). DSM-5는 갈망을 물질관련장애를 진단하는 기준 중의 하나로 포함하였다. 이러한 욕구들은 약물의 가용성, 약물 복용과 관련된 것들에 노출(예, 술집에 앉아 있는 것), 특정한 기분(예, 우울함) 또는 소량으로 약물을 사용함과 같은 요인들에 의해 촉발되는 것 같다. 예를 들어 한 연구에서는 알코올 의존 성인들을 대상으로 시각적, 청각적 그리고 후각적(알코올을 적신 휴지) 단서로 자극하기 위하여 가상현실공간을 사용하였다(Lee et al., 2009). 참가자들은 일종의 알코올 음료들(예를 들어, 맥주, 위스키 또는 와인), 안주들 그리고 음주 환경들(맥주 가든, 레스토랑, 펍) 중에서 선택할 수 있었다. 연구자들은 이러한 조건들에서 알코올에 대한 갈망이 크게 증가하는 것을 확인하였다(Lee et al., 2009). 현재는 갈망이 어떻게 뇌에서 작용하는지를 밝히고 이러한 갈망을 줄이고 추가적인 치료를 돕기 위해 어떤 약물치료를 할 수 있는지를 결정하기 위한 연구들이 진행 중이다(Hollander & Kenny, 2012).

사회적 관점

앞에서도 논의하였던 것처럼 향정신성 물질들에 노출되는 것은 그것의 사용과 남용이 발생하기 위한 필수 전제조건이다. 한 대규모 연구에서, 820명의 청소년들(14~17세)이 연구에 참여하여 어떠한 요인들이 그 나이에 처음으로 알코올을 마시는 데 영향을 주는지를 조사하였다(Kuperman et al., 2013). 이 연구는 초기 음주를 예측하는 몇 가지 요인들을 밝혔는데 여기에는 가장 친한 친구가 언제 술을 마시기 시작했는지, 그들의 부모가 알코올 의존에 높은 위험성을 가지는지 그리고 이러한 청소년들이 행동문제를 가지고 있는지가 포함되었다.

연구자들은 약물에 중독된 부모들은 약물문제가 없는 부모들에 비해 더 적은 시간을 자녀들을 감독하는 데 보내고(Dishion, Patterson, & Reid, 1988), 이 점은 초기 청소년기의 물질사용에 중요한 영향을 미친다고 보고하였다(Kerr, Stattin, & Burk, 2010). 부모가 적절한 감독을 하지 못하면 자녀들은 약물사용을 부추기는 또래와 친구가 되는 경향이 있다(Van Ryzin, Fosco, & Dishion, 2012). 가정에서 약물사용에 영향을 받은 자녀들은 또한 약물을 사용한 또래 친구들에게 노출될 수 있다. 우리가 앞서서 논의했던 유전적 영향의 정도를 넘어서는 자기영속적인 패턴(self-perpetuating pattern)이 약물사용과 연관되는 것 같다.

우리 사회는 약물에 의존하는 사람들을 어떻게 바라보는가? 이 점은 약물들의 판매, 제조, 소지 그리고 사용에 대한 법률을 제정하는 노력에 영향을 미치기 때문에 매우 중요하다. 이는 또한 약물에 의존하는 개인을 어떻게 치료해야 할지를 나타낸다. 현대에는 물질관련장애에 대한 두 가지 시각이 이를 규정하고 있는데, 바로 도덕적 해이(moral weakness)와 의존의 질병 모델이다. 화학적 의존에 대한 도덕적 해이 모델(moral weakness model of chemical dependence)에 따르면, 약물사용은 유혹에 직면했을 때 자기통제에 실패한 것으로 이는 심리사회적 견해이다. 이 모델의 지지자들은 약물사용자를 약물의 유혹에 저항하는 성품과 도덕적 열의가 부족한 것으로 여긴다. 의존의 질병 모델(disease model of dependence)은 이와 대조적으로 약물의존이 기저에 있는 생리적 질병에 의해 야기된다고 가정하는 것으로 이는 생물학적인 견해이다. 이 모델을 지지하는 사람들은 당뇨나 천식이 있어 고통당하는 사람들을 비난할 수 없듯이 약물의존자들도 비난할 수 없다고 생각한다. AA 그리고 유사한 단체들은 약물의존을 스스로 통제할 수 없는 불치의 질병으로 본다(Kelly, Stout, Magill, Tonigan, & Pagano, 2010).

두 가지 견해 모두 물질관련장애에 영향을 주는 심리사회적 그리고 생물학적 영향들 사이의 복잡한 관계를 공평하게 보고 있지 않다. 약물사용을 도덕적 해이로 보는 것은 이 장애로 고통받는 사람들을 처벌하는 쪽으로 이끌고, 반면 질병 모델은 의학적 문제에 대한 치료를 추구해야 한다고 본다. 질병이 그들의 통제 밖이라는 메시지는 가끔은 역효과를 낳는다. 물질관련장애에 대한 중요한 사회적 염려가 적절하게 다루어지기 위해서는 심리사회적 그리고 생물학적인 영향 둘 다를 포함하는 종합적인 견해가 필요하다.

문화적 관점

어떤 행동이 서로 다른 문화에서 발생할 때 그것을 연구하려면 무엇을 비정상으로 여기는지를 다시 조사하는 것이 필요하다(Kohn, Wintrob, & Alarcón, 2009). 각 문화마다 허용되는 향정신성 약물에 대한 선호뿐만 아니라, 허용될 수 없는 물질에 대한 그 문화만의 금지를 가진다. 무엇이 허용되고 무엇이 허용되지 않는지를 결정하는 것에 더해서 문화적 규준은 물질 남용률과 의존율에도 중요한 방식으로 영향을 준다. 예를 들어 알코올은 가난한 멕시칸 마을에서 구하기가 더 쉽고(예를 들어, 술을 파는 가게나 개인이 더 많음) 이는 이 지역에서 알코올중독 비율을 높게 만든다(Parker, McCaffree, & Alaniz, 2013).

다른 한편으로 한국을 포함한 특정 문화에서는 어떤 사회적 상황에 처할 때 술을 과하게 마실 것을 예상할 수 있다(C. K. Lee, 1992). 우리가 이전에 봤던 것처럼 과음과 빈번한 음주에 대한 사회적 압력뿐만 아니라, 이러한 약물에 노출되는 것이 알코올 남용을 촉진하며, 이는 한국과 같은 나라에서 알코올 남용 빈도가 높은 현상의 원인이 된다. 이러한 문화적 영향은 유전자와 환경의 상호작용을 연구하고자 할 때, 흥미로운 자연실험의 기회를 제공한다. 동양계 혈통을 가진 사람들은 술을 마신 후 심한 '홍조(flushing)' 현상(얼굴이 붉어지는 것)을 발생시키는 ALDH2 유전자를 가질 가능성이 더 높다. 이러한 홍조 현상 덕분에 이러한 집단에서는 음주의 비율이 상대적으로 낮다(de Wit & Phillips, 2012). 그러나 음주의 증가가 사회적으로 예상되던 1979년부터 1992년까지 알코올 남용은 증가하였다(Higuchi et al., 1994). 알코올 사용에 대한 ALDH2 유전자의 보호적 가치가 문화적 규준의 변화에 의해 감소된 것이다(Rutter, Moffit, &

Caspi, 2006).

문화적 요인들은 물질남용의 비율에 영향을 줄 뿐만 아니라 이것이 어떻게 표출되는지도 결정한다. 연구자들은 폴란드와 핀란드의 알코올 소비가 상대적으로 낮다고 밝혔으나, 이들 나라에서 음주와 관련된 갈등이나 만취로 인한 구속은 같은 정도의 알코올 소비량을 가지는 네덜란드에 비해 높다(Osterberg, 1986). 어떻게 같은 양의 알코올을 마시고도 서로 다른 행동적 결과를 가져올 수 있는지에 대해서는 아마도 기대가 미치는 영향이 있는 것 같다. 알코올 사용의 효과에 대한 기대는 문화에 따라 다르다(예를 들어, "음주는 나를 공격적으로 만든다" 또는 "음주는 나를 움츠러들게 만든다"). 따라서 이처럼 기대가 서로 다른 점은 폴란드, 핀란드 그리고 네덜란드에서 알코올 사용의 결과가 서로 다른 점을 부분적으로 설명할 수 있을 것이다. 물질사용이 해로운 역기능으로 생각될지의 여부는 문화적 집단의 가정에 달려 있다.

통합 모델

물질사용, 남용 그리고 의존에 대한 어떤 설명이든 이 장의 초반에 제기되었던 기본적인 쟁점을 설명해야만 한다. 왜 어떤 사람들은 남용하거나 의존하게 되지 않고 약물을 사용할 수 있을까? 그림 10.5는 우리가 논의했던 여러 가지 영향들이 상호작용할 수 있음을 보여준다. 약물을 접하는 것은 필수 조건이지만 남용과 의존에 대한 충분조건은 아니다. 노출은 미디어, 부모, 또래 그리고 간접적으로는 감독의 부재와 같은 다양한 경로들을 통해 일어난다. 사람이 약물을 사용하게 되느냐의 여부는 또한 사회적 그리고 문화적 기대, 이를 고무시키는 것 그리고 약물의 소지와 판매를 금하는 법률처럼 이를 어렵게 만드는 사항에 따라 달라진다.

약물의 사용에서 남용과 의존에 이르는 경로는 보다 복잡하다(그림 10.5). 주요한 스트레스 요인들이 우리가 논의해 온 많은 질병들을 악화시켰던 것처럼 스트레스 요인들은 향정신성 물질에 대한 남용과 의존의 위험을 높인다. 아마 몇 가지 종류의 유전적 영향도 있을 것이다. 어떤 사람은 특정 약물의 효과에 대해 더 큰 민감성을 유전적으로 물려받았을 수도 있고, 다른 사람들은 물질들을 보다 빨리 대사시켜서 높은 내성을 가질 수 있는(그래서 보다 위험한) 능력을 타고났을 수도 있다(Young-Wolff, Enoch, & Prescott, 2011). 다른

▲ 많은 문화들에서 알코올은 특정 의식의 한 부분으로 사용된다. 이 사진에서는 마사이족 노인이 의식에서 사용되는 술을 마시고 있다.

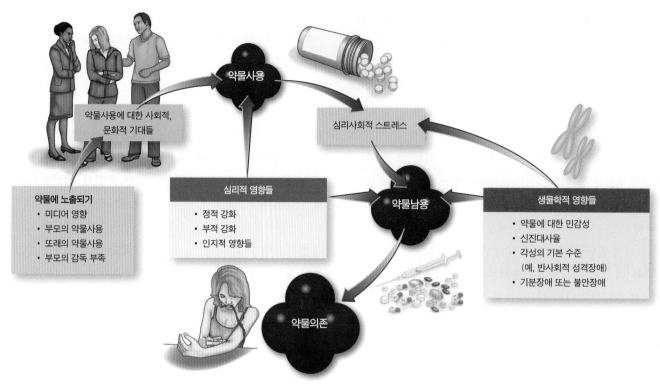

● 그림 10.5 물질관련장애의 통합 모델

정신과적 문제들도 개인을 약물남용의 위험에 처하도록 간접적으로 영향을 줄 수 있다. 사회적 규준의 빈번한 위반(11장을 보시오)을 특징으로 하는 반사회적 성격장애는 보다 낮은 각성 수준을 가지는 것으로 알려져 있고, 이것은 이 집단에서 물질남용의 유병률이 높은 점을 설명할 수 있다. 기분장애 또는 불안장애를 가진 사람들도 장애의 부정적인 증상을 경감시키기 위해 마약을 사용함으로써 자기치료를 하고자 할 수도 있으며 이것은 아마도 이 집단에서의 물질남용의 비율이 높은 것에 대한 원인일 수 있다.

우리는 또한 어떤 물질을 지속적으로 사용할 때 신경가소성(neuroplasticity)이라고 불리는 과정을 통해 뇌가 작용하는 방식을 바꾼다는 것을 알고 있다. 알코올, 코카인 또는 우리가 이 장에서 살펴보았던 다른 약물들과 같은 물질들을 계속 사용한다면 뇌는 적응하기 위해 뇌 자체를 다시 재구성한다. 불행하게도 뇌에서의 이러한 변화는 약을 얻고자 하는 동기를 증가시키고 약물 이외의 다른 경험을 하고자 하는 동기를 낮추는데, 이 두 가지 모두가 지속적인 약물의 사용과 재발에 기여한다(Russo et al., 2010).

남용과 의존이 유전적, 신경생물학적, 심리적 그리고 문화적인 요인들 중 어느 한 가지 요인만으로 예측될 수 없다는 것은 분명하다. 예를 들어 어떤 사람은 물질남용문제를 가진 다수에게서 흔히 나타나는 유전자를 가지고 있어도 남용자가 되지 않는다. 극도로 비참한

빈곤이나 심한 편견 및 폭력과 같은 처참한 스트레스 요인을 경험한 많은 사람들이 약물사용에 의존하지 않고도 대처할 수 있다. 남용이 일어나기까지는 다양한 경로가 있고 우리는 이제 단지 그것들의 기초적인 윤곽을 밝히기 시작했을 뿐이다.

일단 약물이 반복적으로 사용되면 신체와 인지는 의존을 만들어내기 위해 일종의 음모를 꾸민다. 대부분의 약물은 계속 사용할 때 내성을 만들어내며, 이는 사용자가 같은 정도의 효과를 보기 위해 더 많은 약물을 섭취할 것을 요구한다. 또한 조건형성도 한 가지 요인이 된다. 만약 약물의 쾌락적 경험이 특정한 상황과 연관된다면 나중에 그 상황이 돌아왔을 때 비록 약물 그 자체는 사용할 수 없을지라도 약을 하고 싶은 욕구가 생긴다.

개념 확인 **10.3**

A

다음의 설명들에 해당되는 물질들을 연결지어 보시오. (a) 아편계 (b) 암페타민 (c) 코카인 (d) 환각제 (e) 니코틴 (f) 카페인

1. 이것은 합법적이면서도 기분을 고양시키며 피로감을 줄여주기 때문에 가장 흔히 사용되는 향정신성 물질이다. 많은 음료들에

이미 사용되고 있다. _____

2. 이 물질은 행복감과 식욕저하 그리고 고양된 기분을 일으킨다. 수년 동안 사용한 후에는 의존이 나타날 수 있다. _____

3. LSD를 포함하는 이 약물들은 지각에 영향을 주고 기분과 시각, 소리, 냄새 등을 바꾸어 준다. _____

4. 이 약물은 다행감과 졸림 그리고 느린 호흡을 일으킨다. 이러한 물질은 진통제이기 때문에 고통을 경감시킨다. 사용자들이 비밀스럽게 사용하는 경향이 있기 때문에 이 분야에 대해 많은 연구가 이루어지기 어렵다. _____

5. 이 물질은 신경계를 자극하고 스트레스를 완화시킨다. *DSM-5*는 중독 패턴 대신에 금단 증상을 기술하였다. _____

6. 이 약물은 고양감과 생기를 불러일으키고 피로감을 줄여준다. 이 약은 또한 기면증과 ADHD를 가진 사람들에게 처방된다. _____

B

물질관련장애의 원인에 대한 다음 기술들이 사실(T)인지 거짓(F)인

지 표시하시오.

7. _____ 부적 강화는 약물의 지속적인 사용에 관여된다. 왜냐하면 약물들은 종종 고통, 스트레스, 공황상태 등에서 벗어나도록 도와주기 때문이다.

8. _____ 동물과 인간 연구 모두에서 물질남용은 일반적으로 유전에 의해 영향을 받는 것으로 알려졌다. 비록 특별한 한 가지 유전자가 밝혀진 것은 아니지만 말이다.

9. _____ 미디어와 부모 요인은 청소년기의 약물사용에 영향을 미치지 못한다. 단지 또래의 사회적 압력이 유일한 요인이다.

10. _____ 알코올을 마셨을 때 덜 억제될 것으로 기대했던 사람이 위약(placebo)을 받고 정상적으로 행동하거나 느낄 때 기대효과가 나타난 것이다.

11. _____ 어느 정도까지는 모든 향정신성 약물들이 정적 강화를 만들면서 쾌락의 경험을 제공한다.

물질관련장애의 치료

▶ 어떤 심리적 그리고 의학적 치료들이 물질관련장애에 사용 가능한가?

우리가 대니에 대해 마지막으로 이야기했을 때 그는 차량 과실치사로 체포되어 감옥에서 법의 판결을 기다리고 있었다. 그의 인생 중이 시점에서 그는 사실 법적인 도움 이상이 필요했는데 알코올과 코카인 중독으로부터 벗어날 필요가 있었다. 그리고 회복의 첫 번째 발걸음을 그 자신이 떼어야 했는데, 그것은 도움이 필요하다는 것을 인정하는 것이었다. 사실 그는 약물과 관련해서 문제가 있고, 만성적인 의존을 극복하기 위해 자신을 도울 수 있는 다른 누군가가 필요하다는 것을 인정해야만 했다. 약물문제에서 이를 극복하고자 하는 개인의 의지는 물질남용 치료에 필수적인 것은 아니지만 그래도 매우 중요한 문제이다(National Institute on Drug Abuse, NIDA, 2009). 비록 체포되는 일이 상당한 충격이어서 문제가 얼마나 심각한지를 깨닫게 하기는 했지만, 불행하게도 그는 아직 문제를 정면으로 마주할 준비가 되어 있지 않았다.

물질관련장애를 가진 사람들을 치료하는 것은 어려운 일이다. 아마도 사람을 계속 빠져 있게 만드는 여러 가지 복합적인 영향들의 조합 때문에 약물에 의존하고 있는 사람들을 바라보는 시선은 종종 긍

정적이지가 않다. 예를 들어 헤로인 의존의 경우에서 볼 수 있는 가장 최선의 시나리오는 한 가지 약물에 대한 중독(헤로인)에서 다른 약물에 대한 중독(메타돈)으로 바꾸는 것이다. 그리고 심지어 성공적으로 약물사용을 끊은 사람도 남은 생을 살면서 다시 약물을 사용하고 싶은 욕구를 느낄 수 있다.

물질관련장애에 대한 치료는 다양한 영역에 초점을 맞추고 있다(Higgins et al., 2014). 첫 번째 할 일은 금단 과정을 겪고 있는 누군가를 돕는 것인데 전통적으로 궁극적인 목표는 완전히 끊는 것이다. 또 다른 경우에 목표는 사용량을 늘리지 않으면서 일정 수준의 약물사용을 유지하도록 하는 것이고, 때때로 약물들에 노출되는 것을 방지하는 데 초점이 맞춰지기도 한다. 물질남용은 여러 가지 영향으로 발생하기 때문에 물질사용장애를 가진 사람들을 치료하는 것이, 단지 딱 맞는 약을 찾거나 생각이나 행동을 바꾸는 최고의 방법을 찾는 것 같이, 간단한 문제가 아니라는 점은 당연하다.

중요한 것은 심각한 물질사용문제를 가진 사람들 중에서 단지 25% 미만의 사람들만이 문제에 대한 치료를 구한다는 것이다(Dawson et al., 2005). 이러한 사람들을 찾아내 접촉하기 위해서 의사의 진료실, 병원의 응급실 그리고 대학의 건강클리닉과 같은 곳에 물질사용문제를 정기적으로 선별하는 과정이 만들어지도록 많은 노력을 들이고 있다. 이러한 지역사회 기반 접근 방법은 도움이 필요한 문제를 확인하고 필요한 사람들을 치료에 연결시키는 중요한 부분 중 하나이다(Tucker, Murphy, & Kertesz, 2011).

우리는 물질관련장애의 치료를 하나로 묶어서 논의할 것인데 이는 치료가 많은 부분 공통적이기 때문이다. 예를 들어 다양한 종류의 약물에 대한 의존 환자를 치료하는 많은 프로그램들은 삶의 스트레스에 대처하는 기술을 가르친다. 어떤 생물학적인 치료는 흡수된 물질의 효과를 어떻게 지워낼 수 있는지에 초점을 맞춘다. 물질들 사이에 명백하게 다른 점도 논의할 것이다.

생물학적 치료

주로 물질들이 경험되는 방식을 바꾸려고 하는 다양한 생물학적 접근 방식들이 있다. 다시 말해서 과학자들은 사람들이 약물사용과 연관된 즐거운 고양감을 경험하는 것을 방지하는 방법을 찾거나 또는 중독되지 않고도 어느 정도 긍정적인 효과(예를 들어, 불안을 경감시키기)를 가져오는 대안 물질들을 찾으려고 노력하고 있다. 표 10.1은 치료가 잘 되지 않는 물질의존문제들에 대해 현재 추천되는 의학적 치료 방법들을 보여주고 있다.

작용물질 보완제

향정신성 약물들이 어떻게 뇌에 작용하는지에 대한 지식이 증가하면서 연구자들은 약물에 의존하게 된 사람들이 약물을 경험하는 방식을 바꾸는 방법을 탐색하였다. 한 가지 방법인 **작용물질 보완제**는 중독된 약과 비슷한 화학적 구조를 가진 안전한 약물(그래서 이름이 작용물질이다)을 공급하는 것이다. 메타돈(Methadone)은 아편계 작용물질인데 종종 헤로인 보완제로 사용된다(Schwartz, Brooner, Montoya, Currens, & Hayes, 2010). 하지만 약물사용자가 메타돈에 대한 내성을 가지게 되면 진통과 진정의 효과가 사라진다. 헤로인과 메타돈은 교차 내성(cross-tolerance)을 가지기 때문에, 즉 같은 신경전달물질 수용기에 반응하기 때문에, 메타돈을 복용한 헤로인 중독자는 메타돈에 대신 중독될 수 있다. 단 이것은 항상 그런 것은 아니다(Maremmani et al., 2009). 연구에 따르면 메타돈 치료와 상담을 함께 받았을 때 많은 사람들이 헤로인 사용을 줄이고 범죄 행동도 덜 보인 것으로 나타났다(Schwartz et al., 2009). 새로운 작용물질인 부프레노르핀(buprenorphine)은 아편계의 효과를 차단하는 것인데, 이에 대

표 10.1 의학적 치료

	물질 치료의 목표	치료 접근 방법
니코틴	금단 증상과 갈망을 줄이기	니코틴 대체요법(패치, 껌, 스프레이, 캔디, 흡입기)
	금단 증상과 갈망을 줄이기	Bupropion(Zyban)
알코올	알코올의 강화 효과를 줄이기	Naltrexone
	금주 중인 사람에게서	Acamprosate(Campral)
	알코올 갈망을 줄이기	Disulfiram(Antabuse)
	금주를 유지하기	
대마초		추천되는 구체적인 의학적 개입 방법 없음
코카인		추천되는 구체적인 의학적 개입 방법 없음
아편계	절제를 유지하기	Methadone
	절제를 유지하기	Buprenorphine(Subutex)

출처: American Psychiatric Association. (2007). Practice guidelines for the treatment of patients with substance use disorders (2nd ed.). *American Journal of Psychiatry*, 164 (Suppl.), 1-14.

해 환자들은 비아편계나 아편계 길항제보다 더 나은 순응을 보였다 (Strain et al., 2009).

담배 흡연에 대한 중독도 대체 과정에 의해 치료될 수 있다. 흡연자들에게 껌, **패치**, 흡입제 또는 비강스프레이의 형태로 니코틴을 제공하는데 여기에는 담배 연기에 포함된 발암물질이 적다. 약물의 금단 증상을 줄이기 위해 용량은 후에 조금씩 점점 줄여나간다. 지지적 심리치료와 함께하였을 때 가장 효과적이긴 하지만 이러한 대체 전략들은 대개 금연을 성공적으로 돕는다.

길항제 치료

우리는 얼마나 많은 향정신성 약물들이 뇌에서 신경전달물질 시스템과 상호작용하여 다행감을 만들어내는지 살펴보았다. 만약 약물의 효과가 방해를 받아 약물이 더 이상 기분 좋은 결과를 만들 수 없다면 어떻게 될까? 사람들이 약물사용을 멈출까? **길항제 약물**들은 향정신성 약물들의 효과를 막거나 대응한다. 아편계의 효과를 상쇄시키는 다양한 약물들이 물질의존을 보이는 사람들에게 사용되어 왔다. 가장 흔하게 처방되는 아편계 길항제인 날트렉손(naltrexone)은 구조화된 치료 프로그램에 동시에 참여하지 않았던 사람들에게는 그 효과가 제한적이었다(Krupitsky & Blokhina, 2010). 이것을 아편계 의존인 사람에게 투여하면 즉각적인 금단 증상을 일으켜서 극단적으로 불쾌한 효과를 보인다. 따라서 날트렉손을 시작하기 전에 사용자에게 금단 증상들이 없어야 하고, 이것이 아편계의 다행감 효과를 모두 없애버리기 때문에 사용자는 반드시 치료를 계속하겠다는 강력한 동기가 있어야만 한다. 아캄프로스테이트(acamprostate)도 알코

올 의존인 사람들의 갈망감을 줄여주는데, 이는 심리사회적 치료에도 참가하는 높은 동기 수준을 지닌 사람들에게서 가장 효과적이었다(Kennedy et al., 2010). 이 약물이 작용하는 뇌 기전에 대해서는 아직 잘 알려지지 않았다(Oslin & Klaus, 2009).

종합해 보자면 여기서 논의했던 날트렉손과 다른 약들은 향정신성 약물에 대한 중독자들의 반응을 한방에 날려주고 의존을 종결하게 만드는 마법의 총알이 아니다. 이 약들은 약물남용자들이 약물사용을 절제하려고 시도하는 것과 동시에 금단 증상들과 갈망감을 잘 다룰 수 있도록 돕는다. 따라서 길항제들은 다른 치료적 효과에 더해지면 유용할 수 있다.

혐오치료

향정신성 약물들의 행복감 효과를 막는 방법을 찾는 것뿐만 아니라, 이 분야의 임상가들은 남용된 약물을 사용하는 것을 극단적으로 불쾌하게 만드는 약을 처방할 수도 있다. 약물과 고통스런 느낌을 연합시킨 사람은 약물사용을 피할 것이라고 가정할 수 있다. 가장 널리 알려진 혐오치료제는 알코올 의존 환자들에게 사용되는 디술피람(disulfiram, Antabuse)이다(Ivanov, 2009). Antabuse를 복용한 후에 술을 마신 사람은, 오심, 구토 그리고 항진된 심박동과 호흡을 경험한다. 이상적으로는 술을 마시고 싶은 생각이 일어나기 전 매일 아침마다 Antabuse를 복용해야 한다. 하지만 불행하게도 치료에 잘 순응하지 않는다는 것이 가장 주요한 문제인데 며칠 동안 Antabuse를 건너뛴 사람들은 다시 술을 마실 수 있다[National Institute on Drug Abuse (NIDA), 2009].

다른 생물학적 접근들

경험하는 금단 증상들을 다루는 것을 돕도록 치료 약물이 종종 처방된다. 고혈압 치료제로 개발된 클로니딘(clonidine)은 아편계 금단인 사람들에게 처방된다. 예를 들어 진정제처럼 처방된 약을 끊으면 금단 증상으로 심장마비나 발작을 야기할 수도 있기 때문에, 위험한 반작용을 최소화하기 위해 이러한 약물들은 서서히 점진적으로 줄여나가게 된다. 뿐만 아니라 진정제 약물(벤조디아제핀)은 알코올과 같은 다른 약물을 끊는 사람들의 고통을 최소화하기 위해 종종 처방된다(Sher, Martinez, & Littlefield, 2010).

심리치료

물질남용에 대한 대부분의 생물학적 치료들은 약물사용 습관을 근절하고자 노력하는 사람에게 효과를 보였다. 그러나 이러한 치료법 단독으로 모든 사람들에게 성공적인 경우는 없었다(Schuckit, 2009b). 대부분의 연구들은 사회적 지지나 치료적인 개입이 필요함을 보여주었다. 매우 많은 사람들이 물질관련장애를 극복하는 데 도움이 필요하기 때문에 수 많은 모델들과 프로그램들이 개발되었다. 하지만 심리학의 그 어떤 다른 분야에서도 타당화되지 않고 검증되지 않은 치료 방법이 널리 받아들여진 경우는 없었다. 정밀 조사 연구가 이루어지지 않았던 프로그램도 효과가 있을 수 있지만, 수많은 사람들이 검증되지 않은 치료를 받는 것은 여전히 우려할 만한 일임을 명심해야 한다. 다음에서 우리는 검증된 몇 가지 치료적 접근들에 대해 살펴볼 것이다.

기관 입원 치료

물질남용문제를 가진 사람들을 위한 입원 치료는 초기의 금단 기간을 잘 이겨내고 지지 치료를 제공함으로써 자신들의 지역사회로 돌아갈 수 있도록 돕는 목적으로 시행된다(Morgan, 1981). 그러나 이러한 입원 치료는 매우 비싸다(Bender, 2004). 따라서 치료 비용이 약 90% 저렴한 외래 치료에 비해 이런 입원 치료가 얼마나 효과적인지에 대한 의문이 제기될 수 있다. 알코올중독 환자들의 치료(Miller & Hester, 1986) 또는 일반적인 약물중독 치료에서(National Institute on Drug Abuse, NIDA, 2009) 집중적인 거주 환경의 프로그램들과 좋은 외래 치료들 사이에 차이가 없을지도 모른다.

금주동맹과 그 변형들

의문의 여지없이 물질남용의 치료에서 가장 널리 알려진 모델은 금주동맹(Alcoholics Anonymous)에서 처음 개발된 12단계 프로그램(the Twelve Steps program)의 변형들이다. 금주동맹재단은 알코올중독은 하나의 질병이며 알코올중독자들은 반드시 자신의 알코올중독과 그것의 파괴적인 영향력에 대해 알아야만 한다고 명시하였다. 중독은 개인보다 더 강력한 힘을 가진 것으로 보았고 따라서 중독자들은 자신들의 약점을 극복하도록 도와주는 더 강력한 힘을 추구해야

작용물질 보완제(agonist substitution) 약물의 대용품으로 개인이 의존하고 있는 물질과 유사한 화학적 효과를 지님. 물질의존의 치료제로도 사용됨.

니코틴(nicotine) 담뱃잎에 있는 독성이 있는 중독성 물질.

니코틴 패치(nicotine patch) 담배 속의 발암물질 없이 흡연자들에게 니코틴을 제공하는 피부에 붙이는 패치. 니코틴 껌에 비해 사용이 쉬워 꾸준히 사용할 수 있기 때문에 조금 더 성공적임. 재발을 막기 위해 상담이 병행되어야 함.

길항제 약물(antagonist drug) 향정신성 약물의 효과를 감소시키거나 이에 반대되는 약.

한다고 여겼다. 금주동맹의 구성에 있어 가장 중요한 점은 이것이 기존의 의학적 공동체와는 독립적이고 알코올중독이라는 낙인으로부터 자유롭게 한다는 것이다(Denzin, 1987; Robertson, 1988). 가장 중요한 요인은 집단모임을 통해 제공하는 사회적 지지이다.

1935년 이후로 금주동맹은 100개국 이상에 거의 106,000개의 집단이 있을 정도로 꾸준히 성장하였다(White & Kurtz, 2008). 한 설문조사에 따르면 미국에서 성인 인구의 9%는 금주동맹의 모임에 한번은 참여한 적이 있다고 보고하였다(Room & Greenfield, 2006). 많은 사람들이 금주동맹과 코카인금지동맹 및 마약금지동맹 같은 유사한 단체들이 그들의 삶을 구해줄 것이라 신뢰한다. 비록 몇 퍼센트의 사람들이 금주동맹에 참여한 결과로 알코올 사용을 절제하였는지를 보여주는 충분한 자료는 없지만, 연구는 금주동맹이나 비슷한 지지적 접근의 활동에 정기적으로 참여하고 그 가이드라인을 조심스럽게 따를 때 긍정적인 결과를 보일 가능성이 더 높다는 것을 보여주었다(Kelly, 2013; Zemore, Subbaraman, & Tonigan, 2013). 금주동맹은 동기 수준이 매우 높은 알코올 의존 환자들에게 효과적인 치료 방법이 될 수 있다. 그러나 우리는 누가 금주동맹에서 성공할 것인지 그리고 누가 실패할 것인지는 잘 모른다. 다른 사람들의 사회적 지지에서 득을 보지만 절제 지향적인 12단계 프로그램은 원하지 않는 개인들을 위해서 다른 프로그램(예를 들어, Rational Recovery, Moderation Management, Women for Sobriety, SMART Recovery)도 마련되어 있다(Tucker et al., 2010).

통제된 사용

금주동맹의 원리 중 한 가지는 완전히 절제해야 한다는 것이다. 따라서 회복 중인 알코올중독자가 단지 알코올을 한 모금만 마셨다면 이는 다시 절제를 성취하기까지 '잠깐 실수한' 것이라고 여긴다. 그러나 어떤 연구자들은 이러한 가정에 의문을 던지고, 물질사용자들 중 적어도 일부의 사람들은 다시 그 약물을 남용하는 것으로 돌아가는 일 없이 사회적 사용자(social user)가 될 수 있다고 믿는다.

알코올중독의 치료 분야에서 **통제된 음주**를 교육한다는 개념은 매우 논란이 많았는데, 이는 심한 남용자들에게 제한된 방식으로 술을 마시도록 했을 때 부분적인 성공만 보여주었던 고전적인 연구들 때문이다(Sobell & Sobell, 1978). 참가자들은 주립병원에서 알코올중독 치료 프로그램에 참가 중인 40명의 남자 알코올중독자들로서, 좋은 예후를 가질 것으로 생각되는 사람들이었다. 참가자들은 어떻게 적당히 술을 마시는지를 가르치는 프로그램(실험집단)에 할당되든가 아니면 완전 금주를 지향하는 집단(통제집단)에 할당되었다. 연구자

들은 참가자들의 98%와 계속 접촉을 유지하면서 2년 이상 추적관찰하였다. 치료 후 두 번째 해 동안 음주 통제집단에 참여하였던 사람들은 85%의 시간 동안 잘 기능하고 있었으나, 완전 절제를 했던 집단은 단지 42%의 시간 동안만 잘 지내는 것으로 보고되었다. 비록 두 집단에서의 결과는 의미 있게 달랐으나 두 집단에서 어떤 사람들은 심각한 재발로 고통을 당했고, 재입원이 필요했으며, 어떤 사람들은 감금되었다. 이 연구의 결과는 음주 통제가 비록 확실한 치료는 아니지만 어떤 알코올 남용자들에게는 실행 가능한 대안일 수 있음을 제시하였다.

이 연구에 대한 논란은 명망 있는 저널인 *Science*에 실린 한 연구로부터 시작되었다(Pendery, Maltzman, & West, 1982). 저자들은 10년 뒤에 Sobell의 연구에 참여했던 사람들을 다시 만났으며 실험집단에서 20명 중의 단지 1명만이 음주 통제 패턴을 유지하고 있음을 밝혔다. 비록 이러한 재평가가 대서특필되고 텔레비전 프로그램인 *60 Minutes*에서 주제로 다루어지기도 했으나, 여기에는 수많은 문제점들이 있다(Marlatt, Larimer, Baer, & Quigley, 1993). 가장 심각한 문제는 같은 10년 추적관찰 기간 동안에 완전 절제했던 집단에 대한 자료가 없었다는 점이다. 물질남용에 대한 어떠한 치료 연구도 참가한 모든 사람들을 다 돕지는 못하기 때문에 비교를 위해 통제집단이 필요하다. 따라서 이 경우에 있어서는 통제 음주를 한 집단이 완전 금주를 한 집단과 비교해 얼마나 잘했는지를 알아야 할 필요가 있다.

미국에서는 Sobell 연구에 대한 논란 덕분에 알코올 남용의 치료로서 음주 통제가 활발히 시행되지 못하였다. 반대로 영국에서는 음주 통제가 알코올 남용의 치료로서 널리 받아들여지고 있다. 대립되는 견해에도 불구하고 이 방법에 대한 연구가 그 후 수년 동안 진행되었고(예를 들어, Orford & Keddie, 2006), 알코올 의존 문제를 가진 사람들에게는 암울한 전망이지만, 결과는 음주 통제가 적어도 완전 절제만큼 효과적인 반면, 둘 중의 그 어떤 치료 방법도 70~80%의 환자들에게 장기간 성공적이지는 않다는 점을 보여주었다.

요소적 치료

물질 남용과 의존 문제를 가진 사람들을 돕기 위한 대부분의 종합적인 치료 프로그램들은 '치료 패키지'의 효과를 촉진시킨다고 생각되는 수많은 요소들(components)을 가지고 있다(National Institute on Drug Abuse, NIDA, 2009). 우리는 생물학적 치료에 대한 개관에서 심리적인 치료를 더했을 때 생물학적 치료의 효과가 더 커진다는 점을 살펴보았다. 조건화 모델을 사용하는 혐오치료에서도 가벼운 전기충격이나 구토의 느낌과 같이 극단적으로 불쾌한 무언가와 물질사용

이 연합되도록 하였다. 예를 들어 어떤 사람이 한 잔의 술을 받고 그 술잔이 입술에 닿을 때 고통스런 충격을 받도록 하는 것이다. 목표는 부정적인 연합을 만들어 물질사용과의 긍정적인 연합을 없애 버리는 것이다. 내재적 민감화(convert sensitization)라고 불리는 기법에서는 불쾌한 장면을 상상함으로써 부정적인 연합을 만들었다(Cautela, 1966). 즉 코카인을 흡입하기 시작하자 자신이 무섭게 아픈 장면이 갑자기 떠오르는 것을 머리 속으로 그려볼 수 있다(Kearney, 2006).

물질사용에 대한 치료에서 가치 있다고 여겨지는 한 가지 요소는 유관 계획(contingency management)이다(Higgins et al., 2014). 여기에서 임상가와 내담자는 함께 변화시킬 필요가 있는 행동들을 선택하고, 목표를 달성했을 때 보상으로 주어질 돈이나 CD 음반 등 작은 강화물들을 결정한다. 코카인 사용자에 대한 한 연구에서 내담자들은 코카인이 발견되지 않는 소변 샘플을 내었을 때 그 대가로 현금 바우처(거의 2,000불까지)를 받았다(Higgins et al., 2006). 이 연구에 따르면 12단계 접근 치료를 포함해서 전통적인 상담 프로그램에 참여한 사용자들보다 유관 계획의 접근으로 치료받은 코카인 의존 사용자들 중에서 완전 절제하는 비율이 더 높았다.

또 다른 치료 패키지는 지역사회 강화 접근(community reinforcement approach)이다(예, Campbell, Miele, Nunes, McCrimmon, & Ghitza, 2012). 물질사용에는 영향을 주는 다양한 요인들이 있기 때문에 끊으려는 노력을 방해하는 삶의 개인적인 측면들을 확인하고 수정하기 위해서 약물문제와 관련된 몇 가지 측면들이 논의되어야 한다. 첫째, 물질남용자가 다른 중요한 사람들과의 관계를 향상시키기 위한 관계 치료를 시행할 때 물질사용자가 아닌 배우자, 친구 또는 친척들이 함께 참여할 수 있어야 한다. 둘째, 내담자들은 약물 복용에 영향을 끼치는 선행 조건과 결과를 어떻게 확인할 수 있는지 배워야 한다. 예를 들어 특정한 친구들과 있을 때 함께 코카인을 사용하는 경향이 있다면 내담자는 그런 관계를 알아차릴 수 있도록 교육받아야 하고 그 관계를 피할 수 있도록 격려받아야 한다. 셋째, 내담자들은 그들의 스트레스를 줄이는 데 도움이 되는 취업, 교육, 재정 또는 다른 사회적 서비스 영역들에서 도움을 받는다. 넷째, 새로운 여가활동을 만들어서 이러한 활동들로 물질사용을 대신할 수 있게 돕는다. 알코올과 코카인 남용자들에 대한 이 접근법의 효과는 경험적으로 강력하게 지지되고 있다(Higgins et al., 2014).

자신이 문제를 가지고 있다는 개인적 자각의 부족과 변화에 마음이 내키지 않는 것은 물질사용자 의존의 성공적 치료에 대한 장애물이다. 점점 더 널리 사용되는 개입 방법이 이러한 필요를 직접적으로 다루고 있는데 이를 동기강화치료(Motivational Enhancement Therapy, MET)라고 부른다(National Institute on Drug Abuse, NIDA,

2009). MET는 Miller와 Rollnick(2002)의 작업에 기초를 두고 있는데 이들은 보다 공감적이고 낙관적인 상담에서(치료자는 내담자의 견해를 이해하고 그들이 바뀔 수 있다고 믿는다) 그리고 내담자의 핵심 가치(예, 음주의 결과가 가족들과 더 많은 시간을 보내는 것을 방해한다)에 대한 개인적 교감에 집중할 때 성인의 행동변화가 더 잘 이루어진다고 제안하였다. 내담자에게 가장 소중히 여기는 것을 상기시킴으로써, MET는 어떠한 변화가 만들어지더라도(예, 술을 덜 마심) 긍정적인 결과를 가질 수 있다(예, 가족들과 더 많은 시간을 보냄)는 개인의 믿음을 증가시키고, 따라서 내담자는 제안받은 변화들을 좀 더 잘 만들어 낼 수 있다. MET는 다양한 물질사용문제들을 가진 사람들을 돕기 위해 사용되어 왔고 심리적 치료에 더해질 수 있는 유용한 요소인 것으로 보인다(예를 들어, Manuel, Houck, & Moyers, 2012).

인지행동치료(cognitive-behavioral therapy, CBT)는 많은 심리장애들에 효과적인 치료 방법이고(예를 들어, 5장을 보라), 물질의존의 치료에 있어서도 가장 잘 계획되고 가장 잘 연구된 치료 방법 중 하나이다(Granillo, Perron, Jarman, & Gutowski, 2013). 이 치료 방법은 장애의 여러 측면들을 다루는데, 예를 들어 물질사용을 이끄는 단서(예, 특정한 친구들 사이에 있다)에 대한 개인의 반응을 다루거나, 물질사용에 저항하는 사고 및 행동들을 다루기도 한다. CBT가 다루는 또 다른 목표는 재발의 문제이다. Marlatt과 Gordon(1985)의 **재발방지** 치료 모델은 의존의 학습된 측면을 살펴보고, 재발을 인지적, 행동적 대처 기술의 실패라고 보았다(Witkiewitz & Marlatt, 2004). 치료에서는 약물의 긍정적인 측면에 대한 믿음("코카인을 했을 때의 황홀한 기분만한 것이 없어")을 조사하고, 약물사용의 부정적인 결과("약을 하면 또 집사람과 싸울 거야")를 직면시킴으로써, 약물사용을 멈추는 것에 대한 모든 양가 감정을 없애도록 돕는다. 고위험 상황을 밝혀내고('주머니에 여분의 돈이 있음') 약을 끊었을 때 올라오는 약에 대한 갈망감뿐만 아니라 잠재적으로 문제가 되는 상황들도 다룰 수 있도록 전략을 구상한다. 재발이 발생하더라도 당사자가 극복할 수 있는 사건이라고 보며, 이런 사건들이 필연적으로 더 많은 약물사용으로 이어진다고 보는 대신, 치료 중에 있는 사람을 격려하여 일시적인 스트레스나 바뀔 수 있는 상황으로 인해 야기된 일시적 일화로 보도록 한다. 이 기법에 대한 연구는 다른 물질관련장애들의 치료에서뿐만 아니

음주 통제(controlled drinking) 알코올 의존에 대해 논란이 아주 많은 치료적 접근으로 심각하게 남용을 하는 사람들에게 적당한 수준으로 음주를 하도록 가르치는 것.

재발방지(relapse prevention) 추후 문제 상황이 나타났을 때 대처하는 법을 내담자에게 가르치는 확장된 치료 과정.

라(Marlatt & Donovan, 2005), 특히 알코올문제를 가진 경우에 효과적인 것 같다고 밝혔다(McCrady, 2014).

예방

지난 몇 년 동안 물질 남용과 의존을 예방하기 위한 전략들은 교육 기반의 접근법들(예를 들어, 학생들에게 약물은 해가 될 수 있다고 가르치기)에서 보다 광범위한 접근법들로 바뀌었는데, 여기에는 약물의 소지와 사용에 관한 법률의 변화와 지역사회 기반 개입 등이 있다(Sher et al., 2011). 예를 들어 학생들에게 약물사용을 단념하도록 하는 교육 기반 프로그램을 많은 주의 학교에서 시행해 오고 있다. 널리 사용되는 약물남용저항교육(Drug Abuse Resistance Education, DARE) 프로그램은 결과에 대한 공포, 약물을 사용하지 않기로 서약하는 것에 대한 보상, 그리고 약물 권유를 거절하는 전략을 통해 '약물사용 하지 않기'의 메시지를 고무시킨다. 운이 나쁘게도 몇몇 평가들은 이런 종류의 프로그램이 의도했던 효과를 갖지 못할 수도 있다고 제안하였다(Pentz, 1999). 하지만 사회적 압력(또래)과 환경적 압박(약물사용을 그리는 미디어)을 피하거나 저항하기 위한 기술훈련을 포함하는, 보다 종합적인 프로그램들은 약물남용을 예방하는 데 효과적일 수 있다. 예를 들어 한 대규모의 종단적 연구는 폭음과 알코올 관련 상해(예를 들어, 차 사고와 폭행)를 줄이기 위해 지역사회 기반 개입 전략을 사용하였다(Holder et al., 2000). 책임감 있는 음료서비스를 권장하고(예를 들어 술집 손님에게 너무 과도한 술을 권하지 말기), 미성년자에게 알코올을 제한하며, 알코올에 접근을 제한하기 위하여 음주운전법에 대한 지방 행정부의 집행을 강화하는 프로그램에 세 곳의 지역사회가 참가하였다. 알코올 관련 차 사고와 폭행이 줄었던 것처럼 개인의 보고에서도 개입이 시행된 이후로 과음과 음주운전이 줄어들었다. 이러한 종류의 종합적인 프로그램들은 의미 있는 예방 결과를 낳기 위해서 여러 지역사회들로 번져나가, 보다 광범위한 영향(예를 들어 약물사용이 미디어에서 어떻게 그려지는가)을 주기까지 확장될 필요가 있다(Newton, Conrod, Teesson, & Faggiano, 2012).

우리의 가장 강력한 예방 전략은 아마도 문화를 바꾸는 일일 것이다. 지난 45년여 동안 우리는 "켜고, 노래하고, 꺼지세요(turn on, tune in, drop out)," "좋으면 그냥 해(if it feels good, do it)," 그리고 "내 친구의 작은 도움으로 황홀경으로 갔어(I get high with a little help from my friend)"[역자 주: 과거(특히 1960년대)의 음반이나 노래들의 제목에서 나온 문구들. 약물사용에 허용적인 내용을 포함하고 있다]하던 사회적 분위기로부터, "그냥 약물은 안 한다고 말해(Just say no to drugs)"라고 승리자가 선언하는 사회로 바뀌었다. 과도한 음주, 흡연

그리고 다른 약물사용을 사회적으로 용납하지 않는 것이 아마도 이러한 변화를 이루어냈을 것이다. 이러한 종류의 개입을 수행하는 것은 정치계, 교육계 심지어는 종교계의 협력까지 필요하다. 우리는 약물사용 및 남용 예방에 대한 우리의 접근 방식을 다시 생각해 보아야 할 필요가 있을지도 모른다(Newton et al., 2012).

개념 확인 **10.4**

다음의 용어들을 예들과 맞추어 보면서 물질관련장애에 대한 치료가 어떻게 이루어지는지에 대해 얼마나 이해하였는지 확인해 보시오. (a) 의존 (b) 교차 내성 (c) 작용물질 보완제 (d) 길항제 (e) 재발방지 (f) 음주 통제 (g) 혐오치료 (h) 내재적 민감화 (i) 유관 계획 (j) 익명

1. _____(은)는 논란의 여지가 많은 알코올 남용의 치료 방법인데, 왜냐하면 이 방법에 대한 연구가 문제가 있기는 했지만 부정적인 결과를 보였다는 점 그리고 이 방법이 완전 금주에 대한 믿음과 상충되기 때문이다.

2. 메타돈은 _____(을)를 사용한 치료 방법으로서 헤로인중독자들이 그들의 습관을 끊어버리는 데 도움을 주고자 사용된다.

3. _____ 약물들은 향정신성 약물의 효과를 막거나 상쇄시키며, 때때로 중독자들을 치료하는 데 효과적이다.

4. _____에서 임상가와 내담자는 내담자가 어떤 행동을 바꾸는 것이 필요하고 목표를 달성했을 때 보상으로써 어떤 강화물이 사용될지를 결정하기 위해 함께 도모한다.

5. 금주동맹의 효과를 명백하게 평가하기는 어려운데 이는 참가자들이 _____이기 때문이다.

6. _____에서 물질사용은 매우 극단적으로 불쾌한 무언가와 짝지어진다(알코올과 Antabuse로 인한 구토처럼).

7. 헤로인과 메타돈은 _____을(를) 가진다. 따라서 이들은 같은 신경전달물질 수용기에 작용한다.

8. _____ 모델은 약물사용의 긍정적 부정적 측면에 대한 신념을 조사함으로써 약물사용 중단에 대한 양가 감정을 지우도록 돕는 치료를 말한다.

9. _____ 기법은 불쾌한 장면을 상상함으로써 사람들이 약물의 부정적인 효과와 약물사용을 연합하도록 돕는다.

10. 불행하게도 헤로인중독자들은 메타돈에 영원히 _____ 하게 될 수 있다.

도박장애

▶ 어떤 생리적 그리고 심리적 과정들이 도박장애에 이르게 하는가?

도박은 우리 사회에서 점점 더 인기를 얻어가고 있으며 많은 곳에서 합법적으로 받아들여지는 오락이다. 그 결과 **도박장애**는 점점 더 많은 사람들에게 영향을 끼치고 있으며 어림잡아서 미국 성인의 1.9%가 생애 동안에 한 번쯤 겪는 것으로 추정된다(Ashley & Boehlke, 2012). 병적인 도박꾼들 가운데 14%가 적어도 한 번은 직장을 잃었고, 19%가 파산을 경험했으며, 32%가 체포되었고, 21%가 투옥되었다(Gerstein et al., 1999). 도박장애에 대한 *DSM-5*의 진단기준에는 우리가 다른 물질관련장애에서 봤던 충동과 같은 패턴이 있다고 명시되어 있다. 또한 물질의존과 마찬가지로 시간이 지나면서 점점 더 판돈을 올려 도박을 하려는 욕구를 가지며, 이를 못하게 되면 초조해하고 안절부절못하는 '금단 증상'을 보인다는 점을 주목하자. 물질관련장애와 유사한 이러한 점 덕분에 도박장애는 *DSM-5*에서 '중독장애(Addictive Disorder)'로 다시 범주화되었다(Denis, Fatséas, & Auriacombe, 2012).

도박장애의 본질과 치료에 대한 연구들은 급격히 늘어나고 있다. 예를 들어 병적인 도박꾼들에게서 도박을 하게끔 하는 충동의 생물학적 근원을 탐색하는 작업이 진행 중이다. 한 연구에서는 도박꾼들이 다른 사람들이 도박하는 비디오테이프를 보는 동안의 뇌 기능을 관찰하기 위해 뇌 영상 기법(평면 기능적 자기공명영상, echoplanar functional magnetic resonance imaging)을 사용하였다(Potenza et al., 2003). 연구 결과 통제집단과 비교하였을 때 이들은 통제를 조절하는 데 관여하는 뇌 영역에서 활동이 감소하는 것으로 관찰되었는데, 이는 환경적 단서들과 뇌의 반응 사이에 상호작용이 있음을 보여준다(이는 아마도 이러한 단서들에 저항하는 능력이 낮아졌음을 의미할 것이다). 도파민 시스템(이는 아마도 도박의 쾌락적 결과를 설명할 것임)과 세로토닌 시스템(충동적 행동에 관여됨)의 비정상적 상태가 병적인 도박꾼들에 대한 몇몇 연구들에서 발견되었다(Moeller, 2009).

도박장애의 치료는 어렵다. 도박장애를 가진 사람들은 문제 부정, 충동성, 끊임없는 낙관주의("한방이면 모든 걸 다 만회할 수 있어!")를 포함하는 복합적인 성격 특징들을 보이는데 이런 점들이 효과적인 치료를 방해한다. 병적인 도박꾼들은 종종 물질의존을 보이는 사람들과 유사하게 갈망감을 경험한다(Wulfert, Franco, Williams, Roland, & Maxson, 2008; Wulfert, Maxson, & Jardin, 2009). 치료도 물질의존 치료와 유사하고 도박자동맹(Gambler's Anonymous)도 있어서, 우리가 금주동맹에서 논의했던 것과 같은 12 단계 프로그램도 있다. 그러나 참가자의 70~90%가 프로그램에서 중도하차하므로, 도박자 동맹의 효과에 대한 연구 결과들은 참가자들이 치료 전에 도박을 그만두고자 하는 바람이 반드시 있어야 한다고 제안하였다(Ashley & Boehlke,

---

도박장애(gambling disorder) 부적응적인 도박 행동을 지속적이고 반복적으로 나타냄으로써 임상적으로 심각한 손상이나 고통을 보임.

DSM 5 — DSM 진단기준 요약 도박장애

A. 임상적으로 현저한 손상이나 고통을 일으키는 지속적이고 반복적인 문제적 도박 행동이 지난 12개월 동안 다음 중 4개(또는 그 이상)가 나타난다.

(1) 원하는 흥분을 얻기 위해 액수를 늘리면서 도박하려는 욕구 (2) 도박을 줄이거나 중지하려고 시도할 때 안절부절못하거나 과민해짐 (3) 도박을 조절하거나 줄이거나 중지하려는 노력이 반복적으로 실패함 (4) 종종 도박에 집착함 (5) 괴로움을 느낄 때 도박함 (6) 도박으로 돈을 잃은 후, 흔히 만회하기 위해 다음날 다시 도박함 (7) 도박에 관여된 정도를 숨기기 위해 거짓말을 함 (8) 도박으로 인해 중요한 관계, 일자리, 교육적 또는 직업적 기회를 상실하거나 위험에 빠뜨림 (9) 도박으로 야기된 절망적인 경제 상태에서 벗어나기 위한 돈 조달을 남에게 의존함 (10) 도박 행동이 조증 삽화로 더 잘 설명되지 않는다.

현재의 심각도를 명시할 것:

경도: 4~5개 진단기준을 만족한다.

중등도: 6~7개 진단기준을 만족한다.

고도: 8~9개 진단기준을 만족한다.

출처: American Psychiatric Association. (2013). *Diagnostic and statistical manual of mental disorders* (5th ed.). Washington, DC.

2012). 인지행동적 개입도 연구되었는데 한 연구에서는 재정 한계를 정하기, 대안적 활동을 계획하기, 재발을 방지하기, 상상적 둔감화 등 다양한 요소들을 포함하였다. 이러한 예비 연구는 잠재적인 성과에 대해 낙관적인 전망을 보여주었다(Dowling, Smith, & Thomas, 2007).

도박장애가 DSM-5에서 '중독장애'의 제목하에 포함된 것에 더해 서 DSM-5는 또 다른 잠재적인 중독장애를 추가 연구가 필요한 진단적 상태로 포함하였는데 바로 '인터넷게임장애(Internet Gaming Disorder)'이다(American Psychiatric Association, 2013). 이렇게 잠재적인 새로운 범주의 중독장애를 포함하는 목적은 이 장애의 본질과 치료에 대해 앞으로 더 많은 연구가 진행되도록 고무하기 위함이다.

충동조절장애

▶ 어떤 진단적 상태들이 DSM-5에 충동조절장애로 들어 있는가?

우리가 이 책에서 기술한 많은 장애들은 억누를 수 없는 충동—대개는 궁극적으로 대상자에게 해가 될 어떤 것—과 함께 시작된다. 전형적으로 이런 사람들은 행동을 하도록 만드는 끓어오르는 긴장을 경험하며, 가끔은 충동적으로 행동하는 것에 대한 즐거운 예상을 하기도 한다. 예를 들어 소아성애(소아에게 성적으로 끌리는 것, pedophilia)와 같은 성도착증(paraphilias), 섭식장애 그리고 이 장에서 다룬 물질관련장애들은 종종 파괴적이지만 저항하기 힘든 유혹과 갈망으로 시작된다. DSM-5는 세 가지 추가적인 충동조절장애로 간헐적 폭발장애(intermittent explosive disorder), 병적 도벽(kleptomania) 그리고 병적 방화(pyromania)를 포함한다(Muresanu, Stan, & Buzoianu, 2012).

간헐적 폭발장애

간헐적 폭발장애를 가진 사람들은 공격적인 충동에 따라 행동하여 결과적으로 심각한 폭행 또는 재산의 파괴를 야기하는 삽화를 보인다(Coccaro & McCloskey, 2010). 비록 일반 대중들 사이에서도 공격성의 폭발을 경험하는 것은 흔한 일이지만 다른 장애들(예를 들어, 반사회적 성격장애, 경계성 성격장애, 정신병적 장애 그리고 알츠하이머병) 또는 물질사용의 영향을 배제한다면 이 장애는 자주 진단되는 것은 아니다. 9000명 이상을 대상으로 한 드물지만 중요한 대규모 연구에서 연구자들은 이 장애의 평생 유병률이 5% 내지는 7%임을 밝혔다(Kessler et al., 2006). 이 진단은 논란이 많고 DSM의 개발 단계에서부터 계속 논의되어 왔다. 여러 가지 염려들 중 한 가지는 공격적인 행동을 총망라하는 일반적인 범주를 타당화함으로써, 이 장애가 모든 폭력적인 범죄에 대한 합법적인 방어—정신이상(insanity)—로 사용될 수도 있다는 점이다.

간헐적 폭발장애에 대한 연구들은 아직 시작 단계에 있으며 주로 세로토닌 및 노르에피네프린과 같은 신경전달물질과 테스토스테론의 수준에 집중되어 있고, 심리사회적 영향(스트레스, 붕괴된 가정생활 그리고 양육 방식)과 갖는 상호작용도 연구의 대상이다. 이러한 점들과 다른 영향들은 이 장애의 원인을 설명하고자 조사되고 있는 중이다(Coccaro, 2012). 비록 통제된 연구들은 별로 없지만 약물치료 후에 행해진 인지행동적 개입[예를 들어, 사람들이 공격적인 폭발에 대한 '계기(trigger)'를 확인하고 피할 수 있도록 돕기]과 접근들은 이러한 사람들에게 가장 효과적인 것으로 보인다(McCloskey, Noblett, Deffenbacher, Gollan, & Coccaro, 2008).

병적 도벽

여배우 Winona Ryder가 2001년 12월 캘리포니아 비버리 힐스에 있는 한 백화점에서 5,500불어치의 상품을 훔친 이야기는 흥미롭기도 하고 당혹스럽기도 하다. 왜 그녀는 쉽게 얻을 수 있는 옷 몇 벌에 수백만 달러의 경력을 희생시킨 걸까? 그녀는—개인적인 용도로 쓸모가 없거나 금전적으로 가치가 없는 물건들을 훔치려는 충동을 저지하는 데 반복적으로 실패하는—**병적 도벽**이 있었던 걸까? 이 장애는 잘 연구되지 않았는데 장애가 드물기도 하지만 부분적으로는 불법적인 행동을 저질렀다고 확인하는 낙인을 만들기 때문이다. 이 장애를 가진 사람들이 묘사하는 패턴들은 놀라우리만큼 비슷하다. 그들은 훔치기 직전에 긴장감을 느끼기 시작하고, 도둑질을 범하는 동안 쾌락의 감정과 안도감이 뒤이어 나타난다(Grant, Odlaug, & Kim, 2010). 병적 도벽을 가진 사람들은 충동성 평가에서 높은 점수를 얻는데 이는 그들이 장기적인 부정적 결과(예를 들어, 체포, 수치심)와 비교해서 도둑질의 즉각적인 만족감을 판단하는 능력이 손상되었음을 보여준다(Grant & Kim, 2002). 병적 도벽을 가진 사람들은 종종 훔치는 행동에 대한 기억이 없다(기억장애)고 보고한다(Hollander, Berlin, & Stein,

2009). 뇌 영상 연구는 이러한 관찰을 지지하는데 한 연구에서는 잘못된 의사결정을 하는 것과 연관된 뇌 영역(아래쪽 전두엽 영역)에 손상이 있음을 보여주었다(Grant, Correia, & Brennan-Krohn, 2006).

기분장애와 병적 도벽은 함께 나타나는 일이 많고 오히려 물질 남용이나 의존과는 덜 관련되는 것 같다(Grant et al., 2010). 어떤 사람들은 병적 도벽을 항우울제적인 행동(antidepressant behavior), 또는 도둑질을 통해 부정적인 감정을 경감시키기 위해 하는 반작용(reaction)이라고 보았다(Fishbain, 1987). 현재까지 치료에 대한 보고는 별로 없으며, 행동적 개입 또는 항우울제의 사용을 시도한다. 한 가지 예외로, 날트렉손—알코올중독의 치료제로 쓰이는 아편계 길항제—은 병적 도벽으로 진단받은 사람들에서 훔치고 싶은 욕구를 줄이는 데 어느 정도 효과가 있었다(Grant, Kim, & Odlaug, 2009).

병적 방화

도둑질한 누군가가 반드시 병적 도벽이 아닌 것처럼 불을 지른 사람 모두가 **병적 방화**, 즉 불을 지르는 것에 대한 저항할 수 없는 욕구를 가지는 충동조절장애는 아니다. 다시 말해서 불을 지르기 전에 긴장감 또는 고양감을 느끼고 불을 지르면서는 만족감이나 안도감을 느끼게 되는 것이 병적 방화에서 나타나는 특징이다. 이러한 사람들은 불 그리고 그 불을 피우거나 끄는 데 필요한 관련 장비들에 사로잡혀 있다(Dickens & Sugarman, 2012). 또한 병적 방화는 매우 드물어서 방화범 중 단지 3%정도만 진단받는데 (Lindberg, Holi, Tani, & Virkkunen, 2005), 이는 방화범에는 생리적 또는 심리적인 욕구를 만족시키는 것보다는 금전적인 이득을 얻기 위해서 또는 복수를 하려고 불을 지르는 사람들이 포함되기 때문이다. 매우 적은 수의 사람들만이 이 장애로 진단되기 때문에 병인이나 치료에 대한 연구도 제한적이다(Dickens & Sugarman, 2012). 한 연구에서는 일반적인 방화범 집단(이 사람들 중에 단지 작은 비율만 병적 방화를 갖고 있다)을 추적관찰하였는데, 공존하는 다른 충동장애(반사회적 성격장애 그리고 알코올중독)뿐만 아니라 방화 가족력의 역할을 조사하였다. 치료는 일반적으로 인지행동적 접근을 시행하는데 욕구를 시작하게 만드는 신호를 찾도록 돕고 불을 지르고자 하는 유혹에 저항할 수 있는 대처 전략을 가르쳐 준다(Bumpass, Fagelman, & Brix, 1983; McGrath, Marshall, & Prior, 1979).

간헐적 폭발장애(intermittent explosive disorder) 삽화 기간 동안 심각한 폭행이나 재산의 파손을 야기하는 공격적인 충동성을 보임.

병적 도벽(kleptomania) 개인적으로 필요가 없거나 금전적 가치가 없는 물건을 훔치려는 충동을 저지하는 데 반복적으로 실패함.

병적 방화(pyromania) 불을 지르려는 충동을 참을 수 없는 충동조절장애.

DSM 논란 물질의존과 물질남용은 같은 것인가?

물질관련장애 분야에서 일하는 사람들 사이에서 우려를 낳았던 *DSM-5*의 변화 중 한 가지는 물질에 대한 의존과 물질에 대한 남용의 구분을 없앤 것이다(Schuckit, 2012). 물질남용(예를 들어, 폭음)과 물질에 의존하게 되는 것(예를 들어, 알코올에 대한 내성이 높아져서 술을 끊게 되면 금단 증상을 겪는 것)이 서로 다른 과정이라는 점에 대해서는 일반적으로 동의를 하지만, 현실적으로 말해서 그것들은 같이 나타나는 경향이 있다. 다른 말로 하면 만약 어떤 사람이 규칙적으로 약을 남용하면 그 사람은 그 약에 의존하게 된다(O'Brien, 2011). 과학적인 입장에서 보자면 남용과 의존에는 명백한 차이가 있다. 하지만 임상적인 관점에서 보자면(이게 *DSM*의 주된 기능이다), 이들을 개별적으로 진단하는 것은 필요 이상으로 복잡하다는 논쟁이 생겼다.

여기에 더해서 두 번째 주요한 변화는 중독장애, 보다 구체적으로는 도박장애를 물질관련장애 부분에 첨가한 것이다. 여기서 다시 한 번 과학은 물질관련장애와 도박장애가 의존, 갈망의 패턴을 보이고, 비슷한 대뇌 경로를 통해 작용한다는 점에서 현상들이 상당히 유사하다고 제안하였다(Ashley & Boehlke, 2012). 하지만, 이 점은 다른 수많은 종류의 '중독들'을 포함하는 범주에 대한 잠재적인 가능성을 열었다. 사람들 사이에서 진짜 기능 장애를 야기하는 다른 문제들로는 추가 연구 중에 있는 새로운 *DSM-5*의 장애들, '인터넷게임장애'(Block, 2008; Van Rooij, Schoenmakers, Vermulst, Van Den Eijnden, & Van De Mheen, 2011)와 '썬탠 중독(tanning addiction)'(Poorsattar & Hornung, 2010)도 있고, 이러한 장애들도 유사한 종류의 문제들로 심각하게 여겨진다. 많은 활동들이 의존을 일으키는 잠재성을 가진다고 보는 것은 이것들이 물질들과 같은 방식으로 뇌의 보상체계를 활성화시키기 때문이다. 이들이 하나의 '장애(disorder)'에 이름을 올릴 수 있느냐 아니냐의 차이는 아마도 대부분의 심리장애의 진단 중 일부인 해가 되는 고통을 야기하는지 여부에 달려 있을 것이다.

다음의 장애들을 해당되는 증상에 연결지어 보세요. (a) 도박장애 (b) 간헐적 폭발장애 (c) 병적 도벽 (d) 병적 방화.

1. 매우 드물게 진단되는 이 장애는 공격적인 충동 삽화의 특징을 가지며 때때로 인지행동적 개입, 약물치료 또는 두 가지 모두를 통해 치료될 수 있다. _____

2. 이 장애는 어떤 사람이 도둑질을 저지르고 나면 해소되고 쾌락이 따르게 되는 긴장감을 가지는 것으로 시작한다. _____

3. 이 장애는 미국 성인 인구의 3~5% 정도의 사람들에게 영향을 끼치며, 도박을 하고 싶은 욕구가 특징이다. _____

4. 이 장애를 가진 사람들은 불에 완전히 정신이 팔려 있고, 불을 피우거나 끄는 데 관련된 장비들에도 상당히 집착한다. _____

요약

물질관련 및 중독 장애, 충동조절장애에 대한 관점들

물질관련장애와 중독장애란 무엇인가?

▶ *DSM-5*에서 물질관련장애와 중독장애는 억제제(알코올, 바비튜레이트 그리고 벤조디아제핀), 자극제(암페타민, 코카인, 니코틴 그리고 카페인), 아편계(헤로인, 코데인 그리고 모르핀), 그리고 환각제(대마초와 LSD)의 사용 문제와 도박을 포함한다.

▶ 물질 중독과 물질 금단으로 구체적인 진단들이 분류되었다.

▶ 비록 매 해마다 수십억 달러가 계속 지불되고 수백만 명의 목숨이 심각하게 손상되고 있지만, 최근 미국에서 비의학적 약물의 사용은 감소하였다.

억제제, 자극제 그리고 아편계

억제제의 생리적, 심리적 영향은 무엇인가?

▶ 억제제는 중추신경계의 활동을 감소시키는 약물들이다. 주요 영향은 생리적 고양 수준을 감소시키고 이완되도록 돕는 것이다. 여기에 속하는 약물들은 알코올과 불면증 환자에게 처방되는 것 같은 진정제, 수면제 그리고 항불안제가 있다.

자극제의 생리적, 심리적 영향은 무엇인가?

▶ 가장 흔하게 소비되는 향정신성 약물인 자극제로는 카페인(커피, 초콜릿 그리고 많은 소프트 드링크에 들어 있음), 니코틴(시가와 같은 담배 생산품에 들어 있음), 암페타민과 코카인이 있다. 억제제와는 반대로 자극제들은 우리를 각성시키고 활기 있게 만든다.

아편제의 생리적, 심리적 영향은 무엇인가?

▶ 아편제는 아편, 모르핀, 코데인 그리고 헤로인을 포함하며 이들은 진통의 효과를 가지고 있어서 고통을 경감시키고 수면을 유도한다. 보다 광범위한 용어인 아편계(opioids)는 이러한 아편제들과

화학자들에 의해 만들어진 합성 변형물들(예를 들어, 메타돈)과 우리의 뇌에서 자연적으로 생기는 물질들(엔케팔린, 베타-엔돌핀 그리고 다이놀핀)을 포함하는 일련의 물질들을 일컫는 데 사용된다.

대마관련장애

대마의 생리적, 심리적 영향은 무엇인가?

▶ 대마(마리화나)는 가장 보편적으로 사용되는 불법 약물로서, 서구 사회에서는 약 5% 내지는 15%의 사람들이 규칙적으로 사용한다고 보고되었다. 아마도 다른 어느 약물보다도 대마는 사람들에게 안녕감, 기분 변화, 편집증 등 서로 다른 반응들을 만들어낼 수 있다.

환각제관련장애

환각제의 생리적, 심리적 영향은 무엇인가?

▶ 환각제는 필수적으로 사용자가 세상을 지각하는 방식을 바꾼다. 대마와 LSD와 같은 약물의 영향을 받는 사람에게서 시각, 소리, 느낌 그리고 심지어는 냄새까지도 때때로 극적인 방식으로 왜곡된다.

기타 약물남용

흡입제, 스테로이드, 합성마약들과 같은 다른 약물들의 생리적, 심리적 영향은 무엇인가?

▶ 사람들은 지각 경험을 바꾸기 위해 수많은 종류의 다른 약물들을 사용한다. 흡입제를 사용할 때 나타나는 고양감은 알코올중독 때 나타나는 것과 비슷하고, 일반적으로 어지럼증, 불분명한 발음, 운동불균형, 행복감 그리고 무기력감을 보인다. 스테로이드는 다른 약물사용과는 좀 다른데, 왜냐하면 이 약물의 경우 고양감을 일으키지 않고 그 대신에 어떤 수행이나 신체의 크기를 더 향상시키기 위해 사용되기 때문이다. 합성마약들의 경우 미각과 촉각뿐만 아

니라 청각과 시각 능력도 높인다.

물질관련장애의 원인과 치료

어떤 생리적 그리고 심리적 과정들이 물질의존에 이르게 하는가?

▶ 대부분의 향정신성 약물들은 직접적으로 또는 간접적으로 도파민 중간변연계(dopaminergic mesolimbic system, 쾌락 경로)에 작용함으로써 긍정적인 효과를 가져오는 것으로 보인다. 뿐만 아니라 기대, 스트레스 그리고 문화적 관행과 같은 심리사회적 요인들이 약물사용에 영향을 주는 생물학적인 요인들과 상호작용한다.

어떤 심리적 그리고 의학적인 치료가 물질관련장애에 사용될 수 있는가?

▶ 물질의존은 영향을 받은 사람들 중 단지 소수에서만 성공적으로 치료되며, 약물사용자의 동기와 생물학적 및 심리사회적 치료의 조합이 가장 좋은 결과를 내었다.

▶ 약물사용을 예방하는 목적의 프로그램들은 아마도 약물문제에 의미 있는 영향을 끼칠 수 있는 가장 좋은 기회를 제공할 것이다.

도박장애

어떤 생리적 그리고 심리적 과정들이 도박장애에 이르게 하는가?

▶ 병적인 도박꾼들은 물질관련장애를 가진 사람들이 보이는 것과 같은 양상의 갈망과 의존을 보인다.

▶ 물질관련장애를 가진 사람들에 관여한 것과 유사한 뇌 시스템이 도박에 중독된 사람들에게서도 관련되는 것으로 보인다.

충동조절장애

어떤 진단적 상태들이 DSM-5에 충동조절장애로 들어 있는가?

▶ DSM-5에서 충동조절장애는 3개의 개별적인 장애들, 간헐적 폭발장애, 병적 도벽 그리고 병적 방화를 포함한다.

핵심 용어

간헐적 폭발장애 (447쪽)

금단 (411쪽)

금단 섬망(진전 섬망) (415쪽)

길항제 약물 (441쪽)

내성 (411쪽)

니코틴 패치 (441쪽)

다른 남용 약물들 (413쪽)

담배관련장애 (425쪽)

대마(마리화나) (427쪽)

대마사용장애 (427쪽)

도박장애 (445쪽)

물질관련 및 중독 장애 (409쪽)

물질남용 (411쪽)

물질사용 (411쪽)

물질의존 (411쪽)

물질중독 (411쪽)

바비튜레이트 (419쪽)

베르니케-코르샤코프증후군 (415쪽)

벤조디아제핀 (419쪽)

병적 도벽 (447쪽)

병적 방화 (447쪽)

복합물질사용 (409쪽)

아편계관련장애 (427쪽)

아편제 (413쪽)

알코올 (415쪽)

알코올관련장애 (415쪽)

암페타민 (421쪽)

억제제 (413쪽)

음주 통제 (443쪽)

자극제 (413쪽)

작용물질 보완제 (441쪽)

재발방지 (443쪽)

진정제, 수면제 또는 항불안제관련장애 (419쪽)

충동조절장애 (409쪽)

카페인사용장애 (425쪽)

코카인 (423쪽)

태아알코올증후군 (417쪽)

향정신성 물질 (411쪽)

환각제 (413쪽)

환각제사용장애 (431쪽)

LSD(리세르그산 디에틸아미드) (429쪽)

개념 확인의 답

10.1

A

1. c, 2. b, 3. d, 4. a

B

5. c, 6. d, 7. b, 8. a

10.2

1. True, 2. True, 3. True, 4. False(대마가 가장 다양한 반응들을 만든다), 5. False(암페타민은 실험실에서 만들어졌다), 6. False(자극제는 자연적으로도 생긴다)

10.3

A

1. f, 2. c, 3. d, 4. a, 5. e, 6. b

B

7. T, 8. T, 9. F(모두가 영향을 가진다), 10. F(여전히 억제되지 않은 행동을 할 수 있다),

11. T

10.4

1. f, 2. c, 3. d, 4. i, 5. j, 6. g, 7. b, 8. e, 9. h, 10. a

10.5

1. b, 2. c, 3. a, 4. d

단원 퀴즈

1. *DSM-5*에서 물질남용의 정의는 어떤 점에 근거하는가?

   a. 하루에 얼마나 많은 양의 물질을 섭취하는지

   b. 일주일에 얼마나 많은 양의 물질을 섭취하는지

   c. 물질이 얼마나 심각하게 사용자의 삶에 영향을 끼치고 있는지

   d. 사용된 물질의 종류

2. _____은 같은 효과를 경험하기 위해 더 많은 양의 약을 필요로 하는 것을 말하고, 반면 _____은 그 약물을 중단하였을 때 발생하는 부정적인 생리적 반응을 말한다.

   a. 내성, 금단

   b. 섬망, 금단

   c. 의존, 내성

   d. 적응, 남용

3. 다음의 문장 중에서 성별과 알코올 섭취 사이의 관련성을 가장 정확하게 기술하고 있는 것은 무엇인가?

   a. 여성이 알코올을 더 많이 사용하지만, 남성은 더 많이 과음한다.

   b. 남성이 알코올을 더 많이 사용하지만, 여성이 더 많이 과음한다.

   c. 여성이 더 많이 알코올을 사용하고 더 많이 과음한다.

   d. 남성이 더 많이 알코올을 사용하고 더 많이 과음한다.

4. 닥터 마이어스는 환자의 발작을 통제하기 위한 약물을 처방하고 있다. 그 환자는 그 약이 기분을 차분하게 하고 잠을 자는 데 도움이 된다고 보고하였다. 닥터 마이어스가 처방한 약은 무엇일까?

   a. 환각제

   b. 아편제

   c. 벤조디아제핀

   d. 암페타민

5. 코카인에 의해 영향을 받는 주요 신경전달물질은 _____이다. 반면에 아편제로부터 영향을 받는 주요 신경전달물질은 _____이다.

   a. GABA, 노르에피네프린

   b. 아세틸콜린, GABA

   c. 노르에피네프린, 도파민

   d. 도파민, GABA

6. 마리화나 사용자들에게서 '반전 내성'은 어떤 때 발생하는가?

   a. 만성적 사용이 사용자로 하여금 고양감을 느끼지 못하도록 만들었을 때

   b. 사용자가 처음으로 고양감을 느끼지 못했을 때

   c. 반복 사용 후 더 많은 쾌감이 보고되었을 때

   d. 만성적인 사용자가 금단 증상을 경험하였을 때

7. 지노는 재발한 알코올중독자이다. 치료를 돕기 위해 지노의 주치의는 술을 마시면 숨이 짧아지고 심한 구토를 경험하게끔 하는 약을 처방하였다. 이 의사가 처방한 약은 무엇일까?

   a. Antabuse

   b. MDMA

   c. amyl nitrate

   d. PCP

8. 중독의 한 가지 심리적 요소는 고양감 이후 발생하는 가라앉음과 연관된 부정적인 느낌을 피하고자 약을 복용한다는 것이다. 더욱 심하게 가라앉는 것을 피하고자 약물을 사용하는 것을 일컫는 이론은 무엇인가?

   a. 내성 이론(tolerance theory)

   b. 물질 주기 이론(substance cycle theory)

   c. 대립과정 이론(opponent-process theory)

   d. 복합내성 이론(polydependence theory)

9. 연구들은 개인이 약물에 대해 생각하는 방식이 그 약을 사용할 때 그들이 행동하는 방식에 영향을 준다고 하였다. 이러한 현상을 무엇이라고 하는가?

   a. 내성 패러다임(tolerance paradigm)

   b. 기대 효과(expectancy effect)

   c. 의존 모델(dependency model)

   d. 대립과정 이론(opponent-process theory)

10. 카를로스의 정신과 의사는 카를로스가 코카인을 사용하고자 할 때 쇼크를 줌으로써 코카인 남용을 치료하고자 하였는데 이러한 치료 방법을 _____이라고 한다. 반면 리사의 치료사는 리사가 코카인 사용에 대해 생각을 하는 것과 동시에 고통스런 발작을 하게 된다고 상상하도록 하였는데, 이러한 치료 방법은 _____(이)라고 한다.

   a. 혐오치료, 내재적 민감화

   b. 유관계획, 재발방지

   c. 진통제 사용자 동맹, 통제된 사용

   d. 작용물질 보완제, 혐오적 치료

   (답은 부록 A에 있습니다.)

물질사용장애 탐구하기

▶ 생각하고 느끼고 행동하는 방식을 바꾸는 약물들을 사용하고 남용할 때 많은 종류의 문제들이 발생할 수 있다.

▶ 예전에는 약물남용과 의존을 개인의 나약함 때문으로 보았으나, 이제는 생물학적 및 심리사회적 요인들 모두에 영향을 받는 것으로 간주한다.

사회적 영향

- 약물에 노출 — 미디어, 또래, 부모 또는 부모의 감독 부재를 통해 — 또는 약물에 노출되지 않음
- 약물사용에 대한 사회적 기대감과 문화적 규준
- 가족/문화/사회 그리고 또래들(전부 또는 일부)의 약물사용 지지 또는 약물사용에 대한 지지 없음

심리적 영향

약물사용하지 않기
- 약물사용의 효과에 대한 두려움
- 약물을 하지 않기로 결심
- 약물사용 없이 자신감과 자기존중감을 느낌

약물사용하기
- 쾌락을 위해 약물사용: "기분 좋아짐"과 연관됨(정적 강화)
- 몽롱하게 만듦으로써 고통을 피하고 불쾌한 기분에서 빠져나오기 위해 약물을 사용(부적 강화)
- 통제하는 느낌
- 약물사용이 어떠할지에 대한 긍정적인 기대감과 욕구
- 금단 증상의 회피
- 다른 심리적 장애가 있음: 기분장애, 불안장애 등

원인

약물사용과 약물남용

생물학적 영향

- 타고난 유전적 **취약성**이 영향을 줌
  - 약물에 대한 신체의 민감성(ADH gene)
  - 약물을 대사처리하는 신체의 능력(간에 특수한 효소가 존재)
- 약물들이 뇌 안의 자연적인 보상센터("쾌락 경로")를 활성화시킴
- 약물 추구와 재발을 높이는 신경가소성

치료: 다양한 접근의 사용이 최선

심리사회적 치료

- 혐오치료 – 약물사용과 부정적인 연상을 만들어 냄(술 마시는 것과 함께 쇼크, 코카인 사용에 구토하는 것 상상하기)
- 유관 계획(contingency management)은 선택된 행동을 보상함으로써 행동을 변화시킴
- 금주동맹과 그 변형들(Alcoholics Anonymous and Its Variations)
- 병원 입원 치료(비용이 많이 들 수 있음)
- 통제된 사용(controlled use)
- 지역사회 강화(community reinforcement)
- 재발방지(relapse prevention)

생물학적 치료

- 작용물질 보완제(agonist substitution)
  - 한 가지 약물을 다른 비슷한 약으로 대치하는 것(헤로인 대신 메타돈, 담배 대신 니코틴 껌과 패치 사용)
- 길항제 치료(antagonist treatment)
  - 한 가지 약물의 효과를 다른 약물로 막는 것(날트렉손을 아편제와 알코올 대신 사용)
- 혐오치료
  - 약물 복용을 매우 불쾌하게 만듦(알코올중독을 치료하기 위해, 알코올과 섞였을 때 오심과 구토를 일으키는 Antabuse를
- 금단 증상을 겪는 사람을 회복하도록 돕는 약들(아편제 금단에 쓰는 클로니딘, 알코올에 쓰는 진정제 등)

약물의 종류

	해당 약물	영향
억제제	알코올, 바비튜레이트(진정제: 아미탈, 세코날, 넴뷰탈) 벤조디아제핀(바리움, 자낙스, 할시온)	■ 중추신경계 활동 감소시킴 ■ 신체 각성 수준 감소시킴 ■ 이완
자극제	암페타민, 코카인, 니코틴, 카페인	■ 신체적 각성 상승시킴 ■ 사용자들은 보다 각성되고 활기차게 느낀다.
아편제	헤로인, 모르핀, 코데인	■ 진통 효과-뇌에서 아편제(엔도르핀 등)를 따라함으로써, 고통을 감소시키고 수면과 다행감을 유도한다.
환각제	대마, LSD, 엑스터시	■ 정신적 그리고 정서적 지각을 변화시킴 ■ 감각적 지각을 (때때로 극적으로) 왜곡시킴

충동조절장애 탐구하기

욕구나 유혹에 따라 행동하는 것에 저항하는 능력이 없는 것이 특징이다. 이 장애를 가진 사람들은 종종 사회로부터 '의지'의 부족 때문에 문제를 가지게 된 것으로 인식된다.

충동조절장애의 유형

장애		특징	치료
간헐적 폭발장애		■ 공격적인 충동에 따라 행동하여 폭행과 재산의 파괴를 야기함 ■ 현대의 연구들은 어떻게 신경전달물질들과 테스토스테론의 수준이 심리사회적 영향들(스트레스, 양육 방식)과 상호작용하는지에 집중되어 있음	인지행동적 개입(공격적인 분노 폭발의 계기를 확인하고 피하도록 도움)과 약물치료를 하는 접근이 가장 효과적인 것으로 보임
병적 도벽		■ 필요 없는 물건들을 훔치고 싶은 욕구에 저항하기를 반복적으로 실패함 ■ 훔치기 직전 긴장감을 느끼고, 도둑질을 저지를 때 쾌락과 안도감을 느끼는 것이 뒤따른다. ■ 기분장애와 높은 공존장애율을 보이며, 정도는 덜하지만 물질 남용/의존과도 공존장애율을 보임	행동적 개입 또는 항우울제 약물치료
병적 방화		■ 불을 내고자 하는 저항할 수 없는 충동적 욕구 ■ 불을 내기 직전 각성되며, 불이 타오르는 동안 만족감과 안도감을 느낌 ■ 매우 드물다, 방화범의 4% 미만에서 진단됨	인지행동적 개입(충동적 욕구를 점화시키는 신호를 확인하도록 돕고, 불을 지르는 것에 저항하는 대처 전략을 가르침)

11 성격장애

행동을 해석하기 위해 과학적 추론을 사용한다.	▶ 행동에 대한 설명들(예, 추론, 관찰, 조작적 정의, 해석)에서 기본적인 생물학적, 심리적, 사회적 요소들을 확인한다. (APA SLO 1.1a) (교재의 464, 470~473, 476~477쪽 참고)
혁신적이고 통합적인 사고와 문제해결에 참여한다.	▶ 경험적으로 연구하기 위하여 문제를 조작적으로 기술한다. (APA SLO 1.3a) (교재의 455~459쪽 참고)
원리에 근거한 문제해결을 사용한 적용을 기술한다.	▶ 일상생활에 심리학적 원리를 적절하고 실용적으로 적용한 예를 기술한다. (APA SLO 5.3a) (교재의 455~478쪽 참고)

* 이 단원의 내용은 미국심리학회(APA)가 학부 심리학 전공에 대한 지침(American Psychological Association, 2012)에서 제안한 학습목표들을 포함하고 있다. APA에서 제안한 학습목표(Suggested Learning Outcome, SLO)에 따른 범위는 위에서 확인할 수 있다.

성격장애의 개요

▶ 성격장애의 본질적 특징은 무엇인가?

우리는 모두 성격이 무엇인지 알고 있다고 생각한다. 한 개인이 행동하고 생각하는 특유의 방식이다. "마이클은 수줍음이 많다", "민디는 극적으로 행동하는 것을 좋아한다", "아네트는 활발하다", "후안은 세심하고 사소한 것들에 대해 쉽게 서운해 한다." 우리는 사람들이 많은 상황에서 한 가지 방식으로 행동할 것이라고 분류하는 경향이 있다. 예를 들어 마이클과 비슷하게 대부분의 사람들은 모르는 사람 앞에서는 수줍어하지만 친구들 사이에서는 수줍어하지 않을 것이다. 진짜 수줍음을 많이 타는 사람은 오랜 시간 동안 알던 사람들조차도 부끄러워한다. 수줍음은 대부분의 상황 속에서 그 사람이 행동하는 방식의 일부다. 우리도 여기에 언급된 다른 방식들(극적인, 활달한, 쉽게 화를 내는)로 행동했을 것이다. 하지만 성격 특성이 관계를 방해하고 그 사람에게 스트레스를 유발하고 혹은 일반적으로 일상생활의 활동을 방해한다면 성격장애를 고려해 볼 수 있다(Skodol, 2012). 이 장에서는 특정 성격장애와 관련된 특징적인 행동 방식을 살펴볼 것이다. 먼저 성격장애 및 그와 관련된 이슈들을 어떻게 개념화하는지 검토한 후 각 장애를 설명할 것이다.

성격장애의 특징

이전에 설명한 장애들에 비해 성격장애는 만성적이다. 그저 지나가는 것이 아니라 아동기에 시작되어 성인기 내내 지속된다(Widiger, 2012). 이러한 만성적인 문제들이 성격에 영향을 주기 때문에 문제가 삶의 모든 측면에 만연하게 된다. 예를 들어 한 여성이 과도한 의심을 한다면(편집성 성격장애 가능성의 징후) 이 특질은 직장(그녀의 직장

동료들이 음모를 꾸민다고 믿는다면 이직을 자주 할 것), 관계(아무도 믿지 못한다면 관계를 오래 유지할 수 없을 것), 사는 곳(집주인이 해코지한다고 의심을 하면 이사를 자주 할 것)을 포함하여 그녀의 대부분의 활동들에 영향을 미칠 것이다.

따라서 **성격장애**는 정서, 인지, 행동의 지속적인 패턴으로, 성격장애를 지닌 본인 및 타인에게 지속적인 정서적 스트레스를 유발하고, 직장 및 타인과의 관계에서 어려움을 야기할 수 있다(American Psychiatric Association, 2013). 성격장애를 지닌 사람들은 주관적인 고통을 느끼지 않을 수 있다는 점에 주의해야 한다. 사실상 성격장애를 지닌 사람들의 행동 때문에 고통을 겪는 사람들은 본인이 아닌 타인들이다. 이러한 사실은 반사회성 성격장애에서 흔히 볼 수 있다. 왜냐하면 반사회성 성격장애를 지닌 사람은 타인의 권리를 노골적으로 무시하면서도 후회하지 않기 때문이다(Hare, Neumann, & Widiger, 2012). 때로 성격장애를 지니고 있는 본인은 자신의 장애가 유의한 기능적 손상을 야기하는지 판단할 수 없기 때문에 성격장애를 지닌 사람 이외의 다른 사람이 이러한 판단을 해야 한다.

*DSM-5*는 10가지의 성격장애를 제시한다. 성격장애에 대한 성공적인 치료 전망이 예전보다 긍정적이긴 하지만(Nelson, Beutler, & Castonguay, 2012), 불행하게도 다른 심리적 문제(예를 들어 주요우울)와 함께 성격장애를 지닌 사람들은 치료에 잘 반응하지 않는다.

성격장애(personality disorder) 환경과 자신과의 관계에서 부적응적 패턴이 지속되고 중대한 기능적 손상 혹은 주관적 고통을 유발하는 상황이 나타남.

범주적 및 차원적 모델

우리 대부분은 가끔 타인이 의심스럽고, 조금은 편집증적이고, 과도하게 극적이고, 자신에게 너무 몰두하고, 은둔생활을 한다. 다행히도 이러한 특성들은 오래가지 않고 과도하게 강렬하지 않다. 또한 우리가 사는 방식과 일하는 방식에 손상을 주지 않는다. 하지만 성격장애를 지닌 사람들은 다양한 상황에서 오랜 기간 동안 자기 자신, 타인 혹은 둘 모두에게 엄청난 정서적 고통을 야기하는 문제적 특성들을 보인다(Widiger, 2012). 그렇다면 이들의 어려움은 종류가 아닌 정도로 볼 수 있다. 다시 말해 성격장애를 지닌 사람들의 문제는 수줍어하거나 의심을 하는 것처럼 우리가 일시적으로 경험하는 문제들의 극단적인 형태일 수도 있다(South, Oltmanns, & Krueger, 2011).

정도의 문제와 종류의 문제 간의 구분은 보통 범주 대신 차원의 용어로 설명된다. 이 분야에서 지속적으로 논쟁이 되는 이슈는 성격장애가 정상 성격 변이의 극단적인 형태(차원)인지 심리적으로 건강한 행동과 다른 방식(범주)인지에 관한 것이다(Widiger & Trull, 2007). 일상생활에서도 차원과 범주 간의 차이를 볼 수 있다. 예를 들어 우리는 성별을 범주적으로 보는 경향이 있다. 사회는 우리를 '여성'이라는 범주에 속하거나 '남성'이라는 범주에 속하는 것으로 본다. 하지만 성별을 차원적인 측면에서도 볼 수 있다. 예를 들어 우리는 '남성성'과 '여성성'이 호르몬에 의하여 결정되는 것을 알고 있다. 우리는 테스토스테론, 에스트로겐 혹은 둘 모두의 차원으로 사람들을 확인할 수 있고, 남성 혹은 여성이라는 절대적인 범주 대신 남성성과 여성성의 연속선상에서 사람들을 평가할 수 있다.

이 분야의 많은 연구자와 임상가들은 성격장애를 하나 이상의 성격 차원에서의 극단으로 본다. 하지만 DSM으로 진단하는 방식 때문에 성격장애는 대부분의 다른 장애들과 같이 범주적인 관점에서 다루어진다. 당신은 두 가지 선택을 할 수 있다—장애가 있거나 없거나. 예를 들어 반사회성 성격장애가 있거나 없거나. 성격장애에 대해 이야기할 때 '어느 정도'라는 개념은 존재하지 않는다.

행동의 범주적 모델을 사용할 때의 장점들이 있다. 편리하다는 것이 가장 큰 장점이다. 하지만 단순화하면 문제가 생긴다. 문제 중 하나는 범주를 사용하게 되면 임상가가 구체화해야 하는 일이 생긴다는 점이다. 즉, 염증 혹은 부러진 팔이 실제(realness)인 것처럼 장애를 실제적인 것으로 봐야 한다. 어떤 사람들은 성격장애는 존재하는 것이 아니라 세상과 관계를 맺는 특정 방식이 문제가 된다고 사회에서 결정하는 것이라고 주장한다. 여기에는 다시 중요한 풀리지 않은 문제가 있다. 성격장애는 단지 정상 성격의 극단적인 변이인가? 혹은 분명하게 다른 장애인가?

어떤 사람들은 DSM-5 성격장애 부분이 차원적 모델로 교체되든지 혹은 적어도 보완되어야 한다고 주장한다(South et al., 2011; Widiger, 2012). 즉, 개인이 범주적 진단을 받을 뿐만 아니라 일련의 성격 차원들에서 평가될 수 있도록 해야 한다고 주장했다. 현재는 DSM-5의 '새로 개발된 평가치와 모델' 부분에 성격장애에 대한 대안적 DSM-5모델이 포함되어 있다(American Psychiatric Association, 2013). 이 모델은 '자기'(정체성과 자기주도성)와 대인관계(공감과 친밀

표 11.1 성격장애

성격장애	설명
군집 A: 특이하고 기이한 장애들	
편집성 성격장애	타인의 동기를 악의가 있는 것으로 해석하는 등 타인에 대한 전반적인 불신과 의심
조현성 성격장애	사회적 관계로부터 분리되고, 대인관계에서 제한된 범위의 정서 표현
조현형 성격장애	가까운 관계를 유지하는 능력의 감소와 불편감으로 특징지어지는 사회적 및 대인관계상의 결함, 인지 및 지각의 왜곡, 행동의 기이성
군집 B: 극적, 감정적, 변덕스러운 장애들	
반사회성 성격장애	타인의 권리를 무시하거나 침해하는 지속적인 패턴
경계선 성격장애	대인관계, 자아상, 정동 및 충동 통제의 불안정성
연극성 성격장애	과도한 정서와 관심 추구의 지속적인 패턴
자기애성 성격장애	과대성(공상에서 또는 행동), 숭배에의 요구, 공감 부족의 지속적인 패턴
군집 C: 불안하거나 두려워하는 장애들	
회피성 성격장애	사회적 억제, 부적절감 그리고 부정적 평가에 대한 지나친 민감성의 지속적인 패턴
의존성 성격장애	돌봄을 받고자 하는 지나친 욕구가 복종적이고 매달리는 행동 유발, 분리에 대한 두려움
강박성 성격장애	융통성, 개방성, 효율성을 희생시키더라도 정돈, 완벽, 정신적 통제 및 대인관계의 통제에 대해 지나치게 집착하는 지속적인 패턴

출처: Reprinted, with permission, from American Psychiatric Association. (2013). *Diagnostic and statistical manual of mental disorders* (5th ed.). Washington, DC: Author. © 2013 American Psychiatric Association.

감) 기능에서의 연속선에 초점을 맞춘다. 앞으로 이 대안적 모델이 어떻게 사용될지는 지켜봐야 한다.

성격장애 군집

*DSM-5*는 성격장애를 세 개의 그룹 혹은 군집으로 나눈다(American Psychiatric Association, 2013)(표 11.1). 군집은 유사성에 따라 나누어진다. 군집 A는 특이하고 기이한 군집이라고 하고 편집성, 조현성, 조현형 성격장애를 포함한다. 군집 B는 극적, 감정적 혹은 변덕스러운 군집이라고 불리고 반사회성, 경계선, 연극성 및 자기애성 성격장애를 포함한다. 군집 C는 불안하거나 두려워하는 군집이고 회피성, 의존성, 강박성 성격장애를 포함한다.

통계와 발달

중요한 인구 조사에서 미국 성인 10명 중 1명은 진단 가능한 성격장애가 있다고 제안하고 있어(Lenzenweger, Lane, Loranger, & Kessler, 2007) 성격장애는 비교적 흔하다고 할 수 있다(표 11.2). 국가마다 다르지만 세계적으로 대략 성인의 6%는 적어도 하나의 성격장애가 있

다(Huang et al., 2009). 유병률의 차이는 다른 조사 방식, 임상 장면에서 조사하는 것과 도움을 구하지 않는 사람들까지 포함한 일반 인구를 조사하는 것에 따른 결과일 수 있다(Torgersen, 2012). 마찬가지로 이 장애의 성차—예를 들어 여성이 더 많이 경계선 성격장애 진단을 받고, 남성이 여성보다 더 많이 반사회성 성격장애로 진단을 받는 것—는 일반 인구를 조사할 때 변동 가능성이 매우 높다.

성격장애는 아동기에 시작되어 성인기에도 지속된다고 알려져 있다(Cloninger & Svakic, 2009). 좀 더 정교한 분석에 따르면 성격장애는 시간이 지나면서 없어질 수도 있지만 다른 성격장애로 대체될 수도 있다(Torgersen, 2012). 다시 말해 특정한 시점에 한 가지 성격장애 진단을 받고 몇 년 후 더 이상 기존 장애의 진단기준을 충족하지는 않지만, 두 번째 (혹은 세 번째) 성격장애의 특성이 있을 수 있다. 성격장애의 발달적 경로 같은 중요한 정보의 부족은 반복적으로 언급되는 문제이다. 표 11.2를 보면 대략 절반 정도의 장애들에 대해 아직 장애의 경과에 대한 정보가 불충분함을 알 수 있다. 연구 부족의 한 가지 이유는 많은 사람들이 장애의 초기 발달 단계에서 치료를 받지 않고 수년간 고통을 겪은 후에야 치료를 받기 때문이다. 이러한 이유로 성격장애를 초기부터 연구하기 어렵지만, 몇몇 연구가 여러 장애

표 11.2 성격장애의 통계와 발달

장애	유병률[*]	성차[*]	경과
편집성 성격상애	임상 인구 6.3~9.6% 일반 인구 1.5~1.8%	남녀가 거의 비슷함	정보 부족
조현성 성격장애	임상 인구 1.4~1.9% 일반 인구 0.9~1.2%	남성에게서 조금 더 흔함	정보 부족
조현형 성격장애	임상 인구 6.4~5.7% 일반 인구 0.7~1.1%	남성에게서 조금 더 흔함	만성적, 일부는 조현병으로 발달함
반사회성 성격장애	임상 인구 3.9~5.9% 일반 인구 1.0~1.8%	남성에게서 훨씬 더 흔함	40세 이후 사라짐(Hare, McPherson, & Forth, 1988)
경계선 성격장애	임상 인구 28.5% 일반 인구 1.4~1.6%	남녀가 거의 비슷함	30대까지 살아 있을 경우 증상이 점점 호전됨(Zanarini et al., 2006), 약 6%가 자살함(Perry, 1993)
연극성 성격장애	임상 인구 8~9.7% 일반 인구 1.2~1.3%	여성에게서 조금 더 흔함	만성적
자기애성 성격장애	임상 인구 5.1~10.1% 일반 인구 0.1~0.8%	남성에게서 조금 더 흔함	시간이 지나면서 호전될 가능성(Cooper & Ronningstam, 1992; Gunderson, Ronningstam, & Smith, 1991)
회피성 성격장애	임상 인구 21.5~24.6% 일반 인구 1.4~2.5%	여성에게서 조금 더 흔함	정보 부족
의존성 성격장애	임상 인구 13~15% 일반 인구 0.9~1%	여성에게서 훨씬 더 흔함	정보 부족
강박성 성격장애	임상 인구 6.1~10.5% 일반 인구 1.9~2.1%	남성에게서 조금 더 흔함	정보 부족

[*] Population data and gender data reported in Torgersen, S. (2012). Epidemiology. In T. A. Widiger（Ed.）, *The Oxford handbook of personality disorders*（pp. 1862205）. New York: Oxford University Press.

의 발달을 이해할 수 있도록 도움을 주었다(Pulay et al., 2009; Stinson et al., 2008).

성차

성격장애가 있는 남성들은 더 공격적이고, 구조적이고, 자기주장적이며, 무심한 특성들을 보이는 경향이 있고, 여성들은 순종적이고, 정서적이고, 불안정한 특성을 보이는 경향이 있다(Torgersen, 2012). 그러므로 반사회성 성격장애는 남성에게, 의존성 성격장애는 여성에게 더 많이 나타나는 것이 놀라운 일이 아니다. 역사적으로 연극성과 경계선 성격장애는 여성에게 더 많이 나타났지만(Dulit, Marin, & Frances, 1993) 일반 인구의 유병률을 조사한 최근 연구에 따르면, 동등한 수의 남성과 여성이 연극성과 경계선 성격장애를 지니고 있다(표 11.2). 만약 이러한 관찰이 미래 연구에서도 유효하다면, 왜 이 두 성격장애는 일반 임상 장면과 다른 연구들에서 여성에게 더 많이 진단되었을까?

이러한 차이는 유전적, 사회문화적 혹은 둘 모두와 관련된 경험에서의 남녀 차이를 시사하는 것인가, 아니면 진단을 내린 임상가의 편향을 대변하는 것인가? 예를 들어 진단을 위해 임상심리학자들에게 허구 사례사를 보낸 Maureen Ford와 Thomas Widiger(1989)의 고전 연구를 보자. 한 사례는 대개 남성에게 진단되는 무책임하고 무모한 행동이 특성인 반사회성 성격장애를 지닌 사람에 대해 기술하였고, 다른 사례는 대개 여성에게 진단되는 극적인 정서성과 관심 추구가 특성인 연극성 성격장애를 지닌 사람에 대해 기술하였다. 모든 정보가 동일하였지만, 어떤 버전에서는 그 대상이 남성이었고 어떤 버전에서는 여성이었다. 그림 11.1과 같이, 반사회성 성격장애가 남성으로 기술되었을 때 대부분의 심리학자들은 올바른 진단을 내렸다. 하지만 같은 사례의 반사회성 성격장애가 여성으로 기술되었을 때는 대부분의 심리학자들은 반사회성 성격장애 대신 연극성 성격장애 진단을 내렸다. 연극성 성격장애 사례에 대해서는 여성으로 기술되었을 때 연극성 성격장애로 진단될 가능성이 증가하였다. Ford와 Widiger(1989)는 더 많은 여성들이 연극성 성격장애를 가진 것으로 잘못 진단되었다는 결론을 내렸다.

연극성 성격장애가 여성에게 편향적으로 진단되는 것과 같은 이러한 진단상의 성차는 다른 학

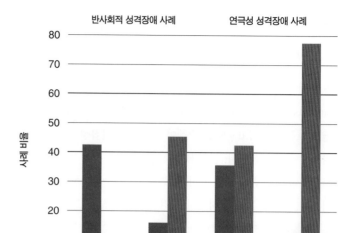

● 그림 11.1 성격장애 진단에 있어서의 성별 편향. 사례가 남성으로 기술되는지 여성으로 기술되는지에 따라서 반사회적 성격장애 혹은 연극성 성격장애로 진단되는 사례의 비율 [출처: Ford, M. R., & Widiger, T. A. (1989). Sex bias in the diagnosis of histrionic and antisocial personality disorders. *Journal of Consulting and Clinical Psychology, 57*, 301-305.]

자들로부터도 비난을 받았다(예를 들어 Kaplan, 1983). Kaplan은 지나치게 극적임, 자만함, 유혹적임, 외모에 대한 과도한 걱정과 같은 연극성 성격장애의 많은 특징들은 서구의 '전형적인 여성'의 특징이

▲ 성별 편향은 특정한 행동 특성을 하나의 성별과 관련짓는 임상가들의 진단에 영향을 미칠 수 있다.

라고 언급하였다. 이 장애는 단순히 극단적인 '여성' 특질의 상징일 수 있으며(Chodoff, 1982) Kaplan은 그러한 개인을 정신질환자라고 부르는 것은 여성에 대한 사회의 내재된 편향을 반영하는 것이라고 주장하였다.

성격장애 진단에서 성별 편향의 문제에 대해서는 아직도 논란이 많다(Liebman & Burnette, 2013). 하지만 기억해야 할 것은 특정 장애가 더 많은 남성 혹은 여성에게 나타난다고 해서 편향을 뜻하지는 않는다는 점이다(Lilienfeld, VanValkenburg, Larntz, & Akiskal, 1986). 편향이 존재한다면 진단 과정의 다른 단계에서 발생할 수 있다. Widiger와 Spitzer(1991)는 장애의 기준 자체가 편향되었거나(기준 성별 편향) 평가 도구와 사용 방법이 편향되었을 수 있다고(평가 성별 편향) 하였다. 일반적으로 기준 자체는 강한 성별 편향이 없어 보이지만, 기준를 사용하는 임상가들의 개인적 편향 때문에 남성과 여성을 다르게 진단하는 경향이 있을 수 있다(Oltmanns & Powers, 2012).

공존장애

표 11.2를 보고 성격장애들의 유병률을 더하면 성격장애가 전체 인구의 25%에게 영향을 미친다는 결론을 내릴 수 있다. 사실 성격장애를 지닌 사람들의 비율은 10%에 더 가깝다(Huang et al., 2009; Lenzenweger et al., 2007). 이 차이를 어떻게 설명할 수 있는가? 성격장애의 주요 문제는 사람들이 하나 이상의 성격장애를 가진 것으로 진단되는 경향이 있다는 것이다. 공존장애는 한 사람이 동시에 다수의 장애를 가진 상태를 뜻한다(Caron & Rutter, 1991). 다른 장애들이 자주 겹치기 때문에 이 용어를 심리장애에 대해 사용해야 할지에 대해서는 아직도 많은 논쟁이 계속되고 있다(Skodol, 2005). Zimmerman, Rothschild과 Chelminski(2005)의 연구에서는 859명의 정신과 외래환자 중에서 몇 명이 하나 이상의 성격장애가 있는지 평가하였다. 특정 성격장애를 지닌 사람들은 종종 다른 장애의 기준도 충족한다는 것을 발견하였다. 예컨대 경계선 성격장애를 지닌 사람은 편집성, 반사회성, 자기애성, 회피성 혹은 의존성 성격장애 진단을 받을 가능성도 있다.

정말 사람들은 하나 이상의 성격장애를 지니는 경향이 있는 것인가? 우리가 이 장애들을 정의하는 방법이 부정확하고, 이 장애들이 겹치지 않도록 정의를 개선해야 하는 것인가? 아니면 우리가 이 장애들을 잘못된 방법으로 나눈 것이고, 범주를 다시 생각해 보아야 하는가? 이 문제를 더 복잡하게 하는 것은 시간이 지나면 진단이 변하는 현상이다(Torgerson, 2012). 공존장애에 대한 이런 질문들은 성격장애를 연구하는 연구자들이 직면한 중요한 문제 중 하나이다.

연구 중인 성격장애

DSM에 포함하기 위해 연구된 다른 성격장애들이 있다(Wetzler & Jose, 2012). 예를 들어 가학성 성격장애는 타인에게 고통을 가하면서 쾌락을 느끼는 사람들이고(Morey, Hopwood, & Klein, 2007), 수동 공격성 성격장애는 반항적이고 협조를 거부하는 사람들이다. 이 장애들이 DSM-5에 포함되지 않았던 이유는 구별되는 별개의 성격장애로 존재하는지에 대한 논쟁이 남아 있기 때문이다(Wetzler & Jose, 2012).

지금부터는 현재 DSM-5에 제시된 10가지 성격장애를 검토할 것이다. 표 11.3은 각각의 성격장애를 지닌 사람들이 세상을 어떻게 보는지에 대해 간단하게 보여준다.

표 11.3 특정 성격장애와 관련된 주요 믿음

특정 성격장애	주요 믿음
편집성	다른 사람들은 믿을 수 없다.
조현성	다른 사람들로부터 고립되는 것이 낫다.
조현형	관계는 골치 아프고 바람직하지 않다.
연극성	사람들은 나에게 시중들고 숭배하기 위해 존재한다.
자기애성	나는 특별하므로 특별한 규칙을 누릴 가치가 있다.
경계선	나는 벌 받을 만하다.
반사회성	나는 규칙을 어길 자격이 있다.
회피성	사람들이 '진짜' 나를 안다면, 나를 거부할 것이다.
의존성	나는 생존하고 행복해지기 위해서 사람들이 필요하다.
강박성	사람들은 더 잘해야 하고 더 열심히 노력해야 한다.

출처: *Cognitive contributions to personality disorders.* Lobbestael, J., & Arntz, A., T. A. Widiger (ed.), (2012), Copyright Guilford Press. Reprinted with permission of The Guilford Press.

개념 확인 11.1

성격장애에 관한 다음 설명의 빈칸을 채우시오.

1. _____은(는) 성격장애를 지닌 사람들이 다른 장애로 진단되는 상태를 말한다.
2. 성격장애는 특이하고 기이한 장애들을 포함하는 _____, 극적이고 감정적이고 변덕스러운 장애들을 포함하는 _____ 그리고 불안하고 두려워하는 장애들을 포함하는 _____의 3가지의 군집 혹은 집단으로 나누어진다.
3. 성격장애가 정상 성격 변이의 극단적인 형태인지(차원적으로 분류) 아니면 심리적으로 건강한 행동과 다른 방식인지(_____(으)로 분류)에 대한 논쟁이 있다.

4. 성격장애는 다른 장애들과 다르게 어린 시절에 시작되어 성인 기 내내 지속되므로, _____ (으)로 묘사된다.

5. 성격장애의 연구에서 성차가 뚜렷하게 나타나지만, 연구 결과 의 어떤 차이들은 _____ 의 결과일 수 있다.

A군 성격장애

▶ 특이하고 기이한 성격장애의 필수적 특성은 무엇인가?

세 개의 성격장애—편집성, 조현성, 조현형 성격장애—는 조현병에서 나타나는 정신병적 증상들과 유사한 공통 특징들을 공유한다. 이렇듯 특이하고 기이한 성격장애들이 아래에 설명되어 있다.

편집성 성격장애

타인을 어느 정도 경계하는 것은 아마도 적응적이겠지만, 너무 의심이 많으면 친구를 사귀고 타인과 함께 일을 하고 기능적인 방식으로 일상적 상호작용을 하는 것을 방해할 수 있다. **편집성 성격장애**를 지닌 사람들은 타당한 이유 없이 타인을 지나치게 믿지 못하고 의심한다. 그들은 다른 사람들이 자신을 해치려 하거나 속이려 한다고 생각하기 때문에 타인을 신뢰하지 못하는 경향이 있다. 제이크의 사례를 보자.

제이크 ● 연구의 희생자

제이크는 중산층 동네에서 자랐고, 고등학교 때 심각한 문제는 없었지만 선생님이나 반 친구들과 다툰다는 평판을 들었다. 고등학교 졸업 후 그는 지역의 전문대학에 들어갔으나, 1년 뒤에 낙제하여 퇴학당했다. 제이크가 학교에서 성공을 하지 못한 이유는 부분적으로 자신의 나쁜 성적에 대한 책임을 지지 못한 것에 원인이 있었다. 그는 다른 학생들과 교수들이 자신이 실패하도록 합심했다고 믿으면서 음모론을 발전시키기 시작했다. 제이크는 자신의 고용주가 직장에서나 집에서나 자신을 몰래 감시한다고 불평하면서 이 직장 저 직장을 전전했다.

제이크는 25살 때 부모님의 바람과는 다르게 부모님의 집을 떠나 주 밖에 있는 작은 마을로 이사했다. 그가 부모님에게 매일 썼던 편지는 부모님의 최악의 걱정을 확고하게 했다. 점점 더 자신에게 해를 끼치려는 사람들에 대한 생각에 사로잡혔고, 어린 시절 자신에 대해서 연구가 어떻게 진행되었는지에 대한 정교한 이론을 발전시켰다.

그가 집으로 보낸 편지들에는 CIA와 같이 일하는 연구자들이 아이인 자신에게 약을 투여하고 전자파를 내뿜는 뭔가를 귀에 심었다고 믿는 내용이 들어 있었다. 그는 그 전자파가 자신에게 암을 유발한다고 믿었다. 그 후로 2년 동안 그는 자신의 이론에 점점 더 집착하게 되었으며, 여러 당국에 자신이 서서히 살해당하고 있다고 설득하는 편지를 보냈다. 그가 지역의 전문대학 관리자들에게 위협을 가하며 협박을 하자 그의 부모님에게 연락이 취해졌고, 제이크는 심리학자에게서 편집성 성격장애와 주요우울장애로 진단받았다.

임상적 기술

편집성 성격장애가 있는 사람들의 두드러진 특성은 정당성 없는 만연한 불신이다(Hopwood & Thomas, 2012). 물론 누군가 당신을 속이려고 하고 노리는 사람이 있을 수도 있다. 하지만 편집성 성격장애가 있는 사람들은 대부분의 사람들이 의심스럽지 않다고 동의하는 상황에서도 의심을 한다. 심지어는 자신과 전혀 관련이 없는 사건들도 개인적인 공격으로 해석한다(Bernstein & Useda, 2007). 이들은 이웃의 개가 짖거나 비행기 시간이 지연되었을 때 일부러 자신을 짜증나게 하려는 것으로 생각한다. 안타깝게 이러한 불신은 자신과 가까운 사람들에게까지 이어지고, 의미 있는 관계 유지를 어렵게 한다.

의심과 불신은 여러 가지 방식으로 나타날 수 있다. 편집성 성격 장애를 지닌 사람들은 논쟁적일 수 있고, 불만을 표출할 수 있고, 조용할 수 있다. 이러한 방식의 상호작용은 때로 타인에게 비언어적으로 소통되고, 이러한 변덕스러움 때문에 타인에게 불편감을 초래한다. 이들은 비판에 예민하고 자율성에 대한 욕구가 지나치게 크다(Bernstein & Useda, 2007). 이 장애는 자살 시도와 폭력적 행동의 위험성을 증가시키고, 이 장애를 지닌 사람들은 일반적으로 삶의 질이 낮다(Hopwood & Thomas, 2012).

원인

일반적으로 편집성 성격장애는 유전의 역할이 큰 것 같다(Kendler et al., 2006). 다른 특이하고 기이한 A군 성격장애를 다음에서 보게 되겠지만, 조현병과의 관련성 때문에 편집성 성격장애를 *DSM*에서 독립된 장애로 간주하지 말자는 제안도 있었다(Triebwasser, Chemerinski, Roussos, & Siever, 2013).

편집성 성격장애에 대한 심리학적 기여는 확실하지 않지만 일부 흥미로운 제안이 있다. 어떤 심리학자들은 편집성 성격장애를 지닌 사람들의 사고(도식)가 그들의 행동을 설명한다고 지적한다. 이 장애를 가진 사람들은 타인에 대해 기본적으로 잘못된 추정을 한다. "사람들은 악의적이고 기만적이다", "기회를 봐서 공격할 것이다", "만반의 준비를 하고 있어야만 위험하지 않다"(Lobbestael & Arntz, 2012). 이는 세상을 보는 부적응적인 방식이지만 이들의 삶의 모든

▲ 편집성 성격장애를 지닌 사람들은 종종 자신을 성가시게 하거나 귀찮게 하기 위해 어떤 상황이 존재한다고(개인적으로 의도되지 않았는데도) 믿는다.

측면에 스며들어 있는 것 같다. 이들이 왜 이런 지각을 발달시키는지는 모르겠지만, 뿌리는 초기 양육에 있다고 추정된다. 이들의 부모는 실수를 조심하라고 가르쳤을 수도 있고 이들이 다른 사람들과는 다르다는 인상을 심어 주었을 수도 있다. 이러한 각성 상태는 타인이 기만적이고 악의적이라는 신호를 보게 한 원인이 되었을 수 있다(Carroll, 2009).

편집성 성격장애에는 문화적 요인도 관련되어 있다. 죄수, 난민, 청각 장애인, 노인과 같은 특정 집단은 그들의 독특한 경험 때문에 특히 민감하다(Rogler, 2007). 만약 당신이 이민자로서 언어와 새로운 문화 풍습에 힘들어한다고 가정했을 때 타인을 어떻게 볼지 상상해 보자. 타인이 웃거나 조용히 이야기하는 것과 같은 악의 없는 행동들도 당신 때문이라고 해석할 수 있다. 그러므로 인지적이거나 문화적 요인들이 상호작용하여 편집성 성격장애를 지닌 사람들에게서 관찰되는 의심을 만들어낼 수 있다.

치료

편집성 성격장애를 지닌 사람들은 모든 사람을 불신하기 때문에 전문가의 도움이 필요할 때 요청하지 않고 성공적인 치료에 필요한 신뢰관계를 형성하는 것을 어려워 한다(Skodol & Gunderson, 2008). 이들이 결국 치료를 찾는 계기는 (제이크가 낯선 사람을 협박한 것처럼) 보통 삶의 위기가 왔을 때이거나 성격장애가 아닌 불안 혹은 우울과 같은 다른 문제들 때문이다(Kelly, Casey, Dunn, Ayuso-Mateos, &

DSM 5 DSM 진단기준 요약 **편집성 성격장애**

A. 다른 사람의 동기를 악의가 있는 것으로 해석하는 등 타인에 대한 전반적인 불신과 의심이 있으며, 이는 성인기 초기에 시작되며 여러 상황에서 나타나고 다음 중 4가지(또는 그 이상)로 나타난다.

(1) 충분한 근거 없이 다른 사람이 자신을 관찰하고 해를 끼치고 기만한다고 의심함

(2) 친구들이나 동료들의 충정이나 신뢰에 대한 근거 없는 의심에 사로잡혀 있음

(3) 어떠한 정보가 자신에게 나쁘게 이용될 것이라는 잘못된 두려움 때문에 다른 사람에게 비밀을 털어놓기를 꺼림

(4) 보통 악의 없는 말이나 사건에 대해 자신의 품위를 손상하는 또는 위협적 의미가 있는 것으로 해석함

(5) 지속적으로 원한을 품는다. 즉 모욕이나 상처줌 혹은 경멸을 용서하지 못함

(6) 다른 사람에겐 분명하지 않은 자신의 성격이나 평판에 대한 공격을 지각하고 곧 화를 내고 반격함

(7) 정당한 이유 없이 애인이나 배우자의 정절에 대해 반복적으로 의심함

B. 조현병, 정신병적 양상을 동반한 양극성장애 또는 우울장애, 다른 정신병적 장애의 경과 중 발생한 것은 여기에 포함시키지 않으며, 다른 의학적 상태의 생리적 효과로 인한 것이 아니다.

주의점: 진단기준이 조현병의 발병에 앞서 충족됐다면 '병전(premorbid)'을 추가해야 한다. 즉 '편집성 성격장애(병전)'

출처: American Psychiatric Association. (2013). *Diagnostic and statistical manual of mental disorders* (5th ed.). Washington, DC.

편집성 성격장애(paranoid personality disorder) A군 성격장애(괴이한, 기이한 특징) 중 하나로 다른 사람의 동기에 악의가 있는 것으로 해석하여 지속적으로 불신하고 의심함.

Dowrick, 2007).

치료자들은 신뢰감을 발달시키는 데 도움이 되는 분위기를 제공하기 위해 노력한다(Bender, 2005). 치료자들은 인지치료를 사용하여 타인에 대한 잘못된 가정을 반박하고, 사람들은 모두 기만적이고 대다수의 사람들은 믿을 수 없다는 신념을 변화시키는 데에 집중한다(Skodol & Gunderson, 2008). 하지만 정신건강 전문가의 조사에 따르면 편집성 성격장애를 치료한 치료자들 중 11%만이 이들이 치료를 계속해서 받을 것으로 생각했다(Quality Assurance Project, 1990).

조현성 성격장애

당신은 '외톨이'인 사람을 아는가? 파티에 초대되어도 집에 혼자 있는 것을 선택하는 사람을 아는가? 수업 시간에 혼자 들어오고, 혼자 앉고, 혼자 나가는 사람을 아는가? 이와 같은 고립에 대한 선호를 몇 배 확대하면 **조현성 성격장애**에 대한 감을 잡을 수 있다(Hopwood & Thomas, 2012). 조현성 성격장애를 지닌 사람들은 사회적 관계에서 분리되어 있고 대인관계에서 제한된 범위의 정서를 보인다. 이들은 냉담하고 차갑고 타인에게 무심한 듯 보인다. Z씨의 사례를 보자.

Z씨 ● 모든 것을 혼자서

39세의 과학자 Z씨는 남극 근무에서 돌아온 후에 의뢰되었는데, 그는 그곳에서 다른 사람들과 협력하지 않았고, 방에 틀어박혀 있었으며, 혼자 술을 마시기 시작했다. Z씨는 4살 때 고아가 되었고 9살까지 고모에 의해 키워지다가 이후에는 냉담한 가정부가 그를 돌봐주었다. 그는 대학 시절 물리학에 뛰어났으나 타인과의 유일한 접촉은 체스였다. 이후 그는 내내 가까운 친구를 만들지 못했고 혼자 하는 활동에만 사로잡혔다. 남극에서 일할 때까지 그는 물리학 연구에서 꽤 성공적이었다. 남극에서 돌아온 지 몇 달이 지난 지금 그는 매일 적어도 한 병의 슈납스(독주)를 마셨고 그의 작업은 점점 악화되고 있었다. 그는 자족적이고 불필요하게 관심을 끌지 않으며 효과적으로 다른 사람들과 어울리는 것을 어려워했다. 그는 남극에서 자신의 냉담함에 대한 동료들의 분노를 어떻게 설명해야 할지 몰랐고 자신에 대한 그들의 의견에 무관심한 듯했다. 그는 자신의 삶이 지루하다고 불평하고 인터뷰 도중 어떤 시점에서는 슬퍼하기도 하고 독일에 있는 삼촌(유일한 친척)을 그리워하기도 했지만, 그 어떤 대인관계도 필요로 하지 않는 것 같아 보였다.

출처: Quality Assurance Project (1990). Treatment outlines for paranoid, schizotypal and schizoid personality disorders. *Australian and New Zealand Journal of Psychiatry, 24*, pp. 339-350.

임상적 기술

조현성 성격장애가 있는 대부분의 사람은 이성관계를 포함한 타인과의 친밀함을 갈망하지도 즐기지도 않는 것처럼 보인다. 그 결과 이들은 차갑고 무심해 보이고 칭찬이나 비판의 영향을 받지 않는 듯하다. 하지만 어떤 사람들은 타인의 의견에는 민감하지만, 그러한 감정을 표현하지 못하거나 싫어한다. 그들에게 사회적 고립은 매우 고통스러울 수 있다. 불행하게도 이 성격장애를 지닌 사람들 중에는 노숙자들이 많은데, 아마도 이들은 가까운 친구가 없고 타인과의 성적 관계가 없는 것에 대한 불만족감이 결여되어 있기 때문일 수 있다(Rouff, 2000).

조현성 성격장애가 있는 사람들의 사회적 결함은 편집성 성격장애와 비슷하지만, 더 극적이다. Beck과 Freeman(1990, p.125)은 이들이 "스스로를 주변 세상의 참여자가 아닌 관찰자로 생각한다"고 이야기하였다. 하지만 이들에게는 다른 A군 성격장애의 특징인 특이한 사고 과정이 없다(Cloninger & Svakic, 2009). 예를 들어 편집성과 조현형 성격장애가 있는 사람들은 의미 없는 사건들이 자신들과만 관련된다고 믿는 잘못된 신념인 관계사고가 있다. 반대로 조현성 성격장애가 있는 사람들은 편집성 성격장애에서 나타나는 사회적 고립, 라포 부족, 제한된 정서(긍정 정서도 부정 정서도 보이지 않는 것) 등의 특징을 공유한다. 12장에서 보게 되겠지만 정신병적 증상들을 구별하는 것이 조현병 환자들을 이해하는 데 중요하다.

원인과 치료

아동기 수줍음은 성인기 조현성 성격장애의 전조라고 보고되었다. 이러한 성격 특질은 유전일 수도 있고, 이 장애의 발달에서 중요한 결정 요인으로 여겨진다. 아동기 학대와 방임도 이 장애가 있는 사람들에게서 보고되었다(Johnson, Bromley, & McGeoch, 2005). 지난 수십 년간의 연구는 자폐증의 생물학적 원인에 대해 언급하였는데 자폐 아동의 부모들이 조현성 성격장애를 지닐 가능성이 더 크다고 하였다(Constantino et al., 2009). 자폐증과 조현성 성격장애에서 나타나는 생물학적 역기능이 초기 학습 혹은 대인관계에서의 초기 문제들과 함께 조현성 성격장애를 특징짓는 사회적 결함을 만들 가능성이 있다(Hopwood & Thomas, 2012).

이들이 치료를 요구하는 일은 드물지만, 극심한 우울증이나 직업 상실과 같은 위기에서만 치료를 요구한다(Kelly et al., 2007). 치료자들은 사회적 관계의 가치를 지적하는 것으로 치료를 시작한다. 이 장애가 있는 사람들은 공감을 배우기 위해 타인이 느끼는 감정에 대해서도 교육을 받아야 하고(Skodol & Gunderson, 2008) 종종 사회 기술 훈련도 받는다. 치료자들은 역할연기에서 친구 혹은 중요한 타자

A. 다양한 형태의 사회적 유대로부터 반복적으로 유리되고, 대인관계에서 제한된 범위의 감정 표현이 전반적으로 나타나며, 이러한 양상이 성인기 초기에 시작되며 여러 상황에서 나타나고 다음 중 4가지 이상에 해당된다.

(1) 가족과의 관계를 포함해서 친밀한 관계를 바라지 않고 즐기지도 않음

(2) 거의 항상 혼자서 하는 행위를 선택함

(3) 다른 사람과의 성적 경험에 대한 관심이 거의 없음

(4) 거의 모든 분야에서 즐거움을 취하려 하지 않음

(5) 일차 친족 이외의 친한 친구가 없음

(6) 다른 사람의 칭찬이나 비난에 무관심함

(7) 감정적 냉담, 유리 혹은 단조로운 정동의 표현을 보임

B. 단 조현병, 정신병적 양상을 동반한 양극성장애 또는 우울장애, 다른 정신병적 장애 혹은 자폐스펙트럼장애의 경과 중 발생한 것은 조현성 성격장애로 진단하지 않으며, 다른 의학적 상태의 생리적 효과로 인한 것이 아니다.

주의점: 진단기준이 조현병의 발병에 앞서 충족됐다면 '병전(premorbid)'을 추가해야 한다. 즉 '조현성 성격장애(병전)'

출처: American Psychiatric Association. (2013). *Diagnostic and statistical manual of mental disorders* (5th ed.). Washington, DC.

의 역할을 맡아 환자가 사회적 관계를 형성하고 유지하는 연습을 하도록 도와준다(Skodol & Gunderson, 2008). 이런 종류의 사회 기술 훈련을 할 때에는 사회적 네트워크(지지해 줄 수 있는 사람)를 확인하는 것이 도움이 된다(Bender, 2005).

조현형 성격장애

조현형 성격장애를 지닌 사람들은 조현성 성격장애처럼 보통 사회적으로 고립되어 있다. 거기에 더하여 이들은 일반 사람들이 이상하다고 느끼는 행동을 하고 타인을 의심하고 특이한 신념을 가지고 있다(Kwapil & Barrantes-Vidal, 2012). 어떤 사람들은 조현형 성격장애가 조현병과 같은 연속선(같은 스펙트럼)상에 있다고 생각하지만, 환각과 망상 같은 더 강한 증상들은 없다. 이러한 밀접한 관련성 때문에 *DSM-5*는 이 장애를 성격장애 범주와 조현병 스펙트럼장애 범주 모두에 포함시키고 있다(American Psychiatric Association, 2013). S씨의 사례를 보자.

S씨는 오랫동안 무직 상태인 35살의 남자로, 비타민 부족 때문에 의사에게 의뢰되었다. 이는 S씨가 기계에 의해 오염됐을 가능성이 있는 모든 음식을 피했기 때문에 일어난 일이라고 추측된다. 그는 20대에 식습관에 대한 남다른 아이디어를 발전시키기 시작했고, 곧 가족을 떠나 동양의 종교에 대해 공부하기 시작했다. 그는 "그것이 모두 부패에 대한 것이라는 나의 세 번째 눈을 뜨게 해주었다"라고 말했다.

그는 이제 자신의 농작물들을 키우고 자신이 키우지 못하는 것들은 물물교환을 하면서 조그마한 농장에서 혼자 산다. 그는 밤낮을 생물 오염의 근원과 구조들을 연구하면서 보냈고, 그의 지식 덕분에 그의 생각을 따르는 작은 무리가 생겼다. 그는 결혼한 적도 없었고, 자신의 가족들과는 거의 연락하지 않았다. 그는 농장에서의 삶으로 돌아가기 전에 자신의 식습관을 개선시키기 위해 약초강좌를 수강할 작정이라고 말했다. 그는 의사가 주는 약물을 거부했고 그의 비타민 결핍에 대한 사실을 이야기할 때마다 불안해 했다.

출처: Quality Assurance Project (1990). Treatment outlines for paranoid, schizotypal and schizoid personality disorders. *Australian and New Zealand Journal of Psychiatry, 24*, pp. 339–350.

임상적 기술

조현형 성격장애 진단을 받은 사람들은 정신병적 증상과 비슷하지만 정신병적이지는 않은 증상(모든 것이 자신과 개인적으로 관련되어 있다는 믿음)과 사회적 결함을 보이고 때로는 인지적 결함 혹은 편집증을 보인다(Kwapil & Barrantes-Vidal, 2012). 이들은 타인과 관계를 맺는 방식, 사고와 행동 방식 그리고 옷차림 때문에도 특이하고 기이하게 보인다. 이들은 관계사고가 있는데, 예를 들어 지나가는 버스 안의 모든 사람이 자신에 대한 이야기를 한다는 것을 믿지만 실제로 그럴 가능성은 낮다고 인정할 수 있다. 12장에서도 보겠지만 조현병 환자들도 관계사고가 있지만 그들은 보통 '현실검증'이 안 되고 자신의 생각의 비논리성을 보지 못한다.

조현형 성격장애가 있는 사람들도 특이한 신념 혹은 '마술적 사고'

조현성 성격장애(schizoid personality disorder) A군 성격장애(괴이한, 기이한 특징) 중 하나로 사회적 관계로부터 거리를 두고 정서의 표현이 제한된 패턴을 지속적으로 보임.

조현형 성격장애(schizotypal personality disorder) A군 성격장애(괴이한, 기이한 특징) 중 하나로 친밀한 관계를 갑자기 불편해하고 친밀한 관계를 형성할 능력이 감퇴되며 인지적 혹은 감각적 왜곡과 기이한 행동의 패턴을 지속적으로 보임.

에 사로잡히고, 신통력이 있거나 텔레파시를 사용할 수 있다고 믿는다. 이들은 혼자 있을 때 다른 사람의 존재를 느끼는 착각과 같은 이상한 지각적 경험을 보고한다. 다른 사람이 같은 공간에 있는 것 같은 느낌과 실제로는 없지만 같은 공간에 누군가 있다고 보고하는 조현병의 더 극적인 지각적 왜곡 간에는 미묘하지만 중요한 차이가 있다. 단순히 특이한 관심이나 신념을 지닌 사람들과 달리, 조현형 성격장애가 있는 사람들은 의심하는 경향이 있고 편집증적 사고가 있고 정서 표현을 덜 하고 옷을 이상하게 입거나 행동 방식이 이상할 수 있다(예를 들어 여름에 옷을 두껍게 껴입는다거나 혼잣말을 하는 것)(Chemerinski, Triebwasser, Roussos, & Siever, 2012). 나중에 조현형 성격장애를 발전시키는 아동에 대한 전향적 연구는 이 아동들이 소극적이고 비판에 과민하다는 사실을 발견하였다(Olin et al., 1997).

조현형 성격장애를 지닌 사람들은 종교적 혹은 영혼적 주제의 신념을 가지고 있으므로(Bennett, Shepherd, & Janca, 2013), 임상가는 여러 문화적 신념 혹은 활동이 이 장애의 잘못된 진단으로 이어질 수 있다는 것에 대해 인식하고 있어야 한다. 예를 들어 방언, 부두교, 독심술과 같은 종교적 의식에 사로잡혀 있는 사람은 극히 이례적으로 보일 수 있어 잘못된 진단으로 이어질 수 있다(American Psychiatric Association, 2013). 정신건강 전문가들은 자신의 문화와 다르거나 겉으로 이상해 보이는 행동에 대한 관점을 왜곡시킬 수 있는 문화적 행동들에 대해 특히 민감해야 한다.

원인

역사적으로 분열형(schizotype)이라는 단어는 조현병에 취약한 사람들에게 사용되었던 용어이다(Meehl, 1962; Rado, 1962). 조현형 성격장애는 조현병 유전자형의 하나의 표현형으로 간주되었다. 표현형은 개인의 유전이 표현되는 방식이다. 유전자형은 특정 장애를 형성하는 유전자이다. 당신이 어떠한 영향을 받느냐에 따라 당신의 모습(당신의 표현형)은 당신과 비슷한 유전자 구성을 지닌 사람과 다르게 나타날 수 있다. 어떤 사람들은 '조현병 유전자'(유전자형)를 지니고 있지만 생물학적 영향(예를 들어 태아기의 병)과 환경적 스트레스(예를 들어 가난, 학대)가 상대적으로 적었기 때문에 덜 심각한 형태의 조현형 성격장애를 갖게 된다(표현형)(Kwapil & Barrantes-Vidal, 2012).

조현형 성격장애와 조현병 간의 관계는 이 장애를 가진 사람들의 행동 방식으로부터 짐작할 수 있다. 관계사고, 착각, 편집증적 사고를 포함한 많은 조현형 성격장애의 특징들은 조현병에서 관찰되는 행동들의 가벼운 형태이다. 유전학 연구도 이러한 관계를 지지한다. 가족, 쌍둥이 그리고 입양 연구들은 조현병을 가지고 있지 않은 조현병 환자들의 친척들에게서 조현형 성격장애의 유병률이 증가함

을 보여주었다(Siever & Davis, 2004). 이 연구들은 또한 환경이 조현형 성격장애에 강한 영향을 줄 수 있다고 하였다. 연구에 따르면 남자의 경우 조현형 증상이 아동학대와 강하게 관련되어 있는 반면, 여자의 경우에는 아동학대가 외상후 스트레스장애 증상으로 이어진다(Berenbaum, Thompson, Milanak, Boden, & Bredemeier, 2008). 이 장애를 지닌 사람들에 대한 인지적 평가에서는 기억과 학습 검사의 수행 능력에서 경도와 중등도 정도의 감소가 나타났고 이는 이들의 좌반구 손상을 시사한다(Siever & Davis, 2004). 자기공명영상(MRI)을 사용한 다른 연구에서는 조현형 성격장애가 있는 사람들에게 전반적인 두뇌 이상이 있다는 결론을 내렸다(Modinos et al., 2009).

치료

임상적 도움을 요청하는 조현형 성격장애의 30~50%는 주요우울장애의 진단기준도 충족한다. 조현형 성격장애의 치료에는 우울증에 대한 의학적 및 심리학적 치료가 포함된다(Cloninger & Svakic, 2009; Mulder, Frampton, Luty, & Joyce, 2009). 조현형 성격장애 치료에 대한 통제된 연구는 적다. 하지만 이 장애가 조현병의 전구증상으로 간주되기 때문에 최근에는 이 장애의 치료에 관한 관심이 커지고 있다(McClure et al., 2010). 한 연구에서는 항정신병 치료제, 지역사회 치료(치료적 서비스를 제공하는 전문가팀), 사회기술 훈련을 병행하는 접근을 시도하였고, 이러한 병행 접근이 증상을 감소시키거나 미래에 조현병 발생을 늦추는 것을 발견하였다(Nordentoft et al., 2006). 조현형 성격장애 증상이 있는 젊은 사람들을 대상으로 조현병 발병을 피하기 위한 항정신병 치료제와 인지행동치료를 적용하는 것은 유망한 예방 전략임이 입증되고 있다(Correll, Hauser, Auther, & Cornblatt, 2010; Weiser, 2011).

개념 확인 11.2

다음은 어떠한 성격장애에 대한 설명인가?

1. 하이디는 아무도 믿지 않고 다른 사람들이 그녀를 해치고 싶어

한다는 잘못된 믿음을 가지고 있다. 그녀는 아무런 증거도 없는데도 불구하고 남편이 세 아들을 데리고 자신을 떠나려 한다고 확신했다. 그녀는 자신에 대한 음모에 사용될 수 있다는 두려움 때문에 함께 일하는 사람들에게 어떤 정보도 알려주지 않았다. 그녀는 항상 긴장해 있고 가족들의 악의 없는 말들에 대해 반박할 준비가 되어 있었다. _____

2. 레베카는 새들과 함께 시골에서 혼자 살고 타인과 거의 접촉하지 않는다. 그녀는 주변의 공기와 물에 포함된 유해한 화학물질을 두려워하고 극단적으로 오염을 걱정한다. 그녀는 자신만의 정수 시스템을 발전시키고 자신의 옷을 직접 만들었다. 만약 밖에 나가야 할 일이 생기면 오염된 공기를 피하기 위해 온몸을 과도하게 감싸고 마스크를 쓴다. _____

3. 더그는 친한 친구가 없는 대학생이다. 그는 매일 수업에 와서 혼자 구석자리에 앉는다. 대부분의 학생들은 그가 수업 활동에 참여하지 않는 것을 불평했지만 그는 다른 사람들이 하는 말들에 무관심했다. 그는 한 번도 여자친구를 사귀어본 적이 없고 성관계에 대한 욕구를 표현해 본 적도 없었다. 그가 치료자를 만나고 있는 이유는 오로지 가족들이 그에게 치료를 받도록 속였기 때문이다. _____

B군 성격장애

▶ 극적이고, 감정적이고, 변덕스러운 성격장애의 필수적 특성은 무엇인가?

B군 성격장애 —반사회성, 경계선, 연극성, 자기애성 —진단을 받은 사람들은 모두 극적이고, 감정적이고, 변덕스러운 행동을 보인다. 이러한 성격장애들에 대해 아래와 같이 설명된다.

반사회성 성격장애

반사회성 성격장애가 있는 사람들은 임상가가 현장에서 보게 되는 가장 곤혹스러운 집단 중 하나이고, 사회규범에 따르는 데에 실패한 과거가 있다. 이들은 친구와 가족을 대상으로 절도를 하는 것처럼 대부분의 사람들이 수용할 수 없는 행동들을 한다. 이들은 또한 무책임하고, 충동적이고, 기만적이다(De Brito & Hodgins, 2009). 사이코패스(반

사회성 성격장애의 하위 집단) 연구의 개척자인 Robert Hare는 이들에 대해 다음과 같이 묘사한다. "이들은 사람들의 마음을 사로잡고, 조종하고, 인생을 무자비하게 갈아엎는 사회적 포식자이다. 이로 인해 많은 상처와 부서진 기대 그리고 텅 빈 지갑과 같은 흔적을 남긴다. 양심과 공감이 완전히 결핍된 이들은 원하는 것을 이기적으로 취하고, 하고 싶은 대로 행동하며, 일말의 죄책감이나 후회 없이 사회적 규범과 기대를 위반한다"(Hare, 1993, p. xi). 라이언의 사례를 보자.

반사회성 성격장애(antisocial personality disorder) B군 성격장애(극적, 감정적, 변덕스러운 특징) 중 하나로 다른 사람의 권리를 무시하고 침해하는 패턴을 지속적으로 보임. 심리장애에 속하나 성격 특질보다는 외현적 행동을 더 강조함.

나는 라이언의 17번째 생일날 그를 처음 만났다. 불행하게도 그는 정신병원에서 생일축하를 받고 있었다. 그가 몇 달 동안 학교에 무단결석했고 문제를 일으켰기 때문에 그의 이야기를 들은 지방 판사가 정신과 평가를 추천했다.

라이언에 대한 나의 첫인상은 굉장히 협조적이고 유쾌하다는 것이었다. 그는 자신이 스스로 만든 팔의 문신을 가리키면서, 이것은 '멍청한' 짓이었고 이제는 후회한다고 했다. 그는 많은 것들을 후회했고 삶의 변화를 찾고 있었다. 이후에 나는 그가 한 번도 진심으로 후회한 적이 없다는 것을 발견했다.

우리의 두 번째 인터뷰는 꽤 달랐다. 첫 번째 인터뷰 후 48시간 동안 라이언은 왜 그가 상당한 도움을 필요로 하는지를 보여주는 몇 가지 행동을 했다. 가장 심각한 사건은 병원 내 학교에서 라이언과 같은 수업을 듣는, 15세 앤이라는 소녀와 관련된 일이었다. 라이언은 그녀에게 자신은 곧 병원에서 나갈 것이고 문제를 일으킬 것이고 앤의 아빠가 있는 감옥에 들어가서 그를 강간할 것이라고 했다. 라이언의 위협에 너무 화가 난 앤은 선생님과 몇몇 직원들을 때렸다. 내가 이에 대해 라이언에게 이야기했을 때, 그는 살짝 웃으며 자신은 지루했고 앤을 화나게 하는 게 재미있었다고 말했다. 내가 라이언에게 그의 행동 때문에 앤이 병원에 더 오래 있게 될 수도 있고 이에 대해 괴롭지 않은지 물었을 때, 그는 어리둥절해하며 "왜 제가 그 일 때문에 괴로워해야 하죠? 이 지옥에 있어야 하는 사람은 바로 그 여자애예요!" 라고 대답했다.

라이언은 자신이 환각제(PCP)나 합성 헤로인을 좋아하고 그것들이 다른 어떤 것보다 좋다고 말했다. 그는 주기적으로 2시간이 걸리는 뉴욕의 위험한 동네로 가서 마약을 구입했다. 그는 한 번도 불안한 적이 없다고 부인했는데 남자답다기보다는 진심으로 무신경한 것처럼 보였다.

라이언은 거의 진전을 보이지 않았다. 나는 가족치료 시간에 그의 미래에 대해서 논의했으며, 우리는 후회와 회한을 보이고는 다시 부모로부터 돈을 훔쳐 거리에 나가는 그의 행동패턴에 대해 이야기했다. 우리의 논의는 대부분 그의 부모로 하여금 라이언에게 '안 돼' 라고 말하는 용기를 주고 더 이상 그의 거짓말을 믿지 않도록 하는 데 중점을 두고 있었다. 라이언은 결국 마약 재활 프로그램에 들어가기 위해 석방됐다. 4주 동안 라이언은 부모에게 자신을 집으로 데려가도록 했으며, 돌아온 지 이틀 내에 라이언은 부모의 모든 현금을 훔쳐 사라졌다. 그는 친구들과 마약으로 돌아간 것이 확실했다.

라이언은 20대에 절도로 인한 여러 번의 체포 과정 중에 반사회적 성격장애로 진단받았다. 그의 부모는 그를 내쫓거나 그에게 돈을 주는 것을 거부하는 용기를 내어본 적이 없었고, 그는 자신에게 더 많

은 마약을 살 수 있는 수단을 제공하도록 부모를 지속적으로 속였다.

임상적 기술

반사회성 성격장애가 있는 사람들은 타인의 권리를 침해한 긴 과거가 있다(Hare et al., 2012). 이들은 타인의 의사와 상관없이 원하는 것을 얻기 때문에 종종 공격적이라고 묘사된다. 거짓말과 속임수는 이들에게 제2의 천성이고 종종 이들은 자신의 목표를 위해 만들어낸 거짓말과 사실을 구분하지 못하는 경향이 있다. 이들은 자신의 행동의 파괴적인 영향에 대해 후회하거나 걱정하지 않는다. 반사회성 성격장애의 60%에서 나타날 만큼 약물남용이 흔하고 이는 평생에 걸쳐 지속되는 경향이 있다(Taylor & Lang, 2006). 반사회성 성격장애의 장기적 결과는 성별에 상관없이 대부분 좋지 않다(Colman et al., 2009). 예컨대 한 고전 연구에서는 1,000명의 비행 소년과 그렇지 않은 소년들을 50년 동안 관찰하였다(Laub & Vaillant, 2000). 오늘날에는 많은 비행 소년들이 품행장애 진단을 받고 이는 성인기에 반사회성 성격장애로 이어질 수 있다. 비행 소년들은 비행을 저지르지 않던 또래들에 비해 자연사가 아닌 죽음(예를 들어 사고, 자살, 살인)을 맞이하게 될 확률이 2배 이상 높았는데 이는 알코올 남용이나 저조한 자기 관리(예를 들어 감염 및 무모한 행동)와 같은 요인 때문일 수 있다.

반사회성 성격장애는 지금까지 많은 명칭이 있었다. 패덕광(moral insanity), 에고패스(egopathy), 소시오패스(sociopathy) 그리고 사이코패스(psychopathy). 이러한 명칭들에 대한 많은 연구들이 있었으나 여기에서는 심리학 연구에서 가장 두드러지는 두 가지에 집중할 것이다. **사이코패스**와 *DSM-5*의 반사회성 성격장애. 이 두 장애가 정말 별개의 장애인지에 대해서는 계속 논쟁이 되고 있다(Hare et al., 2012; Lynam & Vachon, 2012).

기준 정의하기

'사이코패스 성격'에 대한 연구로 대부분 시간을 보낸 정신과 의사 Hervey Cleckley (1941/1982)는 Cleckley 기준이라고 알려진 16가지 주요 성격 특질을 확인하였다. Hare와 동료들은 Cleckley의 작업에 기초하여 사이코패스의 본질에 대해 연구하였고(예를 들어 Hare, 1970; Harpur, Hare & Hakstian, 1989 참고), 평가 도구로 사용 가능한 20문항짜리 체크리스트를 개발하였다. Hare가 Revised Psychopathy Checklist(PCL-R)에 포함시킨 6개의 기준은 다음과 같다.

1. 입심 좋음/피상적 매력

A. 15세 이후에 시작되고 다음과 같은 다른 사람의 권리를 무시하는 행동 양상이 있고 다음 중 3가지(또는 그 이상)를 충족한다.

(1) 체포의 이유가 되는 행위를 반복하는 것과 같은 법적 행동에 관련된 사회적 규범에 맞추지 못함

(2) 반복적으로 거짓말을 함, 가명 사용, 자신의 이익이나 쾌락을 위해 타인을 속이는 사기성

(3) 충동적이거나 미리 계획을 세우지 못함

(4) 신체적 싸움이나 폭력 등이 반복되는데서 보이듯이 불안정성 및 공격성을 보임

(5) 자신이나 타인의 안전을 무시하는 무모성

(6) 일정한 직업을 갖지 못하거나 혹은 당연히 해야 할 재정적 의무를 책임감 있게 다하지 못하는 것 등의 지속적인 무책임성

(7) 다른 사람을 해하거나 학대하거나 다른 사람 물건을 훔치는 것에 대해 아무렇지도 않게 느끼거나 이를 합리화하는 등 양심의 가책이 결여됨

B. 최소 18세 이상이어야 한다.

C. 15세 이전에 품행장애가 시작된 증거가 있다.

D. 반사회적 행동은 조현병이나 양극성장애의 경과 중에만 발생하지는 않는다.

출처: American Psychiatric Association. (2013). *Diagnostic and statistical manual of mental disorders* (5ᵗʰ ed.). Washington, DC.

2. 과장된 자기가치

3. 병적인 거짓말

4. 속임수/조종함

5. 후회나 죄책감의 결여

6. 냉담함/공감 결여

(Hare et al., 2012; p. 480)

훈련을 받은 임상가들은 면접을 통해 정보를 얻고, 중요한 타자 혹은 기관 파일(예를 들어 전과 기록)에서 자료를 얻은 후 체크리스트에 점수를 배정한다. 점수가 높을수록 사이코패스가 시사된다(Hare & Neumann, 2006).

Cleckley/Hare 기준은 기저의 성격 특질에 주로 초점을 둔다(예를 들어 자기중심적이거나 조종하는 것). 반사회성 성격장애에 대한 초기 *DSM* 진단기준은 거의 전적으로 관찰 가능한 행동에 초점을 두었다(예를 들어 충동적이고 반복적으로 직장, 집, 성적 파트너 바꾸기). 하지만 *DSM-5*는 좀 더 특질에 기반한 진단기준으로 옮겨갔고, Hare의 PCL-R에 포함된 용어(예를 들어 냉담한, 조종하는, 기만적인)와 같은 기

준이 일부 포함되어 있다. 불행하게도 반사회성 성격장애를 가진 사람을 확인하는 연구에서는 이런 새로운 정의가 진단의 신뢰도를 감소시킨다고 제안하고 있다(Regier et al., 2013). 이들을 특징짓는 핵심 특질을 유지하면서 진단의 신뢰도를 개선하기 위해서는 추가적인 작업이 필요하다.

반사회성 성격장애와 범죄

Cleckley는 많은 사이코패스들이 범죄 또는 반사회적 행동을 보일 위험이 매우 높다는 것을 부인하지는 않았지만, 어떤 사람들은 법적 혹은 대인관계 문제가 적거나 없다고 강조하였다. 다시 말해 어떤 사이코패스들은 범죄자가 아니고 *DSM-IV-TR*의 반사회성 성격장애 기준에 포함된 외부적 공격성을 보이지 않는다는 것이다. 이 집단과 법적 문제를 일으키는 집단을 구분하는 차이는 지능지수(IQ)일 가능성이 있다. 고전적인 전향적, 종단적 연구에서 White, Moffitt와 Silva(1989)는 5세부터 거의 1,000명의 아동을 추적하였고, 어떤 요인이 15세 때의 반사회적 행동을 예측하는지 보았다. 그들은 후에 비행 행동을 보일 위험성이 높은 집단으로 결정된 5세 아동들 중 16%는 15세 전에 법적 문제가 있었고 84%는 법적 문제가 없었다고 보고하였다. 이 두 집단을 구별하는 것은 무엇이었을까? 일반적으로 고위험 아동들 중 IQ가 낮은 아동들만이 문제를 일으켰다. 이는 곧 높은 IQ가 더 심각한 문제를 발달시키는 것으로부터 개인을 보호하거나 적어도 범행 현장에서 들키지 않도록 예방할 수 있다는 것이다.

어떤 사이코패스들은 특정 사회 영역(예를 들어 정치, 사업, 연예)에서 꽤 성공적으로 기능한다. 이런 사람들을 발견하는 것은 어렵기 때문에 '성공적' 혹은 '준임상적' 사이코패스들(사이코패스 기준의 몇 가지를 충족하는 사람들)에 대한 연구는 적다. 한 기발한 연구에서 Widom(1977; p. 677)은 사이코패스의 주요 성격 특질을 가진 사람들의 눈길을 끌 수 있는 신문 광고를 통해 준임상적 사이코패스 표본을 모집하였다. 예를 들어 광고들 중 하나는 다음과 같다.

> 사람을 찾습니다: 매력적이고, 공격적이고, 근심 걱정 없고, 충동적으로 무책임하지만, 사람을 잘 다루고 자기 자신을 잘 챙기는 사람.

Widom은 그녀의 표본이 대부분 수감된 사이코패스와 비슷한 특성이 있다는 것을 발견하였다. 일례로 상당수의 사람들이 공감과 사

사이코패스(psychopathy) 반사회성 성격장애와 유사하나 외현적 행동이 덜 강조되는 장애로 *DSM-5*의 진단 범주에 해당하지 않음. 피상적 매력, 후회의 부재 및 다른 성격장애의 특징을 나타냄.

회화를 측정하는 설문지에서 낮은 점수를 받았고 그들의 부모는 알코올중독을 포함한 정신병리를 지닌 비율이 높았다. 하지만 많은 이들은 안정적인 직업이 있었고 교도소에 들어가지 않았다. 통제집단이 부족하긴 했지만, Widom의 연구는 적어도 사이코패스 성격 특질이 있는 몇몇 사람들은 법 제도와의 반복적인 마찰을 피했고 사회에서 성공적으로 기능하고 있음을 보여주었다.

범죄 인구 중 사이코패스를 알아내는 것은 미래 범죄 행동을 예측하는 중요한 지표가 된다(Vitacco, Neumann, & Caldwell, 2010). 후회의 결여와 충동성과 같은 성격 특질은 법 제도 내에서 문제를 일으키지 않기가 어렵다. 일반적으로 사이코패스 평가에서 높은 점수를 받은 사람들은 그렇지 않은 사람들에 비해 더 높은 비율의 범죄를 저지르고 폭력적인 범죄와 상습적 범행의 위험이 더 높다(Widiger, 2006).

품행장애

반사회성 성격장애의 발달적 본질을 아는 것은 중요하다. DSM-5에서는 사회적 규범을 어기는 행동을 보이는 아동에게 품행장애라는 진단을 내린다. 이 장애에는 두 가지 하위유형이 있다. 아동기 발병 유형(10세 이전에 적어도 한 개 이상의 품행장애의 특징적인 증상을 보이는 경우) 혹은 청소년기 발병 유형(10세 이전에 품행장애의 특징적인 증상이 없는 경우). 또한, DSM-5에 새롭게 추가된 하위유형은 냉담-무정서 표현형이다(Barry, Golmaryami, Rivera-Hudson, & Frick, 2012). 이 유형은 아동이 성인 사이코패스와 유사한 성격 특성을 보일 때 붙여진다.

많은 품행장애 아동들은 (대부분 남아에게 진단 내려짐) 미성년 범죄자가 되고 마약에 연루된다(Durand, 2014). 라이언이 이 범주에 속한다. 더 중요한 것은 반사회적 행동을 보이는 아동들은 나이가 들어서도 이러한 행동을 지속할 가능성이 높기 때문에 반사회적 행동이 평생에 걸쳐 유지된다는 것이다(Frick, 2012). 장기 추적 연구 자료들은 많은 반사회적 성격장애 혹은 사이코패스 성인들에게 아동기 품행장애가 있었다는 것을 보여주었다(Robins, 1978; Salekin, 2006). 만약 아동기에 품행장애와 주의력결핍 과잉행동장애가 모두 있었다면, 성인기에 반사회성 성격장애를 지니게 될 가능성은 증가한다(Biederman, Mick, Faraone, & Burback, 2011; Moffitt, Caspi, Rutter, & Silva, 2001). 성인의 규범 위반(직장 혹은 가족에 대한 무책임감)은 품행장애에서 더 어린 형태(무단결석 혹은 가출)로 나타난다. 품행장애가 있는 몇몇 아이들은 자신의 행동에 대해 죄책감을 느끼기 때문에 이 두 집단을 구별하기 위해 DSM-5는 '냉담-무정서 표현형'을 사용한다.

유전적 영향

가족, 쌍둥이, 입양 연구 모두 반사회성 성격장애와 범죄성의 유전적 영향을 제안한다(Ferguson, 2010). Crowe(1974)는 한 고전 연구에서 흉악범 모친을 둔 입양 아동들을 조사하였고 정상 모친의 입양 아동들과 비교하였다. 모든 아동들은 생물학적 가족의 환경적 요인을 최소화하기 위해 신생아일 때 어머니와 분리되었다. Crowe는 흉악범 모친의 입양아들의 체포, 유죄 선고, 반사회성 성격장애 비율이 정상 모친의 입양아들보다 유의하게 높았기 때문에 범죄성과 반사회적 행동에는 적어도 약간의 유전적 영향이 있다고 제안하였다.

하지만 Crowe는 다른 흥미로운 사실을 발견하였다. 나중에 범죄자가 된 흉악범 모친의 입양아들은 범죄자가 되지 않은 흉악범 모친의 입양아와 정상 모친의 입양아에 비해 중간 보육원(interim orphanages)에서 더 많은 시간을 보냈다는 것이다. Crowe에 의하면 이 결과는 유전-환경 상호작용을 뜻한다. 다시 말해 유전적 요인은 특정 환경적 영향이 존재할 때만 중요할 수 있다는 것이다(거꾸로 말하면 특정 환경적 영향은 특정 유전적 성향의 존재하에서만 중요하다는 것). 유전적 요인은 취약성을 나타낼 수 있지만, 실제 범죄가 발달하기 위해서는 부모 혹은 대리 부모와 초기 양질의 접촉이 결핍되는 것과 같은 환경적 요인이 필요할 수 있다.

이러한 유전-환경 상호작용은 입양아의 품행 문제 발달 가능성을 연구한 Cadoret, Yates, Troughton, Woodworth, Stewart(1995)가 가장 잘 설명한다. 만약 아동의 생물학적 부모가 반사회성 성격장애의 과거가 있었고, 입양 가족이 결혼, 법적 혹은 정신과적 문제를 통해 이들을 만성 스트레스에 노출되도록 했다면 이러한 아동들은 품행문제의 위험이 더 컸다. 다시 말해 유전적 영향에 의해 반드시 특정 장애가 발생할 것이라고 할 수는 없다. 품행장애의 유전적 연구는 유전적 영향과 환경적 영향(학업적 어려움, 또래문제, 저소득, 부모의 방임이나 엄격한 훈육)의 역할을 모두 제안한다(Beaver, Barnes, May, & Schwartz, 2011; Larsson, Viding, Rijsdijk, & Plomin, 2008).

3장에서 내적 표현형(endophenotype)의 개념—유전자에 의해 좀 더 직접적으로 영향을 받는 장애의 근본적인 측면들—이 소개되었다. 반사회성 성격장애와 관련하여 유전 연구자들은 세로토닌과 도파민 수준 혹은 이들이 보이는 불안 또는 공포의 결핍과 같은 요인들에 영향을 미치는 유전적 차이를 찾고 있다(Hare et al., 2012). 이 연구는 아직 초기 단계에 있지만 반사회성 성격장애를 '유발하는' 유전자를 찾기보다는 겁이 없고, 공격적이고, 충동적이고, 죄책감이 결여되는 것과 같은 반사회적 성격의 특이한 측면에 기여하는 유전자를 찾고 있다.

A. 다른 사람의 기본적 권리를 침해하고 연령에 적절한 사회적 규범 및 규칙을 위반하는 지속적이고 반복적인 행동 양상으로, 지난 12개월 동안 다음의 15개 기준 중 적어도 3개 이상에 해당되고, 지난 6개월 동안 적어도 1개 이상의 기준에 해당된다.

사람과 동물에 대한 공격성

1. 자주 다른 사람을 괴롭히거나, 위협하거나, 협박함
2. 자주 신체적인 싸움을 검
3. 다른 사람에게 심각한 신체적 손상을 입힐 수 있는 무기 사용(예를 들어 방망이, 벽돌, 깨진 병, 칼, 총)
4. 다른 사람을 신체적으로 잔인하게 대함
5. 동물들을 신체적으로 잔인하게 대함
6. 피해자가 보는 앞에서 도둑질을 함(예를 들어 노상강도, 소매치기, 강탈, 무장강도)
7. 다른 사람에게 성적 활동을 강요함

재산 파괴

8. 심각한 손상을 입히려는 의도로 고의적으로 불을 지름
9. 다른 사람의 재산을 고의적으로 파괴함(방화로 인한 것은 제외)

사기 또는 절도

10. 다른 사람의 집, 건물 또는 자동차를 망가뜨림
11. 어떤 물건을 얻거나 환심을 사기 위해 또는 의무를 피하기 위해 거짓말을 자주 함(다른 사람을 속임)
12. 피해자와 마주치지 않는 상황에서 귀중품을 훔침(부수거나 침입하지 않고 상점에서 물건 훔치기, 문서 위조)

심각한 규칙 위반

13. 부모의 제지에도 불구하고 13세 이전부터 자주 밤늦게까지 집에 들어오지 않음
14. 친부모 또는 양부모와 같이 사는 동안 밤에 적어도 2회 이상 가출, 또는 장기간 귀가하지 않은 가출이 1회 있음
15. 13세 이전에 무단결석을 자주 함

B. 행동 장애가 사회적, 학업적, 직업적 기능 영역에서 임상적으로 현저한 손상을 초래한다.
C. 18세 이상일 경우 반사회성 성격장애의 기준을 충족하지 않는다.

출처: American Psychiatric Association. (2013). *Diagnostic and statistical manual of mental disorders* (5th ed.). Washington, DC.

신경생물학적 영향

반사회성 성격장애에 특정적인 신경생물학적 영향에 관한 많은 연구가 이루어졌다. 한 가지 확실한 것은 일반적인 뇌 손상은 사람들이 사이코패스나 범죄자가 되는 이유를 설명하지 못한다는 것이다. 이들은 다른 사람들처럼 신경심리검사에서 높은 점수를 받는 경향이 있다(Hart, Forth, & Hare, 1990). 이러한 검사들은 의미 있는 뇌 손상만을 탐지하도록 고안되었고, 행동에 영향을 미칠 수 있는 미묘한 화학적 변화나 구조의 변화를 알아채지 못한다.

각성 이론

반사회적 성격장애에서 나타나는 겁 없음, 처벌에 대한 무감각 그리고 자극 추구 행동 특징은 이러한 특이 반응에 기여하는 신경생물학적 과정에 대한 관심을 불러일으켰다. 반사회성 성격장애의 초기 이론에서는 두 가지 가설을 강조하였다. 저각성 가설과 겁 없음 가설이다. 저각성 가설에 의하면, 사이코패스들은 비정상적으로 낮은 수준의 대뇌피질 각성을 보인다(Sylvers, Ryan, Alden, & Brennan, 2009). 각성과 수행 간에는 뒤집어진 U자 모양의 관계가 있는데, Yerkes-Dodson의 곡선에 따르면 높거나 낮은 각성 수준의 사람들은 부정 정서를 경험하고 많은 상황에서 수행을 잘하지 못하는 반면, 적당한 수준의 각성을 보이는 사람들은 비교적 만족하고 대부분의 상황에서 만족스러운 수행을 보인다.

저각성 가설에 의하면 사이코패스들의 비정상적으로 낮은 수준의 피질 각성이 반사회적 및 위험 추구 행동의 주요 원인이며, 이들은 만성적으로 낮은 각성 수준을 높이기 위해 자극을 추구하게 된다. 즉, 라이언은 우리가 친한 친구와 통화를 하거나 텔레비전을 볼 때와 비슷한 각성 수준에 도달하기 위해 거짓말을 하고 마약을 사용했다는 것이다. 많은 연구자들이 성인의 반사회적 행동 및 범죄에 대한 아동 청소년의 심리생리적 예측변수를 조사하였다. 예를 들어 Raine, Venables, Williams(1990)는 15세 표본에서 다양한 자율·중추 신경계 변수를 평가하였다. 미래의 범죄자들(15세 표본 중)은 휴지기 때 피부 전도도 활성이 더 낮았고 심박수가 더 낮았으며 더 많은 저주파의 뇌파 활동을 보였는데, 이는 모두 낮은 각성을 시사한다.

겁 없음 가설에 의하면 사이코패스들은 대부분의 사람들보다 공포를 경험하는 역치가 더 높다(Lykken, 1957, 1982). 다시 말해 우리 모두가 매우 두려워하는 것들이 사이코패스들에게는 영향을 끼치지 않는다는 것이다(Syngelaki, Fairchild, Moore, Savage, & Goozen, 2013). 라이언이 마약을 사러 위험한 구역에 혼자 가는 것을 두려워하지 않았던 것을 기억하자. 이 가설에 따르면 사이코패스의 겁 없음은 이 증후군의 다른 모든 주요 특징들을 일으킨다.

학자들은 우리가 알고 있는 뇌의 작동 방식에 대한 지식을 반사회성 성격장애, 특히 사이코패스에 대한 임상적 관찰과 관련짓고자 하였다. 많은 학자들이 Jeffrey Gray(1987)의 뇌 기능 모델을 이 집단에

적용하였다(Fowles, 1988; Quay, 1993). Gray에 의하면 세 가지 주요 뇌시스템이 학습 및 정서 행동에 영향을 끼친다고 하였다. 행동억제체계(BIS), 보상체계, 투쟁-도피체계(fight/flight system). 행동억제체계와 보상체계가 사이코패스의 행동을 설명하는 데 사용되었다. 행동억제체계는 임박한 처벌, 비보상 및 새로운 상황에 맞설 때, 행동을 멈추거나 속도를 낮추는 능력이다. 이 체계의 활성화는 불안과 좌절을 유발한다. 행동억제체계는 중격 해마 시스템에 위치하며 노르아드레날린과 세로토닌의 신경전달물질 시스템과 관련된다. 보상체계는 우리가 어떻게 행동하는가를 책임지고(특히 긍정적 보상에 대한 접근) 희망 및 안도와 연관되어 있다. 이 체계는 뇌의 중간변연계에서의 도파민 시스템과 관련되며, 약물 사용 및 남용에서의 쾌락 경로에 해당한다(10장 참고).

사이코패스의 행동에 대해 생각해 보면 이러한 시스템의 역기능은 명확하다. 행동억제체계와 보상체계의 불균형이 행동억제체계에 의해 야기된 공포와 불안을 덜 분명하게 하고, 보상체계와 관련된 긍정적인 기분을 더 두드러지게 할 수 있다(Levenston, Patrick, Bradley, & Lang, 2000; Quay, 1993). 이론가들은 이러한 종류의 신경생물학적 역기능이 사이코패스들이 왜 반사회적 행동을 저지르는 것을 불안해하지 않는지를 설명할 수 있다고 제안하였다.

연구자들은 계속해서 이 집단의 뇌의 신경전달 기능(예를 들어 세로토닌)과 신경호르몬 기능(예를 들어 테스토스테론과 같은 안드로겐과 스트레스 신경호르몬인 코르티솔)의 차이가 어떻게 사이코패스의 특징인 냉담함, 피상적 매력, 죄책감 결여 그리고 충동성을 설명할 수 있는지 연구하고 있다. 이러한 차이를 유전적 및 환경적 영향과 연결하는 통합 이론은 이제 막 윤곽을 보이고 있고(Hare et al., 2012) 이 장애에 대한 더 나은 이해와 치료로 이어질 수 있다.

심리적, 사회적 차원

사이코패스의 머릿속에서는 어떤 일이 일어날까? 사이코패스들이 보상과 처벌을 어떻게 처리하는지에 대한 많은 연구 중 하나에서 Newman, Patterson과 Kosson(1987)은 컴퓨터에 카드게임 과제를 설치하였다. 이들은 사이코패스 범죄자와 사이코패스가 아닌 범죄자에게 정답과 오답에서 5센트의 보상과 벌금을 제공하였다. 이 게임은 참가자가 처음에는 90%의 보상을 받고 10%의 벌금을 물도록 설계되었다. 이후 보상을 받을 확률이 0%가 될 때까지 가능성이 변하였다. 보상이 더는 없다고 알렸음에도 불구하고 사이코패스들은 계속 게임을 해서 졌고, 사이코패스가 아닌 사람들은 게임을 멈추었다. 이 연구와 다른 연구의 결과 연구자들은 사이코패스들이 한번 보상

을 목표로 삼으면, 그 목표를 더는 달성하지 못한다는 고지에도 불구하고 비사이코패스에 비해 그만두는 경우가 적을 것이라는 가설을 세웠다(Dvorak-Bertscha, Curtin, Rubinstein, & Newman, 2009). 일부 사이코패스들의 무모하고 대담한 행동을 고려해 보면(마스크를 쓰지 않고 은행을 털고 그 자리에서 체포되는 것처럼), 도달 불가능한 목표를 놓지 못하는 것은 전반적인 양상과 들어맞는다.

Gerald Patterson은 반사회성 성격장애 아동의 공격성은 부모와의 상호작용의 결과에 의해 상승할 수 있다고 제안하였다(Granic & Patterson, 2006; Patterson, 1982). 그는 부모가 자녀의 문제 행동에 종종 굴복한다는 것을 알아냈다. 예를 들어 한 소년의 부모가 이불 정리를 하라고 하자 아동은 이를 거절한다. 부모는 소년에게 소리를 지르고 소년도 부모에게 고함을 지르며 폭력적으로 행동한다. 어느 순간 소년의 행동이 너무 혐오스러워져 부모는 싸움을 멈추고 자리를 떠난다. 부모가 자리를 떠나면서 싸움은 끝나지만, 아들은 이불 정리를 하지 않아도 된다. 이런 문제에 굴복하는 것은 부모(집안이 다시 차분해진다)와 자녀(하고 싶은 대로 한다)에게 단기적인 이익이 되지만, 결과적으로 문제를 지속시킨다. 아이는 포기하지 않고 계속 싸우는 것을 배웠고, 부모는 아이를 이길 수 있는 유일한 방법은 모든 요구에서 물러나는 것이라는 사실을 배운다. 이런 '강압적인 가족 과정'은 공격적 행동을 유지하도록 돕는 다른 요인(유전적 영향, 부모의 우울증, 자녀의 활동에 대한 모니터링 부족, 부모의 낮은 관여)과 결합한다(Chronis et al., 2007; Patterson, DeBaryshe, & Ramsey, 1989). 강압적 양육은 유전과 함께 이후의 사이코패스와 관련되는 것으로 보이는 냉담-무정서 특질과 어느 정도 관련되는 것으로 보인다(Waller et al., 2012).

비록 어떤 환경적 요인이 반사회성 성격장애와 사이코패스를 유발하는 데 직접적인 역할을 하는지는 많이 알려지지 않았지만(아동기 품행장애와는 대조적으로), 입양 연구들의 증거는 가족구성원을 비슷하게 만드는 공유된 환경 요인이 범죄성과 반사회성 성격장애의 중요한 원인임을 강력하게 보여준다. 예를 들어 Sigvardsson, Cloninger, Bohman과 von Knorring(1982)의 입양 연구에서는 양부모의 낮은 사회적 지위가 여성의 비폭력 범죄의 위험을 증가시켰다. 품행장애 아동들처럼 반사회성 성격장애를 지닌 사람들은 일관성 없는 부모 훈육 가정에서 자랐다(예를 들어 Robins, 1966 참고).

발달적 영향

아동이 성인기에 접어들면서, 반사회적 행동의 형태가 변한다(무단결석과 도둑질에서 갈취, 폭행, 무장 강도, 혹은 다른 범죄로). 다행인 것

은 임상적 지식과 경험적 보고(Robins, 1966)에 따르면 반사회적 행동의 비율은 40세경에 현저히 감소한다. Hare, McPherson과 Forth(1988)의 고전적 연구는 이러한 현상에 대한 경험적 지지를 제공하였다. 이들은 다양한 범죄로 감금된 남성 사이코패스와 사이코패스가 아닌 남성의 유죄 선고율을 조사하였다. 결과는 16세에서 45세 사이에서 사이코패스가 아닌 남성들의 유죄 선고율은 비교적 변함이 없었다. 반대로 사이코패스의 유죄 선고율은 40세까지는 비교적 변함이 없었고 그 후로는 현저하게 감소하였다(그림 11.2 참고). 왜 반사회적 행동이 중년기에 감소하는지의 이유는 알려지지 않은 채 남아 있다(Hare et al., 2012).

통합 모델

반사회성 성격장애가 있는 사람들을 더 잘 이해하기 위해 이 많은 정보들을 어떻게 통합해야 할까? 위에서 논의된 연구를 기억해보면 어떤 때는 반사회성 성격장애로 부르지만 다른 때에는 사이코패스 혹은 범죄자라고 부른다. 명칭이 무엇이든지 간에 이 사람들은 반사회적 행동과 성격 특질에서 유전적 취약성을 지니는 것으로 보인다.

한 가지 가능성이 있는 유전-환경 상호작용은 아동의 공포 조건화에서 볼 수 있다. 1장과 4장을 기억해 보면, 우리가 어떻게 우리에게 해를 끼칠 수 있는 것들(예를 들어 뜨거운 난로)을 두려워하게 되는지를 논의했다. 무조건 자극(예를 들어 난로의 열)과 조건 자극(예를 들어 위험하다는 부모의 경고)을 짝지음으로써 조건 자극을 피하게 된다. 하지만 이러한 조건형성이 손상되어 당신에게 해가 될 수 있는 것들을 피하는 방법을 배우지 않았다면? 한 연구에서는 아동의 비정상적인 공포 조건형성 반응이 이후에 성인의 반사회성 성격장애를 설명하는지 살펴보았다(Gao, Raine, Venables, Dawson, & Mednick, 2010). 20년간의 연구에서 연구자들은 1,795명의 3세 유아들의 공포 조건형성을 평가한 후, 23세에 이들의 전과 기록을 확인하였다. 범죄자들은 비교집단보다 3세 때 유의하게 적은 공포 조건형성을 보였고, 이 아동들 중 상당수는 공포 조건형성을 전혀 보이지 않았다. 편도체의 기능적 손상이 이들에게 위험하다는 신호를 알아차리지 못하게 하여 두려움을 느끼지 못하게 하고, 이는 이 아동들이 바로 뇌의 이 영역에 문제가 있다는 것을 시사한다(Sterzer, 2010). 이러한 결과는 유전적 영향(편도체 손상)이 환경적 영향(위협을 두려워하는 것을 학습함)과 상호작용하여 두려움을 느끼지 못하는 성인을 만들고 결국 타인과 자신에게 해를 끼치는 행동을 하게 되는 메커니즘을 보여준다.

나아가 생물학적 영향은 초기 아동기 학대와 같은 다른 환경적 경험과도 상호작용한다. 이혼 혹은 약물남용으로 인해 스트레스가 많

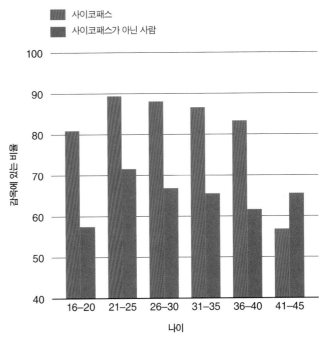

● 그림 11.2 사이코패스와 사이코패스가 아닌 사람들의 범죄 행동 경로 (출처: Hare, R. D., McPherson, L. M., & Forth, A. E. (1988). Male psychopaths and their criminal careers. *Journal of Consulting and Clinical Psychology, 56*, 710-714.)

은 가정 안에서는 아동의 반사회적 행동을 지지하는 상호작용 방식이 있을 수 있다(Thomas, 2009). 아동의 반사회적, 충동적 행동은 부분적으로는 아동의 까다로운 기질과 충동성이 원인이지만(Chronis et al., 2007; Kochanska, Aksan, & Joy, 2007) 좋은 본보기가 될 수 있는 아이들과는 거리를 두게 되고 반사회적 행동을 지지하는 아이들과는 가깝게 만든다. 또한 이러한 행동들은 아이가 중퇴하는 결과를 일으킬 수 있고 성인기에는 불성실한 직업 경력을 낳게 하여 결국 좌절스러운 생활환경이 만들어지고 이는 나아가 사회에 반하는 행위를 선동할 수 있다(Thomas, 2009).

이것은 복잡한 시나리오의 간략 버전일 뿐이다. 반사회적 행동의 통합 모델에서 중요한 요소는 생물학적, 심리적 및 문화적 요인이 복잡한 방식으로 결합하여 라이언과 같은 사람을 만든다는 것이다.

치료

이 집단에 속한 사람들을 치료할 때 주요 문제 중 하나는 많은 성격장애의 문제와 비슷하다. 이들은 스스로 치료가 필요하다고 생각하는 경우가 매우 드물다. 또한 이들은 치료자도 조종할 수 있으므로 대부분의 임상가들은 반사회성 성격장애 성인들의 치료 결과에 대해 비관적이고 성공적으로 기록된 사례 수가 적다(National Collaborating Centre for Mental Health, 2010). 일반적으로 치료자들은 이들

이 반사회적 행위를 하지 못하도록 감금하는 것에 동의한다. 강력범 대상의 한 연구에서 인지행동치료가 치료 후 5년 뒤 폭력 가능성을 감소시켰다는 결과를 보고하였다(Olver, Lewis, & Wong, 2013). 하지만 중요한 점은, 치료 성공률과 PCL-R 평가에서의 '이기적, 냉담함 및 죄책감 결여' 특징이 부적상관을 보였다는 것이다. 다시 말해 이 특질의 점수가 높을수록(사이코패스와 관련이 있음) 치료 후 폭력을 그만두는 데 덜 성공적이었다.

임상가들은 고위험 아동을 확인하여 이들이 성인이 되기 전에 치료받도록 권장한다(National Collaborating Centre for Mental Health, 2010; Thomas, 2009). 아동에게 가장 일반적인 치료 전략은 부모 훈련이다(Patterson, 1986; Sanders, 1992). 부모들은 초기에 행동문제를 확인하고 문제행동을 감소시키기 위해 칭찬과 특권을 사용하고 친사회적 행동을 지지하는 방법을 배운다. 치료 연구들은 일반적으로 이러한 종류의 프로그램들이 반사회적 행동을 보이는 많은 아동들의 행동을 유의하게 개선시킬 수 있다는 것을 보여준다(Conduct Problems Prevention Research Group, 2010). 하지만 많은 요인들이 치료에 성공하지 못하거나 조기 탈락을 하게 되는 위험에 빠트린다. 이런 사례들에는 높은 수준의 가족 역기능, 불리한 사회경제적 지위, 높은 가정 스트레스, 부모의 반사회적 행동의 과거력 그리고 아동의 심각한 품행장애와 같은 문제들이 포함된다(Kaminski, Valle, Filene, & Boyle, 2008).

예방

아동의 공격적인 행동은 매우 안정적이기 때문에 타인을 때리고, 욕하고, 협박하는 아동들은 나이가 들어서도 이러한 행동을 지속할 가능성이 높다. 이러한 공격적인 경로를 변화시키려는 접근은 주로 학교와 유치원에서 시도되고, 친사회적 행동에 대한 행동적 지원과 사회적 유능성을 증진하기 위한 기술 훈련을 강조한다(Reddy, Newman, DeThomas, & Chun, 2009). 1.5세~2.5세 유아들의 부모 훈련을 다룬 연구는 초기 개입이 특히 유용하다고 제안하였다(Shaw, Dishion, Supplee, Gardner, & Arnds, 2006). 아동들의 공격성은 감소될 수 있고 사회적 유능성은 증진될 수 있으며(예를 들어 친구 사귀기와 공유하기), 이러한 결과는 일반적으로 몇 년 동안 유지된다(Conduct Problems Prevention Research, 2010; Reddy et al., 2009). 이러한 프로그램들이 반사회성 성격장애를 지닌 사람들에게서 흔히 관찰되는 성인기 반사회적 행동을 예방하는 데 성공적인지를 평가하기에는 너무 이르다(Ingoldsby, Shelleby, Lane, & Shaw, 2012). 성인 대상 치료가 효과가 없다는 것을 고려하면 예방이 이 문제에 접근하는 최선의 방법일 수 있다.

경계선 성격장애

경계선 성격장애가 있는 사람들은 소란스러운 인생을 산다. 이들은 기분과 대인관계가 불안정하고 보통 빈약한 자아상을 가지고 있다. 이들은 공허함을 자주 느끼고 자살의 위험이 크다. 클레어의 사례를 보자.

클레어 • 우리 중의 낯선 사람

나는 40년 이상 클레어를 알아왔고, 그녀의 좋은 시간들도 봤지만 대부분은 경계선 성격장애를 지닌 사람의 변덕스러운 삶을 보았다. 클레어와 나는 8학년 때부터 고등학교 때까지 학교를 같이 다녔고, 주기적으로 연락을 해왔다. 그녀에 대한 나의 첫 기억은 그녀의 머리였는데, 들쭉날쭉하게 짧게 자른 머리였다. 그녀는 나에게 일이 잘 풀리지 않을 때는 스스로 머리를 심하게 자르는데 그것이 '빈자리를 채우는 데'에 도움이 된다고 말했다. 나는 후에 그녀가 주로 입었던 긴 소매옷이 그녀가 스스로 만든 상처들을 가리는 것이었다는 것을 알게 되었다.

클레어는 나의 친구들 중 가장 먼저 담배를 피운 사람이었다. 이상했던 것은 그녀는 마약은 그렇게 일찍 시작하지 않았는데, 그녀는 다른 사람들처럼 관심을 끄는 목적으로 마약을 이용하지 않았다. 클레어는 또한 친구들 중 가장 먼저 부모님이 이혼했던 사람이었고, 부모님은 그녀를 정서적으로 방임하는 것 같았다. 그녀는 후에 자신의 아버지가 어머니와 자신을 자주 때렸던 알코올중독자였다고 말했다. 클레어는 학교 성적이 좋지 않았고 자기 자신에 대해 저평가를 하고 있었다. 그녀는 자주 자신이 멍청하고 못생겼다고 말했지만 실제로는 그렇지 않았다.

우리가 학교에 다니는 내내 클레어는 아무런 설명 없이 자주 동네를 떠났다. 수년 후에 나는 그녀가 자살 사고를 동반한 우울증의 치료를 위해 정신과 시설에 있었다는 것을 들었다. 그녀는 종종 자살하겠다고 위협하곤 했는데 우리는 그녀가 심각하다고 생각하지는 않았다.

10대 후반에, 우리는 모두 클레어로부터 떠났다. 그녀는 점점 예측할 수 없게 되었고, 가끔은 우리가 자신을 무시한다고 질책했고(너희는 너무 빨리 걸어. 너희는 나랑 같이 있는 걸 보이고 싶어 하지 않는 거야!), 때로는 절박하게 우리 주변에 있기를 원했다. 우리는 그녀의 행동으로 인해 혼란스러웠다. 나이가 들어갈수록 그녀가 묘사했던 그녀 안의 '빈자리'는 그녀를 압도했고 결국 우리 모두를 밀어냈다.

클레어는 두 번 결혼했고, 두 번 다 열정적이었지만 입원으로 인해 중단된 험난한 관계였다. 그녀는 폭력적인 분노를 경험하는 동안 첫 번째 남편을 찌르려고 했다. 그녀는 수많은 약물을 복용했으나 '고통을 줄이기 위해' 주로 알코올을 이용했다.

이제 50대 중반이고 많이 진정되었지만 그녀는 자신이 행복한 적이 거의 없다고 이야기한다. 하지만 자기 자신에 대해 조금은 더 낫게 느끼고 여행사 직원으로서 잘 지내고 있다. 그녀는 누군가를 만나고 있지만 자신의 개인력 때문에 그 사람과의 관계가 깊어지는 걸 꺼린다. 클레어는 결국 우울증과 경계선 성격장애로 진단받았다.

임상적 기술

경계선 성격장애는 임상 장면에서 관찰되는 가장 흔한 성격장애 중 하나이다. 모든 문화에서 관찰되고 일반 인구의 대략 1~2%에서 볼 수 있다(Torgersen, 2012). 클레어의 인생은 경계선 성격장애의 불안정한 특징을 보여준다. 이들은 심하게 불안정한 관계를 맺는 경향이 있고, 버림받는 것을 두려워하지만, 자신의 감정을 통제하지 못한다(Hooley, Cole, & Gironde, 2012). 이들은 종종 자살 시도, 자해 혹은 둘 모두를 보이고, 칼로 자신의 몸에 상처를 내거나 화상을 입히고 때리는 행동을 한다. 클레어는 가끔 담배를 사용하여 손바닥이나 팔에 화상을 입혔고, 팔에 자신의 이름의 머리글자를 칼로 새겼다. 대략 6%에 이르는 상당수의 사람들이 자살에 성공한다(McGirr, Paris, Lesage, Renaud, & Turecki, 2009). 긍정적인 측면에서 보면 경계선 성격장애의 장기적 결과는 고무적인데, 88%에 이르는 사람들이 최초 치료 후 10년이 지난 후에도 증상 없이 유지되었다(Zanarini et al., 2006).

경계선 성격장애를 지닌 사람들은 짧은 시간 동안 분노에서 깊은 우울증으로 변할 만큼 감정이 강렬하다. 정서적 역기능은 경계선 성격장애의 핵심 특징 중 하나이며(Linehan & Dexter-Mazza, 2008), 이 집단에서 자살을 예측하는 가장 좋은 변인 중 하나이다(McGirr et al., 2009). 정서, 대인관계, 자기개념 및 행동에서의 불안정한 특질을 핵심 특징으로 보고 어떤 사람들은 이 집단을 '안정적으로 불안정한' 집단으로 묘사한다(Hooley et al., 2012). 이 불안정성은 충동성으로 확대되어 약물남용과 자해로 이어진다. 이유는 명확하지 않지만, 자해 행동은 긴장을 완화하는 방법으로 설명되기도 한다(Nock, 2010). 클레어의 공허함도 흔하게 나타나는데 경계선 성격장애를 지닌 사람들은 만성적으로 지루해하고 정체성에서의 어려움을 경험한다(Linehan & Dexter-Mazza, 2008).

6장에서 논의한 기분장애는 경계선 성격장애를 앓는 사람들에게 흔하게 나타난다. 20%는 주요우울장애가 있고 대략 40%는 양극성

장애가 있다(Grant et al., 2008). 섭식장애, 특히 신경성 폭식증도 흔하다(8장 참고). 신경성 폭식증을 가진 사람들의 25%는 대부분 경계선 성격장애를 지니고 있다(Zanarini, Reichman, Frankenburg, Reich, & Fitzmaurice, 2010). 경계선 성격장애를 지닌 사람들의 67%는 적어도 한 개의 약물남용장애 진단을 받았다(Grant et al., 2008). 반사회성 성격장애와 같이 경계선 성격장애가 있는 사람들은 30~40대에 나아지는 경향을 보이지만 노년기에도 계속 어려움을 경험할 수 있다(National Collaborating Centre for Mental Health, 2009).

경계선 성격장애(borderline personality disorder) B군 성격장애(극적, 감정적, 변덕스러운 특징) 중 하나로 대인관계, 자아상, 정동, 충동 조절이 불안정한 패턴을 지속적으로 보임.

원인

많은 가족 연구들에 의하면 경계선 성격장애는 해당 장애가 있는 가족에게서 더 만연하고, 기분장애와도 관련되어 있다(Distel, Trull, & Boomsma, 2009). 일란성 및 이란성 쌍둥이 연구에서 일란성 쌍둥이 사이의 일치율이 더 높다는 결과는 경계선 성격장애에 있어서의 유전적 역할을 지지한다(예를 들어 Reichborn-Kjennerud et al., 2009).

경계선 성격장애의 핵심 특성인 정서적 반응성은 연구자들로 하여금 이 성격 특질에 유전적 영향의 단서가 있는지 살펴보게 하였다(내적 표현형). 유전자 연구들은 신경화학적 세로토닌과 관련 있는 유전자를 조사하고 있다. 왜냐하면 이 시스템의 역기능은 이 장애를 가진 사람들에게서 나타나는 정서적 불안정성, 자살 행동 및 충동성과 관련되어 있기 때문이다(Distel et al., 2009). 이 연구는 초기 단계에 있고 유전적 차이가 어떻게 경계선 성격장애의 증상으로 이어지는지에 대해서는 아직 명확한 해답이 없다(Hooley et al., 2012).

경계선 성격장애에 기여하는 뇌의 영역을 확인하려는 신경영상 연구들은 변연계에 주목한다(Nunes et al., 2009). 이 영역은 특히 정서 조절과 역기능적 세로토닌 신경 전달에 관여하기 때문에 유전 연구와도 연결된다. 낮은 세로토닌 활동은 정서 조절과 충동성에 관여하기 때문에 이 집단에 대한 주요 연구 주제가 된다(Hooley et al., 2012).

경계선 성격장애의 인지적 요인은 이제 막 탐색되기 시작하였다. 우리가 궁금한 것은 이 장애가 있는 사람들이 어떻게 정보처리를 하고 이것이 이들의 문제에 기여하는지 여부이다. 한 연구에서는 이들의 사고 과정을 살펴보았는데, 경계선 성격장애가 있는 사람들과 없는 사람들에게 컴퓨터 화면의 단어들을 보고 어떤 단어들은 기억하고 어떤 단어들은 잊어버리라고 지시하였다(Korfine & Hooley, 2000). 경계선 성격장애 증상과 관련 없는 단어들, 예를 들어 '축하하다', '매력적인', '모으다'가 제시되었을 때는 두 집단 모두 수행을 잘 하였다. 하지만 이 장애와 관련될 수 있는 단어들, 예를 들어 '버림받음', '자살', '공허함'이 제시되었을 때는, 경계선 성격장애를 지닌 사람들은 이 단어를 잊어버리라는 지시가 있었음에도 더 잘 기억했다. 기억 편향에 대한 예비 증거는 이 장애의 본질에 대한 단서를 제공할 수 있고 언젠가는 더 효과적인 치료를 설계하는 데 도움을 줄 수 있다(Geraerts & McNally, 2008).

경계선 성격장애에 대한 유전-환경 상호작용에서 중요한 환경적 위험 요소는 초기 외상, 특히 성적 및 신체적 학대의 가능성이다. 많은 연구들은 이 장애가 있는 사람들은 정상인이나 다른 정신장애가 있는 사람들에 비해 학대를 보고할 가능성이 더 크다고 하였다(예를

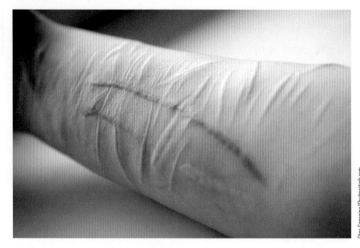

▲ 경계선 성격장애는 종종 자해를 동반한다.

들어 Bandelow et al., 2005; Ogata et al., 1990 참고). 불행하게도 이러한 유형의 연구들은(회상된 내용과 두 현상 간의 상관에 기반을 둔 연구들) 학대와 방임이 이후의 경계선 성격장애의 원인이 되는지 직접적으로 이야기해 주지 않는다. 한 중요한 연구에서 연구자들은 아동기 신체적·성적 학대 및 방임이 확인된 500명의 아동들을 성인기에 통제집단(학대 혹은 방임의 과거가 없는)과 비교를 하였다(Widom, Czaja, & Paris, 2009). 통제집단에 비해 유의하게 더 많은 학대 및 방임 경험 아동들이 경계선 성격장애를 발전시켰다. 이 결과가 특히 소녀와 여성에게 더 유의한 이유는 소녀들이 남아보다 성적 학대를 경험할 확률이 2~3배 높기 때문이다(Bebbington et al., 2009).

경계선 성격장애 진단을 받는 대부분의 사람들은 부모로부터 끔찍한 학대 혹은 방임의 고통을 겪었고, 타인으로부터의 성적 학대와 신체적 학대 혹은 이 둘 모두를 경험한 것이 명확하다(Ball & Links, 2009). 이러한 과거를 보고하지 않은 사람들의 경우 경계선 성격장애가 어떻게 발전했는지에 대해서는 조사 중이다. 예를 들어 기질(충동적, 짜증스러움, 과민함과 같은 정서적 특성) 혹은 신경학적 손상(태내에서 알코올 혹은 약물에 노출됨)과 같은 요인들과 이같은 요인들이 부모양육 방식과 어떻게 상호작용하는지가 경계선 성격장애의 일부를 설명할 수 있다(Graybar & Boutilier, 2002).

경계선 성격장애는 급속한 문화적 변화를 경험한 사람들에게 관찰된다. 정체성의 문제, 공허함, 버림받는 것에 대한 두려움, 낮은 불안 역치가 아동·성인 이민자들에게서 발견되었다(Laxenaire, Ganne-Vevonec, & Streiff, 1982; Skhiri, Annabi, Bi, & Allani, 1982). 이러한 발견은 일부 사람들에게는 이전의 외상이 경계선 성격장애로 이어질 수 있다는 가능성을 지지한다.

하지만 명심해야 할 것은 성적 및 신체적 학대를 포함한 아동기 외

상의 과거는 조현성 성격장애, 신체증상장애(5장 참고), 공황장애(4장 참고) 그리고 해리장애(5장 참고)를 지닌 사람들에게도 일어난다는 것이다. 또한 경계선 성격장애가 있는 사람들의 일부는 학대의 과거력이 없다(Cloninger & Svakic, 2009). 비록 아동기 성적 학대와 신체적 학대가 경계선 성격장애의 중요한 원인 역할을 하지만, 이 두 가지는 증상을 만들어내는 필요조건도 충분조건도 아니다.

통합 모델

이 장애에 대해 받아들여지는 통합 모델은 없지만, 불안장애의 예를 들어 가능한 설명을 해볼 수 있다. 4장에서는 '취약성 삼원(triple vulnerability)' 이론을 설명하였다(Barlow, 2002; Suárez, Bennett, Goldstein, & Barlow, 2008). 첫 번째 취약성(혹은 병적 소질)은 일반적인 생물학적 취약성이다. 경계선 성격장애가 있는 사람들의 정서적 반응성에서 유전적 취약성을 볼 수 있고 이것이 어떻게 특정 뇌 기능에 영향을 미치는지 볼 수 있다. 두 번째 취약성은 일반적인 심리적 취약성이다. 이 성격장애를 지닌 사람들은 세상을 위협적으로 바라보는 경향이 있고, 실제 그리고 지각된 위협에 강하게 반응한다. 세 번째 취약성은 초기 환경적 경험으로부터 학습된 구체적인 심리적 취약성이다. 초기 외상과 학대 혹은 둘 다가 위험에 대한 민감성을 증가시킬 수 있다. 개인이 스트레스를 받을 때 과민반응을 보이는 생물학적 성향은 위협을 쉽게 느끼는 심리적 성향과 상호작용을 한다. 이는 이 집단에서 흔히 관찰되는 감정 폭발 및 자살 행동의 결과를 초래할 수 있다. 이 예비 모델은 타당화와 추후 연구가 필요하다.

치료

도움을 거의 구하지 않는 반사회성 성격장애와 달리 경계선 성격장애가 있는 사람들은 매우 고통스러워하고 불안과 기분 장애가 있는 사람들보다 치료를 더 많이 찾는 경향이 있다(Ansell, Sanislow, McGlashan, & Grilo, 2007). 이들을 위한 약물치료의 사용에 관한 연구는 증상 치료가 상당히 유용하다고 제안한다. 정서(예를 들어 분노, 슬픔)의 문제에는 기분 안정제(예를 들어 항경련 및 항정신병 약물)로 알려진 약물이 효과적이다(Silk & Feurino III, 2012). 성공적인 치료를 제공하고자 하는 노력은 약물남용, 치료에 대한 순응, 자살 시도 등의 문제로 인해 복잡해진다. 결과적으로 많은 임상가가 경계선 성격장애를 지닌 사람들과 작업하는 것을 꺼린다.

가장 심층적으로 연구된 인지행동치료 중 하나는 Marsha Linehan이 개발하였다(Linehan et al., 2006; Linehan & Dexter-Mazza, 2008). **변증법적 행동치료**(Dialectical Behavior Therapy, DBT)라는 접근은 자살 행동을 촉발하는 스트레스 요인들에 대처할 수 있도록 도와준다. 치료의 최우선순위는 자신에게 해가 될 수 있는 행동(자살 행동)에 주어지고, 그 다음으로 치료를 방해하는 행동들, 마지막으로 환자의 삶의 질을 방해하는 행동들로 순서가 정해진다. 주 1회의 개인 회기에서는 지지를 제공하고 환자들은 자신의 정서를 확인하고 조절하는 방법을 배운다. 환자들이 어려운 문제들을 더 효과적으로 다룰 수 있도록 문제해결이 강조된다. 또한 PTSD가 있는 사람들과 유사한 치료를 받게 되는데, 과거의 외상적 사건을 재경험하여 그것과 관련된 공포를 없애도록 한다(4장 참고). 치료의 마지막 단계에서 내담자는 비난에 반응하지 않는 자신을 상상하면서, 타인에 의존하기보다는 자신의 행동을 신뢰하는 방법을 배운다(Lynch & Cuper, 2012).

많은 연구 결과들은 DBT가 자살 시도를 감소시키는 데 도움이 되고, 중간에 치료를 그만두는 것과 입원하는 것을 감소시키는 데 도움이 된다고 보고한다(Linehan & Dexter-Mazza, 2008; Stanley & Brodsky, 2009). 1년간 DBT 혹은 일반 치료적 지지(평소와 같은 치료)를 받은 39명의 여성들에 대한 추수 연구에서 첫 6개월간 DBT 집단의 여성들은 자살 충동과 분노를 덜 느꼈고, 사회적으로 더 잘 적응하였다(Linehan & Kehrer, 1993). 심신을 쇠약하게 만드는 이 장애를 지닌 사람들을 도와 줄 수 있는 DBT의 효과성을 확인해 주는 증거들이 축적되고 있다(Lynch & Cuper, 2012).

이 책에서 설명하는 가장 흥미로운 연구는 뇌영상 기술을 사용하여 심리치료가 어떻게 뇌 기능에 영향을 미치는지를 보는 것일 것이다. 한 연구에서는 통제집단과 경계선 성격장애가 있는 여성들이 불쾌한 사진(예를 들어 폭행당하는 여성)에 보인 정서적 반응을 조사하였다(Schnell & Herpertz, 2007). 그 결과 심리치료에서 효과를 본 여성들의 경우 불쾌한 사진에 대한 각성(편도체와 해마에서)이 치료 성과로서 시간이 지날수록 개선되었다. 통제집단과 긍정적인 치료 효과를 경험하지 못한 여성들의 경우에는 아무런 변화가 없었다. 이러한 유형의 통합 연구는 경계선 성격장애에 대한 이해와 성공적인 치료에 대한 근본적인 메커니즘을 이해하는 데 큰 희망을 준다.

연극성 성격장애

연극성 성격장애를 지닌 사람들은 극적이고 연기를 하는 것처럼 보이

변증법적 행동치료(dialectical behavioral therapy, DBT) 경계성 성격장애의 치료 방법으로 통제된 상황에서 스트레스 요인에 노출시켜 정서를 조절하고 자신을 해칠 수 있을 만한 행동을 일으키는 스트레스 요인에 대처하도록 도움.

기 때문에, 즉 연극적 태도를 보이기 때문에 연극성이라는 용어가 사용된다. 팻의 사례를 보자.

우리가 처음 만났을 때 팻은 삶의 즐거움을 발산하는 것 같아 보였다. 그녀는 30대 중반의 미혼이었고 석사 학위를 따기 위해 야간 학교에 다녔다. 그녀는 자주 아주 대담하게 옷을 입었다. 낮 동안 그녀는 장애아들을 가르쳤고, 수업이 없을 때에는 자주 늦게까지 데이트를 했다. 내가 처음 그녀와 이야기를 나눴을 때, 그녀는 발달장애에 대한 내 연구가 얼마나 인상 깊었는지, 나의 기법을 자신의 학생들에게 활용한 것이 얼마나 성공적이었는지 열광적으로 이야기했다. 그녀의 칭찬은 분명히 지나친 것이었지만, 누가 이런 아첨에 감사하지 않을 수 있겠는가?

내 연구에는 그녀의 학생들이 포함되어 있었기 때문에 우리는 자주 만났다. 그러나 몇 주 지나는 동안 상호작용은 껄끄러워졌다. 그녀는 자주 자신의 일을 방해하는 다양한 질병과 상처(주차장에서 넘어지고, 창문을 내다보려다가 목을 삐끗한 것)에 대해 불평했다. 그녀는 조직화되어 있지 않았고 상당한 계획을 요하는 과제들을 마지막 순간까지 미루어 두었다. 팻은 다른 사람들에게 지킬 수 없는 약속을 하곤 했는데, 이러한 약속은 상대방으로부터 인정을 받기 위한 것이었다. 약속을 깼을 때는 동정과 연민을 불러일으키는 이야기를 만들어내곤 했다.

팻은 자신의 최근 남자친구 이야기를 하느라 연구 미팅을 자주 방해했다. 남자친구는 거의 매주 바뀌었지만, 그녀의 열정("지금까지 만난 사람들과는 다른 남자야!")과 미래에 대한 낙관주의("그는 남은 인생을 함께 보내고 싶은 남자야!")는 매번 높았다. 팻은 그 사람들을 아주 잠깐 만났음에도 거의 모든 사람들과 결혼에 대한 계획을 진지하게 논의하였다. 팻은 자신의 비조직적 특성 때문에 생기는 문제에서 벗어나도록 자주 도와주는 남자 교사들에게 환심을 사려 했다.

자신의 저조한 수행 때문에 교사직을 잃을 것이 거의 분명해지자 남자 교사 몇몇과 교감으로 하여금 근처 학교의 새로운 직업에 자신을 추천하도록 조종했다. 일 년 뒤에 그녀는 여전히 새로운 학교에 있었으나 이미 2번이나 다른 학급으로 옮겨야 했다. 같이 일하는 교사들에 의하면, 팻은 자신의 최근 연인과 "깊이 빠졌다"라고 이야기함에도 불구하고, 여전히 가까운 대인관계가 없다고 한다. 꽤 긴 시간의 우울증 끝에 그녀는 자신을 연극성 성격장애로 진단한 심리학자에게 도움을 요청하였다.

임상적 기술

연극성 성격장애를 지닌 사람들은 감정 표현을 과장하는 경향이 있다. 예를 들어 처음 만난 사람에게 포옹을 하거나 슬픈 영화를 보면서 오열을 하는 것이다(Blashfield, Reynolds, & Stennett, 2012). 이들은 또한 허영심이 많고, 자기중심적이며, 주목받지 못하면 불편감을 느낀다. 종종 유혹적인 외모와 행동을 하고, 외모에 대해 신경을 많이 쓰는 편이다(팻의 경우 특이한 액세서리에 많은 돈을 썼고, 관심을 보이는 아무나 붙잡고 이야기했다). 또한 이들은 끊임없이 확인과 인정을 받길 원하고 타인이 자신에게 관심을 보이지 않거나 칭찬하지 않으면 서운해하거나 화를 낼 수도 있다. 연극성 성격장애를 지닌 사람들은 충동적인 경향이 있고 만족 지연에 큰 어려움이 있다.

연극성 성격장애와 관련된 인지적 스타일은 인상주의로(Beck, Freeman, & Davis, 2007), 상황을 포괄적이고 흑백으로 보는 경향이 있다. 이들의 언어는 종종 모호하고, 구체적이지 않으며, 과장되어 있다(Nestadt et al., 2009). 예를 들어 팻에게 전날에 했던 데이트에 대해 어땠는지 물어보면 "너무 좋았다"고 대답하지만 그것에 대한 더 구체적인 이야기는 하지 못한다.

남성보다 높은 여성의 진단률은 이 장애의 본질과 진단기준에 대한 의문을 제기한다. 이 장의 앞 부분에서 논의했던 것처럼 연극성 성격장애의 특징, 예를 들어 지나치게 극적인 행동, 허영심, 유혹적임, 외모에 대한 과도한 걱정은 서양의 '전형적인 여성'의 특징이라고 간주될 수 있고 따라서 여성들에게 과잉 진단될 수 있다.

Sprock(2000)은 이 같은 문제를 조사한 결과 심리학자와 정신과 의사들이 이 장애를 남성보다는 여성과 관련시키는 편향이 있다는 증거를 발견하였다.

원인

이 장애가 오래됐음에도 불구하고 연극성 성격장애의 원인 혹은 치료에 관한 연구는 적다. 하나의 가설은 반사회성 성격장애와 관련된 것이다. 연극성 성격장애와 반사회성 성격장애는 함께 나타나는 확률이 매우 높다는 증거가 있다. Lilienfeld와 동료들(1986)은 연극성 성격장애의 2/3 정도가 반사회성 성격장애의 진단도 충족했다는 것을 발견하였다. 이러한 관련성은(예를 들어 Cloninger, 1978; Lilienfeld, 1992 참고) 연극성 성격장애와 반사회성 성격장애가 확인되지 않은 동일한 기저 상태에 대한 성별에 따른 표현일 수 있다는 제안으로 이어졌다. 이러한 기저 상태의 여성들은 연극적 패턴을 우세하게 보이는 반면 이 상태의 남성들은 반사회적 패턴을 우세하게 보일 수 있다. 이러한 연관이 논쟁적 이슈로 남든지 남지 않든지 간에 이러한 가능성에 관한 후속 연구는 필요하다(Dolan & Völlm, 2009; Salekin, Rogers, & Sewell, 1997).

▲ 연극성 성격장애를 지닌 사람들은 허영심이 많고 사치스럽고 유혹적이다.

연극성 성격장애(histrionic personality disorder) B군 성격장애(극적, 감정적, 변덕스러운 특징) 중 하나로 극히 감정적이고 끊임없이 주목의 대상이 되고자 함.

 다양성에 대한 논의 성별과 성격장애

당신은 주기적으로 불안정한 관계(빨리 사랑에 빠지거나 식음)를 보이고, 정체성의 문제(자주 직업의 목표를 바꿈)를 보이고, 충동적인 의사 결정(무모하고 흥청망청한 쇼핑)을 하는 여성을 어떻게 묘사하겠는가? 이것들은 그냥 여성들의 '평범한' 행동, 표현, 결정인가 아니면 심리장애의 조짐인가? 『정신질환의 진단 및 통계 편람』(DSM-5; American Psychological Association, 2013)은 "만연하게 불안정한 대인관계, 자아상, 감정, 충동 조절"을 경계선 성격장애(BPD)(APA, 2013, p. 663)의 주요 특징으로 언급한다. DSM-5의 내용을 이해한다면 여기에 묘사된 여성은 아마 BPD—거의 여성에게 발견되는(75%)—로 진단받을 수 있을 것이다. 이러한 유병률에서의 성차 그리고 BPD의 몇 가지 기준은 BPD 진단에서의 성별 편향의 가능성에 대한 <u>토론</u>으로 이어졌다.

사회화 관점에서 보면, 여성들은 어릴 때부터 우리 사회가 **의존적**이라고 부르는 상태가 되도록 훈련되고, 비판이나 타인으로부터의 거부에 더 민감해질 수 있다(예를 들어 소녀들은 관계를 더 중요시하도록 교육을 받고 타인의 평가를 통해 자신을 바라보는 것을 학습한다)(Becker, 1997). BPD 진단이 여성에게 어떠한 영향을 미치는지 이해하기 위해 여성주의 저서는 "BPD 진단은 일부 여성들이 억압과 학대에 저항하고 살아남기 위해 취하는 전략을 정

신병리적 증상으로 묘사하려는 역사적 시도의 최신 버전"이라고 주장했다(Shaw & Proctor, 2005, p. 484). 이러한 두 가지 관점 모두 BPD가 불공정한 진단—성별의 사회화된 표현을 병리화시키거나 여성의 경험과 표현을 평가절하하거나—이라고 주장한다. 그러나 그러한 극단적인 행동에 대한 진단과 치료는 적절한 행동일 수 있다. 당신의 생각은 어떠한가? 사회화된 성별 표현의 극단이 불공정하게 성격장애의 낙인으로 이어지는 것인가 아니면 그러한 극단적인 표현이 건강하지 못함을 시사하고 진단과 치료를 필요로 하는 것인가?

성격장애에 있어서의 성별 편향에 대해서 DSM-5는 어떤 성격장애들은 여성에게 더 자주 발생하고(의존성 성격장애와 연극성 성격장애), 어떤 성격장애들은 남성에게 더 자주 발생한다(반사회성 성격장애, 자기애성 성격장애, 강박성 성격장애, 편집성 성격장애, 조현형 성격장애, 조현성 성격장애)고 기술한다. 따라서 여성들이 BPD로 진단받을 가능성이 더 높은 것처럼 남성들은 반사회성 성격장애로 진단받을 확률이 3배나 높고(Kessler et al., 1994), 비슷한 사회화와 다양한 성별 편향이 DSM-5에서도 부분적으로 역할을 하는 것 같다. 다른 성격장애들에서의 잠재적인 성별 편향에 대해서 당신은 어떻게 생각하는가?

치료

연극성 성격장애를 지닌 사람들을 치료하는 방법에 대해 많은 문헌이 있었지만, 결과가 성공적이었던 연구는 거의 없다(Cloninger & Svakic, 2009). 이들을 위한 치료는 크게 문제적 대인관계에 초점을 맞춘다. 이들은 정서적 위기, 매력 이용, 성관계, 유혹적 행동 혹은 불만을 통해 타인을 조종한다(Beck et al., 2007). 연극성 성격장애를 지닌 사람들에게는 이러한 상호작용 스타일에서 얻는 단기적 이득이 어떠한 장기적 비용을 초래하는지 보여줘야 하고, 자신이 원하는 것과 필요한 것을 좀 더 적절한 방식으로 협상할 수 있도록 가르쳐야 한다.

자기애성 성격장애

우리는 스스로를 굉장히 높게 평가하는, 어쩌면 실제 능력을 과장하는 사람들을 한 명쯤은 알고 있다. 그들은 자신이 남들과는 다르다고 생각하고 특별대우를 받아야 한다고 생각한다. **자기애성 성격장애**에서는 이러한 경향이 극단적으로 나타난다. 그리스 신화에서, 나르키소스는 자신의 아름다움에 매혹되어 에코의 사랑을 퇴짜 놓은 청년이다. 그는 호숫가에 비친 자신의 얼굴을 들여다보며 하루하루를 보냈다. Freud를 포함한 정신분석가들은 자기 자신의 중요성을 과대하게 지각하고 관심을 받는 것에 집착하는 사람들에게 자기애성이라는 용어를 사용하였다(Ronningstam, 2012). 윌리의 사례를 보자.

윌리 • 그건 다 나에 대한 거야

윌리는 작은 법률 사무소의 사무 보조로 일하고 있었다. 30대 초반이지만 윌리의 경력은 보잘것없었다. 그는 2년 이상 한곳에서 일한 적이 없고, 임시 고용 사무소에서 많은 시간을 보냈다. 그러나 처음 만난다면 당신은 그가 무척 능력 있고 사무소를 책임지고 있다고 믿을 것이다. 대기실에 들어서면 윌리는 자신이 접수 담당자가 아닌데도 불구하고 반겨줄 것이다. 그는 아마 커피를 주면서, '자신'의 접수 구역에서 편안히 있으라고 말하며 매우 세심히 배려해 줄 것이다. 윌리는 이야기하는 것을 좋아했고, 어떤 대화에서든지 자신이 관심의 중심이 되도록 재빠르게 유도했다.

이러한 환심 사기 매너는 곧 다른 직원들을 짜증나게 했다. 그에게는 다른 직원들을 관리할 아무런 권한이 없음에도 불구하고 사무실 내의 다른 직원들을 자신의 부하직원처럼 취급할 때는 특히 더 그러했다. 그가 방문객 및 직원들과 나누는 대화는 그와 다른 직원들의 시간을 엄청나게 소비했고, 이것은 점점 문제가 되어갔다. 그는 곧 자

신의 업무를 통제하고 지배하기 시작했는데—그의 다른 직업에서도 그러했던 것처럼—다른 사람에게 지정된 업무를 맡았다. 그러나 그러한 일들을 제대로 해내지 못했고 결국 큰 마찰을 빚었다.

이러한 문제들과 부딪힐 때 윌리는 다른 사람들을 탓했다. 그러나 결국에는 그의 자기중심성과 지배 본성이 사무실 내 많은 비효율성의 뿌리라는 것이 명백해졌다. 법률사무소 파트너 전원이 참석한 징계 위원회에서 윌리는 자신을 내쫓으려는 사람들을 심하게 모욕하였으며 그들의 잘못을 탓했다. 자신의 이전 직업들에서의 업무 수행이 매우 훌륭하였으며—이 주장은 고용주들의 의견과는 모순되는 것이었다—그들이 잘못하고 있다고 주장하였다. 그러나 어느 정도 진정된 후에 이전의 음주문제, 우울증의 과거력, 다양한 가족문제 등 자신의 어려움에 기여했다고 믿는 모든 것들에 대해 얘기했다.

회사는 한 대학 클리닉에 가길 권유하였고 그는 자기애성 성격장애와 주요우울장애로 진단받았다. 결국 지각과 업무 미완수를 포함한 그의 행동은 해고로 이어졌다. 이러한 사건들이 일어난 2년 후에 같은 회사의 다른 자리로 다시 지원했다. 기록상의 문제로 윌리의 이전 해고가 드러나지는 않았지만 출근 이틀째와 사흘째에도 지각을 하면서 그는 단 3일 만에 해고되었다. 그는 자신이 성공할 것이라고 확신했으나 직업적 성공에 필요한 최소한의 기준조차도 만족시키는 행동의 변화를 달성할 수 없었다.

임상적 기술

자기애성 성격장애를 지닌 사람들은 자신의 중요성을 비합리적으로 지각하고 자기 자신에게 사로잡혀 있어 타인에 대한 민감성이나 동정심이 결여되어 있다(Ronningstam, 2012). 과대성(grandiosity)이라고 불리는 자신의 위대함에 대한 과장된 느낌과 환상은 많은 부정적 속성을 만들어낸다. 이들은 엄청난 특별 관심을 요구하고 기대한다(레스토랑의 최고 좋은 자리, 영화관 앞의 불법 주차 공간 등). 이들은 또한 자신의 이익을 위해 타인을 이용하고 착취하는 경향이 있고 공감을 보이지 않는다. 성공한 다른 사람들을 만났을 때 그 사람들을 지나치게 부러워하고 오만한 태도를 보일 수 있다. 그리고 자신의 기대만큼 잘살지 못하기 때문에 종종 우울해진다.

원인과 치료

우리는 갓난아기일 때 자기중심적이고 요구가 많은데 이것은 생존을 위한 투쟁이다. 하지만 사회화 과정의 일부는 아동에게 공감과 이타심을 가르쳐주는 것이다. Kohut(1971, 1977)을 포함한 몇몇 학자들은 자기애성 성격장애가 아동의 초기 발달 과정에서 부모가 공감을 모델링하는 것에 실패하여 발생한 것이라고 본다. 결과적으로 아

과대성(공상·행동에서), 숭배에의 요구, 감정이입의 부족이 광범위한 양상으로 있고 청년기에 시작되어 여러 상황에서 일어나고, 다음 중 5가지(또는 그 이상)로 나타난다.

1. 자신의 중요성에 대한 과대한 느낌을 가짐(예를 들어 성취와 능력에 대해서 과장한다. 적절한 성취 없이 특별대우 받기를 기대한다)
2. 무한한 성공, 권력, 명석함, 아름다움, 이상적인 사람과 같은 공상에 몰두함
3. 자신의 문제는 특별하고 특이해서 다른 특별한 높은 지위의 사람(또는 기관)만이 그것을 이해할 수 있고 또는 관련해야 한다는 믿음
4. 과도한 숭배를 요구함
5. 특별한 자격이 있는 것 같은 느낌을 가짐(특별히 호의적인 대우를 받기를, 자신의 기대에 자동적으로 순응하기를 불합리하게 기대한다)
6. 대인관계에서 착취적임(자신의 목적을 달성하기 위해서 타인을 이용한다)
7. 감정이입의 결여: 타인의 느낌이나 요구를 인식하거나 확인하려 하지 않음
8. 다른 사람을 자주 부러워하거나 다른 사람이 자신을 시기하고 있다고 믿음
9. 오만하고 건방진 행동이나 태도

출처: American Psychiatric Association. (2013). *Diagnostic and statistical manual of mental disorders* (5th ed.). Washington, DC.

동은 자기중심적인 과대성의 발달 단계에 고착된다. 더불어 이러한 아동은 (또한 성인이 되어서) 충족되지 못한 자신의 공감적 요구를 충족시켜줄 사람을 끝없이 찾게 된다.

치료 옵션에 관한 연구는 연구의 수에서나 성공적으로 보고된 사례 면에서 극히 제한적이다(Cloninger & Svakic, 2009; Dhawan, Kunik, Oldham, & Coverdale, 2010). 이들을 대상으로 치료를 시도할 때는 이들의 과대성, 평가에 대한 과민함 그리고 타인에 대한 공감 결여에 초점을 둔다(Beck et al., 2007). 인지치료에서는 실제로 달성 가능한 매일매일의 즐거운 경험에 집중하는 것으로 그들의 환상을 바꾸려 노력한다. 이완 훈련과 같은 대처 전략은 비판을 대면하고 수용할 수 있도록 도와준다. 또 다른 목표는 타인의 감정에 집중할 수 있

도록 돕는 것이다. 이 장애를 지닌 사람들은 특히 중년에 경험하는 심한 우울 삽화에 취약하므로 치료는 우울증에 대한 것으로 시작된다. 하지만 이러한 치료가 실제 자기애성 성격장애에 미치는 영향에 대해서는 어떠한 결론도 내릴 수 없다.

다음에 논의될 회피성, 의존성, 강박성 성격장애는 불안장애가 있는 사람들과 유사한 특징을 공유한다. 불안하거나 두려워하는 성격장애들이 아래에 설명될 것이다.

개념 확인 **11.3**

아래의 설명에 맞는 성격장애를 쓰시오.

1. 일레인은 자아존중감이 낮고 위험하고 흥분되는 일을 하지 않으면 공허함을 느꼈다. 그녀는 마약을 했고 낯선 사람과도 성관계를 가졌다. 그녀는 남자친구가 헤어지자고 이야기하면 자살할 것이라고 위협했고, 그를 극도로 사랑했다가 미워하는 것을 반복했다. _____
2. 랜스는 17살이고 지난 2년간 법적인 문제가 있었다. 그는 부모에게 거짓말을 했고, 건물을 파손하고, 다른 사람들과 자주 싸웠다. 그는 자신이 상처 입힌 사람들에게나 자신으로 인한 부모의 근심에도 아무런 후회를 보이지 않았다. _____
3. 낸시는 자신이 모든 일에 최고라고 생각한다. 그녀는 자신의 수행이 언제나 훌륭하고, 다른 사람들의 성공에는 극단적으로 비판적이었다. 그녀는 끊임없이 다른 사람들로부터 존경과 확신을 받기 원했다. _____
4. 사만다는 지나치게 극적인 것으로 유명하다. 그녀는 슬픈 영화를 보는 동안 주체할 수 없을 정도로 울고, 우리는 가끔 그녀가 연기를 하고 있다고 생각한다. 그녀는 허영심이 강하고 자기중심적이며, 자신의 삶에 대해 이야기하느라 우리의 수업을 방해한다. _____

자기애성 성격장애 (narcissistic personality disorder) B군 성격장애(극적, 감정적, 변덕스러운 특징) 중 하나로 도를 넘는 상상이나 행동, 존경받으려는 욕구, 공감 능력의 결여를 지속적으로 보임.

▶ 불안하거나 두려워하는 성격장애의 필수적 특성은 무엇인가?

회피성 성격장애

이름에서 알 수 있듯이 **회피성 성격장애**를 지닌 사람들은 타인의 의견에 극도로 예민하고, 사회적 관계를 갈망하지만 불안 때문에 그러한 관계를 멀리하게 된다. 이들의 극도로 낮은 자존감은 거절에 대한 두려움과 함께 교우 관계를 제한적이게 하고 자신이 편하게 느끼는 사람들에게는 의존적이도록 만든다(Sanislow, da Cruz, Gianoli, & Reagan, 2012). 제인의 사례를 보자.

제인 ● 알아차려질 만한 가치가 없다

제인은 경계선 성격장애를 가지고 있던 알코올중독 어머니 밑에서 자랐으며, 어머니는 그녀를 언어적, 신체적으로 학대했다. 어렸을 때 제인은 자신이 그렇게 학대를 당할 만한 가치 없는 사람이라고 믿음으로써 학대를 이해했다. 20대 후반에도 다른 사람들이 자신이 가치 없고 나쁜 사람이라는 것을 알게 되면 거부할 것이라고 생각했다.

제인은 매우 자기비판적이었고 사람들에게 받아들여지지 않을 것이라고 예상했다. 그녀는 사람들이 자신을 좋아하지 않을 것이고, 자신이 패배자임을 보게 될 것이며, 그럴 때마다 자신은 할 말이 없을 것이라고 생각했다. 그녀는 어떤 사람 심지어 아주 잠깐 만나는 사람조차도 자신에게 부정적으로 혹은 중립적으로 반응한다고 지각하면 화가 났다. 만약 신문 판매원이 그녀에게 웃지 않거나 상점 점원이 조금이라도 퉁명스러우면, 제인은 자동적으로 자신이 가치가 없고 호감을 살 만한 사람이 아니기 때문이라고 생각했다. 그러고 나서는 매우 슬퍼했다. 제인은 친구로부터 긍정적인 피드백을 받을 때에도 그것을 무시했다. 결과적으로 그녀는 친구도 거의 없었고 가까운 사람이 아무도 없었다.

(Beck, A. T., & Freeman, A. (1990). *Cognitive therapy of personality disorders*. New York: Guilford Press에서 사례 발췌)

임상적 기술

이 진단을 제안한 Theodore Millon(1981)은 냉담하고, 정동이 둔마되어 있고, 대인관계에 비교적 관심이 없는 비사교적인 사람들(*DSM-5* 용어로는 조현성 성격장애와 비슷함)과 대인관계에서 불안하거나 거절에 대한 두려움 때문에 비사교적인 사람들을 구분하는 것이 중요하

다고 하였다. 후자가 회피성 성격장애의 진단기준에 부합한다(Millon & Martinez, 1995). 이들은 타인에게서 만성적으로 거부당한다는 느낌을 가지고 있으며 자신의 미래에 대해 비관적이다.

원인

몇몇 연구에서는 회피성 성격장애가 조현병을 가진 사람들의 친척에게서 더 많이 발생하고 조현병과 관련된 하위 장애들과 관련되어 있다고 보고하였다(Fogelson et al., 2007). 회피성 성격장애에 대한 원인으로 생물학적 영향과 심리사회적 영향을 통합하는 몇 가지 이론들이 제안되었다. 예를 들어 Millon(1981)에 따르면 이 사람들은 까다로운 기질이나 성격 특성을 가지고 태어날 수 있는데, 그 결과 부모는 그들을 거부하거나 적어도 생애 초기에 충분한 무비판적 사랑을 주지 않을 수 있다. 이러한 거부는 결국 낮은 자존감과 사회적 소외를 일으키고, 성인이 되어서도 이러한 상태가 지속될 수 있다. 회피성 성격장애에 대한 심리사회적 영향을 지지하는 근거가 제한적으로 존재한다. 예를 들어 Stravynski, Elie, Franche(1989)는 회피성 성격장애 집단과 통제집단 참여자들에게 부모의 초기 양육에 대하여 질문하였다. 회피성 성격장애를 지닌 이들은 통제집단에 비해 부모가 자신을 더 많이 거부했고, 죄책감을 더 많이 느끼게 하였고, 덜 애정적이라고 기억했다. 따라서 양육이 이 장애의 발달에 기여할 수 있음이 시사된다. 이와 유사하게 Meyer와 Carver(2000)는 이들이 고립, 거부, 타인과의 갈등에 대한 아동기 경험을 보고할 가능성이 높음을 발견하였다.

치료

대부분의 다른 성격장애가 치료에 대한 연구가 부족한 것에 비해 회피성 성격장애는 잘 통제된 치료 연구들이 많다(Leahy & McGinn, 2012). 불안과 사회적 기술 문제에 대한 행동적 개입은 어느 정도 성공을 보였다(예를 들어 Borge et al., 2010; Emmelkamp et al., 2006). 회피성 성격장애를 지닌 사람들이 경험하는 문제들이 사회불안장애를 지닌 사람들의 문제와 유사하기 때문에 두 집단에서는 동일한 치료를 많이 사용한다(4장 참고). 치료적 동맹—치료자와 내담자 간의 협력적 연결—은 이 집단의 성공적 치료를 예측하는 중요한 요인이다(Strauss et al., 2006).

DSM 진단기준 요약 회피성 성격장애

사회관계의 억제, 부적절감, 부정적 평가에 대한 예민함이 광범위한 양상으로 나타나고, 청년기에 시작되며 여러 상황에서 나타나고 다음 중 4가지(또는 그 이상)로 나타난다.

1. 비판이나 거절, 인정받지 못함 등 때문에 의미 있는 대인 접촉이 포함되는 직업적 활동을 회피함
2. 자신을 좋아한다는 확신 없이는 사람들과 관계하는 것을 피함
3. 수치를 당하거나 놀림 받음에 대한 두려움 때문에 친근한 대인관계 이내로 자신을 제한함
4. 사회적 상황에서 비판의 대상이 되거나 거절당하는 것에 집착함
5. 부적절감으로 인해 새로운 대인관계 상황에서 제한됨
6. 자신을 사회적으로 부적절하게, 개인적으로 매력이 없는, 다른 사람에 비해 열등한 사람으로 바라봄
7. 당황스러움이 드러날까 염려하여 어떤 새로운 일에 관여하는 것 혹은 개인적인 위험을 감수하는 것을 꺼림

출처: American Psychiatric Association. (2013). *Diagnostic and statistical manual of mental disorders* (5th ed.). Washington, DC.

의존성 성격장애

우리 모두는 다른 사람에게 의존한다는 것이 어떤 의미인지 안다. **의존성 성격장애**가 있는 사람들은 중요한 결정은 물론이고 일상적인 평범한 결정에 대해서도 타인에게 의지하기 때문에 버림받는 것에 대한 비합리적인 두려움이 나타난다. 캐런의 사례를 보자.

캐런 ● 당신이 하는 말이면 무엇이나

캐런은 45세의 기혼 여성으로 공황발작 문제 때문에 주치의에 의해 의뢰되었다. 평가 중에 그녀는 걱정스럽고 예민하고 나이브한 모습을 보였다. 그녀는 쉽게 감정에 휩싸였고 상담 내내 울다 웃다를 반복했다. 그녀는 평가 내내 기회가 있을 때마다 자기비판적인 모습을 보였다. 예를 들면 그녀에게 다른 사람들과 어떻게 지내는지 물어보자 그녀는 아무런 근거도 말하지 못하면서 "다른 사람들은 내가 부적절하고 멍청하다고 생각해요"라고 대답했다. 그녀는 "내가 바보"이기 때문에 학교를 싫어했고 언제나 스스로 부족하다고 느꼈다고 말했다.

캐런은 첫 번째 결혼이 '지옥'이었음에도 불구하고 10년 동안 결혼생활을 지속했다고 말했다. 그녀의 남편은 다른 많은 여성들과 부적절한 관계를 가지고 있었고, 그녀를 언어적으로 학대했다. 그녀는 몇 번이나 그를 떠나려고 노력했으나 돌아와 달라는 남편의 반복된 요청에 굴복했다. 그녀는 결국 그와 이혼할 수 있었고 곧 현재의 남편을 만나 결혼했는데, 그녀는 그가 친절하고, 섬세하고, 지지적이라고 묘사했다. 캐런은 갈등을 피하기 위해 중요한 결정은 다른 사람들이 하게 하고 그들에게 동의하는 것을 선호한다고 말했다. 그녀는 자신을 돌봐주는 사람 없이 혼자 남겨지는 것에 대해 걱정했고, 다른 사람들이 안심시켜 주지 않으면 어찌할 바를 모르는 것 같다고 보고하였다. 그녀는 또한 쉽게 상처받아서 비판받을 만한 일을 하지 않기 위해 열심히 일한다고 말했다.

(Beck, A. T. & Freeman, A. (1990). *Cognitive therapy of personality disorders.* New York: Guilford Press에서 사례 발췌)

임상적 기술

의존성 성격장애를 지닌 사람들은 때로 거부당하지 않기 위해 자신의 의견과 달라도 타인의 의견에 동의한다(Bornstein, 2012). 지지적이고 보살핌을 받는 관계를 얻고 유지하려는 욕구는 순종적이고, 소심하고, 소극적인 행동 특성으로 이어질 수 있다. 의존성 성격장애를 지닌 사람들은 부적절함, 비판에 대한 민감성, 확신에 대한 필요 등에서 회피성 성격장애와 비슷하다. 하지만 회피성 성격장애는 관계를 회피함으로써 이러한 감정에 대응하는 반면, 의존적 성격장애는 관계에 매달리면서 이러한 감정에 대응한다(Bornstein, 2012). 특정 문화에서(예를 들어 동아시아 유교)는 의존과 순종이 바람직한 대인관계 상태로 간주되기도 한다(Chen, Nettles, & Chen, 2009).

원인과 치료

우리는 모두 음식, 육체적 보호 및 보살핌에서 타인에게 의존적인 존재로 태어난다. 대부분의 문화에서 사회화 과정의 일부는 독립적으로 살 수 있도록 돕는 것이다(Bornstein, 1992). 부모의 죽음이나 보호자로부터의 방임 혹은 거부로 인해 성장하면서 버림받는 것을 두려워하게 될 수 있다(Stone, 1993). 하지만 유전적 영향도 이 장애의 발달에 중요하다(예를 들어 Gjerde et al., 2012). 이러한 유전적 영향 기

회피성 성격장애(avoidant personality disorder) C군 성격장애(불안해 하고 두려워하는 특성)로 부정적 평가에 과민한 패턴을 지속적으로 보임.

의존성 성격장애(dependent personality disorder) C군 성격장애 중 하나로 다른 사람에게 보호받고자 하는 욕구가 과도하며 다른 사람에게 거부당할 것이 두려워 순종적이고 다른 사람에게 매달리는 행동을 보임.

저의 생리적 요인들과 이러한 요인들이 환경적 영향과 어떻게 상호 작용을 하는지에 대해서는 아직 이해되지 않고 있다(Sanislow et al., 2012).

이 장애에 대한 치료 문헌은 대부분 기술적이다. 어떤 치료가 효과적인지 보여주는 연구는 별로 없다(Borge et al., 2010; Paris, 2008). 표면적으로는 치료에 경청하는 태도와 치료자에게 자신의 문제에 대한 책임을 넘기는 열의 때문에 의존성 성격장애를 지닌 사람들은 이상적인 내담자로 보일 수 있다. 하지만 그 순종성이 치료의 주요 목표 중 하나인 내담자를 더 독립적이고 책임감 있게 만드는 것을 불가능하도록 만든다(Leahy & McGinn, 2012). 치료는 내담자가 독립적으로 결정할 수 있는 능력에 대한 자신감이 발전하면서 서서히 진전된다. 환자가 치료자에게 지나치게 의존하지 않도록 하는 절차가 특별히 필요하다.

강박성 성격장애

강박성 성격장애를 지닌 사람들은 '올바른 방법'으로 일을 처리하는 것에 고착되어 있다. 많은 사람들이 그들의 인내력과 전념을 부러워할 수 있지만, 사소한 세부사항에 대한 집착은 아무것도 완수하지 못하도록 한다. 대니얼의 사례를 보자.

> **대니얼 ● 정확히 맞게**
>
> 매일 아침 정확히 8시에 대니얼은 그가 심리학 대학원생으로 있는 대학교의 사무실에 도착한다. 가는 길에 언제나 커피와 뉴욕 타임즈를 사기 위해 세븐일레븐에 들른다. 8시부터 9시 15분까지 커피를 마시고 신문을 읽는다. 9시 15분에는 수년째 완성하지 못하고 있는 자신의 박사학위논문과 관련된 수백 개의 자료들이 들어 있는 파일들을 다시 정리한다. 10시부터 정오까지 그 자료들 중의 하나를 읽고, 관련된 부분에 표시를 한다. 그리고 점심(언제나 땅콩버터와 잼을 바른 샌드위치와 사과)이 든 봉지를 가지고 카페테리아로 가서 음료수를 사고 혼자 밥을 먹는다. 1시부터 5시까지 그는 미팅을 열고, 책상을 정리하고, 할 일 목록을 만들고, 컴퓨터로 새로운 데이터베이스 프로그램에 자신의 참고문헌들을 입력한다. 집에서는 아내와 저녁을 먹고 11시까지 논문 작업을 하는데, 그시간의 대부분은 컴퓨터의 새로운 기능을 시험해 보는 데 쓰인다.
>
> 4년 반 전이나 지금이나 학위논문 진행에 별반 진전이 없다. 그녀의 아내는 대니얼이 집에서도 똑같이 모든 일에 너무 경직되어 있고 불안정한 대학원 생활을 지속하는 것을 원치 않기 때문에 그를 떠나겠다고 위협하였다. 결국 악화되는 결혼생활로 인한 불안 때문에 치료자를 찾았을 때 그는 강박성 성격장애로 진단받았다.

임상적 기술

이 성격장애를 가진 대부분의 사람들처럼 대니얼은 일 지향적이고 영화를 보러 가거나 파티에 참석하는 데에는 시간을 보내지 않으며 대학원 공부와 관련되지 않은 일들은 거의 하지 않는다. 이러한 경직성 때문에 이들의 대인관계는 빈약하다(Samuels & Costa, 2012).

이 성격장애는 4장에서 설명된 불안장애 중 하나인 강박장애와는 관련성이 별로 없다(Samuels & Costa, 2012). 대니얼과 같은 사람들은 강박장애에서 볼 수 있는 강박사고와 강박행동이 없다. 불안장애가 있는 사람들이 종종 이 성격장애의 특징을 보이기도 하지만 다른 성격장애(예를 들어 회피성, 연극성, 의존성 성격장애)의 특징들도 보인다(Trull, Scheiderer, & Tomko, 2012).

DSM 진단기준 요약 강박성 성격장애

DSM 5

융통성, 개방성, 효율성을 희생시키더라도 정돈, 완벽, 정신적 통제 및 대인관계의 통제에 지나치게 집착하는 광범위한 양상으로 청년기에 시작되며 여러 상황에서 나타나고 다음 중 4가지(또는 그 이상)로 나타난다.

1. 내용의 세부, 규칙, 목록, 순서, 조직 혹은 스케줄에 집착되어 있어 활동의 중요한 부분을 놓침
2. 완벽함을 보이나 이것이 일의 완수를 방해함(예를 들어 자신의 완벽한 기준을 만족하지 못해 계획을 완수할 수 없다)
3. 여가 활동이나 친구 교제를 마다하고 일이나 성과에 지나치게 열중함(드러나는 경제적 필요성으로 설명되지 않음)
4. 지나치게 양심적임, 소심함 그리고 도덕 윤리 또는 가치관에 관하여 융통성이 없음(문화적 혹은 종교적 정체성으로 설명되지 않음)
5. 정서적인 가치가 없는데도 낡고 가치 없는 물건을 버리지 못함
6. 자신이 일하는 방법에 대해 정확하게 복종적이지 않으면 일을 위임하거나 함께 일하지 않으려 함
7. 자신과 타인에게 돈 쓰는 데 인색함. 돈을 미래의 재난에 대비하는 것으로 인식함
8. 경직되고 완강함을 보임

출처: American Psychiatric Association. (2013). *Diagnostic and statistical manual of mental disorders* (5th ed.). Washington, DC.

한 가지 흥미로운 이론에 따르면 많은 연쇄 살인범의 심리적 프로파일이 강박성 성격장애의 특성을 나타낸다고 한다. Ferreira(2000)는 이들이 조현병과 같은 중증 정신장애의 정의에는 맞지 않지만, 피해자를 조종하는 '통제의 마스터(masters of control)'라고 언급하였다. 범죄의 모든 측면을 통제하고자 하는 욕구는 강박성 성격장애의 패턴과 잘 맞아떨어지고 이 장애가 불행한 아동기 경험과 조합되는 경우 범죄와 같은 심각한 행동으로 이어질 수 있다. 강박성 성격장애의 특징은 성범죄자, 특히 소아성애자에게도 나타날 수 있다. 소아성애자의 뇌영상 연구는 이들의 뇌 기능이 강박성 성격장애를 지닌 사람들의 뇌 기능과 유사함을 보여주었다(Schiffer et al., 2007). 한편 반대쪽 극단에서는 영재 아동 중에 강박성 성격장애를 종종 발견할 수 있고, 완벽함에 대한 추구는 이들을 힘들게 하기도 한다(Nugent, 2000).

원인과 치료

강박성 성격장애는 유전적 요소가 기여하는 부분이 적다(Cloninger & Svakic, 2009). 어떤 사람들은 구조화된 생활을 선호하기도 하지만, 대니얼처럼 정도가 심해지는 데에는 규칙성과 정리정돈에 대한 부모의 강화가 필요할 수 있다.

치료에서는 정리정돈에 대한 욕구 아래에 깔려 있는 두려움에 도전한다. 강박성 성격장애를 지닌 사람들은 자신이 무엇을 하든 그것이 불충분할 것이라는 두려움을 가지고 있기 때문에 중요한 이슈들과 사소한 세부사항에 대해 지나치게 반추하거나 일을 미루는 모습을 보인다. 치료자는 내담자가 이완할 수 있도록 도와주거나 강박사고로부터 주의를 돌릴 수 있는 주의분산 기법들을 사용한다. 이러한 형태의 인지행동치료는 강박성 성격장애에 효과적이다(Svartberg et al., 2004).

개념 확인 11.4

아래의 설명에 맞는 성격장애를 쓰시오.

1. 치료 회기 동안 존은 물을 가지러 일어났다. 10분이 지나도 그는 돌아오지 않았다. 그는 음수대를 닦고 물컵에 물을 붓기 전에 컵들을 깔끔하게 정리했다. _____
2. 휘트니는 자신이 똑똑하지 않고 아무런 능력이 없다고 이야기했다. 그녀는 혼자 있는 것을 두려워했고, 가족과 친구들에게서 지속적인 확신을 얻고자 하였다. 남편이 바람을 피우는 것에 대해서도 어떠한 말이나 행동을 하지 않았는데, 만약 자신이 그에 대해 어떤 행동을 취하면 버려질 것이고 자신을 스스로 돌봐야 한다고 생각했기 때문이다. _____
3. 마이크는 거절에 대한 엄청난 두려움 때문에 사회생활이 거의 없다. 그는 칭찬은 무시하고 비판에는 지나치게 반응했는데 이 때문에 자신에 대한 부적절감만 커져갔다. 그는 모든 것을 개인적으로 받아들인다. _____

강박성 성격장애(obsessive-compulsive personality disorder) C군 성격장애(불안해 하고 두려워하는 특성) 중 하나로 유연성, 개방성, 효율성을 희생하고서라도 질서정연함, 완벽주의, 정신 및 대인관계와 관련한 통제를 지속적으로 추구함.

DSM 논란   성격장애의 전쟁

*DSM-5*는 성격장애 범주의 주요 변화를 제안하였다. 'I축'과 'II축' 장애 간의 구분이 없어진 것은 성격장애를 개인이 경험하는 주요 문제로 격상시켰다. 그러나 *DSM-5*가 제안한 가장 큰 변화 중의 하나는 5개의 성격장애(편집성, 조현성, 조현형, 회피성, 의존성 성격장애)를 완전히 제거하는 것이었다. 대신 이전에 이러한 장애로 진단받았던 사람들은 특정한 특질(예를 들어 의심, 정서적 불안정성, 적대감 등)을 가진 일반적 성격장애로 분류될 수 있다. 5개의 성격장애를 제거하자는 주장의 근거는 이 장애들에 대한 연구가 상대적으로 부족하고 장애들 간에 상당한 공존장애가 존재

하기 때문이다(Skodol, 2012). 이러한 변화에 대한 기대로 일부 연구자들은 "The Death of Histrionic Personality Disorder"(Blashfield et al., 2012)라는 제목의 글을 썼고, 성격장애 연구자들은 이러한 변화를 놓고 의견이 크게 나뉘었다. 최종안에서는 이 장애들을 그대로 유지하기로 하였고 연구 부족과 진단 특수성의 결여에 대한 문제는 이후에 다시 논의하기로 하였다. 진단을 어떻게 나눌 것인가에 대해 이렇게 오락가락하는 것은 수십 년간의 연구에도 불구하고 진단 시스템에 여전히 남아 있는 문제를 보여주는 것이다.

요약

성격장애의 개요

성격장애의 본질적 특징은 무엇인가?

▶ 성격장애는 상당한 스트레스를 일으킬 수 있는 오래되고 뿌리 깊은 방식의 사고, 감정, 행동을 나타낸다. 사람들이 세상과 상호작용하는 부적응적 방식은 두 가지 이상일 수 있기 때문에 성격장애를 어떻게 분류할지에 대해서는 아직 상당히 많은 불일치가 있다.

▶ *DSM-5*에는 3개의 군집으로 분류되는 10가지 성격장애가 포함되어 있다. A군(특이하거나 기이함)에는 편집성, 조현성, 조현형 성격장애가 포함되고, B군(극적, 감정적 혹은 변덕스러움)에는 반사회성, 경계선, 연극성, 자기애성 성격장애가 포함되며, C군(불안 혹은 두려움)에는 회피성, 의존성, 강박성 성격장애가 포함된다.

A군 성격장애

특이하고 기이한 성격장애의 필수적 특성은 무엇인가?

▶ 편집성 성격장애는 타당한 이유 없이 타인을 지나치게 믿지 못하고 의심한다. 이들은 타인에게 속마음을 털어놓지 않고 타인이 자신을 해칠 것이라고 기대한다.

▶ 조현성 성격장애는 사회적 관계에서 거리를 두고 대인관계 상황에서 제한적인 정서를 보인다. 이들은 냉담하고 차가워 보이고 타인에게 무관심하다.

▶ 조현형 성격장애는 보통 사회적으로 고립되어 있고 대부분의 사람들에게 독특하게 보이는 행동을 한다. 또한 이들은 의심이 많고

세상에 대해 특이한 믿음을 가지고 있다.

B군 성격장애

극적이고, 감정적이고, 변덕스러운 성격장애의 필수적 특성은 무엇인가?

▶ 반사회성 성격장애는 사회 규범에 따르지 않는 과거력을 지니고 있다. 이들은 친구나 가족에게서 도둑질을 하는 것처럼 대부분의 사람들이 수용하지 못하는 행동을 한다. 이들은 또한 무책임하고, 충동적이고, 기만적이다.

▶ 관찰 가능한 행동(예를 들어 충동적이고 반복적으로 직장, 집, 혹은 성적 파트너를 바꾸는 것)에 전적으로 초점을 맞추는 *DSM-5*의 진단기준과 달리 사이코패스와 관련된 개념은 주로 기저의 성격 특질(예를 들어 자기중심성 혹은 조종성)을 반영한다.

▶ 경계선 성격장애는 기분 및 타인과의 관계가 불안정하고 보통 자존감이 낮다. 이들은 종종 공허함을 느끼고 자살 위험성이 높다.

▶ 연극성 성격장애는 과도하게 극적이고 때로는 연기하는 것처럼 보인다.

▶ 자기애성 성격장애는 실제 능력보다 자신을 매우 높게 평가한다. 이들은 자신이 타인과 다르다고 생각하고 특별대우를 받아야 한다고 믿는다.

C군 성격장애

불안하거나 두려워하는 성격장애의 필수적 특성은 무엇인가?

▶ 회피성 성격장애는 타인의 의견에 극도로 예민하여 사회적 관계를 회피한다. 이들이 가진 극단적으로 낮은 자존감과 거절에 대한 두려움은 타인의 관심을 거부하게 한다.

▶ 의존성 성격장애는 중요한 결정은 물론이고 일상적인 결정을 내릴 때에도 타인에게 의존한다. 그 결과 버림받는 것에 대한 비합리적 두려움이 생긴다.

▶ 강박성 성격장애는 '올바른 방식'으로 일을 처리하는 것에 고착되어 있다. 세부적인 사항에 대한 집착 때문에 아무것도 완수하지 못한다.

▶ 성격장애를 지닌 사람들을 치료하기 어려운 이유는 이들은 자신들의 문제가 타인과 관계를 맺는 방식에 기인한다는 사실을 모르기 때문이다.

▶ 성격장애는 임상가가 중요하게 고려해야 하는 장애이다. 왜냐하면 성격장애는 불안, 우울, 약물남용과 같은 더 구체적인 문제를 치료하는 데 방해가 될 수도 있기 때문이다. 불행하게도 하나 이상의 성격장애가 있으면 치료 결과가 좋지 않으며 일반적으로 예후도 부정적이다.

핵심 용어

강박성 성격장애 (483쪽)

경계선 성격장애 (473쪽)

반사회성 성격장애 (465쪽)

변증법적 행동치료 (475쪽)

사이코패스 (467쪽)

성격장애 (455쪽)

연극성 성격장애 (477쪽)

의존성 성격장애 (481쪽)

자기애성 성격장애 (479쪽)

조현성 성격장애 (463쪽)

조현형 성격장애 (463쪽)

편집성 성격장애 (461쪽)

회피성 성격장애 (481쪽)

개념 확인의 답

11.1

1. 공존장애, 2. A군, B군, C군, 3. 범주적,
4. 만성적, 5. 편향

11.2

1. 편집성 성격장애, 2. 조현형 성격장애, 3.

조현성 성격장애

11.3

1. 경계선 성격장애, 2. 반사회성 성격장애,
3. 자기애성 성격장애, 4. 연극성 성격장애

11.4

1. 강박성 성격장애, 2. 의존성 성격장애,
3. 회피성 성격장애

1. 성격장애의 본성에 대한 차원적 대 범주적 분류 논쟁은 _____ 와(과) _____ 사이의 논쟁으로 묘사될 수 있다.
   a. 진단, 예후
   b. 상태, 특성
   c. 정도, 종류
   d. 질적, 양적

2. 어떤 성격장애들은 여자보다 남자에게 더 자주 진단된다. 이러한 차이에 대한 설명 중 하나는 다음과 같다.
   a. 임상가는 증상을 가지고 있는 사람의 성별에 따라 해당 증상을 다른 방식으로 해석한다.
   b. 남자는 여자보다 정신건강 전문가들로부터 더 많은 도움을 구한다.
   c. 대부분의 임상가는 남자이고, 그들은 자신과 같은 성별의 환자에게서 더 자주 정신병리를 보는 경향이 있다.
   d. 호르몬의 차이 때문에 여자는 좀 더 급성의 장애를 보이고 남자는 좀 더 만성적인 성격장애를 가진다.

3. 유전자 연구와 증상의 공존은 조현병과 _____ 사이의 공통된 관계를 암시한다.
   a. 경계선 성격장애
   b. 조현형 성격장애
   c. 조현성 성격장애
   d. 반사회성 성격장애

4. 사이코패스의 기준은 ____을(를) 강조하고, 반사회성 성격장애의 기준은 ____을(를) 강조한다.
   a. 행동, 성격
   b. 성격, 행동
   c. 범죄, 사회적 고립
   d. 사회적 고립, 범죄

5. 경계선 성격장애 환자의 특징적인 증상은 무엇인가?
   a. 충동성
   b. 무관심
   c. 조증
   d. 과장

6. 어떤 이론이 사이코패스가 자신의 피질 시스템을 자극하기 위해 반사회적이고 위험을 감수하는 행동을 할 것이라고 제안하는가?
   a. 등결과성 가설(equifinality hypothesis)
   b. 연결피질 자기 자극 가설(transcortical magnetic stimulation hypothesis)
   c. 저각성 가설(underarousal hypothesis)
   d. 등전위 가설(equipotential hypothesis)

7. 새로운 사람과 야단스럽게 친밀함을 나누며 인사하는 것, 영화를 보면서 통제할 수 없을 정도로 우는 것, 파티에서 관심의 중심에 있으려고 노력하는 것은 _____를 가지고 있는 사람의 전형적인 행동이다.

a. 경계선 성격장애

b. 자기애성 성격장애

c. 연극성 성격장애

d. 편집성 성격장애

8. 다음 중 경계선 성격장애에 대한 알맞은 설명은 무엇인가?

a. 아동학대는 경계선 성격장애를 가지고 있는 사람들에게 드물다.

b. 경계선 성격장애는 여자보다 남자에게 더 자주 진단된다.

c. 경계선 성격장애의 행동은 외상후 스트레스장애의 증상과 겹친다.

d. 경계선 성격장애는 자해를 거의 보이지 않는다.

9. 어떤 성격장애를 가지고 있는 사람이 아이 같은 자기중심적인 행동을 보이는가?

a. 편집성 성격장애

b. 반사회성 성격장애

c. 조현형 성격장애

d. 자기애성 성격장애

10. 일상의 기능을 방해할 정도로 세부사항, 규칙, 정돈, 계획에 집착하는 사람은 _____를 가지고 있을 수 있다.

a. 강박성 성격장애

b. 자기애성 성격장애

c. 반사회성 성격장애

d. 조현성 성격장애

(답은 부록 A에 있습니다.)

성격장애 탐구하기

▶ 성격장애를 지닌 사람들은 자기 자신과 자신에게 중요한 사람들에게 스트레스를 유발하는 방식으로 사고하고 행동한다.

▶ 성격장애는 보통 아동기에 시작되며 3개의 군집으로 분류된다.

A군

특이하고
기이한

©Gazelle Technologies

편집성
지나친 의심

심리적 영향

- 사람들은 악의적이고, 기만적이고, 위협적이라는 생각
- 타인에 대한 잘못된 가정에 근거한 행동

생물학적 영향

- 명확하지는 않지만 조현병과의 관련 가능성

원인

사회적 영향

- 독특한 경험들로 인해 '아웃사이더'들이 좀 더 취약함(예, 죄수, 난민, 청각장애인, 노인)
- 부모의 초기 교육의 영향

치료

- 내담자의 불신과 의심으로 인해 치료가 어려움
- 사고 변화를 위한 인지적 작업
- 낮은 성공률

조현성
사회적 고립

심리적 영향

- 제한된 범위의 정서
- 차갑고 사람들과 격리되어 있음
- 칭찬이나 비판의 영향을 받지 않음

생물학적 영향

- 도파민 수용기의 낮은 밀도와 관련

원인

치료

- 사회적 관계의 가치 학습
- 사회기술 훈련, 역할연기

사회문화적 영향

- 사회적 고립 선호
- 사회기술 결여
- 연인 혹은 성적 관계를 포함한 가까운 관계에 대한 관심 결여

C군

불안하거나 두려워하는

Photodisc/Getty Images

의존성
돌봄을 받고자 하는 수동적 욕구

심리적 영향

- 초기 주양육자의 돌봄 상실(죽음, 거부, 방임)이 거부에 대한 두려움 유발
- 소심함과 수동성

생물학적 영향

- 우리 모두는 보호, 음식, 양육에 의존적인 상태로 태어남

원인

사회문화적 영향

- 갈등을 피하기 위해 동의
- 회피성 성격장애와의 유사성: 부적절감, 비판에 대한 민감성, 확신에 대한 욕구
- 그러나 이유는 공통되지만 회피성 성격장애는 철수하는 반면 의존성 성격장애는 매달림

치료

- 연구가 매우 부족
- 이상적인 내담자로 보임
- 복종성으로 인해 독립하지 못함

조현형
의심과 특이한 행동

심리적 영향

- 평범하지 않은 신념, 행동, 옷차림
- 의심스러움
- 주위의 중요하지 않은 사건들이 자신과 관련되어 있다고 믿음 ('관계 사고')
- 주요우울장애의 증상

생물학적 영향

- 조현병에 대한 유전적 취약성, 하지만 조현병의 생물학적/ 환경적 스트레스는 없음

원인

치료

- 고립과 의심을 감소시키기 위한 사회기술 훈련
- 관계 사고, 특이한 의사소통, 고립을 감소시키기 위한 약물(haloperidol)
- 낮은 성공률

사회문화적 영향

- 사회적 고립 선호
- 지나친 사회불안
- 사회기술 결여

B군

극적이고,
정서적이고,
변덕스러운

Thinkstock/Getty Images

(주의점: B군에는 자기애성
성격장애도 포함됨)

반사회성
타인의 권리 침해

심리적 영향
- 처벌을 피하는 것을 학습하지 못함
- 타인에게 무관심

생물학적 영향
- 유전적 취약성과 환경적 영향의 결합
- 비정상적으로 낮은 피질 각성
- 높은 공포 역치

원인

사회문화적 영향
- 범죄성
- 스트레스/외상에의 노출
- 비일관적인 부모 훈육
- 사회경제적 불리함

치료
- 별로 성공적이지 않음(주로 투옥됨)
- 문제가 일찍 발견되는 경우에는 부모훈련
- 학령기 전 프로그램을 통한 예방

연극성
지나치게 정서적

심리적 영향
- 허영심이 많고 자기중심적
- 무시를 당하면 쉽게 화를 냄
- 모호하고 과장됨
- 충동적: 만족지연의 어려움

생물학적 영향
- 반사회성 성격장애와의 관련성(여자는 연극성/남자는 반사회성)

원인

치료
- 효과에 대한 증거 부족
- 보상과 처벌
- 대인관계에 초점

사회문화적 영향
- 관심을 끄는 지나치게 극적인 행동
- 유혹적
- 인정에 대한 갈망

경계선
소란스러운 불안정성

심리적 영향
- 자살 위험성
- 변덕스러운 기분
- 충동성

생물학적 영향
- 기분장애의 가족력
- 유전적 경향(충동성 또는 변덕스러움)

원인

사회문화적 영향
- 초기 외상(특히, 성적/신체적 학대)
- 급격한 문화적 변화(이민)가 증상 촉발

치료
- 변증법적 행동치료(DBT)
- 약물: 삼환계 항우울제, 경진정제, 리튬

회피성
억제

심리적 영향
- 낮은 자존감
- 거부와 비판에 대한 두려움이 주목받는 것에 대한 두려움으로 이어짐
- 지나친 민감성
- 사회공포증과 유사

생물학적 영향
- 타고난 특성이 거부를 유발

원인

사회문화적 영향
- 불충분한 부모의 애정

치료
- 행동적 개입이 때로 성공적: 체계적 둔감화, 행동 시연
- 개선의 효과는 중간 정도

강박성
디테일에 고착

생물학적 영향
- OCD와는 관련성이 적음
- 약한 유전적 역할: 구조화된 환경에 대한 선호와 부모의 강화가 결합

심리적 영향
- 전반적으로 경직되어 있음
- 일상적인 규칙과 순서에 의존
- 지연행동

원인

사회문화적 영향
- 매우 일 지향적
- 저조한 대인관계

치료
- 정보 부족
- 치료:
  – 욕구 뒤에 숨겨진 두려움에 도전
  – 이완이나 주의분산 기법이 질서나 순서에 대한 강박을 환기시킴

12

조현병 스펙트럼 및 기타 정신병적 장애

행동을 해석하기 위해 과학적 추론을 사용한다.	▶ 행동에 대한 설명들(예, 추론, 관찰, 조작적 정의, 해석)에서 기본적인 생물학적, 심리적, 사회적 요소들을 확인한다. (APA SLO 1.1a) **(교재의 505~514쪽 참고)**
심리학의 내용 영역에 대한 지식을 발달시킨다.	▶ 주요 인물, 핵심 관심사, 사용된 방법, 이론적 갈등을 포함해 심리학의 역사와 관련된 중요한 측면들을 요약한다. (APA SLO 5.2c) **(교재의 491~492쪽 참고)**
혁신적이고 통합적인 사고와 문제해결에 참여한다.	▶ 경험적으로 연구하기 위하여 문제를 조작적으로 기술한다. (APA SLO 1.3a) **(교재의 492~499쪽 참고)**
훈련 기반 문제 해결의 활용을 기술한다.	▶ 일상생활에 심리학적 원리를 적절하고 실용적으로 적용한 예를 기술한다. (APA SLO 5.3a) **(교재의 503~514쪽 참고)**

* 이 단원의 내용은 미국심리학회(APA)가 학부 심리학 전공에 대한 지침(American Psychological Association, 2012)에서 제안한 학습목표들을 포함하고 있다. APA에서 제안한 학습목표(Suggested Learning Outcome, SLO)에 따른 범위는 위에서 확인할 수 있다.

조현병에 대한 관점

▶ 조현병은 어떻게 정의되는가, 그리고 어떤 증상들이 진단에 포함되는가?

한 중년 남성이 뉴욕 도심의 거리를 걷고 있는데, 그는 모자 안쪽에 알루미늄 포일을 붙여서 화성인이 그의 생각을 읽을 수 없도록 해 놓았다. 한 젊은 여성이 대학 강의실에 앉아서 자신을 비열하고 역겨운 인간이라고 말하는 신의 목소리를 듣고 있다. 당신은 슈퍼마켓에서 점원과 대화를 시작하려고 하지만 그는 당신을 멍하니 바라보며 단조로운 목소리로 단지 한두 단어만 말할 뿐이다. 이들은 아마도 **조현병**을 가지고 있을 수 있는데, 이는 아주 놀라운 질병으로 망상과 환각, 와해된 언어와 행동, 그리고 부적절한 정서를 포함하는 광범위한 스펙트럼의 인지적 그리고 정서적 역기능을 특징으로 한다.

조현병은 복잡한 증후군으로 병을 가진 사람과 가족들의 삶에 필연적으로 엄청나게 파괴적인 영향을 준다. 이 병은 한 사람의 지각, 사고, 말 그리고 움직임, 즉 일상 기능의 거의 모든 측면을 파괴할 수 있다. 이러한 심각한 정신건강 문제를 가진 사람들은 그렇지 않은 사람들에 비해 더욱 쉽게 낙인이 찍히고 차별받을 수 있다(Thornicroft, Brohan, & Kassam, 2012). 그리고 치료 방법들이 많이 발전했음에도 불구하고 조현병으로부터 완벽하게 회복되기는 매우 어렵다. 이 파국적인 장애는 관련된 모든 사람들에게 정서적으로 엄청난 어려움을 겪게 한다. 정서적인 어려움뿐만 아니라, 재정적인 부담 역시 상당하다. 가족의 돌봄, 임금 삭감, 치료 등과 같은 요인들을 고려했을 때, 미국에서 조현병에 드는 연간 비용은 600억 달러를

넘을 것으로 추정된다(Jablensky, 2009; Wu et al., 2005). 조현병은 대략 100명 중 1명은 생애 어느 시점이든 경험할 수 있는 매우 보편적인 질병이고, 또한 그 결과가 상당히 심각하기 때문에 이 병의 원인과 치료에 대한 연구는 빠르게 늘고 있다. 이 병이 이제까지 받아 왔던 관심을 고려할 때, "조현병이란 무엇인가?"라는 질문에 대해 이제는 우리가 쉽게 답을 내릴 수 있을 것이라고 생각할 것이다. 하지만 그렇지가 않다.

이 장에서는 조현병에 대해 탐색하고 이 병이 단일한 질병인지 아니면 복합적인 질병인지를 밝히고자 하는 노력들을 살펴볼 것이다. 환각, 망상, 언어, 정서 및 사회화의 장애와 같은 증상들이 다르게 발현하고 결합되기도 하는 등 하위 유형들이 있기에 탐색은 더욱 복잡하다. 먼저 조현병을 가진 사람들의 특징들을 논의한 후에 원인과 치료에 대한 연구를 기술할 것이다.

조현병 진단에서의 초기의 사실

1809년에 출판된 저서 『광기와 우울감에 대한 관찰』에서 John Haslam은 그가 '정신이상의 한 형태'라고 부른 것을 생생하게 묘사하

조현병(schizophrenia) 사고(망상), 지각(환각), 언어, 정서 그리고 행동에서 특징적인 장애를 포함할 수 있는 파괴적인 정신병적 장애.

였다. Haslam이 영국에서 이런 기술을 남기던 때와 대략 비슷한 시기에 프랑스 의사인 Philippe Pinel도 오늘날 우리가 조현병을 가진 것으로 기술하는 사람들에 대한 기록을 남겼다(Pinel, 1801/1962, 1809). 50여 년이 지난 후 또 다른 의사인 Benedict Morel은 *démence*(정신의 상실) *précoce*(일찍, 조기)라는 프랑스어 단어를 사용하였는데 이는 이 병의 발병 시점이 종종 청소년기였기 때문이다.

19세기 말에 이르러 독일의 정신과 의사인 Emil Kraepelin(1899)은 Haslam, Pinel 그리고 Morel의 저서들을 기반으로 하여 조현병에 대해 오늘날까지도 이어지고 있는 가장 오래된 설명과 범주들을 기술하였다. Kraepelin의 업적들 중에서 다음과 같은 두 가지가 매우 중요하다. 첫째, 그는 그 전까지 분리된 별개의 질병을 나타낸다고 보아왔던 **긴장증**(부동성과 흥분된 초조행동이 교대로 나타나는 것), **파과병**(유치하고 미성숙한 정서) 그리고 **편집증**(과대 혹은 피해 망상)과 같은 정신이상의 몇 가지 증상들을 함께 결합시켰다. Kraepelin은 이러한 증상들이 유사한 특징들을 기저에 공유한다고 생각하고 이들을 **조발성 치매**라는 라틴어 용어로 함께 명명하였다. 비록 임상적인 발현은 사람마다 다를 수 있지만, Kraepelin은 각 장애의 핵심이 조기에 발병하여 '정신적 약점(mental weakness)'으로 진행해 간다고 믿었다.

두 번째 중요한 공헌은 Kraepelin(1898)이 (요즘은 양극성장애로 불리는) 조울증으로부터 조발성 치매를 분리시켰다는 것이다. 조발성 치매를 가진 사람들은 어려서 발병한다는 것과 예후가 좋지 않다는 것이 특징이지만 반면 조울증에서는 이러한 패턴들이 필수적이지 않았다(Lewis, Escalona, & Keith, 2009). 또한 Kraepelin은 조발성 치매 환자가 보이는 수많은 증상들—환각, 망상, 거절증(negativisim) 그리고 상동 행동(stereotyped behavior)—을 언급했다.

조현병의 역사에 있어서 두 번째로 주요한 인물은 Kraepelin과 동시대 사람으로서, 조현병(schizophrenia)이라는 용어를 처음 소개한 스위스의 정신과의사 Eugen Bleuler(1908)이다(Fusar-Poli & Politi, 2008). 이 용어는 중요했는데, 왜냐하면 이는 Bleuler가 핵심 문제라고 생각했던 부분이 Kraepelin의 개념과는 크게 다름을 보여주기 때문이다. 조현병이란 용어는 '분리(split)'를 뜻하는 그리스 단어 *skhizein*와 '정신(mind)'을 뜻하는 그리스 단어 *phren*의 조합으로부터 나온 것인데, 이는 이 병을 가진 사람들에게서 볼 수 있는 모든 기이한 행동들의 기저에는, 성격의 기본 기능들의 **연합 분리**가 있다는 Bleuler의 신념을 반영하고 있다. 이 개념은 '연합된 연속 사고들의 절단(breaking of associative threads)' 또는 한 가지 기능과 다른 기능을 연결하는 능력의 파괴를 강조하고 있다. 더군다나 Bleuler는 사고의 지속적인 연결을 유지하기 어렵다는 점이 이 병을 가진 모든

사람들의 특징이며, 이 점이 그들이 보이는 다양한 여러 증상들을 이끌어내는 것이라고 믿었다. Kreapelin이 조기 발병과 나쁜 결과에 중점을 둔 반면 Bleuler는 기저에 있는 공통된 문제라고 그가 믿었던 것을 강조하였다. 하지만 애석하게도 '분리된 정신(split mind)'이라는 개념은 조현병이라는 용어가 분열되거나 다중적인 성격을 의미하는 것으로 흔히 잘못 사용되게 만들기도 하였다.

증상 확인하기

이 책에서 다른 장애들에 대해 읽을 때 우리는 대개 특정한 행동, 사고방식, 또는 정서가 각각의 장애들을 정의하거나 각 장애들의 특징을 보여주는 것으로 배웠다. 예를 들어 우울증은 항상 슬픈 느낌을 포함하고, 공황장애는 항상 강렬한 불안감을 동반한다. 하지만 놀랍게도 조현병에서는 그렇지가 않다. 조현병은 수많은 행동들과 증상들을 포함하며, 이 증상들이 이 진단을 받은 모든 사람들에게서 반드시 공유되어야 하는 것은 아니다.

이러한 복잡성에도 불구하고 연구자들은 조현병이라는 장애를 구성하는 증상 군집들을 규명했다. 다른 사람은 보거나 듣지 못하는 것을 보거나 듣든지(환각) 또는 비현실적이고 기괴하여 같은 문화권에 있는 다른 사람들과는 공유하지 못하는 믿음(망상)을 가지는 것 같은 극적인 증상들에 대해서는 뒤에서 기술할 것이다. 하지만 그보다 먼저 강력하지만 상대적으로 드문 단기간의 정신병적 행동 삽화를 보인 다음의 사례를 살펴보자.

아서 • 어린이들을 구하기

우리는 22세의 아서를 정신병원의 외래 진료소에서 처음 만났다. 아서의 가족들은 그의 이상한 행동에 대해 매우 심각하게 걱정하고 당황하면서 필사적으로 그를 위한 도움을 구하고 있었다. 그들은 아서가 "아프다"고 했고 "미친 사람처럼 말한다"고 했으며 그가 자신을 해칠까 염려하고 있었다.

아서는 교외 동네에 있는 중산층 가정에서 정상적인 어린 시절을 보냈다. 그의 부모는 그의 아버지가 몇 년 전에 돌아가시기 전까지 행복한 결혼생활을 해 왔다. 아서는 학창 시절 내내 보통의 학생이었고, 주니어 칼리지에서 준학사 학위(associative degree)를 받았다. 그의 가족들은 그가 학사 학위를 받도록 계속해서 공부하지 않았던 것을 후회하지 않나 생각하는 듯했다. 아서는 임시직으로 몇몇 직장에서 일을 했고, 그의 어머니는 그가 하는 일에 만족하는 듯 보였다고 말했다. 그는 큰 도시에 살면서 일했고 그의 어머니, 결혼한 형, 누나

들과 15분 거리에 살았다.

아서의 가족들은 클리닉에 오기 약 3주 전부터 그가 이상하게 말하기 시작했다고 했다. 그는 인원 감축 때문에 며칠 전에 실직을 당했고, 며칠 동안 가족들 중 누구하고도 대화를 하지 않았다. 하지만 얼마 후 가족들이 그와 이야기하였을 때 그의 행동은 가족들을 깜짝 놀라게 만들었다. 비록 그가 항상 이상을 꿈꾸고 다른 사람들을 돕고자 하기는 했으나 이제 그는 '비밀 계획'을 가지고 세상의 모든 기아 아동들을 구하는 것에 대해 이야기하고 있었다. 처음에 그의 가족들은 이것이 단지 아서의 빈정거리는 유머 중 하나라고 생각했다. 하지만 그는 극단적으로 걱정하기 시작했고 그의 계획에 대해 끊임없이 이야기하였다. 그는 기아 아동들을 돕기 위한 계획을 적었다고 주장하는 몇 개의 노트를 들고 다니기 시작했고, 이것을 딱 맞는 사람에게 적절한 시점에 보여줄 것이라고 말했다. 아서가 혹시 행동을 갑자기 극적으로 변화시킬 만한 어떤 약물을 사용한 것이 아닌가 의심되었기에, 가족들이 그의 아파트를 뒤졌다. 비록 약물사용의 어떤 증거도 찾지 못했지만 가족들은 아서의 수표책을 찾았고 여기서 몇 가지 이상한 점들을 발견했다. 지난 몇 주에 걸쳐서 그의 글씨체가 이상하게 변해 있었고 아서는 대개 수표에 적혀야 하는 정보 대신에 이상한 메모를 적어 놓았다('이제 바로 시작이다', '이것은 중요해!', '그들을 반드시 구해야 해'). 그는 또한 그가 가장 애지중지하는 책들에도 이상한 메모를 써 놓았는데 이 책들을 그가 얼마나 소중하게 여겼던지를 생각할 때 매우 놀라운 일이었다.

며칠 지나자 아서는 정서적인 면에서도 극적인 변화를 보여서 종종 울고 불안을 표출하였다. 그는 양말과 속옷을 입지 않았고, 몹시 추운 날씨에도 불구하고 밖에 나갈 때 자켓을 입지 않았다. 가족들의 강요에 따라 그는 어머니의 아파트로 이사했다. 그는 잠을 거의 자지 않고 가족들도 이른 아침까지 깨어 있게 했다. 매일 아침 그의 어머니는 긴장해서 잠에서 깼지만 침대에서 나오고 싶지 않았는데, 이는 아서를 고통으로부터 구해주는 데 아무것도 할 수 없을 정도로 속수무책이었기 때문이다.

그가 보다 구체적인 계획을 밝혔을 때 가족들의 경계심은 한층 높아졌다. 그는 독일 대사관에 가겠다고 이야기했는데 이는 그곳이 그의 말을 들어줄 수 있는 유일한 장소이기 때문이라고 했다. 그는 밤에 모든 사람들이 잠들었을 때 담장을 넘어가 독일 대사관에 그의 계획을 보여주려고 했다. 아서가 대사관 마당에 들어가려고 하다가 다칠 것을 두려워하여 가족들은 인근의 정신병원에 연락을 했고, 아서의 상태에 대해 설명했으며 그를 입원시킬 수 있는지 문의하였다. 하지만 놀랍고 실망스럽게도 그가 스스로 입원할 수는 있지만 자신이나 다른 사람들에게 해를 입히지 않는 한 가족들이 그의 의지에 반하여 데려올 수는 없다는 이야기를 들었다.

가족들은 마침내 아서에게 외래 진료를 받아보자고 했다. 우리의 면담에서 볼 때 그가 망상을 가지고 있으며 모든 기아 아동을 도울 수 있는 그의 능력에 대해 강력하게 믿고 있음은 매우 분명했다. 감언이설로 마침내 그가 자신의 노트를 나에게 보여주도록 설득했다. 그는 마구잡이로 떠오른 생각들(예, '불쌍한, 굶주린 영혼들', '달이 유일한 장소야')을 적어 놓았고 로켓우주선을 그려놓았다. 그의 계획의 일부는 로켓우주선을 만들어서 달에 가는 것이었다. 거기서 그는 모든 영양실조 아동을 위한 공동체를 세우고자 했고 그곳은 그들이 살 수 있고 도움을 받을 수 있는 장소였다. 나는 그의 계획에 대해 간단히 코멘트를 한 다음 그의 건강에 대해 묻기 시작했다.

"피곤해 보이는군요. 잠은 충분히 자고 있나요?"

"잠은 꼭 필요한 것이 아니예요"라고 그는 강조했다. "내 계획은 꼭 이루어질 거예요. 그러고 나서는 모두가 쉴 수 있어요."

"가족이 당신을 걱정하고 있어요. 그들의 염려를 이해하나요?"라고 말했다.

그는 "염려하는 모든 사람들이 함께하고 함께 참여하는 것이 중요해요"라고 답변했다.

그러고 난 뒤 그는 일어났고, 가족들에게 곧 돌아오겠다고 말한 뒤 방을 걸어 나가서 건물을 벗어났다. 5분 뒤 가족들이 그를 찾으러 나갔지만 그는 이미 사라진 뒤였다. 그는 이틀 동안 실종되었고 그의 건강과 안전에 대해 가족들을 매우 걱정하게 만들었다. 하지만 기적적인 사건의 연속 끝에 가족은 도심에서 걷고 있는 그를 발견했다. 그는 마치 아무 일도 일어나지 않았던 것처럼 행동했다. 그의 노트와 비밀 계획에 대한 이야기도 모두 사라져 있었다.

우리는 아서에게 무슨 일이 일어나서 그를 그토록 기괴하게 행동하게 만들었고 또 빠르고 완벽하게 회복시켰는지 결코 정확히 알 수 없을 것이다. 다음에 우리가 논할 연구들은 조현병에 대한 해결의 빛을 보여주고, 아서와 그 가족 같은 사람들에게 도움이 될 수 있다.

긴장증(catatonia) 부동성이나 초조행동을 보이는 운동장애.

파과병(hebephrenia) 일부 조현병의 특징으로서 유치하고 미성숙한 정서를 보이는 것.

편집증(paranoia) 자신이 매우 중요하다거나(과대망상) 혹은 다른 사람이 자신을 해치려고 한다는 비합리적 신념.

조발성 치매(dementia praecox) 라틴어로 조기에 나타나는 정신상태의 손상을 의미하며 조현병의 초기 이름으로 청소년기에 흔히 발병한다는 점을 강조하고 있음.

연합 분리(associative splitting) 조현병을 정의하는 특성으로 인간 성격의 기본적인 기능들(예, 인지, 정서 그리고 지각) 사이의 분리.

▶ 조현병의 양성 증상, 음성 증상, 그리고 와해된 증상들 가운데 차이는 무엇인가?
▶ 조현병과 다른 정신병적 장애들의 임상적 특징들은 무엇인가?

아서의 사례는 조현병 또는 다른 정신병적 장애를 가진 사람들이 겪는 다양한 문제들을 보여준다. **정신병적 행동**이라는 용어는 비록 가장 엄격한 의미에서는 대개 망상(비합리적인 믿음)과 환각(외부의 사건이 없는 상태에서 감각 경험을 하는 것)을 포함하지만, 많은 이상한 행동들을 특징짓기 위해 사용되었다. 조현병은 정신병적 행동을 보이는 질환 중 하나이며 나머지에 대해서는 뒤에서 좀 더 자세히 기술할 것이다.

조현병은 우리가 날마다 의존하는 모든 기능들에 영향을 미칠 수 있다. 우리가 조현병을 가진 사람들에 대한 왜곡된 이미지들을 끊임없이 보기 때문에 증상들을 기술하기에 앞서 이러한 행동들을 보이는 사람들의 구체적인 특징에 대해 면밀하게 살펴보는 것이 중요하다. 조현병 환자들이 비록 일반적인 사람들에 비해 폭력적인 행동을 더 쉽게 저지를 수 있기는 해도 약물남용문제나 성격장애(반사회적 성격장애 또는 경계선 성격장애)를 가진 사람들에서도 폭력성을 쉽게 볼 수 있다고 연구들이 제안한 바 있다(Douglas, Guy, & Hart, 2009). 하지만 이러한 정보에도 불구하고 황금 시간대 텔레비전 드라마에서 조현병을 가진 주인공 가운데 70% 이상이 폭력적인 것으로 그려지며 약 1/5 이상은 살인자인 것으로 묘사된다(Wahl, 1995).

조현병 스펙트럼장애는 우리가 이 장에서 다루는 진단명들로 구성되며 이것들은 조현병 영역에서 인식되어 왔던 것들이다. *DSM*의 이전 판들은 우리가 이 장에서 기술한 것처럼 병이 시간에 따라서 다양하게 나타나는 것 때문에 이러한 개념들을 두고 고심하였으나, *DSM-5*에서는 현재 조현병뿐만 아니라 이 제목하에 있는 다른 정신병적 장애들도 포함하였다(조현양상장애, 조현정동장애, 망상장애 그리고 단기 정신병적 장애가 있다). 뿐만 아니라 한 가지 성격장애[11장에서 논의된 조현형 성격장애(schizotypal personality disorder)]도 조현병 스펙트럼장애의 큰 범주에 포함되는 것으로 생각된다. 이러한 모든 장애들은 극단적인 현실 왜곡(예, 환각, 망상)의 특징들을 함께 공유하는 듯하다. 우리는 뒷부분에서 환자가 겪는 증상들(활성기 증상들), 병의 진행과정 그리고 이 범주에 속하는 장애들의 스펙트럼에 대해 논할 것이다.

일반적으로 정신건강 전문가들은 조현병의 양성 증상과 음성 증상을 구분한다. 제3의 특징인 와해된 증상들 또한 이 장애의 중요한 면을 보여주고 있다(Liddle, 2012). 양성 증상들은 일반적으로 왜곡된

DSM 5 DSM 진단기준 요약 **조현병**

A. 다음 증상 중 둘(혹은 그 이상)이 1개월의 기간(성공적으로 치료가 되면 그 이하) 동안의 상당한 시간에 존재하고, 이들 중 최소한 하나는 (1) 내지 (2) 혹은 (3)이어야 한다. (1) 망상 (2) 환각 (3) 와해된 언어(예, 빈번한 탈선 또는 지리멸렬) (4) 극도로 와해된 또는 긴장성 행동 (5) 음성 증상(즉 감퇴된 감정 표현 혹은 무의욕증)

B. 장애의 발병 이래 상당한 시간 동안 일, 대인관계 혹은 자기관리 같은 주요 영역의 한 가지 이상에서 기능 수준이 발병 전 성취된 수준 이하로 현저하게 저하된다(혹은 아동기 또는 청소년기에 발병하는 경우, 기대 수준의 대인관계적, 학문적 또는 직업적 기능을 성취하지 못함).

C. 장애의 지속적 징후가 최소 6개월 동안 계속된다.

D. 조현정동장애와 정신병적 양상을 동반한 우울 또는 양극성장애는 배제된다.

E. 장애가 약물(예, 남용 약물, 치료 약물)의 생리적 효과나 다른 의학적 상태로 인한 것이 아니다.

F. 자폐스펙트럼장애나 아동기 발병 의사소통장애의 병력이 있는 경우 조현병의 추가 진단은 조현병의 다른 필요 증상에 더하여 뚜렷한 망상이나 환각이 최소 1개월(성공적으로 치료되면 그 이하) 동안 있을 때에만 내려진다.

출처: American Psychiatric Association. (2013). *Diagnostic and statistical manual of mental disorders* (5th ed.). Washington, DC.

현실을 둘러싼 증상들을 일컫는다. 음성 증상들은 언어, 둔마된 정동(또는 정서적 반응의 부족) 그리고 동기와 같은 영역에서 정상적인 행동이 결핍된 것을 말한다. 와해된 증상들은 횡설수설하는 언어, 변덕스런 행동 그리고 부적절한 정동(예, 화가 났을 때 미소 지음)을 포함한다. 조현병의 진단은 두 가지 또는 그 이상의 양성 증상, 음성 증상, 와해된 행동들이 적어도 1개월 동안 나타나며 망상, 환각 또는 와해된 언어 중 적어도 하나를 포함하는 것을 필요로 한다. *DSM-5*는 또한 개인 증상들의 심각도를 평정하기 위해서 0점부터 4점까지의 척도로 평정하는 차원적 평가를 포함하고 있다. 여기서 0은 증상이 나타나지 않는 것이고, 1은 불분명함(즉, 확실하지 않음), 2는 경도의 증상이 있음, 3은 중등도의 증상이 있음, 4는 고도의 증상이 있음을 나

타낸다(American Psychiatric Association, 2013). 수많은 연구들이 조현병의 다양한 증상들에 중점을 두고 있으며, 여기서도 각각의 증상들에 대해 어느 정도 자세히 살펴보고자 한다.

양성 증상

다음으로 우리는 조현병의 **양성 증상**을 기술할 텐데 이는 정신병의 매우 분명한 징후이다. 여기에는 망상과 환각의 괴로운 경험들이 포함된다. 조현병 환자의 50~70%가 환각, 망상 또는 그 둘 다를 경험한다(Lindenmayer & Khan, 2006).

망상

사회 구성원 대부분이 현실을 잘못 해석(misrepresentation)하는 것이라고 보는 믿음을 사고 내용의 장애(disorder of thought content) 또는 **망상**이라고 부른다. 조현병에서의 중요성 때문에 망상은 정신병의 기본적인 특징으로 불려왔다(Jaspers, 1963, p. 93). 예를 들어 만약에 당신이 다람쥐를 정찰의 임무를 띠고 지구로 보내진 외계인이라고 믿는다면 당신이 망상을 가졌다고 볼 것이다. 미디어는 종종 조현병을 가진 사람들이 스스로를 유명하거나 중요한 사람(나폴레옹이나 예수 그리스도처럼)이라고 믿는 것으로 묘사한다. 비록 이런 것은 망상의 한 종류일 뿐이지만 말이다. 세상의 모든 어린이들을 위해 기아를 끝장낼 수 있다는 아서의 믿음도 또한 과대망상(delusion of grandeur, 유명하거나 힘을 가진 사람이라고 잘못 믿음)이다(Knowles, McCarthy-Jones, & Rowse, 2011).

조현병 환자에게서 가장 흔한 망상은 다른 사람들이 '나를 고의로 해치려고 한다'는 것이다. 피해 망상(delusions of persecution)이라고 불리는 이 신념은 가장 괴로운 것일 수 있다. 아는 사람이 닮은 다른 사람으로 대치되었다고 믿는 Capgras 증후군과 자신이 죽었다고 믿는 Cotard 증후군을 비롯해 좀 더 기이한 다른 망상들도 있다(Debruyne & Audenaert, 2012; Iftikhar, Baweja, Tatugade, Scarff, & Lippmann, 2012).

왜 어떤 사람들은 이처럼 분명하게 사실 같지 않은 것들을 사실이라고 믿게 되는 걸까? 수많은 이론들이 존재하지만 두 가지로 요약하자면 동기적 이론 또는 결핍 이론이 있다 (McKay, Langdon, & Coltheart, 2007). 망상에 대한 동기적인 견해(motivational view of delusion)는 이러한 신념들을 불안과 스트레스를 다루고 경감시키려는 시도로 본다. 어떤 사람은 몇 가지 주제와 관련해 '이야기들'을 만드는데[예를 들어 어느 유명한 사람이 나와 사랑에 빠진다(색정망상)], 이를 통해서 격동의 세상에서 통제되지 않는 불안감을 다룰 수 있게 도움을 받는다. 예를 들어 환각과 같이 망상에 사로잡히는 것은 세상의 속상한 일들로부터 그 개인을 떼어 놓는 역할을 한다. 반대로, 망상에 대한 결핍 견해(deficit view of delusion)는 이러한 신념들을 잘못된 인지 또는 지각을 만들어내는 뇌의 역기능 때문인 것으로 본다. 매우 흥미롭지만 점차 환자의 상태를 악화시키는 조현병의 증상들에 대해 통합적인 설명을 하기 위해서는 아직도 해야 할 일이 많다(McKay & Dennett, 2010).

환각

누군가 당신의 이름을 부르는 것을 들었다고 생각했는데 아무도 없는 것을 발견한 적이 있는가? 혹은 아무것도 없는데 옆에서 움직이는 무언가를 봤다고 생각한 적이 있는가? 우리는 모두 아무것도 없는데 무언가를 봤거나 들었다고 생각하는 잠깐의 순간을 경험한 적이 있을 것이다. 그러나 조현병을 앓는 많은 사람들에게 이러한 자극들은 실제이고 규칙적으로 일어난다. 주변 환경에서 아무런 자극이 없는데 발생하는 감각 사건의 경험을 **환각**이라고 부른다. 데이비드의 사례는 조현병 환자들에게서 흔하게 나타나는 다른 사고장애들뿐만 아니라 환각 현상이 무엇인지 보여준다.

> ### 데이비드 ● 빌 삼촌을 그리워하며
>
> 내가 처음 그를 만났을 때, 데이비드는 25살이었다. 그는 3년째 정신병원에 입원해 있었다. 그는 평균 키에 약간 과체중이었고, 평범한 티셔츠와 청바지를 입고 있었으며 활달한 편이었다. 나는 그와 같은 층에서 지내고 있는 다른 남성과 이야기를 하다가 그와 처음 마주쳤다. 데이비드는 내 어깨를 잡아당기며 "우리 빌 삼촌은 좋은 사람이에요. 그는 나에게 잘 해주세요"라고 말하며 우리 대화에 끼어들었다. 무례하지 않으려고 나는 "물론이죠. 여기 마이클하고 이야기를 마치고 난 후에 당신 삼촌에 대해 이야기할 수 있을 것 같군요"라고 말했다. 데이비드는 "그는 칼로 물고기를 죽일 수 있어요. 당신이 강으로 내려갈

정신병적 행동(psychotic behavior) 환각과 현실과의 괴리감이라는 특징으로 범주화되는 중증 정신장애.

양성 증상(positive symptom) 망상이나 환각과 같은 외현적 증상으로 조현병 환자에게서 나타남.

망상(delusions) 사고 내용의 장애 및 현실을 잘못 해석하는 강한 믿음을 포함하는 정신병적 증상.

환각(hallucinations) 실제로 존재하지 않는 것을 보거나 듣거나 느끼는 감각 이상의 정신병적 증상.

때 그것들은 당신 마음 속에서 끔찍하게 날카로울 수 있어요. 나는 당신을 맨손으로 죽일 수 있어. 내 손으로 그것들을 잡을 수 있다고. 나도 알지 당신도 알고!"라고 끈질기게 이야기했다. 그는 이제 속사포처럼 말하고 있었고, 속도와 더불어 감정도 실어서 말하고 있었다. 나는 그가 진정될 때까지 잠시 동안 조용히 이야기하였다. 그러고 난 후에 그의 배경에 대한 몇 가지 정보를 얻고자 그의 기록을 살펴보았다.

데이비드는 그의 숙모인 케이티와 삼촌인 빌에 의해 양육되었다. 아버지의 신원은 알려져 있지 않았고, 어머니는 정신지체여서 데이비드를 돌볼 수 없었다. 데이비드 역시 정신지체를 가진 것으로 진단받았으나, 그의 기능은 단지 약간만 손상된 정도여서 그는 학교에 다닐 수 있었다. 빌 삼촌이 돌아가시던 해에 그의 고등학교 선생님이 처음으로 데이비드의 이상한 행동에 대해 보고하였다. 데이비드는 이따금씩 교실에서 돌아가신 빌 삼촌과 대화를 하는 듯 말을 하였다. 나중에 그는 매우 초조해졌고 다른 사람들에게 말로 공격성을 보였으며, 조현병으로 진단받았다. 그는 간신히 고등학교를 졸업하였으나 그 후에 직업을 갖지 못했다. 그는 그의 숙모와 함께 몇 년 동안 더 집에서 지냈다. 비록 그의 숙모는 진심으로 그와 함께 지내기를 원했으나, 그의 공격적인 행동들이 점점 더 심해지자 데이비드를 인근 정신병원에 입원시킬 수 있게 요청하였다.

나는 데이비드와 다시 이야기를 하면서 그에게 몇 가지 질문을 할 기회를 가졌다. "당신은 왜 여기 병원에 있나요, 데이비드?" "저도 진짜 여기 있고 싶지 않아요"라고 그는 답했다. "저는 해야 하는 다른 일이 있어요. 지금이 바로 그때예요. 당신도 알다시피 기회가 두드리는 그때!" 그는 내가 그를 막을 때까지 몇 분 동안 이야기를 계속 이어나갔다. "당신 삼촌 빌이 몇 년 전에 돌아가셨다고 들어서 안타까웠어요. 요즘 그분에 대한 느낌은 어때요?" "맞아요. 그분은 돌아가셨어요. 삼촌은 아팠고 이제 돌아가셨죠. 그분은 나하고 강 아래로 낚시 가는 것을 좋아하셨어요. 나를 사냥에도 데려가려 하셨죠. 나는 총도 있어요. 나는 당신을 쏠 수 있고 그럼 당신은 1분 안에 죽겠죠."

대화에서 데이비드가 하는 말들은 바위산에서 공을 아래로 굴리는 것과 비슷했다. 그가 말을 계속 할수록 가속되는 물체처럼 탄력을 얻었고, 장애물을 뛰어넘을 것처럼 주제는 거의 항상 예측할 수 없는 방향으로 튀었다. 만약 길게 지속했다면 그는 안절부절못하면서 다른 사람을 해치는 말을 했을 것이다. 그는 또한 반복해서 자신에게 이야기를 하는 삼촌 목소리를 듣는다고 말했다. 다른 사람들의 목소리도 듣지만 그들이 누군지는 모르겠고 그들이 하는 말도 모르겠다고 이야기하였다. 우리는 이 장의 뒤에서 원인과 치료에 대해 논할 때 다시 데이비드의 사례로 돌아올 것이다.

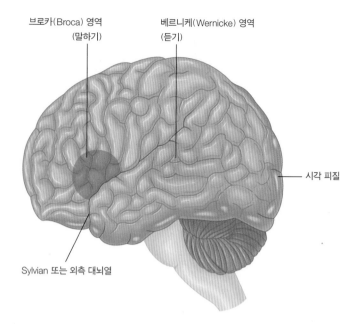

브로카(Broca) 영역
(말하기)

베르니케(Wernicke) 영역
(듣기)

시각 피질

Sylvian 또는 외측 대뇌열

● 그림 12.1 대뇌 피질의 기능에서 주요 영역들. 대부분의 사람들에게 좌뇌만 언어에 특수화되어 있다.

에서도 나타날 수 있다(Liddle, 2012). 데이비드는 빈번한 환각을 경험했고, 대개 그것은 삼촌의 목소리였다. 데이비드가 빌 삼촌의 목소리를 들었을 때, 그는 종종 삼촌이 말하는 것을 이해할 수가 없었으나, 어떤 경우에는 목소리가 보다 명확할 때도 있었다. "그는 나에게 TV를 끄라고 말했어요. 그는 '너무 시끄럽잖아. 소리를 줄이라고. 소리를 줄여'라고 말했어요" 이것은 환각이 메타인지 또는 '생각에 대한 생각(thinking of thinking)'과 관련된다고 보는 최근의 견해와 일치한다. 다른 말로 하면 메타인지는 자신의 생각을 조사(examining)하는 것을 지칭하는 말이다. 우리 중 대부분은 때때로 우리가 집중하지 않으려고 노력하는 침습적인 사고를 경험한다(예를 들어, 부적절하다는 것을 알면서도 '그녀가 죽어버렸으면 좋겠어'라고 생각하기). 환각을 경험하는 사람들도 침습적인 사고를 경험하는 것으로 보이지만, 그들은 그것이 어딘가로부터 혹은 누군가로부터 오는 것이라고 믿는다. 그리고 나서 그들은 이러한 생각을 가진 것에 대해 걱정하고, 메타 걱정(meta-worry) 또는 걱정에 대한 걱정에 빠져든다(Ben-Zeev, Ellington, Swendsen, & Granholm, 2011).

뇌에서 환각이 일어나는 위치를 알아내기 위하여, 세련된 뇌영상 기법을 사용한 매우 흥미로운 연구가 시행되었다. 이러한 종류의 초창기 연구 중 하나에서, London에 있는 연구자들이 단일 광전자 방출 단층 촬영 영상(single photon emission computed tomography, SPECT)을 이용하여 환청을 듣는 조현병 환자들의 대뇌 혈류를 연구하였고, 매우 놀라운 발견을 해냈다(McGuire, Shah, & Murray, 1993). 그 연구는 환자

없는 소리를 듣기 또는 환청(auditory hallucination)이 비록 조현병 환자들이 경험하는 가장 흔한 형태이기는 하지만, 환각은 어떤 감각

들이 환각을 경험하는 동안과 그렇지 않은 동안에 뇌영상 기법을 사용했고, 환각 동안에 가장 활성화되는 뇌영역 중 일부가 바로 Broca 영역임을 알아냈다(그림 12.1). Broca 영역은 언어 이해보다는 언어 산출에 관여하는 곳으로 알려져 있기 때문에 이 결과는 매우 흥미롭다. 환청은 주로 다른 사람의 '말'을 이해하는 것을 포함하기 때문에 우리는 언어 이해와 관련되는 베르니케 영역이 가장 활성화될 것이라고 예상할 수 있다. 하지만 연구 결과는 환청을 듣는 사람이 다른 사람의 목소리를 듣는 것이 아니라 자기 자신의 사고 또는 자신의 목소리를 듣고 그 차이를 알아차리지 못하는 것이라는 메타인지 이론을 지지한다(Allen & Modinos, 2012).

음성 증상

조현병의 양성 증상들을 특징짓는 활동적 표현들에 비해, **음성 증상**들은 대개 정상적인 행동이 부재 또는 불충분함을 나타낸다. 여기에는 무감동, 사고나 말의 빈곤(혹은 제한됨), 그리고 정서적·사회적 철회가 포함되며, 대략 조현병 환자들의 25%가 이러한 증상들을 보인다(Cohen, Natarajan, Araujo, & Solanki, 2013; Lewis, Escalona, & Keith, 2009).

▲ 조현병의 음성 증상은 사회적 철회와 무감동을 포함한다.

무의욕증

무의욕증은 활동을 시작하고 지속하는 능력이 없는 상태를 말한다. 이 증상을 가진 사람은 [무감동(apathy)이라고 불리기도 함] 가장 기초적인 일상생활의 활동들, 예를 들어 개인위생과 같은 것을 수행하는 데조차 관심을 거의 보이지 않는다.

무언증

무언증은 상대적으로 말이 없어지는 것을 말하다. 무언증을 가진 사람은 질문에 간단한 내용만 담아 짧은 답변으로 반응하고, 대화에 관심이 없는 것처럼 보일 수 있다. 의사소통에서의 이러한 결핍은 부적절한 의사소통 기술보다는 음성사고장애를 반영하는 것으로 여겨진다. 예를 들어 몇몇 연구자들은 무언증을 가진 사람들이 아마도 자신의 생각을 표현하는 데 딱 맞는 단어를 찾기 어려워하는 것이라고 제안하였다(Andreasen, 2012). 무언증은 종종 말이 지연되거나 질문에

대한 반응이 느린 양상으로 나타난다. 이런 증상을 보이는 사람과 이야기할 때는 그들을 반응하게 하는 것이 매우 힘든 난제처럼 느껴지므로 매우 좌절스러울 수 있다.

무쾌감증

무쾌감증은 조현병을 가진 환자들이 경험하는 즐거움이 결여되어 있는 것을 말한다. 기분장애에서처럼 무쾌감증은 먹기, 사회적 관계 그

음성 증상(negative symptom) 조현병 환자에게서 나타나는 변화 없는 정서 혹은 언어의 빈곤과 같은 증상으로 밖으로 많이 드러나는 것은 아님.

무의욕증(avolition) 중요한 활동을 시작하거나 지속하지 못함. 무관심이라고도 함.

무언증(alogia) 말수와 언어의 내용에서 부족을 보이는 것으로 조현병 환자에게서 종종 관찰되는 장애.

무쾌감증(anhedonia) 즐거움을 느끼지 못하는 증상으로 조현병이나 기분장애와 관련 있음.

리고 성관계 등 일반적으로 즐거울 거라고 여겨지는 활동들을 하는 데 무관심한 양상을 나타낸다.

정서의 평탄화

어떤 사람들이 언제나 가면을 쓰고 있다고 상상해 보라. 당신은 언어적으로 그들과 의사소통할 수 있지만 그들의 정서적인 반응은 볼 수 없을 것이다. 조현병 환자들의 대략 1/4이 **평탄 정동**이라고 불리는 증상을 보인다. 그들은 정상적으로 기대되는 정서를 보이지 않기 때문에 가면을 쓰고 있는 사람과 비슷하다. 그들은 당신을 공허하게 바라볼 것이고, 평탄하고 단조로운 어조로 이야기할 것이며, 그들 주변에서 일어나고 있는 일들에 영향을 받지 않는 것처럼 보인다. 그러나 비록 그들이 정서적인 상황에 드러내놓고 반응하지 않는다고 하더라도 내면에서는 여전히 반응하고 있을 수 있다.

Howard Berenbaum과 Thomas Oltmanns(1992)은 평탄(또는 둔마된) 정동을 가진 조현병 환자들과 그렇지 않은 사람들을 비교하였다. 두 집단에게 감정적인 반응을 불러일으킬 수 있는 코미디와 드라마의 짧은 발췌 영상을 보여주었다. Berenbaum과 Oltmanns는 평탄 정동을 가진 사람들이 비록 적절한 정서를 경험했다고 보고할지라도 얼굴 표정에서는 거의 변화를 보이지 않는다는 것을 발견했다. 저자들은 조현병에서 평탄 정동은 느낌의 부재가 아니라 정서표현의 어려움을 반영하는 것 같다고 결론지었다. 연구들은 이제 조현병과 같은 장애를 지닌 사람들의 정서적 표현을 보다 객관적으로 평가하기 위하여 얼굴 표정을 컴퓨터로 분석하고 있다(Kring, 2012). 한 연구에서는 조현병을 가진 사람들이 얼굴 표정을 통해 그들 자신을 적절하게 표현하는 것이 어렵다는 것을 확인하였다(Alvino et al., 2007).

정동의 표현 또는 이러한 표현의 부족은 조현병 발병의 중요한 증상일 수 있다. 특별히 획기적이었던 한 연구에서는 고위험군 어린이들(부모 중 한 명이 조현병 환자인 아이들)이 점심 먹는 장면을 1972년에 비디오로 촬영하고 거의 20년 동안 그들을 추적 관찰했다(Schiffman et al., 2004). 연구자들은 나중에 조현병으로 발병한 어린이들이 발병하지 않은 어린이들에 비해 일반적으로 덜 긍정적이고 더 많은 부정적인 정서를 나타내는 것을 보았다. 이 연구는 정서적 표현이 어린이들에게서 잠재적인 조현병을 발견해내는 한 가지 방법이 될 수 있음을 보여주었다.

와해된 증상

아마도 조현병의 증상들 중에서 가장 덜 연구되고 그래서 가장 덜 이해된 부분이 와해된 증상일 것이다. 여기에는 언어, 운동 행동, 그리고 정서적 반응에 영향을 주는 다양한 종류의 불규칙한 행동들이 포함된다. 조현병 환자들에게서 이러한 행동들의 유병률은 아직 확실히 알려지지 않았다.

와해된 언어

조현병 환자와의 대화는 굉장히 좌절스러울 수 있다. 만약 당신이 그들을 괴롭히고 속상하게 만드는 것이 무엇인지 이해하기 원하더라도, 이와 관련된 정보들을 알아내는 것은 특히 더 어렵다. 한 가지로 조현병 환자들은 통찰, 즉 자신이 문제를 가지고 있다는 인식이 종종 부족하다. 뿐만 아니라 그들은 Bleuler가 연합 분리라고 말했던, 그리고 연구자 Paul Meehl이 인지적 오류(cognitive slippage)라고 불렀던 것을 경험한다(Bleuler, 1908; Meehl, 1962). 이러한 용어들은 아마도 조현병 환자들이 보이는 언어문제를 기술하는 데 도움이 될 것이다. 어떤 때에는 한 가지 주제에서 다른 주제로 점프해서 뛰어 넘고, 또 다른 때에는 비논리적으로 이야기한다. *DSM-5*는 **와해된 언어**라는 용어를 이러한 의사소통의 장애를 기술하기 위해 사용하였다. 이러한 증상을 보여주기 위해 데이비드와의 대화로 돌아가보자.

치료자: 당신은 왜 여기 병원에 있나요, 데이비드?
데이비드: 저도 진짜 여기 있고 싶지 않아요. 저는 해야 하는 다른 일이 있어요. 지금이 바로 그때예요. 당신도 알다시피 기회가 두드리는 그때…

사실 데이비드는 들은 질문에 대답하지 않았다. 이러한 종류의 반응을 사고 이탈(tangentiality)이라고 부르는데, 이는 구체적인 질문에 답을 하는 대신 말이 갑자기 옆길로 새는 것이다. 데이비드는 또한 급작스럽게 대화의 주제를 관련 없는 것으로 바꾸었고, 이러한 행동은 이완된 연상(loose association) 또는 탈선(derailment) 등으로 다양하게 불린다(Liddle, 2012).

치료자: 당신 삼촌 빌이 몇 년 전에 돌아가셨다고 들어서 안타까웠어요. 요즘 그분에 대한 느낌은 어때요?
데이비드: 맞아요. 그분은 돌아가셨어요. 삼촌은 아팠고 이제 돌아가셨죠. 그분은 나하고 강 아래로 낚시 가는 것을 좋아하셨어요. 그분은 나를 사냥에도 데려가려 하셨죠. 나는 총도 있어요. 나는 당신을 쏠 수 있고 그럼 당신은 1분 안에 죽겠죠.

데이비드는 또 질문에 대답을 하지 않았다. 그가 질문을 이해하지 못한 것인지, 집중을 할 수 없는 것인지, 아니면 삼촌에 대해 이야기를 하기가 너무 힘이 든다는 걸 발견한 것인지는 확실하지 않다. 당신은 아마도 왜 사람들이 이러한 종류의 대화 뒤에 숨겨진 모든 의미를 해석하고자 노력하며 많은 시간을 보내는지 알 수 있을 것이다. 하지만 불행하게도 이러한 분석은 아직까지 조현병의 본질과 치료에 대한 유용한 정보를 제공해주지 못하고 있다.

부적절한 정동과 와해된 행동

가끔 조현병 환자들은 부적절한 때에 웃거나 우는 등 **부적절한 정동**을 보인다. 때때로 그들은 무언가를 모으거나 공공장소에서 이상한 방식으로 행동하는 등 기괴한 행동을 보인다. 조현병 환자들은 대개의 경우 이상하다고 여겨지는 수많은 다른 '활동적인(active)' 행동들을 보이기도 한다. 예를 들어 긴장증은 조현병에서 가장 의문스러운 증상 중 하나인데, 이는 과격하게 안절부절못하는 것부터 움직임이 없는 것(immobility)까지를 모두 포함하는 운동기능장애를 말한다. *DSM-5*에서는 이제 긴장증을 별개의 조현병 스펙트럼장애로 포함하였다. 연속선상에서 활동적인 쪽 극단에 있는 어떤 환자들은 흥분되어 서성거리거나, 손가락이나 팔을 상동화된 방식으로 움직인다. 반대쪽 극단에 있는 환자들은 마치 그들이 움직이면 어떤 끔찍한 일이라도 발생할 것같이 두려워하며 이상한 자세를 취한다(**긴장성 무운동**). 이런 증상은 납굴증(waxy flexibility) 또는 신체와 사지를 다른 사람이 만들어 놓은 자세 그대로 유지하고 있는 경향도 포함한다.

다시 말해서 조현병 진단을 받기 위해서는 두 가지 또는 그 이상의 주요한 증상들이 1개월 동안 상당한 시간 동안 나타나야 한다. 적어도 이들 증상들 중 한 가지는 망상, 환각 그리고 와해된 언어여야만 한다. 나타난 증상들의 조합에 따라서 두 사람이 같은 진단을 받았지만 서로 다른 행동을 보였을 수 있다. 예를 들어 한 사람은 현저한 환각과 망상을, 그리고 또 다른 사람은 와해된 언어와 음성 증상을 보였을 수 있다. 적절한 치료를 하기 위해서는 다양한 증상들 면에서 각 개인을 변별하는 것이 중요하다.

조현병의 역사적 하위 유형

조현병의 3가지 중요한 하위 유형들이 역사적으로 확인되었다. 망상형(paranoid, 과대망상 또는 피해망상), 와해형 또는 파과형(disorganized or hebephrenic, 어리석고 미성숙한 정서상태), 긴장형(catatonic, 무동증과 흥분된 초조행동을 번갈아 보임)이 그것이다. 비록 이러한 분류는 *DSM-IV-TR*까지 사용되었으나 *DSM-5*의 진단기준에서는 제외되었다(American Psychiatric Association, 2013). 이러한 하위 유형을 제외하게 된 일부 근거는 이들이 임상 장면에서는 자주 사용되지 않고, 개인의 증상 양상이 병의 진행 경과에 따라 바뀔 수 있어 한 가지 범

주에서 다른 범주로 옮겨갈 수 있기 때문이다(Tandon & Carpenter, 2012). 이제는 3가지 조현병에 대한 하위 유형 대신에 심각도에 대한 차원 평가(dimensional assessment of severity)가 사용된다(Pagsberg, 2013).

다음 부분에서는 '조현병 스펙트럼 및 기타 정신병적 장애'라는 광범위한 제목에 들어 있는 장애들을 기술하였다.

다른 정신병적 장애

우리가 방금 기술했던 것처럼 어떤 사람들의 정신병적 행동들은 조현병의 진단기준에 딱 들어맞질 않는다. 장애의 몇 가지 다른 범주들이 이러한 중요한 변형들을 보여준다. 비록 정신병적 장애를 가진 사람들이 조현병의 특징들을 많이 보인다고 할지라도, 이러한 장애들이 상당히 다르다는 점을 기억해야 한다.

조현양상장애

어떤 사람들은 조현병의 증상들을 단지 몇 개월 동안만 경험한다. 그들은 대개 정상적인 삶으로 돌아갈 수 있다. 증상들은 가끔 성공적인 치료의 결과로 사라지기도 하지만, 종종 알 수 없는 이유로 사라지기도 한다. **조현양상장애**라는 명칭이 이러한 장애에 해당되는데, 이 장애에 대해서는 상대적으로 연구가 적기 때문에 이 장애의 중요한 특징에 대한 자료가 별로 없다. 그러나 평생 유병률은 대략 0.2%인 것 같다(Smith, Horwath, & Cournos, 2010). 조현양상장애의 *DSM-5* 진단기준은 일상 행동에서 처음 변화가 나타난 지 4주 이내에 정신병적 증상의 발병, 정신병 삽화의 최고조에서의 혼란, 병전(정신병적 삽화 이전)의 양호한 사회적 및 직업적 기능, 그리고 둔마 또는 평탄 정동의 부재를 포함한다(Garrabe & Cousin, 2012)(역자 주: *DSM-5*의 진단기준은 이러한 특징들을 양호한 예후의 특징으로 기술하고 있다).

평탄 정동(flat affect) 반응이 기대되는 상황에서 감정이 없는 태도(단조로운 언어, 초점 없는 시선)를 보임.

와해된 언어(disorganized speech) 조현병 환자들에게서 흔히 발견되는 대화 방식으로 지리멸렬하고 논리가 결여된 패턴을 보임.

부적절한 정동(inappropriate affect) 상황에 적절하지 않은 정서의 표현.

긴장성 무운동(catatonic immobility) 기이한 자세로 오랫동안 있거나 움직임이 없는 것을 특징으로 하는 운동행동의 장애.

조현양상장애(Schizophreniform disorder) 조현병의 증상들을 포함하는 정신병적 장애, 단 기간은 6개월 미만임.

A. 다음 증상 중 둘(혹은 그 이상)이 1개월의 기간(성공적으로 치료가 되면 그 이하) 동안의 상당 부분의 시간에 존재하고, 이들 중 최소한 하나는 (1) 내지 (2) 혹은 (3)이어야 한다. (1) 망상 (2) 환각 (3) 와해된 언어(예, 빈번한 탈선 또는 지리멸렬) (4) 극도로 와해된 또는 긴장성 행동 (5) 음성 증상

B. 장애의 삽화가 1개월 이상, 6개월 이내로 지속된다.

C. 조현정동장애와 정신병적 양상을 동반한 우울 또는 양극성장애는 배제된다.

D. 장애가 약물(예, 남용 약물, 치료 약물)의 생리적 효과나 다른 의학적 상태로 인한 것이 아니다.

다음의 경우 명시할 것:

양호한 예후 특징을 동반하는 경우: 이 명시자는 다음의 특징 중 최소 두 가지가 있어야 한다: 통상적 행동이나 기능에서 처음 눈에 띄는 변화가 생긴 지 4주 이내에 뚜렷한 정신병적 증상의 발병, 혼돈 혹은 당혹감, 양호한 병전 사회 및 직업 기능, 둔마 혹은 평탄 정동의 부재.

양호한 예후 특징을 동반하지 않는 경우: 이 명시자는 위 특징들 중 두 가지 이상이 존재하지 않는 경우 적용된다.

출처: American Psychiatric Association. (2013). *Diagnostic and statistical manual of mental disorders* (5th ed.). Washington, DC.

조현정동장애

역사적으로 조현병의 증상을 가진 사람들과 기분장애들(예, 우울증 또는 양극성장애)의 특징들을 보이는 사람들은 조현병의 범주에 함께 묶여 있었다. 하지만 이제는 이러한 혼합된 문제들을 보이는 경우에는 **조현정동장애**로 진단된다(Tsuang, Stone, & Faraone, 2012). 이들의 예후는 조현병 환자들의 예후와 비슷해서, 저절로 나아지기는 어렵고, 수년 동안 삶의 큰 어려움들을 계속 경험하게 될 가능성이 높다. 조현정동장애의 *DSM-5* 진단기준은 기분장애가 있는 것에 더해서 뚜렷한 기분장애 증상이 없는 상태에서 적어도 2주 이상 지속되는 망상 또는 환각을 필요로 한다(American Psychiatric Association, 2013).

망상장애

망상장애의 주요 특징은 조현병의 다른 특징들은 없으면서 현실에 반대되는 지속되는 믿음을 가지는 것이다. 예를 들어 한 여자가 아무런 증거도 없으면서 함께 일하는 동료가 그녀의 음식에 독을 넣고 그녀의 아파트에 해로운 가스를 분사해서 그녀를 고통스럽게 한다

A. 조현병의 연속 기간 동안 조현병의 진단기준 A와 동시에 주요 기분(주요 우울 또는 조증) 삽화가 있음.
  주의점: 주요우울 삽화는 진단기준 A1(우울 기분)을 포함해야 한다.

B. 평생의 유병 기간 동안 주요 기분(우울 또는 조증) 삽화 없이 존재하는 2주 이상의 망상이나 환각이 있다.

C. 주요 기분 삽화의 기준에 맞는 증상이 병의 활성기 및 잔류기 부분의 전체 지속 기간의 대부분 동안 존재한다.

D. 장애가 약물(예, 남용 약물, 치료 약물)의 생리적 효과나 다른 의학적 상태로 인한 것이 아니다.

출처: American Psychiatric Association. (2013). *Diagnostic and statistical manual of mental disorders* (5th ed.). Washington, DC.

고 믿는다면 그녀는 망상장애를 가졌다고 할 수 있다. 이 장애는 지속되는 망상이 특징인데, 이 망상은 뇌발작과 같은 기질적 요인에 의한 것도, 다른 심각한 정신병에 의한 것도 아니다. 망상장애를 가진 사람들은 평탄 정동, 무쾌감증 또는 조현병의 다른 음성 증상들을 보이지 않는 경향이 있다. 하지만 중요한 것은 그들이 다른 사람들을 의심하기 때문에 사회적으로 고립될 수 있다는 점이다. 망상은 종종 장기간 지속되고, 어떤 경우에는 수년 이상 지속되기도 한다(Munro, 2012).

*DSM-5*는 다음과 같이 망상장애의 주요 하위 유형들을 정해 놓았다. 색정형, 과대형, 질투형, 피해형 그리고 신체형이 그것이다. 색정형 망상은 한 사람이 주로 높은 지위에 있는 다른 사람으로부터 사랑받고 있다는 비이성적인 믿음이다. 유명인사들을 스토킹하는 사람들은 색정형 망상장애를 가졌을 수 있다. 과대형 망상은 부풀려진 부, 권력, 지식, 신분 또는 신이나 유명한 사람과의 특별한 관계를 믿는 것이다(Knowles et al., 2011). 질투형 망상을 가진 사람은 성적 파트너가 외도를 한다고 믿는다. 피해형 망상은 자신(또는 가까운 사람)이 어떤 식으로든 악의적으로 해악을 당하고 있다고 믿는 것이다. 마지막으로 신체형 망상을 가진 사람은 신체적 손상 또는 일반적 의학적 상태에 의해 괴로움을 겪고 있다고 느낀다. 전형적으로 이러한 망상들은 조현병 환자들에게서 종종 나타나는 좀 더 기괴한 양상의 망상과는 다르다. 왜냐하면 망상장애에서는 상상한 그 사건이 일어날 수도 있지만 사실은 일어나지 않은 것이기 때문이다(예. 누군가가 당신을 따라오고 있었다고 잘못 믿는 것). 하지만 조현병에서는 그 상상한 사건들이 아예 현실에서 불가능한 것들이다(예. 뇌가 당신의 생각을 세상의 다른 사람들에게 방송으로 내보내고 있다고 믿는 것). *DSM-5*는 하나의

DSM 진단기준 요약 망상장애

A. 1개월 이상 지속 기간을 가진 한 가지(혹은 그 이상) 망상이 존재한다.

B. 조현병의 진단기준 A에 맞지 않는다.

C. 망상의 영향이나 파생 결과를 제외하면, 기능이 현저하게 손상되지 않고 행동이 명백하게 기이하거나 이상하지 않다.

D. 조증이나 주요우울 삽화가 일어나는 경우, 이들은 망상기의 지속 기간에 비해 상대적으로 짧다.

E. 장애가 물질의 생리적 효과나 다른 의학적 상태로 인한 것이 아니고, 다른 정신질환으로 더 잘 설명되지 않는다.

다음 중 하나를 명시할 것:

색정형: 다른 사람이 자신을 사랑하고 있다는 망상

과대형: 어떤 굉장한(그러나 확인되지 않은) 재능이나 통찰력을 갖고 있다거나 어떤 중요한 발견을 하였다는 망상

질투형: 자신의 배우자나 연인이 외도하고 있다는 망상

피해형: 자신이 음모, 속임수, 염탐, 추적, 독극물이나 약물 주입, 악의적 비방, 희롱, 장기 목표 추구에 대한 방해를 당하고 있다는 망상

신체형: 신체적 기능이나 감각을 포함하는 망상

혼합형: 어느 한 가지 망상적 주제도 두드러지지 않음

명시되지 않는 유형: 망상적 믿음이 분명히 결정될 수 없거나 또는 특정 유형에 기술되지 않는다(예, 뚜렷한 피해 혹은 과대 요소가 없는 관계 망상).

출처: American Psychiatric Association. (2013). *Diagnostic and statistical manual of mental disorders* (5th ed.). Washington, DC.

기괴한 망상은 망상장애에서 나타날 수 있는 것으로 허용하는데, 조현병 진단을 위해서는 한 개의 망상 이상이 존재해야 하기 때문에 이 점에서 조현병의 진단과 구분된다(Tandon & Carpenter, 2012).

DSM의 이전 판들에는 또 하나의 개별적인 망상장애—**공유된 정신병적 장애**가 포함되었는데, 이는 단지 망상을 가진 사람과 친밀한 관계를 가진 결과로 인해 망상을 갖게 되는 상태이다. 망상의 내용과 본질은 파트너로부터 비롯되며, 적들이 집으로 유해한 감마선을 쏘고 있다고 믿는 것처럼 상대적으로 좀 기괴한 것에서부터, 반대의 증거들이 있음에도 불구하고 당신이 중요한 승진을 할 것이라고 믿는 것처럼 꽤 일반적인 것까지 다양할 수 있다. DSM-5에서는 이제 이러한 종류의 망상을 그 망상이 공유된 것인지를 나타내는 명시자(specifier)와 함께 망상장애 아래에 포함시키고 있다(American Psychiatric Association, 2013).

망상장애는 상대적으로 드문 편이며, 일반 대중 10만 명당 24~60여 명에게서 나타나는 것으로 알려져 있다(de Portugal, González,

Haro, Autonell, & Cervilla, 2008; Ibanez-Casas & Cervilla, 2012). 일반적으로 정신병적 장애를 가진 사람의 약 2~8% 정도가 망상장애를 가진 것으로 생각된다(Vahia & Cohen, 2009). 하지만 연구자들은 이 비율에 대해 확신할 수가 없는데, 이는 망상장애 환자들의 많은 수가 정신건강 시스템을 찾지 않는다는 것을 알기 때문이다.

망상장애의 발병 시점은 상대적으로 늦다. 정신과 시설에 처음 입원하게 되는 평균 연령은 약 35세에서 55세 사이이다(Ibanez-Casas & Cervilla, 2012). 이 장애를 가진 사람들 중 많은 수가 상대적으로 정상적인 삶을 살아갈 수 있기 때문에, 이들은 증상이 매우 파괴적이 되기 전까지는 치료를 받으려 하지 않는다. 망상장애는 남성보다 여성을 좀 더 많이 괴롭히는 것 같다(진단받은 집단에서 여성이 55%이고 남성이 45%).

장기 종단 연구에서 Opjordsmoen(1989)은 망상장애 환자 53명을 평균 30년 동안 추적 관찰하였고, 망상장애를 가진 사람들은 조현병을 가진 사람들보다 꽤 괜찮은 삶을 사는 듯하였으나 조현정동장애와 같은 다른 정신병적 장애들을 가진 사람들만큼은 아니었음을 확인하였다. 53명의 망상장애 환자 중 약 80%가 언젠가 한 번은 결혼을 하였고, 그들 중 절반은 직업이 있었는데, 이는 망상에도 불구하고 상대적으로 잘 기능할 수 있는 능력이 있음을 보여주는 것이다.

수많은 다른 장애들도 망상을 야기할 수 있기 때문에, 망상장애를 진단하기 전에 다른 장애들이 먼저 감별 진단되어야 한다. 예를 들어 암페타민, 알코올, 코카인 남용은 망상을 야기할 수 있고, 뇌종양, 헌팅턴병 그리고 알츠하이머병도 마찬가지이다(Munro, 2012). DSM-5는 두 가지 이러한 장애들을 포함하고 있는데, 하나는 **물질/약물치료로 유발된 정신병적 장애**이고, 또 다른 하나는 **다른 의학적 상태로 인한 정신병적 장애**이다. 따라서 임상가들은 이러한 장애들의

조현정동장애(schizoaffective disorder) 조현병과 주요우울장애의 증상을 모두 나타내는 정신병적 장애.

망상장애(delusional disorder) 조현병의 다른 증상 없이 현실과 반대되는 믿음(망상)을 지속적으로 보이는 정신병적 장애.

공유된 정신병적 장애(폴리아두, shared psychotic disorder, folie a deux) 가까운 관계에 있는 다른 사람과 유사한 망상을 경험하는 정신병적 장애. 폴리아두라고도 함.

물질로 인한 정신병적 장애(substance-induced psychotic disorder) 항정신정 물질 또는 약물을 복용하거나 이를 끊는 것에서 기인되어 환각 또는 망상이 나타나는 것.

다른 의학적 상태로 인한 정신병적 장애(psychotic disorder associated with another medical condition) 조현병 이외의 다른 의학적 상태로 인해 환각이나 망상이 나타나는 것.

A. 다음 증상 중 하나 혹은 둘 다 존재한다.

　1. 망상

　2. 환각

B. 병력, 신체검진 또는 검사소견에 (1)과 (2) 둘 다의 증거가 있다.

　1. 진단기준 A의 증상이 물질 중독이나 물질 금단 동안 혹은 직후에, 혹은 치료 약물의 노출 후에 발생함.

　2. 관련된 물질/치료약물이 진단기준 A의 증상을 일으킬 만한 능력이 있음.

C. 장애가 물질/약물치료로 유발된 것이 아닌 정신병적 장애로 더 잘 설명되지 않는다. 독립적인 정신병적 장애라는 증거로 다음이 포함될 수 있다.

　1. 증상이 물질/치료약물 사용 시작보다 선행한다. 증상이 급성 금단 혹은 심한 중독의 중단 이후에도 상당한 기간(예, 약 1개월) 동안 계속된다. 혹은 물질/약물치료로 유발된 것이 아닌 독립적인 정신병적 장애의 다른 증거(예, 재발성 비물질/치료약물 관련 삽화의 병력)가 있다.

D. 장애가 섬망의 경과 중에만 발생하지는 않는다.

E. 장애가 사회적, 직업적 또는 다른 중요한 기능 영역에서 임상적으로 현저한 고통이나 손상을 초래한다.

출처: American Psychiatric Association. (2013). *Diagnostic and statistical manual of mental disorders*(5th ed.). Washington, DC.

A. 뚜렷한 환각 또는 망상

B. 장애가 다른 의학적 상태의 직접적인 병리생리학적 결과라는 증거가 병력, 신체검진 또는 검사소견에 있다.

C. 장애가 다른 정신질환으로 더 잘 설명되지 않는다.

D. 장애가 섬망의 경과 중에만 발생되지는 않는다.

출처: American Psychiatric Association. (2013). *Diagnostic and statistical manual of mental disorders*(5th ed.). Washington, DC.

본질을 확인할 수 있다.

단기 정신병적 장애

아서의 복잡한 사례를 기억해 보자. 그는 갑자기 자신이 세계를 구할

A. 다음 증상 중 하나(혹은 그 이상)가 존재하고, 이들 중 최소한 하나는 (1)내지 (2)혹은 (3)이어야 한다.

　1. 망상

　2. 환각

　3. 와해된 언어(예, 빈번한 탈선 또는 지리멸렬)

　4. 극도로 와해된 또는 긴장성 행동

　주의점: 문화적으로 인정되는 반응이면 증상에 포함하지 마시오.

B. 장애 삽화의 지속 기간이 최소 1일 이상 1개월 이내이며, 결국 병전 수준의 기능으로 완전히 복귀한다.

C. 장애가 정신병적 양상을 동반한 주요우울장애나 양극성장애 혹은 조현병이나 긴장증 같은 다른 정신병적 장애로 더 잘 설명되지 않으며, 약물(예, 남용약물, 치료약물)의 생리적 효과가 다른 의학적 상태로 인한 것이 아니다.

출처: American Psychiatric Association. (2013). *Diagnostic and statistical manual of mental disorders*(5th ed.). Washington, DC.

수 있다는 망상을 경험했고 그에 따른 강력한 정서적 혼란은 단지 며칠 동안만 지속되었다. 그는 망상, 환각 또는 와해된 언어나 행동과 같은 양성 증상이 하나 또는 그 이상 나타나 1개월 미만 지속되는 것이 특징인 *DSM-5*의 **단기 정신병적 장애**로 진단되었을 것이다. 아서 같은 사람은 일상생활의 활동들을 잘 수행할 수 있는 병전의 능력을 되찾는다. 단기 정신병적 장애는 종종 극단적인 스트레스 상황에 의해 촉발되기도 한다.

약화된 정신병 증후군

환각이나 망상과 같은 정신병적 증상들을 보이기 시작하는 어떤 사람들은 상당히 괴로워서 종종 정신건강 전문가의 도움을 구한다. 이러한 사람들은 조현병으로 진행될 수 있는 고위험군일 수 있고, 이러한 장애의 초기 단계(전구기라고 한다)일 수도 있다. 비록 그들은 조현병의 전체 진단기준에 맞지는 않지만, 증상들이 더 나빠지지 않도록 예방하려는 노력으로 일찍 치료를 받게 될 가능성이 매우 큰 사람들일 수 있다. 이러한 사람들에게 주의를 집중하고자 *DSM-5*는 좀 더 연구해야 하는 잠재적인 새 정신병적 장애로 **약화된 정신병 증후군**을 제안하였다(Carpenter & van Os, 2011; Fusar-Poli & Yung, 2012).

A

다음 이야기에서 조현병스펙트럼장애의 어떤 증상 또는 어떤 하위
유형이 기술되었는가?

1. 제인은 거울을 노려보면서 30분을 보고 있다. 그녀에게 다가가
자 그녀는 갑자기 돌아서서 킥킥거리며 웃었다. 뭐가 그렇게
우습냐고 묻자 그녀가 대답했지만, 당신은 그녀가 말하는 것을
이해하기가 어렵다. _____

2. 드루는 지난 4개월 동안 환각과 기괴한 망상을 경험하고 있다.
_____

3. 그렉의 인지적 기술과 정서는 대체로 정상적이다. 그러나 그는
종종 적들이 그를 해치려고 한다고 확신하는 망상과 환각을 보
인다. _____

4. 앨리스는 대개 이상한 자세를 하고 있으며 가끔은 얼굴을 찡그
리고 있는 것이 눈에 띈다. _____

5. 캐머런은 그를 상당히 괴롭히는 목소리를 듣기 시작했다. 그는
부모에게 이야기를 했고 도움을 받고자 정신건강 전문가를 만
날 필요가 있다고 인정했다. _____

B

다음에 기술된 정신병적 장애들의 유형을 진단하시오.

(a) 조현양상장애 (b) 조현정동장애 (c) 망상장애

6. 최근에 돔은 그의 동료들이 모의를 해서 그를 해고시키려 한다
고 믿고 있기 때문에 더욱 고립되었다. 그는 이야기하며 웃고
있는 직원들 모임을 볼 때마다 초조해졌다. 왜냐하면 그들이
그에 대한 음모를 꾸미고 있는 중이라고 믿었기 때문이다.
_____

7. 나탈리는 치료자에게 자신에게 명령을 내리는 수많은 목소리
를 듣는다고 털어놓았다. 그녀의 의사는 주요우울 삽화가 있다
고 보고 그녀를 막 이 치료자에게 보낸 상태였다. 그녀는 내내
잠을 자기 시작했고, 종종 자살에 대해 생각했다.
_____

8. 만약에 숀의 조현병 증상이 약 4개월 후에 없어지고 정상적인
삶으로 돌아온다면 그는 어떤 진단을 받게 될 것 같은가?
_____

조현병의 유병률과 원인

▶ 조현병에 대한 잠재적인 유전적, 신경생물학적, 발달적 그리고 심리사회적 위험 요인들은 무엇인가?

조현병의 원인을 밝히기 위해, 연구자들은 다음과 같은 몇 가지 분야
들을 조사하였다. (1) 조현병과 관련된 가능한 유전자 (2) 이 병을 가
진 많은 사람들을 돕는 약들의 화학적 작용 (3) 조현병 환자들의 뇌
작용에서의 비정상성(abnormality) (4) 증상의 시작을 예측할 수 있
는 환경적 위험 요인들(Harrison, 2012; Murray & Castle, 2012). 우리
는 이제 조현병의 본질을 조사하고 연구자들이 환자들을 어떻게 이
해하고 치료하고자 시도해 왔는지를 배울 것이다.

통계

전 세계적으로 조현병의 평생 유병률은 대략 남성과 여성에서 동일
하고 일반 모집단에서 0.2%에서 1.5% 사이로 추정되는데 이는 이
병이 전체 인구의 약 1%에서 어느 시점엔가 영향을 끼칠 수 있다는
것을 의미한다(Jablensky, 2012). 기대수명은 평균에 비해 약간 낮은
데 부분적으로 이는 조현병을 가진 사람들 사이에 자살률과 사고율

이 더 높기 때문이다. 비록 여성과 남성 사이의 조현병의 분포에 대
해서는 연구 결과에 불일치가 있지만, 발병 연령에서의 성별 차이는
분명하다. 남성은 연령 증가에 따라 발병 가능성이 줄어들기는 하지
만, 75세 이후에 이 병이 처음 나타날 수 있다. 발병에 대한 상대적인
위험이 뒤바뀌는 36세까지는 여성에서의 발병 빈도가 남성에 비해
낮고, 그 이후에는 남성보다 여성이 더 많이 영향을 받는다(Jablen-
sky, 2012). 여성은 남성보다 좀 더 좋은 결과를 보이는 것 같다.

> **단기 정신병적 장애**(brief psychotic disorder) 망상, 환각, 와해된 언어나
> 행동이 1개월 미만으로 지속됨. 스트레스가 되는 사건에 대한 반응으로 종종
> 나타남.
>
> **약화된 정신병 증후군**(attenuated psychosis syndrome) 연구 중인
> 진단명으로 환각 또는 망상과 같은 조현병의 증상들을 하나 또는 그 이상
> 경험하기 시작하지만 이것이 이상한 경험이라는 것을 인식하고 있는 사람에게
> 내려짐.

발달

비록 우리가 병의 발달에 대한 조짐이 초기 아동기에 있을 수 있다는 것을 보았지만 조현병의 더 심한 증상들은 후기 청소년기 또는 성인 초기에 처음 나타난다(Murray & Castle, 2012). 하지만 나중에 조현병으로 발병하는 어린이들은 어렸을 때 경미한 신체적 이상들, 운동 협응의 이상 그리고 경미한 인지적 및 사회적 문제들과 같은 초기의 임상적 특징들을 보인다((Schiffman et al., 2004; Welham et al., 2008). 하지만 애석하게도 이러한 초기 문제들은 특정 어린이가 나중에 조현병으로 발병할 것이라고 자신 있게 말할 수 있을 정도로 조현병에 충분히 특징적이지 않다. 즉 이러한 문제들이 우리가 13장에서 살펴본 신경발달장애(neurodevelopmental disorder)와 같은 다른 문제들의 징후일 수도 있다는 뜻이다.

나중에 조현병으로 발병하는 사람들의 85% 정도는 심각한 증상이 나타나기 전 1~2년 동안 **전구기**를 경험하는데, 이 시기 동안에 좀 덜 심하기는 하지만 여전히 이상한 행동을 보이기 시작한다(Jablensky, 2012). 관계 사고(ideas of reference, 중요하지 않은 사건을 자신과 직접적으로 관련지어 생각하기), 마술적 사고(magical thinking, 신통력이나 텔레파시 같은 특별한 능력을 가지고 있다고 믿음), 그리고 착각(illusion, 혼자 있을 때 또 다른 누군가가 있다고 느끼는 것 같은)이 이러한 행동들에 속한다(11장 **조현형 성격장애**에서 나타났던 증상들에서 이런 행동들을 볼 수 있다). 뿐만 아니라 고립, 분명한 기능적 손상, 자발성·흥미·활기 부족 등의 다른 증상들도 흔하다(Moukas, Stathopoulou, Gourzis, Beratis, & Beratis, 2010).

일단 조현병의 증상들이 발현하면 진단되고 치료를 받기까지 일반적으로 1~2년이 걸린다(Woods et al., 2001). 이렇게 늦어지게 되는 원인의 일부는 그들이 증상을 다른 사람들에게 숨기기 때문이다(때로는 편집증이 심해졌기 때문에). 성격 변인 및 사회적 지지의 양과 질도 정신병적 증상에 대한 첫 번째 치료를 받기까지 얼마의 시간이 걸릴지를 결정하는 데 중요한 역할을 한다(Ruiz-Veguilla et al., 2012). 일단 치료를 하면 이 병을 가진 사람들은 보통 호전된다. 하지만 불행하게도 대부분은 또한 재발과 회복의 패턴을 겪게 된다(Harvey & Bellack, 2009). 재발률은 조현병의 경과를 논할 때 중요하다. 예를 들어 한 고전적인 연구 자료는 조현병의 경과를 보여주었는데(Zubin, Steinhauer, & Condray, 1992), 약 22%는 한 번의 조현병 삽화를 보였

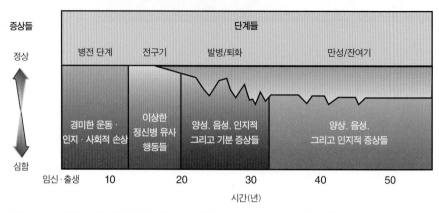

조현병의 자연적 과정

● 그림 12.2 조현병의 장기 종단적인 경과를 출생부터 시작해서 노년까지 보여주고 있다. 증상의 심각도는 왼쪽 세로 축에 나와 있고, 각 단계별로(병전, 전구기, 발병, 및 만성) 증상들의 변화가 기술되어 있다. [Adapted from Lieberman, J. A., Perkins, D., Belger, A., Chakos, M., Jarskog, F., Boteva, K., & Glimore., J. (2001). The early stages of schizopherenia: Speculations on pathogenesis, pathophysiology, and therapeutic approaches. *Biological Psychiatry, 50*, p. 885.]

다가 남는 손상 없이 회복되었다. 하지만 남은 78%는 그때마다 손상 정도가 다른 몇 번의 삽화를 보였다. 비록 많은 사람들이 긴 기간의 회복기를 경험할 수는 있지만 조현병을 가진 사람들은 우리가 이 책에서 기술한 대부분의 다른 장애를 가진 사람들보다 높은 자살률을 포함해서 더 나쁜 예후를 보인다(Jablensky, 2012). 재발은 조현병에서 중요한 주제이기 때문에 이에 대해서는 원인과 치료를 이야기할 때 다시 언급할 것이다. 복잡한 발현 양상을 분명히 보여주기 위해서 그림 12.2는 조현병의 발달 경과를 그림으로 나타냈다. 삶의 단계들(출생부터 사망까지)이 그래프의 위쪽에 나열되어 있고 색칠된 영역들은 저하와 회복의 기간들을 보여준다.

문화적 요인

조현병은 매우 복잡하기 때문에 진단 그 자체에 대해서도 논란이 많다. 어떤 사람들은 '조현병'은 실제로 존재하지 않으며, 다만 문화적 규범에 속하지 않는 방식으로 행동하는 사람들에게 붙이는 경멸적인 꼬리표라고 주장한다(예를 들어 Szasz, 1961을 보라). 이러한 논란은 이상(abnormal)이란 무엇인지 정의하기 어려움에 대한 첫 장에서의 논의로 우리를 다시 되돌아가게 한다. 조현병이 정신건강 전문가들의 마음 속에만 존재한다는 생각도 상당히 도발적이긴 하지만 이런 극단적인 견해는 경험에 의해 반박된다. 우리는 이 병을 가진 사람들 그리고 그들의 가족, 친구들과 수없이 접해 왔고, 조현병으로 인해 엄청난 정서적인 고통이 있다는 점은 그것이 확실히 존재한다는 것을 보여준다. 뿐만 아니라 다양한 문화 속에 살고 있는 수많은 사람

들이 조현병의 증상들을 가지고 있으며, 이 점은 전 세계의 많은 사람들에게 이 병이 현실이라는 사실을 지지한다. 따라서 조현병은 전 세계에 공통적이고 모든 인종과 문화 집단에 영향을 미친다고 현재까지 연구되었다.

그러나 조현병의 경과와 결과는 문화권마다 다르다. 예를 들어 아프리카, 라틴아메리카, 아시아의 많은 지역에 퍼져 있는 정치적, 사회적, 경제적인 문제와 관련된 스트레스는 이 나라들에 있는 조현병 환자들이 좋지 못한 결과를 보이는 데 영향을 끼칠 수 있다(Jablensky, 2012). 이러한 차이는 문화적 변인들의 결과일 수도 있고, 면역처럼 넓은 영향력을 가지는 생물학적인 요인들 때문일 수도 있지만, 우리는 아직까지 결과에서의 이러한 차이들을 설명할 수 없다.

미국에서는 백인보다 아프리카계 미국인들이 비율적으로 더 많이 조현병을 진단받는다(Schwartz & Feisthamel, 2009). 영국과 미국에서 있었던 연구에 따르면, 낮게 평가받는 소수인종 집단(영국의 아프리카계 카리브해인과 미국의 아프리카계 미국인 및 푸에르토리코 사람들)은 편견과 고정관념의 희생양이 될 수 있다(Jones & Gray, 1986; Lewis, Croft-Jeffreys, & Anthony, 1990). 다른 말로 하면 그들은 우세 집단의 구성원들보다 더 쉽게 조현병 진단을 받을 수 있다는 것이다. 서로 다른 인종 집단에서의 조현병에 대한 전향적 연구가 런던에서 시행되었는데 비록 집단 간 조현병의 결과는 유사하였으나, 흑인들은 그들의 의지와 상관없이 좀 더 많이 구금되고, 경찰에 의해 병원으로 이송되며, 응급 주사도 더 많이 맞는 것으로 보고되었다(Goater et al., 1999). 따라서 조현병의 비율이 다른 것은 진짜 문화적 차이에 의한 결과라기보다 부분적으로는 오진단의 결과일 수도 있다. 또는 낙인이나 고립 같은 요인들과 연관되는 스트레스의 수준이 이러한 불균형에 영향을 주는 또 다른 요인일 수 있다(Pinto, Ashworth, & Jones, 2008). 뿐만 아니라 조현병의 발현에 영향을 미치는 유전적 변형이 특정 인종 집단에만 있을 수도 있는데(Glatt, Tampilic, Christie, DeYoung, & Freimer, 2004), 이에 대해서는 다음에서 자세히 다루고자 한다.

유전적 영향

조현병만큼 행동에 대한 유전적 영향의 거대한 복잡성과 흥미로운 미스터리를 분명하게 보여주는 이상심리학의 다른 분야가 별로 없을 것이다(Murray & Castle, 2012). 조현병이 몇 개의 서로 다른 장애일 수 있다는 가능성에도 불구하고, 우리는 한 가지 일반화를 할 수 있다. 유전자는 어떤 개인을 조현병에 취약하게 만드는 원인이 된다. 우리는 가족, 쌍둥이, 입양, 쌍둥이의 자녀들 그리고 연계 및 연합 연구

들로부터 나온 일련의 연구 결과들을 살펴볼 것이다. 우리는 또한 조현병의 원인이 되는 하나의 유전자는 없으며 그보다는 다양한 유전자 변형이 결합하여 취약성을 만들어낸다는 점에 대해 설득력 있는 이유들을 논의함으로써 결론지을 것이다.

가족 연구

1938년 Franz Kallmann은 조현병 환자들의 가족에 대한 중요한 연구를 발표했다(Kallmann, 1938). Kallmann은 베를린의 한 정신병원에서 조현병으로 진단받은 1,000명 이상의 가족구성원들을 조사했고 부모가 가진 병의 심한 정도가 자녀가 조현병을 갖게 될 가능성에 영향을 주는 것을 확인하였다. 즉 부모가 심한 조현병일수록 그 자녀는 더 많이 조현병으로 발병했다. 또 다른 관찰도 매우 중요한데 모든 형태의 조현병(예, 긴장형 및 망상형과 같은 역사적인 범주들)이 가족 내에서 나타난다는 것이다. 다른 말로 하면 과거 망상형 조현병으로 진단되었던 질환에 대한 유전적 소인을 물려받는 것은 아닌 것 같다는 것이다. 그 대신 부모가 보였던 조현병과 같은 형태 또는 다른 형태를 보일 수 있는 일반적인 유전적 소인을 물려받는 것으로 보인다. 보다 최근의 연구는 이러한 관찰이 사실임을 확인하였고 가족 내에 조현병을 가진 사람이 있다면, 단지 조현병에 대해서만 위험하거나 모든 심리적 장애의 위험이 있는 것이 아니고, 조현병과 관련된 정신병적 장애의 스펙트럼에 대해서 가족력의 위험이 있는 것 같다고 제안하였다.

Gottesman(1991)은 조현병 연구에 대한 40개의 자료를 요약하였고, 그 결과가 그림 12.3에 제시되어 있다. 이 그래프에서 가장 놀라운 결과는 조현병을 가질 위험이 이 병을 가진 사람과 얼마나 많은 유전자를 공유하였는가에 따라 달라진다는 점을 순서대로 보여준다는 점이다. 예를 들어 만약 당신과 유전적 정보를 100% 공유하고 있는 일란성 쌍둥이가 병을 가지고 있다면 당신은 조현병을 가질 확률이 가장 높다(약 48%). 당신과 유전적 정보의 50%를 공유하고 있는 이란성 쌍둥이에 와서는 위험률이 17%로 떨어진다. 그리고 어느 친척에서든 조현병이 있는 경우는 이러한 친척이 없는 사람보다 병을 갖게 될 가능성이 더 높다(조현병의 친척이 없다면 약 1%이다). 유전

전구기(prodromal stage) 조현병의 심각한 증상이 나타나기 1~2년 전의 시기로 이상한 행동이 나타나기 시작하나 심하지는 않음.

조현형 성격장애(schizotypal personality disorder) A군 성격장애(괴이한, 기이한 특징) 중 하나로 친밀한 관계를 갑자기 불편해 하고, 친밀한 관계를 형성할 능력이 감퇴되며, 인지적 혹은 감각적 왜곡과 기이한 행동의 패턴을 지속적으로 보임.

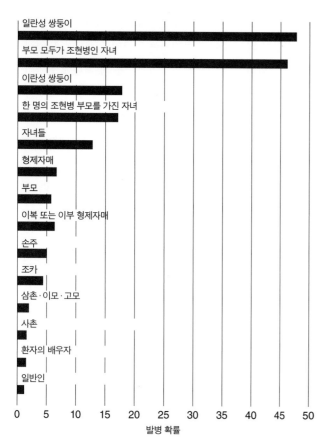

적 영향에 대한 연구에서는 환경의 영향을 분리해 낼 수 없기 때문에, 조현병의 원인에서 공유된 경험의 역할을 평가하는 데 도움을 얻고자 쌍둥이와 입양 연구들을 시행한다.

쌍둥이 연구

만약 함께 자란다면 이란성 쌍둥이는 약 50%의 유전자를 공유하고 환경은 100% 공유하는 반면, 일란성 쌍둥이들은 그들의 유전자와 환경 모두를 100% 공유한다. 만약 환경이 단독으로 조현병의 원인이 된다면, 우리는 이 병에 있어서 일란성과 이란성 쌍둥이 사이에 별다른 차이가 없을 것이라고 기대할 수 있다. 만약 오직 유전적 요인만 관련된다면, 일란성 쌍둥이는 언제나 일치되게 조현병을 가져야 하고(혹은 둘 다 갖지 않거나), 이란성 쌍둥이는 약 50%에서만 둘 다 이 병을 가져야 한다(혹은 둘 다 갖지 않거나). 쌍둥이 연구는 진실이 중간지점 어딘가에 있다고 보여주었다(Braff et al., 2007).

모두가 조현병을 가진 일란성 네 쌍둥이들은 매우 흥미로운 '자연의 실험' 사례로서 꼼꼼하게 연구되었다. 'Genain' 네 쌍둥이(genain

은 그리스어로 끔찍한 유전자를 의미한다)라는 별명을 가졌던 이 여성들은 National Institute of Mental Health에서 David Rosenthal과 그의 동료들에 의해 수년 동안 추적되었다(Rosenthal, 1963). 연구에서 사용되었던 그들의 가짜 이름은 Nora, Iris, Myra 그리고 Hester인데, 이는 National Institute of Mental Health의 첫 글자인 NIMH를 따서 만든 것이었다. 그녀들은 유전과 환경 사이의 복잡한 관계에 대해 보여주었다. 네 자매 모두가 같은 유전적 소인을 공유했고, 모두가 매우 역기능적이었던 한 가정에서 양육되었다. 하지만 조현병의 발병 시기, 증상과 진단, 병의 경과 그리고 궁극적으로 그들의 결과는 서로 달랐다.

아마도 이 자매들에서 드노보(de novo) 돌연변이가 존재했다는 점이 이러한 차이들에 대한 한 가지 유전적인 설명이 될 수 있을 것이다. 이것은 부모 중 한 명의 생식세포(난자 또는 정자) 또는 이 자매들의 경우에서처럼 수정 후 수정란에서 생긴 돌연변이의 결과로서 발생할 수 있는 유전적 돌연변이이다. 또한 Genain 네 쌍둥이의 사례는 행동에 대한 유전적 영향의 연구에서 공유되지 않은 환경(unshared environments)이라는 중요한 시사점을 보여주었다(Plomin, 1990). 우리는 형제자매들, 특히 똑같이 생긴 쌍둥이들은 똑같은 방식으로 양육되었을 거라고 생각하는 경향이 있다. 우리는 '좋은' 부모는 자녀들에게 호의적인 환경을 제공하고, '나쁜' 부모는 불안정한 경험을 줄 것이라고 생각한다. 하지만, 비록 쌍둥이 형제자매라 할지라도 부모 및 가족에 대해 서로 다른 경험을 갖고, 따라서 생물학적 및 환경적 스트레스에 노출되는 정도가 다양할 수 있다. 예를 들어 문제가 많았던 그녀들의 부모는 Genain 자매들 중 한 명인 Hester를 기술할 때 습관적으로 자위행위를 하고 자랄 때 다른 자매들보다 더 많은 사회적 문제들을 보였다고 하였다. Hester는 18살 때 처음 조현병의 심각한 증상을 경험하였다. 그러나 그녀의 언니 Myra는 6년 후까지도 병원에 입원하지 않았다. 이 일반적이지 않은 사례는 비록 삶의 일상적인 면들이 가까운 형제자매들일지라도 자랄 때 신체적 및 사회적으로 상당히 다른 경험들을 할 수 있고 아마도 이것이 크게 다른 결과를 야기했을 것이라는 점을 보여주었다. 이 자매들의 삶에 대한 추적 연구에서는 66세에 그들을 다시 평가하였는데, 병 진행이 안정화되었고 어떤 사람은 호전되기도 했음을 보여주었다(Mirsky et al., 2000).

입양 연구

몇몇 입양 연구들은 조현병에 영향을 미치는 환경의 역할과 유전의 역할을 구분지었다. 가장 큰 규모의 입양 연구가 핀란드에서 수행되었는데(Tienari, 1991) 약 2만 명의 여성 조현병 환자들의 자료로부터

▲ Genain 네 자매들은 모두 조현병으로 발병하였지만 수 년에 걸쳐 서로 다른 증상들을 보였다.

연구자들은 190명의 자녀들이 입양되었다는 사실을 발견했다. 이 연구의 자료는 조현병이 관련된 장애들의 스펙트럼을 대표하며, 이들은 모두 유전적으로 겹쳐질 수 있다는 아이디어를 지지하였다. 입양된 아이에게 조현병을 가진 생물학적 어머니가 있을 경우 이 아이가 조현병을 가질 확률은 약 5%이다(일반 지역사회에서 단지 약 1%인 점과 비교해 보라). 그러나 만약 생물학적인 어머니가 조현병 또는 관련된 정신병적 장애들 중의 하나(예, 망상장애 또는 조현양상장애)를 가지고 있다면, 입양된 아이가 이들 장애 중 하나를 가질 확률은 약 22%까지 올라간다(Tienari et al., 2003; Tienari, Wahlberg, & Wynne, 2006). 비록 그들의 생물학적인 부모로부터 멀리 떨어져서 키워졌어도 조현병을 가진 부모의 아이들은 이 병을 가질 확률이 훨씬 높았다. 동시에 만약 이 어린이들이 건강하게 지지적인 가정에서 양육된다면 이것은 보호 요인이 될 수 있었다. 다른 말로 하면 유전자-환경의 상호작용이 이 연구에서 관찰된 것이다. 좋은 가정환경은 조현병의 위험을 낮추었다(Gilmore, 2010; Wynne et al., 2006).

쌍둥이의 자녀들

쌍둥이와 입양 연구들은 강력하게 조현병에 대한 유전적 요인을 제시하였지만 부모가 조현병이 없음에도 조현병으로 발병하는 어린이들의 경우는 어떻게 설명해야 할까? 예를 들어 우리가 조금 전에 논의했던 Tienari와 그의 동료들(2003, 2006)의 연구는 쌍둥이에서 조현병이 없는 부모의 자녀들 중 1.7%가 조현병으로 발병했음을 보여주었다. 이것은 우리가 '조현병 유전자' 없이도 조현병으로 발병할 수 있음을 의미하는가? 아니면 어떤 사람들은 조현병에 대한 유전자를 가진 보유자이지만 어떤 이유로 병은 발병하지 않는 것일까? 이

질문에 대한 중요한 단서는 조현병 쌍둥이의 자녀들에 대한 연구로부터 얻었다.

Margit Fischer가 1971년에 시작하고 Irving Gottesman과 Aksel Bertelsen이 계속 이어 진행했던 한 연구에서는 조현병을 가진 21쌍의 일란성 쌍둥이와 41쌍의 이란성 쌍둥이를 찾아내고 이들의 자녀들도 함께 조사하였다(Fischer, 1971; Gottesman & Bertelsen, 1989). 연구자들은 부모 중 하나가 조현병 환자일 때 아이가 조현병을 갖게 될 가능성과 부모의 쌍둥이형제는 조현병이 있지만 그 부모는 조현병이 아닐 때 아이가 조현병을 가지게 될 상대적인 가능성을 확인하고자 하였다. 그림 12.4는 이 연구로부터 나온 결과를 보여준다. 예를 들어 만약 당신의 부모가 일란성 쌍둥이이고 조현병을 가지고 있다면 당신이 조현병을 가질 확률이 약 17%이다. 이 도식은 만약 당신이 영향받지 않은 일란성 쌍둥이의 자녀이고 당신 부모의 일란성 쌍둥이 형제는 조현병을 가지고 있는 경우도 보여주고 있다.

다른 한편으로 이란성 쌍둥이 자녀에 대한 위험률을 보자. 만약 당신의 부모가 조현병을 가진 쌍둥이라면 당신은 약 17%로 조현병에 걸릴 확률을 보인다. 만약 당신의 부모는 조현병을 가지고 있지 않지만 당신 부모의 이란성 쌍둥이 형제는 그러하다면, 당신의 위험률은 약 2%이다. 이러한 결과를 설명할 수 있는 단 한 가지 길은 유전을 통해서뿐이다. 이 자료는 조현병에 취약하게 하는 유전자를 가지고 있을 수 있으나 이 병으로 발병하지 않을 수 있다는 점, 그러나 여전히 그 유전자를 자녀들에게 전달할 수 있다는 점을 명백하게 보여준다. 다른 말로 사람은 조현병에 대한 '유전보유자(carrier)'가 될 수 있다. 이는 사람들이 유전적으로 조현병에 취약할 수 있다는 점에 대한 가장 강력한 증거이다. 하지만 만약 당신의 부모가 조현병이라면 유전으로는 단지 17%의 가능성만 있을 뿐이며, 이는 누가 이 병을

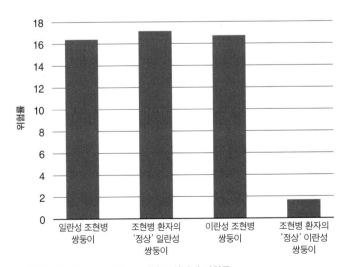

● 그림 12.4 쌍둥이의 자녀들에서 조현병의 위험률

갖게 될 것인지 결정하는 데 영향을 미치는 다른 요인들도 있음을 의미한다는 것을 기억하자.

연계 및 연합 연구

유전적 연계 및 연합 연구들은 가족 내에서 당신이 보고자 하는 병(여기서는 조현병)으로 유전되는 특질들(혈액형처럼 염색체에서의 정확한 위치가 이미 알려진)에 기초한다. 연구자들은 이런 특질들에 대한 유전자(표지 유전자라고 부른다)의 위치를 알아냈기 때문에 유전되는 병의 유전자들의 위치에 대해서도 대략 짐작할 수 있다. 현재까지 연구자들은 조현병을 야기할 수 있는 몇몇 유전자들의 위치를 탐색했고 예를 들어 1, 2, 3, 5, 6, 8, 10, 11, 13, 20 그리고 22번 염색체 영역들이 이 병에 연관되었음을 보여 주었다(Kirov & Owen, 2009).

내적 표현형

조현병에 대한 유전 연구들은 진화 중이고, 이런 정교한 연구에서 발견한 정보들은 이제 조현병 환자들에게서 발견되는 특수한 결함들을 더 많이 이해할 수 있도록 도와주고 있다. 조현병처럼 복잡한 병들에서는 연구자가 단지 '조현병 유전자'만 찾는 게 아니라는 점을 기억하라. 그 대신에 연구자들은 이 병의 행동들과 증상들의 원인이 되는 기본 과정을 찾고, 그런 다음에 이러한 어려움들을 야기하는 유전자 또는 유전자들을 찾고자 노력한다. 즉, 내적 표현형(endophenotypes)을 찾는 전략이다.

조현병에 대한 내적 표현형으로 몇 가지 잠재적인 후보들이 지난 수년간 연구되었다. 가장 많이 연구된 것들 중의 하나는 연성안구추적운동(smooth-pursuit eye movement) 또는 안구 추적(eye-tracking)이라고 부르는 것이다. 우리는 머리를 움직이지 않고서도 눈앞에서 왔다 갔다 움직이는 추를 볼 수 있다. 조현병을 가진 많은 사람들이 시야 내의 물체를 부드럽게 따라가며 볼 수 있는 능력이 결핍되어 있는데(Holzman & Levy, 1977; Iacono, Bassett, & Jones, 1988), 이는 약물치료나 입원 치료의 결과가 아닌 것 같다(Lieberman et al., 1993). 이것은 또한 조현병 환자들의 친척들에서도 나타날 수 있다(Lenzenweger, McLachlan, & Rubin, 2007). 조현병을 가진 누군가로부터 유전적으로 더 멀수록 이러한 비정상적인 안구 추적 능력이 나타날 가능성이 감소한다. 연구자들은 이러한 모든 관찰들을 종합하여 안구 추적의 결함이 추후 연구에서 사용될 수 있는 조현병의 내적 표현형 중 하나일 수 있다고 제안하였다.

또 다른 연구들은 조현병에서 특징적인 사회적, 인지적 그리고 정서적 결함에 초점을 맞추고 있다. 예를 들어 한 연구에서는 조현병 환자를 가진 가족을 몇 세대 동안 관찰하였다(Gur et al., 2007). 연구자들은 앞서 기술했던 인지적 결함을 보여주기 위해 다양한 테스트를 시행했는데, 예를 들어 정서 확인(emotion identification) 같은 것들을 이 가족에서 조사하였고, 특정 문제들이 조현병에서와 같은 방식으로 유전되고 있다는 점을 보여주었다(이는 이러한 인지적 결함도 조현병에 대한 내적표현형일 수 있음을 보여준다). 현재 수많은 내적표현형들이 대규모 연구자 집단(조현병의 유전학에 대한 컨소시움, The Consortium on the Genetics of Schizophrenia)에 의해 조사되고 있으며, 1,200명 이상의 조현병 환자들과 그 가족들이 연구에 참여하고 있다(Greenwood et al., 2013).

신경생물학적 영향

조현병이 잘못된 뇌기능과 관련된다는 믿음은 Kraepelin(1856-1926)의 기술들까지 거슬러 올라간다. 따라서 엄청나게 많은 연구들이 뇌에 초점을 맞추고 있는 것은 놀라운 일이 아니다.

도파민

조현병의 원인에 대한 이론들 중 가장 오래되고 가장 논란이 많은 것 중 하나가 신경전달물질 도파민이다(Harrinson, 2012). 하지만 연구를 논의하기 전에 먼저 신경전달물질이 뇌 안에서 어떻게 작용하고 신경이완 약물들에 의해 어떻게 영향을 받는지 잠시 살펴보자. 우리는 2장에서 특정한 신경세포가 특정한 신경전달물질에 대해 갖는 민감성을 이야기하였고 이것이 뇌 전체에서 어떻게 군집을 이루고 있는지도 기술하였다. 그림 12.5의 윗부분은 두 개의 신경세포와 그 둘을 구분하는 시냅스 간격(synaptic gap)을 보여주고 있다. 신경전달물질은 축색의 끝부분에서 저장된 소포(시냅스 소포)로부터 방출되고 시냅스 간격을 지나 다음 세포의 수상돌기에 있는 수용기에서 흡수된다. 화학적 '메시지'는 이러한 방식을 통해 한 신경세포에서 다음 신경세포로 전달되어 뇌 전체로 퍼지게 된다.

이 과정은 수많은 방법으로 영향을 받을 수 있으며, 그림 12.5의 나머지 부분에서는 그 중 일부를 보여주고 있다. 이 화학적 메시지는 작용물질에 의해 증가될 수도 있고, 또는 길항물질에 의해 감소될 수도 있다. 길항 작용은 신경전달물질의 방출을 막거나, 수상돌기 수준에서 흡수를 막거나, 또는 방출되는 신경전달물질의 양을 줄이고자 미리 새어 나오게 하는 방법을 통해, 메시지 전달을 느리게 하거나 멈추게 한다. 반면 작용 물질은 화학적 메시지의 전달을 도와주고 극단적이라면 신경전달물질의 생성 및 방출을 늘리고 수상돌기에 있는 더 많은 수용기들에 영향을 줌으로써 극단적인 경우 굉장히 많은 신경전달물질의 활성화를 야기할 수 있다.

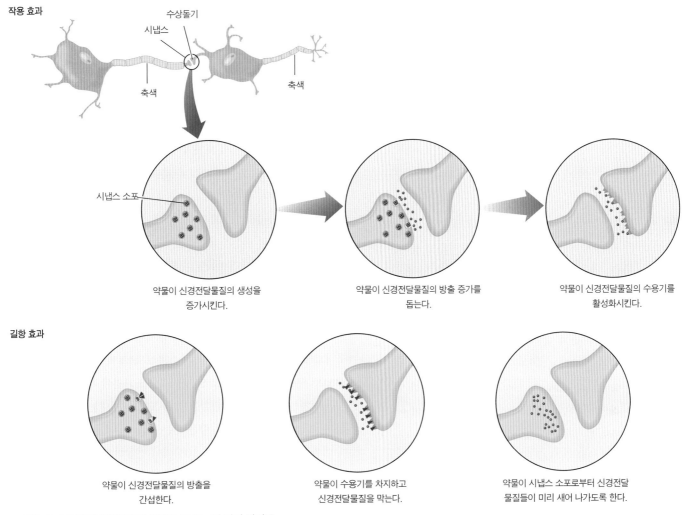

작용 효과

시냅스   수상돌기

시냅스

축색   축색

시냅스 소포

약물이 신경전달물질의 생성을
증가시킨다.

약물이 신경전달물질의 방출 증가를
돕는다.

약물이 신경전달물질의 수용기를
활성화시킨다.

길항 효과

약물이 신경전달물질의 방출을
간섭한다.

약물이 수용기를 차지하고
신경전달물질을 막는다.

약물이 시냅스 소포로부터 신경전달
물질들이 미리 새어 나가도록 한다.

● 그림 12.5 약물이 신경전달에 영향을 미치는 몇 가지 방법들

우리가 항정신병 약물치료에 대해 알게 된 바에 따르면 도파민 시스템은 조현병을 앓는 사람들에서 너무 많이 활성화되어 있을 가능성이 있다. 그림 12.5에 나온 단순한 그림은 수용기 위치들이 서로 다르고 도파민과 같은 화학물질은 작용한 수용기 사이트가 어디냐에 따라서 서로 다른 결과를 야기한다는 점을 보여주고 있지는 않다. 조현병에서는 몇몇 도파민 수용기 사이트들, 특히 D_1 그리고 D_2라고 간단히 불리는 수용기 사이트들에 초점이 맞춰지고 있다.

신비로운 줄거리를 가진 이야기처럼 '정황적 증거(circumstantial evidence)'의 몇 가지 부분들이 조현병에서 도파민이 하는 역할에 대한 단서가 된다.

1. 조현병 환자들을 치료하는 데 효과적인 항정신병 약물들(신경이완제)은 보통 도파민 길항제들로서 특히 뇌에서 도파민 사용을 막는다(Creese, Burt, & Snyder, 1976; Seeman, Lee, Chau Wong, & Wong, 1976).

2. 이러한 신경이완제 약물들은 도파민 부족으로 야기된다고 알려진 파킨슨병(Parkinson's disease)에서 보이는 것과 유사한 음성증상의 부작용을 야기할 수 있다.

3. 파킨슨병의 치료제로 사용되는 약물 L-dopa는 일부 사람들에게 조현병과 유사한 증상들을 야기한다(Davidson et al., 1987).

4. 도파민을 활성화시키는 암페타민은 조현병을 가진 일부 사람들에게서 정신병적 증상을 악화시킨다(van Kammen, Docherty, & Bunney, 1982).

즉 도파민을 증가시키는 것으로 알려진 약물(작용제)이 주입되었을 때 조현병 행동이 증가하고, 도파민의 활동을 감소시키는 것으로 알려진 약물들(길항제)이 사용될 때에는 조현병 증상도 감소하였다. 연구자들은 이러한 관찰을 모두 종합하여 일부 환자들의 경우 조현병은 과도한 도파민 활동에서 기인한다고 이론화했다.

이러한 관찰에도 불구하고 도파민 이론에 반대되는 증거도 있다

(Javitt & Laruelle, 2006).

1. 수많은 조현병 환자들이 도파민 길항제의 사용에도 불구하고 도움을 받지 못한다.
2. 신경이완제는 도파민 수용기를 상당히 빠르게 막지만, 관련된 증상들은 우리가 예상하는 것보다 훨씬 느리게 수일 또는 수주일 후에 가라앉는다.
3. 이러한 약물들은 조현병의 음성 증상들(예, 평탄 정동 또는 무쾌감증)을 줄이는 데에는 단지 부분적으로만 도움이 된다.

이러한 염려들뿐만 아니라 조현병과 관련해서 '양날의 검(double-edged sword)'과 같은 증거가 있다. Olanzapine이라고 불리는 약(뿐만 아니라 비슷한 계열의 약들)은 전통적인 신경이완 약물치료로 도움을 받지 못했던 많은 사람들에게 효과적이다(Kane, Stroup, & Marder, 2009). 이것은 좋은 소식이다. 하지만 도파민 이론과 관련해서 나쁜 소식은 olanzapine과 다른 새로운 약물치료제들이 약한 도파민 길항제이며, 다른 약물들보다 수용기 사이트를 막는 능력이 훨씬 약하다는 것이다(Javitt & Laruelle, 2006). 조현병이 과도한 도파민 활동에 의한 것이라면, 도파민을 비효율적으로 막는 약물이 어떻게 해서 조현병 치료제로 효과가 있는 것일까?

비록 도파민이 조현병의 증상과 관련 있다고 할지라도 그 관계가 생각보다 복잡하기 때문이라는 점이 그 답이 될 수 있다(Harrison, 2012). 매우 정교한 연구 기법들로부터 얻은 수많은 증거들에 기초한 현재의 견해에 따르면 적어도 세 가지 특수한 신경화학적 이상들이 동시에 조현병 환자의 뇌에서 작용하고 있다.

강력한 증거들 덕분에 우리는 이제 조현병이 부분적으로는 선조체의 도파민 D_2 수용기들의 과도한 자극 때문인 것으로 믿게 되었다(Harrison, 2012). 선조체가 뇌 안의 깊숙한 곳에 위치한 기저핵의 한 부분이라는 점을 기억하자. 이곳의 세포들은 동작, 균형 그리고 걸음걸이를 통제하고 기능하기 위해 도파민에 의존하고 있다. 우리는 D_2 수용기들의 과도한 자극이 조현병에 관련된다는 점을 어떻게 알게 되었을까? 한 가지 단서는 효과적인 항정신병 약물들이 대부분 도파민 D_2 수용기 길항성을 공유한다는 점인데 이는 이들이 D_2 수용기의 자극을 막는 데 도움이 된다는 것을 의미한다(Ginovart & Kapur, 2010). SPECT와 같은 뇌영상 기법을 사용하여 연구자들은 조현병 환자들의 살아 있는 뇌를 볼 수 있었고 새로운 '제2세대' 항정신병 약물들이 어떻게 특정한 도파민 사이트들에 작용하는지를 관찰할 수 있었다.

조현병의 원인을 탐색하는 연구자들에게 흥미가 있는 두 번째 연구 분야는 전전두엽에 있는 도파민 D_1 수용기들의 자극이 결핍되어 있음을 관찰하는 것이다(Howes & Kapur, 2009). 따라서 일부 도파민 사이트들은 아마도 과잉 활성화되어 있는 반면(예를 들어, 선조체의 D_2), 우리가 사고하고 추론하는 데 사용하는 뇌에 있는 두 번째 종류의 도파민 사이트(전전두엽 D_1 수용기)는 덜 활성화된 것처럼 보이는데, 이를 통해 조현병에서 흔히 나타나는 다른 증상들을 설명할 수 있다. 이 장의 뒷부분에서 보게 되겠지만 조현병 환자들은 전전두엽의 광범위한 손상을 보이며 이 영역은 조현병 환자들에서 덜 활성화된 것처럼 보인다.

마지막으로 신경화학적으로 흥미로운 세 번째 영역은 글루타메이트 전달과 관련된 전전두엽 활동성에서의 변화에 대한 연구들이다(Harrison, 2012). 글루타메이트는 흥분성 신경전달물질이며, 이는 뇌의 전 영역에서 발견되고 최근에 들어서야 연구되기 시작했다. 우리가 방금 도파민에서 보았던 것처럼(예, D_1 및 D_2 수용기들), 글루타메이트도 여러 종류의 수용기들을 가지며, 조현병에서의 역할에 대해 연구되고 있는 것은 N-메틸-D-아스파르트산(N-methl-D-aspartate, NMDA) 수용기이다. 그리고 연구자들이 도파민에 특정한 약물이 행동에 미치는 효과에 대한 관찰을 통해 도파민에 대한 연구를 해 왔던 것처럼, NMDA 수용기에 영향을 주는 특정 약물들의 효과가 조현병에 대한 단서들을 보여주었다. 10장에서 언급하였던 두 가지 마약—팬시클리딘(phencyclidine, PCP)과 케타민(ketamine)—은 조현병이 없는 사람들에서도 정신병 같은 행동들을 야기하였고, 조현병을 가진 환자들에서는 정신병적 증상들을 악화시킬 수 있었다. PCP와 케타민은 둘 다 NMDA 길항제이며, 글루타메이트의 결핍 또는 NMDA 사이트의 막힘이 조현병의 일부 증상들과 관련될 수 있음을 보여준다(Goff & Coyle, 2001).

이 두 가지 신경전달물질과 그 둘 사이의 연관성에 대한 연구는 매우 복잡해서 좀 더 명확해지기까지 기다리는 것이 필요하다. 그러나 우리는 기술의 발전을 통해 이런 불가사의한 병의 뒤에 숨겨진 단서와 더 나은 치료에 좀 더 가깝게 다가서고 있다.

대뇌 구조

조현병 환자들에서 신경학적 장애가 있다는 증거가 수많은 관찰들로부터 얻어졌다. 이 병을 가진 부모의 자녀들, 따라서 위험군이 된 사람들은 반사 이상이나 부주의와 같이 미묘하지만 관찰 가능한 신경학적 문제들을 보이는 경향이 있다(Wan, Abel, & Green, 2008). 이러한 문제들은 성장하면서 계속 지속되기 때문에 조현병을 가진 성인들은 특정 과제들을 수행하는 능력이나 반응시간 연습에 집중하

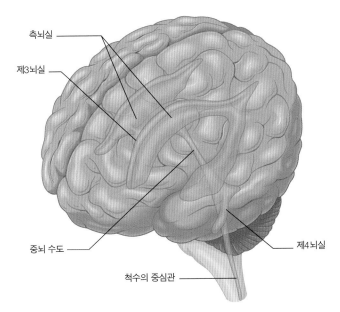

측뇌실

제3뇌실

중뇌 수도

제4뇌실

척수의 중심관

● 그림 12.6 인간 뇌에서 뇌척수액의 위치. 세포 밖에 존재하는 이 액체는 뇌와 척수를 둘러싸고 있어 충격을 완충하는 역할을 한다. 또한 이 액체는 뇌 안에 있는 4개의 서로 연결된 공간(뇌실, cerebral ventricle)과 척수의 중심관을 채우고 있다.

는 능력에 결함을 보인다(Cleghorn & Albert, 1990). 이러한 결과들은 모든 범위의 증상들을 다 적절하게 설명하는 하나의 영역은 없지만, 뇌손상 또는 기능장애가 조현병을 야기하거나 조현병과 동반될 수 있음을 보여주었다(Harrison, 2012).

뇌실의 크기는 조현병 환자들의 뇌에서 가장 신뢰로운 관찰들 중 하나이다(그림 12.6). 이미 일찍이 1927년에 액체로 차 있는 이 공간이 조현병 환자들의 뇌에서 확장되어 있음이 밝혀졌다(Jacobi & Winkler, 1927). 그때 이후로 보다 정교한 기법들이 뇌를 관찰하기 위해 발달하였고, 수많은 연구들이 뇌실의 크기를 보기 위해 시행되었으며, 그 대부분은 조현병 환자들에서 측뇌실과 제3뇌실이 커져 있음을 보여주었다(Harrison, 2012). 뇌실의 크기는 문제가 아닐 수 있지만 뇌실의 확장은 인접한 뇌의 영역들이 충분히 발달하지 못했거나 위축되어 뇌실이 커지게 된 것을 의미한다.

하지만 뇌실의 확장이 조현병을 가진 모든 사람들에게서 관찰되지는 않는다. 몇 가지 요인들이 이 결과와 관련되는 것 같다. 예를 들어 커진 뇌실은 여성보다는 남성에게서 훨씬 더 자주 관찰된다(Goldstein & Lewine, 2000). 또한 뇌실은 연령 증가에 따라 그리고 유병 기간에 따라 커지는 것 같다. 한 연구에 따르면 태아기 때 독감에 노출되었던 조현병 환자들이 커진 뇌실을 더 많이 갖는 경향이 있었다(Takei, Lewis, Jones, Harvey, & Murray, 1996). 뇌실 크기에 대한 연구에서 연구자들은 유전의 역할에 대해 조사하였다(Staal et al., 2000). 자기공명영상(magnetic resonance imaging, MRI) 기법을 이용

해서 연구자들은 조현병 환자들의 뇌구조를 조현병이 없는 같은 성별의 형제자매들 그리고 정상인들과 비교하였다. 조현병 환자들과 병이 없는 형제자매들 둘 다 정상인에 비해 제3뇌실이 확장되어 있었다. 이 결과는 뇌실의 확장이 조현병에 대한 민감성과 관련될 수 있음을 시사한다.

우리는 유전에 대한 부분에서 공유되지 않은 환경의 개념에 대해 잠깐 논의하였다(Jang, 2005; Plomin, 1990). 비록 쌍둥이는 유전적으로는 동일하지만 쌍둥이 역시 심지어 태어나기 전부터도 수많은 환경적 차이를 경험할 수 있다. 예를 들어 자궁 내 환경에서 쌍둥이는 영양분을 얻기 위해 경쟁해야 하고, 똑같이 성공할 수는 없다. 더군다나 산소 부족(저산소증)과 같은 출산 합병증들이 쌍둥이 중 한 명에게만 발생할 수도 있다(Murray & Castle, 2012). 산과적 합병증들이 쌍둥이 중 조현병으로 발병할 한 명에서만 나타나는 경우가 종종 있고, 만약 쌍둥이가 둘 다 조현병으로 발병한다고 하더라도 둘 중 좀 더 심한 경우가 산과적 합병증과 관련이 있었다(McNeil, 1987). 이미 병의 소인을 가진 쌍둥이들이 서로 다른 경험을 하는 것은, 뇌를 손상시킬 수 있고 조현병과 관련된 증상들을 야기할 수 있다.

전두엽도 조현병과 관련된 구조적 문제들을 찾는 연구자들에게 흥미로운 뇌영역이다(Shenton & Kubicki, 2009). 신경전달물질 부분에서 우리가 논의했던 것처럼 이 영역은 조현병 환자들에서 병이 없는 사람들에 비해 덜 활성화되는 영역이며, 이러한 현상은 *hypofrontality*로 알려져 있다(*hypo*는 '덜 활성화된' 또는 '부족한'을 의미한다). Weinberger와 다른 과학자들이 National Institute of Mental Health에서 시행한 연구는 이러한 관찰들을 좀 더 개선시켰고, 전두엽의 특정 영역인 배외측 전두엽 피질(dorsolateral prefrontal cortex, DLPFC)의 활성화 결핍이 조현병과 연관되어 있다는 점을 시사했다(Berman & Weinberger, 1990; Weinberger, Berman, & Chase, 1988). DLPFC와 관련된 과제를 할 때, 조현병 환자들의 뇌에서는 낮은 활성화(대뇌 혈류로 측정된)가 기록된다. 추후 연구에서는 조현병을 가진 일부 사람들이 오히려 너무 많이 활성화되는 *hyperfrontality*를 보였는데, 역기능은 확실히 있지만, hyperfrontality는 그 역기능이 사람들마다 다르게 나타남을 의미하는 것으로 보인다(Callicott et al., 2003; Garrity et al., 2007).

몇몇 뇌영역, 특히 전전두엽 피질, 관련된 여러 피질 영역들 그리고 시상과 선조체를 포함하는 피질하 회로들은 조현병 환자들에서 관찰되는 인지적 역기능과 연관된 것으로 보인다(Shenton & Kubicki, 2009). 이러한 역기능들이 조현병의 발병 이전에 나타날 수 있음을 기억하자. 다시 말해서, 뇌손상은 병의 증상들이 나타나기 전 아마도 태아기부터 시작되어서 점진적으로 생길 수 있다(Harrison, 2012).

Janne Wiedel Photolibrary/Alamy

▲ 조현병을 앓고 있는 노숙자들은 종종 피해 망상의 부가적인 고통을 겪는데, 이는 돕고자 하는 외부의 손길도 가로막는다.

태아기 및 출산 전후의 영향

태아기(출생 전)와 출산 전후(출생 무렵)의 환경이 조현병의 발병과 관련된다는 증거가 있다(Murray & Castle, 2012). 조현병으로 발병하느냐 그렇지 않느냐에 영향을 주는 환경적 요인들로는 태아기 때 바이러스 감염에 노출되는 것, 임신 합병증 그리고 출산 합병증들이 있다.

몇몇 연구들은 조현병이 태아기 때 독감에 노출되는 것과 관련 있다고 보았다. 예를 들어 Sarnoff Mednick와 그의 동료들은 핀란드 헬싱키 지역에서 심한 Type A2 독감 유행이 지나간 후 많은 수의 사람들을 추적했고, 임신 중기(second trimester of pregnancy)에 독감에 노출되었던 어머니를 가진 사람들이 다른 사람들보다 더 많이 조현병으로 발병하는 것을 발견하였다(Cannon, Barr, & Mednick, 1991). 이러한 관찰은 몇몇 연구자들에게서 다시 확인되기도 했지만 (예를 들어, O'Callaghan, Sham, Takei, Glover, & Murray, 1991; Vena-

bles, 1996을 보라), 또 다른 연구자들에서는 그렇지 못했다(Buchanan & Carpenter, 2005). 바이러스유사 질환이 태아의 뇌에 손상을 입힐 수 있고 이는 후에 조현병의 증상을 야기할 수 있다는 설명이 제시되었다. 그리고 이러한 설명은 일부 조현병 환자들의 행동방식을 설명하는 데 도움이 될 수 있다(Murray & Castle, 2012).

임신 합병증(예, 출혈) 및 출산 합병증(예, 질식 또는 산소부족)의 증거와 조현병 발병과의 관련성은, 표면적으로나마, 이러한 종류의 환경적 스트레스들이 병의 발현을 촉진할 수 있다는 점을 보여주었다 (Byrne, Agerbo, Bennedsen, Eaton, & Mortensen, 2007). 그러나 태아가 보유하고 있는 조현병 취약 유전자가 출산 합병증을 야기할 수도 있다(van Os & Allardyce, 2009).

마리화나(대마)의 만성 및 조기 사용 또한 조현증의 발병에 대한 잠재적 영향 요인으로 연구되었다(Murray & Castle, 2012). 몇몇 연구들은 마리화나를 고용량으로 사용한 사람들이 조현병으로 발병할 가능성이 높다는 점을 제안하였고(Henquet et al., 2005) 조현병 환자들이 조현병이 없는 사람들에 비해 대마사용장애가 더 많다는 점을 보여주었다(Arseneault, Cannon, Witton, & Murray, 2004; Corcoran et al., 2008). 그러나 이 두 가지 문제들 사이의 연결은 아직 명확하게 이해되지 않고 있으며 이들의 관련성에 다른 요인이 영향을 미치고 있는지의 여부에 대해서는 여전히 논란이 있다(Murray & Castle, 2012).

심리적 · 사회적 영향

일란성 쌍둥이에서 한 사람이 조현병으로 발병하고 다른 한 명은 조현병이 없는 것은 유전 이외에 무언가가 더 있다는 것을 의미한다. 우리는 임신 중기에 발생한 바이러스유사 질병이나 산과적 합병증으로부터 생긴 초기의 뇌손상이 아마도 조현병에 영향을 미치는 신체적 스트레스를 야기할 수 있다는 것을 알고 있다. 이러한 모든 관찰들은 조현병이 몇 가지 간단한 인과관계들에 깨끗하게 맞지 않는다는 것을 분명하게 보여준다. 예를 들어 조현병을 가진 사람들 모두가 확장된 뇌실을 가지는 것은 아니며 모두가 hypofrontality 또는 도파민 시스템의 파괴된 활동성을 보이는 것도 아니다. 인과적 관련성은 심리적 및 사회적 요인들에 의해 아마도 좀 더 복잡해질 것이다. 이제 다음 부분에서는 심리사회적 요인들에 대한 연구들을 살펴볼 것이다. 정서적 스트레스나 가족 상호작용 패턴이 조현병의 증상을 시작되게 할 것인가? 만약 그렇다면, 이러한 요인들은 회복기 이후의 재발을 어떻게 야기할 수 있을까?

스트레스

얼마나 많은 그리고 어떤 종류의 스트레스가 조현병의 소인을 가진 사람들을 발병시키는지 배우는 것은 매우 중요하다. 이 장을 시작할 때 우리가 보았던 두 사례를 생각해 보라. 어떤 예견하는 사건이 눈에 띄는가? 아서의 아버지는 수년 전에 일찍 돌아가셨고, 아서는 증상들이 처음 나타나던 시기 즈음에 실직을 당했다. 데이비드의 삼촌은 그가 이상하게 행동하기 시작한 바로 그해에 돌아가셨다. 이러한 스트레스 사건들이 단순한 우연의 일치일까 아니면 이러한 사건들이 이들의 발병에 영향을 끼친 것일까?

연구자들은 조현병에 대한 다양한 스트레스 요인들의 영향에 대해 연구해 왔다. 예를 들어 큰 도시에 사는 것은 조현병 발병의 위험이 높아지는 것과 연관이 있었다(Boydell & Allardyce, 2012). Dohrenwend와 Egri(1981)는 전쟁 중 전투에 참여했던 건강한 사람들도 종종 일시적으로 조현병과 유사한 증상들을 보인다는 것을 관찰했다. 고전적인 한 연구에서 Brown과 Birley(1968; Birley & Brown, 1970)는 조현병 발병 후 1주일이 채 지나지 않은 사람들을 조사했고 이들이 병의 징후를 보이기 3주 전부터 일상에서 수많은 스트레스 사건을 경험했음을 밝혔다. 세계보건기구(WHO)가 후원한 한 대규모 연구에서 연구자들은 조현병 발병에 대한 일상 사건들의 역할을 조사하였다(Day et al., 1987). 이 다국가 연구는 8개 연구센터들에 걸쳐 시행되었고 Brown과 Birley의 결과가 사실임을 입증했다.

하지만 이러한 연구들이 회상 방식을 사용한 점은 문제가 될 수 있다. 각 연구들은 조현병의 징후를 보인 후에 수합된 사후(after-the-fact) 보고서에 의존하였다. 사람들은 이러한 보고서가 어떤 면에서는 편파적이어서 잘못된 결론에 이르게 하는 것은 아닌지 항상 궁금해 하였다. 또한 같은 사건이라도 사람들이 어떻게 경험하는가는 상당한 개인 차가 존재하며 조현병 환자들은 병이 없는 사람들과 사건을 다르게 경험할 수도 있다(Murray & Castle, 2012).

삶에서 심한 스트레스를 경험한 결과로 조현병의 증상들이 더 심해질까? 조현병의 취약성 스트레스 모델(vulnerability-stress model)은 이것이 사실이며 아마도 문제를 예견하는 데 도움이 될 수 있을 것이라 제안한다. 1994년 캘리포니아 Northridge지역에서 발생한 지진을 이용한 한 연구는 조현병 환자들이 양극성장애 환자들 및 정상 통제집단과 비교해서 어떻게 이 스트레스에 반응하는지 평가하고자 하였다(Horan et al., 2007) 두 환자 집단은 모두 정상인에 비해 스트레스 관련 증상들을 더 많이 보고하였고 조현병 환자들은 다른 두 집단에 비해 재난 이후에 좀 더 낮은 수준의 자존감을 보고하였으며 회피하는 대처 방식을 좀 더 많이 보였다(문제들을 아예 생각하지 않거나 어려움을 그냥 감수하였다). 가난, 노숙 그리고 새로운 나라에서의 스트레스(van Os & Allardyce, 2009)와 같은 사회문화적 스트레스에 대한 연구는 조현병에 영향을 주는 심리사회적 스트레스 요인의 종류를 확대했다.

유전자-환경의 상호작용을 따로 살펴보는 중요한 연구도 시행되었다. 예를 들어 몇몇 연구들은 특정한 유전자의 변이들이 조현병 환자가 높은 스트레스에 좀 더 부정적으로 반응(재발 같은)할지를 예측할 수 있음을 보여주었다(Myin-Germeys & Van Os, 2008). 이러한 종류의 연구들은 스트레스가 조현병을 가진 사람에게 어떻게 영향을 끼칠 수 있는지를 보여주고—보다 적절하게 대처하도록 돕는 인지행동치료 같은—유용한 치료도 제시해 줄 수 있다(Phillips, France, et al., 2007).

가족과 재발

가족 내의 상호작용이 조현병 환자들에게 어떻게 영향을 미치는지에 대해서는 수많은 연구들이 진행되었다. 예를 들어 차갑고, 지배적이고 거부적인 어머니의 성향이 조현병의 원인이 된다고 여겨져서 그 어머니를 묘사하고자 **조현병 유발 어머니**라는 용어가 한동안 사용되었다(Fromm-Reichmann, 1948). 또한 **이중구속 의사소통**이란 용어는 조현병의 발현을 야기하는 모순되는 메시지를 낳는 의사소통 방식을 나타내기 위해 사용되었다(Bateson, 1959). 두 개의 모순되는 의미를 가지는 메시지로 의사소통하는 부모의 예를 들어보자. 한 어머니는 자녀의 반김에 대해 늘 쌀쌀맞게 대하면서도 자녀가 움츠러들면 "너는 나를 더 이상 사랑하지 않니?"라고 말한다. 비록 이 이론들이 더 이상 지지되지는 않지만, 이들은 해를 끼쳤고—어떤 경우에는 여전히 해를 끼치고 있으며—자신의 실수가 엄청나게 참혹한 결과를 야기했다고 믿게 된 부모에게 죄책감을 불러일으킨다.

최근의 연구는 가족의 상호작용이 조현병의 첫 발병 말고 첫 증상들이 나타난 후 재발에 어떤 영향을 미치는지에 좀 더 관심을 쏟고 있다. 이 연구가 우리가 지금 막 논의를 했던 스트레스에 대한 취약성에 대한 연구들과 일반적으로 비슷하다는 것을 알 수 있다. 연구는 **정서표현**이라고 알려진 특정한 정서적 의사소통 방식에 초점을 맞

조현병 유발 어머니(schizophrenogenic mother) 과거에 있었으나 더 이상 지지되지 않는 이론으로 냉정하고, 지배적이고, 배척하는 어머니가 자녀의 조현병을 유발하는 것으로 봄.

이중구속 의사소통(double bind communication) 과거에 있었으나 더 이상 지지되지 않는 이론으로 모순된 메시지를 전달하는 것이 조현병을 일으킨다고 봄.

정서표현(expressed emotion, EE) 심리장애를 가진 가족구성원에게 적대감, 비난, 과잉 간섭을 나타냄. 가족구성원의 재발의 원인이 되기도 함.

추고 있다. 런던에 있는 George W. Brown과 그의 동료들이 이 개념을 만들었다. 조현양상장애의 증상 삽화 후에 병원에서 퇴원한 환자들을 추적했고 연구자들은 친척들과 제한된 접촉을 했던 환자들이 가족들과 더 많은 시간을 보냈던 환자들보다 상태가 더 낫다는 것을 발견하였다(Brown, 1959). 추가적인 연구 결과들은 가족들로부터 표현되는 비난(못마땅함), 적대감(반감) 그리고 정서적 과잉 간섭(참견)의 수준이 높다면 환자들이 재발하는 경향이 있음을 보여주었다(Brown, Monck, Carstairs, & Wing, 1962).

다른 연구자들도 가족 내에서 정서표현이 높게 평가되는 것이 만성 조현병 환자들의 재발에 대한 좋은 예측 인자임을 보여주었다(Kymalainen & Weisman de Mamani, 2008). 만약 조현병을 앓고 있고 높은 정서표현을 하는 가족과 함께 사는 경우, 낮은 정서표현의 가족과 사는 경우에 비해 재발할 가능성이 3.7배나 더 높았다(Kavanagh, 1992; Parker & Hadzi-Pavlovic, 1990). 여기 조현병 환자의 가족들이 어떻게 정서표현을 주고받는지를 보여주는 인터뷰의 예시들이 있다.

높은 정서표현

- 나는 언제나 말했지. "책을 집어 들거나, 십자말풀이를 하거나 또는 네 마음을 돌릴 수 있는 무엇인가를 하는 게 어떻겠니?"라고 말이야. 그건 매우 힘든 일이야.
- 나는 그를 활기차게 만들려고 노력했고 무엇이든 하도록 성가시게 굴었지. 아마도 내가 너무 지나쳤나 봐. 모르겠어.

낮은 정서표현

- 혼자 있고 나에게서 떨어져서 혼자서 일을 하려는 것이 그녀를 위해 더 낫다는 걸 알아.
- 그녀가 무슨 일을 하든 나는 상관없다.
- 나는 그냥 되는 대로 내버려두는 편이다. 왜냐하면 그녀가 하고 싶을 때 말을 할 거라는 걸 알기 때문이다(Hooley, 1985, p. 134).

이 설명에 따르면 정서표현이 높은 가족들은 조현병의 증상을 통제할 수 있는 것으로 보고 환자가 그냥 자기 자신을 돌보지 않는 것일 뿐이라고 생각할 때 적대감이 높아졌다(Hooley & Campbell, 2002; McNab, Haslam, & Burnett, 2007). 정서표현에 대한 문헌은 왜 조현병의 증상이 재발하는지를 이해하는 데 매우 중요하며, 어떻게 환자들과 가족들을 치료하여 더 이상의 정신병적 삽화를 경험하지 않도록 할지를 우리에게 보여줄 수 있다(Cechnicki, Bielańska, Hanuszkiewicz, & Daren, 2013).

가족의 영향을 연구할 때 떠오르는 한 가지 흥미로운 주제는 우리

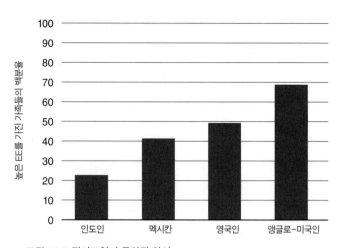

● 그림 12.7 정서표현의 문화적 차이

가 보는 것이 우리의 문화에서만 유일한 것인지 아니면 전 세계 공통적인 것인지 하는 점이다. 여러 문화들에서 정서표현을 살펴보는 것은 정서표현이 조현병의 원인인지 아닌지를 알아내는 데 도움이 될 수 있다(Kymalainen & Weisman de Mamani, 2008). 조현병의 비율, 즉 전체 인구의 약 1%라는 유병률이 전 세계에서 비슷하게 관찰된다는 점을 기억하자. 만약 높은 정서표현과 같은 요인이 병의 원인이라면 문화들 간에 이런 가족의 비율이 유사해야 할 것이다. 그러나 우리가 그림 12.7에서 보는 것처럼 그 비율은 문화마다 다르다. 인도, 멕시코, 영국과 미국에서 시행된 몇몇 연구들에서 정서표현의 개념을 분석하여 이러한 자료들을 얻었다(Jenkins & Karno, 1992). 이런 차이가 나타나는 것은 가족들이 어떻게 조현병 환자에게 반응하는지는 문화마다 다양하며 그들의 반응은 이 병을 야기하는 것은 아니라는 점을 보여준다(Singh, Harley, & Suhail, 2013). 그리고 한 문화에서 과잉 간섭이라고 보는 것이 다른 문화에서는 지지적인 행동으로 보일 수 있다.

개념 확인 12.2

가족, 쌍둥이 그리고 입양 연구와 관련된 문장들에서 빈칸을 채워서 유전적 취약성에 대한 이해를 확인해 보시오. (a) 더 높은 (b) 더 낮은 (c) 동등한 (d) 심각도 (e) 유형 (f) 일란성 쌍둥이 (g) 특수한 (h) 이란성 쌍둥이 (i) 일반적인

1. 조현병에 걸릴 가장 큰 위험이 있는 사람은 조현병을 가진 _____ 또는 _____가 있는 사람이다. 어떤 친척이라도 조현병을 가진 사람이 있다면 일반인에 비해 병에 걸릴 _____ 확률을 가진다.

2. 생물학적 부모의 집이 아닌 다른 집에서 길러진, 조현병 부모를 가진 입양 어린이는 이 병에 걸릴 ＿＿＿＿ 확률을 가진다. 조현병이 없는 가정으로 입양된 조현병 환자의 자녀들은 조현병을 가질 평균 확률보다 ＿＿＿＿ 확률을 가진다.

3. 자녀가 조현병을 갖게 될 가능성은 부모가 가진 병의 ＿＿＿＿에 영향을 받는다. 아마도 부모와 병이 같거나 다르든지 간에, 조현병의 ＿＿＿＿ 소인이 유전되는 것 같다.

조현병의 치료

▶ 조현병 치료의 목적은 무엇인가?
▶ 조현병을 위해 어떤 생물학적 및 심리사회적 치료들이 가능한가?

만일 아서와 데이비드의 이야기를 기억한다면 당신은 그들에 대한 가족의 염려를 떠올릴 것이다. 이 사례들에서 가족은 도와주기 위해 필사적이었지만 망상을 가지고 죽은 삼촌의 목소리를 듣거나 온전한 사고로 의사소통할 수 없는 사람들을 위해 할 수 있는 일은 무엇일까? 도와주고자 하는 노력은 여러 방면에서 시도되었다. 오늘날 서구 사회에서 치료는 많은 사람들에서 조현병 증상을 줄이는 데 매우 결정적인 역할을 한 신경이완제 약물들 중 하나로 대개 시작한다. 환자들은 일반적으로 재발을 줄이고 결핍된 기술들을 보충하며 약물 복용에 대한 순응을 높이기 위해서 다양한 심리사회적 치료도 받는다(Cunningham Owens & Johnstone, 2012).

생물학적 개입

연구자들은 조현병이 생물학적인 개입을 필요로 하게 된 지 100년 이상이 된 것 같다고 가늠하고 있다. 19세기 후반에 조발성 치매를 유창하게 기술했던 Kraepelin은 이 병을 뇌의 질환으로 보았다. 하지만 생물학적인 치료방법이 없었기 때문에 그는 관례대로 흥분한 환자를 안정시키기 위해 '훌륭한 인내, 친절한 성향, 그리고 자기 통제'를 사용할 것을 의사들에게 권고하였다(Nagel, 1991).

1930년대에는 몇 가지 새로운 생물학적 치료법들이 시도되었다. 한 가지 방법은 조현병으로 인해 고통받는 환자들을 코마 상태로 만들고자 원래는 당뇨병을 치료하기 위해 소량으로 사용하는 인슐린을 고용량으로 주입하는 것이었다. 인슐린 코마 치료는 한때 도움이 되는 것으로 생각했으나 면밀한 관찰 끝에 이 방법은 심각한 질병과 죽음을 야기할 위험이 매우 높다는 것을 알게 되었다. 이 시대에는 또한 전전두엽 절제술 같은 정신외과술(psychosurgery)이 소개되었고, 1930년대 말에는 전기경련요법(electroconvulsive therapy, ECT)

▲ 16세기 초 정신외과술에 대한 그림. 뇌의 일부분이 정신질환을 치료하기 위해 제거되었다.

이 조현병의 치료로 발전하였다. 초기의 극적인 치료들과 마찬가지로 ECT에 대한 초기의 열성은 점차 희미해져 갔는데 이는 ECT가 대부분의 조현병 환자들에게 효과적이지 않다는 것이 밝혀졌기 때문이다. 하지만 ECT는 현재도 여전히 소수의 사람들에게 가끔씩 항정신병 약물들과 함께 사용되기도 한다(Zervas, Theleritis, & Soldatos, 2012). 또한 우리가 6장에서 설명하였듯이 ECT는 심한 우울 삽화를 경험하는 사람들에게 때때로 사용된다.

항정신병 약물치료

1950년대 동안 많은 사람들에서 증상을 경감시키는 몇 가지 약들이 소개되면서 조현병 치료에 돌파구가 만들어졌다(Cunningham Owens & Johnstone, 2012). 신경이완제(neuroleptics, 신경들을 붙잡아 조종한다는 의미)라고 불리는 이 약물들은 조현병 환자들을 돕는 것이 현실적으로 가능하다는 진짜 희망을 처음으로 보여주었다. 신경이완제는 보다 분명하게 생각할 수 있도록 도왔고, 환각과 망상을 줄였다. 이 약물들은 양성 증상(망상, 환각, 그리고 불안초조)에는 효과가 있었으나, 사회적 결핍과 같은 음성 증성이나 와해된 증상에는 효과가 적었다. 표 12.1은 이 약물들의 종류(화학적 구조에 기초한)와 상품명을 보여주고 있다.

신경이완제는 도파민 길항제인데, 이는 조현병에 대한 도파민 이론을 논하면서 언급되었다. 뇌에서 신경이완제의 중요한 작용 중 하나는 도파민 신경전달물질 시스템을 방해하는 것이다. 그러나 신경이완제들은 세로토닌과 글루타메이트 시스템과 다른 시스템들에도

표 12.1 자주 사용되는 항정신병 약물들

종류	예시*	추체외로 부작용의 정도**
전통적인 항정신병 약물들		
페노티아진 (Phenothiazines)	클로르프로마진(Chlorpromazine) / *Thorazine*	중간
	플루페나진(Fluphenazine) / *Prolixin*	높음
	메소리다진(Mesoridazine) / *Serentil*	낮음
	페르페나진(Perphenazine) / *Trilafon*	높음
	치오리다진(Thioridazine) / *Mellaril*	낮음
	트리플루오페라진(Trifluoperazine) / *Stelazine*	높음
부티로페논 (Butyrophenone)	할로페리돌(Haloperidol) / *Haldol*	높음
기타	록사핀(Loxapino) / *Loxitano*	높음
	몰린돈(Molindone) / *Moban*	낮음
	치오칙센(Thiothixene) / *Navane*	높음
제2세대 약물들		
	아리피프라졸(Aripiprazole) / *Abilify*	낮음
	클로자핀(Clozapine) / *Clozaril*	낮음
	올란자핀(Olanzapine) / *Zeprexa*	낮음
	쿼티아핀(Quatiapine) / *Seroquel*	낮음
	리스페리돈(Risperidone) / *Risperdal*	낮음
	지프라시돈(Ziprasidone) / *Geodon*	낮음

* 상품명은 이탤릭체로 되어 있음.
** 추체외로 부작용은 통제되지 않는 사지의 움직임 또는 동작을 시작하지 못하는 등의 여러 가지 운동 증상을 포함한다.

출처: American Psychiatric Association (2004). Practice guideline for the treatment of patients with schizophrenia, 2nd edition. *American Journal* of Psychiatry, 161(Suppl.), 1-56.

영향을 미칠 수 있다. 우리는 이 약물들이 작용하는 기제를 이제 막 이해하기 시작하고 있다.

일반적으로 각각의 약들은 어떤 사람들에게는 효과가 있고 또 다른 사람들에게는 효과가 없기도 하다. 임상가와 환자는 종종 최상으로 작용하는 약을 찾기 위해 시행착오의 과정을 거쳐야만 한다. 그리고 어떤 사람은 어떤 약을 복용하더라도 충분한 효과를 보지 못하기도 한다. 전형적인 또는 제1세대 항정신병 약물이라고 불리는 초기의 신경이완제 약물들(Haldol과 Thorazine과 같은)은 사용했던 사람들 중 약 60~70%에서 효과가 있었다(Cunningham Owens & Johnstone, 2012). 그러나 항정신병 약물들로 도움을 받지 못하거나 또는 불쾌한 부작용을 경험하는 사람들도 많았다. 다행스럽게도 어떤 사람들은 비전형적 또는 제2세대 항정신병 약물이라고 불리는 새로운 약물치료에 잘 반응하였는데 가장 대표적인 것으로는 risperidone과 olanzapine이 있다. 이러한 새로운 약물들은 이전에 약물치료에 반응하지 않았던 환자들을 도울 수 있다는 가능성을 보여주었다(Leucht et al., 2009). 또한 초기에는 이 약물들이 전형적인 항정신병 약물들보다 부작용이 덜하다고 여겼다. 하지만 두 개의 대규모 연구들은—하나는 미국에서 시행되었고(*Clinical Antipsychotic Trials of Intervention Effectiveness*, CATIE)(Stroup & Lieberman, 2010) 또 다른 하나는 영국에서 시행되었던(*Cost Utility of the Latest Antipsychotic Drugs in Schizophrenia Study*, CUtLASS)(Jones et al., 2006)—제2세대 약물들이 이전의 오래된 약들보다 더 효과적이지는 않다는 점을 밝혔다(Lieberman & Stroup, 2011). 이런 결과들은 모든 새로운 치료의 결과들을 조심스럽게 연구하는 것이 얼마나 중요한지를 보여준다.

약물치료에 대한 비순응: 왜?

항정신병 약물의 효과로 생긴 낙관론에도 불구하고 약은 적절하게 복용되었을 때에만 효과가 있으며 많은 조현병 환자들은 규칙적으로 약을 복용하지 않는다는 문제가 있다. 데이비드는 환각을 줄이는 데 도움이 되는 Haldol 알약을 입에 물고 아무도 없을 때까지 기다렸다가 뱉어냈다. 우리가 좀 전에 언급했던 대규모의 연구에 따르면 연구에 참여했던 사람들 중 74%가 처음 치료를 시작하고 18개월 지난 뒤 약물치료를 중단한 경험이 있었다(Lieberman & Stroup, 2011).

부정적인 의사-환자 관계, 약물치료 비용, 빈약한 사회적 지지와 같은 수많은 요인들이 약물치료에 대한 환자들의 비순응과 관련될 수 있다(Miller, McEvoy, Jeste, & Marder, 2006). 부정적인 부작용이 환자의 거부에 가장 주요한 요인이라는 것은 놀라운 사실이 아니다. 항정신병 약물은 그로기 상태, 흐려진 시각, 입마름과 같은 여러 가지 원치 않는 신체적 증상을 만들어 낼 수 있다. 또한 약들은 신경전

달물질 시스템에 영향을 주기 때문에 추체외로 증상(extrapyramidal symptoms)이라고 불리는 보다 심각한 부작용도 생길 수 있다(Cunningham Owens & Johnstone, 2012). 이 증상은 파킨슨병 환자들이 경험하는 것과 비슷한 운동장애들을 보이는 것으로 때때로 파킨슨 증상(parkinsonian symptoms)이라고 불린다. 운동불능(akinesia)은 가장 흔한 것 중 하나인데 표정 없는 얼굴, 운동 활동의 느려짐, 단조로운 말 등이 이에 속한다. 또 다른 추체외로 증상으로 지연 운동이상증(tardive dyskinesia)이 있는데 혀, 얼굴, 입 또는 턱의 불수의적인 움직임을 보이고, 혀의 돌출(protrusion), 뺨을 부풀리기(puffing), 입술 오무리기(puckering), 씹는 동작(chewing movement)을 보이기도 한다. 지연 운동이상증은 고용량의 항정신병 약물을 장기간 복용하였을 때 나타난다고 알려져 있으며 종종 영구적이기도 하다. 약을 처음 5년 동안 사용하였을 때 약을 사용한 사람들 중 3~5%에서 지연 운동이상증이 나타났으며 위험은 시간이 지남에 따라 더 높아졌다(Kane, 2006). 이렇게 심각한 부정적 부작용들은 당연히 사람들을 걱정시킬 수 있다.

Windgassen(1992)은 환자들 자신의 보고에서 정보를 얻고자 최근에 조현병으로 발병한 61명에게 질문하였다. 그들 중 절반은 불쾌한 부작용으로 진정작용과 그로기 상태를 경험하였다고 보고하였다. 또 다른 호소들로는 생각하거나 집중하는 능력이 약화됨(18%), 침 분비의 문제(16%), 그리고 시야의 흐려짐(16%)이 있었다. 비록 환자들의 1/3은 약물치료가 효과적이라고 느꼈으나 약 25%는 약물치료에 부정적인 태도를 보였다. 오히려 항정신병 약물의 효과를 볼 수 있었던 많은 사람들은 이를 치료로서 받아들일 수 없다고 하였고 이 점은 거부와 비순응이 높은 비율로 나타나는 이유를 설명할 수 있을 것이다(Pratt, Mueser, Driscoll, Wolfe, & Bartels, 2006; Yamada et al., 2006).

연구자들은 주사 가능한 약들이 나와 환자들의 순응도가 좋아지길 기대하였다. 항정신병 약을 경구약으로 매일 복용하는 것 대신에, 환자들은 몇 주마다 한 번씩 주사로 맞을 수 있다. 하지만 불행히도 비순응의 문제는 여전히 남아 있는데 특히 환자들이 반복적으로 주사를 맞기 위해 병원이나 클리닉을 다시 찾지 않기 때문이다(Kane et al., 2009). 심리사회적 치료는 이제 조현병을 치료하기 위해 사용될 뿐만 아니라 의료진과 문제에 대해 더 나은 의사소통을 하도록 환자들을 도와서 약물치료에 대한 순응도를 높이고자 사용되기도 한다.

심리사회적 개입

역사적으로 수많은 심리사회적 치료들이 조현병 환자들에게 시행되

▲ 한 어머니가 딸을 병원에서 집으로 데려가면서 기뻐하고 있다. 하지만 그녀는 "이제부터가 진짜 전투의 시작"이라고 인정했다.

었는데 이는 아마도 환자들이 생애 초기의 경험들 때문에 세상에 적응하는 데 문제가 있어 이 병이 발병하였다는 믿음 때문인 것 같다(Cunningham Owens & Johnstone, 2012). 많은 치료자들은 개인의 과거에 대해 통찰을 가질 수 있는 사람이라면 현재의 상황을 다루는 것도 가능할 것이라고 생각했다. 비록 전통적인 정신역동적 또는 정신분석적 치료 접근을 하는 임상가들은 여전히 이러한 종류의 치료를 계속 사용하고 있지만, 연구들은 이런 치료들이 최선의 경우에는 아무 이득이 없을 것이고 최악의 경우에는 해로울 수도 있다고 제시하였다(Mueser & Berenbaum, 1990; Scott & Dixon, 1995).

현재는 심리적 요인들이 조현병에 걸리도록 만든다든지 또는 전통적인 심리치료적 접근 방식이 이들을 완치시킨다고 믿는 사람들은 별로 없다. 그럼에도 불구하고 당신은 심리치료가 중요한 역할을 한다는 것을 보게 될 것이다. 약물치료는 효과가 좋을 가능성이 매우 높음에도 불구하고, 약물의 효과 없음, 비지속적인 사용, 재발과 같은 문제들은 약물이 많은 사람들에게 효과적이지 않을 수도 있음을 보여준다. 이 책에서 논의되었던 수많은 장애들과 마찬가지로 심리사회적 개입 분야에서의 최근 연구들은 한 가지 치료 방법의 가치는 두 가지 종류의 치료(약물치료와 심리치료)를 모두 사용할 때 확실히 나타날 수 있다고 제시하고 있다(Mueser & Marcello, 2010).

최근까지도 심한 만성적인 조현병 환자들은 병원에서 치료받았다. 19세기 동안 입원 치료는 도덕 치료(moral treatment)를 의미하였는데, 이는 스스로 통제해 일상생활을 하도록 도우며 일과 종교의 가치를 보여줌으로써, 환자의 사회화 향상을 강조하였다(Tenhula et al., 2009). 다양한 종류의 '환경(milieu)' 치료들(물리적 및 사회적 환경을 바꾸어 대개는 의료기관을 좀 더 가정과 유사하게 꾸미는)이 인기를 끌었지만, 한 가지 중요한 예외를 빼고는 어떤 것도 조현병 환자들에게 크게 도움이 되지 못했다.

Gordon Paul과 Robert Lentz는 1970년대 일리노이에 있는 정신건강센터에서 선구자적인 연구를 시행했다(Paul & Lentz, 1977). Ted Ayllon과 Nate Azrin(1968)이 사용했던 행동적 접근으로부터 아이

디어를 가져온 Paul과 Lentz는 폭력적인 행동을 분출하지 않도록 환자들을 진정시키면서 적절한 사회화, 집단 회기 참석, 침대 정리 같은 자기돌봄 활동을 하도록 격려하는 환경을 디자인하였다. 또한 그들은 입원한 환자들이 적절한 행동을 함으로써 식사나 작은 사치품을 얻을 수 있게끔 하는 정교한 **토큰 경제**를 창안했다. 예를 들어 한 환자는 그동안 방을 깨끗하게 유지하여 벌어들인 토큰으로 담배를 살 수 있었다. 반대로 다른 환자는 파괴적이거나 부적절하게 행동한 것에 대해 벌금을 내야만 했다(토큰을 잃었다). 이러한 인센티브제도는 일상활동의 모든 스케줄과 결합되었다. Paul과 Lentz는 이처럼 응용된 행동적(또는 사회 학습적) 원리의 효과를 전통적인 입원 치료의 효과와 비교하였다. 일반적으로 그들의 프로그램을 수행한 환자들은 그렇지 않은 사람들에 비해 사회적 기술, 자조 기술 그리고 직업적 기술 면에서 더 나았고 더 많은 사람들이 퇴원할 수 있었다.

1955년 이후 미국에서는 조현병 환자들의 정기적인 입원을 멈추기 위해 많은 노력들이 시도되었다(Fakhoury & Priebe, 2007). 한편으로는 비자발적인 입원을 제한하는 법정 판결 덕분에(우리가 아서의 사례에서 보았던 것처럼) 그리고 또 다른 한편으로는 항정신병 약물의 성공 덕분에 이런 경향이 생길 수 있었다. 나쁜 소식은 탈시설화의 정책이 잘못된 정책이었다는 점인데, 이는 결국 조현병이나 다른 심각한 심리장애를 가진 사람들이 노숙자가 되는 결과를 낳았고 그 수는 미국에서만 15만 명에서 20만 명 정도인 것으로 추정된다(Foster, Gable, & Buckley, 2012; Pearson, Montgomery, & Locke, 2009). 좋은 소식은 친구들과 가족들 가운데, 지역사회 내에서, 환자들을 지원하는 데 더 많은 관심이 생겼다는 점이다. 이런 경향은 더 나은 병원 환경을 만드는 것과는 거리가 멀고, 예측이 어려운 불안정한 바깥 세상에서 복잡한 문제를 다루는 더 어려운 과제를 지향한다. 현재까지는 계속 늘어나고 있는 정신장애를 가진 노숙자들 중에서 단지 일부의 적은 사람들만이 도움을 받고 있다.

서서히 미치는 조현병의 영향들 중 하나는 이 병이 다른 사람들과 관계를 맺는 능력에 부정적인 영향을 미친다는 점이다. 비록 환각이나 망상처럼 극적이지는 않지만, 사회적 기술의 문제들은 조현병 환자들에서 가장 눈에 띄는 장애일 수 있으며, 직업을 찾고 유지하며 친구를 사귀는 것을 방해할 수 있다. 임상가들은 기본적인 의사소통 능력, 자기 주장 능력, 그리고 대인관계 형성과 같은 사회기술들을 조현병 환자들에게 다시 가르치고자 시도하였다(Mueser & Marcello, 2010).

치료자들은 복잡한 사회적 기술들을 부분적인 요소들로 나누었다. 그런 다음 내담자들은 역할놀이를 하고 궁극적으로는 '실생활'에서 새로운 기술을 연습하였는데 모든 과정마다 피드백을 받고 향상이 있을 때마다 격려받았다. 이것은 생각보다 쉽지 않다. 예를 들어 어떤 사람에게 친구 사귀기를 가르친다고 생각해 보라. 어떻게 가르칠 것인가? 상대방과 이야기할 때 눈맞춤을 유지하고 상대방의 행동에 대해 어느 정도의(너무 과하지 않은) 긍정적인 피드백을 제공하는 것("당신과 이야기 나눌 수 있어서 정말 좋았어요")과 같은 많은 기술들이 필요하다. 이런 개별적인 기술들을 먼저 연습한 뒤 자연스럽게 사용할 수 있을 때까지 이들을 함께 묶어서 연결시켰다(Swartz, Lauriello, & Drake, 2006). 모든 치료가 마찬가지겠지만 사회기술을 가르치는 데 가장 어려운 점은 그 효과를 길게 유지하는 것이다.

프로그램들은 사회기술뿐만 아니라 사람들이 병에 적응해서 지역사회에서 살아갈 수 있도록 많은 방법들을 가르쳤다. 예를 들어 UCLA에서 시행된 독립적인 생활기술 프로그램(Independent Living Skills Program)은 재발을 경고하는 증상을 확인하고 어떻게 약물을 다룰지 배우는 등의 방법들을 통해 자신을 돌보는 데 책임을 지도록 돕고자 하였다(Liberman, 2007). 그 효과가 얼마나 오래 지속될지를 확인하는 장기 효과에 대한 연구가 필요하기는 하지만, 예비 연구의 결과는 이러한 종류의 훈련이 조현병 환자들의 재발을 막는 데 도움이 될 것이라고 제안하였다(Cunningham Owens & Johnstone, 2012). 효과 유지에 대한 장애물을 다루기 위해 이런 프로그램에서는 기술 훈련과 지역사회에서 직접적으로 서비스를 제공하는 다학제 팀의 지원을 결합하였고, 이는 시설 입원을 줄이는 효과를 나타냈다(Cunningham Owens & Johnstone, 2012). 이런 서비스들에 더 많은 시간과 노력이 들어갈수록 더 많은 호전이 있었다.

조현병의 진단과 치료에 있어 새로운 기술들은 어떤 역할을 할 수 있을까? 창의적인 연구자들이 수많은 흥미로운 발전을 이루면서 이 질문에 답하였다. 런던의 King's College에서 시행된 한 연구는 경미한 편집증, 비임상적 편집증 그리고 피해망상을 가진 사람들을 대상으로 가상현실의 환경에서 망상의 특징을 살펴보았다(Freeman, Pugh, Vorontsova, Antley, & Slater, 2010). 연구자들은 런던 지하철을 보여주는 가상의 장면을 만들어냈고 가끔씩 연구 참가자들을 자세히 살펴보는 아바타들을 승객으로 만들었다. 기존의 편집증 수준에 따라서 집단들 간에는 불안, 걱정, 대인관계 민감성 그리고 우울 수준에 의미 있는 차이가 있었다. 또 다른 연구에서는 나이가 많은 조현병 환자들에서 인지적 기술과 일반적인 운동기술들(예, 가상현실에서 그들 앞으로 떠오르는 색깔 공들을 쳐내기)을 향상시키는 데 이 기술을 사용했다(Chan, Ngai, Leung, & Wong, 2010). 이처럼 가상현실을 이용한 평가와 치료들은 임상가들에게 조현병 환자들을 연구하고 치료하는 데 통제 가능하고 더 안전한 환경을 제공한다.

조현병에 대한 심리사회적 영향들에 대한 논의에서 우리는 개인

표 12.2 통합적 치료 접근

치료	설명
협력적 정신약물치료 (collaborative psychopharmacology)	병의 주요 증상들(환각, 망상)을 치료하기 위하여 항정신병 약물들을 사용함. 더불어 이차적인 증상들을 위해 다른 약물 치료도 함께 병행함(예, 이차적인 우울증이 있는 사람을 위해서 항우울제를 사용).
주장적 지역사회 치료(assertive community treatment)	지역사회 내에서 지원을 제공함. 돌봄 제공자에게 적은 수의 사례가 배정되게 하고 클리닉보다는 지역사회 환경에서 24시간 제공되는 서비스를 강조함.
가족 심리교육 (family psychoeducation)	가족구성원들을 도움. 질병과 관리에 대한 교육을 제공하고 가정에서 스트레스와 긴장을 줄이도록 도우며 사회적 지지를 제공.
지지적 취업 (supportive employment)	취업 전과 취업 기간 동안 충분한 지원을 제공하여 당사자로 하여금 의미 있는 직업을 찾고 유지할 수 있게 함.
질병 관리 및 회복 (illness management and recovery)	개인이 치료에 적극적으로 참여할 수 있도록 도움. 질병에 대한 교육을 제공하고 임상가와의 협력을 위해 약물치료 전략의 효율적인 사용과 재발했을 때 증상에 대처하는 방법을 교육함.
통합적 이중장애 치료 (integrated dual-disorders treatment)	공존하는 약물사용장애(substance use)를 치료함

의 사회적 그리고 정서적 환경과 조현병 삽화의 재발 사이의 관련성에 대한 연구들을 살펴보았다(McNab et al., 2007). 가족들이 정서표현의 수준을 낮추도록 배움으로써 도움을 받을 수 있을지 그리고 이것이 조현병 환자들의 재발을 낮추고 전반적으로 더 나은 기능을 보이도록 할 수 있을지를 묻는 것은 논리적인 질문이 될 수 있다. 몇몇의 연구들은 이러한 논제들을 다양한 방법들로 다루었고(Falloon et al., 1985; Hogarty et al., 1986, 1991), 조현병 환자의 가족이 보다 지지적이 되도록 교육하고자 행동적 가족치료를 시행하였다(Dixon & Lehman, 1995; Mueser, Liberman, & Glynn, 1990). 조현병을 가진 사람들을 돌보면서도 높은 수준의 정서표현을 나타내는 전문가들에 대한 연구 또한 활발한 연구 영역이다(Cunningham Owens & Johnstone, 2012).

전통적인 치료와는 달리 행동적 가족치료는 교실에서의 교육과 비슷하다(Lefley, 2009). 가족구성원들은 조현병과 치료에 대한 정보를 제공받고 가족이 병을 야기하였다는 잘못된 믿음으로부터 벗어날 수 있으며 항정신병 약물치료와 부작용에 대한 실용적인 지식을 배운다. 그들은 또한 더욱 공감하면서 들을 수 있게 의사소통 기술에 대한 도움을 받으며 혹독하게 비판을 하지 않고 부정적인 감정을 표현하는 건설적인 방법들을 배운다.

게다가 그들은 갈등을 해소하는 데 도움이 되는 문제해결기술도 배운다. 사회기술 훈련에 대한 연구와 마찬가지로 연구 결과는 행동적 가족치료의 효과가 첫해 동안에는 유효하지만 개입한 지 2년이 지난 뒤에는 덜 확실하다고 제시하였다(Cunningham Owens & Johnstone, 2012). 따라서 이런 종류의 치료는 환자와 가족이 혜택을 볼 수 있다면 지속되어야 한다.

성인 조현병 환자는 돈벌이가 되는 직업을 유지하는 데 큰 어려움이 있다. 그들의 사회적 기술 결핍은 신뢰할 만한 직업 수행과 적절한 고용관계 만들기를 어렵게 한다. 이런 어려움을 다루기 위해서 지지적 취업(supportive employment)과 같은 직업재활에 초점을 두는 프로그램도 있다. 지지적 취업 프로그램에서는 코치들이 직장에서 필요한 점을 훈련시켜 주며, 이런 노력들은 조현병 환자들이 의미 있는 직업을 유지하는 데 도움이 된다(Mueser & Marcello, 2010).

치료의 장소도 역시 오랜 시간에 걸쳐 큰 정신병원의 폐쇄병동에서부터 가족이 있는 집과 지역사회에 이르기까지 확장되어 왔다. 게다가 자기주장 훈련이나 자조집단과 같은 프로그램도 포함할 정도로 서비스 영역들 또한 확장되었다. 이전에 환자였던 사람들은 상호지원을 제공하는 뉴욕 시의 Fountain House와 같은 프로그램을 만들었다. 심리사회적 모임들은 모델은 서로 다르지만 그 모두가 '인간 중심적(person centered)'이고 취업의 기회, 우정, 권한 부여를 통해 긍정적인 경험을 얻는 데 초점을 두고 있다. 많은 사람들은 이와 같은 소비자 운영의 자조 모델(consumer-run self-help model)을 사회기술 훈련, 가족 개입, 증상에 대한 의학적 치료와 같은 구체적인 개입 방법에 더해지는 추가적인 요소로 보고 있다. 몇몇 연구들은 이러한 집단에 참가하는 것이 재발 감소에 도움이 된다고 밝혔지만 이런 집단에 참여하는 사람들이 특수한 사람들일 가능성도 있기 때문에 향상을 보였다고 해석하는 것에 주의가 필요하다(Goering et al., 2006).

조현병은 다양한 영역의 기능에 영향을 주는 복잡한 질환이기 때문에 효과적인 치료는 몇 가지 수준에서 시행된다. 표 12.2는 더 높

토큰 경제(token economy) 사회적 학습 행동수정 체계로 바람직한 행동을 함으로써 원하는 보상과 교환할 수 있는 토큰을 받음.

은 삶의 질을 성취하도록 조현병 환자들을 돕는 데 효과적이라고 증명된 6가지의 치료 접근법을 보여주고 있다. 아마도 가장 많이 연구된 프로그램은 위스콘신 주 매디슨 시의 연구자들에 의해 개발된 주장적 지역사회 치료(assertive community treatment, ACT) 프로그램일 것이다(Swartz et al., 2006). ACT는 약물치료관리, 심리사회적 치료 그리고 직업적 훈련과 지지 등 모든 영역에 걸친 광범위한 치료를 제공하기 위하여 다학제적 전문가 팀이 필요하다. 한 가지 접근법 단독으로는 조현병 환자들과 가족들의 수많은 필요를 해결하는 데 충분하지 않다(Cunningham Owens & Johnstone, 2012; Mueser & Marcello, 2010).

치료에 대한 문화적 영향

조현병의 치료와 이를 전달하는 방식은 국가마다 다르고 같은 국가 내에서도 문화에 따라 다르다. 예를 들어 남아프리카에 사는 코사족(Xhosa)의 대부분은 조현병에 걸렸을 때 전통적인 치유자에게 가는데 이들은 가끔씩 구토와 같은 경구 치료(oral treatment), 관장 그리고 영혼을 달래기 위해 소를 도살하는 것을 권하기도 한다(Koen, Niehaus, Muller, & Laurent, 2008). 히스패닉들은 가족의 지지에 의존하는 편이며 다른 집단들에 비해 의료기관의 도움을 덜 요청하는 경향이 있다(Liberman & Kopelowicz, 2009). 당사자들의 문화에 더 잘 맞도록 치료를 조정하는 것—이 경우에는 조현병을 가진 라틴계 사람들의 사회기술 훈련에 중요한 친척을 함께 참여하도록 하는 것—이 유효성을 높이는 데 필수적일 수 있다(Kopelowicz et al., 2012).

한 흥미로운 연구에서 증상과 치료에 대한 신념이 영국과 중국 사이에 어떻게 다른지를 비교하였다(Furnham & Wong, 2007). 중국사람들은 조현병의 원인과 치료에 있어 영국사람들보다 더 종교적인 신념을 고수하였는데, 예를 들면 "조현병은 전생에 악마가 한 짓 때문이다", "조상숭배(촛불과 향을 태우기)는 조현병의 치료에 도움이 될 것이다"와 같은 내용을 지지하였다. 이처럼 신념이 다른 것은 현실에도 영향을 미쳐서 영국사람들은 생물학적, 심리적 그리고 지역사회의 치료를 더 많이 사용하였고, 중국인들은 대체의학에 보다 의존하였다(Furnham & Wong, 2007). 발리(인도네시아)에서는 가족들이 조현병의 원인에 대한 초자연적인 신념을 가지고 있어서 항정신병 약물치료를 받지 못하게 막기도 한다(Kurihara, Kato, Reverger, & Gusti Rai Tirta, 2006). 아프리카의 많은 나라들에서는 조현병 환자들이 병원이 아니라 감옥에 갇혀 있는데 이는 적절한 대안이 없기 때문이다(Mustafa, 1990). 큰 기관에 입원해 있는 사람들을 지역사회로 옮기는 일이 계속 진행되는 곳은 일반적으로 서양의 국가들이다.

예방

조현병과 같이 전형적으로 성인 초기에 처음 나타나는 질병을 예방하기 위한 한 가지 전략은 나중에 이 질병을 가질 위험이 높은 아동들을 찾아내서 치료하는 것이다. 유전에 대한 논의에서 우리는 조현병 부모에게서 태어나는 자녀들의 대략 17%가 발병한다고 살펴보았다. 이러한 고위험 아동들은 몇몇 연구에서 초점이 되었다.

고위험군에 대한 고전적인 연구가 1960년대에 Sarnoff A. Mednick과 Fini Schulsinger(1965, 1968)에 의해 시작되었다. 심한 조현병을 앓는 어머니를 둔 207명의 덴마크 어린이들과 이 병의 병력이 전혀 없는 어머니에게서 태어난 104명의 통제집단 어린이들이 이 연구에 참여하였다. 처음 연구에 참여하였을 때 어린이들의 평균 연령은 대략 15세였고, 연구자들은 어떤 요인들이 조현병이 발병할 사람과 그렇지 않은 사람을 예측하는지 확인하고자 이들을 10년 동안 추적했다. 우리는 이미 임신과 출산에 관련된 합병증들을 논하였는데 Mednick과 Schulsinger도 생애 초기 양육 환경의 불안정성(instability of early family rearing environment)을 한 가지 요인으로 보았고 환경적 영향이 조현병의 발병을 촉진할 수 있음을 제안하였다(Cannon et al., 1991). 형편없는 육아는 이미 위험한 취약한 사람들에게 부가적인 압력을 가할 수 있다.

점점 더 많은 관심을 받고 있는 조현병 예방의 한 방법은 이 병의 전구기에 있는 사람들—앞서 약화된 정신병 증후군으로 불린 새로운 장애를 가진—을 치료하는 것이다. 이 사람들은 초기에 경미한 조현병 증상(예, 환각, 망상)을 보이기 시작했지만 자신의 변화를 인식하고 있다. 이들에게 개입하고자 하는 노력은 병의 진행을 막거나 재발을 예방하는 한 가지 수단으로서 연구되고 있는 중이다(Cunningham Owens & Johnstone, 2012).

개념 확인 **12.3**

설명을 읽고 다음의 단어들과 짝지어 보시오. (a) 올란자핀 (b) 추체외로 증상들 (c) 세로토닌 (d) 도파민 (e) 대사 산물(metabolites) (f) 토큰 경제 (g) 직업적 재활 (h) 사회기술 훈련 (i) 행동적 가족 개입

1. 파괴적이거나 부적절한 행동에는 벌금을 매기고 적절한 행동에는 보상을 주는 정교한 _____(을)를 만드는 것은 병원에서 유익하다.

2. _____에서는 임상가가 조현병 환자들에게 기본적인 대화법, 자기주장, 관계형성과 같은 행동을 다시 가르친다.

3. 사회기술 훈련을 제외하고, 조현병을 위한 두 가지 심리사회적 치료, 즉 _____(가족구성원들은 지지적이도록 가르침)(와)과 _____(의미 있는 직업을 가르침)이(가) 도움이 되는 것으로 알려져 있다.

4. 최근의 연구들은 종종 신경전달물질 _____(와)과 _____의 관계가 조현병의 몇 가지 양성 증상을 설명할

수 있다고 보여준다.

5. 항정신병 약물들은 심각한 부작용을 야기하기 때문에 어떤 환자들은 복용을 중단한다. 가장 심각한 부작용 중 하나는 _____(이)라고 불리는 것이다.

6. 어려운 조현병 환자들도 _____(이)라고 불리는 세로토닌과 도파민 길항제로 치료가 될 수 있다.

다양성에 대한 논의 문화에 따른 정신병의 치료와 이해

세상의 다른 곳에서 조현병으로 진단받은 사람들이 여러 가지 증상들을 공통으로 경험한다고 하더라도, 그들이 살고 있는 문화에 따라서 받는 치료는 크게 다르다. 이런 차이들의 어떤 부분은 조현병에만 특수한 것이 아니고 각 나라가 제공하는 정신건강 서비스의 차이에서 기인한다. 예를 들어 한 연구에 따르면 미국에서는 한 해 동안 18%의 사람들이 정신건강 서비스를 제공받는 것에 비해, 나이지리아에서는 같은 기간 내에 단지 2%의 사람들만이 이를 제공받았으며, 이러한 차이는 크게 각 나라가 정신건강 서비스에 들이는 경제적인 자금의 양에 의해 설명될 수 있다(Wang et al., 2007). 또한 특별하게 조현병에 대한 치료와 이해에 대해서 각 나라별로 문화적 차이가 존재하는 경우도 있다. 예를 들어서 한 연구에 따르면 미국의 일반인들과 의사들은 일본인보다 조현병을 가진 사람들을 좀 더 잘 수용하는 것으로 보고되었다(Richards, Hori, Sartorius, & Kunugi, 2014). 미국에서 조현병으로 진단받은 히스패닉은 다른 집단들에 비해 의료기관의 공식적인 도움을 구하는 경우가 적고 가족들로부터 도움을 받는 경향이 있다(Dassori, Miller, & Saldana, 1995). 가족에 집중하는 경향 때문에 히스패닉

조현병 환자의 치료는 그 과정에 가족을 좀 더 많이 참여시키는 경향이 있다(Kopelowicz, Liberman, & Zarate, 2006).

이와 같은 치료적 접근의 차이는 조현병의 원인에 대한 견해가 서로 다르다는 점에 영향을 받을 수 있다. 예를 들어 동양문화의 사람들(예, 중국)은 서양문화의 사람들(예, 영국)에 비해 조현병의 원인에 대해 종교적인 신념을 더 강하게 갖고 있다. 그에 비해 영국사람들은 생물학적 그리고 심리적 요인을 더 강조한다(Furnham & Wong, 2007). 조현병의 원인에 대한 신념에서 이렇게 차이가 나는 것은 조현병의 치료 방법에 대한 문화적 차이로까지 연결된다. 중국에서는 대체의학적 접근에 좀 더 무게를 두는 반면, 영국에서는 생물학적 및 심리 치료들을 더 많이 시행하고 있다(Furnham & Wong, 2007). 조현병의 예측과 치료에 대한 수많은 새로운 연구들이 여러 문화와 국가들에 걸쳐 시행되고 있다(Bertelsen et al., 2008; Cannon et al., 2008). 더 넓은 접근을 취하는 이런 연구들은 연구와 평가 그리고 이 심각한 정신질환의 치료에 문화가 영향을 끼치는 방식을 더 잘 이해하도록 도울 것이다.

DSM 논란 약화된 정신병 증후군

DSM-5에서 조현병 스펙트럼 및 기타 정신병적 장애와 관련해서 가장 논의가 많았던 변화는 새로운 진단인 **약화된 정신병 증후군**(attenuated psychosis syndrome)을 포함할 것인지에 관해서였다. 환각이나 망상과 같은 조현병의 증상들을 하나 또는 그 이상 경험하지만 이것이 건강한 사람들에게는 전형적이지 않은 이상한 경험이라는 것을 인지하고 있는 사람들에게 이 진단이 내려진다는 것을 기억하자(즉, 상대적으로 현실 검증은 가능하다). 이들은 조현병 스펙트럼장애의 좀 더 심한 증상을 가질 위험이 높은 사람들이다. 이러한 증상들을 새로운 장애로 포함시키는 것을 놓고 초기에 속한 사람들을 찾아내는 것이 조기 개입의 노력에 도움이 됨을 증명할 수 있을지에 대한 논쟁도 있었다(Pagsberg, 2013). 증상이 심해

지기 전에 통제한다면 사람들을 수년간의 고통에서 구하는 것이 가능하다(Woods, Walsh, Saksa, & McGlashan, 2010).

한편 다른 사람들은 이런 선택된 사람들에게 주의를 집중하는 것에 대해 반대하였다. 공중 보건 쪽의 견해에서는 이런 집단에 제한된 예방 노력을 들이기보다, 이러한 문제들의 징후를 보이는 누구라도 선별해서 서비스를 제공할 수 있기 위해 일반 대중들의 정신건강 상태에 폭넓은 관심을 두어야 한다고 보았다(van Os, 2011). DSM-5는 이 장애를 '추가 연구가 필요한 상태'에 포함시킴으로써 타협을 보았다. 이런 진단기준들이 결국 DSM에 포함될 것인지 그리고 치료와 결과에 어떤 영향을 미칠 것인지는 아직 살펴보아야 할 과제로 남아 있다.

요약

조현병에 대한 관점

조현병은 어떻게 정의되는가, 그리고 어떤 증상들이 진단에 포함되는가?

▶ 조현병은 오랜 시간에 걸쳐 인지되어 온 복잡한 증후군이다. 이 장애에 대한 가장 초기의 그리고 가장 적절한 기술은 아마도 1809년 John Haslam이 쓴 책 『광기와 우울감에 대한 관찰』에 나온 내용일 것이다.

▶ 19세기 그리고 20세기 초에 여러 역사적인 인물들이 이 스펙트럼 장애의 정의와 가능한 원인들을 규명하는 데 공헌하였다.

임상적 기술, 증상들과 하위 유형

조현병의 양성 증상, 음성 증상 그리고 와해된 증상들의 차이는 무엇인가?

조현병과 다른 정신병적 장애들의 임상적 특징들은 무엇인가?

▶ 조현병은 망상과 환각, 와해된 언어와 행동 그리고 부적절한 정서를 포함하는 인지적 및 정서적 역기능의 광범위한 스펙트럼을 특징으로 한다.

▶ 조현병의 증상들은 양성 증상, 음성 증상 그리고 와해된 증상으로 나눌 수 있다. 양성 증상들은 이상행동의 활발한 징후들 또는 정상 행동이 과하거나 왜곡되는 경우 그리고 망상과 환각을 포함한다.

음성 증상들은 정동, 언어 그리고 동기 차원에서 정상행동이 결핍되는 것을 말한다. 와해된 증상들은 장황하고 두서 없는 말, 변덕스러운 행동 그리고 부적절한 정동을 의미한다.

▶ 정신병적 행동들, 예를 들어 환각이나 망상 같은 것들은 다른 장애들에서도 나타나는 특징인데 이러한 장애에는 조현양상장애(조현병의 증상들을 6개월 이내로 경험), 조현정동장애(조현병의 증상들을 가지면서 우울증과 양극성장애 등의 기분장애의 특징들도 나타남), 망상장애(조현병의 다른 증상들 없이 현실에 반대되는 지속적인 믿음을 가짐), 그리고 단기 정신병적 장애(망상, 환각 또는 와해된 언어나 행동과 같은 양성 증상들 하나 또는 그 이상이 1개월 이내의 기간 동안 나타남)가 있다.

▶ 제안된 새로운 장애—약화된 정신병 증후군—는 환각 또는 망상과 같은 조현병의 증상 중 하나 또는 그 이상을 보이지만 이것들이 비정상적이고 건강한 사람들에게는 전형적이지 않다는 것을 알고 있는 경우를 말한다. 이것은 DSM-5의 부록에 '추가 연구가 필요한 진단적 상태'로 포함되었다.

조현병의 유병률과 원인

조현병에 대한 잠재적인 유전적, 신경생물학적, 발달적 그리고 심리사회적 위험 요인들은 무엇인가?

▶ 유전적 영향, 신경전달물질의 불균형, 태아기 바이러스 감염 또는

출생 시 손상, 그리고 심리적 스트레스들로 인해 유발된 뇌의 구조적 이상을 포함하여, 수많은 인과적 요인들이 조현병에 관련됨이 밝혀졌다.

▶ 재발은 높은 정서표현의 특징을 가지는 적대적이고 비판적인 가족환경에 의해 유발될 수 있다.

조현병의 치료

조현병 치료의 목적은 무엇인가?

조현병을 위해 어떤 생물학적 및 심리사회적 치료들이 가능한가?

▶ 조현병 환자들의 성공적인 치료가 완전한 회복인 경우는 거의 없

다. 하지만 항정신병 약물치료와 심리사회적 접근들, 직업적 지지 그리고 지역사회 및 가족 개입을 결합함으로써 환자들의 삶의 질은 의미 있게 향상될 수 있다.

▶ 전형적으로 치료는 다양한 심리사회적 치료와 함께 행해지는 항정신병 약물치료를 포함하며, 심리사회적 치료는 재발을 낮추고 손상된 기술을 향상시키며 약물 복용의 순응도를 높이는 것을 목적으로 한다. 조현병은 전형적인 만성 장애이기 때문에 치료의 효과는 제한적이다.

핵심 용어

공유된 정신병적 장애(폴리아두) (501쪽)	물질로 인한 정신병적 장애 (501쪽)	조발성 치매 (493쪽)
긴장성 무운동 (499쪽)	부적절한 정동 (499쪽)	조현병 (491쪽)
긴장증 (493쪽)	약화된 정신병 증후군 (503쪽)	조현병 유발 어머니 (513쪽)
다른 의학적 상태로 인한 정신병적 장애 (501쪽)	양성 증상 (495쪽)	조현양상장애 (499쪽)
	연합 분리 (493쪽)	조현정동장애 (501쪽)
단기 정신병적 장애 (503쪽)	와해된 언어 (499쪽)	조현형 성격장애 (505쪽)
망상 (495쪽)	음성 증상 (497쪽)	토큰 경제 (519쪽)
망상장애 (501쪽)	이중구속 의사소통 (513쪽)	파과병 (493쪽)
무언증 (497쪽)	전구기 (505쪽)	편집증 (493쪽)
무의욕증 (497쪽)	정서표현(EE) (513쪽)	평탄 정동 (499쪽)
무쾌감증 (497쪽)	정신병적 행동 (495쪽)	환각 (495쪽)

개념 확인의 답

12.1

A

1. 와해된(disorganized) 2. 조현양상장애(schizophreniform disorder) 3. 망상장애(delusional disorder) 4. 긴장증(catatonic) 5. 약화된 정신병 증후군(attenuated psychosis syndrome)

B

6. c, 7. b, 8. a

12.2

1. f, h, a, 2. a, a, 3. d, i

12.3

1. f, 2. h, 3. i, g, 4. d, c, 5. b, 6. a

1. 조현병의 증상들을 특징짓는 한 가지 구분법에 따라 조현병의 증상들은 어떤 두 가지의 넓은 범주로 나뉘는가?

   a. 편집형 및 긴장형

   b. 삽화적 및 만성적

   c. 정신과적 및 신체적인

   d. 양성 및 음성

2. 정서적 및 사회적 철회, 무감동 그리고 언어 및 사고의 빈곤은 조현병에서 어떤 종류의 증상에 대한 예시들인가?

   a. 정신병적 증상

   b. 음성 증상

   c. 와해된 증상

   d. 양성 증상

3. 론다는 자신의 고용주가 사무실 천장 전등으로부터 가스를 내뿜어 자신을 중독시키려 한다며 두려워 한다. 론다는 조현병의 어떤 증상을 가지고 있다고 생각하는가?

   a. 긴장증

   b. 와해된 사고와 행동

   c. 편집증

   d. 미분화된 사고와 행동

4. 조현병에서 보이는 것과 유사한 증상들을 특징으로 하지만 기간이 더 짧고 종종 증상이 성공적으로 치료되는 병은 무엇인가?

   a. 조현양상장애

   b. 망상장애

   c. 조현정동장애

   d. 양극성장애

5. 조현병을 가진 대부분의 사람들은?

   a. 점진적으로 나빠지는 여러 번의 삽화를 가진다

   b. 완전히 회복되는 딱 한 번의 삽화를 가진다

   c. 양성 증상과 음성 증상이 번갈아 나타나는 삽화를 가진다

   d. 여러 번의 삽화들을 가지며, 삽화들마다 손상의 수준이 다르다.

6. 문화적 요인과 조현병에 대한 연구들은 아프리카계 미국인들이 다음과 같다고 제시하였다.

   a. 오진 때문에 다른 인종의 집단에 비해 높은 비율을 나타낼 수 있다.

   b. 좀 더 많은 편견과 편향에 노출되었기 때문에 다른 인종의 집단에 비해 높은 비율을 나타낼 수 있다.

   c. 염색체 차이로 인해 조현병에 더 취약할 수 있다.

   d. 양성 증상보다 음성 증상을 더 많이 경험하는 조현병을 보인다.

7. 조현병을 가진 환자의 어떤 형제자매 중 어떤 경우가 조현병으로 발병할 가능성이 가장 높은가?

   a. 같은 가정에서 양육된 일란성 쌍둥이

   b. 다른 가정에서 양육된 일란성 쌍둥이

   c. 같은 가정에서 양육된 이란성 쌍둥이

   d. 다른 가정에서 양육된 이란성 쌍둥이

8. 항정신병 약물치료와 조현병의 치료에 대해 사실인 것은?

   a. 항정신병 약물치료는 심리사회적 치료만큼 효과적이지 않다.

   b. 서로 다른 약물치료가 서로 다른 사람에서 서로 다른 정도로 효과를 보인다.

   c. 모든 항정신병 약물들이 모든 환자들에게 동일한 효과를 보이는 것 같다.

   d. 모든 환자들은 어떤 항정신병 약물, 항우울제 또는 항불안제가 그들에게 가장 효과적인지를 결정하기 위해 시행착오의 기간을 겪는다.

9. 어떤 종류의 심리사회적 치료가 조현병 환자의 행동문제들을 치료하는 데 가장 효과적인가?

a. 정신역동적 심리치료

b. 도덕 치료

c. 정신외과술

d. 토큰 경제

10. 어떤 두 가지 심리사회적 개입들이 조현병을 가진 사람들에게 가장 도움이 될 것으로 보이는가?

a. 최면과 정신외과술

b. ECT와 사회기술 훈련

c. 정신분석적 심리치료와 정서표현 관리

d. 가족교육과 직업재활

(답은 부록 A에 있습니다.)

조현병 탐구하기

▶ 조현병은 세상에 대한 지각, 사고, 언어, 운동 그리고 일상생활의 거의 모든 측면을 파괴한다.

▶ 높은 재발률과 함께 대개는 만성적이다. 조현병에서 완전한 회복은 드물다.

- 스트레스가 심한 외상적 생활
  사건
- 높은 정서표현(가족의 비난,
  적대감, 간섭)
- 때로는 분명한 촉발요인이 없음

촉발요인

생물학적 영향

- 병을 발달시키는 유전된 경향성(다중 유전자)
- 태아기·출산 합병증 – 임신 중 바이러스 감염, 아이의 뇌세포에 영향을 줄 수 있는 출산 중 상해
- 뇌화학적 이상(도파민과 글루타메이트 시스템의 비정상)
- 뇌구조(확장된 뇌실)

사회적 영향

- 환경(초기 가족 경험들)이 발병을 촉발할 수 있음
- 문화가 병과 증상의 해석에 영향을 미침(환각, 망상)

Javier Pierini/Photodisc/Getty Images

원인

행동적 영향

- 양성 증상
  - 이상행동의 활발한 징후들(망상, 환각, 와해된 언어, 기괴한 몸 동작 또는 긴장증)
- 음성 증상
  - 평탄 정동(정서표현의 부족)
  - 무의욕증(진취성의 결여, 무감동)
  - 무언증(말의 양과 내용의 상대적 빈곤)

정서적, 인지적 영향

- 높은 비판, 적대감 그리고 정서적인 과잉 간섭을 보이는 상호작용 방식이 재발을 초래할 수 있다.

조현병의 치료

치료

Photos: ©Photodisc/Getty Images

개인, 집단 및 가족 치료	■ 환자와 가족들이 질환과 증상 촉발 원인을 이해하도록 도울 수 있다. ■ 가족들의 의사소통 기술을 가르친다. ■ 정서적 및 실제적인 어려움을 다루기 위한 자원들을 제공한다.
사회기술 훈련	■ 병원 또는 지역사회 환경에서 실행할 수 있다. ■ 조현병을 가진 사람들에게 사회기술, 자조기술 그리고 직업적 기술을 가르친다.
약물치료	■ 신경이완제 약물을 복용하는 것은 조현병 환자들에게 도움이 된다. 　- 사고와 현실의 지각을 명확하게 함 　- 환각과 망상을 줄임 ■ 약물치료는 효과적이기 위해 반드시 꾸준히 유지되어야 한다. 비일관적으로 복용하면 기존의 증상들을 악화시키고 새로운 증상들을 만들 수도 있다.

조현병의 증상들

조현병을 가진 사람들이 모두 같은 종류의 증상들을 보이는 것은 아니다. 증상은 사람마다 다르고 주기를 보일 수도 있다. 흔히 나타나는 증상들은 다음과 같다.

증상들		
망상	Joshua Ets-Hokin/Photodisc/Getty Images	■ 같은 문화권 내의 다른 사람과 공유될 수 없는 비현실적이고 기괴한 믿음 ■ 과대망상(나는 진짜 마더 테레사 또는 나폴레옹이다) 또는 피해망상(경쟁자가 길에 돌을 놓아 자신을 방해한다고 믿는 자전거 운전자)
환각	Photodisc/Getty Images	■ 그 어떤 외부적 사건에도 기초하지 않는 감각 사건(음성을 듣기, 죽은 사람을 보기) ■ 많은 경우 환청을 듣는다(데이비드는 그의 죽은 삼촌이 그에게 말하는 것을 들었다).
와해된 언어	Royalty Free/Corbis	■ 한 가지 주제에서 다른 주제로 튐 ■ 비논리적으로 이야기함(질문에 직접적으로 대답하지 않고 탈선을 보임) ■ 이해할 수 없는 단어와 문장으로 이야기함
행동문제	Dynamic Graphics/Jupiter Images	■ 흥분해서 배회, 과격하게 초조함 ■ 긴장성 무운동(catatonic immobility) ■ 납굴증(waxy flexibility, 다른 사람에 의해 움직여진 그대로 신체 일부를 계속 유지하고 있음) ■ 부적절한 옷차림(여름에 코트를 입고, 겨울에 반바지를 입음) ■ 부적절한 정동 ■ 개인위생을 무시함
철회	Photodisc/Getty Images	■ 정서적 반응의 결여(단조로운 말, 얼굴 표정 변화 없음) ■ 무감동(일상의 활동에 관심을 거의 보이지 않음) ■ 대화에서 지연되거나 간단한 반응 보임 ■ 즐거움을 주는 활동에 참여가 줄어듦(먹기, 사교활동, 성관계)

13 신경발달 및 신경인지장애

행동을 해석하기 위해 과학적 추론을 사용한다.	▶ 행동에 대한 설명들(예, 추론, 관찰, 조작적 정의, 해석)에서 기본적인 생물학적, 심리적, 사회적 요소들을 확인한다. (APA SLO 1.1a) (교재의 533∼534, 538∼539, 543∼544, 548∼551, 563∼565쪽 참고)
혁신적이고 통합적인 사고와 문제해결에 참여한다.	▶ 경험적으로 연구하기 위하여 문제를 조작적으로 기술한다. (APA SLO 1.3a) (교재의 530∼532, 536∼537, 540∼542, 546∼548, 554, 557∼559쪽 참고)
훈련 기반 문제 해결의 활용을 기술한다.	▶ 행동과 정신과정의 선행 요인 및 결과를 정확하게 파악한다. (APA SLO 5.3c) ▶ 일상생활에 심리학적 원리를 적절하고 실용적으로 적용한 예를 기술한다. (APA SLO 5.3a) (교재의 534∼536, 539, 544∼545, 551∼552, 555, 565∼568쪽 참고)

* 이 단원의 내용은 미국심리학회(APA)가 학부 심리학 전공에 대한 지침(American Psychological Association, 2012)에서 제안한 학습목표들을 포함하고 있다. APA에서 제안한 학습목표(Suggested Learning Outcome, SLO)에 따른 범위는 위에서 확인할 수 있다.

신경발달장애 개요

▶ 결정적인 발달 단계에 대한 지식이 신경발달장애를 이해하는 데 왜 중요한가?

이 책에서 기술하는 대다수의 장애는 시간경과에 따라 변한다는 의미에서 발달장애이다. 문제가 훨씬 나중에 분명하게 드러난다 해도 대부분의 장애는 아동기에 시작된다. 생의 초반부에 나타나는 장애는 나이가 들어도 지속되기 때문에 아동기 장애라는 용어는 오해의 소지가 있다. 이 장에서 소개하는 발달장애는 신경학적인 근거를 가진다고 간주되므로, DSM-5에서는 이 장애들을 **신경발달장애**로 분류한다(American Psychiatric Association, 2013). 이 장에서는 아동이 발달하는 시기에 임상적으로 유의하게 나타나 가족이나 교사를 걱정하게 만드는 장애를 소개할 것이다. 그러나 이런 문제는 아동기에 끝나지 않고 성인기를 넘어 평생 지속됨을 기억하라.

실제로 많은 어려움과 특정 장애는 아동기에 시작된다. 특정 장애의 경우 어떤 아이들은 말하는 것을 제외하고는 문제가 없다. 또 다른 아이들은 또래와 관계 맺는 것에만 문제가 있다. 그러나 어떤 경우는 발달을 저해할 만큼의 여러 가지 문제를 보이기도 한다.

특정 장애에 대해 논하기 전에 유아기, 아동기 혹은 청소년기에 처음 진단되는 장애와 연관이 있는 발달 전반에 대한 주제를 살필 필요가 있다. 예를 들어 기술 습득 시기의 장해가 추후 아동의 삶에 어떤 영향을 주는가? 발달 시기에 특정 문제가 발생되면 어떤 결과가 발생하는가? 발달장애는 영구적이라 치료에 대한 희망을 갖기 어려운가?

2장에서 어떻게 장애가 발생하고 이것이 시간에 따라 어떻게 변화하는지를 연구하는 발달정신병리에 대해 기술하였다(Scott, 2012). 출생 후 몇 년간은 뇌가 유의하게 변화하기 때문에 아동기는 특히 중요하게 간주된다. 이 시기에는 사회 정서 인지 및 기타 주요 영역에서 결정적인 발달이 이루어진다. 발달은 패턴을 보이는 것이 일반적인데, 아동은 주로 기술 하나를 습득하고 나서 다른 기술을 습득한다. 발달의 패턴이 모든 것을 다 설명하지는 않지만, 초반기 기술 발달 측면에서 문제가 추후 기술 발달에 방해가 될 수 있음을 보여주므로 매우 중요하다. 예를 들어 일부 연구자는 자폐스펙트럼장애(ASD) 아동의 경우 초기 사회성 발달에 문제가 있어서 부모를 포함해 중요한 인간관계에 어려움을 가진다고 믿는다(Durand, 2014). 발달 관점에서 보면 아동 초반기 유의한 사회관계의 부재는 심각한 결과를 초래한다. 타인과 상호작용하려는 동기가 없는 아동은 의사소통 습득에 더 어려움을 보일 것이다. 즉, 타인이 중요하지 않으면 의사소통을 배우려 하지 않을 것이다. 연구자들은 의사소통기술의 어려움이 장애의 직접 결과인지 혹은 초기 사회발달문제의 결과물인지 알지 못한다.

발달 관계에 대한 유형을 이해하는 것은 여러 가지 면에서 중요하다. 어떤 과정에 문제가 있는지 알면 그 장애를 더 잘 이해하게 되고 더 적절한 치료계획을 세울 수 있다. 예를 들어 주의력결핍 과잉행동장애 아동의 충동성은 아동기 중요한 발달 과업의 하나인 친구관계 형성과 유지를 방해하기 때문에 이런 문제를 가진 아동을 미리 파악

신경발달장애(neurodevelopmental disorders) 발달 초기에 나타나는 문제들로 개인, 사회, 학업 및 직업 기능에 장애를 일으키는 발달 결함으로 특징된다.

표 13.1 의사소통과 운동 장애

아동기 발병 유창성장애			
임상적 기술	**통계**	**원인**	**치료**
음절이나 단어를 반복하거나, 특정 음을 길게 끄는 것, 말하다 쉬기, 혹은 발음하기 어려운 단어를 대체하거나 바꾸는 등 말하기에서 다양한 문제를 포함하는 말하기 유창성의 장애.	여아보다 남아에게서 2배 이상 관찰됨. 약 6세경에 시작되며, 98%가 10세 이전에 발병함(Maquire, Yeh, & Ito, 2012). 학교 입학 전에 말더듬을 시작했던 80%의 아동이 입학 1년 후엔 말더듬이 사라진다는 보고(Kroll & Beltchman, 2005).	불안이 아동기 발병 유창성장애를 일으키기보다는 이 문제가 대상 아동을 사회적으로 불안하게 한다고 설명(Ezrati-Vinacour & Levin, 2004). 다양한 뇌기전이 관련되며 유전도 한 요인으로 추측됨(Maguire et al., 2012).	아동과의 대화 방법에 대해 부모를 상담. 말더듬이 시작되면 말을 멈추고 깊은 호흡을 하게 지시하는 규칙적인 호흡법은 효과가 기대되는 행동치료법임(Onslow, Jones, O'Brian, Packman, & Menzies, 2012). 청각적 피드백(전자기기를 이용해 말을 더듬는 사람에게 변화하는 말하기 피드백을 제공)은 자기가 더듬는 단어를 스스로 수정하게 하는 자기관찰의 한 형태로 말하기를 향상시킴(Onslow et al., 2012).
언어장애			
임상적 기술	**통계**	**원인**	**치료**
모든 상황에서 구두언어가 제한되어 있음, 말하기의 제한. 표현언어(말하기)가 수용언어(이해하기)보다 유의하게 낮음. 수용언어는 평균 수준임.	3세 이전 아동의 약 10~15%에서 발생(C.J. Johnson & Beitchman, 2005)하며, 여아보다 남아에게 5배 정도 많이 나타남(Whitehurst et al., 1988).	아동의 부모가 대화의 기회를 충분히 주지 못한 결과라는 설명이 있다. 중이감염이 원인이라는 생물학적 이론도 있음.	자기수정이 가능하며 특정 개입이 필요하지 않을 수 있음(Whitehurst et al., 1988).
사회적 의사소통장애			
임상적 기술	**통계**	**원인**	**치료**
장황함, 운율, 갑작스런 주제의 전환, 대화의 독점 등 언어적·비언어적 의사소통의 사회적 측면의 어려움(Adams et al., 2012). ASD에서 관찰되는 제한적이고 반복적인 행동은 보이지 않음.	정확한 추정은 어렵지만 병에 대한 인식의 증가와 함께 사례 수가 증가할 것으로 예측됨(Baird et al., 2006. D. V. M. Bishop, 2000).	제한된 정보.	다른 사람과 대화하는 데 필요한 중요한 규칙을 가르치는 개별화된 사회기술(예, 모델링, 역할 연습)을 훈련(Adams et al., 2012).
투렛장애			
임상적 기술	**통계**	**원인**	**치료**
머리 흔들기, 이상한 소리 내기 등 갑자기 시작해서 빠르게 지속되는 개별화된 혹은 전형화되어 발생하는 불수의적인 움직임(틱). 음성 틱은 음란한 내용의 불수의적인 반복으로 나타남.	아동의 약 20% 정도가 성장하면서 틱을 보인다. 1,000명당 약 1~10명 정도가 **투렛장애**를 보인다(Jumnani & Coffey, 2009). 일반적으로 14세 이전에 시작. 틱과 ADHD 혹은 강박장애 간의 높은 공존장애율을 보임(Jummani & Coffey, 2009).	틱의 유형과 강도에 영향을 주는 취약성 정도가 다양한 유전자가 있을 가능성(Jummani & Coffey, 2009).	심리적: 자기관찰, 이완 훈련과 습관반전.

출처: Durand(2011)에서 수정 수록.

하는 것이 중요하다. 비슷하게 자폐증과 같은 장애를 조기 발견하는 것은 중요한데 이들의 사회적 결함이 사회적 상호작용과 같은 다른 기술 영역에 영향을 주기 전에 도움을 줄 수 있기 때문이다. 사람들은 일반적으로 생애 초반에 보이는 발달상의 장애에 대해 문제가 이미 발생하였고 지속될 것이라는 부정적인 예후를 가정한다. 그러나 생물학적인 요소와 심리사회적 요소는 상호영향을 주기 때문에 생물학적 원인이 분명한 자폐스펙트럼장애나 주의력결핍 과잉행동장애의 경우도 개인에 따라 나타나는 모습이 매우 다를 수 있다. 생물학적 혹은 심리적 수준에서의 변화는 이 병이 가져오는 결과에 영향

을 줄 수 있다.

주의할 점은 일부 전문가, 특히 발달심리학자들이 정상 발달 행동을 비정상 발달의 증상으로 보기도 한다는 것이다. 예를 들어 다른 사람의 말을 반복하는 것인 반향어는 한때 자폐스펙트럼장애의 증상으로 여겨졌다. 그러나 장애가 없는 아동들의 언어능력 발달에 대한 연구는 다른 사람의 말을 반복하는 것이 정상적인 언어발달의 중간단계에서도 나타남을 보여준다. 그러므로 자폐스펙트럼장애가 있는 아동의 반향어는 자폐증의 증상이 아니라 상대적으로 지연된 언어능력의 전조증상으로 봐야 한다(Tager-Flusberg et al., 2009). 심리장애의

본질을 이해하기 위해 정상 발달과정을 이해하는 것이 중요하다.

이를 염두에 두고 지금부터 주로 유아기, 아동기 또는 청소년기에 진단이 내려지는 여러 가지 장애에 대해 살펴볼 것이다. 먼저 주의력 부족 또는 과잉행동과 충동성을 특징으로 하는 주의력결핍 과잉행동장애와, 읽기와 쓰기 등 한 가지 이상의 영역에서 어려움을 보이는 특정학습장애를 소개한다. 이어 사회적 상호작용에 심각한 어려움이 있고 제한된 패턴의 행동, 관심사, 활동을 보이는 중증장애인 자폐스펙트럼장애에 대해 살펴본다. 마지막으로 인지능력에 상당한 결손을 보이는 지적장애에 대해 살펴본다. 신경발달장애로 간주되는 의사소통과 운동장애는 표 13.1에 기술되어 있다.

주의력결핍 과잉행동장애

▶ 주의력결핍 과잉행동장애의 가장 중요한 특징은 무엇인가?

한 가지 일에 집중하지 못하고 많은 일을 벌여 놓고 좀처럼 마무리 짓지 못하며 집중하는 데 문제가 있고 다른 사람이 말할 때 주의를 기울이지 못하는 아동을 본 적이 있는가? 이 아동은 아마 미국에서 아동들이 정신건강 서비스를 받는 가장 흔한 이유 중 하나인 **주의력결핍 과잉행동장애**가 있을 것이다(Taylor, 2012). 이 장애는 체계가 잡혀 있지 않고, 학교 또는 일과 관련된 업무를 잊어버리는 등 주의력 결핍 또는 과잉행동과 충동성을 주요 특징으로 한다. 이런 결핍 문제는 학업뿐 아니라 사회관계에 지장을 줄 수 있다. 대니의 사례를 보자.

대니 ● 가만히 앉아 있지 못하는 소년

잘생긴 9살 소년 대니는 학교와 집에서의 문제 때문에 의뢰되었다. 그는 에너지가 넘치는 아이로 스포츠, 특히 야구를 좋아했다. 대니의 학업 성적은 괜찮았지만, 선생님은 그의 성적이 점점 나빠지고 있고 수업에 집중한다면 지금보다 훨씬 잘할 것이라고 믿었다. 대니는 무언가를 할 때 몇 분도 버티지 못하고 중단했다. 자리에서 일어나서 책상을 뒤지거나 끊임없이 질문을 했다. 친구들과의 관계에서도 충동적이어서 친구들은 불만이 많았다. 게임을 절대 끝내지 않거나 스포츠를 즐길 때 동시에 모든 포지션에 서려고 했다.

집에서 대니는 골치 아픈 아이였다. 부모는 그를 야단치는 일이 많았는데, 일부러 어떤 일을 하지 않기보다는 무엇을 하고 있었는지 잊어버려서 못하는 경우가 많았다. 때로 부모는 그의 과잉행동 때문에 화가 나서 어깨를 잡고 "진정해!"라고 소리친 적도 있다고 했다.

임상적 기술

대니는 ADHD의 특징을 많이 가지고 있다. 이 장애를 가지고 있는 사람들은 대니처럼 과제나 활동 시 지속적으로 집중을 하는 데 문제가 많다(Taylor, 2012). 그 결과 과제를 마치지 못할 뿐 아니라 타인이 말을 할 때 듣지 않는 것처럼 보일 때가 많다. 또한 일부는 이러한 심각한 주의력 결핍과 더불어 과잉행동을 보이기도 한다. ADHD가 있는 아이들은 주로 학교에서 몇 분 이상 가만히 앉아 있지 못하고 안절부절못하는 아이로 묘사된다. 대니의 선생님과 친구들은 교실에서 그의 차분하지 못함과 주의력 결핍, 과잉행동으로 불만이 많으며, 그런 대니를 걱정하기도 한다. 과잉행동 및 주의력 지속 문제와 더불어 충동성—생각하지 않고 행동하기—또한 ADHD가 있는 사람들의 흔한 문제이다. 예를 들어 야구 연습 동안 대니는 코치의 질문이 끝나기도 전에 답을 크게 말한다.

*DSM-5*에서 ADHD는 증상에 따라 두 가지 범주로 분류된다. 첫 번째는 부주의 문제이다. 이들은 다른 사람의 말을 듣지 않는 것처럼 보인다. 꼭 해야 하는 학교 과제를 잊어버리거나 책과 도구가 어디 있는지 잘 모른다. 또한 세부적인 것에 관심을 두지 않고 부주의로 인한 실수가 많다. 두 번째 범주는 과잉행동과 충동성 증상이다. 과잉행동은 잠시 동안도 앉아 있지 못하고 항상 정신없는 것을 말한다. 충동성은 누군가의 질문이 끝나기 전에 자신의 순서를 기다리지 못하고 답을 내뱉는 것을 말한다. ADHD를 진단받은 사람은 첫 번째 (부주의) 증상이나 두 번째(과잉행동), 세 번째(충동성) 증상을 가지고 있어야 한다(American Psychiatric Association, 2013).

부주의, 과잉행동 그리고 충동성은 ADHD의 이차적인 문제로 나타나는 많은 문제들을 야기시킨다. 특히 아이들이 학교에 다니고 있

투렛장애(Tourette's disorder) 다수의 불수의적인 움직임 및 음성 틱 증상을 보이는 발달장애.

주의력결핍 과잉행동장애(attention-deficit/hyperactivity disorder, ADHD) 주의력 부족, 과잉행동, 충동성을 보이는 발달장애.

다면 학업 성취에 문제가 많을 것이다. 또한 ADHD가 있는 아이들은 주로 인기가 없고 따돌림당하는 경우가 많다(Nijmeijer et al., 2008). ADHD는 유전적인 요소뿐만 아니라 적대적인 가정환경과 같은 환경적인 요소와 유전자와 환경 간의 상호작용으로 인한 결과이다. 예를 들어 몇몇 연구에서는 특정 유전적 돌연변이를 갖고 있고 저체중으로 태어난 아이가 후에 문제행동이 있는 ADHD 아동이 될 가능성이 크다고 예측했다(Thapar, Cooper, Jefferies, & Stergiakouli, 2012; Thapar et al., 2005).

통계

ADHD의 발병률에 대한 문헌은 세계 전역에서 아동 인구의 약 5.2%가 ADHD 진단을 받는다고 보고한다(Polanczyk, de Lima, Horta, Biederman, & Rohde, 2007). ADHD 진단을 받는 남자 아동의 비율은 여자 아동보다 세 배가 높고 이 차이는 클리닉을 찾는 아동의 숫자와도 일치한다(Spencer, Biederman, & Mick, 2007). 이러한 성차의 원인에 대해서는 거의 알려지지 않았다. 어른들이 ADHD 남자 아동에 비해 여자 아동의 과잉행동에 대해 비교적 더 관대하기 때문일 수도 있다. 남자아이들의 공격적인 성향은 정신건강 전문가가 이들에게 더 주의를 기울이게 만들 수 있다(Rucklidge, 2010). 반면에 ADHD가 있는 여자 아동들은 불안, 우울과 같은 내재화 문제를 보이는 경향이 있다(Rucklidge, 2010).

ADHD 아동들은 서너 살 때부터 또래 아이들과 다르다고 보고된다. ADHD 아동의 부모들은 자신들의 자녀가 활동이 과하고, 짓궂고, 배변 훈련이 느리고, 반항적이라고 묘사한다(Taylor, 2012). 아이들이 학교에 다니기 시작하면서 부주의함, 충동성 그리고 과잉행동과 같은 증상들은 점점 더 뚜렷해진다. 자라면서 ADHD 증상들이 없어질 것이라는 기대와는 달리 문제가 지속된다. ADHD 아동의 대략 절반 정도가 성인이 될 때까지 계속해서 문제를 보이는 것으로 추정된다(McGough, 2005). 시간이 지나면서 ADHD 아동들은 부주의함은 지속되는 반면 충동성은 완화되는 것으로 보인다. 청소년기 동안에 충동성은 다양하게 발현된다. 예를 들어 ADHD 청소년들이 임신과 성병에 걸릴 위험이 더 높다. 또한 차 사고, 속도위반, 면허정지 등과 같은 운전문제를 더 많이 일으키는 경향이 있다(Barkley, 2006a).

ADHD 아동이나 청소년들이 성인이 되면 어떻게 될까? Rachel Klein과 동료들은 ADHD 진단을 받은 200명 이상의 남자 아동을 추적하고 33년 뒤의 상태를 보고했다(Klein et al., 2012). 이들 중 84%는 고용되었지만 정상 집단과 비교하여 현저히 낮은 위치에 있었다. 또한 교육기간이 2.5년 정도 적었고 상위 학위를 보유하고 있는 비율이 적었다. 이혼, 물질남용, 반사회적 성격장애를 가질 확률이 더 높았다(Klein et al., 2012). 또한 이들의 충동적인 특성은 난폭한 운전, 성병, 뇌손상 그리고 빈번한 응급실 입원을 설명해 준다(Ramos

---

 다양성에 대한 논의   나이와 성별에 따른 ADHD

ADHD는 주로 남자 아동과 청소년에게서 가장 흔하게 진단되는 장애이다. 어떤 사람들은 이 장애가 여자 아동과 성인의 경우 남자 아동과는 다르게 나타나는지 혹은 ADHD가 단순히 여자와 성인에게는 덜 나타나는 질병인지 의문을 가진다. 지금까지 ADHD에 대한 대부분의 연구는 주로 남자 아동을 대상으로 하였고 그 때문에 ADHD가 있는 여자 아동과 성인의 유병률과 증상에 대해 정의 내리기가 어렵다. 사람들은 남자 아동에 초점이 맞춰진 이유 중의 하나가 많은 연구자와 의사들이 부주의 문제보다 과잉행동 증상에 더 관심을 가졌기 때문이라고 말한다. 과잉행동 문제가 더 심각하고 쉽게 측정 가능하기 때문에 관심을 많이 받아왔는데 이 증상이 남자 아동들에게 더 흔하기 때문이다. 그렇다면 여자 아동과 성인에게서 나타나는 ADHD는 남자 아동들이 보이는 증상과 다른가?

최근에 몇 개의 대규모 연구들이 이 질문에 답을 주고 있다. 매사추세츠병원(Massachusetts General Hospital)의 소아정신약물학과의 연구진들은 ADHD가 있는 남자 아동과 여자 아동의 증상이 다른지를 조사하였다. 흥미롭게도 이 연구자들은 ADHD가 있는 여자 아동이 남자 아동보다 부주의한 문제를 더 많이 보이는 반면, 과잉행동, 반항행동 그리고 다른 파괴적 행동은 덜 보인다고 보고하였다. Fayyad와 동료들은 (2007) 10개 국가에서 성인 ADHD의 발병률을 조사하였다. 조사결과 성인의 3.4%가 ADHD가 있었고 그 중 남성의 비율(4.1%)이 여성의 비율(2.7%)보다 조금 높았다. 높은 발병비율보다 더 걱정스러운 것은 성인 ADHD는 다른 장애와 합병증 비율이 높고 업무에 지장을 주고 있다는 것이다. 더군다나 성인 ADHD가 있는 사람 중에 이 문제 때문에 치료를 받는다고 보고한 사람은 많지 않았다(Fayyad et al., 2007).

이 연구 결과는 여자 아동과 성인에게 나타나는 ADHD가 남자 아동과는 다르지만 발병하고 있으며, 심각한 기능적 문제를 초래하지만 치료로 연결되지는 못함을 시사한다. 따라서 성별과 연령대에 따라 ADHD가 어떻게 다르게 나타나는지에 대한 재인식을 통해서 그리고 정확하게 판별하기 위한 노력과 효과적인 문제 치료를 통해서 ADHD를 진단받은 사람들의 삶의 질을 향상시킬 수 있을 거라는 희망을 품어 볼 수 있다.

Olazagasti et al., 2013). 요약하면 연령증가와 함께 일부 ADHD의 증상은 변하지만, 그 특성은 지속된다는 것이다.

ADHD가 있는 아동을 진단하는 것은 복잡하다. 다른 DSM-5 장애 중에도 ADHD가 보이는 증상과 많이 겹치는 장애가 있다. 특히 반항장애, 품행장애 그리고 조울증 모두 ADHD 아동이 보이는 특징을 공유한다(Nock, Kazdin, Hiripi, & Kessler, 2006). 반항장애는 "자주 이성을 잃는다", "어른들과 언쟁을 벌인다", "예민하고 다른 사람에게 쉽게 화를 낸다"와 "자주 앙심을 품고 보복심을 갖는다" 등의 비슷한 행동들을 보이는 DSM-5 장애이다(Pardini, Frick, & Moffitt, 2010). ADHD 아동들에게서 나타나는 충동성과 과잉행동은 반항장애에서도 나타날 수 있다.

원인

ADHD는 유전자의 영향이 큰 것으로 알려져 있으며, ADHD 유전자에 대한 중요한 정보들이 밝혀지고 있다(Taylor, 2012). 과학자들은 가족구성원 중에 장애가 있는 경우 ADHD가 더 흔하게 나타난다고 보고한다. 예를 들어 ADHD 아동을 친척으로 둔 사람들에게 ADHD

가 나타날 가능성이 크다고 한다(Fliers et al., 2009). ADHD 아동의 친척들은 품행장애, 기분장애, 불안장애 그리고 약물남용을 포함한 일반적인 정신병리를 많이 보인다는 보고도 있다(Faraone et al., 2000). 이 연구와 ADHD의 공존장애에 대한 정보는 유전적 결함이 영향을 끼친다는 것을 보여준다(Brown, 2009).

다른 장애와 마찬가지로 과학자들은 다양한 유전자가 ADHD와 관련 있다는 근거를 축적하고 있다(Nikolas & Burt, 2010). 가장 단순하게는 켜져야 하는 유전자가 켜지지 않는(단백질을 생성하지 않음) 유전적인 문제가 있다. 그러나 ADHD에 대한(혹은 다른 질병에 대한) 연구들은 한 염색체 유전자의 추가 복사나 삭제 결과로 인한 변이(**유전자 복제수 변이**)가 발달을 방해하는 경우가 많음을 발견하고 있다. 노르에피네프린, 세로토닌, 유도아미노산이 ADHD의 원인과 관련이 있다고 알려져 있으며, 최근에는 신경화학물질 도파민과 관련된 유전자에 큰 관심을 두고 있다. 더 자세히는 D4 수용체 유전자, 도파민 수송 유

유전자 복제수 변이(copy number variants) 하나의 염색체의 유전자가 추가로 복사되거나 삭제되는 결과로 인한 변이.

전자(DAT1) 그리고 도파민 D₅ 수용체 유전자와 연관이 있다는 강한 증거가 있다. 특히 DAT1이 가장 관심을 받고 있는데 ADHD의 의학적 치료에 가장 흔한 약인 메틸페니데이트(리탈린)가 이 유전자를 억제하고 도파민의 양을 증가시키기 때문이다(Davis et al., 2007). 이런 유형의 연구는 무엇이 잘못되어 있고 어떻게 새로운 개입을 해야 하는지 미시적인 수준의 이해를 돕는다.

다른 여러 장애와 마찬가지로 연구자들은 ADHD의 특징인 주의집중 문제와 같은 결함의 유전자 표현형을 찾고 있다. 주의집중과 같은 결함을 특정뇌기능장애와 연관 짓는 시도가 그것이다. 현재 ADHD에 대한 관심은 뇌의 주의력 시스템, 작업 기억 기능, 부주의함 그리고 충동성에 초점이 맞춰지고 있다. 과학자들은 유전자와 행동을 연결하기 위해 특정 유전자의 결함이 특정 인지과정에 영향을 미친다는 연구를 진행하고 있다. 일부 연구에서는 ADHD 아동과 그들의 가족구성원(형제와 부모)들에게 '억제조절'의 부족(신호가 있을 때 과제에 응답하는 것을 멈추는 능력)이 흔한 증상이며, 이 장애의 유전자 표현형이라고 추정한다(Goos, Crosbie, Payne, & Schachar, 2009).

ADHD가 유전적인 영향을 많이 받는다고 해도 환경적인 영향을 배제할 수 없다(Ficks & Waldman, 2009). 예를 들어 ADHD의 유전-환경 상호작용을 보는 수많은 연구에서 과학자들은 도파민 시스템(DAT1 유전자형)의 특이성 돌연변이를 가지고 있는 경우 어머니가 임신 중에 흡연을 하면 ADHD의 증상을 보일 가능성이 크다는 것을 발견했다(Kahn, Khoury, Nichols, & Lanphear, 2003). 임신 중 흡연은 유전적인 원인과 결합해 과잉행동적이고 충동적인 행동의 위험을 증가시키는 것으로 보인다. 다른 연구는 어머니의 스트레스와 음주 그리고 부모의 결혼 불안정성, 불화와 같은 환경적 요인들이 유전자와 환경의 상호작용에 영향을 미침을 보고한다(Ficks & Waldman, 2009; Grizenko et al., 2012). 또한 임신 합병증(예를 들어 어머니의 음주와 저체중) 등이 ADHD의 유전적인 성향이 있는 아동들에게 증상을 보일 확률을 높일 수 있다는 보고도 있다(Barkley, 2006d).

지난 몇 년간 ADHD 아동의 뇌구조와 기능에 대한 많은 연구들이 진행되었다. 일반적으로 ADHD가 있는 아동의 전체적인 뇌부피는 정상아동보다 조금 작다(3~4% 정도)(Taylor, 2012). ADHD가 있는 아동의 경우 뇌의 많은 부분이 영향을 받는 것으로 보이며, 특히 자기조절 능력을 담당하는 부분이 영향을 받는 것으로 나타났다(Valera, Faraone, Murray, & Seidman, 2007). 이러한 변화는 의학적 치료를 받는 사람에게는 덜 나타나는 것으로 보인다(Taylor, 2012).

오랫동안 알레르겐이나 음식 첨가물과 같은 다양한 종류의 독성물질이 ADHD의 원인으로 간주되어 왔다. 대규모의 연구들은 인공식용색소나 첨가물이 어린아이의 행동에 미미하게나마 유해한 영향

▲ ADHD를 가진 아동은 환경에 상관없이 행동할 가능성이 높다.

을 줌을 시사한다. 한 연구에선 평균 정도 양의 방부제(소디움 벤조에이트)나 음식 색소를 먹은 3세와 8~9세 아동들의 과잉행동수준(부주의, 충동성, 과잉행동)이 증가했다고 보고했다(McCann et al., 2007). 다른 연구들은 음식에 있는 살충제가 ADHD의 위험을 높일 수 있음을 지적한다(Bouchard, Bellinger, Wright, & Weisskopf, 2010).

ADHD의 증상은 아동의 심리 및 사회적 측면에 영향을 주며, 시간이 지나면서 적응에 더 큰 영향을 미칠 수 있다. ADHD 아동이 보이는 충동성과 과잉행동에 대한 부모, 선생님 그리고 또래의 부정적인 반응은 이 아동들에게 낮은 자존감을 갖게 만들 수 있는데, 특히 우울한 아이들에게 더 큰 영향을 줄 것이다(Anastopoulos, Sommer, & Schatz, 2009). 좋은 행동, 얌전한 자세, 주의집중을 강조하는 부모와 교사의 끊임없는 잔소리는 아동이 부정적인 자아상을 갖게 만들고 교우관계에 나쁘게 영향을 줄 수 있다. 이렇듯 충동성, 과잉행동 그리고 부주의라는 생물학적 증상이 이를 통제하려는 주변의 시도와 결합되면 반항과 부적응적 자아상을 초래할 수 있다. ADHD의 효과적인 개입 방법 탐색 시 생물학적 영향과 심리적인 영향이 모두 고려되어야 한다(Taylor, 2012).

치료

ADHD 치료는 심리사회적 그리고 생물학적 개입이 결합되어 진행되어 왔다(Subcommittee on Attention-Deficit/Hyperactivity Disorder & Management, 2011). 일반적으로 심리사회적 치료는 학업수행능

력 향상, 파괴행동 감소 그리고 사회적 기술 향상과 같은 보다 포괄적인 문제점에 중점을 둔다. 전형적으로 생물학적 치료의 목표는 아동의 충동성과 과잉행동을 줄이고 주의력 기술을 향상시키는 것이다. 최근에 학계에서는 아동들에게 약물치료 이전에 부모 또는 교사들의 행동 개입을 먼저 추천한다(Subcommittee on Attention-Deficit/Hyperactivity Disorder & Management, 2011).

심리사회적 개입

과학자들은 집과 학교에서 ADHD 아동을 도와주기 위한 다양한 행동 개입을 추천한다(Fabiano et al., 2009; Ollendick & Shirk, 2010). 일반적으로 이런 프로그램에선 앉아 있는 시간 늘리기, 수학문제 풀기 또는 또래와 잘 어울리기 등과 같은 목표를 세운다. 강화 프로그램에선 행동이 개선되면 강화를 하고, 잘못된 반응이 나타나면 보상을 주지 않고 처벌한다. 부모 교육 프로그램들은 가족구성원에게 아동의 행동에 대해 어떻게 반응해야 하는지 구체적인 방법을 알려주며, 문제를 예방하기 위해 아동의 하루 일과를 어떻게 구성해야 하는지 가르쳐 준다(Fabiano et al., 2009). 이런 아이들이 또래 아이들과 어떻게 상호작용하는지 교육하는 사회적 기술 훈련 또한 중요한 치료 요소로 간주된다(de Boo & Prins, 2007). ADHD 성인에게는 주의 산만을 줄이고 조직적 기술을 향상시키기 위한 인지행동치료가 도움이 된다. 대부분의 의사들은 ADHD 환자들에게 단기적인 문제(과잉행동과 충동성 감소시키기)와 장기적인 문제(학력 저하 예방과 사회적 기술 향상시키기)에 대해 모두 접근하는 개인맞춤 치료를 추천한다.

생물학적 개입

ADHD 아동에게 처음으로 사용된 약물은 각성제였다. 미국에서는 400만 명 이상의 아동이 ADHD 증상으로 약물치료를 받고 있는 것으로 추정된다(Centers for Disease Control and Prevention, 2013). 메틸페니데이트(리탈린, 애더럴) 등의 각성제와 아토목세틴(스트라테라), 구안파신(테넥스) 그리고 클로니딘과 같은 비각성제(nonstimulant medication)가 과잉행동과 충동성의 주요 증상들을 완화시키고 집중력을 향상시키는 데 도움이 된다는 것이 증명되었다(Subcommittee on Attention-Deficit/Hyperactivity Disorder & Management, 2011).

이전에는 아이들의 증상을 완화시키기 위해 각성제를 사용하는 것에 우려가 많았다. 그러나 낮은 수준의 각성제 복용은 ADHD와 상관없이 아동과 성인 모두에게 같은 반응을 일으킨다. 각성제는 문제해결 시 뇌의 활동을 강화하는 것으로 보인다(Connor, 2006). 아직 각성제의 사용, 특히 아동에게 사용하는 것에 대한 논란이 있지만, 대부분의 의사들은 아이들의 사회적 그리고 학업적 기술을 향상시키기 위해 심리사회적 치료와 병합하여 각성제 사용을 추천한다.

각성제 사용에 대한 염려 중 하나는 각성제 남용이다. 10장에서 리탈린과 애더럴과 같은 약물은 자신감 향상과 피로 완화를 목적으로 남용된다고 기술하였다(Varga, 2012). 그리고 이러한 처방약을 복용하는 것이 무해하다고 알려진 것 또한 문제가 될 수 있다(Desantis & Hane, 2010). 특히 ADHD 아동들은 후에 약물남용 위험이 크기 때문에 더 염려스럽다(Wagner & Pliszka, 2009). 앞서 말했던 것처럼 아토목세틴(스트라테라)과 같은 비각성제도 몇몇 ADHD 아동에게 효과적인 것으로 나타났다.

정신질환의 의학적 치료에 대한 흥미로운 새로운 접근은 많은 우려를 낳는다. 이 우려의 중심에는 사생활과 비밀보장에 대한 것이 있다. 유전자 검진(screening)으로 잠정적인 문제를 규명할 가능성은 높아진다. 하지만 학교, 고용 업체 또는 보험회사가 이런 정보에 접근할 수 있다면 이러한 정보를 어떻게 취급하겠는가? 사람들이 이 정보(예를 들어 ADHD 또는 다른 장애를 초래할 수 있는 유전자를 갖고 있거나 갖고 있지 않는 것)를 근거로 차별할 수 있다는 점이 우려스럽다. 더 좋은 약물치료에 대한 갈망이 이런 윤리적이고 사적인 염려를 덮을 만큼 중요한가? 정신약물유전학 또한 새로운 기술의 발전과 관련된 이슈들이 불거지고 있고 윤리적 문제는 과학자들이 이 분야의 발전을 고민하기 전에 반드시 짚고 넘어가야 할 필수적인 부분이다.

ADHD 아동에게 약물치료는 얼마나 효과적일까? 안타깝게도 약물치료의 효과를 못 보는 아동들도 있다. 또한 효과를 보는 아이들도 집중력 향상에는 효과를 보지만 중요한 학업적인 부분이나 사회적인 기술 부분의 향상에는 효과를 보지 못한다(Smith, Barkley, & Shapiro, 2006). 또한 약물치료는 불면증, 어지럼증, 과민성과 같은 부작용이 있다.

치료를 위한 복합적 접근

치료를 위해서 복합적인 접근이 가장 효과적인지 알아보기 위해 미국국립정신보건원에서 6개 팀의 과학자들이 대규모 연구를 진행하였다(Jensen et al., 2001). 이 연구는 ADHD를 위한 복합치료(Multimodal Treatment of Attention-Deficit/Hyperactivity Disorder, MTA)라 불린다. 이 14개월간의 연구에서는 579명의 아동을 4개의 집단에 무선배치하였다. 한 집단의 아동들은 약물치료 또는 특정 행동 개입 없이 일반적인 보호를 받았다(지역사회 보호). 다른 3개의 집단은 약물치료(주로 메틸페니데이트), 집중적인 행동치료 그리고 두 치료를 통합한 치료를 받았다. 연구는 처음에 행동치료와 약물치료를 합친 것과, 약물치료를 받은 집단이 행동치료만 받거나 지역사회 보호를 받은 아동보다 ADHD 증상에 뛰어난 효과를 보였다고 보고했다. 사회적 기술, 학업,

부모와 아동의 관계, 반항적 행동, 우울과 불안과 같은 ADHD와 함께 오는 증상들은 단일치료(약물치료, 행동치료)와 지역사회 보호를 받을 때보다 통합치료를 받을 때 조금 더 효과적인 것으로 나타났다.

이러한 결과를 둘러싼 몇 가지 논란들이 있다. 특히 약물치료보다 행동치료와 약물치료를 통합한 것이 더 효과적인지에 대한 논란이 있다(Biederman, Spencer, Wilens, & Greene, 2001; Pelham, 1999). 이 연구에 대한 논란 중 하나는 약물은 계속 제공되었으나 행동치료는 점차 줄어들었다는 것인데, 이것이 차이를 만들었을 수 있다는 것이다.

실제 이 두 치료에 차이가 없다면 약물치료가 이용하기 쉽고 시간 이 절약되기 때문에 대부분의 부모와 치료사들은 약물치료만 제공할 것이다(Subcommittee on Attention-Deficit/Hyperactivity Disorder & Management, 2011). 그러나 행동치료는 약물치료로는 치료될 수 없는 면들을 향상시킬 수 있다는 점에서 이득이 있다. 이 대규모 연구의 데이터에 대한 재해석은 계속되고 있고, 더 많은 연구가 두 가지 치료법을 결합했을 때와 각각의 치료만 했을 때의 효과를 명백하게 해야 할 필요가 있다(Ollendick & Shirk, 2010). 그러나 이러한 발전에도 불구하고 ADHD 아동들은 아직도 가족구성원과 교육 시스템에 상당한 난제이다.

특정학습장애

▶ 특정학습장애란 무엇인가, 일반적으로 어떻게 치료되는가?

자녀들의 학업적인 성공을 위해서 부모들은 많은 시간, 자원 그리고 감정적인 에너지를 투자하기 때문에 분명한 지적 결함이 없는 자녀가 기대한 만큼의 성과를 보이지 못할 경우에 실망스러울 수 있다. 이번 절에서는 특정학습장애에 대해 배울 것이다. **특정학습장애**란 연령, 지능지수(IQ), 교육 정도를 고려할 때 학업의 수행이 기대되는 수준에 미치지 못하는 경우를 말한다. 또한 의사소통과 관련된 장애에 대해 간단히 알아볼 것이다. 앨리스의 사례를 보자.

앨리스 ● 학습장애가 있는 대학생

20살 대학생 앨리스는 많은 과목에서 어려움이 있어 도움을 청했다. 그녀는 성적이 심각하게 떨어지기 전인 6학년까지는 즐겁게 학교를 다녔고 좋은 학생이었다고 말했다. 그녀의 선생님은 부모에게 그녀가 능력만큼 성적을 보이지 못하고 있다고 했고 더 동기부여가 필요하다고 말했다. 그녀는 학교에서 항상 열심히 하고 있었지만 더 열심히 하겠다고 약속했다. 하지만 성적표를 받았을 때 형편없는 성적은 자괴감을 느끼게 만들었다. 고등학교를 졸업하기 위해 열심히 했지만 항상 친구들만큼 똑똑하지 못하다는 생각을 했다.

앨리스는 전문대학에 등록했지만 또다시 공부에 문제가 있음을 알았다. 시간이 지나면서 공부하는 데 도움이 되고 최소한의 통과 점수를 받을 수 있는 팁을 얻었다. 그녀는 교과서에 있는 내용을 혼자 크게 읽었다. 조용히 책을 읽을 때보다 이렇게 공부하는 것이 훨씬 암기에 도움이 된다는 것을 깨달았다. 사실 조용히 읽으며 공부를 할 때는 몇 분이 지나면 거의 기억을 하지 못했다.

2학년이 지나고 대학교로 편입했는데 더 힘이 들고 대부분의 과목에서 낙제점을 받았다. 우리가 처음 만나고 나서 나는 무엇이 문제인지 알아보기 위해 검사를 받기를 제안했다. 의심했던 대로 앨리스는 특정학습장애가 있었다.

그녀의 지능검사 결과는 평균보다 조금 높았지만 읽기에 심각한 문제가 있는 것으로 나타났다. 그녀의 이해 능력은 낮았고 읽은 것의 대부분을 기억하지 못했다. 하지만 들은 것에 대한 이해력은 적절하기 때문에 우리는 그녀가 읽으면서 공부를 하는 방법을 계속하기를 추천했다. 또한 그녀는 읽은 것을 어떻게 해석해야 하는지(어떻게 틀을 잡고 노트 정리를 해야 하는지) 배웠다. 강의를 녹음하고 운전할 때 반복해서 듣도록 추천했다. 그녀는 항상 A를 받는 학생은 될 수 없었지만 대학교를 졸업할 수 있었고 지금은 학습장애를 가지고 있는 아이들과 일하고 있다.

임상적 기술

*DSM-5*의 분류에 따르면 앨리스는 자신의 학업적인 성과와 또래에게 기대되는 성과 사이에 큰 차이를 보이는 특정학습장애(앨리스의 경우에는 특히 읽기에 결함이 있는)로 분류된다—혹은 기대 이하의 학업성취(unexpected underachievement)로 불리기도 한다(Fletcher, Lyon, Fuchs, & Barnes, 2006; Scanlon, 2013). 더 구체적으로 같은 연령, 지능지수(IQ), 교육환경인 사람들과 비교하여 학업적으로 많이 떨어지는 사람이 여기에 분류된다. 또한 특정학습장애로 분류되기 위해서는 장애의 이유가 적절한 지도가 없었기 때문이거나 시각 또는 청

각 문제 등 감각적인 어려움 때문이 아니어야 한다. *DSM-IV-TR*에서는 읽기, 수학, 쓰기에 결함이 있는 특정학습장애를 모두 다른 장애로 분류하였지만, 많은 증상들이 겹치기 때문에 전문가들이 개인의 학습 스타일을 더 넓게 보도록 하기 위해 하나의 장애로 합쳤다(Scanlon, 2013). 전문가들은 치료 목적으로 특정 문제를 강조하기 위해 읽기, 쓰기, 수학에 결함이 있는 학습장애라는 기술을 사용한다. 다른 장애들처럼 전문가들은 심각도에 따라서 등급을 매긴다.

역사적으로 특정학습장애는 지능지수와 성취 사이의 차이가 2표준편차 이상 나는 경우로 정의되어 왔다. 하지만 지능지수와 성취 간의 차이를 통해 학습장애의 여부를 판단하는 것은 많은 논란이 있었다(Cavendish, 2013). 논란이 되는 부분은 학습문제가 발생할 때와 지능과 성취 점수 간 큰 차이가 있음을 발견하는 것(이것은 아동의 학습 과정에서 상당히 늦게 측정됨) 사이의 시차에서 비롯된다. 한 가지 대안은 '개입에 대한 반응'으로 불리는데 최근에 많은 전문가들이 이 방법을 사용하고 있다. 효과적이라고 알려진 개입(예, 초기 독해 프로그램)에 대한 어떤 학생의 반응이 또래의 수행에 비해 열등할 때 그 아동이 특정학습장애를 가졌다고 본다(Cavendish, 2013. Sadler & Sugai, 2009. VanDerHeyden & Harvey, 2012). 이는 경고 시스템으로 작동하며 효과적인 방법을 제공할 수 있게 해준다.

통계

2009년과 2010년 사이에 특정학습장애로 치료를 받았던 3~12살

사이의 학생은 대략 650만 명 정도로 추정된다(U.S. Department of Education, 2012). 이런 진단은 미국에서 상대적으로 부유한 지역에서 더 많이 보고되고 있고, 이는 진단 서비스에 접근이 더 쉬운 지역에서 더 많은 아이들이 진단받음을 보여준다(그림 13.1). 특정학습장애에는 인종 차이가 있다. 2001년에 약 1%의 백인 아동들과 2.6%의 흑인 아동들이 학습장애로 서비스를 받고 있었다(Bradley, Danielson, & Hallhan, 2002). 그러나 이 연구는 이 차이가 아이들의 인종적 배경이 아닌 경제적 지위와 관련이 있음을 시사한다.

학습장애 중에 읽기에 결함이 있는 학습장애가 가장 흔하며 인구의 4~10%에서 나타난다(Pennington & Bishop, 2009). 수학에 결함이 있는 학습장애는 인구의 약 1%에서 나타나는데(Tannock, 2009a), 쓰기에 결함이 있는 학습장애를 가지고 있는 아이들 또는 성인의 수에 대한 정보는 제한되어 있다. 선행 연구는 읽기에 결함이 있는 학습장애가 여자아이들보다 남자아이들에게 더 많이 나타나는 경향이 있다고 보고하지만 최근 연구는 여자와 남자에게 비슷하게 나타난다는 결과를 보인다(Feinstein & Phillips, 2006). 학습장애가 있는 학생은 학교를 중퇴할 가능성이 높고(Vogel & Reder, 1998), 실업률이 높고(Shapiro & Lentz, 1991), 자살 사고를 가지고 있거나 자살 시도를 하는 비율이 더 높은 경향이 있다(Daniel et al., 2006). 하지만 성인에게 나타날 수

특정학습장애(specific learning disorder) 연령, 지능지수, 교육 정도를 고려할 때 학업의 수행이 기대되는 수준에 미치지 못함.

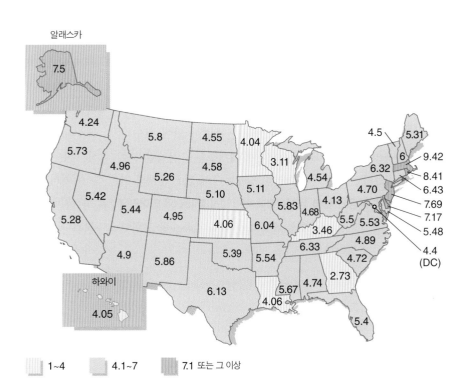

● 그림 13.1 불균형한 분배. 학습장애를 진단받은 학생이 가장 많은 지역이 가장 부유한 주.

1~4   4.1~7   7.1 또는 그 이상

A. 학습기술을 배우고 사용하는 데 있어서의 어려움. 이러한 어려움에 대한 적절한 개입을 제공함에도 불구하고 아래에 열거된 증상 중 적어도 한 가지 이상이 최소 6개월 이상 지속된다. (1) 부정확하거나 느리고 힘겨운 단어 읽기 (2) 읽은 내용의 이해가 어려움 (3) 철자법의 어려움 (4) 쓰기의 어려움 (5) 숫자감각, 통계, 계산의 어려움 (6) 수학적 추론의 어려움(예, 수학적 개념, 사실 또는 수학문제를 푸는 절차에 대한 어려움)

B. 표준화된 성취도 검사와 종합적인 임상 평가 결과 생활 연령에 기대되는 수준보다 학습기술이 상당히 그리고 양적으로 낮으며 학업이나 직업 활동 또는 일상생활에 심각한 영향을 준다. 17세 이상의 경우 학습의 어려움에 대한 과거의 병력이 표준화된 평가를 대신할 수 있다.

C. 학습의 어려움은 학령기에 시작되나, 학습기술을 요구하는 정도가 개인의 능력을 넘어서는 시기가 되어야 분명히 드러난다(예, 제한된 시간 안에 시험 보기, 읽기, 짧은 시간 내에 길고 복잡한 글 쓰기, 과중한 학업 부담).

D. 학습의 어려움은 지적장애, 시력 또는 청력 문제 또는 정신·신경 장애, 심리사회적 어려움, 학업 지도의 언어능력 부족 또는 부적절한 교육적 지도로 잘 설명되지 않는다.

주의점: 4개의 진단기준은 개인의 배경(발달·의학·가족·교육적), 학교의 보고 그리고 심리교육 평가를 포함한 임상적 통합으로 판단한다.

출처: American Psychiatric Association. (2013). *Diagnostic and statistical manual of mental disorders* (5th ed.). Washington, DC.

있는 부정적인 결과는 부모, 학교 그리고 직장에서 형성하는 긍정적인 관계로부터 오는 적절한 지지로 완화될 수 있다(Gregg, 2013).

의사소통장애와 특정학습장애는 밀접한 관련이 있어 보인다(American Psychiatric Association, 2013). 이 장애들은 큰 문제같이 보이지 않을 수 있지만, 아동기의 이러한 장애는 후에 많은 문제의 원인이 될 수 있다. **아동기 발병 유창성장애**(이전 명칭 **말더듬**)와 **언어장애**(*DSM-IV-TR*의 표현 및 이해 표현형 혼합 언어장애를 겸하는)를 포함한 장애들을 간략하게 정리한 표 13.1을 보자.

원인

특정학습장애의 원인에 대한 이론에는 유전적, 신경생물적 그리고 환경적인 요인들이 포함되어 있다. 이 분야의 유전학 연구는 특히 복잡하다. 학습장애가 유전되는 것은 분명하며, 정교한 가족 연구와 쌍둥이 연구가 이것을 보여준다(예, Christoper et al., 2013). 그러나 관련 유전자의 분석 결과는 읽기에 결함이 있는 학습장애와 수학에 결함이 있는 학습장애에 영향을 주는 유전자가 같아 유전자의 영향이 구체적이지 않음을 보여준다. 그것보다는 학습에 영향을 주는 유전자가 있으며, 이 유전자가 영역 전체(읽기, 수학, 쓰기)에 문제를 일으킨다는 것이다(Petrill, 2013. Plomin & Kovas, 2005).

학습과 관련된 서로 다른 문제는 서로 다른 원인을 가지고 있다. 예를 들어 읽기와 관련해서도 아동들(그리고 성인들)은 다양한 문제를 가지고 있다. 읽기장애는 단어 재인(단어를 읽는 데 어려움이 있음―난독증이라고 불리기도 함), 유창성(단어와 문장을 부드럽고 자연스럽게 읽는 데 문제가 있음) 그리고 이해력(읽은 것에 대한 이해가 어려움)의 문제로 나뉠 수 있다(Siegel & Mazabell, 2013. Tannock, 2009b). 대부분의 최근 연구는 단어 재인의 문제에 초점을 맞추고 있는데, 일부 유전적인 원인에 의해, 일부는 환경적인 요인의 결과로 이런 문제를 갖게 된다(Seigel & Mazabell, 2013). 동시에 가족의 읽기 습관과 같은 환경적인 영향도 원인이 될 수 있다―특히 단어 재인과 같은 능력에―는 주장은 읽기장애의 위험이 있는 아동에게 책을 읽어주는 것이 유전적 영향을 줄일 수 있음을 시사한다(Siegle & Mazabell, 2013).

경미한 뇌손상도 학습장애의 원인으로 간주된다. 초기 이론들은 신경학적인 원인도 이야기한다(Hinshelwood, 1896). 연구들은 학습장애가 있는 사람들은 뇌의 구조적 그리고 기능적인 차이가 있다고 주장한다. 특히 좌뇌의 세 영역이 난독증(단어 재인)에 영향을 미치는 것으로 알려져 있다―브로카 영역(발화와 단어 분석에 영향을 주는 부분), 좌측두 두정엽 영역(단어 분석에 영향을 주는 부분) 그리고 후두 영역(단어의 형태를 인지하는 데 영향을 주는 부분)(Shaywitz et al., 2006). 좌뇌의 다른 부분인 두정간구는 숫자 감각 발달에 중요한 부분이고 수학과 관련된 장애와 연관이 있다(Ashkenazi, Black, Abrams, Hoeft, & Menon, 2013). 그에 반해서 쓰기에 장애가 있는 학습장애에 영향을 주는 원인에 대한 증거는 현재 없다.

위에서 특정학습장애로 인한 어려움과 선생님 등 주변사람들의 부정적 반응에도 불구하고 지속적으로 노력했던 앨리스의 사례를 보았다. 무엇이 다른 사람들처럼 학교를 그만두는 것 대신에 계속해서 목표를 향해 노력하게 도와주었는가? 다른 사람들에 의해 강화된 심리적 그리고 동기적인 요소가 학습장애가 있는 사람들의 최종 결과에 중요한 역할을 하는 것 같다. 사회경제적 지위, 문화적 기대, 부모와의 상호작용과 기대 그리고 아동 관리 훈련과 같은 요소들이 결과를 결정하는 것으로 보인다(Gregg, 2013).

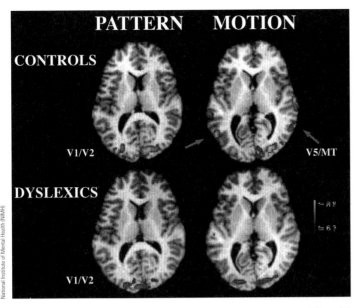

National Institute of Mental Health (NIMH)

▲ 6명의 읽기장애 성인과 8명의 통제집단의 얼굴의 상단부에 위치한 뇌의 수직면 fMRI이다. fMRI 이미지는 읽기장애와 관련된 비전형적인 뇌활동을 보여준다. 참가자들이 컴퓨터 스크린에서 움직이는 점의 패턴을 찾아내는 과제를 수행하는 동안 뇌스캔을 하였다. 이 과제 수행 시 읽기장애 참가자에겐 활동적인 V5/MT라는 뇌영역이 활성화되지 않았다(오른쪽). 그들의 뇌활동은 통제집단이 재인과제(왼쪽)를 할 때와 유사하다.

치료

지적장애처럼, 학습장애는 주로 교육적 개입을 필요로 한다. 일반적으로 충동성과 지속적인 주의력에 문제가 있으며 메틸페니데이트(리탈린이나 애더럴)와 같은 각성제로 도움을 받을 수 있는 ADHD와 공존장애가 있는 경우 생물학적인 치료는 제한된다. 교육적인 개입은 넓게 (1) 단어, 주제 찾기, 본문에서 사실 찾기 등과 같은 특정기술 지도 그리고 (2) 의사결정과 비판적 사고를 통해 인지기술을 향상시키는 것을 포함한 전략지도로 분류된다(Fletcher et al., 2007).

많은 프로그램들이 학습과 관련된 문제가 있는 아동들을 돕기 위해 사용되고 있다. 많은 연구들의 지지를 받은 프로그램 중 하나는 직접 교수(Direct Instruction)이다(Kame'enui, Fien, & Korgesaar, 2013). 이 프로그램은 체계적 수업(철저하게 준비된 학습계획을 가지고 학생들을 향상수준에 따라 소집단에 배치함)과 숙달을 위한 지도(모든 개념을 이해할 때까지 학생들을 가르치는 것)와 같은 많은 요소들을 포함한다. 또한 아동들의 향상 정도나 부족한 점에 따라서 계획이 조정되며 지속적으로 도움을 받는다. 직접 교수와 관련된 다양한 훈련 프로그램들은 특정학습장애를 가진 아동들의 학업 능력을 향상시키는데 많은 도움이 되는 것으로 보인다(Kame'enui et al., 2013).

읽기에 문제가 있는 아동들에게 이러한 행동적, 교육적 접근이 어

떻게 도움을 줄 수 있을까? 학습에 단순한 도움을 주거나 적응을 돕는 것일까 아니면 이러한 치료가 아동들이 정보를 처리하는 방법에 효과적인 영향을 주는 것일까? 이 중요한 질문들에 대답을 해줄 수 있는 뇌영상 기술을 이용한 흥미로운 연구가 있다. 한 연구에서는 자기공명영상(fMRI)을 이용하여 읽기에 장애가 있는 아동과 장애가 없는 아동이 단순 작업을 처리하는 과정을 비교하였다(Temple et al., 2003). 그 후에 읽기에 어려움이 있는 아동은 청각과 언어 처리 능력에 도움을 주는 컴퓨터 프로그램을 이용한 집중 훈련 프로그램에 8주간 참여했다. 이 아동들은 읽기 능력에 향상을 보였을 뿐 아니라, 읽기에 문제가 없는 아동들과 비슷한 뇌기능을 보이기 시작했다. 다시 말해서 이 연구와 다른 장애에서 관찰된 유사한 결과는(Keller & Just, 2009) 행동치료가 뇌기능에 변화를 줄 수 있고 우리는 심각한 문제가 있는 아동을 돕기 위해 이러한 치료를 이용할 수 있음을 보여준다.

다음 각 사례와 장애를 짝지으시오. (a) ADHD (b) 사회적 의사소통 장애 (c) 투렛장애 (d) 특정학습장애

1. 트렌트가 가지고 있는 발달장애는 소리 지르는 것, 코를 킁킁거리는 것 그리고 이상한 소리를 내는 행동을 통제할 수 없는 것을 특징으로 한다. _____

2. 10살 콜은 부모, 선생님 그리고 친구들을 실망시킨다. 그는 게임을 하는 동안 자신의 차례를 기다리지 못하고 생각 없이 행동을 한다. 그는 학교에서 가끔 질문이 끝나기도 전에 대답을 한다. _____

3. 6살 마일리는 학교에서 지나치게 이상하다. 그녀는 아이들이 빈정대도 이해하지 못하고 많은 사회적 의사소통 신호를 놓친다.

_____

4. 켈리는 6학년때까지 좋은 학생이었다. 그녀의 성적은 공부시간을 늘렸음에도 불구하고 서서히 떨어지기 시작했다. 이제 고등학교 3학년으로서 졸업에 대한 걱정과 대학에 가고자 하는 희망으로 도움을 청했다. 그녀의 IQ 검사 결과는 평균보다 높지만 읽기와 이해에 심각한 문제를 보인다.

_____

아동기 발병 유창성장애(childhood-onset speech fluency disorder, stuttering) 유창성이나 시간유형의 장애(예를 들어 소리 또는 음절의 반복 혹은 연장).

언어장애(language disorder) 이해력 또는 산출 능력의 결함 때문에 언어의 이용이나 습득에 지속적인 문제가 있는 장애.

자폐스펙트럼장애

자폐스펙트럼장애(ASD)는 인지와 다른 사람과의 사회적 상호작용에 영향을 끼치는 신경발달적 장애이다(Durand, 2014). *DSM-5*는 이전에 포괄적인 용어인 전반적 발달장애(예, 자폐증, 아스퍼거장애 그리고 **아동기 붕괴성장애**) 아래에 포함되어 있는 대부분의 장애를 합쳐서 하나의 분류로 포함시켰다(American Psychiatric Association, 2013). 또한 대부분 여자에게 나타나는 유전적 상태인 **레트증후군**은 '레트증후군과 연관된' 또는 'MeCP2 돌연변이와 연관된'(레트증후군과 연관된 유전자)라는 수식어가 붙은 ASD로 진단이 된다. 그리고 *DSM-5*에서는 이전에 쓰이던 '비전형성'이라는 명칭은 삭제되었다. *DSM-5*의 새로운 분류인 사회적 의사소통장애(표 13.1)에서는 ASD 아동이 보이는 사회적 의사소통의 어려움은 있지만 제한되고 반복적인 행동은 나타나지 않는다. 이 아동들은 다른 사람들과 의사소통할 때 사회적 규율을 쉽게 배우지 못한다(예를 들어 방해하고, 너무 시끄럽게 이야기하고, 남의 이야기를 듣지 않음). 이런 아동들은 이전에 '비전형성 전반적 발달장애'의 범주로 분류되었다.

임상적 기술

*DSM-5*에 명시되어 있는 ASD의 대표적인 두 가지 특징은 (1) 사회적 의사소통 및 상호작용의 손상과 (2) 제한된 패턴의 행동, 관심사, 활동이다(American Psychiatric Association, 2013). 추가적으로 *DSM-5*에서는 장해가 초기 아동기부터 관찰되었으며, 일상적인 기능을 제한함을 명시한다. 각각의 특징이 보이는 장애의 심각성 정도가 이전에 서로 다른 자폐성장애, 자폐증, 아스퍼거, **비전형성 전반적 발달장애**로 진단되었던 아동을 변별해준다.

두 가지 신난 영역(사회적 · 의사소통 상호작용과 제한되고 반복적인 패턴의 행동, 관심 또는 활동)의 어려움의 정도를 나타내기 위해 *DSM-5*는 심각도에 따라 3가지 레벨을 도입했다. 레벨 1—도움이 필요함, 레벨 2—상당한 도움이 필요함, 레벨 3—심각하게 많은 도움이 필요함. 사회적 · 의사소통 상호작용과 제한되고 반복적인 패턴의 행동, 관심 또는 행동에 대해 독립적인 평가를 한다. 도움의 수준은 질적으로 기술되어 있고 양적인 기준은 아직 없다. 기준의 주관성으로 인해 ASD가 각 영역에서 극단의 수행을 보이지 않는다면 적절한 도움의 수준을 결정하는 데 다소 문제가 될 수 있다(Durand, 2014). 에이미의 사례를 보자.

에이미 ● 혼자만의 세상

3살 에이미는 하루의 대부분을 보푸라기를 떼며 보낸다. 떼어낸 보푸라기를 공중에 날리고 바닥에 떨어지는 것을 계속 보고 있다. 또한 손등을 핥고서 거기에 묻은 침을 계속해서 쳐다본다. 그녀는 아직 말을 하지 못하고 스스로 밥을 먹거나 옷을 입지 못한다. 하루에 여러 번 크게 소리를 질러서 처음에 이웃들은 그녀가 학대를 당한다고 생각했다. 그녀는 엄마의 사랑과 돌봄에는 관심이 없어 보이지만 엄마의 손을 잡고 냉장고로 향하기도 한다. 에이미는 버터를 먹는 것을 좋아한다. 그것도 덩어리째로 여러 덩어리를 한꺼번에. 에이미의 엄마는 에이미를 교육하고 적절한 행동을 하게 만들기 위해 버터를 이용한다. 스스로 옷을 입으려고 하거나 몇 분 동안 자리에 조용히 앉아 있으면 버터를 준다. 엄마는 버터가 좋지 않다는 것을 알지만 버터는 아이를 이해시키거나 뭘 하게 만드는 유일한 물건이다. 최근에 소아과 의사는 에이미의 발달 지연이 걱정된다며 전문가에게 검사를 받아 볼 것을 제안했다. 의사는 에이미가 자폐스펙트럼장애가 있을 것이라고 생각하고 아이와 그 가족에게 많은 지원이 필요할 것이라고 생각한다.

사회적 의사소통과 상호작용의 손상

ASD가 있는 사람의 대표적인 특징 중의 하나는 발달 연령에 맞는 사회적 관계를 맺지 못한다는 것이다(Schietecatte, Roeyers, & Warreyn, 2012; Wong & Kasari, 2012). 에이미는 항상 친구가 없고 목적이 있을 때만 어른과 접촉한다. 예를 들어 에이미는 자신이 원하는 것을 위해 어른의 손을 끌고 간다. 의사소통의 어려움과 사회적 어려움을 포함한 ASD의 승상에 관한 연구는 이 두 증상이 많이 겹친다는 것을 밝혀냈다(Frazier et al., 2012; Skuse, 2012). *DSM-5*는 이 두 증상을 하나의 일반적인 증상(사회적 의사소통과 상호작용)으로 합쳐서 분류하고 있다. 사회적 의사소통과 상호작용의 어려움은 세 가지 유형으로 분류된다—사회적 상호작용(사회적 상호작용을 주고받는 것의 실패), 비언어적인 의사소통 그리고 사회적 관계를 개시하고 유지하는 데 모두 문제가 있을 때 ASD 진단을 받는다.

심각한 ASD 증상을 가지고 있는 사람은(이전에는 자폐증 진단을 받은 사람) 사회적 상호작용 중에서 **공동 주의**에 어려움을 보인다(Gillespie-Lynch et al., 2012; Schietecatte et al., 2012). ASD가 아닌 유아가 자기가 좋아하는 장난감을 보았을 때 유아는 엄마를 쳐다보고 웃고 장난감을 보고 다시 엄마를 쳐다볼 것이다. 이러한 사회적 행위는 장난감에 대한 흥미뿐만이 아니라 이러한 흥미를 다른 사람과 나누고자 하는 바람을 나타낸다. 이런 행동은 ASD가 있는 사람에게는 제한되어 나타난다. 경미한 ASD 증상을 가지고 있는 사람에게(이전에는 아스퍼거 장애를 진단받은 사람), 이러한 사회적 상호작용의 부족은 자기 중심성과 다른 사람들이 관심을 보이는 대상에 흥미를 갖지 않는 방식으로 나타날 수 있다.

정교한 안구 추적 기술을 이용하는 연구는, 발달하면서 사회적 기능 손상이 어떻게 변화하는지를 보여준다. 한 고전 연구에서 과학자가 ASD가 있는 성인 남성에게 영화에서 나오는 몇 장면을 보여주고 정상 성인 남성이 보는 장면과 어떻게 다른지 비교했다(Klin, Jones, Schultz, Volkmar, & Cohen, 2002). 정상 성인 남성은 사진에서 사회적으로 의미가 있는 것들을 봤다면(대화하는 사람들의 눈을 번갈아 가며 보기), ASD 성인 남성(빨간 선)은 비사회적인 면(배우의 입과 겉옷)만 본다는 것을 알 수 있다. 이 연구는 아직 정확히 밝혀지지 않았지만 ASD가 있는 사람들이 사회적인 상황에 관심이 없을 수도 있다는 것을 시사한다.

비언어적 의사소통의 결핍은 심각한 ASD 아동에서부터(예, 원하는 것을 가리키지 못함) 경미한 증상의 ASD(예, 타인 옆에 너무 가까이 서 있음) 아동 모두에게 나타난다. 경미한 ASD가 있는 사람은 말을 할 때 적절한 얼굴 표정이나 목소리의 톤(운율이라고 하기도 함)을 표현하지 못하거나 비언어적 측면에서 어색한 모습을 보인다(Paul, Augustyn, Klin, & Volkmar, 2005). 마지막으로 사회적 상호작용과 비언어적 의사소통의 결핍은 세 번째 증상—사회적 관계를 유지하지 못하는 것—과 결합되어 영향을 줄 수 있다.

ASD 진단을 받은 사람 중 대략 25%는 자신이 원하는 것에 대해 효과적으로 의사소통을 할 수 있을 만큼 충분한 언어능력을 발달시키지 못한다(Anderson et al., 2007). 아이들의 경우 의사소통이 비정상적이다. 다른 사람의 말을 반복하는 반향어가 나타나기도 하는데, 이는 전에 말한 것처럼 언어 발달 지연의 징조이다. 이 아이들에게 누가 "내 이름은 에일린이야, 네 이름은 뭐니?"라고 묻는다면 이 아이들은 "에일린. 네 이름은 뭐니?"라고 그대로 따라할 것이다. 말을 따라하는 것뿐만 아니라 억양을 따라하기도 할 것이다. 몇몇 자폐스펙트럼 진단을 받은 사람은 말을 많이 할 수도 있지만 사회적 결핍이나 제한된 흥미 때문에 자신이 말하고 싶은 것에 대해서 일방적으로 말한다.

제한되고 반복적인 패턴의 행동, 관심 또는 활동

더 두드러지는 ASD의 특징은 제한되고 반복적인 패턴의 행동, 관심

▲ 과학자들은 자폐증이 있는 사람들이 어떻게 사회적 상호작용을 보는지 연구하고 있다. [출처 Klin, A., Jones, W., Schultz, R., Volkmar, F., & Cohen, D. (2002). Defining and quantifying the social phenotype in autism. *American Journal of Psychiatry, 159*, 895-908.]

또는 활동이다. 에이미는 물건들이 같은 자리에 그대로 있는 것을 좋아한다. 조그만 변화라도 생기면(예를 들어 에이미의 방에서 장난감을 옮기는 것) 극도로 짜증을 낸다. 이렇게 변화를 주지 않는 것을 선호하는 것을 단조로움의 유지라고 한다. ASD는 계속해서 원을 그리며 돌거나, 고개를 한쪽으로 젖히고 계속해서 손을 눈앞에서 움직이는 행동을 하거나, 손을 깨무는 행동과 같은 상동행동 및 의식적 행동을 하는 데 많은 시간을 보낸다(Durand, 2014).

통계

현재 추정되고 있는 자폐스펙트럼장애의 비율은 이전 *DSM-IV-TR*과

자폐스펙트럼장애(autism spectrum disorder, ASD) 사회적 상호작용, 의사소통에 심각한 어려움이 있고 제한된 패턴의 행동, 관심사, 활동을 보임.

아동기 붕괴성 장애(childhood disintegrative disorder) 2~4년간의 정상적인 발달 후에 언어, 적응적 행동, 운동기술에서 심각한 퇴행을 보이는 전반적 발달장애.

레트 증후군(Rett syndrome) 끊임없는 손 털기, 지적장애, 손상된 운동 기술을 특징으로 하는 퇴행성 신경학적 발달장애.

비전형성 전반적 발달장애(pervasive developmental disorder not otherwise specified) 18세 이전에 여러 영역에 걸쳐 중요하고 지속적인 역기능을 보임.

공동 주의(joint attention) 다른 사람과 함께 어떤 대상(사람, 사물 개념)에 대한 공통된 주의를 공유할 수 있는 능력.

운율(prosody) 말할 때의 강세와 억양의 패턴.

A. 다양한 분야에서 나타나는 사회적 의사소통과 사회적 상호작용의 지속적인 결함으로 현재 또는 과거에 다음의 특징이 나타난다.

1. 예를 들어 비정상적인 사회적 접근 또는 일반적인 대화의 주고받음의 실패, 흥미나 감정의 공유 감소 그리고 사회적 상호작용의 개시나 응답 실패와 같은 사회적·감정적 상호작용의 결함

2. 사회적 상호작용에 필요한 비언어적 의사소통 행동의 결함. 예를 들어 언어적, 비언어적 의사소통의 통합의 실패, 비정상적인 눈맞춤과 신체언어 또는 제스처의 이해와 이용의 결함, 얼굴 표정과 비언어적 의사소통의 전반적인 결핍

3. 관계 발전, 유지 그리고 이해에 대한 결함. 예를 들어 다양한 사회적 맥락에서 적절한 행동의 어려움, 상상놀이를 공유하거나 친구를 사귀는 데 어려움, 또래에 대한 흥미 결핍

B. 행동, 흥미, 활동의 제한적, 반복적인 패턴이 현재 또는 과거에 다음 중 적어도 두 개 이상으로 나타난다.

(1) 상동적이거나 반복적인 움직임, 물건 사용, 언어 (2) 똑같은 것에 대한 고집, 일상적인 것에 대한 비융통성 또는 언어 또는 비언어적 행동의 의례적 패턴 (3) 강도나 초점에 있어서 비정상적으로 매우 제한되고 고정된 흥미 (4) 감각적인 환경에 대해서 과잉 또는 과소 반응

C. 증상은 초기 발달 시기에 나타나지만, 사회적 요구가 개인의 제한된 능력을 넘어서기 전까지는 증상이 완전히 나타나지 않거나 학습된 기술로 드러나지 않을 수 있다.

D. 이러한 증상은 사회적, 직업적 또는 다른 중요한 현재 기능 영역에서 임상적으로 상당한 손상을 야기시킨다.

E. 이러한 장애의 방해는 지적장애 또는 다른 발달 지연으로 설명되지 않는다. 지적장애와 자폐스펙트럼장애는 주로 함께 나타날 수 있다. 지적장애와 자폐스펙트럼장애를 함께 진단하기 위해서는 사회적 의사소통이 현재 발달수준으로 기대되는 것보다 낮아야 한다.

출처: American Psychiatric Association. (2013). *Diagnostic and statistical manual of mental disorder*(5th ed.). Washington, DC.

ICD-10 분류에 기반한다(Lord & Bishop, 2010). 최근에는 자폐스펙트럼장애의 유병률이 증가하고 있지만, 이전에는 흔하지 않은 병(예, 10,000명 중 1명)으로 생각되었다. 예를 들어 2013년 미국질병통제예방센터는 50명의 학령기 아이들 가운데 평균 1명이 자폐스펙트럼장애 진단을 받는다고 보고했다(Blumberg, Bramlett, Kogan, Schieve, & Jones, 2013). 비율이 증가한 이유는 전문가와 대중들의 관심이 증가한 것뿐 아니라(Frombonne, Quirke, & Hagen, 2011) *DSM* 버전의 변화 때문일 수 있다(Miller et al., 2013). 이러한 변화의 이유는 복잡하지만 또 다른 환경적인 요인(예, 임신 중 독성에 노출)의 영향을 배제할 수 없다(Frombonne et al., 2011; Liu & Bearman, 2012).

자폐스펙트럼장애는 남자와 여자의 비율이 4.4 : 1로 성차가 명백하다(Frombonne et al., 2011). 자폐스펙트럼장애는 스웨덴(Gillberg, 1984), 일본(Sugiyama & Abe, 1989), 러시아(Lebedinskaya & Nikolskaya, 1993) 그리고 홍콩(Chung, Luk, & Lee, 1990)을 포함하여 전 세계적으로 나타나는 보편적인 현상이다.

자폐스펙트럼장애가 있는 사람들의 IQ는 제한된다. 자폐스펙트럼장애를 가지고 있는 사람들의 대략 38%가 지적장애(IQ 70 미만으로 적응 기능의 결손이 있고 18세 이전에 나타남)를 가지고 있는 것으로 추정된다(미국질병통제예방센터, 2012). 지능검사는 예후를 보기 위하여 사용된다. IQ 점수가 높은 아이들일수록 가족이나 전문가의 도움이 덜 필요하다. 반대로 IQ 점수가 낮은 어린 아이들일수록 의사소통 기술을 습득하는 데 심각한 지연이 있고 자라면서 교육적으로나 사회적으로 지지가 많이 필요하다.

원인: 심리적·사회적 관점

자폐스펙트럼장애는 하나가 아닌 복잡한 이유에서 나타난다(Fein, 2011; Lord & Bishop, 2010). 다양한 생물학적인 요소가 심리사회적인 영향과 결합하는 것이다. 역사적 맥락은 연구를 이해하는 데 중요하기 때문에 가장 최근의 자폐스펙트럼 관련 이론뿐만이 아니라 과거의 것도 알아보는 것이 중요하다(이렇게 하기 위해 앞서 이 책에서 생물학적인 관점을 먼저 설명했던 것과는 다른 형식으로 설명할 것이다).

역사적으로 자폐스펙트럼장애는 부모의 잘못된 양육이 원인이라고 여겨졌다(Bettelheim, 1967; Ferster, 1961; Tinbergen & Tinbergen, 1972). 심각한 자폐스펙트럼장애를 가지고 있는 아이들의 부모는 완벽주의적이고, 냉소적이고(Kanner, 1949), 냉담한 성격, 높은 사회경제적 지위(Allen, DeMyer, Norton, Pontius, & Yang, 1972), 일반 사람들보다 높은 지능지수(Kanner, 1940)를 가진 것으로 알려져 있다. 이러한 특징은 아이들의 이상행동이 부모의 책임이라는 이론을 가져왔다. 이 견해는 아이들의 문제에 죄책감을 느끼고 책임감을 느끼는 부모들에게는 충격이었다. 아이에게 냉소적으로 대했던 것이 심각하고 영구적인 장애를 야기시켜 비난받는다고 상상해 보라. 많은 아이들과 부모들을 대상으로 한 정교한 연구는 자폐아동이 있는 부모와 장애가 없는 아동의 부모가 크게 다르지 않음을 보여주었다(Bhasin

& Schendel, 2007).

자폐스펙트럼장애의 원인에 대한 다른 이론들은 일부 아이들이 보이는 비정상적인 언어 패턴에 근거한다. 즉, 나와 나를과 같은 1인칭 대명사를 쓰는 대신에 그와 그녀를 이용하는 것을 말한다. 예를 들어 자폐스펙트럼 장애가 있는 아동에게 "마실 것 필요하니?"라고 묻는다면 "그는 마실 것이 필요해요"("나는 마실 것이 필요해요"를 뜻하는)라고 대답할 것이다. 어떤 이론가들은 이런 특징을 근거로 자폐스펙트럼장애가 자아인식의 부족에서 나타나는 증상이라고 보기도 하였다 (Goldfarb, 1963; Mahler, 1952). 자신의 존재에 대해 이해하지 못한다고 상상해 보자. '나'는 없고 '그들'만 있다. 자폐스펙트럼장애가 있는 사람들의 이런 빈약한 세계관이 그들의 비정상적인 행동을 설명하는 데 사용되었다. 이론가들은 자폐스펙트럼장애가 있는 사람들의 철회 행동이 자신의 존재에 대한 인식의 부족함을 반영한다고 설명했다.

그러나 최근 연구는 자폐스펙트럼장애가 있는 사람들이 자기인식이 있고(Lind & Bowler, 2009) 발달과정을 따른다는 것을 보여준다. 장애가 없는 아이들과 마찬가지로 18~24개월 사이의 평균보다 인지능력이 낮은 아동들은 자기인식이 거의 없거나 제한되지만, 기능이 좋은 아이들은 자기인식을 할 수 있다. 자폐스펙트럼장애가 있는 사람이 인지장애 또는 지연이 있는 경우에는 자기개념이 부족할 수 있지만 자폐스펙트럼장애 때문만은 아니다.

자폐증에 대한 신화는 이 장애의 독특한 특징이 두드러지는 상황에서 지속된다. 이는 더스틴 호프만이 출연했던 영화 〈레인맨〉에서 잘 드러난다. 영화에서 자폐성을 가진 그는 바닥에 떨어진 몇백 개의 이쑤시개를 순간적으로 정확하게 셀 수 있었다. 서번트 기술(savant skills)이라 불리는 이 유형의 능력은 모든 ASD에게 다 나타나는 것은 아니다. 심각한 자폐증을 가진 사람은 서번트 능력을 가지고 있지 못하지만, 약 1/3의 자폐증에게서 이런 특별한 능력이 보고된다 (Howlin, Goode, Hutton, & Rutter, 2010). 이런 예외적인 능력은 우수한 수준의 작업기억과 주의집중의 결과로 보인다(Bennett & Heaton, 2012). 현실과 잘못된 신화를 구별하는 것은 중요하며 이런 단편적인 모습은 이 복잡한 장애의 다양한 측면을 정확하게 보여주지 못함을 인식해야 한다.

원인: 생물학적 관점

사회적 의사소통에 있어서의 결함과 제한되고 반복적인 행동 및 관심과 같은 특징은 생물학적인 원인 때문에 나타난다. 뒷부분에 설명될 ASD의 생물학적인 영향은 연구를 통해 지지를 받았다.

유전적 영향

ASD에 유전적인 영향이 크다는 것은 이제 명백한 사실이다. ASD와 관련된 유전학은 상당히 복잡하지만(Addington & Rapoport, 2012; Klei et al., 2012), 중간 정도의 유전가능성을 시사한다(Hallmayer et al., 2011; Rutter, 2011a). 수많은 염색체의 유전자가 자폐스펙트럼장애와 연관이 되어 있다(Li, Zlu, & Brown, 2012). 또한 조현병과 같은 다른 심리장애와 마찬가지로 많은 유전자들이 연관되어 있지만 각각의 유전자의 영향은 상대적으로 작다.

자폐스펙트럼장애 아동이 있는 가족 중에 형제자매가 같은 장애를 가지고 태어날 확률은 20%이다(Ozonoff et al., 2011). 이 비율은 일반 사람들에 비해 100배는 높은 비율이며 유전적인 영향이 있음을 강력하게 뒷받침해준다. 자폐스펙트럼장애에 영향을 미치는 정확한 유전자에 대한 정보는 아직 찾기 힘들다. 뇌화학물질 옥시토신과 관련된 유전자가 특히 주목받고 있다. 옥시토신이 타인과 유대관계를 맺는 것과 사회적인 기억에 영향을 미치는 것으로 보이기 때문에 과학자들은 이 신경화학물질과 연관된 유전자가 장애에 영향을 미치는지 알아보고 있다. 이전의 연구들이 자폐스펙트럼장애와 옥시토신수용체 사이의 연관성을 발견했다(Wermter et al., 2010).

신경생물학적 영향

유전 영역처럼 자폐스펙트럼장애에서 관찰되는 사회적 의사소통과 행동 문제들을 설명하기 위해 다양한 신경생물학적 측면이 연구되고 있다(Fein, 2011). 흥미로운 이론 중 하나는 4장에서 설명한 불안과 공포와 같은 감정에 관여하는 편도체에 대한 연구이다. 자폐스펙트럼장애가 있던 사람들에 대한 사후 뇌연구는 이들의 편도체가 정상인들과 크기는 같았지만 뉴런의 수가 더 적었다고 보고했다 (Schumann & Amaral, 2006). 또 다른 연구는 자폐스펙트럼장애 아동의 편도체의 크기가 더 크다는 것을 밝혀냈다. 자폐스펙트럼장애 아동의 편도체는 이른 시기에 빠르게 활성화되고 이것이 극도의 불안이나 공포(사회적 위축의 원인이 되는)를 야기시킨다는 이론이 제안되고 있다. 이 이론에서는 지속되는 스트레스로 인해 스트레스 호르몬 코르티솔의 분비가 편도체를 손상시키고 이것이 성인기 뉴런 수의 감소와 연관된 것으로 본다. 손상된 편도체는 자폐스펙트럼장애가 있는 사람이 사회적 상황에서 다르게 반응하는 것을 설명해준다 (Lombardo, Chakrabarti, & Baron-Cohen, 2009).

유전학 부분에서 다루었던 또 다른 신경생물학적인 영향에는 신경펩타이드 옥시토신이 있다. 이것이 사회적 유대관계에 영향을 주고 믿음을 가지게 하며 공포를 감소시켜주는 사회적 신경화학물질이라는 것을 기억하자. 어떤 연구는 자폐스펙트럼 아동의 혈액에 옥시토신 수치가 낮으며(Modahl et al., 1998), 자폐스펙트럼장애가 있는 사람에게 옥시토신을 주입했을 때 이 장애의 문제 증상인 감정적인 개념(행복한 얼굴을 기억하는 것과 같은)에 대한 정보를 처리하고 기억하는 능력이 향상한다는 것을 발견했다(Guastella et al., 2010).

크게 논쟁이 되고 있는 한 가지 이론은 수은—특히, 이전에 아동기 백신에 보존제로 사용되었던 수은(티메로살)—이 ASD 증가의 원인이라는 것이다. 덴마크에서 수행된 대규모의 역학 연구는 백신접종을 받은 아동에게서 ASD의 위험을 높이지 않음을 보여주었다(Madsen et al., 2002; Parker, Schwartz, Todd, & Pickering, 2004). 추가적으로, 최근 연구는 일부 가정에서 걱정하는 백신접종의 수는 ASD의 위험을 높이지 않음을 보여준다(DeStefano, Price, & Weintraub, 2013). 이런 확실한 근거에도 불구하고 홍역, 볼거리, 파상풍(12~15개월)에 대한 백신주사 시기와 ASD가 처음 나타나는 시기(3세 이전)의 관련성이 이 둘 사이에 연관이 있다는 많은 가족들의 믿음을 지속시키고 있다. 이런 우려의 부정적인 결과로 일부 부모들은 자녀에게 백신을 맞히지 않고 있고, 이는 미국을 비롯한 여러 나라에서 홍역과 볼거리의 증가를 초래했다(Centers for Disease Control and Prevention, 2011).

치료

대부분의 치료에 관한 연구는 심각한 형태의 자폐스펙트럼장애를 가진 아동들에게 집중되었기 때문에 먼저 이런 아동을 위한 치료에 대해 논의할 것이다. 덜 심각한 형태의 자폐스펙트럼장애(사회적 기술을 가르치는 데 초점을 맞춘)에 대한 연구 또한 증가하고 있기 때문에 이것에 대해서도 논의할 것이다. 자폐스펙트럼장애에 대해 일반화할 수 있는 것은 아직 완전히 효과적인 치료법이 존재하지 않는다는 것이다. 이들이 경험하는 사회적 의사소통 문제를 감소시키기 위한 시도는 지금까지 성공적이지 못했다. 오히려 자폐스펙트럼장애를 치료하기 위한 노력은 의사소통 능력, 일상생활 기술을 향상시키는 데 그리고 떼쓰기, 자해행동과 같은 문제행동을 감소시키는 데 중점을 둔다(Durand, 2014). 아래에서 자폐스펙트럼장애 아동을 위한 조기 개입을 포함하여 이러한 치료에 대해 다룬다.

심리사회적 치료

의사소통과 언어에 대한 문제는 자폐스펙트럼장애의 특징 중의 하나이다. 자폐스펙트럼장애가 있는 사람 중 많은 사람들이 의미 있는 의사소통을 하지 못한다. 그들은 의사소통에 제한이 있거나 반향어와 같은 정상적이지 않은 의사소통을 하는 경향이 있다. 사람들이 정상적으로 의사소통을 하게 가르치는 것은 어렵다. 우리가 언어를 어떻게 가르치는지 생각해 보자. 대부분 모방을 통해서이다. 하지만 자폐스펙트럼장애가 있는 아동들은 모방하지 않으려 하거나 하지 못한다.

1960년대 중반에 Ivar Lovaas와 동료들은 심각한 자폐스펙트럼장애가 있는 아동들이 다른 사람의 말을 모방하는 것에 어려움이 있음을 보여주기 위한 역사적인 첫걸음을 내디뎠다(Lovaas, Berberich, Perloff, & Schaeffer, 1966). 그들은 아이들이 선생님을 보면서 어떠한 소리를 내든 음식과 칭찬으로 강화를 주었다. 아이들이 그 단계를 성공하면, "'공'이라고 말해"와 같이 선생님이 요구를 했을 때 '공'이라는 소리를 내었을 때만 강화를 주었다(변별 훈련이라 함). 선생님의 요구에 따라 아이가 어떠한 소리를 내기 시작하면 선생님은 "ㄱ"과 같이 요구하는 소리에 가까운 반응을 얻어내기 위해 조성(shaping)을 이용한다. 이 과정은 아이가 다양한 요구에 정확하게 대답하고 선생님의 단어나 구를 모방할 수 있을 때까지 계속된다. 아이가 모방을 할 수 있게 되면, 의사소통은 더 쉬워지고 복수형, 문장 그리고 다른 복잡한 형태의 언어를 가르치는 데 진전이 있었다(Lovaas, 1977).

최근에 이런 유형의 교수법을 좀 더 자연스럽게 만들려는 다양한 접근법이 소개되었다. 즉, 아동과 교사가 책상에서 지시를 내리는 것에서 벗어나 집, 학교, 지역사회 등 자연세팅에서 어른 주도보다 아동 주도 기술의 사용을 촉진하는 시도가 증가하고 있다(**자연적 교수 전략**)(Durand, 2014). 이러한 접근법에서는 아이의 흥미를 주도하는 환경을 조성하고(예, 손이 닿지 않는 곳에 가장 좋아하는 장난감 놓기) 가르칠 수 있는 기회로 사용할 수 있다(예, "트럭 주세요"라고 말해 봐!). 대다수의 근거기반 치료법은 우발적 교수(McGee, Morrier, & Daly, 1999), 중심축 반응 훈련(Koegel & Koegel, 2012) 그리고 환경 요법(Hancock & Kaiser, 2012) 등의 접근법을 많이 사용한다. 이러한 기술들이 심각한 자폐스펙트럼장애 아동들의 다양한 사회적 의사소통 기술을 향상시키는 것으로 보인다(Goldstein, 2002).

자폐스펙트럼장애가 있는 사람들의 가장 큰 특징 중이 하나는 다른 사람에 대한 비정상적인 반응이다. 사회적 기능 손상은 자폐증이 있는 사람이 경험하는 대표적인 문제로 가르치기 가장 힘든 영역이기도 하다. 많은 치료들은 자폐스펙트럼장애가 없는 동료를 훈련자로 포함하여 사회적 기술(예를 들어 대화를 어떻게 이어나가고 다른 사람에게 어떻게 질문하고 등)을 가르치고 있고, 실제 이를 통해 사회적 기술을 향상시킬 수 있다는 증거들이 있다(Durand, 2014).

로스엔젤레스의 캘리포니아 주립대학교에서 Lovaas와 동료들은 아동들을 대상으로 한 조기 개입 결과를 보고하였다(Lovaas, 1987). 연구자들은 자폐증으로 진단받은 아이들의 의사소통과 사회적 기술의 어려움을 줄이기 위해 일주일에 40시간 이상으로 집중 행동치료를 하였고, 그 결과 집중 행동치료가 아동의 지적 그리고 교육적 기능을 향상시키는 것으로 나타났다. 추후 연구는 이 향상이 장기적으로 지속된다고 보고했다(McEachin, Smith, & Lovaas, 1993). 자폐스펙트럼장애가 있는 영유아를 대상으로 한 추후 연구는 구체적으로 공동 주의와 놀이 기술(사회적 발달에 문제가 있음을 가장 빨리 알 수 있는 지표)을 목표로 했다. 조기에 이러한 기술에 집중을 하는 것은 아이가 더 정교한 사회적인 기술을 발달시키는 데 중요한 도움을 준다(Poon, Watson, Baranek, & Poe, 2012). 많은 연구들은 자폐스펙트럼장애가 있는 영유아들도 기술 습득이 가능함을 보여 주었고(Lawton & Kasari, 2012: Wong & Kasari, 2012), 추후 연구자료는 이러한 접근이 언어 발달을 촉진시킨다고 보고한다(Kasari, Gulsrud, Freeman, Paparella, & Hellemann, 2012). 일부 흥미로운 연구는 집중 조기 개입을 받은 아이들이 치료를 받지 않은 아동과 비교하여 뇌발달의 기능을 '정상화'시킬 수도 있다고 주장한다(Dawson et al., 2012; Voos et al., 2013).

경도 자폐스펙트럼장애가 있는 아동은 심각한 자폐스펙트럼장애가 있는 아동에게서 발견되는 인지 지연이 나타나지 않으며, 도움이 있으면 학교에서 잘 생활할 수 있다. 그러나 이들의 사회적 어려움과 공존 문제들(예, ADHD, 불안)은 친구들 또는 선생님과 어울리는 것을 어렵게 만들고 문제행동을 유발하기도 한다. 학령기의 아동들이 적절한 사회적 상호작용, 문제해결, 자기 통제, 다른 사람의 감정 알아차리기, 좁은 범위의 흥미 확대하기 그리고 비문자 관용구(non-literal idioms, "할 일이 태산이다"같은 표현처럼 글자 그대로의 의미와는 다른 의미가 있다는 것을 이해하는 것)를 이해할 수 있는 능력을 키울 수 있도록 도와주는 프로그램들이 많다(Karkhaneh et al., 2010; Koning, Magill-Evans, Volden, & Dick, 2011). 이러한 프로그램은 아직 초기 단계이며 자폐스펙트럼장애가 있는 사람들의 기능 향상에 효과적인 방법을 밝히는 연구가 필요하다.

생물학적 치료

의학적 치료는 사회적 및 언어적 핵심증상의 개선에 긍정적인 영향을 주지 못한다(Durand, 2014). 불안 감소를 위해 다양한 약물이 사용되고 있는데, 항정신병 약물과 세로토닌재흡수차단제가 가장 효과적이다(Volkmar et al., 2009). 자폐스펙트럼장애가 있는 사람들은 다양한 결함이 있기 때문에 하나의 약이 모든 사람에게 효과적일 수는 없다. 현재 대부분의 연구들은 특정 행동이나 증상을 위한 약물치료법을 찾는 데 중점을 두고 있다.

통합적 치료

조기 개입은 자폐스펙트럼장애가 있는 어린 아동들의 핵심증상 개선에 효과적인 치료로 각광받고 있다. 좀 더 나이 든 아동들과 조기 개입의 효과를 보지 못한 아동들에 대한 치료는 자폐스펙트럼장애가 보이는 다양한 측면들을 고려하여 접근한다. 대부분의 아이들에 대한 치료는 의사소통과 사회화의 문제를 돕는 사회적 지원을 제공하는 학교 교육이 포함된다. 행동치료는 이 영역에 가장 명확하게 효과를 준다. 약물치료 또한 일부의 아동들에게 일시적으로 도움을 줄 수 있다. 자폐스펙트럼장애 아동과 함께 살고 보살피는 것은 힘이 들고 스트레스를 많이 받을 수 있으므로 부모 또한 도움이 필요하다. 자폐스펙트럼장애 아동이 나이가 들면서, 치료는 생활, 작업 그리고 사회 적응에 초점을 맞춘다. 자폐스펙트럼장애가 있는 사람들의 능력 범위는 매우 다양하므로 치료에 대한 노력 또한 다양하다. 일부는 가족의 최소한의 도움으로 혼자 아파트에서 생활할 수 있다. 하지만 일부는 더 심각한 인지적 장애가 있어서 좀 더 포괄적인 사회적 수준의 도움을 필요로 한다.

개념 확인 13.2

다음 상황을 보고 장애를 진단하시오. (a) 매우 큰 도움이 필요한 자폐스펙트럼장애 (b) 도움이 필요한 자폐스펙트럼장애 (c) 레트증후군 (d) 사회적 의사소통장애

1. 어릴 때 드와이트는 지리 과목에 흥미가 높고, 모든 나라의 수도를 외울 수 있었다. 언어 발달 지연은 없지만 다른 아이들과 어울리는 것을 좋아하지 않고 다른 아이들이 만지는 것을 싫어한다. _____

2. 6살의 탄젤리크는 지능이 낮고 혼자서 구석에 앉아 있는 것을 좋아하며 인형을 나열하거나 원을 그리며 돈다. 말로 의사소통이 불가능하다. 조금이라도 규칙이 바뀌거나 부모가 자신이 원하지 않는 것을 시키려고 하면 심하게 떼쓰기를 한다.
_____

3. 6살의 메건은 의사소통에 문제가 많고 다른 아이들과 대화할 때 '규칙'을 이해하지 못하는 것처럼 보인다. _____

4. 5살의 알리시아는 상당히 심각한 지적장애가 있고 독립보행이 어렵다. 행동적 특징으로 지속적으로 손을 터는 행동을 보인다.
_____

자연적 교수 전략(naturalistic teaching strategies) 일상적인 장면(예, 집, 지역사회)에서 아동 주도의 활동을 통해 교육함.

지적장애(지적발달장애)

▶ 지적장애의 정의는 무엇이며 어떻게 분류되는가?

지적장애는 아동기에 나타나는 장애로 평균보다 현저하게 떨어지는 적응 기능과 지적 기능을 보이는 장애이다(Toth & King, 2010). 지적장애인은 일상활동에 어려움을 경험하는데 그 정도는 인지 결함 및 필요한 도움의 유형과 정도에 따라 다르다. *DSM-5*는 지적장애를 세 가지 기준에 따라 분류한다: 개념적인 기준(예, 언어, 추리, 지식 그리고 기억과 같은 영역의 결함), 사회적인 기준(예, 사회적 판단과 친구관계를 형성하고 유지하는 능력의 문제) 그리고 실용적인 기준(예, 개인관리 또는 직업적 책임의 문제)(American Psychiatric Association, 2013). 아마 이 책에서 배운 어느 집단보다 지적장애를 가진 사람들은 과거 내내 부끄럽다고 표현할 수밖에 없는 치료를 받아왔다(Scheerenberger, 1983). 극히 일부를 제외하곤 오랫동안 사회에서는 지적장애를 가진 사람들을 적절하지 않다고 간주하고 평가절하해왔다. *DSM-IV-TR*는 정신지체(mental retardation)라는 단어를 사용했지만, *DSM-5*에서 지적장애 혹은 지적발달장애(intellectual disability or intellectual developmental disorder)로 바뀌었다(American Psychiatric Association, 2013).

지적장애의 증상은 다양하다. 어떤 사람들은 복잡한 사회 속에서도 독립적으로 기능하며 살아간다. 예를 들어 Lauren Potter(다운증후군이 있는 배우)는 〈Glee〉라는 TV쇼에서 치어리더 역할을 맡기도 했다. 지적장애가 있는 사람들 중 일부는 인지적, 신체적 손상으로 일상생활의 활동에 상당한 도움을 필요로 한다. 제임스의 사례를 보자.

임상적 기술

지적장애가 있는 사람들의 능력과 성격은 광범위하게 다르다고 할 수 있다. 제임스처럼 장애가 심하지 않은 경우 적절한 준비를 통해 일상활동을 할 수 있게 도울 수 있다. 지적장애를 가진 사람들의 다수는 대중교통수단을 이용하는 법, 식료품을 사는 법, 다양한 종류의 직업훈련이 가능하다. 장애가 좀 더 심각하면 먹기, 목욕하기, 옷 입기에 도움이 필요하지만 적절한 훈련과 도움을 받으면 어느 정도 자립이 가능하다. 지적장애가 있는 경우 대부분의 영역에서 기능적인 장애를 경험하는데, 특히 언어와 대화 능력에 장애가 좀 더 분명하게 드러난다. 제임스의 경우 언어와 대화 능력에 약간의 장애가 있고 발음이 부정확하다. 그러나 더 심각한 지적장애를 가진 사람들은 대화하는 법을 배우지 못해 가장 기본적인 요구 사항을 표현하는 데 수화나 특수 통신 기기와 같은 대안이 필요하다. 학습장애가 있는 지적장애인들은 인지 발달에 부정적인 영향을 받기 때문에 장애의 심각도에 따라 할 수 있는 일이 달라진다.

지적장애에 대한 구체적 기준을 검토하기 전에 11장에서 설명한 성격장애와 마찬가지로 지적장애는 *DSM-IV-TR*의 2축에 포함됨을 기억하자. 지적장애가 2축에 포함되는 이유는 첫째, 이 장애가 만성적이며 치료의 영향을 덜 받기 때문이고 둘째, 임상가들이 이 장애가 1축 장애에 영향을 주는 정도를 고려해야 하기 때문이다. 따라서 1축(예를 들면, 범불안장애)과 2축(예를 들면, 경미한 지적장애)을 함께 고려해 진단한다. *DSM-5*에서는 다축진단체계를 사용하지 않는다.

지적장애에 대한 *DSM-5* 진단기준에서는 이전 버전에서 있었던 IQ 절단 점수를 더 이상 사용하지 않는다. *DSM-5*에서 지적장애로 진단받기 위해서는 유의하게 낮은 지적 기능을 보여야 하는데, IQ 검사를 통해 *DSM-5*에서 정한 절단 점수인 70을 넘지 말아야 한다. 미국지적장애및발달장애협회(The American Association on Intellectual and Developmental Disabilities, AAIDD)는 *DSM-5*와 비슷한 지적장애에 대한 정의를 따르는데 IQ 70~75점을 절단 점수로 사용한다(Thompson et al., 2009; Toth & King, 2010).

지적장애의 두 번째 기준은 적응기능에서의 결함(concurrent deficits)이다. 이는 지적장애 진단에 '70 이하'의 IQ 점수만으로 충분하지 않으며, 다른 영역에서 분명한 어려움을 가지고 있어야 함을 의미한다. 예를 들면 의사소통, 자기관리, 가정생활, 사회적 및 대인관계 기술, 지역사회자원 활용, 자조능력, 기초 학습기술, 여가, 건강 그리고 안전과 같은 것들이 이에 속한다. 제임스의 경우 의사소통 능력과 사회 및 대인관계 기술(여러 명의 좋은 친구가 있음)과 같은 많은 강점을

▲ Lauren Potter(다운증후군 여배우). 인기 드라마 〈Glee〉에서 베키 잭슨 역할을 맡았다.

가지고 있지만, 자조 영역인 가정생활, 건강 그리고 안전이나 학업적 분야에서 또래만큼의 능력을 가지고 있지 않다. 지적장애를 진단하는 두 번째 기준은 사회에서 잘 기능할 수 있지만 IQ 검사에서만 낮은 점수가 나오는 사람들을 배제한다는 측면에서 중요하다. 예를 들어 또래와 비슷한 수준의 적응 기능을 가진 사람이 모국어가 아닌 다른 언어로 IQ 검사를 받게 되면 형편없는 점수를 받을 수도 있기 때문에 70이하의 IQ 점수가 나오더라도 지적장애로 분류하지 않는다.

지적장애의 마지막 기준은 발병 연령이다. 만 18세 이전에 평균보다 낮은 지적 수준과 적응 능력이 분명하게 드러나야 한다. 이 기준은 개인에 따라 발달에 분명한 문제가 나타나는 시기가 다를 수 있기 때문에 포함되었다. 이 발병 연령에 대한 기준에 따라 뇌외상이나 치매로 인한 능력 손상은 지적장애 진단기준에서 배제된다. 만 18세는 다소 임의적이지만, 대부분의 아이들이 학교를 떠나는 나이이자 사회에서 성인으로 간주되는 나이이기 때문에 18세가 기준으로 정해졌다.

지적장애에 대한 정의는 모호한 부분이 있다. 다른 어떤 장애보다 사회적으로 정의된다. 70점 또는 75점이라는 절단 점수는, 지적장애가 있을 것으로 추정되는 사람들의 고유한 특성이 아니라, 통계적 개념(평균에서 표준편차 2 이상 떨어져 있는)에 의한 기준이다. 아주 심각한 지적장애를 가진 사람들을 진단하는 데는 문제가 없지만, 대다수의 지적장애를 진단받은 사람들은 경미한 인지장애를 보인다. 지적장애인들은 지원과 도움이 필요하지만 지적장애 기준을 구분 짓는 다소 임의적인 IQ 점수는 사회적 기대가 변함에 따라 부분적으로 바뀔 수 있음을 명심해야 한다.

지적장애를 가진 사람들의 장애의 정도는 서로 크게 다르다. 지적장애를 분류하는 거의 모든 체계는 능력이나 지적장애의 원인에 따

DSM

5 DSM 진단기준 요약 지적장애(지적발달장애)

지적장애는 발달 시기에 시작되며 지적 기능과 적응 기능의 개념적, 사회적, 실용적 영역의 결함을 포함한다. 다음 세 가지 기준이 충족되어야 한다.

A. 표준화된 지능검사와 임상 평가로 확인된 추론, 문제해결, 계획, 추상적 생각, 판단, 학업 습득 그리고 경험학습과 같은 지적 기능에 결함이 있다.

B. 적응 기능의 결함으로 발달적, 사회문화적 표준을 만족시키지 못한다. 지속적인 도움 없이는 집, 학교, 직장, 사회 등 다양한 환경에서 의사소통, 사회적 참여, 독립적 생활과 같은 활동에 제한을 받는다.

C. 지적 결함 그리고 적응 결함은 발달 시기에 시작된다.

출처: American Psychiatric Association. (2013). *Diagnostic and statistical manual of mental disorders* (5th ed.). Washington, DC.

지적장애(intellectual disability, ID) 지능검사에서 평균 미만의 점수를 나타내며 일상생활에서 기능하는 데 제한이 있을 때 진단됨. 18세 이전에 자조행동이나 작업활동과 같은 적응 기능의 결손과 함께 지적 기능의 심각한 미달을 보임.

라 다소 차이가 있다(Holland, 2012). 전통적으로 지적장애는 네 가지 등급으로 분류된다. IQ 점수가 50~55에서 70인 경우는 경도, 35~40점에서 50~55점 사이는 중등도, 20~25점에서 35~40점은 중도, 20~25미만의 IQ점수는 최중도에 속한다. 개인의 평균 성취도 정도에 따라 각 등급별로 지적장애를 분류하는 것은 쉽지 않다. 일반적으로 중도나 최중도 지적장애를 가진 사람은 의사소통 능력이 극히 제한된다(말을 못하거나 한두 단어만 사용). 또한 옷 입기, 목욕하기, 식사에 도움이 필요할 수 있다. 하지만 이 등급의 진단을 받은 사람들은 훈련과 효과적인 지원이 주어진다면 다양한 범위의 기능을 습득할 수 있다. 마찬가지로 제임스처럼 경도나 중등도 지적장애를 가진 사람들은 독립적으로 또는 최소한의 감독하에 생활이 가능하다. 이 역시 교육과 지역사회의 지원 정도에 따라 성취 정도가 달라질 수 있다.

AAIDD에서 소개한 지적장애 정의에서는 지적장애인들이 필요로 하는 지원이나 도움이 필요한 정도에 따라 장애의 등급을 간헐적인(intermittent) 수준, 제한적인(limited) 수준, 광범위한(extensive) 수준, 전반적인(pervasive) 수준으로 분류한다(Thompson et al., 2009). AAIDD 체계에서는 '도움이 필요한 정도'에 따라 기능의 등급을 나눈 반면, DSM-5는 개인의 능력을 유일한 결정 요인으로 보고 분류하였는데 이는 논란이 되고 있다.

AAIDD 체계는 도움을 필요로 하는 특정 지원 영역에 초점을 둔다. DSM-5에서 제임스는 '중도 지적장애'의 진단을 받지만, AAIDD 진단을 따르게 되면 '가정 생활, 건강과 안전 그리고 학업적 기능에 제한된 도움이 필요한 지적장애인'으로 진단받는다. AAIDD 체계에 의한 지적장애의 정의는 제임스와 같은 지적장애인들이 필요로 하는 지원 유형과 환자의 능력과 잠재력을 고려하여 어떤 도움이 가능한지에 따라 구분이 되어야 함을 강조한다.

통계

약 90%의 지적장애인들은 경도 지적장애에 속한다(IQ 50에서 70). 중도, 중등도, 최중도의 지적장애를 가진 사람들(IQ 50 미만)을 포함하면 이들 지적장애는 전체 인구의 약 2%를 차지한다(Cooper & Smiley, 2012).

지적장애는 만성적인데 이는 물질사용장애나 불안장애와 같이 완화가 가능한 장애가 아니라는 뜻이다. 하지만 지적장애인의 예후는 상당히 다양하다. 적절한 훈련과 지원이 있을 경우 덜 심각한 지적장애인은 상대적으로 독립적이고 생산적인 삶을 살 수 있다. 보다 심각한 장애를 가진 사람들은 직장 생활과 지역사회 생활의 참여에 도움이 많이 필요하다.

▲ 이 남자는 말은 할 수 없지만 눈-응시 보드를 통해 의사소통하는 법을 배워 가리키거나 이미지를 쳐다보는 식으로 의사를 전달한다.

원인

다음을 포함하여 지적장애의 원인은 수백 가지나 된다.

환경적 원인: 빈곤, 학대, 방치
태아기: 자궁 내에 있는 동안 병이나 약물에의 노출
출산전후: 출산 과정에서 장애를 얻은 경우
출생 후: 감염, 두부외상의 사례

10장에서 언급한 바와 같이 임신부의 알코올 과다 복용은 태아알코올증후군을 유발할 수 있고 이는 심각한 학습장애를 유발할 수 있다(Douzgou et al., 2012). 태아기 때 지적장애를 유발하는 다른 요인들로는 임산부가 질병에 노출되는 경우와 영양 결핍이 있다. 뿐만 아니라 출산 중 산소 부족, 발달 시기의 영양실조, 두부손상 등은 심각한 인지장애로 이어질 수 있다(Kaski, 2012).

생물학적 관점

지적장애의 원인에 대한 대부분의 연구는 생물학적인 영향에 초점을 둔다. 다음은 생물학적 관점에서 파악된 지적장애의 원인이다.

유전적 영향

여러 유전적 원인이 지적장애와 관련이 있는데 그중 염색체 장애(다운증후군과 같이 21번째 염색체에서 한 개의 염색체를 더 갖는 것 등), 단일유전자장애, 미토콘드리아질환(세포가 기능을 하기 위해 필요한 에너지를 대부분 생산하는 미토콘드리아의 결함)과 여러 유전적 돌연변이가 포함된다(Kaski, 2012). 아주 심각한 지적장애인 중 일부는 우성 유전자(정상의 유전자와 짝을 지을 때 유전되는 형태), 열성 유전자(자신의 복제된 유전자와 짝을 지을 때만 유전되는 형태) 또는 X 염색체 관련 유전자(X염색체나 성 염색체에 존재)를 포함하여 식별 가능한 단일유전자장애를 가진다. 극소수의 우성 유전자만이 지적장애를 일으키는데 이는 자연선택(natural selection)의 개념으로 설명된다. 즉, 지적장애를 유발하는 우성 유전자를 가진 사람은 자녀를 가질 확률이 적기 때문에 후세에 유전자를 전달할 가능성이 적다. 그러나 경도 지적장애를 가진 사람들은 결혼을 하고 자녀를 낳기 때문에 지적장애 유전자를 다음 세대에 전달한다.

지적장애의 알려진 유전적 원인에 대해 논의하기 전에 지적장애의 원인은 밝혀진 것이 적다는 것을 인지하고 있어야 한다(Kaski, 2012). 그러나 점차 정교한 유전 분석 기술을 이용한 연구들이 이전에 발견되지 않았던 유전적 원인을 찾아내고 있다. 독일과 스위스의 어린이들에 대한 한 연구에서는 원인불명의 지적장애를 가진 아이들에게서 드노보장애(정자나 난자 혹은 수정 후에 발생하는 유전적 돌연변이)를 포함한 다양한 유전적 돌연변이를 찾아내었다(Rauch et al., 2012). 이러한 성과가 중요한 이유는 지적장애의 새로운 원인을 밝혀내는 데 도움이 될 뿐만 아니라, 부모에게 유전적 돌연변이가 없는 상태에서 어떻게 유전적인 이유로 아이에게 장애가 생기는지 설명하기 때문이다. 유전물질의 돌연변이는 발달 단계 중 다양한 시점에서 발생할 수 있으며 이는 아직까지 풀지 못한 지적장애 원인을 설명하는 데 도움이 된다.

다이어트 음료를 마실 때 '페닐케톤뇨증: 페닐알라닌을 포함'이라고 적힌 경고 문구를 볼 수 있다. 이는 **페닐케톤뇨증**이라고 불리는 열성 질환을 가진 사람들을 경고하는 문구로, 10,000명의 신생아 중 1명에게 발병하며 페닐알라닌이라 불리는 화학물질을 분해할 수 없다는 특징을 보인다(Clarke & Deb, 2012).

1960년대 중반까지 이 질환을 가진 대다수는 높은 수준의 페닐알라닌 화학물질로 인해 지적장애, 발작 및 행동 문제를 경험했다. 그러나 연구원들은 페닐케톤뇨증 여부를 감지하는 검진(screening)기술을 개발했고, 이에 따라 모든 아이들은 출생 시 관례적으로 페닐케톤뇨증 검사를 받으며, 페닐케톤뇨증이 확인된 경우 페닐알라닌을 피하는 특수 식이요법을 통해 이 병을 성공적으로 치료할 수 있게 되었다. 이것은 지적장애의 한 유형을 예방할 수 있었던 아주 드문 성공 예시이다.

레쉬-나이한증후군은 X 염색체 유전 질환으로 지적장애, 뇌성마비 그리고 손이나 입술을 깨무는 자해행동을 보인다(Nyhan, 1978). 열성 유전자가 원인이기 때문에 남자에게서만 나타난다. 남자의 X 염색체에 레쉬-나이한증후군이 있다면, 남자들은 균형을 잡아줄 두 번째 X 염색체를 가지고 있지 않기 때문에 이 질병을 보이게 된다. 여자는

보유자일 수는 있지만 증상은 보이지 않는다.

유전적 결함을 발견하는 기술이 발전할수록 유전 관련 질병이 더 많이 발견될 것이다. 치료 가능한 기술의 발달이나 페닐케톤뇨증의 경우처럼 지적장애 및 기타 부정적인 결과를 예방할 수 있는 정보가 늘어나는 것은 희망적이다.

염색체의 영향

사람이 정확하게 46개의 염색체를 가지고 있다는 사실이 약 60년 전에 확인되었다(Tjio & Levan, 1956). 3년 후 연구자들은 다운증후군 환자들(제임스의 장애에서 보여지듯)이 추가 염색체를 가지고 있다는 것을 발견했다(Lejenue, Gauthier, & Turpin, 1959). 그 이후로 지적장애를 일으키는 다수의 염색체 변이가 확인되었다. 이 책에서는 다운증후군과 취약X증후군에 대해 상세히 설명하지만 염색체 사이의 이상으로 지적장애가 발생하는 경우는 수백 가지가 있다(Clarke & Deb, 2012).

가장 일반적인 염색체 이상의 지적장애인 **다운증후군**은 영국 의사 Langdon Down에 의해 1866년 처음으로 밝혀졌다. 다운증후군은 21번째 추가 염색체로 인해 발생하기 때문에 21 삼염색체증후군이라고도 불린다. 알 수 없는 이유로 세포 분열 중 21번째 염색체 중 2개가 세포분열을 일으켜 뭉치고(비분리현상), 하나의 세포는 죽고 하나의 세포가 3개의 복사본으로 나뉘면서 다운증후군이 생겨난다.

다운증후군 사람들은 위쪽으로 찢어진 눈과 함께 눈주름이 있고, 납작한 코, 혀가 약간 돌출될 수 있는 작은 입 등 독특한 얼굴 특징을 가지고 있다. 또한 선천적 심장 기형을 가질 수 있다. 불행히도 다운증후군을 가진 성인은 기억력과 기타 신경인지장애를 일으키는 퇴행성 뇌질환인 알츠하이머 치매의 위험이 크다(Wiseman, Alford, Tybulewicz, & Fisher, 2009). 다운증후군을 가진 사람들에게는 다른 장애에 비해 알츠하이머병이 빨리, 즉 20대 초반에도 발병할 수 있다. 이 사실로, 최소 한 형태의 알츠하이머병의 유전자는 21번째 염색체와 관련 있음을 유추할 수 있다.

다운증후군의 발병은 산모의 나이와 관계가 있다. 산모의 나이가

페닐케톤뇨증(phenylketonuria, PKU) 지적장애, 발작, 행동 문제를 일으키는 식품 화학물질을 분해하지 못하는 것과 관련된 열성 유전자로 인한 질병. 영아기 선별검사로 발견이 가능하며 특수 식이요법으로 예방이 가능함.

레쉬-나이한증후군(Lesch-Nyhan syndrome) X 염색체 유전 질환으로 지적장애, 뇌성마비의 증상, 자해 행동을 보이는 특징이 있음.

다운증후군(Down syndrome) 21번 염색체 이상으로 인한 지적장애의 한 종류로 특징적인 외모를 나타냄. 21 삼염색체증후군이라고도 함.

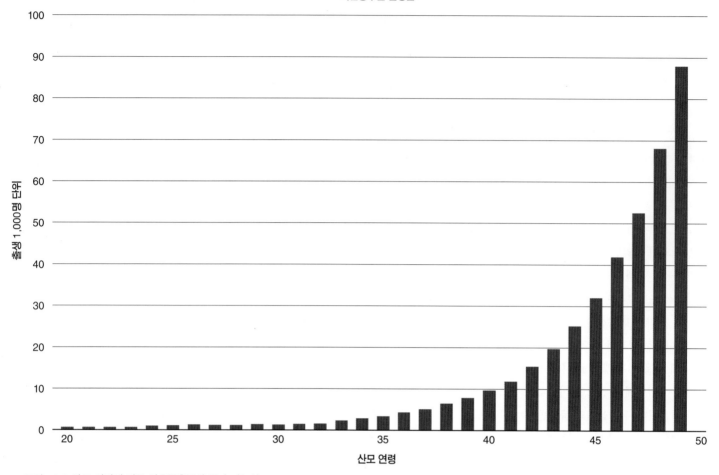

● 그림 13.2 산모 연령에 따른 다운증후군의 증가 가능성. [Hook, E. B. (1982). Epidemiology of Down syndrome. In S. M. Pueschel & J. E. Rynders, Ed., *Down syndrome: Advances in biomedicine and the behavioral sciences* (pp. 11-88). Cambridge, MA: Ware Press에 기초함.]

많을수록 아이가 다운증후군을 가지기 쉽다(그림 13.2 참고). 만 20세의 여성이 다운증후군 아이를 가질 확률은 2,000명 중 1명, 만 35세에 이 위험은 500명 중 1명으로 증가하고, 만 45세에는 18명 중 1명으로 다시 증가한다(Girirajan, 2009). 확률은 매우 낮지만, 젊은 산모들이 아이를 더 많이 낳기 때문에 나이 어린 산모에게서 다운증후군을 가진 아이가 많이 태어난다. 임산부의 연령에 따라 발병률이 증가하는 이유는 분명하지 않다. 어떤 사람들은 여성의 난자가 청소년기 때 모두 생성되기 때문에 나이가 들수록 독소, 방사선, 기타 유해 물질에 노출되기 때문이라고 설명한다. 이런 위험에 노출된 난자의 염색체가 정상적인 감수분열을 하지 못하고 추가로 21번째 염색체를 생성한다는 것이다(Pueschel & Goldstein, 1991). 혹은 여성 나이에 따라 다르게 분비되는 호르몬 변화가 세포분열의 오작동에 영향을 준다는 설명도 있다(Pandya, Mevada, Patel, & Suthar, 2013).

얼마 전부터 **양수천자**, 태아를 둘러싸고 있는 액체를 양막낭에서 채취해 검사하는 절차와 태반 조각으로 검사하는 **융모막 채취**를 통

해 다운증후군의 가능성 여부를 감지할 수 있게 되었다. 이런 유형의 검사는 외과적인 절차(태아에 불필요한 손상을 줄 수 있는 바늘을 삽입)이기 때문에 항상 바람직하지는 않다. 최근에는 임신 첫 3개월 전에 산모의 혈액으로 다운증후군을 감지할 수 있는 정교한 검사가 가능하다(Schmitz, Netzer, & Henn, 2009). 하지만 염색체에 기형이 있다고 해서 장애의 심각성에 대한 정보를 제공하지는 않는다. 태중의 태아가 다운증후군으로 진단을 받게 되면, 약 25%의 산모가 낙태를 선택한다(J. Bishop, Huether, Torfs, Lorey, & Deddens, 1997).

취약X증후군은 지적장애를 일으키는 두 번째로 흔한 염색체 관련 질병이다(Clarke & Deb, 2012). 이름에서 알 수 있듯이 X염색체의 이상으로 인해 발병하며, 염색체의 끝을 마치 실이 걸려 있는 것처럼 만들어 취약하게 보이게 만드는 돌연변이이다(Lubs, Stevenson, & Schwartz, 2012). X염색체와 관련된 레쉬-나이한증후군처럼, 취약X증후군도 돌연변이와 균형을 이루는 정상 염색체를 가진 두 번째 X염색체의 부재로 발생하므로 남성에게만 영향을 준다. 반면 레쉬-나이한

증후군과 다른 점은 취약X증후군 보유자 여성들도 경미한 수준에서 심각한 수준까지 학습장애를 보인다(Santoro, Bray, & Warren, 2012). 이 장애를 가진 남성의 경우 중등도에서 최중도의 지적장애를 보이고, 과다 행동, 짧은 집중시간, 눈맞춤 회피 그리고 언어반복(한 단어를 계속해서 반복해 말하는 증상) 증상을 보인다. 신체적으로는 귀와 고환, 머리둘레가 크다는 특징이 있다. 남성의 경우 4,000명 중 1명, 여성의 경우 8,000명 중 1명꼴로 취약X증후군이 출생한다(Toth & King, 2010).

심리적·사회적 관점

지적장애에 영향을 주는 문화적 영향에는 학대, 방치 및 사회적 결핍이 있다. 심리사회적 그리고 생물학적 영향에 의해 인지장애를 갖게 되는 **문화-가족형 지적장애**에 대한 기제는 아직 잘 알려지지 않았다. 다행히 보육 체계의 발전과 가정문제를 조기 파악할 수 있는 체제 덕분에 문화-가족형 지적장애가 발병하는 경우는 드물다(Kaski, 2012).

치료

현재 지적장애에 대한 생물학적 치료법은 없다. 일반적으로 지적장애에 대한 치료는 심각한 수준의 자폐스펙트럼장애인이 받는 치료와 유사하며, 생산성과 독립성을 높이기 위한 기술의 훈련을 강조한다. 경도 지적장애를 가진 사람들은 학습장애인과 비슷한 치료를 한다. 읽기와 쓰기 같은 특정 학습영역에서 결함을 확인하고 학생의 수준에 맞추어 기술을 습득할 수 있도록 도와준다. 동시에 지역사회 안에서 생활할 수 있게 추가적인 도움을 제공한다. 장애가 더 심각한 경우 지역사회에서 생활이라는 목표는 같지만, 도움이 필요한 영역은 더 많다. 지적장애인은 지역사회 생활에 참여하고, 학교에 가고, 직장을 가지고, 의미 있는 사회적 관계 맺기가 가능함을 명심해야 한다. 전자기기와 교육기술은 최중도 지적장애인에게 실현 가능한 목표를 제시해준다.

1960년대 초에 심각한 장애인들에게 옷 입기, 목욕하기, 먹기, 화장실 가기와 같은 자조 기술을 가르치는 행동적인 혁신이 일어났다(Durand, 2014). 훈련 기술은 다양한 구성요소로 나누고(과제분석이라고 불리는 절차), 장애인들이 모든 기술을 독립적으로 수행할 수 있을 때까지 각 파트를 연속적으로 훈련한다. 각 단계에서의 성과는 원하는 물건이나 활동(강화물)으로 보상한다. 기술을 독립적으로 사용하는 수준이 기술 습득에 대한 기준이다. 일반적으로 대부분의 지적장애인은 장애의 수준에 관계없이 기술을 습득할 수 있다.

의사소통 훈련은 지적장애를 가진 사람들에게 중요한 훈련이다. 자신이 필요로 하고 원하는 것을 알리는 것은 만족감과 사회활동 참여에서 필수적인 요소이다. 의사소통 훈련의 목표는 각자 가지고 있는 능력에 따라 다르다. 경도 지적장애인들은 목표가 비교적 작거나(예, 발음 개선) 혹은 광범위(예, 대화하는 법)할 수 있다(Berney, 2012; Sigafoos et al., 2009). 제임스와 같은 지적장애인은 일상생활에 적합한 의사소통 능력을 가지고 있다.

아주 심각한 장애가 있는 사람들은 말을 하기 어렵거나 불가능하게 만드는 여러 가지 신체적 또는 인지적 결함으로 인해 의사소통 훈련이 특히 어려울 수 있다. 그러나 청각장애가 있는 사람들이 주로 사용하는 수화와 같이 확장적 의사소통전략을 대체 전략으로 적용한 창의적인 연구자들도 있다. 확장적 의사소통전략은 원하는 것을 가리키게 그림책을 사용하는 것인데, 예를 들면 마실 것을 요구하기 위해 컵을 가리키게 훈련하는 것이다(Sigafoos et al., 2009). 또한 태블릿을 포함한 다양한 컴퓨터 보조 기기를 사용해 버튼을 눌렀을 때 음성이 나오도록 프로그램을 할 수 있다(예를 들면, "도움이 필요합니다. 여기로 와 주세요."). 한정된 의사소통 능력을 가진 사람들은 이러한 장치를 다루는 법을 배우고 사용하여 다른 사람과 감정이나 경험을 나눌 수 없는 데서 오는 좌절감을 줄일 수 있다(Durand, 2011).

또한 지역사회 지원 담당자들은 지적장애인이 특정 기술을 배울 수 있도록 지원하고 관리하는 데 노력을 하고 있다. 이들은 지적장애인들이 만족도 높은 일자리를 찾도록 '고용지원'을 한다(Hall, Butterworth, Winsor, Gilmore, & Metzel, 2007). 연구에 의하면 이러한 지원으로 지적장애인들이 의미 있는 일자리에 취업할 수 있게 하고, 고용지원비용의 효율 또한 높일 수 있음을 보여준다(Sandys, 2007). 지적장애인들이 사회에서 생산적인 일원이 된 데 대해 만족하는 데서 오는 이점은 계산할 수 없다.

지적장애를 가진 사람들에게 무엇을 훈련시켜야 하는지에 대해서는 일반적으로 합의되지만, 최근 몇 년간 훈련을 어디서 해야 하는지를 두고 논란이 있었다. 특히 심각한 장애를 앓고 있는 사람들을 위해 특별히 준비한 교실이나 워크숍에서 가르쳐야 하는지 아니면 이

양수천자(amniocentesis) 출산 전 태아의 기형(예, 다운증후군)을 검사하는 의학적 절차. 산모의 양수를 채취하여 분석함.

융모막 채취(chorionic villus sampling, CVS) 임신 초기에 하는 유전자 검사로 태반(융모)의 세포를 채취하여 유전자 및 염색체 이상의 가능성을 검사함.

취약X증후군(fragile X syndrome) X염색체 결함으로 인한 지적장애, 학습 문제, 일반적이지 않은 신체적 특징을 가져오는 이상 유형.

문화-가족형 지적장애(cultural-familial intellectual disability) 주로 환경의 영향으로 나타나는 경도 지적장애.

웃에 있는 공립학교나 지역회사에서 일을 해야 하는지가 대표적인 이슈이다. 이 학생들이 일반 교실에서 학습을 하고 지역사회에서 직장을 구할 수 있도록 돕는 훈련전략이 점차적으로 늘어가고 있다(Foely, Dyke, Girdler, Bourke, & Leonard, 2012).

신경발달장애의 예방

▶ 신경발달장애의 예방을 위해 가장 중요한 점은 무엇인가?

이 장에서는 신경발달장애의 발생 방지를 위한 노력으로 초기 단계의 예방을 강조한다. 자폐스펙트럼장애를 위한 조기 개입과 같은 노력은 일부 아동에게는 효과가 있는 것으로 보인다. 또한 조기 개입은 좋지 않은 환경 때문에 문화가족적 원인으로 지적장애로 진단받을 위험에 있는 아동들에게 도움이 될 수 있다(Eldevik, Jahr, Eikeseth, Hastings, & Hughes, 2010). 국가 수준에서 진행되는 헤드스타트(Head Start) 프로그램은 이러한 조기 개입을 위해 노력하는 프로그램 중 하나로, 이런 장애를 가진 아동과 가족을 위한 교육, 의료 그리고 사회적 지지를 모두 포함하는 프로그램이다. 한 연구에서는 신생아들을 모집한 후 의료적, 영양적 지원과 함께 이 아이들을 집중적 훈련을 하는 어린이집에 배치하였다. 그리고 이 아이들이 정규적인 교육을 받을 수 있는 유치원에 입학할 때까지 이 프로그램을 지속적으로 제공하였다(Martin, Ramey, & Ramey, 1990). 연구결과 의료적, 영양적 도움은 받았지만 집중적 교육을 받지는 않은 통제집단에 있는 3세 아동들은 한 명을 제외하고 3살에 IQ가 85 아래였으나, 실험집단에 있던 3세 아동들은 모두 IQ가 85 이상인 것으로 나타났다고 보고했다. 이러한 결과는 발달장애가 있는 아동과 그의 가족들의 삶에 지속적으로 영향을 줄 수 있기 때문에 중요하다(Engle et al., 2007).

조기 개입이 큰 도움이 된다는 연구 결과에도 불구하고(Eldevik et al., 2010), 조기 개입의 효과성에 대해선 의문이 많다. 모든 아이들이 조기 개입의 효과를 보는 것은 아니므로 후속 연구를 통한 조사가 필요하다. 이러한 조기 개입 프로그램에 효과적으로 반응할 아동이나 가족을 예측할 수 있는 방법이나, 언제 집중 프로그램들을 시작해야 하며, 얼마나 오래 지속되어야 하는지 조사할 필요가 있다.

유전학적 검진(screening)이나 기술의 발전으로 언젠가는 유전적 기형과 염색체적 이상을 발견할 수 있게 될 것이다. 현재 진행 중인 연구를 통해 발달장애가 있는 아동에 대한 접근을 근본적으로 변화시킬 수 있을 것이다. 예를 들어 한 연구에서는 유전자 공학을 이용하여 지적장애가 있는 사람들에게서 많이 발견되는 취약X증후군이 있는 쥐를 연구했다(Suvrathan, Hoeffer, Wong, Klann, & Chattarji, 2010). 과학자들은 약으로 쥐의 편도체에 있는 글루탐산수용체의 기능을 향상시킬 수 있음을 발견했다. 이 결과는 뉴런 간 기능의 정상화를 의미하며 이는 취약X증후군을 가진 아동을 위한 조기 의학 개입 방법으로서 잠재성을 시사한다.(Krueger & Bear, 2011; Suvrathan, Hoeffer, Wong, Klann, & Chattarji, 2010). 언젠가는 지적장애와 관련 있는 증후군을 가진 태아에 유사한 연구를 수행하는 것이 가능해질 것이다. 곧 태아가 산전 개입의 표적이 되는 유전자 치료를 수행하는 것이 가능해질 수 있다.

생명의학기술의 발전은 치료가 적절하게 이루어지고 있는지 확실하게 하기 위해 심리학자들의 도움이 필요하다. 예를 들어 다양한 발달장애의 생물학적 위험 인자들로 영양실조와 납과 알코올과 같은 독성에의 노출을 들 수 있다. 의료학자들이 인지 발달에 있어서 생물학적인 사건의 역할을 판단할 수 있지만, 여전히 심리학자들의 도움이 필요하다. 안전교육(예를 들어 오래된 집에 납으로 만든 페인트), 약물 남용 치료와 예방 그리고 행동의학(예를 들어 '건강을 위한' 노력)을 위한 행동개입은 특정 발달장애를 예방하기 위해 심리학자들이 할 수 있는 중요한 역할의 예이다.

개념 확인 13.3

아래 빈칸에 지적장애를 경도(mild), 중등도(moderate), 중도(severe), 최중도(profound)로 분류하시오. 다음 4가지 중 하나로 필요한 지지 수준의 정도를 기술하시오. 간헐적(intermittent), 제한된(limited), 광범위한(extensive), 전반적(pervasive).

1. 케빈의 지능지수는 20이다. 그는 옷 입기, 목욕하기 그리고 먹기와 같은 모든 기본적인 것에 도움이 필요하다.

   _____, _____

2. 애덤의 지능지수는 45이다. 그는 직원들이 상주하는 그룹홈에서 생활하고 있고 많은 일에 상당한 도움을 필요로 한다. 그는 지역사회에서 일을 할 수 있도록 훈련을 받기 시작했다.

   _____, _____

3. 제시카의 지능지수는 30이다. 그녀는 직원들이 상주하는 그룹홈에서 생활하고 있고 기본적인 적응기능과 의사소통 훈련을 받았다. 그녀는 시간이 지나면서 향상되고 있고 가리키기나 눈맞춤을 이용한 판을 사용하여 의사소통할 수 있다.

4. 러델의 지능지수는 65이다. 그는 집에서 생활하고, 학교에 가고, 학교를 졸업하고 나면 일을 할 수 있도록 준비하고 있다.

_____, _____

_____, _____

신경인지장애의 개요

▶ 신경인지장애의 대표적인 특징은 무엇인가?

지적장애와 특정학습장애가 선천적인 것으로 알려진 반면, 대부분의 신경인지장애들은 인생의 후반부에 발현한다. 이 장의 나머지 부분에서는 두 분류의 인지장애를 살펴볼 것이다. 빈번하게 일시적인 혼란과 지남력 상실을 보이는 섬망 그리고 계속되는 인지 능력의 퇴화를 보이는 주요 및 경도 신경인지장애이다.

*DSM-5*에서 '신경인지장애' 분류를 보면 이 장애에 대한 관점의 변화를 볼 수 있다(American Psychiatric Association, 2013). *DSM*의 초판에서는 이 장애는 정서, 불안, 성격, 환각(환각을 포함한 비정상적인 정신 상태)과 함께 '기질적 심리장애'로 분류되었다. 기질적이라는 단어는 뇌손상 또는 역기능이 포함된 것임을 나타낸다. 하지만 '기질적 심리장애'라는 분류는 구별 불가능한 너무 많은 장애를 포함했다. 따라서 섬망, 치매 그리고 기억상실장애는 같이 묶고 정서, 불안, 성격, 환각 그리고 망상장애는 유사 증상을 공유하고 있는 다른 장애와 함께 분류하였다(불안과 기분 장애처럼).

기질적이라는 분류를 없앤 후 섬망, 치매 그리고 기억상실장애를 좀 더 잘 분류하기 위해 노력했다. 기억, 주의, 지각 그리고 사고와 같은 인지적 능력의 손상이 주 특징인 장애를 나타내기 위해서 *DSM-IV*에서 '인지장애'라는 분류를 소개하였다. 조현병, 자폐스펙트럼장애 그리고 우울증과 같은 장애의 경우 인지적 문제가 수반되지만, 인지적 문제가 가장 큰 특징은 아니다(Ganguli et al., 2011). 인지장애는 주로 나이 든 성인들에게 나타나는 반면, 지적장애나 특정학습장애(일찍 나타나는) 또한 인지적 손상을 주요 특징으로 하기 때문에 '인지장애'라는 분류에는 문제가 많다. 마지막으로 *DSM-5*에서 신경인지장애는 다양한 형태의 치매나 기억상실장애를 포함하는 새로운 분류이며, 심각도에 따라 '주요' 또는 '경도'로 나뉜다. *DSM-5*에 '섬망'이라는 진단이 남아 있다(American Phychiatric Association, 2013). 다양한 종류의 치매의 증상들이 겹치고(예, 알츠하이머병) 기억상실장애가 있는 사람이 또 다른 다양한 종류의 신경인지장애로 고통받을 수 있기 때문에 이 새로운 분류가 생겨나게 되었다(Ganguli et al., 2011).

섬망

▶ 섬망의 증상은 무엇이며 어떻게 치료하는가?

섬망의 특징은 몇 시간 혹은 며칠간 의식의 손상이나 사고력 저하가 나타난다는 점이다. J씨의 사례를 보자.

J씨 • 갑작스러운 고통

노신사인 J씨가 병원 응급실에 실려왔다. 그는 자신의 이름을 몰랐고 당시에 함께 있던 딸을 알아보지 못하는 것 같았다. 그는 혼란스러워했고 지남력을 상실했으며 다소 불안해 보였다. 정확하게 말하는 데 어려움이 있었고, 가장 기본적인 질문에 대한 답에 집중하지 못하였다. J씨의 딸은 그가 어젯밤부터 이런 행동을 보였고, 그때부터 대부분의 시간을 깨어 있었으며 겁을 먹었고, 실려오기 전에는 매우 혼란스러워 보였다고 말했다. 그녀는 간호사에게 아버지의 행동이 정상이 아니며 '노화증상'을 보이는 것이 아닌가 걱정이 된다고 말했다. 그녀는 아버지의 의사가 고혈압 약을 바꿨는데 이 약이 문제를 일으킨 것 같다고 보고했다. J씨는 약물로 인한 섬망(새로운 약물에 대한 반응)으로 진단을 받았다. 약을 끊고 이틀 후에는 상당히 좋아졌다.

임상적 기술 및 통계

섬망이 있는 사람들은 혼란스럽고 지남력을 상실하고 주변의 것들을 통제하지 못한다. 그들은 가장 단순한 작업에도 집중할 수 없으며 지속할 수 없다. 기억과 언어에 손상을 보인다(Meagher & Trzapacz, 2012). J씨는 말하는 데 문제가 있었다. 혼란스러워할 뿐 아니라 자신의 이름과 같은 기본적인 사실들조차 기억할 수 없었다. 이 사례에서 본 것처럼 섬망의 증상은 점차적으로 나타나는 것이 아니라 몇 시간 혹은 며칠 동안 지속된다.

섬망은 응급실과 같은 응급상태에 있는 노인 환자의 20% 정도에서 나타나는 것으로 추정된다(Meagher & Trzapacz, 2012). 노인, 의학적 치료를 받는 환자, 암환자 그리고 후천성면역결핍증(AIDS)이 있는 사람들에게서 가장 흔하게 나타난다. 섬망은 비교적 빨리 진정된다. 이전에는 일시적인 문제로 간주되었지만, 최근에는 섬망의 영향이 오래 지속된다는 주장이 있다(Cole, Ciampi, Belzile, & Zhong, 2009). 일부에게는 불규칙하게 문제가 지속되기도 하고, 일부는 혼수상태에 빠지거나 사망할 수 있다. 약물중독을 포함한 뇌기능에 손상을 주는 많은 질병들은 섬망과 연관이 있다. 알코올과 진정제, 수면제 그리고 항불안제와 같은 약을 끊는 것, 감염, 두개관내 출혈 그리고 다양한 종류의 뇌외상(Meagher & Trzapacz, 2012) 등이 이에 속한다.

원인

*DSM-5*에서는 섬망의 여러 가지 원인에 대해 설명한다. J씨가 복용했던 약물로 인한 섬망뿐 아니라 분류되지 않은 다양한 섬망은 주의 결정, 집중, 유지 그리고 전환 능력을 방해한다. 고열에 시달리거나 특정 약을 복용하는 아동들도 섬망을 경험할 수 있다(Smeets et al., 2010). 그러나 노인들이 다른 연령대보다 처방약을 많이 복용하기 때문에 부적절한 약물의 복용이 노인의 섬망의 주된 원인이다. 노인들은 젊은 사람들보다 체내에서 약물을 효율적으로 제거하지 못하기 때문에 노인들 사이에서 섬망의 문제는 점점 증가하고 있다. 다른 연령대에 비해서 노인에게서 약의 부작용이 나타날 확률이 6배가 더 높다는 것은 놀라운 일이 아니다(Olivier et al., 2009). 그리고 섬망으로 인해 노인들이 자주 낙상하여 고관절골절이 발생하는 것으로 보인다(Stenvall et al., 2006). 의료진들이 약물의 양과 종류 등 약물 사용에 있어 많은 주의를 기울이고 있지만, 부적절한 약물의 사용은 섬망뿐 아니라 심각한 부작용을 초래한다(Olivier et al., 2009). 질병과 약물 사용은 너무 복잡해서 섬망의 원인을 밝혀내는 것은 어렵다(Solai, 2009).

섬망은 주로 치매가 진행되는 중에 나타난다. 치매가 있는 사람의 50% 정도가 최소한 한 번의 섬망 증세를 보인다(Kwok, Lee, Lam, & Woo, 2008). 대다수의 주요 질병은 치료가 가능하므로 섬망 증상은 비교적 짧은 시간 안에 사라진다. 하지만 25% 정도의 사람들에게 섬망은 죽음의 징조이다(Wise, Hilty, & Cerda, 2001). 질병 이외의 다른 요인이 섬망을 일으킬 수 있다. 연령이 그 중 하나이다. 노인들은 가벼운 전염이나 약물의 변화로 인한 섬망을 경험할 확률이 더 크다(Fearing & Inouye, 2009). 수면 부족, 운동 부족 그리고 과도한 스트레스 또한 섬망의 원인이 될 수 있다(Solai, 2009).

섬망의 뇌기능을 연구하는 과학자는 자기공명영상(fMRI)을 이용하여 섬망의 기본적인 기제에 대해 이해하기 시작했다(S. H. Choi et al., 2012). 이러한 연구가 섬망을 예방하고 치료하는 데 상당히 중요하지만 윤리적 문제가 있다. 예를 들어 섬망이 있는 사람에게 연구의 참여에 대한 사전동의를 받는 것은 불가능하기 때문에 대리인(예, 배

▲ 요양시설에 있는 노인 섬망 환자는 개인적인 물품을 곁에 둠으로써 위안을 얻는다.

우자 또는 친척)이 동의를 해야 한다. 또한 자기공명검사는 많은 사람들에게 불안을 야기할 수 있고, 이미 지남력을 상실한 사람에게 굉장히 두려운 검사일 수 있다(Gaudreau, 2012).

치료

알코올 또는 약물 금단으로 인한 섬망은 할로페리돌 또는 진정제 역할을 하는 항정신병 약물로 치료가 가능하다. 감염, 두개관내 출혈, 종양 등에 적절한 의학적 치료를 받으면 동반되는 섬망을 완화시킬 수 있다. 할로페리돌 또는 올란자핀과 같은 항정신병 약물 또한 원인을 알 수 없는 급성 섬망 환자에게 처방되기도 한다. 섬망 환자들에게 추천되는 첫 번째 치료는 심리사회적 치료이다. 비의료적 치료의 목표는 환자들이 초조감, 불안, 섬망에 의한 환각에 대처할 수 있게 돕는 것이다. 병원에 있는 환자는 가족의 사진과 같은 개인적인 물품

으로 위안을 얻는다(Fearing & Inouye, 2009). 또한 치료 결정에 참여하는 환자는 통제감을 가질 수 있다(Katz, 1993). 이러한 형태의 심리사회적 치료는 의학적 원인이 규명되고 병이 설명되기 전까지의 힘든 기간을 견디게 해준다(Breitbart & Alici, 2012). 어떤 연구들은 이러한 도움이 노인 환자를 보호시설로 보내는 때를 늦춘다고 주장한다(Rahkonen et al., 2001).

예방

섬망이 발생하기 쉬운 사람에 대한 예방이 가장 성공적일 수 있다. 섬망을 예방하기 위해서 질병에 관한 적절한 의학적 치료와 약물 모니터링은 중요하다(Breitbart & Alici, 2012). 예를 들어 관리의료를 받는 노인의 수의 증가와 약물 사용에 대한 상담의 확대는 노인들이 처방받은 약을 더 적절하게 복용하게 촉진하였다(U.S. General Accounting Office, 1995).

섬망(delirium) 혼란, 지남력 상실, 기억 및 언어의 손실을 동반하며 의식적, 인지적 명확성이 급격하게 감소함.

사랑하는 사람을 알아볼 수 없고 가장 기본적인 일을 처리할 수 없는 것보다 더 무서운 일은 없다. 더 나쁜 건 이를 인식하고 있는 경우이다. 가족구성원 중에 누군가 이러한 징조를 보이면 처음에는 누구든 이에 대해 변명하고 부정한다("나도 잊어버리곤 해"). **주요신경인지장애**(이전 명칭 **치매**)는 기억, 판단, 언어 그리고 다른 복잡한 인지과정과 같은 뇌기능의 점진적인 퇴화이다. **경도신경인지장애**는 인지기능 퇴화의 초기 단계를 지칭하는 새로운 *DSM-5*장애이다. 경도신경인지장애가 있는 사람은 인지적 능력에 약간의 손상이 있지만, 환경조절(accommodations, 예를 들어 할 일의 목록 또는 자세한 일정표)을 통해 독립적인 생활이 가능하다.

신경인지장애의 원인으로 인지적 기능에 악영향을 주는 다양한 질병, 약물남용 또는 음주 등이 있다. 감염 또는 우울과 같은 상태도 인지신경에 손상을 야기할 수 있지만 주로 주요 질병에 대한 치료가 진행되면 호전이 된다. 알츠하이머병과 같은 질병은 현재 치료가 불가능하다. 섬망과 신경인지장애가 함께 발병할 수 있지만, 신경인지장애는 갑작스럽게 발생하는 섬망과는 달리 점차적으로 진행이 된다. 신경인지장애가 있는 사람은 섬망 환자처럼 지남력을 상실하거나 혼란을 겪지 않는다. 그러나 섬망처럼 신경인지장애 또한 뇌졸중(혈관을 파괴시키는)과 같은 뇌의 외상, 매독 또는 HIV와 같은 감염, 심각한 두개관내 출혈, 약물남용, 파킨슨병, 헌팅턴병 그리고 치매의 가장 흔한 원인인 알츠하이머병 등 원인이 다양하다. NCAA 농구팀의 가장 성공한 코치였던 Pat Summitt의 사례를 보자. 그녀는 1974년부터 2012년까지 테네시 레이디 볼스(Tennessee Lady Vols) 농구팀의 코치였는데 알츠하이머병으로 인한 신경인지장애의 증상으로 코치를 그만둘 때까지 1,098 게임에서 승리를 거둔 기록이 있다. 그녀는 이 병에 관한 자신의 경험을 용기 있게 썼다(Summitt, 2013).

Pat Summitt • 기개와 결심

57세의 Pat Summitt은 매우 성공한 농구 코치였고 엄마였지만 기억력 감퇴를 경험하고 있었다. 이 병의 초기에는 인지적인 어려움이 있었으나 기억을 모두 잃지는 않았다. 그녀는 자신이 기억하는 것을 바탕으로 자서전을 쓰기 시작했다.

나는 테네시 힐의 작은 술집에서 바텐더가 용기를 압착해 버번샷을 손님의 입으로 쏘아 넣었던 것을 기억한다. 나는 다른 코치들을 위한 교육에서 질문 시간이 되자 어떤 사람이 손을 들어 여자들을 코치할 때 필요한 조언을 구했던 것을 기억한다. 나는 그 사람을 쏘아본 후 긴장을 풀고 입꼬리를 올리며 "'여자'를 코치하는 것에 대해 걱정 말고 '농구'를 코치하세요"라고 말했던 것을 기억한다.(p. 6)

아들이 태어나던 날 밤을 기억한다. 의사는 내 가슴에 아들을 눕혔고, 나는 "타일러, 너를 기다렸어"라고 말했었다.(pp. 6~7)

오래 전에 일어났던 중요한 경험에 대한 그녀의 기억은 온전하게 남아있었다. 그러나 최근의 경험과 사실은 잘 기억하지 못했다. 그래서 그녀는 자신이 더 이상 기억하지 못하는 것들에 대해 적기 시작했다.

가끔 아침에 일어나면 내가 어디 있는지 기억하지 못한다. 잠시 동안 나는 혼란에 빠지고 불안하며 다시 나로 돌아올 때까지 그대로 누워 있는다.

가끔 질문을 받으면 대답을 하기 시작하지만 주제를 기억하지 못하곤 한다―손가락 사이의 실처럼 통과한다.

나는 방향을 기억하기 위해 고군분투한다. 내가 알고 있는 길을 운전하다가 "오른쪽? 왼쪽?"을 질문할 때가 있다.

내가 있는 호텔의 호수가 기억이 나지 않을 때가 있다. 약속 시간이 몇 시인지 기억이 나지 않을 때가 있다.(p. 7)

이러한 인지적 어려움이 생기기 시작한 사람들은 처음에 이런 경험을 할 때 굉장히 무서웠다고 말한다. 그러나 Summitt이 의사에게서 진단을 받았을 때와 의사의 추천에 대한 그녀의 반응은 엄청난 용기와 강인함을 보여준다.

내 경우엔 겨우 57세에 증상이 나타나기 시작했다. 의사는 일찍 발병한 알츠하이머병은 유전적인 영향이 강하고, 진단받기 몇 년 전부터 나도 모르게 진전이 되고 있었을 것이라고 말했다. 나는 느리게 세팅되고 느리게 폭발하는 폭탄을 뇌 안에 가지고 다니고 있었고, 이 폭탄의 존재는 일이 심각하게 방해받기 시작하자 분명해졌다.(p. 9)

의사는 나에게 진단에 대해 사실대로 말하면서 내가 더 이상 일을 할 수 없을 것이라고 했다. 그는 치매가 급속하게 진전될 것이기 때문에 즉시 퇴직해야 한다고 말했다. 일을 그만두고 가능한 한 빨리 대중의 눈에서 벗어나야 한다고 했다. 그렇지 않으면 많이 당황할 것이고 성취해 왔던 것들을 망칠 것이라고 했다. 그가 이런 말을 하고 있을 때 나는 책상으로 달려들어 그에게 주먹을 날리지 않기 위해 주먹을 단단히 쥐고 있어야 했다. 그는 자신이 누구라고 생각한 것일까? 내가 치료 불가능한 뇌질환을 가지고 있더라도, 그가 내가 어떻게 대처해야 하는지에 대한 판단을 할 권리가 있는가? 그만! 그만!(pp. 17~18)

그녀는 특이하고 긍정적인 관점으로 자신의 알츠하이머병에 관해 적었고 이러한 변성질환에 대한 그녀의 관점은 이 질병을 가지고 있는 수백만 명의 사람에게 롤모델이 되었다.

> 나는 알츠하이머병이 내가 언젠가는 맞을 날을 맞게 했음을 안다. 진단을 받았든 안 받았든 간에 나는 세상을 마감할 것이다. 우리 모두가 그렇다. 우리의 운명이다. 나는 더 이상 10명의 선수들을 지도할 수 없고, 한 쪽 눈으로 시계를 볼 수 없고, 상대편의 전략을 파악할 수 없고 "움직여" "다섯" 등을 외치면서 반대로 공격할 것을 지시할 수도 없다. 하지만 나는 경도 단계의 치매가 있는 사람들이 많은 능력을 가지고 있다는 것을 말할 수 있다. 특정 기억의 회로 또는 시냅스의 속도가 느려질 수 있지만 생각, 인식과 의식은 사라지는 것이 아니라고 말할 수 있다.(p. 375)

출처: Summitt, P. H. (2013). *Sum it up: A thousand and ninety-eight victories, a couple of irrelevant losses, and a life in perspective.* New York: Crown Archetype.

임상적 기술 및 통계

결국에는 모든 인지적 기능에 영향을 받겠지만 개인과 원인에 따라 그리고 신경인지장애의 진전 정도에 따라 보이는 증상에 다소 차이가 있다. 초기 단계에는 주로 현재 진행되고 있는 사건에 대한 기억력 손상이 나타난다. 즉, 말하는 방법이나 몇 년 전의 일은 기억하지만, 지난 몇 시간 동안의 일은 기억하지 못한다. 예를 들어 Pat Summitt가 자신의 어린 시절에 대해서는 생생하게 기억했지만, 친숙한 장소에서 어느 방향으로 운전해야 하는지는 기억하지 못했다.

신경인지장애가 있는 사람들은 시공간 지각 능력에 손상이 온다. 대표적인 증상 중의 하나는 **실인증**으로, 사물이나 사람의 이름을 대지 못하는 장해이다. 친숙한 얼굴을 인식하지 못하는 **안면실인증** 또한 가족구성원들을 고통스럽게 할 수 있다. 기억, 계획 그리고 추상적 사고의 손상으로 인해 일반적인 지적 기능의 퇴화가 야기된다.

신경인지장애로 고통받고 있는 사람들 중 일부는 정신적인 악화

를 인식하기 때문에 정서적인 변화를 보인다. 흔한 부작용은 망상(비합리적 믿음), 우울, 초조함, 공격성 그리고 무관심이다(Lovestone, 2012). 그러나 인과관계를 설명하는 것은 어렵다. 점진적인 뇌기능의 악화가 직접적인 행동 변화를 초래하는지는 분명하지 않을 뿐 아니라, 기능 상실과 사랑하는 사람을 잃는 것에 동반되는 좌절과 낙심이 얼마나 큰지는 알려져 있지 않다. 인지적 기능은 일상생활이 의존적이 될 정도까지 악화된다. 결국에 폐렴과 같은 합병증과 함께 죽음으로 이어진다.

전 세계적으로 7초에 한 명이 주요신경인지장애를 진단받는 것으로 추정된다(Ferri et al., 2005). 주요신경인지장애는 모든 연령에서 발생할 수 있지만 노인들에게 더 자주 발생한다. 미국은 65세 이상 노인의 5% 이상이 진단을 받고, 85세 이상으로 넘어가면 20%에서 40%가 이 진단을 받는다고 추정된다(Richards & Sweet, 2009). 알츠하이머병으로 인한 신경인지장애는 점점 증가 추세에 있다. 그림 13.3은 알츠하이머로 인한 신경인지장애를 가진 인구의 수가 나이가 들수록 얼마나 급격하게 증가하는지 보여주고, 베이비붐 세대가 노인이 되었을 때의 추이를 보여준다(Hebert, Weuve, Scherr, & Evans, 2013). 100세 노인을 대상으로 한 연구는 100%가 신경인지장

주요신경인지장애(치매)(major neurocognitive disorder, dementia) 기억상실, 사물 혹은 얼굴 인식을 하지 못함. 계획과 추상적 추론의 문제를 동반하는 뇌기능 저하의 점진적 징후. 좌절과 낙심과 연관됨.

경도신경인지장애(mild neurocognitive disorder) 하나 이상의 인지 영역에서 수행의 이전 수준으로부터 경도의 인지능력 감소가 나타남.

실인증(agnosia) 인식하지 못하거나 이름을 대지 못함. 치매 또는 다른 뇌의 이상의 증상.

안면실인증(facial agnosia) 실인증의 일종으로 친숙한 얼굴도 인식하지 못하는 특징을 나타냄.

DSM 5 DSM 진단기준 요약 주요신경인지장애

A. 다음의 (1)과 (2)에 기초한 하나 또는 그 이상의 인지적 영역(복잡한 주의, 집행 기능, 학습과 기억, 언어, 지각 운동 또는 사회 인지)에 심각한 인지적 퇴화 (1) 인지기능에 심각한 감소가 있다는 당사자의 염려, 잘 알고 있는 정보 제공자 혹은 임상가 (2) 표준화된 신경 심리 검사 또는 다른 수량화된 임상 평가에서 나타난 상당한 인지 수행의 손상

B. 인지적 결함은 개인의 일상생활을 방해한다.

C. 인지적 결함은 섬망으로 발생한 것이 아니다.

D. 인지적 결함은 다른 심리장애로 설명되지 않는다.

주의점: 다음의 질병으로 인한 것이 아닌지 확인해야 한다: 알츠하이머병, 전두측두엽 퇴화, 루이소체병, 혈관성 질환, 외상성 뇌손상, 물질·약물 사용, 에이즈 바이러스 감염, 프라이온병, 파킨슨병, 헌팅턴병, 다른 건강 상태, 다양한 원인, 비전형적

출처: American Psychiatric Association. (2013). *Diagnostic and statistical manual of mental disorders* (5th ed.). Washington, DC.

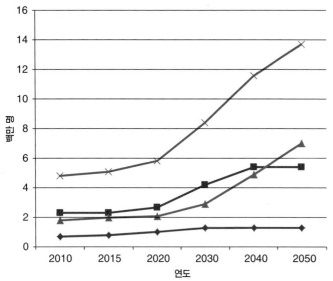

● 그림 13.3 수명이 길어지면서 2050년까지의 알츠하이머병의 비율은 급속하게 증가할 것으로 예측된다. [출처: Hebert, L. E., Weuve, J., Scherr, P. A., & Evans, D. A. (2013). Alzheirmer disease in the United States(2010-2050) estimated using the 2010 census. *Neurology, 80*(19), 1778-1783.]

애의 징후를 보인다고 보고했다(Imhof et al., 2007). 알츠하이머병으로 인한 신경인지장애는 45세 미만의 사람에게는 드물게 나타난다.

*DSM-5*의 새로운 장애인 경도신경인지장애의 유병률은 Yeshiva 대학교의 아인슈타인 노령화 연구에 의해 연구되었다(Katz et al., 2012). 과학자들은 70세 이상 1,944명의 성인을 대상으로 주요신경인지장애뿐만 아니라 기억상실형 경도신경인지장애(mild amnestic neurocognitive disorder)를 검사하였다. 기억상실형 경도신경인지장애는 이전에는 별도의 *DSM* 장애로 분류되었지만(기억상실장애) 일반

적인 신경인지장애로 합쳐졌다. 70세 이상 대상자들의 약 10%는 경도신경인지장애가 있고, 11.6%는 기억상실형 경도신경인지장애의 진단기준에 부합했다. 인종 또한 하나의 요인으로 백인 남성이나 여성에 비해 흑인 남성과 여성이 경도신경인지장애가 발생할 위험이 높은 것으로 나타났다(Katz et al., 2012).

신경인지장애의 유병률을 확실하게 정의할 수 없는 이유는 생존자들의 비율이 결과를 바꾸기 때문이다. 성인들의 수명이 길어짐에 따라 신경인지장애에 대한 위험 또한 증가했기 때문에 이 질병이 더 흔해졌다는 것은 놀라운 일이 아니다. 따라서 일년에 발생하는 새로운 환자의 수를 세는 발병률 연구가 신경인지장애의 유병률을 측정하는 데 가장 믿을 만한데, 특히 노인들에게는 더 그렇다. 연구는 75세 이상부터는 5년마다 새로운 환자의 비율이 2배가 된다고 보고한다. 많은 연구들은 여성에게 신경인지장애가 발생할 비율이 더 높다는 것을 발견했다(Carter, Resnick, Mallampalli, & Kalbarczyk, 2012). 후에 알아볼 내용처럼 알츠하이머병으로 인한 신경인지장애는 여성에게서 더 흔하게 발생한다. 더불어 연구 결과는 신경인지장애가 상대적으로 노인에게서 많이 나타나며 75세 이상은 급격하게 발생할 비율이 높아진다고 보고한다.

신경인지장애가 있는 사람의 수와 더불어 비용 또한 믿기 어려울 정도로 높다. 미국에서 알츠하이머병으로 인한 신경인지장애가 있는 사람들을 돌보는 데 필요한 돈은 1년에 천억 달러 이상으로 추정된다. 한 연구는 주요신경인지장애로 인한 전 세계적인 사회적 비용이 3150억 달러 이상이라고 추정한다(Wimo, Winblad, & Jonsson, 2007). 하지만 이 수치는 건강보험 비용이나 미국에서만 약 1400억 달러로 추정되는 이 환자들을 돌보는 사람들을 위한 비용은 포함하지 않는다(Weiner et al., 2010). 가족들은 치매를 앓는 사람들을 24시간 돌보는데 이에 대한 인적, 경제적 비용은 추정이 불가하다(Lovestone, 2012).

*DSM-5*는 신경인지장애를 원인에 따라 분류한다. (1) 알츠하이머

DSM 5   **DSM 진단기준 요약 경도신경인지장애**

A. 다음과 같은 하나 또는 그 이상의 인지적 영역(복잡한 주의, 집행 기능, 학습과 기억, 언어, 지각 운동, 또는 사회 인지)에 경도의 인지적 퇴화 (1) 인지기능에 경도의 감소가 있다는 당사자의 염려, 잘 알고 있는 정보 제공자 혹은 임상가 (2) 표준화된 신경 심리 검사 또는 다른 수량화된 임상 평가에서 나타난 경도의 인지 수행의 손상

B. 인지적 결함이 개인이 일상생활을 하는 데 방해가 되지는 않는다.

C. 인지적 결함은 섬망에서만 발생하지 않는다.

D. 인지적 결함은 다른 심리장애로 설명되지 않는다.

주의: 다음의 질병으로 인한 것이 아닌지 확인해야 한다: 알츠하이머병, 전두측두엽 퇴화, 루이소체병, 혈관성 질환, 외상성 뇌손상, 물질·약물 사용, 에이즈 바이러스 감염, 프라이온병, 파킨슨병, 헌팅턴병, 다른 건강 상태, 다양한 원인, 비전형적

출처: American Psychiatric Association. (2013). *Diagnostic and statistical manual of mental disorders*(5th ed.). Washington, DC.

병 (2) 혈관손상 (3) 전두측두엽 변성 (4) 외상성 뇌손상 (5) 루이소체병 (6) 파킨슨병 (7) 에이즈바이러스 감염 (8) 약물남용 (9) 헌팅턴병 (10) 프라이온병 (11) 다른 질병. 알츠하이머병은 유병률(거의 절반 이상의 신경인지장애가 알츠하이머병으로 인한 신경인지장애임)이 높고 원인과 치료에 대한 연구가 많기 때문에 다음에서는 알츠하이머병으로 인한 신경인지장애에 대해 자세히 살펴볼 것이다.

알츠하이머병으로 인한 신경인지장애

1907년에 독일의 정신과 의사 Alois Alzheimer는 처음으로 자신의 이름을 딴 장애에 대해 설명했다. 그는 점진적인 기억력 손상이 있고 의심을 포함한 다른 행동적 인지적 문제가 있는 '대뇌 피질에 있는 비정상적인 병'을 가진 51세 여성에 대해 기록했다(Richards & Sweet, 2009). 그는 이 장애를 비전형적인 노인성 치매라고 불렀다. 그 후에 이 병의 이름이 **알츠하이머병**으로 바뀌었다.

*DSM-5*의 **알츠하이머병으로 인한 신경인지장애**에 대한 진단기준은 점진적이고 꾸준하게 나타나는 인지적 결함을 포함한다. 두드러지는 증상은 기억, 방향, 판단 그리고 추론의 손상이다. 새로운 정보를 통합하지 못하게 되고 이로 인해 새로운 연상이 어렵게 된다. 알츠하이머병이 있는 사람은 중요한 사건을 잊어버리고 물건을 잃어버린다. 반복적이지 않은 활동에 대한 관심이 떨어진다. 다른 사람에 대한 관심도 없어지며 그 결과 사회적으로 고립되는 경향이 있다. 병이 진행되면서 초조, 혼란, 우울, 불안 그리고 심지어는 공격적인 모습을 보인다. 이러한 어려움은 저녁 때 더 심각해진다. 이것은 선다우너증후군(sundowner syndrome)이라고 부르는데, 뇌의 생체시계가 피로에 의해 방해를 받기 때문이다(Lemay & Landrevelle, 2010).

알츠하이머병으로 인한 신경인지장애가 있는 사람은 또한 실어증(언어능력에 문제), 실행증(운동 기능의 손상), 실인증(사물을 인식하지 못함), 또는 계획, 조직화, 순서화 또는 정보의 추상화에 어려움을 겪는 등 하나 또는 그 이상의 인지장애를 보인다. 이러한 인지적 손상은 사회적 그리고 직업적 기능에 심각한 부정적인 영향이 있고 이전 능력의 심각한 퇴화를 보여준다.

경도신경인지장애를 가진 사람의 뇌사진을 이용한 연구가 진행되고 있는데 이는 알츠하이머병이 발병하는 초기에 뇌구조의 변화에 대한 감지를 통해 초기 진단을 하기 위함이다. 과거에는 부검을 통해 뇌에 손상이 있다는 것을 확인함으로써만 알츠하이머병을 정확하게 진단할 수 있었다. 하지만 이제는 새로운 화학추적제를 이용한 정교한 뇌사진(Alzheimer's Disease Neuroimaging Initiative, ADNI)이 심각한 인지적 기능의 퇴화나 사망 전에 의료진들이 알츠하이머병의

진단을 도울 수 있다는 증거들이 늘어나고 있다(Douaud et al., 2013; Weiner et al., 2012). 또한 알츠하이머병이 있는 사람에게서 발견되는 척수액에 있는 특정 표지에 대한 연구(예, 알츠하이머병 환자에게서 발견되는 아밀로이드반을 만드는 데 관여하는 베타 아밀로이드)도 진단의 정확성을 증가시켜주고 있는 것으로 보인다(Vanderstichele et al., 2012). 최근에는 정확한 뇌검사 없이 진단을 위해서 언어와 기억의 문제를 검사하는 단순화된 버전의 정신상태검사가 이용되고 있다.

알츠하이머병의 인지적 퇴화는 초기와 말기에는 느린 반면, 중반기에 더 빠르다(Richards & Sweet, 2009). 많은 사람들이 진단을 받은 후에 10년 이상 살지만, 평균 생존 기간은 약 8년으로 추정된다. 드물게 40대 또는 50대에 병이 조기 발병할 수 있지만, 주로 60대 또는 70대에 발생한다. 신경인지장애의 약 50%가 알츠하이머병으로 인한 것이며, 이 병은 500만 명 이상의 미국인들과 전 세계적으로 수백만 명의 인구에게 영향을 미치고 있다(Alzheimer's Association, 2010).

초기 연구는 알츠하이머병이 교육을 거의 받지 못한 사람들에게서 더 자주 발생한다고 보고하였다(Fratiglioni et al., 1991; Korczyn, Kahana, & Galper, 1991). 알츠하이머가 교육 수준이 낮은 사람들에게 더 큰 손상을 초래해 조기 발병과 지적장애를 야기하고 결국에는 교육적 노력을 방해한다고 주장한다. 또한 지적 능력은 증상이 나타나는 것을 막거나 지연시키는 역할을 하고 있다고 본다. 최근 연구는 이를 지지하는 듯하다. 교육 수준이 증상 발현을 지연시키는 것을 예측하는 것으로 나타났다(Perneczky et al., 2009). 그러나 높은 수준의 교육을 받아도 증상이 나타나기 시작하면 급속하게 퇴화된다(Scarmeas, Albert, Manly, & Stern, 2006). 이것은 교육이 알츠하이머병을 예방하는 것이 아니라, 단지 더 잘 기능할 수 있도록 완충을 해주는 것임을 보여준다. 교육 정도가 습득한 기술로 어떻게든 정신을 '보존'시켜, 인지신경 손상의 초기 증상인 인지적 퇴화에 더 오랫동안 대응할 수 있도록 도와줄 수 있다. 일부 사람들은 다른 사람보다 더 성공적으로 적응하여, 더 오랫동안 기능 저하를 인지하지 못할 수 있다. 그러므로 뇌의 퇴화는 두 집단에서 비슷하게 나타나지만, 교육

알츠하이머병(Alzheimer's disease) 1906년에 독일의 정신과 의사인 Alois Alzheimer 박사에 의해 보고됨. 대뇌 피질의 장애가 가져오는 비전형적인 노인성 치매.

알츠하이머병으로 인한 신경인지장애(neurocognitive disorder due to Alzheimer's disease) 알츠하이머병으로 인한 점진적인 인지적 결함을 시사하는 징후들. 새롭게 혹은 이전에 학습한 것을 기억하지 못함. 신경인지장애의 가장 흔한 형태.

수준이 높은 사람은 더 오랫동안 성공적으로 기능할 수 있을 것이다. 이 가정은 치료 전략, 특히 알츠하이머병의 초기 단계에 있는 사람의 치료 전략을 세우는 데 유용할 것이다.

이러한 인지유지 이론에 대한 생물학적 설명은, 치매 전에 시냅스를 많이 생성했을수록 치매 증상이 분명해지기 전에 손상된 신경세포의 수가 많음을 시사한다(Farias et al., 2012). 교육을 통한 정신활동은 아마 이러한 시냅스를 보존하고 장애가 발생하는 것을 보호하는 역할을 하는 듯하다. 기술 습득(skill development)과 교육을 통한 뇌의 변화라는 두 가지 측면 모두가 얼마나 빨리 이 병이 진행되는지를 결정하는 것으로 보인다.

연구들은 여성의 높은 기대수명으로 인해 알츠하이머병이 여성에게 더 많이 발생한다고 주장한다(Craig & Murphy, 2009). 즉, 평균적으로 여성이 남성보다 오래 살기 때문에 다른 질병이나 알츠하이머병을 경험할 확률이 더 높다는 것이다. 하지만 여성의 수명이 길다는 것이 여성에게 이 병이 더 많이 발생하는 이유의 전부는 아니다. 확실하진 않지만 에스트로겐 호르몬으로 설명이 가능해 보인다. 여성은 나이가 들면서 에스트로겐 수치가 낮아지는데 에스트로겐이 이 병으로부터 여성들을 보호하는 듯하다. 중요한 대규모 연구(the Women's Health Initiative Memory Study)가 여성의 호르몬을 조사하고 이것이 알츠하이머병에 어떤 영향을 미치는지 살펴보았다(Shumaker et al., 2004). 처음에는 65세 이상의 여성 중에 프렘프로(Prempro)라는 에스트로겐과 프로게스틴이 합쳐진 호르몬을 복용하는 여성을 추적한 결과, 여성에게 에스트로겐을 주입하면 신경인지장애가 발생할 확률이 낮아질 것이라는 믿음과는 반대로, 알츠하이머병이 발생할 위험이 높아졌다는 것을 발견했다(Coker et al., 2010). 치매와 관련된 이 2가지 호르몬의 영향에 대한 연구가 계속 이루어지고 있다.

마지막으로 인종에 따른 알츠하이머병의 유병률에 대한 조사가 진행되고 있다. 초기 연구는 특정 민족(일본인, 나이지리아인, 원주민, 또는 아미쉬와 같은)에게 알츠하이머병이 발생할 확률이 더 적다고 주장했다(예를 들어 Pericak-Vance et al., 1996; Rosenberg et al., 1996을 보라). 하지만 최근 연구는 이러한 차이가 도움을 요청하는 차이(어떤 문화적 집단에서는 받아들여지지 않을 수도 있는)나 교육 정도의 차이(특정 증상을 지연시켜줄 수 있는) 때문이라고 주장한다(Wilson et al., 2010). 알츠하이머병은 아메리칸 인디언들에게 다소 낮은 비율로 나타난다는 한 연구를 제외하고 대체적으로 모든 인종에 비슷하게 나타난다(Weiner, Hynan, Beekly, Koepsell, & Kukull, 2007). 이러한 발견은 이 잔인한 질병의 원인을 더 잘 이해할 수 있도록 도와준다.

혈관성 신경인지장애

매년 50만 명의 인구가 뇌졸중(뇌로 가는 혈류를 막거나 제한하는 어떤 병이나 트라우마)으로 죽는다. 뇌졸중이 미국에서 3번째 높은 사망 원인으로 많은 사람들이 생존하기는 하지만, 장기적으로는 결과가 더 가혹할 수 있다. **혈관성 신경인지장애**는 인지신경 결함을 유발하는 점진적인 뇌장애로 신경인지장애의 흔한 원인 중의 하나이다(Erkinjuntti, 2012).

혈관과 관련이 있어 혈관성이라 한다. 뇌에 있는 혈관이 막히거나 손상을 받으면 그리고 더 이상 산소나 다른 영양분을 뇌세포의 특정 영역으로 운반하지 못하면 장애가 나타난다. 뇌의 다양한 영역이 손상될 수 있기 때문에 퇴화가 되는 기능은 개인마다 다르다. *DSM-5*에서는 혈관성 신경인지장애가 정보 처리를 하는 속도나 실행기능(예, 복잡한 의사결정)을 처리하는 속도의 퇴화와 같은 인지적 문제를 초래한다고 본다(Erkinjuntti, 2012). 반면 알츠하이머병이 있는 사람에겐 기억력이 가장 큰 인지적 문제이다.

알츠하이머병으로 인한 신경인지장애에 대한 연구와 비교해서 혈관성 신경인지장애에 대한 연구는 적다. 그 이유는 아마 유병률이 더 낮기 때문일 것이다. 혈관성 신경인지장애의 유병률은 70에서 75세 인구의 약 1.5%이고 80세가 넘어가면 15%로 증가한다(Neugroschi, Kolevzon, Samuels, & Marin, 2005). 알츠하이머성 치매는 여성에게 나타날 확률이 더 높은 반면, 혈관성 신경인지장애는 남성에게 나타날 확률이 더 높은데 이러한 결과는 많은 선진국과 개발도상국에서 보고되었다(Kalaria et al., 2008). 심혈관계질환이 일반적으로 남성에게 더 높은 비율로 나타난다는 사실은 혈관성 신경인지장애가 왜 남성에게 더 많이 발생하는지를 설명해준다. 혈관성 치매의 발병은 전형적으

▲ 알츠하이머병으로 영향받은 뇌의 PET 스캔(왼쪽)은 정상인의 뇌(오른쪽)와 비교해 심각한 조직 손상을 보여준다.

로 알츠하이머성 치매보다 더 갑작스럽게 나타난다. 그 이유는 뇌에 갑작스러운 손상을 주는 뇌졸중이 원인이기 때문이다. 그러나 두 경우 모두 결과는 비슷하다. 결과적으로 두 장애 모두 약해진 면역 체계로 인해 폐렴과 같은 감염병에 걸려 간호가 필요하게 된다.

다른 건강상태로 인한 신경인지장애

알츠하이머병과 혈관의 손상 이외에도 수많은 다른 신경학적이고 생화학적인 과정이 신경인지장애를 야기할 수 있다. *DSM-5*는 알츠하이머병과 혈관의 손상 이외에도 8가지의 특정 원인을 제시한다. 전두측두엽 퇴화, 외상성 뇌손상, 루이소체병, 파킨슨병, 인간면역결핍바이러스 감염, 물질남용, 헌팅턴병 그리고 프라이온병이 그것이다. 아래는 각각의 원인에 대한 설명이다. 또한 특정 건강상태로 인한 신경인지장애는 서로 다른 원인 때문에 발생한다. 신경인지장애를 일으킬 수 있는 다른 건강상태에는 정상뇌압 수두증(뇌수축으로 인한 두개골 내에 지나치게 많은 수액), 갑상선 기능 저하증, 뇌종양 그리고 비타민B12결핍증 등이 있다. 자주 머리에 충격을 받는 운동선수 사이에 신경인지장애가 발생하는 비율이 늘어나고 있다. 과거에 이런 종류의 신경인지장애를 권투선수치매(dementia pugilistica, 복서 또는 권투 선수에게 한정되는)라고 불렀는데, 최근에는 만성외상성뇌병증(chronic traumatic encephalopathy, CTE)이라고 부른다. 만성외상성뇌병증은 심각한 뇌퇴화를 야기시킬 수 있는 반복되는 **두개관내 출혈**로 인해 발생한다(Gavett, Stern, Cantu, Nowinski, & Mckee, 2010). 다른 건강상태로 인한 신경인지장애가 인지 능력에 미치는 영향은 우리가 지금까지 다루었던 다른 형태의 신경인지장애가 미치는 영향과 비슷하다.

전두측두엽 신경인지장애는 성격, 언어 그리고 행동에 영향을 주는 뇌의 영역을 손상시키는 뇌의 장애를 분류하는 매우 중요한 용어이다(Gustafson & Brun, 2012). *DSM-5*는 전두측두엽 신경인지장애를 두 가지로 분류한다—적절한 행동의 퇴화(예, 사회적으로 부적절한 행동, 무관심, 판단력 부족) 또는 언어(예, 말하고 적절한 단어를 찾고 사물의 이름을 말하는 데 문제). 전두측두엽 신경인지장애의 분류 중 희귀병인 **픽병**이 있다. 픽병은 인지신경에 손상이 온 사람의 5%에게만 나타나는 드문 질병이며, 알츠하이머병과 비슷한 증상을 보인다. 이 병은 5년에서 10년 정도 지속되며, 유전적인 요인을 갖고 있는 것으로 보인다(Gustafson & Brun, 2012). 픽병은 40대 또는 50대에 상대적으로 이른 시기에 발생하는 신경인지장애의 한 예이다.

뇌의 심각한 외상은 뇌에 지속되는 손상을 초래하는데(**외상성 뇌손상** 또는 TBI라고 불리는) 이것 또한 신경인지장애를 야기할 수 있다

(Fleminger, 2012). **외상성 뇌손상으로 인한 신경인지장애**는 외상을 입은 후에 최소한 일주일간 지속되는 실행기능 장애(예, 복잡한 활동을 계획할 수 없음) 또는 학습과 기억에 문제가 생기는 증상을 포함한다. 외상성 뇌손상의 가장 큰 위험에 노출되어 있는 대상은 청소년이나 젊은 성인들이며, 특히 알코올남용과 낮은 사회경제적 지위가 동반되면 더 위험하다(Fleminger, 2012). 교통사고, 폭행, 추락 그리고 자살 시도가 흔한 원인이며 전투 중에 폭탄이 폭발하는데 옆에 있는 것과 같다.

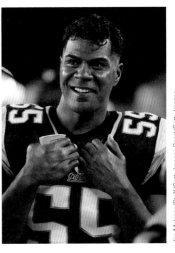

▲ Junior Seau는 2012년에 자살을 한 NFL 유명 풋볼 선수이다. NIH는 가족의 요청에 뇌를 조사했고 그에게 만성외상성뇌병증(CTE)이라고 하는 반복적인 뇌팽창으로 인한 이상이 있었다고 보고했다.

두 번째로 흔한 신경인지장애의 종류는(알츠하이머병 다음으로) **루이소체병으로 인한 신경인지장애**이다(Aarsland, Ballard, Rongve, Broadstock, & Svenningsson, 2012; McKeith et al., 2005). 루이소체병은 뇌세포를 손상시키는 단백질이 미세하게 축적됨으로써 발생한다. 이 병의 징조는 서서히 나타나며 파킨슨병처럼 민첩함과 주의집중의 손상, 생생한 환각 그리고 운동기능 손상 등의 문제가 나타난다.

혈관성 신경인지장애(vascular neurocognitive disorder) 뇌의 혈류가 막혀 다른 신경증상들과 함께 인지적 기능의 상실이 나타나는 진행성 뇌장애.

두개관내 출혈(head trauma) 일반적으로 사고로 인해 머리, 즉 뇌에 상해를 입어 기억상실과 같은 인지적 손상을 입게 됨.

전두측두엽 신경인지장애(frontotemporal neurocognitive disorder) 전두측두엽의 손상으로 인해 하나 또는 그 이상의 인지 영역에서 인지적 퇴화가 나타나는 것.

픽병(Pick's disease) 초로성 치매를 유발하는 드문 신경질환.

외상성 뇌손상(traumatic brain injury, TBI) 머리에 충격 혹은 기타 빠른 움직임으로 인한 두개골 내의 뇌의 위치변화로 인한 뇌손상.

외상성 뇌손상으로 인한 신경인지장애(neurocognitive disorder due to traumatic brain injury) 외상성 뇌손상으로 인해 하나 또는 그 이상의 인지 영역에서 인지적 퇴화가 나타나는 것.

루이소체병으로 인한 신경인지장애(neurocognitive disorder due to Lewy body disease) 루이소체병으로 인해 하나 또는 그 이상의 인지 영역에서 인지적 퇴화가 나타나는 것.

표 13.2 신경인지장애의 특징

특징	알츠하이머성 치매	피질하성 치매
언어	실어증(언어적으로 표현하는 데 어려움)	실어증 없음
기억	기억과 재인의 손상	기억 손상. 정상 또는 약간의 재인 손상
공간지각 능력	손상	손상
정서	경도의 우울과 불안	심각한 우울과 불안
운동 속도	정상	느려짐
운동 협응	말기 단계 전까지 정상	손상

출처: Cummings, J. L. (Ed.)(1990). *Subcortical dementia*. New York, NY: Oxford University Press, ⓒ1990 Jeffrey L. Cummings.

사실 루이소체병으로 인한 신경인지장애와 **파킨슨병으로 인한 신경인지장애**에는 겹치는 점이 많다(Mindham & Hughes, 2012).

파킨슨병은 전 세계 인구 1,000명 중 1명에게 나타나는 퇴행성 뇌장애이다(Marsh & Margolis, 2009). 영화배우 겸 유명한 탤런트인 Michael J. Fox와 미국의 전 법무장관인 Janet Reno 모두 이 진행성 장애를 앓고 있다. 파킨슨병이 있는 사람들의 특징은 구부정한 자세 또는 느린 움직임(운동완서라고 불림), 떨림, 걷는 도중에 경련 등 운동 수행 능력에 문제가 있다. 이들은 느리고 단조로운 톤으로 말하는 등 발성에도 영향을 받는다. 이러한 운동 능력의 변화는 도파민 경로의 손상 때문이다. 복잡한 움직임에 관여하는 도파민의 감소로 근육의 움직임을 조절할 수 없게 되어 떨림이나 근력저하 현상을 보인다. 이러한 경로의 퇴화와 함께 이들의 뇌 안에는 루이소체(Lewy bodies)가 생겨나게 된다. 이 병의 증상은 광범위한데 일부 사람들은 치료를 통해 잘 기능하기도 한다. 10년 이상 파킨슨병을 가지고 생존한 사람의 약 75%에서 신경인지장애가 발생한다고 추정된다. 이것은 일반 사람들에게서 발생한 비율보다 4배에서 6배 정도 높다(Aarsland & Kurz, 2010).

에이즈를 일으키는 **제1형 인간면역결핍바이러스**(HIV-1) 또한 신경인지장애의 원인이 될 수 있다(에이즈바이러스 **감염으로 인한 신경인지장애**라고 불림)(Maj, 2012). 이 장해는 HIV에 수반되는 다른 감염과 독립적으로 보이는데, 즉 HIV 감염 자체가 신경학적 장해를 일으키는 것으로 보인다. 에이즈바이러스

▲ Michael J. Fox는 그의 인생에 심각한 영향을 준 퇴행성 장애인 파킨슨병의 치료 발전을 위해 자신의 시간과 명성을 투자하였다.

로 인한 신경인지장애의 초기 증상은 인지가 느려지고, 건망증이 생기며, 주의집중을 하지 못하는 것이다. 또한 어설퍼지고, 경련 또는 각약증과 같은 반복적인 움직임을 보이며, 무관심해지고 사회적으로 고립된다.

에이즈에 감염된 사람들에서 인지장애는 매우 흔했지만, 새로운 약물(강력한 항레트로바이러스 치료 또는 HAARTs)의 등장으로 이제 10% 미만의 환자만이 인지신경장애를 경험한다(Maj, 2012). 에이즈바이러스로 인한 인지신경장애의 발병률은 알츠하이머병이나 혈관성이 원인인 신경인지장애보다 낮으나, 건강상태를 매우 악화시킬 수 있다.

파킨슨병 또는 다른 원인으로 인한 신경인지장애처럼, 에이즈바이러스로 인한 신경인지장애 또한 피질하라고 불리는 뇌의 영역에 영향을 주기 때문에 가끔 피질하성 치매로 지칭된다(Bourgeois, Seaman, & Servis, 2003). 피질성 치매(알츠하이머병으로 인한 신경인지장애가 포함되어 있는)와 피질하성 치매를 구분 짓는 것은 두 분류가 다른 증상을 나타내기 때문에 중요하다(표 13.2를 보라). 언어 기능에 장애가 발생하는 **실어증**은 알츠하이머병으로 인한 신경인지장애가 있는 사람에게 나타나지만, 피질하성 치매 환자에게는 나타나지 않는다. 피질하성 치매가 있는 사람들은 알츠하이머병으로 인한 신경인지장애가 있는 사람보다 더 심각한 우울과 불안을 경험한다. 일반적으로 속도와 협응을 포함한 운동 기능의 손상은 피질하성 치매가 있는 사람의 초기에 나타난다. 신경인지장애를 일으킨 병으로 인해 뇌의 서로 다른 영역에 영향을 받았기 때문에 다른 형태의 손상이 나타난 것처럼 보인다.

헌팅턴병은 유전적 질병으로 운동 기능에 영향을 주며 불수의적 사지운동인 무도증을 보인다(Marsh & Margolis, 2009). 헌팅턴병에 걸린 사람은 처음에 증상이 나타났을 때부터 20년간 살 수 있지만 병의 말기에는 집중 간호를 필요로 한다. 일부 과학자들은 헌팅턴병이 있는 사람이 오랫동안 생존하면 결국에 모두 인지신경장애가 온다고 믿지만, 파킨슨병처럼 20%에서 80%정도만이 신경인지장애를 경험한다(Marsh & Margolis, 2009). **헌팅턴병으로 인한 신경인지장애**

Slaven Vlasic/Stringer/Getty Images

또한 피질하성 치매 증상을 보인다.

헌팅턴병의 원인인 유전자를 찾는 연구는 거의 탐정소설을 읽는 것 같다. 이전부터 과학자들은 상염색체 우성질병으로 헌팅턴병이 있는 사람의 자손의 50% 또한 헌팅턴병에 걸린다고 알고 있었다. 1979년부터 행동과학자인 Nancy Wexler와 동료들은 베네수엘라의 작은 지역에서 대가족을 대상으로 연구를 하였다(Wexler, 2012). 유전자 연관분석 기술을 사용하여 과학자들은 최초로 4번 염색체에 손상이 있음을 발견했고(Gusella et al., 1983), 규정하기 힘든 유전자를 발견했다(Huntington's Disease Collaborative Research Group, 1993). 하나의 유전자가 질병의 원인이 되는 것은 흔한 일이 아니다. 다른 유전장애에 대한 연구는 많은 수의 유전자를 원인으로 지목한다(다인자적).

프라이온병으로 인한 신경인지장애는 스스로 재생산되며 뇌세포를 손상시켜 인지신경의 퇴화를 야기하는 단백질인 '프라이온(prion)'으로 인해 발생하는 드문 진행성 신경인지장애이다(Collinge, 2012). 박테리아 또는 바이러스와 같은 감염인자와는 다르게 프라이온은 화학물질 또는 방사능으로 파괴할 수 있는 DNA 또는 RNA가 없는 것으로 알려져 있다. 그 결과 프라이온병의 치료법에 대해 알려진 것이 없고 이 병의 증상은 항상 치명적이다. 다행인 것은 프라이온병이 사람 사이에 전염되는 병이 아니며, 식인행위 —쿠루병(Kuru)을 야기하는—또는 사고에 의한 주입(예, 감염된 사람의 피를 수혈 받음으로써)에 의해서만 옮겨진다. 프라이온병의 한 종류인 **크로이츠펠트 야콥병**은 100만 명당 1명에게만 나타나는 것으로 알려져 있다(Heath et al., 2010). 크로이츠펠트 야콥병에 대한 연구의 놀라운 발전은 광우병과 관련된 새로운 10가지 변종을 발견한 것이다(Neugroschi et al., 2005). 이로 인해 병이 감염된 소로부터 인간에게 전염될 수 있기 때문에 수년 동안 영국의 소고기 수출이 금지되었다. 하지만 아직 광우병과 크로이츠펠트 야콥병 새 변종 사이의 연관에 대한 정확한 정보는 없다(Wiggins, 2009).

물질 · 약물로 인한 신경인지장애

장기적인 약물 복용이, 특히 건강하지 않은 식단과 함께 지속되면, 뇌에 손상을 가져올 수 있고 심하면 신경인지장애를 야기할 수 있다. 이러한 손상은 불행히도 약물중독의 상태에서 벗어나거나 약물을 끊었을 때도 지속된다.

알코올에 의존하는 사람 중 무려 7%가 신경인지장애의 기준을 충족한다(Neugroschi et al., 2005). 알코올, 본드 또는 가솔린과 같은 흡입제(일부 사람들이 몽롱한 기분 때문에 흡입하는)를 포함하여 약물을 장기적으로 남용하는 사람들은 신경인지장애의 증상을 보일 수 있

다(10장을 보라). 이러한 약물은 의존성을 높여 중단을 어렵게 만들기 때문에 위협이 될 수 있다. 그 결과로 초래된 뇌손상은 영구적이 되고 알츠하이머병으로 인한 신경인지장애와 똑같은 증상을 야기할 수 있다. *DSM-5*에서 **물질 · 약물로 인한 신경인지장애**는 많은 다른 형태의 신경인지장애와 본질적으로 같다. 기억력 손상을 가져오고 최소한 하나 이상의 인지적 문제를 야기시킨다. 실어증(언어적 문제), 운동불능(운동 기능이 정상임에도 불구하고 운동능력을 수행하지 못함), 실인증(감각 기능이 정상임에도 불구하고 물체를 인식하거나 구별할 수 없음), 또는 실행 기능에 문제(계획, 조직화, 순서화 또는 추상화에 문제)가 생긴다.

원인

신경인지장애의 원인에 대한 설명은 이 책의 범위를 넘어서지만 가장 흔한 장애에 대한 정보를 제공하려 한다.

파킨슨병으로 인한 신경인지장애(neurocognitive disorder due to Parkinson's disease) 파킨슨병으로 인해 하나 또는 그 이상의 인지 영역에서 인지적 퇴화가 나타나는 것.

파킨슨병(Parkinson's disease) 퇴행성 뇌장애로 도파민의 감소와 관련 있는 운동 수행(예, 떨림, 구부정한 자세)에 영향을 줌. 신경인지장애를 일으키기도 함.

인간면역결핍바이러스(human immunodeficiency virus type) 에이즈를 일으키는 질병.

에이즈바이러스 감염으로 인한 신경인지장애(neurocognitive disorder due to HIV infection) 에이즈바이러스로 인해 하나 또는 그 이상의 인지 영역에서 인지적 퇴화가 나타나는 것.

실어증(aphasia) 뇌졸중, 알츠하이머병, 기타 질병이나 외상으로 인한 뇌손상에서 오는 언어능력의 손상 혹은 상실.

헌팅턴병(Huntington's disease) 유전적 질병으로 불수의적 신체 운동을 보이며 신경인지장애로 진행됨.

헌팅턴병으로 인한 신경인지장애(neurocognitive disorder due to Huntington's disease) 헌팅턴병으로 인해 하나 또는 그 이상의 인지 영역에서 인지적 퇴화가 나타나는 것.

프라이온병으로 인한 신경인지장애(neurocognitive disorder due to prion disease) 프라이온병으로 인해 하나 또는 그 이상의 인지 영역에서 인지적 퇴화가 나타나는 것.

크로이츠펠트 야콥병(Creutzfeldt-Jacob disease) 신경인지장애를 가져오는 극히 드문 질환.

물질 · 약물로 인한 신경인지장애(substance/medication-induced neurocognitive disorder) 특정 물질 또는 약물의 주입으로 인해 하나 또는 그 이상의 인지 영역에서 인지적 퇴화가 나타나는 것.

생물학적 요인들

인지적 능력은 다양한 이유로 손상될 수 있다. 앞서 살펴보았듯이 신경인지장애는 여러 가지 원인으로 발생한다. 신경인지장애의 가장 흔한 원인인 알츠하이머병은 가장 의문점이 많은 질병 중 하나다. 유병률과 원인에 대한 무지로 알츠하이머병은 이 장애를 치료하거나 원인을 찾으려는 많은 과학자들에게 큰 관심을 받아왔다.

알츠하이머병에 대해 우리가 알고 있는 것은 무엇인가? '대뇌 피질의 비정상적인 질병'을 보였던 환자의 사망 후 Alois Alzheimer는 부검을 했다. 그는 뇌세포 안에서 수많은 뒤엉킨 실가닥을 발견했다 (신경섬유매듭이라 불림). 이러한 손상은 알츠하이머병이 발생한 모든 사람에게서 발견된다. 두 번째 손상은 뉴런 사이의 아밀로이드반(초로성 반점 또는 노인성 반점이라고도 불림)이라고 불리는 끈적한 단백질의 축적에 기인한다. 아밀로이드반은 신경인지장애의 증상을 가지고 있지 않은 노인들에게도 관찰되지만, 알츠하이머병이 있는 사람보다 그 수가 훨씬 적다(Richards & Sweet, 2009). 신경섬유매듭과 아밀로이드반과 같은 손상 모두 시간경과와 함께 축적되면서 신경인지장애의 증상을 야기하는 것으로 보인다(Weiner et al., 2012).

이 두 가지 형태의 손상은 뇌의 극히 작은 영역에 영향을 미치며 뇌의 현미경 실험으로만 감지될 수 있다. 그러나 앞서 말했던 것처럼 과학자들은 부검 없이도 이러한 뇌세포의 손상을 초기에 발견할 수 있도록 신경이미지 기술을 발전시키고 있고 척수액에 있는 아밀로이드 단백질을 측정할 수 있도록 노력하고 있다(Weiner et al., 2012). 신경섬유매듭과 아밀로이드반을 가지고 있는 것 외에도, 알츠하이머병이 있는 사람의 뇌는 일반적인 노화를 겪는 사람의 뇌보다 많이 수축되어 있다(Lovestone, 2012). 하지만 뇌의 수축에는 많은 원인이 있기 때문에 알츠하이머병은 신경섬유매듭과 아밀로이드반을 기준으로 진단된다.

알츠하이머병의 유전적인 영향에 대해 많은 것이 밝혀지고 있다 (예, Seshadri et al., 2010). 대부분의 모든 행동장애들처럼 알츠하이머의 발병에는 다양한 유전자가 관여한다. 표13.3은 지금까지 알려져

표 13.3 알츠하이머병의 유전적 요인들

유전자	염색체	발병 연령
APP	21	43~59세
프레세닐린 1	14	33~60세
프레세닐린 2	1	50~90세
apo E4	19	60세

APP = 아밀로이드 전구체 단백질, apo E4 = 아포지질단백질(apolipoprotein) E4
출처: Lovestone, S. (2012). Dementia: Alzheimer's disease. In M. G. Gelder, N. C. Andreasen, J. J. Lopez Jr. & J. R. Geddes(Eds.), *New Oxford textbook of psychiatry*(2nd. Ed., Vol. 1, pp. 333-343). New York: Oxford University Press.

있는 것을 정리해 놓은 것이다. 염색체 21, 19, 14, 12 그리고 1번에 있는 유전자가 모두 알츠하이머병과 연관이 있다(Neugroschi et al., 2005). 21번 염색체가 정상인 2개보다 1개 많은 3개를 보이는 다운증후군에게서 알츠하이머병의 발생 비율이 이례적으로 높다는 사실에서 21번 염색체와의 관계가 가장 먼저 보고되었다(advisory Panel on Alzheimer's disease, 1995). 최근 연구는 다른 염색체에 있는 유전자도 설명한다. 이러한 발견은 알츠하이머병이 다양한 유전자와 관련 있음을 보여준다. 14번 염색체와 관련이 있는 형태는 발병 연령이 이르다. Pat Summitt의 경우는 조기 발현형이었다. 19번 염색체와 관련 있는 알츠하이머병은 60세 이후에 발병하는 후기 발현형이다.

일부 유전자들은 **결정론적**인데 이것은 이 유전자를 가지고 있으면 알츠하이머병이 발생할 확률이 거의 100%라는 의미이다(Bettens, Sleegers, & Van Broeckhoven, 2010). 프레세닐린 1과 프레세닐린 2, 아밀로이드 베타 펩타이드(베타 아밀로이드라고도 불림) 또는 A(b)와 같은 결정론적 유전자는 100% 알츠하이머병을 야기시키지만, 다행히도 이러한 유전자는 일반 사람들에게는 드물다. 치료 목적으로 과학자들이 이 유전자들이 알츠하이머병을 야기시키는 것을 막을 수 있는 방법을 발견하더라도, 소수의 사람에게만 도움이 된다는 것을 뜻한다. 반면에 아포지질단백질 E4(apo E4)와 같은 일부 유전자들은 **민감성** 유전자로 알려져 있다. 이 유전자는 알츠하이머병이 발병할 위험을 약간 증가시키지만, 결정론적 유전자와 반대로 일반 사람들에게 더 흔하게 관찰된다(Lovestone, 2012). Apo E4에 대한 치료법을 찾는다면 많은 사람들을 도울 수 있을 것이다.

알츠하이머병의 유전적 요인에 대한 접근이 치료에 있어선 큰 도움이 되지 못했으나 의학적 치료에 도움이 되도록 병이 어떻게 발병하는가에 대해서는 더 잘 이해할 수 있게 해주었다. 유전학 연구는 알츠하이머병이 있는 사람의 뇌에 아밀로이드반이 어떻게 발생하는지에 대해 이해할 수 있게 해주었고, 이는 병의 원인에 대한 단서를 제공한다. 아밀로이드반은 아밀로이드베타 또는 Ab라고 불리는 끈적한 고체의 펩타이드로 이루어져 있다. 일부 과학자들은 혈관벽의 콜레스테롤이 혈액의 공급을 막는 것처럼, Ab가 축적되면 알츠하이머와 관련된 세포사의 원인이 된다고 믿는다(Lovestone, 2012). 여기서 중요한 질문은 "왜 어떤 사람의 뇌세포에만 이러한 단백질이 축적되는가?"이다.

이 책에서 다루어진 모든 장애에 대해 장애의 발병에 영향을 미치는 생물학적, 심리적 또는 둘 모두를 포함하는 스트레스 요인을 살펴보았다. 거의 전적으로 생물학적인 원인에 의해 발병하는 것으로 보이는 알츠하이머로 인한 신경인지장애 또한 같은 패턴을 따르는가? 가장 큰 외부의 요인으로는 두개관내 출혈이 있다. 또 다른 요인으로

는 당뇨병, 고혈압 또는 단순성포진 바이러스-1이 있다(Richards & Sweet, 2009). 앞서 살펴본 다른 장애들과 마찬가지로 생리적인 요소와 함께 심리적 그리고 생물학적 요인들이 알츠하이머병의 발병에 영향을 미칠 것이다.

심리적 그리고 사회적 요인들

대부분의 연구들은 신경인지장애의 원인이 되는 생물학적인 조건들을 집중적으로 연구해 왔다. 신경인지장애가 있는 사람들에게서 나타나는 증상인 뇌의 퇴화를 직접적으로 유발하는 심리사회적인 영향에 대해 설명하는 연구는 많지 않지만, 연구 결과는 병의 발병과 진행에 대해 많은 것을 알려준다. 개인의 일상생활에서 신경인지장애를 야기할 수 있는 요인들이 있을 수 있다. 예를 들어 물질남용이 신경인지장애를 발생시킬 수 있음을 알아보았는데(10장), 약물남용 여부는 생물학적 및 심리사회적 요인의 결합에 의해 결정된다. 혈관성 신경인지장애의 경우 개인의 생물학적 취약성이 이 장애를 유발하는 뇌졸중의 발생에 영향을 줄 것이다. 섭식, 운동 그리고 스트레스와 같은 일상생활이 심혈관계질환에 영향을 주기 때문에 누가 혈관성 신경인지장애를 가질 것인지를 파악하게 해준다(7장을 보라).

문화적인 요인 또한 영향이 있을 것이다. 예를 들어 고혈압과 뇌졸중은 아프리카계 미국인과 특정 아시아계 미국인에게 흔히 나타나는데(King, Mainous III, & Geesey, 2007) 이는 왜 이 집단의 인종들에게 혈관성 신경인지장애가 더 흔하게 발견되는지를 설명해준다. 두개관내 출혈과 영양실조로 인한 신경인지장애는 상대적으로 산업화 이전의 농촌 사회에서 더 빈번하게 발생한다(Del Parigi, Panza, Capurso, & Solfrizzi, 2006). 아직 원인은 밝혀지지 않았지만 비타민 B9와 B12를 충분히 섭취하지 못하면 신경인지장애를 일으키는 것으로 보인다(Michelakos et al., 2013). 이러한 결과는 직업적 안전(작업 수행 중 뇌외상을 방지하는 것)과 섭식에 영향을 주는 경제적인 상태 또한 특정 형태의 신경인지장애의 유병률에 영향을 줌을 시사한다. 심리사회적 요인이 특정 형태의 신경인지장애의 발생의 여부에 영향을 주는 것은 명백한 사실이다.

심리사회적 요인은 신경인지장애의 진행과정에 영향을 준다. 기억능력과 교육 수준은 치매의 발병에 영향을 준다(Richards & Sweet, 2009). 특정 기술을 가지고 있는 것은 초기 단계의 신경인지장애가 있는 사람들이 더 잘 대처할 수 있도록 도와준다. 초기의 혼동과 기억력 상실은 노인에 대한 기대가 낮은 문화에서 더 잘 수용될 것이다. 중국을 포함한 특정 문화에서는 젊은 사람들이 특정 연령이 지난 노인들에게서 노동과 부양에 대한 의무를 넘겨받으며 치매 증상이 노화의 징후로 간주된다(Gallagher-Thompson et al., 2006; Hinton,

▲ Nancy Wexler는 헌팅턴병을 일으키는 유전자를 발견한 과학자팀을 이끌었다.

Guo, Hillygus, & Levkoff, 2000). 이러한 사회에서는 신경인지장애가 몇 년동안 발견되지 않고 지나간다.

대부분의 신경인지장애의 원인과 발병에 대한 많은 연구가 필요하다. 알츠하이머병과 헌팅턴병에서 보았듯이 특정 유전적 요인이 인지 퇴화에 취약하게 만든다. 또한 두개관내 출혈, 특정 질병 그리고 알코올, 흡입제, 진정제, 최면제 그리고 항불안제와 같은 약물들은 인지적 능력에 퇴화를 가져올 수 있다. 앞서 심리사회적 요인이 이러한 원인에 노출된 사람이 누구이며, 이 상태에 어떻게 대처하는지 파악하는 데 도움을 줄 수 있다는 것을 배웠다. 통합적인 관점에서 신경인지장애를 보는 것은 치료의 관점을 더 긍정적으로 보는 데 도움을 줄 것이다. 신경인지장애를 발병시키는 조건으로부터 사람들을 보호할 수 있고, 이미 장애가 발생한 사람에게는 어떻게 대처하는지 도움을 줄 수 있을 것이다.

치료

다른 장에서 다루었던 많은 장애들의 경우 치료 전망은 꽤 좋다. 전문가들은 다양한 치료법을 결합하여 장애를 겪고 있는 사람들의 고통을 많이 덜어줄 수 있다. 치료를 통해 기대했던 향상을 보지 못하더라도, 정신건강 전문가들은 병이 더 진행되는 것을 막을 수 있다. 하지만 이는 신경인지장애의 치료에는 적용되지 않는다.

신경인지장애의 치료의 큰 발전을 막는 한 요인은 장애로 인한 손

결정론적(deterministic) 거의 100%의 확률로 유전자로 인해 관련된 장애가 생겨난다고 하는 유전학적 견해. 사람들에게는 드물게 나타난다고 봄.

민감성(susceptibility) 유전학적으로 결정론적 유전자와는 반대로 질병의 발생 위험을 증가시키는 유전자로 사람들 사이에 더 일반적으로 존재함.

상 상태이다. 뇌는 수십억 개의 뉴런을 가지고 있고 사용되고 있는 것보다 훨씬 많은 뉴런을 가지고 있다. 일부 뉴런에 손상이 있더라도 가소성으로 인해 다른 뉴런으로 이를 보완할 수 있다. 어느 정도까지 뉴런이 손상되어도 중요한 기능에는 손상을 주지 않는다. 과학자들은 신경인지장애로 인한 손상을 치료하기 위해 뇌의 자연적인 재생을 어떻게 이용해야 하는지에 대해 연구하고 있다(Khachaturian, 2007). 하지만 현재까지 심각한 뇌손상으로 인해 손상된 능력을 재생할 수 있는 치료법은 없다. 그러므로 치료의 목적은 (1) 신경인지장애를 발병시킬 수 있는 약물남용 또는 뇌졸중과 같은 상태 방지하기 (2) 더 나은 삶의 질을 위해 증상의 시작을 늦추기 (3) 환자와 보호자들이 심각한 퇴화에 잘 대처할 수 있도록 도와주기이다. 대부분의 신경인지장애에 대한 치료는 뇌의 퇴화를 막는 것을 목적으로 하는 생물학적 치료와 환자와 보호자들의 대처를 돕는 것을 목적으로 하는 심리사회적 치료를 통해 두 번째와 세 번째 목표에 초점을 맞추고 있다.

왜곡된 통계치들은 신경인지장애의 비극적인 상태를 파악하지 못하게 막고 있다. 신경인지장애 환자의 보호자의 23% 이상이 하나 또는 그 이상의 불안장애 증상을 보이고 있고, 10% 정도는 임상적으로 우울하다(Katona & Livingston, 2009). 일반인과 비교해서 이 보호자들은 정신과약물(다양한 심리장애 증상을 감소시키기 위한)을 더 많이 복용하고, 평균보다 3배 이상의 스트레스 증상을 보고한다. 신경인지장애가 있는 사람을 돌보는 것은, 특히 말기에, 힘든 일이다. 사실 신경인지장애 환자의 보호자가 받는 스트레스가 신경인지장애를 초래할 위험이 크다는 연구 근거들이 있다(Norton et al., 2010). 그 결과 이러한 보호자들을 위한 연구가 필요하며 그들을 위한 개입과 관련해 연구가 이루어지고 있다(Lee, Czaja, & Schulz, 2010).

생물학적 치료

감염병, 영양 부족 그리고 우울증으로 인한 신경인지장애는 초기에 발견이 되면 치료될 수 있다. 하지만 많은 다른 원인으로 인한 신경인지장애에 대한 치료법은 아직 없다. 뇌졸중, 파킨슨병 그리고 헌팅턴병으로 인한 신경인지장애는 원인을 모르기 때문에 치료 방법이 없다. 그러나 관련 분야에 대한 여러 흥미로운 연구를 통해 이러한 형태의 신경인지장애가 있는 사람을 돕기 위해 노력하고 있다. 교세포와 같은 뉴런을 보존하거나 저장하는 데 도움이 되는 약물이 언젠가는 퇴행성 뇌장애의 진행을 치료하거나 감소시킬 수 있을 것이다(Zuccato & Cattaneo, 2009). 과학자들은 이런 장애가 있는 사람의 뇌에 줄기세포를 이식하여 얻을 수 있는 효과에 대해 알아보고 있다. 이런 연구는 아직 초기 단계이지만 가능성이 높은 것으로 보인다(Arenas, 2010). 뇌졸중으로 인한 신경인지장애는 뇌졸중의 혈전으로 인한 손상을 도울 수 있는 약물로 인해 예방이 가능해질 것이다(Erkinjuntti, 2012). 현재 알츠하이머병이 많은 사람에게 영향을 주고 있기 때문에 많은 연구들이 알츠하이머성 치매의 치료에 집중하고 있다. 하지만 이 병에 대한 완전한 치료법은 없다.

알츠하이머성 신경인지장애가 있는 사람의 인지 능력을 향상시킬 수 있는 약을 개발하기 위한 많은 연구들이 진행되었다. 초기에는 효과적인 것으로 보였지만, 위약대조군 연구 결과 장기적인 효과는 없었다(Richards & Sweet, 2009).

신경인지장애환자들을 위한 의학적 치료에는 약물을 이용해 증상을 완화시키는 방법이 있다. 선택적세로토닌재흡수차단제와 같은 다양한 항우울제는 인지적 퇴화와 함께 동반되는 우울과 불안을 완화시키기 위해 추천된다. 항정신병 치료제는 초조함을 자주 느끼는 사람에게 주로 처방된다(Richards & Sweet, 2009).

과학자들은 알츠하이머병의 증상을 지연시킬 뿐 아니라 예방하고 치료할 수 있도록 백신을 연구하고 있다. 많은 연구들이 세포사를 야기하는 저분자단백질(Ab)을 과도하게 생산하는 과정을 막는 면역 체계를 찾기 위해 노력하고 있다. 인간과 동물을 대상으로 한 최근 연구는 Ab 형성으로 인한 손상을 효과적으로 방지하기 위한 다양한 백신이 있음을 보여주었고 이는 환자와 가족들에게 한줄기 희망을 주고 있다(Subramanian, Bandopahdyay, Mishra, Mathew, & John, 2010).

심리사회적 치료

심각한 인지적 퇴화를 늦추기 위한 심리사회적 치료는 많은 주목을 받고 있다. 심리사회적 치료는 신경인지장애 환자뿐만 아니라 보호자들의 삶의 질을 향상시켜주는 데 주목하고 있다.

신경인지장애가 있는 환자는 상실한 능력을 보완하기 위한 기술을 배울 수 있다. 일부 과학자들은 신경인지장애의 초기에 있는 사람을 도와주기 위한 적응 정도를 평가했다. Michelle Bourgeois(2007)는 알츠하이머병 환자가 대화를 할 때 들고 다닐 수 있는 '기억 지갑'을 만들었다. 플라스틱 지갑에 들어 있는 하얀 카드에는 "내 남편은 존이고 나에게는 3명의 아이들이 있다" 혹은 "나는 1921년 1월 6일에 피츠버그에서 태어났다"라고 적혀 있었다. 그녀의 연구 중 Bourgeois(1992)에서는 알츠하이머로 인한 신경인지장애 환자들이 최소한의 훈련으로 이 지갑을 통해 다른 사람들과 대화 능력이 향상되는 것을 발견했다. 기술이 발전하면서 사람 대신 말할 수 있는 태블릿 PC의 사용으로 이들이 다른 사람들과 의사소통하고 주변을 의식할 수 있게 도와주었다. 또한 스스로의 퇴화를 인식하면서 좌절을 감소시켜주었다(Fried-Oken et al., 2012).

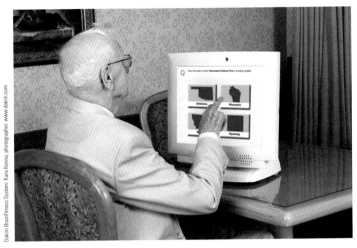

▲ 요양시설에 거주하는 노인이 컴퓨터기반시스템 중 하나인 파워브레인피트니스시스템을 이용해 인지적 자극을 연습하고 있다.

신경인지장애가 있는 사람이 학습과 기억 능력을 연습하도록 격려하려는 인지 자극화는 더 심각한 인지적 퇴화가 오는 것을 지연시켜주는 효과적인 방법으로 보인다(Knowles, 2010). 여기에는 단어 게임, 유명하고 익숙한 얼굴 기억 검사 그리고 숫자 연습하기(예를 들어 구매 후에 잔돈을 얼마 받아야 하는지)가 포함된다. 이러한 기술 향상 활동을 하는 것은 아무 활동도 하지 않는 사람과 비교하여 인지적 활동을 유지할 수 있게 도와주고 삶의 질을 향상시켜준다(J. Choi & Twamley, 2013).

심각한 신경인지장애가 있는 사람은 스스로 먹고, 목욕하고, 옷을 입을 수 없다. 그들은 친숙한 사람이나 가족들과 의사소통을 할 수 없고 알아볼 수도 없다. 그들은 집을 나와 서성이거나 길을 잃을 것이다. 그들은 더 이상 사회적 낙인에 대해 신경 쓰지 않기 때문에 공공장소에서 자위와 같은 성적인 행동을 할 수도 있다. 그들은 자주 초조해하거나 폭력성을 보이기도 한다. 치매가 있는 사람과 보호자를 둘 다 돕기 위해서 과학자들은 이러한 장애의 증상을 해결하기 위한 치료방법을 연구해 왔다(Lovestone, 2012). 예를 들어 일부 연구는 환자가 운동을 하는 것과, 보호자가 문제행동에 어떻게 대처하는지에 대한 정보를 주는 것이 알츠하이머병 환자의 건강과 우울증을 호전시킬 수 있다고 말한다(Logsdon, McCurry, Pike, & Teri, 2009; Teri et al., 2003).

신경인지장애가 있는 사람의 가장 큰 걱정 중 하나는 길을 잃고 헤매는 것이다. 가끔 그들은 위험한 장소로 가거나 위험 상황에 처한다(예를 들어 계단 또는 차도). 환자들이 돌아다니는 것을 방지하기 위해 의자나 침대에 묶기도 하며 진정제를 투여하기도 한다. 불행하게도 신체적 혹은 의학적인 규제는 합병증을 포함하여 위험이 크다. 이 방법은 이미 독립성이나 통제감에 제한을 받는 신경인지장애를 가진 사람을 더 힘들게 만든다. 규제 대신 심리적 치료로 이들이 집 또는 다른 장소로 안전하게 이동하도록 도울 수 있다. 혁신적인 감시 시스템인 '스마트 홈'은 환자의 위치를 감독할 수 있고 보호자에게 경고를 줄 수 있다. 이 방법은 환자의 보호자가 편한 마음을 가질 수 있게 돕지만, 사생활 침해에 대한 윤리적 문제가 있을 수 있다(Bharucha et al., 2009; Mahoney et al., 2007).

신경인지장애가 있는 사람은 초조해하고 언어나 신체적으로 공격적이 될 수 있다. 이런 행동은 당연히 간호를 하는 사람에게 스트레스가 된다. 이런 상황에서는 주로 의학적 치료가 사용되지만, 그 효과는 크지 않다(Testad, Ballard, Brønnick, & Aarsland, 2010). 일부 연구는 자폐스펙트럼장애를 위한 프로그램(Durand, 2012)과 같이 의사소통 기술교육이 신경인지장애가 있는 사람의 공격적인 행동을 감소시켜 줄 것이라고 주장한다(Baker & LeBlanc, 2011). 보호자 또한 환자의 적대적인 행동에 효과적으로 대처하기 위해 훈련을 받기도 한다. 일부 보호자들은 신경인지장애 환자의 비난을 수동적으로 받아들이는데, 이것은 스트레스를 증가시켜 오히려 분노를 유발하고 공격적으로 만들 수 있다. 인지장애가 있는 노인에 대한 보호자들의 음식 제한, 약물 투여 및 신체 학대는 빈번하게 보고된다(Post, Page, Conner, & Prokhorov, 2010). 보호자들이 스트레스 상황을 잘 대처하여 폭력적으로 대응하지 않도록 하는 것이 중요하다. 보호자의 스트레스를 감소시키기 위한 적극성 훈련의 효과성에 대한 근거는 많지 않아, 더 많은 연구가 이루어질 필요가 있다.

일반적으로 경도 또는 중등도의 신경인지장애를 가진 환자의 가족은 감정소모가 큰 좌절, 우울, 죄책감, 상실에 대처할 수 있도록 지지적 상담을 통해 도움을 받을 수 있다. 하지만 전문가들은 스트레스 요소에 적응하는 능력이 사람마다 다름을 인지해야 한다. 예를 들어 한 연구는 보호자의 대처 방식에 문화적 차이가 있음을 발견했다. 알라바마의 한 지역에서 백인 보호자는 대처 방식으로 수용과 유머를 사용했고, 흑인 보호자는 종교와 부정을 사용했다(Kosberg, Kaufman, Burgio, Leeper, & Sun, 2007). 또한 3년간 555명의 보호자를 관찰한 대규모 연구는 힘든 시간 동안 보호자를 지지해주는 몇 가지 단계를 발견했다(Aneshensel, Pearlin, Mullan, Zarit, & Whitlatch, 1995). 하지만 보호자를 지지하기 위한 수많은 연구가 진행되었음에도 불구하고, 지금까지의 결과는 아직 부족하며 이들을 위한 가장 좋은 지지가 무엇인지 파악하기 위해서는 추가적인 연구가 필요하다(schoenmakers, Buntinx, & DeLepeleire, 2010).

병의 초기에는 보호자들은 신경인지장애에 대한 원인과 치료, 재정적 그리고 법적 이슈에 대한 기본적인 정보를 필요로 하고 환자와 가족에 대한 도움을 필요로 한다. 병이 진행되면서 그리고 환자가 더 많은 도움을 필요로 하면서, 보호자는 행동문제(길을 헤매는 것 또는 폭력적인 행동)를 관리하는 것과 환자들과 효과적으로 의사소통하는 것과 관련해 도움이 필요하다. 의료진 또한 입원을 결정하거나 사별을 준비하고 적응하는 데 도움을 준다(Peeters, Van Beek, Meerveld, Spreeuwenberg, & Francke, 2010).

무엇보다 신경인지장애의 인지적 퇴화를 늦추는 것(멈추는 것은 아님)에 대한 전망은 긍정적이다. 가장 효과적인 약으로 기능 회복은 가능하지만 퇴화의 진행을 멈추지는 못한다. 심리적 치료는 특히 병의 초기에 환자들이 인지적 능력의 상실에 효과적으로 대처할 수 있도록 도와줄 것이다. 또한 신경인지장애의 또 다른 피해자인 보호자가 점점 기능이 퇴화하는 환자를 보호할 때 도와줄 수 있도록 심리적 치료가 강조되고 있다.

예방

치료보다는 신경인지장애를 예방하는 전략에 더 의존해야 할 필요가 있다. 예방을 위한 노력이 효과적인지 평가하기 위해서는 개인을 오랫동안 추적관찰해야 하기 때문에 신경인지장애의 예방에 대한 연구가 쉽지 않음을 알 수 있다. 사회의료보장 제도로 모든 국민들의 병력을 공개하는 스웨덴에서 행해진 주요 연구에서는 신경인지장애가 발생할 확률을 높이는 많은 위험 요인과 발생할 확률을 낮추는 보호 요인들을 조사하였다(Fratiglioni, Winblad, & von Strauss, 2007). 연구자들은 75세 이상의 환자 1,810명의 병력을 살펴보았고 13년간 그들을 추적했다. 면담과 병력을 통해서 세 가지 결론을 도출했다. 혈압을 조절하고, 금연하고, 활동적이고 사회적인 삶을 살자! 이세 가지 변화를 통해(예를 들어 우리가 유전자를 바꿀 수는 없으므로) 신

경인지장애의 발생 확률을 줄일 수 있다고 한다(Rizzuto, Orsini, Qiu, Wang, & Fratiglioni, 2012). 예방에 대한 연구는 계속해서 진행되고 있으며 이 참혹한 질병을 성공적으로 예방할 수 있는 다른 효과적인 연구가 지속되고 있다.

개념 확인 13.5

아래 치매의 증상을 보고 빈칸을 채우시오. (a) 안면실인증 (b) 실인증 (c) 실어증

1. 티미의 할머니는 더 이상 자신의 집을 알아보지 못한다.
   _____

2. 할머니는 더 이상 완벽하고 논리적인 문장을 만들지 못한다.
   _____

3. 티미는 유일한 손자이지만, 할머니는 티미가 방문해도 더 이상 손자를 알아보지 못한다. _____

아래 설명된 신경인지장애는 무엇인가?

4. 줄리안은 알코올중독을 치료하고 있다. 젊었을 때에 대해 이야기하라고 하면 이전을 잘 기억하지 못하기 때문에 이야기가 일찍 끝난다. 심지어 줄리안은 해야 할 일을 메모해 놓지 않으면 잊어버리곤 한다. _____

5. 브라운 씨는 여러 번 뇌졸중으로 고생했지만, 아직 스스로를 돌볼 수 있다. 하지만 지난 몇 년간 중요한 것을 기억하는 능력이 지속적으로 퇴화하고 있다. _____

6. 신경섬유와 아밀로이드반과 연관이 있는 점진적이고 지속적인 인지 기능의 퇴화. _____

DSM-5로 개정되면서 가장 회자되고 논쟁을 불러일으킨 것은 DSM-IV에 있던 '자폐증'과 '아스퍼거 장애'의 분류가 없어진 것이다. 여러 자폐증 관련 장애를 한 가지 진단명 아래로 통합한 이유는 ASD를 다른 장애와는 신뢰롭게 변별할 수 있었으나, 자폐성 장애 범주 내에서는 상당한 불일치가 있었기 때문이다(frazier et al., 2012. Rutter, 2011b). 다시 말해서, 심하지 않은 자폐증인지 (언어 표현이 많은) 아스퍼거 장애인지 구분이 명확하지 않았다. 이 둘은 사회적 의사소통의 결핍뿐만 아니라 제한된 패턴의 행동을 보였다. 두 장애의 가장 큰 차이는 증상의 심각도, 언어 수준 그리고 지적 결함의 수준이었기 때문에 심각도에 따른 자폐스펙트럼장애로 묶을 수 있었다.

최초에 제기된 우려 중 하나는 이전에 DSM-IV에서는 기준을 충족했지만 새로운 기준에는 충족되지 못하는 사람들을 제외시킨다는 것이었다. 결과적으로 진단기준을 충족하지 못한 사람은 치료를 받지 못하게 된다. 이러한 염려는 DSM-IV에서는 자폐증이나 관련 장애를 진단받았지만 새로운 자폐스펙트럼장애 기준을 충족하지 못하는 사람이 얼마나 되는지 알아본 연구에 의해 이슈화가 되었다(McPartland, Reichow, & Volkmar, 2012). 초기에는 거의 40%의 사람이 DSM-5의 기준에 부합하지 못함이

보고되어 불안을 가중시켰다. 후속 연구는 40%보다는 낮은 수치를 보고하지만(예, 이 연구에서는 약 9%. Huerta, Bishop, Ducan, Hus, & Lord, 2012), 일부 사람들은 더 이상 서비스를 받지 못할 수 있다는 사실 때문에 새로운 기준에 대해 걱정하고 있다.

이전에 아스퍼거 장애를 진단받았던 사람들은 이 결정이 아스퍼거 장애를 자폐스펙트럼장애에 포함시키는 것에 대한 염려뿐 아니라, 자신의 정체성의 일부를 상실하게 만든다고 느낀다(Pellicano & Stears, 2011). 대다수는 아스퍼거 장애 진단에 대해 부끄러움 또는 곤란함을 느끼기보다는 자신의 독특성을 인정한다. 일부는 이러한 차이를 '신경다양성(neurodiversity)'으로 간주하거나, 자신들의 장애를 세상을 보는 관점이 이상한 것이 아니라 다른 것이라고 여긴다(Armstrong, 2010. Singer, 1999). 사실 아스퍼거 장애가 있는 사람들은 '아스피(Aspies: 아스퍼거 장애를 가진 사람들을 줄여 부른 말, 역주)'라는 단어를 자랑스럽게 이용하며(예, Beardon & Worton, 2011), 이 장애가 없는 사람을 다소 부정적인 어조로 **신경적으로 평범**(neurotypical)하다고 지칭한다. DSM-5에서 아스퍼거 장애의 분류가 사라졌지만 이들 중 일부는 자부심을 가지고 이 명칭을 계속해서 사용할 것이다.

요약

신경발달장애 개요

발달의 결정적 단계에 대한 지식이 신경발달장애를 이해하는 데 왜 중요한가?

▶ 발달정신병리학은 장애가 어떻게 발병하고 시간의 흐름에 따라 어떻게 변하는지 연구한다. 변화는 아이들이 다음 기술을 습득하기 전에 이전의 기술을 완벽하게 습득하는 패턴을 따른다. 발달 양상은 이전 기술의 습득이 방해받았을 때 그 뒤의 기술의 발달 또한 방해받을 수 있음을 암시하기 때문에 중요하다.

주의력결핍 과잉행동장애

주의력결핍 과잉행동장애를 정의하는 가장 중요한 세부 특징은 무엇인가?

▶ 주의력결핍 과잉행동장애(ADHD)가 있는 사람의 가장 대표적인 특징은 주의력 부족(예를 들어 학교나 일에 관련된 것에 주의를 기울이

지 않음), 충동성 그리고 과잉행동이다. 이러한 결핍은 학업적 노력이나 사회적 관계를 심각하게 방해할 수 있다.

특정학습장애

특정학습장애란 무엇인가 그리고 일반적으로 어떻게 치료되는가?

▶ DSM-5에서 특정학습장애를 연령, 지능지수, 교육 정도를 고려할 때 학업의 수행이 기대수준에 미치지 못하는 경우로 정의한다. 이러한 문제는 읽기, 수학 또는 쓰기에서 나타날 수 있다. 지능에 비해 학교에서의 성취가 기대에 한참 못 미칠 때를 말한다.

▶ 의사소통과 운동장애는 특정학습장애와 밀접한 관련이 있어 보인다. 이 장애에는 언어 유창성문제인 아동기 유창성장애(말더듬)와 지적장애나 발달장애로 인한 것이 아니면서 제한된 언어를 보이는 언어장애 그리고 투렛장애를 포함한다. 투렛장애는 갑작스럽고, 연속적이고, 특이하고 상동적인 방식으로 머리 경련이나 음성

틱과 같은 불수의적인 움직임을 보이는 것을 가리킨다.

자폐스펙트럼장애

자폐스펙트럼장애의 주요 특징은 무엇인가?

▶ ASD가 있는 사람들은 모두 언어, 사회성 그리고 인지의 발달에 문제를 경험한다. 이 문제들은 삶을 영위하고 다른 사람들과 상호작용하는 데 영향을 끼치는 심각한 문제이다.

▶ 자폐스펙트럼장애는 사회적 상호작용 및 의사소통에 심각한 어려움이 있고 제한된 패턴의 행동, 관심사, 활동을 보이는 발달장애이다. 이 장애는 하나의 이유만으로 생기는 것이 아니다. 많은 생물학적인 요인들과 이러한 생물학적 요인들이 심리사회적인 요인들과 결합하여 ASD가 있는 사람들이 보이는 비정상적인 행동을 하게 한다.

▶ 조기 개입 프로그램은 자폐스펙트럼장애가 있는 아동들의 능력을 향상시키는 데 큰 도움이 되었다. 나이가 많은 아동을 위한 치료에는 사회적 의사소통의 결함과 제한·반복되는 형태의 행동, 흥미 그리고 활동에 초점을 맞춘 행동치료가 있다.

지적장애(지적발달장애)

지적장애란 무엇인가 그리고 지적장애를 어떻게 분류하는가?

▶ 지적장애는 3가지 진단기준을 충족해야 한다. 평균보다 심각하게 낮은 지적 기능, 일상생활의 기능에 결함이나 손상, 18세 이전에 발병.

▶ 다운증후군은 21번 염색체 이상으로 인한 지적장애의 종류이다. 다운증후군은 태아일 때 양수천자로 질병의 유무를 발견할 수 있다.

▶ 흔하게 관찰되는 두 가지 다른 종류의 지적장애: X 염색체 이상으로 인한 취약X증후군과, 주로 환경의 영향으로 나타나는 드문 경우인 문화-가족형 지적장애가 있다.

신경발달장애의 예방

신경발달장애의 예방을 위해 어떤 노력이 이루어지고 있는가?

▶ 신경발달장애의 예방은 초기 단계에 해야 한다. 이러한 노력은 조기 개입을 포함한다. 어린 나이에 치료가 시작되면 많은 아이들이 큰 호전을 보이지만, 모든 아이들이 다 호전을 보이는 것은 아니다. 최근에 유전학적 검진(screening)과 기술이 발전하면서 언젠가는 유전적 기형과 염색체 이상을 발견하고 치료할 수 있을 것이다.

신경인지장애의 개요

신경인지장애의 특징은 무엇인가?

▶ 대부분의 신경인지장애는 노년기에 나타난다. 신경인지장애는 두 가지로 나뉘어진다. 섬망과 주요 및 경도 신경인지장애.

섬망

섬망의 증상은 무엇인가?

▶ 섬망은 특히 노인들에게 많이 나타난다. 뇌외상, 약물 또는 독극물에 의한 중독, 수술 그리고 다양한 많은 스트레스 환경이 원인이 되며, 일시적으로 혼란, 지남력 상실을 겪는 상태이다.

주요 및 경도 신경인지장애

주요 및 경도 신경인지장애의 증상과 치료에는 무엇이 있는가?

▶ 주요신경인지장애는 기억, 언어, 계획, 조직화, 순서화 그리고 추상적 추론의 문제를 동반하는 뇌기능 저하의 점진적 퇴화를 특징으로 하는 진행적이고 퇴행적인 병이다.

▶ 경도신경인지장애는 일생생활에 방해를 받기 시작하는 등의 인지적 퇴화의 초기 징후가 있는 상태이다.

▶ 알츠하이머병은 신경인지장애의 주된 원인이며, 미국 국민 중 대략 400만 명이 이 병을 진단받는다. 현재 알려진 원인이나 치료방법이 없다.

▶ 알츠하이머병, 루이소체병, 혈관성 질환, 파킨슨병, 헌팅턴병 그리고 흔하지는 않지만 신경인지장애를 야기하는 다양한 질병으로 인한 신경인지장애를 치료하는 효과적인 치료법은 아직 없다. 치료는 대부분 환자들이 인지 능력의 퇴화에 대처하는 것과 환자를 보살피는 보호자들이 스트레스에 어떻게 대처하는지에 초점을 맞춘다.

핵심 용어

결정론적 (565쪽)

경도신경인지장애 (557쪽)

공동 주의 (541쪽)

다운증후군 (549쪽)

두개관내 출혈 (561쪽)

뚜렛장애 (531쪽)

레쉬-나이한증후군 (549쪽)

레트증후군 (541쪽)

루이소체병으로 인한 신경인지장애 (561쪽)

문화-가족형 지적장애 (551쪽)

물질·약물로 인한 신경인지장애 (563쪽)

민감성 (565쪽)

비전형성 전반적 발달장애 (541쪽)

섬망 (555쪽)

신경발달장애 (529쪽)

신경인지장애 (쪽)

실어증 (563쪽)

실인증 (557쪽)

아동기 발병 유창성장애(말더듬) (539쪽)

아동기 붕괴성장애 (541쪽)

안면실인증 (557쪽)

알츠하이머병 (559쪽)

알츠하이머병으로 인한 신경인지장애
(559쪽)

양수천자 (551쪽)

언어장애 (539쪽)

에이즈바이러스 감염으로 인한 신경인지장
애 (563쪽)

외상성 뇌손상(TBI) (561쪽)

외상성 뇌손상으로 인한 신경인지장애
(561쪽)

운율 (541쪽)

유전자 복제수 변이 (533쪽)

융모막 채취(CVS) (551쪽)

인간면역결핍바이러스(HIV) (563쪽)

자연적 교수 전략 (545쪽)

자폐스펙트럼장애(ASD) (541쪽)

전두측두엽 신경인지장애 (561쪽)

주요신경인지장애(치매) (557쪽)

주의력결핍 과잉행동장애(ADHD) (531쪽)

지적장애 (547쪽)

취약X증후군 (551쪽)

크로이츠펠트 야콥병 (563쪽)

특정학습장애 (537쪽)

파킨슨병 (563쪽)

파킨슨병으로 인한 신경인지장애 (563쪽)

페닐케톤뇨증(PKU) (549쪽)

프라이온병으로 인한 신경인지장애 (563쪽)

픽병 (561쪽)

헌팅턴병 (563쪽)

헌팅턴병으로 인한 신경인지장애 (563쪽)

혈관성 신경인지장애 (561쪽)

개념 확인의 답

13.1

1. c, 2. a, 3. b, 4. d

13.2

1. b, 2. a, 3. d, 4. c

13.3

1. 최중도, 전반적 지지

2. 중등도, 제한된 지지 3. 중도, 광범위한
지지 4. 경도, 간헐적 지지

13.4

1. c, 2. b, 3. a, 4. e, 5. f, 6. d

13.5

1. b, 2. c, 3. a, 4. 물질로 인한 신경인지장
애 5. 혈관성 신경인지장애 6. 알츠하이머
병으로 인한 신경인지장애

단원 퀴즈

1. *DSM-5*에 따른 ADHD의 대표적인 특징은?

    a. 주의력결핍과 과잉행동·충동성

    b. 반향어와 과잉행동·충동성

    c. 환각과 망상

    d. 강박사고와 강박행동

2. 다음 중 반향어의 특징은?

    a. 반복해서 같은 문장이나 단어를 읽는 것

    b. 다른 사람의 말을 따라하는 것

    c. 다른 사람의 움직임을 따라하는 것

    d. 오랫동안 눈을 깜빡이지 않고 쳐다보는 것

3. 행동기법은 자폐증에서 나타나는 의사소통문제를 설명하는 데 자주 이용되는데, _____은(는) 점차적으로 말을 비슷하게 해 나갈 때 보상을 주는 것이고 _____은(는) 선생님이 원하는 소리를 만들어 내는 것에 대해 보상을 주는 것이다.

    a. 조성, 변별 훈련

    b. 모델링, 신텍스 훈련(syntax training)

    c. 모방, 표현 훈련

    d. 처리, 학문적 훈련

4. 연구에 따르면 아동의 ADHD와 연관이 있는 것은?

    a. 만성적 방치

    b. 알코올중독인 아버지

    c. 어머니의 임신 중 흡연

    d. 유년기에 부모의 죽음

5. 다음 중 특정학습장애에 추천되는 치료법이 아닌 것은?

    a. 어휘 지도

    b. 본문에서 사실 찾기

    c. 의사결정과 비판적 사고를 통해 인지능력 향상시키기

    d. 의학적 치료

6. _____는 21번째 염색체 이상으로 인한 지적장애의 유형이다.

    a. 다운증후군

    b. 취약X증후군

    c. 페닐케톤뇨증(PKU)

    d. 태아알코올증후군

7. 조는 경도지적장애가 있다. 그의 치료사는 기술을 여러 단계로 나누어서 습득하도록 가르치고 있다. 치료사는 어떤 기술을 사용하고 있는가?

   a. 기술 치료

   b. 바이오피드백

   c. 요소 처리

   d. 과제 분석

8. _____의 특징은 급격한 혼란과 지남력 상실이다. 반면에 _____의 특징은 넓은 범위의 인지능력에 퇴화가 오는 것이다.

   a. 섬망, 기억상실증

   b. 기억상실증, 섬망

   c. 주요신경인지장애, 섬망

   d. 섬망, 주요신경인지장애

9. 다음 중 부검 시 발견되는 다량의 아밀로이드반과 신경섬유매듭으로 진단할 수 있는 병은?

   a. 혈관성 신경인지장애

   b. 알츠하이머병으로 인한 신경인지장애

   c. 섬망

   d. 파킨슨병으로 인한 신경인지장애

10. 신경인지장애를 공부할 때 심리적, 사회적 영향을 고려하는 것은 중요하다. 그 이유는?

    a. 신경인지장애에서 보이는 뇌의 손상을 가속화시킨다.

    b. 정신약리학적 치료의 근거를 제공해준다.

    c. 치매의 발병 시기와 진행과정을 밝히는 데 도움이 된다.

    d. 알츠하이머병을 치료하는 데 쓰일 수 있다.

    (답은 부록 A에 있습니다.)

신경발달장애 탐구하기

이른 시기에 나타나는 장애는 정상적인 발달 과정을 방해한다.

▶ 특정 기술의 발달을 방해하거나 막게 되면 후속적으로 학습되어야 하는 기술의 습득을 방해한다.

▶ 어떤 장애에 의해 어떤 능력이 제한되는지 파악하는 것은 적절한 치료 전략을 선택하기 위해 필수적이다.

인지			
언어			
사회화			
	유아기	아동기	청소년기

신경발달장애의 종류

		기술	원인	치료
주의력결핍 과잉행동장애 (ADHD)		■ 부주의함, 과잉행동 그리고 충동적 행동 ■ 학교생활과 관계에 방해 ■ 나이가 들면서 증상이 변할 수 있지만 지속됨 ■ 여자보다 남자에게 흔함	■ 연구는 유전적인 요인을 시사 ■ 이상 신경학 ■ 임신 중 어머니의 흡연 ■ 다른 사람들의 부정적인 반응은 낮은 자존감을 갖게 함	■ 생물학적(약물) – 순응 증가 – 부정적 행동 감소 – 단기적 효과 ■ 심리적(행동적) – 목표설정과 강화
특정학습장애		■ IQ, 나이, 교육 정도를 고려할 때 읽기, 수학 그리고 쓰기 능력이 떨어지는 경우 ■ ADHD를 동반할 가능성 있음	■ 유전적, 신경생물학적, 환경적 요인으로 가정	■ 교육 개입 – 기본 처리 – 인지행동 기술

		유형	기술	치료
의사소통과 운동 장애 학습장애와 밀접한 관련이 있으나, 비교적 양호한 편. 일찍 나타나며 성인기에 광범위한 문제를 일으킴		아동기 발병 유창성장애(말더듬)	유창성의 장애(음절의 반복 혹은 연장)	■ 심리적 ■ 약물
		언어장애	모든 상황에 제한된 언어	■ 심리적 ■ 어떤 경우에는 저절로 나을 수 있음
		사회적 의사소통장애	언어적·비언어적인 의사소통의 사회적 양상에 문제가 있음	■ 심리적
		투렛장애	비수의적인 움직임 및 음성 틱 증상	■ 심리적 ■ 약물

전반적 발달장애

	기술	원인	치료
자폐스펙트럼장애 	■ 사회적 의사소통의 심각한 손상 ■ 제한되고 반복적인 패턴의 행동, 관심사, 활동 ■ 36개월 이전에 증상 발생 ■ 의사소통 기술의 제한에서부터 다른 사람과 의사소통은 할 수 있지만 사회적 관계를 유지시키는 실용적인 기술이 부족한 사람까지 다양한 형태로 나타남	■ 확실한 자료 부족 ■ 다양한 생물학적 요인 　– 명백한 유전적 요인 　– 심리사회적 요인과 뇌외상(인지적 결함)의 결합	■ 행동치료에 집중 　– 의사소통 　– 사회화 　– 생활 기술 ■ 학교교육 포함 ■ 약물로 인한 일시적인 효과

지적장애

	기술	원인	치료
	■ 적응과 지적 기능의 심각한 표준 미달 ■ 언어와 의사소통에 손상 ■ 경미한 정도부터 심각한 정도까지 일상생활의 많은 영역의 손상(이 장애의 90%의 사람들은 경미한 손상을 가지고 있음)	■ 밝혀진 수백 가지의 요인 　– 유전적 　– 출생 전 　– 출생 전후 　– 출생 후 　– 환경적 ■ 약 75%의 경우는 알려지지 않은 이유 때문	■ 생물학적 치료법 없음 ■ 자폐증과 비슷한 행동치료 ■ 예방 　– 유전 상담 　– 생물학적 검진(선별 검사) 　– 어머니의 주의

신경인지장애 탐구하기

▶ 뇌가 손상을 받으면 되돌릴 수 없으며 학습, 기억, 의식이 손상될 때까지 계속된다.

▶ 신경인지장애는 선천적인 이유로 발생한다고 여겨지는 지적장애나 다른 학습장애보다 늦게 나타난다.

신경발달장애의 종류

		기술	원인(하위유형)	치료
섬망		■ 몇 시간 또는 며칠간 지속되는 의식적 그리고 인지적 손상 　– 혼란, 지남력 상실, 집중할 수 없음 ■ 노인, AIDS 환자, 약물치료를 받는 환자들에게 가장 흔하게 나타남	■ 일반 질병으로 인한 섬망 ■ 약물로 인한 섬망 ■ 다양한 원인으로 인한 섬망 ■ 비전형성 섬망	■ 약학적 　– 벤조디아제핀 　– 항정신병약 ■ 심리사회적 　– 안심시키기 　– 개인적 물품 곁에 두기 　– 치료결정에 환자를 포함시키기

주요 및 경도 신경인지장애

▶ 판단, 기억, 언어 그리고 다른 인지 과정에 영향을 주는 뇌기능의 점진적 퇴화

▶ 질병 또는 약물남용으로 인해 발생

▶ 어떤 경우에는 치료 불가능. 어떤 경우에는 원인질병의 치료로 나아질 수 있다.

		기술	원인	치료
알츠하이머병으로 인한 신경인지장애		■ 기억력 손상과, 운동 기능, 사람이나 사물을 인식하는 능력 그리고 계획과 관련된 인지적 행동적 결함의 증가 ■ 가장 흔한 신경인지장애 ■ 대부분의 연구의 주제	■ 부검을 통해 확정하지만 간단한 정신 상태 검사로 평가할 수 있는 신경섬유 매듭과 초로성 반점이 있는 진행성 뇌손상 ■ 다양한 유전자 문제	■ 아직 밝혀진 치료방법이 없지만, 유전 연구와 아밀로이드 단백질에 희망을 걸고 있음 ■ 목록, 지도 그리고 메모로 지남력을 잃지 않도록 도와줄 수 있음 ■ 아세틸콜린의 파괴를 막는 새로운 약물과 비타민치료는 병을 지연시킬 수는 있지만 진행을 멈출 수는 없음
약물로 인한 신경인지장애		■ 장기간 약물 이용으로 인한 뇌손상 그리고 더불어 알코올 의존 시 나타나는 것과 같은 나쁜 식습관으로 인해 발생. 흡입제, 진정제, 최면제 그리고 항불안제와 같은 다른 약물도 포함 ■ 예방에 집중		
혈관성 신경인지장애		■ 막히거나 손상이 있는 뇌 속 혈관으로 인한 영구적 손상(뇌졸중) ■ 정보 처리나 집행기능(예, 복잡한 의사결정)의 속도가 느려지고 또한 걷는 데 문제가 생기고 팔다리가 약해지는 증상들이 있음 ■ 대처하는 방법에 초점을 맞춘 치료		
다른 건강상태로 인한 신경인지장애		■ 다른 인지장애들과 비슷하지만 아래의 상태로부터 야기됨: – 두개관내 출혈 – 루이소체병, HIV, 파킨슨병, 헌팅턴병, 픽병 또는 크로이츠펠트 야콥병 – 수두증, 갑상선 기능저하증, 뇌종양 그리고 비타민B12결핍증 ■ 원인질병의 치료가 가능한 경우도 있음		

14 정신건강 서비스: 법적 그리고 윤리적 이슈

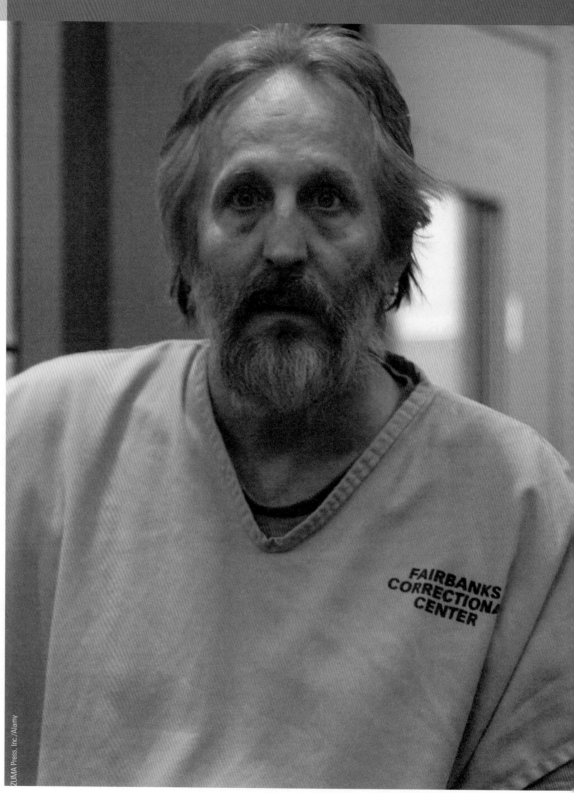

ZUMA Press, Inc./Alamy

훈련 기반 문제 해결의 활용을 기술한다.

▶ 일상생활에 심리학적 원리를 적절하고 실용적으로 적용한 예를 기술한다. (APA SLO 5.3a) (교재의 580~581, 590~593쪽 참고)

▶ 심신이 어떻게 상호작용하며 심리적, 신체적 건강에 영향을 주는지 평가한다. (APA SLO 5.3b) (교재의 581~583, 585~590쪽 참고)

* 이 단원의 내용은 미국심리학회(APA)가 학부 심리학 전공에 대한 지침(American Psychological Association, 2012)에서 제안한 학습목표들을 포함하고 있다. APA에서 제안한 학습목표(Suggested Learning Outcome, SLO)에 따른 범위는 위에서 확인할 수 있다.

이 장은 12장에서 설명했던 정신병적 증상을 가진 아서 이야기로 시작한다.

아서 ● 한 가족의 딜레마

아서의 가족은 이상한 말과 행동을 보인 아서를 클리닉에 의뢰하였다. 그는 세상의 모든 굶주린 아이들을 구하기 위한 자신의 '비밀 계획'에 대해 쉬지 않고 말하였다. 그가 독일대사관에 허락도 없이 무단침입해서 자신의 계획에 대하여 알릴 거라고 말하는 것을 보며 가족은 점점 더 그를 걱정하게 되었다. 그의 이상한 행동에 당황하기도 했지만 그가 다칠까 걱정이 되었던 가족은 그를 강제적으로 정신병원에 입원시킬 수 없다는 사실을 알게 되었을 때 매우 당황했다. 아서는 자신이 아무 문제가 없다고 생각했고, 그의 행동이 다른 사람 또는 아서 자신을 해치지 않았기 때문에 그가 자진해서 정신병원으로 가지 않는 이상, 가족들이 그를 정신병원에 강제적으로 보낼 방법은 없었다. 나쁜 일이 닥칠 거라는 걸 알고 있었지만, 걱정만으로 아서를 정신병원에 보낼 수는 없었다. 가족들은 몇 주 동안 자신들이 할 수 있는 한 최선을 다하면서 그의 행동이 누그러질 때까지 돌보았다.

왜 정신건강시설은 현실 세계와 단절되어 있고 도움이 필요한 아서를 받아 주지 않는 걸까? 왜 아서의 가족은 그를 입원시킬 수 없을까?

아서가 정말 독일대사관에 들어가 누군가를 해치거나 죽였다면 무슨 일이 일어났을까? 그는 교도소에 보내졌을까 아니면 정신건강 전문가로부터 도움을 받았을까? 아서가 망상장애를 겪으며 누군가를 해친다면 그에 대해 책임을 지게 될까? 위 질문들은 우리가 심리장애를 가진 사람들의 권리와 사회를 보호할 책임 사이에 균형을 맞출 때 할 수 있는 질문 중 몇 가지이다.

정신건강 전문가들은 항상 이러한 질문에 직면한다. 전문가들은 사회의 책임과 개인의 권리를 고려하며 환자를 진단하고 치료해야 한다. 또한 윤리적 시스템과 법적인 개념의 변화 과정을 통해 심리장애에 대한 정치적 및 사회적 관점이 역사를 통해 어떻게 변해 왔는지 인지하고 있어야 한다. 심리장애가 있는 사람들을 어떻게 취급하느냐는 사회가 이들을 바라보는 관점에 따라 달라진다. 예를 들어 심리장애를 가지고 있는 사람들은 도움과 보호가 필요한가? 아니면 그들로부터 사회를 보호해야 하는가? 정신질환 환자들에 대한 대중들의 견해가 바뀌면 관련법 또한 변한다. 그리고 이러한 법적, 윤리적 관점이 연구와 임상에 모두 영향을 끼친다. 예를 들면 정신건강시설을 찾은 사람들이 연구에 참여하는 경우가 빈번하기 때문에 신변 보호를 위해 연구 참가자들과 정신건강시설을 이용하는 심리장애인들에 대한 비밀유지는 반드시 지켜야 한다. 즉, 정신건강 전문가들은 연구 대상자와 환자를 동시에 고려해야 한다.

치료감호

▶ 정신질환에 대한 법적 개념은 임상적인 진단 심리장애와 어떻게 다른가?

▶ 정신질환과 위험성은 어떤 관계가 있는가?

▶ 정신질환과 탈시설화 그리고 노숙은 어떤 관계가 있는가?

법은 정상적인 사람과 사회를 보호하기 위하여 만들어졌다. 법을 집행할 때는 균형이 필요하다. 법은 어떤 경우에는 개인의 권리에 더 중점을 두어야 하지만, 다른 때에는 사회의 편에 서야 한다. 예를 들면 각 주에는 치료를 위한 입원 결정 시 적용하는 구체적인 **치료감호**

법이 있다(Nunley, Kunley, Cutleh, Dentingeh, & McFahland, 2013). 아
서의 가족은 그를 시설에 입원시키려 하였지만 그가 급박한 위험 또
는 그 자신을 해치려는 모습을 보이지 않으므로 병원 관계자들이 그
의 의지에 반해 강제로 입원시킬 수 없었다. 법은 강제 입원으로부터
아서를 보호하였으나, 그에게서 치료 기회를 박탈하고 다른 사람들
을 잠정적 위험으로 몰아 넣었다. 치료감호법은 19세기 후반부터 시
작되었다. 그 이전에는 거의 모든 심각한 정신질환 환자들이 가족의
보살핌을 받거나 스스로 관리해야 했다. 이런 사람들을 치료하고자
대규모 공공 병원 시스템이 발전하는 것과 동시에 때로는 정신건강
과 관련 없는 이유로 강제 입원이 유행처럼 번지기도 하였다(Simon
& Shuman, 2009). 심지어 정치적 혹은 개인적 의견이 다르다는 이유
만으로 남편에 의해 정신병원에 강제 입원된 여성들도 있었다. 1800
년대 E. P. W. Packard 부인은 남편과 다른 종교가 자녀와 사회에 위
험이 된다는 이유로 3년 동안 강제 입원되었고, 퇴원 이후 그녀는 치
료감호법의 개선을 위한 운동에 헌신하였다(Packard & Olsen, 1871.
p. 11).

치료감호의 기준

역사적으로 미국의 각 주에서는 다음과 같은 조건을 충족하는 경우
치료감호를 결정하였다. (1) 정신질환이 있고 치료가 필요할 때 (2)
개인이 자신에게 또는 다른 사람에게 위험할 때 (3) '심각한 무능력'
으로 간주되는 상황인 개인이 자신을 돌볼 수 없을 때. 어떻게 이 조
건을 해석할 것인가는 시대에 따라 변해 왔고 항상 논쟁이 되어 왔
다. 개인의 권리를 제한하는 국가권력에는 두 가지가 있는데 첫째는
경찰권이고, 둘째는 파렌스 파트리에(Parens Patriae)라고 불리는 '부
모로서 주 또는 국가가 가지는 권력'이다. 경찰권 아래에서 정부는
공공 건강, 안전, 복지를 보호할 의무를 가지며, 이를 보호하기 위한
법률과 규칙을 만든다. 범죄자는 사회에 위협이 되면 곧바로 구속된
다. 파렌스 파트리에 권력은 같이 사는 부모가 없는 아동의 양육권처
럼 시민들이 자신의 최대 이익에 따라 행동하지 못할 때 적용된다.
예를 들어 음식이나 거주할 곳같이 기본 욕구를 충족할 수 없어(심각
한 무능력 상태) 위험하다고 판단되는 심각한 정신질환을 앓는 사람
을 정신건강시설에 강제 입원시킬 때 적용된다(Nunley et al., 2013).
파렌스 파트리에 권력 아래서 주 또는 국가는 도움이 필요한 사람의
최대 이익을 위해 대리 부모의 역할을 한다.

도움이 필요한 사람들은 언제나 자의에 의해 정신건강시설에 입
원을 요청할 수 있으며 전문가의 평가 후 시설에서 치료를 받을 수
있다. 개인이 자발적으로 입원을 요청하지 않아도 주변인들이 치료

▲ 정부는 사람들이 자해하는 것을 막기 위해 파렌스 파트리에를 적용할 수 있다.

또는 보호의 필요를 느끼면 치료감호 절차를 요청할 수 있다. 자세
한 절차는 주마다 다르지만, 주로 관계자 또는 정신건강 전문가가 판
사에게 탄원서를 보내 시작한다. 그 후 법정은 심리적 상태, 스스로
를 돌볼 수 있는 능력, 치료의 필요성, 위험 잠재성 등의 조사를 요청
한다. 판사는 이 정보를 토대로 입원의 적절성을 결정한다. 이 과정
은 다른 법적 절차와 비슷하다. 입원 대상자는 법으로부터 권리와 보
호를 받는다. 대부분의 주에서는 판사가 증거를 듣고 결정을 내린다.
모든 주에서는 입원 대상자가 다음 사항에 대한 통보를 받도록 정해
놓고 있다: 치료감호에 대한 통보, 재판 참여의 필요성, 변호사의 선
정과 변호, 목격자 조사 가능 여부, 독립적 평가 요청 가능. 이러한 보
호 장치들은 평가받는 개인의 권리를 보장하고 그 사람이 합법적이
지 않은 이유로 심리장애시설에 강제 입원되지 않게 하기 위한 치료
감호 절차에 포함되어 있다.

몇몇 주에서는 재판에서 명령한 외래치료(court-ordered assisted
outpatient treatment, AOT)라는 다른 형태의 치료감호를 적용하고 있
다. 이 옵션에서는 심각한 정신질환을 가진 사람이 치료를 조건으로
지역사회에서 생활할 수 있다. AOT법은 시민들의 안전을 보장하는
동시에 개인의 권리 또한 보장한다.

명백한 위험이 있는 위급상황에서는 앞서 기술한 형식적인 절차 없이 단기치료감호를 진행할 수 있다. 가족구성원 또는 경찰관이 자신이나 타인에게 '명백하고 현존하는 위험'을 보이는 개인을 치료감호할 수 있다(Nunley et al., 2013). 아서의 가족은 누군가가 다칠 수는 있으나 당장 명백한 위험이 닥쳤다는 것을 보여주지 못했기 때문에 그를 긴급상황으로 입원시킬 수 없었다. 다시 말해 무엇이 명백하고 현존하는 위험인지는 판사와 정신건강 전문의가 주관적인 판단에 의해 결정한다.

정신질환 정의하기

정신질환은 치료감호 대상이다. 그리고 정신질환이 어떻게 정의되는지 이해하는 것은 매우 중요하다. **정신질환**은 법적 개념이다. 일반적으로 정신질환은 개인의 건강과 안전에 부정적 영향을 끼치는 감정의 그리고 사고의 극심한 이상상태이다. 정신질환에 대한 정의는 주마다 다른데, 예를 들어 뉴욕에서는 '정신질환은 정신적인 병 또는 심리장애 상태—이상행동, 느낌, 생각 때문에 기본적 돌봄과 치료 그리고 재활을 필요로 하는 상태'로 정의한다. 반면 코네티컷에서는 정신적으로 아픈 사람은 '자신에게 안 좋은 영향을 끼치는 감정적 또는 정신적 상태에 있으며, 기본 기능을 상실해 치료와 돌봄을 필요로 하는 사람'이다. 그리고 알코올중독자와 마약중독자는 정의에서 제외한다. 많은 주에서 인지장애와 약물관련 질환은 정신질환에서 제외된다. 정신질환은 심리장애와 동의어가 아니다. 다르게 말하면 *DSM-5*에 따른 진단을 받는 것이 그 사람의 상태가 정신질환의 법적인 정의와 부합함을 의미하지는 않는다. *DSM*은 그 진단기준에 대해 자세히 기술하나, '정신상태' 또는 '기능에 부정적 영향'이 무엇이냐에 대해서는 상당히 모호하다. 이것은 결정을 유연하게 만들기도 하나, 또한 결정에 영향을 주는 주관적인 인상과 편견을 지속시키기도 한다.

위험성

어떤 사람이 그 자신 또는 남에게 위험한지 아닌지에 대한 조사는 치료감호의 매우 중요한 절차이다. 정신질환 환자의 **위험성**은 특히나 논쟁이 된다. 다수의 의견에 의하면 정신적으로 병든 사람은 그렇지 않은 사람들보다 위험하다(Kobau, Dilorio, Chapman, & Delvecchio, 2010). 이런 결론이 맞는지 확실치 않으나, 자극적인 미디어의 보도로 많은 이들이 그렇게 생각하고 있다. 이런 관점은 위험성에 대한 결정을 방해하고 위험성을 심각한 정신질환과 연결시킬 수 있기 때문에 치료감호 절차에 중요하다.

정신질환의 위험성에 관련된 연구 결과는 비일관적이기는 하나, 정신질환이 이를 앓고 있는 사람들의 폭력성을 어느 정도 높임을 보여준다(ELbogen & Johnson, 2009). 이런 연구들을 면밀히 조사하면 비록 정신질환이 미래 폭력성을 높이기는 하지만 환각, 망상, 성격장애와 공존 여부 등 특정 증상이 폭력의 위험과 관련이 있음을 보여준다. 또한 이런 증상들이 가능성을 높이기는 하지만, 과거에 폭력적이었던 정신질환을 가진 사람들이 반드시 폭력범죄를 저지르는 것은 아니다.

안타깝게도 정신질환이 위험하다는 오해가 소수인종에게 차별적으로 영향을 미친다(Vinkers, de Vries, van Baars, & Mulder, 2010). 흑인 남성들은 폭력적 행동을 보이지 않아도 위험하다고 간주된다. 이는 왜 많은 흑인 남성들이 정신병원에 강압적으로 입원되는지를 부분적으로 설명해 준다(Lindsey, Joe, Maroff, & Ford, 2010).

어떤 사람이 위험한지 아닌지 어떻게 판단할 수 있을까? 정신건강 전문가들이 어떤 사람의 폭력성을 예측하는 것은 얼마나 정확할까? 치료감호 절차나 사회보호는 그 답을 말해주지 못한다. 위험성을 정확히 예측하지 못하는데 어떻게 치료감호를 정당화할 수 있는가?

사이코패스 기질 검사를 위해 사이코패스 체크리스트 개정판(Psychopathy Checklist-Revised, PCL-R)을 사용하듯, 어떤 사람이 사회에 위험한지 아닌지 판단하는 데 다수의 위험측정 평가도구를 사용한다. 연구들은 이런 측정도구들이 낮은 폭력성은 잘 예측하나, 미래의 폭력적 행동을 정확하게 예측하는 데는 그리 성공적이지 못함을 보여준다(Fazel, Singh, Doli, & Groann, 2012). 정신건강 전문가들은 어떤 사람들이 일반인보다 폭력성이 높은지 파악하고(폭력과 약물·알코올 남용의 기록을 가진 사람), 재판에서 조언을 해줄 수는 있다. 하지만 전문가들이 어떤 특정한 사람이 앞으로 폭력적일지 아닐지를 확실하게 예측하지는 못한다.

치료감호에 영향을 끼치는 절차적 변화

치료감호의 절차에는 확실히 심각한 문제가 있다. 구체적으로 어떤 사람이 정신질환이 있는지 혹은 위험한지를 판단하는 데는 주관성

치료감호법(civil commitment laws) 정신질환을 가진 사람의 의지와 상관없이 입원시키기로 결정하는 소송절차.

정신질환(mental illness) 심리장애를 지칭하는 데 사용했던 용어이나 이 용어가 장애의 원인을 의학적 질병 과정에서 찾을 수 있다고 가정하기 때문에 덜 선호됨.

위험성(dangerousness) 폭력성의 경향으로 일반적인 생각과는 달리 정신질환 환자에게 더 많이 나타나는 것은 아님.

이 관여하며, 법적 용어의 차이로 인해 결정이 주마다 달라질 수 있다. 이러한 문제들은 법적 발전을 이끌었다.

대법원과 치료감호

1957년 Kenneth Donaldson의 부모는 편집성 조현병의 치료를 위하여 아들을 플로리다 주립병원에 입원시켰다. 그가 위험하지 않다고 판단되었기 때문에 사회복귀훈련 시설이나 친구에게 그를 맡기라는 계속된 권유에도 불구하고 병원의 책임자였던 O'Connor 박사는 약 15년 동안 그를 퇴원시키지 않았다. 그 시간 동안 Donaldson은 사실상 어떠한 치료도 받지 못했다(Donaldson, 1976). Donaldson은 그에 대한 피해보상으로 O'Connor를 고소하였고, 48,500달러의 보상금을 받았다. 이 사건을 판결하면서 대법원은 "개인이 스스로 자유롭게 안전한 생활을 영위할 수 있거나 혹은 그를 도울 수 있는 의지와 책임감이 있는 가족과 친구들이 있다면, 주 정부는 위험하지 않다고 판단되는 개인을 헌법상 구금할 수 없다"라고 선포했다(O'Connor v. Donaldson, 1975).

또한 Addington v. Texas(1979)라고 알려진 사건에서 대법원은 생활의 질을 높일 수 있을 거라는 가능성만으로 누군가를 비자발적으로 입원시킬 수는 없다고 판결했다. 만약 위험하지 않은 정신질환자들이 타인들의 도움으로 사회 속에서 살아나갈 수 있다면 그들의 의지에 반하여 구금해서는 안 된다. 단지 치료가 필요하다거나 심각한 장애가 있다는 이유로 정신질환이 있는 누군가를 비자발적으로 입원시키는 것은 부적절하다. 이러한 판결로 개인이 위험하다고 판단되지 않는 한 정부가 그들을 입원시킬 수 있는 권한이 상당 부분 제한되게 되었다(Nunley et al., 2013).

범죄화

1960~70년대에 만연했던 비자발적 입원에 대한 제한이 심해지자, 원래는 정신질환 치료시설에서 치료를 위해 입원해 있던 사람들이 대신 형사행정시스템으로 옮겨가게 되었다. 다시 말하면 심각한 정신질환을 가진 사람들은 이제 사회 속에서 살게 되었지만 그중 상당수는 필요로 하는 치료를 받지 못하였고 결국 범법자 증가의 원인이 되었다. 당시 형사행정시스템은 이러한 개인들을 다루기 위한 준비가 되어 있지 않았기 때문에 정신질환자들의 '범죄화'는 커다란 우려를 낳았다(Chaimowitz, 2012; Lamb, 2009; Lamb & Weinberger, 2009). 가족들은 아무런 도움도 없이 교도소에 수감된 사랑하는 이에게 치료를 제공해 줄 수 없음을 점점 더 안타까워했다.

탈시설화와 노숙

범죄화에 이어 1980년대부터 두 가지 다른 현상들이 생겨났다. 노숙자들의 증가와 심각한 정신질환을 가진 이들의 **탈시설화**이다. 노숙생활은 단지 정신질환자들에게만 해당되는 문제가 아니라는 것을 기억하자. 매년 미국에서는 약 2~3백만 명이 노숙을 하고 있고 하루에 약 40만 명의 노숙자가 있다는 통계가 있다(Substance Abuse and Mental Health Services Administration, 2011). 가장 확실한 통계는 조현병이나 조울증과 같은 심각한 정신질환을 가진 노숙자들이 그 중 약 30%를 차지한다는 것이다(Substance Abuse and Mental Health Services Administration, 2011). 이유는 아직 밝혀지지 않았지만 어떤 정신질환자가 노숙자가 되는가에는 인종의 영향이 있는지도 모른다. 예를 들어 샌디에이고에서 이루어진 한 대규모 연구에 따르면 라틴계와 아시아계 미국인 정신질환자들은 노숙자가 되는 확률이 적은 반면, 아프리카계 미국인 정신질환자들은 노숙자가 될 확률이 더 높다고 밝혀졌다(Folsom et al., 2005).

이러한 노숙자들의 특성에 대한 정보는 우리에게 사람들이 왜 노숙자가 되는지에 대한 단서를 제공하고 모든 노숙자들은 정신질환이 있다는 인식을 불식시킨다는 점에서 중요하다. 한때 노숙문제는 치료감호의 엄격한 조건들과 탈시설화 때문으로 여겨졌다(Colp, 2009). 비자발적으로 입원될 수 있는 환자들에 대한 엄격한 정책, 심각한 정신질환자의 병원 입원 일수의 제한 그리고 대형 정신병원들의 동시다발적인 폐쇄는 1980년대 노숙자들을 증가시켰다. 비록 노숙자의 상당수가 정신질환자이지만, 그 외에 높아진 실업률과 저소득자용 주택 부족과 같은 경제적 요인의 결과이기도 했다(Wright, 2009). 하지만 치료감호의 규제와 탈시설화가 노숙자를 만들어냈다는 인식은 입원 절차를 변화시키자는 운동을 일으켰다.

비자발적인 입원을 더 어렵게 만들었던 치료감호의 관련법 개정은 탈시설화 정책으로 인해 대형 정신병원들이 문을 닫음과 동시에 일어났다(Nunley et al., 2013). 탈시설화에는 두 가지 목적이 있었다. (1) 대형 정신병원을 닫는 것 (2) 퇴원한 개인들이 치료받을 수 있는 지역사회의 정신건강센터 간 네트워크를 조직하는 것. 비록 첫 번째 목표는 입원환자 수를 약 75% 정도 감소시키면서 상당 부분 성공한 것으로 보여지나(Kiesler & Sibulkin, 1987), 주요 목표였던 지역사회 단위에서의 대안 치료는 아직 이루어지지 않은 것으로 보인다. 대신 **시설이동화**, 즉 심각한 정신질환자들이 대형 정신병원에서 최소한의 치료만을 제공하는 요양원이나 교도소와 같은 다른 단체생활소로 옮기는 현상이 일어났다(Lamb & Weinberger, 2009). 이전 정신병원 시스템에서 치료받던 많은 사람들에게 제공되는 치료의 질이 저하되었기 때문에 탈시설화는 대체로 실패로 간주된다.

엄격해진 입원 절차에 대한 반응

아서의 정신이상적 반응과 도움을 얻기 위한 가족들의 노력은 1970년대 중반에 있었던 일이다. 당시는 사회 전체의 권리보다는 개인의 자유에 대한 관심이 더 컸고 정신질환자들이 강제적으로 치료를 받음으로써 온당한 대우를 받지 못한다는 인식이 많았다. 그러나 어떤 사람들, 특히 환자의 친척들은 환자를 강제적으로 치료받지 않게 함으로써 사회 시스템이 자신들의 정신건강을 악화시키고 오히려 심각한 위험에 처하게 만든다고 생각했다. 탈시설화의 실패, 노숙자의 증가 그리고 심각한 정신질환자들의 범죄화

▲ 사람들은 경제적 여건, 정신건강상태, 약물 사용 등 다양한 원인에 의해 노숙자가 된다.

와 같은 몇 가지 요인들은 정점을 달려 엄격한 치료감호법과 같은 제도에 대한 반발을 일으켰다. Joyce Brown의 사례는 정신질환자의 자유와 그들을 치료해야 하는 사회적 책임이라는 두 가지 개념의 충돌을 보여준다.

Joyce Brown ● 노숙자지만 무기력하지는 않은

1988년 뉴욕에 한파주의보가 내려졌을 때, Ed Koch 시장은 정신질환자로 추정되는 모든 노숙자들을 보호 차원에서 강제적으로 정신건강센터에 입원시키라고 지시했다. 그는 노숙자들을 추위로부터 보호해야 한다고 주장하며 파렌스 파트리에(Parens Patriae, '나라의 부모'라는 뜻의 라틴어로 자신 스스로를 보호하지 못하는 모든 시민에 대해서 국가가 개입할 수 있다는 원칙)라는 법적 원칙을 근거로 사용했다. 40세였던 Joyce Brown은 거리에서 끌려온 사람 중 하나로 자신의 의지와 관계없이 벨뷰 병원에 입원하게 되었으며 그곳에서 망상형 조현병으로 진단받았다. 그녀는 꽤 오랫동안 행인들에게 욕을 하면서 노숙생활을 했다. 또한 한때 자신의 연인이라고 환상을 품었던 한 뉴욕 방송인의 이름인 Billie Boggs라는 이름으로 다니기도 했다. 뉴욕민간자유연대의 지원을 받아 Brown은 자신의 입원사실에 대해 이의를 제기했고 3개월 뒤 퇴원했다(Tushnet, 2008).

게도 상해를 입히지 않고 자살을 시도한 적도 없지만, 가족들은 뉴욕 시의 거리에서 살아간다는 것이 너무 위험하다고 생각했고 안전에 대해서도 걱정했다. Brown은 치료를 받지 않기로 결정했고 치료를 대체할 수 있는 곳에 가는 대안도 거부했다. 가끔씩은 스스로 결정할 수 있는 자유에 대해 꽤 또렷하게 설명하기도 했다. 몇 주 뒤 그녀는 퇴원했고, 다시 거리에서 생활했다. *O'Connor v. Donaldson*과 *Addington v. Texas*의 사례의 판결은 정신질환 유무와 위험성이 비자발적 입원에 대한 조건이어야 하는지에 대한 결정을 보여준다. 그러나 Brown 가족의 사례와 노숙자 문제 그리고 범죄화에 대한 우려 때문에 본인 스스로나 타인에게 위험한 사람들뿐 아니라, 위험하진 않지만 심각한 장애가 있어 치료를 필요로 하는 사람들까지 입원을 허가할 수 있는 좀 더 광범위한 절차로 돌아가야 한다는 목소리가 높아졌다. 정신질환자의 가족으로 구성된 단체인 전국정신질환연합을 비롯한 단체들은 비자발적 입원을 좀 더 쉽게 만들기 위한 법안 개정을 주장했다. 이것은 정신질환자들의 보호 및 치료 실패에 대한 감정적 대응이었다. 1970년대 말에서 1980년대 초 몇몇 주는 이러한 우려를 반영하여 치료감호법을 개정하였다. 반면 힘에 의해 억류되었던 사람들은 이제 파렌스 파트리에 원칙에 의해 입원되었다. 또한 대부분의 입원은 자발적이었던 반면, 이제는 비자발적이 되었

이 사례는 치료감호에 대한 이해관계의 상충을 잘 보여주고 있다. Brown의 가족은 그녀의 안위에 대해 오랫동안 고민했었고 강제적인 입원을 시키려다 실패한 적도 있었다. 비록 그녀가 아무에

탈시설화(deinstitutionalization) 중증심리장애나 지적장애로 정신병원 같은 기관에 수용되어 있는 사람들의 퇴원이 체계적으로 조장되는 것.

시설이동화(transinsitutionalization) 중증심리장애를 가진 사람들이 대형 정신병원으로부터 소규모 집단 거주시설로 이주하는 것.

정 신질환은 극심한 정신적 고통과 장애를 동반할 뿐 아니라 일상생활의 영위나 경제활동과 같은 능력에 상당히 부정적 영향을 미친다 (Kessler et al., 2006, 2008). 미국사회에서 연간 정신질환으로 인한 비용은 매년 약 1932억 달러로 추정되고 있으며, 이 중 75%는 심각한 정신질환자들로 인한 손실 비용이고 나머지 25%는 정신질환으로 인한 실업으로 발생하는 비용이다(Kessler et al., 2008). 정신질환으로 인해 생기는 부정적 영향은 특정한 집단에 좀 더 많은 영향을 끼치는 것으로 보인다. 캘리포니아 주 샌디에이고의 주민 10,340명을 대상으로 한 연구에서는 심각한 정신질환으로 인해 치료를 받은 경험이 있었던 환자 중 15%는 그 전해에 한 번이라도 노숙생활을 했다는 것이 밝혀졌다. 더 중요한 것은 다른 환자들보다 아프리카계 미국인 환자들의 노숙 확률이 현저히 더 높았다는 것이다. 또한 라틴계와 아시아계 미국인 환자들은 백인이나 아프리카계 미국인 환자들보다 현저히 낮은 노숙 확률을 보였다. 이러한 차이는 정신질환, 약물중독, 의료보험 혜택 그리고 전반적 기능에 대한 비율을 모두 통제한 이후

에도 나타났다(Folsom et al., 2005). 이 연구는 이러한 차이가 인종 자체에 대한 차이보다는 각 집단에서 가용한 사회적 자원을 얼마나 이용할 수 있는지에 대한 문화적 차이임을 보여준다. 라틴계나 아시아계 미국인들은 백인이나 아프리카계 미국인들보다 더 많은 지원과 자원을 제공받는다.

또 다른 가능성은 서로 다른 문화 집단에게 제공되는 치료의 차이가 있고, 이런 차이가 환자가 집을 구하거나 구직활동을 할 때 영향을 미칠 수 있다는 점이다. 이러한 주장을 뒷받침하기 위해, Kuno와 Rothbard(2002)의 최근 연구에서는 메디케이드(Medicaid, 정부에서 장기간 의료비용을 부담해야 하는 저소득자들을 위해 만든 지원 프로그램) 지원을 받는 아프리카계 미국인들이 새롭고 효과적인 항정신병치료를 받을 확률이 메디케이드를 받는 백인들보다 훨씬 낮다는 것을 밝혔다. 비록 이 이유에 대해서는 아직 명확히 알려진 바 없지만 이러한 연구들은 정신질환 연구자들 그리고 의사들에게 정신질환과 직업적 기능, 노숙 생활 그리고 문화적 요소의 상호작용에 대해 정확하게 파악하는 것이 중요함을 보여준다.

다. 더 길어진 입원 일수와 반복된 입원 덕분에 병원이 차기 시작했다. 그리고 병원은 오직 비자발적 입원만을 받았다. 정신질환자의 비자발적 입원 절차를 쉽게 만든 결과는 환자들을 관리하는 관할당국의 변화가 전부였다. 성범죄자에 대한 사례들이 최근 대중의 관심을 끌면서 치료감호의 관점에서 이 범죄자들을 어떻게 다뤄야 하는지가 가장 큰 쟁점이 되고 있다. 1930년에서 1960년 사이에 어떤 주들은 교도소 수감 대신 무기한 입원을 시키는 '성적 사이코패스를 위한 법(sexual psychopath law)'을 통과시켰다(Saleh, Malin, Grudzinskas Jr., & Vitacco, 2010). 성범죄자들(강간범 및 소아성애자)은 치료가 효과적이라고 입증될 때까지 치료감호하에 있을 수 있었다. 그러나 비협조적인 환자에게 치료는 성공적이지 못했고(9장 참조), 대중의 의견이 치료보다는 처벌을 선호했기 때문에 이러한 법들은 철회되었거나 효력이 없어졌다. 최근에는 성범죄자를 교도소에 수감하지만 형기가 끝날 때 위험하다고 판단되면 치료감호하에 두고 있다. 이러한 '성 약탈자(sexual predator)법'은 1990년에 처음으로 실행되었으며 캔자스 주 버전이 대법원에 의하여 합헌으로 인정되었다(Kansas v. Hendricks, 1997). 법원은 때로 이런 치료가 효과적이지 않다고 보지만, 이런 형태의 구금을 치료의 일종이라고 간주하기 때문에 필요하다고 판단한다(Zonana & Buchanan, 2009). 일부는 이런 법이 정부에게 특정한 개인을 사회로부터 격리시키기 위해서 치료감호법을(교도소 수감과는 반대로) 남용할 수 있는 자유를 제공하는 것이라며 심각한 우려를 표명한다(La Fond, 2005).

치료감호의 개요

심각한 정신질환자를 정신건강 치료시설에 비자발적으로 입원시키기 위해서는 어떤 조건을 충족해야 하나? 본인 스스로나 타인에 대한 급박한 위험만이 정당화될 수 있을까 아니면 사회 자체가 부모역할을 하여 고통스러워 보이거나, 안전한 곳 혹은 정신병원이 필요해 보이는 사람들을 강제로 입원시켜야 할까? 아서의 가족과 같이 사랑하는 사람이 정신질환으로 고통받고 있는 이들의 우려를 어떻게 다루어야 할까? 그리고 Joyce Brown과 같은 사람들로부터 언어적 폭력을 받지 않을 우리의 권리는 어떻게 해야 하나? 어떤 상황에서 이러한 사회적 권리가 치료감호로부터의 개인의 자유보다 우선시되어야 하는가? 법적 시스템이 이런 문제를 다루는 데 실패했다고 결론짓고 그때그때의 정치적 변화에 의해서만 반응하기 쉽다. 그러나 다른 관점에서 보자면 주기적으로 법이 개정된다는 것은 이전 결정의 한계에 대응하는 건강한 시스템을 가졌다는 증거이다. 1970년대 억압적이고 임의적이었던 치료감호에 대한 대법원의 판결은 분명하게 도움이 필요한 사람들을 더 쉽게 입원시키기 위한 최근의 시도처럼 당연한 결정이었다. 이런 변화로 인한 결과가 점점 명확해짐에 따라 사회 체계는 부당함을 바로잡는 방향으로 반응한다. 이런 개선이 너무 느리게 느껴지고 항상 개정의 필요에 맞춰 다뤄지지는 않지만, 법이 개정될 수 있다는 사실은 궁극적으로 개인과 사회의 요구가 법원을 통해 다뤄질 수 있다는 뜻이므로 긍정적으로 받아들여야 할 것이다.

빈칸을 채워서 치료감호에 대한 이해도를 확인하시오.

주 정부가 개인을 강제적으로 입원시키기 위해서는 몇 가지 조건이 충족되어야 한다. 입원자는 (1)_____이(가) 있어야 하고, 치료를 필요로 하며 자신과 타인에 대해 (2)_____이(가) 있다고 판단되어야 하고, 자신을 돌보는 것이 불가능하며 (3)_____ 상태라고 판단되어야 한다.

정신질환은 (4)_____ 개념이고 주마다 다르지만, 일반적으로 한 개인의 건강과 안녕에 부정적 영향을 미치는 극심한 감정의 또는 사고의 장애를 뜻한다.

치료감호에 대한 법이 생겼을 때, (5)_____(정신치료시설에서 환자들이 나가려는 움직임)와(과) (6)_____(덜 엄격한 시설로 환자들이 이동하는 움직임) 또한 발생했다.

감호조치

▶ 정신이상 항변을 적용하고 재판을 받을 수 있는 능력을 결정하는 법적 기준은 무엇인가?

아서가 굶주린 아이들을 구하기 위한 자신의 계획을 실현하기 위해 대사관에 침입하고, 누군가를 다치게 하고 살해해서 체포된다면 어떤 일이 생길까? 명백하게 정신상태에 문제가 있음을 감안할 때 그에게 자신의 행동에 대한 책임이 있는가? 며칠이 지나고 괜찮아 보인다면 배심원들은 아서에게 어떤 반응을 보일 것인가? 그때 그의 행동에 대한 책임이 없었다면 지금은 왜 정상으로 보이는가?

정신질환이 있을 가능성에도 불구하고 자신의 범죄 행위에 대해서 책임을 져야 하는지 아닌지에 대한 질문은 매우 중요한 문제이다. **감호조치**는 다음과 같은 사람들을 위한 과정이다. (1) 범죄를 저질러 체포되었으나 법적 절차에 임할 수 있는지를 평가받기 전까지 정신건강시설에 구금되어 있는 사람 (2) 정신이상의 이유로 무죄로 간주되는 사람.

정신이상 항변

형사 사법제도의 목적은 우리의 삶, 자유 그리고 행복 추구를 보호하는 것이지, 모든 사람이 범죄 행동에 대한 처벌을 받게 하는 것은 아니다. 법은 어떤 특정 상황에서 어떤 사람은 스스로의 행동에 대한 책임이 없으므로 그들을 처벌하는 것이 불공평하며 효과가 없다는 것을 인정한다. 이런 견해는 150년도 전에 영국에서 있었던 사례 기록에서 시작되었다. Daniel M'Naghten은 지금이라면 망상형 조현병을 진단받았을 것이다. 그는 영국의 토리당이 자신을 박해한다는 망상하에 국무총리를 죽이려고 결심했다. 그는 국무총리의 비서를 국무총리로 착각하고 살해했다. 맥노튼법이라고 알려져 있는 규

정은 영국 법정이 자신이 무슨 행동을 하고 있는지 모르거나, 자신이 하고 있는 행동이 잘못된 행동이라는 것을 모르는 사람은 그들의 범죄 행위에 책임이 없다고 판결한 것이다. 실제로 이 법은 정신이상 항변(insanity defense)의 시초였다(표 14.1을 보라). 그 후 100년 이상 이 법은 범죄자의 정신상태가 의문일 때 죄가 있는지 없는지를 결정하는 근거가 되었다.

그러나 단순히 피고인의 옳고 그름에 관한 지식에 의존하는 것은 너무 제한적이고, 더 포괄적인 정의가 필요하다는 비판 때문에 맥노튼법은 수정되기 시작했다(Simon & Shuman, 2009). 정신질환은 개인의 인지 능력뿐 아니라 감정적 기능까지 변화시키며, 정신건강 전문가는 개인의 책임 여부를 결정할 때 모든 영역의 기능 수준이 고려되어야 한다고 믿었다. 더럼 규정이라고 알려져 있는 규정은 *Durham v. United States*(1954)의 사례를 근거로 한다. 더럼 규정은 옳고 그름에 관한 지식으로부터 "피고인의 범법 행위가 정신질환이나 정신적 결함으로 인한 것이라면 피고인은 법적 책임이 없다"로까지 책임의 기준을 확대하였다(표 14.1). 이 결정은 처음에는 정신건강 전문가로부터 시작되었는데, 이런 관점으로 전문가가 판사나 배심원에게 정신병이 있는 사람을 정확하게 이해시킬 수 있었기 때문이다. 불행하게도 정신건강 전문가가 피고인의 정신병이 범죄 행위를 발생시킨 것인지 신뢰롭게 판단할 수 있는 전문성을 가지지 못한다는 것이

감호조치(criminal commitment) 범죄의 원인이 정신이상일 때 폐쇄 병동에 입원시키는 법적 절차.

표 14.1 정신이상 항변의 발전에 중요한 사건들

	시기	인용
맥노튼법	1843	범죄 행위를 할 당시에, 피고인은 질환으로 인해 자신이 범한 행동의 본질과 정도를 알지 못하거나, 알아도 무엇이 잘못된 것인지 알지 못하는 등 이성의 상실 상태에 있었음을 분명하게 증명해야 한다. (101 Cl. & F. 200, 8 Eng. Rep. 718, H.L. 1843)
더럼 규정	1954	피고인의 범죄 행위가 정신질환이나 정신적 결함으로 인한 것이라면 피고인은 법적 책임이 없다. (*Durham v. United States*, 1954)
미국법률협회(ALI)법	1962	1. 어떤 사람이 정신질환 혹은 결함 때문에 범법 행위를 할 때 자신의 행위의 범법성에 대해서 인지할 능력이나 법률에 따라 행동을 할 능력이 부족하다면 범죄 행위에 책임이 없다. 2. 조항에 있듯이 '정신질환이나 결함'이라는 용어는 반복적인 범죄 행위나 반사회적 행위에 의한 비정상성은 포함하지 않는다. (American Law Institute, 1962)
한정능력	1978	비정상적 정신상태에 대한 증거는 피고인의(유죄판결의 대상이 되는) 범죄의 정도를 결정하는 데 영향을 주며, 의도나 지식에 의한 범죄보다는 태만죄나 부주의로 인한 범죄로 처리한다. (New York State Department of Mental Hygiene, 1978)
정신이상 항변 개정법	1984	범법 행위로 기소당한 사람이 정신병이나 지적장애의 결과로 범죄를 저질렀을 때 자신의 행동의 잘못된 점을 인식하지 못했음을 보여주면 정신이상 항변에 의한 무죄로 판결되어야 한다. (Amerian Psychiatric Association, 1983, p. 685)

출처: Silver, E., Cirincione, C., & Steadman, H. J. (1994). Demythologizing inaccurate perceptions of the insanity defense. *Law and Human Behavior, 18*, 63-70.

명백해졌고, 위의 결정이 비과학적인 견해를 바탕으로 한 것임이 드러났다(Gunn & Wheat, 2012). 더럼 규정은 더 이상 사용되지는 않지만, 정신이상 항변에서 사용되는 기준을 다시 생각하게 만들었다.

더럼 규정과 비슷한 시기에 미국법률협회(American Law Institute, ALI)에 속해 있는 변호사, 판사, 법학자 들이 유죄의 정의를 둘러싼 최초의 연구를 진행하였다. 그들은 피고인이 범죄 행위를 할 정신적 능력이 있는가를 결정하는 기준 마련에 도전하였다. 먼저 미국법률협회는 정신병이 있는 사람과 없는 사람의 행동을 구별하는 것의 중요성을 다시 확인하였다. 협회원들은 처벌에 대한 두려움은 심각한 정신병이 있는 사람을 막지 못한다고 주장했다. 이런 사람들은 병세가 호전될 때까지 치료를 받은 후 풀려나야 한다고 주장했다. 미국법률협회는 어떤 사람이 정신질환 때문에 자신의 범죄 행위에 책임이 없다면, 이 사람은 자신의 행동의 부적절함을 인지하지 못할 것이고 통제하지 못할 것이라고 결론지었다(미국법률협회, 1962). ALI 테스트로 불리는 표 14.1에 따르면 옳고 그름을 구별할 수 없고(맥노튼법에 나와 있는 조건처럼), 스스로 통제할 수 없는 개인은 법적 절차에 따라 보호되어야 한다고 규정한다.

또한 ALI는 자신의 행동의 본질을 이해하는 개인의 능력과 정신질환에 의해 제한된 범법 의도를 의미하는 **한정능력**(표 14.1) 조항을 제시한다. 누군가에게 유죄선고를 내리기 위해서는 신체적 행동(범죄 행위)과 범죄 행위를 저지르는 사람의 정신상태(범죄 의도)에 대한 증거가 있어야 하기 때문에 범행 동기에 대한 이론—범죄 의도 또는 '죄를 짓는 마음'을 가지고 있는 것—은 법적으로 중요하다(Gunn & Wheat, 2012). 예를 들어 한 여성이 자신의 차 앞에 서 있던 사람을 우연하게 치었고 그 사람이 사망했다면 그 여성에게는 법적인 책임

이 없을 것이다. 비록 사람이 사망했지만 범죄 의도가 없었기 때문이다—운전자는 일부러 사람을 치어 살인을 시도한 것이 아니다. 한정능력 개념은 범죄를 저지른 정신질환자는 범죄 의도가 없었고 질병 때문에 저지른 행위이므로 책임을 질 수 없음을 가정한다.

정신이상 항변에 대한 반응

법적 책임에 관한 1960년대와 1970년대의 법정 판결은 치료감호의 과정과 비슷했다. 정신질환이 있는 동시에 법을 어긴 사람들의 요구에 초점을 맞추려는 노력이 있었고 처벌 대신 정신건강 치료가 제공되었다. 그러나 범죄 사례에서 정신이상 또는 한정능력과 같은 개념의 적용은 많은 사람들을 불안하게 만들었다. 정신이상 항변에 대해서 가장 크게 분노하고 폐지를 요구하게 만든 사람은 John W. Hinckley Jr.이다(Zapf, Zottoli, & Pirelli, 2009). Hinckley는 1981년 3월 31일 Ronald Reagan 대통령이 워싱턴 힐튼 호텔 밖으로 나왔을 때 총을 난사했고 대통령, 정보요원, 경찰관 그리고 대통령 언론 담당 비서인 James Brady에게 심각한 부상을 입혔다. 즉시 정보요원들이 Hinckley를 제압해 무장 해제시켰다. Hinckley는 배우 조디 포스터에 푹 빠져 있었다. 그는 그녀에게 잘 보이고 싶어 대통령을 죽이려고 했다고 주장했다. Hinckley는 미국법률협회의 기준을 사용하여 정신이상이라는 이유로 배심원에 의해 무죄 판결을 받았다. 배심원의 판결은 국가와 지역사회에 큰 충격을 가져다 주었다(Zapf et al., 2009).

미국 내에서 정신이상 항변은 비난을 받아오고 있었지만, Hinckley 판결 이후로 75%의 주가 정신이상 항변의 규정을 대폭 수정하였다(Simon & Shuman, 2009). 앞서 보았듯이 이러한 비난은 주로 사

표 14.2 정신이상 항변에 대한 대중들의 인식과 실제 발생률

	대중들의 인식(%)	실제 발생률(%)
정신이상 항변의 이용		
무죄선고를 받은 흉악범죄	37.0	0.9
무죄선고	44.0	26.0
정신이상으로 면죄된 후 처분		
정신병원에 감금	50.6	84.7
정신이상으로 인한 방면	25.6	15.3
가석방		11.6
외래환자		2.6
석방		1.1
정신이상으로 면죄된 후 감금 기간(달)		
모든 범죄	21.8	32.5
살인		76.4

출처: Silver, E., Cirincione, C., & Steadman, H. J. (1994). Demythologizing inaccurate perceptions of the insanity defense. *Law and Human Behavior, 18*, 63–70.

실보다는 감정에 치우쳐서 발생한다. Hinckley, Charles Manson, Jeffrey Dahmer 그리고 Ted Kaczynski처럼 잘 알려진 사례들은 많은 사람들이 정신이상과 폭력을 연관 짓게 만들었고, 정신이상 항변에 대한 대중의 인식을 비판적으로 만들었다. 한 전화조사 결과 응답자의 91%가 "판사와 배심원들이 피고인이 실제로 정상인지 아닌지 구별하는 것은 힘들다"라는 말에 동의했다(Hans, 1986). 거의 90%가 "무죄 석방은 너무 많은 죄지은 사람들을 방면하는 구멍이다"라는 말에 동의했다.

그렇다면 정신이상 항변이 너무 빈번하게 적용된다는 증거가 있는가? 한 연구에서 정신이상 항변에 대한 대중들의 의견과 정신이상 항변 사례 건수를 비교했다(Silver, Cirincione, & Steadman, 1994). 표 14.2에서 볼 수 있듯이 대중들은 37%의 흉악범죄에 이 항변이 남용된다고 인식하였으나 이는 과대평가였다. 실제 적용률은 1% 미만이었다. 대중들은 또한 이 항변이 얼마나 성공적으로 적용되는지뿐 아니라 정신이상에 의한 무죄 사례에 대해서도 과대평가하고 있었다. 사람들은 무죄를 선고받은 사람들이 입원하는 기간은 과소평가하는 경향이 있었다. 이는 중요한 이슈이다. 대중들의 인식과는 반대로 무죄를 판정받은 후에 이들이 폐쇄 병동에 입원하는 기간은 유죄를 받은 사람이 교도소에 수감되는 기간보다 길다(Simon & Shuman, 2008). 예를 들어 Hinckley는 30년 이상 세인트 엘리자베스 병원에 입원해 있었다. 또 다른 연구는 비폭력사건에 유죄 판결을 받은 정신병 환자는 교도소에 수감되는 정상인보다 8배 긴 기간 동안 폐쇄 병

동에 입원함을 보여준다(Perlin, 2000). 정신병이 있는 사람이 무죄를 받는다고 해서 벌을 안 받고 풀려나는 것은 절대 아니다.

정신이상 항변이 과도하게 남용되지 않을 뿐 아니라 위험한 사람을 풀어주지 않는다는 확실한 증거가 있음에도 불구하고 Hinckley 판결 이후에 정신이상 항변의 기준에 많은 변화가 생겼다. 미국정신의학회(1983)와 미국변호사협회(1984)는 맥노튼법으로 회귀를 결정했다. 곧이어 이러한 제안에 따라 1984년 정신이상 항변의 이용을 더 어렵게 만든 정신이상 항변 개정법이 통과되었다.

정신이상 항변을 개정하려는 시도는 정신이상으로 인한 무죄(Not Guilty by Reason of Insanity, NGRI)에서 죄는 있지만 정신병이 있다(Guilty but Mentally Ill, GBMI)라는 판결로 바뀌었다(Torry & Billick, 2010). GBMI 판결에는 여러 가지 버전이 있지만, 공통된 전제는 GBMI 판결을 받은 사람은 NGRI 판결을 받은 사람과는 다르다는 것이다. NGRI 판결을 받은 사람은 감옥에 가지는 않지만, 퇴원할 수 있다는 판단을 받을 때까지 정신의료시설에 보내진다. 정신적으로 병 든 상태가 아닐 때 퇴원이 가능하다. 아서가 범죄를 저지르고 NGRI 판결을 받았다면, 그의 단기 정신병적 장애는 금방 치유가 되었을 것이므로 금방 퇴원할 수 있었을 것이다. 반대로 GBMI 판결은 치료와 처벌을 동시에 준다. 유죄 판결이 난 사람은 정신병이 없는 사람처럼 똑같은 기간 동안 교도소에 수감된다. 교도소에 감금될지 정신의료시설에 감금될지는 법에 의해 결정된다. 선고 기간이 다 지나기 전에 정신병이 모두 치료가 되는 경우에는 교도소에 다시 구금된다. 아서가 GBMI 판결을 받았다면, 정신병이 다 치료가 되어도 선고받은 기간 동안 교도소에 구금된다. 이 개정된 GBMI는 많은 주에서 채택되어 이용되고 있다(Simon & Shuman, 2008).

정신병이 있는 범죄자들에게 두 번째 버전의 GBMI는 더 가혹하다. 유죄 판결을 받은 사람은 수감되며 가능하면

Handout/Getty Images News/Getty Images

▲ 미 연방 하원의원 Gabrielle Giffords를 쏘고 다른 6명의 사람을 죽인 Jared Loughner. 그는 자신이 저지른 범죄에 대해 재판을 받을 수 있도록 강제적으로 치료를 받았다. 결국 그는 유죄를 인정하고 가석방 없는 무기징역을 선고받았다.

한정능력(diminished capacity) 의도나 지식을 요구하는 범죄로 기소되었을 때 정신상태에 이상이 있으면 태만죄나 부주의로 인한 경범죄로 처리함.

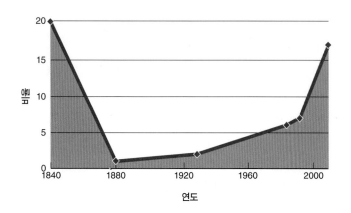

● 그림 14.1 심각한 정신병이 있는 수감자의 비율. 그래프는 지난 몇십 년간 심각한 정신질환이 있는 사람을 치료 대신 수감하는 비율이 증가하고 있는 경향을 보여줌 (출처: Torrey, E., Eslinger, S., Lamb, R., & Pavle, J.(2010). *More mentally ill persons are in jails and prisons than hospitals: A survey of the states* (p. 13). Arlington, VA: Treatment Advocacy Center.)

교도소 관계자가 정신건강 서비스를 제공한다. 평결은 범죄 발생 당시에 정신병이 있었음을 인정할 뿐이고, 그 자체가 다른 처우를 하도록 하지는 않는다. 아이다호, 몬타나 그리고 유타 주는 모두 정신이상 항변을 금지했고 이 버전의 GBMI를 채택했다("The Evolving Insanity Defense," 2006).

위에서 말한 것처럼 GBMI는 정신이상 항변으로 인한 허점에 대한 반응이었고, 15년이 넘게 많은 주에서 이용되면서 많은 연구자에 의해 효과성에 대한 조사가 이루어졌다. 두 가지 연구는 GBMI 판결을 받은 사람이 NGRI 판결을 받은 사람보다 더 많이 교도소에 구금되며, 그 기간이 더 긴 것을 보여주었다(Callahan, McGreevy, Cirincione, & Steadman, 1992; Keilitz, 1987). 또 다른 연구에서는 GBMI 판결을 받은 사람들이 정신병이 있는 다른 죄수들보다 치료를 많이 받는 것으로 나타났다(Keilitz, 1987; Smith & Hall, 1982). 판결의 종류(NGRI vs GBMI)는 각 범죄가 일어난 주의 법에 따라 결정된다. 전체적으로 더 심각한 정신병을 가지고 있는 사람들이 병원보다 교도소에 3배 이상 많으며, 이는 정신건강법에 변화가 필요함을 시사한다(Torrey, Eslinger, Lamb, & Pavle, 2010). 그림 14.1은 심각한 정신질환이 있는 사람들이 정신건강시설보다 교도소에 얼마나 많이 구금되어 있는지 보여준다. 교도소에 구금되어 있는 사람의 비율은 적절한 서비스가 제공되기 전인 150년 전과 비슷해지고 있다.

치료적 사법

재판체계와 정신건강체계 사이에는 팽팽한 긴장이 있다. 법체계는 그 구조상 대립관계에 있다. 다른 말로 하면 검사와 변호사, 승자와 패자 간 긴장이 있다. 반대로 정신건강체계는 누구를 비난하지 않으면서 중요한 심리적인 문제에 대한 해결책을 찾기 위해 마련되었다. 다행스럽게 법률체계 내에서 정신건강문제가 있는 사람을 다루는 데 있어서 대립적인 접근은 모두에게 해가 된다는 인식이 증가하고 있다. 이런 사고의 변화로 심리장애가 있는 사람이 법을 어겼을 때, 다양한 '문제해결법정'으로 가게 된다(Ahen & Coleman-Eufinger, 2013; Goodale, Callahan, & Steadman, 2013). 예를 들어 최근 많은 주에서 약물치료법정, 가정폭력법정, 정신건강법정 등을 두고 있다.

이런 문제해결법정은 치료법의 개념에 근거하는데 법을 어긴 사람들을 돕기 위해 행동변화에 대한 우리의 지식을 사용하는 것이다. 약물치료법정을 예로 들자면 한 판사에게 약물중독 피해자와 관련된 모든 범법 사례를 배정하는 것이다. 판사에게는 기소당한 사람이 직업을 얻고 적어도 6개월간 유지하며 약물치료를 받고 약물 사용을 하지 않는다는 조건하에 선고를 미룰 재량이 주어진다. 비슷하게 정신건강법정에서는 지역사회 프로그램에 의뢰되고 가족의 협조라는 도움을 얻을 수 있다. 교도소와 자유 중 하나를 선택하기보다는 법정이 사회변화의 도구로 기능할 수 있다. 이렇게 진화된 개념은 심각한 정신질환을 가진 사람들을 위한 형사사법제도에 효과적인 대안을 제시한다.

사회는 자신의 행동을 통제하지 못하거나 단순한 감금이 효과적이지 못한 범죄자를 구분할 필요를 인식해 왔다. 자신의 행위를 인지하고 있었는지, 옳고 그름을 판단할 수 있었는지, 행동을 통제할 수 있었는지 밝혀내는 것은 거의 불가능에 가깝다. 또 다른 딜레마는 정신질환을 가진 사람들을 보호하는 것과 이들을 책임감 있는 개인으로 취급하는 것 사이의 갈등이다. 마지막으로 정신질환을 가진 사람을 돕는 것과 이들로부터(이들의 폭력 등으로부터) 보호받고 싶은 마음 사이의 갈등을 해결하는 것이다. 문제해결법정을 사용하는 최신 경향은 이런 요구를 해결하는 한 방법일 수 있다. 정신질환을 가진 사람들을 법적으로 어떻게 다뤄야 하는지를 결정하기 위해선 그들의 기본적 가치에 대해 국민적인 합의가 필요하다.

재판을 받을 수 있는 능력

사람들은 범죄 행위에 대해 재판을 받기 전에 *Dusky v. United States*(1960)의 대법원 판결에 요약된 기준에 따라 자신의 혐의를 인지하고 자신을 변호할 수 있어야 한다. 따라서 전문가들은 범죄자들의 범죄 당시 정신상태를 해석하는 것뿐만 아니라, 그들의 범행 후의 법적 절차 동안의 정신상태도 예상하고 있어야 한다. 아서의 사례처럼 피고인은 범행 당시의 정신질환 때문에 NGRI 판결을 받았으나,

재판을 받을 능력이 있을 수 있다.

재판에 설 수 있는 능력이 없다고 결정된 사람은 결정권을 잃고 수감된다. 재판에는 재판을 받을 수 있는 **능력**에 대한 결정이 필요하기 때문에 범죄를 저지른, 명백하고 심각한 손상이 있는 대부분의 사람들은 재판을 받지 않는다. NGRI 판결을 받은 사람 한 명 대 다른 45명은 심각한 정신질환 진단을 받고 정신건강시설에 수감된다고 추정할 수 있다(Butler, 2006). 수감 기간은 피고인이 법정에 설 능력을 다시 찾을 때까지 걸리는 시간이다. 이 기간이 매우 길 수 있기 때문에 법원은 이 기간은 무기한이 아니며 합리적인 기간이 지나면 재판을 받을 수 있는 능력이 있거나, 풀려나거나, 형사법에 의해 수감을 결정해야 한다고 규정했다(*Jackson v. Indiana*, 1972). 법률 용어는 정확하지 않기 때문에 '합리적인 기간'이라는 말에는 많은 해석이 가능하다.

마지막 이슈는 입증책임, 소송에서 이기기 위해 필요한 증거제공의 책임의 개념과 관련이 있다. 재판을 받을 수 있는 능력을 결정하는 데, 피고인에게 입증책임을 지도록 정해놓고 있다. 다양한 범죄를 저지른 정신질환이 있는 위험한 인물이 무죄를 받고 사회에 풀려난다는 대중의 생각은 사실과 다르다. 실제로 정신질환이 있는 사람은 주로 비폭력적 범죄를 일으키며 역량절차(competence proceeding)와 같은 소송절차를 통해 치료를 받는다.

경고의 의무

정신건강 전문가가 자신의 내담자가 다른 사람을 죽이거나 해칠 것이라는 의심이 들 때, 전문가의 책임은 무엇일까? 전문가는 권한이 있는 사람이나 해를 입을 사람에게 연락해야 하는가? 아니면 치료 기간 동안의 이야기에 대한 정보를 제공하는 것이 금지되어 있는가?

이 이슈는 *Tarasoff v. Regents of the University of California*(1974, 1976)로 잘 알려져 있는 비극적인 사례의 핵심이었다. 1969년에 캘리포니아 대학의 대학원생이었던 Prosenjit Poddar는 자신의 고백을 거절한 여학생 Tatiana Tarasoff를 살해했다. 살해했을 당시에 그는 학교건강센터에서 두 명의 치료사를 만나고 있었고 망상형 조현병을 진단받았었다. 치료 마지막 회기 때 Poddar는 Tarasoff를 살해할 것이라는 암시를 했다. 치료사는 이 위협이 심각하다고 믿었고 캠퍼스 경찰에게 연락했다. 경찰은 Poddar의 혐의를 조사했고 Poddar에게 Tarasoff를 해치지 않겠다는 확답을 받아냈다. 몇 주 후 여러 번의 접촉시도 후에 Poddar는 Tarasoff를 쏘고 죽을 때까지 칼로 찔렀다.

Tarasoff의 가족은 치료사의 역할에 대해 파악한 후 Tarasoff에게 위험에 처해 있다는 사실을 경고했어야 했다고 주장하며 학교, 치료사 그리고 대학 경찰을 고소하였다. 법원 또한 동의했고, 이 사건 이후로 Tarasoff의 사례는 내담자의 위험에 대한 **경고의 의무**를 보여주는 기준으로 이용되고 있다. 비슷한 사례들를 통해 전문가의 타인에 대한 경고 의무가 더 자세하게 규정되었다(Mason, Worsley, & Coyle, 2010). 법원은 그 위협이 구체적이어야 한다고 규정했다. *Thompson v. County of Alameda*(1980)에서 캘리포니아 주 대법원은 내담자가 불특정인을 대상으로 불특정 위협을 한다면 전문가에게 경고의 의무가 없다고 규정했다. 전문가들이 자신의 내담자로부터 제3의 인물을 보호해야 하는 자신의 책임을 정확하게 파악하는 것은 어렵다. 좋은 임상 행동은 의심이 들 때 동료에게 자문을 구하는 것이다.

전문가 증인으로서의 정신건강 전문가

판사와 배심원들은 결정하는 데 도움을 주는 전문적인 지식이 있는 **전문가 증인**에 의존해야 할 때가 자주 있다(Mullen, 2010). 정신건강 전문가가 피고인의 위험성, 이해 능력 그리고 재판을 받을 수 있는 능력에 대한 정보를 제공하는 등의 예를 보여주었다. 대중들은 전문가 증인에 대해 상반된 감정을 가지고 있다. 한편으로는 배심원들을 교육하는 설득력 있는 전문가의 증언의 가치를 인정하지만, 또 한편으로는 전문가가 돈을 지불하는 측을 위해 증언을 하는 '청부업자'라고 여기기도 한다(Simon & Shuman, 2009). 전문가 증인으로 활동하는 정신건강 전문가의 판단은 얼마나 믿을 만한가?

한 예를 들면 누군가가 민법상 처벌을 받아야 하는지를 판단할 때 평가자는 폭력의 잠재성에 대해 결정해야 한다. 연구들은 정신건강 전문가가 평가 후 2일에서 20일 정도의 단기간의 위험성을 신뢰롭게 예측함을 보여준다(Scott et al., 2008). 그러나 장기간의 폭력성을 신뢰롭게 예측하지는 못하고 있다(Fazel et al., 2012). 정신건강 전문가가 자문을 제공하는 두 번째 영역은 진단과 관련되어 있다. 3장에서 진단의 신뢰도를 확보하기 위한 시스템의 개발에 대해 이야기했었다. 최근 개정된 진단기준인 가장 유명한 *DSM-IV-TR* 또는 *DSM-5*는 이 문제를 다룸으로써 전문가들이 신뢰할 만한 진단을 내리게 해

능력(competence) 법정 피고인이 자신의 변호에 참여하고 혐의를 이해하고 재판 참가자의 역할을 할 수 있는 능력.

경고의 의무(duty to warn) 정신건강 전문가는 내담자가 다른 사람을 해칠 가능성이 있을 때 비밀보호의 의무를 파기하고 이를 알려야 할 의무가 있다.

전문가 증인(expert witness) 전문 훈련과 경험이 있는 사람은 법정에서 증언을 할 수 있다.

준다. 하지만 정신질환의 법적 정의가 *DSM-5*에 의한 심리장애와 동일하지 않음을 기억하라. 누군가에게 '정신질환'이 있다는 것은 정신건강 전문가가 아닌 법정의 결정을 따른다.

정신건강 전문가는 꾀병에 대한 변별과 재판에 설 능력을 평가하는 데 전문적 기술을 가지고 있다. 꾀병은 비난을 회피하기 위해 자신의 증상을 속이거나 증상을 과장하는 것임을 기억하라. 예를 들어 피고인이 범행 당시 심한 환각증상이 있었기 때문에 범죄에 책임이 없다고 주장할 수 있다. 연구들은 미네소타 다면적 인성검사(MMPI)가 심각한 정신질환을 주장하는 사람의 꾀병을 매우 정확하게 잡아낸다고 한다. 검사자는 실제로 경험하는 증상을 찾으려 하지만, 정신질환이 있는 사람은 이런 증상을 거의 보고하지 않는다. 하지만 꾀병을 부리는 사람은, 자신이 정신병이 있다는 사실을 부각시키기 위해 자신의 증상을 과장되게 보고하곤 한다(Sellbom, Toomey, Wygant, Kucharski, & Duncan, 2010). 정신건강 전문가는 또한 피고인의 법정에 설 능력, 이해 능력과 변호를 도울 능력이 있는지에 대한 신뢰로운 정보를 제공하는 것으로 보인다(Shulman, Cohen, Kirsh, Hull, & Champine, 2007). 대체로 배심원과 판사에게 정신건강 전문가는 특정 영역에서 믿을 만하고 유용한 정보를 제공해 준다(Scott et al., 2008).

개념 확인 14.2

다음의 개념을 알맞게 채워서 감호조치에 대한 이해도를 확인하시오.
(a) 재판을 받을 수 있는 능력 (b) 한정능력 (c) 미국법률협회법 (d) 더럼 규정 (e) 맥노튼법 (f) 꾀병 (g) 전문가 증인 (h) 경고의 의무

1. 피고인이 재판의 과정을 이해할 수 없고 절차와 변호를 도울 수 없으면 재판을 받지 않는다. _____

2. 피고인은 범죄 당시에 행동의 옳고 그름을 구별할 수 없었다. _____

3. 피고인이 정신질환이나 정신결함으로 인해 행동의 잘못된 점을 인지할 수 없으면 그 범죄에 책임이 없다. _____

4. 내담자 중 한 명이 오늘 회기 도중 자기 어머니의 생명을 위협하는 말을 했다. 나는 _____이(가) 있는지 결정해야 한다.

5. Z박사는 피고인이 책임을 회피하기 위해 거짓말을 하고 있고 증상을 과장하고 있다고 법정에서 증언했다. Z박사는 _____의 역할을 하고 있고, 피고인은 _____을(를) 보이고 있다.

6. 범죄가 '정신질환 또는 정신결함'으로 인한 결과라면 피고인은 법적으로 책임이 없다. _____

환자의 권리와 임상적 실행 가이드라인

▶ 정신건강체계에 있는 환자들의 주요 권리는 무엇인가?

40년 전까지도 정신건강시설에 있는 사람들에게는 권리가 거의 없었다. 그들이 어떤 치료를 받을지와 통화, 편지를 주고받는 것, 방문자에 대해서도 모든 것이 환자와 협의 없이 병원 관계자에 의해 결정되었다. 그러나 이러한 권한남용은 법정에 의해서 시설에 있는 사람들의 권리에 관한 소송과 판결로 이어졌다.

치료를 받을 권리

정신건강시설에 있는 사람들의 가장 기본적인 권리 중 하나는 치료권이다(Bloch & Green, 2012). 상당히 오랜 기간 동안 대부분의 대형 정신건강시설의 상태는 좋지 않았고 치료 또한 충분하지 않았다. 1970년대 초에 여러 집단 소송들이(많은 개인을 대신하여) 정신질환과 지적장애가 있는 사람의 권리를 찾도록 도움을 주었다. 대표적인 사례는 *Wyatt v. Stickney*(1972)인데 앨라배마의 한 대규모 병원에서 재정적인 어려움 때문에 해고당한 고용인들의 소송으로부터 시작되었다. 또한 이 사례를 통해 최초로 병원에 입원해 있는 환자를 대상으로 병원이 갖춰야 하는 최저 기준을 확립하였다. *Wyatt v. Stickney*에 의해 설립된 기준은 근무자당 환자의 비율과 필요한 시설을 규정했다(예, 환자 수에 따른 샤워장과 화장실의 개수). 이 사례는 또한 시설이 환자들의 치료 목적을 달성하기 위해 노력을 하도록 법으로 규정했다.

*Wyatt v. Stickney*의 사례는 환자에게 가능한 한 최소한으로 제한된 환경에서 치료와 관리를 제공해야 한다는 최소제한 대안(least restrictive alternative)이라는 개념으로 확장되었다. 예를 들어 법정은 지적장애가 있는 사람을 위해 다음과 같은 주의사항을 만들었다.

거주자는 거주의 목적을 달성하는 데 필요한 최소한으로 제한된 조건을 제공받을 권리가 있다. 따라서 시설은 거주자들이 다음과 같은 조건으로 이동할 수 있게 최선을 다해야 한다: (1) 더 구조화된 생활환경에서 덜 구조화된 환경으로 (2) 큰 시설에서 작은 시

설로 (3) 큰 생활단위에서 작은 단위로 (4) 집단거주에서 개인거주로 (5) 지역사회에서 격리된 시설에서 지역사회에 통합된 시설로 (6) 의존적인 생활환경에서 독립적인 환경으로(*Wyatt v. Stickney*, 1972).

정신건강시설에 거주하는 환자의 치료를 보장하기 위한 운동에도 불구하고 무엇이 적절한 치료인가에 대해서는 이견이 있다. *Youngberg v. Romeo*(1982)의 사례는 최소제한 환경에서 치료의 필요를 재확인했지만 어떤 치료를 받아야 하는지에 대한 결정은 전문가들에게 넘겼다. 역사적으로 치료를 전문가의 판단에 맡기는 것이 도움을 필요로 하는 사람들을 위한 결과를 가져오지는 않았기 때문에 환자의 대변인들은 이 결정에 우려를 표명하였다. 1986년에 의회는 정신질환이 있는 사람에 대한 권리옹호법(Protection and Advocacy for Mentally Ill Individual Act)을 통해 다수의 안전망을 제공했다(Woodside & Legg, 1990). 이 안전망은 각 주에 남용과 방치 혐의를 조사하고 법적 지지를 해줄 수 있는 보호와 옹호 단체를 설립하게 만들었다.

치료 거부권

오늘날 정신건강에서 가장 논쟁이 되는 이슈는 심각한 정신질환이 있는 사람의 치료 거부권이다(Bloch & Green, 2012; Simon & Shuman, 2008). 최근 논란의 중점은 항정신병 약물의 사용이다. 이 문제의 한 축은 심각한 정신병이 있는 사람은 특정 상황에서 자신을 위한 최선의 결정을 내리는 능력이 없다고 믿기 때문에 환자의 항의에도 불구하고 전문가들이 치료를 제공할 책임이 있다고 믿는 정신건강 전문가들이다. 다른 축은 환자와 대변인들로 이들은 최선이 아니더라도 모든 사람이 자신의 치료를 결정할 기본적인 권리가 있다고 주장한다.

이 논쟁은 아직 해결되지 않았지만 법정 사례는 다음과 같은 질문에 답을 주었다. 개인이 재판을 받을 능력을 갖추도록 '강요'받아도 되는가? 이것은 흥미로운 딜레마이다. 기소를 당한 사람이 망상이 있거나 심각한 환각으로 재판을 받을 능력이 없다면, 재판을 받을 만큼 증상이 완화되도록 자신의 의지와 상관 없이 복약을 강요받을 수 있는가? *Riggins v. Nevada*(1992)에서 대법원의 판결은 부작용(지연성운동장애와 동반하는 비수의적인 움직임 같은)의 가능성이 있으면, 항정신병 약물을 복용하게 강요할 수 없다고 명시했다. 하지만 다른 법정에선 *Harper* 청문회("*Washington v. Harper*," 1990) — 정신건강 전문가들이 약물 이용의 장점에 대해 논지를 펴고 환자가 반대 논지를 펼 수 있게 한 소송절차청문회 — 에 따라 비자발적 약물 복용을 승인

했다. 이 과정을 통해 Jared Loughner에게 강제적으로 약을 복용시켰다. 그는 결국 미국 하원의원인 Gabrielle Gifford에게 증상을 입히고, 주위의 6명을 살해한 2011년 Tucson 사건과 관련한 19건의 살인 및 살인미수 혐의에 대해 유죄 판결을 받았다.

연구 참가자의 권리

심리학 연구에 참여하는 사람들은 다음과 같은 권리를 가진다(미국심리학회, 2010a, 2010b).

1. 연구의 목적에 대한 정보를 알 권리
2. 개인정보 보호의 권리
3. 존중과 위엄을 보장받을 권리
4. 신체적 정신적 손상으로부터 보호받을 권리
5. 편견이나 보복 없이 연구에 참여하거나 거부할 권리
6. 결과 보고에 있어 익명성의 권리
7. 참가자에 대한 기록 보호의 권리

이 권리는 자신의 권리를 충분히 이해하지 못하는 심리장애가 있는 사람들에게는 특히 더 중요하다(Bloch & Green, 2012). 가장 중요한 것 중 하나는 참가자에게 연구의 위험이나 이득에 대한 정보를 충분히 제공해야 한다는 것이다. 단순한 동의만으로는 충분하지 않다. 참가자가 해를 입을 가능성을 포함한 연구의 모든 중요한 측면을 충분하게 인지한 후 참여를 결정했다는 사전동의 혹은 공식적 동의가 필요하다. 아래 사례는 사전동의의 중요성과 응용연구에서 발생하는 애매한 영역을 보여준다

Greg Aller • 권리에 대한 우려

1988년 23살의 Greg Aller는 UCLA의 신경정신연구소의 연구에 참여한다는 동의서에 서명을 했다(Willwerth, 1993). 그전부터 Greg은 외계인에 대한 망상과 생생하고 무서운 환각을 경험하고 있었다. Greg의 부모는 UCLA에 연락하여 도움을 구했고, 대학교에서 조현병 초기 단계에 있는 사람을 평가하고 약물의 금단 효과를 알아보는 연구를 시작하고 있다는 것을 알았다. Greg이 이 연구에 참여한다면 비싼 약물치료와 무료 상담을 받을 수 있었다. 연구의 일부로 3개월간 피롤릭신을 복용한 후 그의 상태는 많이 좋아졌다. 환각과 망상이 사라졌다.

Greg의 부모는 결과에 매우 기뻐했지만, 약을 중단하는 연구의 두

번째 단계에 대해서는 걱정했다. 부모는 약물 중단이 조현병이 있는 사람의 치료에 중요하고 정상적인 과정이라는 점과 약을 오랫동안 복용하면 부작용의 가능성이 있다는 것을 재확인받았다. 또한 연구원들은 Greg의 상태가 많이 안 좋아지면 다시 약을 복용시키겠다고 말했다.

1989년 말까지 Greg은 점차 약을 줄였고, 다시 망상을 보이기 시작했다. 부모는 그의 상태가 악화되었음을 분명하게 인지했지만, Greg은 연구원들에게 약이 필요하다는 것이나 계속되는 환각과 망상에 대해 말하지 않았다. Greg의 상태는 점차 더 악화되었고 부모를 살해하겠다고 위협하기도 했다. 여러 달 후 그의 부모는 약을 다시 복용하도록 설득했다. 그는 전보다 좋아졌지만, 처음에 약을 복용하고 가장 좋아졌던 그 상태로 돌아가지는 못했다.

위의 사례는 정신병리학에 대한 연구에서 발생할 수 있는 갈등을 잘 보여준다. 미국국립보건원의 관계자는 UCLA의 연구원들이 Greg과 가족에게 치료의 위험과 다른 치료 가능성에 대한 충분한 정보를 주지 않았다고 보고했다(Aller & Aller, 1997). 비판가들은 이 사례나 비슷한 상황에서 사전동의가 충분히 이루어지지 않고 있으며, 연구자들이 연구 참여를 촉진하기 위해 연구 내용을 바꾸기도 한다고 비판한다. 그러나 UCLA의 연구원들은 연구가 아니었어도 위험성이 있는 항정신병 약물을 멈추게 시도했을 것이라고 주장했다. 이 사례에 대한 논쟁은 자신의 연구에 참여한 연구 참가자에 대한 연구자의 책임과 연구 참가자의 안녕을 보호하기 위한 보호장치의 필요성을 잘 보여준다. 연구자들은 정신병이 있는 연구 참가자가 연구의 위험과 이득에 대해 충분히 이해할 수 있는지 평가할 수 있는 방법에 대해 탐구하고 있다(예, Harmell, Palmer, & Jeste, 2012; Jeste et al., 2009).

근거기반 진료와 임상실무지침

이 책에서 계속 보았던 것처럼 연구 현장과 대중에게 서비스가 제공되는 임상 현장 모두에서 특정 장애를 위한 심리치료의 효과성에 대한 근거가 축적되어 왔다. 이러한 근거들을 한곳에 모아 특정 문제를 치료하는 방법에 대한 권고의 형태로 만든 것을 임상실무지침이라 한다. 1989년에 미국 연방정부의 한 부서로 건강관리정책과 연구기관(Agency for Health Care Policy and Research)을 설치하는 법안이 제정되었다. 1999년에 이 기관은 의회의 재인증을 받으며 건강관리연구와 질적관리 기관(Agency for Healthcare Research and Quality)으로 개칭하였다. 이 기관은 효과적인 건강과 정신건강 관리를 제공하는 데 통일성을 확립하고, 특정 장애를 효과적으로 치료하기 위해 전

국적으로 의사, 정책 담당자 그리고 환자들과 의사소통하기 위해 세워졌다. 또한 이 기관은 건강과 정신건강 서비스를 제공하기 위한 시스템을 향상시키기 위한 연구를 책임지고 있다. 2010년 미국에서 국민건강보험 제공에 대한 법안이 통과되면서(오바마케어), 건강관리를 더 효율적이고 효과적으로 만드는 것이 그 어느 때보다 중요해졌다.

정부가 원하는 것은 불필요하고 효과적이지 않은 치료를 제거함으로써 비용 절감뿐 아니라 가장 최근의 연구 근거를 기반으로 효과적인 치료의 이용을 촉진하는 것이다. 최근 정부는 미국의 제대군인관리국과 영국의 국민건강서비스와 같은 많은 건강관리체계를 통해 근거기반 심리치료를 실행하고 보급을 촉진하기 위해서 수십억 달러를 예산으로 책정했다(McHugh & Barlow, 2010). 통증과 고통의 완화를 위해 효과적으로 치료를 제공하는 것은 치료 후 증상 완화를 위한 추가적인 치료 요구를 줄임으로써 건강관리비용을 절감할 수 있는 가장 중요한 방법이다. 이 때문에 어떤 상태에 어떤 치료가 가장 효과적인지 연구하고 그 정보를 널리 보급하는 환자 중심의 성과 연구 기관을 설립하는 법안이 만들어졌다(Dickersin, 2010).

이런 추세의 중대함과 임상실무지침이 정확하고 타당할 필요성을 예상하고, 미국심리학회 특별전문위원회는 심리장애와 신체장애의 심리사회적 문제에 대한 임상개입지침서를 만들고 평가하기 위한 원칙을 만들었다. 특별전문위원회는 특정 장애에 대한 임상실무지침은 임상적 효율성과 임상적 유용성이라는 두 가지 축을 기준으로 구성할 것을 결정하였다. **임상적 효율성 축**은 통제된 임상연구상황에서 어떤 개입이 다른 개입이나 혹은 무처치 집단과 비교하여 더 효과가 있는지 결정할 때 과학적 근거를 고려하는 것이다.

임상적 효율성을 결정하기 위해서는 임상시험이라는 실험을 통해 어떤 개입이 무처치, 비특정적 처치 혹은 대안 처치보다 나은 방법인지 보여줘야 한다. 전문가는 이 질병을 치료하는 임상가가 많은 다양한 병원으로부터 수집한 정보에도 의존해야 한다. 임상가들이 자신의 환자의 결과에 대한 체계적인 자료를 수집한다면, 얼마나 많은 환자들이 '완치'되거나 호전되었는지 또는 개입의 효과를 보지 못했는지 파악할 수 있다. 이런 자료는 수량화된 임상적 관찰 또는 임상적 반복연구 시리즈라고 불린다. 마지막으로 수량화된 임상관찰이나 무선할당 통제연구(개입의 효과를 평가하기 위해 환자를 개입 또는 통제 조건에 무작위로 배정)의 자료만큼은 아니지만, 대표적인 전문가 간의 임상적 일치(clinical consensus)도 역시 가치 있는 정보이다.

임상적 유용성 축은 내적 타당도가 있는 개입이 다른 환경이나 연구가 진행된 조건과 다른 조건에서 얼마나 효과적인지 그리고 다른 환경에서 얼마나 일반화될 수 있는지를 보는 외적 타당도와 관련된다. 예를 들어 환자가 개입을 수용하고 요구에 순응할 것이며 이 개입을

표 14.3 심리적 개입 지침의 구성을 위한 템플릿

임상적 효율성(내적 타당도)	임상적 유용성(외적 타당도)
A. 대안치료보다 효과적(무선할당 통제연구 또는 RCTs) B. 비특정적 치료보다 효과적(RCTs) C. 치료를 하지 않는 것보다 효과적(RCTs) D. 수량화된 임상적 관찰 E. 임상적 일치 1. 매우 긍정적 2. 혼재된 3. 매우 부정적 4. 모순되는 근거	A. 시행 가능성 1. 환자의 수용도(비용, 통증, 기간, 부작용 등) 2. 비교적 비슷한 효율성을 가진 방법과 비교한 환자의 선택 3. 순응 가능성 4. 보급의 용이성(의사의 수, 훈련의 필요성, 훈련의 기회, 비싼 기술이나 추가적인 지원의 필요성 여부 등) B. 일반화 1. 환자의 특성 – 문화적 배경 – 성별 – 발달 수준 2. 기타 관련된 환자의 특성 – 치료사의 특성 – 치료기간의 차이 등 임상 현장에 적용되었을 때 환자의 강인성 3. 치료가 이루어지는 환경과 관련된 요소 C. 비용과 이득 1. 개인과 사회에 부과되는 개입의 비용 2. 개입을 하지 않음으로써 개인과 사회가 지는 비용

주의점: 치료 효율성에 대한 신뢰는 (a) 치료의 절대적 및 상대적 효율성과 (b) 이런 결정에 기반이 된 연구의 질과 반복 정도에 달렸다.

주의점: 치료 유용성을 평가한 세 가지 범주에 대한 신뢰는 이런 치료가 실제 임상에 적용되었을 때 치료의 특성을 평가하는 체계적이고 객관적인 방법과 전략에 달려 있다. 어떤 경우 무선화된 통제연구가 있을 것이다. 그러나 대다수의 경우 자료는 수량화된 임상관찰(임상 반복연구 시리즈)이나 건강 경제 계산 등 다른 전략의 형태를 가질 것이다.

출처: American Psychological Association Board of Professional Affairs Task Force on Psychological Intervention Guidelines. (1995). *Template for developing guidelines: Interventions for mental disorders and psychosocial aspects of physical disorders*. Approved by APA Council of Representatives, February 1995. Washington, D.C.: American Psychological Association.

시행하는 것이 쉬운가? 6장에서 살펴본 것처럼 전기경련요법은 심각한 우울증에 효과적인 치료법이지만 환자들에게 극도로 공포를 주기 때문에 많은 환자들이 이 개입을 거부한다. 또한 이 치료는 주로 병원에서 의료 관계자에 의한 정교한 절차진행과 철저한 감독이 필요하다. 그래서 시행이 어려워 거의 마지막 수단으로만 이용된다.

임상적 유용성 축의 두 번째 이슈는 개입이 배경(인종, 나이, 성별)이 다른 환자, 다른 환경(입원환자, 외래환자, 지역사회) 또는 다른 치료사에게도 효과적인지에 대한 일반화 문제이다. 요약하자면 어떤 개입은 임상적 효율성 축에서 효과적일 수 있지만 일반화될 수 없고, 실행이 어렵고 비용 효율이 높지 않으면 보급되거나 시행될 수 없다. 두 축에 대한 요약은 표 14.3에 나와 있다.

2010년에 미국심리학회는 자체적으로 심리장애가 있는 사람을 위한 가장 최선의 증거기반 심리치료를 제공하는 임상실무지침을 개발하기로 결정했다.

1장에서 우리는 가장 효과적인 검사 절차와 개입을 제공하기 위해 임상실무에 과학적 접근을 이용하는 정신건강 전문가의 과학자–실무자 역할에 대해 살펴보았다. 정신건강 서비스는 수백만 명의 사람에게 영향을 주는 중요한 체계이기 때문에 이 체계의 변화는 상당한 어려움을 초래할 수 있다. 하지만 변화는 기회를 가져올 것이다. 과학자–실무자는 다양한 방법으로 지침의 개발에 공헌할 것이다. 예를 들어 개입의 임상적 유용성 또는 외적 타당도를 평가하기 위한 방법으로 수천 명의 정신건강 전문가의 축적된 경험은 상당한 가치가 있을 것이다. 임상적 유용성 또는 외적 타당도와 관련된 대부분의 정보는 이 전문가들의 임상 가운데서 수집될 것이다.

임상적 효율성 축(clinical efficacy axis) 임상개입을 효과성에 대한 근거에 기준해서 평가하는 지침들(임상적 유용성 축과 비교해 보라).

임상적 유용성 축(clinical utility axis) 임상개입을 실제 임상장면에서 효과적으로 비용효율적으로 적용할 수 있는지에 대해 평가하는 지침들(임상적 효율성 축과 비교해 보라).

다음의 용어를 사용하여 빈칸을 채우시오. (a) 사전동의 (b) 치료 거부 (c) 임상적 유용성 (d) 임상적 효율성 (e) 비용 삭감

1. 최근에 두 개의 축을 가진 임상실무지침이 개발되었다. _____은(는) 개입이 효과적인지를 결정하기 위해 과학적인 증거에 대한 고려를 반영한다.

2. _____축은 연구환경이 아닌 임상 환경에서 치료의 효과성을 고려한 것이다.

3. 연구 참가자에게 잠재적인 해를 끼칠 수 있다는 것을 아는 임상 연구자들은 이 잠재적 위험성에 대해 조심스럽게 언급하며 참가자들에게 _____를 구해야 한다.

4. 임상실무지침은 환자를 보호하고 _____을(를) 할 수 있도록 설계되었다.

5. *Riggins v. Nevada*소송에서 대법원은 환자의 권리인 _____의 권리를 지지했다.

요약

치료감호

정신질환의 법적 개념은 임상적으로 진단받은 심리장애와 어떻게 다른가?

▶ 치료감호법은 어떤 사람이 정신질환이 있는지 법적으로 증명한 후 때로 본인이 원하지 않더라도 입원 조치를 결정한다.

▶ 역사적으로 각 주(state)는 다음의 조건이 충족될 때 감호를 허가한다. (1) 정신질환이 있고 치료가 필요한 사람 (2) 자신 또는 타인에게 위협이 되는 사람 (3) 자신을 돌볼 능력이 없는 사람.

▶ 법체계에서 이용되는 정신질환은 심리장애와 동의어가 아니다. 각주마다 정신질환에 대해 서로 다른 정의를 내리는데, 주로 건강과 안전에 부정적인 영향을 미치는 심각한 장해가 있는 사람을 포함한다.

정신질환과 위험성은 어떤 관계가 있는가?

▶ 환각이나 망상 증상이 폭력적으로 행동할 가능성을 높이는 듯 보이지만, 정신질환을 가진 것이 위험의 가능성, 즉 미래에 폭력을 행사할 가능성을 높이는 것은 아니다.

정신질환과 탈시설화 그리고 노숙생활은 어떤 관련이 있는가?

▶ 탈시설화의 실패로 인한 시설이동화, 노숙자의 증가 그리고 심각한 정신질환이 있는 사람의 범죄가 이런 문제들의 원인에 대한 사람들의 인식을 변화시키고, 엄격한 치료감호법 같은 반발을 낳았다.

감호조치

정신이상 항변을 적용하고 재판을 받을 수 있는 능력을 결정하는 법적 기준은 무엇인가?

▶ 감호조치는 다음 두 가지 중 한 가지를 만족시키는 사람을 위한 절차이다. (1) 범죄 행위로 기소되었고 법적 절차에 참여할 수 있는지 없는지를 결정하기 전까지 정신건강시설에 구금됨 (2) 정신이상으로 인해 무죄가 판결됨.

▶ 정신이상 항변은 많은 법적 규정에 의해 정의된다. 맥노튼법에서는 자신이 범한 행동이 무엇인지 모르거나, 옳고 그름을 판단하지 못한 경우 범죄 행위에 대한 책임이 없다고 정의한다. 더럼 규정은 옳고 그름에 관한 지식유무에서 '정신병 또는 결함'이 있음으로 책임의 기준을 확장했다. 미국법률협회 기준은 자신의 정신질환 때문에 행동의 부적절함에 대해 인지할 수 있는 능력이 부족했거나 자신의 행동을 통제할 수 있는 능력이 없었다면 범죄 행위에 책임이 없다고 결정한다.

▶ 한정능력 개념은 자신의 행동의 본질을 이해하는 능력을 담지하고 범죄 의도가 정신질환으로 인해 낮추어질 수 있음을 내포한다.

▶ 형사사건에서는 어떤 사람이 재판을 받을 수 있는 능력이 있는지 결정을 먼저 내려야 한다. 재판에 서기 위해서 피고인은 능력이 있어야 한다—자신에게 내려진 혐의를 이해하고 자신을 방어할 수 있어야 한다.

- 경고의 의무는 치료자가 자신의 내담자가 해치거나 죽일 수 있는 가능성이 있는 잠재적 피해자에 대해 경고를 할 의무가 있음을 규정한 것이다.
- 전문 지식이 있고 능력 또는 꾀병과 같은 이슈에 대해 배심원과 판사의 결정을 돕는 전문지식이 있는 사람을 전문가 증인이라 부른다.

환자의 권리와 임상적 실행 가이드라인

정신건강체계에서 환자의 주요 권리는 무엇인가?

- 정신건강시설에 있는 환자의 가장 기본적인 권리는 치료권이다. 그에 반해 모든 환자들이 치료를 거부할 결정 능력이 있는지에 대해선 논쟁이 있어 왔다. 특히 환자의 증상을 향상시키지만 심각한 부작용을 가져오는 항정신병 약물의 경우는 어려운 문제이다.

- 연구에 참여하는 모든 참가자들은 위험이나 이익에 대해 충분한 설명을 들어야 하며 충분한 정보를 받았다는 사전동의를 해야 한다.
- 임상실무지침은 특정장애를 위한 효과적인 개입의 종류에 대한 정보를 제공하며 근거기반 진료를 결정하기 때문에 중요한 역할을 한다. 임상적 효율성(내적타당도)과 임상적 유용성(외적타당도)은 매우 중요하다. 즉, 임상적 효율성은 개입이 효과가 있는지를 측정하며, 임상적 유용성은 다양한 환경에서 얼마나 효과적이며 그 환경에서 실행될 수 있는지를 측정한다.

핵심 용어

감호조치 (585쪽)	위험성 (581쪽)	정신질환 (581쪽)
경고의 의무 (589쪽)	임상적 유용성 축 (593쪽)	치료감호법 (581쪽)
능력 (589쪽)	임상적 효율성 축 (593쪽)	탈시설화 (583쪽)
시설이동화 (583쪽)	전문가 증인 (589쪽)	한정능력 (587쪽)

개념 확인의 답

14.1
1. 심리장애, 2. 위험성, 3. 심각한 무능력, 4. 법적인, 5. 탈시설화, 6. 시설이동화

14.2
1. a, 2. e, 3. c, 4. h, 5. b, 6. g, f, 7. d

14.3
1. d, 2. c, 3. a, 4. e, 5. b

1. 최근의 La Fond와 Durham의 고찰에 따르면 1960년대 이래로 미국 정신건강법은 어떤 패턴을 따르고 있는가?
   a. 사회를 보호하는 감호에서 개인을 보호하는 감호로 전환
   b. 개인을 보호하는 감호에서 사회를 보호하는 감호로 전환
   c. 지속적으로 사회의 보호보다 개인의 보호를 더 강조하고 있음
   d. 지속적으로 개인의 보호보다 사회의 보호를 더 강조하고 있음

2. 샐리는 외계인이 자신을 독살할 것이라는 망상적인 믿음 때문에 곡기를 끊었다. 그녀는 강제적으로 정신병원에 보내졌는데 이는 어떤 권한을 따른 것인가?
   a. 꾀병
   b. 불충분한 정보에 기초한 동의(uninformed consent)
   c. 경찰권
   d. 파렌스 파트리에(*parens patriae*)

3. 정신병과 위험성과의 연관성에 대한 기술 중 사실인 것은?
   a. 정신질환이 있는 히스패닉계 남성은 다른 인종의 정신질환이 있는 남성보다 더 위험한 경향이 있다.
   b. 정신질환이 있는 사람이 의지에 반해 정신건강시설에 구금되면 더 위험한 경향이 있다.
   c. 정신질환이 있는 여성이 정신질환이 없는 여성보다 더 위험한 경향이 있다.
   d. 대부분의 연구들이 환각 또는 망상 증상이 없는 정신질환 환자는 정신질환이 없는 사람보다 위험하지 않다는 것을 주장한다.

4. 정신건강시설에서 사람들을 내보내려는(탈시설화) 목적은?
   a. 지지적 치료를 제공할 수 있는 정신건강센터를 조성하기 위해서
   b. 윤리적으로 많은 문제가 되는 치료감호의 요구를 감소시키기 위해서
   c. 더 친숙한 환경에서 가족들이 더 집중적인 관리를 해줄 수 있도록 하기 위해서
   d. 새로 개발된 항정신병약의 효과성을 검증하기 위해서

5. 맥노튼법은 유죄인지 무죄인지에 영향을 주는 사람의 정신상태를 결정하기 위해 어떤 기준을 확립했는가?
   a. 개인이 통제할 수 있는 행동이었는지의 유무
   b. 일반 시민들이 죄가 없다고 인정할 것인지의 유무
   c. 자신이 저지른 행위가 잘못된 것이라는 걸 아는지의 유무
   d. 자신의 행동에 죄책감을 느꼈는지의 유무

6. 한정능력은 정신질환자가 범죄를 저질렀다면, 그들에게는 _____이(가) 없다고 보는 법적 개념이다.
   a. 의도
   b. 유죄
   c. 죄책감
   d. 기억

7. 정신이상으로 인한 무죄(Not Guilty by Reason of Insanity, NGRI)에 대한 연구 결과가 보여주는 것은?

a. 대중들은 흉악범죄에서 NGRI 판결의 비율을 과소평가한다.

b. 대중들은 재판에서 NGRI로 변호에 성공한 사례의 비율을 과대평가한다.

c. 대중들은 판결에 의해 석방되는 사람의 비율을 과소평가한다.

d. 대중들은 NGRI 판결을 받은 사람들이 병원에 수감되는 기간을 과대평가한다.

8. 다음 중 GBMI(Guilty But Mentally Ill)와 NGRI의 차이는?

a. GBMI에 속한 사람만 자신이 저지른 일이 잘못된 행동이라는 인식이 없다.

b. GBMI에 속한 사람은 정신질환이 성공적으로 치료되더라도 교도소에서 형을 채워야 한다.

c. GBMI에 속한 사람은 교도소에 수감되지만, 정신질환에 대한 치료는 받아야 한다.

d. GBMI에 속한 사람은 교도소가 아닌 정신병원에 수감된다.

9. 범죄를 저질렀지만 재판을 받을 능력이 없다고 여겨지는 사람은?

a. 바로 석방된다.

b. 재판없이 교도소로 보내진다.

c. 능력이 생길 때까지 정신건강시설에 구금된다.

d. 무기한으로 정신건강시설에 구금된다.

10. Tarasoff 판결에 따르면 다음 중 어떤 상황에서 치료사는 비밀정보를 말할 수 있나?

a. 내담자로부터 위협이 없었는데도 위험하다고 의심할 때

b. 내담자가 구체적인 위협을 한 것은 아니지만 폭력행동에 대한 과거력이 있을 때

c. 내담자가 특정 인물의 안전을 위협하는 말을 할 때

d. 구체적이지 않은 위협이지만 어떤 폭력적인 위협을 가했을 때

(답은 부록 A에 있습니다.)

부록 A 단원 퀴즈의 답

제1장 (54쪽)

1. b 2. c 3. d 4. a 5. d
6. b 7. b 8. c 9. d 10. c

제2장 (97쪽)

1. b 2. b 3. d 4. d 5. b
6. b 7. c 8. c 9. d 10. c

제3장 (145쪽)

1. c 2. b 3. a 4. d 5. a
6. d 7. b 8. c 9. a 10. c

제4장 (202쪽)

1. c 2. a 3. b 4. d 5. d
6. a 7. c 8. a 9. a 10. d

제5장 (232쪽)

1. d 2. a 3. c 4. b 5. b
6. b 7. a 8. d 9. d

제6장 (284쪽)

1. b 2. c 3. a 4. a 5. c
6. b 7. d 8. d 9. c 10. a

제7장 (320쪽)

1. a 2. a 3. d 4. c 5. a
6. c 7. a 8. b 9. c 10. a

제8장 (362쪽)

1. b 2. d 3. a 4. b 5. b
6. a 7. d 8. b 9. b 10. c

제9장 (404쪽)

1. b 2. b 3. d 4. c 5. c
6. d 7. a 8. c 9. c 10. a

제10장 (450쪽)

1. c 2. a 3. d 4. c 5. d
6. c 7. a 8. c 9. b 10. a

제11장 (486쪽)

1. c 2. a 3. b 4. b 5. a
6. c 7. c 8. c 9. d 10. a

제12장 (524쪽)

1. d 2. b 3. c 4. a 5. d
6. a 7. a 8. b 9. d 10. d

제13장 (572쪽)

1. a 2. b 3. a 4. c 5. b
6. a 7. d 8. d 9. b 10. c

제14장 (596쪽)

1. b 2. d 3. d 4. a 5. c
6. a 7. b 8. b 9. c 10. c

가계 연구(family studies) 135쪽 참고

가바-벤조디아제핀 시스템(GABA-benzodiazepine system) 불안을 감소시키는 신경전달물질 유도아미노산의 작용을 가능하게 하는 화학물질 벤조디아제핀(약 진정제)

가설(hypothesis) 123쪽 참고

가족 집적성(familial aggregation) 117쪽 참고

간성 개체(intersex individual) 불분명한 성기와 호르몬의 이상을 가지고 태어남. 태어날 때 성별이 정해지고 그 성별을 완성하기 위한 호르몬 투여와 수술이 시행됨. 자웅 동체라고도 알려짐

간편 정신상태 평정척도(Brief Psychiatric Rating Scale) 건강과 관련한 죄책감과 집착과 같이 환자의 문제 영역의 심각도를 평가하기 위한 행동 평정척도

간헐적 폭발장애(intermittent explosive disorder) 447쪽 참고

간헐적인 지원이 필요한 지적장애(intermittent support intellectual disability) 가끔씩 위기상황이나 생활의 어려운 변화가 있을 때에만 특별한 도움을 필요로 하는 수준의 지적장애

감각(sensorium) 시간과 장소를 포함한 주변 환경에 대한 일반적인 인식

감각집중훈련(sensate focus) 커플이 애무와 어루만지기를 통해 쾌락적 감각에 집중하도록 하는 성 치료. 성적 수행과 그로 인한 불안에 집중하는 것을 방지하기 위해 성행위는 금지함

감정전이(emotion contagion) 한 사람의 정서반응이 주변의 다른 사람들에게 퍼지는 상태

감호조치(criminal commitment) 585쪽 참고

강경증(catalepsy) 정신증 혹은 기분장애 사람들에게서 발견되는 움직임의 혼란으로 오랜 시간 동안 '조각상'처럼 고정된 자세를 취함

강박사고(obsessions) 189쪽 참고

강박성 성격장애(obsessive-compulsive personality disorder) 483쪽 참고

강박장애(obsessive-compulsive disorder, OCD) 189쪽 참고

강박행동(compulsions) 189쪽 참고

강화 스케줄(schedule of reinforcement) 조작적 조건형성에서 행동에 뒤따르는 결과로 반응이 나타난 숫자 혹은 반응 사이의 간격에 근거한 패턴을 말함

강화(reinforcement) 51쪽 참고

개별기술적 전략(idiographic strategy) 115쪽 참고

거대 섬유(large fiber) 척수의 등쪽뿔에 존재하는 신경 섬유로 통증 감각의 패턴과 강도를 조절함. 관문에 가까운 거대 섬유일수록 통증 자극의 전달을 감소시킴

거부적 성격장애(negativistic personality disorder) 일상의 요구나 기대에 저항하고 반대하는 태도를 취하는 패턴을 지속적으로 나타냄. 이전 진단범주에서는 수동공격성 성격장애로 기술되었으며, *DSM-5*에서는 제외됨

거세불안(castration anxiety) 45쪽 참고

건강심리학(health psychology) 291쪽 참고

검사-재검사 신뢰도(test-retest reliability) 하나의 검사를 같은 사람에게 두 번 시행했을 때 결과가 유사한 정도

검증가능성(testability) 123쪽 참고

겁 없음 가설(fearlessness hypothesis) 반사회성 성격장애의 원인에 관한 이론 중 하나로 사이코패스인 사람들은 두려움을 덜 느끼기 때문에 위험 및 불법 행위에 대해 거리낌이 없다고 봄

게놈(genome) DNA에 부호화되어 있는 유기체의 유전적 정보의 총합

격막(septum) 변연계의 일부로 정서를 조절하고 학습 능력, 성, 배고픔, 목마름, 공격성과 같은 충동을 조절함

결과 연구(outcome research) 효과성과 결과, 긍정적, 부정적 치료 절차를 조사하는 연구

결절성 경화증(tuberous sclerosis) 드물게 나타나는 우성유전성 질환으로 피부병변과 지적장애, 발작이 나타남

결정론적(deterministic) 565쪽 참고

경계선 성격장애(borderline personality disorder) 473쪽 참고

경고의 의무(duty to warn) 589쪽 참고

경과(course) 시간의 흐름에 따른 질병의 진행과 변화 패턴

경도 지적장애(mild intellectual disability) 지능지수가 50-55에서 70에 해당하는 수준의 지적장애

경조증 삽화(hypomanic episode) 239쪽 참고

계보발단자(proband) 135쪽 참고

계열 설계(sequential design) 139쪽 참고

계절성 양식(seasonal pattern) 1년 중 특정한 계절 동안에 양극성장애 혹은 주요우울장애의 반복이 일시적으로 전개됨

계절성 정서장애(seasonal affective disorder, SAD) 계절에 따라 삽화가 순환하는 기분장애로 주로 겨울에 우울이 나타남

계획된 깨우기(scheduled awakening) 밤에 자주 깨는 아이의 경우, 일반적으로 깊은 잠에서 깨어나는 시간보다 30분 먼저 깨우고 스스로 잠이 드는 방법을 배우도록 도움

고립성 수면마비(isolated sleep paralysis) 잠들기 전이나 깨어나기 전에 자의적으로 몸을 움직이지 못함

고전적 범주 접근(classical categorical approach) 115쪽 참고

고전적 조건형성(classical conditioning) 49쪽 참고

고착(fixation) 내담자가 심리성적 단계에서 적절한 만족을 얻지 못해 그 단계에 머물러 있거나 집착하는 것을 설명하는 정신분석학적 개념

고혈압(high blood pressure) 고혈압(hypertension) 참고

고혈압(hypertension) 301쪽 참고

공감(empathy) 다른 사람의 정서를 공유하고 이해하는 상태

공동 주의(joint attention) 541쪽 참고

공식적 관찰(formal observation) 측정 가능하고

잘 정의된 행동을 구조적으로 기록하는 것

공유되지 않은 환경(unshared environment) 같은 집에서 생활하는 일란성 쌍둥이라도 출생 전 및 가족 경험에서 차이를 나타낸다는 용어

공유된 정신병적 장애(폴리아두)[shared psychotic disorder(folie a deus)] 501쪽 참고

공인타당도(concurrent validity) 검사 결과가 같은 현상을 측정하고 있는 다른 검사의 결과와 일치하는 정도. 기술타당도라고도 함

공존장애(comorbidity) 119쪽 참고

공포(fear) 151쪽 참고

공포증(phobia) 29쪽 참고

공포증의 회피(phobic avoidance) 공포증을 가진 사람들이 두려움의 대상이나 상황을 극도로 피함

공황 통제 치료(panic control treatment, PCT) 167쪽 참고

공황(panic) 151쪽 참고

공황발작(panic attack) 151쪽 참고

공황장애(panic disorder) 161쪽 참고

과다수면(hypersomnia) 비정상적인 과도한 수면. 주간에 여러 차례 잠드는 현상이 나타남

과대망상(delusion of grandeur) 자신이 실제보다 더 유명하거나 중요하다고 하는 근거 없는 믿음을 갖는 정신증적 증상

과대형(grandiose type) 망상장애의 일종으로 과장된 가치, 힘, 지식, 정체감, 신이나 유명한 사람과의 특별한 관계에 대한 신념을 나타냄

과제분석(task analysis) 학습해야 하는 기술의 평가 방법으로 구성 요소로 단계를 나눔

과학자–실무자(scientist-practitioner) 31쪽 참고

관계사고(idea of reference) 다른 사람의 행동, 사고, 웃음, 무의미한 활동이 자신에게 향하거나 관련 있는 것이라고 하는 망상

관상동맥심질환(coronary heart disease, CHD) 303쪽 참고

관음장애(voyeuristic disorder) 389쪽 참고

관찰자간 신뢰도(interrater reliability) 둘 이상의 관찰자가 동일하게 평정 혹은 측정하는 정도

관찰학습(observational learning) 모델링 참고

광란적 주술(frenzy witchcraft) 해리성 둔주와 유사하게 보이는 나바호족의 광분 상태의 진행

광선요법(phototherapy) 다량의 밝은 빛에 노출시키는 계절성 정동장애의 치료법

광장공포증(agoraphobia) 161쪽 참고

광장공포증을 동반하는 공황장애(panic disorder with agoraphobia, PDA) DSM-IV-TR에서 공황장애와 광장공포증의 동시 발생을 표기하는 데 쓰이던 용어로 현재는 각각 따로 진단함

광장공포증을 동반하지 않는 공황장애(panic disorder without agoraphobia, PD) DSM-IV-TR에서 광장공포증을 동반하지 않는 공황장애를 표기하는 데 쓰이던 용어

교감신경계(sympathetic nervous system) 자율신경계의 일부로 신체가 활동을 하거나 스트레스원에 대응하도록 준비(예를 들어, 심장 박동 및 근육으로의 혈류를 증가시킴)함

교대근무형 일주기리듬 수면장애(shift work type of circadian rhythm sleep disorder) 야간교대 혹은 잦은 교대시간 변화로 인해 수면 시간의 불면증과 각성 시간 동안의 졸음을 보이는 장애가 나타남

교육 가능 지적장애(educable intellectual disability) 기본적인 학업기술의 학습이 가능한 것으로 가정하는 경도 지적장애에 해당하는 DSM-5상의 지적장애 용어

교차 내성(cross-tolerant) 두 가지 약물이 동일한 신경전달물질 수용체에 유사한 화학적 작용을 할 때 하나의 약물에 대한 중독을 다른 약물로 대체할 수 있는 상태

구인타당도(construct validity) 장애를 범주화하는 데 사용하는 표시나 상징이 다른 장애로부터 차이를 구분하여 범주화하는 정도

국소적 혹은 선택적 기억상실(localized or selective amnesia) 221쪽 참고

규칙적인 호흡법(regulated-breathing method) 말을 더듬기 시작하려고 할 때마다 멈추고 깊은 숨을 쉬도록 지시하는 말더듬의 치료

극치감 재조건화(orgasmic reconditioning) 395쪽 참고

근전도(electromyogram, EMG) 근육의 움직임을 측정

근친상간(incest) 391쪽 참고

글루타메이트 시스템(glutamate system) 흥분성 신경전달물질 시스템으로 알코올이 인지기능에 영향을 주는 통로가 되기도 함

글루타메이트(glutamate) 75쪽 참고

금단 섬망(알코올 진전섬망, DT)[withdrawal delirium (delirium tremens/DTs)] 415쪽 참고

금단(withdrawal) 향정신성 물질의 제거에 대한 중증의 부정적 생리학적 반응으로 동일한 혹은 유사한 물질에 의해 완화됨

급성 발병(acute onset) 질병 혹은 장애의 갑작스러운 시작(잠행성 발병과 반대)

급성 스트레스장애(acute stress disorder) 183쪽 참고

급성 PTSD(acute PTSD) 외상 사건 후 1~3개월 이내에 외상후 스트레스장애로 진단 받음

급성통증(acute pain) 307쪽 참고

급속 순환(rapid cycling) 양극성장애에서 조증과 우울의 전환이 빠르게 나타나고 1년에 네 번 이상으로 발생될 때를 일컬음

긍정 오류(false positive) 111쪽 참고

기능 유전체학(functional genomics) 유기체의 변화 발생에 유전자가 어떻게 기능하는지에 관한 연구

기능적 의사소통 훈련(functional communication training) 바람직하지 않은 행동을 대체할 수 있는 언어 혹은 비언어 의사소통기술을 가르침. 새로운 기술은 사람들에게 유용하며 다른 사람들에게 효과를 보이므로 오래 지속 가능함

기대효과(expectancy effect) 유효성분이 없을지라도 믿음을 가지고 물질에 대해 반응함. 약물 반응과 의존에 인지적, 생리적 요인이 관련되어 있음을 보여줌

기면증(narcolepsy) 353쪽 참고

기분(mood) 87쪽 참고

기분부전장애(dysthymic disorder) 낮은 자아존중감, 사회적 철회, 비관적인 생각, 절망을 동반한 우울감이 최소 2년 이상 지속되며 아무 증상이 없는 기간이 2개월 이상 지속되지 않는 기분장애

기분안정제(mood-stabilizing drug) 269쪽 참고

기분장애(mood disorders) 239쪽 참고

기술타당도(descriptive validity) 구인타당도 참고

기억 B 세포(memory B cell) 항원을 무력화시킨 후에 면역체계가 항원에 의해 빠르게 새로운 항원을 퇴치하도록 돕기 위해 특수한 림프구에서 만들어짐. 기억 B 세포가 예방접종의 효과의

이유가 됨

기억상실장애(amnestic disorder) 두개관내 출혈이나 약물 남용으로 인한 신경인지학적 장애. 증상 없이 단기기억에서 장기기억으로 정보를 넘기는 능력의 저하

기저선(baseline) 131쪽 참고

기저핵(basal ganglia) 대뇌의 바닥 영역에 있으며 움직임을 조절하고 강박장애와 관련 있음

기준 성차 편향(criterion gender bias) 유병률 혹은 특정 진단 범주의 특성이 장애를 정의하는 기준이나 이를 평가하는 도구와 관련한 편견에 의해 성차를 나타낼 가능성

긴장성 두통(tension headache) 일반적으로 머리의 앞이나 뒤에서 시작하는 둔탁한 통증으로 특징되는 뇌 양쪽의 두통

긴장성 무운동(catatonic immobility) 499쪽 참고

긴장완화(tension reduction) 물질남용의 원인이 되는 동기의 부적 강화. 불안으로부터 회피가 되므로 행동이 계속해서 유지됨

긴장증(catatonia) 493쪽 참고

길항 약물(antagonist drug) 441쪽 참고

길항제(antagonist) 75쪽 참고

꾀병(malingering) 215쪽 참고

꿈 분석(dream analysis) 47쪽 참고

난독증(dyslexia) 읽는 데 어려움이 있는 학습장애

날트렉손(naltrexone) 가장 널리 쓰이는 마약길항제. 즉각적인 금단과 불쾌함을 유발. 알코올 남용의 치료에 사용되나 기대하는 만큼의 효과를 가져 오지 못함

남성극치감장애(male orgasmic disorder) 정상적인 성적 흥분 단계 이후에 남성의 극치감이 지연되거나 없는 상태의 반복으로 나이와 현재의 자극과 관련 있음. 억제된 극치감(남성)이라고도 함

남성발기장애(male erectile disorder) 성행위가 완료될 때까지 적절한 수준으로 발기가 되지 않거나 이를 유지하지 못함

납굴증(waxy flexibility) 긴장증의 특징으로 다른 사람이 취해 준 자세를 그대로 유지함

내부 투사(introjection) 대상관계이론에서 중요하고 가까운 사람에 대한 기억과 가치를 통합하는 절차를 말함

내분비계(endocrine system) 호르몬을 혈류로 내보냄으로써 신체 기능에 영향을 주는 분비샘의 네트워크. 내분비 활동이 심리장애의 원인이 되기도 함

내성(tolerance) 411쪽 참고

내수용성 회피(interoceptive avoidance) 상황이나 운동과 같은 활동의 회피로 불안의 내부적인 물리적 감각(심장 박동의 증가 혹은 공황발작의 감각적 연상을 생성함)

내용타당도(content validity) 장애의 특성이 답을 얻고자 하는 현상을 실제로 대표하고 있는 정도

내재성 아편(endogenous opioids) 309쪽 참고

내재적 민감화(covert sensitization) 393쪽 참고

내적 표현형(endophenotype) 135쪽 참고

내적타당도(internal validity) 123쪽 참고

노르아드레날린(noradrenaline) 노르에피네프린 참고

노르에피네프린(norepinephrine) 77쪽 참고

노출장애(exhibitionistic disorder) 389쪽 참고

뇌간(brain stem) 호흡 및 운동기능과 같이 생명 유지와 관련한 반사 작용을 담당하는 뇌의 아랫 부분

뇌교(pons) 호흡, 소화와 같은 자율 신체 기능을 조절하는 후뇌의 일부

뇌신경영상(neuroimaging) 111쪽 참고

뇌전도(electroencephalogram, EEG) 113쪽 참고

뇌졸중(stroke) 뇌에 혈액의 공급이 일시적으로 차단되거나 뇌혈관이 파열되어 뇌 기능의 일시적 혹은 영구적 손실을 가져옴

뇌혈관사고(cerebral vascular accident, CVA) 301쪽 뇌졸중 참고

뇌 회로(brain circuits) 75쪽 참고

뉴런(neuron) 69쪽 참고

느린파형 수면(slow wave sleep) 델타파 참고

능력(competence) 589쪽 참고

니코틴 껌(nicotine gum) 담배 속의 발암물질 없이 흡연자들에게 니코틴을 제공하는 껌. 상담과 함께 사용 시 금연에 도움이 됨

니코틴 패치(nicotine patch) 441쪽 참고

니코틴(nicotine) 441쪽 참고

다면적 통합 접근(multidimensional integrative approach) 59쪽 참고

다발성 경색(multiple infarctions) 혈류의 차단으로 인해 하나 이상의 영역 혹은 조직(예, 뇌 혹은 심장)의 괴사

다운증후군(Down syndrome) 549쪽 참고

다중 기저선(multiple baseline) 133쪽 참고

다중 인격장애(multiple personality disorder) 해리성 정체성장애의 이전 용어

다축체계(multiaxial system) DSM-IV-TR과 같은 분류 체계로 범주간의 구분을 가능하게 하는 여러 차원 혹은 축을 채택함

단극성 기분장애(unipolar mood disorder) 우울이나 조증 중 한 가지만을 나타내는 기분장애. 대부분은 단극성 우울장애를 나타냄

단기 정신병적 장애(brief psychotic disorder) 503쪽 참고

단일광자방출 컴퓨터 단층촬영(single photon emission computed tomography, SPECT) PET 스캔과 유사한 신경 영상화 절차로 덜 정확하고 복잡하지만 비용은 적게 듦

단일사례 실험설계(single-case experimental design) 131쪽 참고

단조로움의 유지(maintenance of sameness) 자폐증을 가진 사람들을 위하여 익숙한 환경에 변화를 주지 않을 필요성. 변화가 있을 때 화를 냄

담배관련장애(tobacco-related disorder) 425쪽 참고

대뇌피질(cerebral cortex) 전뇌의 가장 넓은 부위로 두 개의 반구로 이루어지며 지각, 추론, 계획, 창조, 기억과 같은 기능을 담당함

대립과정 이론(opponent-process theory) 약물 내성과 의존에 관한 설명으로 사람이 긍정적인 느낌을 가지면 뒤따라서 곧 부정적인 감정이 온다고 함. 결과적으로 처음에는 약물로 인한 쾌락을 얻으려는 동기가 있지만 점차적으로 약물사용에 뒤따르는 불쾌한 기분을 없애기 위한 욕구가 커져 악순환이 생김. 사람의 기분을 끔찍하게 만드는 약물이 통증을 제거하는 하나의 방법이 됨

대마(마리화나)(Cannabis, Cannabis sativa, marijuana) 427쪽 참고

대본 이론(script theory) 사회적, 문화적 기대수준을 반영하는 대본에 의해 사람들의 성적 행동과 태도가 유도된다고 보는 성기능 이론. 부정적인 대본은 성적 역기능의 발달에 취약하게 만듦

대상관계(object relations) 45쪽 참고

대인관계 심리치료(interpersonal psychotherapy, IPT) 271쪽 참고

대체성격(alters) 223쪽 참고

델타파(delta wave) 아주 깊은, 이완된 수면 상태의 뇌파로 상대적으로 느리고 불규칙한 패턴을 보임. 수면 중 공황발작 시 나타남. 비수면 상태에서의 델타파는 뇌의 이상을 의미함. 느린파수면이라고도 함

도덕 치료(moral therapy) 41쪽 참고

도박장애(gambling disorder) 445쪽 참고

도움T세포(helper T cell) T세포 유형의 림프구로 면역계 반응을 증진시킴. B세포의 신호에 반응하여 항체를 만들어내며 다른 T세포들은 항원을 제거함

도파민(dopamine) 77쪽 참고

도파민성 시스템(dopaminergic system) 신경전달물질인 도파민에 의해 활성화되는 신경계의 일부로 보상 경험을 포함한 여러 기능과 관련 있음

독립변인(independent variable) 123쪽 참고

동대동맥 압반사(sinoaortic baroreflex arc) 압력을 감소시킴으로써 갑작스러운 혈압 상승을 보상하는 신체 메커니즘. 이로 인해 기절하기도 하며 공포증이 생겨나기도 함

동물공포증(animal phobia) 171쪽 참고

동성애적 행동(homosexual behavior) 369쪽 참고

동작성 검사(performance scale) 웩슬러 지능검사에서 심리운동적 기술과 비언어적 추론 기술, 새로운 관계를 학습하는 능력을 측정하는 하위검사

두개관내 출혈(head trauma) 561쪽 참고

두정엽(parietal lobe) 촉각 감각을 인식하는 대뇌 반구의 영역

등결과성(equifinality) 93쪽 참고

디메틸트립타민(dimethyltryptamine, DMT) 중남미에서 자라는 나무의 껍질에서 얻어지는 자연산 환각제

디설피람(disulfiram) 구토와 같은 알코올의 부작용이 나타나므로 과음자의 항주요법으로 사용되는 화학물질(상품명 안타부스). 효과의 지속을 위해 연속하여 복용해야 함

레서핀(reserpine) 인도사목 참고

레쉬-나이한증후군(Lesch-Nyhan syndrome)

549쪽 참고

레이노병(Raynaud's disease) 하지 혈액 순환 차단과 그로 인한 통증, 손발의 찬 감각을 동반하는 심혈관계질환

레트증후군(Rett syndrome) 541쪽 참고

로르샤하 검사(Rorschach inkblot test) 모호한 자극의 불규칙적인 잉크의 패턴을 이용하는 투사검사

루리아-네브래스카 신경심리 배터리(Luria-Nebraska Neuropsychological Battery) 다양한 기술을 검사함으로써 손상된 장기와 그 위치를 파악하는 상대적으로 정교한 검사도구

류머티스 관절염(rheumatoid arthritis) 297쪽 참고

리듬 검사(Rhythm Test) 할스테드-레이탄 신경심리 배터리의 소검사로 응답자가 리듬이 있는 비트를 비교하여 소리의 인식, 주의, 집중을 평가하도록 함

리비도(libido) 정신분석학에서 말하는 원초아 내의 에너지로 삶을 이끌어가고 이를 충족하도록 만드는 것

리세르그산아미드(lysergic acid amide) 나팔꽃 씨에서 나오는 자연 발생적 환각제

마이크로 수면(microsleeps) 349쪽 참고

마찰도착장애(frotteuristic disorder) 387쪽 참고

만성 피로 증후군(chronic fatigue syndrome, CFS) 311쪽 참고

만성 PTSD(chronic PTSD) 다른 장애와의 공존 장애율이 높으며 강한 회피를 나타내는 외상후 스트레스가 3개월 이상 지속되는 장애

만성통증(chronic pain) 307쪽 참고

말초신경계(peripheral nervous system) 뇌와 척수 바깥의 신경 네트워크로 근육의 움직임을 통제하는 체성신경계, 심혈관, 내분비, 소화, 조절 기능을 조정하는 자율신경계를 지칭

망상(delusions) 495쪽 참고

망상장애(delusional disorder) 501쪽 참고

망상활성체계(reticular activating system) 수면과 각성상태를 포함하는 긴장과 각성 과정을 담당하는 중뇌의 부위

맹시(blindsight) 시각 지각이나 기억이 없는 사람이 시각적 기능을 할 수 있는 현상. 무의식적 시각이라고도 함

메스칼린(mescaline) 자연 발생적 환각제로 페요

테 선인장에 함유되어 있음

메타돈(methadone) 헤로인 중독의 치료제로 쓰이는 아편제 작용물질. 초기에는 헤로인의 진통 및 진정제로 사용되나 이후에는 이 효과가 감소하고 내성이 생김. 상담과 함께 투여했을 시 치료가 효과적임

메틸페니데이트(methylphenidate) 과다수면 치료에 사용되는 자극제(상품명 리탈린, 낮 동안 계속 깨어 있도록 함). 갑자기 발병하는 기면증의 치료(REM수면을 억제함) 및 주의력결핍 과잉행동장애의 치료에도 사용됨

멜라토닌(melatonin) 솔방울샘에서 분비되는 호르몬으로 어둠을 통해 신체의 생물학적 시계를 조절하고 수면을 유도함. 계절성 정동장애를 유발하며 일주기 리듬 수면장애의 치료에 사용됨

면역체계(immune system) 295쪽 참고

명명(labeling) 121쪽 참고

명명법(nomenclature) 명명체계나 질병분류학에서 실제로 적용된 명칭이나 이름. 정신병리학에서는 기분장애와 섭식장애가 포함됨

명시자(specifier) 진단에 추가적인 정보를 더해주는 표준화된 진단 노트. 예를 들어, 기분장애의 경우 패턴의 특징에 따라 주요우울 삽화 혹은 조증 삽화를 동반하여 진행 과정과 예후를 예측할 수 있도록 함. 특정형은 정신증적, 우울적, 비전형적, 긴장증적인, 만성적인 것을 포함함

모노아민산화효소(MAO) 억제제[monoamine oxidase(MAO) inhibitor] 노르에피네프린과 세로토닌 신경전달물질을 분해하는 효소를 차단함으로써 우울과 중증 사회불안을 치료하는 약

모델링(modeling) 83쪽 참고

모르핀(morphine) 진통제(통증 완화제)로 쓰이는 아편제와 물질남용으로 사용되기도 하는 마약

몽유병(수면보행증)[sleepwalking(somnambulism)] NREM수면 단계에서 침대를 떠나는 행동을 포함하는 사건 수면. 수면보행증 참고

무감동(apathy) 무의욕증 참고

무도증(chorea) 불수의적 사지 운동으로 인한 문제

무선화(randomization) 123쪽 참고

무언증(alogia) 497쪽 참고

무의식(unconscious) 43쪽 참고

무의식적 시각(unconscious vision) 맹시 참고

무의욕증(avolition) 497쪽 참고

무조건적 긍정적 존중(unconditional positive regard) 47쪽 참고

무조건적 반응(unconditioned response, UCR) 고전적 조건형성에서 무조건적 자극에 의한 자연적, 학습되지 않은 반응

무조건적 자극(unconditioned stimulus, UCS) 학습을 하지 않아도 모든 사람에게서 반응을 이끌어낼 수 있는 환경적 사건. 고전적 조건형성에서 중립적 자극과 연합시키면 이후 조건적 자극이 됨

무쾌감증(anhedonia) 497 쪽 참고

문화-가족형 지적장애(cultural-familial intellectual disability) 551쪽 참고

물질관련 및 중독 장애(substance-related and addictive disorder) 409쪽 참고

물질남용(substance abuse) 411쪽 참고

물질의존(substance dependence) 411쪽 참고

물질중독(substance intoxication) 411쪽 참고

물품음란장애(fetishistic disorder) 387쪽 참고

미네소타 다면적 인성검사(Minnesota Multiphasic Personality Inventory, MMPI) 우울과 편집증과 같은 이상 기능을 평가하는 척도를 담고 있으며 경험적인 방식으로 제작되어 표준화된 인성검사. 검사 도구 가운데 가장 널리 사용되며 가장 많은 연구가 진행되었음

미상핵(caudate nucleus) 운동을 통제하는 대뇌반구 기저부의 일부로 강박장애와 관련 있음

미주신경성 실신(vasovagal syncope) 머리와 뇌의 저혈압으로 인한 실신

민감성(susceptibility) 565쪽 참고

바비튜레이트(barbiturates) 419쪽 참고

바이오피드백(biofeedback) 313쪽 참고

반구조화된 면담(semistructured interview) 미리 계획된, 표준화된 질문을 통해 일관된 방식으로 정보를 얻는 면담

반동성 불면증(rebound insomnia) 351쪽 참고

반복 측정(repeated measurement) 131쪽 참고

반사회성 성격장애(antisocial personality disorder) 465쪽 참고

반응성(reactivity) 다른 사람의 행동을 관찰한 결과로 나타나는 개인의 행동 변화

반향동작(echopraxia) 다른 사람의 행동을 비자발적으로 모방함

반향어(echolalia) 다른 사람의 말을 반복하거나 반향하는 것으로 언어 구사 능력의 발달에 있어 정상적인 중간 단계에 해당함. 자폐증의 고유한 증상으로 여겨져 왔으며 현재는 자폐증을 포함하여 발달지연에서 나타나는 것으로 봄

발달심리학(developmental psychology) 시간의 흐름에 따른 행동의 변화를 연구함

발달정신병리학(developmental psychopathology) 시간의 흐름에 따른 이상행동의 변화를 연구함

발모광(trichotillomania) 197쪽 참고

발병 연령(age of onset) 장애의 증상이나 상태의 발현 혹은 전개가 시작된 나이

발병률(incidence) 31쪽 참고

방어기제(defense mechanism) 43쪽 참고

방향성(directionality) 127쪽 참고

배리애트릭 수술(bariatric surgery) 347쪽 참고

백혈구(leukocyte) 바이러스와 기생충 감염에 대항하는 면역계의 특화된 역할을 담당하는 몇몇 유형 중 하나인 백혈구

범불안장애(generalized anxiety disorder, GAD) 155쪽 참고

법칙정립적 전략(nomothetic strategy) 115쪽 참고

베르니케-코르샤코프증후군(Wernicke-Korsakoff syndrome) 415쪽 참고

베타 아드레날린성 수용체(beta-adrenergic receptor) 혈압과 심장 박동을 증가시키는 신경전달물질 노르에피네프린에 의해 활성화되는 신경계 수용체. 고혈압을 조절하는 약을 베타차단제라고도 함

베타 아밀로이드(beta-amyloid) 베타 펩타이드 참고

벤더 시각운동 형태검사(Bender Visual-Motor Gestalt Test, BGT) 아동을 대상으로 다양한 선과 모양을 모사하도록 하는 신경심리학적 검사

벤조디아제핀(benzodiazepines) 419쪽 참고

변별 훈련(discrimination training) 사람 혹은 동물을 특정한 자극에만 반응하고 다른 자극에는 반응하지 않도록 학습시키는 경험의 배열

변산성(variability) 시간의 흐름에 따른 현상의 변화 정도

변연계(limbic system) 학습 능력, 충동 조절, 성, 배고픔, 목마름, 공격 충동, 정서와 관련된 전뇌의 일부로 많은 정신병리에서 특이한 모양을 나타냄

변증법적 행동치료(dialectical behavioral therapy, DBT) 475쪽 참고

변태성욕장애(paraphilic disorders) 387쪽 참고

병인(etiology) 33쪽 참고

병적 도박(pathological gambling) 지속적이고 반복적인 부적응적 도박 행동

병적 방화(pyromania) 447쪽 참고

병적 소질 스트레스 모델(diathesis-stress model) 65쪽 참고

병적도벽(kleptomania) 447쪽 참고

병적인 혹은 충격적 애도 반응(pathological or impacted grief reaction) 사랑하는 사람의 죽음에 대한 극단의 반응으로 정신병적 특징, 자살 사고, 심각한 체중 감소 및 에너지 저하를 포함하며 2개월 이상 지속됨.

보완적 의사소통전략(augmentative communication strategy) 그림이나 컴퓨터 보조를 통해 의사소통의 어려움이 있는 사람들이 의사소통을 할 수 있도록 돕는 방법

보호소(asylum) 안전한 피난처. 특히 정신적으로 장애가 있는 사람들을 수용하는 기관

복장도착장애(transvestic disorder) 일반적으로 남성이 반대되는 성의 옷을 입음으로써 성적 흥분을 얻거나 성적 만족감을 얻는 성도착

복측 피개 영역(ventral tegmental area) 보상 경험의 원인이 되는 '쾌락 통로'를 포함하는 중뇌 영역

복합물질사용(polysubstance use) 409쪽 참고

본태고혈압(essential hypertension) 301쪽 참고

부교감신경계(parasympathetic nervous system) 자율신경계의 일부로 신체 체계(예, 소화)를 조절함. 교감신경계가 활성화될 때 낮게 유지되어 균형을 이룸

부부치료(marital therapy) 결혼 유무와 관계없이 커플 간의 관계 문제에 대한 개입

부신피질자극호르몬 방출인자(corticotropin-releasing factor, CRF) 시상하부에서 혈액으로 분비되는 신경조절물질 호르몬. 스트레스 반응으로 불리는 반응 연쇄 중 하나로 뇌하수체를 자극함. 기분장애 및 신체 문제의 원인이 됨

부적 도식(negative schema) 삶의 측면에 대한 자동적, 지속적, 안정적인 부정적 인지 편향 혹은 믿음 체계

부적 상관(negative correlation) 127쪽 참고

부적 정서(negative affect) 불안과 우울에 해당하는 정서적 증상. 두 장애에만 국한되지는 않음

부적절한 정동(inappropriate affect) 499쪽 참고

부정 오류(false negative) 111쪽 참고

부정맥(arrhythmia) 불규칙적인 심장박동

분리불안장애(separation anxiety disorder) 175쪽 참고

불안(anxiety) 미래의 위험이나 불행에 대한 걱정에서 오는 부정적 정서와 신체의 긴장 증상으로 나타나는 기분. 느낌, 행동, 생리학적인 반응이 모두 포함됨

브리케 증후군(Briquet's syndrome) 신체화장애의 옛 이름

비공식적 관찰(informal observation) 체계적인 방식으로 행동을 정의하거나 기록하지 않고 행동에 주의를 기울임

비교처치 연구(comparative treatment research) 129쪽 참고

비만(obesity) 327쪽 참고

비분리(nondisjunction) 다운증후군에서 21번 염색체 두 개가 분리되지 않아 3염색체성이나 1염색체성 개체가 생김

비요구 쾌락화(nondemand pleasuring) 성행위를 금지한 상태에서 애무와 어루만지기를 하여 성적 흥분을 회복하는 절차. 성적 수행의 욕구에서 오는 불안을 회피하는 방법임

비전형성 우울삽화(atypical depressive episode) 약간의 흥미와 기쁨, 증가된 불안, 과식, 수면과다를 특징으로 하는 우울삽화

비현실감(derealization) 221쪽 참고

빈부사(vinvusa) 나이지리아 사람들에게 나타나는 해리성 가수의 변이

사건 관련 전위(event-related potential, ERP) 심리학적으로 의미 있는 환경 사건에 대한 뇌의 전기적 반응으로 뇌전도에 의해 측정됨. 유발전위라고도 알려짐

사건수면(parasomnia) 347쪽 참고

사고 이탈(tangentiality) 조현병 환자가 질문에 대답하지 못하고 관련 없는 주제로 대화를 전환시키는 것과 관련한 인지 및 언어적 연관성의 이완

사람, 장소, 시간에 대한 지남력(oriented times three) 환자가 자신의 정체감, 장소와 시간을 인식하거나 자신의 위치를 알도록 지시하는 데 임상의가 사용하는 언어(예, "환자가 사람, 장소, 시간에 대해 알게 한다.")

사례 연구 방법(case study method) 127쪽 참고

사이코패스(psychopathy) 467쪽 참고

사전동의(informed consent) 141쪽 참고

사정지연(delayed ejaculation) 377쪽 참고

사킷 길라(sakit gila) 말레이시아에서 보고된 질병으로 조현병과 유사하나 세부 증상에는 차이가 있음

사회불안장애(social anxiety disorder) 175쪽 참고

산술장애(mathematics disorder) 연령 수준에 비교하여 산술 능력이 현저히 떨어짐

삼환계 항우울제(tricyclic antidepressant) 가장 널리 사용되는 항우울제. 시냅스 간극에서 세로토닌과 노르에피네프린 신경전달물질의 재흡수를 억제하는 이미프라민과 아미트리푸티린이 해당됨. 불안장애와 기분장애에도 효과적이며 REM수면 단계에서 호흡을 보조하는 호흡 근긴장의 유지를 돕기 때문에 폐쇄성 수면무호흡증에도 효과가 있음. 긍정적인 효과가 지연되고 어지러움, 심한 경우 죽음이 부작용으로 나타날 수 있으므로 주의 깊은 관찰이 요구됨. 약물 중단 시 재발율은 20-50%로 나타남

삽화 경과(episodic course) 회복과 재발이 반복되는 장애의 패턴

상관(correlation) 127쪽 참고

상관계수(correlation coefficient) 127쪽 참고

상관연구(correlational study) 변인들 간의 상관을 알아보는 연구 절차로 조작은 하지 않음. 인과관계로 결론 내릴 수 없음

상담심리학자(counseling psychologist) 심리학 박사학위 혹은 관련된 학위를 가지고 있는 사람으로서 상대적으로 건강한 사람들의 적응 및 직업상의 문제에 대한 연구 및 치료에 수련을 받은 자

상동행동 및 의식적 행동(stereotyped and ritualistic behavior) 신체 혹은 사지가 감각적 결과로 인해 기능적이지 않은 방식의 반복적인 움직임을 보임

상호적 유전-환경 모델(reciprocal gene-environment model) 질병의 유전적 소인이 있는 사람이 질병의 발생을 촉진하는 환경적 위험요인을 만들어내는 경향이 있다는 가설

상황공포증(situational phobia) 171쪽 참고

상황과 관계가 있는 공황발작(situationally predisposed panic attack) 공황발작을 일으킬 가능성이 높은 상황에 의해 유발됨

상황이 원인이 되는 공황발작(situationally bound panic attack) 내담자가 유발 상황에 놓이면 나타나는 공황발작

색정형(erotomanic type) 망상장애 중 하나로 일반적으로 지위가 높은 다른 사람이 자신과 사랑에 빠졌다고 믿음

생물학적 모델(biological model) 뇌의 장애나 질병으로 심리학적 역기능에 대해 설명하는 모델

생활 연령(chronological age) 연수에 따른 사람의 나이

선택적 기억상실증(selective amnesia) 국소적 기억상실증 참고

선택적세로토닌재흡수억제제(serotonin-specific reuptake inhibitor, SSRI) 항우울제(상품명 프로작) 종류의 하나로 세로토닌 신경전달물질의 재흡수를 억제함으로써 세로토닌 시스템에 작용함

선택적 함구증(selective mutism) 179쪽 참고

선행 학습(prepared learning) 85쪽 참고

섬망(delirium) 555쪽 참고

성격검사(personality inventory) 107쪽 참고

성격장애(personality disorder) 455쪽 참고

성격 특질(personality trait) 상황에 따라 특정한 방식으로 행동하는 경향성

성기능부전(sexual dysfunction) 373쪽 참고

성별 불쾌감(gender dysphoria) 397쪽 참고

성별비순응(gender nonconformity) 399쪽 참고

성비(sex ratio) 질병을 가진 남녀의 비율

성실성(conscientiousness) 조직화된, 철두철미한, 신뢰할 수 있는 성격 특질로 부주의한, 느긋한, 신뢰할 수 없는 특질과 반대됨

성애공포증(erotophobia) 성적행동에 대한 반응이나 태도가 부정적으로 학습되어 있음. 강간과 같은 외상 사건이나 부정적인 사건에 의해 생

겼을 가능성 있음

성욕감퇴장애(hypoactive sexual desire disorder) 375쪽 참고

성장장애(failure to thrive) 아동기에 성장 및 성숙이 저해되는 장애로 종종 애정 및 영양 결핍과 같은 심리사회적 요소와 관련이 있음

성적가학장애(sexual sadism disorder) 389쪽 참고

성적통증장애(성교통)(sexual pain disorder, dyspareunia) 남성 혹은 여성이 성교 전, 도중, 후에 생식기의 통증을 반복적으로 경험함. 성교통이라고도 함

성적피학장애(sexual masochism disorder) 389쪽 참고고통이나 굴욕의 경험을 통해 성적 흥분을 얻는 이상성애

성적혐오장애(sexual aversion disorder) 성적 접촉이나 유사한 행위를 극단적이고도 지속적으로 싫어함

성전환 수술(sex reassignment surgery) 401쪽 참고

성 전환증(transsexualism) 과거에 성 정체감 장애(gender identity disorder)를 지칭하던 용어

성 편향 평가(assessment gender bias) 유병률 혹은 특정 진단 범주에서 보고되는 성차가 평가도구나 평가 방식의 편향에서 비롯되었을 가능성

세대 효과(cross-generational effect) 139쪽 참고

세로토닌(serotonin) 77쪽 참고

세섬유(small fiber) 척수의 등쪽뿔에 존재하는 신경 섬유로 통증 감각의 패턴과 강도를 조절함. 세섬유는 관문을 열어 통증 자극의 전달을 증가시킴

세포줄기(cellular branch) 면역계 줄기의 일부로 특수화된 세포를 이용하여 바이러스 및 기생충 감염으로부터 체세포를 보호함

소거(extinction) 49쪽 참고

소뇌(cerebellum) 대뇌 줄기의 후뇌에 있으며 운동 협응을 조절하며 자폐증과 관련 있음

소아성애장애(pedophilia) 391쪽 참고

수동공격성 성격장애(passive-aggressive personality disorder) 충분한 연구가 부족하여 DSM-5에는 수록되지 않았으나 이전에는 진단 범주에 포함되었음. 거부적 성격장애와 유사한 범주임

수면 다원 검사(polysomnographic evaluation, PSG) 347쪽 참고

수면마비(sleep paralysis) 수면이 시작되거나 끝날 때 짧고 무서운 경험을 하는 시기로, 움직이거나 말을 할 수 없음. 야간 공황발작으로 오해할 수 있음

수면무호흡증(sleep apnea) 353쪽 참고

수면 발기(nocturnal penile tumescence, NPT) REM수면 상태에서 성기가 발기됨. 깨어 있는 동안 발기에 문제가 있는 사람에게서 수면 발기가 정상적으로 나타난다면 심리적인 문제에서 기인한다고 볼 수 있음

수면발작(sleep attack) 주간에 갑작스럽게 잠에 빠져 듦

수면보행증(somnambulism) NREM수면 단계에서 수면 중에 반복적으로 걸어다님. 꿈이 아님. 깨우기가 쉽지 않으며 이 사건을 회상하지 못함

수면 스트레스(sleep stress) 과도한 카페인 섭취와 같이 수면에 부정적인 영향을 줄 수 있는 환경적 사건

수면 효율성(sleep efficiency, SE) 349쪽 참고

수면위상형 일주기리듬 수면장애(advanced sleep phase type of circadian rhythm sleep disorder) 일주기리듬 수면장애의 일종으로 일찍 일어나 잠을 이루지 못하는 패턴이 지속됨

수면위생(sleep hygiene) 불면증에 대한 심리학적 치료로 내담자가 수면을 방해하는 환경적 장애물을 인식하고 제거하도록 가르침. 니코틴, 카페인, 특정한 약, 알코올의 사용과 적절하지 않은 시간에 하는 운동이 이에 해당됨

수면이상(dyssomnia) 347쪽 참고

수면제한(sleep restriction) 실제 수면을 하는 시간만큼만 침대에서 보내도록 제한함으로써 침대가 수면 이외의 다른 활동과 연합되지 않도록 하는 불면증 치료법

수상돌기(dendrite) 신경세포 줄기로 신경을 따라 전달되는 전기화학적 정보를 받아들임

수용기(receptor) 수상돌기 신경세포에 위치하며 화학신호를 받아 뉴런을 통해 전달함

수용언어(receptive language) 의사소통을 이해함

수준(level) 131쪽 참고

수축기혈압(systolic blood pressure) 심장이 혈액을 내보낼 때의 혈압

순수 범주 접근(pure categorical approach) 고전적 범주 접근 참고

순환성장애(cyclothymic disorder) 247쪽 참고

스탠포드-비네 검사(Stanford-Binet test) 초기의 표준화된 지능 검사로 아동의 주의, 인식, 추론, 이해력을 측정함으로써 학업 수행의 어려움을 겪을 가능성을 파악함

스트레스(stress) 스트레스의 원인이 되는 사건이나 적응을 필요로 하는 변화에 대한 신체의 생리학적 반응

스트레스 생리학(stress physiology) 스트레스를 불러일으키는 사건에 대한 신체 반응의 연구

스트레스 호르몬(stress hormone) 신체의 생리학적 스트레스 반응에 관여하는 호르몬의 일종

승화(sublimation) 정신역동적 방어기제로 갈등과 불안에서 오는 에너지를 일과 같은 보다 건설적인 발산 수단으로 옮겨 가도록 함

시간관리 훈련(time-management training) 활동, 요구 내 우선순위를 정하고 덜 중요한 일에는 관심을 덜 기울이는 법을 가르치는 스트레스 다루기 훈련 기법

시간적 양상(temporal patterning) 기분장애의 특징으로 재발, 회복, 교대의 시간 순서를 보이는 경과를 일컬음

시간제한적 경과(time-limited course) 상대적으로 짧은 기간동안 질병의 향상이 나타나는 상태

시공간 지각 능력(visuospatial skill) 보고 인식하고 현재를 지향하게 하고 공간 내의 사물 사이를 지각하는 능력

시냅스 간극(synaptic cleft) 69쪽 참고

시상(thalamus) 뇌 내부 깊은 곳의 작은 영역으로 행동과 정서의 조절에 관여함

시상하부(hypothalamus) 시상 아래에 존재하는 뇌의 일부로 행동과 정서 조절에 관여함

시상하부-뇌하수체-부신피질축[hypothalamic-pituitary-adrenocortical(HPA) axis] 몇몇 정신장애의 원인과 연관 있는 내분비계

시설이동화(transinstitutionalization) 583쪽 참고

시차로 인한 일주기 리듬 수면장애(jet leg type of circadian rhythm sleep disorder) 최근 혹은 반복된 여행으로 표준시간대가 변경된 경우 현지 시간과의 갈등으로 졸음과 각성 상태의 패턴에 장애가 나타남

신경과학(neuroscience) 69쪽 참고

신경반(neuritic plaque) 아밀로이드반 참고

신경발달장애(neurodevelopmental disorders) 529쪽 참고

신경섬유매듭(neurofibrillary tangles) 알츠하이머병 환자의 부검 시 발견되는 다량의 가는 실 가닥 형태의 뇌 손상

신경성 식욕부진증(anorexia nervosa) 325쪽 참고

신경성 폭식증(bulimia nervosa) 325쪽 참고

신경 쇠약(nervous breakdown) 과학적 혹은 정신병리학적으로는 문제가 없는 중증의 심리학적 혼란을 일컫는 용어

신경심리검사(neuropsychological testing) 111쪽 참고

신경이완제(neuroleptic) 망상, 환각, 정신병 환자의 공격행동을 감소시키는 한편 심각한 부작용을 초래할 수 있는, 도파민 길항제 같은 주요 항정신병 약물

신경인지장애(neurocognitive disorder) 기억 상실, 사물 혹은 얼굴 인식실패, 계획과 추론의 어려움을 동반하는 점진적인 뇌 기능 저하를 시사하는 징후들. 좌절, 낙심과 연관 됨

신경전달물질(neurotransmitters) 69쪽 참고

신경조절물질(neuromodulator) 혈액으로 분비되어 뇌의 메시지를 몸 전체에 전달하는 호르몬. 신경펩티드라고도 알려짐

신경증(neurosis) 45쪽 참고

신경증적 성질(neuroticism) 빈번하고 강렬하게 부적 정서를 경험하며, 초조하고, 기분 변화가 심하며, 신경질적인 성격 특질

신경펩티드(neuropeptide) 신경조절물질 참고

신경호르몬(neurohormones) 255쪽 참고

신뢰도(reliability) 101쪽 참고

신체기형공포증(dysmorphophobia) 신체변형장애의 옛 이름으로 외모의 결점에 대한 공포를 의미함

신체이형장애(body dysmorphic disorder, BDD) 193쪽 참고

신체증상장애(somatic symptom disorder) 의학적 원인이 없는 다수의 신체적 증상에 지나치게 오랫동안 초점을 맞춤

신체형(somatic type) 신체에 대한 잘못된, 근거 없는 믿음을 보이는 망상. 예를 들어 신체 부위가 썩고 있다거나 돌처럼 딱딱해진다고 믿음

실로시빈(psilocybin) 특정 버섯 종에서 얻어지는 자연발생적 환각제

실어증(aphasia) 563쪽 참고

실인증(agnosia) 557쪽 참고

실험(experiment) 129쪽 참고

심근(myocardium) 심장 근육

심근경색증(myocardial infarction) 플라크나 혈전으로 인해 혈액 공급 동맥이 막힐 때 나타나는 심장 조직의 괴사

심리부검(psychological autopsy) 277쪽 참고

심리사회적 치료(psychosocial treatment) 41쪽 참고

심리성적 발달단계(psychosexual stages of development) 45쪽 참고

심리신경면역학(psychoneuroimmunology, PNI) 신체의 면역반응에 포함되는 신경학적 반응에 대한 심리학적 영향력을 연구

심리장애(psychological disorder) 29쪽 참고

심상적 노출(imaginal exposure) 상상 속에서 제시 혹은 무섭고 정신적 외상을 초래할 만한 경험이나 정서에 체계적인 노출을 시킴

심장혈관계(cardiovascular system) 심장, 혈관, 심박의 조절, 혈액과 영양분을 신체 조직으로 전달하는 모든 기제를 포함함

심전도(electrocardiogram) 심장병을 발견하고 검사하기 위해 심장근육에서 발생하는 활동전류를 측정

심혈관계질환(cardiovascular disease) 301쪽 참고

쌍둥이 연구(twin studies) 135쪽 참고

쓰기에 결함이 있는 특정학습장애(specific learning disorder with impairment in written expression) 나이에 비해 쓰기의 수행이 현저하게 낮게 나타남

아난다마이드(anandamide) 신경화학물질로 마리화나의 활성 화학물질 가운데 자연적으로 생성됨

아노미적 자살(anomic suicide) 삶을 변화시킬 만한 커다란 사건으로 야기된 혼란, 상실로 인한 자살

아동기 발병 유창성장애(말더듬)[childhood-onset speech fluency disorder(stuttering)] 539쪽 참고

아동기 붕괴성장애(childhood disintegrative disorder) 541쪽 참고

아모크(amok) '미친 듯이 날뛰는 아모크'와 같이 동양문화권에서 볼 수 있는 장애 중 하나로 정신 착란 상태에서 폭력 행동을 한 후 기억 손상이 발생함

아밀로이드 단백질(amyloid protein) 알츠하이머병 환자에게서 나타나는 특징인 아밀로이드반의 가운데 있는 왁스 같은 고체 물질

아밀로이드반(amyloid plaque) 죽은 신경세포 무리로 알츠하이머병 환자들의 뇌부검 시 발견됨. 신경반이라고도 불림

아밀로이드 베타 펩타이드(amyloid beta peptide) 21번 염색체를 조절하는 커다란 단백질로, 알츠하이머병 환자들에게서 발견되는 아밀로이드반을 만드는 데 관여함. 베타 아밀로이드 혹은 A(b)라고도 불림

아세틸콜린(acetylcholine) 뉴런 전체에 분포하는 신경전달물질로 움직임, 주의집중, 각성, 기억에 영향을 줌. 치매 환자들에게서 낮게 나타남

아편(opium) 양귀비 식물에서 자연적으로 발생하는 화합물로 강한 마약성, 통증 감소와 수면 및 극도의 행복감을 유도하는 효과가 있음. 파생물로 모르핀과 헤로인이 있음

아편계(opioid) 아편제와 엔도르핀, 마약 효과를 가진 메타돈 같은 합성 변이를 포함하는 물질군

아편계관련장애(opioid-related disorders) 427쪽 참고

아편계방출뉴런(opioid-releasing neuron) 내재성 아편을 방출하는 신경세포로 뇌의 쾌락 경로에서 역할을 하며 보상의 경험을 조절함

아편제(opiate) 413쪽 참고

아포지질단백질 E4(apolipoprotein E4, 아포 E4) 콜레스테롤 운반에 관여하는 단백질. 알츠하이머병과 관련 있는 염색체 19번의 유전자에 의해 조절되며 특정 하위유형이 많이 나타남

악몽(nightmare) 359쪽 참고

안구전도(electrooculogram, EOG) 수면 중 꿈의 단계를 확인하기 위한 안구근육의 움직임을 측정

안면실인증(facial agnosia) 557쪽 참고

알츠하이머병(Alzheimer's disease) 559쪽 참고

알츠하이머병으로 인한 인지신경장애(neurocognitive disorder due to Alzheimer's disease) 559쪽 참고

알코올(alcohol) 415쪽 참고

알코올 탈수소 효소(alcohol dehydrogenase, ADH) 인체 내에서 알코올의 대사 작용을 돕는 효소. 하위유형 간 차이는 태아알코올증후군과 같은 장애에 대한 민감성의 차이를 설명함

알코올관련장애(alcohol-related disorders) 415쪽 참고

알파-아드레날린성 수용체(alpha-adrenergic receptor) 신경전달물질 노르에피네프린에 의해 활성화되는 신경계 수용체

알파파(alpha wave) 이완이나 안정된 상태에서 나오는 규칙적인 패턴의 뇌파

암(cancer) 299쪽 참고

암묵적 기억(implicit memory) 85쪽 참고

암페타민(amphetamine) 421쪽 참고

암페타민사용장애(amphetamine use disorders) 암페타민의 사용 및 남용과 관련한 심리적, 생물학적, 행동적, 사회적 문제로 특징되는 장애

액티그래프(actigraph) 349쪽 참고

야경증(sleep terror) 359쪽 참고

야식증후군(night eating syndrome) 345쪽 참고

양성애자(bisexuality) 동성과 이성의 성적 파트너에게 모두 끌림

양성증상(positive symptom) 495쪽 참고

양수천자(amniocentesis) 551쪽 참고

양전자방출 단층촬영(positron emission tomography, PET) 뇌가 활동을 하는 동안 포도당 대사가 항진된 부위에 모이게 되는 방사성 의약품을 확인하여 영상을 얻는 절차. 비침투적인 방법으로 뇌 활동을 관찰하고 병소 부위를 확인할 수 있음

억압(repression) 정신분석학적 이론에서 의식에서 무의식으로 원하지 않는 대상을 옮기는 과정

억제된 극치감(inhibited orgasm) 적절한 성적 욕구와 흥분이 있음에도 불구하고 극치감을 경험하지 못함. 주로 여성에게 나타나나 드물게 남성에게 나타나기도 함

억제제(depressant) 413쪽 참고

언어성 검사(verbal scale) 웩슬러 지능검사의 일부로 단어, 기억, 추론 기술, 기본 정보를 평가함

에이즈관련증후군(AIDS-related complex, ARC) 299쪽 참고

엔도르핀(endorphin) 내재성 아편 참고

엔케팔린(enkephalin) 내재성 아편 참고

엘렉트라 콤플렉스(Electra complex) 정신분석학에서 말하는 여아가 자신의 어머니를 대신하여 아버지를 소유하고 남성 성기를 가지고 싶어하는 내적인 충동을 의미함. 초자아의 발달을 통해 이러한 콤플렉스를 해결함

여성극치감장애(female orgasmic disorder) 377쪽 참고

여성 성적 관심/흥분장애(female sexual interest/arousal disorder) 375쪽 참고

여크스-도슨의 곡선(Yerkes-Dodson curve) 각성과 수행 간의 관계에 대해 U 모양의 그래프가 역전된 형태. 최적의 수행은 중간 수준의 각성에서 나타남. 사이코패스는 그들의 낮은 각성수준을 끌어올리기 위해 자극 추구 행동을 함

역작용제(inverse agonist) 75쪽 참고

역학(epidemiology) 127쪽 참고

역행성 사정(retrograde ejaculation) 특정한 약물이나 의학적 상태의 결과로 인해 정액이 반대방향인 방광 쪽으로 흘러들어가는 경우. *DSM-5*의 남성극치감장애에 해당하지는 않음

연관성 연구(association studies) 137쪽 참고

연구 설계(research design) 123쪽 참고

연극성 성격장애(histrionic personality disorder) 477쪽 참고

연상의 이완(loose association) 아이디어 간의 갑작스러운 이동을 동반한 언어의 논리적 연속성의 결손, 조현병의 특성을 보임. 탈선이라고도 함

연성안구추적 운동(smooth-pursuit eye movement) 움직이는 목표를 시각적으로 쫓을 수 있는 능력으로 위치가 알려진 단일유전자에 의해 나타나는 기술임. 조현병과 연관이 있어 조현병의 유전자 지표가 됨. 안구 추적으로도 알려짐

연수(medulla) 호흡과 소화와 같은 자율신체기능을 조절하는 후뇌의 일부

연합 분리(associative splitting) 493쪽 참고

열성유전자(recessive gene) 특질을 결정하기 위해 다른 열성유전자와 반드시 결합해야 하는 유전자

예기치 않은 공황발작(unexpected panic attack) 명확한 유발 상황이 없는 공황발작

예언 타당도(predictive validity) 검사 도구가 개인의 미래 행동을 정확하게 예측하는 정도. 준거 타당도 참고

예후(prognosis) 33쪽 참고

오이디푸스 콤플렉스(Oedipus complex) 정신분석학에서 말하는 남아의 어머니에 대한 욕망과 그로 인한 거세에 대한 두려움 사이의 내적 갈등. 이 콤플렉스의 해결은 초자아의 발달을 가져옴

와해된 언어(disorganized speech) 499쪽 참고

외상성 뇌손상(traumatic brain injury, TBI) 561쪽 참고

외상후 스트레스장애(posttraumatic stress disorder, PTSD) 181쪽 참고

외향성(extroversion) 수다스러운, 적극적인, 활발한 성격 특질로 조용한, 수동적인, 내성적인 특질과 반대됨

욕구의 위계(hierarchy of needs) 인간의 욕구를 생리적인 것에서부터 자아실현에 이르기까지 위계에 따라 정리한 Abraham Maslow의 이론

우성 유전자(dominant gene) 유전자 쌍의 하나로 특정한 특성을 결정함

우울성 성격장애(depressive personality disorder) 낙담, 자기비판, 다른 사람에 대한 비판적 태도를 지속적으로 보임. 추후 *DSM* 범주에 포함 논의 중

우울의 인지 삼제(depressive cognitive triad) 261쪽 참고

우울의 학습된 무기력 이론(learned helplessness theory of depression) 83쪽 참고

우울 혼수(depressive stupor) 기분장애를 가진 사람이 경험하는 드물지만 심각한 우울 삽화. 자발적인 움직임이 상당부분 줄어들고 안절부절못하거나 기이한 버릇을 나타내기도 함

우호성(agreeableness) 온화하고 친절하고 주변 사람들을 신뢰하는 성격 특질로 적대적, 이기적이고 주변 사람들을 불신하는 특질과 반대됨

운동신경장애(akinesia) 느린 보행, 표정 없는 얼굴, 감정이 없는 말하기 등이 나타나는 추체외로 증상 (extrapyramidal symptom)

운동완서(bradykinesia) 파킨슨병에서처럼 몸 동작이 느려짐

운명론적 자살(fatalistic suicide) 절망적인 상황과

개인의 운명을 통제할 수 없다고 느낄 때 나타나는 자살

운율(prosody) 541쪽 참고

원초아(id) 43쪽 참고

원형적 접근(prototypical approach) 115쪽 참고

웩슬러 성인 지능검사 제4판(Wechsler Adult Intelligence Scale-4th Edition, WAIS-IV) 널리 사용되는 성인용 지능검사의 현재판으로 언어 및 동작 능력을 평가함

웩슬러 아동 지능검사 제4판(Wechsler Intelligence Scale for Children-4th Edition, WISC-IV) 아동용 지능검사로 언어 및 동작 능력을 평가함

웩슬러 유아 지능검사 제3판(Wechsler Preschool and Primary Scale of Intelligence-3rd Edition, WPPSI-III) 유아용 지능검사로 언어 및 동작 능력, 전언어적 능력을 평가함

위약(placebo) 치료를 암시함으로써 성공적일 수 있으나 치료를 제공하지는 않음

위약 통제집단(placebo control group) 129쪽 참고

위약 효과(placebo effect) 129쪽 참고

위험성(dangerousness) 581쪽 참고

유관 관리(contingency management) 바람직한 행동을 증가, 유지시키는 강화제를 사용하고 바람직하지 않은 행동을 유지시키는 강화제를 제거함

유도아미노산(gamma-aminobutyric acid, GABA)75쪽 참고

유병률(prevalence) 31쪽 참고

유사 모델(analog model) 통제 조건 하에서 임상 수준의 문제를 보이고 있는 참가자를 대상으로 진행하는 연구방법

유전성 표지(genetic marker) 137쪽 참고

유전자(genes) 63쪽 참고

유전자 복제수 변이(copy number variants) 533쪽 참고

유전자 연관분석(genetic linkage analysis) 137쪽 참고

유전자형(genotype) 135쪽 참고

유지치료(maintenance treatment) 치료 이후에 재발을 막기 위해서 심리사회적 치료와 약의 조합 또는 두 가지 모두를 사용함

융모막 채취(chorionic villus sampling, CVS) 551쪽 참고

음경 변형률 측정계(penile strain gauge) 남성의 성적흥분 시 나타나는 음경 둘레의 변화를 측정하는 정신생리학적 감시장치

음성 증상(negative symptom) 497쪽 참고

음주측정검사(breathalyzer test) 음주 후 알코올이 폐에서 증발해 나가는 것에 근거해 호흡 샘플을 이용하여 알코올 혈중 농도를 측정하는 검사

음주 통제(controlled drinking) 443쪽 참고

의사소통장애(communication disorder) 말더듬, 선택적 함구증, 표현언어장애를 포함하여 정보를 전달하는 것에 문제가 있는 장애

의존성 성격장애(dependent personality disorder) 481쪽 참고

이기적 자살(egoistic suicide) 나이가 들어 친구 및 가족과의 유대가 끊기면서 사회적 지지가 감소하는 상황에서 나타나는 자살

이미프라민(imipramine) 삼환계 항우울제의 일종으로 세로토닌성, 노르아드레날린성 신경전달물질 시스템에 영향을 줌. 공황발작을 막아주지만 전반적인 불안에는 효과가 없고 입마름, 어지러움과 같은 부작용을 가져오며 가끔 성기능장애와 불안장애, 기타 장애를 나타냄

이상행동(abnormal behavior) 29쪽 참고

이성애적 행동(heterosexual behavior) 369쪽 참고

이완 반응(relaxation response) 313쪽 참고

이인성(depersonalization) 219쪽 참고

이인성-비현실감장애(depersonalization-derealization disorder) 221쪽 참고

이중구속 의사소통(double bind communication) 513쪽 참고

이중 맹검 통제(double-blind control) 129쪽 참고

이차적 이득(secondary gain) 증상을 드러냄으로써 얻게 되는 일차적 이득 이외의 부가적인 강화제. 관심, 동정, 원치 않는 책임의 회피가 여기에 해당함

이타적 자살(altruistic suicide) 특정한 문화권에서 승인되고 기대되는 공식적인 자살

인간게놈프로젝트(human genome project) 135쪽 참고

인간중심치료(person-centered therapy) 47쪽 참고

인도사목(Rauwolfia serpentina) 레서핀으로 널리 알려져 있음. 정신증적 환자들의 동요와 공격성을 통제하는 데 도움이 되는 초기의 약제로 사목에서 얻어짐

인슐린쇼크요법(insulin shock therapy) 다량의 인슐린을 투여하여 발작을 유발하는 위험한 생물학적 치료

인위성장애(factitious disorder) 동정과 관심 이외의 명백한 이득이 없음에도 불구하고 의도적으로 신체적 혹은 정신장애를 꾸며냄

인지과학(cognitive science) 83쪽 참고

인지적 재구성(cognitive restructuring) 부정적이거나 비현실적인 사고, 귀인을 변화시키는 인지치료 절차

인지치료(cognitive therapy) 269쪽 참고

인지행동치료(cognitive-behavioral treatment, CBT) 잘못된 사고 과정, 태도, 귀인, 문제행동을 파악하고 수정하는 것을 목표로 하는 치료 절차의 집합. 인지치료와 동의어로 사용됨

인피어리오리티 콤플렉스(inferiority complex) 다른 사람보다 우월해지기 위해 노력하는 동시에 자신이 열등하다고 느낌

일반적응증후군(general adaptation syndrome, GAS) 291쪽 참고

일반화가능성(generalizability) 125쪽 참고

일주기리듬 수면-각성장애(circadian rhythm sleep disorder) 355쪽 참고

일차성 불면증(primary insomnia) 수면의 개시, 유지의 어려움 혹은 원기 회복이 되지 않는 수면을 말함. 의학적 혹은 심리적 문제를 동반하지 않음

일차적 과정(primary process) 정신분석학에서 말하는 정서적, 비합리적이며 성, 공격성, 질투에 사로잡힌 원초아의 사고 특성

일차적 이득(primary gain) Freud의 불안의 감소가 심리적 증상을 드러냄으로써 얻는 주요한 강화라는 개념

읽기에 결함이 있는 특정학습장애(specific learning disorder with impairment in reading) 나이에 비해 읽기의 수행이 현저하게 낮게 나타남

임상적 기술(clinical description) 31쪽 참고

임상적 효율성 축(clinical efficacy axis) 593쪽 참고

입양아 연구(adoption studies) 135쪽 참고

임상 평가(clinical assessment) 99쪽 참고

자가면역질환(autoimmune disease) 297쪽 참고

자극제(stimulant) 413쪽 참고

자극통제(stimulus control) 바람직한 행동을 장려하고 문제행동을 막기 위하여 의도적으로 환경을 조정함. 예를 들어, 불면증을 방지하기 위하여 침대에서의 시간과 활동을 제한함

자기감찰(self-monitoring) 105쪽 참고

자기공명영상(magnetic resonance imaging, MRI) 강한 자기장 내에서 인체에 라디오전파를 전사해서 신체조직을 통과하여 구조의 상세한 영상을 얻음

자기 관찰(self-observation) 자기 감찰 참고

자기성찰법(introspection) 49쪽 참고

자기심리학(self-psychology) 자아심리학 참고

자기애성 성격장애(narcissistic personality disorder) 479쪽 참고

자기치료(self-medication) 불안, 통증, 불면증과 같은 다른 문제를 완화하려는 시도로 물질을 남용하는 것

자기파괴적 성격장애(self-defeating personality disorder) 지나치게 수동적이고 다른 사람으로 인한 고통과 통증을 받아들이는 패턴이 만연함. DSM-III-R에서는 범주가 있었지만 DSM-5에서는 연구가 충분하지 않아 제외됨

자기효능감(self-efficacy) 295쪽 참고

자살 계획(suicide plans) 277쪽 참고

자살 사고(suicide ideation) 277쪽 참고

자살 시도(suicidal attempts) 277쪽 참고

자아(ego) 43쪽 참고

자아실현(self-actualizing) 47쪽 참고

자아심리학(ego psychology) 45쪽 참고

자연적 교수 전략(naturalistic teaching strategies) 545쪽 참고

자연환경공포증(natural environment phobia) 171쪽 참고

자유연상(free association) 47쪽 참고

자율신경계(autonomic nervous system) 심혈관(심장 및 혈관), 내분비(호르몬), 소화 기능을 조절하는 말초 신경계의 일부로 교감 신경계와 부교감 신경계를 포함함

자율신경계의 억제(autonomic restrictor) 다른 불안장애를 가진 사람보다 낮은 심장박동 수, 혈압, 피부 전도성, 호흡 수를 보이는 범불안장애를 가진 사람들의 상태를 일컫는 말

자폐스펙트럼장애(autism spectrum disorder) 541쪽 참고

자폐증(autism) 자폐스펙트럼장애 참고

자해행동(self-injurious behavior) 머리를 흔들기, 머리 때리기등을 포함하는 위험 행동으로 자폐증 아동에게서 많이 관찰됨

작용물질(agonist) 75쪽 참고

작용물질 보완제(agonist substitution) 441쪽 참고

잠행성 발병(insidious onset) 병의 진행이 시간에 따라 점진적으로 이루어짐(급성 발병과 반대)

재발(relapse) 치료 혹은 회복 이후에 문제행동이 다시 나타나거나 문제행동으로 되돌아감

재발 방지(relapse prevention) 추후 문제 상황이 나타났을 때 대처하는 법을 내담자에게 가르치는 확장된 치료 과정

재연(replication) 별도의 독립적인 연구자를 통한 반복으로 연구 결과를 확정함

재흡수(reuptake) 75쪽 참고

저각성 가설(underarousal hypothesis) 반사회성 성격장애자가 대뇌피질의 저각성 상태를 자극하기 위하여 위험한 행동과 불법 행동에 관여한다고 주장하는 병인론

전구기(prodromal stage) 505쪽 참고

전기경련요법(electroconvulsive therapy, ECT) 269쪽 참고

전뇌(forebrain) 뇌의 상부로 변연계, 기저핵, 미상핵, 대뇌피질을 포함함

전두엽(frontal lobe) 각 대뇌반구의 앞부분으로 사고, 추론, 기억, 보상 경험, 사회적 행동을 관장하고 있으며 다양한 정신병리와 관련 있음

전두엽의 기능저하(hypofrontality) 조현병 환자의 뇌의 전두엽의 활동이 상대적으로 저하됨. 질병의 음성증상과 관련 있음

전문가 증인(expert witness) 589쪽 참고

전반적 기억상실(generalized amnesia) 221쪽 참고

전반적 발달장애(pervasive developmental disorders) 18세 이전에 여러 영역에 걸쳐 중요하고 지속적인 역기능을 보임

전반적 지원이 필요한 지적장애(pervasive support intellectual disability) 모든 환경에서 강도 높은 도움이 끊임없이 필요한 수준의 지적장애

전생애 발달정신병리학(life-span developmental psychopathology) 전 연령대를 대상으로 하는 정신장애 연구

전이(transference) 47쪽 참고

전체적 관점(systemic perspective) 생물학, 행동, 인지, 정서, 문화, 사회를 포함하여 이상행동의 원인이 되는 많은 요소들이 체계를 형성한다는 견해로 각 요소는 다른 모든 요소들에 영향을 줌

전환장애(conversion disorder) 215쪽 참고

전환 히스테리(conversion hysteria) 전환장애의 옛 이름으로 Freud 학설에서는 신체적 증상은 무의식적인 갈등이 좀 더 적응적인 형태로 전환되어 나타나는 것이라고 설명함

점진적 근육이완 요법(progressive muscle relaxation) 사람들에게 근육의 긴장을 인식하게 하고 긴장을 푸는 방법을 알려줌으로써 이완과 졸음을 유도하는 운동의 세트

점진적 소거(graduated extinction) 독립성을 장려하기 위하여 아동의 수면이나 순응과 같은 바람직한 행동을 빈도를 줄여가며 모니터링함

정동(affect) 행동을 동반하는 감정의 의식적, 주관적인 측면

정보 전달(information transmission) 두려움의 대상에 대한 경고가 반복되어 그것에 관해 듣기만 해도 공포증이 생겨남

정서(emotion) 외부 사건으로 유발되는 행동과 특유의 생리학적 반응에 의해 나타나는 감정 상태의 패턴

정서표현(expressed emotion, EE) 심리장애를 가진 가족구성원에게 적대감, 비난, 과잉간섭을 나타냄. 가족구성원의 재발의 원인이 되기도 함

정신건강 간호사(psychiatric nurse) 정신과 환자, 특히 입원 환자를 돌보고 치료하는 데에 특화된 훈련을 받은 간호사

정신건강 사회복지사(psychiatric social worker) 사회복지 분야의 석사 학위를 받았거나 박사 학위를 받고 정신장애 환자와 가족들을 돕는 사회기관에서 훈련을 받은 사람

정신건강 전문의(psychiatrist) 의과대학을 졸업하여 M.D. 학위를 가지고 있으며 레지던트 수련을 정신과에서 받은 사람. 정신과적 질병의 생물학적 특성과 원인, 진단과 치료에 대해 수련받음

머병 환자는 지나치게 좌절하여 학대받지 않도록 하는 주장훈련을 함

주제통각검사(Thematic Apperception Test, TAT) 연속적인 모호한 그림에 대해 이야기를 만들어 말하게 하는 투사검사

죽상동맥경화증(atherosclerosis) 지방이 많은 물질 혹은 플라크로 인해 동맥 내 폐색이 되는 과정

준거타당도(criterion validity) 진단 범주가 장애의 미래 진행상황(치료 가능 여부)을 정확하게 예측하는 정도. 예언타당도 참고

중뇌(midbrain) 감각적 유입과 움직임을 조정하고 각성과 긴장이 일어나는 과정에 관여하는 뇌의 부위

중독(addiction) 물질 의존의 비공식적 용어

중등도 지적장애(severe intellectual disability) 다소 제한적인 의사소통, 자조기술, 사회적 및 직업 기술을 나타내는 지능지수 20~25와 35~40 사이에 해당하는 수준의 지적장애. 교육체계에서는 학업 혹은 직업교육이 어려울 것으로 가정하는 유사한 수준의 지적장애를 가리키는 용어로 사용됨

중추성 수면무호흡증(central sleep apnea) 중추신경계 질환과 관련 있으며 수면 중 잠시 동안 호흡이 멈춤. 자주 깨지만 졸려하거나 다른 문제를 나타내지 않음

중추신경계(central nervous system) 뇌수와 척수

증상대체(symptom substitution) 문제의 원인이 되는 것으로 보이는 내재하는 갈등을 제거하지 않고 외현적 문제 행동(증상)을 다루면 갈등이 새로운, 더 악화된 증상의 형태로 다시 나타난다고 주장하는 정신역동적 관점

증상무관심(la belle indifference) 전환, 신체화 증상, 기억상실장애를 보이는 사람들에 의해 나타나는 고통의 결여

지능지수(Intellectual quotient, IQ) 평균적인 검사 수행에서의 편차를 예측하게 해 주는 지능검사상의 점수

지속성 우울장애(persistent depressive disorder) 241쪽 참고

지역사회 개입(community intervention) 개인보다는 조직, 단체, 지역사회 수준에 직접적으로 개입하여 장애를 예방하고 치료하는 접근

지연된 사정(retarded ejaculation) 사정이 지연되는 남성극치감장애로 자위를 통한 사정은 가능하나 파트너와의 성행위 시 극치감에 도달하지 못함

지연성 PTSD(delayed-onset PTSD) 외상에 대한 노출 6개월 이후 발병하는 외상후 스트레스 장애

지연 운동이상증(tardive dyskinesia) 추체외로 증상과 신경이완제의 장기 복용으로 인한 돌이킬 수 없는 부작용으로 나타나는 얼굴과 혀의 비자발적 움직임

지적장애(intellectual disability) 547쪽 참고

진공압축기치료(vacuum device therapy) 진공의 실린더 모양 플라스틱 관을 이용하여 음경에 혈액이 모이도록 한 후 음경의 아래 부분을 링으로 매어 조임으로써 발기된 상태를 유지하도록 하는 남성발기장애의 기계적인 치료

진단(diagnosis) 99쪽 참고

진전섬망(delirium tremens, DT) 415쪽 참고

진통제 반동성 두통(analgesic rebound head-ache) 두통을 가라앉히기 위해 진통제 복용 시 약효가 사라지고 나서 더 심하게 나타나는 두통

질경련(vaginismus) 379쪽 참고

질광전용적맥(vaginal photoplethysmograph) 빛에 민감한 정신생리학적 모니터링 장치를 이용하여 질에 모이는 혈류를 통해 여성 성적 흥분 정도를 측정함

질병공포증(illness phobia) 병에 걸릴 가능성에 대한 극심한 공포(이미 걸렸다고 믿는 것과 반대)로 병에 걸리지 않기 위해 비합리적인 행동을 함

질병분류학(nosology) 의학적, 심리학적 현상에 대한 분류 및 명명 체계

질병불안장애(illness anxiety disorder) 209쪽 참고

질병확신(disease conviction) 질병불안장애의 핵심 특징. 자신의 증상과 느낌을 오해하여 현재 병이 있다고 굳게 믿는 것

질산은(silver nitrate) 입 안에 안 좋은 맛을 만들어 냄으로써 흡연을 혐오하게 하려고 잇몸에 사용하거나 목캔디로 사용하는 화학물질. 이 치료는 연구를 통해 효과적이지 않은 것으로 나타남

질식공포증(choking phobia) 알약, 음식, 액체를 삼키는 것에 대한 공포와 회피로 심각한 체중 감소를 보임. 질식관련 특정공포증이라고도 불림

질투형(jealous type) 망상장애의 하나로 성적 파트너의 부정을 의심하는 망상을 나타냄

집단 무의식(collective unconscious) 45쪽 참고

집단 히스테리(mass hysteria) 집단 내 사람들이 동일한 공포, 망상, 이상행동 혹은 심리적 과정과 제안의 결과로 나타나는 신체적 증상을 나타냄

차원적 접근(dimensional approach) 115쪽 참고

척수의 등쪽뿔(dorsal horn of the spinal cord) 감각신호를 뇌로 전달하는 역할을 하는 척수의 여러 부위 중 하나. 강한 자극이 있을 때 "관문"으로서 통증감각을 전달함

청반(locus coeruleus) 노르아드레날린에 의해 활성화된 연결로(노르에피네프린에 민감)의 일부인 후뇌 영역. 위급 반응과 경고 반응을 포함하며 공황 상태와 관련 있음

체계적 둔감화(systematic desensitization) 49쪽 참고

체성신경계(somatic nervous system) 근육의 움직임을 통제하는 말초신경계의 일부

체액(humor) 초기 이론가들이 정상과 비정상의 기능을 조절한다고 믿었던 체액(혈액, 흑담즙, 황담즙, 점액)

체액설(humoral theory) 정신장애가 체액에 의해 발생하는 것으로 보았던 고대의 주장

초로성 치매(presenile dementia) 노인기 이전인 40~60세 사이에 발병하는 신경인지장애

초산 메드록시프로제스테론(medroxyprogester-one) 수면무호흡증의 치료에 사용되며 호흡의 자극을 돕는 약

초월적 명상 요법(transcendental meditation) 단음절(만트라)을 부드럽게 반복하며 주의를 집중하는 기법으로 느리고 규칙적인 호흡을 동반함

초자아(superego) 43쪽 참고

초자연적 모델(supernatural model) 영혼, 악마, 은혜, 죄 등을 중요한 역할로 상정하여 인간의 행동과 그 역기능을 설명함

촉각 수행 검사(Tactile Performance Test) 할스테드-레이탄 신경심리 배터리의 소검사로 응답자가 원목 조각 모형을 보이지 않는 형틀에 맞

추어 넣도록 함으로써 참가자의 학습 및 기억 스킬을 평가하도록 하는 검사

최면 환각(hypnagogic hallucination) 기면증의 특성으로 수면 중 시각, 촉각, 청각, 이동을 생생하게 경험하고 깜짝 놀라기도 함

최중도 지적장애(profound intellectual disability) 의사소통과 자조기술이 극도로 제한적이며 지능지수가 20-25 미만인 지적장애

추세(trend) 131쪽 참고

추체외로 증후군(extrapyramidal symptom) 신경이완제의 심각한 부작용으로 파킨슨병의 운동장애와 유사하며 무운동상태, 지연성 운동장애를 포함함. 파킨슨 증상이라고도 알려짐

축(axis) *DSM-IV-TR* 진단체계에서 여러 차원 중 하나. 예로 임상장애와 의학적 상태가 있다.

축색 돌기(axon) 다른 뉴런에 신경을 전달하는 신경 세포 가지

충동조절장애(impulse control disorders) 409쪽 참고

취약성(vulnerability) 65쪽 참고

취약X증후군(fragile X syndrome) 551쪽 참고

측뇌실(lateral ventricle) 뇌척수액으로 채워져 있는 자연적으로 발생한 뇌 안의 공간. 조현병 환자 중 일부는 확장된 뇌실을 가지고 있으며 주변을 둘러싸고 있는 조직의 불충분한 발달이나 위축이 나타날 수 있음

측두엽(temporal lobe) 시각과 청각 인지 및 장기 기억 저장과 연관된 대뇌 반구의 영역

치료감호법(civil commitment laws) 581쪽 참고

카타르시스(catharsis) 43쪽 참고

카테콜라민(catecholamine) 기분장애의 원인을 설명하는 오래된 이론으로 과도한 노르에피네프린(카테콜라민)이 조증을 야기하고 낮은 수준은 우울을 야기한다고 봄

카페인관련장애(caffeine-related disorders) 카페인의 사용 및 남용과 관련한 인지적, 생물학적, 행동적, 사회적 문제들

칸나비노이드(cannabinoid) 대마초 성분의 일종. 기분과 행동 변화를 일으키는 것으로 알려짐

컴퓨터 단층 촬영(computerized axial tomography, CAT) 뇌의 구조나 모양의 이상을 확인하기 위한 비침습성 영상 절차. CT 스캔이라고도 함

코로(koro) 말레이시아의 집단 히스테리 혹은 집단 망상으로 생식기가 소실될 것이라고 생각함

코르티솔(cortisol) 스트레스에 대한 반응의 일종으로 부신피질에서 분비되는 스트레스 호르몬

코카인(cocaine) 423쪽 참고

코카인사용장애(cocaine use disorders) 코카인의 사용 및 남용과 관련한 인지적, 생물학적, 행동적, 사회적 문제로 특징되는 장애

코호트(cohort) 137쪽 참고

코호트 효과(cohort effect) 137쪽 참고

쾌락 원리(pleasure principle) 쾌락을 추구하고 고통을 최소화하려는 경향

크랙(crack) 강력하고 고체의, 돌처럼 딱딱한 형태의 코카인

크로이츠펠트 야콥병(Creutzfeldt-Jakob disease) 563쪽 참고

클로니딘(clonidine) 고혈압 치료제로 아편제 금단 증상을 줄이기 위해 사용하기도 함

타나토스(thanatos) 프로이트식 개념으로 죽음과 파괴를 향한 인간의 욕망

타당도(validity) 101쪽 참고

타이진 교푸쇼(taijin kyofusho, 대인공포증) 사회공포증의 일본식 변이로 자신이 혐오스러운 신체 및 입냄새를 풍긴다는 믿음 때문에 사람들과의 상호작용을 피하려고 함

탄산리튬(lithium carbonate) 양극성장애의 치료제로 사용되는 식염. 환자들이 조증 상태를 즐기기 때문에 종종 복용을 중단하므로 재발율이 높음. 효과에 대한 기제는 아직 밝혀지지 않음

탈력발작(cataplexy) 기면증에 동반되는 갑자기 근육의 힘이 빠지는 현상

탈선(derailment) 연상의 이완 참고

탈시설화(deinstitutionalization) 583쪽 참고

태아알코올증후군(fetal alcohol syndrome, FAS) 417쪽 참고

테트라히드로칸나비놀(tetrahydrocannabinol, THC) 기분과 행동을 변화시키는 마리화나의 주성분

토큰 경제(token economy) 519쪽 참고

통계적 유의성(statistical significance) 125쪽 참고

통제집단(control group) 123쪽 참고

통증의 수문통제이론(gate control theory of pain) 통증 충동이 "수문"으로서의 역할을 하는 척수를 통해 흘러들어가 전달되는 것에 영향을 받아 심리학적 요인으로 인해 고통에 대한 감각과 인식이 증가하거나 감소한다는 이론

통증 행동(pain behavior) 통증의 사적 경험에 대한 관찰 가능한 징후. 움찔하고 놀라는 표정, 고통에 대한 불평, 통증 감각을 증가시키는 활동의 회피 등을 포함

통찰(insight) 정신분석학에서 정서적 고통의 원인을 인식하는 것

통합 시스템(comprehensive system) 로르샤하 검사의 실시 및 채점에 관한 표준화 시스템으로 신뢰도와 타당도를 높이기 위해 개발됨

퇴마(exorcism) 33쪽 참고

투렛장애(Tourette's disorder) 531쪽 참고

투사검사(projective tests) 107쪽 참고

투쟁-도피반응(flight or fight response) 87쪽 참고

투쟁-도피체계(fight/flight system, FFS) 153쪽 참고

트라이졸람(triazolam) 단기로 투여되는 벤조디아제핀 계열의 수면제(상품명 할시온). 졸음, 의존, 단기기억상실, 반동현상이 부작용으로 나타날 수 있음

특정공포증(specific phobia) 169쪽 참고

특정학습장애(specific learning disorder) 537쪽 참고

틱(tic) 갑작스러운, 빠른, 반복적인 불수의적 움직임 혹은 발성

틱 장애(tic disorder) 불수의적 움직임 혹은 발성을 포함하는 초기 발달 단계상의 혼란

파과병(hebephrenia) 493쪽 참고

파렌스 파트리에(parens patriae) 국친사상. 미성년자 혹은 무능력한 사람을 위해 정부가 보호자의 역할을 감당할 때 사용되는 라틴어 용어(주 혹은 국가가 부모가 됨)

파킨슨병(Parkinson's disease) 563쪽 참고

파킨슨 증상(parkinsonian symptom) 추체외로 증상 참고

파파베린(papaverine) 혈관을 확장하여 성기로 몰리는 혈액의 양을 늘려 발기가 되도록 하는 남성발기장애의 치료제인 혈관확장제. 주사로 투여되며 절차가 고통스럽고 거슬리기 때문에 환자가 거부하거나 절차를 중단함

페닐케톤뇨증(phenylketonuria, PKU) 549쪽 참고

펜시클리딘(phencyclidine, PCP) 위험한 환각제

합성 물질로 천사의 가루라고도 불리며 동요행
동, 폭력행동, 방향상실, 경련, 혼수상태와 죽음
에까지도 이를 수 있음

편도체(amygdala) 뇌의 변연계의 일부로 정서,
학습과 충동조절 능력을 조절함. 특정 정신병리
에서 모양이 다르게 나타남

편두통(migraine headache) 쇠약하게 하는, 두근
거리는, 박동성 통증으로 급격히 발생하고 머리
의 한쪽 부위에서 나타남

편집성 성격장애(paranoid personality disorder)
461쪽 참고

편집증(paranoia) 493쪽 참고

편차 IQ(deviation IQ) 아동의 학업 수행이 같은
연령집단 아이들의 평균적인 수행과 비교하여
얼마나 차이를 보이는가를 측정하는 지능검사
점수

평탄 정동(flat affect) 499쪽 참고

폐쇄성 수면무호흡증(obstructive sleep apnea) 수
면 중 기도 폐쇄로 인해 코골이와 짧게 무호흡
이 나타남

폭식(binge) 325쪽 참고

폭식장애(binge-eating disorder, BED) 325쪽
참고

폴리아두(folie a deux) 501쪽 참고

표준화(standardization) 101쪽 참고

표현언어(expressive language) 단어로 의사소통
을 함

표현언어장애(expressive language disorder) 비
언어적 지능 검사 점수에 비해 표현언어검사에
서 상당히 낮은 점수를 나타내는 것으로 말하
는 것에 문제가 있음. 시제 사용의 오류나 제한
된 단어의 사용을 나타냄

표현형(phenotype) 135쪽 참고

플래시백(flashback) 과거의 외상성 사건을 갑작
스럽고 강렬하게 재경험하는 것

플루라제팜(flurazepam) 약효가 오래가는 불면증
치료제(상품명 달마인)로, 주간 졸림증을 유발
할 수 있음

플루옥세틴(fluoxetine) 우울증, 강박장애, 폭식증
의 치료제로 사용되는 선택적세로토닌재흡수
억제제(상품명 프로작)

피브로토크(pivloktoq) 북극지방의 사람들이 보이
는 광란 장애로 해리성 둔주와 유사하게 보임

피질하성 치매(subcortical dementia) 뇌의 피질
아래의 내부 영역에 영향을 주는 질병. 정상적
인 재인은 가능하지만 회상을 하지 못하는 알
츠하이머 유형의 신경인지장애와 달리 중증의
우울과 불안, 느린 움직임, 실어증은 없으나 손
상된 협응을 나타냄

피팝(phii pob) 태국판 해리성 가수

피해망상(delusion of persecution) 다른 사람이
자신을 해치려고 한다는 근거 없는 믿음을 갖
는 정신증적 증상

피해형(persecutory type) 자신 또는 자신과 가까
운 사람이 악의적으로 대우받고 있다고 느끼는
망상의 형태

픽병(Pick's disease) 561쪽 참고

학습장애(learning disorder) 읽기, 수학, 쓰기의
수행이 연령, 지능지수, 교육 정도를 고려할 때
기대되는 수준에 미치지 못함

한정능력(diminished capacity) 587쪽 참고

**할스테드-레이탄 신경심리 배터리(Halstead-Reitan
Neuropsychological Battery)** 리듬, 움켜쥠, 촉
각을 포함하는 다양한 기술을 검사함으로써 손
상된 장기와 그 위치를 파악하는 상대적으로
정교한 검사도구

항원(antigens) 295쪽 참고

항체(antibody) 면역글로불린이라 불리는 특화된
분자로 B세포에 의해 생성되어 항원과 결합하
거나 항원을 중화시킴

해리(dissociation) 정체성 혹은 현실, 의식 간의
분리나 통합의 상실

해리성 가수(dissociative trance) 영혼에 사로잡
혀 있다고 굳게 믿는 사람들의 변성의식상태.
정신적 고통과 역기능이 있을 때에만 장애로
간주함

해리성 기억 상실(dissociative amnesia) 221쪽 참
고. 스트레스나 외상 경험 이후에 개인적인 정
보를 회상하지 못하는 기억 장애

해리성 둔주(dissociative fugue) 223쪽 참고

**해리성 정체성장애(dissociative identity disorder,
DID)** 223쪽 참고

해리장애(dissociative disorder) 207쪽 참고

해마(hippocampus) 변연계의 일부로 정서를 조
절하고 학습능력과 연관되며 충동을 조절함. 특
정 정신 병리에서 모양이 다르게 나타남

행동 비율 척도(behavior rating scale) 특정한 행
동의 빈도와 심각도를 평가할 수 있는 치료 전
과 치료 중의 구조화된 평가도구

행동억제체계(behavioral inhibition system, BIS)
153쪽 참고

행동의학(behavioral medicine) 291쪽 참고

행동주의(behaviorism) 41쪽 참고

행동주의 모델(behavioral model) 49쪽 참고

행동치료(behavior therapy) 49쪽 참고

행동평가(behavioral assessment) 105쪽 참고

향정신성 물질(psychoactive substances) 411쪽
참고

허혈(ischemia) 동맥 내 플라크가 생겨 동맥을
좁힘

헌팅턴병(Huntington's disease) 563쪽 참고

현실원리(reality principle) 정신역동이론에서 말
하는 행동이 실용적이고 실제적임을 확신하는
자아의 논리적 추론 스타일

혈관(vascular) 혈액과 체액을 신체로 전달하는
혈관과 관계됨

혈관성 치매(vascular dementia) 인지 기능의 상
실을 포함하는 점진적 뇌 장애로 뇌의 혈류가
차단되어 발생하며 다른 신경 증상을 동반함

**혈액-주사-손상공포증(blood-injection-injury pho-
bia)** 169쪽 참고

협심증(angina pectoris) 심장으로 혈액을 공급하
는 동맥의 일부가 막혀 발생하는 가슴 통증

호르몬(hormone) 73쪽 참고

**호흡관련 수면장애(breathing-related sleep disor-
ders)** 353쪽 참고

혼입(confound) 123쪽 참고

혼재 변인(confounding variable) 연구 설계 시 포
함되지 않았던 변인으로 종속 변인에 영향을 줌

혼합형 수면무호흡증(mixed sleep apnea) 기도가
막히고 호흡중추가 일시적으로 작동하지 않아
짧게 무호흡이 나타나는 상태로 폐쇄성 무호흡
증과 중추성 무호흡증의 혼합형

**혼합형 조증 삽화(manic episode with mixed fea-
tures)** 의기양양함과 우울 증상이 동시에 존재
하는 상태

**화학물질 의존에 대한 질병 모델(disease model of
chemical dependence)** 약물 의존은 생리학적
질병에서 비롯된다는 견해로 물질에 의존하는

사람은 질병의 피해자일 뿐 책임이 없다는 견해

화학물질 의존의 도덕적 취약성 모델(moral weakness model of chemical dependence) 물질 남용은 자아통제, 성격, 도덕적 기강의 부족에서 오기 때문에 남용하는 사람이 비난 받아야 한다는 견해

화학 불균형(chemical imbalance) 심리학적 장애와 관련된 신경전달물질 같은 뇌 화학물질의 상대적 과잉 혹은 결핍 상태

확장기혈압(diastolic blood pressure) 심장이 휴식중일 때 혹은 심장 박동 사이에서의 혈압치

확장적 지원이 필요한 지적장애(extensive support intellectual disability) 장기적이고 정기적인 도움이 필요한 수준의 지적장애

환각(hallucinations) 실제로 존재하지 않는 것을 보거나 듣거나 느끼는 감각 이상의 정신병적 증상

환각제(hallucinogen) 413쪽 참고

환각제사용장애(hallucinogen use disorders) 431쪽 참고

환기저하(hypoventilation) 수면 중에 나타나는 억제된 혹은 부자연스러운 호흡

환자 동일성 신화(patient uniformity myth) 125쪽 참고

환청(auditory hallucination) 실제로 존재하지 않는 소리나 목소리를 듣는 정신증적 교란. 주로 비난, 고발, 요구하는 소리를 들음

회고적 정보(retrospective information) 137쪽 참고

회피성 성격장애(avoidant personality disorder) 481쪽 참고

횡단 설계(cross-sectional design) 137쪽 참고

효과의 법칙(law of effect) 행동은 뒤따르는 환경적 사건에 따라 강화 혹은 약화된다고 하는 Edward Thorndike의 원리

효과크기(effect size) 125쪽 참고

후뇌(hindbrain) 뇌간의 가장 아랫부분으로 호흡, 소화와 같은 자동적 신체 기능을 조절하고 모수질, 뇌교, 소뇌를 포함함

후두엽(occipital lobe) 시각 정보를 분석하고 통합하는 대뇌반구의 부분

후성유전학(epigenetics) 67쪽 참고

훈련 가능한 지적장애(trainable intellectual disability) 학업 기술은 어렵지만 가장 기본적인 직업 기술의 습득은 가능한 중등도 지적장애에 해당하는 *DSM-5*의 지적장애 용어

히스테리구(globus hystericus) 목 안에 덩어리가 있는 것처럼 느끼기 때문에 삼키기, 먹기, 말하기에 어려움을 겪음. 전환장애의 증상이나 질식공포증의 일부로 나타남

A형 행동패턴(type A behavior pattern) 303쪽 참고

B 세포(B cell) 골수에서 생성되는 백혈구 세포의 특이한 유형. 면역계 분자의 체액성 가지로 흘러들어가 혈액 내에서 순환하며 항원을 찾고 인식하고 중화시킴

B형 행동패턴(type B behavior pattern) 303쪽 참고

CT 스캔(CT scan) 컴퓨터 단층 촬영(CAT) 참고

LSD(리세르그산 디에틸아미드, δ-lysergic acid diethylamide) 429쪽 참고

NREM수면(non-rapid eye movement sleep) 수면 사이클의 기간으로 4개의 하위 단계로 나눔. 신체가 활성화될 때 뇌는 상대적으로 덜 활성화되고 꿈을 꾸지 않음

REM수면[rapid eye movement(REM) sleep] 347쪽 참고

T 세포(T cell) 골수에서 만들어지고 흉선에서 성숙하여 면역계의 세포 가지에 작용하는 림프구. T 세포의 일부는 항원을 직접적으로 공격하며 일부는 면역계의 조절을 도움

X 염색체(X chromosome) 두 가지 성 염색체 중 하나로 성별을 결정함. 여성은 두 개, 남성은 한 개를 가지며 어머니에 의해 주어짐. X 염색체의 이상은 몇몇 신체적, 인지적 문제를 가져옴

X염색체 관련 유전자(X-linked gene) X 염색체에 있는 유전자

Y 염색체(Y chromosome) 두 가지 성 염색체 중 하나로 성별을 결정함. 아버지에 의해 주어지며 남성의 성별을 결정함

21 삼염색체증후군(trisomy 21) 다운증후군 참고

618

DSM-5 분류

신경발달장애

지적장애
지적장애(지적발달장애)/전반적 발달 지연/
　명시되지 않는 지적장애(지적발달장애)

의사소통장애
언어장애/말소리장애/아동기 발병
　유창성장애(말더듬)/사회적(실용적)
　의사소통장애/명시되지 않는 의사소통장애

자폐스펙트럼장애
자폐스펙트럼장애

주의력결핍 과잉행동장애
주의력결핍 과잉행동장애/달리 명시된
　주의력결핍 과잉행동장애/명시되지 않는
　주의력결핍 과잉행동장애

특정학습장애

운동장애
발달성 협응장애/상동증적 운동장애

틱장애
투렛장애/지속성(만성) 운동 또는 음성 틱장애/
　잠정적 틱장애/달리 명시된 틱장애/명시되지
　않는 틱장애

기타 신경발달장애
달리 명시된 신경발달장애/명시되지 않는
　신경발달장애

조현병 스펙트럼 및 기타 정신병적 장애

조현형 (성격)장애
망상장애
단기 정신병적 장애
조현양상장애
조현병
조현정동장애
물질 · 약물치료로 유발된 정신병적 장애
다른 의학적 상태로 인한 정신병적 장애
다른 정신질환과 연관된 긴장증
다른 의학적 상태로 인한 긴장성장애

명시되지 않는 긴장증
달리 명시된 조현병 스펙트럼 및 기타 정신병적
　장애/명시되지 않는 조현병 스펙트럼 및 기타
　정신병적 장애

양극성 및 관련 장애

제I형 양극성장애/제II형 양극성장애/순환성장애/
　물질/약물치료로 유발된 양극성 및 관련
　장애/다른 의학적 상태로 인한 양극성 및
　관련장애/달리 명시된 양극성 및 관련 장애/
　명시되지 않는 양극성 및 관련 장애

우울장애

파괴적 기분조절부전장애/주요우울장애/
　지속성우울장애(기분저하증)/
　월경전불쾌감장애/물질 · 약물치료로
　유발된 우울장애/다른 의학적 상태로 인한
　우울장애/달리 명시된 우울장애/명시되지
　않는 우울장애

불안장애

분리불안장애/선택적 함구증/특정공포증/
　사회불안장애(사회공포증)/공황장애/
　공황발작명시자/광장공포증/범불안장애/
　물질 · 약물치료로 유발된 불안장애/다른
　의학적 상태로 인한 불안장애/달리 명시된
　불안장애/명시되지 않는 불안장애

강박 및 관련 장애

강박장애/신체이형장애/수집광/
　발모광(털뽑기장애)/피부뜯기장애/
　물질 · 약물치료로 유발된 강박 및 관련
　장애/다른 의학적 상태로 인한 강박 및
　관련 장애/달리 명시된 강박 및 관련 장애/
　명시되지 않는 강박 및 관련 장애

외상 및 스트레스 관련 장애

반응성 애착장애/탈억제성 사회적 유대감 장애/
　외상후 스트레스장애(6세 이하 아동의 외상후
　스트레스장애 포함)/급성 스트레스장애/
　적응장애/달리 명시된 외상 및 스트레스 관련
　장애/명시되지 않는 외상 및 스트레스 관련
　장애

해리장애

해리성 정체성장애/해리성 기억상실/
　이인성 · 비현실감 장애/달리 명시된 해리장애/
　명시되지 않는 해리장애

신체증상 및 관련 장애

신체증상장애/질병불안장애/전환장애(기능성
　신경학적 증상장애)/기타 의학적
　상태에 영향을 주는 심리적 요인/
　인위성장애(스스로에게 부여된 인위성장애와
　타인에게 부여된 인위성장애 포함)/달리
　명시된 신체증상 및 관련 장애/명시되지 않는
　신체증상 및 관련 장애

급식 및 섭식 장애

이식증/되새김장애/회피적/제한적
　음식섭취장애/신경성 식욕부진증(제한형,
　폭식/제거형)/신경성 폭식증/폭식장애/달리
　명시된 급식 또는 섭식 장애/명시되지 않는
　급식 또는 섭식 장애

배설장애

유뇨증/유분증/달리 명시된 배설장애/명시되지
　않는 배설장애

수면-각성장애

불면장애/과다수면장애/기면증
호흡관련 수면장애

기타 성격장애

다른 의학적 상태로 인한 성격 변화/달리 명시된
성격장애/명시되지 않는 성격장애

변태성욕장애

관음장애/노출장애/마찰도착장애/
성적피학장애/성적가학장애/소아성애장애/
물품음란장애/복장도착장애/달리 명시된
변태성욕장애/명시되지 않는 변태성욕장애

기타 정신질환

다른 의학적 상태로 인한 달리 명시된 정신질환/
다른 의학적 상태로 인한 명시되지 않는
정신질환/달리 명시된 정신질환/명시되지
않는 정신질환

약물치료로 유발된 운동장애 및
약물치료의 기타 부작용

신경이완제로 유발된 파킨슨증/기타 약물치료로
유발된 파킨슨증/신경이완제 악성증후군/
약물치료로 유발된 급성 근육긴장이상/
약물치료로 유발된 급성 좌불안석/지연성
운동이상/지연성 근육긴장이상/지연성
좌불안석/약물치료로 유발된 자세떨림/기타
약물치료로 유발된 운동장애/항우울제 중단
증후군/치료약물의 기타 부작용

임상적 주의의 초점이 될 수 있는
기타의 상태

관계 문제
가족 양육과 관련된 문제
일차 지지 집단과 관련된 기타 문제

학대와 방임
아동 학대와 방임 문제
성인 학대와 방임 문제

교육과 직업 문제
교육 문제
직업 문제

주거와 경제 문제
주거 문제
경제 문제

사회환경과 관련된 기타 문제
범죄 또는 법체계와의 상호작용과 관련된
문제
상담과 의학적 조언을 위한 기타 건강
서비스 대면
기타 정신사회적, 개인적 및 환경적 상황과
관련된 문제

개인력의 기타 상황
의학적 치료 및 기타 건강관리에 대한 접근과
관련된 문제
의학적 치료를 멀리함

출처: American Psychological Association. (2013). *Diagnostic and statistical mannal of mental disorders* (5th ed.). Arlington, VA: American Psychiatric Association.